해커스공무원

6개년
기출문제집
국어

KB084605

문제집

해커스공무원

해커스공무원
gosi.Hackers.com

"기출문제" 그냥
풀어 보기만 하면 될까?

—

합격자들이 모두 강조하니까 풀어 봐야 할 것 같긴 한데
문제를 풀고 채점한 후 무엇을 더 해야 할지 모르겠어요.
틀린 문제를 다시 풀어 보면 또 틀리기까지 해요···

기출문제, 그냥 풀어 보기만 하면 되나요?

해커스는 자신 있게 대답합니다.
기출문제는 단순히 풀고 채점하는 것으로 끝나서는 안 됩니다. 기출문제 풀이를 통해 실제 시험의 유형과 출제 포인트를
파악하고, 취약한 부분을 파악 및 보완하여 실전에 대비할 수 있는 진짜 실력을 키워야 합니다.

「해커스공무원 6개년 기출문제집 국어」는
한 문제를 풀어도 완벽히 이해할 수 있도록 꼼꼼한 해설을 제공합니다.
기출문제는 출제자의 의도를 분석하고, 정답을 정확하게 찾는 방법을 설명하는 해설로 학습해야 실력이 향상됩니다.
「해커스공무원 6개년 기출문제집 국어」는 '출제 포인트 + 정답 해설 + 오답 분석 + 지문 풀이 + 이것도 알면 합격' 구성의
풍부한 해설을 제공하여 한 문제를 풀어도 진짜 실력이 되도록 하였습니다.

실전 대비 맞춤 학습을 위한 최신 출제 경향 분석 자료를 제공합니다.
출제 경향을 파악하고 나아가 시험에 어떻게 대비할지에 대한 해답을 제시해 줄 수 있는 것이 바로 기출문제집입니다. 「해
커스공무원 6개년 기출문제집 국어」는 출제 경향을 급수별/시행처별로 세밀하게 분석한 자료를 제공하여, 보다 확실하게
실전 대비 맞춤 학습이 가능하도록 하였습니다.

합격이 보이는 기출문제 풀이,
해커스가 여러분과 함께 합니다.

Part 5 교육행정직 9급

[부록] 실력 향상 고난도 기출

Part 6 지방직 7급

어문 규정 관련 빈출 어휘를 OX 퀴즈로 반복하여 완벽하게 암기!
빈출 어문 규정 끝내기 OX 퀴즈

필수 중의 필수, 최근 6개년 기출 한자 성어를 한번에 잡는
시험에 또 나올 **기출 한자 성어 200** (PDF)
해커스공무원(gosi.Hackers.com) ▶ 사이트 상단의 '교재·서점' ▶ 무료 학습 자료

다회독에 최적화된 **회독용 답안지**
해커스공무원(gosi.Hackers.com) ▶ 사이트 상단의 '교재·서점' ▶ 무료 학습 자료

공무원 국어 강의로 실전 대비
점수를 올려주는 **국어 무료 강의** (gosi.Hackers.com)
해커스공무원(gosi.Hackers.com) ▶ 무료강좌

기출문제집도 해커스가 만들면 다릅니다!

01 한 문제를 풀어도 진짜 실력이 되는 **꼼꼼한 해설**을 제공합니다!

> '정답 및 취약점 확인'을 통해 취약점과 관련된 개념을 보완하고 정답률을 통해 문제의 난도와 자신의 실력을 객관적으로 파악할 수 있습니다.
> '출제 포인트 + 정답 해설 + 오답 분석 + 지문 풀이 + 이것도 알면 합격'까지, 꼼꼼한 해설을 통해 문제를 완벽히 이해하여 실력을 향상시킬 수 있습니다.

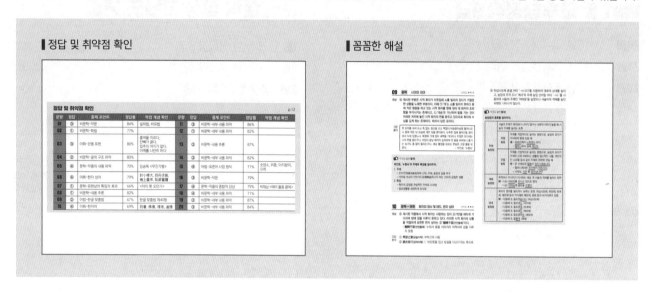

02 최신 출제 경향을 완벽 분석하여 **전략적 학습**이 가능합니다!

> 매년 달라지는 출제 경향을 직급/직렬별로 완벽하게 분석한 '최신 출제 경향 분석자료'를 통해 최신 출제 경향을 파악할 수 있습니다.
> 직급/직렬별 출제 경향에 따라 영역별로 제시된 맞춤 학습방법을 통해 취약한 부분을 효율적으로 보완하고 전략적으로 시험에 대비할 수 있습니다.

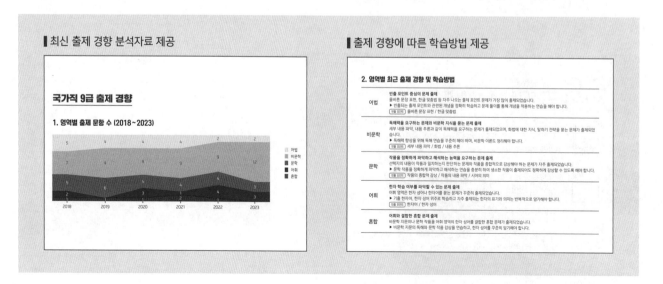

03 다양한 직렬의 기출문제를 수록하여 **실전 경험을 풍부하게** 쌓을 수 있습니다!

> 국가직, 지방직, 서울시, 법원직, 교육행정직 등 다양한 직렬의 기출문제를 수록하여 각 직렬별 출제 경향을 파악할 수 있습니다.
> 부록으로 제공하는 국회직 8급, 추론형 PSAT 기출문제를 통해 고난도 시험을 대비할 수 있습니다.
> 기출문제 풀이 직후 해당 회차의 정답을 모바일 페이지에서 입력하여 자동 채점 및 성적 분석 서비스를 이용할 수 있도록 각 회차마다 QR코드를 삽입하였습니다.

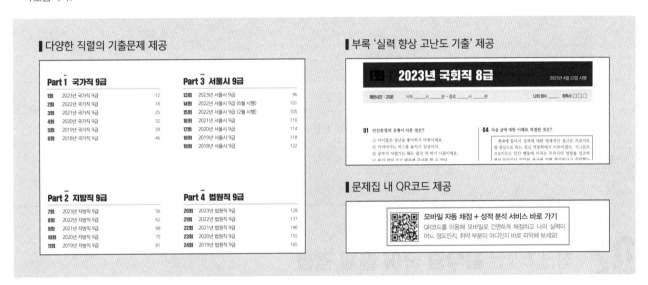

04 필수 암기 영역을 확실하게 끝내주는 **빈출 어문 규정 끝내기 OX 퀴즈**를 제공합니다!

> OX 퀴즈를 풀어 본 후 잘 외워지지 않는 어휘는 체크 박스에 표시하고 이를 반복하여 학습할 수 있습니다.
> OX 퀴즈의 정답을 통해 한글 맞춤법, 표준어 사정 원칙, 표준 발음법, 외래어 표기법에 따른 적절한 표기를 한 번에 정리할 수 있습니다.

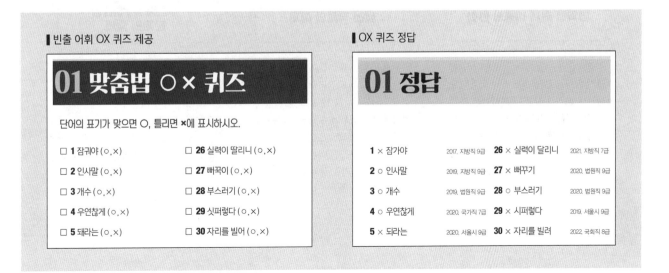

공무원 국어 이렇게 출제된다!

01 공무원 국어 시험 **출제 영역**

공무원 국어 시험은 보통 20문항으로 구성되며, 크게 5개 영역(어법, 비문학, 문학, 어휘, 혼합)에서 출제됩니다. 국가직·지방직·서울시·법원직·국회직 시험은 평균적으로 어법이 31%, 비문학이 40%, 문학이 27%, 어휘가 9%, 혼합이 4%의 비율로 출제되고 있습니다.

시험 구분	총 문항 수	영역별 평균 출제 문항 수				
		어법	비문학	문학	어휘	혼합
국가직 9급	20문항	3 문항	10 문항	4 문항	2 문항	1 문항
지방직 7/9급		3 문항	9 문항	4 문항	3 문항	1 문항
서울시 9급		10 문항	3 문항	5 문항	2 문항	1 문항
법원직 9급	25문항	6 문항	6 문항	12 문항	0 문항	1 문항
국회직 8급		9 문항	11 문항	3 문항	2 문항	1 문항

02 최근 6개년 **공무원 국어 출제 경향**

> 국가직 7급은 2021년부터 PSAT으로 대체되었습니다.
> 서울시 시험은 2020년부터 지방직과 동일하게 인사혁신처에서 출제되며, 추가 시험만 서울시에서 자체 출제합니다.
> 교육행정직 시험은 2019년부터 지방직과 동일하게 인사혁신처에서 출제됩니다.

영역별 출제 비중의 변화

영역별 출제 문항 수는 직렬에 따라 매년 변화하고 있습니다. 특히 국가직 9급과 지방직 7·9급, 국회직 8급 시험에서는 비문학 문제의 비중이 크고 법원직 9급은 문학 문제의 비중이 커지고 있습니다. 따라서 각 직렬별 시험의 변화를 파악하고 전략적으로 실전을 대비해야 합니다.

낯선 작품의 출제

공무원 시험에 출제되는 작품들은 대부분 중등 교육 과정에서 배우는 작품이지만, 최근 들어 **한 번도 출제되지 않았거나 교과서에 수록되지 않은 낯선 작품**이 출제되고 있습니다. 따라서 대표 문학 작품뿐만 아니라 생소한 작품이 출제되더라도 문제를 해결할 수 있는 능력을 키워야 합니다.

추론형 & PSAT형 문제의 출제

비판적이고 통합적인 사고를 요구하는 **추론형 문제와 PSAT형 문제가 출제되고 있는 추세입니다. 이 문제들은 제시된 정보에 근거하여 논리적 판단을 내리는 것을 요구하므로 지문을 **빠르고 정확하게 파악하는 독해 연습**이 필요합니다.

03 공무원 국어 **영역별 출제 경향 및 수험 대책**

어법

출제 경향

어법 영역에서는 이론 문법(음운론·형태론·통사론)과 어문 규정(한글 맞춤법·표준어 규정·외래어 및 로마자 표기법)의 문제가 약 80%의 비중을 차지하고, 기존 출제 포인트가 반복 출제되는 모습을 보였습니다.

수험 대책

① 해커스공무원 국어 기본서로 어법의 개념을 학습한 후, 기출문제를 풀면서 개념을 적용하는 연습을 합니다.
② 틀렸거나 개념을 정확하게 알지 못해 헷갈렸던 문제는 다시 풀어 보고, 반복 학습합니다. 이때 해커스공무원 국어 기본서에서 관련 내용을 찾아 함께 정리하는 것이 좋습니다.

비문학

출제 경향

비문학 영역에서는 지문의 내용을 직접적으로 묻거나, 지문의 내용을 바탕으로 추론해야 하는 문제가 출제되고 있습니다. 최근에는 작문·화법 문제의 출제 비중이 늘어나는 추세입니다.

수험 대책

① 해커스공무원 국어 기본서의 문제 유형별 풀이법을 익힌 후, 다양한 기출문제를 풀면서 독해력을 높입니다.
② 작문·화법 이론은 따로 정리하여 틈틈이 암기하는 방식으로 독해 학습과 병행합니다.

문학

출제 경향

문학 영역에서는 중등 교육 과정의 필수 작품이나 생소한 작품을 제시한 후에 작품의 내용을 이해했는지 묻는 문제와, 문학 이론을 직접 묻는 문제가 출제되고 있습니다.

수험 대책

① 빈출되거나 출제가 예상되는 작품을 해커스공무원 국어 기본서로 학습합니다.
② 기출문제를 풀면서 출제 포인트를 파악하고, 해설집의 작품 설명을 보며 작품 해석 방법을 익힙니다.
③ 헷갈리기 쉬운 문학 이론, 문학사 개념, 필수 작품에 대한 이론 등은 따로 정리하여 집중적으로 반복 학습합니다.

어휘

출제 경향

어휘 영역에서는 한자어와 한자 성어 문제가 공무원 국어 시험에서 빠짐없이 등장합니다. 특히 한자 성어는 기출 어휘가 반복 출제되는 경향을 보이고 있습니다.

수험 대책

① 먼저 기출 어휘를 학습한 후, 출제 예상 어휘를 추가로 암기하는 방식으로 어휘 학습량을 늘려 갑니다.
② 기출문제를 풀면서 학습한 어휘를 점검하고, 잘 외워지지 않는 어휘는 따로 정리하여 수시로 암기합니다. 특히 한자어나 한자 성어는 한자를 같이 암기하면 자세한 뜻을 알게 되어 기억에 더 오래 남습니다.

오늘 할 수 있는 일에 전력을 다하라.
그러면 내일은 한 걸음 더 진보한다.

아이작 뉴턴(영국의 물리학자)

/Part 1
국가직 9급

문제 유형	4지선다형
총 문항 수	20문항
경쟁률 (2023년, 일반행정)	73.5:1
합격선 (2023년, 일반행정)	89점
시험 안내	사이버국가고시센터 (http://gosi.kr)

01 '해양 오염'을 주제로 연설을 한다고 할 때, 다음에 제시된 조건을 모두 충족한 것은?

> ○ 해양 오염을 줄일 수 있는 생활 속 실천 방법을 포함할 것.
> ○ 설의적 표현과 비유적 표현을 활용할 것.

① 바다는 쓰레기 없는 푸른 날을 꿈꾸고 있습니다. 미세 플라스틱은 바다를 서서히 죽이는 보이지 않는 독입니다. 우리의 관심만이 다시 바다를 살릴 수 있을 것입니다.

② 우리가 버린 쓰레기는 바다로 흘러갔다가 해양 생물의 몸에 축적이 되어 해산물을 섭취하면 결국 다시 우리에게 돌아오게 됩니다. 분리수거를 철저히 하고 일회용품을 줄이는 것이 바다도 살리고 우리 자신도 살리는 길입니다.

③ 여름만 되면 피서객들이 마구 버린 쓰레기로 바다가 몸살을 앓는다고 합니다. 자기 집이라면 이렇게 함부로 쓰레기를 버렸을까요? 피서객들의 양심이 모래밭 위를 뒹굴고 있습니다. 자기 쓰레기는 자기가 집으로 되가져가도록 합시다.

④ 산업 폐기물이 바다로 흘러가 고래가 죽어 가는 장면을 다큐멘터리에서 본 적이 있습니다. 이대로 가다간 인간도 고통받게 되지 않을까요? 정부에서 산업 폐기물 관리 지침을 만들고 감독을 강화하지 않는다면 바다는 쓰레기 무덤이 되고 말 것입니다.

02 다음 대화에 나타난 말하기 방식을 설명한 것으로 적절하지 않은 것은?

> **백 팀장:** 이번 워크숍 장면을 사내 게시판에 올리는 게 좋겠어요. 워크숍 내용을 공유하면 좋을 것 같아서요.
> **고 대리:** 전 반대합니다. 사내 게시판에 영상을 공개하는 것은 부담스러워요. 타 부서와 비교될 것 같기도 하고요.
> **임 대리:** 저도 팀장님 말씀대로 정보를 공유한다는 취지는 좋다고 생각해요. 다만 다른 팀원들의 동의도 구해야 할 것 같고, 여러 면에서 우려되긴 하네요. 팀원들 의견을 먼저 들어 보고, 잘된 것만 시범적으로 한두 개 올리는 것이 어떨까요?

① 백 팀장은 팀원들에 대한 유대감을 드러내는 표현을 사용하며 자신의 바람을 전달하고 있다.

② 고 대리는 백 팀장의 제안에 반대하는 이유를 명시적으로 밝히며 백 팀장의 요청을 거절하고 있다.

③ 임 대리는 발언 초반에 백 팀장 발언의 취지에 공감하여 백 팀장의 체면을 세워 주고 있다.

④ 임 대리는 대화 참여자의 의견을 묻는 의문문을 사용하여 자신의 의견을 간접적으로 드러내고 있다.

03 관용 표현 ⊙~@의 의미를 풀이한 것으로 적절하지 않은 것은?

> ○ 그의 회사는 작년에 노사 갈등으로 ⊙홍역을 치렀다.
> ○ 우리 교장 선생님은 교육계에서 ⓒ잔뼈가 굵은 분이십니다.
> ○ 유원지로 이어지는 국도에는 차가 밀려 ⓒ입추의 여지가 없었다.
> ○ 그분은 세계 유수의 연구자들과 @어깨를 나란히 하는 물리학자이다.

① ⊙: 심한 어려움을 겪었다

② ⓒ: 오랫동안 일을 하여 그 일에 익숙한

③ ⓒ: 돌아서 갈 수 있는 방법이 없었다

④ @: 비슷한 지위나 힘을 가지는

04 다음 글에서 (가)~(다)의 순서를 자연스럽게 배열한 것은?

> 빅데이터가 부각된다는 것은 기업들이 빅데이터의 가치를 받아들이기 시작했다는 뜻이다. 여기에는 기업들이 데이터를 바라보는 시각이 변한 측면도 있다.
> (가) 기업들은 고객이 판촉 활동에 어떻게 반응하고 평소에 어떻게 행동하며 사물에 대해 어떤 태도를 보이는지 알기 위해 많은 돈을 투자해 마케팅 조사를 해 왔다.
> (나) 그런 상황에서 기업들은 SNS나 스마트폰 등 새로운 데이터 소스로부터 그러한 궁금증과 답답함을 해결할 수 있다는 것을 알게 되었다. 페이스북에 올리는 광고에 친구가 '좋아요'를 한 것에서 기업들은 궁금증과 답답함을 해결할 수 있다.
> (다) 그런데 기업들의 그런 노력이 효과가 있는 경우도 있었으나 아쉬운 점도 많았다. 쉬운 예로, 기업들은 많은 광고비를 쓰지만 그 돈이 구체적으로 어느 부분에서 효과를 내는지는 알지 못했다.
> 결국 데이터가 있는 곳에서 기업은 점점 더 고객의 취향에 집중할 수 있게 되었으며, 이에 따라 기업들은 소셜 미디어의 빅데이터를 중요한 경영 수단으로 수용하기 시작한 것이다.

① (가) – (나) – (다) 　② (가) – (다) – (나)
③ (나) – (가) – (다) 　④ (다) – (나) – (가)

05 ㉠을 이해한 내용으로 적절하지 않은 것은?

> "㉠무진(霧津)엔 명산물이…… 뭐 별로 없지요?" 그들은 대화를 계속하고 있었다. "별게 없지요. 그러면서도 그렇게 많은 사람들이 살고 있다는 건 좀 이상스럽거든요." "바다가 가까이 있으니 항구로 발전할 수도 있었을 텐데요?" "가 보시면 아시겠지만 그럴 조건이 되어 있는 것도 아닙니다. 수심(水深)이 얕은 데다가 그런 얕은 바다를 몇백 리나 밖으로 나가야만 비로소 수평선이 보이는 진짜 바다다운 바다가 나오는 곳이니까요." "그럼 역시 농촌이군요?" "그렇지만 이렇다 할 평야가 있는 것도 아닙니다." "그럼 그 오륙만이 되는 인구가 어떻게들 살아가나요?" "그러니까 그럭저럭이란 말이 있는 게 아닙니까!" 그들은 점잖게 소리 내어 웃었다. "원, 아무리 그렇지만 한 고장에 명산물 하나쯤은 있어야지." 웃음 끝에 한 사람이 말하고 있었다.
> 무진에 명산물이 없는 게 아니다. 나는 그것이 무엇인지 알고 있다. 그것은 안개다. 아침에 잠자리에서 일어나서 밖으로 나오면, 밤사이에 진주해 온 적군들처럼 안개가 무진을 뺑 둘러싸고 있는 것이었다. 무진을 둘러싸고 있는 산들도 안개에 의하여 보이지 않는 먼 곳으로 유배당해 버리고 없었다.
> – 김승옥, '무진기행'

① 수심이 얕아서 항구로 개발하기 어려운 공간이다.
② 산으로 둘러싸여 있고 평야가 발달하지 않은 공간이다.
③ 지역의 경제적 여건에 비해 인구가 적지 않은 공간이다.
④ 누구나 인정할 만한 지역의 명산물로 안개가 유명한 공간이다.

06 다음 글의 빈칸에 들어갈 사자성어로 적절한 것은?

> 세상에는 어려운 일들이 많지만 외국 여행 다녀온 사람의 입을 막는 것도 그중 하나이다. 특히 그것이 그 사람의 첫 외국 여행이었다면, 입 막기는 포기하고 미주알고주알 늘어놓는 여행 경험을 들어 주는 편이 정신 건강에 좋다. 그 사람이 별것 아닌 사실을 □□□□하거나 특수한 경험을 지나치게 일반화한들, 그런 수다로 큰 피해를 입는 것도 아니지 않은가?

① 刻舟求劍 　　② 捲土重來
③ 臥薪嘗膽 　　④ 針小棒大

07 다음 글을 감상한 내용으로 가장 적절한 것은?

> 어이 못 오던가 무슴 일로 못 오던가
> 너 오는 길 위에 무쇠로 성(城)을 쓰고 성안에 담 쓰고 담 안에란 집을 짓고 집 안에란 뒤주 노코 뒤주 안에 궤를 노코 궤 안에 너를 결박(結縛)ᄒᆞ여 너코 쌍(雙)비목 외걸쇠에 용(龍)거북 즈믈쇠로 수기수기 줌갓더냐 네 어이 그리 아니 오던가
> 흔 둘이 서른 날이어니 날 보라 올 하루 업스랴
> – 작자 미상, '어이 못 오던가'

① 동일 구절을 반복하여 '너'에 대한 섭섭한 감정을 표출하고 있다.
② 날짜 수를 대조하여 헤어진 기간이 길다는 것을 강조하고 있다.
③ 동일한 어휘를 연쇄적으로 나열하여 감정의 기복을 표현하고 있다.
④ 단계적으로 공간을 축소하여 '너'를 만날 수 있다는 희망을 표현하고 있다.

08 (가)와 (나)에 들어갈 말로 가장 적절한 것은?

> 특정한 작업을 수행하기 위해 신체 근육의 특정 움직임을 조작하는 능력을 운동 능력이라고 한다. 언어에 관한 운동 능력은 '발음 능력'과 '필기 능력' 두 가지인데 모두 표현을 위한 능력이다.
>
> 말로 표현하기 위해서는 발음 능력이 필요한데, 이는 음성 기관을 움직여 원하는 음성을 만들어 내는 능력이다. 이 능력은 영·유아기에 수많은 시행착오와 꾸준한 훈련을 통해 습득된다. 이렇게 발음 능력을 습득하면 음성 기관의 움직임은 자동화되어 음성 기관의 어느 부분을 언제 어떻게 움직일지를 화자가 거의 의식하지 않는다. 우리가 모어에 없는 외국어 음성을 발음하기 어려운 이유는 ⎡ (가) ⎦ 있기 때문이다.
>
> 글로 표현하기 위해서는 필기 능력이 필요하다. 필기에서는 글자의 모양을 서로 구별되게 쓰는 것은 기본이고 그 수준을 넘어서서 쉽게 알아볼 수 있는 모양으로 잘 쓰는 것도 필요하다. 글씨를 쓰기 위해 손을 놀리는 것은 발음을 하기 위해 음성 기관을 움직이는 것에 비해 상당히 의식적이라 할 수 있다. 그렇지만 개인의 의지와 관계없이 필체가 꽤 일정하다는 사실은 손을 놀리는 데에 ⎡ (나) ⎦ 의미한다.

① (가): 음성 기관의 움직임이 모어의 음성에 맞게 자동화되어
   (나): 무의식적이고 자동적인 면이 있음을
② (가): 낯선 음성은 무의식적으로 발음하도록 훈련되어
   (나): 유아기에 수행한 훈련이 효과적이지 않음을
③ (가): 음성 기관의 움직임이 모어의 음성에 맞게 자동화되어
   (나): 유아기에 수행한 훈련이 효과적이지 않음을
④ (가): 낯선 음성은 무의식적으로 발음하도록 훈련되어
   (나): 무의식적이고 자동적인 면이 있음을

09 ㉠~㉣ 중 한글 맞춤법에 맞게 쓰인 것만을 모두 고르면?

> ○ 혜인 씨에게 ㉠무정타 말하지 마세요.
> ○ 재아에게는 ㉡섭섭치 않게 사례해 주자.
> ○ 규정에 따라 딱 세 명만 ㉢선발토록 했다.
> ○ ㉣생각컨대 그의 보고서는 공정하지 못했다.

① ㉠, ㉡   ② ㉠, ㉢
③ ㉡, ㉣   ④ ㉢, ㉣

10 ㉠~㉣의 한자로 적절하지 않은 것은?

> 예정보다 지연되긴 했으나 열 시쯤에는 마애불에 ㉠도착할 수가 있었다. 맑은 날씨에 빛나는 햇살이 환히 비춰 ㉡불상들은 불그레 물들어 있었다. 만일 신비로운 ㉢경지라는 말을 할 수 있다면 바로 이런 경우가 아닐지 모르겠다. 꼭 보고 싶다는 숙원이 이루어진 기쁨에 가슴이 벅차 왔다. 아마 잊을 수 없는 ㉣추억의 한 토막으로 남을 것 같다.

① ㉠: 到着   ② ㉡: 佛像
③ ㉢: 境地   ④ ㉣: 記憶

11 다음 글을 이해한 내용으로 적절하지 않은 것은?

> 사람의 '지각과 생각'은 항상 어떤 맥락, 관점 혹은 어떤 평가 기준이나 가정하에서 일어난다. 이러한 맥락, 관점, 평가 기준, 가정을 프레임이라고 한다. 지각과 생각은 인간의 모든 정신 활동을 뜻한다. 따라서 우리의 모든 정신 활동은 진공 상태에서 일어나는 것이 아니라, 어떤 맥락이나 가정하에서 일어난다. 한마디로 우리가 프레임이라는 안경을 쓰고 세상을 보고 있음을 의미한다. 간혹 어떤 사람이 자신은 어떤 프레임의 지배도 받지 않고 세상을 있는 그대로, 객관적으로 본다고 주장한다면, 그 주장은 진실이 아닐 것이다.

① 인간의 정신 활동은 프레임 없이 일어나지 않는다.
② 프레임은 인간이 세상을 바라볼 때 어떤 편향성을 가지게 한다.
③ 인간의 지각과 사고를 확장하는 과정에서 프레임은 극복해야 할 대상이다.
④ 프레임은 인간의 정신 활동에 영향을 미치는 어떤 맥락이나 평가 기준이다.

12 다음 글을 이해한 내용으로 가장 적절한 것은?

전 세계를 대표하는 항공기인 보잉과 에어버스의 중요한 차이점은 자동조종시스템의 활용 정도에 있다. 보잉의 경우, 조종사가 대개 항공기를 조종간으로 직접 통제한다. 조종간은 비행기의 날개와 물리적으로 연결되어 있어서 어떤 상황에서도 조종사가 조작한 대로 반응한다. 이와 다르게 에어버스는 조종간 대신 사이드스틱을 설치하여 컴퓨터가 조종사의 행동을 제한하거나 조종에 개입할 수 있게 설계되었다. 보잉에서는 조종사가 항공기를 통제할 수 있는 전권을 가지지만 에어버스에서는 컴퓨터가 조종사의 조작을 감시하고 제한한다.

보잉과 에어버스의 이러한 차이는 기계를 다루는 인간을 바라보는 관점이 서로 다른 데서 비롯된다. 보잉사를 창립한 윌리엄 보잉의 철학은 "비행기를 통제하는 최종 권한은 언제나 조종사에게 있다."이다. 시스템은 불안정하고 완벽하지 않기 때문에 컴퓨터가 조종사의 판단보다 우선시될 수 없다는 것이다. 반면 에어버스의 아버지라고 불리는 베테유는 "인간은 실수할 수 있는 존재"라고 전제한다. 베테유는 이런 자신의 신념을 토대로 에어버스를 설계함으로써 조종사의 모든 조작을 컴퓨터가 모니터링하고 제한하게 만든 것이다.

① 보잉은 시스템의 불완전성을, 에어버스는 인간의 실수 가능성을 고려하여 설계되었다.
② 베테유는 인간이 실수할 수 있는 존재라고 보지만 윌리엄 보잉은 그렇지 않다고 본다.
③ 에어버스의 조종사는 항공기 운항에서 자동조종시스템을 통제하고 조작한다.
④ 보잉의 조종사는 자동조종시스템을 사용하지 않고 항공기를 조종한다.

13 다음 글에서 추론한 내용으로 가장 적절한 것은?

공포의 상태와 불안의 상태를 구분하는 것은 쉽지 않다. 왜냐하면 두 감정을 함께 느끼거나 한 감정이 다른 감정을 유발할 때가 많기 때문이다. 가령, 무시무시한 전염병을 목도하고 공포에 빠진 사람은 자신도 언젠가 그 병에 걸릴지 모른다는 불안 상태에 빠지게 된다. 이처럼 두 감정은 서로 밀접하게 얽혀 있다는 점에서 혼동하기 쉽다. 하지만 두 감정을 야기한 원인을 따져 보면 두 감정을 명확하게 구분할 수 있다. 공포는 실재하는 객관적 위협에 의해 야기된 상태를 의미하고, 불안은 현재 발생하지 않았으며 미래에 일어날지 모르는 불명확한 위협에 의해 야기된 상태를 의미한다. 공포와 불안의 감정은 둘 다 자아와 관련되어 있지만 여기에서도 차이를 찾을 수 있다. 공포를 느끼는 것은 '나 자신'이 위험한 상황에 놓여 있다는 사실을 아는 것이고, 불안의 경험은 '나 자신'이 위해를 입을까 봐 걱정하는 것이다.

① 자신이 처한 위험한 상황을 정확히 인식하는 경우에는 공포감에 비해 불안감이 더 크다.
② 전기·가스 사고가 날까 두려워 외출하지 못하는 사람은 불안한 상태에 있는 것이다.
③ 시험에 불합격할 수 있다는 생각에 사로잡힌 사람은 공포감에 빠져 있는 것이다.
④ 과거에 큰 교통사고를 경험한 사람은 공포감은 크지만 불안감은 작다.

14 다음 글의 내용과 부합하지 않는 것은?

과학 혁명 이전 아리스토텔레스 철학은 로마 가톨릭교의 정통 교리와 결합되어 있었기 때문에 오랜 시간 동안 지배적인 영향력을 발휘하였다. 천문 분야 또한 예외는 아니었다. 아리스토텔레스의 세계관을 따라 우주의 중심은 지구이며, 모든 천체는 원운동을 하면서 지구의 주위를 공전한다는 천동설이 정설로 자리 잡고 있었다. 프톨레마이오스가 천체들의 공전 궤도를 관찰하던 도중, 행성들이 주기적으로 종전의 운동과는 반대 방향으로 움직인다는 관찰 결과를 얻었을 때도 그는 이를 행성의 역행 운동을 허용하지 않는 천동설로 설명하고자 하였다. 그래서 지구를 중심으로 공전하는 원 궤도에 중심을 두고 있는 원, 즉 주전원(周轉圓)을 따라 공전 궤도를 그리면서 행성들이 운동한다고 주장하였다.

과학과 아리스토텔레스 철학의 결별은 서서히 일어났다. 그 과정에서 일어난 가장 중요한 사건은 1543년 코페르니쿠스가 행성들의 운동 이론에 관한 책을 발간한 일이다. 코페르니쿠스는 천체의 중심에 지구 대신 태양을 놓고 지구가 태양의 주위를 공전한다고 주장하였다. 태양을 우주의 중심에 둔 코페르니쿠스의 지동설은 행성들의 운동에 대해 프톨레마이오스보다 수학적으로 단순하게 설명하였다.

① 과학 혁명 이전 시기에는 천동설이 정설로 받아들여졌다.
② 프톨레마이오스의 주전원은 지동설을 지지하고자 만든 개념이다.
③ 천동설과 지동설은 우주의 중심을 어디에 두느냐에 따라 구분된다.
④ 행성의 공전에 대한 프톨레마이오스의 설명은 코페르니쿠스의 설명보다 수학적으로 복잡하였다.

15 밑줄 친 단어가 표준어 규정에 맞게 쓰인 것은?

① 저기 보이는 게 암염소인가, 수염소인가?
② 오늘 윗층에 사시는 분이 이사를 가신대요.
③ 봄에는 여기저기에서 아지랭이가 피어오른다.
④ 그는 수업을 마치면 으레 친구들과 운동을 한다.

16 ⊙～②을 문맥에 맞게 수정하는 방안으로 적절한 것은?

> 난독(難讀)을 해결하려면 정독을 해야 한다. 여기서 말하는 정독은 '뜻을 새겨 가며 자세히 읽음', 즉 '정교한 독서'라는 뜻으로 한자로는 '精讀'이다. '精讀'은 '바른 독서'를 의미하는 '正讀'과 ⊙소리는 같지만 뜻이 다르다. 무엇이 정교한 것일까? 모든 단어에 눈을 마주치면서 제대로 인식하는 것이다. 이와 같은 ⓒ정독(精讀)의 결과로 생기는 어문 실력이 문해력이다. 문해력이 발달하면 결국 독서 속도가 빨라져, '빨리 읽기'인 속독(速讀)이 가능해진다. 빨리 읽기는 정독을 전제로 할 때 빛을 발한다. 짧은 시간에 같은 책을 제대로 여러 번 읽을 수 있기 때문이다. 그래서 문해력의 증가는 '정교하고 빠르게 읽기', 즉 ⓒ정속독(正速讀)에서 일어나게 되어 있다. 정독이 생활화되면 자기도 모르게 정속독의 경지에 오르게 된다. 그런 경지에 오른 사람들은 뭐든지 확실히 읽고 빨리 이해한다. 자연스레 집중하고 여러 번 읽어도 빠르게 읽으므로 시간이 여유롭다. ②정독이 빠진 속독은 곧 빼먹고 읽는 습관, 즉 난독의 일종임을 잊지 말아야 한다.

① ⊙을 '다르게 읽지만 뜻이 같다'로 수정한다.
② ⓒ을 '정독(正讀)'으로 수정한다.
③ ⓒ을 '정속독(精速讀)'으로 수정한다.
④ ②을 '속독이 빠진 정독'으로 수정한다.

17 다음 글을 감상한 내용으로 적절하지 않은 것은?

> 막바지 뙤약볕 속
> 한창 매미 울음은
> 한여름 무더위를 그 절정까지 올려놓고는
> 이렇게 다시 조용할 수 있는가.
> 지금은 아무 기척도 없이
> 정적의 소리인 듯 쟁쟁쟁
> 천지(天地)가 하는 별의별
> 희한한 그늘의 소리에
> 멍청히 빨려 들게 하는구나.
>
> 사랑도 어쩌면
> 그와 같은 것인가.
> 소나기처럼 숨이 차게
> 정수리부터 목물로 들이붓더니
> 얼마 후에는
> 그것이 아무 일도 없었던 양
> 맑은 구름만 눈이 부시게
> 하늘 위에 펼치기만 하노니. ― 박재삼, '매미 울음 끝에'

① 갑작스럽게 변화한 자연 현상을 감각적으로 제시하고 있다.
② 청각적 이미지와 시각적 이미지를 활용하여 시상을 전개하고 있다.
③ 소나기가 그치고 맑은 구름이 펼쳐진 것을 통해 사랑의 속성을 드러내고 있다.
④ 매미 울음소리가 절정에 이르렀다가 사라진 직후의 상황을 반어법으로 표현하고 있다.

18 다음 글을 이해한 내용으로 가장 적절한 것은?

> 루카치는 그리스 세계를 신과 인간의 결합 정도를 가리키는 '총체성' 개념을 기준으로 세 시대로 구분하였다. 첫 번째 시대에서 후대로 갈수록 총체성의 정도는 낮아진다. 첫째는 총체성이 완전히 구현되어 있는 '서사시의 시대'이다. 호메로스의 『일리아드』와 『오디세이아』에서는 신과 인간의 세계가 하나로 얽혀 있다. 인간들이 그리스와 트로이 두 패로 나뉘어 전쟁을 벌일 때 신들도 인간의 모습을 하고 두 패로 나뉘어 전쟁에 참여했다. 둘째는 '비극의 시대'이다. 소포클레스나 에우리피데스의 비극에서는 총체성이 흔들려 신과 인간의 세계가 분리된다. 하지만 두 세계가 완전히 분리되지는 않고 신탁이라는 약한 통로로 이어져 있다. 비극에서 신은 인간의 행위에 직접 개입하지 않고 신탁을 통해서 자신의 뜻을 그저 전달하는 존재로 바뀐다. 셋째는 플라톤으로 대표되는 '철학의 시대'이다. 이 시대는 이미 계몽된 세계여서 신탁 같은 것은 신뢰할 수 없게 되었다. 신과 인간의 세계가 완전히 분리됨으로써 신의 세계는 인격적 성격을 상실하여 '이데아'라는 추상성의 세계로 바뀐다. 신의 세계와 인간의 세계는 그 사이에 어떤 통로도 존재할 수 없는, 절대적으로 분리된 세계가 되었다.

① 계몽사상은 서사시의 시대에서 철학의 시대로의 전환을 이끌었다.
② 플라톤의 이데아는 신탁이 사라진 시대의 비극적 세계를 표현한다.
③ 루카치는 각기 다른 기준에 따라 그리스 세계를 세 시대로 구분하였다.
④ 에우리피데스의 비극에 비해 『오디세이아』에서는 신과 인간의 결합 정도가 높다.

19 다음 글의 내용과 부합하지 않는 것은?

몽유록(夢遊錄)은 '꿈에서 놀다 온 기록'이라는 뜻으로, 어떤 인물이 꿈에서 과거의 역사적 인물을 만나 특정 사건에 대한 견해를 듣고 현실로 돌아온다는 특징이 있다. 이때 꿈을 꾼 인물인 몽유자의 역할에 따라 몽유록을 참여자형과 방관자형으로 구분할 수 있다. 참여자형에서는 몽유자가 꿈에서 만난 인물들의 모임에 초대를 받고 토론과 시연에 직접 참여한다. 방관자형에서는 몽유자가 인물들의 모임을 엿볼 뿐 직접 그 모임에 참여하지는 않는다. 16~17세기에 창작되었던 몽유록에는 참여자형이 많다. 참여자형에서는 몽유자와 꿈속 인물들이 동질적인 이념을 공유하고 현실의 고통스러운 문제에 대해 의견을 나누며 비판적 목소리를 낸다. 그러나 주로 17세기 이후에 창작된 방관자형에서는 몽유자가 꿈속 인물들과 함께 현실을 비판하는 것이 아니라 구경꾼의 위치에 서 있다. 이 시기의 몽유록이 통속적이고 허구적인 성격으로 변모하는 것은 몽유자의 역할 변화와 무관하지 않다.

① 몽유자가 꿈속 인물들의 모임에 직접 참여하는지, 참여하지 않는지에 따라 몽유록의 유형을 나눌 수 있다.
② 17세기보다 나중 시기의 몽유록에서는 몽유자가 현실을 비판하는 경향이 강하게 나타난다.
③ 몽유자가 모임의 구경꾼 역할을 하는 몽유록은 통속적이고 허구적인 성격이 강하다.
④ 몽유자가 꿈속 인물들과 함께 현실을 비판하는 몽유록은 참여자형에 해당한다.

20 다음 글을 이해한 내용으로 적절한 것은?

디지털 트윈은 현실 세계와 똑같은 가상의 세계이다. 최근 주목받고 있는 메타버스와 개념은 유사하지만 활용 목적의 측면에서 구별된다. 메타버스는 가상 세계와 현실 세계가 융합된 플랫폼으로 이용자들에게 새로운 경제·사회·문화적 경험을 제공하는 데 목적을 둔다. 반면 디지털 트윈은 현실 세계에 존재하는 사물, 공간, 환경, 공정 등을 컴퓨터상에 디지털 데이터 모델로 표현하여 똑같이 복제하고 실시간으로 서로 반응할 수 있도록 한다. 그래서 디지털 트윈의 이용자는 가상 세계에서의 시뮬레이션을 통해 미래 상황을 예측할 수 있게 된다. 디지털 트윈에 대한 수요가 증가하면서 관련 시장도 확대되고 있으며, 국내외의 글로벌 기업들은 여러 산업 분야에서 디지털 트윈을 도입하여 사전에 위험 요소를 제거하고 수익 모델의 효율성을 높이고 있다. 디지털 트윈이 이렇게 주목받는 이유는 안정성과 경제성 때문인데 현실 세계를 그대로 옮겨 놓은 가상 세계에 데이터를 전송, 취합, 분석, 이해, 실행하는 과정은 실제 실험보다 매우 빠르고 정밀하며 안전할 뿐 아니라 비용도 적게 든다.

① 디지털 트윈을 활용함에 따라 글로벌 기업들의 고용률이 향상되었다.
② 디지털 트윈의 데이터 모델은 현실 세계의 각종 실험 모델보다 경제성이 낮다.
③ 디지털 트윈에서의 시뮬레이션으로 현실 세계의 위험 요소를 찾아내고 방지할 수 있다.
④ 디지털 트윈은 현실 세계의 이용자에게 새로운 문화적 경험을 제공하는 데 목적이 있다.

정답 및 해설: 해설집 p.6
(문제집 p.274에서 전체 정답표를 확인하실 수 있습니다.)

모바일 자동 채점 + 성적 분석 서비스 바로 가기
QR코드를 이용해 모바일로 간편하게 채점하고 나의 실력이 어느 정도인지, 취약 부분이 어디인지 바로 파악해 보세요!

제한시간 : 20분　시작 ＿＿＿시 ＿＿＿분 ~ 종료 ＿＿＿시 ＿＿＿분　　나의 점수 ＿＿＿　회독수 □ □ □

01 밑줄 친 말의 쓰임이 옳지 않은 것은?

① 그는 아까운 능력을 썩히고 있다.
② 음식물 쓰레기를 썩혀서 거름으로 만들었다.
③ 나는 이제까지 부모님 속을 썩혀 본 적이 없다.
④ 그들은 새로 구입한 기계를 창고에서 썩히고 있다.

02 (가) ~ (라)를 고쳐 쓴 것으로 옳지 않은 것은?

> (가) 오빠는 생김새가 나하고는 많이 틀려.
> (나) 좋은 결실이 맺어졌으면 하는 바람입니다.
> (다) 내가 오직 바라는 것은 네가 잘됐으면 좋겠어.
> (라) 신은 인간을 사랑하기도 하지만 시련을 주기도 한다.

① (가): 오빠는 생김새가 나하고는 많이 달라.
② (나): 좋은 결실을 맺었으면 하는 바램입니다.
③ (다): 내가 오직 바라는 것은 네가 잘됐으면 좋겠다는 거야.
④ (라): 신은 인간을 사랑하기도 하지만 인간에게 시련을 주기도 한다.

03 사자성어의 쓰임이 적절하지 않은 것은?

① 그는 구곡간장(九曲肝腸)이 끊어지는 듯한 슬픔에 빠졌다.
② 학문의 정도를 걷지 않고 곡학아세(曲學阿世)하는 이가 있다.
③ 이유 없이 친절한 사람은 구밀복검(口蜜腹劍)일 수 있으니 조심해야 한다.
④ 신중한 태도로 문제의 본질에 접근하는 당랑거철(螳螂拒轍)의 자세가 필요하다.

04 다음 대화에서 나타난 '지민'의 의사소통 방식으로 가장 적절한 것은?

> 정수: 지난번에 너랑 같이 들었던 면접 전략 강의가 정말 유익했어.
> 지민: 그랬어? 나도 그랬는데.
> 정수: 특히 아이스크림 회사의 면접 내용이 도움이 많이 됐어.
> 지민: 맞아. 그중에서도 두괄식으로 답변하라는 첫 번째 내용이 정말 인상적이더라. 핵심 내용을 먼저 말하는 전략이 면접에서 그렇게 효과적일 줄 몰랐어.
> 정수: 어! 그래? 나는 두 번째 내용이 훨씬 더 인상적이었는데.
> 지민: 그랬구나. 하긴 아이스크림 매출 증가에 관한 통계 자료를 인용해서 답변한 전략도 설득력이 있었어. 하지만 초두 효과의 효용성도 크지 않을까 해.
> 정수: 그렇긴 해.

① 자신의 면접 경험을 예로 들어 상대방을 설득하고 있다.
② 상대방의 약점을 공략하며 상대방의 이견을 반박하고 있다.
③ 상대방의 견해를 존중하면서 자신의 의견을 제시하고 있다.
④ 상대방과의 갈등 해소를 위해 자신의 감정을 표현하고 있다.

05 다음 글에 대한 이해로 적절하지 않은 것은?

> 승상이 말을 마치기도 전에 구름이 걷히더니 노승은 간 곳이 없고 좌우를 돌아보니 팔낭자도 간 곳이 없었다. 승상이 놀라 어찌할 바를 모르는 중에 높은 대와 많은 집들이 한순간에 사라지고 자기의 몸은 작은 암자의 포단 위에 앉아 있었는데, 향로의 불은 이미 꺼져 있었고 지는 달이 창가에 비치고 있었다.
> 자신의 몸을 보니 백팔염주가 걸려 있고 머리를 손으로 만져보니 갓 깎은 머리털이 까칠까칠하더라. 완연한 소화 상의 몸이요, 전혀 대승상의 위의 아니었으니, 이에 제 몸이 인간 세상의 승상 양소유가 아니라 연화도량의 행자 성진임을 비로소 깨달았다.
> 그리고 생각하기를, '처음에 스승에게 책망을 듣고 풍도옥으로 가서 인간 세상에 환도하여 양가의 아들이 되었지. 그리고 장원급제를 하여 한림학사가 된 후 출장입상하고 공명신퇴하여 두 공주와 여섯 낭자로 더불어 즐기던 것이 다 하룻밤 꿈이었구나. 이는 필시 사부가 나의 생각이 그릇됨을 알고 나로 하여금 이런 꿈을 꾸게 하시어 인간 부귀와 남녀 정욕이 다 허무한 일임을 알게 하신 것이로다.'
>
> – 김만중, '구운몽'

① '양소유'는 장원급제를 하여 한림학사가 되었다.
② '양소유'는 인간 세상에 환멸을 느껴 스스로 '성진'의 모습으로 되돌아왔다.
③ '성진'이 있는 곳은 인간 세상이 아니다.
④ '성진'은 자신의 외양을 통해 꿈에서 돌아왔음을 인식한다.

06 (가) ~ (라)의 ㉠ ~ ㉣에 대한 설명으로 적절하지 않은 것은?

> (가) 간밤의 부던 ᄇ람에 눈서리 치단 말가
> ㉠낙락장송(落落長松)이 다 기우러 가노ᄆ라
> ᄒ믈며 못다 핀 곳이야 닐러 무슴 ᄒ리오.
>
> (나) 철령 노픈 봉에 쉬어 넘는 져 구름아
> 고신원루(孤臣寃淚)를 비 사마 ᄯᅴ여다가
> ㉡님 계신 구중심처(九重深處)에 ᄲ려 본들 엇드리.
>
> (다) 이화우(梨花雨) 훗ᄲ릴 제 울며 잡고 이별ᄒᆞᆫ 님
> 추풍낙엽(秋風落葉)에 ㉢저도 날 싱각는가
> 천리(千里)에 외로온 ᄭᅮᆷ만 오락가락 ᄒᆞ노매.
>
> (라) 삼동(三冬)의 뵈옷 닙고 암혈(巖穴)의 눈비 마자
> 구름 ᄭᅵᆫ 볏뉘도 ᄶᅬᆫ 적이 업건마는
> 서산의 ㉣ᄒᆡ 디다 ᄒᆞ니 그를 셜워 ᄒᆞ노라.

① ㉠은 억울하게 해를 입은 충신을 가리킨다.
② ㉡은 궁궐에 계신 임금을 가리킨다.
③ ㉢은 헤어진 연인을 가리킨다.
④ ㉣은 오랜 세월을 함께한 벗을 가리킨다.

07 ㉠ ~ ㉢에 들어갈 말로 가장 적절한 것은?

> ○ 그들의 끈기가 이 경기의 승패를 ___㉠___ 했다.
> ○ 올해 영화제 시상식은 11개 ___㉡___ 으로 나뉜다.
> ○ 그 형제는 너무 닮아서 누가 동생이고 누가 형인지 ___㉢___ 할 수 없다.

	㉠	㉡	㉢
①	가름	부문	구별
②	가름	부문	구분
③	갈음	부문	구별
④	갈음	부분	구분

08 다음 글의 '동기화 단계 조직'에 따라 (가)~(마)를 배열한 것으로 가장 적절한 것은?

> 설득하는 말하기의 메시지를 조직하는 방법으로 '동기화 단계 조직'이 있다. 이 방법의 세부 단계는 다음과 같다.
> 1단계: 주제에 대한 청자의 주의나 관심을 환기한다.
> 2단계: 특정 문제를 청자와 관련지어 설명함으로써 청자의 요구나 기대를 자극한다.
> 3단계: 해결 방안을 제시하여 청자의 이해와 만족을 유도한다.
> 4단계: 해결 방안이 청자에게 어떤 도움이 되는지 구체화한다.
> 5단계: 구체적인 행동의 내용과 방법을 제시하여 특정 행동을 요구한다.

> (가) 지난주 제 친구는 일을 마친 후 자전거를 타고 집으로 돌아오다가 사고를 당해 머리를 다쳤습니다.
> (나) 여러분이 자전거를 탈 때 헬멧을 착용하면 머리를 보호할 수 있습니다.
> (다) 아마 여러분도 가끔 자전거를 타는 경우가 있을 것입니다. 그런데 매년 2천여 명이 자전거를 타다가 머리를 다쳐 고생한다고 합니다.
> (라) 만약 자전거를 타는 모든 사람이 헬멧을 착용한다면 자전거 사고를 당해도 뇌 손상을 비롯한 신체 피해를 75% 줄일 수 있습니다. 또 자전거 타기가 주는 즐거움과 편리함을 안전하게 누릴 수 있습니다.
> (마) 자전거를 탈 때는 안전을 위해서 반드시 헬멧을 착용하시기 바랍니다.

① (가) – (나) – (다) – (라) – (마)
② (가) – (다) – (나) – (라) – (마)
③ (가) – (다) – (라) – (나) – (마)
④ (가) – (라) – (다) – (나) – (마)

09 다음 글에 대한 이해로 적절하지 않은 것은?

> 국가정보자원관리원과 ○○시는 빅데이터 기반의 맞춤형 복지 서비스 분석 사업을 수행했다. 국가정보자원관리원은 자체 확보한 공공 데이터와 ○○시로부터 받은 복지 사업 관련 데이터를 활용하여 '복지 공감 지도'를 제작하고, 복지 기관 접근성 분석을 통해 취약 지역 지원 방안을 제시했다.
>
> 복지 공감 지도는 공간 분석 시스템을 활용하여 ○○시에 소재한 복지 기관들의 다양한 지원 항목과 이를 필요로 하는 복지 대상자, 독거노인, 장애인 등의 수급자 현황을 한눈에 확인할 수 있도록 구현한 것이다. 이 지도를 활용하면 복지 혜택이 필요한 지역과 수급자를 빨리 찾아낼 수 있으며, 생필품 지원이나 방문 상담 등 복지 기관의 맞춤형 대응이 가능하고, 최적의 복지 기관 설립 위치를 선정할 수 있다.
>
> 이 사업을 통해 ○○시는 그동안 복지 기관으로부터 도보로 약 15분 내 위치한 수급자에게 복지 혜택이 집중되고 있는 것도 확인했다. 이에 교통이나 건강 등의 문제로 복지 기관 방문이 어려운 수급자를 위해 맞춤형 복지 서비스가 절실하게 필요한 상황임을 발견하고, 복지 셔틀버스 노선을 4개 증설할 계획을 수립했다.

① 빅데이터를 활용하여 복지 사각지대를 줄이는 방안을 마련할 수 있다.
② 복지 기관과 수급자 거주지 사이의 거리는 복지 혜택의 정도에 영향을 준다.
③ 복지 기관 접근성 분석 결과는 복지 셔틀버스 노선 증설의 근거가 된다.
④ 복지 공감 지도로 복지 혜택에 대한 수급자들의 개별 만족도를 파악할 수 있다.

10 ㉠~㉢의 사례로 적절하지 않은 것은?

> 단어의 의미가 변화하는 양상은 다양하다. 첫째, "아침 먹고 또 공부하자."에서 '아침'은 본래의 의미인 '하루 중의 이른 시간'을 가리키지 않고 '아침에 먹는 밥'이라는 의미로 쓰인다. '밥'의 의미가 '아침'에 포함되어서 '아침'만으로도 '아침밥'의 의미를 표현하게 된 것으로, ㉠두 개의 단어가 긴밀한 관계여서 한쪽이 다른 한쪽의 의미까지 포함하는 의미로 변화하게 된 경우이다. 둘째, '바가지'는 원래 박의 껍데기를 반으로 갈라 썼던 물건을 가리켰는데, 오늘날에는 흔히 플라스틱 바가지를 가리킨다. 이것은 ㉡언어 표현은 그대로인데 시대의 변화에 따라 지시 대상 자체가 바뀌어서 의미 변화가 발생한 경우이다. 셋째, '묘수'는 본래 바둑에서 만들어진 용어이지만 일상적인 언어생활에서도 '쉽게 생각해 내기 어려운 좋은 방안'이라는 의미로 사용된다. 이는 ㉢특수한 영역에서 사용되던 말이 일반화되면서 단어의 의미가 변화한 경우에 해당한다. 넷째, 호랑이를 두려워하던 시절에 사람들은 '호랑이'라는 이름을 직접 부르기 꺼려서 '산신령'이라고 부르기도 했는데, 이는 ㉣심리적인 이유로 특정 표현을 피하려다 보니 그것을 대신하는 단어의 의미에 변화가 생긴 경우이다.

① ㉠: '아이들의 코 묻은 돈'에서 '코'는 '콧물'의 의미로 쓰인다.
② ㉡: '수세미'는 원래 식물의 이름이었지만 오늘날에는 '그릇을 씻는 데 쓰는 물건'이라는 의미로 쓰인다.
③ ㉢: '배꼽'은 일반적으로 '탯줄이 떨어지면서 배의 한가운데에 생긴 자리'를 가리키지만 바둑에서는 '바둑판의 한가운데'라는 의미로 쓰인다.
④ ㉣: 무서운 전염병인 '천연두'를 꺼려서 '손님'이라고 불렀다.

11 다음 글에 대한 이해로 적절하지 않은 것은?

> △△시 시장님께
>
> 안녕하십니까? 저는 △△시에서 농장을 운영하는 □□□ 입니다. 이렇게 글을 쓰게 된 것은 우리 농장 근처에 신축된 골프장의 빛 공해 문제에 대해 말씀드리기 위함입니다. 빛이 공해가 될 수 있다는 말이 다소 생소하실 수도 있습니다. 하지만 지나친 야간 조명이 식물의 성장에 부정적인 영향을 끼쳐 작물 수확량을 감소시킬 수 있음은 이미 여러 연구를 통해 입증된 바 있습니다. 좀 늦었지만 △△시에서도 이 문제에 대해 경각심을 가질 필요가 있습니다. 실제로 골프장이 야간 운영을 시작했을 때를 기점으로 우리 농장의 수확률이 현저히 낮아졌음을 제가 확인했습니다. 물론, 이윤을 추구하는 골프장의 야간 운영을 무조건 막는다면 골프장 측에서 반발할 것입니다. 그래서 계절에 따라 야간 운영 시간을 조정하거나 운영 제한에 따른 손실금을 보전해 주는 등의 보완책도 필요합니다. 또한 ○○군에서도 빛 공해 문제를 해결하기 위해 야간 조명의 조도를 조정하는 프로젝트를 진행한 바 있으니 참고해 보시기 바랍니다. 모쪼록 시장님께서 이 문제에 관심을 가지고 농장과 골프장이 상생할 수 있는 정책을 펼쳐 주시기를 부탁드립니다.

① 시장에게 빛 공해로 농장이 겪는 어려움에 대해 관심을 촉구하고 있다.

② 건의에 대한 신뢰성을 높이기 위해 인용한 자료의 출처를 밝히고 있다.

③ 다른 지역에서 야간 조명으로 인한 폐해를 해결하기 위해 노력한 사례를 언급하고 있다.

④ 골프장의 야간 운영을 제한할 때 예상되는 문제점과 그 해결 방안에 대해 제시하고 있다.

12 다음 대화의 ㉠~㉤에 대한 설명으로 적절하지 않은 것은?

> 이진: 태민아, ㉠이 책 읽어 봤니?
> 태민: 아니, ㉡그 책은 아직 읽어 보지 못했어.
> 이진: 그렇구나. 이 책은 작가의 문체가 독특해서 읽어 볼 만해.
> 태민: 응, 꼭 읽어 볼게. 한 권 더 추천해 줄래?
> 이진: 그럼 ㉢저 책은 어때? 한국 대중문화를 다양한 시각에서 다룬 재미있는 책이야.
> 태민: 그래, ㉣그 책도 함께 읽어 볼게.
> 이진: (두 책을 들고 계산대로 간다.) 읽어 보겠다고 하니, 생일 선물로 ㉤이 책 두 권 사 줄게.
> 태민: 고마워. 잘 읽을게.

① ㉠은 청자보다 화자에게, ㉡은 화자보다 청자에게 가까이 있는 대상을 가리킨다.

② ㉢은 화자보다 청자에게 멀리 있는 대상을 가리킨다.

③ ㉢과 ㉣은 같은 대상을 가리킨다.

④ ㉤은 ㉡과 ㉢ 모두를 가리킨다.

13 다음 글에 대한 이해로 적절하지 않은 것은?

> 아동이 부모의 소유물 또는 종족의 유지나 국가의 방위를 위한 수단으로 간주되었던 전근대 사회에서는 아동의 권리에 대한 인식이 존재하지 않았다. 산업 혁명으로 봉건 제도가 붕괴되고 자본주의가 탄생한 근대 사회에 이르러 구빈법에 따른 국가 개입과 민간단체의 자발적인 참여로 아동 보호가 시작되었다.
>
> 1922년 잽 여사는 아동 권리 사상을 담아 아동 권리에 대한 내용을 성문화하였다. 이를 기초로 1924년 국제 연맹에서는 전문과 5개의 조항으로 된 「아동 권리에 관한 제네바 선언」을 채택하였다. 여기에는 "아동은 물질적으로나 정신적으로 정상적인 발달을 위해 필요한 조건이 충족되어야 한다."라든지 "아동의 재능은 인류를 위해 쓰인다는 자각 속에서 양육되어야 한다." 등의 내용이 포함되었다.
>
> 그러나 여기에서도 아동은 보호의 객체로만 인식되었을 뿐 생존, 보호, 발달을 위한 적극적인 권리의 주체로 인식되지는 않았다. 최근에 와서야 국제 사회의 노력에 힘입어 아동은 보호되어야 할 수동적인 존재에서 자신의 권리를 주장할 수 있는 능동적인 존재로 자리매김할 수 있게 되었다. 1989년 유엔 총회에서 채택된 「아동 권리 협약」이 그것이다.
>
> 우리나라는 이를 토대로 2016년 「아동 권리 헌장」 9개 항을 만들었다. 이 헌장은 '생존과 발달의 권리', '아동이 최선의 이익을 보장 받을 권리', '차별 받지 않을 권리', '자신의 의견이 존중될 권리' 등 유엔의 「아동 권리 협약」의 네 가지 기본 원칙을 포함하고 있다. 또한 전문에는 아동의 권리와 더불어 "부모와 사회, 국가와 지방 자치 단체는 아동의 이익을 최우선으로 고려해야 하며, 다음과 같은 아동의 권리를 확인하고 실현할 책임이 있다."라고 명시하여 아동을 둘러싼 사회적 주체들의 책임을 명확히 하였다.

① 아동의 권리에 대한 인식이 근대 이후에 형성되었다.

② 「아동 권리 헌장」은 「아동 권리 협약」을 토대로 만들어졌다.

③ 「아동 권리에 관한 제네바 선언」, 「아동 권리 협약」, 「아동 권리 헌장」에는 모두 아동의 발달에 대한 내용이 들어가 있다.

④ 「아동 권리에 관한 제네바 선언」은 아동을 적극적인 권리의 주체로 인식함으로써 아동의 권리에 대한 진전된 성과를 이루었다.

14 다음 시에 대한 이해로 적절하지 않은 것은?

봄은
남해에서도 북녘에서도
오지 않는다.

너그럽고
빛나는
봄의 그 눈짓은,
제주에서 두만까지
우리가 디딘
아름다운 논밭에서 움튼다.

겨울은,
바다와 대륙 밖에서
그 매운 눈보라 몰고 왔지만
이제 올
너그러운 봄은, 삼천리 마을마다
우리들 가슴속에서
움트리라.

움터서,
강산을 덮은 그 미움의 쇠붙이들
눈 녹이듯 흐물흐물
녹여버리겠지.

　　　　　　　　　　　　　　 – 신동엽, '봄은'

① 현실을 초월한 순수 자연의 세계를 노래하고 있다.
② 희망과 신념을 드러내는 단정적 어조로 표현하고 있다.
③ 시어들의 상징적인 의미를 통해 주제를 형성하고 있다.
④ '봄'과 '겨울'의 이원적 대립으로 시상을 전개하고 있다.

15 다음 글의 전개 순서로 가장 자연스러운 것은?

(가) 이 기관을 잘 수리하여 정련하면 그 작동도 원활하게 될 것이요, 수리하지 아니하여 노둔해지면 그 작동도 막혀 버릴 것이니 이런 기관을 다스리지 아니하고야 어찌 그 사회를 고취하여 발달케 하리오.

(나) 이러므로 말과 글은 한 사회가 조직되는 근본이요, 사회 경영의 목표와 지향을 발표하여 그 인민을 통합시키고 작동하게 하는 기관과 같다.

(다) 말과 글이 없으면 어찌 그 뜻을 서로 통할 수 있으며, 그 뜻을 서로 통하지 못하면 어찌 그 인민들이 서로 이어져 번듯한 사회의 모습을 갖출 수 있으리오.

(라) 그뿐 아니라 그 기관은 점점 녹슬고 상하여 필경은 쓸 수 없는 지경에 이를 것이니 그 사회가 어찌 유지될 수 있으리오. 반드시 패망을 면하지 못할지라.

(마) 사회는 여러 사람이 그 뜻을 서로 통하고 그 힘을 서로 이어서 개인의 생활을 경영하고 보존하는 데에 서로 의지하는 인연의 한 단체라.

　　　　　　　　　　　 – 주시경, '대한국어문법 발문' 중에서

① (마) – (가) – (다) – (나) – (라)
② (마) – (가) – (라) – (다) – (나)
③ (마) – (다) – (가) – (라) – (나)
④ (마) – (다) – (나) – (가) – (라)

16 한자 표기가 옳지 않은 것은?

① 오늘 협상에서 만족(滿足)할 만한 성과를 거두었다.
② 김 위원의 주장을 듣고 그 의견에 동의하여 재청(再請)했다.
③ 우리 지자체의 해묵은 문제를 해결(解結)할 방안이 생각났다.
④ 다수가 그 의견에 동의하지 않았기에 재론(再論)이 필요하다.

17 다음 문장이 들어가기에 가장 적절한 곳을 ㉠~㉣에서 고르면?

> 신분에 따라 문체를 고착화하는 것을 인정하지 않았던 것이다.

> 유럽이 교회로부터 정신적으로 해방된 것은 그리스와 로마의 고대 작가들에 대한 재발견을 통해서였다. ㉠ 그 이후 고대 작가들의 문체는 귀족 중심의 유럽 문화에서 모범으로 여겨졌다. ㉡ 이러한 상황은 대략 1770년대에 시작되는 낭만주의에서부터 변화하기 시작했다. ㉢ 이 낭만주의 시기에 평등과 민주주의를 꿈꿨던 신흥 시민 계급은 문학에서 운문과 영웅적 운명을 귀족에게만 전속시키고 하층민에게는 산문과 우스꽝스러운 상황을 배정하는 전통 시학을 거부했다. ㉣ 고전 문학은 더 이상 문학의 규범이 아니었으며, 문학을 현실의 모방으로 인식하는 태도도 포기되었다.

① ㉠

② ㉡

③ ㉢

④ ㉣

18 다음 글에 대한 이해로 적절하지 않은 것은?

> 정거장에 나온 박은 수염도 깎은 지 오래어 터부룩한 데다 버릇처럼 자주 찡그려지는 비웃는 웃음은 전에 못 보던 표정이었다. 그 다니는 학교에서만 지싯지싯* 붙어 있는 것이 아니라 이 시대 전체에서 긴치 않게 여기는, 지싯지싯 붙어 있는 존재 같았다. 현은 박의 그런 지싯지싯함에서 선뜻 자기를 느끼고 또 자기의 작품들을 느끼고 그만 더 울고 싶게 괴로워졌다.
>
> 한참이나 붙들고 섰던 손목을 놓고, 그들은 우선 대합실로 들어왔다. 할 말은 많은 듯하면서도 지껄여 보고 싶은 말은 골라낼 수가 없었다. 이내 다시 일어나 현은,
>
> "나 좀 혼자 걸어 보구 싶네."
>
> 하였다. 그래서 박은 저녁에 김을 만나 가지고 대동강에 있는 동일관이란 요정으로 나오기로 하고 현만이 모란봉으로 온 것이다.
>
> 오면서 자동차에서 시가도 가끔 내다보았다. 전에 본 기억이 없는 새 빌딩들이 꽤 많이 늘어섰다. 그중에 한 가지 인상이 깊은 것은 어느 큰 거리 한 뿌다귀*에 벽돌 공장도 아닐 테요 감옥도 아닐 터인데 시뻘건 벽돌만으로, 무슨 큰 분묘와 같이 된 건축이 웅크리고 있는 것이다. 현은 운전사에게 물어보니, 경찰서라고 했다.
>
> – 이태준, '패강랭' 중에서

* 지싯지싯: 남이 싫어하는지는 아랑곳하지 아니하고 제가 좋아하는 것만 짓궂게 자꾸 요구하는 모양.

* 뿌다귀: '뿌다구니'의 준말로, 쑥 내밀어 구부러지거나 꺾어져 돌아간 자리.

① '현'은 예전과 달라진 '박'의 태도가 자신의 작품 때문이라고 생각하고 있다.

② '현'은 자신과 비슷한 처지에 있는 '박'을 통해 자신을 연민하고 있다.

③ '현'은 새 빌딩들을 보고 도시가 많이 변화하고 있음을 인지하고 있다.

④ '현'은 시뻘건 벽돌로 만든 경찰서를 보고 암울한 분위기를 느끼고 있다.

19 다음 규정에 근거할 때 옳지 않은 것은?

> **한글 맞춤법 제30항**
>
> 사이시옷은 다음과 같은 경우에 받치어 적는다.
>
> (가) 순우리말로 된 합성어로서 앞말이 모음으로 끝나면서 뒷말의 첫소리가 된소리로 나는 것
>
> (나) 순우리말과 한자어로 된 합성어로서 앞말이 모음으로 끝나면서 뒷말의 첫소리가 된소리로 나는 것

① (가)에 따라 '아래+집'은 '아랫집'으로 적는다.

② (가)에 따라 '쇠+조각'은 '쇳조각'으로 적는다.

③ (나)에 따라 '전세+방'은 '전셋방'으로 적는다.

④ (나)에 따라 '자리+세'는 '자릿세'로 적는다.

문화란 공동체의 구성원들이 공유하는 생각과 행동 양식의 총체라고 할 수 있다. 문화를 연구하는 사람들의 주된 관심사는 특정 생각과 행동 양식이 하나의 공동체 안에서 전파되는 기제이다.

이에 대한 견해 중 하나는 문화를 생각의 전염이라는 각도에서 바라보는 것이다. 예컨대, 리처드 도킨스는 '밈(meme)'이라는 개념을 통해 생각의 전염 과정을 설명하고자 했다. 그에 따르면 문화는 복수의 밈으로 이루어져 있는데, 유전자에 저장된 생명체의 주요 정보가 번식을 통해 복제되어 개체군 내에서 확산되듯이, 밈 역시 유전자와 마찬가지로 공동체 내에서 복제를 통해 확산된다.

그러나 문화 전파의 기제를 설명하는 이론으로는 밈 이론보다 의사소통 이론이 더 적절해 보인다. 일례로, 요크셔 지역에 내려오는 독특한 푸딩 요리법은 누군가가 푸딩 만드는 것을 지켜본 후 그것을 그대로 따라 하는 방식으로 전파되었다기보다는 요크셔푸딩 요리법에 대한 부모와 친척, 친구들의 설명을 통해 입에서 입으로 전파되고 공유되었을 가능성이 크다.

생명체의 경우와 달리 문화는 완벽하게 동일한 형태로 전파되지 않는다. 전파된 문화와 그것을 수용한 결과는 큰 틀에서는 비슷하더라도 세부적으로는 다를 수밖에 없다. 다시 말해 요크셔 지방의 푸딩 요리법은 다른 지방의 푸딩 요리법과 변별되는 특색을 지니는 동시에 요크셔 지방 내부에서도 가정이나 개인에 따라 약간씩의 차이를 보인다. 이는 푸딩 요리법의 수신자가 발신자가 전해 준 정보에다 자신의 생각을 덧붙였기 때문인데, 복제의 관점에서 문화의 전파를 설명하는 이론으로는 이와 같은 현상을 설명하기 어렵다. 반면, 의사소통 이론으로는 설명 가능하다. 이에 따르면 사람들은 자신이 들은 이야기를 남에게 전달할 때 들은 이야기에다 자신의 생각을 더해서 그 이야기를 전달하기 때문이다.

① 문화의 전파 기제는 밈 이론보다는 의사소통 이론으로 설명하는 것이 적절하다.

② 의사소통 이론에 따르면 문화의 수용 과정에는 수용 주체의 주관이 개입하지 않는다.

③ 의사소통 이론에 따르면 특정 공동체의 문화는 다른 공동체로 복제를 통해 전파될 수 있다.

④ 요크셔푸딩 요리법이 요크셔 지방의 가정이나 개인에 따라 세부적인 차이를 보이는 현상은 밈 이론에 의해 설명할 수 있다.

정답 및 해설: 해설집 p.11
(문제집 p.274에서 전체 정답표를 확인하실 수 있습니다.)

모바일 자동 채점 + 성적 분석 서비스 바로 가기
QR코드를 이용해 모바일로 간편하게 채점하고 나의 실력이 어느 정도인지, 취약 부분이 어디인지 바로 파악해 보세요!

제한시간 : 20분   시작 ____시 ____분 ~ 종료 ____시 ____분   나의 점수 ____ 회독수 ☐☐☐

---

01 맞춤법에 맞는 것만으로 묶은 것은?

① 돌나물, 꼭지점, 페트병, 낚시꾼
② 흡입량, 구름양, 정답란, 칼럼난
③ 오뚝이, 싸라기, 법석, 딱다구리
④ 찻간(車間), 홧병(火病), 셋방(貰房), 곳간(庫間)

02 ㉠의 단어와 의미가 같은 것은?

> 친구에게 줄 선물을 예쁜 포장지에 ㉠싼다.

① 사람들이 안채를 겹겹이 싸고 있다.
② 사람들은 봇짐을 싸고 산길로 향한다.
③ 아이는 몇 권의 책을 싼 보퉁이를 들고 있다.
④ 내일 학교에 가려면 책가방을 미리 싸 두어라.

03 가장 자연스러운 문장은?

① 날씨가 선선해지니 역시 책이 잘 읽힌다.
② 이렇게 어려운 책을 속독으로 읽는 것은 하늘의 별 따기이다.
③ 내가 이 일의 책임자가 되기보다는 직접 찾기로 의견을 모았다.
④ 그는 시화전을 홍보하는 일과 시화전의 진행에 아주 열성적이다.

04 다음 글의 설명 방식으로 적절하지 않은 것은?

> 빛 공해란 인공조명의 과도한 빛이나 조명 영역 밖으로 누출되는 빛이 인간의 건강하고 쾌적한 생활을 방해하거나 환경에 피해를 주는 상태를 말한다. 국제 과학 저널인 『사이언스 어드밴스』의 '전 세계 빛 공해 지도'에 따르면, 우리나라는 빛 공해가 심각한 국가이다. 빛 공해는 멜라토닌 부족을 초래해 인간에게 수면 부족과 면역력 저하 등의 문제를 유발하고, 농작물의 생산량 저하, 생태계 교란 등의 문제를 일으킨다.

① 빛 공해의 정의를 제시하고 있다.
② 빛 공해의 주요 요인인 인공조명의 누출 원인을 제시하고 있다.
③ 자료를 인용하여 빛 공해가 심각한 국가로 우리나라를 제시하고 있다.
④ 사례를 들어 빛 공해의 악영향을 제시하고 있다.

05 ㉠, ㉡의 사례로 옳은 것만을 짝 지은 것은?

> 용언의 불규칙활용은 크게 ㉠어간만 불규칙하게 바뀌는 부류, ㉡어미만 불규칙하게 바뀌는 부류, 어간과 어미 둘 다 불규칙하게 바뀌는 부류로 나눌 수 있다.

	㉠	㉡
①	걸음이 빠름	꽃이 노람
②	잔치를 치름	공부를 함
③	라면이 불음	합격을 바람
④	우물물을 품	목적지에 이름

06 ⑤~⑧의 의미로 적절하지 않은 것은?

> 二月ㅅ 보로매 아으 노피 ⑤현燈ㅅ블 다호라
> 萬人 비취실 즈싀샷다 아으 動動다리
> 三月 나며 開호 아으 滿春 돌욋고지여
> ㄴ믹 브롤 ⑥즈슬 디녀 나샷다 아으 動動다리
> 四月 아니 ⑥니저 아으 오실셔 곳고리새여
> ⑧므슴다 錄事니믄 녯 나룰 닛고신뎌 아으 動動다리
>
> – 작자 미상, '動動'

① ⑤은 '켠'을 의미한다.
② ⑥은 '모습을'을 의미한다.
③ ⑥은 '잊어'를 의미한다.
④ ⑧은 '무심하구나'를 의미한다.

08 다음 토의에 대한 설명으로 적절하지 않은 것은?

> **사회자:** 오늘의 토의 주제는 '통일 시대의 남북한 언어가 나아갈 길'입니다. 먼저 최○○ 교수님께서 '남북한 언어 차이와 의사소통'이라는 제목으로 발표해 주시겠습니다.
> **최 교수:** 남한과 북한의 말은 비슷하지만 다른 점이 있습니다. 남한과 북한의 어휘 차이가 대표적입니다. 남한과 북한의 어휘 차이를 분석한 결과, 〈중 략〉 앞으로도 남북한 언어 차이에 대한 연구가 지속되어야 합니다.
> **사회자:** 이로써 최 교수님의 발표를 마치겠습니다. 다음은 정○○ 박사님의 '남북한 언어의 동질성 회복 방안'에 대한 발표가 있겠습니다.
> **정 박사:** 앞으로 통일을 대비해 남북한 언어의 다른 점을 줄여 나가는 노력이 필요합니다. 실제로도 남한과 북한의 학자들로 구성된 '겨레말큰사전 편찬위원회'에서는 남북한 공통의 사전인 『겨레말큰사전』을 만들며 서로의 차이를 이해하고 받아들이기 위한 노력을 하고 있습니다. 〈중 략〉
> **사회자:** 그러면 질의응답이 있겠습니다. 시간상 간략하게 질문해 주시기 바랍니다.
> **청중 A:** 두 분의 말씀 잘 들었습니다. 남북한 언어의 차이와 이를 극복하는 방안을 말씀하셨는데요. 그렇다면 통일 시대에 대비한 언어 정책에는 무엇이 있을까요?

① 학술적인 주제에 대해 발표 형식으로 진행되고 있다.
② 사회자는 발표자 간의 이견을 조정하여 의사결정을 유도하고 있다.
③ 발표자는 주제에 대한 자신의 견해를 밝혀 청중에게 정보를 제공하고 있다.
④ 청중 A는 발표자의 발표 내용을 확인하고 주제와 관련된 질문을 하고 있다.

07 한자 표기가 옳은 것은?

① 그분은 냉혹한 현실(現室)을 잘 견뎌 냈다.
② 첫 손님을 야박(野薄)하게 대해서는 안 된다.
③ 그에게서 타고난 승부 근성(謹性)이 느껴진다.
④ 그는 평소 희망했던 기관에 채용(債用)되었다.

09 ㉠ ~ ㉣은 '공손하게 말하기'에 대한 설명이다. ㉠ ~ ㉣을 적용한 B의 대답으로 적절하지 않은 것은?

> ㉠ 자신을 상대방에게 낮추어 겸손하게 말해야 한다.
> ㉡ 상대방의 처지를 고려하여 상대방이 부담을 갖지 않도록 말해야 한다.
> ㉢ 상대방이 관용을 베풀 수 있도록 문제를 자신의 탓으로 돌려 말해야 한다.
> ㉣ 상대방의 의견에서 동의하는 부분을 찾아 인정해 준 다음에 자신의 의견을 말해야 한다.

① ㉠ ┌ A: "이번에 제출한 디자인 시안 정말 멋있었어."
　　　└ B: "아닙니다. 아직도 여러모로 부족한 부분이 많습니다."

② ㉡ ┌ A: "미안해요. 생각보다 길이 많이 막혀서 늦었어요."
　　　└ B: "괜찮아요. 쇼핑하면서 기다리니 시간 가는 줄 몰랐어요."

③ ㉢ ┌ A: "혹시 내가 설명한 내용이 이해 가니?"
　　　└ B: "네 목소리가 작아서 내용이 잘 안 들렸는데 다시 한 번 크게 말해 줄래?"

④ ㉣ ┌ A: "가원아, 경희 생일 선물로 귀걸이를 사주는 것은 어때?"
　　　└ B: "그거 좋은 생각이네. 하지만 경희의 취향을 우리가 잘 모르니까 귀걸이 대신 책을 선물하는 게 어떨까?"

10 하버마스의 주장에 부합하는 사례로 가장 적절한 것은?

> 하버마스는 18세기부터 현대까지 미디어의 등장 배경과 발전 과정을 분석하면서, 공공 영역의 부상과 쇠퇴를 추적했다. 하버마스에게 공공 영역은 일반적 쟁점에 대한 토론과 의견을 형성하는 공공 토론의 민주적 장으로서 역할을 한다.
> 하버마스는 17세기와 18세기 유럽 도시의 살롱에서 당시의 공공 영역을 찾았다. 비록 소수의 사람들만이 살롱 토론 문화에 참여했으나, 공공 토론을 통해 정치적 문제를 해결하는 논리를 도입할 수 있었기 때문에 살롱이 초기 민주주의 발전에 중요한 역할을 했다고 그는 주장한다. 적어도 살롱 문화의 원칙에서 공개적 토론을 위한 공공 영역은 각각의 참석자들에게 동등한 자격을 부여했다.
> 그러나 하버마스에 따르면, 현대 사회에서 민주적 토론은 문화 산업의 발달과 함께 퇴보했다. 대중매체와 대중오락의 보급은 공공 영역이 공허해지는 원인으로 작용했다. 상업적 이해관계는 공공의 이해관계에 우선하게 되었다. 공공 여론은 개방적이고 합리적 토론을 통해서가 아니라 광고에서처럼 조작과 통제를 통해 형성되고 있다.
> 미디어가 점차 상업화되면서 하버마스가 주장한 대로 공공 영역이 침식당하고 있다. 상업화된 미디어는 광고 수입에 기대어 높은 시청률과 수익을 보장하는 콘텐츠 제작만을 선호하게 되었다. 그 결과 공적 주제에 대한 시민들의 논의와 소통의 장이 줄어들어 결과적으로 공공 영역이 축소되었다. 많은 것을 약속한 미디어는 이제 민주주의 문제의 일부로 변해 버린 것이다.

① 살롱 문화에서 특정 사회 계층에 대한 비판적인 토론은 허용되지 않았다.
② 인터넷의 발달과 보급은 상업적 광고뿐만 아니라 공익 광고도 증가시켰다.
③ 글로벌 미디어가 발달하더라도 국제 사회의 공공 영역은 공허해지지 않는다.
④ 수익성 위주의 미디어 플랫폼과 콘텐츠가 더 많아지면서 민주적 토론이 감소되었다.

11 ⊙~⑩의 전개 순서로 가장 자연스러운 것은?

> 폭설, 즉 대설이란 많은 눈이 시간적, 공간적으로 집중
> 되어 내리는 현상을 말한다.
> ⊙ 그런데 눈은 한 시간 안에 5 cm 이상 쌓일 수 있어 순
> 식간에 도심 교통을 마비시키는 위력을 가지고 있다.
> ⓛ 또한, 경보는 24시간 신적설이 20 cm 이상 예상될 때
> 이다.
> ⓒ 다만, 산지는 24시간 신적설이 30 cm 이상 예상될 때
> 발령된다.
> ⓔ 이때 대설의 기준으로 주의보는 24시간 새로 쌓인 눈이
> 5 cm 이상이 예상될 때이다.
> ⑩ 이뿐만 아니라 운송, 유통, 관광, 보험을 비롯한 서비스
> 업종과 사회 전반에 영향을 미친다.

① ⊙ - ⑩ - ⓛ - ⓒ - ⓔ
② ⊙ - ⓔ - ⑩ - ⓒ - ⓛ
③ ⓔ - ⓛ - ⓒ - ⊙ - ⑩
④ ⓔ - ⊙ - ⑩ - ⓒ - ⓛ

12 다음 글의 사례로 적절하지 않은 것은?

> 인간은 언어를 사용하며 언어는 인간의 사고, 사회, 문
> 화를 반영한다. 인간의 지적 능력이 발달하게 된 것은 바
> 로 언어를 사용하기 때문이다.
> 언어와 사고는 기본적으로 상호작용을 한다. 둘 중 어느
> 것이 먼저 발달하고 어떻게 영향을 주는지는 알 수 없다.
> 그러나 언어와 사고가 서로 깊은 관계를 맺고 있다는 사실
> 은 여러 가지 근거를 통해서 뒷받침된다.

① 영어의 '쌀(rice)'에 해당하는 우리말에는 '모', '벼', '쌀',
'밥' 등이 있다.
② 어떤 사람은 산도 파랗다고 하고, 물도 파랗다고 하고, 보
행 신호의 녹색등도 파랗다고 한다.
③ 일상생활에서 어떠한 사물의 개념은 머릿속에서 맴도는데
도 그 명칭을 떠올리지 못할 때가 있다.
④ 우리나라는 수박(watermelon)은 '박'의 일종으로 보지만 어
떤 나라는 '멜론(melon)'에 가까운 것으로 파악한다.

13 다음 글의 주된 서술 방식은?

> 변지의가 천 리 길을 마다하지 않고 나를 찾아왔다. 내
> 가 그 뜻을 물었더니, 문장 공부를 하기 위해 나를 찾아왔
> 다고 했다. 때마침 이날 우리 아이들이 나무를 심었기에 그
> 나무를 가리켜 이렇게 말해 주었다.
> "사람이 글을 쓰는 것은 나무에 꽃이 피는 것과 같다. 나
> 무를 심는 사람은 가장 먼저 뿌리를 북돋우고 줄기를 바로
> 잡는 일에 힘써야 한다. 〈중 략〉 나무의 뿌리를 북돋아 주
> 듯 진실한 마음으로 온갖 정성을 쏟고, 줄기를 바로잡듯 부
> 지런히 실천하며 수양하고, 진액이 오르듯 독서에 힘쓰고,
> 가지와 잎이 돋아나듯 널리 보고 들으며 두루 돌아다녀야
> 한다. 그렇게 해서 깨달은 것을 헤아려 표현한다면 그것이
> 바로 좋은 글이요, 사람들이 칭찬을 아끼지 않는 훌륭한 문
> 장이 된다. 이것이야말로 참다운 문장이라고 할 수 있다."

① 서사   ② 분류
③ 비유   ④ 대조

14 다음 글에 대한 이해로 적절하지 않은 것은?

언어마다 고유의 표기 체계가 있는데, 이는 읽기 과정에 영향을 미친다. 알파벳 언어는 표기 체계에 따라 철자 읽기의 명료성 수준이 달라진다. 철자 읽기가 명료하다는 것은 한 글자에 대응되는 소리가 규칙적이어서 글자와 소리의 대응이 거의 일대일이라는 것을 의미한다. 그 예로 이탈리아어와 스페인어가 있다. 이 두 언어의 사용자는 의미를 전혀 모르는 새로운 단어를 발견하더라도 보자마자 정확한 발음을 할 수 있다. 이에 비해 영어는 철자 읽기의 명료성이 낮은 언어이다. 영어는 발음이 아예 나지 않는 묵음과 같은 예외도 많은 편이고 글자에 대응하는 소리도 매우 다양하다.

한편 알파벳 언어를 읽을 때 사용하는 뇌의 부위는 유사하지만 뇌의 부위에 의존하는 방식에는 차이가 있다. 영어와 이탈리아어를 읽는 사람은 동일하게 좌반구의 읽기 네트워크를 사용한다. 하지만 무의미한 단어를 읽을 때 영어를 읽는 사람은 암기된 단어의 인출과 연관된 뇌 부위에 더 의존하는 반면 이탈리아어를 읽는 사람은 음운 처리에 연관된 뇌 부위에 더 의존한다. 왜냐하면 무의미한 단어를 읽을 때 이탈리아어를 읽는 사람은 규칙적인 음운 처리 규칙을 적용하는 반면에, 영어를 읽는 사람은 암기해 둔 수많은 예외들을 떠올리기 때문이다.

① 알파벳 언어의 철자 읽기는 소리와 표기의 대응과 관련되는데, 각 소리가 지닌 특성은 철자 읽기의 명료성을 판단하는 기준이 된다.
② 영어 사용자는 무의미한 단어를 읽을 때 좌반구의 읽기 네트워크를 활용하면서 암기된 단어의 인출과 연관된 뇌 부위에 더욱 의존한다.
③ 이탈리아어는 소리와 글자의 대응이 규칙적이어서 낯선 단어를 발음할 때 영어에 비해 철자 읽기의 명료성이 높다.
④ 영어는 음운 처리 규칙에 적용되지 않는 예외들이 많아서 스페인어에 비해 소리와 글자의 대응이 덜 규칙적이다.

15 (가) ~ (라)에 대한 이해로 적절하지 않은 것은?

(가) 반중(盤中) 조홍(早紅)감이 고아도 보이느다
유자 아니라도 품엄즉도 ᄒ다마는
품어 가 반기리 업슬새 글노 설워ᄒ느이다

(나) 동짓들 기나긴 밤을 한 허리를 버혀 내여
춘풍 니불 아래 서리서리 너헛다가
어론 님 오신 날 밤이여든 구뷔구뷔 펴리라

(다) 말 업슨 청산(靑山)이오 태(態) 업슨 유수(流水)로다
갑 업슨 청풍(淸風)이오 님즈 업슨 명월(明月)이로다
이 중에 병 업슨 이 몸이 분별 업시 늘그리라

(라) 농암(籠巖)에 올라보니 노안(老眼)이 유명(猶明)이로다
인사(人事)이 변ᄒᆫᆫᄃᆞᆯ 산천이쏜 가 샐가
암전(巖前)에 모수 모구(某水 某丘)이 어제 본 돗ᄒ예라

① (가)는 고사의 인용을 통해 돌아가신 부모님에 대한 그리움을 표현하고 있다.
② (나)는 의태적 심상을 통해 임에 대한 기다림을 표현하고 있다.
③ (다)는 대구와 반복을 통해 자연에 귀의하려는 의지를 표현하고 있다.
④ (라)는 자연과의 대조를 통해 허약해진 노년의 무력함을 표현하고 있다.

16 다음 글에 대한 이해로 가장 적절한 것은?

암소의 뿔은 수소의 그것보다도 한층 더 겸허하다. 이 애상적인 뿔이 나를 받을 리 없으니 나는 마음 놓고 그 곁 풀밭에 가 누워도 좋다. 나는 누워서 우선 소를 본다.

소는 잠시 반추를 그치고 나를 응시한다.

'이 사람의 얼굴이 왜 이리 창백하냐. 아마 병인가 보다. 내 생명에 위해를 가하려는 거나 아닌지 나는 조심해야 되지.'

이렇게 소는 속으로 나를 심리하였으리라. 그러나 오 분 후에는 소는 다시 반추를 계속하였다. 소보다도 내가 마음을 놓는다.

소는 식욕의 즐거움조차를 냉대할 수 있는 지상 최대의 권태자다. 얼마나 권태에 지질렸길래 이미 위에 들어간 식물을 다시 게워 그 시큼털털한 반소화물의 미각을 역설적으로 향락하는 체해 보임이리오?

소의 체구가 크면 클수록 그의 권태도 크고 슬프다. 나는 소 앞에 누워 내 세균 같이 사소한 고독을 겸손하면서 나도 사색의 반추는 가능할는지 불가능할는지 몰래 좀 생각해 본다.

－ 이상, '권태'

① 대상의 행위를 통해 글쓴이의 심리가 투사되고 있다.
② 과거의 삶을 회상하며 글쓴이의 처지를 후회하고 있다.
③ 공간의 이동을 통해 글쓴이의 무료함을 표현하고 있다.
④ 현실에 대한 글쓴이의 불만이 반성적 어조로 표출되고 있다.

17 다음 글에서 '황거칠'이 처한 상황에 어울리는 한자 성어로 가장 적절한 것은?

> 황거칠 씨는 더 참을 수가 없었다. 그는 거의 발작적으로 일어섰다.
> "이 개 같은 놈들아, 어쩌면 남이 먹는 식수까지 끊으려노?"
> 그는 미친 듯이 우르르 달려가서 한 인부의 괭이를 억지로 잡아서 저만큼 내동댕이쳤다. 〈중 략〉
> 경찰은 발포를―다행히 공포였지만―해서 겨우 군중을 해산시키고, 황거칠 씨와 청년 다섯 명을 연행해 갔다. 물론 강제집행도 일시 중단되었었다.
> 경찰에 끌려간 사람들은 밤에도 풀려나오지 못했다. 공무집행 방해에다, 산주의 권리행사 방해, 그리고 폭행죄까지 뒤집어쓰게 되었던 것이다. 그래서 그 이튿날도 풀려 나오질 못했다. 쌍말로 썩어 갔다.
> 황거칠 씨는 모든 죄를 자기가 안아맡아서 처리하려고 했다. 그러나 그것이 뜻대로 되지 않았다. 면회를 오는 가족들의 걱정스런 얼굴을 보자, 황거칠 씨는 가슴이 아팠다. 그는 만부득이 담당 경사의 타협안에 도장을 찍기로 했다. 석방의 조건으로서, 다시는 강제집행을 방해하지 않겠다는 각서였다.
> 이리하여 황거칠 씨는 애써 만든 산수도를 포기하게 되고 '마삿등'은 한때 도로 물 없는 지대가 되고 말았다.
>
> ― 김정한, '산거족'

① 同病相憐　　　② 束手無策
③ 自家撞着　　　④ 輾轉反側

18 다음 글의 특징으로 가장 적절한 것은?

> 살아가노라면
> 가슴 아픈 일 한두 가지겠는가
>
> 깊은 곳에 뿌리를 감추고
> 흔들리지 않는 자기를 사는 나무처럼
> 그걸 사는 거다
>
> 봄, 여름, 가을, 긴 겨울을
> 높은 곳으로
> 보다 높은 곳으로, 쉬임 없이
> 한결같이
>
> 사노라면
> 가슴 상하는 일 한두 가지겠는가　　　― 조병화, '나무의 철학'

① 문답법을 통해 과거의 삶을 반추하고 있다.
② 반어적 표현을 활용하여 슬픔의 정서를 나타내고 있다.
③ 사물을 의인화하여 현실을 목가적으로 보여 주고 있다.
④ 설의적 표현을 활용하여 삶의 깨달음을 강조하고 있다.

19 ㉠에 들어갈 말로 가장 적절한 것은?

> 한 민족이 지닌 문화재는 그 민족 역사의 누적일 뿐 아니라 그 누적된 민족사의 정수로서 이루어진 혼의 상징이니, 진실로 살아 있는 민족적 신상(神像)은 이를 두고 달리 없을 것이다. 더구나 국보로 선정된 문화재는 우리 민족의 성력(誠力)과 정혼(精魂)의 결정으로 그 우수한 질과 희귀한 양에서 무비(無比)의 보(寶)가 된 자이다. 그러므로 국보 문화재는 곧 민족 전체의 것이요, 민족을 결속하는 정신적 유대로서 민족의 힘의 원천이라 할 것이다.
> 로마는 하루아침에 만들어지지 않는다는 말도 그 과거 문화의 존귀함을 말하는 것이요, (　　　㉠　　　)는 말도 국보 문화재가 얼마나 힘 있는가를 밝힌 예증이 된다.

① 구르는 돌에는 이끼가 끼지 않는다
② 지식은 나눌 수 있지만 지혜는 나눌 수 없다
③ 사람은 겪어 보아야 알고 물은 건너 보아야 안다
④ 그 무엇을 내놓는다고 해도 셰익스피어와는 바꾸지 않는다

20 다음 글에서 추론한 내용으로 적절하지 않은 것은?

　과학의 개념은 분류 개념, 비교 개념, 정량 개념으로 구분할 수 있다. 식물학과 동물학의 종, 속, 목처럼 분명한 경계를 가지고 대상들을 분류하는 개념들이 분류 개념이다. 어린이들이 맨 처음에 배우는 단어인 '사과', '개', '나무' 같은 것 역시 분류 개념인데, 하위 개념으로 분류할수록 그 대상에 대한 정보가 더 많이 전달된다. 또한, 현실 세계에 적용 대상이 하나도 없는 분류 개념도 있을 수 있다. 예를 들어 '유니콘'이라는 개념은 '이마에 뿔이 달린 말의 일종임' 같은 분명한 정의가 있기에 '유니콘'은 분류 개념으로 인정되는 것이다.

　'더 무거움', '더 짧음' 등과 같은 비교 개념은 분류 개념보다 설명에 있어서 정보 전달에 더 효과적이다. 이것은 분류 개념처럼 자연의 사실에 적용되어야 하지만, 분류 개념과 달리 논리적 관계도 반드시 성립해야 한다. 예를 들면, 대상 A의 무게가 대상 B의 무게보다 더 무겁다면, 대상 B의 무게가 대상 A의 무게보다 더 무겁다고 말할 수 없는 것처럼 '더 무거움' 같은 비교 개념은 논리적 관계를 반드시 따라야 한다.

　마지막으로 정량 개념은 비교 개념으로부터 발전된 것인데, 이것은 자연의 사실로부터 파악할 수 있는 물리량을 측정함으로써 만들어진다. 물리량을 측정하기 위해서는 몇 가지 규칙이 필요한데, 그 규칙에는 두 물리량의 크기를 비교하는 경험적 규칙과 물리량의 측정 단위를 정하는 규칙 등이 포함된다. 이러한 정량 개념은 자연에 의해서 주어지는 것이 아니라 우리가 자연현상에 수를 적용하는 과정에서 생겨나는 것이다. 정량 개념은 과학의 언어를 수많은 비교 개념 대신 수를 사용할 수 있게 하여 과학 발전의 기초가 되었다.

① '호랑나비'는 '나비'와 동일한 종에 속하지만, 나비에 비해 정보량이 적다.
② '용(龍)'은 현실 세계에 적용할 수 있는 지시물이 없더라도 분류 개념으로 인정된다.
③ '꽃'이나 '고양이'와 같은 개념은 논리적 관계를 따라야 하는 것은 아니기 때문에 비교 개념에 포함되지 않는다.
④ 물리량을 측정할 수 있는 'cm'나 'kg'과 같은 측정 단위는 자연현상에 수를 적용할 수 있게 해 주었다.

정답 및 해설: 해설집　p.16
(문제집 p.274에서 전체 정답표를 확인하실 수 있습니다.)

모바일 자동 채점 + 성적 분석 서비스 바로 가기
QR코드를 이용해 모바일로 간편하게 채점하고 나의 실력이 어느 정도인지, 취약 부분이 어디인지 바로 파악해 보세요!

01 안긴문장이 없는 것은?

① 나는 동생이 시험에 합격하기를 고대한다.
② 착한 영호는 언제나 친구들을 잘 도와준다.
③ 해진이는 울산에 살고 초희는 광주에 산다.
④ 아버지께서는 나에게 내일 가족 여행을 가자고 말씀하셨다.

02 밑줄 친 부분이 바르게 쓰이지 않은 것은?

① 지금쯤 골아떨어졌겠지?
② 그 친구, 생각이 깊던데 책깨나 읽었겠어.
③ 갖은 곤욕과 모멸과 박대는 각오한 바이다.
④ 김 과장은 그러고 나서 서류를 보완해 달라고 했다.

03 문장 성분의 호응이 자연스러운 것은?

① 내가 강조하고 싶은 점은 우리가 고유 언어를 가졌다.
② 좋은 사람과 대화하며 함께한 일은 즐거운 시간이었다.
③ 내 생각은 집을 사서 이사하는 것이 좋겠다고 결정했다.
④ 그는 내 생각이 옳지 않다고 여러 사람 앞에서 말을 하였다.

04 ㉠~㉣의 고쳐 쓰기 방안으로 적절하지 않은 것은?

㉠ 공사하는 기간 동안 안전사고가 일어나지 않도록 유의해 주십시오.
㉡ 오늘 오후에 팀 전체가 모여 회의를 갖겠습니다.
㉢ 비상문이 열려져 있어 신속하게 대피할 수 있었다.
㉣ 지난밤 검찰은 그를 뇌물 수수 혐의로 구속했다.

① ㉠: '기간'과 '동안'은 의미가 중복되므로 '공사하는 기간 동안'은 '공사하는 동안'으로 고쳐 쓴다.
② ㉡: '회의를 갖겠습니다'는 번역 투이므로 '회의하겠습니다'로 고쳐 쓴다.
③ ㉢: '열려져'는 '-리-'와 '-어지다'가 결합한 이중 피동 표현이므로 '열려'로 고쳐 쓴다.
④ ㉣: 동작의 대상에게 행위의 효력이 미친다는 의미를 제시해야 하므로 '구속했다'는 '구속시켰다'로 고쳐 쓴다.

05 ㉠~㉣을 사전에 올릴 때 '한글 맞춤법 규정'에 따른 순서로 적절한 것은?

㉠ 곬   ㉡ 규탄
㉢ 곳간   ㉣ 광명

① ㉠ → ㉢ → ㉡ → ㉣
② ㉠ → ㉢ → ㉣ → ㉡
③ ㉢ → ㉠ → ㉡ → ㉣
④ ㉢ → ㉠ → ㉣ → ㉡

06 밑줄 친 말의 의미와 거리가 먼 것은?

> ○ 넌 얼마나 오지랖이 넓기에 남의 일에 그렇게 미주알고주알 캐는 거냐?
>
> ○ 강쇠네는 입이 재고 무슨 일에나 오지랖이 넓었지만, 무작정 덤벙거리고만 다니는 새줄랑이는 아니었다.

① 謁見   ② 干涉

③ 參見   ④ 干與

07 다음 글에 대한 이해로 적절하지 않은 것은?

> 천국에 사는 사람들은 지옥을 생각할 필요가 없다. 그러나 우리 다섯 식구는 지옥에 살면서 천국을 생각했다. 단 하루라도 천국을 생각해 보지 않은 날이 없다. 하루하루의 생활이 지겨웠기 때문이다. 우리의 생활은 전쟁과 같았다. 우리는 그 전쟁에서 날마다 지기만 했다.
>
> 아버지가 평생을 통해 해 온 일은 다섯 가지이다. 채권 매매, 칼 갈기, 고층 건물 유리 닦기, 펌프 설치하기, 수도 고치기이다. 이 일들만 해 온 아버지가 갑자기 다른 일을 하겠다고 했다. 서커스단의 일이었다. 아버지는 처음 보는 꼽추 한 사람을 데리고 와 여러 가지 이야기를 했다. 처음 얼마 동안은 그의 조수로 일하면 된다고 했다. 두 사람은 자기들이 무대 위에서 해야 할 연기에 대해 이야기했다. 그러자 어머니가 아버지에게 대들었다. 우리들도 아버지를 성토했다. 아버지는 힘없이 물러섰다. 꼽추는 멍하니 앉아 우리를 보았다. 꼽추는 눈물이 핑 돌아 돌아갔다. 그의 뒷모습은 아주 쓸쓸해 보였다. 아버지의 꿈은 깨어졌다. 아버지는 무거운 부대를 메고 다시 일을 찾아 나갔다. 〈중 략〉

어머니가 울었다. 어머니는 인쇄소 제본 공장에 나가 접지일을 했다. 고무 골무를 끼고 인쇄물을 접었다. 나는 겁이 났다. 나는 인쇄소 공무부 조역으로 출발했다. 땀을 흘리지 않고는 아무것도 얻을 수 없다는 것을 뒤늦게 알았다. 영호와 영희도 몇 달 간격을 두고 학교를 그만두었다. 마음이 차라리 편해졌다. 우리를 해치는 사람은 없었다. 우리는 보이지 않는 보호를 받고 있었다. 남아프리카의 어느 원주민들이 일정한 구역 안에서 보호를 받듯이 우리도 이질 집단으로서 보호를 받았다. 나는 우리가 이 구역 안에서 한 걸음도 밖으로 나갈 수 없다는 것을 깨달았다. 나는 조역, 공목, 약물, 해판의 과정을 거쳐 정판에서 일했다. 영호는 인쇄에서 일했다. 나는 우리가 한 공장에서 일하는 것이 싫었다. 영호도 마찬가지였다. 그래서 영호는 먼저 철공소 조수로 들어가 잔심부름을 했다. 가구 공장에서도 일했다. 그 공장에 가 일하는 영호를 보았다. 뿌얀 톱밥 먼지와 소음 속에 서 있는 작은 영호를 보고 나는 그만두라고 했다. 인쇄 공장의 소음도 무서운 것이었으나 그곳에는 톱밥 먼지가 없었다. 우리는 죽어라 하고 일했다. 우리의 팔목은 공장 안에서 굵어 갔다. 영희는 그때 큰길가 슈퍼마켓 한쪽에 자리 잡은 빵집에서 일했다. 우리가 고맙게 생각한 것은 환경이 깨끗하다는 것 하나뿐이었다.

우리는 무슨 일이 있든 공부는 해야 한다고 생각했다. 공부를 하지 않고는 우리 구역에서 벗어날 수가 없다고 생각했다. 세상은 공부를 한 자와 못 한 자로 너무나 엄격하게 나누어져 있었다. 끔찍할 정도로 미개한 사회였다. 우리가 학교 안에서 배운 것과는 정반대로 움직였다. 나는 무슨 책이든 손에 잡히는 대로 읽었다. 정판에서 식자로 올라간 다음에는 일을 하다 말고 원고를 읽는 버릇까지 생겼다. 동생들에게 필요하다고 느껴지는 것은 판을 들고 가 몇 벌씩 교정쇄를 내기도 했다. 영호와 영희는 나의 말을 잘 들었다. 내가 가져다준 교정쇄를 동생들은 열심히 읽었다. 실제로 우리가 이 노력으로 잃은 것은 하나도 없었다. 나는 고입 검정고시를 거쳐 방송 통신 고교에 입학했다.

– 조세희, '난장이가 쏘아 올린 작은 공'

① '우리 다섯 식구'는 생존을 위해 애쓰지만 윤택한 삶을 누리기 어려운 처지에 있다.

② '아버지'는 가족들의 바람을 수용하여, 평생 해 온 일을 그만두고 새로운 일을 시작하기로 결심한다.

③ '보이지 않는 보호'는 말 그대로의 보호라기보다는 벗어날 수 없는 계층적 한계를 의미한다고 할 수 있다.

④ '우리'는 자신들의 '구역'에서 벗어날 길을 '공부를 한 자'가 됨으로써 찾을 수 있다고 여긴다.

08 글쓴이의 견해에 부합하지 않는 것은?

사물 인터넷(IoT, Internet of Things)의 정의로 '수십 억 개의 사물이 서로 연결되는 것'이라고 설명하는 것은 그리 유용하지 않다. 사물 인터넷이 무엇인지 이해하기 위해서는 '사물'에서 출발하기보다는 '인터넷'에서 출발하는 것이 좋다. 인터넷이 전 세계의 컴퓨터를 서로 소통하도록 만든다는 생각이 실현된 것이라면, 사물 인터넷은 이제 전 세계의 사물들을 '컴퓨터로 만들어' 서로 소통하도록 만든다는 생각을 실현하는 것이다. 컴퓨터는 본래 전원이 있고 칩이 있고, 이것이 통신 장치와 프로토콜을 갖게 되어 연결된 것이다. 그렇다면 이제는 전원이 있었던 전자 기기나 기계 등은 그 자체로, 전원이 없었던 일반 사물들은 새롭게 센서와 배터리, 통신 모듈이 부착되면서 컴퓨터가 되고 이렇게 컴퓨터가 된 사물들이 그들 간에 또는 인간의 스마트 기기와 네트워크로 연결되는 것이다.

현재의 인터넷과 사물 인터넷의 차이를, 혹자는 사람이 개입되는 것은 사물 인터넷이 아니라고 이야기하면서 엄격한 M2M(Machine to Machine)이라는 개념에 근거해 설명한다. 또 혹자는 사물 인터넷이 실현되려면 사람만큼 사물이 판단할 수 있어야 한다고 주장하면서 사물의 지능성을 중요시하는 경우도 있는데, 두 가지 모두 그릇된 것이다. 사물 인터넷을 제대로 이해하려면 기존 인터넷과의 차이점에 주목하기보다는 오히려 공통점을 인식하는 것이 더 중요하다. 컴퓨터를 서로 연결하는 수준에서 출발한 것이 기존의 인터넷이라면, 이제는 사물 각각이 컴퓨터가 되고, 그 사물들이 사람과 손쉽게 닿는 스마트폰, 스마트 워치 등과 서로 소통하는 것이다.

① 사물 인터넷의 개념을 파악하기 위해서는 기존 인터넷과의 공통점을 이해하는 것이 필요하다.
② 센서와 배터리, 통신 모듈 등을 갖춘 사물들이 네트워크로 연결되어 사물 인터넷으로 기능한다.
③ 사물 인터넷은 사람 수준의 지능을 가진 사물들이 네트워크상에서 인간의 개입 없이 서로 소통하는 것으로 정의된다.
④ 사물 인터넷은 컴퓨터가 아니었던 사물도 네트워크로 연결될 수 있다는 점에서 기존의 인터넷과 다르다.

09 〈보기〉는 다음 한시에 대한 감상이다. ㉠~㉣ 중 적절하지 않은 것은?

白犬前行黃犬隨	흰둥이가 앞서고 누렁이는 따라가는데
野田草際塚纍纍	들밭머리 풀섶에는 무덤이 늘어서 있네
老翁祭罷田間道	늙은이가 제사를 끝내고 밭 사이 길로 들어서자
日暮醉歸扶小兒	해 저물어 취해 돌아오는 길을 아이가 부축하네

－ 이달, '제총요'

보기
이달(李達, 1561~1618)이 살았던 시기를 고려할 때, 시인은 임진왜란을 겪었을 것이라 추정된다. ㉠이 시는 해 질 무렵 두 사람이 제사를 지낸 뒤 집으로 돌아오는 상황을 노래하고 있다. ㉡이 시에서 무덤이 들밭머리에 늘어서 있다는 것은 전란을 겪은 마을에서 많은 이들이 갑작스러운 죽음을 맞이했음을 의미한다고 할 것이다. 여기 등장하는 늙은이와 아이는 할아버지와 손자의 관계로 파악할 수 있다. 아마도 이들은 아이의 부모이자 할아버지의 자식에 해당하는 이의 무덤에 다녀오는 길일 것이다. ㉢할아버지가 취한 까닭도 죽은 이에 대한 안타까움과 속상함 때문일 것이다. ㉣이 시는 전반부에서는 그림을 그리듯이 장면을 묘사하고 후반부에서는 정서를 표출하는 선경후정의 형식을 취하고 있다.

① ㉠　　　　② ㉡
③ ㉢　　　　④ ㉣

10 ㉠~㉣의 한자 표기로 옳은 것은?

과학사를 들춰 보면 기존의 학문 체계에 ㉠도전했다가 낭패를 본 인물들의 이야기를 자주 만날 수 있다. 대표적인 인물이 천동설을 부정하고 지동설을 주장한 갈릴레이이다. 천동설을 ㉡지지하던 당시의 권력층은 그들의 막강한 힘을 이용하여 갈릴레이를 신의 권위에 도전하는 이단자로 욕하고 목숨까지 위협했다. 갈릴레이가 영원한 ㉢침묵을 ㉣맹세하지 않고 계속 지동설을 주장했더라면 그는 단두대의 이슬로 사라졌을지도 모른다.

① ㉠ 逃戰　　　　② ㉡ 持地
③ ㉢ 浸黙　　　　④ ㉣ 盟誓

11 다음 대화에서 '정민'의 의사소통 방식으로 가장 적절한 것은?

> 상수: 요즘 짝꿍이랑 사이가 별로야.
>
> 정민: 왜? 무슨 일이 있었어?
>
> 상수: 그 애가 내 일에 자꾸 끼어들어. 사물함 정리부터 내 걸음걸이까지 하나하나 지적하잖아.
>
> 정민: 그런 일이 있었구나. 짝꿍한테 그런 말을 해 보지 그랬어.
>
> 상수: 해 봤지. 하지만 그때뿐이야. 아마 나를 자기 동생처럼 여기나 봐.
>
> 정민: 나도 그런 적이 있어. 작년의 내 짝꿍도 나한테 무척이나 심했거든. 자꾸 끼어들어서 너무 힘들었어. 네 얘기를 들으니 그때가 다시 생각난다. 그런데 생각을 바꿔 보니 그게 관심이다 싶더라고. 그랬더니 마음이 좀 편해졌어. 그리고 짝꿍과 솔직하게 얘기를 해 봤더니, 그 애도 자신의 잘못된 점을 고치더라고.
>
> 상수: 너도 그랬구나. 나도 생각을 바꾸려고 노력해 보고, 짝꿍하고 진술한 대화를 나눠 봐야겠어.

① 상대방의 입장을 고려해 용서함으로써 갈등을 해결하고 있다.

② 자신의 경험을 들어 상대방이 해결점을 찾을 수 있도록 돕고 있다.

③ 상대방의 약점을 비판하면서 자신의 장점을 최대한 부각하고 있다.

④ 상대방이 말하는 내용을 경청하면서 그 타당성을 평가하고 있다.

12 다음에서 제시한 글의 전개 방식의 예로 가장 적절한 것은?

> '인과'는 원인과 결과를 서술하는 전개 방식이다. 어떤 현상이나 결과가 나타나게 된 원인이나 힘을 제시하고 그로 말미암아 초래된 결과를 나타내는 서술 방식이다.

① 온실 효과로 지구의 기온이 상승할 때 가장 심각한 영향은 해수면의 상승이다. 이러한 현상은 바다와 육지의 비율을 변화시켜 엄청난 기후 변화를 유발하며, 게다가 섬나라나 저지대는 온통 물에 잠기게 된다.

② 이 사회의 경제는 모두가 제로섬 요소로 구성되어 있다. 제로섬(zero-sum)이란 어떤 수를 합해서 제로가 된다는 뜻이다. 어떤 운동 경기를 한다고 할 때 이기는 사람이 있으면 반드시 지는 사람이 있게 마련이다.

③ 다음날도 찬호는 학교 담을 따라 돌았다. 그리고 고무신을 벗어 한 손에 한 짝씩 쥐고는 고양이 걸음으로 보초의 뒤를 빠져 팽이처럼 교문 안으로 뛰어들었다.

④ 벼랑 아래는 빽빽한 소나무 숲에 가려 보이지 않았다. 새털구름이 흩어진 하늘 아래 저 멀리 논과 밭, 강을 선물 세트처럼 끼고 들어앉은 소읍의 전경은 적막해 보였다.

13 다음 진행자 'A'의 대화 진행 전략으로 적절하지 않은 것은?

> A: 여러분, 안녕하세요? 한 지방 자치 단체가 의료 취약 계층을 위한 의약품 공급 정보망 구축 사업을 진행해 오고 있는데요. 오늘은 그 관계자 한 분을 모시고 말씀을 들어 보기로 하겠습니다. 과장님, 안녕하세요?
>
> B: 네, 안녕하세요.
>
> A: 의약품 공급 정보망이라는 말이 다소 생소한데 이게 무슨 말인가요?
>
> B: 네, 약국이나 제약 회사가 의약품을 저희에게 기탁하면, 이 약품을 필요한 사회 복지 시설이나 국내외 의료 봉사 단체에 무상으로 줄 수 있도록 연결하는 사이버상의 네트워크입니다.
>
> A: 그렇군요. 그동안 이 사업에 성과가 있었다면 그럴 만한 이유가 있을 텐데요. 이에 대해 말씀해 주세요.
>
> B: 그렇습니다. 약국이나 제약 회사에서는 판매되지 않은 의약품을 기탁하고 세금 혜택을 받습니다. 그리고 복지 시설이나 봉사 단체에서는 필요한 의약품을 무상으로 지원받을 수 있습니다.
>
> A: 그렇군요. 혹시 이 사업에 걸림돌은 없나요?
>
> B: 의약품을 의사의 처방에 따라서 주는 것이 아니라 수요자가 요구하면 주는 방식이어서 전문 의약품을 제공하는 과정에 어려움이 있습니다. 처방전 발급을 부탁할 수도 없고……
>
> A: 그러니까 앞으로 이런 문제를 해결하기 위한 제도 정비나 의료 전문가의 지원이 좀 더 필요하다는 말씀인 것 같군요. 끝으로 이 사업에 참여하려면 어떻게 해야 하나요?
>
> B: 그건 생각보다 쉽습니다. 저희 홈페이지에 접속하셔서 회원으로 가입하시면 기부하실 때나 받으실 때나 모두 쉽게 참여하실 수 있습니다.
>
> A: 네, 간편해서 좋군요. 모쪼록 이 의약품 공급 정보망 사업이 확대되어 국내외 의료 취약 계층에 많은 도움이 되기를 바랍니다. 감사합니다.

① 상대방의 말을 들었다는 반응을 보인다.

② 상대방의 대답에서 모순점을 찾아 논리적으로 대응한다.

③ 대화의 화제가 된 일을 홍보할 수 있는 대답을 유도한다.

④ 상대방의 말을 대화의 흐름에 맞게 해석하여 상대방의 말을 보충한다.

14 다음 글에 대한 이해로 가장 적절한 것은?

용왕의 아들 이목(璃目)은 항상 절 옆의 작은 연못에 있으면서 남몰래 보양(寶壤) 스님의 법화(化化)를 도왔다. 문득 어느 해에 가뭄이 들어 밭의 곡식이 타들어 가자 보양 스님이 이목을 시켜 비를 내리게 하니 고을 사람들이 모두 흡족히 여겼다. 하늘의 옥황상제가 장차 하늘의 뜻을 모르고 비를 내렸다 하여 이목을 죽이려 하였다. 이목이 보양 스님에게 위급함을 아뢰자 보양 스님이 이목을 침상 밑에 숨겨 주었다. 잠시 후에 옥황상제가 보낸 천사(天使)가 뜰에 이르러 이목을 내놓으라고 하였다. 보양 스님이 뜰 앞의 배나무[梨木]를 가리키자 천사가 배나무에 벼락을 내리고 하늘로 올라갔다. 그 바람에 배나무가 꺾어졌는데 용이 쓰다듬자 곧 소생하였다(일설에는 보양 스님이 주문을 외워 살아났다고 한다). 그 나무가 근래에 땅에 쓰러지자 어떤 이가 빗장 막대기로 만들어 선법당(善法堂)과 식당에 두었다. 그 막대기에는 글귀가 새겨져 있다.   – 일연, '삼국유사'

① 천사의 벼락을 맞은 배나무는 저절로 소생했다.
② 천사는 이목을 죽이려다 실수로 배나무에 벼락을 내렸다.
③ 벼락 맞은 배나무로 만든 막대기가 글쓴이의 당대까지 전해졌다.
④ 제멋대로 비를 내린 보양 스님을 벌하려고 옥황상제가 천사를 보냈다.

15 ㉠에 들어갈 주장으로 가장 적절한 것은?

경상 지역 방언을 쓰는 사람들은 대체로 'ㅓ'와 'ㅡ'를 구별하지 못한다. 이들은 '증표(證票)'나 '정표(情表)'를 구별하여 듣지 못할 뿐만 아니라 구별하여 발음하지 못하기 십상이다. 또 이들은 'ㅅ'과 'ㅆ'을 구별하지 못하는 경우가 많다. 따라서 이들은 '살밥을 많이 먹어서 쌀이 많이 쪘다'고 말하든 '쌀밥을 많이 먹어서 살이 많이 쪘다'고 말하든 쉽게 그 차이를 알지 못한다. 한편 평안도 및 전라도와 경상도의 일부에서는 'ㅗ'와 'ㅓ'를 제대로 분별해서 발음하지 않는 경우가 종종 있다. 평안도 사람들의 'ㅈ' 발음은 다른 지역의 'ㄷ' 발음과 매우 비슷하다. 이처럼 (㉠   )

① 우리말에는 지역마다 다양한 소리가 있다.
② 우리말은 지역에 따라 다양한 표준 발음법이 있다.
③ 우리말에는 지역에 따라 구별되지 않는 소리가 있다.
④ 자음보다 모음을 변별하지 못하는 지역이 더 많이 있다.

16 글의 통일성을 고려할 때 ㉠에 들어갈 문장으로 가장 적절한 것은?

기술 혁신의 상징으로 화려하게 등장한 이후 글로벌 아이콘이 됐던 소위 스마트폰이 그 진화의 한계에 봉착한 듯하다. 게다가 최근 들어 중국 업체들의 성장세가 만만치 않은 상황이 펼쳐지고 있다. 이런 가운데 오랜 기간 스마트폰 생산량의 수위를 지켜 왔던 기업들의 호시절도 끝난 분위기다. (㉠   )

그렇다면 스마트폰 이후 글로벌 주도 산업은 무엇일까. 첫손가락에 꼽히는 것은 페이스북, 아마존, 넷플릭스, 구글을 뜻하는 '팡(FANG)'이다. 모바일 퍼스트 시대에서 소프트웨어, 플랫폼 사업에 눈뜬 기업들이다. 이들은 지난해 매출과 순이익이 크게 늘었으며 주가도 폭등했다. 하지만 이들이라고 영속 불멸하지는 않을 것이다.

① 온 국민이 절치부심(切齒腐心)하여 반성하지 않으면 안 된다.
② 정보 기술 업계의 권불십년(權不十年)이라 하지 않을 수 없다.
③ 다른 나라의 기업들을 보고 아전인수(我田引水)해야 할 때다.
④ 글로벌 위기의 내우외환(內憂外患)에 국가 간 협력이 절실하다.

17 다음 글에 대한 이해로 적절하지 않은 것은?

희극의 발생 조건에 대하여 베르그송은 집단, 지성, 한 개인의 존재 등을 꼽았다. 즉 집단으로 모인 사람들이 자신들의 감성을 침묵하게 하고 지성만을 행사하는 가운데 그들 중 한 개인에게 그들의 모든 주의가 집중되도록 할 때 희극이 발생한다고 보았다. 그러나 그가 말하는 세 가지 사항은 웃음을 유발하는 것이 아니라 그러한 것을 가능케 하는 조건들이다. 웃음을 유발하는 단순한 형태의 직접적인 장치는 대상의 신체적인 결함이나 성격적인 결함을 들 수 있다. 관객은 이러한 결함을 지닌 인물을 통하여 스스로 자기 우월성을 인식하고 즐거워질 수 있게 된다. 이와 관련해 "한 인물이 우리에게 희극적으로 보이는 것은 우리 자신과 비교해서 그 인물이 육체의 활동에는 많은 힘을 소비하면서 정신의 활동에는 힘을 쓰지 않는 경우이다. 어느 경우에나 우리의 웃음이 그 인물에 대하여 우리가 지니는 기분 좋은 우월감을 나타내는 것임은 부정할 수 없다."라는 프로이트의 말은 시사적이다.

① 베르그송에 의하면 희극은 관객의 감성이 집단적으로 표출된 결과이다.
② 베르그송에 의하면 집단, 지성, 한 개인의 존재는 희극 발생의 조건이다.
③ 한 개인의 신체적·성격적 결함은 집단의 웃음을 유발하는 직접적인 장치이다.
④ 프로이트에 의하면 상대적으로 정신 활동보다 육체 활동에 힘을 쓰는 상대가 희극적인 존재이다.

18 ⊙과 가장 유사한 정서가 드러나는 것은?

> 다시 방수액을 부어 완벽을 기하고 이음새 부분은 손가락으로 몇 번씩 문대어 보고 나서야 임 씨는 허리를 일으켰다. 임 씨가 일에 몰두해 있는 동안 그는 숨소리조차 내지 않고 일하는 양을 지켜보았다. ⊙저 열 손가락에 박힌 공이의 대가가 기껏 지하실 단칸방만큼의 생활뿐이라면 좀 너무하지 않나 하는 안타까움이 솟아오르기도 했다. 목욕탕 일도 그러했지만 이 사람의 손은 특별한 데가 있다는 느낌이었다. 자신이 주무르고 있는 일감에 한 치의 틈도 없이 밀착되어 날렵하게 움직이고 있는 임 씨의 열 손가락은 손가락 이상의 그 무엇이었다.
>
> – 양귀자, '비 오는 날이면 가리봉동에 가야 한다'

① 즐거운 지상의 잔치에 / 금으로 타는 태양의 즐거운 울림 / 아침이면, / 세상은 개벽을 한다.

② 산에 / 산에 / 피는 꽃은 / 저만치 혼자서 피어 있네. // 산에서 우는 작은 새여. / 꽃이 좋아 / 산에서 / 사노라네.

③ 남편은 어디에 나가 있는지 / 아침에 소 끌고 산에 올랐는데 / 산 밭을 일구느라 고생을 하며 / 저물도록 돌아오지 못한다네.

④ 눈을 가만 감으면 굽이 잦은 풀밭 길이, / 개울물 돌돌돌 길섶으로 흘러가고, / 백양 숲 사립을 가린 초집들도 보이구요.

19 다음 글의 시사점으로 적절하지 않은 것은?

> 기존의 의학적 연구는 건장한 성인 남성의 몸을 표준으로 삼아 이루어지는 경우가 많았다. 예를 들어 농약과 같은 화학 물질이 몸에 들어와 어떠한 변화를 일으키는지 검토한 연구에서 생리 주기에 따라 변화하는 여성 호르몬이 그 물질과 어떤 상호 작용을 일으킬 수 있는지는 고려되지 않았다. 자동차 충돌 사고를 인체 공학적으로 시뮬레이션할 때도 특정 연령대 남성의 몸이 연구 대상으로 사용되었고, 여성의 신체 특성이나 다양한 연령대 남성의 신체적 특성은 고려되지 않았다.
>
> 특정 연령대 성인 남성의 몸을 표준화된 인체로 여겼던 사고방식은 여러 문제점을 낳고 있다. 예를 들어 대사율, 피부와 조직 두께 등을 감안한, 사람이 가장 효과적으로 일할 수 있는 사무실 온도는 21℃로 알려져 있다. 그런데 한 연구에서 남성과 여성 직장인에게 각각 선호하는 사무실 온도를 조사한 결과는 남성은 평균 22℃, 여성은 평균 25℃였다. 남성은 기존의 적정 실내 온도에 가까운 답을 했고, 여성은 더 따뜻한 사무실에서 일하기를 원했다.
>
> 이러한 차이의 이유는 무엇일까? 현재 적정 사무실 온도로 알려진 21℃는 1960년대 측정된 자료를 바탕으로 하는데, 당시 몸무게 70kg인 40세 성인 남성을 기준으로 측정된 것이다. 이러한 '표준화된 신체'를 가진 남성의 대사율은 여성이나 다른 연령대 남성들의 대사율과 다르고, 당연히 체내 열 생산의 양도 차이가 있다.

① 표준으로 삼은 대상이 나머지 대상의 특성까지 대표하지 못하므로 앞으로 의학적 연구를 하려면 하나의 표준을 정하기보다 가능한 한 다양한 대상을 선정해서 하는 것이 바람직하다.

② 현재 우리가 알고 있는 의학 지식 중에는 특정 표준 대상만을 연구한 결과인 것이 있으므로 앞으로 이런 의학 지식을 활용하려면 연구한 대상을 살펴봐서 그대로 활용할지를 결정하는 것이 바람직하다.

③ 성별이나 연령대 등에 따라 신체 조건이 같지 않으므로 근무 환경을 조성할 때 근무자들의 성별이나 연령대를 고려하는 것이 바람직하다.

④ 기존의 사무실 적정 실내 온도가 조사된 것보다 낮게 설정되어 있으므로 향후에 모든 공공 기관의 사무실 온도를 조정할 때 현재보다 설정 온도를 일률적으로 높이는 것이 바람직하다.

20 다음 글을 바탕으로 ㉠을 이해할 때 가장 적절한 것은?

나는 ㉠'연극에서의 관객의 공감'에 대해 강연한 일이 있다. 나는 관객이 공감하는 것을 직접 보여 주려고 시도했다. 먼저 나는 자원자가 있으면 나와서 배우처럼 읽어 주기를 청했다. 그리고 청중에게는 연극의 관객이 되어 들어 달라고 했다. 한 사람이 앞으로 나왔다. 나는 그에게 아우슈비츠를 소재로 한 드라마의 한 장면이 적힌 종이를 건네 주었다. 자원자가 종이를 받아들고 그것을 훑어볼 때 청중들은 어수선했다. 그런데 자원자의 입에서 떨어진 첫 대사는 끔찍한 내용이었다. 아우슈비츠에 관한 적나라한 증언은 너무나 충격적이어서 청중들은 완전히 압도되었다. 자원자는 청중들의 얼어붙은 듯한 침묵 속에서 낭독을 계속했다. 자원자의 낭독은 세련되지도 능숙하지도 않았다. 그러나 관객들의 열렬한 공감을 이끌어 냈다. 과거 역사가 현재의 관객들에게 생생하게 공감되었다.

이것이 끝나고 이번에는 강연장에 함께 갔던 전문 배우에게 셰익스피어의 희곡 「헨리 5세」에서 발췌한 대사를 낭독해 달라고 부탁했다. 그 대본은 400년 전 아쟁쿠르 전투(백년 전쟁 당시 벌어졌던 영국과 프랑스의 치열한 전투)에서 처참하게 사망한 자들의 명단과 그 숫자를 나열한 것이었다. 그는 셰익스피어의 위대한 희곡임을 알아보자 품위 있고 고풍스럽게 큰 목소리로 낭독했다. 그는 유려한 어조로 전쟁에서 희생된 이들의 이름을 읽어 내려갔다. 그러나 청중들은 듣는 둥 마는 둥 했다. 갈수록 청중들은 낭독자 따위는 안중에도 없다는 듯이 행동했다. 그들에게 아쟁쿠르 전투는 공감할 수 없는 것으로 분리된 것 같아 보였다. 앞서의 경우와는 전혀 다른 반응이었다.

① 배우의 연기력이 관객의 공감을 좌우한다.
② 비참한 죽음을 다룬 비극적인 소재는 관객의 공감을 일으킨다.
③ 훌륭한 고전이라고 해서 항상 청중의 공감을 불러일으킬 수 있는 것은 아니다.
④ 현재와 가까운 역사적 사실을 극화했다고 해서 관객의 공감 가능성이 커지지는 않는다.

정답 및 해설: 해설집 p.22
(문제집 p.274에서 전체 정답표를 확인하실 수 있습니다.)

제한시간 : 20분　　시작 ＿＿＿＿시 ＿＿＿＿분 ~ 종료 ＿＿＿＿시 ＿＿＿＿분　　　　나의 점수 ＿＿＿＿　회독수 ☐☐☐

01 밑줄 친 단어의 품사를 같은 것끼리 묶은 것은?

> ○ 쌍둥이도 서로 성격이 ㉠다른 법이다.
> ○ 날씨가 건조하면 나무가 잘 ㉡크지 못한다.
> ○ 남부 지방에 홍수가 ㉢나서 많은 수재민이 생겼다.
> ○ 그 사람이 농담은 하지만 ㉣허튼 말은 하지 않는다.
> ○ 상대에게 자유를 주는 것이 진정한 사랑이 ㉤아닐까?

① ㉠, ㉡　　　　　　　② ㉡, ㉢
③ ㉢, ㉣　　　　　　　④ ㉣, ㉤

02 다음의 여러 조건에 가장 잘 맞는 토론 논제는?

> ○ 긍정 평서문으로 제시되어야 한다.
> ○ 찬성과 반대의 대립이 분명하게 나타나야 한다.
> ○ 쟁점이 하나여야 한다.
> ○ 찬성이나 반대 어느 한 편에 유리하게 작용하는 정서적 표현을 사용해서는 안 된다.

① 징병제도는 유지해야 한다.
② 정보통신망법을 개선할 수는 없다.
③ 야만적인 두발 제한을 폐지해야 한다.
④ 내신 제도와 논술 시험을 개혁해야 한다.

03 다음 글에 대한 설명으로 옳지 않은 것은?

> **해설자:** (관객들에게 무대와 등장인물을 설명한다.) 이곳은 황야입니다. 이리 떼의 내습을 알리는 망루가 세워져 있죠. 드높이 솟은 이 망루는 하늘로 둘러싸여 있습니다. 하늘은 연극의 진행에 따라 황혼, 초승달이 뜬 밤, 그리고 아침으로 변할 겁니다. 저기 위를 바라보십시오. 파수꾼이 앉아 있습니다. 높은 곳에서 하늘을 등지고 있기 때문에 그는 언제나 시커먼 그림자로만 보입니다. 그는 내가 태어나기 전부터 파수꾼이었습니다. 나의 늙으신 아버지께서도 어린 시절에 저 유명한 파수꾼의 이야기를 들으셨다 합니다.
> – 이강백, '파수꾼'

① 공간적 배경은 망루가 세워져 있는 황야이다.
② 시간적 배경은 연극의 진행에 따라 변한다.
③ 해설자는 무대 위의 아버지를 소개한다.
④ 파수꾼의 얼굴은 분명하게 알 수 없다.

04 두 사람의 대화에 적용된 공감적 듣기의 방법이 아닌 것은?

> "수빈 씨, 나 처음 한 프레젠테이션인데 엉망이었어."
> "정말? 무슨 일이 있었는지 자세히 말해 봐."
> "너무 긴장해서 팀장님 질문에 대답을 못했어."
> "팀장님 질문에 대답을 못했구나. 처음 하는 프레젠테이션이라 정아 씨가 긴장을 많이 했나 보다."

① 수빈은 정아의 말에 자신이 주의 집중하고 있음을 보여 주고 있다.
② 수빈은 정아가 계속 말을 할 수 있도록 격려하고 있다.
③ 수빈은 정아의 혼란스러운 감정을 정아 스스로 정리하게끔 도와주고 있다.
④ 수빈은 정아의 말을 자신의 처지로 바꾸어 의미를 재구성하고 있다.

05 국어의 주요한 음운 변동을 다음과 같이 유형화할 때, '부엌일'에 일어나는 음운 변동 유형으로 옳은 것은?

	변동 전		변동 후
㉠	XaY	→	XbY(교체)
㉡	XY	→	XaY(첨가)
㉢	XabY	→	XcY(축약)
㉣	XaY	→	XY(탈락)

① ㉠, ㉡
② ㉠, ㉣
③ ㉡, ㉢
④ ㉡, ㉣

06 토론자들의 말하기 방식에 대한 설명으로 적절한 것은?

사회자: 학교 폭력 문제가 나날이 심각해지고 있습니다. 이와 관련해 오늘은 '학교 폭력을 방관한 학생에게도 책임을 물어야 한다'를 주제로 토론을 해 보도록 하겠습니다. 먼저 찬성 측 말씀해 주시죠.

찬성 측: 친구가 학교 폭력에 의해 희생되고 있는데도 자신에게 피해가 올까 두려워 아무런 조치를 취하지 않는 학생들이 많다고 합니다. 이러한 행동으로 인해 학교 폭력은 점점 확산되고 있습니다. 학교 폭력을 행하는 것을 목격했음에도 어떤 조치도 취하지 않은 것은 폭력에 대해 묵시적으로 동의한 것과 같습니다. 폭력을 직접 행사하는 행위뿐 아니라, 불의에 저항하지 않는 정의롭지 못한 행위에 대해서도 합당한 책임을 물어야 할 것입니다.

사회자: 다음으로 반대 측 의견 말씀해 주시죠.

반대 측: 특정 학생에게 폭력을 직접 행사해서 피해를 준 사실이 명백할 때에만 책임을 물을 수 있을 것입니다. 또한 사건에 대한 개입과 방관은 개인의 자율적 의지에 달린 문제이므로 외부에서 규제할 성질의 문제가 아닙니다.

사회자: 그럼 이번에는 반대 측부터 찬성 측에 대해 반론해 주시지요.

반대 측: 과연 누구까지를 학교 폭력의 방관자라고 규정지을 수 있을까요? 집에 가는 길에 우연히 폭력을 목격했을 경우, 자신의 친구로부터 폭력에 관련된 소문을 접했을 경우 등 방관자라고 규정하기에는 애매한 경우가 많습니다. 어떠한 행위를 처벌하려면 확고한 기준이 필요한데, 방관자의 범위부터 규정하기가 불명확하다고 볼 수 있습니다.

찬성 측: 불의를 방관한 행위에 대해 사회가 책임을 묻지 않는다면 이후로도 사람들은 아무런 죄책감 없이 불의를 모른 체하고 방관할 것입니다. 결국 이는 사회 전체의 건전성과 도덕성을 떨어뜨릴 것이고, 정의에 근거한 시민의 고발정신까지 약화시킬 것입니다.

① 찬성 측은 친숙한 상황을 빗대어 자신의 견해를 펼치고 있다.
② 찬성 측은 자신의 경험을 제시하여 논지를 보충하고 있다.
③ 반대 측은 윤리적 방법으로 해결책을 제시하고 있다.
④ 반대 측은 논제에 의문을 제기하여 주장을 강화하고 있다.

07 괄호 안에 들어갈 단어를 순서대로 바르게 나열한 것은?

한국 문학의 미적 범주에서 눈에 띄는 전통으로 풍자와 해학이 있다. 풍자와 해학은 주어진 상황에 순종하기보다 그것을 극복하고자 하는 건강한 삶의 의지에서 나온 (㉠)을(를) 통해 드러난다. (㉠)은(는) '있어야 할 것'으로 행세해 온 관념을 부정하고, 현실적인 삶인 '있는 것'을 그대로 긍정한다. 이때 있어야 할 것을 깨뜨리는 것에 관심을 집중한 것이 (㉡)이고, 있는 것이 지닌 긍정에 관심을 집중하는 것이 (㉢)이다.

	㉠	㉡	㉢
①	골계(滑稽)	해학(諧謔)	풍자(諷刺)
②	해학(諧謔)	풍자(諷刺)	골계(滑稽)
③	풍자(諷刺)	해학(諧謔)	골계(滑稽)
④	골계(滑稽)	풍자(諷刺)	해학(諧謔)

08 다음 글에서 〈보기〉가 들어가기에 가장 적절한 곳은?

보기
아침기도는 간략한 아침 뉴스로, 저녁기도는 저녁 종합 뉴스로 바뀌었다.

철학자 헤겔이 주장했듯이, 삶을 인도하는 원천이자 권위의 시금석으로서의 종교를 뉴스가 대체할 때 사회는 근대화된다. 선진 경제에서 뉴스는 이제 최소한 예전에 신앙이 누리던 것과 동등한 권력의 지위를 차지한다. 뉴스 타전은 소름이 돋을 정도로 정확하게 교회의 시간 규범을 따른다. (㉠) 뉴스는 우리가 한때 신앙심을 품었을 때와 똑같은 공손한 마음을 간직하고 접근하기를 요구하기도 한다. (㉡) 우리 역시 뉴스에서 계시를 얻기 바란다. (㉢) 누가 착하고 누가 악한지 알기를 바라고, 고통을 헤아려 볼 수 있기를 바라며, 존재의 이치가 펼쳐지는 광경을 이해하길 희망한다. (㉢) 그리고 이 의식에 참여하길 거부하는 경우 이단이라는 비난을 받기도 한다.

① ㉠   ② ㉡
③ ㉢   ④ ㉣

09 ⊙과 ⓒ에 대한 설명으로 적절한 것은?

> 헌 먼덕[1] 숙여 쓰고 축 없는 짚신에 설피설피 물러오니
> 풍채 적은 형용에 ⊙개 짖을 뿐이로다
> 와실(蝸室)에 들어간들 잠이 와서 누었으랴
> 북창(北窓)을 비겨 앉아 새벽을 기다리니
> 무정한 ⓒ대승(戴勝)[2]은 이내 한을 돋우도다
> 종조(終朝) 추창(惆悵)[3]하며 먼 들을 바라보니
> 즐기는 농가(農歌)도 흥 없이 들리나다
> 세정(世情) 모르는 한숨은 그칠 줄을 모르도다
>
> – 박인로, '누항사'
>
> ※ 1) 먼덕: 짚으로 만든 모자
> 　 2) 대승(戴勝): 오디새
> 　 3) 추창(惆悵): 슬퍼하는 모습

① ⊙은 실재하는 존재물이고, ⓒ은 상상적 허구물이다.
② ⊙은 화자의 절망을 나타내고, ⓒ은 화자의 희망을 나타낸다.
③ ⊙은 화자의 내면을 상징하고, ⓒ은 화자의 외양을 상징한다.
④ ⊙은 화자의 초라함을 부각시키고, ⓒ은 화자의 수심을 깊게 한다.

10 화자의 상황을 적절하게 표현한 한자 성어는?

> 미인이 잠에서 깨어 새 단장을 하는데
> 향기로운 비단, 보배 띠에 원앙이 수놓였네
> 겹발을 비스듬히 걷으니 비취새가 보이는데
> 게으르게 은 아쟁을 안고 봉황곡을 연주하네
> 금 재갈, 꾸민 안장은 어디로 떠났는가?
> 다정한 앵무새는 창가에서 지저귀네
> 풀섶에 놀던 나비는 뜰 밖으로 사라지고
> 꽃잎에 가리운 거미줄은 난간 너머에서 춤추네
> 뉘 집의 연못가에서 풍악 소리 울리는가?
> 달빛은 금 술잔에 담긴 좋은 술을 비추네
> 시름겨운 이는 외로운 밤에 잠 못 이루는데
> 새벽에 일어나니 비단 수건에 눈물이 흥건하네
>
> – 허난설헌, '사시사'

① 琴瑟之樂
② 輾轉不寐
③ 錦衣夜行
④ 麥秀之嘆

11 다음 글의 괄호 안에 들어갈 문장으로 적절한 것은?

> 국어의 높임법에는 말하는 이가 듣는 이에 대하여 높이거나 낮추어 말하는 상대 높임법, 서술어의 주체를 높이는 주체 높임법, 서술어의 객체를 높이는 객체 높임법 등이 있다. 이러한 높임 표현은 한 문장에서 복합적으로 실현되기도 하는데, (　　　　　)의 경우 대화의 상대, 서술어의 주체, 서술어의 객체를 모두 높인 표현이다.

① 아버지께서 할머니를 모시고 댁에 들어가셨다.
② 제가 어머니께 그렇게 말씀을 드리면 될까요?
③ 어머니께서 아주머니께 이 김치를 드리라고 하셨습니다.
④ 주민 여러분께서는 잠시만 제 이야기에 귀를 기울여 주시기 바랍니다.

12 다음 글의 특징으로 적절하지 않은 것은?

> 가리워진 안개를 걷게 하라.
> 국경이며 탑이며 어용학(御用學)의 울타리며
> 죽 가래 밀어 바다로 몰아 넣라.
>
> 하여 하늘을 흐르는 날새처럼
> 한 세상 한 바람 한 햇빛 속에,
> 만 가지와 만 노래를 한 가지로 흐르게 하라.
>
> 보다 큰 집단은 보다 큰 체계를 건축하고,
> 보다 큰 체계는 보다 큰 악을 양조(釀造)한다.
>
> 조직은 형식을 강요하고
> 형식은 위조품을 모집한다.
>
> 하여, 전통은 궁궐안의 상전이 되고
> 조작된 권위는 주위를 침식한다.
>
> 국경이며 탑이며 일만년 울타리며
> 죽 가래 밀어 바다로 몰아 넣라.
>
> – 신동엽, '이야기하는 쟁기꾼의 대지'

① 직설적인 어조로써 메시지를 전달하고 있다.
② 고전적인 질서를 통해 새로운 희망을 추구하고 있다.
③ 인위적인 것과 자연적인 것이 대조적으로 제시되고 있다.
④ 농기구의 상징을 통해 체제 개혁을 역설하고 있다.

13 ㉠~㉣ 중 서술자가 개입되어 있지 않은 것은?

> 　이때 춘향이는 사령이 오는지 군노가 오는지 모르고 주야로 도련님을 생각하여 우는데, ㉠생각지 못할 우환을 당하려 하니 소리가 화평할 수 있겠는가. 한때나마 빈방살이 할 계집아이라 목소리에 청승이 끼어 자연히 슬픈 애원성이 되니 ㉡보고 듣는 사람의 심장인들 아니 상할 것인가. 임 그리워 서러운 마음 밥맛없어 밥 못 먹고 불안한 잠자리에 잠 못 자고 도련님 생각으로 상처가 쌓여 피골이 상접하고 양기가 쇠진하여 진양조 울음이 되어 노래를 부른다. 갈까 보다 갈까 보다, 임을 따라 갈까 보다. 천 리라도 갈까 보다. 만 리라도 갈까 보다. 바람도 쉬어 넘고 수진이 날진이 해동청 보라매도 쉬어 넘는 높은 고개 동선령 고개라도 임이 와 날 찾으면 신발 벗어 손에 들고 아니 쉬고 달려가리. ㉢한양 계신 우리 낭군 나와 같이 그리워하는가, 무정하여 아주 잊고 나의 사랑 옮겨다가 다른 임을 사랑하는가? ㉣이렇게 한참을 서럽게 울 때 사령 등이 춘향의 슬픈 목소리를 들으니 목석이라도 어찌 감동을 받지 않겠는가? 봄눈 녹듯 온몸에 맥이 탁 풀렸다.　　　– 작자 미상, '춘향전'

① ㉠

② ㉡

③ ㉢

④ ㉣

14 다음 글에 대한 설명으로 옳지 않은 것은?

> 　동네 사람들이 방앗간의 터진 두 면을 둘러쌌다. 그리고 방앗간 속을 들여다보았다. 과연 어둠 속에 움직이는 게 있었다. 그리고 그게 어둠 속에서도 흰 짐승이라는 걸 알 수 있었다. 분명히 그놈의 신둥이개다. 동네 사람들은 한 걸음 한 걸음 죄어들었다. 점점 뒤로 움직여 쫓기는 짐승의 어느 한 부분에 불이 켜졌다. 저게 산개의 눈이다. 동네 사람들은 몽둥이 잡은 손에 힘을 주었다. 이 속에서 간난이 할아버지도 몽둥이 잡은 손에 힘을 주었다. 한 걸음 더 죄어들었다. 눈앞의 새파란 불이 빠져나갈 틈을 엿보듯이 휙 한 바퀴 돌았다. 별나게 새파란 불이었다. 문득 간난이 할아버지는 이런 새파란 불이란 눈앞에 있는 신둥이개 한 마리의 몸에서 나오는 것이 아니고 여럿의 몸에서 나오는 것이 합쳐진 것이라는 생각이 들었다. 말하자면 지금 이 신둥이개의 뱃속에 든 새끼의 몫까지 합쳐진 것이라는. 그러자 간난이 할아버지의 가슴속을 흘러 지나가는 게 있었다. 짐승이라도 새끼 밴 것을 차마?
>
> 　이때에 누구의 입에선가, 때려라! 하는 고함 소리가 나왔다. 다음 순간 간난이 할아버지의 양옆 사람들이 욱 개를 향해 달려들며 몽둥이를 내리쳤다. 그와 동시에 간난이 할아버지는 푸른 불꽃이 자기 다리 곁을 빠져나가는 것을 느꼈다.
>
> 　뒤이어 누구의 입에선가, 누가 빈틈을 냈어? 하는 흥분에 찬 목소리가 들렸다. 그리고 저마다, 거 누구야? 거 누구야? 하고 못마땅해 하는 말소리 속에 간난이 할아버지 턱밑으로 디미는 얼굴이 있어,
>
> 　"아즈반이웨다레"
>
> 　하는 것은 동장네 절가였다.　　　– 황순원, '목넘이 마을의 개'

① 토속적이면서도 억센 삶의 현장을 그리고 있다.

② 신둥이의 새파란 불은 생의 욕구를 암시한다.

③ 간난이 할아버지에게서 생명에 대한 외경을 느낄 수 있다.

④ 동장네 절가는 간난이 할아버지의 행동에 동조하고 있다.

15 (가)와 (나)를 통해서 추정하기 어려운 내용은?

> (가) 찬성공 형제께서 정경부인의 상(喪)을 당하였다. 부윤공의 부인 이 씨가 우연히 언문 소설을 읽다가 그 소리가 밖으로 들렸다. 찬성공이 기뻐하지 않으며 제수를 계단 아래에 서게 하고, "부녀자의 무식을 심하게 책망할 필요는 없지만, 어찌 상중(喪中)에 있으면서 예의에 어긋난 책을 소리 내어 읽어서 스스로 평민과 같아지려 할 수 있는가?" 하고 꾸짖었다.
>
> (나) 전기수: 늙은이가 동문 밖에 살면서 입으로 언문 소설을 읽었는데, 「숙향전」, 「소대성전」, 「심청전」, 「설인귀전」과 같은 전기소설이었다. …잘 읽었기 때문에 옆에서 구경하는 사람들이 빙 둘러섰다. 가장 재미있고 긴요하여 매우 들을 만한 구절에 이르면 갑자기 침묵하고 소리를 내지 않았다. 사람들이 다음 이야기를 듣고 싶어서 다투어 돈을 던졌다. 이를 바로 '요전법(돈을 요구하는 법)'이라 한다.

① 상층 남성들은 상중의 예법에 대해 매우 엄격하였다.
② 혼자 소설을 보면서 소리 내어 읽기도 하였다.
③ 하층에서도 소설을 창작하는 사람이 많았다.
④ 상층이 아닌 하층에서도 소설을 즐겼다.

16 다음 글의 글쓰기 전략으로 볼 수 없는 것은?

> 고전파 음악은 어떤 음악인가? 서양 음악의 뿌리는 종교 음악에서 비롯되었다. 바로크 시대까지는 음악이 종교에 예속되어 있었으며, 음악가들 또한 종교에 예속되어 있었다. 고전파는 이렇게 종교에 예속되었던 음악을, 음악을 위한 음악으로 정립하려는 예술 운동에서 출발하였다. 따라서 종래의 신을 위한 음악에서 탈피해 형식과 내용의 일체화를 꾀하고 균형 잡힌 절대 음악을 추구하였다. 즉 '신'보다는 '사람'을 위한 음악, '음악'을 위한 음악을 이루어 나가겠다는 굳은 결의를 보여 준 것이다.
>
> 또한 고전파 음악은 음악적 형식과 내용의 완숙을 이룬 음악이기도 하다. 이 시기에는 하이든, 모차르트, 베토벤 등 음악의 역사에서 가장 위대한 작곡가들이 배출되기도 하였다. 이때에는 성악이 아닌 기악만으로도 음악이 가능하게 되었으며, 교향곡의 기본을 이루는 소나타 형식이 완성되었다. 특히 옛 그리스나 로마 때처럼 보다 정돈된 형식을 가진 음악을 해 보자고 주장하였기에 '옛것에서 배우자는 의미의 고전'과 '청정하고 우아하며 흐림 없음, 최고의 예술적 경지에 다다름으로서의 고전'을 모두 지향하게 되었다.
>
> 이렇듯 역사적으로 고전파 음악은 종교의 영역에서 음악 자체의 영역을 확보하였으며 최고 수준의 음악적 내용과 형식을 수립하였다. 고전파 음악이 서양 전통 음악 전체를 대표하게 된 것은 고전파 음악이 이룩한 역사적인 성과에서 비롯된 것일지도 모른다. 따라서 고전 음악의 개념을 이해하기 위해서는 고전파 음악의 성격과 특질에 대한 이해가 선행되어야 할 것이다.

① 고전파 음악이 지닌 음악사적 의의를 밝힌다.
② 고전파 음악의 음악가를 예시하여 이해를 돕는다.
③ 고전파 음악의 특징이 형식과 내용의 분리에 있음을 강조한다.
④ 질문을 통해 화제를 제시함으로써 호기심을 유발한다.

17 (가)를 바탕으로 (나)에 담긴 글쓴이의 생각을 적절히 추론한 것은?

> (가) 철학사에서 합리론의 전통은 감각에 대해 매우 비판적이었다. 예컨대 플라톤은 감각이 보여 주는 세계를 끊임없이 변화하는, 전적으로 불안정한 세계로 간주하고 이에 근거하여 지식을 얻는 것은 불가능하다고 생각했다. 반대로 경험론자들은 우리의 모든 관념과 판단은 감각 경험에서 출발한다고 주장하면서 어떤 지식도 절대적으로 확실할 수는 없다고 결론짓는다.
>
> (나) 모든 사람은 착시 현상 등을 경험해 본 적이 있기에 감각이 우리를 속일 수 있다는 것을 분명히 알고 있고 감각에 대한 어느 정도의 경계심을 지니고 있다. 하지만 그렇다고 해서 일상생활에서 자신의 감각을 신뢰하고 이에 따라 행동하는 것은 잘못이 아니다. 모든 감각적 정보를 검증 절차를 거친 후 받아들이다가는 정상적 생활을 영위하는 것 자체가 불가능해질 것이기 때문이다. 반대로, 실용적 기술 개발이나 평범한 일상적 행동과는 달리 과학적 연구는 상당한 정도의 정확성을 요구하므로 경험적 자료에 대해 어느 정도의 경계심을 유지하는 것도 당연하다.

① 실용적 기술을 개발하는 것은 일차적으로 경험론적 사고에 토대를 둔다.

② 세계는 끊임없이 변화하므로 일상생활에서는 합리론적 사고를 우선하여야 한다.

③ 과학 연구는 합리론을 버리고 철저히 경험론을 바탕으로 이루어져야 한다.

④ 감각에 대한 신뢰는 어느 분야에나 전적으로 차별 없이 요구된다.

18 다음 글에 대한 설명으로 적절하지 않은 것은?

> 믿기 어렵겠지만 자장면 문화와 미국의 피자 문화는 닮은 점이 많다. 젊은 청년들이 오토바이를 타고 배달한다는 점에서 참으로 닮은꼴이다. 이사한다고 짐을 내려놓게 되면 주방 기구들이 부족하게 되고 이때 자장면은 참으로 편리한 해결책이다. 미국에서의 피자도 마찬가지다. 갑자기 아이들의 친구들이 많이 몰려왔을 때 피자는 참으로 편리한 음식이다.
>
> 남자들이 군에 가 훈련을 받을 때 비라도 추적추적 오게 되면 자장면 생각이 제일 많이 난다고 한다. 비가 오는 바깥을 보며 따뜻한 방에서 입에 자장을 묻히는 장면은 정겨울 수밖에 없다. 프로 농구 원년에 수입된 미국 선수들은 하루도 빠지지 않고 피자를 시켜 먹었다고 한다. 음식이 맞지 않는 탓도 있겠지만 향수를 달래고자 함이 아닐까?
>
> 싸게 먹을 수 있는 이국 음식이란 점에서 자장면과 피자는 특별한 의미를 갖는다. 외식을 하기엔 부담되고 한번쯤 식단을 바꾸어 보고 싶을 즈음이면 중국식 자장면이나 이탈리아식 피자는 한국이나 미국의 서민에겐 안성맞춤이다. 그런데 한국에서나 미국에서나 변화가 생기기 시작했다. 한국에서는 피자 배달이 보편화되기 시작했다. 피자를 간식이 아닌 주식으로 삼고자 하는 아이들도 생겼다. 졸업식을 마치고 중국집으로 향하던 발걸음들이 이제 피자집으로 돌려졌다. 피자보다 자장면을 좋아하는 아이들을 찾아보기가 힘들어졌다.

① 피자는 쉽게 배달시켜 먹을 수 있는 편리한 음식이다.

② 자장면과 피자는 이국적인 음식이다.

③ 자장면과 피자는 값이 싸면서도 기분 전환이 되는 음식이다.

④ 자장면은 특별한 날에 어린이들에게 여전히 가장 사랑받는 음식이다.

19 글의 내용을 구체적으로 설명하기 위한 예로 적절하지 않은 것은?

> 하나의 개념에 두 개 이상의 단어가 필요한 것은 아니다. 따라서 동의어는 서로 경쟁을 통해 하나가 없어지거나 각기 다른 의미 영역을 확보하는 등의 다양한 양상을 보인다. 현실 언어에서 동의어로 공존하면서 경쟁을 계속하는 경우가 있으며, 한쪽은 살아남고 다른 쪽은 소멸하는 경우가 있다. 동의 충돌의 결과 의미 영역이 바뀌는 경우도 있다. 이는 의미 축소, 의미 확대, 의미 교체 등으로 구분된다.

① '가을걷이'와 '추수'는 공존하며 경쟁하고 있다.
② '말미'는 쓰지 않고 '휴가'라는 말을 사용하고 있다.
③ '얼굴'은 '형체'의 뜻에서 '안면'의 뜻으로 의미가 축소되었다.
④ '겨레'는 '친척'의 뜻에서 '민족'의 뜻으로 의미가 확대되었다.

20 다음 글에 대한 설명으로 적절하지 않은 것은?

> (가) 20세기 들어서 생태학자들은 지속성 농약이 자연 생태계에 어떤 악영향을 미치는지를 밝힐 수 있었다. 예컨대 제2차 세계대전 이후 전 세계에서 해충 구제용으로 널리 사용됨으로써 농업 생산량 향상에 커다란 기여를 한 디디티(DDT)는 유기 염소계 살충제의 대명사이다.
>
> (나) 그렇지만 이 유기 염소계 살충제는 물에 잘 녹지 않고 자연에서 햇빛에 의한 광분해나 미생물에 의한 생물학적 분해가 거의 이루어지지 않는다. 그래서 디디티는 토양이나 물속의 퇴적물 속에 수십 년간 축적된다. 게다가 디디티는 지방에는 잘 녹아서 먹이사슬을 거치는 동안 지방 함량이 높은 동물 체내에 그 농도가 높아진다. 이렇듯 많은 양의 유기 염소계 살충제를 체내에 축적하게 된 맹금류는 물질대사에 장애를 일으켜서 껍질이 매우 얇은 알을 낳기 때문에, 포란 중 대부분의 알이 깨져 버려 멸종의 길을 걷게 된다.
>
> (다) 디디티는 쉽게 분해되지 않기 때문에 한번 뿌려진 디디티는 물과 공기, 생물체 등을 매개로 세계 전역으로 퍼질 수 있다. 그래서 디디티에 한 번도 노출된 적이 없는 알래스카 지방의 에스키모 산모의 젖에서도 디디티가 검출되었고, 남극 지방의 펭귄 몸속에서도 디디티가 발견되었다. 이러한 생물 농축과 잔존성의 특성이 밝혀짐으로써 미국에서는 1972년부터 디디티 생산이 전면 중단되었고, 1980년대에 이르러서는 유기 염소계 농약의 사용이 대부분 금지되었다.
>
> (라) 이와 같이 디디티의 생물 농축 현상에서처럼 생태학자들은 한 생물 종에 미치는 오염의 영향이 오랫동안 누적되면 전체 생태계를 훼손시킬 수 있다는 사실을 발견하였다. 그래서인지 최근 우리나라에서도 사소한 환경오염 행위가 장차 어떠한 재앙을 몰고 올 수 있는지에 대한 연구가 활발히 이루어지고 있다.

① (가)는 중심 화제를 소개하고, 핵심어를 제시함으로써 전개될 내용을 암시하고 있다.
② (나)는 디디티가 끼칠 생태계의 영향을 인과 분석의 방법으로 설명하고 있다.
③ (다)는 디디티의 악영향을 제시하고, 그것의 사용 금지를 주장하고 있다.
④ (라)는 환경오염에 대한 경각심을 암시적으로 드러내고 있다.

정답 및 해설: 해설집 p.26
(문제집 p.274에서 전체 정답표를 확인하실 수 있습니다.)

모바일 자동 채점 + 성적 분석 서비스 바로 가기
QR코드를 이용해 모바일로 간편하게 채점하고 나의 실력이 어느 정도인지, 취약 부분이 어디인지 바로 파악해 보세요!

제한시간 : 20분　　시작 _____시 _____분 ~ 종료 _____시 _____분　　　　나의 점수 _____ 회독수 □□□

01 로마자 표기법에 관한 다음 규정이 적용된 것은?

> 발음상 혼동의 우려가 있을 때에는 음절 사이에 붙임표
> (-)를 쓸 수 있다.

① 독도: Dok-do
② 반구대: Ban-gudae
③ 독립문: Dok-rip-mun
④ 인왕리: Inwang-ri

02 다음 글의 중심 내용으로 가장 적절한 것은?

> '언문'은 실용 범위에 제약이 있었는데, 이런 현실은 '언간'에도 적용된다. '언간' 사용의 제약은 무엇보다 이것을 주고받은 사람의 성별(性別)에서 뚜렷이 드러난다. 15세기 후반 이래로 숱한 언간이 현전하지만 남성 간에 주고받은 언간은 찾아보기 어렵다. 이는 남성 간에는 한문 간찰이 오간 때문이나 남성이 공적인 영역을 독점했던 당시의 현실을 감안하면 '언문'이 공식성을 인정받지 못했던 사실과 상통한다. 결국 조선시대에는 언간의 발신자나 수신자 어느 한쪽으로 반드시 여성이 관여하는 특징을 보인다고 할 수 있다.
> 이러한 사용자의 성별 특징으로 인하여 종래 '언간'은 '내간'으로 일컬어지기도 하였다. 그러나 이러한 명칭 때문에 내간이 부녀자만을 상대로 하거나 부녀자끼리만 주고받은 편지로 오해되어서는 안 된다. 16, 17세기의 것만 하더라도 수신자는 왕이나 사대부를 비롯하여 한글 해독 능력이 있는 하층민에 이르기까지 거의 전 계층의 남성이 될 수 있었기 때문이다. 한문 간찰이 사대부 계층 이상 남성만의 전유물이었다면 언간은 특정 계층에 관계없이 남녀 모두의 공유물이었다고 할 수 있다.

① '언문'과 마찬가지로 '언간'의 실용 범위에는 제약이 있었다.
② 사용자의 성별 특징으로 인해 '언간'은 '내간'으로 일컬어졌다.
③ 언간은 특정 계층과 성별에 관계없이 이용된 의사소통 수단이었다.
④ 조선시대에는 언간의 발신자나 수신자 어느 한쪽으로 반드시 여성이 관여하는 특징을 보인다.

03 (가) ~ (라)에 대한 고쳐쓰기 방안으로 옳지 않은 것은?

> (가) 수학 성적은 참 좋군. 국어 성적도 좋고.
> (나) 친구가 "난 학교에 안 가겠다."고 말했다.
> (다) 동생은 가던 길을 멈추면서 나에게 달려왔다.
> (라) 대통령은 진지한 연설로서 국민을 설득했다.

① (가): '수학 성적은 참 좋군.'은 국어 성적이 좋을 가능성을 배제하는 의미가 포함되어 있다. 따라서 보조사 '은'을 주격 조사 '이'로 바꿔 쓴다.
② (나): 직접 인용문 다음이므로 인용 조사는 '고'가 아닌 '라고'를 쓴다.
③ (다): 어미 '-면서'는 두 동작의 동시성을 나타내지 못하므로 '-고'로 바꿔 쓴다.
④ (라): '로서'는 자격을 나타내는 기능을 하므로 수단을 나타내는 기능을 하는 조사 '로써'로 바꿔 쓴다.

04 〈보기〉를 근거로 판단할 때, ㉠ ~ ㉢ 중 적절하지 않은 것은?

> **보기**
> 통일성은 글의 내용이 하나의 주제로 긴밀하게 관련되는 특성을 말한다. 초고의 적절성을 평가할 때에는 글의 내용이 하나의 주제를 드러낼 수 있도록 선정되었는지, 그리고 중심 내용에 부합하는 하위 내용들로 선정되었는지를 검토한다.

> 사람들은 대개 수학 과목이 어렵다고 한다. 하지만 나는 수학 시간이 재미있다. ㉠바로 수업을 재미있게 진행하시는 수학 선생님 덕분이다. 수학 선생님은 유머로 딱딱한 수학 시간을 웃음바다로 만들곤 한다. ㉡졸리는 오후 시간에 뜬금없이 외국으로 수학여행을 가자고 하여 분위기를 부드럽게 만든 후 어려운 수학 문제를 쉽게 설명한 적도 있다. 그래서 우리 학교에서는 수학 선생님의 인기가 시들 줄 모른다. ㉢그리고 수학 선생님의 아들이 수학을 굉장히 잘한다는 소문이 나 있다. ㉣내 수학 성적이 좋아진 것도 수학 선생님의 재미있는 수업 덕택이다.

① ㉠　　　　　　　　　② ㉡
③ ㉢　　　　　　　　　④ ㉣

05 다음 글에 대한 이해로 가장 적절한 것은?

> (가) 내 마음 베어 내어 저 달을 만들고져
>   구만 리 장천(長天)의 번듯이 걸려 있어
>   고운 님 계신 곳에 가 비추어나 보리라
>
> (나) 열다섯 아리따운 아가씨가
>   남부끄러워 이별의 말 못 하고
>   돌아와 겹겹이 문을 닫고는
>   배꽃 비친 달 보며 흐느낀다

① (가)와 (나)에서 '달'은 사랑하는 마음을 임에게 전달하는 매개체이다.

② (가)의 '고운 님'과, (나)의 '아리따운 아가씨'는 화자가 사랑하는 대상이다.

③ (가)의 '나'는 적극적인 태도로, (나)의 '아가씨'는 소극적인 태도로 정서를 드러낸다.

④ (가)의 '장천(長天)'은 사랑하는 임이 머무르는 공간이고, (나)의 '문'은 사랑하는 임에 대한 마음을 숨기는 공간이다.

06 ㉠ ~ ㉣에 대한 이해로 가장 적절한 것은?

> 막차는 좀처럼 오지 않았다
> 대합실 밖에는 밤새 송이눈이 쌓이고
> ㉠흰 보라 수수꽃 눈시린 유리창마다
> 톱밥난로가 지펴지고 있었다
> 그믐처럼 몇은 졸고
> 몇은 감기에 쿨럭이고
> 그리웠던 순간들을 생각하며 나는
> 한 줌의 톱밥을 불빛 속에 던져 주었다
> 내면 깊숙이 할 말들은 가득해도
> ㉡청색의 손바닥을 불빛 속에 적셔 두고
> 모두들 아무 말도 하지 않았다
> 산다는 것이 때론 술에 취한 듯
> 한 두릅의 굴비 한 광주리의 사과를
> 만지작거리며 귀향하는 기분으로
> 침묵해야 한다는 것을
> 모두들 알고 있었다
> ㉢오래 앓은 기침소리와
> 쓴 약 같은 입술담배 연기 속에서
> 싸륵싸륵 눈꽃은 쌓이고
> 그래 지금은 모두들
> 눈꽃의 화음에 귀를 적신다
> 자정 넘으면
> 낯설음도 뼈아픔도 다 설원인데
> 단풍잎 같은 몇 잎의 차창을 달고
> 밤열차는 또 어디로 흘러가는지
> ㉣그리웠던 순간들을 호명하며 나는
> 한 줌의 눈물을 불빛 속에 던져 주었다
>
> — 곽재구, '사평역에서'

① ㉠ - 여러 개의 난로가 지펴져 안온한 대합실의 상황을 비유적으로 표현하였다.

② ㉡ - 대조적 색채 이미지를 통해, 눈 오는 겨울 풍경의 서정적 정취를 강조하였다.

③ ㉢ - 오랜 병마에 시달린 이들의 비관적 심리와 무례한 행동을 묘사하였다.

④ ㉣ - 화자가 그리워하는 지난 때를 떠올리며 느끼는 정서를 화자의 행위에 투영하였다.

07 다음 글에 대한 이해로 적절하지 않은 것은?

우리 장인님은 약이 오르면 이렇게 손버릇이 아주 못됐다. 또 사위에게 이 자식 저 자식 하는 이놈의 장인님은 어디 있느냐. 오죽해야 우리 동리에서 누굴 물론하고 그에게 욕을 안 먹는 사람은 명이 짜르다 한다. 조그만 아이들까지도 그를 돌아세 놓고 욕필이(본 이름이 봉필이니까), 욕필이, 하고 손가락질을 할 만치 두루 인심을 잃었다. 하나 인심을 정말 잃었다면 욕보다 읍의 배참봉 댁 마름으로 더 잃었다. 번이 마름이란 욕 잘 하고 사람 잘 치고 그리고 생김 생기길 호박개 같아야 쓰는 거지만 장인님은 외양에 똑 됐다. 장인께 닭 마리나 좀 보내지 않는다든가 애벌논 때 품을 좀 안 준다든가 하면 그해 가을에는 영락없이 땅이 뚝뚝 떨어진다. 그러면 미리부터 돈도 먹이고 술도 먹이고 안달재신으로 돌아치던 놈이 그 땅을 슬쩍 돌아앉는다.

– 김유정, '봄봄'

① 마름의 특성을 동물의 외양에 빗대어 낮잡아 표현했다.
② 비속어와 존칭어를 혼용하여 해학적 표현을 구사했다.
③ 여러 정황을 거론하며 장인의 됨됨이가 마땅치 않음을 드러냈다.
④ 장인과 소작인들 사이의 뒷거래 장면을 생생하게 묘사하여 제시했다.

08 밑줄 친 부분에 들어갈 한자어로 가장 적절한 것은?

_____(이)란 이익과 관련된 갈등을 인식한 둘 이상의 주체들이 이를 해결할 의사를 가지고 모여서 합의에 이르기 위해 대안들을 조정하고 구성하는 공동 의사 결정 과정을 말한다.

① 協贊
② 協奏
③ 協助
④ 協商

09 밑줄 친 한자어의 쓰임이 문맥상 적절한 것은?

① 초고를 校訂하여 책을 완성하였다.
② 내용이 올바른지 서로 交差 검토하시오.
③ 전자 문서에 決濟를 받아 합격자를 확정하겠습니다.
④ 지금 제안한 계획은 수용할 수 없으니 提高 바랍니다.

10 ㉠~㉣의 예를 추가할 때 가장 적절한 것은?

논리학에서 비형식적 오류 유형에는 우연의 오류, 애매어의 오류, 결합의 오류, 분해의 오류 등이 있다.
우선 ㉠우연의 오류란 거의 대부분의 경우에 적용되는 일반적인 원리나 규칙을 우연적인 상황으로 인해 생긴 예외적인 특수한 경우에까지도 무차별적으로 적용할 때 생기는 오류이다. 그 예로 "인간은 이성적인 동물이다. 중증 정신 질환자는 인간이다. 그러므로 중증 정신 질환자는 이성적인 동물이다."를 들 수 있다. ㉡애매어의 오류는 동일한 단어가 한 논증에서 맥락마다 서로 다른 의미를 지니는 것으로 사용될 때 생기는 오류를 말한다. "김 씨는 성격이 직선적이다. 직선적인 모든 것들은 길이를 지닌다. 고로 김 씨의 성격은 길이를 지닌다."가 그 예이다. 한편 각각의 원소들이 개별적으로 어떤 성질을 지니고 있다는 내용의 전제로부터 그 원소들을 결합한 집합 전체도 역시 그 성질을 지니고 있다는 결론을 도출하는 경우가 ㉢결합의 오류이고, 반대로 집합이 어떤 성질을 지니고 있다는 내용의 전제로부터 그 집합의 각각의 원소들 역시 개별적으로 그 성질을 지니고 있다는 결론을 도출하는 경우가 ㉣분해의 오류이다. 전자의 예로는 "그 연극단 단원들 하나하나가 다 훌륭하다. 고로 그 연극단은 훌륭하다."를, 후자의 예로는 "그 연극단은 일류급이다. 박 씨는 그 연극단 일원이다. 그러므로 박 씨는 일류급이다."를 들 수 있다.

① ㉠ - 모든 사람은 죽는다. 소크라테스는 사람이다. 그러므로 소크라테스는 죽는다.
② ㉡ - 부패하기 쉬운 것들은 냉동 보관해야 한다. 세상은 부패하기 쉽다. 고로 세상은 냉동 보관해야 한다.
③ ㉢ - 미국 아이스하키 선수단이 이번 올림픽에서 금메달을 차지했다. 그러므로 미국 선수 각자는 세계 최고 기량을 갖고 있다.
④ ㉣ - 그 학생의 논술 시험 답안은 탁월하다. 그의 답안에 있는 문장 하나하나가 탁월하기 때문이다.

11 다음 글의 주된 설명 방식이 적용된 것으로 가장 적절한 것은?

> 문학이 구축하는 세계는 실제 생활과 다르다. 즉 실제 생활은 허구의 세계를 구축하는 데 필요한 재료가 되지만 이 재료들이 일단 한 구조의 구성 분자가 되면 그 본래의 재료로서의 성질과 모습은 확연히 달라진다. 건축가가 집을 짓는 것을 떠올려 보자. 건축가는 어떤 완성된 구조를 생각하고 거기에 필요한 재료를 모아서 적절하게 집을 짓게 되는데, 이때 건물이라고 하는 하나의 구조를 완성하게 되면 이 완성된 구조의 구성 분자가 된 재료들은 본래의 재료와 전혀 다른 것이 된다.

① 르네상스 시대의 화가들은 원근법을 사용하여 세상을 향한 창과 같은 사실적인 그림을 그렸다. 현대 회화를 출발시켰다고 평가되는 인상주의자들이 의식적으로 추구한 것도 이러한 사실성이었다.

② 소설을 구성하는 요소는 물론 많지만 그중에서도 인물, 배경, 사건을 들 수 있다. 인물은 사건의 주체, 배경은 인물이 행동을 벌이는 시간과 공간, 분위기 등이고, 사건은 인물이 배경 속에서 벌이는 행동의 세계이다.

③ 목적을 지닌 인생은 의미 있다. 목적 없이 살아가는 사람은 험난한 인생의 노정을 완주하지 못한다. 목적을 갖고 뛰어야 마라톤에서 완주가 가능한 것처럼 우리의 인생에서도 목표를 가지고 꾸준히 노력하는 사람이 성공한다.

④ 신라의 육두품 출신 가운데 학문적으로 출중한 자들이 많았다. 가령, 강수, 설총, 녹진, 최치원 같은 사람들은 육두품 출신이었다. 이들은 신분적 한계 때문에 정계보다는 예술과 학문 분야에 일찌감치 몰두하게 되었다.

12 다음 글의 내용과 부합하지 않는 것은?

> 세잔이, 사라졌다고 느낀 것은 균형과 질서의 감각이다. 인상주의자들은 순간순간의 감각에만 너무 사로잡힌 나머지 자연의 굳건하고 지속적인 형태는 소홀히 했다고 느꼈던 것이다. 반 고흐는 인상주의가 시각적 인상에만 집착하여 빛과 색의 광학적 성질만을 탐구한 나머지 미술의 강렬한 정열을 상실하게 될 위험에 처했다고 느꼈다. 마지막으로 고갱은 그가 본 인생과 예술 전부에 대해 철저하게 불만을 느꼈다. 그는 더 단순하고 더 솔직한 어떤 것을 열망했고 그것을 원시인들 속에서 발견할 수 있으리라고 기대했다. 이 세 사람의 화가가 모색했던 제각각의 해법은 세 가지 현대 미술 운동의 이념적 바탕이 되었다. 세잔의 해결 방법은 프랑스에 기원을 둔 입체주의(cubism)를 일으켰고, 반 고흐의 방법은 독일 중심의 표현주의(expressionism)를 일으켰다. 고갱의 해결 방법은 다양한 형태의 프리미티비즘(primitivism)을 이끌어 냈다.

① 세잔은 인상주의가 균형과 질서의 감각을 잃었다고 생각했다.

② 고흐는 인상주의가 강렬한 정열을 상실할 위험에 처했다고 생각했다.

③ 고갱은 인상주의가 충분히 솔직하고 단순했다고 생각했다.

④ 세잔, 고흐, 고갱은 인상주의의 문제를 극복하고자 각자 새로운 해결 방법을 모색했다.

13 밑줄 친 부분의 띄어쓰기가 옳지 않은 것은?

① 이처럼 좋은 걸 <u>어떡해</u>?
② <u>제 3장의</u> 내용을 요약해 주세요.
③ 공사를 진행한 <u>지 꽤</u> 오래되었다.
④ 결혼 <u>10년 차</u>에 내 집을 장만했다.

14 '깎다'의 활용형에 적용된 음운 변동에 대한 설명으로 옳은 것은?

> ○ 교체: 한 음운이 다른 음운으로 바뀌는 현상
> ○ 탈락: 한 음운이 없어지는 현상
> ○ 첨가: 없던 음운이 생기는 현상
> ○ 축약: 두 음운이 합쳐져서 또 다른 음운 하나로 바뀌는 현상
> ○ 도치: 두 음운의 위치가 서로 바뀌는 현상

① '깎는'은 교체 현상에 의해 '깡는'으로 발음된다.
② '깎아'는 탈락 현상에 의해 '까까'로 발음된다.
③ '깎고'는 도치 현상에 의해 '깍꼬'로 발음된다.
④ '깎지'는 축약 현상과 첨가 현상에 의해 '깍찌'로 발음된다.

15 다음 글에서 추론할 수 있는 내용으로 적절하지 않은 것은?

'포스트휴먼'은 그 기본적인 능력이 근본적으로 현재의 인간을 넘어서기 때문에 현재의 기준으로는 더 이상 인간이라 부를 수 없는 존재를 가리키는 표현이다. 스웨덴 출신의 철학자 보스트롬은 건강 수명, 인지, 감정이라는, 인간의 세 가지 주요 능력 중 최소한 하나 이상의 능력에서 현재의 인간이 도달할 수 있는 최대한의 한계를 엄청나게 넘어설 경우 이를 '포스트휴먼'으로 부르자고 제안하였다.

현재 가장 뛰어난 인간이 가질 수 있는 지능보다 훨씬 더 뛰어난 지능을 가지며, 더 이상 질병에 시달리지 않고, 노화가 완전히 제거되어서 젊음과 활력을 계속 유지하는 어떤 존재를 생각해 볼 수 있다. 이 존재는 스스로의 심리 상태에 대한 조절도 자유롭게 할 수 있어서 피곤함이나 지루함을 거의 느끼지 않으며, 미움과 같은 감정을 피하고, 즐거움, 사랑, 미적 감수성, 평정 등의 태도를 유지한다. 이러한 존재가 어떤 존재일지 지금은 정확하게 상상하기 어렵지만 현재 인간의 상태로 접근할 수 없는 새로운 신체나 의식 상태에 놓여 있을 것임은 분명하다.

이러한 포스트휴먼은 완전히 인위적으로 만들어진 인공 지능일 수도 있고, 신체를 버리고 슈퍼컴퓨터 안의 정보 패턴으로 살기를 선택한 업로드의 형태일 수도 있으며, 또는 생물학적 인간에 대한 개선들이 축적된 결과일 수도 있다. 만약 생물학적 인간이 포스트휴먼이 되고자 한다면 유전 공학, 신경 약리학, 항노화술, 컴퓨터-신경 인터페이스, 기억 향상 약물, 웨어러블 컴퓨터, 인지 기술과 같은 다양한 과학 기술을 이용해 우리의 두뇌나 신체에 근본적인 기술적 변형을 가해야만 할 것이다. '포스트휴먼'은 '내가 이런 능력을 가지고 있었으면 얼마나 좋을까' 하고 누구나 한 번쯤 상상해 보았을 법한 슈퍼 인간의 모습을 기술한 용어이다.

① 포스트휴먼 개념에 따라 제시되는 미래의 존재는 과학 기술의 발전 양상에 따른 영향을 현재의 인간에 비해 더 크게 받을 것이다.
② 포스트휴먼 개념은 인간의 신체적 결함을 다양한 과학 기술을 이용해 보완하여 기술적 한계를 극복한 새로운 인간형의 탄생에 귀결될 것이다.
③ 포스트휴먼은 인간의 현재 상태를 뛰어넘는 능력을 가진 새로운 존재일 것으로 예측되지만 그 형태가 어떠할지 여하는 다양한 가능성에 열려 있다.
④ 포스트휴먼은 건강 수명, 인지 능력, 감정 등의 측면에서 현재의 인간보다 뛰어나기 때문에 포스트휴먼 사회에서는 인간에 대한 개념이 새로 구성될 것이다.

16 반의 관계 어휘에 대한 설명으로 옳지 않은 것은?

① '크다/작다'의 경우, 두 단어를 동시에 긍정하거나 부정하면 모순이 발생한다.
② '출발/도착'의 경우, 한 단어의 부정이 다른 쪽 단어의 부정과 모순되지 않는다.
③ '참/거짓'의 경우, 한 단어의 부정은 다른 쪽 단어의 긍정을 함의한다.
④ '넓다/좁다'의 경우, 한 단어의 의미가 다른 쪽 단어의 부정을 함의한다.

17 밑줄 친 부분에 대한 설명으로 적절한 것은?

말ᄊᆞᆷ 　ⓖ　ᄉᆞᆲᄫᆞ리 하디 天命을 疑心ᄒᆞ실ᄊᆡ 쑤므로
ⓛ뵈아시니
놀애를 브르리 ⓒ하디 天命을 모ᄅᆞ실ᄊᆡ 쑤므로 ⓔ알
외시니
(말씀을 아뢸 사람이 많지만, 天命을 의심하시므로 꿈으로 재촉하시니
노래를 부를 사람이 많지만, 天命을 모르므로 꿈으로 알리시니)
－ '용비어천가' 13장

① ⓖ에서 '-이'는 주격을 나타내는 조사로 기능한다.
② ⓛ에서 '-아시-'는 높임을 나타내는 선어말 어미로 기능한다.
③ ⓒ에서 '-딕'는 이유를 나타내는 연결 어미로 기능한다.
④ ⓔ에서 '-외-'는 사동을 나타내는 접미사로 기능한다.

18 다음 글의 내용과 부합하는 것은?

동양의 음식 중에는 특별한 의미가 담긴 것들이 있다. 우리나라 대표적인 명절 음식 중 하나인 송편은 반달의 모습을 본뜬 음식으로 풍년과 발전을 상징한다. 『삼국사기』에 따르면, 백제 의자왕 때 궁궐 땅속에서 파낸 거북이 등에 쓰여 있는 '백제는 만월(滿月) 신라는 반달'이라는 글귀를 두고 점술가가 백제는 만월이라서 다음 날부터 쇠퇴하고 신라는 앞으로 크게 발전할 징표라고 해석했다고 한다. 결과적으로 점술가의 예언이 적중했다. 이때부터 반달은 더 나은 미래를 기원하는 뜻으로 쓰이며, 그러한 뜻을 담아 송편도 반달 모양의 떡으로 빚었다고 한다.

중국에서는 반달이 아닌 보름달 모양의 월병을 빚어 즐겨 먹었다. 옛날에 월병은 송편과 마찬가지로 제수 용품이었다. 점차 제례 음식으로서 위상을 잃었지만 모든 가족이 모여 보름달을 바라보면서 함께 나눠 먹는 음식으로 자리 잡았다. 이 때문에 보름달 모양의 월병은 둥근 원탁에 온가족이 모인 것을 상징한다. 한국에서 지역의 단합을 위해 수천 명분의 비빔밥을 만들듯이 중국에서는 수천 명이 먹을 수 있는 월병을 만들 정도로 이는 의미 있는 음식으로 대접 받고 있다.

① 중국의 월병은 제수 음식으로서의 명맥을 유지하고 있다.

② 신라인들은 더 나은 미래를 기원하는 마음을 담아 송편을 빚었다.

③ 중국의 월병은 한국에서 비빔밥을 만들어 먹는 것을 본떠 만든 음식이다.

④ 삼국사기에 따르면 점술가의 예언 덕분에 신라가 크게 발전할 수 있었다.

※ 다음 글을 읽고 물음에 답하시오. [19~20]

잔을 씻어 다시 술을 부으려 하는데 ㉠갑자기 석양에 막대기 던지는 소리가 나거늘 괴하게 여겨 생각하되, '어떤 사람이 올라오는고.' 하였다. 이윽고 한 중이 오는데 눈썹이 길고 눈이 맑고 얼굴이 특이하더라. 엄숙하게 자리에 이르러 승상을 보고 예하여 왈,

"산야(山野) 사람이 대승상께 인사를 드리나이다."

승상이 이인(異人)인 줄 알고 황망히 답례하여 왈,

"사부는 어디에서 오신고?"

중이 웃으며 왈,

"평생의 낯익은 사람을 몰라보시니 귀인이 잘 잊는다는 말이 옳도소이다."

승상이 자세히 보니 과연 낯이 익은 듯하거늘 문득 깨달아 능파 낭자를 돌아보며 왈,

"소유가 전에 토번을 정벌할 때 꿈에 동정 용궁에 가서 잔치하고 돌아오는 길에 남악에 가서 놀았는데 한 화상이 법좌에 앉아서 불경을 강론하더니 노부께서 바로 그 노화상이냐?"

중이 박장대소하고 말하되,

"옳다. 옳다. 비록 옳지만 ㉡꿈속에서 잠깐 만나본 일은 생각하고 ㉢십 년을 같이 살던 일은 알지 못하니 누가 양장원을 총명하다 하더뇨?"

승상이 어리둥절하여 말하되,

"소유가 ㉣열대여섯 살 전에는 부모 슬하를 떠나지 않았고, 열여섯에 급제하여 줄곧 벼슬을 하였으니 동으로 연국에 사신을 갔고 서로 토번을 정벌한 것 외에는 일찍이 서울을 떠나지 않았으니 언제 사부와 십 년을 함께 살았으리오?"

중이 웃으며 왈,

"상공이 아직 춘몽에서 깨어나지 못하였도소이다."

승상이 왈,

"사부는 어떻게 하면 소유를 춘몽에게 깨게 하리오?"

중이 왈,

"어렵지 않으니이다."

하고 손 가운데 돌 지팡이를 들어 난간을 두어 번 치니 갑자기 사방 산골짜기에서 구름이 일어나 누대 위에 쌓여 지척을 분변하지 못했다. 승상이 정신이 아득하여 마치 꿈에 취한 듯하더니 한참 만에 소리 질러 말하되,

"사부는 어찌 소유를 정도로 인도하지 않고 환술(幻術)로 희롱하나뇨?"

대답을 듣기도 전에 구름이 날아가니 중은 간 곳이 없고 좌우를 돌아보니 여덟 낭자 또한 간 곳이 없는지라.

– 김만중, '구운몽'

19 ㉠~㉣을 사건의 시간 순서에 따라 가장 적절하게 배열한 것은?

① ㉠ → ㉢ → ㉣ → ㉡

② ㉠ → ㉣ → ㉢ → ㉡

③ ㉢ → ㉣ → ㉡ → ㉠

④ ㉣ → ㉢ → ㉡ → ㉠

20 윗글에 대한 이해로 가장 적절한 것은?

① '승상'은 꿈에 남악에서 '중'을 보았던 기억을 떠올리며 낯이 익은 듯하다고 여기기 시작한다.

② '승상'은 본디 남악에서 '중'의 문하생으로 불도를 닦던 승려였음을 인정한 뒤 꿈에서 깨게 된다.

③ '승상'은 '중'이 여덟 낭자를 사라지게 한 환술을 부렸음을 확인하고서 그의 진의를 의심한다.

④ '승상'은 능파 낭자와 어울려 놀던 죄를 징벌한 이가 '중'임을 깨닫고서 '중'과의 관계를 부정하게 된다.

정답 및 해설: 해설집 p.31
(문제집 p.274에서 전체 정답표를 확인하실 수 있습니다.)

gosi.Hackers.com

서두르지도 말고 쉬지도 말라.

요한 볼프강 폰 괴테(독일의 시인, 소설가)

/Part 2

지방직 9급

문제 유형	4지선다형
총 문항 수	20문항
경쟁률 (2023년, 일반행정)	평균: 16.9:1 최고: 74.5:1 (경기)
합격선 (2023년, 일반행정)	평균: 82.93점 최고: 92점 (경기)
시험 안내	사이버국가고시센터 (http://gosi.kr) 지방자치단체 인터넷원서접수센터 (http://local.gosi.go.kr)

01 ㉠~㉣의 말하기 방식을 설명한 내용으로 가장 적절한 것은?

> 김 주무관: AI에 대한 국민 이해도를 높이기 위해 설명회를 개최할 필요가 있다고 생각해요.
> 최 주무관: ㉠저도 요즘 그 필요성을 절감하고 있어요.
> 김 주무관: ㉡그런데 어떻게 준비해야 효과적으로 전달할 수 있을지 고민이에요.
> 최 주무관: 설명회에 참여할 청중 분석이 먼저 되어야겠지요.
> 김 주무관: 청중이 주로 어떤 분야에 관심이 있는지 알면 준비할 때 유용하겠네요.
> 최 주무관: ㉢그럼 청중의 관심 분야를 파악하려면 청중의 특성 중에서 어떤 것들을 조사하면 좋을까요?
> 김 주무관: ㉣나이, 성별, 직업 등을 조사할까요?

① ㉠: 상대의 의견에 대해 공감을 표현하고 있다.

② ㉡: 정중한 표현을 사용하여 직접 질문하고 있다.

③ ㉢: 자신의 반대 의사를 우회적으로 드러내고 있다.

④ ㉣: 의문문을 통해 상대의 의견을 반박하고 있다.

02 (가) ~ (다)를 맥락에 따라 가장 자연스럽게 배열한 것은?

> 독서는 아이들의 전반적인 뇌 발달에 큰 영향을 미친다.
> (가) 그에 따르면 뇌의 전두엽은 상상력을 관장하는데, 책을 읽으면 상상력이 자극되어 전두엽을 많이 사용하게 된다.
> (나) A 교수는 책을 읽을 때와 읽지 않을 때의 뇌 변화를 연구해서 세계적인 명성을 얻었다.
> (다) 이처럼 책을 많이 읽으면 전두엽이 훈련되어 전반적인 뇌 발달의 가능성이 높아지는데, 그 결과는 교육 현장에서 실증된 바 있다.
> 독서를 많이 한 아이는 학교에서 더 좋은 성적을 낼 뿐 아니라 언어 능력도 발달한다는 사실이 밝혀진 것이다.

① (나) – (가) – (다)

② (나) – (다) – (가)

③ (다) – (가) – (나)

④ (다) – (나) – (가)

03 ㉠~㉣을 설명한 내용으로 적절하지 않은 것은?

> ○ ㉠지원은 자는 동생을 깨웠다.
> ○ 유선은 도자기를 ㉡만들었다.
> ○ 물이 ㉢얼음이 되었다.
> ○ ㉣어머나, 현지가 언제 이렇게 컸지?

① ㉠: 동작의 주체를 나타내는 주어이다.

② ㉡: 주어와 목적어를 요구하는 서술어이다.

③ ㉢: 서술어를 꾸며주는 부사어이다.

④ ㉣: 문장의 다른 성분과 직접적으로 관련을 맺지 않는 독립어이다.

04 ㉠~㉣과 바꿔 쓸 수 있는 유사한 표현으로 적절하지 않은 것은?

> ○ 서구의 문화를 ㉠맹종하는 이들이 많다.
> ○ 안일한 생활에서 ㉡탈피하여 어려운 일에 도전하고 싶다.
> ○ 회사의 생산성을 ㉢제고하기 위해 노력하자.
> ○ 연못 위를 ㉣부유하는 연잎을 바라보며 여유를 즐겼다.

① ㉠: 무분별하게 따르는

② ㉡: 벗어나

③ ㉢: 끌어올리기

④ ㉣: 헤엄치는

05 (가)와 (나)를 이해한 내용으로 적절하지 않은 것은?

> (가) 청산(靑山)은 내 뜻이오 녹수(綠水)는 님의 정(情)이
> 녹수(綠水)ㅣ 흘러간들 청산(靑山)이야 변(變)홀손가
> 녹수(綠水)도 청산(靑山)을 못 니저 우러 녜여 가는고.
>
> (나) 청산(靑山)은 엇뎨ᄒᆞ야 만고(萬古)애 프르르며
> 유수(流水)는 엇뎨ᄒᆞ야 주야(晝夜)애 긋디 아니는고
> 우리도 그치디 마라 만고상청(萬古常靑)호리라.

① (가)는 '청산'과 '녹수'의 대조를 활용하여 화자가 처한 상황을 제시하고 있다.
② (나)는 시각적 심상과 청각적 심상을 활용하여 주제를 강조하고 있다.
③ (가)와 (나) 모두 대구를 활용하여 시상을 전개하고 있다.
④ (가)와 (나) 모두 설의적 표현을 활용하여 화자의 정서를 드러내고 있다.

06 다음 글의 중심 내용으로 가장 적절한 것은?

> 교환가치는 거래를 통해 발생하는 가치이며, 사용가치는 어떤 상품을 사용할 때 느끼는 가치이다. 전자가 시장에서 결정된다는 점에서 객관적이라면, 후자는 개인에 따라 다르다는 점에서 주관적이다. 상품에는 사용가치와 교환가치가 섞여 있는데, 교환가치가 아무리 높아도 '나'에게 사용가치가 없다면 해당 상품을 구매하지 않을 것이다.
>
> 하지만 이 같은 상식이 통하지 않는 경우를 종종 볼 수 있다. 예를 들어 보자. 인터넷 커뮤니티에서 백만 원짜리 공연 티켓을 판매하는데, 어떤 사람이 "이 공연의 가치는 돈으로 환산할 수 없어요." 등의 댓글들을 보고서 애초에 관심도 없던 이 공연의 티켓을 샀다. 그에게 그 공연의 사용가치는 처음에는 없었으나 많은 댓글로 인해 사용가치가 있을 것으로 잘못 판단한 것이다. 안타깝게도, 그는 그 공연에서 조금도 만족하지 못했다.
>
> 이 사례에서 볼 때 건강한 소비를 위해서는 구매하려는 상품의 사용가치가 어떤 과정을 거쳐 결정된 것인지 곰곰이 생각해봐야 한다. '나'에게 얼마나 필요한가에 대한 고민 없이 다른 사람들의 말에 휩쓸려 어떤 상품의 사용가치가 결정될 때, 그 상품은 '나'에게 쓸모없는 골칫덩이가 될 수 있다.

① 사용가치보다 교환가치가 큰 상품을 구매해야 한다.
② 상품을 구매할 때 사용가치와 교환가치를 두루 고려해야 한다.
③ 상품에 대한 다른 사람들의 평가를 반영해서 상품을 구매해야 한다.
④ 상품을 구매할 때 사용가치가 자신의 필요에 의해 결정된 것인지 신중하게 따져야 한다.

07 ㉠~㉣ 중 어색한 곳을 찾아 수정하는 방안으로 가장 적절한 것은?

> 조선 후기에 서학으로 불린 천주학은 '학(學)'이라는 말에서도 짐작할 수 있듯이 ㉠종교적인 관점에서보다 학문적인 관점에서 받아들여졌다. 당시의 유학자 중 서학 수용에 적극적인 이들까지도 서학을 무조건 따르자고 ㉡주장하지는 않았는데, 서학은 신봉의 대상이 아니라 분석의 대상이었기 때문이다. 그들은 조선 사회를 바로잡고 발전시키기 위해 새로운 학문과 지식이 필요하다고 생각했지만, 외부에서 유입된 사유 체계에는 양명학이나 고증학 등도 있어서 서학이 ㉢유일한 대안은 아니었다. 그들은 서학을 검토하며 어떤 부분은 수용했지만, 반대로 어떤 부분은 ㉣지향했다.

① ㉠: '학문적인 관점에서보다 종교적인 관점에서'로 수정한다.
② ㉡: '주장하였는데'로 수정한다.
③ ㉢: '유일한 대안이었다'로 수정한다.
④ ㉣: '지양했다'로 수정한다.

08 다음 글의 맥락을 고려할 때 빈칸에 들어갈 말로 가장 적절한 것은?

> 능숙한 필자와 미숙한 필자는 글쓰기 과정 중 '계획하기'에서 뚜렷한 차이를 보인다. 전자는 이 과정에 오랜 시간 공을 들이는 반면, 후자는 그렇지 않다. 글쓰기에서 계획하기는 글쓰기의 목적 수립, 주제 선정, 예상 독자 분석 등을 포함한다. 이 중 예상 독자 분석이 중요한 이유는 [   ] 때문이다. 글을 쓸 때 독자의 수준에 비해 너무 어려운 개념과 전문용어를 사용한다면 독자가 글을 이해하기 어렵게 된다. 글쓰기는 필자가 글을 통해 자신의 메시지를 독자에게 전달하는 행위라는 점을 고려하면 계획하기 단계에서 반드시 예상 독자를 분석해야 한다.

① 계획하기 과정이 글쓰기 전체 과정의 첫 단계이기
② 글에 어려운 개념이나 전문용어를 어느 정도 포함해야 하기
③ 필자의 메시지를 독자에게 효과적으로 전달하는 데 도움이 되기
④ 독자의 배경지식 수준을 고려해야 글의 목적과 주제가 결정되기

09 다음 시를 이해한 내용으로 적절하지 않은 것은?

> 사랑을 잃고 나는 쓰네
>
> 잘 있거라, 짧았던 밤들아
> 창밖을 떠돌던 겨울 안개들아
> 아무것도 모르던 촛불들아, 잘 있거라
> 공포를 기다리던 흰 종이들아
> 망설임을 대신하던 눈물들아
> 잘 있거라, 더 이상 내 것이 아닌 열망들아
>
> 장님처럼 나 이제 더듬거리며 문을 잠그네
> 가엾은 내 사랑 빈집에 갇혔네
>
>   − 기형도, '빈집'

① 대상들을 호명하며 안타까운 심정을 표현하고 있다.
② '빈집'은 상실감으로 공허해진 내면을 상징하고 있다.
③ 영탄형 어조를 활용해 이별에 따른 정서를 부각하고 있다.
④ 글 쓰는 행위를 통해 잃어버린 사랑의 회복을 열망하고 있다.

10 다음 글을 이해한 내용으로 가장 적절한 것은?

> 반드시 갚는 조건임을 강조하면서 그는 마치 성경책 위에다 오른손을 얹고 말하듯이 엄숙한 표정을 했다. 하마터면 나는 잊을 뻔했다. 그가 적시에 일깨워 주었기 망정이지 안 그랬더라면 빌려주는 어려움에만 골똘한 나머지 빌려줬다 나중에 돌려받는 어려움이 더 클 거라는 사실은 생각도 못 할 뻔했다. 그렇다. 끼니조차 감당 못 하는 주제에 막벌이가 아니면 어쩌다 간간이 얻어걸리는 출판사 싸구려 번역 일 가지고 어느 해가*에 빚을 갚을 것인가. 책임이 따르는 동정은 피하는 게 상책이었다. 그리고 기왕 피할 바엔 저쪽에서 감히 두말을 못 하도록 야멸치게 굴 필요가 있었다.
> "병원 이름이 뭐죠?" "원 산부인괍니다." "지금 내 형편에 현금은 어렵군요. 원장한테 바로 전화 걸어서 내가 보증을 서마고 약속할 테니까 권 선생도 다시 한번 매달려 보세요. 의사도 사람인데 설마 사람을 생으로 죽게야 하겠습니까. 달리 변통할 구멍이 없으시다면 그렇게 해 보세요."
> 내 대답이 지나치게 더디 나올 때 이미 눈치를 챈 모양이었다. 도전적이던 기색이 슬그머니 죽으면서 그의 착하디착한 눈에 다시 수줍음이 돌아왔다. 그는 고개를 좌우로 흔들어 보였다.
> "원장이 어리석은 사람이길 바라고 거기다 희망을 걸기엔 너무 늦었습니다. 그 사람은 나한테서 수술 비용을 받아 내기가 수월치 않다는 걸 입원시키는 그 순간에 벌써 알아차렸어요."
>
>   − 윤흥길, '아홉 켤레의 구두로 남은 사내'
>
> * 해가(奚暇): 어느 겨를

① 서술자가 등장인물의 심리를 전지적 위치에서 전달하고 있다.
② 서술자가 등장인물이 되어 다른 등장인물의 행동을 진술하고 있다.
③ 서술자가 주인공으로서 유년 시절을 회상하며 갈등 원인을 해명하고 있다.
④ 서술자가 주관을 배제하고 외부 관찰자의 시선으로 사건을 이야기하고 있다.

11 다음 대화를 분석한 내용으로 적절하지 않은 것은?

> 은지: 최근 국민 건강 문제와 관련해 '설탕세' 부과 여부가 논란인데, 나는 설탕세를 부과해야 한다고 생각해. 그러면 당 함유 식품의 소비가 감소하게 되고, 비만이나 당뇨병 등의 질병이 예방되니까 국민 건강 증진에 도움이 되기 때문이야.
> 운용: 설탕세를 부과하면 당 소비가 감소한다고 믿을 만한 근거가 있니?
> 은지: 세계보건기구 보고서를 보면 당이 포함된 음료에 설탕세를 부과하면 이에 비례해 소비가 감소한다고 나와 있어.
> 재윤: 그건 나도 알아. 그런데 설탕세 부과가 질병을 예방한다는 것은 타당하지 않아. 여러 연구 결과를 보면 당 섭취와 질병 발생은 유의미한 상관관계가 없어.

① 은지는 첫 번째 발언에서 화제를 제시하고 있다.
② 운용은 은지의 주장에 반대하고 있다.
③ 은지는 두 번째 발언에서 자신의 주장에 대한 근거를 제시하고 있다.
④ 재윤은 은지가 제시한 주장의 근거를 부정하고 있다.

12 ㉠ ~ ㉢에 들어갈 단어로 적절하지 않은 것은?

> ㅇ 우리 회사는 올해 최고 수익을 창출해서 전성기를   ㉠   하고 있다.
> ㅇ 그는 오래 살아온 자기 명의의 집을   ㉡   하려 했는데 사려는 사람이 없다.
> ㅇ 그들 사이에   ㉢   이 심해서 중재자가 필요하다.
> ㅇ 제가 부족하니 앞으로 많은   ㉣   을 부탁드립니다.

① ㉠: 구가(謳歌)   ② ㉡: 매수(買受)
③ ㉢: 알력(軋轢)   ④ ㉣: 편달(鞭撻)

13 밑줄 친 단어의 쓰임이 올바르지 않은 것은?

① 이 일은 정말 힘에 부치는 일이다.
② 그와 나는 전부터 알음이 있던 사이였다.
③ 대문 앞에 서 있는데 대문이 저절로 닫혔다.
④ 경기장에는 걷잡아서 천 명이 넘게 온 듯하다.

14 ㉠~㉢의 한자 표기로 올바른 것은?

○ 복지부 ㉠장관은 의료시설이 대도시에 편중된 문제에 대해 대책을 마련하라고 지시하였다.
○ 박 주무관은 사유지의 국유지 편입으로 발생한 주민들의 피해를 ㉡보상하는 업무를 맡고 있다.
○ 김 주무관은 이 팀장에게 부서 운영비와 관련된 ㉢결재를 올렸다.

	㉠	㉡	㉢
①	長官	補償	決裁
②	將官	報償	決裁
③	長官	報償	決濟
④	將官	補償	決濟

15 다음 글에서 추론한 내용으로 적절하지 않은 것은?

우리는 개별적으로 고립된 채 살아가는 존재일 수 없다. 사회 속에서 여럿이 모여 '복수(複數)'의 상태로 살아갈 수밖에 없는 존재라는 것이다. 복수의 상태로 살아가는 우리는 종(種)적인 차원에서 보면 보편적이고 동등한 존재이다. 그러나 우리는 각각 유일무이성을 지닌 '단수(單數)'이기도 하다. 즉 모든 인간은 개인으로서 고유한 인격체라는 특수성을 지닌다. 사회 속에서 우리는 보편적 복수성과 특수한 단수성을 겸비한 채 살아가고 있는 셈이다. 바로 이러한 이유로 우리는 다원적 존재이다. 이러한 존재들로 구성된 다원적 사회에서는 어떠한 획일화도 시도되어서는 안 된다. 우리가 이 같은 사회에서 살아가기 위해서는 타인을 포용하는 공존의 태도가 필요하다. 공동체 정화 등을 목적으로 개별적 유일무이성을 제거하는 것은 우리가 살아가는 사회의 다원성을 파괴하는 일이다.

① 우리는 고립된 상태에서 '단수'로 살아가는 존재가 아니다.
② 우리는 다원성을 지닌 존재로서 포용적으로 공존해야 한다.
③ 개인의 유일무이성을 보존하려는 제도는 개인의 보편적 복수성을 침해한다.
④ 개인의 특수한 단수성을 제거하려는 시도는 사회의 다원성을 파괴하는 결과로 이어질 수 있다.

16 다음 글을 이해한 내용으로 적절하지 않은 것은?

매우 치라 소리 맞춰, 넓은 골에 벼락치듯 후리쳐 딱 붙이니, 춘향이 정신이 아득하여, "애고 이것이 웬일인가?" 일자(一字)로 운을 달아 우는 말이, "일편단심 춘향이 일정지심 먹은 마음 일부종사 하겠더니 일신난처 이 몸인들 일각인들 변하리까? 일월 같은 맑은 절개 이리 힘들게 말으시오."

"매우 치라." "꽤 때리오." 또 하나 딱 부치니, "애고." 이자(二字)로 우는구나. "이부불경 이내 마음 이군불사와 무엇이 다르리까? 이 몸이 죽더라도 이도령은 못 잊겠소. 이 몸이 이러한들 이 소식을 누가 전할까? 이왕 이리 되었으니 이 자리에서 죽여 주오."

"매우 치라." "꽤 때리오." 또 하나 딱 부치니, "애고." 삼자(三字)로 우는구나. "삼청동 도련님과 삼생연분 맺었는데 삼강을 버리라 하소? 삼척동자 아는 일을 이내 몸이 조각조각 찢겨져도 삼종지도 중한 법을 삼생에 버리리까? 삼월삼일 제비같이 훨훨 날아 삼십삼천 올라가서 삼태성께 하소연할까? 애고애고 서러운지고."

– '춘향전'

① 동일한 글자를 반복함으로써 리듬감을 조성하고 있다.
② 숫자를 활용하여 주인공이 처한 상황을 제시하고 있다.
③ 등장인물 간의 대화를 통해 주인공의 내적 갈등이 해결되고 있다.
④ 유교적 가치를 담고 있는 말을 활용하여 주인공의 의지를 드러내고 있다.

17 다음 글을 이해한 내용으로 적절하지 않은 것은?

고소설의 유통 방식은 '구연에 의한 유통'과 '문헌에 의한 유통'으로 나눌 수 있다. 구연에 의한 유통은 구연자가 소설을 사람들에게 읽어 주는 방식으로, 글을 모르는 사람들과 글을 읽을 수 있지만 남이 읽어 주는 것을 선호하는 이들을 대상으로 이루어졌다. 구연자는 '전기수'로 불렸으며, 소설 구연을 통해 돈을 벌던 전문적 직업인이었다. 하지만 이 방식은 문헌에 의한 유통에 비해 시간과 공간의 제약이 많아서 유통 범위를 넓히는 데 뚜렷한 한계가 있었다.

문헌에 의한 유통은 차람, 구매, 상업적 대여로 나눌 수 있다. 차람은 소설을 소유하고 있는 사람에게 직접 빌려서 보는 것으로, 알고 지내던 개인들 사이에서 이루어졌다. 구매는 서적 중개인에게 돈을 지불하고 책을 사는 것인데, 책값이 상당히 비쌌기 때문에 소설을 구매할 수 있는 사람은 그리 많지 않았다. 상업적 대여는 세책가에 돈을 지불하고 일정 기간 동안 소설을 빌려 보는 것이다. 세책가에서는 소설을 구매하는 것보다 훨씬 적은 비용으로 빌려 볼 수 있었기 때문에 경제적으로 넉넉하지 않은 사람도 소설을 쉽게 접할 수 있었다. 이로 인해 조선 후기 사회에서 세책가가 성행하게 되었다.

① 전기수는 글을 모르는 사람들에게 소설을 구연하였다.
② 차람은 알고 지내던 사람에게 대가를 지불하고 책을 빌려 보는 방식이다.
③ 문헌에 의한 유통은 구연에 의한 유통에 비해 시간과 공간의 제약이 적었다.
④ 조선 후기에 세책가가 성행한 원인은 소설을 구매하는 비용보다 세책가에서 빌리는 비용이 적다는 데 있다.

18 다음 글을 이해한 내용으로 가장 적절한 것은?

『삼국사기』는 본기 28권, 지 9권, 표 3권, 열전 10권의 체제로 되어 있다. 이 중 열전은 전체 분량의 5분의 1을 차지하며, 수록된 인물은 86명으로, 신라인이 가장 많고, 백제인이 가장 적다. 수록 인물의 배치에는 원칙이 있는데, 앞부분에는 명장, 명신, 학자 등을 수록했고, 다음으로 관직에 있지는 않았으나 기릴 만한 사람을 실었다.

반신(叛臣)의 경우 열전의 끝부분에 배치되어 있다. 이들을 수록한 까닭은 왕을 죽인 부정적 행적을 드러내어 반면교사로 삼는 데에 있었으나, 그 목적에 부합하지 않는 내용이 있어 흥미롭다. 가령 고구려의 연개소문은 반신이지만, 당나라에 당당히 대적한 민족적 영웅의 모습도 포함되어 있다. 흔히 『삼국사기』에 대해, 신라 정통론에 기반해 있으며, 유교적 사관에 따라 당시의 지배 질서를 공고히 하고자 했다고 평가한다. 하지만 연개소문의 사례에서 볼 수 있듯 『삼국사기』는 기존 평가와 달리 다면적이고 중층적인 역사 텍스트라고 할 수 있다.

① 『삼국사기』 열전에 고구려인과 백제인도 수록되었다는 점은 이 책이 신라 정통론을 계승하지 않았다는 것을 보여 준다.
② 『삼국사기』 열전에 수록된 반신 중에는 이 책에 대한 기존 평가를 다르게 할 수 있는 사례가 있다.
③ 『삼국사기』 열전에는 기릴 만한 업적이 있더라도 관직에 오르지 못한 사람은 수록되지 않았다.
④ 『삼국사기』의 체제 중에서 열전이 가장 많은 권수를 차지한다.

19 다음 글에서 추론한 내용으로 적절하지 않은 것은?

프랑스에서 의무교육 제도를 실시하면서 정규학교에 입학하기 어려운 지적장애아, 학습부진아를 가려내고자 하였다. 이에 기초 학습 능력 평가를 목적으로, 1905년 최초의 IQ 검사가 이루어졌다. 이 검사를 통해 비로소 인간의 지능을 구체적으로 수치화하고 객관적으로 비교할 수 있게 되었다.

이후 오랫동안 IQ가 높으면 똑똑한 사람, 그렇지 않으면 머리가 좋지 않고 학습에도 부진한 사람으로 판단했다. 물론 IQ가 높은 아이는 그렇지 않은 아이에 비해 읽기나 계산 등 사고 기능과 관련된 과목에서 높은 성취도를 보이는 경우가 많다. 이는 IQ 검사가 기초 학습에 필요한 최소 능력인 언어 이해력, 어휘력, 수리력 등을 측정하기 때문이다. 학습의 기초 능력을 측정하는 IQ 검사에서 높은 점수를 받은 아이는 동일한 능력을 측정하는 학업 평가에서도 높은 점수를 받을 가능성이 크다. 하지만 문제는 IQ 검사가 인간의 지능 중 일부만을 측정한다는 점이다.

① 최초의 IQ 검사는 학습 능력이 우수한 아이를 고르기 위해 시행되었다.
② IQ 검사가 만들어지기 전에는 인간의 지능을 수치로 비교할 수 없었다.
③ IQ가 높은 아이라도 전체 지능은 높지 않을 수 있다.
④ IQ가 높은 아이가 읽기 능력이 좋을 확률이 높다.

20 다음 글에서 추론한 내용으로 적절하지 않은 것은?

한글은 소리를 나타내는 표음문자여서 한국어 문장을 읽는 데 학습해야 할 글자가 적지만, 한자는 음과 상관없이 일정한 뜻을 나타내는 표의문자여서 한문을 읽는 데 익혀야 할 글자 수가 훨씬 많다. 이러한 번거로움에도 한글과 달리 한자가 갖는 장점이 있다. 한글에서는 동음이의어, 즉 형태와 음이 같은데 뜻이 다른 단어가 많아 글자만으로 의미를 파악하지 못하는 경우가 많다. 하지만 한자는 그렇지 않다. 예컨대, 한글로 '사고'라고만 쓰면 '뜻밖에 발생한 사건'인지 '생각하고 궁리함'인지 구별할 수 없다. 한자로 전자는 '事故', 후자는 '思考'로 표기한다. 그런데 한자는 문맥에 따라 같은 글자가 다른 뜻으로 쓰이지는 않지만 다른 문장성분으로 사용되기도 해 혼란을 야기한다. 가령 '愛人'은 문맥에 따라 '愛'가 '人'을 수식하는 관형어일 때도, '人'을 목적어로 삼는 서술어일 때도 있는 것이다.

① 한문은 한국어 문장보다 문장성분이 복잡하다.
② '淨水'가 문맥상 '깨끗하게 한 물'일 때 '淨'은 '水'를 수식한다.
③ '愛人'에서 '愛'의 문장성분이 바뀌더라도 '愛'는 동음이의어가 아니다.
④ '의사'만으로는 '병을 고치는 사람'인지 '의로운 지사'인지 구별할 수 없다.

정답 및 해설: 해설집 p.38
(문제집 p.274에서 전체 정답표를 확인하실 수 있습니다.)

모바일 자동 채점 + 성적 분석 서비스 바로 가기
QR코드를 이용해 모바일로 간편하게 채점하고 나의 실력이 어느 정도인지, 취약 부분이 어디인지 바로 파악해 보세요!

제한시간 : 20분　　시작 _____시 _____분 ~ 종료 _____시 _____분　　나의 점수 _____　회독수 □□□

01 언어 예절로 가장 적절한 것은?

① 지금부터 회장님의 말씀이 계시겠습니다.
② (시누이에게) 고모, 오늘 참 예쁘게 차려 입으셨네요?
③ (처음 자신을 소개하면서) 처음 뵙겠습니다. 박혜정입니다.
④ (다른 사람에게 자기 아내를 가리키며) 이쪽은 제 부인입니다.

02 다음 글의 주된 서술 방식은?

> 이지러는 졌으나 보름을 가제 지난 달은 부드러운 빛을 흣붓이 흘리고 있다. 대화까지는 칠십 리의 밤길. 고개를 둘이나 넘고 개울을 하나 건너고, 벌판과 산길을 걸어야 된다. 길은 지금 긴 산허리에 걸려 있다. 밤중을 지난 무렵인지 죽은 듯이 고요한 속에서 짐승 같은 달의 숨소리가 손에 잡힐 듯이 들리며, 콩 포기와 옥수수 잎새가 한층 달에 푸르게 젖었다.

① 묘사　　　　　② 설명
③ 유추　　　　　④ 분석

03 다음 글에 대한 이해로 적절하지 않은 것은?

> 연출자가 자신의 저작권을 침해당했다고 주장하기 위해서는 우선 그가 유효한 저작권을 소유하고 있어야 한다. 즉 저작권 보호 가능성이 있는 창작물이 필요하다. 다음으로 창작적인 표현을 도용당했는지 밝혀야 하는데, 이것이 쉽지 않다. 왜냐하면 연출자가 주관적으로 창작성이 있다고 느끼는 부분일지라도 객관적인 시각에서는 이미 공연 예술 무대에서 흔히 사용되는 표현 기법일 수 있고, 저작권법상 보호 대상이 아닌 아이디어의 요소와 보호 가능한 요소인 표현이 얽혀 있는 경우가 있기 때문이다. 쉬운 예로 셰익스피어를 보자. 그의 명작 중에 선대에 있었던 작품에 의거하지 않고 탄생한 작품이 있는가. 대부분의 연출자는 선행 예술가로부터 영향을 받아 창작에 임하는 것이 너무도 당연하고 자연스럽다. 따라서 무대 연출 작업 중에서 독보적인 창작을 걸러 내서 배타적인 권한인 저작권을 부여하는 것은 매우 흔치 않은 경우이고, 후발 창작을 방해하는 요소로 작용할 수도 있다. 저작권법은 창작자에게 개인적인 인센티브를 제공하여 창작을 장려함과 동시에 일반 공중이 저작물을 원활하게 이용할 수 있도록 해야 하는 두 가지 가치의 균형을 이루는 것이 목표다.

① 무대 연출의 창작적인 표현의 도용 여부를 밝히기는 쉽지 않다.
② 저작권 침해를 당했다고 주장하려면 유효한 저작권을 소유하고 있어야 한다.
③ 독보적인 무대 연출 작업에 저작권을 부여한다고 해서 후발 창작에 방해가 되지는 않는다.
④ 저작권법의 목표는 창작자의 창작을 장려하고 일반 공중의 저작물 이용을 원활하게 하는 것이다.

04 ⊙ ~ ⓔ의 고쳐 쓰기로 적절하지 않은 것은?

파놉티콘(panopticon)은 원형 평면의 중심에 감시탑을 설치해 놓고, 주변으로 빙 둘러서 죄수들의 방이 배치된 감시 시스템이다. 감시탑의 내부는 어둡게 되어 있는 반면 죄수들의 방은 밝아 교도관은 죄수를 볼 수 있지만, 죄수는 교도관을 바라볼 수 없다. 죄수가 잘못했을 때 교도관은 잘 보이는 곳에서 처벌을 가한다. 그렇게 수차례의 처벌이 있게 되면 죄수들은 실제로 교도관이 자리에 ⊙있을 때조차도 언제 처벌을 받을지 모르는 공포감에 의해서 스스로를 감시하게 된다. 이렇게 권력자에 의한 정보 독점 아래 ⓛ다수가 통제된다는 점에서 파놉티콘의 디자인은 과거 사회 구조와 본질적으로 같았다.

현대 사회는 다수가 소수의 권력자를 동시에 감시할 수 있는 시놉티콘(synopticon)의 시대가 되었다. 시놉티콘에 가장 크게 기여한 것은 인터넷의 ⓒ동시성이다. 권력자에 대한 비판을 신변 노출 없이 자유롭게 표현할 수 있게 되었기 때문이다. 정보화 시대가 오면서 언론과 통신이 발달했고, ⓔ특정인이 정보를 수용하고 생산하게 되었다. 그로 인해 사회에서 일어나는 일에 대한 비판적 인식 교류와 부정적 현실 고발 등 네티즌의 활동으로 권력자들을 감시하는 전환이 일어났다.

① ⊙을 '없을'로 고친다.
② ⓛ을 '소수'로 고친다.
③ ⓒ을 '익명성'으로 고친다.
④ ⓔ을 '누구나가'로 고친다.

05 ⊙ ~ ⓔ에 대한 이해로 가장 적절한 것은?

⊙산(山)새도 오리나무
위에서 운다
산새는 왜 우노, 시메산골
영(嶺) 넘어가려고 그래서 울지

눈은 내리네, 와서 덮이네
오늘도 하룻길은
ⓛ칠팔십 리(七八十里)
돌아서서 육십 리는 가기도 했소

ⓒ불귀(不歸), 불귀, 다시 불귀
삼수갑산에 다시 불귀
사나이 속이라 잊으련만
십오 년 정분을 못 잊겠네

산에는 오는 눈, 들에는 녹는 눈
산새도 오리나무
ⓔ위에서 운다
삼수갑산 가는 길은 고개의 길

– 김소월, '산'

① ⊙은 시적 화자와 상반되는 처지에 놓여 있다.
② ⓛ은 시적 화자에게 놓인 방랑길을 비유한다.
③ ⓒ은 시적 화자의 이국 지향 의식을 강조한다.
④ ⓔ은 시적 화자가 지닌 분노의 정서를 대변한다.

06 다음 글에 대한 감상으로 적절하지 않은 것은?

> "같이 가시지. 내 보기엔 좋은 여자 같군."
> "그런 거 같아요."
> "또 알우? 인연이 닿아서 말뚝 박구 살게 될지. 이런 때 아주 뜨내기 신셀 청산해야지."
> 영달이는 시무룩해져서 역사 밖을 멍하니 내다보았다. 백화는 뭔가 쑤군대고 있는 두 사내를 불안한 듯이 지켜보고 있었다. 영달이가 말했다.
> "어디 능력이 있어야죠."
> "삼포엘 같이 가실라우?"
> "어쨌든……"
> 영달이가 뒷주머니에서 꼬깃꼬깃한 오백 원짜리 두 장을 꺼냈다.
> "저 여잘 보냅시다."
> 영달이는 표를 사고 삼립빵 두 개와 찐 달걀을 샀다. 백화에게 그는 말했다.
> "우린 뒤차를 탈 텐데……. 잘 가슈."
> 영달이가 내민 것들을 받아 쥔 백화의 눈이 붉게 충혈되었다. 그 여자는 더듬거리며 물었다.
> "아무도…… 안 가나요?"
> "우린 삼포루 갑니다. 거긴 내 고향이오."
> 영달이 대신 정 씨가 말했다. 사람들이 개찰구로 나가고 있었다. 백화가 보퉁이를 들고 일어섰다.
> "정말, 잊어버리지…… 않을게요."
> 백화는 개찰구로 가다가 다시 돌아왔다. 돌아온 백화는 눈이 젖은 채로 웃고 있었다.
> "내 이름 백화가 아니에요. 본명은요…… 이점례예요."
> 여자는 개찰구로 뛰어나갔다. 잠시 후에 기차가 떠났다.
> — 황석영, '삼포 가는 길'

① 정 씨는 영달이 백화와 함께 떠날 것을 권유했군.
② 백화는 영달의 선택이 어떤 것일지 몰라 불안했군.
③ 영달은 백화를 신뢰할 수 없었기 때문에 같이 떠나지 않았군.
④ 백화가 자신의 본명을 말한 것은 정 씨와 영달에 대한 고마움의 표현이었군.

07 다음 글의 전개 순서로 가장 자연스러운 것은?

> (가) 과거에는 고통만을 안겨 주었던 지정학적 조건이 이제는 희망의 조건이 되고 있습니다. 이제 한반도는 사람과 물자가 모여드는 동북아 물류와 금융, 비즈니스의 중심지가 될 것입니다. 우리가 주도해서 평화와 번영의 동북아 시대를 열어 나가야 합니다.
> (나) 100년 전 우리는 수난과 비극의 역사를 겪었습니다. 해양으로 나가려는 세력과 대륙으로 진출하려는 세력이 한반도를 가운데 놓고 싸움을 벌였습니다. 마침내 우리는 국권을 상실하는 아픔을 감수해야 했습니다.
> (다) 지금은 무력이 아니라 경제력이 국력을 좌우하는 시대입니다. 우리나라는 전쟁의 폐허를 극복하고 세계적인 경제 강국을 건설하고 있습니다. 우수한 인력과 세계 선두권의 정보화 기반을 갖추고 있습니다. 바다와 하늘과 땅을 연결하는 물류 기반도 손색이 없습니다.
> (라) 그 아픔은 분단으로 이어져서 오늘에 이르고 있습니다. 그 과정에서는 정의가 패배하고 기회주의가 득세하는 불행한 역사를 겪었습니다. 그러나 이제 우리에게도 새로운 희망의 시대가 열리고 있습니다. 세계의 변방으로 머물러 왔던 동북아시아가 북미·유럽 지역과 함께 세계 경제의 3대 축으로 떠오르고 있습니다.

① (가) – (나) – (다) – (라)
② (가) – (라) – (나) – (다)
③ (나) – (가) – (라) – (다)
④ (나) – (라) – (다) – (가)

08 다음 대화에 대한 설명으로 가장 적절한 것은?

> A: 예은 씨. 오늘 회의 내용을 팀원들에게 공유해 주시면 좋겠네요.
> B: 네. 알겠습니다. 팀장님, 오늘 회의 내용을 요약 정리해서 메일로 공유하면 되겠지요?
> A: (고개를 끄덕이며) 맞습니다.
> B: 네. 그럼 회의 내용은 개조식으로 요약하고, 팀장님을 포함해서 전체 팀원에게 메일로 보내도록 하겠습니다.
> A: 예은 씨. 그런데 개조식으로 회의 내용을 요약하는 방식에는 문제가 있지 않을까요?
> B: (고개를 끄덕이며) 그렇겠네요. 개조식으로 요약할 경우 회의 내용이 과도하게 생략되어 이해가 어려울 수 있겠네요.

① A는 B에게 내용 요약 방식을 제안하고 있다.
② A와 B는 대화 중에 공감의 표지를 드러내며 상대방의 말을 듣고 있다.
③ B는 회의 내용 요약 방식에 대한 A의 문제 제기에 대해 자신이 다른 입장임을 드러내고 있다.
④ A는 개조식 요약 방식이 회의 내용을 과도하게 생략하여 이해에 어려움을 줄 수 있다고 명시하고 있다.

09 다음 글에 대한 이해로 적절하지 않은 것은?

올해 A시는 '청소년 의회 교실' 운영에 관한 조례를 발표함으로써 청소년들이 지방 의회의 역할과 기능을 이해하고 민주 시민으로서의 소양과 자질을 함양할 수 있는 근거를 마련하였다. 청소년 의회 교실이란 청소년을 대상으로 실시하는 의회 체험 프로그램을 의미한다. 여기에 참여할 수 있는 대상은 A시에 있는 학교에 재학 중인 만 19세 미만의 청소년이다. 이 조례에 따르면 시 의회 의장은 의회 교실의 참가자 선정 및 운영 방안을 결정할 수 있다. 운영 방안에는 지방 자치 및 의회의 기능과 역할, 민주 시민의 소양과 자질 등에 관한 교육 내용이 포함된다. 또한 시 의회 의장은 고유 권한으로 본 회의장 시설 사용이 가능하도록 지원할 수 있다. 최근 A시는 '수업 시간 스마트폰 사용 제한에 관한 조례안'을 주제로 본 회의장에서 첫 번째 의회 교실을 운영하였다. 참석 학생들은 1일 시 의원이 되어 의원 선서를 한 후 주제에 관한 자유 발언 시간을 가졌다. 이어서 관련 조례안을 상정한 후 찬반 토론을 거쳐 전자 투표로 표결 처리하였다. 학생들이 의회 과정 전반에 대해 체험할 수 있었던 뜻깊은 시간이었다.

① A시에 있는 학교의 만 19세 미만 재학생은 청소년 의회 교실에 참여할 수 있는 대상이다.
② A시의 시 의회 의장은 청소년 의회 교실의 민주 시민 소양과 관련된 교육 내용을 결정할 수 있다.
③ A시에서 시행된 청소년 의회 교실에서 시 의회 의장은 본 회의장 시설을 사용하도록 지원해 주었다.
④ A시의 올해 청소년 의회 교실은 의원 선서, 조례안 상정, 자유 발언, 찬반 토론, 전자 투표의 순서로 진행되었다.

10 단어에 대한 설명으로 적절하지 않은 것은?

① 가난: 한자어 '간난'에서 'ㄴ'이 탈락하면서 된 말이다.
② 어리다: '어리석다'는 뜻에서 '나이가 적다'는 뜻으로 바뀐 말이다.
③ 수탉: 'ㅎ'을 종성으로 갖고 있던 '숳'에 '닭'이 합쳐져 이루어진 말이다.
④ 점잖다: '의젓함'을 나타내는 '점잖이'에 '하다'가 붙어 형성된 말이다.

11 다음 글의 주제로 가장 적절한 것은?

예전에 '혐오'는 대중에게 관심을 끄는 말이 아니었지만, 요즘에는 익숙하게 듣는 말이 되었다. 이는 과거에 혐오가 존재하지 않았다는 말이 아니다. 단지 최근 몇 년 사이에 이 문제가 폭발하듯 가시화되었다는 뜻이다. 혐오 현상은 외계에서 뚝 떨어진 괴물이 만들어 낸 것이 아니라, 거기엔 자체의 역사와 사회적 배경이 반드시 선행한다.

이 문제를 바라볼 때 주의 사항이 있다. 혐오나 증오라는 특정 감정에 집착해선 안 된다는 것이다. 혐오가 주제인데 거기에 집중하지 말라니, 얼핏 이율배반처럼 들리지만 이는 매우 중요한 포인트다. 왜 혐오가 나쁘냐고 물어보면 많은 사람들은 이렇게 답한다. "나쁜 감정이니까 나쁘다.", "약자와 소수자를 차별하게 만드니까 나쁘다." 이 대답들은 분명 선량한 마음에서 나온 것이다. 하지만 문제의 성격을 오인하게 만들 수 있다. 혐오나 증오라는 감정에 집중할수록 우리 '달을 가리키는 손가락만 바라보는' 잘못을 범하기 쉬워진다.

인과 관계를 혼동하면 곤란하다. 우리가 문제시하고 있는 각종 혐오는 자연 발생한 게 아니라 사회적으로 형성된 감정이다. 사회 문제의 기원이나 원인이 아니라, 발현이며 결과다. 더 정확히 말하자면 혐오는 증상이다. 증상을 관찰하는 일은 중요하지만 거기에만 매몰되면 곤란하다. 우리는 혐오나 증오 그 자체를 사회악으로 지목해 도덕적으로 지탄하는 데서 그치지 말아야 한다.

① 혐오 현상에는 인과 관계가 존재하지 않는다.
② 혐오 현상은 선량한 마음으로 바라보아야 한다.
③ 혐오 현상을 만들어 내는 근본 원인을 찾아야 한다.
④ 혐오라는 감정에 집중할수록 사회 문제는 잘 보인다.

12 ㄱ~ㄹ에 대한 이해로 적절하지 않은 것은?

有此茅亭好	이 멋진 ㉠초가 정자 있고
綠林細徑通	수풀 사이로 오솔길 나 있네
微吟一杯後	술 한 잔 하고 시를 읊조리면서
高座百花中	온갖 꽃 속에서 ㉡높다랗게 앉아 있네
丘壑長看在	산과 계곡은 언제 봐도 그대로건만
樓臺盡覺空	㉢누대는 하나같이 비어 있구나
莫吹紅一點	붉은 꽃잎 하나라도 흔들지 마라
老去惜春風	늙어갈수록 ㉣봄바람이 안타깝구나

– 심환지, '육각지하화원소정염운(六閣之下花園小亭拈韻)'

① ㉠: 시간적 흐름에 따른 시상 전개를 매개하고 있다.
② ㉡: 시적 화자의 초연한 태도를 드러내고 있다.
③ ㉢: 자연에 대비되는 쇠락한 인간사를 암시하고 있다.
④ ㉣: 꽃잎을 흔드는 부정적 이미지로 기능하고 있다.

13 밑줄 친 단어 중 사람의 몸을 지시하는 말이 포함되지 않은 것은?

① 선생님께서는 슬하에 세 명의 자녀를 두셨다고 한다.
② 그는 수완이 좋아서 사람들에게 인정을 받는다.
③ 여러 팀이 우승을 위해 긴 시간 동안 각축을 벌였다.
④ 사업단의 발족으로 미뤄 뒀던 일들이 진행되기 시작했다.

14 ㉠과 ㉡에 대한 설명으로 가장 적절한 것은?

> (가) ㉠계월이 여자 옷을 벗고 갑옷과 투구를 갖춘 후 용봉
> 황월(龍鳳黃鉞)과 수기를 잡아 행군해 별궁에 자리를 잡
> 았다. 그리고 군사를 시켜 보국에게 명령을 전하니 보국
> 이 전해져 온 명령을 보고 화가 머리끝까지 났다. 그러나
> 보국은 예전에 계월의 위엄을 보았으므로 명령을 거역하
> 지 못해 갑옷과 투구를 갖추고 군문에 대령했다.
> 　이때 계월이 좌우를 돌아보며 말했다.
> 　"보국이 어찌 이다지도 거만한가? 어서 예를 갖추어
> 보이라."
> 　호령이 추상과 같으니 군졸의 대답 소리로 장안이 울
> 릴 정도였다. 보국이 그 위엄을 보고 겁을 내어 갑옷과 투
> 구를 끌고 몸을 굽히고 들어가니 얼굴에서 땀이 줄줄 흘
> 러내렸다.　　　　　　　　　 － 작자 미상, '홍계월전'
> (나) 장끼 고집 끝끝내 굽히지 아니하여 ㉡까투리 홀로 경
> 황없이 물러서니, 장끼란 놈 거동 보소. 콩 먹으러 들어
> 갈 제 열두 장목 펼쳐 들고 꾸벅꾸벅 고개 조아 조츰조츰
> 들어가서 반달 같은 혀뿌리로 들입다 꽉 찍으니, 두 고패
> 둥그레지며 …〈중 략〉… 까투리 하는 말이
> 　"저런 광경 당할 줄 몰랐던가. 남자라고 여자의 말 잘
> 들어도 패가하고, 계집의 말 안 들어도 망신하네."
> 　까투리 거동 볼작시면, 상하평전 자갈밭에 자락머리
> 풀어 놓고 당굴당굴 뒹굴면서 가슴치고 일어앉아 잔디풀
> 을 쥐어뜯어 애통하며, 두 발로 땅땅 구르면서 붕성지통
> (崩城之痛) 극진하니, 아홉 아들 열두 딸과 친구 벗님네들
> 도 불쌍타 의논하며 조문 애곡하니 가련 공산 낙망천에
> 울음소리뿐이로다.　　　　　　　 － 작자 미상, '장끼전'

① ㉠과 ㉡은 모두 상대에 비해 우월한 지위를 가지고 있다.
② ㉠이 상대의 행동을 비판하는 반면, ㉡은 옹호하고 있다.
③ ㉠이 갈등 상황을 타개하는 데 적극적인 반면, ㉡은 소극
적이다.
④ ㉠이 주변으로부터 호의적인 반응을 얻은 반면, ㉡은 적대
적인 반응을 얻는다.

15 밑줄 친 말의 쓰임이 올바른 것은?

① 습관처럼 중요한 말을 되뇌이는 버릇이 있다.
② 나는 친구 집을 찾아 골목을 헤매이고 다녔다.
③ 너무 급하게 밥을 먹으면 목이 메이기 마련이다.
④ 그는 어린 시절 기계에 손가락이 끼이는 사고를 당했다.

16 밑줄 친 부분의 한자 표기가 옳지 않은 것은?

① 우리 시대 영웅으로 소방관(消防官)이 있다.
② 과학자(科學者)는 청소년들이 선망하는 직업이다.
③ 그는 인공 지능 연구소의 연구원(研究員)이 되었다.
④ 그는 법원의 명령에 따라 변호사(辯護事)로 선임되었다.

17 다음 글에 대한 이해로 적절하지 않은 것은?

> 　르네상스가 일어나게 된 요인으로 많은 것들이 거론되
> 어 왔지만, 의학사의 관점에서 볼 때 흥미롭고 논쟁적인
> 원인은 페스트이다. 페스트가 유럽의 인구를 격감시킴으
> 로써 사회 경제 구조가 급변하게 되었고, 사람들은 재래의
> 전통이 지니고 있던 강력한 권위에 의문을 품기 시작했다.
> 예컨대 사람들은 이 무시무시한 질병을 예측하지 못한 기
> 존의 의학적 전통을 불신하게 되었으며, 페스트로 인해 '사
> 악한 자'들만이 아니라 '선량한 자'들까지 무차별적으로 죽
> 는 것을 보고 이전까지 의심하지 않았던 신과 교회의 막강
> 한 권위에 대해서도 회의하게 되었다.
> 　속수무책으로 당할 수밖에 없었던 죽음에 대한 경험은
> 사람들을 여러 방향에서 변화시켰다. 사람들은 거리에 시
> 체가 널려 있는 광경에 익숙해졌고, 인간의 유해에 대한 두
> 려움 또한 점차 엷어졌다. 교회에서 제시한 세계관 및 사후
> 관에 대한 신뢰가 떨어지고, 삶과 죽음 같은 인간의 본질
> 적인 문제에 대해 새롭게 사유하기 시작했다. 중세의 지적
> 전통에 대한 의구심은 고대의 학문과 예술, 언어에 대한 재
> 평가로 이어졌으며, 이에 따라 신에 대한 무조건적 찬양과
> 복종 대신 인간에 대한 새로운 관심과 사유가 활발해졌다.
> 　이러한 움직임은 미술사에서 두드러지게 포착된다. 인
> 간에 대한 관심의 증대에 따라 인체의 아름다움이 재발견
> 되었고, 인체를 묘사하는 다양한 화법도 등장했다. 인체
> 에 대한 관심은 보이는 부분뿐만 아니라 보이지 않는 부분
> 에 대한 관심으로 이어졌다. 기존의 의학적 전통을 여전
> 히 신봉하던 의사들에게 해부학적 지식은 불필요한 것으
> 로 인식되었던 반면, 당시의 미술가들은 예술가이면서 동
> 시에 해부학자이기도 할 만큼 인체의 내부 구조를 탐색하
> 는 데 골몰했다.

① 전염병의 창궐은 르네상스의 발생을 설명하는 다양한 요
인 가운데 하나이다.
② 페스트로 인한 선인과 악인의 무차별적인 죽음은 교회가
유지하던 막강한 권위를 약화시켰다.
③ 예술가들이 인체의 아름다움을 재발견함으로써 고대의 학
문과 언어에 대한 재평가도 이루어졌다.
④ 르네상스 시기에 해부학은 의사들보다도 미술가들의 관
심을 끌었다.

18 밑줄 친 부분에 어울리는 한자 성어로 가장 적절한 것은?

> 추사 김정희의 '세한도'는 글씨를 쓰다 남은 먹을 버리기 아까워 그린 듯이 갈필(渴筆)의 거친 선 몇 개로 이루어져 있다. 정말 큰 기교는 겉으로 보기에는 언제나 서툴러 보이는 법이다. 그러나 대가의 덤덤한 듯, <u>툭 던지는 한마디는 예리한 비수가 되어 독자의 의식을 헤집는다.</u>

① 巧言令色
② 寸鐵殺人
③ 言行一致
④ 街談巷說

19 다음 글에서 추론한 내용으로 가장 적절한 것은?

> 논리 실증주의자들에 따르면, 만약 어떤 것이 과학일 경우 거기에서 사용되는 문장은 유의미하다. 그들은 유의미한 문장의 기준으로 소위 '검증 원리'라고 불리는 것을 제안했다. 검증 원리란, 경험을 통해 참이나 거짓을 검증할 수 있는 문장은 유의미하고 그렇지 않은 문장은 유의미하지 않다는 것이다. 다음 두 문장을 예로 생각해 보자.
>
> (가) 달의 다른 쪽 표면에 산이 있다.
>
> (나) 절대자는 진화와 진보에 관계하지만, 그 자체는 진화하거나 진보하지 않는다.
>
> 위 두 문장 중 경험을 통해 검증할 수 있는 것은 무엇인가? 비록 현실적으로 큰 비용이 들기는 하지만 (가)는 분명히 경험을 통해 진위를 밝힐 수 있다. 즉 우리는 (가)의 진위를 확정하기 위해서 무엇을 경험해야 하는지 알고 있다는 것이다. 이런 점에 근거하여 논리 실증주의자들은 (가)는 검증할 수 있고, 유의미한 문장이라고 판단한다. 그럼 (나)는 어떠한가? 우리는 무엇을 경험해야 (나)의 진위를 확정할 수 있는가? 논리 실증주의자들은 그런 것은 없다고 주장하고, 이에 (나)는 검증할 수 없고 과학에서 사용될 수 없는 무의미한 문장이라고 말한다.

① 논리 실증주의자들에 따르면 무의미한 문장을 사용하는 것은 과학이 아니다.
② 논리 실증주의자들에 따르면 과학의 문장들만이 유의미하다.
③ 검증 원리에 따르면 아직까지 경험되지 않은 것을 언급한 문장은 무의미하다.
④ 검증 원리에 따르면 거짓인 문장은 무의미하다.

20 다음 글에서 추론할 수 있는 것만을 〈보기〉에서 모두 고르면?

> 컴퓨터에는 자유 의지가 있을까? 나아가 컴퓨터에 도덕적 의무를 귀속시킬 수 있을까? 컴퓨터는 다양한 전기 회로로 구성되어 있고, 물리 법칙, 프로그래밍 방식, 하드웨어의 속성 등에 따라 필연적으로 특정한 초기 상태로부터 다음 상태로 넘어간다. 마찬가지로 두 번째 상태에서 세 번째 상태로 이동하고, 이러한 과정이 계속해서 이어진다. 즉 컴퓨터는 결정론적 법칙의 지배를 받는 시스템이라는 것이다. 그럼 이러한 시스템에는 자유 의지가 있을까?
>
> 결정론적 법칙의 지배를 받는 시스템의 중요한 특징은 주어진 조건에 따라 결과가 하나로 고정된다는 점이다. 다시 말해, 이러한 시스템에는 항상 하나의 선택지만 있을 뿐이다. 그런 뜻에서 결정론적 지배를 받는다는 것과 자유 의지를 가진다는 것은 양립할 수 없음이 분명하다. 어떤 선택을 할 때 그것과 다른 선택을 할 수도 있다는 것은 자유 의지의 필요조건이기 때문이다. 결국 결정론적 법칙의 지배를 받는 시스템은 자유 의지를 가지지 않는다. 또한 자유 의지를 가지지 않는 시스템에 도덕적 의무를 귀속시킬 수 없음은 당연하다.

보기
ㄱ. 컴퓨터는 자유 의지를 가지지 않으며 도덕적 의무의 귀속 대상일 수도 없다.
ㄴ. 도덕적 의무를 귀속시킬 수 있는 시스템은 결정론적 법칙의 지배를 받지 않는다.
ㄷ. 어떤 선택을 할 때 그것과 다른 선택을 할 수 없는 시스템은 자유 의지를 가지지 않는다.

① ㄱ, ㄴ
② ㄱ, ㄷ
③ ㄴ, ㄷ
④ ㄱ, ㄴ, ㄷ

정답 및 해설: 해설집 p.43
(문제집 p.274에서 전체 정답표를 확인하실 수 있습니다.)

모바일 자동 채점 + 성적 분석 서비스 바로 가기
QR코드를 이용해 모바일로 간편하게 채점하고 나의 실력이 어느 정도인지, 취약 부분이 어디인지 바로 파악해 보세요!

01 밑줄 친 부분이 바르게 쓰이지 않은 것은?

① 바쁘다더니 여긴 웬일이야?
② 결혼식이 몇 월 몇 일이야?
③ 굳은살이 박인 오빠 손을 보니 안쓰럽다.
④ 그는 주말이면 으레 친구들과 야구를 한다.

02 밑줄 친 조사의 쓰임이 옳은 것은?

① 언니는 아버지의 딸로써 부족함이 없다.
② 대화로서 서로의 갈등을 풀 수 있을까?
③ 드디어 오늘로써 그 일을 끝내고야 말았다.
④ 시험을 치는 것이 이로서 세 번째가 됩니다.

03 단어의 뜻풀이가 옳지 않은 것은?

① 반나절: 하루 낮의 반
② 달포: 한 달이 조금 넘는 기간
③ 그끄저께: 오늘로부터 사흘 전의 날
④ 해거리: 한 해를 거른 간격

04 밑줄 친 부분과 바꿔 쓸 수 있는 관용 표현으로 적절하지 않은 것은?

① 몹시 가난한 형편에 누구를 돕겠느냐? – 가랑이가 찢어질
② 그가 중간에서 연결해 주어 물건을 쉽게 팔았다. – 호흡을 맞춰
③ 그는 상대편을 보고는 속으로 깔보며 비웃었다. – 코웃음을 쳤다
④ 주인의 말에 넘어가 실제보다 비싸게 이 물건을 샀다. – 바가지를 쓰고

05 ㉠ ~ ㉣에 대한 설명으로 옳지 않은 것은?

　　이때는 오월 단옷날이렷다. 일 년 중 가장 아름다운 시절이라. ㉠이때 월매 딸 춘향이도 또한 시서 음률이 능통하니 천중절을 모를쏘냐. 추천을 하려고 향단이 앞세우고 내려올 제, 난초같이 고운 머리 두 귀를 눌러 곱게 땋아 봉황 새긴 비녀를 단정히 매었구나. 〈중 략〉 장림 속으로 들어가니 ㉡녹음방초 우거져 금잔디 좌르르 깔린 곳에 황금 같은 꾀꼬리는 쌍쌍이 날아든다. 버드나무 높은 곳에서 그네 타려 할 때, 좋은 비단 초록 장옷, 남색 명주 홑치마 훨훨 벗어 걸어 두고, 자주색 비단 꽃신을 썩썩 벗어 던져두고, 흰 비단 새 속옷 턱밑에 훨씬 추켜올리고, 삼 껍질 그넷줄을 섬섬옥수 넌지시 들어 두 손에 갈라 잡고, 흰 비단 버선 두 발길로 홀쩍 올라 발 구른다. 〈중 략〉 ㉢한 번 굴러 힘을 주며 두 번 굴러 힘을 주니 발밑에 작은 티끌 바람 쫓아 펄펄, 앞뒤 점점 멀어 가니 머리 위의 나뭇잎은 몸을 따라 흔들흔들. 오고갈 제 살펴보니 녹음 속의 붉은 치맛자락 바람결에 내비치니, 높고 넓은 흰 구름 사이에 번갯불이 쏘는 듯 잠깐 사이에 앞뒤가 바뀌는구나. 〈중 략〉 무수히 진퇴하며 한참 노닐 적에 시냇가 반석 위에 옥비녀 떨어져 쟁쟁하고, '비녀, 비녀' 하는 소리는 산호채를 들어 옥그릇을 깨뜨리는 듯. ㉣그 형용은 세상 인물이 아니로다.

　　　　　　　　　　　　　– 작자 미상, '춘향전'

① ㉠: 설의적 표현을 통해 춘향이도 천중절을 당연히 알 것이라는 점을 서술하고 있다.
② ㉡: 비유법을 사용하고 음양이 조화를 이룬 아름다운 봄날의 풍경을 서술하고 있다.
③ ㉢: 음성상징어를 사용하여 춘향의 그네 타는 모습을 시각적으로 서술하고 있다.
④ ㉣: 서술자의 편집자적 논평을 통해 춘향이의 내면적 아름다움을 서술하고 있다.

06 다음 대화에 대한 설명으로 적절한 것은?

> A: 지난번 제안서 프레젠테이션을 마친 후 "검토하고 연락 드리겠습니다."라고 답변을 받았는데 아직 별다른 연락이 없어서 고민이에요.
>
> B: 어떤 연락을 기다리신다는 거예요?
>
> A: 해당 사업에 관하여 제 제안서를 승낙했다는 답변이잖아요. 그런데 후속 사업 진행을 위해 지금쯤 연락이 와야 할 텐데 싶어서요.
>
> B: 글쎄요. 보통 그런 상황에서는 완곡하게 거절하는 의사 표현이라 볼 수 있어요. 그리고 해당 고객이 제안서 내용은 정리가 잘되었지만, 요즘 같은 코로나 시기에는 이전과 동일한 사업적 효과가 있을지 궁금하다고 말한 것을 보면 알 수 있죠.
>
> A: 네, 기억납니다. 하지만 궁금하다고 말한 것이지 사업을 수용하지 않는다는 것은 아니지 않나요? 답변을 할 때도 굉장히 표정도 좋고 박수도 쳤는데 말이죠. 목소리도 부드러웠고요.

① A와 B는 고객의 답변에 대해 제안서 승낙이라는 의미로 동일하게 이해한다.

② A는 동일한 사업적 효과가 있을지 궁금하다는 표현을 제안한 사업에 대한 부정적 평가라고 판단한다.

③ B는 고객이 제안서에 의문을 제기한 내용을 근거로 고객의 답변에 대해 판단한다.

④ A는 비언어적 표현을 바탕으로 하여 고객의 답변을 제안서에 대한 완곡한 거절로 해석한다.

07 다음 글의 내용과 부합하지 않는 것은?

> 무슈 리와 엄마는 재혼한 부부다. 내가 그를 아버지라고 부르기 어려운 것은 거의 그런 말을 발음해 본 적이 없는 습관의 탓이 크다.
>
> 나는 그를 좋아할뿐더러 할아버지 같은 이로부터 느끼던 것의 몇 갑절이나 강한 보호 감정—부친다움 같은 것도 느끼고 있다.
>
> 그러나 나는 그의 혈족은 아니다.
>
> 무슈 리의 아들인 현규와도 마찬가지다. 그와 나는 그런 의미에서는 순전한 타인이다. 스물두 살의 남성이고 열여덟 살의 계집아이라는 것이 진실의 전부이다. 왜 나는 이 일을 그대로 알아서는 안 되는가?
>
> 나는 그를 영원히 아무에게도 주기 싫다. 그리고 나 자신을 다른 누구에게 바치고 싶지도 않다. 그리고 우리를 비끄러매는 형식이 결코 '오누이'라는 것이어서는 안 될 것을 알고 있다.
>
> 나는 또 물론 그도 나와 마찬가지로 같은 일을 생각하고 있기를 바란다. 같은 일을—같은 즐거움일 수는 없으나 같은 이 괴로움을.
>
> 이 괴로움과 상관이 있을 듯한 어떤 조그만 기억, 어떤 조그만 표정, 어떤 조그만 암시도 내 뇌리에서 사라지는 일은 없다. 아아, 나는 행복해질 수는 없는 걸까? 행복이란, 사람이 그것을 위하여 태어나는 그 일을 말함이 아닌가?
>
> 초저녁의 불투명한 검은 장막에 싸여 짙은 꽃향기가 흘러든다. 침대 위에 엎드려서 나는 마침내 느껴 울고 만다.
>
> – 강신재, '젊은 느티나무'

① '나'는 '현규'도 '나'와 같은 감정을 갖고 있기를 기대하고 있다.

② '나'와 '현규'는 혈연적으로는 아무런 관계가 없는 타인이며, 법률상의 '오누이'일 뿐이다.

③ '나'는 '현규'에 대한 감정 때문에 '무슈 리'를 아버지로 부르는 것에 거부감을 갖고 있다.

④ '나'는 사회적 인습이나 도덕률보다는 '현규'에 대한 '나'의 감정에 더 충실해지고 싶어 한다.

08 글쓴이의 견해에 부합하는 대응으로 가장 적절한 것은?

정중하고 단호한 태도를 보이는 것과, 수동적이거나 공격적인 반응을 하는 것은 엄청난 차이가 있다. 수동적인 사람들은 마음속에 있는 자신의 생각을 표현하면 분란이 일어날까 봐 두려워한다. 그러나 자신의 의견을 말하지 않는 한 자신이 원하는 것을 얻을 수는 없다. 이와 반대로 공격적인 태도는 자신의 권리를 앞세워 생각해서 남을 희생시켜서라도 자신이 원하는 것을 얻으려는 것이다. 공격적인 사람은 사람들이 싫어하는 행동을 하곤 한다. 그러나 단호한 반응은 공격적인 반응과 다르다. 단호한 반응은 다른 사람의 권리를 침해하지 않으면서 자신의 권리를 존중하고 지키겠다는 것이다. 이것은 상대방을 배려하는 태도를 보여 준다. 상대방을 존중하면서도 얼마든지 자신의 의견을 내세울 수 있다. 단호한 주장은 명쾌하고 직접적이며 요점을 찌른다.

그럼 실제로 연습해 보자. 어느 흡연자가 당신의 차 안에서 담배를 피워도 되는지 묻는다. 당신은 담배 연기를 싫어하고 건강에 해롭다는 것도 잘 알고 있어 달갑지 않다. 어떻게 대응하는 것이 좋을까?

① 좀 그러긴 하지만, 괜찮아요. 창문 열고 피우세요.
② 안 되죠. 흡연이 얼마나 해로운데요. 좀 참아 보시겠어요.
③ 안 피우시면 좋겠어요. 연기가 해롭잖아요. 피우고 싶으시면 차를 세워 드릴게요.
④ 물어봐 줘서 고마워요. 피워도 그렇고 안 피워도 좀 그러네요. 생각해 보시고서 좋은 대로 결정하세요.

09 (가)에 들어갈 한자 성어로 적절한 것은?

"집안 내력을 알고 보믄 동기간이나 진배없고, 성환이도 이자는 대학생이 됐으니께 상의도 오빠걸이 그렇게 알아놔라."
하고 장씨 아저씨는 말하는 것이었다. 그러나 상의는 처음 만났을 때도 그랬지만 두 번째도 거부감을 느꼈다. 사람한테 거부감을 느꼈기보다 제복에 거부감을 느꼈는지 모른다. 학교규칙이나 사회의 눈이 두려웠는지 모른다. 어쨌거나 그들은 청춘남녀였으니까. 호야 할매 입에서도 성환의 이름이 나오기론 이번이 처음이 아니었다.
"   (가)   , 손주 때문에 눈물로 세월을 보내더니, 이자는 성환이도 대학생이 되었으니 할매가 원풀이 한풀이를 다 했을 긴데 아프기는 와 아프는고, 옛말 하고 살아야 하는 긴데."
    – 박경리, '토지'

① 오매불망(寤寐不忘)
② 망운지정(望雲之情)
③ 염화미소(拈華微笑)
④ 백아절현(伯牙絕絃)

10 (가)와 (나)에 대한 설명으로 적절하지 않은 것은?

(가) 오백년 도읍지를 필마로 돌아드니
    산천은 의구하되 인걸은 간 데 없네.
    어즈버 태평연월이 꿈이런가 하노라.

(나) 벌레먹은 두리기둥 빛 낡은 단청(丹青) 풍경 소리 날러
    간 추녀 끝에는 산새도 비둘기도 둥주리를 마구 쳤다. 큰
    나라 섬기다 거미줄 친 옥좌(玉座) 위엔 여의주(如意珠)
    희롱하는 쌍룡(雙龍) 대신에 두 마리 봉황(鳳凰)새를 틀
    어 올렸다. 어느 땐들 봉황이 울었으랴만 푸르른 하늘 밑
    추석을 밟고 가는 나의 그림자. 패옥(佩玉) 소리도 없었
    다. 품석(品石) 옆에서 정일품(正一品) 종구품(從九品) 어
    느 줄에도 나의 몸둘 곳은 바이 없었다. 눈물이 속된 줄
    을 모를 양이면 봉황새야 구천(九泉)에 호곡(呼哭)하리라.

① (가)는 '산천'과 '인걸'을 대비함으로써 인생의 무상함을 드러내고 있다.
② (나)는 '쌍룡'과 '봉황'을 대비함으로써 사대주의적 역사에 대한 비판적 시각을 드러내고 있다.
③ (가)와 (나) 모두 선경후정의 기법을 사용하고 있다.
④ (가)와 (나) 모두 정해진 율격과 음보에 맞춰 시상을 전개하고 있다.

11 다음 글의 내용과 부합하는 것은?

미국의 어머니들은 자녀와 함께 놀이를 할 때 특정 사물에 초점을 맞추고 그 사물의 속성을 아이들에게 가르친다. 사물의 속성 자체에 관심을 기울이도록 훈련받은 아이들은 스스로 독립적인 행동을 하도록 교육받는다. 미국에서는 아이들에게 의사소통을 가르칠 때 자신의 생각을 분명하게 표현하고 말하는 사람의 입장에서 대화에 임해야 하며, 대화 과정에서 오해가 발생하면 그것은 말하는 사람의 잘못이라고 강조한다.

반면에 일본의 어머니들은 대상의 '감정'에 특별히 신경을 써서 가르친다. 특히 자녀가 말을 안 들을 때에 그러하다. 예를 들어 "네가 밥을 안 먹으면, 고생한 농부 아저씨가 얼마나 슬프겠니?", "인형을 그렇게 던져 버리다니, 저 인형이 울잖아. 담장도 아파하잖아." 같은 말들로 꾸중하는 모습을 자주 볼 수 있다. 다른 사람과의 관계에 초점을 맞춘 훈련을 받은 아이들은 자신의 생각을 드러내기보다는 행동에 영향을 받는 다른 사람들의 감정을 미리 예측하도록 교육받는다. 곧 일본에서는 아이들에게 듣는 사람의 입장에서 말할 것을 강조한다.

① 미국의 어머니는 듣는 사람의 입장, 일본의 어머니는 말하는 사람의 입장을 강조한다.
② 일본의 어머니는 사물의 속성을 아는 것이 관계를 아는 것보다 더 중요하다고 생각한다.
③ 미국의 어머니는 어떤 일을 있는 그대로 보지 말고 이면에 있는 감정을 읽어야 한다고 생각한다.
④ 미국의 어머니는 자녀가 독립적인 행동을 하도록 교육하며, 일본의 어머니는 자녀가 타인의 감정을 예측하도록 교육한다.

12 다음 글의 결론으로 가장 적절한 것은?

인공지능(AI)은 비즈니스 패러다임을 획기적으로 바꾸고 있다. 인공지능은 생물학 분야에도 광범위하게 영향을 미칠 것이며, 애완동물이 인공지능(AI)으로 대체될 수도 있을 것이다. 인공지능(AI)은 스스로 수학도 풀고 글도 쓰고 바둑을 두며 사람을 이길 수도 있다. 어느 영화에서처럼 실제로 인간관계를 대신할 수도 있다. 인공지능(AI)은 배우면서 성장할 수도 있다. 인공지능(AI)이 사람보다 똑똑해질 수 있을지도 모른다.

인공지능(AI)이 사람보다 똑똑해질 수 있는지는 차치하고, 인공지능(AI)이 사람을 게으르게 만들 수도 있지 않을까? 이 게으름은 우리의 건강과 행복, 그리고 일상생활의 패턴을 바꿔 놓을 수도 있다.

인공지능(AI)이 앱을 통해 좀 더 편리한 삶을 제공하여 사람의 뇌를 어떻게 바꾸는지를 일상에서 보여 주는 대표적 사례가 바로 GPS다. 불과 몇 년 전만 해도 지도를 보고 스스로 거리를 가늠하고 도착 시간을 계산했던 운전자들은 이 내비게이션의 등장으로 어디에서 어떻게 가라는 기계 속 음성에 전적으로 의존하기 시작했다. 예전의 방식으로도 충분히 잘 찾아가던 길에서조차 습관적으로 내비게이션을 켠다. 이것이 없으면 자주 다니던 길도 제대로 찾지 못하고 멀쩡한 어른도 길을 잃는다.

이와 같이 기계에 의존해서 인간이 살아가는 사례는 오늘날 우리의 두뇌가 게을러진 것을 보여 주는 여러 사례 가운데 하나일 뿐이다. 삶을 더 편하게 해 준다며 지름길을 제시하는 도구들이 도리어 우리의 기억력과 창조력을 퇴보시키고 있다. 인간을 태만하고 나태하게 만들어 뇌의 가장 뛰어난 영역인 상상력을 활용하지 않도록 만드는 것이다.

① 인간의 인공지능(AI)에 대한 독립성은 지속적으로 증가하게 될 것이다.
② 인공지능(AI)으로 인해 인간의 두뇌가 게을러지는 부작용이 발생하게 될 것이다.
③ 인공지능(AI)은 인간을 능가하는 사고력을 가질 것이다.
④ 인공지능(AI)은 궁극적으로 상상력을 가지게 될 것이다.

13 다음 글에 대한 이해로 적절한 것은?

> 국제기구인 유엔은 영어, 중국어, 러시아어, 프랑스어, 스페인어, 아랍어 등이 공용어로 사용되나 그곳에 근무하는 모든 외교관들이 이 공용어들을 전부 다 잘해야 하는 것은 아니다. 유럽연합에서의 공용어 개념도 유엔에서의 경우와 마찬가지로 여러 공용어 중 하나만 알아도 공식 업무상 불편이 없게끔 한다는 것이지 모든 유럽연합인들이 열 개가 넘는 공용어를 전부 다 배워야 하는 것은 아니다.
>
> 마찬가지 논리로 우리가 만일 한국어와 영어를 공용어로 지정한다면 이는 한국에서는 한국어와 영어 중 어느 하나를 알기만 하면 공식 업무상 불편이 없게끔 국가에서 보장한다는 뜻이지 모든 한국인들이 영어를 할 줄 알아야 된다는 뜻은 아니다. 따라서 우리가 영어를 한국어와 함께 공용어로 지정하기만 하면 모든 한국인이 영어를 잘할 수 있게 되리라는 믿음은 공용어의 개념을 제대로 이해하지 못한 데서 오는 망상에 불과하다.

① 유엔에서 근무하는 외교관들은 유엔의 공용어를 다 구사하지 않으면 안 된다.
② 유럽연합은 복수의 공용어를 지정하여 공무상 편의를 도모하였다.
③ 한국에서 영어를 공용어로 지정하면 한국인들은 영어를 다 잘할 수 있을 것이다.
④ 한국에서 머지않아 영어가 공용어로 지정될 것이다.

14 다음 글의 내용과 부합하지 않는 것은?

> 인터넷이 있는 곳이면 어디나 악플이 있기 마련이지만, 한국은 정도가 심하다. 악플러들 가운데는 피해의식과 열등감에 시달리는 이들이 많다고 한다. 그들에게 악플의 즐거움은 무엇인가. 자신이 올린 글 한 줄에 다른 사람들이 동요하는 모습을 보면서 자기 효능감(self-efficacy)을 맛볼 수 있다. 아무에게도 영향력을 행사하지 못하고 자신의 삶과 환경을 통제하지도 못하면서 무력감에 시달리는 사람일수록 공격적인 발설로 자기 효능감을 느끼려 한다.
>
> 그런데 자기 효능감은 상대방의 반응에 좌우된다. 마구 욕을 퍼부었는데 상대방이 별로 개의치 않는다면, 계속할 마음이 사라질 것이다. 무시당했다는 생각에 오히려 자괴감에 빠질 수도 있다. 개인주의가 안착된 사회에서는 자신을 향한 비판에 대해 '그건 너의 생각'이라면서 넘겨 버리는 사람들이 많다. 말도 안 되는 욕설이나 험담이 날아오면 제정신이 아닌 사람의 소행으로 웃어넘기거나 법적인 조치를 취할 것이다.
>
> 개인주의는 여러 속성을 지니고 있지만, 자신의 존재 가치를 스스로 매긴다는 긍정적 측면이 있다. 한국에는 그런 의미에서의 개인주의가 뿌리내리지 못했다. 남에 대해 신경을 너무 곤두세운다. 그것은 두 가지 차원으로 나뉘는데, 한편으로 타인에게 필요 이상의 관심을 보이면서 참견하고 타인의 영역을 침범한다. 다른 한편으로 자기에 대한 타인의 평가와 반응에 너무 예민하다. 이 두 가지 특성이 인터넷 공간에서 맞물려 악플을 양산한다. 우선 다른 사람들에게 너무 쉽게 험담을 늘어놓고 당사자에게 악담을 던진다. 그렇게 약을 올리면 상대방이 발끈하거나 움츠러든다. 이따금 일파만파로 사회가 요동을 치기도 한다. 악플러 입장에서는 재미가 쏠쏠하다. 예상했던 피드백을 즉각적으로 받으면서 자기 효능감을 맛볼 수 있기 때문이다.

① 악플러는 자신의 말에 타인이 동요하는 것을 보면서 자기 효능감을 느낀다.
② 개인주의자는 악플에 무반응함으로써 악플러를 자괴감에 빠지게 할 수 있다.
③ 자신의 삶을 잘 통제하는 악플러일수록 타인을 더욱 엄격한 잣대로 비판한다.
④ 한국에서 악플이 양산되는 것은 한국인들이 타인에 대해 신경을 많이 쓰는 것과 관계가 있다.

15 다음 글의 밑줄 친 부분이 지시하는 대상이 다른 것은?

수박을 먹는 기쁨은 우선 식칼을 들고 이 검푸른 ⊙구형의 과일을 두 쪽으로 가르는 데 있다. 잘 익은 수박은 터질 듯이 팽팽해서, 식칼을 반쯤만 밀어 넣어도 나머지는 저절로 열린다. 수박은 천지개벽하듯이 갈라진다. 수박이 두 쪽으로 벌어지는 순간, '앗!' 소리를 지를 여유도 없이 초록은 ⓒ빨강으로 바뀐다. 한 번의 칼질로 이처럼 선명하게도 세계를 전환시키는 사물은 이 세상에 오직 수박뿐이다. 초록의 껍질 속에서, ⓒ새까만 씨앗들이 별처럼 박힌 선홍색의 바다가 펼쳐지고, 이 세상에 처음 퍼져나가는 비린 향기가 마루에 가득 찬다. 지금까지 존재하지 않던, ⓔ한바탕의 완연한 아름다움의 세계가 칼 지나간 자리에서 홀연 나타나고, 나타나서 먹히기를 기다리고 있다. 돈과 밥이 나오지 않았다 하더라도, 이것은 필시 흥부의 박이다. — 김훈, '수박'

① ⊙
② ⓒ
③ ⓒ
④ ⓔ

16 (가) ~ (라)에 들어갈 말로 가장 적절한 것은?

정철, 윤선도, 황진이, 이황, 이조년 그리고 무명씨. 우리말로 시조나 가사를 썼던 이들이다. 황진이는 말할 것도 없고 무명씨도 대부분 양반이 아니었겠지만 정철, 윤선도, 이황은 양반 중에 양반이었다. ____(가)____ 그들이 우리말로 작품을 썼던 걸 보면 양반들도 한글 쓰는 것을 즐겨 했다는 것을 부정할 수는 없다. ____(나)____ 허균이나 김만중은 한글로 소설까지 쓰지 않았던가. ____(다)____ 이들이 특별한 취향을 가진 소수의 양반이었다면 이야기는 달라진다. 우리말로 된 문학 작품을 만들겠다는 생각을 가진 특별한 양반들을 제외하고 대다수 양반들은 한문을 썼기 때문에 한글을 모를 수도 있었기 때문이다. 실학자 박지원이 당시 양반 사회를 풍자한 작품 『호질』은 한문으로 쓰여 있다. ____(라)____ 한 가지 분명한 것은 양반 대부분이 한글을 이해하지 못하는 상황이었다면 정철도 이황도 윤선도도 한글로 작품을 쓰지는 않았을 것이란 사실이다.

	(가)	(나)	(다)	(라)
①	그런데	게다가	그렇지만	그러나
②	그런데	그리고	그래서	또는
③	그리고	그러나	하지만	즉
④	그래서	더구나	따라서	하지만

17 (가) ~ (라)의 고쳐 쓰기 방안으로 적절하지 않은 것은?

(가) 현재 우리 구청 조직도에는 기획실, 홍보실, 감사실, 행정국, 복지국, 안전국, 보건소가 있었다.

(나) 오늘은 우리 시청이 지양하는 '누구나 행복한 ○○시'를 실현하기 위한 추진 방안을 논의합니다.

(다) 지난달 수해로 인한 준비 기간이 짧았기 때문에 지역 축제는 예년보다 규모가 줄어들었다.

(라) 공과금을 기한 내에 지정 금융 기관에 납부하지 않으면 연체료를 내야 한다.

① (가): '있었다'는 문맥상 시제 표현이 적절하지 않으므로 '있다'로 고쳐 쓴다.

② (나): '지양'은 어떤 목표로 뜻이 쏠리어 향한다는 의미인 '지향'으로 고쳐 쓴다.

③ (다): '지난달 수해로 인한'은 '준비 기간'을 수식하는 절이 아니므로 '지난달 수해로 인하여'로 고쳐 쓴다.

④ (라): '납부'는 맥락상 금융 기관이 돈이나 물품 따위를 받아 거두어들인다는 '수납'으로 고쳐 쓴다.

18 다음 글을 잘못 이해한 것은?

서연: 여보게, 동연이.

동연: 왜?

서연: 자네가 본뜨려는 부처님 형상은 누가 언제 그렸는지 몰라도 흔히 있는 것을 베껴 놓은 걸세. 그런데 자네는 그 형상을 또다시 베껴 만들 작정이군. 자넨 의심도 없는가? 심사숙고해 보게. 그런 형상이 진짜 부처님은 아닐세.

동연: 나에겐 전혀 의심이 없네.

서연: 의심이 없다니……?

동연: 무엇 때문에 의심해서 아까운 시간을 낭비해야 하는가?

서연: 음…….

동연: 공부를 하게, 괜히 의심 말고! (허공에 걸려 있는 탱화를 가리키며) 자넨 얼마나 형상 공부를 했는가? 이 십일면 관세음보살의 머리 위에는 열한 개의 얼굴들이 있는데, 그 얼굴 하나하나를 살펴나 봤었는가? 귀고리, 목걸이, 손에 든 보병과 기현화란 꽃의 형태를 꼼꼼히 연구했었는가? 자네처럼 게으른 자들이 공부는 안 하고, 아무 의미 없이 의심만 하지!

서연: 자넨 정말 열심히 공부했네. 그렇다면 그 형태 속에 부처님 마음은 어디 있는지 가르쳐 주게.

— 이강백, '느낌, 극락 같은'

① 불상 제작에 대한 동연과 서연의 입장은 다르다.

② 서연은 전해지는 부처님 형상을 의심하는 인물이다.

③ 동연은 부처님 형상을 독창적으로 제작하는 인물이다.

④ 동연과 서연의 대화는 예술에 있어서 형식과 내용의 논쟁을 연상시킨다.

19 글의 통일성을 고려할 때 (가)에 들어갈 말로 가장 적절한 것은?

> 혼정신성(昏定晨省)이란 저녁에는 부모님의 잠자리를 봐 드리고 아침에는 문안을 드린다는 뜻으로 자식이 아침저녁으로 부모의 안부를 물어 살핌을 뜻하는 말로 '예기(禮記)'의 '곡례편(曲禮篇)'에 나오는 말이다. 아랫목 요에 손을 넣어 방 안 온도를 살피면서 부모님께 문안을 드리던 우리의 옛 전통은 온돌을 통한 난방 방식과 관련 깊다. 온돌을 통한 난방 방식은 방바닥에 깔려 있는 돌이 열기로 인해 뜨거워지고, 뜨거워진 돌의 열기로 방바닥이 뜨거워지면 방 전체에 복사열이 전달되는 방법이다. 방바닥 쪽의 차가운 공기는 온돌에 의해 따뜻하게 데워지므로 위로 올라가고, 위로 올라간 공기가 다시 식으면 아래로 내려와 다시 데워져 위로 올라가는 대류 현상으로 인해 결국 방 전체가 따뜻해진다. 벽난로를 통한 서양식의 난방 방식은 복사열을 이용하여 상체와 위쪽 공기를 데우는 방식인데, 대류 현상으로 바닥 바로 위 공기까지는 따뜻해지지 않는다. 그 이유는 [(가)].

① 벽난로에 의한 난방은 방바닥의 따뜻한 공기가 위로 올라가 식으면 복사열로 위쪽의 공기만을 따뜻하게 하기 때문이다

② 벽난로에 의한 난방이 복사열에 의한 난방에서 대류 현상으로 인한 난방이라는 순서로 이루어지기 때문이다

③ 대류 현상을 통한 난방 방식은 상체와 위쪽의 공기만 따뜻하게 하기 때문이다

④ 상체와 위쪽의 따뜻한 공기는 차가운 바닥으로 내려오지 않기 때문이다

20 다음 글에서 추론할 수 있는 것은?

> 포도주는 유럽 문명을 대표하는 술이자 동시에 음료수다. 우리는 대개 포도주를 취하기 위해 마시는 술로만 생각하기 쉬우나 유럽에서는 물 대신 마시는 '음료수'로서의 역할이 크다. 유럽의 많은 지역에서는 물이 워낙 안 좋아서 맨 물을 그냥 마시면 위험하기 때문에 제조 과정에서 안전성이 보장된 포도주나 맥주를 마시는 것이다. 이런 용도로 일상적으로 마시는 식사용 포도주로는 당연히 고급 포도주와는 다른 저렴한 포도주가 쓰이며, 술이 약한 사람은 여기에 물을 섞어서 마시기도 한다.
>
> 소비의 확대와 함께, 포도주의 생산을 다른 지역으로 확산시키려는 노력도 계속되어 왔다. 포도주 생산의 확산에서 가장 큰 문제는 포도 재배가 추운 북쪽 지역으로 확대되기 힘들다는 점이다. 자연 상태에서는 포도가 자라는 북방 한계가 이탈리아 정도에서 멈춰야 했지만, 중세 유럽에서 수도원마다 온갖 노력을 기울인 결과 포도 재배가 상당히 북쪽까지 올라갔다. 대체로 대서양의 루아르강 하구로부터 크림반도와 조지아를 잇는 선이 상업적으로 포도를 재배할 수 있는 북방한계선이다.
>
> 적정한 기온은 포도주 생산 가능 여부뿐 아니라 생산된 포도주의 질을 결정하는 중요한 요인이다. 너무 추운 지역이나 너무 더운 지역에서는 포도주의 품질이 떨어질 수밖에 없다. 추운 지역에서는 포도에 당분이 너무 적어서 그것으로 포도주를 담그면 신맛이 강하게 된다. 반면 너무 더운 지역에서는 섬세한 맛이 부족해서 '흐물거리는' 포도주가 생산된다(그 대신 이를 잘 활용하면 포르토나 셰리처럼 도수를 높인 고급 포도주를 만들 수 있다). 그러므로 고급 포도주 주요 생산지는 보르도나 부르고뉴처럼 너무 덥지도 않고 너무 춥지도 않은 곳이다. 다만 달콤한 백포도주의 경우는 샤토 디켐(Château d'Yquem)처럼 뜨거운 여름 날씨가 지속하는 곳에서 명품이 만들어진다.
>
> 포도주의 수요는 전 유럽적인 데 비해 생산은 이처럼 지리적으로 제한됐기 때문에 포도주는 일찍부터 원거리 무역 품목이 됐고, 언제나 고가품 취급을 받았다. 그런데 한 가지 기억해야 할 점은 이렇게 수출되는 고급 포도주는 오래된 포도주가 아니라 바로 그해에 만든 술이라는 점이다. 우리는 포도주는 오래될수록 좋아진다고 믿는 경향이 있지만, 대부분의 백포도주 혹은 중급 이하 적포도주는 시간이 지날수록 오히려 품질이 떨어진다. 시간이 흐를수록 품질이 개선되는 것은 일부 고급 적포도주에만 한정된 이야기이며, 그나마 포도주를 병에 담아 코르크 마개를 끼워 보관한 이후의 일이다.

① 고급 포도주는 모두 너무 덥지도 춥지도 않은 곳에서 재배된 포도로 만들어졌다.

② 루아르강 하구로부터 크림반도와 조지아를 잇는 선은 이탈리아 보다 남쪽에 있을 것이다.

③ 유럽에서 일상적으로 마시는 식사용 포도주는 저렴한 포도주거나 고급 포도주에 물을 섞은 것이다.

④ 병에 담겨 코르크 마개를 끼운 고급 백포도주는 보관 기간에 비례하여 품질이 개선되지는 않을 것이다.

정답 및 해설: 해설집 p.48
(문제집 p.274에서 전체 정답표를 확인하실 수 있습니다.)

제한시간 : 20분   시작 _____시 _____분 ~ 종료 _____시 _____분   나의 점수 _____   회독수 ☐☐☐

01 다음에 해당하는 사례로 적절하지 않은 것은?

> '역전앞'과 마찬가지로 '피해(被害)를 당하다'에도 의미의 중복이 나타난다. '피해'의 '피(被)'에 이미 '당하다'라는 의미가 포함되어 있기 때문이다.

① 형부터 먼저 해라.
② 채훈이는 오로지 빵만 좋아한다.
③ 발언자마다 각각 다른 주장을 편다.
④ 그는 예의가 바를 뿐더러 무척 부지런하다.

02 다음 대화에서 밑줄 친 부분의 표현 효과에 대한 설명으로 적절한 것은?

> 김 대리: 늦어서 죄송합니다. 일이 좀 많았습니다.
> 이 부장: 괜찮아요. 오랜만에 최 대리하고 오붓하게 대화도 나누고 시간 가는 줄 몰랐네요. 허허허.
> 김 대리: 박 부장님은 오늘 못 나오신다고 전해 달라셨어요.
> 이 부장: 그럼, 우리끼리 출발합시다.

① 자신과 상대방의 의견 차이를 최소화한다.
② 상대방에게 부담이 되는 표현을 최소화한다.
③ 화자 자신에게 혜택을 주는 표현을 최소화한다.
④ 상대방에 대한 비방을 최소화하고 칭찬을 최대화한다.

03 '청소년 인터넷 중독의 현황과 문제 해결'에 대한 글을 작성하고자 한다. 글의 내용으로 포함하기에 적절하지 않은 것은?

① 국내 최대 게임 업체의 고객 개인 정보가 유출되어 청소년들에게 성인 광고 문자가 대량 발송된 사건을 예로 제시한다.
② 인터넷에 중독되는 청소년의 비율이 해마다 증가한다는 통계를 활용하여 해당 사안이 시급히 해결되어야 할 문제임을 강조한다.
③ 사회성 결여, 의사소통 장애, 집중력 저하 등 인터넷 중독이 야기할 수 있는 부정적 현상들을 열거하여 문제의 심각성을 환기한다.
④ 청소년 대상 인터넷 중독 상담 프로그램의 개발 및 운영을 위해 할당된 예산이 부족하다는 전문가의 의견을 인용하여 해당 문제에 대한 대처가 미온적임을 지적한다.

04 밑줄 친 단어의 쓰임이 옳은 것은?

① 하노라고 한 것이 이 모양이다.
② 물품 대금은 나중에 예치금에서 자동으로 결재된다.
③ 예산을 대충 걷잡아서 말하지 말고 잘 뽑아 보세요.
④ 행운이 가득하기를 기원하는 것으로 치사를 가름합니다.

05 다음 시에 대한 감상으로 적절하지 않은 것은?

> 네 집에서 그 샘으로 가는 길은 한 길이었습니다. 그래서 새벽이면 물 길러 가는 인기척을 들을 수 있었지요. 서로 짠 일도 아닌데 새벽 제일 맑게 고인 물은 네 집이 돌아가며 길어 먹었지요. 순번이 된 집에서 물 길어 간 후에야 똬리 끈 입에 물고 삽짝 들어서시는 어머니나 물지게 진 아버지 모습을 볼 수 있었지요. 집안에 일이 있으면 그 순번이 자연스럽게 양보되기도 했었구요. 넉넉하지 못한 물로 사람들 마음을 넉넉하게 만들던 그 샘가 미나리꽝에서는 미나리가 푸르고 앙금 내리는 감자는 잘도 썩어 구린내 훅 풍겼지요.
>
> — 함민복, '그 샘'

① '샘'을 매개로 공동체의 삶을 표현했다.
② 과거 시제로 회상의 분위기를 표현했다.
③ 공감각적 이미지로 이웃 간의 배려를 표현했다.
④ 구어체로 이웃 간의 정감 어린 분위기를 표현했다.

06 다음 글의 주장으로 가장 적절한 것은?

> 우리에게 친숙한 동물들의 사소한 행동을 살펴보면 그들이 자신의 환경을 개조한다는 것을 알 수 있다. 가장 단순한 생명체는 먹이가 그들에게 헤엄쳐 오게 만들고, 고등 동물은 먹이를 구하기 위해 땅을 파거나 포획 대상을 추적하기도 한다. 이처럼 동물들은 자신의 목적을 위해 행동함으로써 환경을 변형시킨다. 이러한 생존 방식을 흔히 환경에 적응하는 것으로 설명한다. 그러나 이러한 설명은 생명체들이 그들의 환경 개변(改變)에 능동적으로 행동한다는 중요한 사실을 놓치고 있다.
>
> 가장 고등한 동물인 인간도 다른 생명체와 마찬가지로 생존이나 적응을 넘어서 환경에 대해 적극성을 보인다. 이는 인간의 세 가지 충동—사는 것, 잘 사는 것, 더 잘 사는 것—으로 인하여 가능하다. 잘 살기 위한 노력은 순응적이기 보다는 능동적인 모습으로 나타나게 된다. 인간도 생명체이다. 더 잘 살기 위해서는 환경에 순응할 수만은 없다.

① 인간은 환경에 적응해 왔다.
② 삶의 기술은 생존을 위한 것이다.
③ 생명체는 환경을 능동적으로 변형한다.
④ 인간은 잘 사는 것을 삶의 목표로 한다.

07 밑줄 친 부분의 활용형이 옳지 않은 것은?

① 집에 오면 그는 항상 사랑채에 <u>머물었다</u>.
② 나는 고향 집에 한 사나흘 <u>머무르면서</u> 쉴 생각이다.
③ 일에 <u>서툰</u> 것은 연습이 부족한 까닭이다.
④ 그는 외국어가 <u>서투르므로</u> 해외 출장을 꺼린다.

08 다음에 서술된 A사의 상황을 가장 적절하게 표현한 한자성어는?

> 최근 출시된 A사의 신제품이 뜨거운 호응을 얻고 있다. 이번 신제품의 성공으로 A사는 B사에게 내주었던 업계 1위 자리를 탈환했다.

① 兎死狗烹
② 捲土重來
③ 手不釋卷
④ 我田引水

09 다음 글의 주장으로 가장 적절한 것은?

> 예술 작품의 복제 기술이 좋아지고 있음에도 불구하고 원본을 보러 가는 이유는 무엇인가? 예술 작품의 특성상 원본 고유의 예술적 속성을 복제본에서는 느낄 수 없다고 생각하는 경향이 강하기 때문이다. 사진은 원본인지 복제본인지 중요하지 않지만, 회화는 붓 자국 하나하나가 중요하기 때문에 복제본이 원본을 대체할 수 없다고 생각하는 사람들이 많다.
>
> 그러나 이러한 생각은 잘못이다. 회화와 달리 사진의 경우, 보통 '그 작품'이라고 지칭되는 사례들이 여러 개 있을 수 있다. 20세기 위대한 사진작가 빌 브란트가 마음만 먹었다면, 런던에 전시한 인화본의 조도를 더 낮추는 방식으로 다른 곳에 전시한 것과 다른 예술적 속성을 갖게 할 수 있었을 것이다. 이것은 사진의 경우, 작가가 재현적 특질을 선택하고 변형할 수 있는 방법이 다양함을 의미한다.

① 복제본의 예술적 가치는 원본을 뛰어넘을 수 없다.
② 복제 기술 덕분에 예술의 매체적 특성이 비슷해졌다.
③ 복제본의 재현적 특질을 변형하는 방법은 제한적이다.
④ 복제본도 원본과는 다른 별개의 예술적 특성을 담보할 수 있다.

10 밑줄 친 단어와 바꿔 쓸 수 있는 한자어로 가장 적절한 것은?

① 그는 가수가 되려는 꿈을 버리고 직장을 구했다.
　　→ 遺棄하고
② 휴가철인 7~8월에 버려지는 반려견들이 가장 많다.
　　→ 根絶되는
③ 그는 집 앞에 몰래 쓰레기를 버리고 간 사람을 찾고 있다.
　　→ 投棄하고
④ 취직하려면 그녀는 우선 지각하는 습관을 버려야 할 것이다.
　　→ 抛棄해야

11 다음 글의 ⊙~② 에 대한 고쳐쓰기 방안으로 적절하지 않은 것은?

현재 리셋 증후군이 인터넷 중독의 한 유형으로 ⊙꼽혀지고 있다. 리셋 증후군 환자들은 현실에서 잘못을 하더라도 버튼만 누르면 해결될 수 있다고 생각해서 아무런 죄의식이나 책임감 없이 행동한다. ⊙'리셋 증후군'이라는 말은 1990년 일본에서 처음 생겨났는데, 국내에선 1990년대 말부터 쓰이기 시작했다. 리셋 증후군 환자들은 현실과 가상을 구분하지 못하여 게임에서 실행했던 일을 현실에서 저지르고 뒤늦게 후회하는 경우가 많다. 특히, 이러한 특성을 지닌 청소년들은 무슨 일이든지 쉽게 포기하고 책임감 없는 행동을 하며, 마음에 들지 않는 사람이 있으면 ⓒ막다른 골목으로 몰 듯 관계를 쉽게 끊기도 한다.
리셋 증후군은 행동 양상이 명확히 나타나지 않는 편이라 쉽게 판별하기 어렵고 진단도 쉽지 않다. ②이와 같이 예방을 위해 지속적으로 주위 사람들과 대화를 나누고, 현실과 인터넷 공간을 구분하는 능력을 길러야 한다.

① 불필요한 이중 피동 표현으로 어법에 맞게 ⊙을 '꼽고'로 수정한다.
② 글의 맥락상 자연스럽지 않으므로 ⊙은 첫 번째 문장 뒤로 옮긴다.
③ 앞뒤 문맥을 고려할 때 ⓒ은 '칼로 무를 자르듯'으로 수정한다.
④ 앞 문장과의 연결을 고려하여 ②을 '그러므로'로 수정한다.

12 다음 글에서 의인화하고 있는 사물은?

姓은 楮이요, 이름은 白이요, 字는 無玷이다. 회계 사람이고, 한나라 중상시 상방령 채륜의 후손이다. 태어날 때 난초탕에 목욕하여 흰 구슬을 희롱하고 흰 띠로 꾸렸으므로 빛이 새하얗다. 〈중 략〉 성질이 본시 정결하여 武人은 좋아하지 않고 文士와 더불어 노니는데, 毛學士가 그 벗으로 매양 친하게 어울려서 비록 그 얼굴에 점을 찍어 더럽혀도 씻지 않았다.

① 대나무　　　　② 백옥
③ 엽전　　　　　④ 종이

13 다음 보도 기사별 마무리 표현으로 적절하지 않은 것은?

보도 기사	마무리 표현
소송이나 다툼에 관한 소식	⊙
어느 쪽이 옳다고 말하기 애매한 소식	⊙
사건이 터지고 결과가 드러나기 전 소식	ⓒ
연예 스캔들 소식	②

① ⊙: 모쪼록 원만히 해결되기 바랍니다.
② ⊙: 그 의미를 새삼 돌아보게 됩니다.
③ ⓒ: 현재 귀추가 주목되고 있습니다.
④ ②: 호사가들의 입방아에 오르내리고 있습니다.

14 다음 글에 대한 이해로 적절하지 않은 것은?

> **말뚝이:** (벙거지를 쓰고 채찍을 들었다. 굿거리장단에 맞추어 양반 삼 형제를 인도하여 등장.)
>
> **양반 삼 형제:** (말뚝이 뒤를 따라 굿거리장단에 맞추어 점잖을 피우나, 어색하게 춤을 추며 등장. 양반 삼 형제 맏이는 샌님 [生員], 둘째는 서방님[書房], 끝은 도련님[道令]이다. 샌님과 서방님은 흰 창옷에 관을 썼다. 도련님은 남색 쾌자에 복건을 썼다. 샌님과 서방님은 언청이이며(샌님은 언청이 두 줄, 서방님은 한 줄이다.) 부채와 장죽을 가지고 있고, 도련님은 입이 삐뚤어졌고 부채만 가졌다. 도련님은 대사는 일절 없으며, 형들과 동작을 같이하면서 형들의 면상을 부채로 때리며 방정맞게 군다.)
>
> **말뚝이:** (가운데쯤에 나와서) 쉬이. (음악과 춤 멈춘다.) 양반 나오신다아! 양반이라고 하니까 노론, 소론, 호조, 병조, 옥당을 다 지내고 삼정승, 육판서를 다 지낸 퇴로 재상으로 계신 양반인 줄 알지 마시오. 개잘량이라는 '양' 자에 개다리소반이라는 '반' 자 쓰는 양반이 나오신단 말이오.
>
> **양반들:** 야아, 이놈, 뭐야아!
>
> **말뚝이:** 아, 이 양반들, 어찌 듣는지 모르겠소. 노론, 소론, 호조, 병조, 옥당을 다 지내고 삼정승, 육판서 다 지내고 퇴로 재상으로 계신 이 생원네 삼 형제 분이 나오신다고 그리 하였소.
>
> **양반들:** (합창) 이 생원이라네. (굿거리장단으로 모두 춤을 춘다. 도령은 때때로 형들의 면상을 치며 논다. 끝까지 그런 행동을 한다.)
>
> — 작자 미상, '봉산탈춤'

① 양반들이 자신들을 조롱하는 말뚝이에게 야단쳤군.
② 샌님과 서방님이 부채와 장죽을 들고 춤을 추며 등장했군.
③ 말뚝이가 굿거리장단에 맞춰 양반을 풍자하는 사설을 늘어놓았군.
④ 도련님이 방정맞게 굴면서 샌님과 서방님의 얼굴을 부채로 때렸군.

15 밑줄 친 부분의 띄어쓰기가 옳은 것은?

① 해도해도 너무한다.
② 빠른 시일 내 지원해 줄 것이다.
③ 이 그릇은 귀한 거라 손님 대접하는데나 쓴다.
④ 소비 절약을 호소하는 정공법 밖에 달리 도리는 없다.

16 다음 글의 공간에 대한 설명으로 적절하지 않은 것은?

> 시(市)를 남북으로 나누며 달리는 철도는 항만의 끝에 이르러서야 잘려졌다. 석탄을 싣고 온 화차(貨車)는 자칫 바다에 빠뜨릴 듯한 머리를 위태롭게 사리며 깜짝 놀라 멎고 그 서슬에 밑구멍으로 주르르 석탄 가루를 흘려보냈다.
>
> 집에 가 봐야 노루꼬리만큼 짧다는 겨울 해에 점심이 기다리고 있는 것도 아니어서 우리들은 학교가 파하는 대로 책가방만 던져둔 채 떼를 지어 선창을 지나 항만의 북쪽 끝에 있는 제분 공장에 갔다.
>
> 제분 공장 볕 잘 드는 마당 가득 깔린 멍석에는 늘 덜 건조된 밀이 널려 있었다. 우리는 수위가 잠깐 자리를 비운 틈을 타서 마당에 들어가 멍석의 귀퉁이를 밟으며 한 움큼씩 밀을 입 안에 털어 넣고는 다시 걸었다. 올올이 흩어져 대글대글 이빨에 부딪치던 밀알들이 달고 따뜻한 침에 의해 딱딱한 껍질을 불리고 속살을 풀어 입 안 가득 풀처럼 달라붙다가 제법 고무질의 질긴 맛을 낼 때쯤이면 철로에 닿게 마련이었다.
>
> 우리는 밀껌으로 푸우푸우 풍선을 만들거나 침목(枕木) 사이에 깔린 잔돌로 비사치기를 하거나 전날 자석을 만들기 위해 선로 위에 얹어 놓았던 못을 뒤지면서 화차가 닿기를 기다렸다.
>
> 드디어 화차가 오고 몇 번의 덜컹거림으로 완전히 숨을 놓으면 우리들은 재빨리 바퀴 사이로 기어 들어가 석탄가루를 훑고 이가 벌어진 문짝 틈에 갈퀴처럼 팔을 들이밀어 조개탄을 후벼내었다. 철도 건너 저탄장에서 밀차를 밀며 나오는 인부들이 시커멓게 모습을 나타낼 즈음이면 우리는 대개 신발주머니에, 보다 크고 몸놀림이 잽싼 아이들은 시멘트 부대에 가득 든 석탄을 팔에 안고 낮은 철조망을 깨금발로 뛰어넘었다.
>
> 선창의 간이음식점 문을 밀고 들어가 구석 자리의 테이블을 와글와글 점거하고 앉으면 그날의 노획량에 따라 가락국수, 만두, 찐빵 등이 날라져 왔다.
>
> 석탄은 때로 군고구마, 딱지, 사탕 따위가 되기도 했다. 어쨌든 석탄이 선창 주변에서는 무엇과도 바꿀 수 있는 현금과 마찬가지라는 것을 우리는 알고 있었고, 때문에 우리 동네 아이들은 사철 검정 강아지였다.
>
> — 오정희, '중국인 거리'

① 철길 때문에 도시가 남북으로 나뉘어 있다.
② 항만 북쪽에는 제분 공장이 있고, 철도 건너에는 저탄장이 있다.
③ 선로 주변에 아이들이 넘을 수 없는 철조망이 있다.
④ 석탄을 먹을거리와 바꿀 수 있는 간이음식점이 있다.

17 다음 밑줄 친 부분의 의미를 풀어 쓴 것으로 적절한 것은?

2004년 1월 태국에서는 한 소년이 극심한 폐렴 증세로 사망했다. 소년의 폐는 완전히 망가져 흐물흐물해져 있었다. 분석 결과, 이전까지 인간이 감염된 적이 없는 인플루엔자 바이러스가 원인으로 밝혀졌다. 소년은 공식적으로 고병원성 조류 인플루엔자 바이러스, H5N1의 첫 사망자가 되었다. 계절 독감으로 익숙한 인플루엔자 바이러스가 이렇게 치명적일 수 있었던 것은 인간의 면역 반응 때문이다. 인류 역사상 단 한 번도 만나본 적이 없는 새로운 바이러스가 침입하자 면역계가 과민 반응을 일으켜 도리어 인체에 해를 끼친 것이다. 이런 현상을 '사이토카인 폭풍'이라 부른다. 사이토카인 폭풍은 면역 능력이 강한 젊은 층일수록 더 세게 일어난다.

만약 집에 ㉠좀도둑이 들었다면 작은 손해를 각오하고 인기척을 내 도둑 스스로 도망가게 하는 것이 상책이다. 그런데 만약 ㉡몽둥이를 들고 도둑과 싸우려 든다면 도둑은 ㉢강도로 돌변한다. 인체가 H5N1에 감염되면 똑같은 일이 벌어진다. 처음으로 새가 아닌 다른 숙주 몸속에 들어온 바이러스는 과민 반응한 면역계와 죽기 살기로 싸운다. 그 결과 50%가 넘는 승률로 바이러스가 승리한다. 그러나 ㉣승리의 대가는 비싸다. 숙주가 죽어 버렸기 때문에 바이러스 역시 함께 죽어야만 한다. 이것이 바로 악명을 떨치면서도 조류 독감의 사망 환자 수가 전 세계에서 400명을 넘기지 않는 이유다. 이 질병이 아직 사람 사이에서 감염되는 사례가 나타나지 않은 이유도 바이러스가 인체라는 새로운 숙주에 적응하지 못했기 때문으로 추정할 수 있다.

① ㉠: 면역계의 과민 반응
② ㉡: 계절 독감
③ ㉢: 치명적 바이러스
④ ㉣: 극심한 폐렴 증세

18 다음 글의 전개 순서로 가장 자연스러운 것은?

ㄱ. 1700년대 중반에 이미 미국 이주민들의 평균 소득은 영국인들의 평균 소득을 넘어섰다.

ㄴ. 그러나 미국은 사실 그러한 분야에서는 다른 산업 국가들에 비해 특별한 우위를 갖고 있지 않았다.

ㄷ. 미국 이주민들의 평균 소득이 높아지게 된 배경에는 좋은 환경으로부터 비롯된 낙관성과 자신감이 있었다. 이후로도 다소 불안정하기는 했지만 미국인들의 소득은 계속해서 크게 증가했다.

ㄹ. 대부분의 미국인들은 남북 전쟁 이후 급속히 경제가 성장한 이유를 농업적 환경뿐만 아니라 19세기의 과학적, 기술적 대전환, 기업가 정신과 규제가 없는 시장 경제 때문이라고 단순하게 생각하는 경향이 있다.

ㅁ. 미국인들이 이처럼 초기 정착기에 풍요로움을 누릴 수 있었던 것은 비옥한 토지, 풍부한 천연자원, 흑인 노동력에 힘입은 농산물 수출 덕분이었다.

① ㄱ - ㄷ - ㅁ - ㄹ - ㄴ
② ㄱ - ㄹ - ㄷ - ㄴ - ㅁ
③ ㄹ - ㄴ - ㅁ - ㄱ - ㄷ
④ ㄹ - ㅁ - ㄴ - ㄷ - ㄱ

19 다음 글을 통해 추론할 수 없는 것은?

자신의 신념과 일치하는 정보는 받아들이고 그렇지 않은 정보는 무시하는 경향을 확증 편향(confirmation bias)이라 한다. 자신의 믿음이나 견해와 일치하는 정보는 수용하고 그에 반대되는 정보는 무시하거나 부정하는 심리 경향이다. 사회 심리학자인 로버트 치알디니는 자신이 가진 기존의 견해와 일치하는 정보는 두 가지 이점을 가지고 있다고 한다. 첫째, 그러한 정보는 어떤 문제에 대해 더 이상 고민하지 않고 마음의 휴식을 취할 수 있게 해 준다. 둘째, 그러한 정보는 우리를 추론의 결과에서 자유롭게 해 준다. 즉 추론의 결과 때문에 행동을 바꿔야 할 필요가 없다. 첫째는 생각하지 않게 하고, 둘째는 행동하지 않게 함을 말한다.

일례로 특정 정치 성향을 가진 사람들을 대상으로 조사했을 때, 사람들은 반대당 후보의 주장에서는 모순을 거의 완벽하게 찾은 반면, 지지하는 당 후보의 주장에서는 모순을 절반 정도만 찾아냈다. 이 판단의 과정을 자기 공명 영상 장치로도 촬영했다. 그 결과, 자신이 동의하지 않는 정보를 접했을 때는 뇌 회로가 활성화되지 않았고, 자신이 동의하는 주장을 접했을 때는 긍정적인 반응을 보이면서 뇌 회로가 활성화되는 것을 확인할 수 있었다.

① 사람에게는 자신의 신념이나 행동을 바꾸려 하지 않는 경향이 있다.
② 사람에게는 정보를 객관적으로 판단하지 못하는 심리적 특성이 있다.
③ 사람에게는 지지자들의 말만을 듣고 자기 신념을 강화하는 경향이 있다.
④ 사람에게는 새로운 정보를 접했을 때 심리적 불안을 느끼는 특성이 있다.

20 밑줄 친 부분에서 행위의 주체가 같은 것으로만 묶은 것은?

금와왕이 이상히 여겨 유화를 방 안에 가두어 두었더니 햇빛이 방 안을 비추는데 ㉠몸을 피하면 다시 쫓아와서 비추었다. 이로 해서 태기가 있어 알[卵] 하나를 낳으니, 크기가 닷 되들이만 했다. 왕이 그것을 버려서 개와 돼지에게 주게 했으나 모두 먹지 않았다. 다시 길에 ㉡내다 버리게 했더니 소와 말이 피해서 가고 들에 내다 버리니 새와 짐승들이 덮어 주었다. 왕이 쪼개 보려고 했으나 아무리 해도 쪼개지지 않아 그 어미에게 돌려주었다. 어미가 이 알을 천으로 싸서 따뜻한 곳에 놓아두었더니 한 아이가 ㉢껍질을 깨고 나왔는데, 골격과 외모가 영특하고 기이했다. 겨우 일곱 살이 되었을 때, 이미 기골이 뛰어나서 범인(凡人)과 달랐다. 스스로 활과 화살을 만들어 쏘았는데 백발백중이었다. 나라 풍속에 ㉣활 잘 쏘는 사람을 주몽이라고 하므로 그 아이를 '주몽'이라 했다.

금와왕에게는 일곱 아들이 있어 항상 주몽과 함께 놀았는데, 재주가 주몽을 따르지 못했다. 맏아들 대소가 왕에게 말했다. "주몽은 사람의 자식이 아닙니다. 일찍 ㉤없애지 않는다면 후환이 있을까 두렵습니다." 왕이 듣지 않고 주몽을 시켜 말을 기르게 하니 주몽은 좋은 말을 알아보고 적게 먹여서 여위게 기르고, 둔한 말을 ㉥잘 먹여서 살찌게 했다.

① ㉠, ㉡   ② ㉡, ㉣

③ ㉢, ㉥   ④ ㉣, ㉤

정답 및 해설: 해설집 p.53
(문제집 p.274에서 전체 정답표를 확인하실 수 있습니다.)

모바일 자동 채점 + 성적 분석 서비스 바로 가기
QR코드를 이용해 모바일로 간편하게 채점하고 나의 실력이 어느 정도인지, 취약 부분이 어디인지 바로 파악해 보세요!

제한시간 : 20분   시작 _____시 _____분 ~ 종료 _____시 _____분   나의 점수 _____   회독수 □□□

01 다음에 해당하는 사례로 적절하지 않은 것은?

> 대립쌍을 이루는 단어들이 일정한 방향성을 이루고 있다.

① 성공(成功) : 실패(失敗)
② 시상(施賞) : 수상(受賞)
③ 판매(販賣) : 구매(購買)
④ 공격(攻擊) : 방어(防禦)

02 토론에서 사회자가 하는 역할에 대한 설명으로 가장 적절한 것은?

① 토론을 시작하면서 논제가 타당한지 토론자들의 의견을 묻는다.
② 토론자들에게 토론의 전반적인 방향과 유의점에 대해 안내한다.
③ 청중의 의견을 수렴하여 대안을 제시함으로써 쟁점을 약화시킨다.
④ 토론자의 주장과 논거를 비판하는 견해를 개진하여 논쟁의 확산을 꾀한다.

03 다음 글의 글쓰기 방식에 대한 설명으로 적절한 것은?

> 멕시코의 환경 운동가로 유명한 가브리엘 과드리는 1960년대 이후 중앙아메리카 숲의 25% 이상이 목초지 조성을 위해 벌채되었으며 1970년대 말에는 중앙아메리카 전체 농토의 2/3가 축산 단지로 점유되었다고 주장했다. 실제로 1987년 이후로도 멕시코에만 1,497만 3,900ha의 열대 우림이 파괴되었는데, 이렇게 중앙아메리카의 열대림을 희생하면서까지 생산된 소고기는 주로 유럽과 미국으로 수출되었다. 그렇지만 이 소고기들은 지방분이 적고 미국인의 입맛에 그다지 맞지 않아 대부분 햄버거의 재료로 사용되었다.

① 통계 수치를 활용하여 논거의 타당성을 높이고 있다.
② 이론적 근거를 나열하여 주장의 전문성을 강화하고 있다.
③ 전문 용어의 뜻을 쉽게 풀이하여 독자의 이해를 돕고 있다.
④ 예측할 수 없는 결과를 나열하여 사태의 심각성을 알리고 있다.

04 밑줄 친 부분이 어법에 맞는 것은?

① 이 가곡의 <u>노래말</u>은 아름답다.
② 그 집의 <u>순대국</u>은 아주 맛있다.
③ <u>학교길</u>은 늘 아이들로 북적인다.
④ 선생님은 간단한 <u>인사말</u>을 건넸다.

05 (가)의 관점에서 (나)를 감상할 때 가장 적절한 것은?

> (가) 반영론은 문학 작품이 사회를 반영하여 현실의 문제를 비판적으로 성찰할 수 있게 하는 매개체라는 관점을 취한 비평적 입장이다.
>
> (나) 강나루 건너서
>   밀밭 길을
>
>   구름에 달 가듯이
>   가는 나그네
>
>   길은 외줄기
>   남도 삼백리
>
>   술 익는 마을마다
>   타는 저녁 놀
>
>   구름에 달 가듯이
>   가는 나그네
>
>   – 박목월, '나그네'

① 전통적 민요의 율격을 바탕으로 한 정형적 형식을 통해 정제된 시상이 효과적으로 드러났군.
② 삶의 고통스러운 단면을 외면한 채 유유자적한 삶만을 그린 것은 아닌지 비판할 여지가 있군.
③ 낭만적 감성을 불러일으키는 시적 분위기가 시조에서 보이는 선경후정과 비슷한 양상을 띠는군.
④ 해질 무렵 강가를 거닐며 조망한 풍경의 이미지가 한 폭의 그림을 보는 듯한 감각을 자아내는군.

06 다음 글에 대한 이해로 가장 적절한 것은?

> 책은 벗입니다. 먼 곳에서 찾아온 반가운 벗입니다. 배움과 벗에 관한 이야기는 『논어』의 첫 구절에도 있습니다. '배우고 때때로 익히니 어찌 기쁘지 않으랴. 벗이 먼 곳에서 찾아오니 어찌 즐겁지 않으랴.'가 그런 뜻입니다.
>
> 그러나 오늘 우리의 현실은 그렇지 못합니다. 인생의 가장 빛나는 시절을 수험 공부로 보내야 하는 학생들에게 독서는 결코 반가운 벗이 아닙니다. 가능하면 빨리 헤어지고 싶은 불행한 만남일 뿐입니다. 밑줄 그어 암기해야 하는 독서는 진정한 의미의 독서가 못 됩니다.
>
> 독서는 모름지기 자신을 열고, 자신을 확장하고, 자신을 뛰어넘는 비약이어야 합니다. 그렇기 때문에 독서는 삼독(三讀)입니다. 먼저 글을 읽고 다음으로 그 글을 집필한 필자를 읽어야 합니다. 그 글이 제기하고 있는 문제뿐만 아니라 필자가 어떤 시대, 어떤 사회에 발 딛고 있는지를 읽어야 합니다. 그리고 최종적으로 그것을 읽고 있는 독자 자신을 읽어야 합니다. 그렇게 함으로써 자신의 처지와 우리 시대의 문맥을 깨달아야 합니다.

① 독서는 타인의 경험이나 생각 등을 자기화(自己化)하는 과정이다.
② 반가운 벗과의 독서야말로 진정한 독자로 거듭날 수 있는 첩경(捷徑)이다.
③ 시대와 불화(不和)한 독자일수록 독서를 통해 자신의 위치를 발견하기 쉽다.
④ 자신이 배운 것을 제때에 적용하기 위해서는 친밀한 교우(交友) 관계가 중요하다.

07 밑줄 친 부분의 띄어쓰기가 옳은 것은?

① 그 중에 깨끗한 옷만 골라 입으세요.
② 어제는 밤이 늦도록 옛 책을 뒤적였다.
③ 시간 날 때 낚시나 한 번 같이 갑시다.
④ 사람들은 황급히 굴 속으로 모여들었다.

08 다음에 대한 설명으로 적절한 것은?

㉠ 가을일[가을릴]	㉡ 텃마당[턴마당]
㉢ 입학생[이팍쌩]	㉣ 흙먼지[흥먼지]

① ㉠: 한 가지 유형의 음운 변동이 나타난다.
② ㉡: 인접한 음의 영향을 받아 조음 위치가 같아지는 동화 현상이 나타난다.
③ ㉢: 음운 변동 전의 음운 개수와 음운 변동 후의 음운 개수가 서로 다르다.
④ ㉣: 음절 끝에 'ㄱ, ㄴ, ㄷ, ㄹ, ㅁ, ㅂ, ㅇ' 이외의 자음이 오면 이 7개의 자음 중 하나로 바뀌는 규칙이 적용된다.

09 어법에 어긋난 문장을 수정하고 설명한 예로 적절하지 않은 것은?

① 유사한 내용의 제안이 접수되었을 때에는 먼저 접수된 것이 우선한다.
→ '접수되었을 때에는'은 사건이나 행위가 완료된 상황을 나타내므로 '접수될 때에는'으로 바꾼다.
② 안내서 및 과업 지시서 교부는 참가 신청자에게만 교부한다.
→ '과업 지시서 교부'와 서술어 '교부하다'는 의미상 중복되며 호응하지 않으므로 앞의 '교부'를 삭제한다.
③ 해안선에서 200미터 이내의 수역을 제외된 상태에서 논의를 진행하겠습니다.
→ 목적어 '수역을'과 서술어 '제외되다'는 호응하지 않으므로 '제외된'은 '제외한'으로 바꾼다.
④ 관련 도서는 해당 부서에 비치하고 관계자에게 열람한다.
→ 서술어 '열람하다'는 부사어 '관계자에게'와 호응하지 않으므로 '열람하게 한다.'와 같이 바꾼다.

10 (가)~(라)에 대한 설명으로 적절하지 않은 것은?

> (가) 고인(古人)도 날 몯 보고 나도 고인(古人) 몯 뵈
> 　　　고인(古人)을 몯 뵈도 녀던 길 알픠 잇닉
> 　　　녀던 길 알픠 잇거든 아니 녀고 엇멸고
> (나) 술은 어이ᄒ야 됴ᄒ니 누룩 섯글 타시러라
> 　　　국은 어이ᄒ야 됴ᄒ니 염매(鹽梅) 톨 타시러라
> 　　　이 음식 이 뜯을 알면 만수무강(萬壽無疆)ᄒ리라
> (다) 우레ᄀᆞ치 소릭나는 님을 번기ᄀᆞ치 번뜻 만나
> 　　　비ᄀᆞ치 오락기락 구름ᄀᆞ치 헤여지니
> 　　　흉중(胸中)에 ᄇᆞ룸ᄀᆞᄐᆞᆫ 혼슴이 안기 피듯 ᄒ여라
> (라) 하하 허허 흔들 내 우음이 졍 우움가
> 　　　하 어쳑 업서셔 늣기다가 그리 되게
> 　　　벗님닉 웃디들 말구려 아귀 씌여디리라

① (가): 연쇄법을 활용하여 고인의 길을 따르겠다는 의지를 드러내고 있다.
② (나): 문답법과 대조법을 활용하여 임의 만수무강을 기원하고 있다.
③ (다): 'ᄀᆞ치'를 반복적으로 표현하여 운율감을 더하고 있다.
④ (라): 냉소적 어조를 통해 상대에 대한 불편한 심기를 표출하고 있다.

11 다음에 제시된 단어의 의미에 맞게 쓴 문장으로 적절하지 않은 것은?

단어	의미	문장
살다	경기나 놀이에서, 상대편에게 잡히지 않고 제 기능을 하다.	㉠
	어떤 직분이나 신분의 생활을 하다.	㉡
	마음이나 의식 속에 남아 있거나 생생하게 일어나다.	㉢
	움직이던 물체가 멈추지 않고 제 기능을 하다.	㉣

① ㉠: 장기에서 포는 죽고 차만 살아 있다.
② ㉡: 그는 벼슬을 살기 싫어 속세를 버렸다.
③ ㉢: 옷에 풀기가 아직 살아 있다.
④ ㉣: 그렇게 세게 부딪혔는데도 시계가 살아 있다.

12 진행자의 말하기 방식에 대한 설명으로 적절하지 않은 것은?

진행자: 안녕하십니까? 오늘은 고령자의 운전면허 자진 반납 제도에 대해 홍○○ 교수님 모시고 말씀 들어 보겠습니다.
홍 교수: 네, 반갑습니다.
진행자: 나와 주셔서 감사합니다. 우선 이 제도가 어떤 제도인가요?
홍 교수: 지자체마다 조금씩 다르기는 하지만 고령 운전자들이 운전면허를 자발적으로 반납하게 유도하여 고령 운전자에 의한 교통사고를 줄이고자 하는 제도입니다.
진행자: 고령 운전자에 의한 교통사고가 심각한가요? 뒷받침할 만한 자료가 있나요?
홍 교수: 네. 도로교통공단의 통계에 따르면, 전체 교통사고 대비 고령 운전자에 의한 교통사고 비율이 2014년에는 9.0%였으나 매년 조금씩 증가하여 2017년에는 12.3%를 차지하고 있습니다.
진행자: 그렇군요. 아무래도 고령화 사회로 진입하다 보니 전체 운전자 중에서 고령 운전자에 해당하는 비율이 늘었기 때문인 것 같은데요.
홍 교수: 네, 그렇습니다. 이전보다 차량 성능이 월등히 좋아진 점도 하나의 요인이 될 것입니다.
진행자: 그렇다고 해도 무작정 운전면허를 반납하라고만 할 수는 없을 테고, 뭔가 보완책이 있나요?
홍 교수: 네. 지자체마다 차이가 있지만 소정의 교통비를 지급함으로써 대중교통 이용을 권장하고 있습니다.
진행자: 취지 자체만으로는 긍정적으로 평가할 수 있을 것 같은데, 혹시 제도 시행상의 문제점은 없나요?

홍 교수: 일회성이 문제라고 생각합니다.
진행자: 아, 운전면허를 반납한 당시에만 교통비가 한 차례 지원된다는 말씀이군요.
홍 교수: 네. 이분들이 더 이상 운전을 하지 않아도 이동권을 확보할 수 있도록 지속적인 지원이 이루어져야 이 제도가 효과를 얻을 수 있습니다.
진행자: 그에 더해 장기적으로는 고령자 친화적인 대중교통 인프라를 구축하는 일도 필요할 듯합니다. 교수님, 오늘 말씀 감사합니다.

① 상대방의 의견이 합리적이지 않음을 지적하며 인터뷰를 마무리 짓는다.
② 상대방이 인용한 통계 자료에 대해 자기 나름대로의 해석을 제시한다.
③ 상대방이 제시한 정보 이외에 추가적인 정보를 요구한다.
④ 상대방에게 해당 제도의 시행 배경에 대한 객관적인 근거를 요구한다.

13 다음 글의 제목으로 가장 적절한 것은?

계몽주의 사상가들은 명백히 모순되는 두 개의 견해를 취했다. 그들은 인간의 위치를 자연계 안에서 해명하려고 애썼다. 역사의 법칙이란 것을 자연의 법칙과 동일한 것으로 여겼다. 다른 한편, 그들은 진보를 믿었다. 그렇다면 그들이 자연을 진보하는 것으로, 다시 말해 끊임없이 어떤 목적을 향해서 전진하는 것으로 받아들인 데에는 어떤 근거가 있었던가? 헤겔은 역사는 진보하는 것이고 자연은 진보하지 않는 것이라고 뚜렷이 구분했다. 반면, 다윈은 진화와 진보를 동일한 것으로 주장함으로써 모든 혼란을 정리한 듯했다. 자연도 역사와 마찬가지로 진보하는 것으로 본 것이다. 그러나 이것은 진화의 원천인 생물학적인 유전(biological inheritance)을 역사에서의 진보의 원천인 사회적인 획득(social acquisition)과 혼동함으로써 훨씬 더 심각한 오해에 이를 수 있는 길을 열어 놓았다. 오늘날 그 둘이 분명히 구별된다는 것은 익히 알려진 것이다.

① 자연의 진보에 대한 증거
② 인간 유전의 사회적 의미
③ 역사의 법칙과 자연의 법칙
④ 진보와 진화에 관한 견해들

14 다음 글에 대한 이해로 가장 적절한 것은?

> 유 소사가 말하기를, "신부(新婦)가 이제 내 집에 들어왔으니 어떻게 남편을 도울꼬?"
> 사씨 대답하여 말하기를, "첩(妾)이 일찍 아비를 여의고 자모(慈母)의 사랑을 입사와 본래 배운 것이 없으니 물으시는 말씀에 대답치 못하옵거니와 어미 첩을 보낼 제 중문(中門)에 임(臨)하여 경계하여 말씀하시기를 '반드시 공경(恭敬)하며 반드시 경계(警戒)하여 남편을 어기오지 말라.' 하시니 이 말씀이 경경(耿耿)하여 귓가에 있나이다."
> 유 소사가 말하기를, "남편의 뜻을 어기오지 말면 장부(丈夫) 비록 그른 일이 있을지라도 순종(順從)하랴?"
> 사씨 대 왈, "그런 말이 아니오라 부부(夫婦)의 도(道) 오륜(五倫)을 겸(兼)하였으니 아비에게 간(諫)하는 자식이 있고 나라에 간하는 신하 있고 형제(兄弟) 서로 권하고 붕우(朋友) 서로 책(責)하나니 어찌 부부라고 간쟁(諫諍)치 않으리이까? 그러하나 자고로 장부(丈夫) 부인(婦人)의 말을 편청(偏聽)하면 해로움이 있삽고 유익(有益)함이 없으니 어찌 경계 아니 하리이까?"
> 유 소사가 모든 손님을 돌아보며 말하기를, "나의 며느리는 가히 조대가*에 비할 것이니 어찌 시속(時俗) 여자가 미칠 바리오."라고 하였다.
> 　　　　　　　　　　　　　　　　　　　 – 김만중, '사씨남정기'
>
> * 조대가: 『한서(漢書)』를 지은 반고(班固)의 누이동생인 반소(班昭). 학식이 뛰어나고 덕망이 높아 왕실 여성의 스승으로 칭송이 자자했다.

① 사씨의 어머니는 딸이 남편에게 맞섰던 일을 비판하고 있다.
② 사씨는 홀어머니를 모시느라 제대로 배우지 못한 것을 안타까워하고 있다.
③ 사씨는 부부의 예에 따라, 남편이 잘못하면 이를 지적해야 한다고 생각한다.
④ 유 소사는 며느리와의 대화를 통해, 효성이 지극한 사씨의 모습에 흡족해 하고 있다.

15 다음 글에서 '소리'에 대한 이해로 적절하지 않은 것은?

> 바깥은 어둡고 뜰 변두리의 늙은 나무들은 바람에 불려 서늘한 소리를 내었다. 처마 끝 저편에 퍼진 하늘에는 별이 총총하게 박혀 있으나, 아스무레한 초여름 기운에 잠겨 있었다. 집은 전체로 조용하고 썰렁했다.
> 꽝 당 꽝 당.
> 먼 어느 곳에서는 이따금 여운이 긴 쇠붙이 두드리는 소리가 들려왔다. 밑 거리의 철공소나 대장간에서 벌겋게 단 쇠를 쇠망치로 뚜드리는 소리 같았다.
> 근처에는 그런 곳은 없을 것이었다. 그렇다면 굉장히 먼 곳일 것이었다. 굉장히 굉장히 먼 곳일 것이었다.
> 꽝 당 꽝 당.
> 단조로운 소리이면서 송곳처럼 쑤시는 구석이 있는, 밤중에 간헐적으로 들려오는 그 소리는 이상하게 신경을 자극했다.
> "참, 저거 무슨 소리유?"
> 영희가 미간을 찌푸리면서 말했다.
> "글쎄, 무슨 소릴까……."
> 정애가 심드렁하게 대답했다.
> "이 근처에 철공소는 없을 텐데."
> "……."
> 정애는 표정으로만 수긍을 했다.
> 꽝 당 꽝 당.
> 그 쇠붙이에 쇠망치 부딪치는 소리는 여전히 간헐적으로 이어지고 있었다. 밤내 이어질 모양이었다. 자세히 그 소리만 듣고 있으려니까 바깥의 선들대는 늙은 나무들도 초여름 밤의 바람에 불려서 그런 것이 아니라 저 소리의 여운에 울려 흔들리고 있었다. 저 소리는 이 방안의 벽 틈서리를 쪼개고도 있었다. 형광등 바로 위의 천장에 비수가 잠겨 있을 것이었다.
> 　　　　　　　　　　　　　　　　　　　 – 이호철, '닳아지는 살들'

① '서늘한 소리'는 예사롭지 않은 분위기를 조성하기 시작한다.
② '꽝 당 꽝 당' 소리는 인물의 심리적 상태의 변화를 촉발한다.
③ '단조로운 소리'는 반복적으로 드러남으로써 모종의 의미가 부여된다.
④ '소리의 여운'은 단선적 구성에 변화를 주어 갈등 해소의 기미를 강화한다.

16 다음 글에 대한 이해로 적절하지 않은 것은?

그동안 나는 〈일 포스티노〉를 세 번쯤 빌려 보았다. 그 이유는 이 아름다운 영화 속에 아스라이 문학이 똬리를 틀고 앉아 있기 때문이다. 특히 시란 무엇인가에 대한 해답을 이처럼 쉽고도 절실하게 설명해 놓은 문학 교과서를 나는 아직까지 보지 못했다. 그래서 학생들에게 시를 가르칠 때 나는 종종 영화 〈일 포스티노〉를 활용한다. 수백 마디의 말보다 〈일 포스티노〉를 함께 보고 토론하는 것이 시의 본질에 훨씬 깊숙이, 훨씬 빨리 가 닿을 수 있다는 것을 경험하기도 했다.

시를 공부하면서 은유에 시달려 본 사람이라면 이 영화를 보고 수차례 무릎을 쳤을 것이다. 마리오 루폴로가 네루다에게 보내기 위해 고향의 여러 가지 소리를 녹음하는 인상적인 장면이 있다. 여기서 해변의 파도 소리를 녹음하는 것이 은유의 출발이라면 어부들이 그물을 걷어 올리는 소리를 담고자 하는 모습은 은유의 확장이라고 할 수 있다. 더 나아가 밤하늘의 별빛을 녹음하는 기막히게 아름다운 장면에 이르면 은유는 절정에 달한다. 더 이상의 구차한 설명이 필요하지 않다.

① 영화 〈일 포스티노〉는 시를 이해하는 데 도움이 되는 교과서와도 같다.

② 영화 〈일 포스티노〉의 인물들은 문학적 은유의 본질과 의미를 잘 알고 있다.

③ 시의 본질에 대해 질문하고 답을 얻기 위해 영화 〈일 포스티노〉를 참고할 만하다.

④ 문학의 미적 자질과 영화 〈일 포스티노〉의 미적 자질 사이에서 공통점을 찾을 수 있다.

17 다음 ( ) 속에 들어갈 말로 가장 적절한 것은?

방랑시인 김삿갓의 시는 해학과 풍자로 가득 차 있는데, 무슨 시든 단숨에 써 내리는 一筆揮之인데다 가히 ( )의 상태라서 일부러 꾸미지 않았는데도 자연스럽고 아름답다.

① 花朝月夕

② 韋編三絶

③ 天衣無縫

④ 莫無可奈

18 밑줄 친 부분의 한자 표기가 잘못된 것은?

① 그는 여러 차례 TV 출연으로 <u>유명세(有名勢)</u>를 치렀다.

② 누가 먼저 할 것인지 <u>복불복(福不福)</u>으로 정하기로 했다.

③ 긴박한 상황이라 대증요법(<u>對症療法</u>)을 쓸 수밖에 없었다.

④ 사건의 <u>경위(經緯)</u>는 알 수 없지만, 결과만 본다면 우리에게 유리하다.

19 다음 글에서 추론한 바로 적절하지 않은 것은?

우리는 도시화, 산업화, 고도성장 과정에서 우리 경제의 뒷방살이 신세로 전락한 한국 농업의 새로운 가치에 주목해야 한다. 농업은 경제적 효율성이 뒤처져서 사라져야 할 사양 산업이 아니다. 전 지구적인 기후 변화와 식량 및 에너지 등 자원 위기에 대응하여 나라와 생명을 살릴 미래 산업으로서 농업의 전략적 가치가 크게 부각되고 있다. 농본주의의 기치를 앞세우고 농업 르네상스 시대의 재연을 통해 우리 경제가 당면한 불확실성의 터널을 벗어나야 한다.

우리는 왜 이런 주장을 하는가? 농업은 자원 순환적이고 환경 친화적인 산업이기 때문이다. 땅의 생산력에 기초해서 한계적 노동력을 고용하는 지연(地緣) 산업인 동시에 식량과 에너지를 생산하는 원천적인 생명 산업이기 때문이다. 물질적인 부의 극대화를 위해서 한 지역의 자원을 개발하여 이용한 뒤에 효용 가치가 떨어지면 다른 곳으로 이동하는 유목민적 태도가 오늘날 위기를 낳고 키워 왔는지 모른다. 급변하는 시대의 흐름에 부응하지 못하는 구시대의 경제 패러다임으로는 오늘날의 역사에 동승하기 어렵다. 이런 맥락에서, 지키고 가꾸어 후손에게 넘겨주는 정주민의 문화적 지속성을 존중하는 농업의 가치가 새롭게 조명 받는 이유에 주목할 만하다. 과학 기술의 눈부신 발전 성과를 수용하여 새로운 상품과 시장을 창출할 수 있는 녹색 성장 산업으로서 농업의 잠재적 가치가 중시되고 있는 것이다.

① 고도성장을 도모하는 경제 정책을 추진하는 과정에서 농업 중심의 경제 패러다임을 지양하였다.

② 효율성을 중요한 가치로 내세우는 경제 시스템은 미래 사회를 대비하는 데 한계가 있다.

③ 유목 생활을 하는 민족에 비해 정주 생활을 하는 민족이 농업의 가치 증진에 더 기여할 수 있다.

④ 녹색 성장 산업으로서 농업의 효용성을 드높이기 위해서 과학 기술의 부작용을 성찰할 필요가 있다.

효(孝)가 개인과 가족, 곧 일차적인 인간관계에서 일어나는 행위를 규정한 것이라면, 충(忠)은 가족이 아닌 사람들과의 관계, 곧 이차적인 인간관계에서 일어나는 사회적 행위를 규정한 것이었다. 그런데 언제부터인가 우리는 효를 순응적 가치관을 주입하는 봉건 가부장제 사회의 유습이라고 오해하는가 하면, 충과 효를 동일시하는 오류를 저지르는 경향이 많아졌다. 다음을 보자.

"부모에게 효도하고 형제를 사랑하는 사람은 윗사람의 명령을 거역하는 경우가 드물다. 또 윗사람의 명령을 어기지 않는 사람은 난동을 일으키는 경우도 드물다. 군자는 근본에 힘쓴다. 근본이 확립되면 도가 생기기 때문이다. 효도와 우애는 인(仁)의 근본이다."

위 구절에 담긴 입장을 기준으로 보면 효는 윗사람에 대한 절대 복종으로 연결된다. 곧 종족 윤리의 기본이 되는 연장자에 대한 예우는 물론이고 신분 사회의 엄격한 상하 관계까지 포괄적으로 인정하는 것이다. 하지만 이 구절만을 근거로 효를 복종의 윤리라고 보는 것은 성급한 판단이다. 왜냐하면 원래부터 효란 가족 윤리 또는 종족 윤리로서 사회 윤리였던 충보다 우선시되었을 뿐만 아니라, 유교의 기본 입장은 설사 부모의 명령이라 하더라도 옳고 그름을 가리지 않는 맹목적인 복종은 그 자체가 불효라고 보았기 때문이다.

유교에서는 부모와 자식의 관계가 자연에 의해서 결정된다고 한다. 이 때문에 부모와 자식의 관계는 인위적으로 끊을 수 없다고 본다. 이에 비해 임금과 신하의 관계는 공동의 목표를 위한 관계로서 의리에 의해서 맺어진 관계로 본다. 의리가 맞지 않는다면 언제라도 끊을 수 있다고 생각하는 것이다.

① 효는 봉건 가부장제 사회에서 비롯한 일차적 인간관계이다.
② 효는 부모와 자식 간의 관계이므로 조건 없는 신뢰에 기초한 덕목이다.
③ 윗사람에 대한 복종을 절대시하지 않는 것이 유교적 윤리의 한 바탕이다.
④ 충의 도리를 다함으로써 효의 도리에 도달할 수 있다는 것이 인의 이치다.

정답 및 해설: 해설집 p.57
(문제집 p.274에서 전체 정답표를 확인하실 수 있습니다.)

 모바일 자동 채점 + 성적 분석 서비스 바로 가기
QR코드를 이용해 모바일로 간편하게 채점하고 나의 실력이 어느 정도인지, 취약 부분이 어디인지 바로 파악해 보세요!

제한시간 : 20분　시작 _____시 _____분 ~ 종료 _____시 _____분　나의 점수 _____　회독수 ☐☐☐

01 밑줄 친 부분과 같은 의미로 사용된 것은?

> 지도 위에 손가락을 <u>짚어</u> 가며 여행 계획을 설명하였다.

① 이마를 <u>짚어</u> 보니 열이 있었다.
② 그는 두 손으로 땅을 <u>짚어야</u> 했다.
③ 그들은 속을 <u>짚어</u> 낼 수가 없는 사람들이었다.
④ 시험 문제를 <u>짚어</u> 주었는데도 성적이 좋지 않다.

02 사동법의 특징을 고려할 때 밑줄 친 단어의 쓰임이 옳은 것은?

① 그는 김 교수에게 박 군을 <u>소개시켰다.</u>
② 돌아오는 길에 병원에 들러 아이를 <u>입원시켰다.</u>
③ 생각이 다른 타인을 <u>설득시킨다</u>는 건 참 힘든 일이다.
④ 우리는 토론을 거쳐 다양한 사회적 갈등을 <u>해소시킨다.</u>

03 밑줄 친 부분의 이유에 대한 필자의 견해로 볼 수 없는 것은?

> 　관리가 본디부터 간악한 것이 아니다. 그들을 간악하게 만드는 것은 법이다. 간악함이 생기는 이유는 이루 다 열거할 수 없다. 대체로 직책은 하찮은데도 재주가 넘치면 간악하게 되며, 지위는 낮은데도 아는 것이 많으면 간악하게 되며, 노력을 조금 들였는데도 효과가 신속하면 간악하게 되며, 자신은 그 자리에 오랫동안 있는데 자신을 감독하는 사람이 자주 교체되면 간악하게 되며, 자신을 감독하는 사람의 행동이 또한 정도에서 나오지 않으면 간악하게 되며, 아래에 자신의 무리는 많은데 윗사람이 외롭고 어리석으면 간악하게 되며, 자신을 미워하는 사람이 자신보다 약하여 두려워하면서 잘못을 밝히지 않으면 간악하게 되며, 자신이 꺼리는 사람이 같이 죄를 범하였는데도 서로 버티면서 죄를 밝히지 않으면 간악하게 되며, 형벌에 원칙이 없고 염치가 확립되지 않으면 간악하게 된다. …… 간악함이 일어나기 쉬운 것이 대체로 이러하다.

① 노력은 적게 들이고 성과를 빨리 얻는다.
② 자신이 범한 과오를 감추고 남의 잘못을 드러낸다.
③ 자신은 같은 자리에 있으나 감독자가 자주 교체된다.
④ 자신의 세력이 밑에서 강한 반면 상부는 외롭고 우매하다.

04 다음 시에 대한 설명으로 적절하지 않은 것은?

> 머언 산 청운사 / 낡은 기와집
>
> 산은 자하산 / 봄눈 녹으면
>
> 느릅나무
> 속잎 피어나는 열두 구비를
>
> 청노루 / 맑은 눈에
>
> 도는 / 구름
>
> 　　　　　　　　　　– 박목월, '청노루'

① 묘사된 자연이 상상적, 허구적이다.
② 이상적 세계에 대한 그리움을 노래하고 있다.
③ 시적 공간이 원경에서 근경으로 옮아오고 있다.
④ 사건 발생의 시간적 순서에 따라 제재가 배열되고 있다.

05 ⊙~㉣에 대한 설명으로 적절하지 않은 것은?

> ⊙공방(孔方)의 자는 관지(貫之, 꿰미)이다. …… 처음 황제(黃帝) 때에 뽑혀 쓰였으나, 성질이 굳세어 세상일에 그리 익숙하지 못하였다. 황제가 ⓒ관상을 보는 사람[相工]을 불러 보이니, 그가 한참 동안 들여다보고 말했다. "산야(山野)의 성질이어서 비록 쓸 만하지 못하오나, 만일 만물을 조화하는 폐하의 풀무와 망치 사이에 놀아 때를 긁고 빛을 갈면 그 자질이 마땅히 점점 드러날 것입니다. ⓒ왕자(王者)는 사람을 그릇[器]으로 만듭니다. 원컨대 ㉣폐하께서는 저 완고한 구리[銅]와 함께 내버리지 마옵소서." 이로 말미암아 그가 세상에 이름을 드러냈다.

① ⊙은 ㉣의 결정에 의해 세상에 이름이 드러나게 되었다.
② ⓒ은 ⊙의 단점보다는 앞으로의 발전 가능성에 주목하였다.
③ ⓒ은 ⓒ에게 자신의 견해를 펼칠 기회를 제공하였다.
④ ㉣은 ⓒ의 이상적인 모습을 본받고 있다.

06 다음 글의 전개 순서로 가장 자연스러운 것은?

> (가) 생명체들은 본성적으로 감각을 갖고 태어나지만, 그들 가운데 일부의 경우에는 감각으로부터 기억이 생겨나지 않는 반면 일부의 경우에는 생겨난다. 그리고 그 때문에 후자의 경우에 해당하는 생명체들은 기억 능력이 없는 것들보다 분별력과 학습력이 더 뛰어난데, 그중 소리를 듣는 능력이 없는 것들은 분별은 하지만 배움을 얻지는 못하고, 기억에 덧붙여 청각 능력이 있는 것들은 배움을 얻는다.
>
> (나) 앞에서 말했듯이, 유경험자는 어떤 종류의 것이든 감각을 가지고 있는 사람들보다 더 지혜롭고, 기술자는 유경험자들보다 더 지혜로우며, 이론적인 지식들은 실천적인 것들보다 더 지혜롭다는 것이 일반적인 견해이다. 그러므로 지혜는 어떤 원리들과 원인들에 대한 학문적인 인식임이 분명하다.
>
> (다) 하지만 발견된 다양한 기술 가운데 어떤 것들은 필요 때문에, 어떤 것들은 여가의 삶을 위해서 있으니, 우리는 언제나 후자의 기술들을 발견한 사람들이 전자의 기술들을 발견한 사람들보다 더 지혜롭다고 생각한다. 그 이유는 그들이 가진 여러 가지 인식은 유용한 쓰임을 위한 것이 아니기 때문이다. 그러므로 그런 종류의 모든 발견이 이미 이루어지고 난 뒤, 여가의 즐거움이나 필요, 그 어느 것에도 매이지 않는 학문들이 발견되었으니, 그 일은 사람들이 여가를 누렸던 여러 곳에서 가장 먼저 일어났다. 그러므로 이집트 지역에서 수학적인 기술들이 맨 처음 자리 잡았으니, 그곳에서는 제사장(祭司長) 가문이 여가의 삶을 허락받았기 때문이다.

> (라) 인간 종족은 기술과 추론을 이용해서 살아간다. 인간의 경우에는 기억으로부터 경험이 생겨나는데, 그 까닭은 같은 일에 대한 여러 차례의 기억은 하나의 경험 능력을 만들어 내기 때문이다. 그리고 경험은 학문적인 인식이나 기술과 거의 비슷해 보이지만, 사실 학문적인 인식과 기술은 경험의 결과로서 사람들에게 생겨나는 것이다. 그 까닭은 폴로스가 말하듯 경험은 기술을 만들어 내지만, 무경험은 우연적 결과를 낳기 때문이다. 기술은, 경험을 통해 안에 쌓인 여러 관념들로부터 비슷한 것들에 대해 하나의 일반적인 관념이 생겨날 때 생긴다.

① (가) - (다) - (나) - (라)
② (가) - (다) - (라) - (나)
③ (가) - (라) - (나) - (다)
④ (가) - (라) - (다) - (나)

07 다음 글에서 알 수 없는 것은?

> 되새김 동물인 무스(moose)의 경우, 위에서 음식물이 잘 소화되게 하려면 움직여서는 안 된다. 무스의 위는 네 개의 방으로 나누어져 있는데, 위에서 나뭇잎, 풀줄기, 잡초 같은 섬유질이 많은 먹이를 소화하려면 꼼짝 않고 한곳에 가만히 있어야 하는 것이다. 한편, 미국 남서부의 사막 지대에 사는 갈퀴발도마뱀은 모래 위로 눈만 빼꼼 내놓고 몇 시간 동안이나 움직이지 않는다. 그렇게 있으면 따뜻한 모래가 도마뱀의 기운을 북돋아 준다. 곤충이 지나가면 도마뱀이 모래에서 나가 잡아먹을 수 있도록 에너지를 충전해 주는 것이다. 반대로 갈퀴발도마뱀의 포식자인 뱀이 다가오면, 그 도마뱀은 사냥할 기운을 얻기 위해 움직이지 않았을 때의 경험을 되살려 호흡과 심장 박동을 일시적으로 멈추고 죽은 시늉을 한다. 갈퀴발도마뱀은 모래 속에 몸을 묻고 움직이지 않기 때문에 수분의 손실을 줄이고 사막 짐승들의 끊임없는 위협에서 벗어날 수 있는 것이다.

① 무스가 움직이지 않는 것은 생존을 위한 선택이다.
② 무스는 소화를 잘 시키기 위해 식물을 가려먹는 습성을 가지고 있다.
③ 갈퀴발도마뱀은 움직이지 않는 방식으로 먹이를 구한다.
④ 갈퀴발도마뱀은 모래 속에 몸을 묻을 때 생존 확률을 높일 수 있다.

08 (가)와 (나)를 비교한 설명으로 적절한 것은?

> (가) 문밖에 가랑비 오면 방 안은 큰비 오고 부엌에 불을 때
> 면 천장은 굴뚝이요 흙 떨어진 윗대궁기 바람은 살쏜 듯
> 이 들이불고 틈만 남은 헌 문짝 멍석으로 창과 문을 막고
> 방에 반듯 드러누워 가만히 바라보면 천장은 하늘별자리
> 를 그려놓은 그림이요, 이십팔수(二十八宿)를 세어본다.
> 이렇게 곤란이 더욱 심할 제, 철모르는 자식들은 음식 노
> 래로 조르는데, 아이고, 어머니! 나는 용미봉탕에 잣죽
> 좀 먹었으면 좋겠소.
>
> (나) 한 달에 아홉 끼를 얻거나 못 얻거나
>   십 년 동안 갓 하나를 쓰거나 못 쓰거나
>   안표누공(顔瓢屢空)인들 나같이 비었으며
>   원헌(原憲)의 가난인들 나같이 심할까.
>   봄날이 길고 길어 소쩍새가 재촉커늘
>   동쪽 집에 따비 얻고 서쪽 집에 호미 얻어
>   집 안에 들어가 씨앗을 마련하니
>   올벼 씨 한 말은 반 넘어 쥐 먹었고
>   기장 피 조 팥은 서너 되 붙었거늘
>   많고 많은 식구 이리하여 어이 살리.

※ 윗대궁기: 나뭇가지 등으로 엮어 흙을 바른 벽에 생긴 구멍
　안표누공(顔瓢屢空): 공자(孔子)의 제자 안회(顔回)의 표주박이 자주 빔
　원헌(原憲): 공자의 제자

① (가)와 달리 (나)는 읽을 때의 리듬이 규칙적이다.
② (가)와 (나)는 모두 상황을 사실적으로 묘사하고 있다.
③ (가)와 (나)는 현재의 상황을 운명으로 수용하고 있다.
④ (가)는 상황을 긍정적으로, (나)는 부정적으로 인식하고
　있다.

09 다음 시조의 내용으로 가장 적절한 것은?

> 마을 사람들아 옳은 일 하자스라
> 사람이 되어나서 옳지웃 못하면
> 마소를 갓 고깔 씌워 밥 먹이나 다르랴

① 鄕閭有禮　　　　② 相扶相助
③ 兄友弟恭　　　　④ 子弟有學

10 ㉠, ㉡에 들어갈 한자를 순서대로 바르게 나열한 것은?

> ○ 근무 여건이 개선(㉠)되자 업무 효율이 크게 올랐다.
> ○ 금융 당국은 새로운 통화(㉡) 정책을 제안하였다.

	㉠	㉡
①	改善	通貨
②	改選	通話
③	改善	通話
④	改選	通貨

11 다음 글의 내용을 잘못 이해한 사람은?

> 심리학에서는 동조(同調)가 일어나는 이유를 크게 두 가
> 지로 설명한다. 첫째는, 사람들은 자기가 확실히 알지 못
> 하는 일에 대해 남이 하는 대로 따라 하면 적어도 손해를
> 보지는 않는다고 생각한다는 것이다. 둘째는, 어떤 집단이
> 그 구성원들을 이끌어 나가는 질서나 규범 같은 힘을 가지
> 고 있을 때, 그러한 집단의 압력 때문에 동조 현상이 일어
> 난다는 것이다. 만약 어떤 개인이 그 힘을 인정하지 않는
> 다면 그는 집단에서 배척당하기 쉽다. 이런 사정 때문에
> 사람들은 집단으로부터 소외되지 않기 위해서 동조를 하
> 게 된다. 여기서 주목할 것은 자신이 믿지 않거나 옳지 않
> 다고 생각하는 문제에 대해서도 동조의 입장을 취하게 된
> 다는 것이다.
>
> 동조는 개인의 심리 작용에 영향을 미치는 요인이 무엇
> 이냐에 따라 그 강도가 다르게 나타난다. 가지고 있는 정
> 보가 부족하여 어떤 판단을 내리기 어려운 상황일수록, 자
> 신의 판단에 대한 확신이 들지 않을수록 동조 현상은 강하
> 게 나타난다. 또한 집단의 구성원 수가 많거나 그 결속력
> 이 강할 때, 특정 정보를 제공하는 사람의 권위와 지위, 그
> 에 대한 신뢰도가 높을 때도 동조 현상은 강하게 나타난다.
> 그리고 어떤 문제에 대한 집단 구성원들의 만장일치 여부
> 도 동조에 큰 영향을 미치게 되는데, 만약 이때 단 한 명
> 이라도 이탈자가 생기면 동조의 정도는 급격히 약화된다.

① 영희: 줄 서기의 경우, 줄을 서 있는 사람이 많을수록 나중
　에 오는 사람들이 그 줄 뒤에 설 확률이 더 높아.
② 철수: 특히 응집력이 강한 집단에 항거하는 것은 더 어려
　운 일이야. 이런 경우, 동조 압력은 더 강할 수밖에 없겠지.
③ 갑순: 동조 현상에 영향을 미치는 요인은 우매한 조직의 결
　속력보다 개인의 신념이라고 볼 수 있겠군.
④ 갑돌: 아침에 수많은 정류장 중 어디에서 공항버스를 타야
　할지 몰랐는데 스튜어디스 차림의 여성이 향하는 정류장
　쪽으로 따라갔어. 이 경우, 그 스튜어디스 복장이 신뢰
　도를 높였다고 할 수 있겠네.

12 다음 대화 상황에서 의사소통에 장애가 일어났다고 한다면, 그 이유로 가장 적절한 것은?

> 교사: 동아리 보고서를 오늘까지 내라고 하지 않았니?
> 학생1: 네, 선생님. 다정이가 다 가지고 있는데, 아직 안 왔어요.
> 교사: 이거, 큰일이네. 오늘이 마감인데.
> 학생1: 그러게요. 큰일이네요. 다정이가 집에도 없는 것 같아요.
> 학생2: 어떡해? 다정이 때문에 우리 모두 점수 깎이는 거 아니야? 네가 동아리 회장이니까 네가 책임져.
> 학생1: 아니, 뭐라고? 다정이가 보고서 작성하기로 지난 회의에서 결정한 거잖아.
> 교사: 자, 그만들 해. 이럴 때가 아니잖아. 어서 빨리 다정이한테 연락이나 해 봐. 지금 누구 잘잘못을 따질 상황이 아니야.
> 학생3: 제가 다정이 연락처를 아니까 연락해 볼게요.

① 교사가 권위적인 태도로 상황을 무마하려 하고 있다.
② 학생1이 자신의 책임을 면하기 위해 변명으로 일관함으로써 의사소통이 단절되고 있다.
③ 학생2가 대화 맥락을 고려하지 않고 끼어들어 책임을 언급함으로써 갈등이 생겨나고 있다.
④ 학생3이 본질과 관계없는 말을 언급함으로써 상황을 무마하려고 하고 있다.

13 화자의 진정한 발화 의도를 파악할 때, 밑줄 친 부분을 고려하지 않아도 되는 것은?

> 일상 대화에서는 직접 발화보다는 간접 발화가 더 많이 사용되지만, 그 의미는 맥락에 의해 파악될 수 있다. 화자는 상대방이 충분히 그 의미를 파악할 수 있다고 판단될 때 간접 발화를 전략적으로 사용함으로써 의사소통을 원활하게 하기도 한다.

① (친한 사이에서 돈을 빌릴 때) 돈 가진 것 좀 있니?
② (창문을 열고 싶을 때) 애야, 방이 너무 더운 것 같구나.
③ (갈림길에서 방향을 물을 때) 김포공항은 어느 쪽으로 가야 합니까?
④ (선생님이 과제를 내주고 독려할 때) 우리 반 학생들은 선생님 말씀을 아주 잘 듣습니다.

14 띄어쓰기가 옳지 않은 것은?

① 졸지에 부도를 맞았다니 참 안됐어.
   그렇게 독선적으로 일을 처리하면 안 돼.
② 그건 사실 아무것도 아니니 걱정하지 말게.
   지금 네가 본 것은 실상의 절반에도 못 미쳐.
③ 저 집은 부부 간에 금실이 좋아.
   집을 살 때 부모님이 얼마간을 보태 주셨어.
④ 저 사람은 아무래도 믿을 만한 인물이 아니야.
   지난번 해일이 밀어닥칠 때 집채만 한 파도가 해변을 덮쳤다.

15 어법에 어긋나는 문장을 수정하고 설명한 예로 옳지 않은 것은?

① 전철 내에서 뛰지 말고, 문에 기대거나 강제로 열려고 하지 마십시오.
   → '열다'는 타동사이므로 '강제로'와 '열려고' 사이에 목적어 '문을'을 보충하여야 한다.
② ○○시에서 급증하는 생활용수를 안정적으로 공급하기 위하여 시행하는 사업임
   → 생활용수에 대한 수요가 급증하는 것이지 생활용수가 급증하는 것이 아니므로, '급증하는 생활용수의 수요에 대응하여 생활용수를 안정적으로 공급하기 위하여'로 고쳐야 한다.
③ 사고 원인 파악과 재발 방지 대책을 조속히 마련하여
   → '사고 원인 파악을 마련하여'로 해석될 수 있으므로 앞의 명사구를 '사고 원인을 파악하고'로 고쳐 절과 절의 접속으로 바꾸어야 한다.
④ 도량형은 미터법 사용을 원칙으로 하되 각종 증빙 서류 등을 미터법 이외의 도량형으로 작성할 경우 미터법으로 환산한 수치를 병기함
   → '하되'는 앞뒤 문장의 내용을 연결하는 어미로 적합하지 않으므로 '하며'로 고쳐야 한다.

16 다음 한글 맞춤법 규정의 예로 옳지 않은 것은?

> (가) 제19항 어간에 '-이'나 '-음/ㅁ'이 붙어서 명사로 된 것과 '-이'나 '-히'가 붙어서 부사로 된 것은 그 어간의 원형을 밝히어 적는다.
>
> (나) 제19항 [붙임] 어간에 '-이'나 '-음' 이외의 모음으로 시작된 접미사가 붙어서 다른 품사로 바뀐 것은 그 어간의 원형을 밝히어 적지 아니한다.
>
> (다) 제20항 명사 뒤에 '-이'가 붙어서 된 말은 그 명사의 원형을 밝히어 적는다.
>
> (라) 제20항 [붙임] '-이' 이외의 모음으로 시작된 접미사가 붙어서 된 말은 그 명사의 원형을 밝히어 적지 아니한다.

① (가): 미닫이, 졸음, 익히
② (나): 마개, 마감, 지붕
③ (다): 육손이, 집집이, 곰배팔이
④ (라): 끄트머리, 바가지, 이파리

17 발음 기관에 따라 '아음(牙音)', '설음(舌音)', '순음(脣音)', '치음(齒音)', '후음(喉音)'으로 구별하고 있는 훈민정음의 자음 체계를 참조할 때, 다음 휴대 전화의 자판에 대한 설명으로 옳지 않은 것은?

ㄱ ㅋ	ㅣ ㅡ	ㅏ ㅑ
ㄷ ㅌ	ㄴ ㄹ	ㅓ ㅕ
ㅁ ㅅ	ㅂ ㅍ	ㅗ ㅛ
ㅈ ㅊ	ㅇ ㅎ	ㅜ ㅠ

① 훈민정음의 자음 체계에 따른다면, 'ㅅ'은 'ㅈㅊ' 칸에 함께 배치할 수 있다.
② 'ㅁㅅ' 칸은 조음 위치와 조음 방식의 양면을 모두 고려하여 같은 성질의 소리끼리 묶은 것이다.
③ 'ㄷㅌ'과 'ㄴㄹ' 칸은 훈민정음 창제 당시 적용된 가획 등의 원리에 따른 제자 순서보다 소리의 유사성을 중시하여 배치한 것이다.
④ 훈민정음의 자음 체계에서 'ㆁ'과 'ㅇ'은 구별되었다. 훈민정음의 자음 체계에 따른다면, 이 중에서 'ㆁ'은 'ㄱㅋ' 칸에 함께 배치할 수 있다.

18 다음 글의 서술상의 특징으로 적절한 것은?

> 덕기는 분명히 조부의 이런 목소리를 들은 법하다. 꿈이 아니었던가 하며 소스라쳐 깨어 눈을 떠보니 머리맡 창에 볕이 쨍쨍히 비친 것이 어느덧 저녁때가 된 것 같다. 벌써 새로 세시가 넘었다. 아침 먹고 나오는 길로 따뜻한 데 누웠으려니까 잠이 폭폭 왔던 것이다. 어쨌든 머리를 쳐드니, 인제는 거뜬하고 몸도 풀린 것 같다.
>
> "네 처두 묵으라고 하였다만 모레는 너두 들를 테냐? 들르면 무얼 하느냐마는……."
>
> 조부의 못마땅해하는, 어떻게 들으면 말을 만들어 보려고 짓궂이 비꼬는 강강한 어투가 또 들린다.
>
> 덕기는 부친이 왔나 보다 하고 가만히 유리 구멍으로 내다보았다. 수달피 깃을 댄 검정 외투를 입은 홀쭉한 뒷모양이 뜰을 격하여 툇마루 앞에 보이고 조부는 창을 열고 내다보고 앉았다. 덕기는 일어서려다가 조부가 문을 닫은 뒤에 나가리라 하고 주저앉았다.
>
> "저야 오지요마는 덕기는 붙드실 게 무엇 있습니까. 공부하는 애는 그보다 더한 일이 있더라도 날짜를 대서 하루바삐 보내야지요……."
>
> 이것은 부친의 소리다. 부친은 가냘프고 신경질적인 체격 보아서는 목소리라든지 느리게 하는 어조가 퍽 딴판인 인상을 주는 것이었다.
>
> — 염상섭, '삼대'

① 서술자가 등장인물의 시선을 빌려 이야기를 전개하고 있다.
② 시대적 배경과 밀접한 어휘를 사용하여 주제 의식을 강화하고 있다.
③ 편집자적 논평을 통해 인물들에 대한 서술자의 태도를 드러내고 있다.
④ 공간적 배경에 따라 서술자를 달리하여 상황을 입체적으로 그리고 있다.

19 다음 조건을 모두 참조하여 쓴 글은?

> ○ 대구(對句)의 기법을 사용할 것
> ○ 삶에 대한 통찰을 우의적으로 표현할 것

① 낙엽: 낙엽은 항상 패배한다. 시간이 지나고 낙엽이 지는 것은 어쩔 수 없는 일이다. 그리고 계절의 객석에 슬픔과 추위가 찾아온다. 하지만 이 패배가 없더라면, 어떻게 봄의 승리가 가능할 것인가.

② 비: 프랑스어로 '비가 내린다'는 한 단어라고 한다. 내리는 것은 비의 숙명인 것이다. 세월이 아무리 흘러도, 비는 주룩주룩 내리고, 토끼는 깡충깡충 뛴다. 자연은 모두 한 단어이다. 우리의 삶도 자연을 닮는다면 어떨까.

③ 하늘: 하늘은 언젠가 자기 얼굴이 알고 싶었다. 하지만 어디에도 자신을 비춰줄 만큼 큰 거울을 발견할 수 없었다. 그러다 어느 날 어떤 소녀를 발견했다. 포근한 얼굴로 자신을 바라보는 소녀의 눈동자를 하늘은 바라보았다. 거기에 자신이 있었다.

④ 새: 높이 나는 새는 낮게 나는 새를 놀려 댔다. "어째서 그대는 멀리 보는 것을 선택하지 않는가? 기껏 날개가 있는 존재로 태어났는데." 그러자 낮게 나는 새가 대답했다. "높은 곳의 구름은 멀리를 바라보고, 낮은 곳의 산은 세심히 보듬는다네."

20 다음 글에서 알 수 없는 것은?

> 소설의 출현은 사적 생활이라는 개념의 출현과 밀접한 관련이 있다. 왜냐하면 소설 읽기와 쓰기에 있어 사적 생활은 필수적인 까닭이다. 어쩌면 사적 생산과 소비 형태 탓에 사생활은 소설이라는 장르의 태동 때부터 소설의 중심 주제였는지도 모른다. 혹은 이와는 반대로 사적 경험이라는 비교적 새로운 개념을 탐색해야 할 필요 탓에 소설이 생긴 것인지도 모른다. …… 사적 공간은 개인, 가족, 친구, 그리고 자기 자신 등과의 교류에 필요한 은밀한 공간이 실제 생활 속에 구현되도록 도왔다. 자기만의 내적인 것에 대한 추구는 사람들의 이상이 되었고 점점 그 중요성이 커지면서 사람들의 존재 방식과 글쓰기 행태에 변화를 요구하였다.
>
> 이전의 지배적 문학 형태인 서사시, 서정시, 희곡 등과는 달리 소설은 낭독하는 전통이 없었다. 또한 낭독을 이상으로 삼지도 않고, 청중의 참여를 전제로 하지도 않았다. 소설 장르는 여럿이 함께 모여 문학 작품을 감상하는 청중 개념의 붕괴와 밀접한 관련이 있다. 19세기는 르네상스 시대와 17세기와는 달리 공통의 규범과 가치를 나누는 단일 사회가 아니었다. 따라서 청중이 한자리에 모여 동일한 가치를 나누는 일이 점차 불가능해졌다. 혼자 소리 내지 않고 책을 읽기 시작했다는 것은 사람들이 이미 사적 생활에 상당한 의미를 두게 되었음을 뜻한다. ……
>
> 이러한 사적 경험으로서의 책 읽기에 대응되어 나타난 것이 사적인 글쓰기였다. 사적으로 글을 쓸 경우 작가는 이야기꾼, 음유 시인, 극작가들과 달리 청중들로부터 아무런 즉각적 반응도 얻을 수 없다. 인류학자, 언어학자들에 의하면 언어의 의미는 그것을 쓸 때의 상황에 크게 좌우된다고 한다. 그러나 글쓰기, 그중에도 특히 인쇄에 의해 복제된 글쓰기는 작가에게서 떨어져 나와 결국 아무에게도 속하지 않는 자율적 담론을 창조하게 되었다.

① 사적인 글쓰기의 출현으로 작가는 독자와 직접 소통할 수 있게 되었다.

② 자기만의 내적인 것에 대한 추구가 새로운 형태의 글쓰기를 요구하였다.

③ 소설은 사적 공간에서의 책 읽기와 글쓰기가 가능해진 시기에 출현하였다.

④ 희곡작가는 낭독을 통해 청중들과 교류하며 공통의 규범과 가치를 나누고자 하였다.

정답 및 해설: 해설집 p.61
(문제집 p.274에서 전체 정답표를 확인하실 수 있습니다.)

모바일 자동 채점 + 성적 분석 서비스 바로 가기
QR코드를 이용해 모바일로 간편하게 채점하고 나의 실력이 어느 정도인지, 취약 부분이 어디인지 바로 파악해 보세요!

gosi.Hackers.com

성공은 성공 지향적인 사람에게만 온다.
실패는 스스로 실패할 수밖에 없다고
체념해 버리는 사람에게 온다.

나폴리언 힐(미국의 작가)

Part 3

서울시 9급

문제 유형	4지선다형
총 문항 수	20문항
경쟁률 (2023년, 방호)	44.3:1
합격선 (2023년, 방호)	88.33점
시험 안내	지방자치단체 인터넷원서접수센터 (http://localgosi.go.kr)

제한시간 : 20분   시작 _____시 _____분 ~ 종료 _____시 _____분

나의 점수 _____   회독수 ☐☐☐

01 〈보기〉의 밑줄 친 부분에서 공통으로 일어나는 음운 현상에 대한 설명으로 가장 옳지 않은 것은?

> **보기**
>
> 이는 국회가 국민을 대변하는 기관으로서 정부에 책임을 묻는 것이다.

① 조음 위치가 바뀌는 음운 현상이다.
② 비음 앞에서 일어나는 음운 현상이다.
③ 동화 현상이다.
④ '읊는'에서도 일어나는 음운 현상이다.

02 밑줄 친 부분의 띄어쓰기가 가장 옳지 않은 것은?

① 포기는 생각해 본바가 없다.
② 모두 자기 생각대로 결정하자.
③ 결국 돌아갈 곳은 고향뿐이다.
④ 원칙만큼은 양보하기가 어렵다.

03 〈보기〉의 ㉠~㉣을 풀이한 것으로 가장 옳지 않은 것은?

> **보기**
>
> 한때 우리나라에서는 우리의 대표적 음식이라고 할 수 있는 된장과 김치를 ㉠편하한 적이 있었다. 곰팡이 균으로 만드는 된장은 암을 유발한다고 해서 ㉡기피하고, 맵고 짠 김치도 건강에 해롭다고 했다. 이러한 발상이 나왔던 것은 어떤 의미에서는 현대 과학의 선두 주자인 서구 지향적인 가치관이 그 배경으로 깔려 있었기 때문이다. 그러나 이제는 김치연구소까지 생기고, 마을은 새로운 형태로 변모하면서 건강식품으로 등장하고, 된장(청국장) 또한 항암 효과까지 있다고 ㉢각광을 받는다. 그리고 비빔밥은 다이어트 음식으로서만이 아니라, 그 맛도 이제는 국제적으로 알려졌다. 굳이 신토불이라는 말을 들먹이지 않더라도 우리의 일상적인 식문화에서 가치 있는 것을 추출해 ㉣천착할 필요가 있다.

① ㉠: 가치를 깎아내린
② ㉡: 꺼리거나 피하고
③ ㉢: 사회적 관심을
④ ㉣: 잘못된 것을 바로잡을

04 어려운 표현을 이해하기 쉬운 표현으로 다듬은 것으로 가장 적절하지 않은 것은?

① 가능성은 상존하고 있다. → 가능성은 늘 있다
② 만 65세 도래자는 → 만 65세가 되는 사람은
③ 소정의 급여를 지급함으로써 → 소액의 급여를 지급함으로써
④ 확인서 발급에 따른 편의성을 제고함 → 확인서 발급에 따른 편의성을 높임

05 〈보기 1〉을 〈보기 2〉에 삽입하려고 할 때 문맥상 가장 적절한 곳은?

보기 1

　왜냐하면 학문의 세계에서는 하나의 객관적 진실이 백일하에 드러나 모든 다른 견해를 하나로 귀결시키는 일은 일어나지 않기 때문이다.

보기 2

　민족이 하나로 된다면 소위 "민족의 역사"가 하나로 통합되는 것은 너무나 당연한 일이라고 생각할 수 있다. (㉠) 그러나 좀 더 곰곰이 생각해 보면 역사학을 포함한 학문의 세계에서 통합이란 말은 성립되기 어렵다. (㉡) 학문의 세계에서는 진실에 이르기 위한 수많은 대안이 제기되고 서로 경쟁하면서 발전이 이루어진다. (㉢) 따라서 그 다양한 대안들을 하나로 통합한다는 것은 학문을 말살하는 것이나 다름없다. (㉣) 학문의 세계에서는 통합이 아니라 다양성이 더 중요한 덕목인 것이다.

① ㉠　　　　　　　　② ㉡
③ ㉢　　　　　　　　④ ㉣

06 〈보기〉의 ㉠~㉣ 중 가리키는 대상이 나머지 셋과 다른 것은?

보기

　댁들아 ㉠<u>동난지이</u> 사오 저 장사야 네 ㉡<u>물건</u> 그 무엇이라 외치는가 사자
　외골내육(外骨內肉) 양목(兩目)이 상천(上天) 전행후행(前行後行), 소(小)아리 팔족(八足) 대(大)아리 이족(二足) ㉢<u>청장</u> 아스슥하는 동난지이 사오
　장사야 너무 거북하게 외치지 말고 ㉣<u>게젓</u>이라 하려무나

① ㉠　　　　　　　　② ㉡
③ ㉢　　　　　　　　④ ㉣

07 표준어끼리 묶었을 때 가장 옳지 않은 것은?

① 가엽다, 배냇저고리, 감감소식, 검은엿
② 눈짐작, 세로글씨, 푸줏간, 가물
③ 상관없다, 외눈퉁이, 덩쿨, 귀퉁배기
④ 겉창, 뚱딴지, 툇돌, 들랑날랑

08 외래어 표기에 대한 설명으로 가장 옳지 않은 것은?

① 짧은 모음 다음의 어말 무성 파열음 [t]는 '보닛(bonnet)'처럼 받침으로 적는다.
② 어말의 [ʃ]는 '브러쉬(brush)'처럼 '쉬'로 적는다.
③ 중모음 [ou]는 '보트(boat)'처럼 '오'로 적는다.
④ 어말 또는 자음 앞의 [f]는 '그래프(graph)'처럼 '으'를 붙여 적는다.

09 〈보기〉에 드러난 글쓴이의 삶에 대한 인식과 가장 가까운 태도가 나타나는 것은?

보기

　그렇다. 그 흉터와, 흉터 많은 손꼴은 내 어려웠던 어린 시절의 모습이요, 그것을 힘들게 참고 이겨 낸 떳떳하고 자랑스런 내 삶의 한 기록일 수 있었다. 그 나이 든 선배님의 경우처럼, 우리 누구나가 눈에 보이게든 안 보이게든 삶의 쓰라린 상처들을 겪어 가며 그 흉터를 지니고 살아가게 마련이요, 어떤 뜻에선 그 상처의 흔적이야말로 우리 삶의 매우 단단한 마디요, 숨은 값이라 할 수도 있을 것이기 때문이다.

① 흔들리지 않고 피는 꽃이 어디 있으랴 / 이 세상 그 어떤 아름다운 꽃들도 다 흔들리면서 피었나니
② 연탄재 함부로 차지 마라 / 너는 / 누구에게 한번이라도 뜨거운 사람이었느냐
③ 죽는 날까지 하늘을 우러러 / 한 점 부끄럼이 없기를 / 잎새에 이는 바람에도 / 나는 괴로워했다.
④ 나는 이제 너에게도 슬픔을 주겠다. / 사랑보다 소중한 슬픔을 주겠다.

10 〈보기〉의 작품에서 밑줄 친 시어에 대한 해석으로 가장 옳지 않은 것은?

> **보기**
>
> 바닷가 햇빛 바른 바위 우에
> 습한 <u>간(肝)</u>을 펴서 말리우자.
>
> 코카서스 산중(山中)에서 도망해 온 <u>토끼</u>처럼
> 들러리를 빙빙 돌며 간(肝)을 지키자.
>
> 내가 오래 기르던 여윈 <u>독수리</u>야!
> 와서 뜯어 먹어라, 시름없이
>
> 너는 살찌고
> 나는 여위어야지, 그러나
>
> <u>거북이</u>야!
> 다시는 용궁의 유혹에 안 떨어진다.
>
> 프로메테우스 불쌍한 프로메테우스
> 불 도적한 죄로 목에 맷돌을 달고
> 끝없이 침전하는 <u>프로메테우스</u>

① '간(肝)'은 화자가 지켜야 하는 지조와 생명을 가리킨다.
② 코카서스 산중에서 도망해 온 '토끼'는 토끼전과 프로메테우스 신화를 연결한다.
③ '독수리'와 '거북이'는 이 시에서 유사한 의미를 갖는 존재이다.
④ '프로메테우스'는 끝없이 침전한다는 점에서 시대의 고통이 큼을 암시한다.

11 밑줄 친 말이 어문 규범에 맞는 것은?

① <u>옛부터</u> 김치를 즐겨 먹었다.
② <u>궁시렁거리지</u> 말고 빨리 해 버리자.
③ 찬물을 한꺼번에 <u>들이키지</u> 말아라.
④ 상처가 <u>곰겨서</u> 병원에 가야겠다.

12 〈보기〉의 설명 중 밑줄 친 부분에 해당하는 사례가 아닌 것은?

> **보기**
>
> 용언이 문장 속에 쓰일 때에는 어간에 어미가 붙어서 활용함으로써 다양한 문법적인 기능을 나타낸다. 대부분의 용언은 활용할 때에 어간이나 어미의 기본 형태가 그대로 유지되거나 혹은 다른 형태로 바뀌어도 그 현상을 일정한 규칙으로 설명할 수 있지만, 일부의 용언 가운데에는 활용할 때 '어간의 형태가 불규칙하게 활용하는 것', '어미의 형태가 불규칙하게 활용하는 것', '어간과 어미가 불규칙하게 활용하는 것'이 있다.

① 잇다 → 이으니
② 묻다(問) → 물어서
③ 이르다(至) → 이르러
④ 낫다 → 나으니

13 〈보기〉의 ㉠ ~ ㉣에 대한 이해로 가장 적절하지 않은 것은?

> **보기**
>
> 어미를 따라 잡힌
> 어린 게 한 마리
>
> 큰 게들이 새끼줄에 묶여
> 거품을 뿜으며 헛발질할 때
> 게장수의 ㉠구럭을 빠져나와
> 옆으로 옆으로 ㉡아스팔트를 기어간다.
> 개펄에서 숨바꼭질하던 시절
> 바다의 자유는 어디 있을까
> 눈을 세워 ㉢사방을 두리번거리다
> 달려오는 군용 트럭에 깔려
> 길바닥에 터져 죽는다
>
> ㉣먼지 속에 썩어가는 어린 게의 시체
> 아무도 보지 않는 찬란한 빛
>
>   – 김광규, '어린 게의 죽음'

① ㉠: 폭압으로 자유를 잃은 구속된 현실을 의미한다.
② ㉡: 자유를 위해 도달하고자 하는 미래의 공간을 나타낸다.
③ ㉢: 약자가 돌파구를 찾기 어려운 현실을 나타낸다.
④ ㉣: 주목받지 못한 채 방치된 대상의 현실을 강조한다.

14 〈보기〉의 작품에 대한 설명으로 가장 옳지 않은 것은?

> **보기**
>
> 　홍색(紅色)이 거룩하여 붉은 기운이 하늘을 뛰놀더니, 이 랑이 소리를 높이 하여 나를 불러,
> 　"저기 물 밑을 보라."
> 　외치거늘, 급히 눈을 들어 보니, 물 밑 홍운(紅雲)을 헤 치고 큰 실오라기 같은 줄이 붉기가 더욱 기이(奇異)하며, 기운이 진홍(眞紅) 같은 것이 차차 나와 손바닥 넓이 같은 것이 그믐밤에 보는 숯불 빛 같더라. 차차 나오더니, 그 위 로 작은 회오리밤 같은 것이 붉기가 호박(琥珀) 구슬 같고, 맑고 통랑(通朗)하기는 호박도곤 더 곱더라.
> 　그 붉은 위로 흘흘 움직여 도는데, 처음 났던 붉은 기운 이 백지(白紙) 반 장(半張) 넓이만치 반듯이 비치며, 밤 같 던 기운이 해 되어 차차 커 가며, 큰 쟁반만 하여 불긋불 긋 번듯번듯 뛰놀며, 적색(赤色)이 온 바다에 끼치며, 먼저 붉은 기운이 차차 가시며, 해 흔들며 뛰놀기 더욱 자주 하 며, 항 같고 독 같은 것이 좌우(左右)로 뛰놀며, 황홀(恍惚) 히 번득여 양목(兩目)이 어지러우며, 붉은 기운이 명랑(明 朗)하여 첫 홍색을 헤치고, 천중(天中)에 쟁반 같은 것이 수 레바퀴 같아 물속으로부터 치밀어 받치듯이 올라붙으며, 항·독 같은 기운이 스러지고, 처음 붉어 겉을 비추던 것 은 모여 소 혀처럼 드리워져 물속에 풍덩 빠지는 듯싶더라.
> 　일색(日色)이 조요(照耀)하며 물결의 붉은 기운이 차차 가시며, 일광(日光)이 청랑(淸朗)하니, 만고천하(萬古天下) 에 그런 장관은 대두(對頭)할 데 없을 듯하더라.
> 　짐작에 처음 백지(白紙) 반 장(半張)만치 붉은 기운은 그 속에서 해 장차 나려고 어리어 그리 붉고, 그 회오리밤 같 은 것은 진짓 일색을 뽑아 내니 어린 기운이 차차 가시 며, 독 같고 항 같은 것은 일색이 몹시 고운 고(故)로, 보 는 사람의 안력(眼力)이 황홀(恍惚)하여 도무지 헛기운인 듯싶더라.

① 여성 작가의 작품으로 한글로 쓰여 전해지고 있다.
② 해돋이의 장면을 감각적이고 생동감 있게 묘사하고 있다.
③ 현실 세계에서 있음직한 이야기를 허구적으로 구성한 갈 래이다.
④ '회오리밤', '큰 쟁반', '수레바퀴'는 동일한 대상을 비유적 으로 표현한 것이다.

15 〈보기〉의 ㉠에 들어갈 사자성어로 가장 적절한 것은?

> **보기**
>
> 　(㉠), 오로지 베스 놈의 투지와 용맹을 길러서 금옥 이네 누렁이를 꺾고 말겠다는 석구의 노력은 다시 열을 올 리기 시작했다. 뿐만이 아니었다. 그는 전보다도 더 주의 깊게 베스 놈을 위해 주었고 그런 그의 정표 하나로 베스 를 위해 암캐 한 마리를 더 얻어 들였을 만큼 따뜻한 배려 를 아끼지 않았다. 　　　　　　　　　　　– 이청준, '그 가을의 내력'

① 泥田鬪狗
② 吳越同舟
③ 臥薪嘗膽
④ 結草報恩

16 〈보기〉의 내용에 대한 이해로 가장 옳지 않은 것은?

> **보기**
>
> 　『훈민정음』 서문은 "우리나라의 말이 중국과 달라 문자 로 서로 통하지 아니하므로"로 시작합니다. 말 그대로 세 종대왕 당시의 말이 중국과 다르다는 것인데 '다름'에 대해 말하려면 '있음'이 전제가 되어야 합니다. 세종대왕 당시에 우리말이 있었고, 말은 하루아침에 생겨난 것이 아닐 테니 이전부터 계속 있어 왔던 것입니다. 우리에게도 말이 있고 중국에도 말이 있는데 이 둘이 서로 달라서 문자로 통하지 못한다는 것입니다. 이때의 문자는 당연히 한자입니다. 한 자는 중국말을 적기 위한 것이어서 우리말을 적기에는 적 합하지 않았습니다. 사실 한자로 우리말을 적는 것이 불가 능한 것은 아닙니다. 고구려 때의 광개토 대왕비를 보면 빼곡하게 한자가 기록되어 있는데 고구려 사람이 중국어를 적어 놓았을 리는 없습니다. 당시에 문자가 없으니 한자를 빌려 자신들이 남기고 싶은 기록을 남긴 것입니다. 한자는 뜻글자이니 한자의 뜻을 알고 문장이 어떻게 구성되는지 알면 그 뜻을 헤아려 자신의 말로 읽을 수 있습니다. 〈중 략〉 그런데 많은 이들이 세종대왕께서 우리글이 아닌 우리 말을 만드신 것으로 오해하고 있습니다. 왜 그럴까요? 말 과 글자를 같은 것으로 여기는 것은 흔한 일인데 유독 우 리가 심합니다. 우리만 한글을 쓰는 것이 큰 이유입니다. 한자는 중국, 한국, 일본, 베트남 등 여러 곳에서 쓰이고 로마자는 훨씬 더 많은 나라에서 쓰입니다. 하지만 한글은 오로지 우리나라에서 우리말을 적는 데만 쓰입니다. 그러 니 한글로 적힌 것은 곧 우리말이라는 등식이 성립되어 한 글과 우리말을 같은 것으로 여기는 것입니다.
> 　　　　　　　　　　　– 한성우, '말의 주인이 되는 시간'

① 한글은 언어가 아니라 문자를 가리키는 것이다.
② 세종대왕이 만드신 것은 우리말이 아니라 우리글이다.
③ 한국어는 오로지 한글로만 표기할 수 있다.
④ 한글이 오로지 한국어를 표기하는 데 사용되기 때문에 많 은 사람이 한글과 한국어를 혼동한다.

17 〈보기 1〉의 (가) ~ (다)에 들어갈 가장 적절한 문장을 〈보기 2〉에서 순서대로 바르게 나열한 것은?

보기 1

생존을 위해 진화한 우리 뇌는 본능적으로 생존에 이롭고 해로운 대상을 구분하는 능력이 있다. 단맛을 내는 음식은 영양분이 많을 가능성이 높고 역겨운 냄새가 나는 음식은 부패했거나 몸에 해로울 가능성이 높다. 딱히 배우지 않아도 우리는 자연적으로 선호하거나 혐오하는 반응을 보인다. _____(가)_____

초콜릿 케이크를 한 번도 먹어보지 못한 사람이 있다고 해보자. 처음 그에게 초콜릿 케이크의 냄새나 색은 전혀 '맛있음'과 연관이 없을 것이다. 하지만 일단 맛을 본 사람은 케이크 자체만이 아니라 케이크의 냄새, 색, 촉감 등도 무의식적으로 선호하게 된다. 그러면 밸런타인데이와 같이 초콜릿을 떠올릴 수 있는 신호만으로도 강한 반응을 이끌어 낼 수 있다. _____(나)_____

인공지능과 달리 동물은 생존과 번식에 대한 생물학적 조건을 기반으로 진화했다. 생물은 생존을 위해 에너지를 구하고 환경에 반응하며 유전자를 남기기 위해 번식을 한다. 이런 본능적인 목적을 달성하기 위한 여러 종류의 세부 목표가 있다. 유념할 점은 한 기능적 영역에서 좋은 것(목적 달성에 유용한 행동과 자극)이 다른 영역에서는 전혀 도움이 되지 않고 오히려 해로울 수 있다는 사실이다.

한 여우가 있다. 왼편에는 어린 새끼들이 금세 강물에 빠질 듯 위험하게 놀고 있고 오른쪽에는 토끼 한 마리가 뛰고 있다. 새끼도 보호해야 하고 먹이도 구해야 하는 여우는 어떤 선택을 해야 할까.

_____(다)_____ 우리는 그 과정을 의사 결정이라고 한다. 우리는 의사 결정을 의식적으로 한다고 생각하지만 실제로는 선택지에 대한 계산의 상당 부분이 무의식적으로 빠르게 일어나기 때문에 다행히도 행동을 하는 데 어려움이나 갈등을 많이 느끼지 않는다. 그래서 위와 같은 상황에서 여우는 두 선택지의 중요도가 비슷하더라도 중간에 멍하니 서 있지 않고 재빨리 반응한다. 그래야 순간적인 위험을 피하고 기회를 잡을 수 있다.

보기 2

ㄱ. 이와 더불어 동물은 경험에 따라 좋고 나쁜 것을 학습하는 능력을 가지고 있다.
ㄴ. 뇌는 여러 세부적인 동기와 감정적, 인지적 반응을 합쳐서 선택지에 가치를 매긴다.
ㄷ. 이렇듯 우리는 타고난 기본 성향과 학습 능력을 통해 특정 대상에 대한 기호를 형성한다.

	(가)	(나)	(다)
①	ㄱ	ㄴ	ㄷ
②	ㄱ	ㄷ	ㄴ
③	ㄴ	ㄱ	ㄷ
④	ㄷ	ㄱ	ㄴ

18 자신의 생각, 물건, 일 등을 낮추어 겸손하게 이르는 말로 가장 옳지 않은 것은?

① 옥고(玉稿)
② 관견(管見)
③ 단견(短見)
④ 졸고(拙稿)

19 밑줄 친 단어의 품사가 나머지 셋과 다른 것은?

① 여기에 <u>다섯</u> 명이 있다.
② 하나에 하나를 더하면 <u>둘</u>이다.
③ 선생님께서 <u>세</u> 번이나 말씀하셨다.
④ <u>열</u> 사람이 할 일을 그 혼자 해냈다.

20 복합어의 조어법이 나머지 셋과 다른 것은?

① 개살구
② 돌미나리
③ 군소리
④ 짚신

정답 및 해설: 해설집 p.68
(문제집 p.275에서 전체 정답표를 확인하실 수 있습니다.)

 모바일 자동 채점 + 성적 분석 서비스 바로 가기
QR코드를 이용해 모바일로 간편하게 채점하고 나의 실력이 어느 정도인지, 취약 부분이 어디인지 바로 파악해 보세요!

제한시간 : 20분   시작 _____시 _____분 ~ 종료 _____시 _____분   나의 점수 _____ 회독수 □□□

01 〈보기〉의 빈칸에 들어갈 단어로 가장 옳은 것은?

> **보기**
> 군락의 생산성을 높이기 위해 개미가 채택한 경영 방식은 철저한 분업 제도이다. 개미 사회가 성취한 분업 중에서 사회학적으로 볼 때 가장 신기한 것은 이른바 (   ) 분업이다. 여왕개미는 평생 오로지 알을 낳는 일에만 전념하고 일개미들은 그런 여왕을 도와 군락의 (   )에 필요한 모든 제반 업무를 담당한다. 자신의 유전자를 보다 많이 후세에 남기고자 하는 것이 궁극적인 삶의 의미라는 진화학적 관점에서 볼 때, 자기 스스로 자식을 낳아 키우기를 포기하고 평생토록 여왕을 보좌하는 일개미들의 행동처럼 불가사의한 일도 그리 많지 않다.

① 경제(經濟)
② 번식(繁殖)
③ 국방(國防)
④ 교육(敎育)

02 〈보기〉의 밑줄 친 ㉠과 ㉡의 사례로 옳지 않게 짝지은 것은?

> **보기**
> 제1항 한글 맞춤법은 표준어를 ㉠소리대로 적되, ㉡어법에 맞도록 함을 원칙으로 한다.

	㉠	㉡		㉠	㉡
①	마감	무릎이	②	며칠	없었고
③	빛깔	여덟에	④	꼬락서니	젊은이

03 〈보기〉의 밑줄 친 부분의 사례로 옳지 않은 것은?

> **보기**
> 제51항 부사의 끝음절이 분명히 '이'로만 나는 것은 '-이'로 적고, '히'로만 나거나 '이'나 '히'로 나는 것은 '-히'로 적는다.

① 꼼꼼히
② 당당히
③ 섭섭히
④ 정확히

04 〈보기〉의 ㉠ ~ ㉣에 들어갈 사자성어로 가장 적절하지 않은 것은?

> **보기**
> 투자자들은 제각기 살 구멍을 찾아 (㉠)을 서두르는 거대한 개미 떼와도 같이 이리저리 쏠리고 있었다. 어린 시절 뛰놀던 동네는 재개발로 인해 (㉡)라 할 만큼 큰 변화가 있었다. 오래 길들인 생활의 터전을 내준 걸 후회했다. 뒤늦게 후회해 봤자 (㉢)이었다. 수사팀은 거기서부터 추리가 막히고 (㉣)에 빠져드는 느낌이었다.

① ㉠ – 자가당착
② ㉡ – 상전벽해
③ ㉢ – 만시지탄
④ ㉣ – 오리무중

05 〈보기〉의 작품에 대한 감상으로 가장 옳지 않은 것은?

> **보기**
>
> 껍데기는 가라.
> 사월도 알맹이만 남고
> 껍데기는 가라.
>
> 껍데기는 가라.
> 동학년(東學年) 곰나루의, 그 아우성만 살고
> 껍데기는 가라.
>
> 그리하여, 다시
> 껍데기는 가라.
> 이곳에선, 두 가슴과 그곳까지 내논
> 아사달 아사녀가
> 중립(中立)의 초례청 앞에 서서
> 부끄럼 빛내며
> 맞절할지니
>
> 껍데기는 가라.
> 한라에서 백두까지
> 향그러운 흙가슴만 남고
> 그 모오든 쇠붙이는 가라.

① 반어적 어조로 현실을 풍자하였다.
② 명령과 반복의 기법을 통하여 주제를 분명하게 드러내었다.
③ 우리 민족이 처한 현실을 극복하려는 의지를 표현하였다.
④ 민족의 통일에 대한 염원을 담고 있다.

06 띄어쓰기가 가장 옳은 문장은?

① 예전에 가 본데가 어디쯤인지 모르겠다.
② 사람을 돕는데에 애 어른이 어디 있겠습니까?
③ 이 그릇은 귀한 거라 손님을 대접하는데나 쓴다.
④ 저분이 그럴 분이 아니신데 큰 실수를 하셨다.

07 〈보기〉의 설명에 해당하는 속담으로 가장 적절한 것은?

> **보기**
>
> 훌륭한 사람 밑에서 지내면 그의 덕이 미치고 도움을 받게 됨을 비유적으로 이르는 말

① 서 발 막대 거칠 것 없다
② 무른 땅에 말뚝 박기
③ 금강산 그늘이 관동 팔십 리
④ 우물에 가 숭늉 찾는다

08 음운 규칙 중 동화의 예로 옳지 않은 것은?

① 권력(權力) → [궐력]
② 래일(來日) → [내일]
③ 돕는다 → [돔는다]
④ 미닫이 → [미다지]

09 〈보기〉의 ㉠~㉣ 중 조사를 포함하고 있지 않은 것은?

> **보기**
>
> 식미 ㉠기픈 ㉡므른 ㉢ᄀᆞ마래 아니 그츨씨 ㉣내히 이러 바ᄅᆞ래 가ᄂᆞ니

① ㉠ – 기픈 ② ㉡ – 므른
③ ㉢ – ᄀᆞ마래 ④ ㉣ – 내히

10 표준 발음법에 따라 옳지 않은 것은?

① 금융[금늉/그뮹]
② 샛길[새:낄/샏:낄]
③ 나뭇잎[나문닙/나묻닙]
④ 이죽이죽[이중니죽/이주기죽]

11 〈보기〉의 작품 설명으로 가장 옳지 않은 것은?

> **보기**
>
> 이때 뚜우하고 정오 사이렌이 울었다. 사람들은 모두 네 활개를 펴고 닭처럼 푸드덕거리는 것 같고 온갖 유리와 강철과 대리석과 지폐와 잉크가 부글부글 끓고 수선을 떨고 하는 것 같은 찰나, 그야말로 현란을 극한 정오다.
> 나는 불현듯 겨드랑이 가렵다. 아하, 그것은 내 인공의 ( )가 돋았던 자국이다. 오늘은 없는 이 ( ), 머릿속에서는 희망과 양심의 말소된 페이지가 딕셔내리 넘어가듯 번뜩였다.
> 나는 걷던 걸음을 멈추고 그리고 어디한번 이렇게 외쳐보고 싶었다.
> ( )야 다시 돋아라.
> 날자. 날자. 날자. 한번만 더 날자꾸나.
> 한번만 더 날아 보잣꾸나.

① 1936년에 발표한 작가 이상의 대표작이다.
② ( ) 안에 들어갈 공통 단어는 '날개'이다.
③ 모더니즘 계열의 소설이다.
④ 결혼을 앞둔 남녀 관계를 다루고 있다.

12 외래어 표기법의 기본 원칙으로 옳지 않은 것은?

① 외래어는 국어의 현용 24자모만으로 적는다.
② 외래어의 1음운은 원칙적으로 1기호로 적는다.
③ 받침에는 'ㄱ, ㄴ, ㄷ, ㄹ, ㅁ, ㅂ, ㅅ, ㅇ'만을 적는다.
④ 파열음 표기에는 된소리를 쓰지 않는 것을 원칙으로 한다.

13 〈보기〉의 ㉠~㉣ 중 이 글의 주제문으로 가장 적절한 것은?

보기
㉠남녀평등 문제는 앞으로 별 의미를 갖지 못할 것이다. ㉡현재의 출산율은 1.17명이다. 한 부부가 아들과 딸 중 하나를 낳아 기른다는 걸 의미한다. 아들 선호 사상이야 사라지지 않겠지만 평등 문제는 크게 개선될 것이다. ㉢높아진 평등 의식도 긍정적 요인이다. 최근 각계에 여성 진출이 두드러지고 있는 것은 이런 앞날을 예고하는 것이다. ㉣내 딸만큼은 나처럼 키우지 않겠다는 한국 어머니들의 한(恨)이 높은 여성 교육 열기로 이어지고 쌓인 결과이기도 하다.

① ㉠　　　　　　　　　② ㉡
③ ㉢　　　　　　　　　④ ㉣

14 〈보기〉 작품의 전체 맥락을 고려할 때 ㉠에 들어갈 구절로 가장 적절한 것은?

보기
숲은 만조다
바람이란 바람 모두 밀려와 나무들 해초처럼 일렁이고
일렁임은 일렁임끼리 부딪쳐 자꾸만 파도를 만든다
숲은 얼마나 오래 웅웅거리는 벌떼들을 키워온 것일까
아주 먼 데서 온 바람이 숲을 건드리자
숨죽이고 있던 모래알갱이들까지 우우 일어나 몰려다닌다
저기 거북의 등처럼 낮게 엎드린 잿빛 바위,
그 완강한 침묵조차 남겨두지 않겠다는 듯 (㉠)
아니라 아니라고 온몸을 흔든다 스스로 범람한다
숲에서 벗어나기 위해 숲은 육탈(肉脫)한다
부러진 나뭇가지들 떠내려간다

① 숲은 푸르다
② 숲은 출렁거린다
③ 바다는 조용하다
④ 바다는 깊다

15 밑줄 친 단어의 성격이 다른 것은?

① 새 책　　　　　　② 갖은 양념
③ 이런 사람　　　　④ 외딴 섬

16 〈보기〉를 읽은 독자가 가질 수 있는 의문으로 가장 적절하지 않은 것은?

보기
'무지개'를 '공중에 떠 있는 물방울이 햇빛을 받아 나타나는, 반원 모양의 일곱 빛깔의 줄'이라고 사전적으로 풀이하면, '무지개'가 우리에게 주는 아름다운 연상이 사라질 정도로 '무지개'는 아름다운 우리말이다. 국어의 역사를 잘 알지 못하면 '무지개'가 '물'과 '지개'로 분석될 수 있다는 사실에 언뜻 수긍하지 못할 것이다. '무지개'는 원래 '물'과 '지개'의 합성어인데, 'ㅈ' 앞에서 'ㄹ'이 탈락하여 '무지개'가 되었다. '무지개'에 '물'이 관계되는 것에 이의를 달 사람은 없을 것이므로, '물'은 이해가 되는데, '지개'는 무엇이냐고 묻는 사람이 있을 것이다. 문헌에 처음 보이는 형태는 '므지게'인데, 15세기 『용비어천가』나 『삭보상절』과 같은 훈민정음 창제 초기의 문헌에 등장한다. '물[水]'의 15세기 형태인 '믈'에 '지게'가 합쳐진 것으로, '지게'의 'ㅈ' 앞에서 '믈'의 'ㄹ'이 탈락한 것이다.

① '물'의 'ㄹ'이 '지개'의 'ㅈ' 앞에서 탈락한 것이라면, 탈락의 조건은 무엇일까?
② '지개'가 '지게'에서 온 말이라면, 'ㅔ'와 'ㅐ'의 차이는 어떻게 설명할까?
③ '무지개'가 '물'과 '지개'가 합쳐져 변화한 말이라면, 변화한 때는 언제일까?
④ '무지개가 뜨다', '무지개가 걸리다'는 표현은 적절한 표현일까?

17 표준어 규정에 맞지 않는 단어로만 짝지은 것은?

① 숫양 – 숫기와
② 숫병아리 – 숫당나귀
③ 수퇘지 – 숫은행나무
④ 수캉아지 – 수탉

18 〈보기〉에 대한 설명으로 가장 옳지 않은 것은?

> **보기**
> 어이려뇨 어이려뇨 싀어마님아 어이려뇨
> 쇼대남진의 밥을 담다가 놋쥬걱 잘를 부르쳐시니 이를
> 어이ㅎ려뇨 싀어마님아 져 아기 하 걱정 마스라
> 우리도 져머신 제 만히 것거 보왓노라

① 시어머니와 며느리의 대화로 작품이 전개되고 있다.
② 동일한 시어의 반복을 통해 리듬감을 형성하고 있다.
③ 인간의 범상한 욕구를 조명하여 희극적 묘미를 드러내고 있다.
④ 아랫사람의 잘못으로 인해 인물들의 갈등이 더욱 심화되고 있다.

19 밑줄 친 '당신' 중에서 인칭이 다른 것은?

① 할아버지께서는 생전에 <u>당신</u>의 장서를 소중히 다루셨다.
② <u>당신</u>에게 좋은 남편이 되도록 노력하겠소.
③ <u>당신</u>의 희생을 잊지 않겠습니다.
④ 이 일을 한 사람이 <u>당신</u>입니까?

20 〈보기〉의 (가)와 (나)의 공통점에 대한 설명으로 가장 옳지 않은 것은?

> **보기**
> (가) 강호(江湖)에 ᄀ을이 드니 고기마다 술져 잇다
> 소정(小艇)에 그물 시러 흘니 씌여 더져 두고
> 이 몸이 소일(消日)하옴도 역군은(亦君恩)이샷다
>
> (나) 추강(秋江)에 밤이 드니 물결이 초노미라
> 낙시 드리치니 고기 아니 무노미라
> 무심(無心)혼 달빗만 싯고 븬비 저어 오노라.

① 자연 속에서 한가롭게 지내는 삶을 표현하였다.
② 배를 타고 낚시를 즐기는 내용이 포함되어 있다.
③ 동일한 문학 장르의 정형시 작품들이다.
④ 임금의 은혜를 생각하는 마음이 표현되어 있다.

정답 및 해설: 해설집 p.73
(문제집 p.275에서 전체 정답표를 확인하실 수 있습니다.)

모바일 자동 채점 + 성적 분석 서비스 바로 가기
QR코드를 이용해 모바일로 간편하게 채점하고 나의 실력이
어느 정도인지, 취약 부분이 어디인지 바로 파악해 보세요!

제한시간 : 20분   시작 _____시 _____분 ~ 종료 _____시 _____분   나의 점수 _____   회독수 ☐☐☐

01 밑줄 친 부분의 문장 성분이 나머지 셋과 다른 것은?

① 입은 비뚤어져도 <u>말은</u> 바로 해라.
② 호랑이도 제 <u>말</u> 하면 온다.
③ 아니 땐 굴뚝에 <u>연기</u> 날까?
④ 꿀도 <u>약이라면</u> 쓰다.

02 〈보기〉에서 밑줄 친 설명과 같은 문법 범주에 속하는 문장은?

> **보기**
> (가) 온난화로 북극 빙하가 다 녹는다.
> (나) 온난화가 북극 빙하를 다 녹인다.
>
>   '온난화'라는 사태와 '북극 빙하가 녹는 사태' 간에는 의미적으로 인과 관계가 성립하는데, (가)에서는 이 인과 관계를 드러내는 표지로 부사격 조사 '로'가 쓰였다. (나)는 '녹이다'라는 사동사를 사용한 문장이다. 주동문일 때 부사어 위치에 있던 '온난화'가 사동문에서는 주어 자리를 차지함으로써 '온난화'라는 현상이 '북극 빙하'라는 대상이 '녹도록' 힘을 가하는 의미로 읽힌다. 이로써 '북극 빙하가 녹는 사태'에 대하여 '온난화'가 온전히 책임을 져야 할 것처럼 보인다.

① 회사는 이것이 전파 인증을 받은 제품이라고 우긴다.
② 사장이 사장실을 넓히기 위해 직원 회의실을 좁힌다.
③ 온갖 공장에서 폐수를 정화하지도 않고 강에 버린다.
④ 이산화탄소가 적외선을 흡수하여 열이 대기에 모인다.

03 밑줄 친 단어의 품사가 다른 것은?

① 이야기를 들어 <u>보다</u>.
② 일을 하다가 <u>보면</u> 요령이 생겨서 작업 속도가 빨라진다.
③ 이런 일을 당해 <u>보지</u> 않은 사람은 내 심정을 모른다.
④ 식구들이 모두 집에 돌아왔나 <u>보다</u>.

04 가장 자연스러운 문장은?

① 지금부터 회장님의 말씀이 계시겠습니다.
② 당신이 가리키는 곳은 시청으로 보입니다.
③ 푸른 산과 맑은 물이 흐르는 계곡으로 가자!
④ 이런 곳에서 생활한다는 것이 믿겨지지 않았다.

05 띄어쓰기가 가장 옳지 않은 것은?

① 이∨일도∨이제는∨할∨만하다.
② 나는∨하고∨싶은∨대로∨할∨테야.
③ 다음부터는∨일이∨잘될∨듯∨싶었다.
④ 그녀는∨그∨사실에∨대해∨아는∨체를∨하였다.

06 〈보기〉의 ㉠을 포함하고 있는 안은문장은?

> **보기**
>   관형사가 문장에 쓰이면 관형어로 기능한다. 그래서 관형사는 항상 관형어로 쓰인다. 즉 관형사는 문장에서 관형어로서 체언을 수식한다. 그런데 관형사만 관형어로 쓰이는 것이 아니라 ㉠관형사절이 관형어로 쓰이기도 한다. 즉 관형사절이 체언을 수식한다.

① 그는 갖은 양념으로 맛을 내었다.
② 꽃밭에는 예쁜 꽃이 활짝 피었다.
③ 오랜 가뭄 끝에 비가 내렸다.
④ 사무실 밖에서 여남은 명이 웅성대고 있었다.

07 〈보기〉에서 말하고 있는 생물 진화의 유전적 진화 원리가 아닌 것은?

> **보기**
>
> 문화의 진화도 역시 생물의 진화에 비유해서 설명할 수 있다. 문화 변동은 다음과 같은 경우에 일어난다. 첫째, 생물 진화의 돌연변이처럼 그 문화 체계 안에서 새로운 문화 요소의 발명 또는 발견이 있어 존재하는 문화에 추가됨으로써 일어난다. 둘째, 유전자의 이동처럼 서로 다른 두 문화가 접촉함으로써 한 문화에서 다른 문화로 어떤 문화 요소의 전파가 생길 때 그 문화 요소를 받아들인 사회의 문화에 변화가 일어난다. 셋째, 유전자 제거처럼 어떤 문화 요소가 그 사회의 환경에 부적합할 때 그 문화 요소를 버리고 더 적합한 다른 문화 요소로 대치시킬 때 문화 변동을 일으킨다. 넷째, 유전자 유실처럼 어떤 문화 요소가 한 세대에서 다음 세대로 전달될 때 잘못되어 그 문화 요소가 후세에 전해지지 못하고 단절되거나 소멸될 때 문화 변동이 일어난다. 그러나 생물 유기체의 진화 원리를 너무 지나치게 문화의 진화에 그대로 비유해서는 안 된다. 문화는 유기체의 진화와 유사하지만 초유기체이기 때문에 생식 과정에 의한 유전과는 다른 학습과 모방에 의해 진화되기 때문이다.

① 돌연변이
② 유전자 유실
③ 유전자 제거
④ 적자생존

08 밑줄 친 부분의 한자 표기가 가장 옳지 않은 것은?

① 이 책에는 이론이 체계적(體系的)으로 잘 정립되어 있다.
② 신문에서 사건의 진상에 대해 자세히 보고(報誥)를 했다.
③ 그는 이미지 제고(提高)를 위한 노력을 게을리하지 않았다.
④ 그 분야 전문가이기 때문에 유명세(有名稅)를 치를 수밖에 없었다.

09 〈보기〉의 내용과 일치하는 것은?

> **보기**
>
> 독일어식이나 일본어식으로 사용해오던 화학 용어가 국제 기준에 맞는 표기법으로 바뀐다. 산업자원부 기술 표준원은 주요 원소 이름 109종과 화합물 용어 325종의 새 표기법을 KS규격으로 제정, 다음 달 6일 고시해 시행키로 했다고 30일 밝혔다.
>
> 새 표기법은 세계적으로 통용되는 발음에 가깝게 정해진 것으로, '요오드'는 '아이오딘', '게르마늄'은 '저마늄' 등으로 바뀐다. 화합물 용어도 구성 원소 이름이 드러나도록 '중크롬산칼륨'을 '다이크로뮴산칼륨'으로 표기한다.
>
> 예외적으로 '나트륨'과 '칼륨'은 갑작스러운 표기 변경에 따른 혼란을 피하기 위해 지금까지 사용한 대로 표기를 허용하되 새 이름 '소듐', '포타슘'도 병행해 사용토록 했다. 또 '비타민'도 당분간 '바이타민'을 병행 표기한다.
>
> – 2005.03.30.자 ○○신문

① '요오드'가 '아이오딘'보다 세계적으로 통용되는 발음에 가깝다.
② '저마늄'은 화합물의 구성 원소 이름을 드러낸 표기이다.
③ '나트륨'보다는 '소듐'이 국제 기준에 맞는 표기법이다.
④ '비타민'이라는 용어는 KS규격에 맞지 않으므로 쓰지 않아야 한다.

10 〈보기〉의 밑줄 친 부분에 사용된 표현법과 가장 유사한 것은?

> **보기**
>
> 순이, 벌레 우는 고풍한 뜰에
> 달빛이 밀물처럼 밀려왔구나.
>
> 달은 나의 뜰에 고요히 앉아 있다.
> 달은 과일보다 향그럽다.
>
> 동해 바다 물처럼
> 푸른
> 가을
> 밤
>
> 포도는 달빛이 스며 고웁다.
> 포도는 달빛을 머금고 익는다.

① 풀은 눕고 / 드디어 울었다.
② 가난하다고 해서 외로움을 모르겠는가
③ 구름은 / 보랏빛 색지 위에 / 마구 칠한 한 다발 장미
④ 아! 강낭콩보다도 더 푸른 / 그 물결 위에 / 양귀비꽃보다도 더 붉은 / 그 마음 흘러라

11 〈보기〉의 내용에 대한 이해로 가장 옳지 않은 것은?

> **보기**
>
> 　참, 거짓을 판단할 수 있는 문장을 명제라고 한다. 문장이 나타내는 명제가 실제 세계의 사실과 일치하면 참이고 그렇지 않으면 거짓이다. 가령, '사과는 과일이다.'는 실제 세계의 사실과 일치하므로 참인 명제지만 '새는 무생물이다.'는 실제 세계의 사실과 일치하지 않으므로 거짓인 명제이다. 이와 같이 명제가 지닌 진리치가 무엇인지 밝혀 주는 조건을 진리 조건이라고 한다. 명제 논리의 진리 조건을 간략하게 살펴보면 다음과 같다. 모든 명제는 참이든지 거짓이든지 둘 중 하나여야 하며 참도 아니고 거짓도 아니거나 참이면서 거짓인 경우는 없다. 명제 P가 참이면 그 부정 명제 ~P는 거짓이고, ~P가 참이면 P는 거짓이다. 명제 P와 Q가 AND로 연결되는 P∧Q는 P와 Q가 모두 참일 때에만 참이다. 명제 P와 Q가 OR로 연결되는 P∨Q는 P와 Q 둘 중 적어도 하나가 참이기만 하면 참이 된다. 명제 P와 Q가 IF … THEN으로 연결되는 P → Q는 P가 참이고 Q가 거짓이면 거짓이고 나머지 경우에는 모두 참이 된다.

① 명제 논리에서 '모기는 생물이면서 무생물이다.'는 성립하지 않는다.

② 명제 논리에서 '파리가 새라면 지구는 둥글다.'는 거짓이다.

③ 명제 논리에서 '개가 동물이거나 컴퓨터가 동물이다.'는 참이다.

④ 명제 논리에서 '늑대는 새가 아니고 파리는 곤충이다.'는 참이다.

12 〈보기〉의 밑줄 친 부분과 표현 방식이 가장 유사한 것은?

> **보기**
>
> <u>동짓달 기나긴 밤 한 허리를 베어내어</u>
> 봄바람 이불 아래 서리서리 넣었다가
> 사랑하는 임 오신 날 밤이거든 구비구비 펴리라

① 아아 님은 갔지마는 나는 님을 보내지 아니하였습니다.

② 무사(無事)한 세상이 병원이고 꼭 치료를 기다리는 무병(無病) 이 곳곳에 있다.

③ 노란 해바라기는 늘 태양같이 태양같이 하던 화려한 나의 사랑이라고 생각하라.

④ 내 마음 속 우리 님의 고운 눈썹을 / 즈믄 밤의 꿈으로 맑게 씻어서

13 〈보기〉에서 말하고자 하는 바로 가장 적절한 것은?

> **보기**
>
> 　기존의 대부분의 일제 시기 근대화 문제에 관한 연구는 다양한 입장 차이에도 불구하고 대단히 대립적인 두 가지 주장으로 정리될 수 있다. 즉 일제가 조선을 지배하지 않았다면 조선에서는 근대적 변혁이 제대로 이루어지지 않았을 것이라는 주장과, 일제의 조선 지배는 한국 근대화를 압살하였기 때문에 결국 근대는 해방 이후부터 시작될 수밖에 없었다는 주장이 그것이다. 두 주장 모두 일제의 조선 지배에도 불구하고 조선인들이 주체적으로 대응했던 역사가 탈락되어 있다. 일제 시기의 역사가 한국 역사의 일부가 되기 위해서는 민족 해방 운동 같은 적극적인 항일 운동뿐만 아니라, 지배의 억압 속에서도 치열하게 삶을 영위해 가면서 자기 발전을 도모해 나간 조선인의 역사도 정당하게 평가되지 않으면 안 된다.

① 일제의 조선 지배는 한국에게서 근대화의 기회를 빼앗았다.

② 일제의 지배에 주체적으로 대응한 조선인의 역사도 정당하게 평가되어야 한다.

③ 일제가 조선을 지배하지 않았다면 조선에서는 근대화가 이루어지지 않았을 것이다.

④ 조선인들은 일제하에서도 적극적인 항일 운동으로 역사에 주체적으로 대응해 나갔다.

14 어문 규범에 맞게 표기한 것은?

① 제작년까지만 해도 겨울이 그렇게 춥지 않았지요.

② 범인은 오랫동안 치밀하게 범행을 계획한 것으로 드러났습니다.

③ 욕구가 억눌린 사람들이 공격성을 띄는 경우가 있습니다.

④ 다른 사람의 진심 어린 충고를 겸허히 받아드리는 자세가 필요합니다.

15 외래어 표기가 올바른 것으로만 묶은 것은?

① 플랭카드, 케익, 스케줄

② 텔레비전, 쵸콜릿, 플래시

③ 커피숍, 리더십, 파마

④ 캐비넷, 로켓, 슈퍼마켓

16 〈보기〉의 밑줄 친 부분을 통해 파악할 수 있는 서술자의 의도로 가장 적절한 것은?

> **보기**
>
> 　선불이에요? 근데…… 곱빼기면 오천오백 원 아니에요?
> 　소희가 메뉴판을 가리키며 묻자 여자가 역시 메뉴판을 가리키며 맵게 추가하면 오백 원이라고 말했다. 모든 메뉴 아래에 빨간 고추가 그려져 있고 그 옆에 조그맣게 오백 냥이라고 적혀 있었다.
> 　오백 원이나요?
> 　여자가 앞치마 주머니에서 계산지를 꺼내 표시를 하고는 큰 인심 쓰듯이 말했다.
> 　여기는 매운맛 소스를 안 쓰고 청양고추 유기농으로 맛을 내거든.
> 　청양고추요?
> 　그러니까 다만 오백 원이라도 안 받으면 장사가 안 된다고.
> 　장사가 안 될지 어떨지는 알 수 없지만 육천 원이면 찌개용 돼지고기 한 근을 살 수 있다. 곱빼기도 말고 맵게도 말고 그냥 사천오백 원짜리 짬뽕을 먹을까 하다 소희는 자리에서 일어났다.
> 　다음에 올게요.
> 　그럼, 그러던지, 하더니 여자는 아니, 그럴 거면 빨리빨리 결정을 져야지, <u>젊은 사람이 어째 매가리가 없이, 하고는 계산지를 구겨 쓰레기통에 던져 넣었다.</u> 계단을 내려오면서 소희는, 매가리 없이, 매가리 없이, 하고 중얼거려보지만 그게 무슨 말인지 모른다.

① 추가 요금을 받지 않으면 장사하기 어려운 현실을 적극적으로 비판하려 했다.
② 쉽게 결정을 내리지 못하는 사람들로 인해 식당 종업원들이 겪는 고충을 전하려 했다.
③ 짬뽕 한 그릇을 사먹는 것도 망설여야 하는 청년 세대의 가난을 간접적으로 드러내려 했다.
④ 소극적인 젊은이들의 의사 표현 방식을 비판하고 적극적인 태도를 가지도록 독려하려 했다.

17 어문 규범에 맞는 단어로만 묶은 것은?

① 곰곰이, 간질이다, 닥달하다
② 통채, 발자욱, 구렛나루
③ 귀뜸, 핼쑥하다, 널찍하다
④ 대물림, 구시렁거리다, 느지막하다

18 같은 의미의 '견'자가 사용된 사자성어를 옳게 짝지은 것은?

① 견마지로 – 견토지쟁
② 견문발검 – 견마지성
③ 견강부회 – 견물생심
④ 견원지간 – 견리사의

19 〈보기〉의 (가)~(다)에 대한 이해로 가장 적절하지 않은 것은?

> **보기**
>
> (가) 백호 임제가 말에 올라타려 할 때 종이 나서서 말했다. "나리, 취하셨습니다. 한쪽은 짚신을 신으셨네요." 그러나 백호가 냅다 꾸짖었다. "길 오른쪽을 가는 이는 내가 가죽신을 신었다고 할 테고 길 왼쪽을 가는 이는 내가 짚신을 신었다고 할 게다. 내가 염려할 게 뭐냐." 이것으로 따져보면 천하에서 발보다 쉽게 눈에 띄는 것이 없지만 보는 방향이 달라짐에 따라서 가죽신을 신었는지도 분간하기 어렵다.
>
> (나) 늙은 살구나무 아래, 작은 집 한 채! 방은 시렁과 책상 따위가 삼분의 일이다. 손님 몇이 이르기라도 하면 무릎이 부딪치는 너무도 협소하고 누추한 집이다. 하지만 주인은 편안하게 독서와 구도(求道)에 열중한다. 나는 그에게 말했다. "이 작은 방에서 몸을 돌려 앉으면 방위가 바뀌고 명암이 달라지지. 구도란 생각을 바꾸는 데 달린 법, 생각이 바뀌면 그 뒤를 따르지 않을 것이 없지. 자네가 내 말을 믿는다면 자네를 위해 창문을 밀쳐줌세. 웃는 사이에 벌써 밝고 드넓은 공간으로 올라갈 걸세."
>
> (다) 어항 속 금붕어의 시각은 우리의 시각과 다르지만, 금붕어도 둥근 어항 바깥의 물체들의 운동을 지배하는 과학 법칙들을 정식화(定式化)할 수 있을 것이다. 예컨대 힘을 받지 않는 물체의 운동을 우리라면 직선 운동으로 관찰하겠지만, 어항 속 금붕어는 곡선 운동으로 관찰할 것이다. 그럼에도 금붕어는 자기 나름의 왜곡된 기준 틀(Frame of Reference)을 토대로 삼아 과학 법칙들을 정식화할 수 있을 것이고, 그 법칙들은 항상 성립하면서 금붕어로 하여금 어항 바깥의 물체들의 미래 운동을 예측할 수 있도록 해줄 것이다. 금붕어가 세운 법칙들은 우리의 틀에서 성립하는 법칙들보다 복잡하겠지만, 복잡함이나 단순함은 취향의 문제이다. 만일 금붕어가 그런 복잡한 이론을 구성했다면, 우리는 그것을 타당한 실재상으로 인정해야 할 것이다.

① (가)의 임제는 사람들이 주관적 관점에서 대상을 인식한다고 여겼다.
② (나)의 집주인은 객관적 조건과 무관하게 자신만의 방식으로 대상을 수용했다.
③ (다)의 금붕어는 왜곡된 기준 틀로 과학 법칙을 수립할 수 있다.
④ (가), (나), (다)는 주관적 인식의 모순을 분명하게 밝혔다.

20 〈보기〉의 시에 대한 이해로 가장 적절한 것은?

> **보기**
>
> 돌담 기대 친구 손 붙들고
> 토한 뒤 눈물 닦고 코 풀고 나서
> 우러른 잿빛 하늘
> 무화과 한 그루가 그마저 가려섰다.
>
> 이봐
> 내겐 꽃 시절이 없었어
> 꽃 없이 바로 열매 맺는 게
> 그게 무화과 아닌가
> 어떤가
> 친구는 손 뽑아 등 다스려 주며
> 이것 봐
> 열매 속에서 속꽃 피는 게
> 그게 무화과 아닌가
> 어떤가
>
> 일어나 둘이서 검은 개굴창가 따라
> 비틀거리며 걷는다
> 검은 도둑괭이 하나가 날쌔게
> 개굴창을 가로지른다.

① 잿빛 하늘은 화자가 처한 현실의 반어적 형상이다.
② 화자는 굳은 의지로 전망 부재의 현실에 저항하고 있다.
③ 속으로 꽃이 핀다는 것은 화자가 내면화된 가치를 지녔음을 뜻한다.
④ 도둑괭이는 현실의 부정에 적극 맞서야 함을 일깨우는 존재다.

정답 및 해설: 해설집 p.77
(문제집 p.275에서 전체 정답표를 확인하실 수 있습니다.)

모바일 자동 채점 + 성적 분석 서비스 바로 가기
QR코드를 이용해 모바일로 간편하게 채점하고 나의 실력이
어느 정도인지, 취약 부분이 어디인지 바로 파악해 보세요!

01 〈보기〉의 밑줄 친 말 중에서 맞춤법에 맞게 쓰인 것을 옳게 짝 지은 것은?

> **보기**
>
> 　휴일을 ⓐ보내는 데에는 ⓑ책만 한 것이 없다. 책을 읽다 보면 삶이 풍요로워짐을 느낀다. 독서의 중요성을 강조한 ⓒ김박사님의 말씀이 떠오른다. 그런데 ⓓ솔직이 말하면 이런 즐거움을 느끼게 된 것은 그다지 오래되지 않았다. 여태까지는 시험 문제의 답을 잘 ⓔ맞추기 위한 목적에서 책을 읽는 것이 대부분이었기 때문이다. 이제부터는 지식과 지혜를 ⓕ늘리고 삶을 윤택하게 하려는 목적에서 책을 ⓖ읽으므로써 나 자신을 성장시키도록 ⓗ해야 겠다.

① ㉠, ㉤　　　　　　② ㉡, ㉫
③ ㉢, ㉨　　　　　　④ ㉣, ㉪

02 밑줄 친 부분의 시제가 나머지 세 문장과 다른 것은?

① 세월이 많이 흐르긴 흘렀네, 너도 많이 늙었다.
② 너는 네 아버지 어릴 때를 꼭 닮았어.
③ 그 사람은 작년에 부쩍 늙었어.
④ 고생해서 그런지 많이 말랐네.

03 어문 규범에 맞는 표기로만 이루어진 것은?

① 아버님께서는 동생의 철없는 행동을 들으시고는 대노(大怒)하셨다.
② 차림새만 봐서는 여자인지 남자인지 갈음이 되지 않는다.
③ 새로 산 목거리가 옷과 잘 어울린다.
④ 욜로 가면 지름길이 나온다.

04 고사 성어의 쓰임이 가장 옳지 않은 것은?

① 肝膽相照하던 벗이 떠나 마음이 쓸쓸하다.
② 두메 속에 사는 토박이 상놈들이 조 의정 집의 위력을 막을 수는 그야말로 螳螂拒轍이었다.
③ 우리의 거사는 騎虎之勢의 형국이니 목적을 달성할 때까지 버티어야 한다.
④ 부부의 연을 맺어 百年河淸하기 위해서는 끊임없이 노력해야 한다.

05 한글의 창제 원리에 대한 설명으로 가장 옳지 않은 것은?

① 중성자는 발음 기관의 상형을 통해 만들어졌다.
② 같은 조음 위치에 속하는 자음자들은 형태상 유사성을 지닌다.
③ 중성자는 기본자를 조합하여 초출자와 재출자를 만들었다.
④ 종성자는 따로 만들지 않았다.

06 〈보기〉의 시에 대한 이해로 가장 적절하지 않은 것은?

> **보기**
>
> 나는 이제 너에게도 슬픔을 주겠다.
> 사랑보다 소중한 슬픔을 주겠다.
> 겨울밤 거리에서 귤 몇 개 놓고
> 살아온 추위와 떨고 있는 할머니에게
> 귤값을 깎으면서 기뻐하던 너를 위하여
> 나는 슬픔의 평등한 얼굴을 보여 주겠다.
> 내가 어둠 속에서 너를 부를 때
> 단 한 번도 평등하게 웃어 주질 않은
> 가마니에 덮인 동사자가 다시 얼어 죽을 때
> 가마니 한 장조차 덮어 주지 않은
> 무관심한 너의 사랑을 위해
> 흘릴 줄 모르는 너의 눈물을 위해
> 나는 이제 너에게도 기다림을 주겠다.
> 이 세상에 내리던 함박눈을 멈추겠다.
> 보리밭에 내리던 봄눈들을 데리고
> 추위 떠는 사람들의 슬픔에게 다녀와서
> 눈 그친 눈길을 너와 함께 걷겠다.
> 슬픔의 힘에 대한 이야기를 하며
> 기다림의 슬픔까지 걸어가겠다.   – 정호승, '슬픔이 기쁨에게'

① 기쁨으로 슬픔을 이겨내자는 주제를 전달하고 있다.
② 대결과 갈등이 아닌 화합과 조화를 통한 해결을 추구한다.
③ 겉으로 보기에는 모순된 말이지만, 그 속에 진리를 담아 표현하였다.
④ 현실 비판적이고 교훈적인 성격의 시이다.

07 〈보기〉의 외래어 표기가 옳은 것을 모두 고른 것은?

> **보기**
>
> ㄱ. 아젠다(agenda)   ㄴ. 시저(Caesar)
> ㄷ. 레크레이션(recreation)   ㄹ. 싸이트(site)
> ㅁ. 팸플릿(pamphlet)   ㅂ. 규슈(キュウシュウ, 九州)

① ㄱ, ㄷ, ㄹ   ② ㄴ, ㅁ, ㅂ
③ ㄱ, ㄴ, ㄷ, ㅂ   ④ ㄴ, ㄷ, ㄹ, ㅁ

08 〈보기〉에서 중의성이 발생한 원인이 같은 것을 옳게 짝지은 것은?

> **보기**
>
> ㄱ. 아버지께 꼭 차를 사드리고 싶습니다.
> ㄴ. 철수는 아름다운 하늘의 구름을 바라보았다.
> ㄷ. 철수는 아내보다 딸을 더 사랑한다.
> ㄹ. 잘생긴 영수의 동생을 만났다.
> ㅁ. 그것이 정말 사과냐?
> ㅂ. 영희는 어제 빨간 모자를 쓰고 학교에 가지 않았다.

① ㄱ, ㄴ   ② ㄴ, ㄹ
③ ㄷ, ㅁ   ④ ㄹ, ㅂ

09 〈보기〉의 ㉠~㉣에 대한 설명으로 가장 옳지 않은 것은?

> **보기**
>
> 생사(生死) 길은
> 예 있으매 머뭇거리고,
> 나는 간다는 말도
> 못다 이르고 어찌 갑니까.
> 어느 가을 ㉠이른 바람에
> 이에 저에 떨어질 잎처럼,
> ㉡한 가지에 나고
> 가는 곳 모르온저.
> ㉢아아, ㉣미타찰(彌陀刹)에서 만날 나
> 도(道) 닦아 기다리겠노라.   – 월명사, '제망매가'

① ㉠은 예상보다 빠르게 닥쳐온 불행을 의미한다.
② ㉡은 친동기 관계라는 것을 의미한다.
③ ㉢은 다른 향가 작품에서는 찾기 어려운 생생한 표현이다.
④ ㉣은 불교적 세계관을 보여준다.

10 밑줄 친 단어의 사용이 옳지 않은 것은?

① 예산을 대충 걷잡아서 말하지 말고 잘 뽑아 보시오.
② 돌아가신 어머니의 모습이 방불하게 눈앞에 떠오른다.
③ 정작 일을 서둘고 보니 당초의 예상과는 판판으로 돈이 잘 걷히지 않았다.
④ 여러분과 여러분 가정에 행운이 가득하기를 기원하는 것으로 치사를 갈음합니다.

11 〈보기〉에서 (가), (나)에 해당하는 예로 가장 옳은 것은?

> **보기**
> (가) 어간 받침 'ㄴ(ㄵ), ㅁ(ㄻ)' 뒤에 결합되는 어미의 첫소리 'ㄱ, ㄷ, ㅅ, ㅈ'은 된소리로 발음한다.
> (나) 어간 받침 'ㄼ, ㄾ' 뒤에 결합되는 어미의 첫소리 'ㄱ, ㄷ, ㅅ, ㅈ'은 된소리로 발음한다.

	(가)	(나)
①	(신을) 신기다	여덟도
②	(나이가) 젊지	핥다
③	(신을) 신기다	핥다
④	(나이가) 젊지	여덟도

12 밑줄 친 의미가 나머지 셋과 다른 것은?

① 연이 바람을 <u>타고</u> 하늘로 올라간다.
② 부동산 경기를 <u>타고</u> 건축 붐이 일었다.
③ 착한 일을 한 덕분에 방송을 <u>타게</u> 됐다.
④ 그녀는 아버지의 음악적 소질을 <u>타고</u> 태어났다.

13 밑줄 친 부분의 문장 성분이 관형어가 아닌 것은?

① 아기가 <u>새</u> 옷을 입었다.
② <u>군인인</u> 형이 휴가를 나왔다.
③ 친구가 <u>나에게</u> 선물을 주었다.
④ 소녀는 <u>시골의</u> 풍경을 좋아한다.

14 밑줄 친 단어의 표기가 옳은 것은?

① 이 책은 <u>머릿말</u>부터 마음에 들었다.
② 복도에서 <u>윗층</u>에 사는 노부부를 만났다.
③ <u>햇님</u>이 방긋 웃는 듯하다.
④ <u>북엇국</u>으로 든든하게 아침을 먹었다.

15 띄어쓰기가 옳지 않은 것은?

① 너야말로 칭찬받을 만하다.
② 그 사실을 말할 수밖에 없었다.
③ 힘깨나 쓴다고 자랑하지 마라.
④ 밥은 커녕 빵도 못 먹었다.

16 의미 변화에 대한 설명으로 가장 옳지 않은 것은?

① '겨레'는 근대 국어에서 '친족'을 뜻하였는데 오늘날에는 '민족'을 뜻하여 의미가 확대되었다.
② '얼굴'은 중세 국어에서 '형체'를 뜻하였는데 오늘날에는 '안면'을 뜻하여 의미가 축소되었다.
③ '어리다'는 중세 국어에서 '어리석다'를 뜻하였는데 오늘날에는 '나이가 적다'를 뜻하여 의미가 상승하였다.
④ '계집'은 중세 국어에서 '여자'를 뜻하였는데 오늘날에는 '여자를 낮잡아 이르는 말'로 의미가 하락하였다.

17 밑줄 친 한자어를 쉬운 표현으로 바꾼 것으로 적절하지 않은 것은?

① <u>일부인</u>을 찍은 접수증을 발급한다.
→ 날짜 도장을 찍은 접수증을 발급한다.
② 굴삭기에는 굴삭 <u>시건장치</u>를 갖춰야 한다.
→ 굴삭기에는 굴삭 멈춤장치를 갖춰야 한다.
③ 소작농에게 농지를 <u>불하</u>하였다.
→ 소작농에게 농지를 매각하였다.
④ 공무상 <u>지득한</u> 사실을 누설하였다.
→ 공무상 알게 된 사실을 누설하였다.

18 〈보기〉의 작품과 형식이 다른 것은?

보기

우눈 거시 벅구기가 프른 거시 버들숩가.
이어라 이어라
어촌 두어 집이 닛 속의 나락들락.
지국총 지국총 어ᄉ와
말가흔 기픈 소희 온간 고기 뛰노ᄂ다.

① 「면앙정가」 　　② 「오우가」
③ 「훈민가」 　　④ 「도산십이곡」

19 〈보기〉의 ㉠, ㉡에 들어갈 접속어에 대한 설명으로 가장 옳은 것은?

보기

많은 과학자와 기술자가 과학 연구와 기술 훈련을 위하여 외국에 갔다 돌아오고, 또 많은 외국의 기술자가 이러한 목적을 위하여 우리나라에 왔다가 돌아간다. 이러한 일은 우리의 과학 기술 발전에 커다란 영향을 주고, 또 우리의 문화생활에 새로운 변화를 일으키며 더욱 우리 사회의 근대화에 실질적인 힘이 되고 있다.

(㉠) 이러한 선진 과학 기술을 우리의 것으로 완전히 소화하고, 다시 이것을 발전시켜 우리에게 유익하게 이용할 수 있는 만반의 계획과 태세를 갖추지 않는다면, 우리는 영원히 참다운 경제 자립을 이룩할 수 없게 될 뿐만 아니라, 경우에 따라서는 정치, 외교의 자주성을 굳게 지켜 나갈 수 없게 될 것이다.

(㉡) 선진 기술을 어떠한 원칙에서 받아들여, 어떠한 과학 기술 분야에서부터 진흥시켜 나갈 것인가 하는 구체적인 계획을 세워서 이것을 장기적으로 계속 추진하여 나간다는 것은, 과학 기술 진흥을 위하여 가장 중요하고도 기본적인 문제가 된다.
　　　　　　　　　　　　　　－ 박익수, '우리 과학 기술 진흥책'

① ㉠은 조건, 이유에 대한 결과를 나타내는 '순접' 기능을 한다.
② ㉡은 대등한 자격으로 이어지는 '요약' 기능을 한다.
③ ㉠은 반대, 대립되는 내용을 나타내는 '역접' 기능을 한다.
④ ㉡은 다른 내용을 도입하는 '전환' 기능을 한다.

20 〈보기〉에서 (가) ~ (라)를 문맥에 맞게 순서대로 바르게 나열한 것은?

보기

생물의 동면을 결정하는 인자 중에서 온도는 매우 중요하다. 하지만 이상 기온이 있듯이 기온은 변덕이 심해서 생물체가 속는 일이 많다.
(가) 하지만 위험은 날씨에 적응하지 못하고 얼어 죽는 것만이 아니다. 동면에 들어가기 위해서는 신체를 특정한 상태로 만들어야 하므로 이 과정에서 많은 에너지가 필요하다. 또 동면에서 깨어나는 것도 에너지 소모가 매우 많다.
(나) 이런 위험을 피하려면 날씨의 변덕에 구애를 받지 않고 조금 더 정확한 스케줄에 따라 동면에 들어가고 깨어날 필요가 있다. 일부 동물들은 계절 변화에 맞추어진 생체 시계나 일광 주기를 동면의 신호로 사용한다는 것이 밝혀졌다.
(다) 박쥐의 경우 동면하는 동안 이를 방해해서 깨우면 다시 동면에 들어가더라도 대다수는 깨어나지 못하고 죽어버린다. 잠시나마 동면에서 깨어나면서 에너지를 너무 많이 소모해버리기 때문이다.
(라) 흔히 '미친 개나리'라고 해서 제철도 아닌데 날씨가 조금 따뜻하다고 꽃을 피웠다가 날씨가 추워져 얼어 죽는 일이 종종 있다. 이상 기온에 속기는 동물들도 마찬가지다. 겨울이 되었는데도 날씨가 춥지 않아 벌레들이 다시 나왔다가 얼어 죽기도 한다.

① (나) – (다) – (라) – (가) 　　② (나) – (다) – (가) – (라)
③ (라) – (가) – (다) – (나) 　　④ (라) – (가) – (나) – (다)

정답 및 해설: 해설집 p.82
(문제집 p.275에서 전체 정답표를 확인하실 수 있습니다.)

모바일 자동 채점 + 성적 분석 서비스 바로 가기
QR코드를 이용해 모바일로 간편하게 채점하고 나의 실력이 어느 정도인지, 취약 부분이 어디인지 바로 파악해 보세요!

제한시간 : 20분   시작 ____시 ____분 ~ 종료 ____시 ____분   나의 점수 ____   회독수 □□□

---

01 〈보기〉에서 음의 첨가 현상이 일어나지 않는 것을 모두 고른 것은?

> 보기
> ㄱ. 등용문   ㄴ. 한여름
> ㄷ. 눈요기   ㄹ. 송별연

① ㄱ, ㄷ   ② ㄱ, ㄹ
③ ㄴ, ㄷ   ④ ㄴ, ㄹ

02 표준 발음으로 가장 옳지 않은 것은?

① 풀꽃아[풀꼬다]
② 옷 한 벌[오탄벌]
③ 넓둥글다[넙뚱글다]
④ 늙습니다[늑씀니다]

03 〈보기〉에 대한 설명으로 가장 옳지 않은 것은?

> 보기
> 거북아 거북아
> 머리를 내어 놓아라.
> 만약 내어 놓지 않으면
> 굽고 구워 먹겠다.
>   – '구지가'

① 향가 발생 이전의 고대시가이다.
② 환기, 명령, 가정의 어법을 지닌 주술적 노래이다.
③ 음악, 시가, 무용이 모두 어우러진 종합 예술의 성격을 띠고 있다.
④ 고조선 곽리자고의 아내 여옥이 지었다고 전해지는 순수 서정시가이다.

04 밑줄 친 단위성 의존 명사의 수량이 적은 것부터 순서대로 바르게 나열한 것은?

① 고등어 한 손 < 양말 한 타 < 바늘 한 쌈 < 북어 한 쾌
② 고등어 한 손 < 양말 한 타 < 북어 한 쾌 < 바늘 한 쌈
③ 고등어 한 손 < 북어 한 쾌 < 양말 한 타 < 바늘 한 쌈
④ 고등어 한 손 < 바늘 한 쌈 < 양말 한 타 < 북어 한 쾌

05 〈보기〉에 제시된 소설의 시대적 배경을 시간 순으로 바르게 나열한 것은?

> 보기
> ㄱ. 최인훈의 「광장」
> ㄴ. 황석영의 「무기의 그늘」
> ㄷ. 한강의 「소년이 온다」
> ㄹ. 염상섭의 「삼대」

① ㄱ → ㄷ → ㄹ → ㄴ
② ㄱ → ㄹ → ㄷ → ㄴ
③ ㄹ → ㄱ → ㄴ → ㄷ
④ ㄹ → ㄴ → ㄱ → ㄷ

06 〈보기〉에서 설명한 문학 갈래에 해당하는 작품으로 가장 옳은 것은?

> 보기
> 　조선 시대 시가문학을 대표하는 갈래이다. 고려 후기에 성립되었지만, 조선 시대의 새로운 지도 이념인 성리학을 기반으로 더욱 융성해졌다. 3장 6구의 절제된 형식과 유장한 기품을 특징으로 하고, 여러 장을 한 편에 담은 연장체 형식으로도 창작되었다.

① 「한림별곡」   ② 「월인천강지곡」
③ 「상춘곡」   ④ 「도산십이곡」

07 〈보기〉의 밑줄 친 부분과 문맥적 의미가 가장 가까운 것은?

> **보기**
>
> 현재 그녀는 건강이 매우 <u>좋다</u>.

① 그녀의 성격은 더할 수 없이 <u>좋다</u>.
② 서울 간 길에 한 번 뵈올 때 혈색이 <u>좋으</u>셨는데?
③ 다음 주 토요일은 결혼식을 하기에는 매우 <u>좋은</u> 날이다.
④ 대화를 하는 그의 말투는 기분이 상쾌할 정도로 <u>좋았다</u>.

08 〈보기〉의 밑줄 친 ㉠~㉣ 중 나머지 셋과 성격이 다른 하나는?

> **보기**
>
> 해야 솟아라. 해야 솟아라. 말갛게 씻은 얼굴 고운 <u>㉠해야</u> 솟아라. 산 넘어 산 넘어서 어둠을 살라먹고, 산 넘어서 밤새도록 어둠을 살라먹고, 이글이글 애띈 얼굴 고운 해야 솟아라.
>
> 달밤이 싫여, 달밤이 싫여, 눈물 같은 <u>㉡골짜기</u>에 달밤이 싫여, 아무도 없는 뜰에 달밤이 나는 싫여……,
>
> 해야, 고운 해야. 늬가 오면 늬가사 오면, 나는 나는 <u>㉢청산</u>이 좋아라. 훨훨훨 깃을 치는 청산이 좋아라. 청산이 있으면 홀로래도 좋아라.
>
> 사슴을 따라, 사슴을 따라, 양지로 <u>㉣양지</u>로 사슴을 따라 사슴을 만나면 사슴과 놀고,
> 칡범을 따라 칡범을 따라 칡범을 만나면 칡범과 놀고,……
>
> 해야, 고운 해야. 해야 솟아라. 꿈이 아니래도 너를 만나면, 꽃도 새도 짐승도 한자리 앉아, 워어이 워어이 모두 불러 한자리 앉아 애띠고 고운 날을 누려 보리라.
>
> – 박두진, '해'

① ㉠   ② ㉡
③ ㉢   ④ ㉣

09 밑줄 친 부분의 맞춤법이 가장 옳지 않은 것은?

① 남에게 존경 받는 사람이 <u>돼라는</u> 아버지의 유언
② 존경 받는 사람이 <u>되었다</u>.
③ 남에게 존경 받는 사람이 <u>돼라</u>.
④ 존경 받는 사람이 <u>되고</u> 있다.

10 〈보기〉의 주된 설명 방식이 사용된 것으로 가장 옳은 것은?

> **보기**
>
> 우리는 좋지 않은 사람을 곧잘 동물에 비유한다. 욕에 동물이 많이 등장하는 것도 동물을 나쁘게 보기 때문이다. 하지만 정말 인간이 동물보다 좋은(선한) 것일까? 베르그는 오히려 "나는 인간을 알기 때문에 동물을 사랑한다."고 말하며 이를 부정한다. 인간은 인간을 속이지만 동물은 인간을 속이지 않는다는 것을 알고 인간에게 실망한 사람들이 동물에게 더 많은 애정을 보인다. 인간보다 더 잔인한 동물이 없다는 것은 인간의 역사가 증명하고 있다. 필요 없이 다른 동물을 죽이는 일을 인간 외 어느 동물이 한단 말인가?

① 교사의 자기계발, 학부모의 응원, 교육 당국의 지원 등이 어우러져야 좋은 교육이 가능해진다. 이는 신선한 재료, 적절한 조리법, 요리사의 정성이 합쳐져 맛있는 음식이 만들어지는 것과 같다.
② 의미를 지닌 부호를 체계적으로 배열한 것을 기호라고 한다. 수학, 신호등, 언어 등이 모두 여기에 속한다. 꿀이 있음을 알리는 벌들의 춤사위도 기호라고 할 수 있는 것이다.
③ 바이러스는 세균에 비해 크기가 작으며 핵과 이를 둘러싼 단백질이 전부여서 세포라고 할 수 없다. 먹이가 있는 곳이라면 어디에서라도 증식할 수 있는 세균과 달리, 바이러스는 살아있는 생명체를 숙주로 삼아야만 번식을 할 수 있다.
④ 나물로 즐겨 먹는 고사리는 꽃도 피지 않고 씨앗도 만들지 않는다. 고사리는 홀씨라고도 하는 포자로 번식한다. 고사리와 고비 등을 양치식물이라 하는데 생김새가 양(羊)의 이빨과 비슷하다고 하여 붙은 이름이다.

11 〈보기〉에서 설명한 소설의 시점으로 가장 옳은 것은?

> **보기**
>
> 　소설 속의 한 등장인물이 이야기를 말하는 것으로, 부수적인 인물이 작품 속에서 주인공의 이야기를 말한다. 주인공의 환경이나 행동 등을 관찰자의 입장에서 객관적으로 서술할 수 있다.

① 일인칭 주인공 시점
② 일인칭 관찰자 시점
③ 전지적 작가 시점
④ 작가 관찰자 시점

12 조선 시대 대표적 문사(文士) 송강 정철이 창작한 가사가 아닌 것은?

① 「속미인곡」　　　　② 「면앙정가」
③ 「관동별곡」　　　　④ 「사미인곡」

13 〈보기〉의 ㉠ ~ ㉢에 들어갈 알맞은 낱말끼리 짝지은 것은?

> **보기**
>
> 　물속에 잠긴 막대기는 굽어 보이지만 실제로 굽은 것은 아니다. 이때 나무가 굽어 보이는 것은 우리의 착각 때문도 아니고 눈에 이상이 있기 때문도 아니다. 나무는 정말 굽어 보이는 것이다. 분명히 굽어 보인다는 점과 사실은 굽지 않았다는 점 사이의 (㉠)은 빛의 굴절 이론을 통해서 해명된다.
>
> 　굽어 보이는 나무도 우리의 직접적 경험을 통해서 주어지는 하나의 현실이고, 실제로는 굽지 않은 나무도 하나의 현실이다. 전자를 우리는 사물이나 사태의 보임새, 즉 (㉡)이라고 부르고, 후자를 사물이나 사태의 참모습, 즉 (㉢)이라고 부른다.

	㉠	㉡	㉢
①	葛藤	現象	本質
②	葛藤	假象	根本
③	矛盾	現象	本質
④	矛盾	假象	根本

14 밑줄 친 부분의 문장 성분이 나머지 셋과 다른 하나는?

① 이 물건은 시장에서 사 왔다.
② 고마운 마음에서 드리는 말씀입니다.
③ 이에서 어찌 더 나쁠 수가 있겠어요?
④ 정부에서 실시한 조사 결과가 발표되었다.

15 〈보기〉에 공통적으로 적용되는 표준어 규정으로 가장 옳은 것은?

> **보기**
>
> 　　　　강낭콩, 고삿, 사글세

① 어원에서 멀어진 형태로 굳어져서 널리 쓰이는 것은, 그것을 표준어로 삼는다.
② 어원적으로 원형에 더 가까운 형태가 아직 쓰이고 있는 경우에는, 그것을 표준어로 삼는다.
③ 모음의 발음 변화를 인정하여, 발음이 바뀌어 굳어진 형태를 표준어로 삼는다.
④ 비슷한 발음의 몇 형태가 쓰일 경우, 그 의미에 아무런 차이가 없고, 그중 하나가 더 널리 쓰이면, 그 한 형태만을 표준어로 삼는다.

16 〈보기〉의 ㉠에 들어갈 접속 부사로 가장 옳은 것은?

> **보기**
>
> 격분의 물결은 사람들의 주의를 동원하고 묶어내는 데는 대단히 효과적이다. 하지만 매우 유동적이고 변덕스러운 까닭에 공적인 논의와 공적인 공간을 형성하는 역할을 감당하지는 못한다. 격분의 물결은 그러기에는 통제하기도 예측하기도 어렵고, 불안정하며, 일정한 형태도 없이 쉽게 사라져 버린다. 격분의 물결은 갑자기 불어났다가 또 이에 못지않게 빠른 속도로 소멸한다. 여기서는 공적 논의를 위해 필수적인 안정성, 항상성, 연속성을 찾아볼 수 없다. (㉠) 격분의 물결은 안정적인 논의의 맥락 속에 통합되지 못한다. 격분의 물결은 종종 아주 낮은 사회적, 정치적 중요성밖에 지니지 않는 사건들과 관련하여 발생한다.
>
> 격분 사회는 스캔들의 사회다. 이런 사회에는 침착함, 자제력이 없다. 격분의 물결에 특징적으로 나타나는 반항기, 히스테리, 완고함은 신중하고 객관적인 커뮤니케이션을 허용하지 않는다. 어떤 대화도, 어떤 논의도 불가능하다. 게다가 격분 속에서는 사회 전체에 대한 염려의 구조를 갖춘 안정적인 우리가 형성되지 않는다. 이른바 분개한 시민의 염려라는 것도 사회 전체에 대한 것이라기보다는 대체로 자신에 대한 염려일 뿐이다. (㉠) 그러한 염려는 금세 모래알처럼 흩어져 버린다.
>
> – 한병철, '투명사회' 중에서

① 그런데 ② 그리고
③ 따라서 ④ 하지만

17 〈보기〉에서 설명한 시의 표현방법이 적용된 시구로 가장 옳은 것은?

> **보기**
>
> 본래의 의미와 의도를 더욱 효과적으로 강조하기 위해 그것을 가장하거나 위장하는 것이다. 즉 본래의 의도를 숨기고 반대되는 말로 표현하는 것으로, 표면의미(표현)와 이면의미(의도) 사이에 괴리와 모순을 통해 시적 진실을 전달하는 표현방법이다.

① 돌담에 속삭이는 햇발같이 / 풀 아래 웃음 짓는 샘물같이
　　　　　 – 김영랑, 「돌담에 속삭이는 햇발같이」
② 내가 그의 이름을 불러 주었을 때 / 그는 나에게로 와서 / 꽃이 되었다　　　　　 – 김춘수, 「꽃」
③ 산은 나무를 기르는 법으로 / 벼랑에 오르지 못하는 법으로 / 사람을 다스린다　　　　　 – 김광섭, 「산」
④ 나보기가 역겨워 / 가실 때에는 / 죽어도 아니 눈물 / 흘리오리다　　　　　 – 김소월, 「진달래꽃」

18 유사한 의미로 사용할 수 있는 사자성어가 연결된 것으로 가장 옳은 것은?

① 경국지색(傾國之色) – 경중미인(鏡中美人)
② 지록위마(指鹿爲馬) – 지란지화(芝蘭之化)
③ 목불식정(目不識丁) – 목불인견(目不忍見)
④ 폐의파관(敝衣破冠) – 폐포파립(敝袍破笠)

19 밑줄 친 서술어의 자릿수가 다른 하나는?

① 그림이 실물과 <u>같다</u>.
② 나는 학생이 <u>아니다</u>.
③ 지호가 종을 <u>울렸다</u>.
④ 길이 매우 <u>넓다</u>.

20 〈보기〉 중 「외래어 표기법」에 맞지 않는 단어의 개수는?

> **보기**
>
> 로봇(robot), 배지(badge), 타깃(target), 텔레비전(television), 플룻(flute)

① 1개 ② 2개
③ 3개 ④ 4개

정답 및 해설: 해설집 p.86
(문제집 p.275에서 전체 정답표를 확인하실 수 있습니다.)

모바일 자동 채점 + 성적 분석 서비스 바로 가기
QR코드를 이용해 모바일로 간편하게 채점하고 나의 실력이 어느 정도인지, 취약 부분이 어디인지 바로 파악해 보세요!

01 밑줄 친 부분의 문장 성분이 다른 하나는?

① 그는 밥도 안 먹고 일만 한다.
② 몸은 아파도 마음만은 날아갈 것 같다.
③ 그는 그녀에게 물만 주었다.
④ 고향의 사투리까지 싫어할 이유는 없었다.

02 한글 맞춤법에 따라 바르게 표기된 것만 나열한 것은?

① 새까맣다 – 싯퍼렇다 – 샛노랗다
② 시뻘겋다 – 시허옇다 – 싯누렇다
③ 새퍼렇다 – 새빨갛다 – 샛노랗다
④ 시하얗다 – 시꺼멓다 – 싯누렇다

03 〈보기〉는 시의 일부분이다. 시의 제목으로 가장 적절한 한자어는?

보기
　세상에는, 자신이 믿는 단단한 무엇을 위해 목숨을 걸수 있는 사람과 그럴 수 없는 사람이 있다
　말이 많은 사람과 그렇지 않은 사람이 있다
　짜장면을 좋아하는 사람과 그렇지 않은 사람이 있다
　테니스에 미친 사람과 그렇지 않은 사람이 있다
　유에프오가 있다고 생각하는 사람과 그렇지 않은 사람이 있다
　술을 좋아하는 사람과 그렇지 않은 사람이 있다
〈중 략〉
　사람들을 두 가지로 나눌 수 있다고 믿는 사람과 그렇지 않은 사람이 있다

① 편견(偏見)　　　　② 불화(不和)
③ 오해(誤解)　　　　④ 독선(獨善)

04 서로 의미가 유사한 속담과 한자 성어를 짝지은 것이다. 관련이 없는 것끼리 묶은 것은?

① 원님 덕에 나팔 분다 – 狐假虎威
② 소 잃고 외양간 고친다 – 晩時之歎
③ 언 발에 오줌 누기 – 雪上加霜
④ 낫 놓고 기역자도 모른다 – 目不識丁

05 〈보기〉의 밑줄 친 ㉠에 해당하는 글자가 아닌 것은?

보기
　한글 중 초성자는 기본자, 가획자, 이체자로 구분된다. 기본자는 조음 기관의 모양을 상형한 글자이다. ㉠가획자는 기본자에 획을 더한 것으로, 획을 더할 때마다 그 글자가 나타내는 소리의 세기는 세어진다는 특징이 있다. 이체자는 획을 더한 것은 가획자와 같지만 가획을 해도 소리의 세기가 세어지지 않는다는 차이가 있다.

① ㄹ　　　　　　　② ㄷ
③ ㅂ　　　　　　　④ ㅊ

06 외래어 표기 용례로 올바른 것은?

① dot – 다트　　　　② parka – 파카
③ flat – 플래트　　　④ chorus – 코루스

07 〈보기〉의 ㉠~㉣을 현행 로마자 표기법에 따라 표기한 것으로 가장 적절한 것은?

> **보기**
> ㉠ 다락골   ㉡ 국망봉
> ㉢ 낭림산   ㉣ 한라산

① ㉠ – Dalakgol
② ㉡ – Gukmangbong
③ ㉢ – Nangrimsan
④ ㉣ – Hallasan

08 〈보기〉는 황진이가 지은 시조이다. 빈칸에 들어갈 알맞은 낱말끼리 짝지은 것은?

> **보기**
> 冬至ㅅ둘 기나긴 밤을 한 (㉠)를 버혀 내여
> (㉡) 니불 아레 서리서리 너헛다가
> 어론 님 오신 날 밤이여든 구뷔구뷔 펴리라.

	㉠	㉡
①	허리	春風
②	허리	秋風
③	머리	春風
④	머리	秋風

09 다음 중 띄어쓰기가 옳지 않은 것은?

① 불이 꺼져 간다.
② 그 사람은 잘 아는척한다.
③ 강물에 떠내려 가 버렸다.
④ 그가 올 듯도 하다.

10 맞춤법 사용이 올바르지 않은 것으로만 묶인 것은?

① 웃어른, 사흗날, 베갯잇
② 닐리리, 남존녀비, 혜택
③ 적잖은, 생각건대, 하마터면
④ 홀몸, 밋밋하다, 선율

11 〈보기〉의 설명에 따라 올바르게 표기된 경우가 아닌 것은?

> **보기**
> ○ 어간의 끝음절 '하'의 'ㅏ'가 줄고 'ㅎ'이 다음 음절의 첫소리와 어울려 거센소리로 될 적에는 거센소리로 적는다.
> ○ 어간의 끝음절 '하'가 아주 줄 적에는 준 대로 적는다.

① 섭섭지   ② 흔타
③ 익숙치   ④ 정결타

12 〈보기1〉의 사례와 〈보기2〉의 언어 특성이 가장 잘못 짝지어진 것은?

> **보기1**
> (가) '방송(放送)'은 '석방'에서 '보도'로 의미가 변하였다.
> (나) '밥'이라는 의미의 말소리 [밥]을 내 마음대로 [법]으로 꾸면 다른 사람들은 '밥'이라는 의미로 이해할 수 없다.
> (다) '종이가 찢어졌어'라는 말을 배운 아이는 '책이 찢어졌어'라는 새로운 문장을 만들어 낸다.
> (라) '오늘'이라는 의미를 가진 말을 한국어에서는 '오늘[오늘]', 영어에서는 'today(투데이)'라고 한다.

> **보기2**
> ㉠ 규칙성   ㉡ 역사성
> ㉢ 창조성   ㉣ 사회성

① (가) – ㉡   ② (나) – ㉣
③ (다) – ㉢   ④ (라) – ㉠

13 〈보기〉의 밑줄 친 시어를 현대어로 옮길 때 가장 적절하지 않은 것은?

> **보기**
> 매운 계절의 ㉠챗죽에 갈겨
> ㉡마츰내 북방으로 휩쓸려오다
>
> 하늘도 그만 지쳐 끝난 고원
> 서리빨 칼날진 ㉢그우에서다
>
> 어데다 무릎을 꾸러야하나?
> 한발 ㉣재겨디딜 곳조차 없다
>
> 이러매 눈깜아 생각해볼밖에
> 겨울은 강철로된 무지갠가보다
>   – 이육사, '절정'

① ㉠: 채찍   ② ㉡: 마침내
③ ㉢: 그 위   ④ ㉣: 재겨 디딜

해커스공무원 6개년 기출문제집 국어

14 밑줄 친 부분의 품사가 다른 하나는?

① 옷 색깔이 아주 <u>밝구나</u>!
② 이 분야는 전망이 아주 <u>밝단다</u>.
③ 내일 날이 <u>밝는</u> 대로 떠나겠다.
④ 그는 예의가 <u>밝은</u> 사람이다.

15 〈보기〉의 ( ) 안에 들어갈 가장 알맞은 말을 차례로 나열한 것은?

> **보기**
>
> 지난여름 작가 회의에서 북한 동포 돕기 시 낭송회를 한 적이 있다. 시인들만 참석하는 줄 알았더니 각계 원로들도 자기가 평소에 애송하던 시를 낭송하는 순서가 있다고, 나한테도 한 편 낭송해 달라고 했다. 내가 (㉠) 소리를 듣게 된 것이 당혹스러웠지만, 북한 돕기라는 데 핑계를 둘러대고 빠질 만큼 빤질빤질하지는 못했나 보다. 하겠다고 했다. 그러나 거역할 수 없는 명분보다 더 중요한 것은 (㉡) 아니었을까. 그 무렵 나는 김용택의 '그 여자네집'이라는 시에 사로잡혀 있었다. 김용택은 내가 좋아하는 시인 중의 한 사람일 뿐 가장 좋아하는 시인이라고는 말 못하겠다. 마찬가지로 '그 여자네 집'이 그의 많은 시 중 빼어난 시인지 아닌지도 잘 모르겠다.

	㉠	㉡
①	원로	낭송하고 싶은 시가 있었다는 게
②	아쉬운	서로가 만족하게 될 실리가
③	시인	잠깐의 수고로 동포를 도울 수 있다는 것이
④	입에 발린	원로들에 대한 예의가

16 〈보기〉의 밑줄 친 어휘들 가운데 문맥적 의미가 다른 하나는?

> **보기**
>
> 불문곡직하는 직설은 사람을 찌른다. 깜짝 놀라게 해서 제압하는 방식이다. 거기 비해 완곡함은 <u>틈</u>을 들이면서 에두른다. 듣고 읽는 이가 비켜갈 <u>틈</u>을 준다. 그렇다고 완곡함이 곡필인 것도 아니다. 잘못된 길로 접어들도록 하는 게 아니라 화자와 독자의 교행이 이루어지는 <u>공간</u>을 준다. 곱씹어볼 말이 사라지고 상상의 <u>여지</u>를 박탈하는 글이 군림하는 <u>세상</u>은 살풍경하다. 말과 글이 세상을 따라갈진대 세상을 갈아엎지 않고 말과 글이 세상과 함께 아름답기는 난망한 일인가. 아마 아닐 것이다. 막힐수록 옛것을 더듬으라고 했다. 물태와 인정이 극으로 나뉘는 세상에서 다산은 선인들이 왜 산을 바라보며 즐기되 그 흥취의 반을 항상 남겨두는지 궁금했다. 그는 미인을 만났던 사람이 적어놓은 글에서 그 까닭을 발견했다. 그가 본 글은 이러했다. '얼굴은 아름다웠으나 그 자태는 기록하지 않았다.'

① 틈   ② 공간
③ 여지   ④ 세상

17 〈보기〉의 소설에 대한 설명으로 가장 적절하지 않은 것은?

> **보기**
>
> "혼자 있기가 싫습니다."라고 아저씨가 중얼거렸다.
> "혼자 주무시는 게 편하실 거예요." 안이 말했다.
> 우리는 복도에서 헤어져서 사환이 지적해 준, 나란히 붙은 방 세 개에 각각 한 사람씩 들어갔다.
> "화투라도 사다가 놉시다." 헤어지기 전에 내가 말했지만, "난 아주 피곤합니다. 하시고 싶으면 두 분이나 하세요." 라고 안은 말하고 나서 자기의 방으로 들어가 버렸다.
> "나도 피곤해 죽겠습니다. 안녕히 주무세요."라고 나는 아저씨에게 말하고 나서 내 방으로 들어갔다. 숙박계엔 거짓 이름, 거짓 주소, 거짓 나이, 거짓 직업을 쓰고 나서 사환이 가져다 놓은 자리끼를 마시고 나는 이불을 뒤집어썼다. 나는 꿈도 안 꾸고 잘 잤다.
> 다음날 아침 일찍이 안이 나를 깨웠다.

① 물화된 도시의 삶이 만든 비정함, 절망감, 권태 등이 바탕에 깔려 있다.
② 주인공들은 자기 지위나 이름을 버린 익명적 존재로 기호화되어 있다.
③ 잠은 현실을 초월한 삶에 대한 강렬한 동경을 환기하는 매개체다.
④ 화투는 절망과 권태를 견디는 의미 없는 놀이의 상징으로 볼 수 있다.

18 〈보기〉의 밑줄 친 부분과 가장 가까운 내용을 담은 시조는?

> **보기**
>
> 　성현의 경전을 읽고 자기를 돌이켜 보아서 환히 이해되지 않는 것이 있거든 모름지기 성현이 준 가르침이란 반드시 사람이 알 수 있고 행할 수도 있는 것에 대하여 말한 것임을 생각하라. 성현의 말과 나의 소견이 다르다면 이것은 내가 힘쓴 노력이 철저하지 못한 까닭이다. 성현이 어찌 알기 어렵고 행하기 어려운 것으로 나를 속이겠는가? <u>성현의 말을 더욱 믿어서 딴 생각이 없이 간절히 찾으면 장차 얻는 바가 있을 것이다.</u>

① 십년 ᄀ온 칼이 갑리(匣裏)에 우노민라.
　관산(關山)을 ᄇ라보며 째째로 ᄆ져 보니
　장부(丈夫)의 위국공훈(爲國功勳)을 어닉 째에 드리올고.
② 구곡(九曲)은 어드미고 문산(文山)에 세모(歲暮)커다.
　기암괴석(奇巖怪石)이 눈속에 뭇쳣셰라.
　유인(遊人)은 오지 안이ᄒ고 볼썻업다 ᄒ드라.
③ 강호(江湖)에 겨월이 드니 눈 기픠 자히 남다.
　삿갓 빗기 쓰고 누역으로 오슬 삼아,
　이 몸이 칩지 아니ᄒ옴도 역군은(亦君恩)이샷다.
④ 고인(古人)도 날 못 보고 나도 고인 못 봬.
　고인을 못 봐도 녀든 길 알픠 잇닉.
　녀든 길 알픠 잇거든 아니 녀고 엇졀고.

19 밑줄 친 부분이 〈보기〉의 ㉠ '쇠항아리'와 의미가 통하는 시어로 가장 적절한 것은?

> **보기**
>
> 누가 하늘을 보았다 하는가
> 누가 구름 한 송이 없이 맑은
> 하늘을 보았다 하는가.
> 네가 본 건, 먹구름
> 그걸 하늘로 알고
> 일생을 살아갔다.
> 네가 본 건, 지붕 덮은
> ㉠ 쇠항아리,
> 그걸 하늘로 알고
> 일생을 살아갔다.
> 닦아라, 사람들아
> 네 마음속 구름
> 찢어라, 사람들아,
> 네 머리 덮은 쇠항아리.
> 　　　　　　　　– 신동엽, '누가 하늘을 보았다 하는가'

① 조국아 / 한번도 우리는 우리의 심장 / 남의 발톱에 주어본 적 / 없었나니(「조국」中)
② 아사달과 아사녀가 / 중립의 초례청 앞에 서서 / 부끄럼 빛내며 / 맞절할지니(「껍데기는 가라」中)
③ 꽃피는 반도는 / 남에서 북쪽 끝까지 / 완충지대(「술을 많이 마시고 잔 어젯밤은」中)
④ 마을 사람들은 되나 안 되나 쑥덕거렸다. / 봄은 발병 났다커니 / 봄은 위독하다커니(「봄의 소식」中)

20 밑줄 친 부분의 발음이 현행 표준 발음법에서 표준 발음으로 인정되지 않는 것은? (단, 'ː'은 장모음 표시임.)

① 비가 많이 내려서 <u>물난리</u>가 났다. – 물난리[물랄리]
② 그는 줄곧 <u>신문</u>만 읽고 있었다. – 신문[심문]
③ 겨울에는 보리를 <u>밟는다</u>. – 밟는다[밤ː는다]
④ 날씨가 벌써 <u>한여름</u>과 같다. – 한여름[한녀름]

정답 및 해설: 해설집 p.90
(문제집 p.275에서 전체 정답표를 확인하실 수 있습니다.)

모바일 자동 채점 + 성적 분석 서비스 바로 가기
QR코드를 이용해 모바일로 간편하게 채점하고 나의 실력이 어느 정도인지, 취약 부분이 어디인지 바로 파악해 보세요!

제한시간 : 20분　시작 _____시 _____분 ~ 종료 _____시 _____분　나의 점수 _____　회독수 ☐☐☐

01 표준어끼리 묶인 것으로 가장 옳지 않은 것은?

① 등물, 남사스럽다, 쌉싸름하다, 복숭아뼈
② 까탈스럽다, 걸판지다, 주책이다, 겉울음
③ 찰지다, 잎새, 꼬리연, 푸르르다
④ 개발새발, 이쁘다, 덩쿨, 마실

02 문장쓰기 어법이 가장 옳은 것은?

① 한국 정부는 독도 영유권 문제에 대하여 일본에 강력히 항의하였다.
② 경쟁력 강화와 생산성의 향상을 위해 경영 혁신이 요구되어지고 있다.
③ 이것은 아직도 한국 사회가 무사안일주의를 벗어나지 못했다는 생각이 든다.
④ 냉정하게 전력을 평가해 봐도 한국이 자력으로 16강 티켓 가능성은 높은 편이다.

03 6 · 25전쟁과 가장 거리가 먼 소설은?

① 손창섭, 『비오는 날』
② 박경리, 『토지』
③ 장용학, 『요한시집』
④ 박완서, 『엄마의 말뚝』

04 '권력의 무상함'을 나타내는 속담으로 가장 옳지 않은 것은?

① 달도 차면 기운다.
② 열흘 붉은 꽃이 없다.
③ 물도 가다 구비를 친다.
④ 꽃이 시들면 오던 나비도 안 온다.

05 〈보기〉에 대한 설명으로 가장 옳은 것은?

> **보기**
>
> 　내가 어렸을 때만 하더라도 미국의 어린이들은 원래 북아메리카에는 100만 명가량의 인디언밖에 없었다고 배웠다. 이렇게 적은 수라면 거의 빈 대륙이라고 할 수 있으므로 백인들의 정복을 정당화하는 데 유용했다. 그러나 고고학적인 발굴과 미국의 해안 지방을 처음 밟은 유럽인 탐험가들의 기록을 자세히 검토한 결과 인디언들이 처음에는 약 2000만 명에 달했다는 것을 알게 되었다. 신세계 전체를 놓고 보았을 때 콜럼버스가 도착한 이후 한두 세기에 걸쳐 인디언의 인구는 최대 95%가 감소했을 것으로 추정된다.
>
> 　인디언들이 죽은 주된 요인은 구세계의 병원균이었다. 인디언들은 그런 질병에 노출된 적이 없었으므로 면역성이나 유전적인 저항력이 전혀 없었다. 살인적인 질병의 1위 자리를 놓고 다투었던 것은 천연두, 홍역, 인플루엔자, 발진티푸스 등이었고, 그것으로도 충분하지 않다는 듯 디프테리아, 말라리아, 볼거리, 백일해, 페스트, 결핵, 황열병 등이 그 뒤를 바싹 따랐다. 병원균이 보인 파괴력을 백인들이 직접 목격한 경우도 헤아릴 수 없이 많았다. 1837년 대평원에서 가장 정교한 문화를 가지고 있던 만단족 인디언들은 세인트루이스에서 미주리 강을 타고 거슬러 올라온 한 척의 증기선 때문에 천연두에 걸렸다. 만단족의 한 마을은 몇 주 사이에 인구 2000명에서 40명으로 곤두박질쳤다.
>
> – 재레드 다이아몬드, '총 · 균 · 쇠' 중에서

① 유럽은 신세계였고, 아메리카는 구세계였다.
② 인디언들은 구세계의 병원균에 대한 면역성이 없었다.
③ 만단족 인디언들의 인구 감소는 백인들의 무기 때문이었다.
④ 콜럼버스 이전에 북아메리카에는 100만 명가량의 인디언이 있었다.

06 〈보기〉의 괄호에 알맞은 한자성어는?

> **보기**
>
> 일을 하다 보면 균형과 절제가 필요하다는 것을 알게 된다. 일의 수행 과정에서 부분적 잘못을 바로 잡으려다 정작 일 자체를 뒤엎어 버리는 경우가 왕왕 발생하기 때문이다. 흔히 속담에 "빈대 잡으려다 초가삼간 태운다"는 말은 여기에 해당할 것이다. 따라서 부분적 결점을 바로잡으려다 본질을 해치는 (   )의 어리석음을 저질러서는 안 된다.

① 개과불린(改過不吝)
② 경거망동(輕擧妄動)
③ 교각살우(矯角殺牛)
④ 부화뇌동(附和雷同)

07 〈보기〉의 단어에 공통으로 적용된 음운 변동은?

> **보기**
> • 꽃내음[꼰내음]
> • 바깥일[바깐닐]
> • 학력[항녁]

① 중화
② 첨가
③ 비음화
④ 유음화

08 밑줄 친 단어의 품사로 가장 옳지 않은 것은?

① 나도 참을 <u>만큼</u> 참았다. 〈의존 명사〉
　나도 그 사람<u>만큼</u> 할 수 있다. 〈조사〉
② 오늘은 바람이 <u>아니</u> 분다. 〈부사〉
　<u>아니</u>, 이럴 수가 있단 말인가? 〈감탄사〉
③ 그 아이는 열을 배우면 <u>백</u>을 안다. 〈명사〉
　열 사람이 <u>백</u> 말을 한다. 〈관형사〉
④ 그는 <u>이지적</u>이다. 〈명사〉
　그는 <u>이지적</u> 인간이다. 〈관형사〉

09 1960년대 한국 문학의 특징으로 가장 옳지 않은 것은?

① 전후 문학의 한계에 대한 극복이 주요한 과제로 제기되었다.
② 4·19혁명의 영향으로 현실비판문학이 가능하게 되었다.
③ 참여 문학과 순수 문학 진영 간의 논쟁이 발생하였다.
④ 민족 문학과 민중 문학에 대한 논의가 활발히 전개되었다.

10 〈보기〉에서 밑줄 친 부분의 발음으로 가장 옳지 않은 것은?

> **보기**
> 손자: 할아버지. 여기 있는 ㉠<u>밭</u>을 우리가 다 매야 해요?
> 할아버지: 응. 이 ㉡<u>밭만</u> 매면 돼.
> 손자: 이 ㉢<u>밭</u> 모두요?
> 할아버지: 왜? ㉣<u>밭</u>이 너무 넓으니?

① ㉠: [바슬]
② ㉡: [반만]
③ ㉢: [받]
④ ㉣: [바치]

11 〈보기〉의 비판 대상으로 가장 옳지 않은 것은?

> **보기**
> 폴 매카트니는 도축장의 벽이 유리로 되어 있다면 모든 사람이 채식주의자가 될 거라고 말한 적이 있다. 우리가 식육 생산의 실상을 안다면 계속해서 동물을 먹을 수 없으리라고 그는 믿었다. 그러나 어느 수준에서는 우리도 진실을 알고 있다. 식육 생산이 깔끔하지도 유쾌하지도 않은 사업이라는 것을 안다. 다만 그게 어느 정도인지는 알고 싶지 않다. 고기가 동물에게서 나오는 줄은 알지만 동물이 고기가 되기까지의 단계들에 대해서는 짚어보려 하지 않는다. 그리고 동물을 먹으면서 그 행위가 선택의 결과라는 사실조차 생각하려 들지 않는 수가 많다. 이처럼 우리가 어느 수준에서는 불편한 진실을 의식하지만 동시에 다른 수준에서는 의식을 못하는 일이 가능할 뿐 아니라 불가피하도록 조직되어 있는 게 바로 폭력적 이데올로기다.

① 채식주의자
② 식육 생산의 실상
③ 동물을 먹는 행위
④ 폭력적 이데올로기

12 나이와 한자어가 바르게 연결된 것은?

① 62세 – 화갑(華甲) ② 77세 – 희수(喜壽)
③ 88세 – 백수(白壽) ④ 99세 – 미수(米壽)

13 맞춤법 표기가 가장 옳은 것은?

① 이렇게 하면 되?
② 이번에는 꼭 합격할께요.
③ 서로 도우고 사는 게 좋다.
④ 그 사람은 제가 잘 압니다.

14 밑줄 친 단어의 품사가 다른 하나는?

① 그곳에서 갖은 고생을 다 겪었다.
② 우리가 찾던 것이 바로 이것이구나.
③ 인천으로 갔다. 그리고 배를 탔다.
④ 아기가 방글방글 웃는다.

15 띄어쓰기가 가장 옳은 것은?

① 창조적 독해가 현실적인 문제 해결 방안으로 활용될 수 밖에 없다.
② 사소한 오해로 철수가 나하고 사이가 멀어졌다.
③ 아는 체하는 걸 보니 공부 깨나 했나 보다.
④ 동해로 가는김에 평창에도 들렀다 가자.

16 〈보기〉에 나타난 작품 감상의 관점으로 가장 옳은 것은?

> **보기**
> 나는 지금도 이광수의 『무정』 작품을 읽으면 가슴이 뜨거워지는 것을 느껴. 특히 결말 부분에서 주인공 이형식이 "옳습니다. 우리가 해야지요! 우리가 공부하러 가는 뜻이 여기 있습니다. 우리가 지금 차를 타고 가는 돈이며 가서 공부할 학비를 누가 주나요? 조선이 주는 것입니다. 왜? 가서 힘을 얻어오라고, 지식을 얻어 오라고, 문명을 얻어 오라고 …… 그래서 새로운 문명 위에 튼튼한 생활의 기초를 세워 달라고 …… 이러한 뜻이 아닙니까?"라고 부르짖는 부분에 가면 금방 내 가슴도 울렁거려 나도 모르게 "네, 네, 네"라고 대답하고 싶단 말이야. 이 작품은 이 소설이 나왔던 1910년대 독자들의 가슴만이 아니라 아직 강대국에 싸여 있는 21세기 우리 시대 독자들에게도 조국을 생각하는 마음에 큰 감동을 주고 있다고 생각해.

① 반영론적 관점 ② 효용론적 관점
③ 표현론적 관점 ④ 객관론적 관점

17 '본용언 + 보조 용언' 구성이 아닌 것은?

① 영수는 쓰레기를 주워서 버렸다.
② 모르는 사람이 나를 아는 척한다.
③ 요리 맛이 어떤지 일단 먹어는 본다.
④ 우리는 공부를 할수록 더 많은 것을 알아 간다.

18 〈보기〉에 대한 설명으로 가장 옳은 것은?

> **보기**
> 화랑도(花郎道)란, 신라 때의 청소년들이 자신의 마음과 몸을 닦고 목숨을 바쳐 나라를 지키려는 우리 고유의 정신적 흐름을 말한다. 그리고 이를 실천하기 위하여 조직된 단체를 화랑도(花郎徒)라 한다. 그 사회의 중심인물이 되기 위하여 마음과 몸을 단련하고, 올바른 사회생활의 규범을 익히며, 나라가 어려운 시기에 처할 때 싸움터에서 목숨을 바치려는 기풍은 고구려나 백제에도 있었지만, 특히 신라에서 가장 활발하였다.
> – 변태섭, '화랑도' 중에서

① 용어 정의를 통해 독자의 이해를 돕고 있다.
② 자신의 체험담을 제시하여 독자의 이해를 돕고 있다.
③ 반론을 위한 전제를 제시하여 독자의 이해를 돕고 있다.
④ 통계적 사실이나 사례 제시를 통해 독자의 이해를 돕고 있다.

19 〈보기〉의 시조를 이해한 내용으로 가장 옳지 않은 것은?

보기
　　가노라 ㉠三角山아 다시 보쟈 ㉡漢江水야
　　㉢故國山川을 써느고쟈 ㅎ랴마ᄂᆞᆫ
　　時節이 하 ㉣殊常ㅎ니 올동 말동 ㅎ여라 　　－ 김상헌

① ㉠의 다른 명칭은 '인왕산'이다.
② ㉡은 여전히 사용하는 명칭이다.
③ ㉢의 당시 국호는 '조선'이다.
④ ㉣은 병자호란 직후의 상황을 뜻한다.

20 〈보기〉는 어떤 소설의 마지막 부분이다. 괄호 안에 들어 갈 소설 속 지명은?

보기
　　그러나 나는 돌아서서 전보의 눈을 피하여 편지를 썼다. '갑자기 떠나게 되었습니다. 찾아가서 말로써 오늘 제가 먼저 가는 것을 알리고 싶었습니다만 대화란 항상 의외의 방향으로 나가 버리기를 좋아하기 때문에 이렇게 글로써 알리는 바입니다. 간단히 쓰겠습니다. 사랑하고 있습니다. 왜냐하면 당신은 제 자신이기 때문에 적어도 제가 어렴풋이나마 사랑하고 있는 옛날의 저의 모습이기 때문입니다. 저는 옛날의 저를 오늘의 저로 끌어다 놓기 위하여 갖은 노력을 다하였듯이 당신을 햇볕 속으로 끌어 놓기 위하여 있는 힘을 다할 작정입니다. 저를 믿어 주십시오. 그리고 서울에서 준비가 되는 대로 소식 드리면 당신은 (　　) 을/를 떠나서 제게 와주십시오. 우리는 아마 행복할 수 있을 것입니다.' 쓰고 나서 다시 나는 그 편지를 읽어 봤다. 또 한번 읽어 봤다. 그리고 찢어 버렸다.
　　덜컹거리며 달리는 버스 속에 앉아서 나는 어디쯤에선가 길가에 세워진 하얀 팻말을 보았다. 거기에는 선명한 검은 글씨로 '당신은 (　　)읍을 떠나고 있습니다. 안녕히 가십시오'라고 씌어 있었다. 나는 심한 부끄러움을 느꼈다.

① 삼포　　　　　　② 서울
③ 거제　　　　　　④ 무진

정답 및 해설: 해설집　p.95
(문제집 p.275에서 전체 정답표를 확인하실 수 있습니다.)

모바일 자동 채점 + 성적 분석 서비스 바로 가기
QR코드를 이용해 모바일로 간편하게 채점하고 나의 실력이 어느 정도인지, 취약 부분이 어디인지 바로 파악해 보세요!

꾸물거리지 마라.
위대한 행운의 기회는 짧은 것이다.

실리우스 이탈리쿠스(고대 로마의 시인, 정치가)

Part 4
법원직 9급

문제 유형	4지선다형
총 문항 수	25문항
경쟁률 (2023년, 법원사무)	18.9:1
합격선 (2023년, 법원사무)	81.19점
시험 안내	법원 시험정보 (https://exam.scourt.go.kr)

제한시간 : 25분   시작 _____시 _____분 ~ 종료 _____시 _____분   나의 점수 _____   회독수 □□□

※ 다음 글을 읽고 물음에 답하시오. [01~03]

우리는 거짓이 사실을 압도하는 사회에서 살고 있다. 사실에 사회적 맥락이 더해진 진실도 자연스레 설 자리를 잃었다. 2016년에 옥스퍼드 사전은 세계의 단어로 '탈진실'을 선정하며 탈진실화가 국지적 현상이 아니라 세계적으로 나타나는 시대적 특성이라고 진단했다. 탈진실의 시대가 시작된 것을 반증하기라도 하듯 '가짜 뉴스'가 사회적 논란거리로 떠올랐다. 가짜 뉴스의 정의와 범위에 대해선 의견이 여러 갈래로 나뉜다. 언론사의 오보에서부터 인터넷 루머까지 가짜 뉴스는 넓은 스펙트럼 안에서 혼란스럽게 사용되고 있다. 전문가들은 가짜 뉴스의 기준을 정하고 범위를 좁히지 않으면 비생산적인 논란만 가중될 수밖에 없다고 지적한다. 2017년 2월 한국언론학회와 한국언론진흥재단이 주최한 세미나에서는 가짜 뉴스를 '정치적·경제적 이익을 위해 의도적으로 언론 보도의 형식을 하고 유포된 거짓 정보'라고 정의하였다.

가짜 뉴스의 역사는 인류 커뮤니케이션의 역사만큼이나 길다. 백제 무왕이 지은 「서동요」는 선화 공주와 결혼하기 위해 그가 거짓 정보를 노래로 만든 가짜 뉴스였다. 1923년 관동 대지진이 났을 때 일본 내무성이 조선인에 대해 악의적으로 허위 정보를 퍼뜨린 일은 가짜 뉴스가 잔인한 학살로 이어진 사건이다. 이처럼 역사 속에서 늘 반복된 가짜 뉴스가 뜨거운 감자로 떠오른 것은 새삼스러운 것처럼 보이지만, 최근 일어나는 가짜 뉴스 현상을 돌아보면 이전의 사례와는 확연히 다른 점을 발견할 수 있다.

'21세기형 가짜 뉴스'의 특징은 논란의 중심에 글로벌 IT 기업이 있다는 점이다. 가짜 뉴스는 더 이상 동요나 입소문을 통해 퍼지지 않는다. 누구나 쉽게 이용하는 매체에 '정식 기사'의 얼굴을 하고 나타난다. 감쪽같이 변장한 가짜 뉴스들은 대중이 뉴스를 접하는 채널이 신문·방송 같은 전통적 매체에서 포털, SNS 등의 디지털 매체로 옮겨 가면서 쉽게 유통되고 확산된다.

㉠가짜 뉴스를 생산하는 이유는 '돈'이다. 뉴스와 관련된 돈은 대부분 광고에서 발생한다. 모든 광고는 광고 중개 서비스를 통하는데, 광고주가 중개 업체에 돈을 지불하면 중개 업체는 금액에 따라 광고를 배치한다. 높은 조회 수가 나오는 사이트일수록 높은 금액의 광고를 배치하는 식이다. 뉴스가 범람하는 상황에서 이용자는 선택과 집중을 할 수밖에 없다. 그 때문에 눈길을 끄는 뉴스가 잘 팔리는 뉴스가 된다. 가짜 뉴스는 선택받을 수 있는 조건을 정확히 알고 대중을 치밀하게 속인다. 어떤 식으로든 눈에 띄고 선택받아 '돈'이 되기 위해 비윤리적이어도 개의치 않고 자극적인 요소들을 자연스럽게 포함한다. 과정이야 어떻든 이윤만 내면 성공이기 때문이다. 이런 이유로 가짜 뉴스는 혐오나 선동과 같은 자극적 요소를 담게 되고, 이렇게 만들어진 가짜 뉴스는 사회 구성원들의 통합을 방해하고 극단주의를 초래한다.

---

01 ㉠으로 인해 발생할 수 있는 사회적 문제로 가장 적절한 것은?

① 광고주와 중개 업체 사이에 위계 관계가 발생한다.
② 소비자가 선택과 집중을 통해 뉴스를 소비하게 된다.
③ 혐오와 선동을 담은 뉴스로 인해 극단주의가 발생한다.
④ 소비자가 높은 금액을 주고 읽어야 하는 가짜 뉴스가 생산된다.

02 윗글에 대한 설명으로 가장 적절하지 않은 것은?

① 가짜 뉴스의 기준과 범위를 정하기 어려운 이유를 제시하고 있다.
② 전문성을 가진 단체가 주최한 세미나에서 정의한 가짜 뉴스의 개념을 제시하고 있다.
③ 가짜 뉴스가 논란거리로 떠오르게 된 시대의 특성을 제시하고 있다.
④ 사용 매체의 변화로 인해 발생한 가짜 뉴스의 특징을 제시하고 있다.

03 윗글을 읽고 나눈 대화로 가장 적절한 것은?

① 가짜 뉴스는 현재에도 입소문을 통해서 주로 전파되고 있어.
② 탈진실화는 아직까진 특정 국가에 한정된 일이라고 볼 수 있겠어.
③ 과거에 가짜 뉴스로 인해 많은 사람이 실제로 사망하는 사건이 벌어지기도 했어.
④ 가짜 뉴스 현상은 과거부터 반복되어온 만큼 과거와 현재 서로 다른 점이 존재하지 않아.

04 〈보기〉의 ㉠과 ㉡을 모두 충족하는 예로 가장 적절한 것은?

> **보기**
>
> 　파생어는 어근에 파생 접사가 결합하여 만들어진다. 이때 접사가 어근의 앞에 결합하는 경우도 있고, ㉠접사가 어근의 뒤에 결합하는 경우도 있다. 또한 어근에 파생 접사가 결합하여 새로운 단어가 형성될 때 ㉡어근의 품사가 바뀌는 경우도 있고, 바뀌지 않는 경우도 있다.

① 오늘따라 저녁노을이 유난히 새빨갛다.
② 아군의 사기를 높여야 승산이 있습니다.
③ 무엇보다 그 책은 쉽고 재미있게 읽힌다.
④ 나는 천천히 달리기가 더 어렵다.

05 ㉠~㉣ 중 〈보기〉의 밑줄 친 부분에 해당하지 않는 것은?

> **보기**
>
> 　높임 표현은 높임의 대상에 따라 주체 높임, 객체 높임, 상대 높임으로 나눌 수 있다. 이 중 객체 높임은 목적어나 부사어가 나타내는 대상, 즉 서술의 객체를 높이는 방법으로 주로 특수 어휘나 부사격 조사 '께'에 의해 실현된다.

지우: 민주야, 너 내일 뭐 할 거니?
민주: 응, 내일 할머니 생신이라서 할머니 ㉠모시고 영화관에 가기로 했어.
지우: 와, 오랜만에 할머니도 뵙고 좋겠다.
민주: 응, 그렇지. 오늘은 할머니께 편지도 써야 할 것 같아.
지우: ㉡할머니께 드릴 선물은 샀어?
민주: 응, 안 그래도 할머니가 허리가 아프셔서 엄마가 안마의자를 사서 ㉢드린대. 나는 용돈을 조금 보태기로 했어.
지우: 아, 할머니께서 ㉣편찮으셨구나.

① ㉠　　　　　　　　② ㉡
③ ㉢　　　　　　　　④ ㉣

※ 다음 글을 읽고 물음에 답하시오. [06~08]

(가) 시원한 여름 저녁이었다.

　바람이 불고 시커먼 구름 떼가 서편으로 몰려 달리고 있었다. 그 구름이 몰려 쌓이는 먼 서편 하늘 끝에선 이따금 칼날 같은 번갯불이 번쩍이곤 했다. 이편 하늘의 별들은 구름 사이사이에서 이상스레 파릇파릇 빛났다. 달은 구름 더미를 요리조리 헤치고 빠져나왔다가는, 새로 몰려오는 구름 더미에 애처롭게도 휘감기곤 했다. 집집의 지붕들은 깊숙하고도 싸늘한 빛으로 물들고, 대기에는 차가운 물기가 돌았다.

　땅 위엔 무언지 불길한 느낌이 들도록 차단한 정적이 흘렀다. 철과 나는 베란다 위에 앉아 있었다. 막연한 원시적인 공포감 같은 소심한 느낌에 사로잡혀 무한정 묵묵히 앉아 있었다. 철은 먼 하늘가에 시선을 준 채 연방 담배를 피웠다. 이렇게 한동안 말없이 앉았다가 철은 문득 다음과 같은 얘기를 들려주었다.

(나) 형은 스물일곱 살이었고 동생은 스물두 살이었다.

　형은 둔감했고 위태위태하도록 솔직했고, 결국 조금 모자란 사람이었다.

　해방 이듬해 삼팔선을 넘어올 때 모두 긴장해서 숨도 제대로 쉬지 못하는 판에 큰 소리로,

　"야하, 이기 바루 그 삼팔선이구나이, 야하."

　이래 놔서 일행 모두의 간담을 서늘하게 한 일이 있었다. 아버지는 그때도 형을 쥐어박았고, 형은 엉엉 울었고, 어머니도 찔끔찔끔 울었다. 아버지는 애초부터 이 형을 단념하고 있었고, 어머니는 불쌍해서 이따금씩 찔끔거리곤 했다.

　물론 평소에 동생에 대한 형으로서의 체모나 위신 같은 것도 전혀 신경을 쓰지 않아서, 이미 철들자부터 형을 대하는 동생의 눈언저리와 입가엔 늘 쓴웃음 같은 것이 어리어 있었으니, 하얀 살갗의 여윈 얼굴에 이 쓴웃음은 동생의 오연한 성미와 잘 어울려 있었다.

　어머니는 형에 대한 아버지의 단념이나 동생의 이런 투가 더 서러웠는지도 몰랐다. 그러나 형은 아버지나 어머니나 동생의 표정에 구애 없이 하루하루가 그저 천하태평이었다. 사변이 일어나자 형제가 다 군인의 몸이 됐다.

　1951년 가을, 제각기 북의 포로로 잡혀 북쪽 후방으로 인계돼 가다가 둘은 더럭 만났다. 해가 질 무렵, 무너진 통천(通川)읍 거리에서였다.

　형은 대뜸 울음보를 터뜨렸다. 펄렁한 야전잠바에 맨머리 바람이었고, 털럭털럭한 군화를 끌고 있었다.

　동생도 한순간은 흠칫했으나, 형이 울음을 터뜨리자 난처한 듯 살그머니 외면을 했다. 형에 비해선 주제가 조금 깔끔해서 산뜻한 초록색 군 작업복 차림이었다.

(다) 동생의 눈에선 다시 눈물이 비어져 나왔다.

　형은 별안간 두 눈이 휘둥그레져서 동생의 얼굴을 멀끔히 마주 처다보더니,

　"왜 우니, 왜 울어, 왜, 왜. 어서 그치지 못하겠니."

　하면서도 도리어 제 편에서 또 울음을 터뜨리고 있었다.

　이튿날, 형의 걸음걸이는 눈에 띄게 절름거렸다. 혼잣소리도 풀이 없었다.

"그만큼 걸었음 무던히 왔구만서두. 에에이, 이젠 좀 그만 걷지덜, 무던히 걸었구만서두."

하고는 주위의 경비병들을 흘끔 곁눈질해 보았다. 경비병들은 물론 알은체도 안 했다. 바뀐 사람들은 꽤나 사나운 패들이었다.

그날 밤 형은 동생을 향해 쓸쓸하게 웃기만 했다.

"칠성아, 너 집에 가거든 말이다. 집에 가거든……."

하고는 또 무슨 생각이 났는지 벌쭉 웃으면서,

"히히, 내가 무슨 소릴 허니. 네가 집에 갈 땐 나두 갈 텐데, 앙 그러니? 내가 정신이 빠졌어."

(라) 한참 뒤엔 또 동생의 어깨를 그러안으면서,

"야, 칠성아!"

동생의 얼굴을 똑바로 마주 쳐다보기만 했다.

바깥은 바람이 세었다. 거적문이 습기 어린 소리를 내며 열리고 닫히곤 하였다. 문이 열릴 때마다 눈 덮인 초라한 들판이 부유스름하게 아득히 뻗었다.

동생의 눈에선 또 눈물이 비어져 나왔다.

형은 또 벌컥 성을 내며,

"왜 우니, 왜? 흐흐흐."

하고 제 편에서 더 더 울었다.

며칠이 지날수록 형의 걸음은 더 절룩거려졌다. 행렬 속에서도 별로 혼잣소릴 지껄이지 않았다. 평소의 형답지 않게 꽤나 조심스런 낯색이었다. 둘레를 두리번거리며 경비병의 눈치를 흘끔거리기만 했다. 이젠 밤에도 동생의 귀에다 입을 대고 이것저것 지껄이지 않았다. 그러나 먼 개 짖는 소리 같은 것에는 여전히 흠칫흠칫 놀라곤 했다. 동생은 또 참다못해 눈물을 흘렸다. 그러나 형은 왜 우느냐고 화를 내지도 않고 울음을 터뜨리지도 않았다. 동생은 이런 형이 서러워 더 더 흐느꼈다.

(마) 그날 밤, 바깥엔 함박눈이 내렸다.

형은 불현듯 동생의 귀에다 입을 댔다.

"너, 무슨 일이 생겨두 날 형이라구 글지 마라, 어엉"

여느 때답지 않게 숙성한 사람 같은 억양이었다.

"울지두 말구 모르는 체만 해, 꼭."

동생은 부러 큰 소리로,

"야하, 눈이 내린다."

형이 지껄일 소리를 자기가 지금 대신하고 있다고 생각했다.

"……."

그러나 이미 형은 그저 꾹 하니 굳은 표정이었다.

동생은 안타까워 또 울었다. 형을 그러안고 귀에다 입을 대고,

"형아, 형아, 정신 차려."

이튿날, 한낮이 기울어서 어느 영 기슭에 다다르자, 형은 동생의 허벅다리를 쿡 찌르고는 걷던 자리에 털썩 주저앉고 말았다.

형의 걸음걸이를 주의해 보아 오던 한 사람이 뒤에서 따발총을 휘둘러 쏘았다.

형은 앉은 채 앞으로 꼬꾸라졌다. 그 사람은 총을 어깨에 둘러메면서,

"메칠을 더 살겠다구 뻐득대? 뻐득대길."

— 이호철, '나상'

---

06 윗글에 대한 다음 설명 중 가장 적절한 것은?

① 인물의 성격을 상세하게 설명하며 희화화하고 있다.

② 이야기를 외부와 내부로 구성하여 주제를 전달하고 있다.

③ 등장인물의 내적 독백과 갈등을 통해 사건을 전개하고 있다.

④ 사건들을 병렬적으로 제시해 사건을 입체적으로 전달하고 있다.

07 〈보기〉를 참고하여 윗글을 감상한 것으로 가장 적절하지 않은 것은?

> **보기**
>
> '나상'은 벌거벗은 모습이라는 뜻으로, 순수한 인간 본연의 모습을 간직한 상태를 말한다. 이 소설은 전쟁 중 포로 호송이라는 상황을 빌려 구성원을 획일화하는 사회에 대해 우회적으로 비판하고 있다. 자유를 억압하는 외부의 감시, 전쟁의 폭력성에 의해 희생되는 개인의 모습을 통해 전쟁 상황에서 근원적인 인간성의 소중함을 전달하고 있다.

① 모자라지만 '둔감하고 위태위태하도록 솔직했'던 형은 순수한 인간 본연의 모습을 간직한 인물로 볼 수 있겠군.

② 형이 '경비병의 눈치를 흘끔거리기만'하는 모습에서 개인의 자유를 억압하는 외부의 감시가 존재함을 확인할 수 있겠군.

③ '형이라구 글지 마라'고 말하는 것은 구성원을 획일화하는 사회에 대한 비판적 인식을 드러낸 것으로 볼 수 있겠군.

④ 한 사람이 '따발총을 휘둘러 쏘'는 장면에서 전쟁의 폭력성과 근원적인 인간성 상실의 모습을 확인할 수 있겠군.

08 윗글에 대한 이해로 가장 적절하지 않은 것은?

① '형'은 모두가 긴장한 상황임을 알고 본인도 긴장하여 아무 소리도 내지 못했다.

② '동생'의 울음을 본 '형'은 울지 말라고 하면서 본인도 울음을 터뜨리고 있다.

③ 시간이 지나 '동생'의 귀에 어떤 말도 하지 않는 '형'의 모습을 보며 '동생'은 서러워했다.

④ '형'은 평소와는 다른 억양으로 '동생'에게 자신을 모른 체하라고 했다.

※ 다음 글을 읽고 물음에 답하시오. [09 ~ 11]

(가) 가시리 가시리잇고 나는
　　　　 ᄇᆞ리고 가시리잇고 나는
　　　　　　 위 증즐가 大平盛代(대평셩되)

　　　　 날러는 엇디 살라 ᄒᆞ고
　　　　 ᄇᆞ리고 가시리잇고 나는
　　　　　　 위 증즐가 大平盛代(대평셩되)

　　　　 잡ᄉᆞ와 두어리마ᄂᆞᄂᆞᆫ
　　　　 ㉠션ᄒᆞ면 아니 올셰라
　　　　　　 위 증즐가 大平盛代(대평셩되)

　　　　 ㉡셜온 님 보내옵노니 나는
　　　　 가시ᄂᆞᆫ 듯 도셔 오쇼셔 나는
　　　　　　 위 증즐가 大平盛代(대평셩되)

　　　　　　　　　　　　 – 작자 미상, '가시리'

(나) 나 보기가 역겨워
　　　 가실 때에는
　　　 말없이 고이 보내 드리우리다.

　　　 영변(寧邊)에 약산(藥山)
　　　 ㉢진달래꽃
　　　 아름 따다 가실 길에 뿌리우리다.

　　　 가시는 걸음걸음
　　　 놓인 그 꽃을
　　　 사뿐히 즈려밟고 가시옵소서.

　　　 나 보기가 역겨워
　　　 가실 때에는
　　　 ㉣죽어도 아니 눈물 흘리우리다.

　　　　　　　　　　　　 – 김소월, '진달래꽃'

09 (가)와 (나)의 공통점으로 가장 적절한 것은?

① 임과의 재회를 희망하는 화자의 의지가 드러나고 있다.
② 구체적인 지명을 통해 이별의 상황을 구체화하고 있다.
③ 이별 상황에 대한 체념과 화자의 자기희생적 태도가 드러나고 있다.
④ 이별의 원인을 외부에서 찾음으로써 임에 대한 원망을 드러내고 있다.

10 ㉠ ~ ㉣에 대해 나눈 대화로 가장 적절하지 않은 것은?

① ㉠에선 화자가 임을 떠나보내는 이유가 드러나며 서러움을 절제하는 화자의 모습이 느껴져.
② ㉡에서 '셜온'의 주체를 화자로 본다면 임 역시 이별 상황을 아쉬워하고 있음을 알 수 있군.
③ ㉢은 임을 향한 변함없는 사랑을 상징하는 소재로, 화자의 분신으로도 볼 수 있겠군.
④ ㉣은 인고의 자세가 드러나는 부분으로 이별 상황에 대한 화자의 슬픔을 반어적으로 강조하고 있군.

11 (가)와 (나)의 형식상의 특징에 대한 설명으로 가장 적절한 것은?

① (가)는 (나)와 달리 수미 상관의 형식을 보이고 있다.
② (나)는 (가)와 달리 시어의 반복을 통해 운율을 형성하고 있다.
③ (가)와 (나) 모두 전통적인 3·3·2조의 3음보 율격을 보이고 있다.
④ (가)와 (나) 모두 기–승–전–결의 4단 구성을 통해 시상을 전개하고 있다.

(가) 구두 닦는 사람을 보면
　　그 사람의 손을 보면
　　구두 끝을 보면
　　㉠검은 것에서도 빛이 난다.
　　흰 것만이 빛나는 것은 아니다.

　　창문 닦는 사람을 보면
　　그 사람의 손을 보면
　　창문 끝을 보면
　　㉡비누 거품 속에서도 빛이 난다.
　　맑은 것만이 빛나는 것은 아니다.

　　청소하는 사람을 보면
　　그 사람의 손을 보면
　　길 끝을 보면
　　㉢쓰레기 속에서도 빛이 난다.
　　깨끗한 것만이 빛나는 것은 아니다.

　　마음 닦는 사람을 보면
　　그 사람의 손을 보면
　　마음 끝을 보면
　　보이지 않는 것에서도 빛이 난다.
　　㉣보이는 빛만이 빛은 아니다.
　　닦는 것은 빛을 내는 일

　　성자가 된 청소부는
　　청소를 하면서도 성자이며
　　성자이면서도 청소를 한다.
　　　　　　　　　　- 천양희, '그 사람의 손을 보면'

(나) 왜 나는 조그마한 일에만 분개하는가
　　저 왕궁 대신에 왕궁의 음탕 대신에
　　50원짜리 갈비가 기름 덩어리만 나왔다고 분개하고
　　옹졸하게 분개하고 설렁탕집 돼지 같은 주인 년한테 욕
을 하고
　　옹졸하게 욕을 하고

　　한번 정정당당하게
　　붙잡혀 간 소설가를 위해서
　　언론의 자유를 요구하고 월남 파병에 반대하는
　　자유를 이행하지 못하고
　　20원을 받으러 세 번씩 네 번씩
　　찾아오는 야경꾼들만 증오하고 있는가

　　옹졸한 나의 전통은 유구하고 이제 내 앞에 정서(情緒)로
가로놓여 있다
　　이를테면 이런 일이 있었다
　　부산에 포로수용소의 제14야전병원에 있을 때

　　정보원이 너스들과 스펀지를 만들고 거즈를
　　개키고 있는 나를 보고 포로 경찰이 되지 않는다고
　　남자가 뭐 이런 일을 하고 있느냐고 놀린 일이 있었다
　　너스들 옆에서

　　지금도 내가 반항하고 있는 것은 이 스펀지 만들기와
　　거즈 접고 있는 일과 조금도 다름없다
　　개의 울음소리를 듣고 그 비명에 지고
　　머리에 피도 안 마른 애놈의 투정에 진다
　　떨어지는 은행나무 잎도 내가 밟고 가는 가시밭

　　아무래도 나는 비켜서 있다 ⓐ절정 위에는 서 있지
　　않고 암만해도 조금쯤 옆으로 비켜서 있다
　　그리고 조금쯤 옆에 서 있는 것이 조금쯤
　　비겁한 것이라고 알고 있다!

　　그러니까 이렇게 옹졸하게 반항한다
　　이발쟁이에게
　　땅 주인에게는 못하고 이발쟁이에게
　　구청 직원에게는 못하고 동회 직원에게도 못하고
　　야경꾼에게 20원 때문에 10원 때문에 1원 때문에
　　우습지 않으냐 1원 때문에

　　모래야 나는 얼마큼 작으냐
　　바람아 먼지야 풀아 나는 얼마큼 작으냐
　　정말 얼마큼 작으냐……
　　　　　　　　　　- 김수영, '어느 날 고궁을 나오면서'

12 (가)의 ㉠~㉣ 중 〈보기〉의 밑줄 친 ㉮와 성격이 가장 다른 것은?

보기

　텔레비전을 끄자
　㉮풀벌레 소리 / 어둠과 함께 방안 가득 들어온다
　어둠 속에서 들으니 벌레 소리들 환하다
　별빛이 묻어 더 낭랑하다
　귀뚜라미나 여치 같은 큰 울음 사이에는
　너무 작아 들리지 않는 소리도 있다
　그 풀벌레들의 작은 귀를 생각한다
　내 귀에는 들리지 않는 소리들이 드나드는
　까맣고 좁은 통로들을 생각한다
　그 통로의 끝에 두근거리며 매달린
　여린 마음들을 생각한다
　발뒤꿈치처럼 두꺼운 내 귀에 부딪혔다가
　되돌아간 소리들을 생각한다
　브라운관이 뿜어낸 현란한 빛이
　내 눈과 귀를 두껍게 채우는 동안
　그 울음소리들은 수 없이 나에게 왔다가
　너무 단단한 벽에 놀라 되돌아갔을 것이다
　하루살이처럼 전등에 부딪쳤다가
　바닥에 새카맣게 떨어졌을 것이다
　크게 밤공기를 들이쉬니
　허파 속으로 그 소리들이 들어온다
　허파도 별빛이 묻어 조금은 환해진다

　　　　　　　　　　－ 김기택, '풀벌레들의 작은 귀를 생각함'

① ㉠　　　　　　　　　　② ㉡
③ ㉢　　　　　　　　　　④ ㉣

13 (나)에 대한 이해로 가장 적절하지 않은 것은?

① 화자는 일상적 경험들을 나열하여 삶을 성찰하고 있어.
② 화자는 비속어 사용을 통해 자신의 속된 모습을 솔직하게 노출하고 있어.
③ 화자는 과거로부터 지속된 옹졸한 태도가 체질화되었음을 고백하고 있어.
④ 화자는 미비한 자연물과의 대비를 통해 자신의 왜소함을 극복하고 있어.

14 (가)와 (나)의 공통점으로 가장 적절하지 않은 것은?

① 대조적 의미의 시구를 제시하여 시상을 전개하고 있다.
② 일상적 시어를 사용하여 시적 정황을 드러내고 있다.
③ 유사한 문장 구조의 반복을 통해 운율을 형성하고 있다.
④ 역설적 인식을 통해 대상에 대한 화자의 태도를 드러낸다.

15 (나)의 ⓐ의 삶을 구현하고 있는 인물로 가장 보기 어려운 경우는?

① 악덕 기업의 제품 불매 운동에 참여하고 있는 중학생
② 불합리한 외교 조약에 대해 반대 시위를 벌이는 시민
③ 자신에게 불리한 인사 평가 제도에 대해 불평하는 회사원
④ 대기업의 노동 착취에 대해 비판적 논조의 기사를 쓴 기자

16 〈보기 1〉을 바탕으로 〈보기 2〉를 탐구한 내용으로 가장 적절하지 않은 것은?

보기 1

㉠ 시제 선어말 어미 없이 과거 시제를 표현하는 경우가 있었음.
㉡ 서술어의 주체를 높이는 방법 중 하나로 선어말 어미를 사용하였음.
㉢ 현대 국어에서 두음 법칙의 적용을 받는 단어들이 두음 법칙의 적용을 받지 않았음.
㉣ 특정 부류의 모음이 같이 나타나는 모음 조화 현상이 엄격히 지켜졌음.
㉤ 주어의 인칭에 따라 의문형 어미가 달리 나타나는 경우가 있었음.

보기 2

ⓐ 남기 새 닢 나니이다
　[나무에 새 잎이 났습니다.]
ⓑ 이 사ᄅᆞ미 내 닐온 ᄠᅳ들 아ᄂᆞ녀
　[이 사람이 내가 이른 뜻을 아느냐?]
ⓒ 大王이 出슈ᄒᆞ샤딕 뉘 바ᄅᆞ래 드러가려 ᄒᆞᄂᆞ뇨
　[대왕이 출령하시되 "누가 바다에 들어가려 하느냐?"]

① ⓐ의 '나니이다'에서 ㉠을 확인할 수 있군.
② ⓒ의 '出슈ᄒᆞ샤딕'에서 ㉡을 확인할 수 있군.
③ ⓑ의 '닐온'에서 ㉢을, 'ᄠᅳ들'에서 ㉣을 확인할 수 있군.
④ ⓑ의 '아ᄂᆞ녀'와 ⓒ의 'ᄒᆞᄂᆞ뇨'에서 ㉤을 확인할 수 있군.

(가) 임이여 강을 건너지 마오　　　　公無渡河
　　　임은 마침내 강을 건너는구료　　公竟渡河
　　　물에 빠져 죽으니　　　　　　　墮河而死
　　　㉠이 내 임을 어이할꼬　　　　　當奈公何

　　　　　　　　　　　　　　　　– 작자 미상, '공무도하가'

(나) 고인(古人)도 날 못 보고 나도 고인 못 뵈
　　　고인을 못 봐도 녀든 길 알픠 잇너
　　　녀든 길 알픠 잇거든 아니 녀고 엇졀고

　　　　　　　　　　　　　　　　– 이황, '도산십이곡'

(다) 한숨아 셰 한숨아 네 어늬 틈으로 드러온다
　　　고모장즈 셰살장즈 가로다지 여다지에 암돌져귀 수돌져
　　　귀 빈목걸새 쑥닥 박고 용(龍) 거북 즈물쇠로 수기 수기 츳
　　　엿느듸 병풍(屛風)이라 덜걱 져븐 족자(簇子)ㅣ라 듼듼글
　　　몬다 네 어늬 틈으로 드러온다
　　　어인지 너 온 날 밤이면 줌 못 드러 ㅎ노라

　　　　　　　　　　　　　　　　– 작자 미상

17 (가) ~ (다)의 공통점으로 가장 적절한 것은?

① 과장적 표현을 통해 화자의 처지를 드러내고 있다.
② 의문형 진술을 활용하여 화자의 정서를 드러내고 있다.
③ 유사한 문장 구조의 반복을 통해 시적 의미를 강조하고 있다.
④ 반어적 표현을 통해 시적 상황을 거부하는 화자를 표현하고 있다.

18 (가)의 밑줄 친 ㉠과 가장 유사한 정서가 드러나는 것은?

① 혹시나 하고 나는 밖을 기웃거린다 / 나는 풀이 죽는다 / 빗발은 한 치 앞을 못 보게 한다 / 왠지 느닷없이 그렇게 퍼붓는다 / 지금은 어쩔 수가 없다고　– 김춘수, '강우'
② 겨울 되자 온 세상 수북이 눈은 내려 / 저마다 하얗게 하얗게 분장하지만 / 나는 / 빈 가지 끝에 홀로 앉아 / 말없이 / 먼 지평선을 응시하는 한 마리 / 검은 까마귀가 되리라
　　　　　　　　　　　　– 오세영, '자화상 2'
③ 그런 사람들이 / 이 세상에서 알파이고 / 고귀한 인류이고 / 영원한 광명이고 다름 아닌 시인이라고
　　　　　　　　　　　– 김종삼, '누군가 나에게 물었다'
④ 동방은 하늘도 다 끝나고 / 비 한 방울 내리잖는 그때에도 / 오히려 꽃은 빨갛게 피지 않는가 / 내 목숨을 꾸며 쉬임 없는 날이여　　　　– 이육사, '꽃'

19 (나)와 (다)의 형식적 특징에 대한 설명으로 가장 적절하지 않은 것은?

① (나)는 각 장이 4음보의 전통적인 율격으로 되어 있다.
② (다)는 중장이 다른 장에 비해 현저히 길어진 구성을 취하고 있다.
③ (나)와 (다)는 모두 초장, 중장, 종장의 3장 구성으로 되어 있다.
④ (다)는 (나)와 달리 종장의 첫 음보 음절 수가 지켜지지 않고 있다.

※ 다음 글을 읽고 물음에 답하시오. [20 ~ 22]

'수오재(守吾齋)*'라는 이름은 큰형님이 자기 집에 붙인 이름이다. 나는 처음에 이 이름을 듣고 이상하게 생각했다.
"나와 굳게 맺어져 있어 서로 떨어질 수 없는 사물 가운데 나[吾]보다 더 절실한 것은 없다. 그러니 굳이 지키지 않아도 어디로 가겠는가. 이상한 이름이다."
내가 장기로 귀양 온 뒤에 혼자 지내면서 곰곰이 생각해 보다가, 하루는 갑자기 이 의문점에 대해 해답을 얻게 되었다. 나는 벌떡 일어나서 말했다.
"천하 만물 가운데 지킬 것은 하나도 없지만, 오직 나[吾]만은 지켜야 한다. 내 밭을 지고 달아날 자가 있는가. 밭은 지킬 필요가 없다. 내 집을 지고 달아날 자가 있는가. 집도 지킬 필요가 없다. 내 정원의 여러 가지 꽃나무나 과일나무들을 뽑아 갈 자가 있는가. 그 뿌리는 땅속에 깊이 박혔다. 내 책을 훔쳐 없앨 자가 있는가. 성현의 경전이 세상에 퍼져 물이나 불처럼 흔한데, 누가 감히 없앨 수 있겠는가. 내 옷이나 양식을 훔쳐서 나를 옹색하게 하겠는가. 천하에 있는 실이 모두 내가 입을 옷이며, 천하에 있는 곡식이 모두 내가 먹을 양식이다. 도둑이 비록 훔쳐 간대야 한두 개에 지나지 않을 테니, 천하의 모든 옷과 곡식을 없앨 수 있겠는가. 그러니 천하 만물은 모두 지킬 필요가 없다.
그런데 오직 ㉠나[吾]라는 것만은 잘 달아나서, 드나드는데 일정한 법칙이 없다. 아주 친밀하게 붙어 있어서 서로 배반하지 못할 것 같다가도, 잠시 살피지 않으면 어디든지 못 가는 곳이 없다. 이익으로 꾀면 떠나가고, 위험과 재앙이 겁을 주어도 떠나간다. 마음을 울리는 아름다운 음악 소리만 들어도 떠나가며, 눈썹이 새까맣고 이가 하얀 미인의 요염한 모습만 보아도 떠나간다. 한 번 가면 돌아올 줄을 몰라서, 붙잡아 만류할 수가 없다. 그러니 천하에 나[吾]보다 더 잃어버리기 쉬운 것은 없다. 어찌 실과 끈으로 묶고 빗장과 자물쇠로 잠가서 나를 굳게 지키지 않겠는가."

나는 나를 잘못 간직했다가 잃어버렸던 자다. 어렸을 때 과거가 좋게 보여서, 10년 동안이나 과거 공부에 빠져들었다. 그러다가 결국 처지가 바뀌어 조정에 나아가 검은 사모관대*에 비단 도포를 입고, 12년 동안이나 대낮에 미친 듯이 큰길을 뛰어다녔다. 그러다가 또 처지가 바뀌어 한강을 건너고 문경 새재를 넘게 되었다. 친척과 조상의 무덤을 버리고 곧바로 아득한 바닷가의 대나무 숲에 달려와서야 멈추게 되었다. 이때에는 나[吾]에게 물었다.

"너는 무엇 때문에 여기까지 왔느냐? 여우나 도깨비에게 홀려서 끌려왔느냐? 아니면 바다 귀신이 불러서 왔는가? 네 가정과 고향이 모두 초천에 있는데, 왜 그 본바닥으로 돌아가지 않느냐?"

그러나 나[吾]는 끝내 멍하니 움직이지 않으며 돌아갈 줄을 몰랐다. 얼굴빛을 보니 마치 얽매인 곳에 있어서 돌아가고 싶어도 돌아가지 못하는 것 같았다. 그래서 결국 붙잡아 이곳에 함께 머물렀다. 이때 둘째 형님도 나[吾]를 잃고 나를 쫓아 남해 지방으로 왔는데, 역시 나[吾]를 붙잡아서 그곳에 함께 머물렀다.

오직 내 큰형님만 나[吾]를 잃지 않고 편안히 단정하게 수오재에 앉아 계시니, 본디부터 지키는 것이 있어서 나[吾]를 잃지 않았기 때문이 아니겠는가. 이게 바로 큰형님이 그 거실에 수오재라고 이름 붙인 까닭일 것이다.

큰형님은 언제나 말씀하셨다.

"아버님께서 내게 태현(太玄)이라고 자를 지어 주셔서, 나는 오로지 내 태현을 지키려고 했다네. 그래서 내 거실에다가 그렇게 이름을 붙인 거지."

하지만 이것은 핑계다. 맹자가 말씀하시기를 "무엇을 지키는 것이 큰가? 몸을 지키는 것이 크다."라고 했으니, 이 말씀이 진실이다. 내가 스스로 말한 내용을 써서 큰형님께 보이고, 수오재의 기로 삼는다.

– 정약용, '수오재기'

* 수오재: 나를 지키는 집

* 사모관대: 벼슬아치의 예복

20 윗글의 서술상 특징으로 가장 적절하지 않은 것은?

① 글쓴이가 얻은 깨달음의 내용을 열거를 통해 제시하고 있다.
② 대상에 대한 의문을 타인과의 문답 과정을 통해 해소하고 있다.
③ 옛 성현의 말을 인용하여 자신의 주장에 설득력을 높이고 있다.
④ 서두에 대상에 대한 의문을 제시함으로써 독자의 흥미를 유발하고 있다.

21 윗글을 이해한 내용으로 가장 적절하지 않은 것은?

① '큰형님'은 자신의 집 거실에 직접 '수오재'라는 이름을 붙였다.
② '나'는 과거에 급제하여 관직에 나아가 10년 이상 나랏일을 했다.
③ '나'는 '수오재'에 대해 생긴 의문에 대한 해답을 장기에 와서 얻는다.
④ '둘째 형님'은 '나'와 마찬가지로 귀양을 왔으나, 깨달음을 얻지 못했다.

22 ㉠에 대한 설명으로 가장 적절한 것은?

① 누가 훔쳐 가기 쉬운 밭과 달리, 스스로 달아나기를 잘한다.
② 나를 옹색하게 만드는 옷과 달리, 유혹에 쉽게 떠나가지 않는다.
③ 널리 퍼져 없애기 어려운 책과 달리, 살피지 않으면 금세 달아난다.
④ 누군가 가져가면 돌아오지 않는 양식과 달리, 떠났다가도 곧 돌아온다.

프레임(frame)은 영화와 사진 등의 시각 매체에서 화면 영역과 화면 밖의 영역을 구분하는 경계로서의 틀을 말한다. 카메라로 대상을 포착하는 행위는 현실의 특정한 부분만을 떼어내 프레임에 담는 것으로, 찍은 사람의 의도와 메시지를 ㉠내포한다. 그런데 문, 창, 기둥, 거울 등 주로 사각형이나 원형의 형태를 갖는 물체들을 이용하여 프레임 안에 또 다른 프레임을 만드는 경우가 있다. 이런 기법을 '이중 프레이밍', 그리고 안에 있는 프레임을 '이차 프레임'이라 칭한다. 이차 프레임의 일반적인 기능은 크게 세 가지로 구분할 수 있다. 먼저, 화면 안의 인물이나 물체에 대한 시선 ㉡유도 기능이다. 대상을 틀로 에워싸기 때문에 시각적으로 강조하는 효과가 있으며, 대상이 작거나 구도의 중심에서 벗어나 있을 때도 존재감을 부각하기가 용이하다. 또한 프레임 내 프레임이 많을수록 화면이 다층적으로 되어, 자칫 밋밋해질 수 있는 화면에 깊이감과 입체감이 부여된다. 광고의 경우, 설득력을 높이기 위해 이차 프레임 안에 상품을 위치시켜 주목을 받게 하는 사례들이 있다.

다음으로, 이차 프레임은 작품의 주제나 내용을 암시하기도 한다. 이차 프레임은 시각적으로 내부의 대상을 외부와 분리하는데, 이는 곧잘 심리적 단절로 이어져 구속, 소외, 고립 따위를 ㉢환기한다. 그리고 이차 프레임 내부의 대상과 외부의 대상 사이에는 정서적 거리감이 조성되기도 한다. 어떤 영화들은 작중 인물을 문이나 창을 통해 반복적으로 보여 주면서, 그가 세상으로부터 격리된 상황을 암시하거나 불안감, 소외감 같은 인물의 내면을 시각화하기도 한다.

마지막으로, 이차 프레임은 '이야기 속 이야기'인 액자형 서사 구조를 지시하는 기능을 하기도 한다. 일례로, 어떤 영화는 작중 인물의 현실 이야기와 그의 상상에 따른 이야기로 구성되는데, 카메라는 이차 프레임으로 사용된 창을 비추어 한 이야기의 공간에서 다른 이야기의 공간으로 들어가거나 빠져 나온다.

그런데 현대에 이를수록 시각 매체의 작가들은 이차 프레임의 ㉣범례에서 벗어나는 시도들로 다양한 효과를 끌어내기도 한다. 가령 이차 프레임 내부 이미지의 형체를 식별하기 어렵게 함으로써 관객의 지각 행위를 방해하여, 강조의 기능을 무력한 것으로 만들거나 서사적 긴장을 유발하기도 한다. 또 문이나 창을 봉쇄함으로써 이차 프레임으로서의 기능을 상실시켜 공간이나 인물의 폐쇄성을 드러내기도 한다. 혹은 이차 프레임 내의 대상이 그 경계를 넘거나 파괴하도록 하여 호기심을 자극하고 대상의 운동성을 강조하는 효과를 낳는 사례도 있다.

23 윗글에 대한 다음 설명 중 가장 적절하지 않은 것은?

① 이차 프레임의 기능을 병렬적으로 나열하고 있다.
② 이차 프레임이 사용되는 다양한 예시를 제시하고 있다.
③ 이차 프레임의 효과에 대한 전문가의 견해를 인용하고 있다.
④ 프레임, 이중 프레이밍, 이차 프레임의 개념을 정의하고 있다.

24 문맥상 ㉠~㉣의 의미로 가장 적절하지 않은 것은?

① ㉠: 어떤 성질이나 뜻 따위를 속에 품음.
② ㉡: 사람이나 물건을 목적한 장소나 방향으로 이끎.
③ ㉢: 탁한 공기를 맑은 공기로 바꿈.
④ ㉣: 예시하여 모범으로 삼는 것.

25 윗글을 이해한 내용으로 가장 적절한 것은?

① 프레임 밖의 영역에는 찍은 사람의 의도와 메시지가 담긴다.
② 이차 프레임 안의 대상과 밖의 대상 사이에는 거리감이 조성되기도 한다.
③ 이차 프레임 내 대상의 크기가 작을 경우에는 대상의 존재감이 강조되기 어렵다.
④ 이차 프레임 안의 화면을 식별하기 어렵게 만들 경우, 역설적으로 대상을 강조하는 효과가 발생한다.

정답 및 해설: 해설집 p.102
(문제집 p.275에서 전체 정답표를 확인하실 수 있습니다.)

모바일 자동 채점 + 성적 분석 서비스 바로 가기
QR코드를 이용해 모바일로 간편하게 채점하고 나의 실력이 어느 정도인지, 취약 부분이 어디인지 바로 파악해 보세요!

※ 다음 글을 읽고 물음에 답하시오. [01 ~ 03]

20세기의 두드러진 특징 중 하나는 세계 모든 나라에서 학교라 불리는 교육 기관들이 엄청나게 빠른 속도로 성장했으며, 각국의 학생들이 교육을 받기 위해 학교로 몰려들었다는 것이다. 예를 들어 한국의 대학생 수는 1945년 약 8000명이었지만, 2010년 약 350만 명으로 증가했다. 무엇이 학교를 이토록 팽창하게 만들었을까? ㉠학교 팽창의 원인은 학습 욕구 차원, 경제적 차원, 정치적 차원, 사회적 차원에서 설명될 수 있다.

먼저 학습 욕구 차원에서, 인간은 지적·인격적 성장을 위한 학습 욕구를 지니고 있다. 그리고 부모들은 자식의 지적·인격적 성장을 바라는 마음이 있다. 특히 한국인은 배움에 높은 가치를 부여하기 때문에, 한국 사회에서는 부모가 자식에게 최선의 배움의 기회를 제공하는 것이 부모가 자식에게 해주어야 할 의무로 인식되는 경향이 있다. 이러한 학습에 대한 욕구가 학교를 팽창하게 만드는 요인 중 하나인 것이다.

다음으로 경제적 차원에서 학교는 산업 사회가 성장하는 데 있어서 필수적인 인력 양성 기관의 역할을 담당하였다. 전통적인 농경 사회에서는 특별한 기능이나 기술의 훈련이 필요하지 않았지만, 산업 사회에서는 훈련 받은 인재가 필요하였다. 이러한 산업 사회의 과제를 해결하기 위한 기관이 학교였다. 산업 수준이 더욱 고도화됨에 따라 학교 교육의 기간도 장기화된다. 경제 규모의 확대와 산업 기술 수준의 향상은 학교를 팽창하게 만드는 요인 중 하나인 것이다.

다음으로 정치적 차원에서 학교는 국민 통합을 이룰 수 있는 장치였다. 통일 국가에서는 언어, 역사의식, 가치관, 국가 이념 등을 모든 국가 구성원들에게 가르쳐야 했다. 그리고 국민 통합 교육은 사교육에 맡겨둘 수 없었다. 이러한 맥락에서 학교에서의 의무 교육 제도는 국민 통합 교육을 위한 국가적 필요에 의해 시작된 것으로 볼 수 있다. 국민 통합의 필요는 학교를 팽창하게 만드는 요인 중 하나인 것이다.

마지막으로 사회적 차원에서 학교의 팽창은 현대 사회가 학력 사회로 변화된 데에 기인한다. 신분 제도가 무너진 뒤 그 자리를 채운 학력 제도에서, 학력은 각자의 능력을 판단하는 잣대로 활용되었다. 막스 베버는 그의 저서 《경제와 사회》에서 사회적으로 대접 받고 높은 관직에 오르기 위해서 과거에는 명문가의 족보가 필요했지만, 오늘날에는 학력 증명이 있어야 한다고 주장했다. 나아가 그는 높은 학력을 가진 사람은 사회 경제적으로 높은 지위를 독점할 수 있다고 기술한 바 있다. 현대 사회의 학력 사회로의 변모는 학교가 팽창하게 되는 요인 중 하나인 것이다.

01 윗글의 전개 방식에 대한 설명으로 가장 적절하지 않은 것은?

① 의문문을 활용하여 독자의 궁금증을 유발하고 있다.
② 특정 현상의 원인을 다양한 차원에서 병렬적으로 제시하고 있다.
③ 특정 현상을 대략적인 수치 자료를 예로 제시하며 설명하고 있다.
④ 특정 현상의 역사적 의의를 제시하며 현대 사회가 나아가야 할 방향을 제시하고 있다.

02 윗글을 읽고 난 후, ㉠에 대해 보인 반응으로 가장 적절하지 않은 것은?

① 갑: 학습 욕구 차원에서, 인간은 자신의 내적 성장에 대한 욕구가 있기 때문일 거야.
② 을: 경제적 차원에서, 산업 기술 수준이 향상됨에 따라 필요한 훈련된 인력을 기르는 역할을 학교가 담당하기 때문일 거야.
③ 병: 정치적 차원에서, 국가의 가치관, 언어, 역사의식 등을 국가 구성원에게 가르치는 일이 학교를 통해 이루어지기 때문일 거야.
④ 정: 사회적 차원에서, 산업 수준이 더욱 고도화되면서 산업 사회의 과제를 해결하기 위한 기관이 학교이기 때문일 거야.

03 윗글의 막스 베버와 〈보기〉의 A, B의 견해를 비교한 내용으로 가장 적절한 것은?

보기

학교 교육이 사회의 평등 장치인가에 대해 사회학자 A와 B는 상반된 견해를 가진다. A는 학교가 학생들의 능력에 따라 성적을 주고, 그 성적에 따라 상급 학년에 진급시키고 졸업시켜, 상급 학교에 진학시키므로 학력은 개인의 능력에 따라 차별화된다고 본다. 또한 높은 학력을 통해 능력을 인정받은 개인은 희소가치가 높은 노동을 제공함으로써 높은 소득을 얻고 계층 상승을 이룰 수 있다고 본다.

반면, B는 상급 학교의 진학은 개인의 능력만을 반영하지 않고 부모의 사회적 지위와 소득의 영향을 받는다고 본다. 또한 학교 교육을 통해 계층 상승을 이룰 수 있는 사람들은 대개 기존부터 중류층 이상이었던 사람들이라고 주장한다. 나아가 상류층일수록 학력이 낮아도 높은 지위에 쉽게 오르는 경향이 있다고 이야기한다.

① A와 달리, 막스 베버는 고학력을 취득한 사람이 저학력을 취득한 사람보다 능력이 뛰어나다고 생각한다.
② B와 달리, 막스 베버는 사회 경제적으로 높은 지위를 차지하기 위해서 개인의 학력보다 부모의 지위가 중요하다고 생각한다.
③ A와 막스 베버는 모두 학력을 통해 높은 계층의 지위를 차지할 수 있다고 생각한다.
④ B와 막스 베버는 모두 높은 관직에 오르기 위해서는 명문가에서 태어나는 것이 뛰어난 학력을 가지는 것보다 중요하다고 생각한다.

04 〈보기〉의 문장에 대한 설명으로 가장 적절하지 않은 것은?

보기

○ 나는 ㉠동생이 산 사탕을 먹었다.
○ ㉡철수가 산책했던 공원은 부산에 있다.
○ 민경이는 ㉢숙소로 돌아가기를 원한다.
○ 지금은 ㉣학교에 가기에 늦은 시간이다.

① ㉠은 안은문장의 목적어를 수식하는 관형절이다.
② ㉡은 안은문장의 주어를 수식하는 부사절이다.
③ ㉢은 조사 '를'과 결합하여 안은문장의 목적어로 쓰이고 있다.
④ ㉣은 조사 '에'와 결합하여 안은문장의 부사어로 쓰이고 있다.

※ 다음 글을 읽고 물음에 답하시오. [05 ~ 08]

기업은 다른 기업들과의 경쟁에서 이기고, 자신이 설정한 경영 목표를 달성하기 위해서 기업의 사업 내용과 목표 시장 범위를 결정하는데, 이를 기업 전략이라고 한다. 즉 기업 전략은 다양한 사업의 *포트폴리오를 전사적(全社的) 차원에서 어떻게 ㉠구성하고 조정할 것인가를 결정하는, 즉 참여할 사업을 결정하는 것이라고 할 수 있다.

기업 전략의 구체적 예로 기업 다각화 전략을 들 수 있다. 기업 다각화 전략은 한 기업이 복수의 산업 또는 시장에서 복수의 사업을 영위하기 위한 전략으로, 제품 다각화 전략, 지리적 시장 다각화 전략, 제품 시장 다각화 전략으로 크게 구분된다. 이는 다시 제품이나 판매 지역 측면에서 관련된 사업에 종사하는 관련 다각화와 관련이 없는 사업에 종사하는 비관련 다각화로 구분된다. 리처드 러멜트는 미국의 다각화 기업을 구분하며, 관련 사업에서 70% 이상의 매출을 올리는 기업을 관련 다각화 기업, 70% 미만의 매출을 올리는 기업을 비관련 다각화 기업으로 명명했다.

기업 다각화는 범위의 경제성을 창출함으로써 수익 증대에 ㉡기여한다. 범위의 경제성이란 하나의 기업이 동시에 복수의 사업 활동을 하는 것이, 복수의 기업이 단일의 사업 활동을 하는 것보다 총비용이 적고 효율적이라는 이론이다. 범위의 경제성은 한 기업이 여러 제품을 동시에 생산할 때, 투입되는 요소 중 공통적으로 투입되는 생산 요소가 존재하기 때문에 투입 요소 비용이 적게 발생한다는 사실을 통해 설명된다.

또한 다각화된 기업은 기업 내부 시장을 활용함으로써 새로운 가치를 ㉢창출할 수 있다. 여러 사업부에서 나오는 자금을 통합하여 활용할 수 있는 내부 자본 시장을 갖추었을 뿐 아니라 여러 사업부에서 훈련된 인력을 전출하여 활용할 수 있는 내부 노동 시장도 갖추었기 때문이다. 새로운 인력을 채용하여 교육시키는 데 많은 시간과 비용이 들어감을 고려하면, 다각화된 기업은 신규 기업에 비해 훨씬 ㉣우월한 위치에서 경쟁할 수 있다.

한편 다각화를 함으로써 기업은 사업 부문들의 경기 순환에서 오는 위험을 줄일 수 있다. 예를 들어 기업의 주력 사업이 반도체, 철강, 조선과 같이 불경기와 호경기가 반복적으로 순환되는 사업 분야일수록, 기업은 (a)분야의 다각화를 함으로써 경기가 불안정할 때에도 자금 순환의 안정성을 비교적 (b)할 수 있다.

* 포트폴리오: 다양한 투자 대상에 분산하여 자금을 투입하여 운용하는 일

05 윗글에 대한 설명으로 가장 적절한 것은?

① 특정 개념이 성립하게 된 배경을 설명한 후, 개념의 역사적 의의를 서술하고 있다.

② 특정 개념의 장단점을 소개한 후, 단점을 극복하는 방안들을 서술하고 있다.

③ 특정 개념의 구체적 예를 제시한 후, 예에 해당하는 내용을 상세하게 설명하고 있다.

④ 특정 개념을 바라보는 다양한 학자들의 견해를 비교하며 절충안을 도출하고 있다.

06 윗글의 문맥을 고려하여, 윗글의 a, b 부분에 들어갈 단어를 가장 적절하게 추론한 것은?

	a	b
①	비관련	확보
②	비관련	제거
③	관련	확보
④	관련	제거

07 윗글에 대한 이해로 가장 적절한 것은?

① 범위의 경제성에 의하면 한 기업이 제품A, 제품B를 모두 생산하는 것은, 서로 다른 두 기업이 각각 제품A, 제품B를 생산하는 것보다 비효율적이다.

② 다각화된 기업은 여러 사업부에서 나오는 자금을 통합하여 활용할 수 없다.

③ 신규 기업은 새로운 인력을 채용하고 교육하는 것에 부담이 있다.

④ 리처드 러멜트에 의하면, 관련 사업에서 50%의 매출을 올리는 기업은 관련 다각화 기업이다.

08 밑줄 친 단어 ㉠~㉣의 사전적 의미로 가장 적절하지 않은 것은?

① ㉠: 몇 가지 부분이나 요소들을 모아서 일정한 전체를 짜이룸.

② ㉡: 도움이 되도록 이바지함.

③ ㉢: 사업 따위를 처음으로 이루어 시작함.

④ ㉣: 다른 것보다 나음.

09 〈보기1〉을 참고하여 〈보기2〉의 ㉠~㉣에 대해 설명한 내용으로 가장 적절하지 않은 것은?

> **보기1**
> 중세 국어에서 의문문은 해당 의문문이 의문사에 대한 대답을 요구하는 설명 의문문인지, 가부(可否)에 대한 대답을 요구하는 판정 의문문인지, 의문문의 주어가 몇 인칭인지, 상대 높임 등급이 어떠한지 등에 따라 다양한 방법으로 실현되었다.
> 예를 들어, 체언에 의문 보조사가 붙는 경우 설명 의문문이면 의문 보조사 '고'가, 판정 의문문이면 의문 보조사 '가'가 결합되었다. 청자가 주어가 되는 2인칭 주어 의문문에서는 어미 '-ㄴ다'가 사용되었으며, 한라체 상대 높임 등급에서 설명 의문문은 '-뇨'가 사용되었다.

> **보기2**
> ○ ㉠: 이 ᄯᆞ리 너희 죵가 (이 딸이 너희의 종인가?)
> ○ ㉡: 얻논 藥이 므스것고 (얻는 약이 무엇인가?)
> ○ ㉢: 네 信ᄒᆞᆫ다 아니 ᄒᆞᆫ다 (네가 믿느냐 아니 믿느냐?)
> ○ ㉣: 究羅帝가 이제 어듸 잇ᄂᆞ뇨 (구라제가 이제 어디 있느냐?)

① ㉠은 판정 의문문이므로 의문 보조사 '가'가 사용되었다.

② ㉡은 설명 의문문이므로 의문 보조사 '고'가 사용되었다.

③ ㉢의 주어는 2인칭 청자이므로 어미 '-ㄴ다'가 사용되었다.

④ ㉣은 판정 의문문이므로 어미 '-뇨'가 사용되었다.

※ 다음 글을 읽고 물음에 답하시오. [10 ~ 13]

(가) 서경(西京)이 아즐가 서경(西京)이 셔울히마르는
　　위 두어렁셩 두어렁셩 다링디리
　　닷곤 딕 아즐가 닷곤 딕 쇼셩경 고외마른
　　위 두어렁셩 두어렁셩 다링디리
　　여히므론 아즐가 여히므론 질삼뵈 브리시고
　　위 두어렁셩 두어렁셩 다링디리
　　괴시란딕 아즐가 괴시란딕 우러곰 좃니노이다
　　위 두어렁셩 두어렁셩 다링디리

　　구스리 아즐가 구스리 바회예 디신돌
　　위 두어렁셩 두어렁셩 다링디리
　　긴힛똔 아즐가 긴힛똔 그츠리잇가 나논
　　위 두어렁셩 두어렁셩 다링디리
　　즈믄 히를 아즐가 즈믄 히를 외오곰 녀신돌
　　위 두어렁셩 두어렁셩 다링디리
　　신(信)잇돈 아즐가 신(信)잇돈 그츠리잇가 나논
　　위 두어렁셩 두어렁셩 다링디리

　　대동강(大同江) 아즐가 대동강(大同江) 너븐디 몰라셔
　　위 두어렁셩 두어렁셩 다링디리
　　빅 내여 아즐가 빅 내여 노혼다 샤공아
　　위 두어렁셩 두어렁셩 다링디리
　　네 가시 아즐가 네 가시 럼난디 몰라셔
　　위 두어렁셩 두어렁셩 다링디리
　　녈 빅예 아즐가 녈 빅예 연즌다 샤공아
　　위 두어렁셩 두어렁셩 다링디리
　　대동강(大同江) 아즐가 대동강(大同江) 건넌편 고즐여
　　위 두어렁셩 두어렁셩 다링디리
　　빅 타들면 아즐가 빅 타들면 것고리이다 나논
　　위 두어렁셩 두어렁셩 다링디리

　　　　　　　　　　－ 작자 미상, '서경별곡(西京別曲)'

(나) 딩아 돌하 당금(當今)에 계샹이다
　　딩아 돌하 당금(當今)에 계샹이다
　　선왕셩딕(先王聖代)예 노니으와지이다

　　삭삭기 세몰애 별헤 나눈
　　삭삭기 세몰애 별헤 나눈
　　구은 밤 닷 되를 심고이다
　　㉠그 바미 우미 도다 삭나거시아
　　그 바미 우미 도다 삭나거시아
　　유덕(有德)ᄒ신 님 여히으와지이다

　　옥(玉)으로 련(蓮)ㅅ고즐 사교이다
　　옥(玉)으로 련(蓮)ㅅ고즐 사교이다
　　바회 우희 졉듀(接柱)ᄒ요이다
　　그 고지 삼동(三同)이 퓌거시아
　　그 고지 삼동(三同)이 퓌거시아
　　유덕(有德)ᄒ신 님 여히으와지이다

　　므쇠로 *텰릭을 몰아 나는
　　므쇠로 텰릭을 몰아 나는
　　텰ᄉ(鐵絲)로 주롬 바고이다
　　㉡그 오시 다 헐어시아
　　그 오시 다 헐어시아
　　유덕(有德)ᄒ신 님 여히으와지이다

　　므쇠로 한 쇼를 디여다가
　　므쇠로 한 쇼를 디여다가
　　텰슈산(鐵樹山)애 노호이다
　　㉢그 쇠 텰초(鐵草)를 머거아
　　그 쇠 텰초(鐵草)를 머거아
　　유덕(有德)ᄒ신 님 여히으와지다

　　㉣구스리 바회예 디신돌
　　구스리 바회예 디신돌
　　긴힛돈 그츠리잇가
　　즈믄 히를 외오곰 녀신돌
　　즈믄 히를 외오곰 녀신돌
　　신(信)잇돈 그츠리잇가

　　* 텰릭: 철릭. 무관이 입던 공복(公服).
　　　　　　　　　　－ 작자 미상, '정석가(鄭石歌)'

10 (가)와 (나)의 공통점으로 가장 적절한 것은?

① 시적 대상에 대한 원망의 정서가 드러난다.
② 화자의 생활 터전에 대한 애정이 드러난 부분이 있다.
③ 임과 이별하고 싶지 않아 하는 화자의 모습이 드러난다.
④ 불가능한 상황이 일어나야 이별하겠다고 이야기하며 화자의 의지를 드러내고 있다.

11 (가)의 형식적 측면에 대한 설명으로 가장 적절하지 않은 것은?

① 4음보의 전통적인 율격을 지니고 있다.
② 악률을 맞추기 위한 여음구가 사용되었다.
③ 설의적 표현을 사용하여 정서를 드러내고 있다.
④ 음성 상징어를 활용한 후렴구를 사용하여 운율을 형성하고 있다.

12 ㉠ ~ ㉣ 중 그 성격이 가장 다른 하나는?

① ㉠　　　　　　　　　② ㉡
③ ㉢　　　　　　　　　④ ㉣

13 다음 밑줄 친 부분 중에서 (가)의 대동강과 가장 유사한 성격을 지닌 것은?

① 살어리 살어리랏다 청산(靑山)애 살어리랏다 / 멀위랑 드래랑 먹고, 청산(靑山)애 살어리랏다 / 얄리얄리 얄랑셩 얄라리 얄라

② 수양산(首陽山) 브라보며 이제(夷齊)를 한(恨)ᄒ노라 / 주려 주글진들 채미(採薇)도 ᄒ는 것가 / 비록애 푸새엣 거신들 긔 뉘 싸헤 낫드니

③ 추강(秋江)에 밤이 드니 물결이 차노매라 / 낚시 드리우니 고기 아니 무노매라 / 무심(無心)한 달빛만 싣고 빈 배 저어 오노라

④ 비 갠 둑에 풀빛이 고운데 / 남포에서 임 보내며 슬픈 노래 부르네 / 대동강 물이야 언제나 마르려나 / 이별 눈물 해마다 푸른 물결 보태나니

14 〈보기〉는 단어의 사전적 정의이다. 〈보기〉를 참고할 때 밑줄 친 부분이 문법적으로 가장 옳지 않은 것은?

보기
-던「어미」
1) 앞말이 관형어 구실을 하게 하고, 과거의 어떤 상태를 나타내는 어미.
2) 앞말이 관형어 구실을 하게 하고 어떤 일이 과거에 완료되지 않고 중단되었다는 미완(未完)의 의미를 나타내는 어미.

-던지「어미」
막연한 의문이 있는 채로 그것을 뒤 절의 사실과 관련시키는 데 쓰는 연결 어미.

-든「어미」
'-든지'의 준말.

-든지「어미」
1) 나열된 동작이나 상태, 대상들 중에서 어느 것이든 선택될 수 있음을 나타내는 연결 어미.
2) 실제로 일어날 수 있는 여러 가지 중에서 어느 것이 일어나도 뒤 절의 내용이 성립하는 데 아무런 상관이 없음을 나타내는 연결 어미.

① 싫든 좋든 이 길로 가는 수밖에 없다.
② 밥을 먹던지 말던지 네 맘대로 해라.
③ 어제 같이 봤던 영화는 참 재밌었다.
④ 집에 가든지 학교에 가든지 해라.

15 A, B, C에 들어갈 중세 국어의 형태를 가장 올바르게 짝지은 것은?

보기
　현대 국어 관형격 조사 '의'에 해당하는 중세 국어 관형격 조사는 '이/의', 'ㅅ'가 있다. 선행 체언이 무정물일 때는 'ㅅ'이 쓰이고, 유정물일 때는 모음 조화에 따라 '이/의'가 쓰인다. 다만 유정물이라도 종교적으로 높은 대상 등 존칭의 대상일 때는 'ㅅ'가 쓰인다.

○ A 말ᄊᆞ미 中國에 달아
　(나라의 말이 중국과 달라)

○ B ᄠᅳ들 거스디 아니ᄒ노니
　(사람의 뜻을 거스르지 않는데)

○ 世尊 C 神力으로 ᄃᆞ외의 ᄒᆞ샨 사ᄅᆞ미라
　(* 세존의 신통력으로 되게 하신 사람이다.)

* 세존: 석가모니의 다른 이름. 세상에서 가장 존귀한 존재라는 뜻이다.

	A	B	C
①	나라이	사ᄅᆞ미	의
②	나라의	사ᄅᆞ믜	ㅅ
③	나랏	사ᄅᆞ미	ㅅ
④	나랏	사ᄅᆞ믜	ㅅ

16 [A]와 [B]에서 일어난 음운 변동의 공통점으로 가장 적절한 것은?

[A] 복면[봉면], 받는[반는], 잡목[잠목]
[B] 난로[날로], 권리[궐리], 신라[실라]

① 앞에 오는 자음의 조음 위치에 동화되는 음운 변동이다.
② 앞에 오는 자음의 조음 방법에 동화되는 음운 변동이다.
③ 뒤에 오는 자음의 조음 위치에 동화되는 음운 변동이다.
④ 뒤에 오는 자음의 조음 방법에 동화되는 음운 변동이다.

17 다음 ㄱ~ㄹ을 통해 인용절에 대해 탐구한 내용으로 가장 적절하지 않은 것은?

> ㄱ. 성민이 승아에게 "밥을 먹거라"라고 말했다.
> / 성민이 승아에게 밥을 먹으라고 말했다.
> ㄴ. 성민은 "나는 승아를 만나고 싶다"라고 말했다.
> / 성민은 자기가 승아를 만나고 싶다고 말했다.
> ㄷ. 성민은 승아에게 "먼저 들어갑니다"라고 말했다.
> / 성민은 승아에게 먼저 들어간다고 말했다.
> ㄹ. 성민은 어제 "오늘 떠나고 싶어"라고 말했다.
> / 성민은 어제 떠나고 싶다고 말했다.

① ㄱ을 통해 직접 인용절에서 사용된 명령형 종결 어미가 간접 인용절에서는 다른 형태로 나타남을 알 수 있다.
② ㄴ을 통해 직접 인용절에 사용된 인칭 대명사는 간접 인용절에서 지시 대명사로 달라짐을 알 수 있다.
③ ㄷ을 통해 직접 인용절에서 사용된 상대 높임 표현이 간접 인용절에서는 나타나지 않음을 알 수 있다.
④ ㄹ을 통해 직접 인용절의 시간 표현이 간접 인용절에서 해당 문장을 발화하는 시점을 기준으로 달라짐을 알 수 있다.

18 다음 문장에 대한 설명으로 가장 적절하지 않은 것은?

> 눈이 녹으면 남은 발자국 자리마다 꽃이 피리니.

① 자립 형태소는 5개이다.
② 의존 형태소는 9개이다.
③ 실질 형태소는 8개이다.
④ 7개의 어절, 19개의 음절로 이루어진 문장이다.

19 〈보기〉의 ㉠~㉣에 대한 설명으로 가장 적절하지 않은 것은?

> **보기**
>
> 음운의 변동은 한 음운이 다른 음운으로 바뀌는 교체, 한 음운이 없어지는 탈락, 새로운 음운이 생기는 첨가, 두 음운이 하나의 음운으로 합쳐지는 축약으로 구분된다. 한 단어가 발음될 때 이 네 가지 변동 중 둘 이상이 나타나는 경우도 있고 하나의 음운이 두 번 이상의 음운 변동을 겪기도 한다.
>
> ㉠ 꽃잎[꼰닙] ㉡ 맏며느리[만며느리]
> ㉢ 닫혔다[다천따] ㉣ 넓죽하다[넙쭈카다]

① ㉠~㉣은 모두 음운이 교체되는 현상이 일어난다.
② ㉠과 ㉡에서는 공통적으로 음운의 첨가가 일어난다.
③ ㉢에서는 두 개의 음운이 하나로 축약되는 현상이 일어난다.
④ ㉣에서는 음운의 탈락과 축약이 일어난다.

※ 다음 글을 읽고 물음에 답하시오. [20~22]

> 구보는, 약간 자신이 있는 듯싶은 걸음걸이로 전차 선로를 두 번 횡단하여 화신상회 앞으로 간다. 그리고 저도 모를 사이에 그의 발은 백화점 안으로 들어서기조차 하였다. 젊은 내외가, 너댓 살 되어 보이는 아이를 데리고 그곳에가 승강기를 기다리고 있었다. 이제 그들은 식당으로 가서 그들의 오찬을 즐길 것이다. 흘낏 구보를 본 그들 내외의 눈에는 자기네들의 행복을 자랑하고 싶어하는 마음이 엿보였는지도 모른다. 구보는, 그들을 업신여겨 볼까 하다가, 문득 생각을 고쳐, 그들을 축복하여 주려 하였다. 사실, 4, 5년 이상을 같이 살아왔으면서도, 오히려 새로운 기쁨을 가져 이렇게 거리로 나온 젊은 부부는 구보에게 좀 다른 의미로서의 부러움을 느끼게 하였는지도 모른다. 그들은 분명히 가정을 가졌고, 그리고 그들은 그곳에서 당연히 그들의 행복을 찾을게다.
>
> 승강기가 내려와 서고, 문이 열려지고, 닫혀지고, 그리고 젊은 내외는 수남이나 복동이와 더불어 구보의 시야를 벗어났다.
>
> 구보는 다시 밖으로 나오며, 자기는 어디 가 행복을 찾을까 생각한다. 발 가는 대로, 그는 어느 틈엔가 안전지대에 가서서, 자기의 두 손을 내려다보았다. 한 손의 단장과 또 한 손의 공책과―물론 구보는 거기에서 행복을 찾을 수는 없다. 안전지대 위에, 사람들은 서서 전차를 기다린다. 그들에게, 행복은 알 수 없다. 그러나 그들은 분명히 갈 곳만은 가지고 있었다.
>
> 전차가 왔다. 사람들은 내리고 또 탔다. 구보는 잠깐 머엉하니 그곳에 서 있었다. 그러나 자기와 더불어 그곳에 있던 온갖 사람들이 모두 저 차에 오르는 것을 보았을 때, 그는 저 혼자 그곳에 남아 있는 것에 외로움과 애달픔을 맛본다. 구보는, 움직인 전차에 뛰어올랐다. 〈중 략〉
>
> 구보는 고독을 느끼고, 사람들 있는 곳으로, 약동하는 무리들이 있는 곳으로, 가고 싶다 생각한다. 그는 눈앞에 경성역을 본다. 그곳에는 마땅히 인생이 있을 게다. 이 낡은 서울의 호흡과 또 감정이 있을 게다. 도회의 소설가는 모름지기 이 도회의 항구와 친하여야 한다. 그러나 물론 그러한 직업 의식은 어떻든 좋았다. 다만 구보는 고독을 삼등 대합실 군중 속에 피할 수 있으면 그만이다. 그러나 오히려 고독은 그곳에 있었다. 구보가 한 옆에 끼여 앉을 수도 없게시리 사람들은 그곳에 빽빽하게 모여 있어도, 그들의 누구에게서도 인간 본연의 온정을 찾을 수는 없었다. 그네들은 거의 옆의 사람에게 한마디 말을 건네는 일도 없이, 오직 자기네들 사무에 바빴고, 그리고 간혹 말을 건네도, 그것은 자기네가 타고 갈 열차의 시각이나 그러한 것에 지나지 않았다. 그네들의 동료가 아닌 사람에게 그네들은 변소에 다녀올 동안의 그네들 짐을 부탁하는 일조차 없었다. 남을 결코 믿지 않는 그네들의 눈은 보기에 딱하고 또 가엾었다.
>
> 구보는 한구석에 가 서서 그의 앞에 앉아 있는 노파를 본다. 그는 뉘 집에 드난을 살다가 이제 늙고 또 쇠잔한 몸을 이끌어 결코 넉넉하지 못한 어느 시골, 딸네 집이라도 찾아가는지 모른다. 이미 굳어 버린 그의 안면 근육은 어떠한 다행한 일에도 퍼질 턱 없고, 그리고 그의 몽롱한 두 눈은 비

록 그의 딸의 그지없는 효양(孝養)을 가지고도 감동시킬 수 없을지 모른다. 노파 옆에 앉은 중년의 시골 신사는 그의 시골서 조그만 백화점을 경영하고 있을 게다. 그의 점포에는 마땅히 주단포목도 있고, 일용 잡화도 있고, 또 흔히 쓰이는 약품도 갖추어 있을 게다. 그는 이제 그의 옆에 놓인 물품을 들고 자랑스러이 차에 오를 게다. 구보는 그 시골 신사가 노파와의 사이에 되도록 간격을 가지려고 노력하는 것을 발견하고, 그리고 그를 업신여겼다. 만약 그에게 얕은 지혜와 또 약간의 용기를 주면 그는 삼등 승차권을 주머니 속에 간수하고 일, 이등 대합실에 오만하게 자리잡고 앉을 게다.

문득 구보는 그의 얼굴에서 부종(浮腫)을 발견하고 그의 앞을 떠났다. 신장염. 그뿐 아니라, 구보는 자기 자신의 만성 위확장을 새삼스러이 생각해 내지 않으면 안 되었다. 그러나 구보가 매점 옆에까지 갔었을 때, 그는 그곳에서도 역시 병자를 보지 않으면 안 되었다. 40여 세의 노동자. 전경부(前頸部)의 광범한 팽륭(澎隆). 돌출한 안구. 또 손의 경미한 진동. 분명한 '바세도우씨'병. 그것은 누구에게든 결코 깨끗한 느낌을 주지는 못한다. 그의 좌우에는 좌석이 비어 있어도 사람들은 그곳에 앉으려 들지 않는다. 뿐만 아니라, 그에게서 두 칸통 떨어진 곳에 있던 아이 업은 젊은 아낙네가 그의 바스켓 속에서 꺼내다 잘못하여 시멘트 바닥에 떨어뜨린 한 개의 복숭아가, 굴러 병자의 발 앞에까지 왔을 때, 여인은 그것을 쫓아와 집기를 단념하기조차 하였다.

구보는 이 조그만 사건에 문득, 흥미를 느끼고, 그리고 그의 '대학노트'를 펴 들었다. 그러나 그가, 문 옆에 기대어 섰는 캡 쓰고 린네르 즈메에리 양복 입은 사나이의, 그 온갖 사람에게 의혹을 갖는 두 눈을 발견하였을 때, 구보는 또 다시 우울 속에 그곳을 떠나지 않으면 안 된다.

– 박태원, '소설가 구보 씨의 일일'

20 윗글에 대한 설명으로 가장 적절한 것은?

① 주인공의 행동을 우스꽝스럽게 묘사하며 조롱하고 있다.
② 특정 인물의 내면 심리를 중심으로 이야기가 전개되고 있다.
③ 인물 간의 갈등을 부각하여 주제 의식을 선명하게 드러내고 있다.
④ 대화 장면을 자세하고 빈번하게 제시하여 인물들의 성격을 직접적으로 제시하고 있다.

21 윗글에 대한 이해로 가장 적절한 것은?

① 구보는 '노파'의 가난하고 고된 삶을 상상해 보며, 그녀의 생기 없는 외양에 대해 생각한다.
② 구보는 '중년의 시골 신사'가 삼등 승차권을 가지고 이등 대합실에 자리 잡고 있는 모습을 목격하고 그를 업신여기고 있다.
③ 구보는 만성 위확장을 앓고 있는 '40여 세의 노동자'가 불결한 느낌을 준다고 생각하지만 그의 곁에 가서 앉는다.
④ 구보는 '양복 입은 사나이'가 온갖 사람을 불신하는 모습을 목격하고 분노를 느낀다.

22 〈보기〉를 참고하여 윗글을 감상한 내용으로 가장 적절하지 않은 것은?

> **보기**
> 〈소설가 구보 씨의 일일〉은 1930년대 무력한 지식인인 소설가 구보의 내면 의식과 그의 눈에 비친 경성의 일상을 그려내고 있다. 경성역, 화신상회(백화점), 안전지대, 전차 등 근대화가 진행되며 나타난 경성의 새로운 풍경들은 구보의 시선에 포착된다.

① 화신상회에서 구보는 행복해 보이는 가족을 바라보며 부러움을 느끼다가 그들을 업신여기려 한다.
② 발 가는 대로 걸어가 안전지대에 도착하는 구보의 모습으로 보아, 구보는 목표나 방향이 없는 무력한 지식인의 모습을 드러낸다고 이해할 수 있다.
③ 구보가 움직인 전차에 뛰어오른 이유는 안전지대에 혼자 남는 것에 외로움을 느꼈기 때문이다.
④ 구보가 경성역으로 향한 이유는 사람들 사이에서 고독을 피하기 위해서이다.

※ 〈보기〉와 다음 시를 읽고 물음에 답하시오. [23]

보기

고향에 고향에 돌아와도
그리던 고향은 아니러뇨.

산꿩이 알을 품고
뻐꾸기 제철에 울건만,

마음은 제 고향 지니지 않고
머언 항구(港口)로 떠도는 구름.

오늘도 뫼 끝에 홀로 오르니
흰 점 꽃이 인정스레 웃고,

어린 시절에 불던 풀피리 소리 아니 나고
메마른 입술에 쓰디쓰다.

고향에 고향에 돌아와도
그리던 하늘만이 높푸르구나.

        – 정지용, '고향'

넓은 벌 동쪽 끝으로

옛이야기 지줄대는 실개천이 휘돌아 나가고,
얼룩백이 황소가
해설피 금빛 게으른 울음을 우는 곳,

— 그곳이 차마 꿈엔들 잊힐 리야.

질화로에 재가 식어지면
비인 밭에 밤바람 소리 말을 달리고
엷은 졸음에 겨운 늙으신 아버지가
짚베개를 돋아 고이시는 곳,

— 그곳이 차마 꿈엔들 잊힐 리야.

흙에서 자란 내 마음
파아란 하늘빛이 그리워
함부로 쏜 화살을 찾으려
풀섶 이슬에 함초롬 휘적시던 곳,

— 그곳이 차마 꿈엔들 잊힐 리야.

전설(傳說) 바다에 춤추는 밤물결 같은
검은 귀밑머리 날리는 어린 누이와
아무렇지도 않고 예쁠 것도 없는
사철 발 벗은 아내가
따가운 햇살을 등에 지고 이삭 줍던 곳,

— 그곳이 차마 꿈엔들 잊힐 리야.

하늘에는 성근 별
알 수도 없는 모래성으로 발을 옮기고,
서리 까마귀 우지짖고 지나가는 초라한 지붕,
흐릿한 불빛에 돌아앉아 도란도란거리는 곳,

— 그곳이 차마 꿈엔들 잊힐 리야.

        – 정지용, '향수'

23 위의 시와 〈보기〉를 비교 감상한 내용으로 가장 적절한 것은?

① 위의 시와 〈보기〉 모두 과거의 추억을 잃어버린 현실을 씁쓸히 드러내고 있다.

② 〈보기〉와 달리 위의 시는 고향과의 거리감, 단절감을 드러내고 있다.

③ 위의 시와 〈보기〉 모두 자연물에 인격을 부여하여 대상을 형상화하고 있다.

④ 〈보기〉와 달리 위의 시는 다양한 감각적 심상을 통해 화자의 정서를 드러내고 있다.

24 〈보기〉를 바탕으로 아래 ㉠～㉢을 분석한 내용으로 가장 적절하지 않은 것은?

보기

문장 성분은 문장의 주된 골격을 이루는 주성분, 주로 주성분의 내용을 수식하는 부속 성분, 다른 문장 성분과 관계를 맺지 않는 독립 성분으로 나누어진다. 주성분에는 주어, 서술어, 목적어, 보어가 있고, 부속 성분에는 부사어, 관형어가 있으며, 독립 성분에는 독립어가 있다.

㉠ 아이가 작은 침대에서 예쁘게 잔다.
㉡ 그는 친구의 딸을 며느리로 삼았다.
㉢ 앗, 영희가 뜨거운 물을 엎질렀구나!

① ㉠～㉢은 모두 관형어가 존재한다.

② ㉠～㉢의 주성분의 개수가 일치한다.

③ ㉠의 부속 성분의 개수는 ㉡, ㉢보다 많다.

④ ㉡은 ㉠과 달리 필수적 부사어가 존재한다.

25 〈보기〉는 이어진 문장과 안은문장에 대해 정리한 것이다. 탐구의 결과로 가장 적절하지 않은 것은?

> **보기**
> ○ 이어진 문장: 둘 이상의 홑문장이 대등하거나 종속적으로 이어진 문장
>   ㄱ. 동생은 과일은 좋아하지만, 야채는 싫어한다.
>   동생은 야채는 싫어하지만, 과일은 좋아한다.
>   ㄴ. 철수가 오면 그들은 출발할 것이다.
>   그들이 출발하면 철수가 올 것이다.
>
> ○ 안은문장: 홑문장을 전체 문장의 한 성분으로 안고 있는 문장
>   ㄷ. 언니는 <u>그 아이가 학생임</u>을 알았다.
>   ㄹ. <u>책을 읽던</u> 영수가 수지에게 다가왔다.
> * ㄷ과 ㄹ의 밑줄 친 부분은 안긴문장임.

① 이어진 문장은 두 문장이 '대조'나 '조건'의 의미 관계로 연결되기도 하는군.
② 이어진 문장은 앞뒤 문장의 순서가 바뀌어도 동일한 의미를 나타내는군.
③ 안긴문장은 안은문장에서 명사처럼 쓰이거나 명사를 꾸미는 등 다양한 역할을 하는군.
④ 안긴문장과 안은문장의 주어는 같을 수도 있고 서로 다를 수도 있군.

정답 및 해설: 해설집 p.109
(문제집 p.275에서 전체 정답표를 확인하실 수 있습니다.)

모바일 자동 채점 + 성적 분석 서비스 바로 가기
QR코드를 이용해 모바일로 간편하게 채점하고 나의 실력이 어느 정도인지, 취약 부분이 어디인지 바로 파악해 보세요!

※ 다음 글을 읽고 물음에 답하시오. [01 ~ 04]

달에 갈 때는 편도 3일 정도 걸리지만, 화성에 갈 때는 편도 8개월 정도 걸린다. 또 달에서는 언제든지 돌아올 수 있지만, 화성의 경우에는 곧바로 지구로 귀환할 수 있는 것이 아니다. 긴 경우에는 500일이나 머물러야만 지구로 돌아올 수 있다. 그래서 화성 유인 비행은 500일 내지 1,000일 정도가 걸린다.

이렇게 장기간에 걸친 우주 비행을 위해서는 물이나 식료품, 산소 뿐 아니라 화성에서 사용할 기지, 화성에 이착륙하기 위한 로켓, 귀환용 우주선 등도 필요하다. 나사 탐사 시스템 부서의 더글러스 쿡에 따르면 그 무게의 합계는 470톤이나 된다. 나사의 우주 탐사 설계사인 게리 마틴은 "이 화물의 운반이 화성 유인 비행에서 가장 큰 ㉠문제일 것이다."라고 말했다.

우선 지구 표면에서 지구 저궤도(지표에서 몇 백 킬로미터 상공의 궤도)로 화물을 올려 보내야 한다. 과거에 미국은 달에 인간을 보내기 위해 아폴로 계획에 총 250억 달러를 투자했다고 한다. 이 계획에 사용된 것은 인류 사상 최대의 로켓 '새턴 파이브(V)'이다. 새턴 파이브는 지구의 저궤도로 104톤의 화물을 운반할 수 있었다. 그러나 세월이 지난 현재, 그 같은 대형 로켓을 만들기는 어렵게 되었다. 막대한 자금을 투입해서, 다른 용도가 없고 지나치게 거대한 로켓을 만드는 시대는 이미 지났다는 뜻이다.

가장 현실적인 것은 이미 존재하는 로켓을 최대한 활용할 경우 어떤 임무(비행 계획)가 가장 효율적인지 검토하는 일이다. 기존 우주 왕복선의 부품을 활용할 수 있는지, 우주 왕복선의 부품과 다른 로켓의 부품을 조합할 수 있는지 등, 백지 상태에서 출발하지 않아도 되는 좋은 방법을 현재 검토하고 있다.

거대한 로켓을 만들 수 없기 때문에 470톤의 화물은 여러 번 나누어 운반된다. 그리고 지구 저궤도에서 조립한 뒤 화성으로 보내는데, 이때는 많은 양의 화물을 화성까지 운반하는 우주선의 엔진이 문제이다. 현재 사용되는 로켓의 엔진은 일부 예를 제외하고는 거의 모두가 '화학 로켓'이다. 이것은 연료와 산화제를 연소시킨 가스를 분출함으로써 추진하는 로켓이다. 화학 로켓은 추진력은 크지만, 열로 에너지가 달아나므로 그만큼 연비가 낮아진다. 그래서 많은 양의 연료가 필요하다.

지구 저궤도 상에 있는 1킬로그램의 화물을 화성의 표면에 내려놓았다가 다시 지구로 가져오기 위해서는 40킬로그램의 연료가 필요하다. 이것은 매우 큰 문제이다. 요컨대 현재의 기술로는 연비가 낮기 때문에 엄청난 양의 연료가 필요

하게 되어 임무를 실현할 수 없다. 그래서 화성에 가기 위해서는 연비가 높은 엔진이 필요하다.

이를 위해 전기적인 추진 방식이 채용될 것으로 예상된다. 전기적인 추진 방식이란 태양 전지나 원자로를 사용해 발전한 전기적 에너지를 이용해 추진하는 방법이다. 이 방법으로는 에너지가 열로 달아나지 않으므로 그만큼 연비가 높아진다. 따라서, 전기 추진을 이용하면 화학 로켓보다 연비가 월등히 높아진다. 연비가 높아지면 그만큼 연료가 적어도 된다. 전기 추진을 사용하면 연료를 대폭 감량할 수 있기 때문에 화물의 양이 절반으로 줄어들 것이다.

– 뉴턴 코리아, 2013년 7월

01 윗글의 서술상 특징으로 가장 적절한 것은?

① 다양한 사례를 통해 주장을 강화하고 있다.
② 두 대상의 차이점을 중심으로 내용을 전개하고 있다.
③ 상반되는 두 가지 이론을 절충하여 대안을 제시하고 있다.
④ 특정 대상과 관련된 과학 이론의 문제점을 지적하고 있다.

02 윗글을 읽고 알 수 있는 내용으로 가장 적절한 것은?

① 화성 유인 비행은 8개월 정도가 걸린다.
② 화학 로켓은 추진력이 작고 많은 양의 연료가 필요하다.
③ 미국은 달에 인간을 보내기 위해 총 470억 달러를 투자했다.
④ 전기적인 추진 방식은 에너지가 열로 달아나지 않아서 연비가 높다.

03 윗글에 따르면, 화성 유인 탐사를 위해 가장 시급히 해결해야 할 문제는?

① 대형 로켓을 제작한다.
② 우주 비행사를 양성한다.
③ 연료 소비 효율을 높인다.
④ 화물을 여러 번 나누어 운반한다.

04 ㉠의 문맥적 의미와 가장 가까운 것은?

① 문제의 영화가 드디어 오늘 개봉된다.
② 그는 어디를 가나 문제를 일으키곤 했다.
③ 출산율 감소는 우리나라만의 문제가 아니다.
④ 연습을 반복하면 어려운 문제도 척척 풀게 된다.

05 (가)에 들어갈 문장으로 가장 적절한 것은?

> 교사: 능동문은 목적어가 피동문의 주어가 되는 것이니까 피동문에는 목적어가 없는 것이 원칙이야. 그건 너도 잘 알고 있지?
> 학생: 예, 선생님. 그런데 '원칙'이라고 하셨으면, 원칙의 예외가 되는 문장도 있다는 말씀이신가요?
> 교사: 응, 그래. 드물지만 피동문에 목적어가 나타날 때가 있어. 어떤 문장이 있을지 한번 말해 볼래?
> 학생: "((가)   )"와 같은 문장이 그 예에 해당하겠네요.

① 형이 동생에게 짐을 안겼다.
② 동생은 집 밖으로 짐을 옮겼다.
③ 동생이 버스 안에서 발을 밟혔다.
④ 그 사람이 동생에게 상해를 입혔다.

06 〈보기〉를 참고하여 로마자 표기법을 적용할 때 가장 옳지 않은 것은?

> **보기**
> (1) 로마자 표기법의 주요내용
> ㉮ 'ㄱ, ㄷ, ㅂ'은 모음 앞에서는 'g, d, b'로, 자음 앞이나 어말에서는 'k, t, p'로 적는다.
> ㉯ 'ㄹ'은 모음 앞에서는 'r'로, 자음 앞이나 어말에서는 'l'로 적는다. 단, 'ㄹㄹ'은 'll'로 적는다.
> ⓔ 알약[알략] allyak
> ㉰ 자음동화, 구개음화, 거센소리되기는 변화가 일어난 대로 표기함.
> ⓔ 왕십리는 [왕심니] Wangsimni
> 놓다[노타] nota
> – 다만, 체언에서 'ㄱ, ㄷ, ㅂ' 뒤에 'ㅎ'이 따를 때에는 'ㅎ'을 밝혀 적는다.
> ⓔ 묵호 Mukho
> ㉱ 된소리되기는 표기에 반영하지 않는다.
> ㉲ 고유 명사는 첫 글자를 대문자로 적는다.
>
> (2) 표기 일람
>
> | ㅏ | ㅓ | ㅗ | ㅜ | ㅡ | ㅣ | ㅐ | ㅔ | ㅚ | ㅟ | ㅑ | ㅕ | ㅛ | ㅠ |
> |---|---|---|---|---|---|---|---|---|---|---|---|---|---|
> | a | eo | o | u | eu | i | ae | e | oe | wi | ya | yeo | yo | yu |
>
> | ㅒ | ㅖ | ㅘ | ㅙ | ㅝ | ㅞ | ㅢ |
> |---|---|---|---|---|---|---|
> | yae | ye | wa | wae | wo | we | ui |
>
> | ㄱ | ㄲ | ㅋ | ㄷ | ㄸ | ㅌ | ㅂ | ㅃ | ㅍ | ㅈ | ㅉ | ㅊ | ㅅ | ㅆ |
> |---|---|---|---|---|---|---|---|---|---|---|---|---|---|
> | g, k | kk | k | d, t | tt | t | b, p | pp | p | j | jj | ch | s | ss |
>
> | ㅎ | ㄴ | ㅁ | ㅇ | ㄹ |
> |---|---|---|---|---|
> | h | n | m | ng | r, l |

① '해돋이'는 [해도지]로 구개음화가 되므로 그 발음대로 haedoji로 적어야 해.
② '속리산'은 [송니산]으로 발음되지만 고유명사이므로 Sokri-san으로 적어야 해.
③ '울산'은 [울싼]으로 된소리로 발음되지만 표기에는 반영하지 않고 Ulsan으로 적어야 해.
④ '집현전'은 [지편전]으로 거센소리로 발음되지만 체언이므로 'ㅂ'과 'ㅎ'을 구분하여 Jiphyeonjeon으로 적어야 해.

미학이란 무엇인가? 미학이라는 학문의 이름에는 '미(美)' 자가 들어가니 아름다움에 대해 연구하는 학문이라는 말은 맞을 것이다. 그러나 그림도 아름답고, 음악도 아름답고, 꽃, 풍경, 석양 등 세상에 아름다운 것들이 수없이 많을 터인데, 그것들을 연구하는 사람들은 전부 미학을 한다고 할 수 있을까? 전통적으로 그림은 아름다운 것을 나타낸 것이라 생각되었고, 그런 그림들을 연구하는 학문으로 미술사학이란 것이 있는데, 그림은 아름답고 또 그것을 연구하기에 미술사학도 미학인가? 같은 방식으로 아름다운 음악작품들을 연구하는 음악사학이 있다면 이것도 미학인가?

'미술사학', '음악사학'이란 학문의 명칭에 주목한다면, 그 속에 포함된 '사(史)'라는 글자에서 이러한 학문들은 그림의 역사, 음악의 역사를 연구하는 학문임을 알 수 있다. 그렇다면 미술사학이나 음악사학이 미학이 아니라면 모두 똑같이 아름다운 대상을 연구하는 학문임에도 이들 사이의 차이점은 무엇인가? 미학이나 미술사학, 음악사학이 모두 아름다운 대상을 연구한다는 점에는 마찬가지이지만, 그 차이점은 그것에 접근하는 방식, 다르게 말하면 그것들을 연구하는 방식이 다르기 때문이다. 미술사학은 화가 개인이나 화파 사이의 역사적 관계를 연구하는 학문이다. 이러한 연구 방식은 그림의 역사를 연구하는 것이기에 우리는 그러한 학문을 미술사학이라고 부르며, 이 같은 설명이 음악사학에도 적용될 것이다.

미학이 미술사학이나 음악사학이 아니라면 미학은 아름다운 대상을 역사적으로 연구하는 학문이 아니라는 점이 분명해진다. 그렇다면 미학은 아름다운 대상을 어떻게 연구하는 것인가? 결론부터 얘기한다면, 미학은 아름다운 대상을 철학적으로 연구하는 학문이다. 어떤 것을 철학적으로 연구한다는 것은 과연 어떻게 하는 것인가? 여기서 우리는 학문의 방법론을 생각해볼 필요가 있다. 학문의 방법론은 학문을 하는 도구라고 생각할 수 있다. 미학과 미술사학의 차이는 미술작품을 철학과 역사라는 도구 중 어떤 도구를 가지고 연구하냐의 차이다.

다른 식으로 설명하자면 학문의 방법론은 학문의 대상을 보는 관점이라고 설명할 수 있다. 우리는 어떤 대상을 여러 관점에서 볼 수 있고, 이때 그 대상의 모습은 어떤 관점에서 보느냐에 따라 달라질 것이다. 이를 학문의 방법론에 적용한다면, 미술사학은 미술을 역사적 관점에서 보는 것이고, 미학은 미술을 철학적 관점에서 보는 것이다. 즉 두 학문은 ＿＿＿＿＿＿＿＿＿＿＿, 그것을 보는 관점이 다르기에 대상의 다른 특색을 연구하며, 그렇기 때문에 다른 학문이 되는 것이다.

07 윗글의 서술상 특징에 대한 설명으로 가장 적절하지 않은 것은?

① 두 대상의 공통점들을 열거하며 내용을 서술하고 있다.
② 대상 간의 차이점에 초점을 맞춘 내용을 서술하고 있다.
③ 독자에게 어떤 질문을 던지는 방식으로 내용을 서술하고 있다.
④ 어떠한 대상의 정의와 특징을 밝히며 내용을 서술하고 있다.

08 윗글을 이해한 내용으로 가장 옳은 것은?

① 미술사학과 음악사학은 아름다운 대상에 접근하는 방식이 다르다.
② 미학과 미술사학은 서로 다른 도구를 가지고 아름다운 대상을 연구한다.
③ 그림, 음악 등의 아름다운 것을 연구하는 사람들은 모두 미학을 한다고 할 수 있다.
④ 미학과 음악사학은 각각 미술과 음악이라는 도구를 사용한다는 점에서 차이가 있다.

09 윗글의 빈칸에 들어갈 내용으로 가장 적절한 것은?

① 비슷한 특징이 있지만
② 연구 방법이 동일하지만
③ 같은 대상을 보고 있지만
④ 명칭에 있어서도 차이가 있지만

※ 다음 글을 읽고 물음에 답하시오. [10 ~ 13]

[앞부분의 줄거리] 어느 날 수학 교사가 3학년 마지막 수업 시간에 학생들에게 굴뚝 청소를 하고 나온 두 아이에 대한 질문을 던진 후에 뫼비우스의 띠에 대해 설명한다.

행복동의 주민인 앉은뱅이와 꼽추는 어떤 사나이에게 자신들의 아파트 입주권을 한 평당 16만 원에 팔고, 그 사나이는 그 입주권을 다른 사람들에게 36만 원에 판다. 앉은뱅이와 꼽추는 약장수에게서 구한 휘발유 한 통을 들고 사나이가 탄 승용차를 가로막아 선다. 그리고 그를 차에서 끌어내리고 폭력을 행사한 후에 가방에서 20만 원씩 두 뭉치 돈을 꺼낸다.

㉠"이건 우리 돈야."

앉은뱅이가 말했다. 사나이는 다시 고개만 끄덕였다. 그는 앉은뱅이가 뒷좌석의 친구에게 한 뭉치의 돈을 넘겨주는 것을 보았다. ㉡앉은뱅이의 손이 부들부들 떨렸다. 꼽추의 손도 마찬가지로 떨렸다. 두 친구의 가슴은 더 떨렸다. 앉은뱅이는 앞가슴을 풀어헤쳐 돈 뭉치를 넣더니 단추를 잠그고 옷깃을 여몄다. 꼽추는 웃옷 바른쪽 주머니에 넣었다. 꼽추의 옷에는 안주머니가 없었다. 돈을 챙겨 넣자 내일 할 일들이 머리에 떠올랐다. 앉은뱅이의 머리에도 내일 할 일들이 떠올랐다. 아이들은 천막 안에서 잠을 자고 있었다.

"통을 가져와."

앉은뱅이가 말했다. 그의 손에도 마지막 전깃줄이 들려 있었다. 밖으로 나온 꼽추는 콩밭에서 플라스틱 통을 찾았다. 그는 친구의 얼굴만 보았다. 그 이외에는 정말 아무것도 보지 않았다. 그는 승용차 옆을 떠나 동네를 향해 걷기 시작했다. 유난히 조용한 밤이었다. 불빛 한 점 없어 동네가 어디쯤 앉아 있는지 알 수 없을 정도였다. 그는 이따금 걸음을 멈추고 앉은뱅이가 기어오는 소리를 듣기 위해 귀를 기울였다.

앉은뱅이는 승용차 안에서 몸을 굴려 밖으로 떨어져 나올 것이다. 그는 문을 쾅 닫고 아주 빠르게 손을 놀려 어둠 깔린 황톳길 위를 기어올 것이다. 꼽추는 자기의 평상 걸음과 손을 빠르게 놀렸을 때의 앉은뱅이의 속도를 생각하면서 걸었다.

동네 입구로 들어선 꼽추는 헐린 외딴집 마당가로 가 펌프의 손잡이를 눌렀다. 그는 두 손으로 물을 받아 입을 축였다. 그 손을 웃옷 바른쪽 주머니에 대어 보았다. 앉은뱅이가 가쁜 숨을 몰아쉬며 기어오고 있었다. 꼽추는 앞으로 다가가 앉은뱅이의 얼굴을 들여다보았다. 어두워서 잘 보이지 않았다.

앉은뱅이의 몸에서는 휘발유 냄새가 났다. 꼽추가 펌프를 찧어 앉은뱅이의 얼굴을 씻어 주었다. 앉은뱅이는 얼굴이 쓰라려 눈을 감았다. 그러나 이런 아픔쯤은 아무것도 아니었다. 그는 가슴 속에 들어 있는 돈과 내일 할 일들을 생각했다. 그가 기어온 황톳길 저쪽 끝에서 불길이 솟아올랐다. 그는 일어서려는 친구를 잡아 앉혔다.

쇠망치를 든 사람들이 왔을 때 꼽추네 식구들은 정말 잘 참았다. 앉은뱅이네 식구들은 꼽추네 식구들보다 대가 약했다. 앉은뱅이는 갑자기 일어서려고 한 친구가 마음에 들지 않았다. 폭발 소리가 들려왔을 때는 앉은뱅이도 놀랐다. 그러나 그것도 잠깐뿐이었다. 〈중 략〉

"이봐, 왜 그래?" / "아무것도 아냐."
꼽추가 말했다. / "겁이 나서 그래?"
앉은뱅이가 물었다. / "아무렇지도 않아."
꼽추가 말했다. / "묘해. 이런 기분은 처음야."
"그럼 잘됐어." / "잘된 게 아냐."
앉은뱅이는 이렇게 차분한 친구의 목소리를 처음 들었다.
㉢"나는 자네와 가지 않겠어." / "뭐!"
"자네와 가지 않겠다구."
"갑자기 무슨 소릴 하는 거야? 내일 삼양동이나 거여동으로 가자구. 그곳엔 방이 많아. 식구들을 안정시켜 놓고 우린 강냉이 기계를 끌고 나오면 되는 거야. 모터가 달린 자전거를 사면 못 갈 곳이 없어. 갈현동에 갔던 일 생각 안 나? 몇 방을 튀겼었는지 벌써 잊었어? 밤 아홉 시까지 계속 돌려댔었잖아. 그들은 강냉이를 먹기 위해 튀기러 오는 게 아냐. 옛날 생각이 나서 아이들을 앞세우고 올 뿐야. 그런 델 찾아다니면 돼. 우린 며칠에 한 번씩 집에 돌아가 여편네가 입을 벌릴 정도의 돈을 쏟아 놓아 줄수가 있다구. 그런데 자네는 무슨 생각을 하는 거야?"
"나는 사범을 따라갈 생각야."
"그 약장수?" / "응."
"미쳤어? 그 나이에 무슨 약장사를 하겠다는 거야?"
"완전한 사람은 얼마 없어. 그는 완전한 사람야. 죽을힘을 다해 일하고 그 무서운 대가로 먹고살아. 그가 파는 기생충 약은 가짜가 아냐. 그는 자기의 일을 훌륭히 도와 줄 수 있는 내 몸의 특징을 인정해 줄 거야."
꼽추는 이렇게 말하고 한 마디 덧붙였다.
"내가 무서워하는 것은 자네의 마음이야."
"그러니까, 알겠네." / 앉은뱅이가 말했다.
"가, 막지 않겠어. 나는 아무도 죽이지 않았어."
"어쨌든." / 꼽추가 돌아서면서 말했다.
"무슨 해결이 나야 말이지."
어둠이 친구를 감싸 앉은뱅이는 발짝 소리밖에 듣지 못했다. 조금 있자 발짝 소리도 들리지 않았다. 그는 아이들이 잠든 천막을 찾아 기어가기 시작했다. 울지 않겠다고 이를 악물었다. 그러나 흐르는 눈물은 어쩔 수 없었다. ㉣그는 이 밤이 또 얼마나 길까 생각했다.

[뒷부분의 줄거리] 교사는 학생들에게 지식이 자신이 입을 이익에 맞추어 쓰이는 일이 없기를 당부하고 교실을 나간다.

— 조세희, '뫼비우스의 띠'

10 윗글의 대한 설명으로 가장 적절하지 않은 것은?

① 연작소설 중 하나로, 액자소설 형태를 취하고 있다.
② 외부 이야기와 내부 이야기가 유기적 관계를 이룬다.
③ 일상의 기계적인 삶을 고발하는 사회 소설로 볼 수 있다.
④ 과감한 생략을 통하여 사건을 속도감 있게 전개하고 있다.

11 내부 이야기에서 주인공을 '앉은뱅이'와 '꼽추'로 설정한 효과로 가장 적절한 것은?

① 시대적 배경 묘사
② 동화적 분위기 조성
③ 인물의 부도덕성 부각
④ 비극적 현실 상황 강조

12 ㉠~㉣에 대한 이해로 가장 적절하지 않은 것은?

① ㉠: 자신의 행위에 정당성을 부여하려는 말이다.
② ㉡: 불안과 흥분을 동시에 드러내고 있다.
③ ㉢: 걸음이 느린 앉은뱅이와 함께 가는 것을 부담스럽게 생각하고 있다.
④ ㉣: 절망적인 상황이 앞으로도 계속될 것임을 암시하고 있다.

13 윗글의 내용과 가장 일치하는 것은?

① 앉은뱅이는 꼽추보다 먼저 돈을 가지고 승용차 밖으로 나왔다.
② 앉은뱅이와 꼽추는 사나이와 대화를 통해 문제를 해결하고자 했다.
③ 승용차에 탄 사나이는 꼽추와 앉은뱅이의 집을 쇠망치로 부수었다.
④ 꼽추는 약장수가 자신의 정직한 노력으로 대가를 받는 사람이라고 생각했다.

※ 다음 글을 읽고 물음에 답하시오. [14 ~ 16]

미생물은 오늘날 흔히 질병과 연관된 것으로 여겨진다. 1762년 마르쿠스 플렌치즈는 미생물이 체내에서 증식함으로써 질병을 일으키고, 이는 공기를 통해 전염될 수 있다고 주장했으며, 모든 질병은 각자 고유의 미생물을 갖고 있다고 말했다. 그러나 유감스럽게도 그 주장에 대한 증거가 없었으므로 플렌치즈는 외견상 하찮아 보이는 미생물들도 사실은 중요하다는 점을 다른 사람들에게 납득시킬 수가 없었다. 심지어 한 비평가는 그처럼 어처구니없는 가설에 반박하느라 시간을 허비할 생각이 없다며 대꾸했다.

그런데 19세기 중반 들어 프랑스의 화학자 루이 파스퇴르에 의해 상황이 바뀌기 시작했다. 파스퇴르는 세균이 술을 식초로 만들고 고기를 썩게 한다는 사실을 연달아 증명한 뒤 만약 세균이 발효와 부패의 주범이라면 질병도 일으킬 수 있을 것이라고 주장했다. 이러한 배종설은 오랫동안 이어져 내려온 자연발생설에 반박하는 이론으로서 플렌치즈 등에 의해 옹호되었지만 아직 논란이 많았다. 사람들은 흔히 썩어가는 물질이 내뿜는 나쁜 공기, 즉 독기가 질병을 일으킨다고 생각했다. 1865년 파스퇴르는 이런 생각이 틀렸음을 증명했다. 그는 미생물이 누에에게 두 가지 질병을 일으킨다는 사실을 입증한 뒤, 감염된 알을 분리하여 질병이 전염되는 것을 막음으로써 프랑스의 잠사업을 위기에서 구했다.

한편 독일에서는 로베르트 코흐라는 내과 의사가 지역농장의 사육동물을 휩쓸던 탄저병을 연구하고 있었다. 때마침 다른 과학자들이 동물의 시체에서 탄저균을 발견하자, 1876년 코흐는 이 미생물을 쥐에게 주입한 뒤 쥐가 죽은 것을 확인했다. 그는 이 암울한 과정을 스무 세대에 걸쳐 집요하게 반복하여 번번이 똑같은 현상이 반복되는 것을 확인했고, 마침내 세균이 탄저병을 일으킨다는 결론을 내렸다. 배종설이 옳았던 것이다.

파스퇴르와 코흐가 미생물을 효과적으로 재발견하자 미생물은 곧 죽음의 아바타로 캐스팅되어 전염병을 옮기는 주범으로 여겨지기 시작했다. 탄저병이 연구된 뒤 20년에 걸쳐 코흐를 비롯한 과학자들은 한센병, 임질, 장티푸스, 결핵 등의 질병 뒤에 도사리고 있는 세균들을 속속 발견했다. 이러한 발견을 견인한 것은 새로운 도구였다. 이전에 있었던 렌즈를 능가하는 렌즈가 나왔고, 젤리 비슷한 배양액이 깔린 접시에서 순수한 미생물을 배양하는 방법이 개발되었으며, 새로운 염색제가 등장하여 세균의 발견과 확인을 도왔다.

세균을 확인하자 과학자들은 거두절미하고 세균을 제거하는 작업에 착수했다. 조지프 리스터는 파스퇴르에게서 영감을 얻어 소독 기법을 실무에 도입했다. 그는 자신의 스태프들에게 손과 의료 장비와 수술실을 화학적으로 소독하라고 지시함으로써 수많은 환자들을 극심한 감염으로부터 구해냈다. 또, 다른 과학자들은 질병 치료, 위생 개선, 식품 보존이라는 명분으로 세균 차단 방법을 궁리했다. 그리고 세균학은 응용과학이 되어 미생물을 쫓아내거나 파괴하는데 동원되었다. 과학자들은 미생물과의 전쟁을 선포하고, 병든 개인과 사회에서 미생물을 몰아내는 것을 목표로 삼은 것이다. 이렇게 미생물에 대한 인식이 형성되었으며 그 부정적 태도는 오늘날에도 지속되고 있다.

14 윗글의 서술상 특징에 대한 설명으로 가장 적절한 것은?

① 미생물과 관련한 탐구 및 실험 내용을 구체적으로 제시하고 있다.

② 미생물에 대한 상반된 두 이론을 대조하며 각각의 장단점을 제시하고 있다.

③ 미생물과 관련한 가설의 문제점을 밝히고, 이에 대한 해결 방안을 제시하고 있다.

④ 미생물의 종류를 나누어 분석하며 미생물에 대한 인식 변화 과정을 제시하고 있다.

15 윗글을 읽고 이해한 내용으로 가장 적절한 것은?

① 미생물이 질병을 일으킨다는 플렌치즈의 주장은 당시 모든 사람들의 긍정적 반응을 이끌었다.

② 플렌치즈는 썩어가는 물질이 내뿜는 독기가 질병을 일으킨다는 주장이 틀렸음을 증명하였다.

③ 코흐는 동물의 시체에서 탄저균을 발견한 후 미생물을 쥐에게 주입하는 실험을 실시하였다.

④ 파스퇴르는 프랑스의 잠사업과 환자들을 감염으로부터 보호하는 일에 긍정적인 영향을 미쳤다.

16 윗글의 내용을 통해 도출할 수 있는 내용으로 가장 적절하지 않은 것은?

① 세균은 미생물의 일종이다.

② 세균은 화학적인 방법으로 제거할 수 있다.

③ 미생물과 질병의 연관성에 대한 인식은 통시적으로 변화해왔다.

④ 코흐는 새로운 도구의 개발 이전에 질병을 유발하는 미생물들을 발견했다.

※ 다음 글을 읽고 물음에 답하시오. [17 ~ 19]

> (가) 동방은 하늘도 다 끝나고
>   비 한 방울 내리잖는 ㉠그 땅에도
>   오히려 꽃은 발갛게 피지 않는가
>   내 목숨을 꾸며 쉬임 없는 날이여
>
>   ㉡북(北)쪽 툰드라에도 찬 새벽은
>   ㉢눈 속 깊이 꽃맹아리가 옴작거려
>   제비 떼 까맣게 날아오길 기다리나니
>   마침내 저버리지 못할 약속(約束)이여!
>
>   한바다 복판 용솟음치는 곳
>   바람결 따라 타오르는 ㉣꽃성(城)에는
>   나비처럼 취(醉)하는 회상(回想)의 무리들아
>   오늘 내 여기서 너를 불러 보노라
>   ― 이육사, '꽃'
>
> (나) 파란 녹이 낀 │구리거울│ 속에
>   내 얼굴이 남아 있는 것은
>   어느 왕조(王朝)의 유물(遺物)이기에
>   이다지도 욕될까.
>
>   나는 나의 참회(懺悔)의 글을 한 줄에 줄이자.
>   ―만 이십사 년 일 개월을
>   무슨 기쁨을 바라 살아왔던가
>
>   내일이나 모레나 그 어느 즐거운 날에
>   나는 또 한 줄의 참회록(懺悔錄)을 써야 한다.
>   ―그때 그 젊은 나이에
>   왜 그런 부끄런 고백(告白)을 했던가
>
>   밤이면 밤마다 나의 거울을
>   손바닥으로 발바닥으로 닦아 보자
>
>   그러면 어느 운석(隕石) 밑으로 홀로 걸어가는
>   슬픈 사람의 뒷모양이
>   거울 속에 나타나 온다.
>   ― 윤동주, '참회록'

17 (가)의 ㉠~㉣ 중 가장 성격이 다른 것은?

① ㉠ 그 땅
② ㉡ 북(北)쪽 툰드라
③ ㉢ 눈 속
④ ㉣ 꽃성(城)

18 (가)와 (나)에 대한 설명으로 가장 적절한 것은?

① (가)는 (나)와 달리 고백적 어조를 통한 화자의 성찰이 드러난다.
② (가)와 (나)는 색채를 나타내는 시어를 통한 시각적 심상이 드러난다.
③ (가)와 (나)는 시구의 반복을 통해 화자의 감정이 고조됨을 드러내고 있다.
④ (나)는 (가)와 달리 영탄적 어조를 사용하여 화자의 정서를 드러내고 있다.

19 아래에 밑줄 친 시어 중 (나)의 '구리거울'과 같은 기능을 하는 소재로 가장 적절한 것은?

① 밤에 홀로 유리를 닦는 것은 / 외로운 황홀한 심사이어니, / 고운 폐혈관이 찢어진 채로 / 아아, 늬는 산새처럼 날아갔구나!
－ 정지용, '유리창'
② 기침을 하자 / 젊은 시인이여 기침을 하자 / 눈 위에 대고 기침을 하자 / 눈더러 보라고 마음 놓고 마음 놓고 / 기침을 하자
－ 김수영, '눈'
③ 그런데 또 이즈막하야 어느 사이엔가 / 이 흰 바람벽엔 / 내 쓸쓸한 얼골을 쳐다보며 / 이러한 글자들이 지나간다 / 나는 이 세상에서 가난하고 외롭고 높고 쓸쓸하니 살어가도록 태어났다
－ 백석, '흰 바람벽이 있어'
④ 삽자루에 맡긴 한 생애가 / 이렇게 저물고, 저물어서 / 샛강 바닥 썩은 물에 / 달이 뜨는구나. / 우리가 저와 같아서 / 흐르는 물에 삽을 씻고 / 먹을 것 없는 사람들의 마을로 / 다시 어두워 돌아가야 한다.
－ 정희성 '저문 강에 삽을 씻고'

20 〈보기1〉을 바탕으로 〈보기2〉의 ㉠~㉣을 이해한 것으로 가장 적절하지 않은 것은?

┌─────────────────────────────────────┐
보기1
[중세 국어 문장에서 목적어의 실현]
－ 체언에 목적격 조사(을/를, 올/롤, ㄹ)가 붙어서 실현됨.
－ 체언에 목적격 조사 없이 체언 단독으로 실현됨.
－ 체언에 목적격 조사 없이 보조사가 붙어서 실현됨.
－ 명사구나 명사절에 목적격 조사가 붙어서 실현됨.
└─────────────────────────────────────┘

┌─────────────────────────────────────┐
보기2
㉠ 내 太子롤 섬기ᅀᆞᄫᅩᄃᆡ (내가 태자를 섬기되)
㉡ 곶 됴코 여름 하ᄂᆞ니 (꽃 좋고 열매 많으니)
㉢ 됴ᄒᆞᆫ 고ᄌᆞ란 ᄑᆞ디 말오 (좋은 꽃일랑 팔지 말고)
㉣ 뎌 부텻 像올 ᄆᆡᇰᄀᆞ라 (저 부처의 형상을 만들어)
└─────────────────────────────────────┘

① ㉠: 체언에 목적격 조사 '롤'이 붙어서 목적어가 실현되었군.
② ㉡: 체언에 목적격 조사 없이 단독으로 목적어가 실현되었군.
③ ㉢: 체언에 보조사 'ᄋᆞ란'이 붙어서 목적어가 실현되었군.
④ ㉣: 명사구에 목적격 조사 '올'이 붙어 목적어가 실현되었군.

※ 다음 글을 읽고 물음에 답하시오. [21 ~ 23]

┌─────────────────────────────────────┐
[중중모리]
　홍보 마누라 나온다. 홍보 마누라 나온다. "아이고 여보 영감. 영감 오신 줄 내 몰랐소. 어디 돈, 어디 돈허고 돈 봅시다, 돈 봐." "놓아두어라 이 사람아. 이 돈 근본(根本)을 자네 아나. 못난 사람도 잘난 돈, 잘난 사람은 더 잘난 돈, 이놈의 돈아, 아나 돈아, 어디 갔다가 이제 오느냐. 얼씨구나 돈 봐. 어 어 어 얼씨구 얼씨구 돈 봐."

[아니리]
　이 돈을 가지고 쌀팔고 고기 사고 고기 죽을 누그름하게 열한 통이 되게 쑤어 가지고 각기 한 통씩 먹어 놓으니, 모두 식곤증이 나서 앉은 자리에서 고자빠기잠*을 자는데, 죽 국물이 코끝에서 쇠죽 후주국 내리듯 댕강댕강 떨어지것다. 홍보 마누라가 하는 말이, "여보 영감 그런디이 돈이 무슨 돈이오? 어떻게 해서 생겨난 돈인지 좀 압시다." "이 돈이 다른 돈이 아닐세. 우리 고을 좌수가 병영 영문에 잡혔는데 대신 가서 곤장 열 대만 맞으면 한 대에 석 냥씩 서른 냥을 준다기에 대신 가기로 하고 삯으로 받아 온 돈이제." 홍보 마누라 깜짝 놀라며, "소중한 가장 매품 팔아 먹고산단 말은 고금천지에 어디서 보았소."
└─────────────────────────────────────┘

[진양]

"가지 마오 가지 마오, 불쌍한 영감, 가지를 마오. 하늘이 무너져도 솟아날 구멍이 있는 법이니, 설마한들 죽사리까. 병영 영문 곤장 한 대를 맞고 보면 죽도록 골병 된답디다. 여보 영감 불쌍한 우리 영감, 가지를 마오."

[아니리]

흥보 아들놈들이 저의 어머니 울음소리를 듣고 물소리 들은 거위 모양으로 고개를 들고, "아버지 병영 가시오?" "오냐 병영 간다." "갔다 올 제 떡 한 보따리 사 가지고 오시오."

[중모리]

아침밥을 끓여 먹고 병영 길을 나려간다. 허유허유 나려를 가며 신세자탄(身世自嘆) 울음을 운다. "어떤 사람 팔자 좋아 화려한 집 짓고 잘사는데 내 팔자는 왜 그런고." 병영골을 당도하여 치어다보니 대장기요, 나려 굽어보니 숙정패로구나. 깊은 산속에 있는 사나운 범의 용맹 같은 용(勇) 자 붙인 군로사령들이 이리 가고 저리 간다. 그때 박흥보는 숫한 사람이라 벌벌 떨며 들어간다.

[아니리]

방울이 떨렁, 사령 "예이." 야단났지. 흥보가 삼문 간에 들어서 가만히 굽어보니 죄인이 볼기를 맞거늘, 흥보 마음에는 그 사람들도 돈 벌러 온 줄 알고, '저 사람들은 먼저 와서 돈 수백 냥 번다. 나도 볼기 좀 까고 업저 볼까.' 볼기를 까고 삼문 간에 가 엎드렸을 제 사령 한 쌍이 나오더니, "병영 생긴 후 볼기전 보는 놈이 생겼구나." 사령 중에 뜻밖에 흥보 씨 아는 사령이 있던가, "아니 박생원 아니시오?" "알아맞혔구만그려." "당신 곯았소." "곯다니 계란이 곯지, 사람이 곯나. 그게 어떤 말인가?" "박생원 대신이라 하고 어떤 사람이 와서 곤장 열 대 맞고 돈 서른 냥 받아 가지고 벌써 떠나갔소." 흥보가 기가 막혀, "그놈이 어떻게 생겼던가?" "키가 구 척이요 방울눈에 기운 좋습디다." 흥보가 말을 듣더니, "허허 그전 [A] 밤에 우리 마누라가 밤새도록 울더니마는 옆집 꾀수 애비란 놈이 알고 발등걸이*를 허였구나."

[중모리]

"번수네들 그러한가. 나는 가네. 지키기나 잘들하소. 매품 팔러 왔는데도 손재(損財)가 붙어 이 지경이 웬일이냐. 우리 집을 돌아가면 밥 달라고 우는 자식 떡 사 주마고 달래고, 떡 사 달라 우는 자식 엿 사 주마고 달랬는데, 돈이 있어야 말을 허지." 그렁저렁 울며 불며 돌아온다. 그때에 흥보 마누라는 영감이 떠난 그 날부터 후원에 단(壇)을 세우고 정화수를 바치고, 병영 가신 우리 영감 매 한 대도 맞지 말고 무사히 돌아오시라고 밤낮 기도하면서, "병영 가신 우리 영감 하마 오실 제 되었는데 어찌하여 못 오신가. 병영 영문 곤장을 맞고 허약한 체질 주린 몸에 병이 나서 못 오신가. 길에 오다 누웠는가."

[아니리]

문밖에를 가만히 내다보니 자기 영감이 분명하것다. 눈물 씻고 바라보니 흥보가 들어오거늘, "여보영감 매 맞았소? 매 맞았거든 어디 곤장 맞은 자리 상처나 좀 봅시다." "놔둬. 상처고 여편네 죽은 것이고, 요망스럽게 여편네가 밤새도록 울더니 돈 한 푼 못 벌고 매 한 대를 맞았으면 인사불성 쇠아들이다." 흥보 마누라 좋아라고,　　　　－ 작자 미상, '흥보가(興甫歌)'

* 고자빠기장: 나무를 베어 낸 뒤에 남은 밑동처럼 꼿꼿이 앉아서 자는 잠
* 발등걸이: 남이 하려는 일을 앞질러 하려는 행위

21 윗글에 대한 설명으로 가장 적절하지 않은 것은?

① 동일한 어구를 반복하여 운율을 조성하고 있다.
② 서술자가 개입하여 인물에 대한 자신의 생각을 전달하고 있다.
③ 비현실적 상황을 설정하여 사건을 효과적으로 전개하고 있다.
④ 상황에 맞는 장단을 사용하여 인물의 정서를 효과적으로 전달하고 있다.

22 윗글을 읽은 독자의 반응으로 가장 적절한 것은?

① 흥보 아내는 흥보가 무사히 돌아오기를 학수고대(鶴首苦待)하고 있군.
② 흥보는 매품을 팔지 못하게 된 상황을 새옹지마(塞翁之馬)로 여기고 있군.
③ 흥보 아들들은 매품을 팔게 된 흥보에 대해 측은지심(惻隱之心)을 갖고 있군.
④ 흥보는 매품을 팔지 못하게 되었다는 사령의 말을 어불성설(語不成說)이라고 생각하는군.

23 [A]에 대한 이해로 가장 적절하지 않은 것은?

① 흥보는 매품팔기에 실패하자 사령을 원망하며 집으로 돌아가고 있다.
② 흥보는 다른 인물과의 대화를 통해 자신이 처한 상황을 인식하게 되었다.
③ 흥보가 처한 비극적 상황을 해학적으로 표현하여 독자의 웃음을 유발하고 있다.
④ 흥보의 매품팔기가 실패하는 것을 통해 당시 서민들의 삶이 몹시 힘들었음을 짐작할 수 있다.

24 〈보기〉를 통해서 알 수 있는 내용으로 가장 적절하지 않은 것은?

> **보기**
>
>   나는 서울에서 고등학교를 다니는 학생이다. 며칠 전 제사가 있어서 대구에 있는 할아버지 댁에 갔다. 제사를 준비하면서 할아버지께서 나에게 심부름을 시키셨는데 사투리가 섞여 있어서 잘 알아들을 수가 없었다. 집으로 돌아올 때 할아버지께서 용돈을 듬뿍 주셔서 기분이 좋았다. 그런데 오늘 어머니께서 할아버지가 주신 용돈 중 일부를 달라고 하셨다. 나는 어머니께 그 용돈으로 '문상'을 다 샀기 때문에 남은 돈이 없다고 말씀드렸다. 어머니께서는 '문상'이 무엇이냐고 물으셨고 나는 '문화상품권'을 줄여서 사용하는 말이라고 말씀드렸다. 학교에서 친구들과 이야기 할 때 흔히 사용하는 '컴싸'나 '훈남', '생파'같은 단어들을 부모님과 대화할 때는 설명을 해드려야 해서 불편할 때가 많다.

① 어휘는 세대에 따라서 달라지기도 한다.
② 어휘는 지역에 따라서 달라지기도 한다.
③ 성별에 따라 사용하는 어휘가 달라지기도 한다.
④ 은어나 유행어는 청소년층이 쓰는 경우가 많다.

25 〈보기〉의 ⓐ의 사례로 가장 적절하지 않은 것은?

> **보기**
>
>   하나의 단어는 보통 하나의 품사 부류에 속한다. 하지만 하나의 단어가 문장에서의 쓰임에 따라 여러 가지 품사의 역할을 할 때가 있다. 이런 단어는 사전에서도 두 가지 이상의 품사로 처리된다. 예를 들어 "마라톤을 좋아하는 사람 다섯이 대회에 참가했다."에서의 '다섯'은 수사이지만 "마라톤을 좋아하는 다섯 사람이 대회에 참가했다."에서의 '다섯'은 관형사이다. 이처럼 하나의 단어가 두 가지 이상의 품사로 처리되는 것을 ⓐ 품사의 통용이라고 한다.

① 나도 철수만큼 잘 할 수 있다.
   각자 먹을 만큼 먹어라.
② 뉴스에서 내일의 날씨를 예보하고 있다.
   오늘은 이만하고 내일 다시 시작합시다.
③ 어느새 태양이 솟아 밝은 빛을 비춘다.
   벽지가 밝아 집 안이 환해 보인다.
④ 키가 큰 나무는 우리에게 그늘을 주었다.
   철수야, 키가 몰라보게 컸구나.

정답 및 해설: 해설집 p.114
(문제집 p.275에서 전체 정답표를 확인하실 수 있습니다.)

모바일 자동 채점 + 성적 분석 서비스 바로 가기
QR코드를 이용해 모바일로 간편하게 채점하고 나의 실력이 어느 정도인지, 취약 부분이 어디인지 바로 파악해 보세요!

제한시간 : 25분   시작 _____ 시 _____ 분 ~ 종료 _____ 시 _____ 분   나의 점수 _____ 회독수 □□□

※ 다음 글을 읽고 물음에 답하시오. [01 ~ 03]

⊙ 과부나 홀아비가 개가하고 재취하는 것은 생리적으로나 가정생활로나 자연스러운 일이므로 아무도 그것을 막을 수 없고, 또 그것을 막아서는 안 된다. 그러나 우리는 그 개가와 재취를 지극히 당연한 것으로 승인하면서도 어떤 과부나 환부(鰥夫)가 사랑하는 옛 짝을 위하여 개가나 속현*의 길을 버리고 일생을 마치는 그 절개에 대하여 찬탄하는 것을 또한 잊지 않는다. 보통 사람이 능히 하기 어려운 일을 했대서만이 아니라 자연으로서 인간의 본능고(本能苦)를 이성과 의지로써 초극한 그 정신의 높이를 보기 때문이다. 정조의 고귀성이 여기에 있다. 지조도 마찬가지다. 자기의 사상과 신념과 양심과 주체는 일찌감치 집어던지고 시세에 따라 아무 권력에나 바꾸어 붙어서 구복의 걱정이나 덜고 명리의 세도에 참여하여 꺼떡대는 것이 자연한 일이지 못나게 쪼를 부린다고 굶주리고 얻어맞고 짓밟히는 것처럼 부자연한 일이 어디 있겠느냐고 하면 얼핏 들어 우선 말은 되는 것 같다.

여름에 아이스케이크 장사를 하다가 가을 바람만 불면 단팥죽 장사로 간판을 남 먼저 바꾸는 것을 누가 욕하겠는가. 장사꾼, 기술자, 사무원의 생활 방도는 이 길이 오히려 정도(正道)이기도 하다. 오늘의 변절자도 자기를 이 같은 사람이라 생각하고 또 그렇게 자처한다면 별문제다. 그러나 더러운 변절의 정당화를 위한 엄청난 공언(公言)을 늘어놓은 것은 분반(噴飯)*할 일이다. 백성들이 그렇게 사람 보는 눈이 먼 줄 알아서는 안 된다. 백주 대로*에 돌아앉아 볼기짝을 까고 대변을 보는 격이라면 점잖지 못한 표현이라 할 것인가.

지조를 지키기란 참으로 어려운 일이다. 자기의 신념에 어긋날 때면 목숨을 걸어 항거하여 타협하지 않고 부정과 불의한 권력 앞에는 최저의 생활, 최악의 곤욕을 무릅쓸 각오가 없으면 섣불리 지조를 입에 담아서는 안 된다. 정신의 자존 자시(自尊自恃)를 위해서는 자학(自虐)과도 같은 생활을 견디는 힘이 없이는 지조는 지켜지지 않는다.

그러므로 지조의 매운 향기를 지닌 분들은 심한 고집과 기벽(奇癖)까지도 지녔던 것이다. ⓛ 신단재(申丹齋) 선생은 망명 생활 중 추운 겨울에 세수를 하는데 꼿꼿이 앉아서 두 손으로 물을 움켜다 얼굴을 씻기 때문에 찬물이 모두 소매 속으로 흘러 들어갔다고 한다. 어떤 제자가 그 까닭을 물으매, 내 동서남북 어느 곳에도 머리 숙일 곳이 없기 때문이라고 했다는 일화가 있다. 무서운 지조를 지킨 분의 한 분인 한용운 선생의 지조가 낳은 기벽의 일화도 마찬가지다.

오늘 우리가 지도자와 정치인들에게 바라는 지조는 이토록 삼엄한 것은 아니다. 다만 당신 뒤에는 당신들을 주시하는 국민이 있다는 것을 잊지 말고 자신의 위의(威儀)와 정치적 생명을 위하여 좀 더 어려운 것을 참고 견디라는 충고 정도다. "한때의 적막을 받을지언정 만고에 처량한 이름이 되지 말라"라는 채근담(菜根譚)의 한 구절을 보내고 싶은 심정이란 것이다. 끝까지 참고 견딜 힘도 없으면서 뜻있는 야당의 투사를 가장함으로써 권력의 미끼를 기다리다가 후딱 넘어가는 교지(狡智)*를 버리라는 말이다. 욕인(辱人)으로 출세의 바탕을 삼고 항거로써 최대의 아첨을 일삼는 본색을 탄로시키지 말라는 것이다. 이러한 충언의 근원을 캐면 그 바닥에는 변절하지 말라, 지조의 힘을 기르라는 뜻이 깃들이어 있다.

변절이란 무엇인가? 절개를 바꾸는 것, 곧 자기가 심신으로 이미 신념하고 표방했던 자리에서 방향을 바꾸는 것이다. 그러므로 사람이 철이 들어서 세워 놓은 주체의 자세를 뒤집는 것은 모두 다 넓은 의미의 변절이다. 그러나 사람들이 욕하는 변절은 개과천선(改過遷善)의 변절이 아니고 좋고 바른 데서 나쁜 방향으로 바꾸는 변절을 변절이라 한다.

일제(日帝) 때 경찰에 관계하다 독립운동으로 바꾼 이가 있거니와 그런 분을 변절이라고 욕하진 않았다.

그러나 독립운동을 하다가 친일파(親日派)로 전향한 이는 변절자로 욕하였다. 권력에 붙어 벼슬하다가 ⓒ 야당이 된 이도 있다. 지조에 있어 완전히 깨끗하다고는 못하겠지만 이들에게도 변절자의 비난은 돌아가지 않는다.

나머지 하나 협의의 변절자, 비난 불신의 대상이 되는 변절자는 야당 전선에서 이탈하여 권력에 몸을 파는 변절자다. 우리는 이런 사람의 이름을 역력히 기억할 수 있다. 자기 신념으로 일관한 사람은 변절자가 아니다. 병자호란 때 남한산성의 치욕에 김상헌이 찢은 항서(降書)를 도로 주워 모은 주화파(主和派) 최명길은 당시 민족정기의 맹렬한 공격을 받았으나, 심양의 감옥에 김상헌과 같이 갇히어 오해를 풀었다는 일화는 널리 알려진 얘기다.

최명길은 변절의 사(士)가 아니요 남다른 신념이 한층 강했던 이였음을 알 수 있다. 또 누가 박중양, 문명기 등 허다한 친일파를 변절자라고 욕했는가. 그 사람들은 변절의 비난을 받기 이하의 더러운 친일파로 타기(唾棄)*되기는 하였지만 변절자는 아니다.

민족 전체의 일을 위하여 몸소 치욕을 무릅쓴 업적이 있을 때는 변절자로 욕하지 않는다. 앞에 든 최명길도 그런 범주에 들거니와, 일제 말기 말살되는 국어의 명맥을 붙들고 살렸을 뿐 아니라 국내에서 민족 해방의 날을 위한 유일한 준비가 되었던 〈맞춤법 통일안〉, 〈표준말모음〉, 〈큰사전〉을 편찬한 ⓔ '조선어학회'가 '국민총력연맹조선어학회지부'의 간판을 붙인 것을 욕하는 사람은 없었다.

－ 조지훈, '지조론'

* 속현: 거문고와 비파의 끊어진 줄을 다시 잇는다는 뜻으로, 아내를 여읜 뒤 다시 새장가를 드는 일을 비유적으로 이르는 말. 재취.
* 분반(噴飯): 입속에 있는 밥을 내뿜는다는 뜻으로, 참을 수가 없어서 웃음이 터져 나옴을 이르는 말.
* 백주 대로: 대낮의 큰길.
* 교지(狡智): 교활한 재주와 꾀.
* 타기(唾棄): 침을 뱉듯이 버린다는 뜻으로, 업신여기거나 아주 더럽게 생각하여 돌아보지 않고 버림을 이르는 말.

01 윗글에 대한 설명으로 가장 옳지 않은 것은?

① 자문자답의 형식을 빌려 자신의 삶을 성찰하고 있다.
② 구체적인 사례를 들어 자신의 논지를 강화하고 있다.
③ 비교와 대조를 통해 자신이 말하고자 하는 바를 부각하고 있다.
④ 인용의 방법을 통해 자신의 의도를 효과적으로 드러내고 있다.

02 윗글의 글쓴이의 생각과 가장 일치하는 것은?

① 잘못된 신념을 끝까지 고집하는 것도 변절의 일종이다.
② 변절 행위라는 것은 모든 경우에 비판받아야 마땅한 것이다.
③ 지도자와 정치인에게 바라는 지조는 장사꾼의 생활과 는 다른 수준이다.
④ 부정 앞에서 최악의 곤욕을 무릅쓸 각오가 없어도 지조는 지켜질 수 있다.

03 〈보기〉와 윗글의 ㉠~㉣을 견주어 보았을 때 설명으로 가장 은 것은?

> **보기**
> 가마귀 눈비 마즈 희는 듯 검노미라.
> 야광명월(夜光明月)이 밤인들 어두오랴.
> 님 향한 일편단심(一片丹心)이야 고칠 줄이 이시랴.
> － 박팽년

① '눈비'와 ㉠은 자신의 주체적 신념을 변경했다는 점에서 변절자라고 할 수 있다.
② 고난과 시련의 상황 속에서도 '야광명월'과 ㉡은 지조를 지켰다고 할 수 있다.
③ '가마귀'와 ㉢은 절개를 바꾼 듯 보이지만 본질은 그렇지 않으므로 지조를 지켰다고 할 수 있다.
④ '일편단심'하지 않고 외부 상황 때문에 절개를 바꾼 ㉣은 변절자라고 할 수 있다.

※ 다음 글을 읽고 물음에 답하시오. [04~05]

민주주의, 특히 대중 민주주의의 역사는 생각보다 짧다. 고대 그리스의 민주주의나 마그나 카르타(대헌장) 이후의 영국 민주주의는 귀족이나 특정 신분 계층만이 누릴 수 있는 체제였다. 우리가 흔히 알고 있는 대중 민주주의, 즉 모든 계층의 성인들이 1인 1표의 투표권을 행사할 수 있는 정치 체제는 영국에서 독립한 미국에서 시작되었다고 보는 것이 맞다. 하지만 미국에서조차도 20세기 초에야 여성에게 투표권을 부여하면서 제대로 된 대중 민주주의의 형태를 갖추게 되었다. 유럽의 본격적인 민주주의 도입도 19세기 말에야 시작되었고, 유럽과 미국을 제외한 각국의 대중 민주주의의 도입은 이보다 훨씬 더 늦었다.

자본주의의 역사는 얼마나 될까? 자본주의를 '개인 소유권의 인정'이라고 본다면 구약 성경에도 기록될 정도로 오래된 것으로 추정된다. 왕이 국가의 모든 자산을 소유하는 것으로 여겨졌던 절대 군주주의 시대에도 상업 활동을 통해서 부를 축적한 상인 계급이 존재했다. 그러나 보통 근대 자본주의의 시작은 1776년으로 간주된다. 이 해는 미국이 독립하고, 애덤 스미스의 '국부론'이 출간된 때이다. 아나톨 칼레츠키는 그의 저서 "자본주의 4.0"에서 대중 민주주의(이하 민주주의)와 자본주의는 제대로 결합하여 발전을 서로 도와온 것으로 설명하고 있다. 실제로 산업 혁명 이후, 식민지 경영 시대, 공산주의와 자본주의의 대립 등을 거쳐, 지금은 세계 수많은 나라가 민주주의와 자본주의를 결합한 정치·경제 체제를 갖추고 있다.

그런데 이 두 체제의 결합은 사실 자연스러운 것은 아니다. 레스터 서로는 그의 저서에서 이렇게 설파했다.

"민주주의와 자본주의는 적절한 권력의 분배에 대해 매우 다른 믿음을 갖고 있다. 하나는 '1인 1표'라는 정치권력의 완전한 분배가 좋다고 믿는 반면, 다른 하나는 경제적 비적격자를 몰아내어 경제적으로 멸종시키는 것이 경제적 적격자의 의무라고 믿는다. '적자생존'과 (구매력상의)불평등이 자본주의적 효율성의 모든 것이다."

그렇다면 본질적으로 어울리기 어려운 정치 체제(민주주의)와 경제 체제(자본주의)가 어떻게 잘 결합하고 상호작용을 하면서 19세기 이후 크게 번영을 이루어 왔을까? 레스터 서로는 민주주의 절차에 의해 선출된 정부가 시장을 가만히 놔두지 않고 더 평등한 소득 분배를 이루는 데 적극적으로 나섰기 때문이라는 설명을 내놓는다.

"역사적으로 시장 경제들은 민주주의와 양립할 수 있을 만큼 충분한 경제적 평등을 창출해 내지 못했기 때문에 모든 민주주의 국가들은 평등을 촉진하고 불평등이 확대되는 것을 막기 위해 고안된 다양한 프로그램들을 가지고 시장에 '개입하는' 것이 필요하다는 것을 알게 되었다."

칼레츠키는 이와 비슷하지만 더 적극적인 주장을 하고 있다. 그는 자본주의가 근본적으로 민주주의와 궁합이 잘 맞는 제도라고 주장한다. 자본주의가 존립의 위기에 처했을 때마다 민주주의의 도움을 받아 경제 환경에 맞는 새로운 형태로 진화해 왔다고 주장한다.

> "민주주의 덕분에 자본주의는 그 시스템과 제도가 진화할 수 있는 여유를 갖게 된다. 자본주의는 구부러지기 때문에 부러지지 않는다."
>
> – 김경원·김준원, '민주주의와 자본주의의 상호 보완'

04 윗글의 서술상 특징에 대한 설명으로 가장 옳은 것은?

① 민주주의와 자본주의가 지닌 문제점을 열거하고 그에 대한 대안을 마련하고 있다.

② 민주주의와 자본주의가 서로 충돌하는 견해를 절충하여 새로운 결론을 도출하고 있다.

③ 민주주의와 자본주의의 결합에 대해 전문가들의 견해를 인용하여 신뢰도를 높이고 있다.

④ 민주주의와 자본주의의 공통점을 바탕으로 두 체제가 결합되는 과정을 단계적으로 서술하고 있다.

05 윗글을 읽고 이해한 내용으로 가장 옳은 것은?

① 완벽한 형태의 대중 민주주의는 19세기 말에 미국에서 시작되었다.

② 현재 소수의 나라만이 민주주의와 자본주의를 결합한 정치·경제 체제를 갖추고 있다.

③ 애덤 스미스의 "국부론"이 출간된 그 해에 근대 자본주의가 시작된 것으로 보통 여겨진다.

④ 민주주의와 자본주의는 권력의 분배에 대해 결국 같은 지향점을 가지기 때문에 잘 결합할 수 있었다.

※ **다음 글을 읽고 물음에 답하시오. [06 ~ 07]**

(가) 여승(女僧)은 합장(合掌)하고 절을 했다.
　　가지취의 내음새가 났다
　　쓸쓸한 낯이 넷날같이 늙었다.
　　나는 불경(佛經)처럼 서러워졌다.

　　평안도(平安道)의 어늬 산(山) 깊은 금덤판
　　나는 파리한 여인(女人)에게서 옥수수를 샀다.
　　여인(女人)은 나 어린 딸아이를 따리며 가을밤같이 차게 울었다.

　　섭벌같이 나아간 지아비 기다려 십 년(十年)이 갔다.
　　지아비는 돌아오지 않고
　　어린 딸은 도라지꽃이 좋아 돌무덤으로 갔다.

　　산(山)꿩도 설게 울은 슬픈 날이 있었다.
　　산(山)절의 마당귀에 여인(女人)의 머리오리가 눈물방울과 같이 떨어진 날이 있었다.

　　　　　　　　　　　　　　　– 백석, '여승'

(나) 저 지붕 아래 제비집 너무도 작아
　　갓 태어난 새끼들만으로 가득 차고
　　어미는 둥지를 날개로 덮은 채 간신히 잠들었습니다.
　　바로 그 옆에 누가 박아 놓았을까요, 못 하나
　　그 못이 아니었다면
　　아비는 어디서 밤을 지냈을까요
　　못 위에 앉아 밤새 꾸벅거리는 제비를
　　눈이 뜨겁도록 올려다봅니다.
　　종암동 버스 정류장, 흙바람은 불어오고
　　한 사내가 아이 셋을 데리고 마중 나온 모습
　　수많은 버스를 보내고 나서야
　　피곤에 지친 한 여자가 내리고, 그 창백함 때문에
　　반쪽 난 달빛은 또 얼마나 창백했던가요.
　　아이들은 달려가 엄마의 옷자락을 잡고
　　제자리에 선 채 달빛을 좀 더 바라보던
　　사내의, 그 마음을 오늘 밤은 알 것도 같습니다.
　　실업의 호주머니에서 만져지던
　　때 묻은 호두알은 쉽게 깨어지지 않고
　　그럴듯한 집 한 채 짓는 대신
　　못 하나 위에서 견디는 것으로 살아온 아비,
　　거리에서 아직도 흙바람이 몰려오나 봐요.
　　돌아오는 길 희미한 달빛은 그런대로
　　식구들의 손잡은 그림자를 만들어 주기도 했지만
　　그러기엔 골목이 너무 좁았고
　　늘 한 걸음 늦게 따라오던 아버지의 그림자
　　그 꾸벅거림을 기억나게 하는
　　못 하나, 그 위의 잠

　　　　　　　　　　　　　　　– 나희덕, '못 위의 잠'

(다) 어머님,
　　제 예닐곱 살 적 겨울은
　　목조 적산 가옥 이층 다다미 방의
　　벌거숭이 유리창 깨질 듯 울어 대던 외풍 탓으로
　　한없이 추웠지요, 밤마다 나는 벌벌 떨면서
　　아버지 가랭이 사이로 시린 발을 밀어 넣고
　　그 가슴팍에 벌레처럼 파고들어 얼굴을 묻은 채
　　겨우 잠이 들곤 했었지요.

　　요즈음도 추운 밤이면
　　곁에서 잠든 아이들 이불깃을 덮어 주며
　　늘 그런 추억으로 마음이 아프고,
　　나를 품어 주던 그 가슴이 이제는 한 줌 뼛가루로 삭아
　　붉은 흙에 자취 없이 뒤섞여 있음을 생각하면
　　옛날처럼 나는 다시 아버지 곁에 눕고 싶습니다.

　　그런데 어머님,
　　오늘은 영하(零下)의 한강교를 지나면서 문득
　　나를 품에 안고 추위를 막아 주던
　　예닐곱 살 적 그 겨울밤의 아버지가
　　이승의 물로 화신(化身)해 있음을 보았습니다.
　　품 안에 부드럽고 여린 물살은 무사히 흘러
　　바다로 가라고,
　　꽝 꽝 얼어붙은 잔등으로 혹한을 막으며
　　하얗게 얼음으로 엎드려 있던 아버지,
　　아버지, 아버지……

　　　　　　　　　　　　　　　　　　－ 이수익, '결빙의 아버지'

06 (가) ~ (다)에 대한 설명으로 가장 옳지 않은 것은?

① (가)는 사람이, (다)는 사물이 시상을 유발한다.
② (가)는 비유적인 표현을 통하여 화자의 정서를 형상화하고 있다.
③ (가)와 (다)에는 모두 시적 대상에 대한 화자의 그리움이 잘 드러나 있다.
④ (나)와 (다)는 모두 화자의 과거 경험을 바탕으로 시상이 전개되고 있다.

07 〈보기〉는 시의 감상과 수용을 위한 학습 목표를 정리한 것이다. 이를 적용하여 (나), (다)를 해석할 때, 가장 옳지 않은 것은?

보기
ㄱ. 시어의 함축적 의미를 이해한다.
ㄴ. 시상 전개 과정을 파악하며 이해한다.
ㄷ. 시의 성격과 관련하여 어조를 살펴본다.
ㄹ. 시에서 다룬 의미와 가치를 내면화한다.

① (나) － ㄱ: '못'과 '반쪽 난 달빛'은 '고달픈 삶'이라는 함축적 의미를 지닌다.
② (나) － ㄴ: '못 위에 밤새 꾸벅거리는 제비'는 어린 시절 화자의 아버지를 떠올리게 한다.
③ (다) － ㄷ: 음성 상징어인 '꽝 꽝'과 말줄임표의 사용에서 나약한 인간에 대한 연민의 어조가 드러난다.
④ (다) － ㄹ: '얼어붙은 잔등'으로 '하얗게 얼음으로 엎드려 있던 아버지'의 모습에 한없는 부모의 사랑을 깨닫게 된다.

※ 다음 글을 읽고 물음에 답하시오. [08 ~ 09]

(가) ㉠풀이 눕는다.
　　비를 몰아오는 동풍에 나부껴
　　풀은 눕고
　　드디어 울었다.
　　날이 흐려서 더 울다가
　　다시 누웠다.

　　풀이 눕는다.
　　바람보다도 더 빨리 눕는다.
　　바람보다도 더 빨리 울고
　　바람보다 먼저 일어난다.

　　날이 흐리고 풀이 눕는다.
　　발목까지
　　발밑까지 눕는다.
　　바람보다 늦게 누워도
　　바람보다 먼저 일어나고
　　바람보다 늦게 울어도
　　바람보다 먼저 웃는다.
　　날이 흐리고 풀뿌리가 눕는다.

　　　　　　　　　　　　　　　　　　－ 김수영, '풀'

(나) ⓛ 해야 솟아라. 해야 솟아라. 말갛게 씻은 얼굴 고운 해야 솟아라. 산 넘어 산 넘어서 어둠을 살라 먹고, 산 넘어서 밤새도록 어둠을 살라 먹고, 이글이글 애띤 얼굴 고운 해야 솟아라.

달밤이 싫여, 달밤이 싫여, 눈물 같은 골짜기에 달밤이 싫여, 아무도 없는 뜰에 달밤이 나는 싫여……

해야, 고운 해야. 네가 오면 네가사 오면 나는 나는 청산(靑山)이 좋아라. 훨훨훨 깃을 치는 청산이 좋아라. 청산이 있으면 홀로라도 좋아라.

사슴을 따라 사슴을 따라, 양지(陽地)로 양지로 사슴을 따라, 사슴을 만나면 사슴과 놀고.

칡범을 따라 칡범을 따라, 칡범을 만나면 칡범과 놀고……

해야, 고운 해야. 해야 솟아라. 꿈이 아니래도 너를 만나면, 꽃도 새도 짐승도 한자리 앉아 워어이 워어이 모두 불러 한 자리 앉아, 애띠고 고운 날을 누려 보리라.

— 박두진, '해'

08 (가)와 (나)의 공통점으로 가장 옳은 것은?

① 시간의 흐름에 따라 화자의 태도 변화가 드러난다.
② 대립적 의미의 시어들을 활용하여 화자의 생각이 잘 드러난다.
③ 청자에게 말을 건네는 방식을 통해 화자가 소망하는 바가 드러난다.
④ 의성어, 의태어를 활용하여 대상에 대한 화자의 예찬적 태도가 드러난다.

09 ㉠과 ⓛ을 비교하여 이해한 내용으로 가장 옳은 것은?

① ㉠과 ⓛ은 화자가 처한 부정적 현실을 상징하는 시어다.
② ㉠과 ⓛ은 화자가 가치 있는 대상으로 여기는 의인화된 대상이다.
③ ㉠은 ⓛ과 달리 화자가 과거를 회상하고 성찰하게 만든다.
④ ⓛ은 ㉠과 달리 화자의 부정적 현실 인식을 긍정적으로 변화시킨다.

10 다음 시를 읽고 이해한 내용으로 가장 옳지 않은 것은?

창밖에 밤비가 속살거려
육첩방은 남의 나라,

시인이란 슬픈 천명인 줄 알면서도
한 줄 시를 적어 볼까,

땀내와 사랑내 포근히 품긴
보내 주신 학비 봉투를 받아

대학 노트를 끼고
늙은 교수의 강의 들으러 간다.

생각해 보면 어린 때 동무들
하나, 둘, 죄다 잃어버리고

나는 무얼 바라
나는 다만, 홀로 침전하는 것일까?

인생은 살기 어렵다는데
시가 이렇게 쉽게 씌어지는 것은
부끄러운 일이다.

육첩방은 남의 나라
창밖에 밤비가 속살거리는데,

등불을 밝혀 어둠을 조금 내몰고,
시대처럼 올 아침을 기다리는 최후의 나,

나는 나에게 작은 손을 내밀어
눈물과 위안으로 잡는 최초의 악수.

— 윤동주, '쉽게 씌어진 시'

① 시선의 이동에 따라 시상을 전개해 시적 안정감을 부여한다.
② 시간적, 공간적 배경을 통해 화자의 현재 상황을 드러낸다.
③ 상징적 의미를 지닌 시어의 대립을 통해 시적 의미를 구체화한다.
④ 반성적이고 미래지향적인 어조를 통해 주제의식을 효과적으로 제시한다.

※ 다음 글을 읽고 물음에 답하시오. [11~14]

[앞부분의 줄거리] 북곽 선생(北郭先生)이라는 명망이 높은 선비가 열녀로 칭송받는 젊은 과부인 동리자의 방에서 정을 통하려 했다. 이때 과부의 다섯 아들이 북곽 선생을 여우로 의심하여 몽둥이를 들고 방 안으로 들이닥쳤다.

이에 다섯 아들이 함께 어미의 방을 에워싸고는 안으로 들이닥쳤다. 북곽 선생은 깜짝 놀라 부리나케 내빼면서 그 와중에도 행여 남들이 자신을 알아볼까 겁이 나 한 다리를 들어 목에다 얹고는 귀신처럼 춤추고 웃으며 문을 빠져나왔다. 그러고는 그렇게 달아나다가 벌판에 파 놓은 똥구덩이에 빠지고 말았다. 똥이 가득 찬 구덩이 속에서 버둥거리며 무언가를 붙잡고 간신히 올라가 목을 내밀어 살펴보니, 범 한 마리가 길을 막고 있었다. 범이 이맛살을 찌푸리고 구역질을 하며 코를 막은 채 얼굴을 외면하고 말한다.
㉠"아이구! 그 선비, 냄새가 참 구리기도 하구나."
북곽 선생이 머리를 조아리며 앞으로 엉금엉금 기어 나와 세번 절하고, 다시 꿇어앉아서 아뢴다.
"범님의 덕이야말로 참 지극합니다. 대인(大人)은 그 변화를 본받습니다. 제왕(帝王) 된 자는 그 걸음걸이를 배웁니다. 남의 아들 되는 이는 그 효성을 본받고, 장수는 그 위엄을 취합니다. 그 명성은 신룡(神龍)과 나란하여 한 분은 바람을 일으키고, 다른 한 분은 구름을 만드십니다. 이 몸은 천한 신하로, 감히 범님의 다스림을 받고자 합니다."
범이 꾸짖으며 답한다.
"에잇! 가까이 다가오지 말렸다. 전에 내 듣기로 유(儒)*란 유(諛)*라 하더니 과연 그렇구나. 네가 평소에는 세상의 온갖 나쁜 이름을 끌어모아 제멋대로 내게 갖다 붙이더니, 지금은 서둘러 면전에서 아첨을 늘어놓으니 그 따위 말을 대체 누가 믿겠느냐?
천하의 이치는 하나일 따름이니, 범이 정말 악하다면 인간의 본성 또한 악할 것이요, 사람의 본성이 착하다면 범의 본성 또한 착한 것이다. 네놈들이 하는 말은 모두 오상(五常)*을 벗어나지 않고, 경계하고 권장하는 것은 늘 사강(四綱)*에 있다.
그렇지만 사람 사는 동네에 코가 베이거나 발이 잘리거나 얼굴에 문신이 새겨진 채 다니는 자들은 모두 오륜(五倫)을 어긴 자들이다. 이들을 잡아들이고 벌하기 위해 제아무리 오랏줄이나 도끼, 톱 등을 써 대도 인간의 악행은 당최 그칠 줄을 모른다. 밧줄이나 먹바늘, 도끼나 톱 따위가 횡행하니, 악행이 그칠 리가 없다. ㉡범의 세상에는 본래 이런 형벌이 없는데, 이로써 보면 범의 본성이 인간보다 더 어질다는 뜻이 아니겠느냐?" 〈중 략〉
북곽 선생은 자리를 옮겨 부복(俯伏)해서 머리를 새삼 조아리고 아뢰었다.
"'맹자(孟子)'에 일렀으되 '비록 악인(惡人)이라도 목욕재계하면 상제(上帝)를 섬길 수 있다' 하였습니다. 하토의 천신은 감히 아랫바람에 서옵니다."

북곽 선생이 숨을 죽이고 명령을 기다렸으나 오랫동안 아무 동정이 없기에 참으로 황공해서 절하고 조아리다가 머리를 들어 우러러보니, 이미 먼동이 터 주위가 밝아 오는데 범은 간 곳이 없었다. 그때 새벽 일찍 밭 갈러 나온 농부가 있었다. ㉢"선생님, 이른 새벽에 들판에서 무슨 기도를 드리고 계십니까?"
북곽 선생은 엄숙히 말했다.
㉣"성현(聖賢)의 말씀에 '하늘이 높다 해도 머리를 아니 굽힐 수 없고, 땅이 두텁다 해도 조심스럽게 딛지 않을 수 없다.'하셨느니라."

– 박지원, '호질'

* 유(儒): 선비.
* 유(諛): 아첨함.
* 오상(五常): 인(仁), 의(義), 예(禮), 지(智), 신(信)의 오행[오교(五敎)나 오륜(五倫)을 가리키기도 함.]
* 사강(四綱): 사람을 규제하는 네 가지 도덕인예(禮), 의(義), 염(廉), 치(恥).

11 윗글의 서술상 특징으로 가장 옳지 않은 것은?

① 시대적 배경을 구체적으로 묘사하고 있다.
② 동음이의어를 활용하여 대상을 풍자하고 있다.
③ 인물의 말과 행동을 통해 사건을 전개하고 있다.
④ 의인화를 통해 현실을 우회적으로 비판하고 있다.

12 윗글의 내용에 대한 이해로 가장 옳지 않은 것은?

① 범은 인간이 말로는 선을 권하지만 악을 일삼는 자가 많다고 주장한다.
② 북곽 선생은 남들이 자신을 알아볼까 두려워 괴이한 모습으로 도망쳤다.
③ 범은 평소와 다르게 아첨하는 북곽 선생의 말을 믿을 수 없다고 생각한다.
④ 북곽 선생은 인간의 본성과 범의 본성을 비교하며 범에게 목숨을 구걸했다.

13 ㉠~㉣에 대한 설명으로 가장 옳은 것은?

① ㉠: 본심을 숨기고자 상대에게 거부감을 드러내고 있다.
② ㉡: 자랑거리를 내세우며 상대가 따르도록 강요하고 있다.
③ ㉢: 자신을 낮추며 상대를 흠모하는 마음을 드러내고 있다.
④ ㉣: 상황이 바뀌자 비굴함을 숨기기 위해 허세를 부리고 있다.

14 윗글의 '북곽 선생'에 대한 평가로 가장 옳은 것은?

① 사람들의 칭송처럼 높은 학식과 고매한 인품을 가진 동량지재(棟梁之材)한 인물이군.

② 위기 상황에서도 동리자와의 사랑을 지키고자 하는 천의무봉(天衣無縫)한 인물이군.

③ 평판과 다르게 실상은 부도덕하며 위선적인 것을 보니 양두구육(羊頭狗肉)한 인물이군.

④ 범의 꾸짖음에 양반 계급의 허위와 부도덕성을 반성하며 개과천선(改過遷善)한 인물이군.

※ 다음 글을 읽고 물음에 답하시오. [15 ~ 17]

(가)

바람도 없는 공중에 수직(垂直)의 파문을 내며 고요히 떨어지는 오동잎은 누구의 발자취입니까?

지리한 장마 끝에 서풍에 몰려가는 무서운 검은 구름의 터진 틈으로, 언뜻언뜻 보는 푸른 하늘은 누구의 얼굴입니까?

꽃도 없는 깊은 나무에 푸른 이끼를 거쳐서, 옛 탑(塔) ⊙ 위의 고요한 하늘을 스치는 알 수 없는 향기는 누구의 입김입니까?

Ⓐ 근원은 알지도 못할 곳에서 나서 돌부리를 울리고, 가늘게 흐르는 작은 시내는 굽이굽이 누구의 노래입니까?

연꽃 같은 발꿈치로 가이 없는 바다를 밟고, 옥같은 손으로 끝없는 하늘을 만지면서 떨어지는 해를 곱게 단장하는 저녁놀은 누구의 시입니까?

타고 남은 재가 다시 기름이 됩니다. 그칠 줄을 모르 ⊙ 고 타는 나의 가슴은 누구의 밤을 지키는 약한 등불입니까?

– 한용운, '알 수 없어요'

(나) 설악산 대청봉에 올라

발아래 구부리고 엎드린 작고 큰 산들이며
떨어져 나갈까 봐 잔뜩 겁을 집어먹고
언덕과 골짜기에 바짝 달라붙은 마을들이며
다만 무릎께까지라도 다가오고 싶어
안달이 나서 몸살을 하는 바다를 내려다보니
온통 세상이 다 보이는 것 같고
또 세상살이 속속들이 다 알 것도 같다.
그러다 속초에 내려와 하룻밤을 묵으며
중앙 시장 바닥에서 다 늙은 함경도 아주머니들과
노령 노래 안주 해서 소주도 마시고
피난민 신세타령도 듣고
ⓒ 다음 날엔 원통으로 와서 뒷골목엘 들어가
지린내 땀내도 맡고 악다구니도 듣고
싸구려 하숙에서 마늘 장수와 실랑이도 하고
젊은 군인 부부 사랑싸움질 소리에 잠도 설치고 나니

세상은 아무래도 산 위에서 보는 것과 같지만은 않다

지금 우리는 혹시 세상을
ⓔ 너무 멀리서만 보고 있는 것은 아닐까 아니면
너무 가까이서만 보고 있는 것은 아닐까

– 신경림, '장자를 빌려'

15 (가)와 (나)에 대한 설명으로 가장 옳지 않은 것은?

① (가)에는 대상에 대한 화자의 예찬적 태도가 잘 드러나 있다.

② (가)에는 종교적인 색채와 명상적이고 관념적인 분위기가 드러나 있다.

③ (나)에는 화자가 구체적 경험을 통해 얻은, 삶에 대한 깨달음이 담겨 있다.

④ (가)와 달리, (나)는 구도(求道)적인 자세를 통해 사물이 지닌 의미를 새롭게 발견해 내고 있다.

16 (가)의 Ⓐ를 다음 〈조건〉에 맞춰 새롭게 바꾸려 할 때 가장 옳은 것은?

> **조건**
> ○ 처음과 동일한 감각적 이미지로 표현한다.
> ○ 어조나 표현 기법을 그대로 유지한다.

① 깊은 계곡에서 아름다운 이슬을 머금고 있는 이름 없는 풀꽃들은 누구의 미소입니까.

② 강렬한 여름 햇살 아래 넓디넓은 가지를 드리운 느티나무의 한없는 품은 누구의 사랑입니까.

③ 넓고 푸른 하늘을 자유롭게 떠다니며 시시각각 오묘한 표정을 짓는 저 흰구름은 누구의 그림입니까.

④ 하늘에 닿을 듯이 우뚝 솟은 보리수에서 바람이 스쳐 지나갈 때마다 들려오는 저 신비로운 소리는 누구의 숨결입니까.

17 ⊙ ~ ⓔ에 대한 설명으로 가장 옳지 않은 것은?

① ⊙: 다양한 자연의 현상을 통해 임의 존재를 형상화함으로써 임에 대한 화자의 외경심과 신비감을 드러내고 있다.

② ⊙: 임이 부재하는 암담한 시대 현실을 지키기 위한 자신 희생의 정신과 진리를 얻기 위한 구도의 정신을 상징적으로 드러내고 있다.

③ ⓒ: 산 아래에서의 부정적인 경험을 구체적으로 제시함으로써 탈속적인 공간에 대한 동경을 그려내고 있다.

④ ⓔ: 우리들의 삶이 그 본질을 쉽게 알 수 있을 것 같으면서도 결코 그렇지 않다는 화자의 인식을 드러내고 있다.

18 〈보기1〉의 내용을 참고할 때, 〈보기2〉에서 관형사를 모두 골라 바르게 묶은 것은?

보기1

　　관형사는 체언 앞에서 그 체언의 뜻을 분명하게 제한하는 품사이다. 특히 관형사는 체언을 꾸며 주면서도 형태 변화를 하지 않는다는 특징을 가진다. 또한 관형사는 용언이 아니므로 어미를 가지지 않음은 물론 보조사를 포함한 어떤 조사와도 결합하지 않는다.

보기2

㉠: 도대체 무슨 말을 하는 거야?
㉡: 모든 사람들이 너를 보고 있어.
㉢: 빠른 일처리가 무척 맘에 드는군.
㉣: 눈앞에 아름다운 풍경이 펼쳐졌다.

① ㉠, ㉡　　　　　　　　　　② ㉠, ㉣
③ ㉡, ㉢　　　　　　　　　　④ ㉢, ㉣

※ 다음 글을 읽고 물음에 답하시오. [19 ~ 21]

　　맹자께서 이런 말씀을 하셨다.
　　"법령을 정비하여 물샐틈없이 잘해 나가는 정치는 나쁜 것이 아니다. 하지만 그것보다는 예의염치(禮義廉恥)와 효제충신(孝悌忠信) 등을 체득 실천하도록 잘 가르쳐 백성들이 나랏일을 위해 자발적으로 협조하게 하는 것이 나라 다스리는 데는 더욱 좋다. 법령을 정비해서 물샐틈없이 잘해 나가는 정치를 하면 백성들이 법령을 어기게 될까 겁이 나서 위정자를 두려워하고, 그와 대조적으로 예의염치와 효제충신 등을 체득 실천하도록 잘 가르쳐 나가는 정치를 하면 백성들이 그 인후(仁厚)함에 감복하여 위정자를 사랑한다. 법령을 잘 다루어 나가는 정치를 하면 백성들이 납세를 게을리할 수 없게 하여 백성들의 재물을 거두어들이는 데 성과를 올리게 되고, 백성을 잘 가르쳐 나가는 정치를 하면 백성들이 좋아하여 마음으로 따르게 하는 성과를 올리게 한다."
　　　　　　　　　　　　　　　　　　　– '진심장구 상' 중에서

　　제자인 도응(桃應)이 맹자께 이런 까다로운 질문을 하였다.
　　"순(舜)이 천자의 자리에 앉아 있고 그 밑에 고요[皐陶, 순 임금의 신하로 법을 세우고, 형벌을 제정하였으며 옥(獄)을 만들었다고 한다.]가 사사(士師, 고대 중국에서 법령과 형벌에 관한 일을 맡아보던 재판관)로 있을 때, 순의 부친 고수가 살인을 했다면 고요는 그 일을 어떻게 처리 했을까요?"
　　맹자께서 이렇게 대답하셨다.
　　"그것은 간단하다. 살인죄를 범한 고수를 체포할 따름이지, 그 밖에 무슨 방법이 있겠는가?"

　　그러자 도응은 맹자께 따져 물었다.
　　"그렇다면 순은 천자의 위(位)에 앉아 절대적인 권력을 가지고 있으면서 자기 부친의 체포를 금하지 않겠습니까?"
　　"대체 순이라 한들 어떻게 고요가 자기 부친 고수를 체포하는 것을 금할 수 있겠는가? 도저히 금할 수는 없을 것이다. 고요는 그가 전해 받은 대법(大法)이 있기 때문이다."
　　"그렇다면 순은 그 일을 어떻게 처리할까요?"
　　"순은 그런 경우를 당하면 자기가 차지했던 천하를 헌 짚신 버리듯 버리고 자기 부친인 고수를 등에 업고 도망쳐 멀리 바닷가로 피해 가 살며, 죽을 때까지 기꺼이 즐거워하면서 지난날에 차지했던 천하 같은 것은 까맣게 잊어버릴 것이다."
　　　　　　　　　　　　　　　　　　　– '진심장구 상' 중에서

　　맹자께서 이런 말씀을 하셨다.
　　"나라에는 백성이 무엇보다도 귀중하고, 토지와 곡물의 신이 그다음으로 귀중하며, 임금은 사실상 그 비중이 가장 가볍다. 따라서 밭일하는 사람들의 마음에 들어 그들이 좋아하게 되면 천하를 통치하는 천자가 되는 것이다. 그런데 천자의 마음에 들어 그가 좋아하게 되면 한 나라의 제후가 되고, 한 나라의 제후의 마음에 들어 그가 좋아하게 되면 그 나라의 대부가 되는 것이다."
　　　　　　　　　　　　　　　　　　　– '진심장구 하' 중에서

　　맹자께서 이런 말씀을 하셨다.
　　"인자하지 않고서 한 나라를 얻어 제후가 된 자는 있었지만, 인자하지 않고서 온 천하를 얻어 천자가 된 자는 본 적이 없다."
　　　　　　　　　　　　　　　　　　　– '진심장구 하' 중에서

　　선왕은 물었다.
　　"탕은 걸왕의 신하였고 무왕은 주왕의 신하였는데, 이들과 같이 신하인 자가 자기 임금을 죽여도 좋습니까?"
　　그러자 맹자께서는 이렇게 대답하셨다.
　　"신하로서 자기 임금을 죽인다는 것이 도리에 어긋나는 일임은 말할 것도 없습니다. 무도한 짓을 해서 인(仁)을 손상시키는 것을 적(賊), 즉 흉포하다고 하고, 잔인한 짓을 해서 의(義)를 손상시키려는 것을 잔(殘), 즉 잔학하다고 합니다. 이렇게 흉포하고 잔학한 인간은 이미 천하 만민의 부모 노릇을 하는 천자가 아니고 한 명의 단순한 사내에 지나지 않습니다. 저는 백성들로부터 버림을 받은 한 사내인 주(紂)를 죽였다는 말은 들은 일이 있습니다만, 무왕이 자기 임금을 죽였다는 말은 아직 들어 본 적이 없습니다."
　　　　　　　　　　　　　　　　　　　– '양혜왕장구 하' 중에서

19 윗글에서 파악할 수 있는 서술상 특징으로 가장 옳은 것은?

① 문답과 구체적인 사례를 활용하여 자신의 생각을 드러내고 있다.

② 자신의 체험을 삽화 형식으로 나열하여 주장을 뒷받침하고 있다.

③ 다양한 조건과 상황에 따라 변화하는 자신의 생각을 순차적으로 밝히고 있다.

④ 자신의 생각을 따르지 않을 경우, 발생할 수 있는 문제점에 대해 분류하고 있다.

20 윗글을 읽고 알 수 있는 맹자의 생각으로 가장 옳은 것은?

① 맹자는 임금이 포악하고 무도하여 백성을 해치는 경우는 통치자로서의 자격과 정당성을 상실했기 때문에 임금을 벌하는 일이 정당하다고 보았다.

② 맹자는 천자의 의무와 자식으로서의 입장을 모두 중시하면서도 만약 두 가지가 상충될 경우 '순'처럼 천자의 의무를 더 우선시하는 모습을 보여주었다.

③ 맹자는 한 나라에서 천자의 비중이 가장 가볍기 때문에, 무릇 천자가 되기 위해서는 백성과 제후, 그리고 대부들의 마음에 모두 들어야 함을 강조하였다.

④ 맹자는 법령을 정비해서 백성들이 위정자를 두려워하게 만드는 것을 부정적으로 보고, 법령 대신 예의염치와 효제충신 등을 체득 실천하도록 가르치는 것이 중요하다고 보았다.

21 윗글을 읽고 다음 내용에 대해 탐구해 보고자 한다. ㉠, ㉡에 들어갈 말로 가장 옳지 않은 것은?

| 맹자가 생각하는 통치자에게 필요한 덕목 | ㉠ |
| 맹자가 백성들을 바라보는 관점 | ㉡ |

① ㉠: 통치자는 백성들에게 인자한 덕을 지니고 있어야 한다.

② ㉠: 통치자는 백성들을 부모와 같은 태도로 다스려야 한다.

③ ㉡: 백성들은 나라에서 가장 귀중한 존재이므로 그들의 마음이 천자를 정한다.

④ ㉡: 백성들은 덕을 베풀어도 은혜를 모르기 때문에 도덕으로 잘 가르쳐야 한다.

22 〈보기〉의 ㉠, ㉡에 해당하는 것은?

> **보기**
>
> 우리말의 용언 중에는 피동사와 사동사의 형태가 동일한 것이 있다. 예를 들어, '글을 보고 거기에 담긴 뜻을 헤아려 알다.'의 뜻인 '읽다'에서 파생된 사동사와 피동사의 형태는 모두 '읽히다'로, 그 형태가 같다.
> － 사동사 : '부하 장수들에게 병서를 읽혔다.'
> － 피동사 : '이 책은 비교적 쉽게 읽힌다.'
> 이때 ㉠사동사인지, ㉡피동사인지의 구별은 문장에서의 의미와 쓰임을 통해 이루어진다.

	㉠	㉡
①	성탄절에는 교회에서 종을 울렸다.	형이 장난감을 뺏어 동생을 울렸다.
②	동생이 새 시계를 내게 보였다.	멀리 건물 사이로 하늘이 보였다.
③	우리는 난로 앞에서 몸을 녹였다.	따스한 햇살이 고드름을 서서히 녹였다.
④	나는 손에 짐이 들려 문을 열 수가 없다.	부부 싸움을 한 친구에게 꽃을 들려 집에 보냈다.

23 〈보기〉의 밑줄 친 부분에 해당하는 예로 가장 옳은 것은?

> **보기**
>
> 국어의 단어 형성 방식을 보면, 실질적인 의미를 갖는 어근들끼리 만나 새말을 만들기도 하지만, 특정한 뜻을 더하는 접사가 어근 앞에 붙어 새말을 만들기도 한다. 전자의 예로는 어근 '뛰다'가 어근 '놀다'를 만나 '뛰놀다'를 만드는 것을 들 수 있고, 후자의 예로는 '군'이 어근 '살' 앞에 붙어 '쓸데없는'의 뜻을 더하면서 '군살'을 만드는 것을 들 수 있다.

① '강'은 '마르다' 앞에 붙어 '심하게'의 뜻을 더하면서 '강마르다'를 만든다.

② '첫'은 '눈' 앞에 붙어 '처음의'의 뜻을 더하면서 '첫눈'을 만든다.

③ '새'는 '해' 앞에 붙어 '새로운'의 뜻을 더하면서 '새해'를 만든다.

④ '얕'은 '보다' 앞에 붙어 '얕게'의 뜻을 더하면서 '얕보다'를 만든다.

24 〈보기〉의 자료를 읽고 탐구한 것으로 가장 옳지 않은 것은?

> **보기**
>
> **맞춤법 규정**
>
> 제23항 '-하다'나 '-거리다'가 붙는 어근에 '-이'가붙어서 명사가 된 것은 그 원형을 밝히어 적는다. 예 깔쭉이, 꿀꿀이 등
>
> [붙임] '-하다'나 '-거리다'가 붙을 수 없는 어근에 '-이'나 다른 모음으로 시작되는 접미사가 붙어서 명사가 된 것은 그 원형을 밝히어 적지 아니한다. 예 개구리, 귀뚜라미 등
>
> 【해설】
>
> 접미사 '-하다'나 '-거리다'가 붙는 어근이란, 곧 동사나 형용사로 파생될 수 있는 어근을 말한다. 예컨대 (눈을)'깜짝깜짝하다, 깜짝거리다, 깜짝이다, (눈)깜짝이'와 같이 나타나는 형식에 있어서, 실질 형태소인 어근 '깜짝-'의 형태를 고정시킴으로써, 그 의미가 쉽게 파악되도록 하는 것이다.

① '동그라미' 같은 말은 원형을 밝히어 적지 아니한 예에 추가할 수 있겠어.

② '삐죽거리다'는 말이 있으므로 '삐주기'가 아니라, '삐죽이'라고 적어야겠군.

③ '매미', '뻐꾸기'를 '맴이', '뻐꾹이'라고 적지 않는 것은 붙임 정에 따른 것이군.

④ '-거리다'가 붙을 수 있는 어근에 접미사가 붙은 말로 '부스러기'를 들 수 있겠어.

25 〈보기〉의 내용을 참고할 때, 밑줄 친 ⓐ에 해당하는 것이 아닌 것은?

> **보기**
>
> 상보 반의어는 양분적 대립 관계에 있기 때문에 두 단어가 상호 배타적인 영역을 갖는다. 즉, 상보 반의어는 한 단어의 긍정이 다른 단어의 부정을 함의하는 관계에 있다. 등급 반의어는 두 단어 사이에 등급성이 있다. 다시 말하면 두 단어 사이에 중간 상태가 있을 수 있으며 그렇기 때문에 한 쪽을 부정하는 것이 바로 다른 쪽을 의미하는 것이 아니다. ⓐ관계 반의어는 두 단어가 상대적 관계에 있으면서 의미상 대칭을 이루고 있다. '남편'과 '아내'를 예로 들면 두 단어 사이에서 x가 y의 남편이면 y가 x의 아내가 되는 상대적 관계가 있으며 두 단어는 어떤 기준을 사이에 두고 대칭관계를 이루고 있으므로 관계 반의어라고 할 수 있는 것이다.

① 사다 – 팔다   ② 부모 – 자식

③ 동쪽 – 서쪽   ④ 있다 – 없다

정답 및 해설: 해설집 p.120
(문제집 p.275에서 전체 정답표를 확인하실 수 있습니다.)

모바일 자동 채점 + 성적 분석 서비스 바로 가기
QR코드를 이용해 모바일로 간편하게 채점하고 나의 실력이 어느 정도인지, 취약 부분이 어디인지 바로 파악해 보세요!

제한시간 : 25분   시작 _____시 _____분 ~ 종료 _____시 _____분   나의 점수 _____ 회독수 □□□

01 ⓐ에 들어갈 내용으로 가장 적절하지 못한 것은?

- 학습 목표
  중세 국어의 특징을 이해한다.
- 학습 자료

  > ㉠孔子(공ᄌᆞ)ㅣ 曾子(증ᄌᆞ)ᄃᆞ려 닐러 ᄀᆞᄅᆞ샤ᄃᆡ 몸이며 얼굴이며 머리털이며 ㉡ᄉᆞᆯ흔 父母(부모)쯰 ㉢받ᄌᆞ온 거시라 敢(감)히 헐워 샹히오디 아니 홈이 효도이 비르소미오 몸을 셰워 道(도)를 行(ᄒᆡᆼ)ᄒᆞ야 일홈을 後世(후세)예 베퍼 ㉣뻐 父母(부모)를 현뎌케 홈이 효도이 ᄆᆞ춤이니라. – '소학언해'

- 학습 자료의 활용 계획

ⓐ

① ㉠: 중세 국어 시기에도 주격 조사를 사용했다는 사례로 제시한다.

② ㉡: 중세 국어 시기에는 'ㅎ'으로 끝나는 체언을 사용했다는 사례로 제시한다.

③ ㉢: 중세 국어 시기에는 객체를 높이는 형태소로 '-ᄌᆞᆸ-'이 있었다는 사례로 제시한다.

④ ㉣: 중세 국어 시기에 어두에 두 개 자음을 하나의 자음처럼 발음했다는 사례로 제시한다.

02 〈보기1〉의 내용을 참고할 때, 〈보기2〉에서 띄어쓰기가 올바른 것을 모두 고른 것은?

보기1

'노력한 만큼 대가를 얻다.'에서의 '만큼'과 '나도 너만큼은 공부를 잘 해.'의 '만큼'은 단어의 형태는 같으나 단어가 수행하는 기능은 다르다. 즉, 전자의 '만큼'은 의존명사이지만, 후자의 '만큼'은 조사이다. 의존명사의 경우는 앞말과 띄어 써야 하고 조사의 경우는 앞말에 붙여 써야 한다.

보기2

㉠ 집에 도착하는 대로 전화하도록 해.
㉡ 부모님 말씀 대로 행동해야 한다.
㉢ 느낀대로 표현하고 싶었다.
㉣ 내가 가진 것은 이것뿐이다.
㉤ 그 이야기는 소문으로 들었을뿐이다.

① ㉠, ㉣   ② ㉡, ㉢
③ ㉠, ㉢, ㉣   ④ ㉠, ㉣, ㉤

※ 다음 글을 읽고 물음에 답하시오. [03 ~ 05]

(가) 말을 그치며 홍련 형제 일어나 절하고 청학을 타고 반공에 솟아 가거늘, 부사가 그 말을 들으매 낱낱이 분명하니 자기가 흉녀에게 속은 줄 깨닫고 더욱 분노하여 날 새기를 기다려 새벽에 좌기를 베풀고 좌수 부부를 성화같이 잡아 들여 각별 다른 말은 묻지 아니하고 ㉠그 낙태한 것을 바삐 들이라 하여 살펴본 즉 낙태한 것이 아닌 줄 분명하매 좌우를 명하여 그 낙태한 것의 배를 가르라 하니 좌우가 영을 듣고 칼을 가지고 달려들어 배를 가르니 그 속에 쥐똥이 가득하였거늘 허다한 관속이 이를 보고 다 ⓐ흉녀의 흉계인 줄 알아 저마다 꾸짖으며, 홍련 형제가 애매히 처참하게 죽음을 가장 불쌍히 여기더라.

(나) "ⓑ저의 무지 무식하온 죄는 성주의 처분에 있사오나 비록 시골의 변변하지 못한 어리석은 백성이온들 어찌 사리와 체모를 모르리잇고. 전실 장 씨 불쌍히 죽고 두 딸이 있사오매 부녀가 서로 위로하여 세월을 보내옵더니 후사를 아니 돌아보지 못하여 ㉢후처를 얻사온즉 비록 어질지 못하오나 연하여 세 아들을 낳사오매 마음에 가장 기뻐하옵더니 하루는 제가 나갔다가 돌아온즉 흉녀가 문득 발연변색하고 하는 말이, '장화의 행실이 불측하여 낙태하였으니 들어가 보라.' 하고 이불을 들추매 제가 놀라 어두운 눈에 본즉, ㉡과연 낙태한 것이 적실하오매 미련한 소견에 전혀 깨닫지 못하는 중 더욱 전처의 유언(遺言)을 아득히 잊고 흉계(凶計)에 빠져 죽인 것이 분명하오니 그 죄 만번 죽어도 사양치 아니하나이다."

(다) "ⓓ소첩의 몸이 대대 거족으로 문중이 쇠잔하고 가세 탕패하던 차 좌수가 간청하므로 그 후처가 되오니 전실의 양녀가 있사오되 그 행동거지 심히 아름다웁기에 ⓔ친자 식같이 양육하여 이십에 이르는 저의 행사가 점점 불측하여 백가지 말에 한 말도 듣지 아니하고 성실치 못할 일이 많사와 원망이 심하옵기로 때때로 저를 경계하고 타일러 아무쪼록 사람이 되게 하옵더니 하루는 ⓒ저희 형제의 비밀한 말을 우연히 엿들은사온즉 그 흉패한 말이 측량치 못할지라 마음에 가장 놀랍사와 가부더러 이른즉 반드시 모해하는 줄로 알 듯하여 다시금 생각하여 저를 먼저 죽여 내 마음을 펴고자 하여 가부를 속이고 죽인 것이 옳사오니 자백하오매 법에 따라 처치하시려니와 첩의 아들 장쇠는 이 일로 말미암아 천벌을 입어 이미 병신이 되었으니 죄를 사하소서."

(라) 각설, 배 좌수가 국가 처분으로 흉녀를 능지하여 두 딸의 원혼을 위로하나 오히려 쾌한 것이 없으매 오직 여아의 애매히 죽음을 주야로 슬퍼하여 그 형용을 보는 듯 목소리를 듣는 듯 거의 미치기에 이를 듯하여 다만 다음 세상에 다시 부녀지의를 맺음을 종일 축원하는 중 집안에 살림할이 없으매 그 지향할 곳이 더욱 없어 부득이 혼처를 구할새 향족 윤광호의 딸을 취하니 ⓔ나이 십팔 세요, 용모와 재질이 비상하고 성품이 또한 온순하여 자못 숙녀의 풍도가 있는지라.

– 작자 미상, '장화홍련전'

03 ⓐ~ⓓ 중 지시하는 대상이 다른 것은?

① ⓐ   ② ⓑ
③ ⓒ   ④ ⓓ

04 윗글의 서술상 특징에 대한 설명으로 가장 옳은 것은?

> **보기**
>
> 　서술자는 자신의 시각에서 이야기를 직접 서술하거나, 인물의 시각에서 인물의 경험과 인식을 반영하여 서술한다. 즉 '서술'은 서술자가 담당하지만 '시각'은 서술자의 것일 수도, 인물의 것일 수도 있다는 것이다.

① ㉠   ② ㉡
③ ㉢   ④ ㉣

05 ⓔ에 부합하는 속담으로 가장 적절한 것은?

① 믿는 도끼에 발등을 찍혔네.
② 공든 탑이 무너져 버렸구나.
③ 적반하장(賊反荷杖)도 유분수지.
④ 닭 쫓던 개 지붕 쳐다보는 격이군.

※ **다음 글을 읽고 물음에 답하시오. [06 ~ 09]**

(가) 사내는 고개를 떨구고 한참 동안 무언지 입을 우물거리고 있었다. 안이 손가락으로 내 무릎을 찌르며 우리는 꺼지는 게 어떻겠느냐는 눈짓을 보냈다. 나 역시 동감이었지만 그때 그 사내가 다시 고개를 들고 말을 계속했기 때문에 우리는 눌러 앉아 있을 수밖에 없었다. "아내와는 재작년에 결혼했습니다. 우연히 알게 되었습니다. 친정이 대구 근처에 있다는 얘기만 했지 한 번도 친정과는 내왕이 없었습니다. ⓐ난 처갓집이 어딘지도 모릅니다. 그래서 할 수 없었어요."
　그는 다시 고개를 떨구고 입을 우물거렸다.
　ⓑ"뭘 할 수 없었다는 말입니까?" 내가 물었다. 그는 내 말을 못 들은 것 같았다. 그러나 한참 후에 다시 고개를 들고 마치 애원하는 듯한 눈빛으로 말을 이었다. ⓒ"아내의 시체를 병원에 팔았습니다. 할 수 없었습니다. 난 서적 외판원에 지나지 않습니다. 할 수 없었습니다. ⓓ돈 사천 원을 주더군요. 난 두 분을 만나기 얼마 전까지도 세브란스병원 울타리 곁에 서 있었습니다. 아내가 누워 있을 시체실이 있는 건물을 알아보려고 했습니다만 어딘지 알 수 없었습니다. 그냥 울타리 곁에 앉아서 병원의 큰 굴뚝에서 나오는 희끄무레한 연기만 바라보고 있었습니다. 아내는 어떻게 될까요? 학생들이 해부 실습하느라고 톱으로 머리를 가르고 칼로 배를 째고 한다는데 정말 그러겠지요?" 우리는 입을 다물고 있을 수밖에 없었다. 사환이 다쿠앙과 양파가 담긴 접시를 갖다 놓고 나갔다.

(나) "기분 나쁜 얘길 해서 미안합니다. 다만 누구에게라도 얘기하지 않고서는 견딜 수 없었습니다. 한 가지만 의논해 보고 싶은데, 이 돈을 어떻게 하면 좋을까요? 저는 오늘 저녁에 다 써버리고 싶은데요."
　"쓰십시오." 안이 얼른 대답했다.
　"이 돈이 다 없어질 때까지 함께 있어 주시겠어요?" 사내가 말했다. 우리는 얼른 대답하지 못했다.
　"ⓔ함께 있어 주십시오." 사내가 말했다. 우리는 승낙했다.
　"멋있게 한번 써 봅시다."라고 사내는 우리와 만난 후 음으로 웃으면서, ⓕ그러나 여전히 힘없는 음성으로 말했다.

(다) 아무데도 갈 데가 없었다. 방금 우리가 나온 중국집 곁에 양품점의 쇼윈도가 있었다. 사내가 그쪽을 가리키며 우리를 끌어 당겼다. 우리는 양품점 안으로 들어갔다.
　"넥타이를 하나 골라 가져. 내 아내가 사주는 거야." 사내가 호통을 쳤다. 우리는 알록달록한 넥타이를 하나씩 들었고, 돈은 육백 원이 없어져 버렸다. 우리는 양품점에서 나왔다. "어디로 갈까?"라고 사내가 말했다. 갈 데는 계속해서 없었다.

(라) 그러는 사이에 우리는 화재가 난 곳에 도착했다. 삼십 원이 없어졌다. 화재가 난 곳은 아래층인 페인트 상점이었는데 지금은 미용 학원 이층에서 불길이 창으로부터 뿜어 나오고 있었다. 경찰들의 호각 소리, 소방차들의 사이렌 소리, 불길 속에서 나는 탁탁 소리, 물줄기가 건물의 벽에 부딪쳐서 나는 소리. 그러나 사람들의 소리는 아무것도 나지 않았다. 사람들은 불빛에 비쳐 무안당한 사람들처럼 붉은 얼굴로 정물처럼 서 있었다.

우리는 발밑에 굴러 있는 페인트 통을 하나씩 궁둥이 밑에 깔고 웅크리고 앉아서 불구경을 했다. 나는 불이 좀 더 오래 타기를 바랐다. 미용 학원이라는 간판에 불이 붙고 있었다. '원'자에 불이 붙기 시작했다. "김 형, 우리 얘기나 합시다."하고 안이 말했다. "화재 같은 건 아무것도 아닙니다. 내일 아침 신문에서 볼 것을 오늘 밤에 미리 봤다는 차이밖에 없습니다. 저 화재는 김 형의 것도 아니고 내 것도 아니고 이 아저씨 것도 아닙니다. 그렇기 때문에 난 화재엔 흥미가 없습니다. 김 형은 어떻게 생각하십니까?"

– 김승옥, '서울, 1964년 겨울'

06 윗글의 서술상의 특징으로 가장 적절한 것은?

① 내면 의식의 서술을 통해 주인공의 성격을 드러내고 있다.
② 서술자를 작중 인물로 설정하여 사건의 현장감을 부각하고 있다.
③ 등장인물이 주인공의 행동과 사건을 관찰하여 신빙성을 획득하고 있다.
④ 장면의 잦은 전환을 통해 인물의 가치관이 달라지고 있음을 드러내고 있다.

07 〈보기〉가 들어갈 가장 적절한 곳은?

보기
　중국집에서 거리로 나왔을 때는 우리는 모두 취해 있었고, 돈은 천 원이 없어졌고, 사내는 한쪽 눈으로는 울고 다른 쪽 눈으로는 웃고 있었고, 안은 도망갈 궁리를 하기에도 지쳐 버렸다고 내게 말하고 있었고, 나는 "악센트 찍는 문제를 모두 틀려 버렸단 말야, 악센트 말야"라고 중얼거리고 있었고, 거리는 영화에서 본 식민지의 거리처럼 춥고 한산했고, 그러나 여전히 소주 광고는 부지런히, 약 광고는 게으름을 피우며 반짝이고 있었고, 전봇대의 아가씨는 '그저 그래요'라고 웃고 있었다. "이제 어디로 갈까?"하고 아저씨가 말했다. "어디로 갈까?" 안이 말하고, "어디로 갈까?"라고 나도 그들의 말을 흉내 냈다.

① (가)와 (나) 사이　　　　② (나)와 (다) 사이
③ (다)와 (라) 사이　　　　④ (라) 뒤

08 〈보기〉에서 ㉠~㉺의 상황을 바르게 이해한 것으로 묶은 것은?

보기
ㄱ. 사내가 ⓒ를 한 이유는 ⓐ 때문이다.
ㄴ. 나는 ⓒ의 상황을 알지 못해 ⓑ로 되묻고 있다.
ㄷ. 사내는 ⓒ의 결과로 ⓓ를 갖게 되었다.
ㄹ. 사내의 ⓓ는 ⓔ를 요청하는 계기가 되고 있다.
ㅁ. 사내가 ⓕ처럼 반응한 것은 ⓔ가 좌절되었기 때문이다.

① ㄱ, ㄴ, ㅁ　　　　② ㄱ, ㄷ, ㄹ
③ ㄱ, ㄴ, ㄷ, ㄹ　　　　④ ㄱ, ㄴ, ㄷ, ㄹ, ㅁ

09 윗글을 감상한 내용으로 가장 적절하지 않은 것은?

① 알록달록 넥타이를 하나씩 사주는 사내의 모습에서 냉혹해진 사회 속에서 인간성 회복의 가능성을 엿볼 수 있군.
② 아무데도 갈 데가 없어서 방황하는 세 인물들의 모습을 통해 삶의 목표를 찾지 못하고 방황하는 도시인의 비애가 드러나고 있군.
③ 불이 좀 더 오래 타기를 바라는 나의 태도에서 타인의 아픔을 이해하지 못하는 현대인의 이기적인 태도를 엿볼 수 있군.
④ 화재가 본인과 상관없어 화재 같은 건 아무것도 아니라는 안의 말에서 연대감을 상실한 현대인의 모습이 제시되고 있군.

10 〈보기1〉을 참고할 때, 〈보기2〉에서 사이시옷을 적을 수 있는 것끼리 바르게 짝지은 것은?

보기1
제30항 사이시옷은 다음과 같은 경우에 받치어 적는다.
　1. 순우리말로 된 합성어로서 앞말이 모음으로 끝난 경우
　　(1) 뒷말의 첫소리가 된소리로 나는 것
　　(2) 뒷말의 첫소리 'ㄴ, ㅁ' 앞에서 'ㄴ'소리가 덧나는 것
　　(3) 뒷말의 첫소리 모음 앞에서 'ㄴㄴ'소리가 덧나는 것
　2. 순우리말과 한자어로 된 합성어로서 앞말이 모음으로 끝난 경우
　　(1) 뒷말의 첫소리가 된소리로 나는 것
　　(2) 뒷말의 첫소리 'ㄴ, ㅁ'앞에서 'ㄴ'소리가 덧나는 것
　　(3) 뒷말의 첫소리 모음 앞에서 'ㄴㄴ' 소리가 덧나는 것
　3. 두 음절로 된 다음 한자어: 곳간(庫間), 셋방(貰房), 숫자(數字), 찻간(車間), 툇간(退間), 횟수(回數)

보기2
㉠ 대＋잎　　　㉡ 아래＋마을　　　㉢ 머리＋말
㉣ 코＋병　　　㉤ 위＋층　　　㉥ 개(個)＋수(數)

① ㉠, ㉡, ㉢　　　　② ㉠, ㉡, ㉣
③ ㉡, ㉣, ㉤　　　　④ ㉢, ㉤, ㉥

고전은 왜 읽는가? 고전 속에는 오랜 세월을 견뎌 온 지혜가 살아 있다. 그때도 그랬고 지금도 그렇다. 고전은 시간을 타지 않는다. 아주 오래전에 쓰인 고전이 지금도 힘이 있는 것은 인간의 삶이 본질적으로 변한 적이 없기 때문이다. 사람은 누구나 태어나 성장하고, 늙고 병들어 죽는다. 자기 성취를 위해 애쓰고, 좋은 배우자를 얻어 경제적으로 넉넉한 삶을 누리며 살고 싶어 한다. 하지만 좋은 집과 많은 돈만으로 채워지지 않는 그 무엇이 있다. 사람이 태어나 이 세상에 왔다 간 보람을 어디서 찾을까?

연암 박지원 선생의 글 두 편에서 그 대답을 찾아본다. 먼저 '창애에게 답하다'[답창애(答蒼厓)]란 편지글에는 문득 눈이 뜨인, 앞을 못 보던 사람의 이야기가 나온다. 수십 년 동안 앞을 못 보며 살던 사람이 길 가던 도중에 갑자기 사물을 또렷이 볼 수 있게 되었다. 얼마나 놀라운 일인가? 늘 꿈꾸던 믿을 수 없는 일이 일어났다. 하지만 기쁨은 잠시, 앞을 못 보는 삶에 길들여져 있던 그는 한꺼번에 쏟아져 들어온 엄청난 정보를 도저히 처리할 능력이 없었다. 그는 갑자기 자기 집마저 찾지 못하는 바보가 되고 말았다. 답답하여 길에서 울며 서 있는 그에게 화담 선생은 도로 눈을 감고 지팡이에게 길을 물으라는 ⓣ처방을 내려 준다.

또 '하룻밤에 아홉 번 강물을 건넌 이야기'[일야구도하기(一夜九渡河記)]에서는 황하를 건널 때 사람들이 하늘을 우러러 보는 이유를 설명했다. 거센 물결의 소용돌이를 직접 보면 그만 현기증이 나서 물에 빠지게 되기 때문이다. 그럼에도 물결 소리는 귀에 하나도 들리지 않는다. 눈에 보이는 것에 신경 쓸 겨를도 없는데 무슨 소리가 들리겠는가? 하지만 한밤중에 강물을 건널 때에는 온통 압도해 오는 물소리 때문에 모두들 공포에 덜덜 떨었다. 연암은 결국 눈과 귀는 전혀 믿을 것이 못 되고, 마음을 텅 비워 바깥 사물에 ⓛ현혹되지 않는 것만 못하다고 결론을 맺는다.

이 두 이야기는 사실은 복잡한 정보화 사회를 살아가는 우리들이 귀담아들어야 할 내용이다. 사람들은 날마다 수없이 많은 정보를 받아들여 처리한다. 그런데 정보의 양이 감당할 수 없을 만큼 늘어나고 그 속에 진짜와 가짜가 뒤섞이게 되면, 갑자기 앞을 보게 된 그 사람처럼 제집조차 못 찾거나, 정신을 똑바로 차린다는 것이 도리어 강물에 휩쓸리고 마는 결과를 낳는다. 앞을 못 보던 사람이 눈을 뜨는 것은 더없이 기쁘고 좋은 일이다. 위기 상황에서 정신을 똑바로 차리는 것은 언제나 중요하다. 하지만 그로 인해 자기 집을 잃고 미아가 되거나 더 큰 위험에 처하게 된다면, 차라리 눈과 귀를 믿지 않는 편이 더 나을지도 모른다.

한편, 길 가다가 문득 눈이 뜨인 그 사람은 앞으로도 계속 눈을 감고 지팡이에 의존해서 살아야 하는 것일까? 한번 뜨인 눈을 다시 감을 수는 없다. 그의 문제는 길 가는 도중에 눈을 뜨는 바람에 제집을 찾지 못하게 된 데서 생겼다. 그러니 지팡이를 짚고서라도 집을 찾는 것이 먼저다. 그다음에 눈을 똑바로 뜨고 제집 대문 색깔과 골목의 위치를 잘 확인하고 나오면 된다. 그때부터는 지팡이가 전혀 필요 없다. 그 사람에게 눈을 도로 감으라는 것은 앞을 못 보던 예전의 삶으로 돌아가라는 것이 아니다. 주체적으로 판단하고 능동적으로 대처할 수 있는 상태를 유지하라는 말이다. 강물을 건널 때 물결을 보지 않으려고 하늘을 우러르고, 밤중에 강물 소리에 현혹되지 않아야 하는 것도 같은 이유이다. 변화는 그다음에 온다. 길은 눈먼 사람만 잃고 헤매는 것이 아니다. 우리는 두 눈을 멀쩡히 뜨고도 날마다 길을 잃고 헤맨다. 운전자들은 차에 내비게이션을 달고도 길을 놓쳐 번번이 당황한다. 새로운 문제가 닥칠 때마다 여전히 혼란스럽다. 물결은 어디서나 밀려오고, 소음은 항상 마음을 어지럽힌다.

고전은 '창애에게 답하다'에 나오는 그 지팡이와 같다. 갑자기 길을 잃고 헤맬 때 길을 알려 준다. 지팡이가 있으면 길에서 계속 울며 서 있지 않아도 된다. 하지만 사람들은 일단 눈을 뜨고 나면 지팡이의 ⓣ존재를 까맣게 잊는다. 그러고는 집을 못 찾겠다며 길에서 운다. 고전은 그러한 사람에게 길을 알려 주는 든든한 지팡이다. 뱃길을 잃고 캄캄한 밤바다를 헤매는 배에게 멀리서 방향을 일러주는 듬직한 등댓불이다.

사물이 익숙해지면 지팡이는 필요 없다. 환한 대낮에는 등댓불이 없어도 괜찮다. 하지만 막 새롭게 눈을 뜬 사람에게는 지팡이가, 뱃길을 벗어나 밤바다를 헤매는 배에게는 등댓불의 도움이 절실하다. 우리는 길을 놓칠 때마다 고전을 통해 문제의 중심 위에 나를 다시 세워야 한다. 그러자면 긴 호흡으로 여러 분야의 고전들을 꾸준히 ⓣ섭렵하는 성찰과 노력이 필요하다.

지금 당장 별 문제가 없어도 문제는 늘 다시 생겨난다. 밤중에 길 잃는 배는 항상 있게 마련이라 등대는 밤마다 불을 밝힌다. 평소 눈길조차 주지 않아도 고전은 늘 우리 곁을 지키고 있다. 삶이 문득 방향을 잃고 갈팡질팡할 때 고전의 힘은 눈먼 사람의 지팡이보다 더 큰 위력을 발휘한다. 어떤 상황에 놓이든지 당황하지 않고 침착하게 대응할 수 있으려면 평소에 생각의 힘을 든든하게 길러 놓지 않으면 안 된다. 다양한 고전을 늘 가까이에 두고 읽어야 하는 이유가 여기에 있다. 고전 속에서 현재 내가 처한 상황을 타개할 깨달음을 얻게 될 때의 그 기쁨은 말로 다 할 수가 없다. 고전에 대한 든든한 신뢰를 바탕으로 생활 속에서 고전을 늘 가까이하는 적극적인 태도가 필요하다.

– 정민, '고전으로 무너진 중심을 다시 세워라'

11 다음 중 ⓣ~ⓣ의 문맥적 의미와 다르게 사용된 것은?

① 지구 온난화를 막기 위한 다양한 처방이 학계에서 논의되고 있다.
② 그녀는 쇼핑 호스트의 말에 현혹되어 필요도 없는 물건을 한가득 샀다.
③ 사회적으로 성공한 그녀는 이제 남이 함부로 할 수 없는 존재가 되었다.
④ 그는 우선 철학서 섭렵을 통해 정의에 대해 알고자 하였다.

12 윗글의 주된 전개 방식으로 보기에 가장 적절한 것은?

① 내용을 점층적으로 심화시켜 예상 밖의 주제를 도출하고 있다.

② 예시와 비유를 이용해 핵심 논지를 알기 쉽게 전달하고 있다.

③ 대조적인 내용을 병렬적으로 배열하여 주제 전달의 효율을 높이고 있다.

④ 두 개의 핵심 사건을 비교, 대조하여 독자의 올바른 판단을 유도하고 있다.

13 윗글이 전제로 하고 있는 내용이 아닌 것은?

① 아는 게 병, 모르는 게 약이다.

② 일의 처리는 선후를 가려야 한다.

③ 인간의 삶은 본질적으로 변하지 않는다.

④ 인간은 낯선 환경과 마주치면 쉽게 혼란에 빠진다.

※ 다음 글을 읽고 물음에 답하시오. [14 ~ 17]

최근 몇십 년간 광범위한 영향력을 행사해 왔던 신고전파 경제학은 특유의 신앙을 가지고 있다. 시장이 모든 것에 우선한다는 것이다. 그들은 "태초에 시장이 있었다."라고 주장하며, 국가의 개입은 시장의 결함이 극도로 심화된 이후에야 나타나야 할 ㉠인위적 대체물로 본다.

(가) 태초에 시장은 없었다는 것이 진실이다. 경제 사학자들에 따르면, 시장 체제는 인류의 경제생활에서 큰 비중을 차지하지 못했고, 발생 단계부터 거의 항상 국가의 개입에 의존해 왔다. 자본주의 초기 단계에서는 더욱 그랬다. 폴라니는 그의 고전적 저작인 "대전환"을 통해 '자연 발생적으로' 시장 경제가 나타난 것으로 흔히 간주되는 영국에서조차 시장의 발생에 정부가 결정적 역할을 해냈음을 보여 주면서 다음과 같이 이야기한다.

"자유 시장으로 가는 길은 정부가 꾸준히 개입을 늘리는 방식으로 시작되고 유지되었다. 애덤 스미스의 ㉡'단순하고 자연적인 자유'의 개념을 인간 사회에 실현하는 일은 매우 복잡한 일이었다. 토지의 사유를 제도화한 인클로저법들의 조항은 얼마나 복잡하였던가. 시장 개혁의 과정에서 얼마나 많은 관료적 통제가 필요하였던가?"

미국에서도 초기 산업화의 성공에 결정적인 영향을 미친 것은 역시 소유권의 확립, 주요 사회 간접 시설의 건설, 농업 연구에 대한 자금 공급 등을 통한 정부의 개입이었다. (나) 미국은 ㉢'유치산업 보호'라는 아이디어의 발생지였으며, 제2차 세계 대전이 발발하기 이전의 100년 동안 산업 보호 장벽이 가장 견고하였던 나라였다.

산업화에 성공한 국가 가운데, 정부가 경제 발전에 강력하게 개입하지 않은 경우는 없었다. 물론 정부가 시장에 개입하는 형태는 매우 다양하다. 사회주의 혁명에 맞서 복지 국가 체계를 수립한 비스마르크의 독일, 전후(戰後)산업 복구 정책을 편 프랑스, 국가적으로 연구 개발을 지원한 스웨덴, 공기업 부문을 통해 제조업의 발전을 이룬 오스트리아, 국가의 주도로 압축 성장을 이룬 한국 등의 동아시아 국가가 그것이다. 정부의 개입 형태는 이렇듯 다양하지만, 분명한 것은 산업화의 과정에서 엄청난 규모의 국가 개입이 있었다는 것이다. 거의 모든 선진국은 사실상 정부의 강도 높은 개입이라는 ㉣'비(非)자연적 방법'을 통하여 발전해 왔다. (다) 시장을 인위적 개입이 없는 자연적 현상으로 바라보는 관점은 실제 사실이 아닌 희망 사항에 기반을 둔 것이다.

시장 제도가 모든 것보다 우선하는지의 여부는 한 나라의 경제 정책 설계에 관한 매우 중요한 문제이다. 이를테면 공산주의 국가에서 자본주의 국가로 '대대적인' 개혁을 실시하였던 많은 나라들은 한동안 심각한 경제 위기를 겪었다. 이것은 '잘 작동하는' 정부 없이 '잘 작동하는' 시장 경제를 건설할 수 없음을 명백하게 보여 준다. 신고전학파 경제학자들이 믿는 대로 시장이 '자연스럽게' 진화한다면, 이 옛 공산 국가들은 진작 그 같은 혼란에서 빠져 나왔어야만 한다. 또한 수많은 개발도상국들이 자국의 경제 발전 문제를 해결하는 데 정부가 개입하지 못하게 막는 것은 매우 위험한 태도라 할 것이다.

14 빈칸 (가) ~ (다)에 들어갈 말을 순서대로 적은 것은?

① 그러므로 – 게다가 – 그러나

② 그리고 – 반면 – 그래서

③ 그러나 – 반면 – 그래서

④ 그러나 – 게다가 – 그러므로

15 윗글의 내용 전개 방식으로 가장 적절한 것은?

① 특정 이론의 형성 과정을 시대 순으로 제시하여 이론의 정당성을 주장하고 있다.

② 특정 이론에 대한 상반된 주장을 내세우며 구체적 사례를 제시하고 있다.

③ 상반된 두 이론을 비교·분석하면서 각각의 장단점을 제시하고 있다.

④ 특정 이론의 사회적 의의를 밝히고 종류를 나누어 분석하고 있다.

16 윗글과 〈보기〉를 비교하여 이해한 것으로 가장 적절한 것은?

보기

　시장과 정부는 경제라는 수레를 움직이는 두 바퀴와 같다. 때로는 서로 잘 맞물려 수레를 잘 굴러가게 하지만, 서로 갈등을 빚으며 좌충우돌하고 엉뚱한 결과를 가져오기도 한다. 그 이유는 대부분의 정책 당국자가 정부가 시장을 움직일 수 있다고 믿기 때문이다. 그러나 실제로는 전혀 그렇지 않다. 시장의 흐름과 상충되는 정책이 발표되면, 비록 일시적인 효과가 있을지라도, 결과적으로는 시장의 흐름이 정부보다 더 강력하게 작용한다. 성공하는 정책일수록 시장 친화적이어야 한다. 정부의 '보이는 손'은 만병통치약이 아니다. 오히려 거의 모든 문제는 시장에서 해결되고, 정부의 역할은 제한적이다.

① 윗글과 마찬가지로 〈보기〉에서는 정부가 시장의 자율성을 적극적으로 보장하는 것이 바람직하다고 주장한다.
② 윗글과 달리 〈보기〉에서는 정부의 '보이는 손'이 시장을 성공으로 이끄는 결정적인 요인이라고 주장한다.
③ 윗글과 달리 〈보기〉에서는 정부의 시장 개입은 제한적으로 이루어지는 것이 바람직하다고 주장한다.
④ 윗글과 마찬가지로 〈보기〉에서는 정부가 시장에 적극적으로 개입해야 한다고 주장한다.

17 밑줄 친 ㉠~㉣ 중 성격이 다른 하나는?

① ㉠
② ㉡
③ ㉢
④ ㉣

18 (나)의 표현 방식에 대한 설명으로 가장 적절하지 않은 것은?

① 웃음을 통해 비애와 고통을 극복하려는 우리나라 평민 문학의 한 특징이 엿보인다.
② 초·중·종장이 모두 율격을 무시한 형태의 시조로, 평시조에서 사설시조로 나아가는 작품의 성향을 나타내 주고 있다.
③ 구체적 생활 언어와 친근한 일상적 사물을 수다스럽게 열거함으로써 괴로움을 강조하는 수법은 반어적으로 웃음을 유발한다.
④ 특히 중장에서 여러 종류의 문과 문고리들을 열거하고 있는데, 이것은 화자의 답답한 심정을 강조하면서 동시에 화자가 처한 현실을 극복하고자 하는 의지의 표현으로도 볼 수 있다.

19 (다)를 이해한 내용으로 가장 적절하지 않은 것은?

① 어휘면에서는 '백송골, 두험, 금즉하여, 풀덕 뛰어, 쟛바지거고, 모쳐라' 등 서민적인 일상어를 구사하고 있다.
② 자신보다 강하거나 높은 위치에 있는 사람에게는 꼼짝 못하면서도 자기 자신을 위로하는 두꺼비의 모습에서 솔직하지 못한 위선을 엿볼 수 있다.
③ 두꺼비는 약자에게는 군림하고 강자에게는 비굴한 존재로 그려지고 있으며, 특히 황급히 도망가려다 실수를 하고도 자기 합리화를 하는 모습에서 비판의 대상임을 알 수 있다.
④ 이 노래는 '파리'와 '두터비', '백송골'의 세 계층을 통해서 권력 구조의 비리를 우회적으로 잘 나타내고 있는 작품으로, 종장에서 화자를 바꾸어 풍자의 효과를 높이고 있다.

20 (가)와 〈보기〉의 공통적 특징으로 가장 적절한 것은?

보기

간다 간다 나는 간다 너를 두고 나는 간다
잠시 뜻을 얻었노라 까불대는 이 시운이
나의 등을 내밀어서 너를 떠나가게 하니
일로부터 여러 해를 너를 보지 못할지나
그 동안에 나는 오직 너를 위해 일하리니
나 간다고 슬퍼 마라 나의 사랑 한반도야

– 안창호, '거국가'

① 도치법과 설의법을 통해 시적 화자의 안타까움을 드러내고 있다.
② 대유법과 의인법을 사용하여 고국에 대한 애정을 표현하고 있다.
③ 대구와 대조의 방식을 사용하여 시적 화자의 불안감을 형상화하고 있다.
④ a-a-b-a의 반복과 과장법을 통해 화자의 답답한 마음을 드러내고 있다.

※ 다음 글을 읽고 물음에 답하시오. [18～20]

(가) 가노라 삼각산(三角山)아 다시 보자 한강수(漢江水)야
　　고국 산천(故國山川)을 쩌나고쟈 ᄒᆞ랴마는
　　시절(時節)이 하 수상(殊常)ᄒᆞ니 올동말동 ᄒᆞ여라
　　　　　　　　　　　　　　　　　　　　　– 김상헌

(나) 창(窓) 내고쟈 창을 내고쟈 이내 가슴에 창(窓) 내고쟈
　　고모장지 세살장지 들장지 열장지 암돌져귀 수돌져귀
　　빗목걸새 크나큰 쟝도리로 쑹닥 바가 이내 가슴에 창(窓) 내고쟈
　　잇다감 하 답답홀 제면 여다져 볼가 ᄒᆞ노라
　　　　　　　　　　　　　　　– 작자 미상, 사설시조

(다) 두터비 ᄑᆞ리를 물고 두험 우희 치ᄃᆞ라 안자
　　것넌 산(山) ᄇᆞ라보니 백송골(白松鶻)이 쩌 잇거늘 가슴이 금즉ᄒᆞ여 풀덕 쮜여 내ᄃᆞ다가 두험 아래 쟛바지거고
　　모쳐라 ᄂᆞᆯ낸 낼싀만졍 에헐질 번ᄒᆞ괘라
　　　　　　　　　　　　　　　– 작자 미상, 사설시조

21 〈보기〉의 ㉠~㉢에 대한 다음 설명 중 가장 적절하지 않은 것은?

보기
㉠ 부엌 + 일 → [부엉닐]
㉡ 콧 + 날 → [콘날]
㉢ 앉 + 고 → [안꼬]
㉣ 훑 + 는 → [훌른]

① ㉠, ㉡: '맞 + 불 → [맏뿔]'에서처럼 음절 끝에 올 수 있는 자음이 제한되어 있기 때문에 일어난 음운 변동이 있다.

② ㉠, ㉡, ㉣: '있 + 니 → [인니]'에서처럼 인접하는 자음과 조음 방법이 같아진 음운 변동이 있다.

③ ㉢: '앓 + 고 → [알코]'에서처럼 자음이 축약된 음운 변동이 있다.

④ ㉢, ㉣: '몫 + 도 → [목또]'에서처럼 음절 끝에 둘 이상의 자음이 오지 못하기 때문에 일어난 음운 변동이 있다.

22 다음 중 어법에 어긋남이 없이 바른 문장은?

① 어느 땐가 절망 속에 헤매이던 시절이 있었다.
② 그 곳엔 내노라하는 씨름꾼들이 다 모여 있었다.
③ 운명을 건 거사의 날, 칠흙같이 어두운 밤이었다.
④ 이번 여름은 후덥지근한 날이 많아 견디기 어렵다.

※ 다음 글을 읽고 물음에 답하시오. [23 ~ 25]

오후 수업이 시작된 바로 뒤에 뜻밖에도 권 씨가 나를 찾아왔다. 때마침 나는 수업이 없어 교무실에서 잡담이나 하고 있는 중이어서 수위로부터 연락을 받자 곧장 학교 정문으로 나갈 수가 있었다.

"바쁘실 텐데 이거 죄송합니다."

권 씨는 애써 웃는 낯이었고 왠지 사람이 전에 없이 퍽 수줍어 보였다. 나는 그 수줍음이 세 번째 아이의 아버지가 된 데서 오는 것일 거라고 좋은 쪽으로만 해석함으로써 연락을 받는 그 순간에 느낀 불길한 예감을 떨쳐 버리려 했다.

"잘됐습니까?"

"뒤늦게나마 오 선생 말씀대로 했기 망정이지 끝까지 집에서 버텼다간 큰일 날 뻔했습니다. 녀석인지 년인진 모르지만 못난 애비 혼 좀 나라고 여엉 애를 멕이는군요."

권 씨는 수줍게 웃으며 길바닥 위에다 발부리로 뜻 모를 글씬지 그림인지를 자꾸만 그렸다. 먼지가 풀풀 이는 언덕길을 터벌터벌 올라왔을 터인데도 그의 구두는 놀랄 만큼 반짝거렸다. 나를 기다리는 동안 틀림없이 바짓가랑이 뒤쪽에다 양쪽 발을 번갈아 가며 문지르고 있었을 것이었다.

"십만 원 가까이 빌릴 수 없을까요!"

밑도 끝도 없이 그는 이제까지의 수줍음이 싹 가시고 대신 도발적인 감정 같은 걸로 그득 채워진 얼굴을 들어 내 면전에 대고 부르짖었다. 담배 한 대만 꾸자는 식으로 십만 원 소리가 허망히도 나왔다. 내가 잠시 어리둥절해 있는 사이에 그는 매우 사나운 기세로 말을 보태는 것이었다.

"수술을 해야 된답니다. 엑스레이도 찍어 봤는데 아무 이상이 없답니다. 모든 게 다 정상이래요. 모체 골반두 넉넉 허구요. 조기 파수도 아니구 전치태반도 아니구요. 쌍둥이는 더더욱 아니구요. 이렇게 정상적인 데도 이십사 시간이 넘도록 배가 위에 달라붙는 경우는 태아가 돌다가 탯줄을 목에 감았을 때뿐이랍니다. 제기랄, 탯줄을 목에 감았다는군요. 빨리 손을 쓰지 않으면 산모나 태아나 모두 위험하대요."

어색하게 들린 것은 그가 '제기랄'이라고 씹어뱉은 그 대목뿐이었다. 평상시의 권 씨답지 않은 그 말만 빼고는 그럴 수 없이 진지한 이야기였다. 아니다. 그가 처음으로 점잖지 못한 그 말을 사용했기 때문에 내 귀엔 더욱더 진지하게 들렸을지도 모른다. 나는 한동안 망설이지 않을 수 없었다. 그의 진지함 앞에서 '아아, 그거 참 안됐군요.'라든가 '그래서 어떡하죠.' 하는 상투적인 말로 섣불리 이쪽의 감정을 전달하기엔 사실 말이지 '십만 원 가까이'는 내게 너무나 큰 부담이었다. 집을 살 때 학교에다 진 빚을 아직 절반도 못 가린 처지였다. 정상 분만비 1, 2만 원 정도라면 또 모르지만 단순히 권 씨를 도울 작정으로 나로서는 거금에 해당하는 10만 원 가까이를 또 빚진다는 건 무리도 이만저만이 아니었다. 뿐만 아니라 집안에서 경제권을 장악하고 있는 아내의 양해도 없이 멋대로 그런 큰일을 저질러도 괜찮을 만큼 나는 자유롭지도 못했다.

"빌려만 주신다면 무슨 짓을, 정말 무슨 짓을 해서라도 반드시 갚겠습니다."

반드시 갚는 조건임을 강조하면서 그는 마치 성경책 위에다 오른손을 얹고 말하듯이 엄숙한 표정을 했다. 하마터면 나는 잊을 뻔했다. 그가 적시에 일깨워 주었기 망정이지 안 그랬더라면 빌려 주는 어려움에만 골똘한 나머지 빌려 줬다 나중에 돌려받는 어려움이 더 클 거라는 사실은 생각도 못할 뻔했다. 그렇다. 끼니조차 감당 못하는 주제에 막벌이 아니면 어쩌다 간간이 얻어걸리는 출판사 싸구려 번역 일 가지고 어느 해가에 빚을 갚을 것인가. 책임이 따르는 동정은 피하는 게 상책이었다. 그리고 기왕 피할 바엔 저쪽에서 감히 두 말을 못하도록 야멸차게 굴 필요가 있었다.

"병원 이름이 뭐죠?"

"원 산부인곱니다."

"지금 내 형편에 현금은 어렵군요. 원장한테 바로 전화 걸어서 내가 보증을 서고 약속할 테니까 권 선생도 다시 한 번 매달려 보세요. 의사도 사람인데 설마 사람을 생으로 죽게야 하겠습니까. 달리 변통할 구멍이 없으시다면 그렇게 해 보세요."

내 대답이 지나치게 더디 나올 때 이미 눈치를 챈 모양이었다. 도전적이던 기색이 슬그머니 죽으면서 그의 착하디착한 눈에 다시 수줍음이 돌아왔다. 그는 고개를 좌우로 흔들어 보였다.

"원장이 어리석은 사람이길 바라고 거기다 희망을 걸기엔 너무 늦었습니다. 그 사람은 나한테서 수술 비용을 받아내기가 수월치 않다는 걸 입원시키는 그 순간에 벌써 알아차렸어요."

얼굴에 흐르는 진땀을 훔치는 대신 그는 오른발을 들어 왼쪽 바짓가랑이 뒤에다 두어 번 문질렀다. 발을 바꾸어 같은 동작을 반복했다.

"바쁘실 텐데 실례 많았습니다."

'썰면'처럼 두툼한 입술이 선잠에서 깬 어린애같이 움씰거리더니 겨우 인사말이 나왔다. 무슨 말이 더 있을 듯싶었는데 그는 이내 돌아서서 휘적휘적 걷기 시작했다. 나는 내심 그 입에서 끈끈한 가래가 묻은 소리가, 이를테면, 오 선생 너무하다든가 잘 먹고 잘 살라든가 하는 말이 날아와 내 이마에 탁 눌어붙는 순간에 대비하고 있었는지도 모른다. 그래서 그가 갑자기 돌아서면서 나를 똑바로 올려다봤을 때 그처럼 흠칫 놀랐을 것이다.

"오 선생, 이래 봬도 나 대학 나온 사람이오."

그것뿐이었다. 내 호주머니에 촌지를 밀어 넣던 어느 학부형같이 그는 수줍게 그 말만 건네고는 언덕을 내려갔다. 별로 휘청거릴 것도 없는 작달막한 체구를 연방 휘청거리면서 내딛는 한걸음마다 땅을 저주하고 하늘을 저주하는 동작으로 내 눈에 그는 비쳤다. 산 고팽이를 돌아 그의 모습이 벌거벗은 황토의 언덕 저쪽으로 사라지는 찰나, 나는 뛰어가서 그를 부르고 싶은 충동을 느꼈다. 돌팔매질을 하다 말고 뒤집혀진 삼륜차로 달려들어 아귀아귀 참외를 깨물어 먹는 군중을 목격했을 당시의 권 씨처럼, 이건 완전히 나체구나 하는 느낌이 팍 들었다. 그리고 내가 그에게 암만의 빚을 지고 있음을 퍼뜩 깨달았다. 전셋돈도 일종의 빚이라면 빚이었다. 왜 더 좀 일찍이 그 생각을 못 했는지 모른다.

원 산부인과에서는 만단의 수술 준비를 갖추고 보증금이 도착되기만을 기다리고 있었다. 학교에서 우격다짐으로 후려낸 가불에다 가까운 동료들 주머니를 닥치는 대로 떨어 간신히 마련한 일금 10만 원을 건네자 금테의 마비츠 안경을 쓴 원장이 바로 마취사를 부르도록 간호원에게 지시했다. 원장은 내가 권 씨하고 아무 척분도 없으며 다만 그의 셋방 주인일 따름인 걸 알고는 혀를 찼다.

"아버지가 되는 방법도 정말 여러 질이군요. 보증금을 마련해 오랬더니 오전 중에 나가서는 여태껏 얼굴 한번 안 비치지 뭡니까."

"맞습니다. ㉠의사가 애를 꺼내는 방법도 여러 질이듯이 아버지 노릇 하는 것도 아마 여러 질일 겁니다."

나는 내 말이 제발 의사의 귀에 농담으로 들리지 않기를 바랐으나 유감스럽게도 금테 안경의 상대방은 한 차례의 너털웃음으로 그걸 간단히 눙쳐 버렸다. 나는 이미 죽은 게 아닌가 싶게 사색이 완연한 권 씨 부인이 들것에 실려 수술실로 들어가는 걸 거들었다.

― 윤흥길, '아홉 켤레의 구두로 남은 사내'

23 윗글의 서술 방식으로 가장 적절한 것은?

① 작품 밖의 서술자가 작품 안의 특정 인물의 시각으로 서술하고 있다.
② 외부 이야기 속에 내부 이야기를 삽입하여 시점과 주인공이 바뀌고 있다.
③ 작품 속의 서술자가 특정 인물을 관찰하여 서술하는 방식을 취하고 있다.
④ 작품 속 서술자의 요약적 서술을 통해 특정 인물의 심리와 성격을 제시하고 있다.

24 ㉠에 숨겨진 화자의 의도로 가장 적절한 것은?

① 사람의 목숨보다 돈을 더 중시하는 원장 의사에 대한 비난을 담고 있다.
② 목숨이 위태로운 자기 아내를 내팽개친 권 씨에 대한 비난을 담고 있다.
③ 최소한의 인간적인 삶도 허락하지 않는 정부의 정책을 비난하고 있다.
④ 다양한 인간들의 삶이 얽혀 있는 현실에 대한 무기력증을 표현하고 있다.

25 윗글로 보아 '놀랄 만큼 반짝거리는 권 씨의 구두'가 상징하는 의미로 가장 적당한 것은?

① 언젠가는 인간다운 삶을 살 수 있으리라는 낙관적인 기대와 희망
② 자본주의 사회에서 세속적인 성공을 이루고 싶은 인간적인 욕망
③ 지식인인 자신이 우매한 민중과는 근본적으로 다르다는 차별 의식
④ 비록 비참한 상황에 놓여 있지만 마지막까지 지키고 싶은 자신의 자존심

정답 및 해설: 해설집 p.125
(문제집 p.275에서 전체 정답표를 확인하실 수 있습니다.)

모바일 자동 채점 + 성적 분석 서비스 바로 가기
QR코드를 이용해 모바일로 간편하게 채점하고 나의 실력이 어느 정도인지, 취약 부분이 어디인지 바로 파악해 보세요!

※ 다음 글을 읽고 물음에 답하시오. [01 ~ 04]

[앞부분의 줄거리] 오 일병과 '나'는 기동 훈련에 대비하여 참호를 파다가 철사에 감긴 사람의 유골을 발견하고, 이를 수습하기 위해 인근 마을에 사는 한 노인을 모셔 온다. 그와 함께 유골을 수습하여 간단하게 장례를 지낸 뒤 노인을 배웅하는데, 이 과정에서 '나'는 공산주의 활동을 하다가 전쟁 중에 종적을 감춘 아버지와 관련된 과거를 떠올린다.

첫 휴가를 받아 집에 도착한 다음 날이었다. 밤새 완행열차를 타고 내려와 집에 닿자마자 쓰러지듯 잠에 빠져들던 것이다. 눈을 비비며 일어났던 나는 ㉠그득한 밥상을 보고 놀랐다. 아이들처럼 연신 수줍은 웃음을 흘리며 어머니는 나를 쳐다보았다.

참, 이상도 하지. 네가 온다는 말에만 정신이 팔려 깜박 잊고 있었는데, 글쎄 오늘이 그 양반 생일이로구나.

누구 말예요?

느그 아버지 말이다.

얼결에 그렇게 말해 놓고, 그제서야 어머니는 깜짝 놀라며 황황히 내 눈치를 살피고 있었다. 난 가슴이 철렁 내려앉는 것 같았다.

도대체 지금 정신이 있으세요, 어머니. 그 얘긴 다시 꺼내지 말라고 그랬잖아요. 아버진 진즉 죽은 사람이에요.

아니, 설사 살아있더라도 우리한테는 그게 백번 나아요.

무슨 말을 그렇게 하는 거냐. 얘야. 아직 살아 계실지 누가 안다고 그래.

죽었어요. 그런 줄만 아시라니까요!

그래도…… 살아 있기만 하믄야 언제고 만나게 될지도 모르는디…….

나는 기어코 폭발하고야 말았다.

어떻게요? 이제 와서 대체 어떻게, 어떤 꼬락서니를 하고서로 만난다는 말입니까, 네?

입에 씹히는 대로 나는 내뱉고 있었다. 숟가락을 쥔 손이 벌벌 떨릴 지경이었다.

아, 아니다. 내가 잘못했다. 빌어묵을 놈의 이, 이……주 둥아리가 방정이지 뭐이다냐.

어머니는 훌쩍 등을 돌리고 앉았다. 그리고 주섬주섬 저고리섶을 끌어 올리는 것이었다. 어머니는 울고 있었다. 외아들 앞에선 좀체 눈물을 비치지 않던 그녀였다. 아무리 앓아누웠을 때라도 입을 앙다물고 애써 태연해 보이던 그녀가 쭐쭐 눈물을 흘리고 있는 것이었다.

아아, 나는 까맣게 잊고 있었던 것이다. 어머니가 그토록 오랫동안 누군가를 기다려왔음을. 내 유년 시절의 퇴락한 고

가의 마루 밑 그 깜깜한 어둠 속에서 음습하고 불길한 냄새와 함께 나를 쏘아보고 있던 한 사내의 눈빛을, 그리고 청년이 된 지금까지도 가슴을 새까맣게 그을려 놓으며 깊숙한 상흔으로만 찍혀 있을 뿐인 그 증오스런 사내의 이름을, 어머니는 스물다섯 해가 넘도록 혼자서 몰래 불씨처럼 가슴 속에 키워 오고 있었던 것이다. 어머니한테 그 사내는 다른 아무 것도 아니었다. 다만 곱고 자상한 눈매로서만, 나직한 음성으로서만 늘 곁에 남아 있었던 것이다.

하지만 그녀가 울고 있는 건 그 미련스럽도록 끈질긴 기다림 때문만은 아니었으리라. 아니, 사실상 어머니는 누구보다도 더 잘 알고 있을 터였다. 그녀의 기다림이 얼마나 까마득하게 손이 닿지 않는 먼 곳으로 자꾸만 자꾸만 밀려 나가고 있는 것인가를 말이다. 스물다섯 해의 세월이, ⓐ스스로 묶어 놓은 그 완고한 기만이 목에 잠기어, 흐느낌도 없이 지금 어머니는 울고 있는 것이었다. 밥상을 받아 놓은 채 나는 고개를 처박고 앉아 있었다. 눈앞에는 우리 가족의 그 오랜 어둠과 같은 미역 가닥이 국그릇 속에서 멀겋게 식어 가고 있을 뿐이었다.

이제 노인의 모습은 더 이상 보이지 않았다. 그새 수북이 쌓인 눈을 밟으며 나는 오던 길을 천천히 되돌아가기 시작했다. 걸음을 옮길 때마다 어깨에 멘 소총이 수통과 부딪치며 쩔렁쩔렁 소리를 냈다. 나는 어깨로부터 전해 오는 그 ㉡섬뜩한 쇠붙이의 촉감과 확실한 중량을 새삼스레 확인하고 있었다. 그리고 항상 누군가를 겨누고 열려 있는 총구의 속성을, 그 냉혹함을, 또한 그 조그맣고 둥근 구멍 속에서 완강하게 똬리를 틀고 앉아 있는 소름 끼치는 그 어둠의 깊이를 생각했다.

까우욱. 까우욱.

어느 틈에 날아왔는지 길 옆 밭고랑마다 수많은 까마귀들이 구물거리고 있었다. 온 세상 가득히 내려 쌓이는 풍성한 눈발 속에 저희들끼리만 모여서 새까맣게 구물거리며 놈들은 그 음산함과 불길함을 역병처럼 퍼뜨리고 있는 것이었다. 얼핏, 쏟아지는 그 눈발 속에서 나는 얼어붙은 땅밑에 새우등으로 웅크리고 누운 누군가의 몸 뒤척이는 소리를 들었다. 아버지였다. 손발이 묶인 아버지가 이따금 돌아누우며 낮은 신음을 토해 내고 있었다. 나는 황량한 들판 가운데에 서서 그 ㉢몸집이 크고 불길한 새들의 펄렁거리는 날갯짓과 구물거리는 모습을 오래오래 지켜보았다.

머리 위로 눈은 하염없이 쏟아져 내리고 있었다. 함박눈이었다. ㉣굵고 탐스러운 눈송이들은 세상을 가득 채워 버리려는 듯이 밭고랑을 지우고, 밭둑을 지우고, 그 위에 선 내 발목을 지우고, 구물거리는 검은 새 떼를 지우고, 이윽고는

들판과 또 마주 바라뵈는 거대한 산의 몸뚱이마저도 하얗게 하얗게 지워 가고 있었다. 그것은 어머니가 새벽마다 샘물을 길어 와 소반 위에 떠서 올려놓곤 하던 바로 그 사기대접의 눈부시도록 하얀 빛깔이었다.   – 임철우, '아버지의 땅'

01 ⊙ ~ ⓔ을 등장인물의 심리와 연결하여 이해한 내용으로 적절하지 않은 것은?

① ⊙: 아버지에 대한 어머니의 변함없는 기다림을 보여 주는 것으로 이해할 수 있다.
② ⓒ: '나'가 느끼는 전쟁의 냉혹함과 압박감을 의미하는 것으로 볼 수 있다.
③ ⓒ: '나'가 앞으로 살아가면서 만나야 할 전쟁의 희생자들을 암시한다고 볼 수 있다.
④ ⓔ: 아버지에 대한 증오의 감정에서 벗어나고 있는 '나'의 심정을 암시한다고 할 수 있다.

03 〈보기〉를 바탕으로 윗글을 감상한 내용으로 적절하지 않은 것은?

> **보기**
>
> 작가는 1981년 단편 〈개도둑〉으로 등단하였다. 그의 작품은 분단 문제와 이념의 폭력성을 고발하는 데 초점이 맞추어져 있다. 특히 광주 민주화 운동과 분단을 배경으로 한 소설을 많이 발표하였다. 그의 소설적 관심은 이데올로기의 갈등과 그로 인한 상흔, 그리고 그것들에 의해 동요되는 개인의 모습에 있다. 이 작품에서도 전후 세대가 유산처럼 안게 된 이데올로기의 상흔과 그것을 치유해 나가는 과정이 잘 형상화되어 있다.

① '나'가 하얀 사기대접을 떠올리면서 어머니의 심정을 이해하고 수용하게 된 것은 이데올로기의 상흔을 치유해 나가는 과정과 연관되어 있다.
② '나'가 아버지에 대해 어머니와는 다른 태도를 보이며 대립하는 모습에서 이데올로기의 갈등이 초래한 개인의 동요를 발견할 수 있다.
③ 우리 민족이 안고 있는 시대적 아픔은 이데올로기의 갈등을 극복하려다 좌절을 경험하는 '나'의 무기력한 모습에 반영되어 있다.
④ '아버지의 땅'이란 제목에는 우리가 살아가는 이 땅이 이데올로기로 인한 아버지 세대의 상흔이 깃들어 있는 공간이라는 의미가 내포되어 있다.

02 윗글에 대한 설명으로 적절하지 않은 것은?

① 인물 간의 대화를 통해 갈등 양상을 드러내고 있다.
② 작품 속 서술자가 자신의 경험을 직접 전달하고 있다.
③ 잦은 장면 전환을 통해서 사건의 긴박함을 효과적으로 전달하고 있다.
④ 현재와 과거 회상을 교차시키면서 인물의 심리를 드러내고 있다.

04 '나'의 입장에서 ⓐ의 의미를 가장 잘 이해한 것은?

① 아버지가 돌아올 수 없는 현실과 그것을 인정하지 않으려는 어머니의 심정 사이의 괴리
② 아버지가 돌아올 수 없는 절망적 현실을 어쩔 수 없이 수용하는 어머니의 체념
③ 아버지의 부재라는 현실을 바꾸고 싶어 했지만 한계를 느껴 포기한 어머니의 아픔
④ 아버지의 부재로 인한 절망감을 아들에 대한 희망으로 바꾼 어머니의 눈물겨운 노력

※ 다음 글을 읽고 물음에 답하시오. [05 ~ 07]

　　벤담과 같은 고전적인 공리주의에서는 사람들의 행복은 계측과 합계가 가능하다고 생각하기 때문에, 행복에 공통의 기준이 성립되어 있다고 여긴다. 벤담의 효용이라는 개념은 공통의 통화를 제공하는 것이다.

　　이런 생각을 근거로 한 것이 비용편익분석이다. 어떤 정책이나 행동이 얼마 만큼의 행복을 가져오고 동시에 얼마 만큼의 비용이 드는가를 화폐 가치로 환산해서 그 차액으로 정책이나 행동을 결정하는 것이다.

　　비용편익분석의 사례로 체코에서 일어난 필립 모리스 담배 문제를 소개할 수 있다. 담배 때문에 사람이 죽게 되는 경우, 살아 있는 동안 국가의 의료비 부담은 늘어나지만, 흡연자는 빨리 사망하기 때문에 연금, 고령자를 위한 주택 등의 예산이 절약되어 국가 재정에는 오히려 도움이 된다. 국민들이 담배를 피울 때 국가의 비용보다 편익이 크므로 국가는 담배를 금하지 말고 계속 피우게 하는 편이 좋다는 이 결과에 인간의 생명을 경시하는, 비인도적인 발상이라는 비난 여론이 들끓었다. 결국 필립 모리스는 사죄하게 되었다.

　　포드사는 소형 자동차 핀토의 결함을 수리할 것인가에 대해 판단하기 위해 비용편익분석을 하였다. 차의 결함으로 인한 사고로 죽는 인간의 생명이나 부상자들의 부상을 그들에게 배상해야 할 금액으로 환산해서 이것을 (㉠) 속에 넣고 결함을 개량하는 데 드는 비용이 편익보다 많기 때문에 인명이 희생되더라도 결함을 개량하지 않는 편이 낫다고 결정했다. 그 외에도 환경보호국의 분석에서 고령자의 생명을 화폐로 환산하면서 할인했다는 예, 자동차의 제한용 편익분석에서 인명을 화폐로 환산해서 인명을 잃은 비용보다 방지대책에 드는 비용이 크다는 이유로 행위나 정책이 정당화되었다는 예도 있다.

　　결국 비용편익분석과 같은 결과주의의 생각, 즉 인명 희생의 방치나 정당화와 같이 도덕적으로 허용되지 않는 답을 이끌어낸 사례들을 지적하면서 '(㉡)'와 같은 문제를 제기할 수 있다.

05 ㉠에 들어갈 내용으로 가장 적절한 것은?

① 수리의 편익
② 수리의 비용
③ 사고의 편익
④ 사고의 비용

06 ㉡에 들어갈 질문으로 적절하지 않은 것은?

① 인간의 행복을 단일한 척도로 측정해도 좋은가?
② 더 큰 이익을 위해 개인은 희생되어도 괜찮은가?
③ 비용과 편익을 분석하는 주체는 누가 되어야 하는가?
④ 인간의 생명과 관련된 문제를 화폐로 환산해도 되는가?

07 윗글의 서술 방식으로 가장 적절한 것은?

① 구체적인 사례를 제시하여 논지를 전개하고 있다.
② 비교와 대조를 통해 대상의 특징을 드러내고 있다.
③ 철학적 사상을 근거로 삼아 설득력을 높이고 있다.
④ 문제 상황과 대안을 제시하고 타당성을 검증하고 있다.

※ 다음 글을 읽고 물음에 답하시오. [08 ~ 10]

　　허생은 묵적골에 살았다. 곧장 남산(南山) 밑에 닿으면, 우물 위에 오래된 은행나무가 서 있고, 은행나무를 향하여 사립문이 열렸는데, 두어 칸 초가는 비바람을 막지 못할 정도였다. 그러나 허생은 글 읽기만 좋아하고, 그의 처가 ⓐ남의 바느질품을 팔아서 입에 풀칠을 했다. 하루는 그의 처가 몹시 배가 고파서 울음 섞인 소리로 말했다.

　　㉠"당신은 평생 과거(科擧)를 보지 않으니, 글을 읽어 무엇합니까?"

　　허생은 웃으며 대답했다.

　　"나는 아직 독서를 익숙히 하지 못하였소."

　　㉡"그럼 장인바치 일이라도 못 하시나요?"

　　"장인바치 일은 본래 배우지 않은 걸 어떻게 하겠소?"

　　"그럼 장사는 못 하시나요?"

　　"장사는 밑천이 없는 걸 어떻게 하겠소?"

　　처는 왈칵 성을 내며 소리쳤다.

　　"밤낮으로 글을 읽더니 기껏 '어떻게 하겠소' 소리만 배웠단 말씀이오? 장인바치 일도 못 한다, 장사도 못 한다면, 도둑질이라도 못 하시나요?"

　　허생은 읽던 책을 덮어 놓고 일어나면서,

　　㉢"아깝다. 내가 당초 글 읽기로 십 년을 기약했는데, 인제 칠 년인걸……."

　　하고 획 문밖으로 나가 버렸다. 〈중 략〉

　　이때, 변산(邊山)에 수천의 군도(群盜)들이 우글거리고 있었다. 각 지방에서 군사를 징발하여 수색을 벌였으나 좀처럼 잡히지 않았다. 군도들도 감히 나가 활동을 못 해서 배고프고 곤란한 판이었다. 허생이 군도의 산채를 찾아가서 우두머리를 달래었다.

　　"천 명이 천 냥을 빼앗아 와서 나누면 하나 앞에 얼마씩 돌아가지요?"

　　"일 인당 한 냥이지요."

　　"모두 아내가 있소?"

"없소." / "논밭은 있소?"

군도들이 어이없어 웃었다.

"땅이 있고 처자식이 있는 놈이 무엇 때문에 도둑이 된단 말이오?"

"정말 그렇다면, 왜 아내를 얻고, 집을 짓고, 소를 사서 논밭을 갈고 지내려 하지 않는가? 그럼 도둑놈 소리도 안듣고 살면서, 집에는 부부의 낙(樂)이 있을 것이요, 돌아다녀도 잡힐까 걱정을 않고 길이 의식의 요족을 누릴텐데."

ⓔ"아니, 왜 바라지 않겠소? 다만 돈이 없어 못 할 뿐이지요."

허생은 웃으며 말했다.

"도둑질을 하면서 어찌 돈을 걱정할까? 내가 능히 당신들을 위해서 마련할 수 있소. 내일 바다에 나와 보오. 붉은 깃발을 단 것이 모두 돈을 실은 배이니, 마음대로 가져가구려."

허생이 군도와 언약하고 내려가자, 군도들은 모두 그를 미친놈이라고 비웃었다. 이튿날, 군도들이 바닷가에 나가보았더니, 과연 허생이 삼십만 냥의 돈을 싣고 온 것이었다. 모두들 대경(大驚)해서 허생 앞에 줄지어 절했다.

"오직 장군의 명령을 따르겠소이다."

이에 군도들이 다투어 돈을 짊어졌으나, 한 사람이 백 냥 이상을 지지 못했다.

"너희들 힘이 한껏 백 냥도 못 지면서 무슨 도둑질을 하겠느냐? 인제 너희들이 양민이 되려고 해도, 이름이 도둑의 장부에 올랐으니, 갈 곳이 없다. 내가 여기서 너희들을 기다릴 것이니, 한 사람이 백 냥씩 가지고 가서 여자 하나, 소 한 필을 거느리고 오너라."

허생의 말에 군도들은 모두 좋다고 흩어져 갔다. 허생은 몸소 이천 명이 1년 먹을 양식을 준비하고 기다렸다. 군도들이 빠짐없이 모두 돌아왔다. 드디어 다들 배에 싣고 그 빈 섬으로 들어갔다. 허생이 도둑을 몽땅 쓸어 가서 나라 안에 시끄러운 일이 없었다.

― 박지원, '허생전'

08 윗글에 대한 설명으로 적절하지 않은 것은?

① 실제 지명을 사용함으로써 소설에 현실감을 부여하고, 부인과의 대화를 통해 그들의 갈등 원인을 구체적으로 드러내고 있다.

② 영웅적 면모를 가진 인물을 내세워 당대 지배층의 무능으로 말미암아 양민이 도둑이 될 수밖에 없는 사회 현실을 비판하고 있다.

③ 군도들과의 대화를 통해 군도가 된 이유가 땅과 처자식이 없어서라는 내용은 작가가 당대 민중의 삶이 피폐했음을 보여주기 위한 장치라고 할 수 있다.

④ 허생이 군도를 데리고 가 빈 섬을 개척한 것을 통해, 작가는 조선의 국력을 강화시키기 위해서는 영토 확장이 필요하다는 인식을 가지고 있었음을 확인할 수 있다.

09 ㉠~㉣에 대한 설명으로 적절하지 않은 것은?

① ㉠: 허생의 처가 생각하는 글 읽기의 목적은 입신양명이고 이는 그녀의 실용적 학문관을 보여주는 것이다.

② ㉡: 허생의 처가 생각하는 바람직한 직업을 허생에게 추천하고 있다.

③ ㉢: 글 읽기에 대한 허생의 관점이 드러난 부분으로 허생은 도를 이루기 위해 글 읽기를 한 것이다.

④ ㉣: 돈의 필요성에 대해 인식한 부분으로 이 시대에도 상업 자본에 대한 근대적 자각이 있었음을 확인할 수 있다.

10 ⓐ의 상황에 적절하지 않은 것은?

① 상루하습(上漏下濕)

② 삼순구식(三旬九食)

③ 가도벽립(家徒壁立)

④ 권토중래(捲土重來)

11 다음 중 〈보기 1〉을 바탕으로 〈보기 2〉에 대해 탐구한 것 중에서 올바른 것은?

보기 1

'-ㅁ/-음'에 대하여

□ 명사형 어미: 동사의 어간 뒤에 붙어서 동사를 명사형이 되게 하는 역할을 한다. 동사의 명사형은 서술성이 있어 주어를 서술하며 품사가 변하지 않는다. 앞에 부사적 표현이 쓰일 수 있다.

□ 접미사: 동사의 어간 뒤에 붙어서 동사를 명사로 파생시킨다. 파생된 명사는 서술성이 없으므로 앞에 부사적 표현이 쓰일 수 없고, 관형어가 올 수 있다.

보기 2

㉠ 그의 선조들은 불우한 삶을 살았다.

㉡ 겨울이어서 노면에 얼음이 자주 얼었다.

㉢ 영희는 깊은 잠¹을 잠²으로써 피로를 풀었다.

㉣ 진행자가 크게 웃음으로써 분위기를 바꾸었다.

① ㉠의 '삶'의 '-ㅁ'은 명사형 어미이다.

② ㉡의 '얼음'은 '얼다'라는 동사에서 파생된 명사이다.

③ ㉢의 '잠¹'의 '-ㅁ'은 명사형 어미이고, '잠²'의 '-ㅁ'은 접미사이다.

④ ㉣의 '웃음'은 '크게'의 수식을 받으므로 '웃음'의 '-음'은 접미사이다.

백옥섬 좋은 흙에 종종이 심어 내니
춘삼월 지난 후에 향기 없다 웃지 마소
㉠취한 나비 미친 벌이 따라올까 저허하네
정정한 저 기상을 여자밖에 뉘 벗할고
옥난간 긴긴 날에 보아도 다 못 보아
사창을 반개하고 차환*을 불러 내어
다 핀 꽃을 캐어다가 수(繡)상자에 담아 놓고
여공(女工)*을 그친 후에 중당에 밤이 깊고 납촉이 밝았을 제
나옴나옴 고초 앉아 흰 구슬을 갈아 마아
빙옥(氷玉) 같은 손 가운데 난만이 개여 내어
파사국* 저 제후의 홍산궁을 펼쳤는 듯
심궁 풍류 절고에 홍수궁을 마아는 듯
섬섬한 십지상(十指上)에 수실로 감아 내니
종이 위에 붉은 물이 미미히 숨의는 양
가인의 얇은 뺨에 홍로를 끼쳤는 듯
㉡단단히 봉한 모양 춘나옥자 일봉서를 왕모에게 부치는 듯
춘면을 늦게 깨어 차례로 풀어 놓고
옥경대를 대하여서 팔자미*를 그리려니
난데없는 붉은 꽃이 가지에 붙었는 듯
손으로 우희려니 분분히 흩어지고
입으로 불려 하니 섞인 안개 가리었다
여반(女伴)을 서로 불러 낭랑이 자랑하고
㉢꽃 앞에 나아가서 두 빛을 비교하니
쪽 잎의 푸른 물이 쪽빛보다 푸르단 말이 아니 옳을손가
은근히 풀을 매고 돌아와 누웠더니
녹의홍상 일여자가 표연히 앞에 와서
웃는 듯 찡그리는 듯 사례는 듯 하직는 듯
몽롱이 잠을 깨어 정녕이 생각하니
아마도 꽃 귀신이 내게 와 하직한다
수호*를 급히 열고 꽃 수풀을 점검하니
땅 위에 붉은 꽃이 가득히 수놓았다.
암암이 슬퍼하고 낱낱이 주워 담아
꽃다려 말 붙이니 그대는 한치 마소
세세연년의 꽃빛은 의구하니
하물며 그대 자취 내 손에 머물렀지
㉣동원의 도리화는 편시춘을 자랑 마소
이십 번 꽃바람의 적막히 떨어진들 뉘라서 슬퍼할고
규중에 남은 인연 그대 한 몸뿐이로세
봉선화 이 이름을 뉘라서 지어낸고 일로 하여 지어서라

– 작자 미상, '봉선화가'

* 차환: 주인을 가까이에서 모시는 젊은 계집종.
* 여공: 부녀자들이 하던 길쌈질.
* 파사국: 페르시아.
* 팔자미: 몹시 성내어 얼굴을 일그러뜨렸을 때의 눈썹을 이르는 말.
* 수호 : 수를 놓은 휘장으로 가린 문.

12 윗글에 대한 설명으로 적절하지 않은 것은?

① 대상을 의인화하여 화자와의 심리적 거리를 좁히고 있다.
② 시간의 흐름에 따른 시상 전개를 통해 화자의 정서를 드러 내고 있다.
③ 색채의 대비를 통해 대상에 대한 인상을 선명하게 표현하고 있다.
④ 화자와 청자가 말을 주고받는 방식으로 시상을 전개하고 있다.

13 ㉠~㉣을 이해한 내용으로 적절하지 않은 것은?

① ㉠: 경박한 남자를 비유적으로 표현해 봉선화의 정숙함을 드러내고 있다.
② ㉡: 미화된 표현을 통해 정성스럽게 종이와 실로 손가락을 봉하는 모습을 표현하고 있다.
③ ㉢: 관용적 표현을 통해 봉선화 꽃물의 색보다 봉선화 꽃잎의 색이 아름답다는 생각을 나타내고 있다.
④ ㉣: 두 대상에 대한 화자의 상반된 태도를 통해 화자와 봉선화와의 인연을 드러내고 있다.

14 화자의 봉선화에 대한 태도와 가장 일치하는 것은?

① 동각에 숨은 꽃이 척촉(躑躅)인가 두견화(杜鵑花)인가.
   건곤(乾坤)이 눈이어늘 제 어찌 감히 피리.
   알괘라 백설 양춘(白雪陽春)은 매화밖에 뉘 있으리.
② 이화(梨花)에 월백(月白)ㅎ고 은한(銀漢)이 삼경(三更)인 제
   일지춘심(一枝春心)을 자규(子規)] 야 아랴마는
   다정(多情)도 병(病)인 냥ㅎ여 줌 못 드러 ㅎ노라.
③ 추강(秋江)에 밤이 드니 물결이 차노매라
   낚시 드리우니 고기 아니 무노매라
   무심(無心)한 달빛만 싣고 빈 배 저어 오노라.
④ 잔 들고 혼자 안자 먼 뫼흘 브라보니,
   그리던 님이 오다 반가옴이 이러ㅎ랴.
   말슴도 우움도 아녀도 몯내 됴하ㅎ노라.

15 〈보기〉를 참고할 때, 다음 중 붙여 쓸 수 없는 것은?

> **보기**
>
> ㉠ 나는 그 책을 거의 다 읽어 간다.
> ㉡ 나는 영희에게 사과를 깎아 주었다.
>
> 용언은 그 쓰임에 따라 본용언과 보조 용언으로 나뉜다. 본용언은 ㉠의 '읽어'처럼 문장의 주어를 주되게 서술해 주는 말로 보조 용언의 도움을 받는다. 반면에 보조 용언은 ㉠의 '간다'처럼 본용언과 연결되어 그것의 뜻을 보충하는 역할을 하는 용언으로 자립성이 없어 단독으로 주어를 서술하지 못한다. 한글 맞춤법 규정 제47항에 따르면, 이와 같은 보조 용언은 띄어 씀을 원칙으로 하되 붙여 쓰는 것도 허용한다. 그런데 ㉡의 '주었다'처럼 단독으로 주어를 서술하는 것이 가능하면 본용언 뒤에 또 다른 본용언이 결합되어 있는 것으로 본다. 이 경우 두 본용언은 띄어 쓴다.

① 철수가 농구를 하고 있다.
② 그녀는 가족의 빨래를 빨아 말렸다.
③ 그는 부모님을 여읜 슬픔을 이겨 냈다.
④ 그녀는 하루 종일 어머니 일을 도와 드렸다.

※ 다음 글을 읽고 물음에 답하시오. [16~19]

(가) 딩아 돌하 當今에 계샹이다
　　 딩아 돌하 當今에 계샹이다
　　 先王聖代예 노니♀와지이다

　　 삭삭기 셰몰애 별헤 나는
　　 삭삭기 셰몰애 별헤 나는
　　 구은 ㉠밤 닷 되를 심고이다
　　 그 바미 우미 도다 삭나거시아
　　 그 바미 우미 도다 삭나거시아
　　 有德ᄒ신 님믈 여희♀와지이다

　　 玉으로 蓮ㅅ고즐 사교이다
　　 玉으로 蓮ㅅ고즐 사교이다
　　 ㉡바회 우희 接柱ᄒ요이다
　　 그 고지 三同이 퓌거시아
　　 그 고지 三同이 퓌거시아
　　 有德ᄒ신 님 여희♀와지이다 　　　 – '정석가(鄭石歌)'

(나) ㉢살어리 살어리랏다
　　 靑山애 살어리랏다
　　 멀위랑 ᄃ래랑 먹고
　　 靑山애 살어리랏다
　　　얄리얄리 얄랑셩 얄라리 얄라

　　 우러라 우러라 ㉣새여
　　 자고 니러 우러라 새여
　　 널라와 시름한 나도
　　 자고 니러 우니로라
　　　얄리얄리 얄라셩 얄라리 얄라

　　 가던 새 가던 새 본다
　　 ㉤믈 아래 가던 새 본다
　　 잉무든 장글란 가지고
　　 믈아래 가던 새 본다
　　　얄리얄리 얄라셩 얄라리 얄라 　　　 – '청산별곡(靑山別曲)'

---

16 (가), (나)에 대한 설명으로 가장 적절하지 않은 것은?

① (가): 임에 대한 영원한 사랑의 의지를 드러내고 있다.
② (가): 임에 대한 그리움을 열거의 방법으로 밝히고 있다.
③ (나): 현실에서 벗어나고자 하는 화자의 소망이 나타나 있다.
④ (나): 반복적인 여음구의 사용으로 운율적 효과를 얻고 있다.

17 다음 〈보기〉의 설명에 해당하는 것은?

> **보기**
>
> 작가는 문학작품을 창작하는 과정에서 자연물을 활용하여 화자의 상황이나 감정을 이입하여 표현하기도 한다.

① ㉠ 밤
② ㉡ 바회
③ ㉢ 새
④ ㉣ 믈아래

18 (가)의 시와 발상면에서 가장 유사한 것은?

① 동지(冬至)ㅅ 둘 기나긴 밤을 한 허리를 버혀 내어
   춘풍(春風) 니불아릭 서리서리 너헛다가
   어론 님 오신 날 밤이여든 구뷔구뷔 펴리라.
   　　　　　　　　　　　　　　　　　　– 황진이

② 江山(강산) 죠흔 景(경)을 힘센이 타톨 양이면
   내 힘과 내 분으로 어이흐여 엇들쏜이
   眞實(진실)로 금(禁)흐리 업쓸씌 나도 두고 논이노라.
   　　　　　　　　　　　　　　　　　　– 김천택

③ 나무 토막으로 당닭을 깎아
   젓가락으로 집어 벽에 앉히고
   이 새가 꼬끼오 하고 울며 때를 알리면
   어머님 얼굴은 비로소 서쪽으로 기우는 해처럼 늙으소서.
   　　　　　　　　　　　　　　– 문충, '오관산요'

④ 묏버들 가려 꺾어 보내노라 임의 손에
   자시는 창밖에 심어 두고 보소서
   밤비에 새잎이 나거든 나인가 여기소서.
   　　　　　　　　　　　　　　　　　　– 홍랑

19 ㉮와 운율의 형성 방법이 가장 유사한 것은?

① 해야 솟아라. 해야 솟아라. 말갛게 씻은 얼굴 고운 해야 솟아라.
   　　　　　　　　　　　　　　– 박두진, '해'

② 강나루 건너서 / 밀밭 길을 / 구름에 달 가듯이 / 가는 나그네.
   　　　　　　　　　　　　　– 박목월, '나그네'

③ 나 보기가 역겨워 / 가실 때에는 / 말없이 고이 보내 드리오리다.
   　　　　　　　　　　　　– 김소월, '진달래꽃'

④ 님은 갔습니다. 아아, 사랑하는 나의 님은 갔습니다. / 푸른 산빛을 깨치고 단풍나무 숲을 향하여 난 작은 길을 걸어서 차마 떨치고 갔습니다.
   　　　　　　　　　　　– 한용운, '님의 침묵'

※ 다음 글을 읽고 물음에 답하시오. [20 ~ 22]

> [앞부분 줄거리] 유광억은 영남 합천 사람으로 글을 잘 지었다. 과거를 보는 사람을 대신하여 글을 써 주며 생계를 꾸려 나갔는데, 날이 갈수록 유광억의 이름이 나라 안에 퍼졌다. 이 소문을 들은 경시관과 경상 감사는 과거 시험에서 유광억의 글을 가려낼 수 있는지를 두고 내기를 한다.
>
> 　경시관이 그 시권을 읽고서,
> 　"이게 필시 유광억의 시야!"
> 라고 생각하였다. 그는 어구가 빼어난 곳에 여기저기 붉은 먹으로 점을 찍고서 이하(二下)의 등급을 매겨 장원으로 뽑았다. 또 시권 하나가 제법 잘 되었으므로, 이하의 두 번째로 뽑고, 또 시권 하나를 삼등으로 뽑았다. 시권 머리의 봉해 둔 곳을 뜯어 이름을 확인하니 어느 시권에도 유광억의 이름이 없었다. 경시관이 남몰래 알아보게 했더니, 모두 유광억이 남의 돈을 받아 써 준 것으로, 재화의 많고 적음에 따라 글의 차이를 낸 것이었다.
> 　경시관은 비록 이 사실을 알아냈지만, 감사가 자기를 믿지 않을까 염려하여, 유광억의 자백을 받아서 증거를 삼으려고 했다. 그래서 공식 문건을 합천으로 내려보내 유광억을 잡아 올리게 했다. 재판을 일으킬 의도는 없었다.
> 　유광억은 군에서 구속되어 감영으로 송치될 판이었다. 그는 두려운 마음에 스스로 생각했다.
> 　'나야말로 과거 법규를 해치는 도적이니, 감영으로 가더라도 역시 죽을 것이다. 차라리 가지 않는 게 낫겠다.'
> 　그는 밤에 친척을 모아 놓고 한껏 술을 마셔 댔다. 그리고는 몰래 강물로 나가 몸을 던져 죽었다. 경시관은 이 소식을 듣고는 애석하게 여겼다. 사람들 가운데 그의 재주를 아깝게 여기지 않는 이가 없었다.
> 　군자는 이렇게 논평했다.
> 　㉠"유광억은 과거 법규를 해친 죄과 때문에 죽은 것이니, 마땅한 일이다."
> 　매화외사는 다음과 같이 말한다.
> 　㉡천하에는 팔지 못할 물건이 없다. 몸을 팔아 남의 노예가 되는 자도 있다. 심지어 가느다란 터럭과 형체가 없는 꿈에 이르기까지도 모두 사고판다. 그러나 아직 마음을 팔았다는 일은 없었다. 어찌 물건치고 다 팔 수 있거늘, 마음이라 하여 팔지 못하겠는가? 유광억 같은 자는 바로 그 마음을 판 자가 아니겠는가?
> 　아! 누가, 천하에서 가장 천박한 매매를 글 읽는 자가 하리라고 생각하겠는가? 법으로 따지면 '주는 자나 받는 자나 같은 죄'이로다.
> 　　　　　　　　　　　　　– 이옥, '유광억전'

20 윗글에 대한 설명으로 가장 적절하지 않은 것은?

① 한 인물의 전기(傳記)를 기록한 것이다.
② 높은 지위에 올랐던 실존 인물이 주인공이다.
③ 당대 시험 제도의 부조리함을 비판하고 있다.
④ 인물과 관련된 일화와 논평으로 구성되어 있다.

21 윗글에 등장하는 인물에 대한 설명으로 가장 적절하지 않은 것은?

① 유광억은 능력이 뛰어났으나 단명한 인물이다.
② 경시관은 시 작품을 보는 안목이 매우 탁월하다.
③ 유광억은 생계를 위해 자신의 양심을 판 인물이다.
④ 경시관은 글을 파는 유광억을 못마땅하게 여기고 있었다.

22 '군자'의 논평 ㉠과 '매화외사'의 논평 ㉡을 비교한 내용으로 가장 적절한 것은?

① 군자는 유광억의 죽음을 합당한 결정이라 생각하였고, 매화외사는 유광억이 죽은 것을 안타깝게 여겼다.
② 군자는 유광억의 죽음이 당위적인 이유를 설명하였고, 매화외사는 유광억의 죽음이 우연적인 것이었음을 설명하였다.
③ 군자는 유광억의 죽음을 개인적인 측면에서 평가하고 있고, 매화외사는 유광억의 죽음을 사회적인 문제로 확장시켜 평가하고 있다.
④ 군자는 유광억의 죽음에 대해 간단하게 논평하였고, 매화외사는 유광억의 죽음이 사회에 미치는 영향을 자세하게 따지며 논평하였다.

※ 다음 글을 읽고 물음에 답하시오. [23 ~ 24]

대부분의 물질은 온도가 올라갈수록 밀도가 작아진다. 구리 동전을 예로 들어 보자. 동전에 열을 가하면 구리 원자들이 더 빨리 움직이면서 널리 퍼진다. 그리하여 구리 동전은 부피가 좀 더 늘어난다. 즉 밀도가 줄어드는 것이다. 계속 동전을 가열하면, 결국 동전은 녹을 것이다. 액체 상태가 된 구리 동전의 밀도는 고체 상태 때보다 더 작다.

액체 상태가 된 구리를 계속 가열하면 그 분자들은 계속 퍼져 나가려 하고, 그 결과 밀도는 점점 작아진다. 이러한 현상은 순수한 거의 모든 물질에서 볼 수 있다.

그러나 물만은 다르다. 10℃의 물이 있다고 하자. 이 온도에서 물은 액체 상태이다. 구리의 경우와는 반대로, 이번에는 물을 냉각시켜 보자. 물을 냉각시키면 물 분자들은 움직임이 점점 느려지고 서로 간의 거리가 가까워진다. 기대한 바대로 밀도가 증가하는 것이다. (㉠) 4℃에 이르면 이상한 일이 일어난다. 그리고 그 이하로 온도가 내려갈수록 물 분자들이 서로 멀리 떨어지기 시작한다. 0℃에서 물이 얼 때에는 물 분자들은 더욱 멀리 떨어진다.

다시 말해서, 4℃의 물은 0℃의 물보다 밀도가 더 크다. 실제로 4℃일 때의 물은 다른 어떠한 온도의 물(액체 상태)보다 밀도가 크다. 그리고 어떤 온도의 물(액체 상태)도 고체 상태의 얼음보다 밀도가 더 크다. 얼음 덩어리가 유리컵 위에 떠다니거나 빙산이 바다 위를 떠다니는 것은 바로 이 때문이다. 이러한 기이한 현상은 얼음이 될 때 물 분자들이 속이 빈 결정 구조를 이루기 때문에 일어난다. 얼음이 녹으면 이 결정 구조가 무너져 물 분자들이 서로 접근하기 때문에, 밀도가 높아지는 것이다. 속이 빈 결정 구조는 물의 온도가 4℃에 이를 때까지 완전히 없어지지는 않는다.

물의 이러한 기이한 행동 때문에 우리 주변의 세계에는 재미있는 일들이 벌어진다. 계절이 변할 때 호수나 연못에 일어나는 변화를 한번 살펴보자. 겨울이 다가오면 기온은 내려간다. 호수 표면의 물도 온도가 내려가 밀도가 높아지므로 호수 아래로 가라앉고, 그 대신 아래쪽에 있던 물들이 호수 표면으로 올라간다. 그런데 4℃이하로 온도가 더 내려가게 되면, 냉각된 물은 아래로 내려가지 않고 호수 표면에 머문다. 그리하여 호수의 물은 위에서부터 얼기 시작한다. 다른 액체 물질들은 거의 아래쪽에서부터 얼기 시작하여 위로 올라가는 것과는 대조적이다.

이렇게 호수나 연못의 물은 위에서부터 얼기 시작하기 때문에, 그 아래에 있는 물들은 기온이 0℃아래로 내려가더라도 계속 액체 상태로 남아 있을 수 있다. 표면의 얼음 층이 차가운 기온을 차단하는 벽의 역할을 해주기 때문이다. 아주 얕은 연못을 제외하고 호수나 강에 있는 대부분의 물은 얼음 층 아래에서 액체 상태로 남아 있다. 덕분에 물속에 사는 생물들은 추운 겨울에도 살아남을 수 있다.

— B.E.짐머맨, '물의 기이한 성질'

23 위 글에서 취하고 있는 논지 전개 방식과 가장 가까운 것은?

① 이론과 실제의 대립 현상과 그 문제점을 서술하고 있다.
② 현상과 가설의 차이점을 구체적으로 부각시키고 있다.
③ 어떤 원리를 보여주고 그와 관련된 현상을 설명하고 있다.
④ 표면적 현상으로 인해서 일어나는 내면적 의미의 결과를 분석하고 있다.

24 위 글의 흐름을 고려할 때 (㉠)에 들어갈 접속어로 가장 적절한 것은?

① 그러나
② 그리고
③ 그러므로
④ 따라서

25 〈보기〉의 ㉠~㉣에 대한 설명으로 적절하지 않은 것은?

> **보기**
> • 그는 ㉠슬픔에 젖어 말을 잇지 못했다.
> • 간호사는 환자의 팔뚝에 붕대를 ㉡휘감았다.
> • 그 사이 한 해가 저물고 ㉢새해가 왔다.
> • 그의 집은 인근에서 ㉣알부자로 소문난 집이다.

① ㉠은 어근과 접미사의 결합으로 이루어진 파생어로 품사가 형용사에서 명사로 바뀌었다.
② ㉡은 접두사와 어근의 결합으로 만들어진 파생어이다.
③ ㉢은 어근과 어근의 결합인 '관형사+명사' 형태의 통사적 합성어이다.
④ ㉣은 어근과 어근의 결합인 '명사+명사' 형태의 통사적 합성어이다.

정답 및 해설: 해설집 p.130
(문제집 p.276에서 전체 정답표를 확인하실 수 있습니다.)

모바일 자동 채점 + 성적 분석 서비스 바로 가기
QR코드를 이용해 모바일로 간편하게 채점하고 나의 실력이 어느 정도인지, 취약 부분이 어디인지 바로 파악해 보세요!

봄이 오기 직전이 가장 추운 법이고
해 뜨기 직전이 가장 어두운 법이다.

표도르 미하일로비치 도스토옙스키(러시아의 소설가)

/Part 5

교육행정직 9급

문제 유형	4지선다형
총 문항 수	20문항
경쟁률 (2018년, 교육행정)	15.7:1
합격선 (2018년, 교육행정)	평균: 78.68점
시험 안내	사이버국가고시센터 (http://gosi.kr) 지방자치단체 인터넷원서접수센터 (http://local.gosi.go.kr)

01 밑줄 친 부분이 표준어가 아닌 것은?

① 맑은 시냇물에 발을 <u>담갔다</u>.
② 친구의 사연이 너무 <u>애닯구나</u>.
③ <u>가여운</u> 강아지에게 밥을 주렴.
④ 이 문제는 무척 <u>까다로워</u> 보인다.

02 밑줄 친 부분이 〈보기〉의 '가져라'와 같은 사례는?

> **보기**
> '가지어라'의 축약형 '가져라'의 표준 발음은 [가저라]이지만 '가져라'로 적는다. 이는 형태를 밝혀 적는 방식이다.

① 우리 편 <u>이겨라</u>.
② 따뜻이 입고 <u>다녀라</u>.
③ 비빔밥을 맛있게 <u>비벼라</u>.
④ 고장이 난 시계를 얼른 <u>고쳐라</u>.

03 청유형 종결 어미가 포함된 것은?

① 이따가 <u>가세</u>.
② 자리에 <u>앉아라</u>.
③ 자네 이것 좀 <u>먹게</u>.
④ 옷이 무척 <u>예쁘구려</u>.

04 다음의 ㉠에 해당하는 것은?

> 국어에는 ㉠자동사와 타동사의 기능을 모두 가지고 있는 동사가 있다. '눈물이 그치다/눈물을 그치다'의 '그치다'가 이러한 예이다.

① 뱉다
② 쌓이다
③ 움직이다
④ 읽다

05 다음의 음운 현상이 일어난 사례는?

> 어간 '가-'에 어미 '-아서'가 결합하면 '가서'가 된다. 이러한 사례처럼 어간과 어미가 결합할 때, 동일한 모음이 연속되면 그중 하나가 탈락한다.

① 봄이 <u>가고</u> 여름이 온다.
② 집에 <u>가니</u> 벌써 밤이었다.
③ 우리만 먼저 <u>가도</u> 괜찮을까?
④ 학교에 <u>가면</u> 친구들을 만난다.

06 다음의 ㉠~㉣을 고쳐 쓰기 위한 방안으로 적절하지 않은 것은?

> 청소년의 과도한 스마트폰 ㉠사용이 유발되는 악영향이 사회적 문제가 되고 있다. 최근 들어 안구 건조증과 신체적 무기력증을 호소하는 청소년이 급증하고 있다. 스마트폰 화면을 장시간 집중해서 들여다보면 눈 깜빡임 ㉡회수가 줄어들어 안구가 건조해진다. ㉢그런데 스마트폰 화면에서 나오는 짧은 파장의 청색 빛은 숙면을 방해하기 때문에 무기력증에 ㉣시달릴 수 밖에 없다.

① ㉠은 바로 뒤의 말과 어울리지 않으므로 '사용으로'로 수정한다.
② ㉡은 맞춤법에 어긋나므로 '횟수'로 수정한다.
③ ㉢은 앞뒤 문장의 연결 관계를 고려하여 '그러나'로 수정한다.
④ ㉣은 띄어쓰기가 잘못되었으므로 '시달릴 수밖에'로 수정한다.

07 다음 토의의 '평가 의견'에서 고려하지 않은 사항은?

토의 주제	관내 도서관 이용 활성화를 위한 시설 개선
개선안	일반 열람실의 확대와 세미나실 설치
평가 의견	• 현재 과밀 상태인 일반 열람실을 확대하면 이용자의 편의가 증진되고 이용자 수도 더욱 증가할 것으로 예상됨. 그러나 이를 위해서는 건물 개조까지 필요한데 관련 예산이 부족함. • 세미나실은 서고의 유휴 공간에 적은 비용으로 설치할 수 있으므로 회의 공간 부족에 따른 불편을 해결할 수 있음. 또한 다양한 연령층을 대상으로 한 독서 프로그램을 추가할 수도 있어 이용자가 늘어날 것으로 기대됨.

① 시설 개선에 필요한 경비
② 시설 개선에 관한 외부 사례
③ 시설 개선에 따른 편의 증진
④ 시설 개선에 따른 이용자 증가

08 다음 글에 대한 이해로 가장 적절한 것은?

영미법계에서는 배심 재판을 받을 권리가 국민의 기본권으로 인정된다. 특히 형사 사건에서 배심 재판은 개인의 자유를 구속하는 국가 권력을 제한하는 중요한 수단이라 보아 왔다. 배심 재판은 법률가가 아닌 일반인들 가운데서 12명을 배심원으로 뽑아 법정의 심리를 참관하게 한 뒤, 그들로 하여금 사실을 판단하고 법적 결정을 하도록 하는 제도이다. 배심원들은 비공개로 토의와 투표를 진행하여 피고인이 유죄인지 무죄인지를 결정하는 평결을 내린다. 이때 투표 결과는 만장일치여야 하며, 법관은 이 평결을 받아들여 판결하는 것이 원칙이다. 이처럼 법률적 소양이 없는 배심원들이 판단하도록 하는 데 대하여, 법과 유리된 결과가 나올 수 있다는 비판이 제기된다. 이런 견해에 맞서 신선한 사고, 국민의 법 감정 등이 일정 부분 반영되는 순기능이 있다는 반론도 있다.

① 평결에 이르는 과정은 공개한다.
② 변호사는 배심원으로 선정되지 않는다.
③ 법관이 피고인의 유죄 여부를 평결한다.
④ 평결은 다수결로 결정하는 것이 원칙이다.

※ 다음 글을 읽고 물음에 답하시오. [09~10]

고대 그리스는 폴리스라는 도시 국가들로 이루어져 있었다. 폴리스는 그 중심지에는 도시가 있고 주변에는 식량을 공급해 주는 들판이 있는 작은 자치 공화국의 형태였다. 폴리스들은 공통의 언어, 문화, 종교를 바탕으로 서로 동류의식을 가졌지만 정치적 통일을 이루지는 못했다.

강성한 폴리스였던 아테네에는 중앙에 신전과 군사 시설 등이 있는 아크로폴리스, 그리고 시장이나 공공 모임 장소로 이용하던 아고라가 있었는데, 시민들은 아고라 광장에 모두 모여 공적인 문제에 대해 투표하였다. 개인이 세습하여 나라를 통치하는 군주정과 달리 아테네와 같은 공화정에서는 국가를 통치하는 지도자를 시민이 선출한다. 그러나 여기서는 인구의 일부만이 시민이었으며 아무런 권리가 없는 노예들도 매우 많았고 여자들도 정치적 권리가 없었다.

아테네의 직접 민주주의는 이처럼 적은 인구의 작은 도시 국가였기에 가능하였다. 그리스인들은 그리스 전역, 이탈리아 남부와 시실리, 지중해의 다른 해안으로 퍼져 나갔지만 그들은 통일된 정부를 두려 하거나 제국을 만들려 하지 않았다. 어디를 가든 그들은 도시 국가 형태의 폴리스를 만들었고, 어느 폴리스도 도시 국가 이상으로 커 나가지 않았다.

09 윗글에 대한 이해로 가장 적절한 것은?

① 이탈리아 지역에도 폴리스가 있었다.
② 강성한 폴리스가 제국으로 성장하는 일도 있었다.
③ 고대 그리스에는 모든 폴리스를 아우르는 통일된 정부가 있었다.
④ 폴리스들은 문화와 종교가 서로 달라서 상호 간에 동류의식이 생기지 않았다.

10 윗글과 〈보기〉를 바탕으로 아테네의 정치 체제를 추론한 내용으로 가장 적절한 것은?

> **보기**
> 국가의 지리적 영역이 널리 확장되고 그 인구도 크게 늘게 되면 모든 유권자가 한데 모여 국가의 정책을 결정하기 어려워진다. 그리하여 이들을 대표하여 선출된 대의원들이 국정의 문제들을 심사숙고하고 법률을 제정하는 방식이 등장하였는데, 이를 대의제라 부른다. 대의제 민주주의에서 일반 유권자들은 간접적으로 그 나라의 정치에 참여한다.

① 아테네는 신분과 성별에 관계없이 모두 투표권을 가졌겠군.
② 아테네의 정치 체제는 대의제 민주주의로 나아가지 않았겠군.
③ 아테네는 시민의 대의원들이 아고라에 모두 모여 국정을 결정하였겠군.
④ 아테네의 직접 민주주의는 지도자를 시민이 선출하는 방식이 아니었겠군.

※ 다음 글을 읽고 물음에 답하시오. [11~13]

빅데이터는 그 규모가 매우 큰 데이터를 말하는데, 이는 단순히 데이터의 양이 매우 많다는 것뿐 아니라 데이터의 복잡성이 매우 높다는 의미도 ㉠내포되어 있다. 데이터의 복잡성이 높다는 말은 데이터의 구성 항목이 많고 그 항목들의 연결 고리가 함께 ㉡수록되어 있다는 것을 의미한다. 데이터의 복잡성이 높으면 다양한 파생 정보를 끌어낼 수 있다. 데이터로부터 정보를 ㉢추출할 때에는, 구성 항목을 독립적으로 이용하기도 하고, 두 개 이상의 항목들의 연관성을 이용하기도 한다. 일반적으로 구성 항목이 많은 데이터는 한 번에 얻기 어렵다. 이런 경우에는, 따로 수집되었지만 연결 고리가 있는 여러 종류의 데이터들을 ㉣연결하여 사용한다.

가령 한 집단의 구성원의 몸무게와 키의 데이터가 있다면, 각 항목에 대한 구성원의 평균 몸무게, 평균 키 등의 정보뿐만 아니라 몸무게와 키의 관계를 이용해 평균 비만도 같은 파생 정보도 얻을 수 있다. 이때는 반드시 몸무게와 키의 값이 동일인의 것이어야 하는 연결 고리가 있어야 한다. 여기에다 구성원들의 교통 카드 이용 데이터를 따로 얻을 수 있다면, 이것을 교통 카드의 사용자 정보를 이용해 사용자의 몸무게와 키의 데이터를 연결할 수 있다. 이렇게 연결된 데이터 세트를 통해 비만도와 대중교통의 이용 빈도 간의 파생 정보를 추출할 수 있다. 연결할 수 있는 데이터가 많을수록 얻을 수 있는 파생 정보도 늘어난다.

11 윗글에 대한 설명으로 가장 적절한 것은?

① 빅데이터에 대한 다양한 견해를 나열하고 있다.
② 빅데이터의 특성을 사례를 들어 설명하고 있다.
③ 빅데이터의 동작 원리를 이론적으로 증명하고 있다.
④ 빅데이터의 장단점을 유형별로 구분하여 평가하고 있다.

12 빅데이터에 대한 이해로 적절하지 않은 것은?

① 빅데이터에서는 파생 정보를 얻을 수 없다.
② 빅데이터를 구성하는 데이터의 양은 매우 많다.
③ 빅데이터를 구성하는 데이터의 복잡성은 매우 높다.
④ 빅데이터에는 구성 항목들 간의 연결 고리가 함께 포함되어 있다.

13 ㉠~㉣과 바꿔 쓰기에 적절하지 않은 것은?

① ㉠: 담겨
② ㉡: 들어
③ ㉢: 섞을
④ ㉣: 이어

※ 다음 글을 읽고 물음에 답하시오. [14~16]

(가) 두류산(頭流山) 양단수(兩端水)를 녜 듯고 이제 보니
　　도화(桃花) 뜬 묽은 물에 산영(山影)조츠 잠겻세라
　　아희야 ㉠무릉(武陵)이 어듸오 나는 옌가 ㅎ노라
　　　　　　　　　　　　　　　　　　　　　　– 조식

(나) 들길은 마을에 들자 붉어지고　　　　　　　　　[A]
　　마을 골목은 들로 내려서자 푸르러졌다
　　바람은 넘실 천 이랑 만 이랑
　　이랑 이랑 햇빛이 갈라지고　　　　　　　　　　[B]
　　보리도 허리통이 부끄럽게 드러났다
　　꾀꼬리는 여태 혼자 날아 볼 줄 모르나니
　　암컷이라 쫓길 뿐
　　수놈이라 쫓을 뿐　　　　　　　　　　　　　　[C]
　　황금 빛난 길이 어지럴 뿐
　　얇은 단장하고 아양 가득 차 있는
　　산봉우리야 오늘 밤 너 어디로 가 버리련?　　　[D]
　　　　　　　　　　　　　　　　　– 김영랑, '오월'

14 (가)와 (나)의 화자가 지닌 공통된 태도로 가장 적절한 것은?

① 바라보고 있는 풍경에서 자연의 아름다움을 느끼고 있다.
② 자연의 섭리와 자신의 삶을 대조하면서 결핍감을 느끼고 있다.
③ 조만간 일어날 자연 환경의 변화에 대한 기대감을 보이고 있다.
④ 자연으로부터 멀어진 인간의 삶에 대해 회의적인 시선을 보내고 있다.

15 ㉠의 함축적 의미로 가장 적절한 것은?

① 고향(故鄕)
② 낙원(樂園)
③ 오지(奧地)
④ 정상(頂上)

16 [A] ~ [D]에 대한 감상으로 적절하지 않은 것은?

① [A]: 마을과 들이 자아내는 색감을 그려내고 있다.
② [B]: 바람과 햇빛과 보리가 더불어 빚어내는 장면을 형상화하고 있다.
③ [C]: 꾀꼬리들이 이리저리 함께 날아다니는 동작을 표현하고 있다.
④ [D]: 사철 내내 변함없는 산봉우리의 의연한 풍모를 묘사하고 있다.

[A]
옛날의 영화가 꿈이 되고, 일조에 몰락하여 가뜩이나 초상집 개처럼 초라한 자기가 또 한 번 어깨가 옴츠러듦을 느끼지 아니치 못하였다. 그런 데다 이 녀석이, 언제 적 저라고 무엄스럽게 굴어 심히 불쾌하였고, 그래서 엔간히 자리를 털고 일어설 생각이 몇 번이나 나지 아니한 것도 아니었다. 그러나 참았다.

보아하니 큰 세도를 부리는 것이 분명하였다. 잘만 하면 그 힘을 빌려 분풀이와 빼앗긴 재물을 도로 찾을 여망이 있을 듯싶었다. 분풀이를 하고, 더구나 재물을 도로 찾고 하는 것이라야, 코 삐뚤이 삼복이는 말고, 그보다 더한 놈한테라도 머리 숙이는 것쯤 상관할 바 아니었다.

"그러니, 여보게, 미씨다 방……."

있는 말 없는 말 보태 가며 일장 경과 설명을 한 후에, 백 주사는 끝을 맺기를,

"어쨌든지 그놈들을 말이네, 그놈들을 한 놈 냉기지 말구 섬 죄다 붙잡아다가 말이네, 괴수 놈들일랑 목을 썰어 죽이구, 다른 놈들일랑 뼉다구가 부러지두룩 두들겨 주구, 꿇어앉히구 항복 받구, 그리구 빼앗긴 것 일일이 도루 다 찾구, 집허구 세간 쳐부순 것 말끔 다 물리구…… 그렇게만 해 준다면, 내, 내, 재산 절반 노나 주문세, 절반. 응, 여보게, 미씨다 방."

"염려 마슈."

미스터 방은 선뜻 쾌한 대답이었다.

"진정인가?"

"머, 지끔 당장이래두, 내 입 한 번만 떨어진다 치면, 기관총 들멘 엠피가 백 명이구 천 명이구 들끓어 내려가서, 들이 쑥밭을 만들어 놉니다, 쑥밭을."

"고마우이!"

백 주사는 복수하여지는 광경을 선히 연상하면서, 미스터 방의 손목을 덥석 잡는다.

"백골난망이겠네."

"놈들을 깡그리 죽여 놀 테니, 보슈."

"자네라면야 어련하겠나."

"흰말이 아니라 참 이승만 박사두 내 말 한마디면 고만다 제바리유."

미스터 방은 그러고는 냉수 그릇을 집어 한 모금 물고 꿀쩍꿀쩍 양치를 한다. 웬 버릇인지, 하여간 그는 미스터 방이 된 뒤로, 술을 먹으면서 양치하는 버릇이 생겼다.

[B]
양치한 물을 처치하려고 휘휘 둘러보다, 일어서서 노대로 성큼성큼 나간다. 노대는 현관 정통 위였다.

미스터 방이 그 걸쭉한 양칫물을 노대 아래로 아낌없이 좍 뱉는 바로 그 순간이었다. 그 순간이 공교롭게도, 마침 그를 찾으러 온 S 소위가 현관으로 일단 들어서려다 말고(미스터 방이 노대로 나오는 기척이 들렸기 때문에) 뒤로 서너 걸음 도로 물러나,

"헬로."

부르면서 웃는 얼굴을 쳐드는 순간과 그만 일치가 되었다.

"에구머니!"

놀라 질겁을 하였으나 이미 뱉어진 양칫물은 쾌쾌한 냄새와 더불어 백절 폭포로 내리쏟아져 웃으면서 쳐드는 S 소위의 얼굴 정통에 가 좌르르.

"유 데블!"

이 기급할 자식이라고 S 소위는 주먹질을 하면서 고함을 질렀고. 그 주먹이 쳐든 채 그대로 있다가, 일변 허둥지둥 버선발로 뛰쳐나와 손바닥을 싹싹 비비는 미스터 방의 턱을

"상놈의 자식!"

하면서 철컥, 어퍼컷으로 한 대 갈겼더라고.

– 채만식, '미스터 방'

17 [A], [B]의 서사적 기능으로 가장 적절한 것은?

① [A]는 인물 간의 대화를 통해 외적인 갈등을 고조하고 있다.

② [A]는 공간적 배경의 묘사를 통해 비극적인 분위기를 심화하고 있다.

③ [B]는 행동 묘사를 통해 주인공을 희화화하고 있다.

④ [B]는 과거 사건의 요약을 통해 이야기의 전개를 빠르게 하고 있다.

18 윗글의 등장인물에 대한 이해로 적절하지 않은 것은?

① 백 주사는 자신이 누렸던 '옛날의 영화'를 되찾고 싶어 한다.

② 백 주사는 '큰 세도'를 빌리기 위해 자존심을 굽힌다.

③ 미스터 방은 백 주사의 '분풀이'를 약속하며 자기를 과시한다.

④ 미스터 방은 '기관총 들멘 엠피'를 조롱의 대상으로 여긴다.

※ 다음 글을 읽고 물음에 답하시오. [19~20]

> 광문은 외모가 극히 추악하고, 말솜씨도 남을 감동시킬 만하지 못하며, 입은 커서 두 주먹이 들락날락하고, 만석희*를 잘하고 철괴무*를 잘 추었다. 우리나라 아이들이 서로 욕을 할 때면, "네 형은 달문(達文)이다."라고 놀려 댔는데, 달문은 광문의 또 다른 이름이었다.
>
> 광문이 길을 가다가 싸우는 사람을 만나면 그도 역시 옷을 훌훌 벗고 싸움판에 뛰어들어, 뭐라고 시부렁대면서 땅에 금을 그어 마치 누가 바르고 누가 틀리다는 것을 판정이라도 하는 듯한 시늉을 하니, 온 저자 사람들이 다 웃어 대고 싸우던 자도 웃음이 터져, 어느새 싸움을 풀고 가 버렸다.
>
> 광문은 나이 마흔이 넘어서도 머리를 땋고 다녔다. 남들이 장가를 가라고 권하면,
>
> "잘생긴 얼굴은 누구나 좋아하는 법이다. 그러나 사내만 그런 것이 아니라 비록 여자라도 역시 마찬가지다. 그러기에 나는 본래 못생겨서 아예 용모를 꾸밀 생각을 하지 않는다."
>
> 하였다. 남들이 집을 가지라고 권하면,
>
> "나는 부모도 형제도 처자도 없는데 집을 가져 무엇하리. 더구나 나는 아침이면 소리 높여 노래를 부르며 저자에 들어갔다가, 저물면 부귀한 집 문간에서 자는 게 보통인데, 서울 안에 집 호수가 자그마치 팔만 호다. 내가 날마다 자리를 바꾼다 해도 내 평생에는 다 못 자게 된다."
>
> 하고 사양하였다.
>
> 서울 안에 명기(名妓)들이 아무리 곱고 아름다워도, 광문이 성원해 주지 않으면 그 값이 한 푼어치도 못 나갔다.
>
> 예전에 궁중의 우림아(羽林兒), 각 전(殿)의 별감(別監), 부마도위(駙馬都尉)의 청지기들이 옷소매를 늘어뜨리고 운심(雲心)의 집을 찾아간 적이 있다. 운심은 유명한 기생이었다. 대청에서 술자리를 벌이고 거문고를 타면서 운심더러 춤을 추라고 재촉해도, 운심은 일부러 늑장을 부리며 선뜻 추지를 않았다. 광문이 밤에 그 집으로 가서 대청 아래에서 어슬렁거리다가, 마침내 자리에 들어가 스스로 상좌(上座)에 앉았다. 광문이 비록 해진 옷을 입었으나 행동에는 조금의 거리낌도 없이 의기가 양양하였다. 눈가는 짓무르고 눈곱이 끼었으며 취한 척 구역질을 해 대고, 헝클어진 머리로 북상투를 튼 채였다. 온 좌상이 실색하여 광문에게 눈짓을 하며 쫓아내려고 하였다. 광문이 더욱 앞으로 나아가 무릎을 치며 곡조에 맞춰 높으락낮으락 콧노래를 부르자, 운심이 곧바로 일어나 옷을 바꿔 입고 광문을 위하여 칼춤을 한바탕 추었다. 그리하여 온 좌상이 모두 즐겁게 놀았을 뿐 아니라, 또한 광문과 벗을 맺고 헤어졌다.
>
> – 박지원, '광문자전'

* 만석희: 개성 지방에서 연희되던 인형극.
* 철괴무: 거지의 형상을 하고 쇠 지팡이를 짚고 추는 춤.

19 윗글에 대한 설명으로 가장 적절한 것은?

① 여러 가지 일화들을 제시하여 주인공의 성격을 드러내고 있다.
② 사건의 흐름에 따라 주인공의 심리가 변하는 과정을 보여 주고 있다.
③ 특정 사건을 계기로 인물 간의 갈등이 심화되는 과정을 보여 주고 있다.
④ 인물 간 대화를 직접 제시하여 긴장과 이완이 교차되는 분위기를 조성하고 있다.

20 윗글에 제시된 상황에 대한 이해로 가장 적절한 것은?

① 아이들이 싸울 때 상대방을 광문에 빗대어 욕하는 것은 아이들이 광문을 낭중지추(囊中之錐)로 보고 있기 때문이겠군.
② 길거리에서 싸우던 사람들이 광문의 개입으로 싸움을 멈추는 것은 그들이 광문의 교언영색(巧言令色)에 넘어갔기 때문이겠군.
③ 집을 가지라는 주변 사람들의 말에 대한 광문의 대답은 그가 안분지족(安分知足)의 삶을 추구하고 있음을 보여 주는군.
④ 기생이 광문에 호응하여 칼춤을 추는 것을 보고 즐겁게 놀았던 손님들이 광문과 벗을 맺는 것은 구밀복검(口蜜腹劍)의 행태라 하겠군.

정답 및 해설: 해설집 p.138
(문제집 p.276에서 전체 정답표를 확인하실 수 있습니다.)

모바일 자동 채점 + 성적 분석 서비스 바로 가기
QR코드를 이용해 모바일로 간편하게 채점하고 나의 실력이 어느 정도인지, 취약 부분이 어디인지 바로 파악해 보세요!

제한시간 : 20분   시작 _____시 _____분 ~ 종료 _____시 _____분   나의 점수 _____   회독수 ☐ ☐ ☐

01 밑줄 친 부분이 맞춤법에 맞는 것은?

① 아마 내 말이 맞을껄?
② 앉아서 모닥불이나 좀 쬑요.
③ 이것도 갖고 저것도 갖어라.
④ 사골을 고으니 구수한 냄새가 난다.

02 외래어 표기가 맞는 것을 〈보기〉에서 있는 대로 고른 것은?

> **보기**
> ㄱ. 카톨릭(Catholic)   ㄴ. 시뮬레이션(simulation)
> ㄷ. 숏커트(short cut)   ㄹ. 카레(curry)
> ㅁ. 챔피온(champion)   ㅂ. 캐리커쳐(caricature)

① ㄱ, ㅁ   ② ㄴ, ㄹ
③ ㄱ, ㄹ, ㅂ   ④ ㄴ, ㄷ, ㅁ

03 표준어와 관련한 설명으로 틀린 것은?

① '두리뭉실하다'는 예전에는 표준어가 아니었으나 현재는 '두루뭉술하다'와 함께 표준어이다.
② '우뢰'는 예전에 표준어였으나 현재는 표준어가 아니고 '우레'가 표준어이다.
③ '웃프다'는 새로 만들어진 말로 현재 두루 쓰이고 있는 표준어이다.
④ '애달프다'와 '애닲다'는 같은 뜻을 가진 말이나 '애달프다'는 표준어이고 '애닲다'는 표준어가 아니다.

04 ㉠, ㉡의 밑줄 친 단어의 품사가 서로 같은 것은?

① ㉠: 마음이 진짜 아팠어.
   ㉡: 모조품을 진짜처럼 만들었다.
② ㉠: 인간은 이성적 동물이다.
   ㉡: 우리 이성적으로 생각하자.
③ ㉠: 나는 좋은 친구가 있어.
   ㉡: 나는 조용히 집에 있으려고 해.
④ ㉠: 나는 너와 다른 사람이야.
   ㉡: 너는 하루가 다르게 예뻐지는구나.

05 〈보기〉는 초성 /ㄹ/의 제약을 탐구하기 위한 자료이다. 〈보기〉에서 초성 /ㄹ/을 탐구한 내용으로 적절하지 않은 것은?

> **보기**
> ㉠ 노동(勞動), 유행(流行), 피로(疲勞), 하류(下流)
> ㉡ 삼림[삼님], 심리[심니], 백로[뱅노], 박력[방녁]
> ㉢ 의견란[의견난], 생산량[생산냥], 편리[펼리], 난로[날로]
> ㉣ 고려[고려], 비리[비리], 철로[철로], 물리[물리]

① ㉠을 보니, 한자어의 첫머리에 올 때 실현되지 않는군.
② ㉡을 보니, 앞 음절 종성이 /ㅁ, ㅇ/일 때 [ㄴ]으로 바뀌는군.
③ ㉢을 보니, 앞 음절 종성이 /ㄴ/일 때 [ㄴ]으로 바뀌거나 앞 음절 종성을 [ㄹ]로 바꾸는군.
④ ㉣을 보니, 모음 뒤나 앞 음절 종성이 /ㄹ/일 때 실현되는군.

06 ㉠과 ㉡에 해당하는 예로 적절한 것은?

> 파생어는 '어근 + 접사'로, 합성어는 '어근 + 어근'으로 이루어진 복합어이다. 파생어 중에는 ㉠접사와 결합하기 전의 어근의 품사와 파생어의 품사가 달라진 것도 있고, 달라지지 않은 것도 있다. 합성어 중에는 문장에서 나타나는 배열 방식으로 만들어진 통사적 합성어도 있고, ㉡문장에서 나타나지 않는 배열 방식으로 만들어진 비통사적 합성어도 있다.

	㉠	㉡
①	슬기롭다	접칼
②	선무당	늦잠
③	공부하다	힘들다
④	먹이	잘나가다

07 밑줄 친 안긴문장과 같은 기능을 하는 안긴문장을 포함한 것은?

> 내가 바라던 합격이 현실이 되었다.

① 내 마음이 바뀌기는 어렵다.
② 하늘이 눈이 부시게 푸르다.
③ 나는 그 사람이 잡은 손을 놓지 않았다.
④ 우리의 싸움은 내가 항복함으로써 끝났다.

08 '손님'의 말에 나타난 공손성 원리로 가장 적절한 것은?

> 손님: 바쁘실 텐데 초대해 주셔서 감사합니다. 음식이 참 맛있네요. 요리 솜씨가 이렇게 좋으시니 정말 부럽습니다.
> 주인: 뭘요, 과찬이세요. 맛있게 드셨다니 감사합니다.

① 상대방에 대한 비난을 최소화하고 칭찬의 표현을 최대화한다.
② 상대방에 대한 부담은 최소화하고 혜택의 표현을 최대화한다.
③ 자신에 대한 혜택은 최소화하고 부담의 표현을 최대화한다.
④ 자신에 대한 칭찬은 최소화하고 비난의 표현을 최대화한다.

※ 다음 글을 읽고 물음에 답하시오. [09 ~ 10]

> (가) 유전자 변형 농작물에 대한 서로 다른 입장이 있다. 하나는 실질적 동등성을 주장하는 입장이고 다른 하나는 사전 예방 원칙을 주장하는 입장이다.
> (나) ㉠실질적 동등성의 입장에서는 유전자 재조합 방식*으로 만들어진 농작물이 기존의 품종 개량 방식인 육종으로 만들어진 농작물과 같다고 본다. 육종은 생물의 암수를 교잡하는 방식으로 품종을 개량하는 것인데, 유전자 재조합은 육종을 단기간에 실시한 것에 불과하다는 것이다. 따라서 육종 농작물이 안전하기 때문에 육종을 단기간에 실시한 유전자 변형 농작물도 안전하며, 그것의 재배와 유통에도 문제가 없다는 것이 그들의 주장이다.
> (다) ㉡사전 예방 원칙의 입장에서는 유전자 변형 농작물은 유전자 재조합이라는 신기술로 만들어진 완전히 새로운 농작물로 육종 농작물과는 엄연히 다르다고 본다. 육종은 오랜 기간 동안 동종 또는 유사 종 사이의 교배를 통해 이루어지는 데 반해, 유전자 변형은 아주 짧은 기간에 종의 경계를 넘어 유전자를 직접 조작하는 방식으로 이루어지기 때문에 서로 다르다는 것이다. 그리고 안전성에 대한 과학적 증명도 아직 제대로 이루어지지 못했기 때문에 안전성이 증명될 때까지 유전자 변형 농작물의 재배와 유통이 금지되어야 한다고 주장한다.
> (라) 유전자 변형 농작물이 인류의 식량 문제를 해결해 줄 수도 있다. 그렇지만 그것의 안전성에 대한 의문이 완전히 해소된 것은 아니다. 따라서 유전자 변형 농작물에 대해 관심을 가지고 보다 현실적인 대비책을 고민해야 한다.

* 유전자 재조합 방식: 미세 조작으로 종이나 속이 다른 생물의 유전자를 한 생물에 집어넣어 활동하게 하는 기술.

09 윗글의 구조로 가장 적절한 것은?

10 윗글에 대한 이해로 적절하지 않은 것은?

① ㉠과 ㉡은 유전자 변형 농작물의 성격을 두고 상반된 주장을 하고 있군.

② ㉠과 ㉡은 모두 유전자 변형 농작물의 유통을 위해서는 안전성이 확보되어야 한다고 보는군.

③ ㉠은 유전자 변형 농작물과 육종 농작물이 모두 안전하다고 생각하는군.

④ ㉡은 육종 농작물과 유전자 변형 농작물에 유전자 재조합 방식이 적용된다고 주장하고 있군.

12 윗글에 대해 바르게 이해한 내용을 〈보기〉에서 고른 것은?

보기

ㄱ. 소설책을 구입하면 그 소설에 대한 저작권도 획득한다.

ㄴ. 상업적 목적을 위해 저작자 허락 없이 저작물을 변형하는 행위는 물권법에 저촉된다.

ㄷ. 저작자의 범위에는 창작 활동을 하는 법인도 포함된다.

ㄹ. 교수에게 연구 자료를 찾아 준 조교는 저작자가 될 수 없다.

① ㄱ, ㄴ　　　　　　② ㄱ, ㄹ
③ ㄴ, ㄷ　　　　　　④ ㄷ, ㄹ

※ 다음 글을 읽고 물음에 답하시오. [11~12]

　저작권이란 저작물을 보호하기 위해 저작자에게 부여된 독점적 권리를 말한다. 저작권은 소유한 물건을 자기 마음대로 이용하거나 처분할 수 있는 권리인 소유권과는 구별된다. 소설책을 구매한 사람은 책에 대한 소유권은 획득했지만, 그렇다고 소설에 대한 저작권을 획득한 것은 아니다. 따라서 구매자는 다른 사람에게 책을 빌려줄 수는 있으나, 저작자의 허락 없이 그 소설을 상업적 목적으로 변형하거나 가공하여 유통할 수는 없다. 이는 책에 대해서는 물건에 대한 소유권인 물권법이, 소설에 대해서는 저작권법이 각각 적용되기 때문이다.

　저작권법에서 보호하는 저작물은 남의 것을 베낀 것이 아니라 저작자 자신의 것이어야 한다. 그리고 저작물의 수준이 높아야 할 필요는 없지만, 저작권법에 의한 보호를 받을 가치가 있는 정도로 최소한의 창작성을 지니고 있어야 한다.

　저작자란 사실상의 저작 행위를 하여 저작물을 생산해 낸 사람을 가리킨다. 직업적인 문인뿐만 아니라 저작 행위를 하면 누구든지 저작자가 될 수 있다. 자연인으로서의 개인뿐만 아니라 법인도 저작자가 될 수 있다. 그리고 저작물에는 1차적 저작물뿐만 아니라 2차적 저작물도 포함되므로 2차적 저작물의 작성자도 저작자가 될 수 있다. 그러나 저작을 하는 동안 옆에서 도와주었거나 자료를 제공한 사람 등은 저작자가 될 수 없다.

　저작자에게 저작권이라는 권리를 부여하여 보호하는 이유는 저작물이 곧 문화 발전의 원동력이 되기 때문이다. 저작물이 많이 나와야 그 사회가 문화적으로 풍요로워질 수 있다. 또 다른 이유는 저작자의 창작 노력에 대해 적절한 보상을 해 줌으로써 창작 행위를 계속할 수 있는 동기를 제공하는 데 있다.

※ 다음 글을 읽고 물음에 답하시오. [13~14]

잃어버렸습니다.
무얼 어디다 잃었는지 몰라
두 손이 **주머니**를 더듬어
길에 나아갑니다.

돌과 돌과 돌이 끝없이 연달아
길은 **돌담**을 끼고 갑니다.

담은 **쇠문**을 굳게 닫아
길 위에 긴 **그림자**를 드리우고

길은 아침에서 저녁으로
저녁에서 아침으로 통했습니다.

돌담을 더듬어 **눈물**짓다
쳐다보면 **하늘**은 부끄럽게 푸릅니다.

풀 한 포기 없는 이 길을 걷는 것은
담 저쪽에 내가 남아 있는 까닭이고,

내가 사는 것은, 다만,
잃은 것을 찾는 까닭입니다.

　　　　　　　　　　　　　– 윤동주, '길'

13 윗글에 대한 설명으로 가장 적절한 것은?

① 상승의 이미지를 통해 생동감이 부각된다.

② 설의적 표현을 통해 체념적 정서가 드러난다.

③ 수미 상관의 구조를 통해 시적 안정감을 준다.

④ 고백적 어조를 통해 차분한 분위기를 자아낸다.

11 윗글을 통해 답을 확인할 수 없는 질문은?

① 저작권이란 무엇인가?

② 소유권을 분류하는 기준은 무엇인가?

③ 저작자의 저작권을 보호하는 목적은 무엇인가?

④ 저작권법의 보호를 받는 저작물의 요건은 무엇인가?

14 ㉠, ㉡에 해당하는 시어끼리 묶은 것으로 가장 적절한 것은?

> 윤동주 시에서 '길'은 그의 삶의 여정에 종종 비유된다. 시인은 고통스럽고 힘들지만 그 길에서 자신을 성찰한다. 「길」에서도 화자는 ㉠장애를 만나지만 ㉡참된 자아를 희구하고 있다.

	㉠	㉡
①	돌담	눈물
②	쇠문	잃은 것
③	주머니	그림자
④	풀	하늘

※ 다음 글을 읽고 물음에 답하시오. [15~16]

> 노인이 정말로 내게 빚이 없다는 사실을 잊어버리고 만 것인가. 노인의 말처럼 그건 일테면 노망기가 분명했다. 그런 염치도 못 가릴 정도로 노인은 그렇게 늙어 버린 것이었다. 하지만 나는 굳이 노인의 그런 노망기를 원망할 필요도 없었다. 문제는 서로 간의 빚의 문제였다. 노인에 대해 빚이 없다는 사실만이 내게는 중요했다. 염치가 없어져서건 노망을 해서건 노인에 대해 내가 갚아야 할 ㉠빚만 없으면 그만이었다.
> ―빚이 있을 리 없지. 절대로! 글쎄 노인도 그걸 알고 있으니까 정면으로는 말을 꺼내지 못질 않던가 말이다.
> 　어디선가 무덥고 게으른 매미 울음소리가 들렸다.
> [가] 나는 비로소 마음을 굳힌 듯 오리나무 그늘에서 몸을 힘차게 일으켜 세웠다. 콩밭 아래로 흘러 뻗은 마을이 눈앞으로 멀리 펼쳐져 나갔다. 거기 과연 아직 초가지붕을 이고 있는 건 노인네의 그 버섯 모양 오두막과 아랫동네의 다른 한 채가 전부였다.
> ―빌어먹을! 그 ㉡지붕 개량 사업인지 뭔지 하필 이런 때 법석들일구?
> 　아무래도 심기가 편할 수는 없었다. 나는 공연히 그 지붕 개량 사업 쪽에다 애꿎은 저주를 보내고 있었다.
> 〈중 략〉
> "방이 이렇게 비좁은데 그럼 어머니, 이 ㉢옷장이라도 어디 다른 데로 좀 내놓을 수 없으세요? 이 옷장을 들여놓으니까 좁은 방이 더 비좁지 않아요."
> 　아내는 마침내 내가 가장 거북스럽게 시선을 피해 오던 곳으로 화제를 끌어들이고 있었다.

> [나] 바로 그 웃궤 이야기였다. 십칠팔 년 전, 고등학교 1학년 때였다. 술버릇이 점점 사나워져 가던 형이 전답을 팔고 선산을 팔고, 마침내는 그 아버지 때부터 살아온 집까지 마지막으로 팔아넘겼다는 소식이 들려왔다. K시에서 겨울 방학을 보내고 있던 나는 도대체 일이 어떻게 되어 가는지나 알아보고 싶어 옛 살던 마을엘 찾아가 보았다. 집을 팔아 버렸으니 식구들을 만나게 될 기대는 없었지만, 그래도 달리 소식을 알아볼 곳이 없기 때문이었다. 어스름을 기다려 살던 집 골목을 들어서니 사정은 역시 K시에서 듣고 온 대로였다. 집은 텅텅 빈 채였고 식구들은 어디론지 간 곳이 없었다.
> 　나는 다시 골목 앞에 살고 있던 먼 친척 간 누님을 찾아갔다. 그런데 그 누님의 말을 들으니, 노인이 뜻밖에 아직 나를 기다리고 있다는 것이었다.
> "여기가 어디냐. 네가 누군데 내 집 앞 골목을 이렇게 서성대고 있어야 하더란 말이냐."
> 　한참 뒤에 어디선가 누님의 소식을 듣고 달려온 노인이 문간 앞에서 어정어정 망설이고 있는 나를 보고 다짜고짜 나무랐다. 행여나 싶은 마음으로 노인을 따라 문간을 들어섰으나 집이 팔린 것은 분명해 보였다.
> 　그날 밤 노인은 옛날과 똑같이 저녁을 지어 내왔고, 그날 밤을 거기서 함께 지냈다. 그리고 이튿날 새벽 일찍 K시로 나를 다시 되돌려 보냈다. 나중에야 안 일이지만 노인은 그렇게 나에게 ㉣저녁밥 한 끼를 지어 먹이고 마지막 밤을 지내게 해 주고 싶어, 새 주인의 양해를 얻어 그렇게 혼자서 나를 기다리고 있었다 했다.

　　　　　　　　　　　　　　　　― 이청준, '눈길'

15 [가], [나]에 대한 설명으로 가장 적절한 것은?

① [가]와 [나]는 동일한 시공간에서 벌어진 사건이다.
② [가]와 [나] 모두 의식의 흐름 기법을 사용하고 있다.
③ [가]에는 장면 묘사가, [나]에는 사건의 요약적 서술이 나타나 있다.
④ [가]는 이야기 밖 서술자가, [나]는 이야기 속 서술자가 사건을 서술하고 있다.

16 ㉠ ~ ㉣에 대한 설명으로 적절하지 않은 것은?

① ㉠: '나'의 내면적 갈등의 근원이다.
② ㉡: '나'와 어머니 사이의 갈등을 해소하는 원인이 된다.
③ ㉢: '나'에게 심리적 불편함을 느끼게 한다.
④ ㉣: '나'에 대한 어머니의 마음이 구체화된 것이다.

17 다음을 감상한 내용으로 가장 적절한 것은?

> 진경서(眞卿書) 비백서(飛白書) 행서초서(行書草書)
> 전주서(篆籒書) 과두서(蝌蚪書) 우서남서(虞書南書)
> 양수필(羊鬚筆) 서수필(鼠鬚筆) 빗기 들어
> 위 찍는 경(景) 긔 어떠하니잇고
> 오생유생(吳生劉生) 양선생(兩先生)의
> 오생유생(吳生劉生) 양선생(兩先生)의
> 위 주필(走筆)ㅅ경(景) 긔 어떠하니잇고
>
> ― 한림제유, '한림별곡'

① 긍정적 가치를 영탄조로 표현하고 있다.
② 미래의 소망을 기원조로 드러내고 있다.
③ 호탕한 기개를 역설적으로 그려 내고 있다.
④ 경험적 인식을 비판적으로 제시하고 있다.

※ 다음 글을 읽고 물음에 답하시오. [18 ~ 20]

> 승지가 이 말을 듣고 춘풍의 처를 귀하게 보아 매일 사랑하시더니, 천만의외로 김 승지가 평양 감사가 되었구나. 춘풍 아내, 부인 전에 문안하고 여쭈되,
> "승지 대감, 평양 감사 하였사오니 이런 경사 어디 있사오리까?"
> 부인이 이른 말이,
> "나도 평양으로 내려갈 제, ㉠너도 함께 따라가서 춘풍이나 찾아보아라."
> 하니 춘풍 아내 여쭈되,
> "소녀는 고사하옵고 오라비가 있사오니 비장으로 데려가 주시길 바라나이다."
> 대부인이 이른 말이,
> "네 청이야 아니 듣겠느냐? 그리하라."
> 허락하고 감사에게 그 말을 하니 감사도 허락하고,
> "회계 비장 하라."
> 하니 좋을시고, 좋을시고.
> 춘풍의 아내, 없던 오라비를 보낼쏜가? 제가 손수 가려고 여자의 의복을 벗어 놓고 남복으로 치레하되 〈중 략〉
> 이때 회계 비장이 춘풍의 하는 일을 다른 사람에게 탐문했구나. 하루는 비장이 추월의 집을 찾아갈 제, 사또께 아뢰고 천천히 찾아가니, 춘풍의 거동이 기구하고 볼만하다. 봉두난발 덥수룩한데 얼굴조차 안 씻어 더러운 때가 덕지덕지. 십 년이나 안 빤 옷을 도롱도롱 누비어서 그렁저렁 얽어 입었으니, 그 추한 형상에 ㉡뉘가 아니 침을 뱉으리오? 춘풍이 제 아내인 줄을 꿈에나 알랴마는 비장이야 모를쏜가.
> 분한 마음 감추고 추월의 방에 들어가니, 간사한 추월이는 회계 비장 호리려고 마음먹어 회계 비장 엿보면서 교태하여 수작타가 각별히 차담상을 차려 만반진수 들이거늘, 비장이 약간 먹고 사환하는 걸인 놈을 상째로 내어 주며 하는 말이,

> "불쌍하다. 저 걸인 놈아. 네가 본디 걸인이냐? 어이 그리 추물이냐?"
> 춘풍이 엎드려 여쭈되,
> "소인도 경성 사람으로서 그리되었으니 사정이야 어찌 다 말씀드리리까마는 나리님 잡수시던 차담상을 소인 같은 천한 놈에게 상째 물려 주시니 태산 같은 높은 은덕 감사무지하여이다."
> 비장이 미소하고 처소로 돌아와서 수일 후에 분부하여, 춘풍이를 잡아들여 형틀 위에 올려 매고,
> "이놈, 너 들어라. 네가 춘풍이냐? 너는 웬 놈으로 막중한 나랏돈 호조 돈을 빌려 쓰고 평양 장사 내려와서 사오 년이 지나되 일 푼 상납 아니하기로 호조에서 공문을 내려 '너를 잡아 죽이라.' 하였으니 너는 ㉢죽기를 사양치 말라."
> 하고 사령에게 호령하여,
> "각별히 매우 쳐라."
> 하니, 사령이 매를 들고 십여 대를 중장하니, 춘풍의 약한 다리에서 유혈이 낭자한지라. 비장이 내려다보고 또 치려 하다가 혼잣말로 '차마 못 치겠다.' 하고 사령을 불러,
> "너 매 잡아라. 춘풍아 너 들어라. 그 돈을 다 어찌하였느냐? 투전을 하였느냐? 주색에 썼느냐? 돈 쓴 곳을 ㉣아뢰어라."
> 춘풍이 형틀 위에서 울면서 여쭈되,
> "소인이 호조 돈을 내어 쓰고 평양에 내려와서 내 집 주인 추월이와 일 년을 함께 놀고 나니 한 푼도 없어지고 이 지경이 되었으니, 나리님 분부대로 죽이거나 살리거나 하옵소서."
>
> ― 작자 미상. '이춘풍전'

18 윗글에 대한 이해로 가장 적절한 것은?

① '대부인'은 '춘풍 아내'의 청을 흔쾌히 들어주고자 한다.
② '김 승지'는 '춘풍 아내'가 오라비 대신 비장이 될 것을 알고 허락한다.
③ '추월'은 자신의 정체를 속여 '비장'을 돌려보내려 한다.
④ '춘풍'은 자신이 경성 사람임을 '비장'에게 숨기고자 한다.

19 다음을 참고하여 윗글을 감상한 내용으로 적절하지 않은 것은?

> 「이춘풍전」에서는 적극적 의지를 지닌 여성 인물의 활약
> 이 돋보인다. 유능한 아내가 유흥에 빠진 가장을 깨우쳐 가
> 정을 회복하는 과정에서 여성의 능동성과 당대 세태에 대
> 한 풍자가 나타난다.

① '춘풍 아내'의 비장 행세는 능동적인 여성의 활약을 보여
　준다고 할 수 있다.

② '춘풍'이 평양에서 한 일들은 유흥에 빠진 가장의 모습을 보
　여 준다고 할 수 있다.

③ '춘풍 아내'가 '춘풍'을 문초하는 것은 가장을 깨우치려는
　아내의 적극적인 모습을 보여 준다고 할 수 있다.

④ '춘풍 아내'가 자신의 차담상을 '춘풍'에게 준 것은 유능한
　아내를 통해 가정이 회복되었음을 보여 준다고 할 수 있다.

20 ㉠ ~ ㉣에 대한 반응으로 가장 적절한 것은?

① ㉠: 남부여대(男負女戴)하라는 뜻이군.

② ㉡: 동병상련(同病相憐)하는 마음이군.

③ ㉢: 멸사봉공(滅私奉公)을 요구하는군.

④ ㉣: 이실직고(以實直告)하라는 말이군.

정답 및 해설: 해설집 p.142
(문제집 p.276에서 전체 정답표를 확인하실 수 있습니다.)

모바일 자동 채점 + 성적 분석 서비스 바로 가기
QR코드를 이용해 모바일로 간편하게 채점하고 나의 실력이
어느 정도인지, 취약 부분이 어디인지 바로 파악해 보세요!

제한시간 : 20분　　시작 ＿＿＿시 ＿＿＿분 ~ 종료 ＿＿＿시 ＿＿＿분　　　　나의 점수 ＿＿＿　회독수 ☐ ☐ ☐

01 밑줄 친 단어의 품사가 나머지 셋과 다른 것은?

① 그는 믿을 만한 사람이다.
② 누가 볼까 싶어 가슴이 두근거렸다.
③ 그는 말이 많기는 하지만 부지런하다.
④ 그는 이유도 묻지 않고 부탁을 들어주었다.

02 밑줄 친 부분이 〈보기〉의 ㉠과 같은 구성 방식으로 이루어진 것은?

보기
　　김 대리, 박 대리가 빨리 사무실로 오래.
　　　　　　　　　　　　　　　　　　㉠

① (옆에 있는 동료의 의사를 확인하고자 물으며) 우리 이제 그 만 갈래?
② (이른 더위를 못마땅하게 생각하며 혼잣말로) 아직 6월인데 왜 이렇게 덥대?
③ (귀가를 서두르자는 동생의 말을 언니에게 전달하며) 어서 집 으로 돌아가재.
④ (옆에 있는 동료에게 과거에 직접 본 영화를 평가하여 말하며) 그 영화 별로 재미없데.

03 〈보기〉의 밑줄 친 말 중 어법에 맞는 것만 고른 것은?

보기
ㄱ. 큰어머니께서는 언제 오실런지요?
ㄴ. 내가 가진 돈은 통틀어 오백 원뿐이다.
ㄷ. 다음 물음에 '예/아니오'로 답하시오.
ㄹ. 사용하신 후에는 수도꼭지를 꼭 잠가 주세요.

① ㄱ, ㄷ　　　　　　　② ㄱ, ㄹ
③ ㄴ, ㄷ　　　　　　　④ ㄴ, ㄹ

04 ㉠ ~ ㉣의 발음 중 표준 발음이 아닌 것은?

○ ㉠마음의 소리를 듣다.
○ 바람이 ㉡스쳐 지나간다.
○ 건강을 잃으면 모든 걸 ㉢잃는다.
○ 첨성대의 몸체는 27단으로 ㉣되어 있다.

① ㉠ [마으메]　　　　② ㉡ [스처]
③ ㉢ [일는다]　　　　④ ㉣ [되여]

05 〈보기〉의 밑줄 친 부분을 설명한 '가 ~ 라' 중 틀린 것만을 모 두 고른 것은?

보기
㉠ 밥은 커녕 죽도 못 먹었다.
㉡ 성씨 중에 김씨가 가장 많다.
㉢ 그 애는 노래는 잘 부르는 데 춤은 잘 못 춰.
㉣ 사람들은 "사람 살려."하고 울부짖으면서 뛰어나왔다.

가. ㉠의 '커녕'은 앞말을 지정하여 어떤 사실을 부정하는 뜻을 강조하는 의존 명사로서 앞말과 띄어 쓴다.
나. ㉡의 '씨'는 인명에서 성을 나타내는 명사 뒤에 붙어 '그 성씨 자체'의 뜻을 더하는 접미사이기 때문에 앞말 에 붙여 쓴다.
다. ㉢의 '데'는 의존 명사이기 때문에 앞말과 띄어 쓴다.
라. ㉣의 '하고'는 직접 인용 조사로서 앞말에 붙여 쓴다.

① 가, 나　　　　　　　② 다, 라
③ 가, 나, 라　　　　　④ 가, 다, 라

06 〈보기〉의 ㉠~㉣에 들어갈 것을 바르게 연결한 것은?

> **보기**
>
> 사동문은 사동주가 피사동주에게 어떤 행위를 하게 하는 것을 표현한 문장이다. 국어 사동문은 주어의 직접적 행위를 의미할 수도 있고, 주어의 간접적 행위를 의미할 수도 있다. (㉠)와 같이 주어의 직접적 행위와 간접적 행위를 모두 나타내는 경우도 있고, (㉡)와 같이 주어의 간접적 행위만을 나타내는 경우도 있다.
>
> 한편, 부정문은 (㉢)와 같이 단순 부정 혹은 의지 부정을 뜻하는 문장이 있고, (㉣)와 같이 능력 부정을 뜻하는 경우가 있다.
>
> (가) 형은 동생에게 밥을 먹였다.
> (나) 형은 동생에게 밥을 먹게 했다.
> (다) 영호는 그림을 잘 그리지 않았다.
> (라) 영호는 그림을 잘 그리지 못했다.

	㉠	㉡	㉢	㉣
①	(가)	(나)	(다)	(라)
②	(가)	(나)	(라)	(다)
③	(나)	(가)	(다)	(라)
④	(나)	(가)	(라)	(다)

07 〈보기〉의 (가)는 두 언어 형태에 대한 설명이고, (나)는 그 두 언어 형태를 사용한 예이다. 빈칸에 들어갈 말이 같은 것끼리 묶인 것은?

> **보기**
>
> (가) ㉠ 은/는 '있다'에 '어떤 동작이나 상태 따위가 중단되고 다른 동작이나 상태로 바뀜'을 나타내는 '-다가'가 결합된 말이고, ㉡ 은/는 '조금 지난 뒤에'의 뜻을 나타내는 말이다. ㉢ 은/는 ㉣ (에)서 유래한 것으로 보이지만, 어원이 분명하지 않을 뿐만 아니라 '있다'의 뜻과도 멀어졌으므로 소리 나는 대로 적는다.
>
> (나) ㅇ 커피는 ㉤ 밥 먹고 나서 마시자.
> ㅇ 비가 내리니까 여기에 좀 더 ㉥ 출발하는 것이 어때?

① ㉠-㉢-㉤   ② ㉠-㉣-㉥
③ ㉡-㉢-㉥   ④ ㉡-㉣-㉤

08 〈보기〉의 ㄱ~ㄷ에 해당하는 예가 모두 올바른 것은?

> **보기**
>
> ㄱ. 없던 음소가 새로이 첨가되는 현상.
> ㄴ. 두 음소나 두 음절이 하나의 음소나 하나의 음절로 줄어드는 현상.
> ㄷ. 인접한 두 음소에서 어느 하나가 다른 하나에 영향을 받아 비슷하거나 같은 소리로 바뀌는 현상.

	ㄱ	ㄴ	ㄷ
①	안방[안빵]	보-+-아 → [봐]	더럽다[드럽따]
②	금융[금늉]	좋-+-은 → [조은]	해돋이[해도지]
③	식용유[시굥뉴]	이기-+-어 → [이겨]	국민[궁민]
④	오리알[오리얄]	살-+-으니 → [사니]	감기[강기]

09 외래어 표기가 맞는 것만을 〈보기〉에서 모두 고른 것은?

> **보기**
>
> ㄱ. 카달로그(catalog)   ㄴ. 팸플릿(pamphlet)
> ㄷ. 배드민튼(badminton)   ㄹ. 레크레이션(recreation)
> ㅁ. 스케일링(scaling)   ㅂ. 렌트카(rent-a-car)

① ㄱ, ㄹ   ② ㄴ, ㅁ
③ ㄱ, ㄴ, ㄹ   ④ ㄷ, ㅁ, ㅂ

10 한글 맞춤법에 맞게 표기된 문장은?

① 너도 어떻게 하는지 모르면 나는 어떡해.
② 셋방을 구하려거든 전셋방부터 알아봐라.
③ 어렵살이 결심을 하고서도 하릴없이 시간을 보냈다.
④ 함께 음식을 만듦으로써 화목한 분위기를 만듭니다.

11 다음 글에 대한 반응으로 적절하지 않은 것은?

사람들은 물건이건 사회적 지위이건 일단 무엇인가를 소유하고 나면 갖고 있지 않을 때보다 그것을 더 높이 평가하는 성향이 있다. 행동경제학자 탈러(R. Thaler)는 이러한 현상을 '보유 효과'라고 명명했고 실험으로 이를 증명했다.

탈러는 실험 참가자를 3개 집단으로 나누어 첫 번째 집단은 커피 잔을 먼저 주고 나중에 초콜릿과 교환할 수 있게 했다. 두 번째 집단에는 첫 번째 집단과 반대로 초콜릿을 먼저 주면서 나중에 커피 잔과 교환할 기회를 부여했다. 세 번째 집단은 아무것도 주지 않고 커피 잔과 초콜릿 중에서 자신이 선호하는 것을 선택하도록 했다.

실험 결과, 첫 번째 집단의 89%는 커피 잔을 초콜릿과 교환하지 않았고, 두 번째 집단도 90%가 초콜릿을 커피 잔과 바꾸지 않았다. 두 집단에서 커피 잔을 선택한 비율이 89%와 10%로 큰 격차를 나타낸 것은 보유 효과가 작용한 결과라 하겠다. 세 번째 집단은 거의 50%의 비율로 커피 잔과 초콜릿을 선택하여 소유물이 없는 상태에서는 보유 효과가 나타나지 않음을 보여 주었다.

한편, 존스(O. Jones)는 침팬지에게서도 보유 효과가 관찰된다는 논문을 발표하였다. 침팬지에게 땅콩버터와 주스를 제시하고 하나를 선택하게 했을 때 60%는 주스보다 땅콩버터를 골랐다. 그러나 땅콩버터를 가지고 있는 상태에서는 80%가 주스와 교환하지 않고 그대로 소유하여 땅콩버터 선호 비율이 20퍼센트포인트 높아졌다. 존스는 이를 침팬지에게서도 보유 효과가 나타난 것이라고 보았다.

① 보유 효과와 관련된 관용 표현으로는 '남의 떡이 더 커 보인다.'를 들 수 있겠네.

② 보유 효과에 대한 침팬지 실험은 보유 효과가 인간에게만 나타나는 현상이 아닐 수 있음을 보여 주는군.

③ 보유 효과 실험에서 먼저 물건을 소유하도록 하는 것은 실험 결과에 영향을 주는 중요한 변수가 되겠네.

④ 보유 효과를 적용하면 '먼저 써 보시고 구매 결정은 나중에 하세요.'와 같은 상품 광고 문구를 만들 수 있겠군.

※ 다음 글을 읽고 물음에 답하시오. [12 ~ 13]

(가) 사람들이 모여 집단을 이루면, 그 집단은 완전히 무질서한 상태로 유지되는 것이 아니라, 행동 패턴이 생겨나고 여러 역할들이 정해진다. 아동들도 불과 세 번 정도 만난 후부터는 앉는 자리, 가지고 노는 장난감, 활동하는 순서 등이 정해져서 집단의 규칙이 형성된다. 이러한 일련의 패턴을 집단의 사회적 구조라고 부르는데, 그것을 구성하는 주요 요소로는 규범, 역할, 지위를 들 수 있다.

(나) 규범은 집단의 모든 구성원의 행동에 관한 규칙과 기대를 말한다. 이것은 공식적인 집단에서는 토의나 토론과 같은 집단적 의사소통을 통해서 명시적으로 발전하기도 하고, 친구들 사이에서는 비공식적인 관행을 통해서 불문율로 자리 잡기도 한다.

(다) 사이먼(R. Simon)은 중학생 소녀 집단에서 연애에 관한 규범이 어떻게 형성되는지를 연구하였다. 그 결과에 따르면, 그들의 집단 내에서 연애는 중요하지만 인생을 송두리째 바쳐서는 안 된다는 보이지 않는 규범이 자연스럽게 형성되었다.

(라) 역할은 집단 내에서 각자가 마땅히 하여야 할 맡은 바 직책이나 임무에 따른 규칙과 기대이다. 규범이 집단 내 모든 구성원의 행동에 적용된다면, 역할은 해당 직책이나 임무를 맡은 사람에게만 적용된다. 역할은 어떤 집단에서는 계약서를 통해서 공식적으로 정해지기도 하고, 어떤 집단에서는 명시적으로 규정되지 않아 다소 애매한 경우도 있다.

(마) 지위는 집단 구성원의 사회적 위치를 말하는데 집단 내에서 각각의 지위에 부여되는 권위는 서로 동일하지 않다. 예를 들어, 회사의 사장은 가장 높은 지위를 가지고 가장 많은 월급을 받으며 회사의 주요 사안을 결정하는 데 가장 큰 권한을 지닌다. 반면에 비서는 더 낮은 지위를 가지고 더 적은 봉급을 받으며 더 적은 영향력을 지닌다.

---

12 윗글의 구조로 가장 적절한 것은?

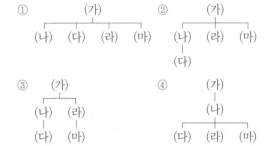

---

13 윗글의 내용과 일치하는 것은?

① 아동 집단의 사회적 구조는 외부로부터 주어진다.

② 규범은 집단의 모든 구성원의 행동을 이끄는 기제로 작용한다.

③ 역할은 계약서를 통해서만 규정되는 공식적인 규칙이다.

④ 집단 내에서 각각의 지위가 갖는 영향력은 다르지 않다.

14 다음 공무원의 말에 대한 〈보기〉의 설명 중 옳은 것만을 모두 고른 것은?

> (민원실에서 큰 소리로 떠들고 있는 민원인에게) 죄송하지만 다른 민원인들도 생각해 주시겠습니까?

보기
ㄱ. 청자의 심리적 부담을 낮추려는 표현이다.
ㄴ. 발화 형식과 발화 기능이 일치하는 표현이다.
ㄷ. 화자가 자신의 의도를 직접적으로 드러낸 표현이다.
ㄹ. 화자가 청자에게 조용히 해 달라고 요청하는 표현이다.

① ㄱ, ㄷ
② ㄱ, ㄹ
③ ㄴ, ㄷ, ㄹ
④ ㄱ, ㄴ, ㄹ

15 (가)를 고려하여 (나)를 이해한 것으로 적절하지 않은 것은?

> (가) 예종이 「도이장가」를 짓게 된 사연은 다음과 같이 전해진다. 예종은 1120년, 서경에 행차하여 팔관회(八關會)를 보았는데, 관복을 갖춰 입은 두 배우가 말을 타고 다니기도 하고 뜰을 돌아다니기도 하는 것이었다. 왕이 이를 보고 이상히 여기며 누구냐 묻자 좌우의 신하들이, 이들은 견훤과 싸울 때 태조를 대신해 죽은 공신인 신숭겸과 김낙이라 답했다. 이 말을 들은 왕은 한동안 슬픔에 잠겨 있다가 「도이장가」를 지어 연행을 본 감격을 나타내었다.
>
> (나) 임을 온전케 하온 마음은 하늘 끝까지 미치니
> 넋은 가셨으되 몸 세우고 하신 말씀
> 직분 맡으려고 활 잡는 이 마음 새로워지기를
> 좋다 두 공신이여 오래오래 곧은 자취를 나타내신저
> – 예종, '도이장가'

① '임'은 두 공신이 모시던 태조 왕건을 의미한다.
② 공신들의 행적에 대한 예종의 평가가 나타나 있다.
③ 팔관회의 기원에 얽힌 사연이 압축적으로 그려졌다.
④ 공신으로 분장한 두 배우의 연행이 창작의 계기가 되었다.

※ 다음 글을 읽고 물음에 답하시오. [16~17]

[앞부분의 줄거리] 금주령이 시행되던 때, 한성부는 한 양반 집에서 술을 빚는다는 고발을 받고 다모를 시켜 그 집을 수색하였다. 다모는 음식을 넘기지 못하는 남편의 약으로 쓰려고 술을 빚었다는 주인 여자의 딱한 사정을 들었다. 다모가 항아리의 술을 버리고 술 담근 것을 누가 알고 있는지 묻자, 주인 여자는 아침에 방문한 시동생에게 술을 대접했다고 답했다.

다모(茶母)가 한성부로 돌아오는데, 젊은 생원이 뒷짐을 진 채 네거리에서 서성이며 이예(吏隷)*를 기다리고 있었다. 그의 용모를 보니 주인 여자가 일러 준 시동생과 같았다. 다모는 손을 들어 그의 뺨따귀를 치며 꾸짖었다. "당신도 양반이오? 양반 명색에 몰래 술을 빚었다고 제 형수를 고자질하여 포상금이나 받아먹으려고 들다니."

큰 거리의 사람들이 깜짝 놀라 이 광경을 둘러서 구경하느라 담을 쌓고 있었다. 이에는 성이 나서 다모를 보고 소리쳤다. "네 어찌 주인 여자의 사주를 받아서 몰래 술 빚은 사실을 감춰 주고 도리어 고발한 자를 때린단 말이냐?" 그러고는 다모의 머리채를 잡고 주부* 앞으로 끌고 가서 아뢰었다. 주부가 다모를 힐책하자 다모는 사실대로 자백하였다. 주부는 짐짓 노하여 명했다. "네가 술 빚은 죄를 숨겨 준 것은 실로 용서할 수 없다. 곤장 20대를 가하도록 하라."

유시(酉時)*에 관아가 파하자 주부는 조용히 다모를 불러 열 꿰미의 돈을 주며 말했다. "네가 죄를 숨겨 준 일을 내가 용서하면 법이 서지 못한다. 그래서 태형(笞刑)을 받도록 한 것이다. 그러나 너는 의로운 사람이다. 내가 너를 가상히 여긴 까닭에 상으로 주는 것이다."

다모는 그 돈을 받아 가지고 밤에 남산 아래 양반집으로 다시 찾아갔다. 〈중 략〉

주인 여자는 한편으로 부끄러워하고 한편으로 기뻐하며 돈을 받으려 하지 않았다. "다모의 동정을 받아 내가 징벌을 면하게 된 것만 해도 더없이 감사하거늘 무슨 낯에 상금까지 받겠는가?"

다모는 주인 여자 앞에 돈을 놓아두고는 뒤도 돌아보지 않고 돌아갔다.

외사씨(外史氏)가 말한다. 좋은 사람이 없다는 말은 유덕(有德)한 사람이 하는 얘기가 아니라는 옛사람의 말이 있다. 다모 같은 사람이야말로 '좋은 사람'이라고 할 수 있지 않겠는가.
– 송지양, '다모전' 중에서

* 이예 : 아전에 딸린 하인.
* 주부 : 한성부 소속 관원.
* 유시 : 오후 5~7시.

16 윗글에 대한 설명으로 적절하지 않은 것은?

① 인륜적 가치를 중시하는 시대적 관점에서 서술되었다.
② 지위가 낮은 인물의 행위가 전(傳)의 서술 대상이 되었다.
③ 사건을 서술하는 데에 대화와 행동의 제시가 중심이 되고 있다.
④ 가족까지 고발하게 하는 포상금 제도에 대한 비판이 표면화 되었다.

※ 다음 글을 읽고 물음에 답하시오. [18~19]

산성 눈 내린다
12월 썩은 구름들 아래
㉠병실 밖의 아이들은 놀다 간다
성가의 후렴들이 지워지고
산성 눈 하얗게 온 세상 덮고 있다
㉡하마터면 아름답다고 말할 뻔했다
캄캄하고 고요하다

그러고 보면 땅이나 하늘
자연은 결코 참을성이 있는 게 아니다
산성 눈 한 뼘이나 쌓인다 폭설이다
당분간은 두절이다
우뚝한 굴뚝, 은색의 바퀴들에
그렇다, 무서운 이 시대의 속도에 치여
㉢내 몸과 마음의 서까래
몇 개 소리 없이 내려앉는다

쓰러져 숨 쉬다 보면
실핏줄 속으로 모래 같은 것들 가득
고인다 산성 눈 펑펑 내린다
㉣자연은 인간에 대한
기다림을 아예 갖고 있지 않다
펄펄 사람의 죄악이 내린다
하늘은 저렇게 무너지는 것이다

– 이문재, '산성 눈 내리네'

---

18 윗글의 ㉠~㉣에 대한 이해로 가장 적절한 것은?

① ㉠: 밝고 활기찬 미래에 대한 소망을 표상한다.
② ㉡: 이면의 진실을 은폐하려는 욕망이 드러난다.
③ ㉢: 현실에 대한 시적 화자의 절망이 시각화되어 있다.
④ ㉣: 자연을 의인화하여 인간의 조급함을 드러내고 있다.

---

17 윗글의 등장인물에 대한 평가로 가장 적절한 것은?

① 다모를 갸륵하게 여기면서도 벌을 준 주부는 공사분별(公私分別)이 철저한 관리라고 할 수 있다.
② 젊은 생원은 무사안일(無事安逸)한 태도로 자기가 마땅히 해야 할 일도 다른 사람에게 미루고 있다.
③ 다모는 패륜적 행동에 대해 비분강개(悲憤慷慨)하고 실정법을 준수하니 준법정신이 투철한 의인이라 할 만하다.
④ 나라가 금하는 술을 몰래 빚고서도 오히려 변명하며 부끄러워하지 않는 주인 여자는 후안무치(厚顔無恥)한 사람이다.

19 〈보기〉의 밑줄 친 시어 중 윗글의 산성 눈과 함축적 의미가 같은 것은?

보기

　사람들이 최초로 **시멘트**를 만들어 집을 짓고 살기 전, 많은 벌레들을 씨까지 일시에 죽이는 독약을 만들어 뿌리기 전, 저것들은 어디에 살고 있었을까. 흙과 나무, 내와 강, 그 어디에 숨어서 흙이 시멘트가 되고 다시 집이 되기를, 물이 **살충제**가 되고 다시 먹이가 되기를 기다리고 있었을까. 빙하기, 그 세월의 두꺼운 얼음 속 어디 수만 년 썩지 않을 금속의 씨를 감추어 가지고 있었을까.

　로봇처럼, 정말로 철판을 온몸에 두른 벌레들이 나올지 몰라. 금속과 금속 사이를 뚫고 들어가 살면서 철판을 왕성하게 소화시키고 수억 톤의 **중금속 폐기물**을 배설하면서 불쑥불쑥 자라는 잘 진화된 신형 바퀴벌레가 나올지 몰라.

　　　　　　　　　　　－ 김기택, '바퀴벌레는 진화 중' 중에서

① 시멘트
② 살충제
③ 로봇
④ 중금속 폐기물

20 다음 글에 드러난 갈등에 대한 설명으로 가장 적절한 것은?

[앞부분의 줄거리] 창권이네 가족은 고향을 떠나 만주 장자워푸로 이주한 후, 조선인들과 함께 땅을 사서 들판을 논으로 개간하기 위한 봇도랑(수로) 공사에 전념하고 있다.

　동리에서도 조선 사람들이 소리를 지르며 나타났다. 창권은 눈이 째지게 놀랐다. 위 구역에서 내려오는 조선 사람 하나가 괭이를 둘러메고 여기 토민들 몰려선 데로 뭐라고 여기 말로 호통을 치면서 그냥 닥치는 대로 찍으려 덤벼드는 것이다. 몰려섰던 토민들은 와 흩어져 버린다. 창권을 둘러쌌던 패들도 슬금슬금 물러선다. 동리에서는 조선 부인네들 몇이 식칼을 들고, 낫을 들고 달려들 나오는 것이다. 낫과 식칼을 보더니 토민들은 제각기 사방으로 흩어져 달아난다. 창권은 사지가 부르르 떨렸다.
　'여기선 저력해야 사나 보다! 아니, 이 봇도랑은 우리 목줄이 아니고 뭐냐!'〈중 략〉
　이 장자워푸를 수십 리 둘러 사는 토민들이 한 덩어리가 되어 조선 사람들이 봇도랑 내는 것을 반대하는 것이었다.
　반대하는 이유는 극히 단순한 것이었다. 봇도랑을 내어 논을 풀면 그 논에서들 나오는 물이 어디로 가느냐였다. 방바닥 같은 들이라 자기네 밭에 모두 침수가 될 것이니 자기네는 조선 사람들 때문에 농사도 못 짓고 떠나야 옳으냐는 것이다. 너희들도 그 물을 끌어다 벼농사를 지으면 도리어 이익이 아니냐 해도 막무가내였다. 자기넨 벼농사를 지을 줄도 모르거니와 이밥을 못 먹는다는 것이다. 고소하지도 않을 뿐 아니라 배가 아파진다는 것이다. 그럼 먹지는 못하더라도 벼를 장춘으로 가지고 가 팔면 잡곡을 몇 배 살 돈이 나오지 않느냐? 또 벼농사를 지을 줄 모르면 우리가 가르쳐 줄 터이니 그대로 해 보라고 하여도 완강히 반대로만 나가는 것이었다. 그리고 조선 사람이 칼이나 낫으로 덤비면 저희에게도 도끼도 몽둥이도 있다는 투로 맞서는 것이다.
　　　　　　　　　　　－ 이태준, '농군' 중에서

① 조선인들과 토민들은 땅의 소유권을 두고 대립하고 있다.
② 조선인들은 대화로, 토민들은 폭력으로 문제를 해결하려 한다.
③ 토민들은 밭농사를 고집하고 조선인들은 논농사를 지으려고 한다.
④ 토민들과 조선인들은 봇도랑 공사 방식을 놓고 의견을 달리하고 있다.

정답 및 해설: 해설집 p.147
(문제집 p.276에서 전체 정답표를 확인하실 수 있습니다.)

모바일 자동 채점 + 성적 분석 서비스 바로 가기
QR코드를 이용해 모바일로 간편하게 채점하고 나의 실력이 어느 정도인지, 취약 부분이 어디인지 바로 파악해 보세요!

gosi.Hackers.com

위대함은 다른 사람보다 앞서가는 데 있지 않다.
참된 위대함은 자신의 과거보다 한 걸음
앞서 나가는 데 있다.

인도 속담

Part 6

지방직 7급

문제 유형	4지선다형
총 문항 수	20문항
경쟁률 (2022년, 일반행정)	평균: 86.3:1
합격선 (2022년, 일반행정)	평균: 88점
시험 안내	사이버국가고시센터 (http://gosi.kr) 지방자치단체 인터넷원서접수센터 (http://local.gosi.go.kr)

01 다음 연설에 대한 설명으로 가장 적절한 것은?

> 올림픽 헌장은 "올림픽의 목적은 인류의 조화로운 발전과 인간 존엄성의 수호를 위해, 평화로운 사회를 만들기 위해 스포츠 경기를 하는 것이다."라고 말합니다. 이것이 올림픽 정신이며, 스포츠의 가능성과 힘을 보여 주는 것이라고 저는 굳게 믿습니다. 열 살 때 남북 선수단이 올림픽 경기장에 동시 입장하는 것을 보고 처음으로 스포츠의 힘을 느꼈습니다. 오늘 저는 유엔 총회의 '올림픽 휴전 결의안' 초안 승인을 통해 그때 목격했던 스포츠의 힘을 다시 한번 볼 수 있기를 바랍니다.

① 반대되는 사례를 제시하여 주장을 부각하고 있다.
② 권위 있는 자료를 인용하여 설득력을 높이고 있다.
③ 설의적인 표현을 사용하여 공감대를 형성하고 있다.
④ 연설자의 공신력을 강조하여 신뢰도를 높이고 있다.

02 다음 글의 내용과 부합하는 것은?

> 사적인 필요가 사적 건축을 낳는다면, 공적인 필요는 다수를 위한 공공 건축을 낳는다. 공공 건축은 정부나 지방 자치 단체가 주도하면서 사적 자본이 생산해 낼 수 없는 공간을 생산해 내어야 한다. 이곳은 자본의 논리에서 소외된 영역을 보살피는 공적인 영역이다. 따라서 공공 건축은 국민의 삶의 질을 한 단계 높이는 데 기여할 수 있어야 한다. 그리고 특정 개인의 취향이 반영된 것이 아니라 보다 큰 다수가 누릴 수 있는 것을 배려하는 보편성을 갖추어야 한다. 그러면서도 사적 건축으로는 하기 어려운 지역의 정체성과 문화적 전통도 보존해야 한다. 이렇게 공공 건축은 공적인 소통의 장이 되어야 하는 것이다.

① 사적 건축은 국민의 삶의 질을 높이는 역할을 해야 한다.
② 사적 건축은 국민 다수의 보편적인 취향을 반영해야 한다.
③ 공공 건축은 지역의 정체성을 반영한 소통의 장이 되어야 한다.
④ 공공 건축은 사적 자본을 활용하여 다수가 누릴 수 있는 공간을 만들어야 한다.

03 다음 대화에 대한 설명으로 가장 적절한 것은?

> 민서: 정국이 말이야. 우리한테는 말도 안 해 주고 자기 혼자 공모전에 신청했더라.
> 채연: 글쎄, 왜 그랬을까?
> 민서: 그러게 말이야. 정말 기분 나빠.
> 채연: 정국이도 나름대로 사정이 있었을 거야.
> 민서: 사정은 무슨 사정? 자기 혼자 튀어 보고 싶은 거겠지.
> 채연: 내가 지난 학기에 과제를 함께 해 봐서 아는데, 그럴 애가 아니야. 민서야, 정국이에 대해 다시 한번 생각해 보는 건 어때?
> 민서: 너 자꾸 이럴 거야? 도대체 왜 정국이 편만 드는 거야?

① 채연은 자신의 경험을 예로 들며 민서를 설득하고 있다.
② 채연은 민서의 의견을 수용하며 원만한 갈등 해소를 유도하고 있다.
③ 민서는 정국이의 상황과 감정을 고려하며 대화의 타협점을 찾고 있다.
④ 민서는 채연의 답변에서 모순점을 찾아내며 논리적으로 비판하고 있다.

04 다음 글의 주된 서술 방식으로 가장 적절한 것은?

> 배의 돛은 바람의 힘을 이용하여 배를 멀리까지 항해할 수 있게 한다. 별도의 동력에 의지하지 않고도 추진력을 얻는 것이다. 이와 마찬가지로 우주선도 별도의 동력 없이 먼 우주 공간까지 갈 수 있을 것이다. 우주 공간에도 태양에서 방출되는 입자들이 일으키는 바람이 있어서 '햇살 돛'을 만들면 그 태양풍의 힘으로 추진력을 얻을 수 있기 때문이다.

① 정의
② 분류
③ 서사
④ 유추

05 (가)에 들어갈 한자 성어로 가장 적절한 것은?

> 소설가 에번 코넬은 단편 소설의 초고를 읽어 내려가면서 쉼표를 하나하나 지웠다가 다시 한번 읽으면서 쉼표를 원래 있던 자리에 되살려 놓는 과정을 거치면 단편 하나가 완성된다고 했다. 강박증 환자처럼 보이지만 실은 치열한 문장가가 아닌가! 불필요한 곳에 나태하게 찍혀 있는 쉼표는 글의 논리와 리듬을 망쳐 놓는다. 쉼표를 사용할 필요가 없는 ___(가)___ 의 문장을 쓰거나 쉼표의 앞뒤를 섬세하게 짚게 하는 치밀한 문장을 만들어야 한다.

① 髀肉之歎　　　② 聲東擊西
③ 苦盡甘來　　　④ 天衣無縫

06 밑줄 친 부분의 한자 표기가 옳은 것은?

① 이번 연주회의 백미(百眉)는 단연 바이올린 독주였다.
② 그분은 고령에도 불구하고 노익장(老益壯)을 과시했다.
③ 신춘문예 공모는 젊은 소설가들의 등용문(燈龍門)이다.
④ 우리 회사에는 미봉책(未縫策)이 아닌 근본 대책이 필요하다.

07 밑줄 친 말이 표준어가 아닌 것은?

① 그는 구멍 난 양말을 꼬매고 있다.
② 그는 자동차에 대해서 빠삭한 편이다.
③ 그는 나를 보고 계면쩍게 웃기만 했다.
④ 밥을 제대로 차려 먹기에는 어중된 시간이다.

08 ㉠~㉢을 활용하여 사례의 밑줄 친 부분을 분석한 것으로 옳지 않은 것은?

> 어간과 결합하는 어미는 다음과 같이 분류될 수 있다. 먼저 실현되는 위치에 따라 ㉠선어말 어미와 어말 어미로 나뉜다. 다음으로 어말 어미는 그 기능에 따라 ㉡연결 어미, ㉢종결 어미, ㉣전성 어미로 나뉜다.

사례	분석
① 형이 어머니를 잘 <u>모시겠지만</u> 조금은 걱정돼.	어간+㉠+㉡
② 많은 사람들이 <u>오갔기</u> 때문에 소독을 해야 해.	어간+㉠+㉣
③ 어머니께서 할머니께 전화를 <u>드리셨을</u> 텐데.	어간+㉠+㉠+㉡
④ 아버지께서 지난주에 편지를 <u>보내셨을걸</u>.	어간+㉠+㉠+㉢

09 밑줄 친 단어가 다의어 관계로 묶인 것은?

① 무를 강판에 <u>갈아</u> 즙을 내었다.
　 고장 난 전등을 새것으로 <u>갈아</u> 끼웠다.
② 안개에 <u>가려서</u> 앞이 잘 안 보인다.
　 음식을 <u>가리지</u> 말고 골고루 먹어야 한다.
③ 긴장이 되면 입술이 바짝바짝 <u>탄다</u>.
　 벽난로에서 장작불이 활활 <u>타고</u> 있다.
④ 이 경기에서 <u>지면</u> 결승 진출이 좌절된다.
　 모닥불이 <u>지면</u> 한기가 느껴지기 시작한다.

10 다음 시조에 대한 이해로 적절하지 않은 것은?

> 한숨아 셰 한숨아 네 어닉 틈으로 드러온다
> 고모장즈 셰살장즈 가로다지 여다지에 암돌져귀 수돌져귀 비목걸새 쑥닥 박고 용(龍) 거북 조물쇠로 수기수기 초엿는듸 병풍(屛風)이라 덜걱 져본 족자(簇子) ㅣ라 딕딕글 문다 네 어닉 틈으로 드러온다
> 어인지 너 온 날 밤이면 줌 못 드러 호노라
>
> – 작자 미상, '한숨아 셰 한숨아'

① 부사어를 활용하여 시적 대상의 존재를 부각하고 있다.
② 의인화한 시적 대상과의 대화를 통해 시상을 전개하고 있다.
③ 동일한 구절을 반복하여 시적 대상에 대한 화자의 감정을 강조하고 있다.
④ 유사한 종류의 사물들을 열거하여 시적 대상을 향한 화자의 의지를 나타내고 있다.

11 다음 글에 대한 이해로 적절하지 않은 것은?

"공부를 많이 한 사람이 어째 해남 대흥사에 있나? 서울 조계사에 있어야지⋯⋯." "에이, 대흥사도 대찰(大刹)이에요." "그래도 중들의 중앙청은 역시 조계사 아닌가?" "스님들에게 중앙청이 어디 있어요? 그거 싫다고 떠난 사람들인데." "그래서 가짜가 많다고⋯⋯." "네?" "책은 많이 썼는가?" "책이라뇨?" "스님들이 책 많이 쓰지 않나, 요즘?" "에이, 지명 스님은 그런 거 안 써요." "그러면 테레비에는 나와?" "테레비에도 안 나와요. 지명 스님, 그런 거 할 사람이 아니에요." "그러면 라디오에는? 요새는 불교방송이라는 라디오 방송도 생겼다는데?" "나대는 스님이 아니라니까요." "에이, 그러면 공부 많이 한 스님이 아니야." "네?"

그는 내 인내를 시험해 보기로 작정했던 모양인가? 이유 없이 따귀를 한 대 맞은 느낌이었다. 〈중 략〉

나는, 정말이지 가만히 있을 수가 없었다.

"이 세상에는 학생을 가르치는 교수도 있고, 더 잘 가르칠 수 있도록 그런 교수를 가르치는 교수도 있어요. 이 세상에는 중생을 제도하는 스님도 있고 더 잘 제도할 수 있도록 그런 스님을 가르치는 스님도 있어요. 텔레비전 시청자나 라디오 청취자에게 적합한 지식을 가진 사람도 있고, 텔레비전이나 라디오에 나갈 사람을 가르치는 사람도 있어요." "에이, 그것은 못 나간 사람들이 만들어 낸 변명이야."

– 이윤기, '숨은그림찾기1 — 직선과 곡선' 중에서

① '나'의 입장에서 볼 때 '조계사'와 '대흥사'는 우열의 관계가 아니다.
② '나'의 입장에서 볼 때 '책'을 쓰는 것은 '공부 많이 한 스님'이 갖추어야 할 조건이다.
③ '그'의 입장에서 볼 때 '지명 스님'은 '못 나간 사람들'에 속한다.
④ '그'의 입장에서 볼 때 '중앙청'에 있는 스님들은 '중앙청'이 아닌 곳에 있는 스님들보다 '공부를 많이 한 사람'이다.

12 다음 글의 내용과 부합하지 않는 것은?

과거에 예술은 고급 예술만을 의미했다. 특별한 재능을 가진 예술가의 작품을 귀족과 같은 상층 사람들이 제한된 장소에서 감상하기만 했다. 그러나 사진기와 같은 새로운 기술의 발명으로 기존의 걸작품이 복제되어 인테리어 소품이나 낭만적인 엽서로 사용되면서 대중도 예술 작품을 공유할 수 있게 되었다. 원작에 버금가는 위작이 만들어지고, 게다가 일상의 생필품처럼 사용되는 작품도 등장하게 되면서는, 대중은 더 이상 예술 작품을 수동적으로 감상하는 데에 머물지 않고 능동적으로 소비하고 실용적으로 사용하게 되었다.

이런 상황의 변화는 예술이 무엇인가를 고민하게 만들었다. 이전까지는 예술 작품이 진본성, 유일성을 가져야 한다고 보았지만 이러한 기술 복제 시대에는 이와 같은 조건이 적용될 수 없었기 때문이다. 또한 공원에 타도록 설치된 그네를 예술 작품이라 하는 것과 같이 일상의 물품 역시 과거와 달리 예술의 범주에 들어갈 수 있게 되었기 때문이다.

① 복제와 관련된 기술의 발명은 예술을 둘러싼 상황을 변화시키는 데 기여했다.
② 기술 복제 시대 전에도 귀족은 예술 작품을 실용적으로 사용했다.
③ 기술 복제 시대에는 진본성을 갖추는 것이 예술 작품의 필수 조건이 되지 못했다.
④ 기술 복제 시대 전에는 인테리어 소품이 예술에 포함될 수 없었지만 기술 복제 시대에는 포함될 수 있었다.

13 (가)와 (나)에 들어갈 말로 가장 적절한 것은?

A는 다음과 같은 실험을 진행했다. 먼저, 검은색 옷과 흰색 옷을 입은 6명이 두 개의 농구공을 가지고 패스를 주고받는 동안 고릴라 복장의 사람을 지나가게 하고 그 장면을 동영상으로 촬영했다. 그리고 실험 참가자들에게 이 동영상을 보여 주면서 흰색 옷을 입은 사람들이 몇 번 패스를 주고받았는지 세어 달라고 요청했다. 이에 대해 참가자들은 패스 횟수에 대해서는 각자의 답을 말했는데, 동영상 중간 중간에 출현한 고릴라 복장의 사람에 대해서는 하나같이 보지 못했다고 답했다. 참가자들이 패스 횟수를 세는 데 집중하느라 1분이 채 안 되는 동영상 가운데 9초에 걸쳐 등장하는 고릴라 복장의 사람을 인지하지 못한 것이다. A는 이 실험을 통해 다음의 결론을 도출했다.

ㅤㅤㅤ(가)ㅤㅤㅤ.

이 실험 결과를 우리의 일상에서도 확인해 볼 수 있다. 오토바이 운전자의 안전을 위해 눈에 잘 띄는 밝은색 옷을 입도록 권하는데, 밝은색 옷의 오토바이 운전자는 시각적으로 더 잘 보이고, 덕분에 더 쉽게 알아볼 수 있기 때문이다. 그렇다고 해도 모든 자동차 운전자가 밝은색 옷을 입은 오토바이 운전자를 다 알아보는 것은 아니다. 바라보는 행위는 인지의 ㅤㅤㅤ(나)ㅤㅤㅤ 없기 때문이다.

① (가): 인간의 인지는 시각과 밀접하게 관련되어 있다
　 (나): 충분조건일 수는 있어도 필요조건일 수는
② (가): 인간의 인지는 시각과 밀접하게 관련되어 있다
　 (나): 필요조건일 수는 있어도 충분조건일 수는
③ (가): 인간은 중요하다고 생각하는 것 위주로 주의를 기울인다
　 (나): 충분조건일 수는 있어도 필요조건일 수는
④ (가): 인간은 중요하다고 생각하는 것 위주로 주의를 기울인다
　 (나): 필요조건일 수는 있어도 충분조건일 수는

14 ㉠ ~ ㉢ 중 적절하지 않은 것은?

寂寞荒田側ㅤ적막한 묵정밭 가에
繁花壓柔枝ㅤ만발한 꽃이 보드라운 가지를 누르네
香經梅雨歇ㅤ향기는 장맛비 지나면 옅어지고
影帶麥風欹ㅤ그림자는 보리바람 맞으면 흔들리겠지
車馬誰見賞ㅤ수레 탄 사람들이 누가 보아 주리
蜂蝶徒相窺ㅤ벌과 나비만 기웃거리는구나
自慙生地賤ㅤ천한 땅에 태어난 것 부끄러우니
堪恨人棄遺ㅤ사람들에게 버림받은 것 어찌 원망하리오

– 최치원, '촉규화'

이 시는 최치원이 당나라 유학 시절, 관직에 오르기 전에 지은 것으로 추정된다. 길가의 촉규화에 자신을 투영하여 출중한 능력에도 원하는 바를 성취할 수 없었던 서글픈 처지를 노래하였다. ㉠이 시에서 "만발한 꽃"은 작가 자신이 지니고 있는 빼어난 능력을 가리킨다고 할 수 있다. 그러나 능력이 있다고 해서 곧바로 등용될 수 있는 것은 아니었는데, ㉡그에게는 자신의 능력을 알아보고 등용의 기회를 부여해 줄 "수레 탄 사람들"이 필요했다. 뿐만 아니라 ㉢"수레 탄 사람들"과 자신을 이어줄 수 있는 "벌과 나비" 역시 절실했다. 이 작품에서 ㉣"천한 땅"은 시적 대상인 촉규화가 피어난 곳을 의미하기도 하고 작가 자신이 태어난 땅을 의미하기도 한다.

① ㉠　　　　　　　　　② ㉡
③ ㉢　　　　　　　　　④ ㉣

15 다음 시에 대한 이해로 적절하지 않은 것은?

나무는 자기 몸으로
나무이다
자기 온몸으로 나무는 나무가 된다
자기 온몸으로 헐벗고 零下 十三度
零下 二十度 地上에
온몸을 뿌리박고 대가리 쳐들고
무방비의 裸木으로 서서
두 손 올리고 벌 받는 자세로 서서
아 벌 받는 몸으로, 벌 받는 목숨으로 起立하여, 그러나
이게 아닌데 이게 아닌데
온 魂으로 애타면서 속으로 몸속으로 불타면서
버티면서 거부하면서 零下에서
零上으로 零上 五度 零上 十三度 地上으로
밀고 간다, 막 밀고 올라 간다
온몸이 으스러지도록
으스러지도록 부르터지면서
터지면서 자기의 뜨거운 혀로 싹을 내밀고
천천히, 서서히, 문득, 푸른 잎이 되고
푸르른 사월 하늘 들이받으면서
나무는 자기의 온몸으로 나무가 된다
아아, 마침내, 끝끝내
꽃 피는 나무는 자기 몸으로
꽃 피는 나무이다

— 황지우, '겨울—나무로부터 봄—나무에로'

① 시적 대상을 의인화하여 시상을 전개하고 있다.
② 감탄사를 활용하여 화자의 정서를 표현하고 있다.
③ 시간의 흐름에 따른 시적 대상의 변화 과정을 드러내고 있다.
④ 공감각적 심상을 활용하여 시적 대상이 처한 상황을 보여 주고 있다.

16 다음 글의 전개 순서로 가장 자연스러운 것은?

(가) 젊은이들 가운데 약삭빠르고 방탕하여 어딘가에 얽매이는 것을 싫어하는 자들이 이 말을 듣고 제 세상 만난 듯 기뻐하여 앉고 서고 움직이는 예절을 마음에 내키는 대로 한다.

(나) 성인께서도 사람을 가르치실 때 먼저 겉모습부터 단정히 해야만 바야흐로 자신의 마음을 안정시킬 수 있다고 하시었다. 세상에 비스듬히 눕고 기대서서 멋대로 말하고 멋대로 보면서 주경존심(主敬存心)*할 수 있는 사람은 없다.

(다) 근래 어떤 자가 반관(反觀)*으로 이름을 떨쳐 겉모습을 단정하게 꾸미는 것을 가식이요, 허위라고 한다.

(라) 나도 예전에 이 병에 깊이 걸렸던 터라 늙어서까지 예절을 익히지 못했으니 비록 후회해도 고치기가 어렵다.

(마) 지난번 너를 보니 옷깃을 가지런히 하여 똑바로 앉는 것을 즐기지 않아 장중하고 엄숙한 기색을 조금도 볼 수 없었는데, 이는 내 병통이 한 바퀴 돌아 네가 된 것이다.

— 정약용, '두 아들에게 부침'

※ 주경존심(主敬存心): 공경하는 마음을 간직함.
※ 반관(反觀): 남들이 하는 대로 보지 않고 거꾸로 보거나 반대로 생각하는 것.

① 가 – 나 – 다 – 라 – 마
② 나 – 라 – 마 – 다 – 가
③ 다 – 가 – 라 – 마 – 나
④ 마 – 라 – 가 – 나 – 다

17 ㉠~㉣을 문맥을 고려하여 수정한 것으로 가장 적절한 것은?

> 농촌의 모습을 주된 소재로 삼는 A 드라마에 결혼 이주 여성이 등장한다는 것은 그녀들이 직면한 여러 문제들을 다룰 기회가 마련되었다는 점에서 일단은 긍정적이다. 하지만 ㉠그녀들이 농촌에 정착하는 과정에서 경험하게 되는 다양한 문제들을 단순화할 수 있는 위험성도 내포하고 있다.
>
> 이 드라마에는 모문화와 이문화 사이의 차이로 인해 힘겨워하는 여성, 민족적 정체성에 혼란을 겪는 여성, 아이의 출산과 양육 문제로 갈등을 겪는 여성 등이 등장한다. 문제는 이 드라마에서 이러한 갈등의 원인을 제대로 규명하는 것보다는 ㉡부부간의 사랑이나 가족애를 통해 극복하는 낭만적인 해결 방식을 주로 선택한다는 데에 있다.
>
> 예를 들어, ○○화에서는 여성 주인공이 아이의 태교 문제로 내적 갈등을 겪다가 결국 자신의 생각을 포기함으로써 그 갈등이 해소된 것처럼 마무리된다. 태교에 대한 문화적 차이가 주된 원인이었지만, 이 드라마에서는 그것에 주목하기보다 ㉢남편과 갈등을 일으키는 여성 주인공의 모습을 부각하여 사랑과 이해에 기반한 순종과 순응을 결혼 이주 여성이 갖추어야 할 덕목으로 묘사한 것이다.
>
> 이 드라마에서 ㉣이러한 강요된 선택과 해소되지 않은 심적 갈등이 사실대로 재현되지 않음으로써 실질적인 원인은 은폐되고 여성의 일방적인 양보와 희생을 통해 해당 문제들이 성급히 봉합된다. 이는 어디까지나 한국인의 시선으로만 결혼 이주 여성과 다문화 가정을 바라보고 있기 때문이다.

① ㉠을 "그녀들이 농촌에 정착하는 과정에서 경험하게 되는 다양한 문제들을 탐색할 수 있는 가능성도"로 고친다.

② ㉡을 "시댁 식구를 비롯한 한국인들과의 온정적인 소통을 통해 극복하는 구체적인 해결 방식"으로 고친다.

③ ㉢을 "남편의 의견을 따르는 여성 주인공의 모습"으로 고친다.

④ ㉣을 "이러한 억압적 상황과 해소되지 않은 외적 갈등이 여과 없이 노출됨으로써"로 고친다.

18 (가)에 들어갈 말로 가장 적절한 것은?

> 자기지향적 동기와 타인지향적 동기는 행위의 적극성과 어떤 관계가 있을까? A는 자율 방범대원들에게 이 일의 자원 동기에 대해 물어보았다. 자기지향적 동기만 말한 사람과 타인지향적 동기만 말한 사람, 그리고 둘 다 말한 사람이 고르게 분포되었다. 그 후 설문에 참여한 사람들이 2개월간 방범 순찰에 참여한 횟수를 살펴보았다. 그 결과 자기지향적 동기를 말한 사람들 모두가 자기지향적 동기를 말하지 않은 사람들보다 순찰 횟수가 더 많은 것으로 나타났다. 그리고 전자 중 타인지향적 동기를 말한 사람들의 순찰 횟수가 그렇지 않은 사람들보다 유의미하게 많은 것으로 나타났다. A는 이를 토대로 _____(가)_____고 추정하였다.

① 자기지향적 동기만 가진 사람은 타인지향적 동기만 가진 사람보다 행위의 적극성이 높다

② 타인지향적 동기를 가진 사람은 자기지향적 동기를 가진 사람보다 행위의 적극성이 높다

③ 자기지향적 동기는 행위의 적극성에 긍정적 영향을 주기도 하고 부정적 영향을 주기도 한다

④ 자기지향적 동기가 행위의 적극성에 긍정적 영향을 주는 경우 타인지향적 동기는 부정적 영향을 준다

19 갑~병에 대한 평가로 적절한 것만을 〈보기〉에서 모두 고르면?

갑: 일상적인 언어생활에서 가족이 아닌 이들과 대화할 때 '우리 엄마'라는 표현을 자주 쓰곤 하는데, 좀 이상하지 않아? '우리 동네'라는 표현과 비교하면 무엇이 문제인지 분명하게 알 수 있어. '우리 동네'는 화자의 동네이기도 하면서 청자의 동네이기도 한 특정한 하나의 동네를 지칭하잖아. 그런 식이라면 '우리 엄마'는 형제가 아닌 화자와 청자가 공유하는 엄마를 지칭하는 이상한 표현이 되는 셈이지. 그러니까 이 경우의 '우리 엄마'는 잘못된 어법이고 '내 엄마'라고 하는 것이 올바른 어법이라고 할 수 있어.

을: 청자가 사는 동네와 화자가 사는 동네가 다른 경우에도 '우리 동네'라는 표현을 쓸 수 있어. 물론 이 표현이 의미하는 것은 청자가 사는 동네와 다른, 화자가 사는 동네가 되겠지. 이 경우 '우리 동네'라는 표현은 '그 표현을 말하는 사람이 사는 동네' 정도를 의미할 거야. 갑이 문제를 제기한 '우리 엄마'의 경우도 마찬가지라고 볼 수 있어.

병: '우리 엄마'와 '내 엄마'가 같은 뜻을 갖는 것은 아니야. '내 동네'라고 하지 않고 '우리 동네'라고 하는 것은 동네를 공유하는 공동체가 존재하기 때문이겠지. 마찬가지로 '내 엄마'라고 하지 않고 '우리 엄마'라고 하는 것은 우리가 늘 가족 공동체 속에서의 엄마를 생각하기 때문일 거야. 즉, 가족 구성원 중의 한 명인 엄마를 공유하는 공동체가 존재한다는 것이지.

보기

ㄱ. 갑은 '우리 엄마'라는 표현이 화자와 청자 모두의 엄마를 가리킨다고 보는 입장이다.

ㄴ. 형제가 서로 대화하면서 '우리 엄마'라는 표현을 쓸 때 이 표현이 형과 동생 모두의 엄마를 가리킨다는 것은 을의 입장을 약화한다.

ㄷ. 무인도에 혼자 살아온 사람이 그 섬을 '우리 마을'이라고 말하면 어색하게 느껴진다는 것은 병의 입장을 약화하지 않는다.

① ㄱ

② ㄱ, ㄷ

③ ㄴ, ㄷ

④ ㄱ, ㄴ, ㄷ

20 A와 B의 주장에 대한 평가로 적절한 것만을 〈보기〉에서 모두 고르면?

A는 아동의 사고와 언어의 발달이 개인적 차원에서 사회적 차원으로 진행된다고 주장한다. 그에 따르면 말을 배우기 시작하는 2~3세경에 '자기중심적 언어'가 나타났다가 8세경에 학령이 되면서 자기중심적 언어는 소멸하고 '사회적 언어'의 단계로 진입한다고 주장한다.

B는 A가 주장한 자기중심적 언어의 존재를 인정하면서도 그것의 성격에 있어서는 다른 견해를 지닌다. A와 달리 그는 자기중심적 언어가 문제에 대한 해결 방법을 구안하는 데 중요한 사고의 도구가 된다고 주장한다. 그에 따르면 자기중심적 언어는 아동이 자기 자신과 대화할 때 나타나는데, 아동은 자신과 대화하는 방식으로 소리 내며 사고한다. 그는 자기중심적 언어가 자연적 존재를 문화적 존재로 변모시키는 기능을 하며, 학령이 되면서 소멸하는 게 아니라 내면화되어 소리 없는 '내적 언어'를 구성함으로써 정신 기능을 발달시킬 수 있는 원동력이 된다고 본다.

이러한 두 사람의 입장 차이는 자기중심적 언어의 전(前)단계에 대한 서로 다른 생각에서 기인한 것으로 보인다. A는 출생 이후 약 2세까지의 아이가 언어 이전의 '환상적 사고'의 단계에 머물러 있는 것으로 보는데, 여기서 환상적 사고는 자신과 대상 세계를 구분하지 못하는 것을 가리킨다. 자신과 대상 세계를 구분하지 못하면 의사소통 행위가 불가능하므로 A는 이 단계의 아이가 보여주는 타인과의 상호작용을 의사소통 행위가 아니라고 주장한다. 반면, B의 경우 출생 이후 약 2세까지의 상호작용을 의사소통 행위로 판단한다. 그에 따르면 이때의 의사소통 행위는 타자의 규제와 이에 따른 자기규제가 작동하는 대화적 상호작용의 일종으로, 사회적 언어를 통해 수행된다.

B 역시 A와 마찬가지로 아동의 언어와 사고의 발달이 3단계로 진행된다고 보지만, 그 방향에 있어서는 사회적 언어에서 출발하여 자기중심적 언어를 거쳐 내적 언어 순으로 진행된다고 본다.

보기

ㄱ. '자기중심적 언어'의 단계 전에 A는 의사소통 행위가 이루어지지 않는 것으로, B는 이루어지는 것으로 본다.

ㄴ. A는 '자기중심적 언어'가 학령이 되면 없어지는 것으로 보는 반면, B는 없어지지 않는 것으로 본다.

ㄷ. A와 B는 '사회적 언어'의 단계로 진입하는 시기에 대해 견해를 달리한다.

① ㄱ

② ㄱ, ㄴ

③ ㄴ, ㄷ

④ ㄱ, ㄴ, ㄷ

정답 및 해설: 해설집 p.154
(문제집 p.276에서 전체 정답표를 확인하실 수 있습니다.)

모바일 자동 채점 + 성적 분석 서비스 바로 가기
QR코드를 이용해 모바일로 간편하게 채점하고 나의 실력이 어느 정도인지, 취약 부분이 어디인지 바로 파악해 보세요!

01 밑줄 친 부분이 어법상 맞는 것은?

① 어머니는 밥을 하려고 솥에 쌀을 <u>앉혔다</u>.
② 요리사는 마른 멸치와 고추를 간장에 <u>조렸다</u>.
③ 다른 사람에 비해 실력이 <u>딸리니</u> 더 열심히 노력해야겠다.
④ 오랫동안 나를 기다리던 친구는 화가 나서 잔뜩 <u>불어</u> 있었다.

02 다음에 제시된 단어의 의미에 맞게 쓴 문장으로 적절하지 않은 것은?

단어	의미	문장
풀다	모르거나 복잡한 문제 따위를 알아내거나 해결하다.	㉠
	어려운 것을 알기 쉽게 바꾸다.	㉡
	긴장된 분위기나 표정 따위를 부드럽게 하다.	㉢
	금지되거나 제한된 것을 할 수 있도록 터놓다.	㉣

① ㉠: 나는 형이 낸 수수께끼를 <u>풀다가</u> 결국 포기하고 말았다.
② ㉡: 선생님은 난해한 말을 알아들을 수 있게 <u>풀어</u> 설명하셨다.
③ ㉢: 막내도 잘못을 뉘우치니, 아버지도 그만 얼굴을 <u>푸세요</u>.
④ ㉣: 경찰을 <u>풀어서</u> 행방불명자를 백방으로 찾으려 하였다.

03 다음 글의 상황에 어울리는 한자 성어로 적절한 것은?

> 우리나라 축구 대표팀은 올림픽 예선에서 놀라운 성과를 거두었다. 예선이 있기 전 주전 선수들의 부상과 감독의 교체 등으로 대표팀 내부가 어수선했지만, 우리 대표팀은 하루도 쉬지 않고 훈련을 계속하여 조 1위라는 좋은 성적으로 올림픽 본선행을 결정지었다. 우리 대표팀은 국민들의 찬사와 응원 속에 메달권을 향해 더 강도 높은 훈련을 이어가며 경기력 향상에 매진하고 있다.

① 走馬加鞭　　② 走馬看山
③ 切齒腐心　　④ 見蚊拔劍

04 다음 강연 내용에 대한 반응으로 가장 적절한 것은?

> 오늘은 우리의 전통 건축 문화에 나타난 특징에 대해 말씀드릴까 합니다. 지금이야 아파트에 사는 경우가 많아져서 내가 살 집을 이런저런 조건을 고려해서 짓기 어렵습니다만, 옛날에는 그렇지 않았습니다. 집터를 고를 때 첫 번째로 고려한 조건은 지리(地理)입니다. 지리는 집을 둘러싼 전체적인 지형 곧, 산과 물의 조화를 말하는 것이지요. 둘째가 생리(生利), 곧 살기에 얼마나 편리하냐이고 셋째가 인심(人心), 그리고 마지막으로 산수(山水), 곧 경치입니다. 우리 조상들은 집 한 채를 지으려고 해도 집의 위치가 자연 조건과 잘 어울리도록 따져서 집을 지었던 것이지요.

① 우리 조상들은 자연을 모방해서 거주 공간을 지었군.
② 우리 조상들은 거주 공간을 고를 때 인간과 자연을 모두 고려했군.
③ 우리 조상들은 자연을 적극적으로 변용하여 거주의 편리성을 추구했군.
④ 우리 조상들은 거주 공간을 고를 때 지리, 생리, 인심, 산수를 서로 경쟁하는 요소들로 생각했군.

05 다음 시조에 대한 이해로 적절하지 않은 것은?

> 흔 손에 막ᄃᆡ 잡고 쏘 흔 손에 가ᄉᆡ 쥐고
> 늙는 길 가ᄉᆡ로 막고 오는 백발(白髮) 막ᄃᆡ로 치려터니
> 백발(白髮)이 제 몬져 알고 즈럼길노 오더라　　－ 우탁

① 인생의 덧없음을 관조적으로 표현하고 있다.
② 대상을 의인화하여 생동감 있게 표현하고 있다.
③ 거스를 수 없는 자연의 섭리를 해학적으로 표현하고 있다.
④ 인간의 한계를 드러내어 운명은 거부할 수 없음을 표현하고 있다.

06 ⑤~⑥ 중 문장 성분이 다른 하나는?

> 나랏 말쓰미 中國에 달아 文字와로 서르 스뭇디 아니
> 홀씨 이런 젼ᄎ로 어린 ⑤百姓이 니르고져 홇 ⑥배 이셔
> 도 ᄆ춤내 ⑥제 ᄠ들 시러 펴디 몯홇 노미 하니라 ⑥내 이
> ᄅᆞᆯ 爲ᄒᆞ야 어엿비 너겨 새로 스믈여듧 字ᄅᆞᆯ 밍ᄀᆞ노니 사
> ᄅᆞᆷ마다 히여 수비 니겨 날로 ᄡᅮ메 便安킈 ᄒᆞ고져 홇 ᄯᆞᄅᆞ
> 미니라
>
> — '훈민정음언해'

① ⑤   ② ⑥
③ ⑥   ④ ⑥

07 다음 시에 대한 이해로 적절하지 않은 것은?

> 텔레비전을 끄자
> 풀벌레 소리
> 어둠과 함께 방 안 가득 들어온다
> 어둠 속에서 들으니 벌레 소리들 환하다
> 별빛이 묻어 더 낭랑하다
> 귀뚜라미나 여치 같은 큰 울음 사이에는
> 너무 작아 들리지 않는 소리도 있다
> 그 풀벌레들의 작은 귀를 생각한다
> 내 귀에는 들리지 않는 소리들이 드나드는
> 까맣고 좁은 통로들을 생각한다
> 그 통로의 끝에 두근거리며 매달린
> 여린 마음들을 생각한다
> 발뒤꿈치처럼 두꺼운 내 귀에 부딪쳤다가
> 되돌아간 소리들을 생각한다
> 브라운관이 뿜어낸 현란한 빛이
> 내 눈과 귀를 두껍게 채우는 동안
> 그 울음소리들은 수없이 나에게 왔다가
> 너무 단단한 벽에 놀라 되돌아갔을 것이다
> 하루살이들처럼 전등에 부딪쳤다가
> 바닥에 새카맣게 떨어졌을 것이다
> 크게 밤공기 들이쉬니
> 허파 속으로 그 소리들이 들어온다
> 허파도 별빛이 묻어 조금은 환해진다
>
> — 김기택, '풀벌레들의 작은 귀를 생각함'

① 문명과 자연의 호혜적 관계가 나타나고 있다.
② 자연의 실재감이 공감각적 이미지를 통해 부각되고 있다.
③ 텔레비전을 끄기 전후의 상황이 대조적으로 드러나고 있다.
④ 문명의 이기에 가려졌던 자연에 관심을 가지려는 태도가
  나타나고 있다.

08 다음 글에 대한 이해로 적절한 것은?

> 바로 머리 위에서 불티처럼 박힌 앙증스러운 눈깔을 요
> 모조모로 빛내면서 자꾸 대가리를 숙여 꺼뜩꺼뜩 위협을
> 주는 커다란 구렁이를 보고도 외할머니는 조금도 두려워
> 하지 않았다. 외할머니는 두 손을 천천히 가슴 앞으로 모
> 아 합장했다.
> "에구 이 사람아, 집안일이 못 잊어서 이렇게 먼 질을
> 찾아왔능가?"
> 꼭 울어 보채는 아이한테 자장가라도 불러 주는 투로 조
> 용히 속삭이는 그 말을 듣고 누군가 큰 소리로 웃는 사람이
> 있었다. 그러자 외할머니는 눈이 단박에 세모꼴로 변했다.
> "어떤 창사구 빠진 잡놈이 그렇게 히득거리고 섰냐. 누
> 구냐, 어서 이리 썩 나오니라. 주리 댈 놈!"
> 외할머니의 대갈 호령에 사람들은 쥐 죽은 소리도 못
> 했다. 외할머니는 몸을 돌려 다시 구렁이를 상대로 했다.
> "자네 보다시피 노친께서는 기력이 여전허시고 따른 식
> 구덜도 모다덜 잘 지내고 있네. 그러니께 집안일일랑 아
> 모 염려 말고 어서어서 자네 가야 헐 디로 가소."
> 구렁이는 움쩍도 하지 않았다. 철사 토막 같은 혓바닥
> 을 날름거리면서 대가리만 두어 번 들었다 놓았다 했다.
> "가야 헐 디가 보통 먼 질이 아닌디 여그서 이러고 충그
> 리고만 있어서야 되겠능가. 자꼬 이러려는 못쓰네, 못
> 써. 자네 심정은 내 짐작을 허겄네만 집안 식구덜 생각
> 도 혀야지. 자네 노친 양반께서 자네가 이러고 있는 꼴
> 을 보면 얼매나 가슴이 미여지겠능가."
>
> — 윤흥길, '장마'

① 외할머니가 구렁이를 무서워하는 사람에게 야단을 치고
  있다.
② 외할머니가 구렁이를 산 사람처럼 대하면서 말을 건네고
  있다.
③ 외할머니가 구렁이를 혐오스럽게 생각해서 쫓아내려고 하
  고 있다.
④ 외할머니가 구렁이를 안심시키려고 음식을 대접하고 있다.

09 ⊙, ⓒ의 주장에 대한 비판으로 적절하지 않은 것은?

> 투표 제도에는 투표권 행사를 투표자의 자유의사에 맡기는 자유 투표제와 투표권 행사를 정당한 사유 없이 기권하면 법적 제재를 가하는 의무 투표제가 있다. 우리나라는 자유 투표제를 채택하고 있는데, ⊙의무 투표제를 도입하자는 측은 낮은 투표율로 투표 결과의 정당성이 확보되지 못하는 문제를 지적한다. 법적 제재는 분명 높은 투표율로 이어질 것이므로 의무 투표제가 낮은 투표율을 해결할 최선의 방안이라고 그들은 말한다. 나아가 더 많은 국민이 투표에 참여할수록 정치인들은 정책 경쟁력을 높이려 할 것이므로 정치 소외 계층에 대한 관심이 높아질 것이라고 기대한다.
>
> 반면 ⓒ의무 투표제에 반대하는 측은 현재 우리나라의 투표율이 정치 지도자들의 대표성을 훼손할 만큼 심각하지는 않다고 본다. 또 시민 교육 등 다른 방식으로도 투표율 상승을 기대할 수 있다며 의무 투표제가 투표율을 높일 가장 효과적인 방안은 아니라고 말한다. 그리고 의무 투표제를 도입하면, 선출된 정치인들이 높은 투표율을 핑계로 안하무인의 태도를 취하는 부작용이 생겨 국민의 뜻이 오히려 왜곡될 수 있다는 우려의 목소리를 내고 있다.

① ⊙은 투표율의 증가가 후보들의 정책 경쟁으로 이어진다는 것에 대한 근거를 제시해야 한다.
② ⊙은 정당한 사유 없는 기권에 대한 법적 제재가 투표율 상승으로 이어진다는 것을 뒷받침할 자료를 제시해야 한다.
③ ⓒ은 선출된 정치인들이 높은 투표율을 핑계로 안하무인의 태도를 취하는 부작용에 대한 대책을 제시해야 한다.
④ ⓒ은 현재 우리나라의 투표율이 정치 지도자들의 대표성을 훼손할 만큼 심각하지 않다는 것에 대한 근거를 제시해야 한다.

10 밑줄 친 부분의 한자 표기가 잘못된 것은?

① 이 경기의 승리는 노력의 결과(結果)이다.
② 사상 초유(初有)의 사태 앞에서 한없이 나약했다.
③ 그는 수많은 곡절(曲絶)을 겪은 후 대통령이 되었다.
④ 그 모임은 새로운 변화의 서막(序幕)을 올린 사건이다.

11 ⊙ ~ ㉣에 들어갈 말로 적절하지 않은 것은?

> 제목: ○○ 청소기 관련 고객 만족도 제고 방안
> Ⅰ. 고객 불만 현황
>   1.   ⊙
>   2. 인터넷 고객 문의 접수 및 처리 지연
> Ⅱ.   ⓒ
>   1. 해외 공장에서 제작한 모터 품질 불량
>   2. 인터넷 고객 지원 서비스 시스템의 잦은 오류
> Ⅲ.   ⓒ
>   1. 동종 제품 전량 회수 후 수리 또는 신제품으로 교환
>   2. 고객 지원 서비스 시스템 최신화 및 관리 인력 충원
> Ⅳ.   ㉣
>   1. 제품에 대한 고객 민원 해결 및 회사 이미지 제고
>   2. 품질 결함 최소화를 위한 품질 관리 체계의 개선 방향

① ⊙: 소음 과다 및 흡입력 미흡
② ⓒ: 고객 불만 발생의 원인
③ ⓒ: 고객 지원 센터의 지원 인력 부족
④ ㉣: 기대 효과와 향후 과제

12 ⊙을 설명한 방식으로 적절한 것은?

> 담배가 해로운데도 ⊙담배를 피우는 이유는 무엇일까? 첫째, 담배 피우는 모습이 멋있고 어른스럽다고 생각하는 것이다. 요즘은 담배를 마약과 같이 부정적으로 보는 시각이 크지만 과거에는 담배에 대해 긍정적인 인식이 있었다.
> 둘째, 담배를 피우면 정신이 안정되어 집중이 잘된다고 생각하는 점도 있다. 이것은 담배를 피움으로써 니코틴 금단 증상이 해소되기 때문인 것으로, 담배를 안 피우는 사람에 비해 더 안정되거나 집중이 잘되는 것은 아니다.
> 셋째, 담배를 피우는 이유는 니코틴 의존에도 있다. 체내에 니코틴이 없어지면 여러 가지 금단 증상으로 불안하고 초조해지는 등 고통스럽고, 이 고통 때문에 담배를 끊기 어렵다.
> 넷째, 담배를 피우는 이유에는 습관도 있다. 주위에 재떨이, 라이터, 꽁초 등이 눈에 보이면 자기도 모르게 담배에 손이 가고, 식후나 술을 마실 때도 습관적으로 담배 생각이 나서 피우게 된다.

① 정의   ② 분석
③ 서사   ④ 비교

13 다음 글에 대한 이해로 적절하지 않은 것은?

15세기 중엽 구텐베르크가 인쇄술을 도입했을 때 인쇄업에는 모험적인 투자가 필요했다. 인쇄 시설은 자주 교체해야 했고 노동 비용과 종잇값도 비쌌을 뿐 아니라, 막대한 투자금의 회수도 오래 걸렸다. 결국 15세기 말 인쇄업은 자금을 빌려주는 업자들에게 종속되었는데 그들은 경제적 목적을 가지고 책 사업을 장악하였다. 책은 생산 원가의 2~3배의 이윤을 남기는 고가의 제품이었기 때문이다. 필사본의 수량적 한계를 뛰어넘은 책은 상인들의 교역로를 따라 유럽 각지로 퍼져 나갔다. 이 사치품은 수지맞는 상품으로 시장에서 거래되었고, 그 과정에서 사상의 교환이 촉진되었다. 15세기 후반부에는 라틴어가 가장 중요했기에 라틴어로 된 종교 서적이 인쇄의 주류를 이루었다. 16세기 들어 인쇄술은 고대 문헌들의 출판을 통해 인문주의의 대의에 공헌했으며, 1517년 이후 종교 개혁을 위한 수단으로도 이용되었다.

① 16세기에는 인쇄술이 종교 개혁에 영향을 주었다.
② 15세기 말 인쇄업은 대금업자들에게 금전적으로 의존했다.
③ 유럽의 상인들이 사상의 교환을 위해서 책을 유통한 것은 아니었다.
④ 15세기 후반부에 라틴어는 인쇄술에 힘입어 가장 중요한 언어가 되었다.

14 다음 글에 대한 이해로 적절한 것은?

서양의 드래건(dragon)은 불을 내뿜는 악의 상징이었지만, 동양의 용(龍)은 신령스러움을 상징하는 존재였다. 용에 대한 동양의 인식에 의하면, 용은 날개 달린 드래건과 달리 날개 없이도 자유롭게 하늘을 날아다닐 수 있고 물속에서도 지낼 수 있으며, 네 발이 있으나 땅에서 걷는 일이 없다. 바닷가 사람들은 이러한 용이 주로 바다 속 용궁에서 지낸다고 생각했던 데 비해, 육지 사람들은 주로 하늘 위 구름 속에서 지낸다고 믿었다. 이는 환경 중심적 사고에 기인한바, 어부들은 용을 고깃배를 위협하는 풍랑(風浪)의 원인으로, 농부들은 곡식을 자라게 하는 풍우(風雨)의 원인으로 여긴 까닭이다. 자연히 어부는 '공포', 농부는 '은혜'라는 대립적 관념을 용의 신령함에 결부하게 됐는데 우리나라 전통 사회에서는 농업 비중이 큰 까닭에 대체로 용을 두려움의 대상으로보다는 상서로운 존재로 여겼다.

① 바닷가 어부들에게 '구름'과 '용궁'은 대립적 관념이었다.
② 육지 농부들은 구름 속 용에게 네 발이 있다고 인식했다.
③ 환경 중심적 사고에 의하면 풍랑과 풍우는 상서로운 현상이다.
④ 드래건에 대한 서양의 인식에 의하면 드래건은 하늘을 날 수 없다.

15 다음 글에 대한 이해로 적절하지 않은 것은?

아아! 누님이 시집가던 날 새벽에 얼굴을 단장하던 일이 마치 엊그제 같다. 그때 나는 막 여덟 살이었는데, 발랑 드러누워 발버둥을 치다가 새신랑의 말을 흉내 내 더듬거리며 점잖은 어투로 말을 하니, 누님은 그 말에 부끄러워하다 그만 빗을 내 이마에 떨어뜨렸다. 나는 골이 나 울면서 분에다 먹을 섞고 침을 발라 거울을 더럽혔다. 그러자 누님은 옥으로 만든 자그만 오리 모양의 노리개와 금으로 만든 벌 모양의 노리개를 꺼내 나에게 주면서 울음을 그치라고 하였다. 지금부터 스물여덟 해 전의 일이다.

강가에 말을 세우고 멀리 바라보니 붉은 명정(銘旌)*이 펄럭이고 배 그림자는 아득히 흘러가는데, 강굽이에 이르자 그만 나무에 가려 다시는 보이지 않았다. 그때 문득 강 너머 멀리 보이는 산은 검푸른 빛이 마치 누님이 시집가는 날 쪽 찐 머리 같았고, 강물 빛은 당시의 거울 같았으며, 새벽달은 누님의 눈썹 같았다. 그 옛날 누님이 빗을 떨어뜨리던 걸 생각하니, 유독 어릴 적 일이 생생히 떠오른다.

— 박지원, '큰누님 박씨 묘지명'

* 명정: 죽은 사람의 관직과 성씨 따위를 적은 기

① 자연물을 통해 누님의 모습을 연상하고 있다.
② 누님과의 영원한 이별에 대한 안타까움을 드러내고 있다.
③ 과거와 현재의 장면을 겹침으로써 상실의 감정을 나타내고 있다.
④ 누님의 결혼과 죽음에 대한 화자의 기쁨과 슬픔을 대조시켜 표현하고 있다.

16 다음 글에서 추론한 내용으로 적절하지 않은 것은?

> 고대 로마에서 사람들의 평균 수명은 불과 21세였다. 아동기를 넘긴 성인은 보통 70~80세 정도 살았지만 출생아의 1/3이 1세 전에, 그 이후 살아남은 아이의 절반이 10세 전에 사망했다. 이렇게 아동 사망률이 높았던 것은 미생물로 인한 질병 때문이었는데, 이를 밝혀 치료의 길을 연 사람은 파스퇴르였다.
>
> 파스퇴르는 1861년 미생물이 활동한 결과로 발효가 일어난다는 것을 밝히고, 이후 음식물의 발효나 부패가 공기 중의 미생물 때문에 일어남을 증명했다. 이는 음식물에서 저절로 새로운 생명체가 생겨나 음식물을 발효·부패시킨다는 자연 발생설을 반박하고 미생물의 존재를 명확히 한 것이었다. 1863년에는 음식물의 맛과 질감을 변화시키지 않으면서 살균하는 방법인 '파스퇴리제이션(pasteurization)'을 발견했다. 이것은 끓는점보다 낮은 온도에서 장시간 가열하는 방식으로, 우유의 경우 밀폐한 채로 63~65℃에서 30분 정도 가열하는 살균법이다.
>
> 이러한 연구에 이어 파스퇴르는 사람과 가축에게 생기는 질병의 원인이 미생물임을 밝혔다. 나아가 이를 예방할 수 있는 백신을 처음으로 만들어 사용하고 치료법도 제시하였다. 광견병, 탄저병 등에 대한 연구는 그의 큰 업적으로 남아 있다.

① 고대 로마인의 평균 수명이 낮았던 것은 아이들이 질병으로 많이 죽었던 것이 한 원인이었다.

② 파스퇴르는 음식물의 발효와 부패에 대해 자연 발생설을 부인하였다.

③ 끓는점 이하로 가열하는 파스퇴리제이션 살균법은 음식물의 맛과 질감을 높인다.

④ 파스퇴르의 미생물 연구는 질병으로 인한 아이들의 사망률을 줄이는 데에 기여했다.

17 (가)와 (나)의 공통점으로 적절하지 않은 것은?

> **(가)** 월영암에 사는 탁대사가 냇물에 몸을 씻고 바위 위에 앉아 좌선을 하고 있었다. 이때 하루 종일 먹이를 얻지 못하고 굶은 호랑이가 무슨 먹잇감이 없나 하고 찾다가, 알몸의 사람이 오똑하게 앉아 있는 것을 보고 너무 먹음직스러워 감격했다. 그래서 이런 좋은 것을 그대로 먹으면 감동이 적다고 생각하고, 산 뒤편의 숲속으로 들어갔다. 호랑이는 기분이 좋아 머리를 들어 공중을 향해 크게 웃기도 하고, 앞발을 들어 허공에 휘젓기도 하고, 고개를 좌우로 돌려 소리쳐 웃기도 했다. 한참 동안 이러고 나오니, 이미 날이 저물고 반석 위의 중은 벌써 돌아가고 없었다. 호랑이의 웃음이여, 정말로 웃음거리가 되고 말았구나.
>
> **(나)** 봉황(鳳凰)의 생일잔치에 온갖 새들이 다 와서 축하하는데, 박쥐는 오지 않았다. 그래서 봉황이 박쥐를 꾸짖어 말하기를, "너는 내 밑에 있는 새이면서 왜 그렇게 방자하냐?" 하고 문책했다. 이에 박쥐는 "나는 발로 기어다니는 짐승 무리이니 어찌 새인 당신에게 하례를 하겠습니까?"라고 말했다. 뒤에 기린(麒麟)의 생일잔치에 모든 짐승이 와서 하례했는데, 역시 박쥐는 나타나지 않았다. 그래서 기린이 불러 꾸짖으니 박쥐는, "나는 날개가 있어 새의 무리이니 짐승인 당신에게 어찌 축하하러 가겠습니까?" 하고 말하였다. 세상에서 일을 피해 교묘하게 면하는 사람이여, 참으로 '박쥐의 일'이라 하겠구나.

① 화자의 말을 통해 대상을 조소하고 있다.

② 일화를 통해 대상의 성격을 드러내고 있다.

③ 반어적 표현을 통해 대상을 비판하고 있다.

④ 우화적 설정을 통해 대상을 인격화하고 있다.

18 ㉠~㉢에 해당하는 예로 옳지 않은 것은?

「표준 발음법」 제29항
합성어 및 파생어에서, 앞 단어나 접두사의 끝이 자음이고 뒤 단어나 접미사의 첫음절이 '이, 야, 여, 요, 유'인 경우에는, 'ㄴ' 음을 첨가하여 [니, 냐, 녀, 뇨, 뉴]로 발음한다.
예 색-연필[생년필]

○ 다만, 다음과 같은 말들은 'ㄴ' 음을 첨가하여 발음하되, 표기대로 발음할 수 있다. ·················· ㉠
예 야금-야금[야금냐금/야그먀금]

○ [붙임 1]'ㄹ' 받침 뒤에 첨가되는 'ㄴ' 음은 [ㄹ]로 발음한다. ······················ ㉡
예 서울-역[서울력]

○ [붙임 2]두 단어를 이어서 한 마디로 발음하는 경우에도 이에 준한다. ························ ㉢
예 잘 입다[잘립따]

○ 다만, 다음과 같은 단어에서는 'ㄴ(ㄹ)' 음을 첨가하여 발음하지 않는다. ···················· ㉣
예 3.1절[사밀쩔]

① ㉠: 혼합약   ② ㉡: 휘발유
③ ㉢: 열여덟   ④ ㉣: 등용문

19 다음 대화에 대한 이해로 적절하지 않은 것은?

갑: 페가수스는 정말로 실존하는 것이겠지?
을: '페가수스'라는 단어는 실존하지 않는 대상을 지칭한다고 생각해.
갑: '페가수스'라는 단어가 의미를 지닌다는 것은 분명하지? 단어의 의미는 그 단어가 지칭하는 실존하는 대상이 무엇인가에 따라 결정돼. 모든 단어는 무언가의 이름인 것이지. 그러니 페가수스가 실존하지 않는다면 '페가수스'라는 이름이 어떻게 의미를 지니겠어? 이처럼 모든 이름은 실존하는 대상을 반드시 지칭해.
을: 단어 '로물루스'를 생각해 봐. 이 단어는 실제로는 이름이 아니라 일종의 축약된 기술어(記述語)야. '자기 동생을 죽이고 로마를 건국하는 등 여러 가지 일을 한 어떤 전설상의 인물'이라는 기술의 축약어일 뿐이란 거지. 만약 이 단어가 정말로 이름이라면, 그 이름이 지칭하는 대상이 실존하는지는 문제도 되지 않았을 거야. 어떤 단어가 이름이라면 그것은 실존하는 어떤 대상을 반드시 지칭하거든. 실존하지도 않는 대상에게 이름이 있을 수 없는 것은 너무 당연하니 말이야. 실존하지 않는 대상을 지칭하는 단어는 실제로는 이름이 아니라 일종의 축약된 기술어인 거야.

① 갑은 축약된 기술어가 실존하는 대상을 지칭할 수 없다고 보는군.
② 을은 실존하지 않는 대상을 지칭하는 단어가 있다고 보는군.
③ 갑은 '페가수스'를 이름으로, 을은 '페가수스'를 축약된 기술어로 보는군.
④ 갑과 을은 어떤 단어가 이름이려면 그 단어는 실존하는 대상을 반드시 지칭해야 한다고 보는군.

20 다음 글의 '이론 X'에 근거한 판단으로 적절한 것만을 〈보기〉에서 모두 고르면?

> 이론 X에 따르면, 'A가 B의 원인이다.'는 '만약 A가 일어나지 않았더라면 B도 일어나지 않았을 것이다.'와 같다. 예를 들어 '기온이 낮아진 것이 온도계 눈금이 내려간 원인이다.'는 '만약 기온이 낮아지지 않았더라면 온도계 눈금은 내려가지 않았을 것이다.'와 같다.
>
> 이론 X에서 '만약 A가 일어나지 않았더라면 B도 일어나지 않았을 것이다.'의 의미는 무엇인가? 그것은, A가 일어나지 않고 B가 일어난 상황보다, A가 일어나지 않고 B도 일어나지 않은 상황이 A가 일어나고 B도 일어난 사실과 더 유사하다는 것이다. 가령 '만약 기온이 낮아지지 않았더라면 온도계 눈금은 내려가지 않았을 것이다.'라는 것은, 기온이 낮아지지 않고 온도계 눈금이 내려간 상황보다, 기온이 낮아지지 않고 온도계 눈금이 내려가지 않은 상황이 기온이 낮아졌고 온도계 눈금이 내려간 사실과 더 유사하다는 것이다.

보기

ㄱ. 갑의 흡연이 갑의 폐암의 원인이라면, 갑이 흡연하지 않았더라면 갑은 폐암에 걸리지 않았을 것이다.

ㄴ. 갑이 홈런을 치지 않고 갑의 팀이 승리한 상황보다, 갑이 홈런을 치지 않고 갑의 팀이 승리하지 않은 상황이 갑이 홈런을 치고 갑의 팀이 승리한 사실과 더 유사하다는 것은, 갑의 홈런이 그 팀의 승리의 원인이라는 것이다.

ㄷ. 까마귀가 날자 배가 떨어졌음에도 까마귀가 난 것이 배가 떨어진 원인이 아니라는 것은, 까마귀가 날지 않고 배가 떨어지지 않은 상황보다, 까마귀가 날지 않고 배가 떨어진 상황이 까마귀가 날고 배가 떨어진 사실과 더 유사하다는 것이다.

① ㄱ, ㄴ
② ㄱ, ㄷ
③ ㄴ, ㄷ
④ ㄱ, ㄴ, ㄷ

정답 및 해설: 해설집 p.159
(문제집 p.276에서 전체 정답표를 확인하실 수 있습니다.)

모바일 자동 채점 + 성적 분석 서비스 바로 가기
QR코드를 이용해 모바일로 간편하게 채점하고 나의 실력이 어느 정도인지, 취약 부분이 어디인지 바로 파악해 보세요!

01 밑줄 친 외래어 표기가 옳은 것은?

① 그 주제로 심포지엄을 열었다.
② 위험물 주위에 바리케이트를 쳤다.
③ 이 광고에 대한 컨셉트를 논의했다.
④ 인터넷을 통해 많은 컨텐츠가 제공되었다.

02 밑줄 친 활용형 중 옳은 것은?

① 식은 국을 따뜻하게 데서 먹었다.
② 아이가 소란을 펴서 정신이 없다.
③ 어린이가 한시를 줄줄 왜서 놀랐다.
④ 나는 뜬눈으로 밤을 새서 너무 피곤하다.

03 ㉠~㉣의 전개 순서로 가장 자연스러운 것은?

> 　1900년대 이후로 다른 문자를 지양하고 한글로만 문자 생활을 영위하고자 하는 경향이 나타났다.
> ㉠ 이에 따라 각급 학교 교재에 한자는 괄호 안에 넣는 조치를 취했다.
> ㉡ 그 과정에서 그들이 가장 고심했던 일은 우리말 어휘의 반 이상을 차지하는 한자어를 어떻게 처리하느냐 하는 것이었다.
> ㉢ 한글학회의 『큰사전』에서는 모든 단어의 표제어는 한글로 적었고 괄호 속에 한자, 로마자 등 다른 문자를 병기하였다.
> ㉣ 이로 인해 1930년대 이후에 우리 어문 연구가들은 맞춤법과 외래어 표기법을 제정하고 표준어를 사정하였으며 이를 바탕으로 사전 편찬 사업을 추진했다.

① ㉡ - ㉠ - ㉢ - ㉣
② ㉡ - ㉢ - ㉠ - ㉣
③ ㉣ - ㉡ - ㉢ - ㉠
④ ㉣ - ㉢ - ㉠ - ㉡

04 ㉠, ㉡의 한자 표기로 옳은 것은?

> • ㉠간발의 차이로 비행기를 놓쳤다.
> • 그의 실력은 장인의 실력에 ㉡비견될 만하다.

	㉠	㉡
①	間髮	批腑
②	簡拔	比房
③	間髮	比肩
④	簡拔	批腑

05 밑줄 친 단어가 가리키는 대상을 노래한 것은?

> 珠簾을 고텨 것고 玉階를 다시 쓸며
> 啓明星 돗도록 곳초 안자 브라보니
> 白蓮花 흔 가지를 뉘라셔 보내신고
>
> 　　　　　　　　　　　　　　- 정철, '관동별곡'

① 구룸 빗치 조타 ᄒ나 검기를 ᄌ로 ᄒ다
　ᄇ람 소리 맑다 ᄒ나 그칠 적이 하노매라
　조코도 그츨 뉘 업기는 믈뿐인가 ᄒ노라
② 고즌 므스 일로 픠며셔 쉬이 디고
　플은 어이ᄒ야 프르는 듯 누르느니
　아마도 변티 아닐손 바회뿐인가 ᄒ노라
③ 나모도 아닌 거시 플도 아닌 거시
　곳기는 뉘 시기며 속은 어이 뷔연는다
　뎌러코 四時예 프르니 그를 됴하ᄒ노라
④ 쟈근 거시 노피 떠서 萬物을 다 비취니
　밤듕의 光明이 너만ᄒ니 또 잇느냐
　보고도 말 아니 ᄒ니 내 벋인가 ᄒ노라

06 다음 글에 대한 이해로 적절한 것은?

생산량이나 소득처럼 겉보기에 가장 간단할 것 같은 경제학적 개념도 이끌어 내는 데 각종 어려움이 따른다. 거기에 수많은 가치 판단이 들어가기 때문이다. 생산량 통계에 가사 노동을 포함하지 않는 것이 한 예이다. 숫자 자체에 이의를 제기하지 않더라도 생산량이나 소득 통계가 생활수준을 정확히 나타낸다고 말하기는 어렵다. 특히, 가난한 나라보다 식량, 주거, 의료 서비스 등 기본적 필요를 충족한 상태인 부유한 나라들은 더욱 그렇다.

또 구매력, 노동 시간, 생활수준을 결정하는 비금전적인 요인, 비합리적인 소비 행위, 위치재 등이 초래하는 차이도 고려해야 한다. 행복측정 연구는 이런 문제들을 피하려고 노력하지만, 그 연구에는 더 심각한 문제들이 있다. 행복은 그 자체로 측정이 어렵다는 점과 다양한 선호의 문제가 개입된다는 점 때문이다. 행복은 가치의 영역으로서 그에 대해 부여하는 우리의 관념과 욕망, 선호의 지점이 각기 다를 뿐만 아니라 비금전적인 요인 등 복잡한 차이가 존재하므로 행복측정 연구와 같은 영역은 그 대상을 측정하는 것이 그만큼 어려워진다.

물론 이렇게 문제가 있다고 해서 경제학에서 숫자를 사용하면 안 된다는 말이 아니다. 생산량, 성장률, 실업률, 불평등 수준 등에 관한 주요 숫자를 모르고서는 우리는 실제 세상의 경제를 제대로 이해할 수 없다. 그렇지만 이 숫자들이 무엇을 말해 주고, 무엇을 말해 주지 않는지를 항상 명심해야 한다.

① 행복측정 연구에서 측정의 어려움은 선호의 문제로 보완될 수 있다.
② 사람들의 생활수준을 측정하는 것은 가난한 나라보다 부유한 나라에서 더 어렵다.
③ 가치 판단은 측정이 불가능하기 때문에 경제학적 개념을 추출하는 데 어려움을 초래한다.
④ 경제학에서 사용하는 숫자는 객관성이 부족하기 때문에 실제 경제를 이해하는 데 도움이 되지 않는다.

07 밑줄 친 한자어를 고쳐 쓴 것으로 적절하지 않은 것은?

① 우리 시에서는 그 안건을 부의(附議)하겠다고 밝혔다.
→ 우리 시에서는 그 안건을 토의에 부치겠다고 밝혔다.
② 당국은 불법 점유 토지를 명도(明渡)하라고 지시했다.
→ 당국은 불법 점유 토지를 명확하게 파악하라고 지시했다.
③ 우리 조합은 주민들에게 동의서 징구(徵求)를 결정했다.
→ 우리 조합은 주민들에게 동의서 제출 요구를 결정했다.
④ 이 기업은 상여금을 임금에 산입(算入)할 것인지를 논의했다.
→ 이 기업은 상여금을 임금에 포함할 것인지를 논의했다.

08 다음 글에서 추론한 것으로 가장 적절한 것은?

현재 약 7,000개의 언어가 있지만, 그 본질은 다르지 않다. 인간이 언어를 가지게 된 것이 대략 6만 년 전인데, 그 동안 많은 언어가 분기하고 사멸하였다. 오늘날의 모든 언어는 나름대로 특별한 역사를 갖는다. 언어는 살아 있는 생명체와 같아서 지금 이 시간에도 변화는 계속되고 있다. 개별 언어들은 발음과 규칙, 그리고 의미의 세밀한 변화를 현재진행형으로 겪고 있다. 또한 '피진(pidgin)'과 같이 의사소통의 편의를 위해 급조된 언어도 있는데, 이 언어를 사용하는 집단의 후대는 자연스럽게 '크리올(creole)'과 같은 새로운 언어를 탄생시키기도 한다. 피진과 크리올은 비교적 근래에 형성된 것이므로 그 변화의 역사적 과정을 살필 수 있다. 이를 통해 고대의 언어들이 명멸하는 과정도 이와 유사했을 것이라고 짐작할 수 있다.

언어 중에는 영어와 같이 국제적으로 세력을 얻어 글로벌 시대에 의사소통의 가교 역할을 하는 언어도 있다. 이러한 언어들을 '링구아 프랑카(lingua franca)'라고 부른다. 과거에 서양에서는 그리스어나 라틴어가, 동양에서는 한자가 그 역할을 수행하기도 했다. 그러나 지금과 같은 글로벌 사회에서는 미디어나 교통수단의 발달에 힘입어 현재의 국제 통용어로 사용되는 영어가 과거의 국제 통용어들보다 훨씬 많은 힘을 발휘하고 있다.

① 교류와 소통이 증가하면 언어의 분기와 사멸의 속도가 빨라질 것이다.
② 그리스어나 라틴어는 서양의 다른 언어보다 발음, 규칙, 의미가 쉽게 변하지 않는다.
③ 국제사회에서 영향력이 강한 나라가 등장하면 그 나라의 언어가 링구아 프랑카가 될 수 있다.
④ '어리다'의 의미가 '어리석다'에서 '나이가 적다'로 변화한 것은 피진에서 크리올로 변화한 사례이다.

09 ㉠~㉢의 음운 변동에 대한 설명으로 옳지 <u>않은</u> 것은?

> ㉠ 식용유　　　　　　㉡ 헛걸음
> ㉢ 안팎일　　　　　　㉣ 입학생

① ㉠과 ㉢은 각각 음운의 첨가가 나타난다.
② ㉠과 ㉣은 각각 음운 변동 전과 후의 음운 개수가 같다.
③ ㉡과 ㉢은 각각 음운의 대치가 나타난다.
④ ㉡과 ㉣은 같은 유형의 음운 변동이 있다.

10 밑줄 친 단어가 바르게 쓰인 것은?

① 그는 평생 <u>호의호식</u>을 하며 지냈다.
② 그는 <u>환골탈퇴</u>의 자세로 새 일에 임했다.
③ 부모님은 <u>주야장창</u>으로 자식 걱정뿐이다.
④ <u>산수갑산</u>을 가는 한이 있어도 그 일은 꼭 하고 싶다.

11 밑줄 친 어구와 같은 뜻의 한자 성어는?

> 이생(李生)은 그 이후로 인간사에 게을러져 친척과 빈객의 길흉사가 있어도 문을 닫고 나가지 않았다. 늘 아내 최씨(崔氏)와 더불어 시를 주고받으며 <u>사이좋게 지냈다.</u>
> – 김시습, '이생규장전'

① 琴瑟相和　　　　　② 女必從夫
③ 談笑自若　　　　　④ 男負女戴

12 ㉠~㉣에 들어갈 내용으로 적절하지 <u>않은</u> 것은?

> ○ 제목: 인터넷 범죄 증가의 원인
> 　1. 국가적 측면: ┌ ㉠ ┐ 때문에 인터넷 범죄를 처벌하는 관련 규정이 신속하게 제정되지 않는다.
> 　2. 개인적 측면
> 　　(1) ┌ ㉡ ┐ 때문에 개인 컴퓨터의 백신 프로그램 설치가 미흡하다.
> 　　(2) ┌ ㉢ ┐ 때문에 인터넷상에서 개인 신상 정보 취급이 소홀하게 다루어진다.
> 　3. 기술적 측면: ┌ ㉣ ┐ 때문에 컴퓨터 보안 프로그램 개발이 미흡하다.

① ㉠: 인터넷 범죄 처벌 규정의 제정 과정이 지나치게 복잡하기
② ㉡: 인터넷 사용 시 백신 프로그램을 중요하게 생각하지 않기
③ ㉢: 자신의 개인 정보는 범죄에 이용되지 않을 것이라고 안이하게 생각하기
④ ㉣: 컴퓨터 판매량을 늘리기 위한 인프라가 제대로 구축되어 있지 않기

13 다음 글에서 추론한 내용으로 적절하지 <u>않은</u> 것은?

> 금융 회사와 은행 상당수가 파랑을 상징색으로 쓰고 있다. 파랑의 긍정적 속성에는 정직과 신뢰가 있다. 파랑을 사용한 브랜드는 친근성과 전문성이 높아 보인다. 또한 파랑은 테크놀로지 업계에서 선호하는 색이다. 파랑은 소통의 색으로서 소셜 미디어와 잘 어울린다. 페이스북, 트위터, 링크드인의 색을 생각해 보라. 파랑을 상징색으로 사용한 브랜드가 파랑의 긍정적인 가치로 드러날 경우도 있지만, 그렇지 못할 경우에 차갑고 불친절하고 무심한 느낌의 부정적인 가치로 나타나기도 한다.
> 　파랑은 기업의 단체복에 자주 사용한다. 약간 어두운 톤의 파란색은 친근하고 진지하며 품위 있는 분위기를 전달한다. 어두운 파란색 단체복은 약간의 보수성과 전통을, 밝은 파란색 단체복은 친근한 소통과 창의적인 사고를 표현한다. 이 색은 교복에도 적합하다. 톤을 잘 선택하면 파랑은 집중에 도움을 주고 차분하게 해 주며 활발한 토론과 의견 교환에 도움을 준다.

① 브랜드의 로고를 만들 때 색이 주는 효과를 고려해야 한다.
② 테크놀로지 업계에서 브랜드에 파란색을 써서 성공한 것은 우연한 선택의 결과로 봐야 한다.
③ 색을 효과적으로 사용하려면 색이 주는 긍정적 속성을 잘 파악해야 한다.
④ 색의 톤에 따라 전달하는 분위기가 다르니, 인테리어에 쓸 때 파랑이 지닌 다양한 톤을 알아봐야 한다.

14 다음 발화에 나타난 주장으로 가장 적절한 것은?

신어(新語)에 대해 말할 때, 보통 유행이나 비속어, 은어와 같은 한정된 대상을 떠올리는 경우가 많습니다. 그런데 신어 연구의 대상은 특정한 범주의 언어, 소수 집단의 언어에 한정되지 않습니다. 어려운 전문 용어는 의사소통의 효율성이나 교육적 목적을 위해 순화된 신어로 대체할 필요가 있는데, 특히, 상당수의 전문 용어는 신어에 대한 정책적인 고려가 필요해 보입니다. 예를 들어 '좌창(痤瘡)'이라는 의학 용어를 대체한 '여드름'은 일상생활뿐만 아니라 전문 분야에서도 신어로 자리를 잡았습니다. 이와 같은 신어는 전문 용어의 순화에도 일정한 역할을 하고 있습니다. 이는 신어 연구가 단지 새로운 어휘와 몇 가지 주제를 나열하는 연구를 넘어서 한국어 조어론 전반에 대한 연구로 확장되어야 하는 이유이기도 합니다. 이러한 신어의 영역은 대중이 생산하는 '자연 발생적 신어'의 영역과 더불어 '인위적인 신어'의 영역으로 논의되어야 합니다.

① 신어에서 비속어나 은어가 빠져야 한다.
② 신어는 연구 대상과 영역을 확장해야 한다.
③ 자연 발생적인 신어에 대한 정책적 고려가 필요하다.
④ 신어는 의사소통의 효율성을 위해 그 범주를 특정해야 한다.

15 다음 글의 화자에 대한 설명으로 가장 적절한 것은?

열 두 째 김도 길샤 설흔 날 지리(支離)ᄒ다. 옥창(玉窓)에 심근 매화(梅花) 몃 번이나 픠여진고. 겨울 밤 차고 찬 제 자최눈 섯거 치고, 여름날 길고 길 제 구즌 비ᄂᆞᆫ 므스 일고. 삼츈 화류(三春花柳) 호시졀(好時節)의 경물(景物)이 시름업다. 가을 ᄃᆞᆯ 방에 들고 실솔(蟋蟀)이 상(床)에 울 제, 긴 한숨 디ᄂᆞᆫ 눈물 쇽졀 업시 헴만 만타. 아마도 모진 목숨 죽기도 어려울사. 도로혀 풀쳐 혜니 이리 ᄒᆞ여 어이 ᄒᆞ리. 청등(靑燈)을 돌라 노코 녹기금(綠綺琴) 빗기 안아, 벽련화(碧蓮花) 한 곡조를 시름 조츠 섯거 타니, 소상(瀟湘) 야우(夜雨)의 댓소리 섯도ᄂᆞᆫ 듯, 화표(華表) 천년(千年)의 별학(別鶴)이 우니ᄂᆞᆫ 듯, 옥수(玉手)의 타는 수단(手段) 녯 소래 잇다마ᄂᆞᆫ, 부용장(芙蓉帳) 적막(寂寞)ᄒ니 뉘 귀에 들리소니. 간장(肝腸)이 구곡(九曲)되야 구븨구븨 쓴쳐서라. 출하리 잠을 드러 꿈의나 보려 ᄒᆞ니, 바람의 디ᄂᆞᆫ 닙과 풀 속에 우는 즘생, 므스 일 원수로서 잠조차 쌔오ᄂᆞᆫ다. 천상(天上)의 견우 직녀(牽牛織女) 은하수(銀河水) 막혀셔도, 칠월 칠석(七月七夕) 일년 일도(一年一度) 실기(失期)치 아니거든, 우리 님 가신 후는 무슨 약수(弱水) 가렷관듸, 오거나 가거나 소식(消息)조차 쓰쳣는고. 난간(欄干)의 비겨 셔서 님 가신 듸 바라보니, 초로(草露)는 맷쳐 잇고 모운(暮雲)이 디나갈 제, 죽림(竹林) 푸른 고듸 새 소리 더욱 설다. 세상의 서룬 사람 수업다 ᄒᆞ려니와, 박명(薄命)ᄒ 홍안(紅顔)이야 날 가ᄐᆞ니 쏘 이실가. 아마도 이 님의 지위로 살동말동 ᄒᆞ여라.

                  – '규원가' 중에서

① 시간 변화를 통해 슬픔과 기쁨의 감정 변화를 나타내고 있다.
② 자신이 처한 상황과 그 심정을 자연물에 의탁해서 드러내고 있다.
③ 자신에게 가해지는 차별과 억압의 원인을 연인과의 이별에서 찾고 있다.
④ 운명에 순응하여 힘든 결혼 생활을 견뎌 온 것에 대해 자부심을 가지고 있다.

16 다음 글의 대한 이해로 적절하지 않은 것은?

> 우리 헌법에는 신체의 자유, 거주·이전의 자유, 직업의 자유, 주거의 자유, 통신의 자유 등 명시적으로 개별적인 기본권을 정하고 있다. 하지만 인간의 삶에 필요한 자유가 특정 시점을 기준으로 모두 구체적인 이름을 띠고 있을 수는 없다. 그런 이유로 인간이 살아가면서 발견하게 될 자유도 헌법상 보장되는 장치를 할 필요가 있어서 헌법 제37조 제1항에 "국민의 자유와 권리는 헌법에 열거되지 아니한 이유로 경시되지 아니한다."라고 정함으로써 모든 영역에 걸쳐 자유를 보장하고 있다.
>
> 그런데 자유는 무한하지도 않고, 방임도 아니다. 이런 자유는 타인의 자유와 권리를 침해하지 않는 범위 내에서 인정되며, 공동체의 존속과 발전을 침해하지 않는 범위 내에서 향유할 수 있는 것이다. 우리 헌법이 규율하는 공동체 질서 내에서의 자유는 어디까지나 공동체의 존속, 안전, 평화, 그리고 타인과 더불어 살아가는 상생을 전제로 하는 것이다.
>
> 헌법에서 보장하는 자유도 이러한 범위에서 제한을 받는 것이기는 하지만 국가안전보장, 질서유지, 공공복리라는 가치들이 있기만 하면 국민의 자유가 마음대로 제한될 수 있는 것은 아니다. 이런 가치에 의해 자유를 제한하는 경우에도 과잉금지원칙이 적용되고 기본권의 본질적인 내용은 침해할 수 없다.

① 인간의 자유는 공동체의 존속과 발전을 침해하지 않는 범위 내에서 향유할 수 있다.

② 헌법 제37조 제1항은 헌법에 열거되지 않은 자유에 대해서 보장하는 장치를 마련하고 있다.

③ 헌법에 명시된 자유 외에 새롭게 발견하게 될 자유를 제한할 경우에 과잉금지원칙을 적용한다.

④ 자유는 무한하지도 않고, 방임도 아니므로 특정 시점을 기준으로 구체적인 이름을 부여할 필요가 있다.

17 ⊙~㉣의 문맥적 이해로 적절하지 않은 것은?

> 당신의 손끝만 스쳐도 소리 없이 열릴 돌문이 있습니다. 뭇사람이 조바심치나 굳이 닫힌 이 돌문 안에는, 석벽 난간 열두 층계 위에 이제 ⊙검푸른 이끼가 앉았습니다.
>
> 당신이 오시는 날까지는, 길이 꺼지지 않을 ㉡촛불 한 자루도 간직하였습니다. 이는 당신의 그리운 얼굴이 이 희미한 불 앞에 어리울 때까지는, 천년이 지나도 눈 감지 않을 저의 슬픈 영혼의 모습입니다.
>
> 길숨한 속눈썹에 항시 어리운 이 두어 방울 이슬은 무엇입니까? 당신의 남긴 푸른 도포 자락으로 이 눈썹을 씻으랍니까? 두 볼은 옛날 그대로 복사꽃빛이지만, 한숨에 절로 입술이 푸르러 감을 어찌합니까?
>
> 몇만 리 굽이치는 강물을 건너와 당신의 따슨 손길이 저의 흰 목덜미를 어루만질 때, 그때야 저는 자취도 없이 ㉢한 줌 티끌로 사라지겠습니다. 어두운 밤 하늘 허공 중천에 바람처럼 사라지는 저의 옷자락은, 눈물 어린 눈이 아니고는 보이지 못하오리다.
>
> 여기 돌문이 있습니다. 원한도 사무칠 양이면 지극한 정성에 ㉣열리지 않는 돌문이 있습니다. 당신이 오셔서 다시 천년토록 앉아 기다리라고, 슬픈 비바람에 낡아 가는 돌문이 있습니다.
>
> — 조지훈, '석문'

① ⊙: 임에 대한 오랜 기다림

② ㉡: 임에 대한 변하지 않는 사랑

③ ㉢: 기약할 수 없는 임에 대한 체념

④ ㉣: 임에 대한 사무치는 원한

18 다음 글에 대한 이해로 적절하지 않은 것은?

작은 산골 간이역에서 제시간에 정확히 도착하는 완행 열차를 보기가 그리 쉬운 일은 아님을 익히 알고 있는 탓이다. 더구나 오늘은 눈까지 내리고 있지 않은가. 〈중 략〉 지금 대합실에 남아 있는 사람은 모두 다섯이다. 한가운데에 톱밥 난로가 놓여 있고 그 주위로 세 사람이 달라붙어 있다.

출감한 지 며칠이 지났건만 사내는 감방 밖에서 보낸 그간의 시간이 오히려 꿈처럼 현실감이 없다. 사내는 출감 후부터 자꾸만 무엇인가 대단히 커다란 것을 빼앗겼다는 느낌을 감출 수가 없었다. 감방 안에서 사내는 손바닥 안에 움켜쥔 모래알이 빠져나가듯 하릴없이 축소되어 가고 있는 자기 몫의 삶의 부피를 안타깝게 저울질해 보곤 했었다. 〈중 략〉

대학생에겐 삶은 이 세상과 구별할 수 없는 그 무엇이다. 스물넷의 나이인 그에게는 세상 돌아가는 내력을 모르고, 아니 모른 척하고 산다는 것은 절대로 용서할 수 없다. 그런 삶은 잠이다. 마취 상태에 빠져 흘려보내는 시간일 뿐이라고 청년은 믿고 있다. 하지만 그는 얼마 전부터 그런 확신이 조금씩 흔들리기 시작하는 걸 느끼고 있다. 유치장에서 보낸 한 달 남짓한 기억과 퇴학, 끓어오르는 그들의 신념과는 아랑곳없이 이루어지고 있는 강의실 밖의 질서…… 그런 것들이 자꾸만 청년의 시야를 어지럽히고 혼란을 일으키고 있는 중이다.　　　－ 임철우, '사평역' 중에서

① 등장인물들의 과거 삶이 순탄치 않았음을 보여 준다.
② 등장인물들 사이의 갈등이 없이 이야기가 전개되고 있다.
③ 대합실에서 열차를 기다리는 사람들의 상황을 그리고 있다.
④ 등장인물들의 구체적인 행위가 객관적으로 기술되고 있다.

19 ㉠과 ㉡에 대한 진술 방식으로 적절하지 않은 것은?

㉠예술의 본질은 무엇인가를 표현하는 것이다. 이 말은 예술이 ㉡과학과 마찬가지로 일종의 설명적 기능을 하고 있다는 것이다. 예술가들은 자신의 언어를 통해서 대상에 대한 자신의 생각이나 느낌을 전달한다. 특히 낭만적인 예술가들은 예술의 기능을 본질적으로 표현에 있다고 보고, 예술의 기능이 과학의 기능과 질적으로 다르지 않다고 하였다. 과학이나 예술은 다 같이 우리들이 경험하고 있는 사물 현상에 질서를 주는 방법이라는 것이다. 과학이나 예술의 목적이 진리를 밝히는 데 있으며, 그들의 언어가 갖는 의미는 그 언어가 가리키는 지시 대상에서 찾아진다는 것이다.

그러나 예술의 언어가 과학의 언어처럼 지시적 기능을 갖고 있다는 사실은 예술에 대한 오해에서 비롯된 것이다. 다빈치의 「모나리자」는 모나리자라는 여인을 모델로 했다고 하더라도, 그러한 인물을 지시하고 표현했기 때문에 예술이 되는 것은 아니다. 이 예술 작품은 실재 인물과 상관없이 표현의 결과물로서 존재한다. 이처럼 예술 작품은 의미를 갖는 언어 뭉치로서 존재하는 것이다. 예술이 '말할 수 없는 것을 말하는 것'이라는 견해도 여기에서 비롯된다.

① ㉠에 대한 예시를 들고 있다.
② ㉠에 대한 개념을 밝히고 있다.
③ ㉠과 ㉡의 공통점을 기술하고 있다.
④ ㉠과 ㉡을 인과적으로 분석하고 있다.

'대중예술'이라는 용어는 다소 모호하게 사용된다. 이 용어는 19세기부터 쓰였고, 오늘날에는 대중매체 예술뿐 아니라 서민들이 향유하는 예술에도 적용된다. 이 용어의 사용과 관련하여 제기되는 비판과 의문은, 예술이란 용어 자체가 이미 고유한 미적 가치를 함축하고 있기 때문에 대중예술이라는 개념은 본질적으로 모순이며 범주상의 오류라는 것이다. 이 같은 논쟁은 고급 예술과 대중예술 사이의 위계적 이분법 아래에 예술 대 엔터테인먼트라는 대립이 존재함을 알려 준다.

대중예술과 마찬가지로 엔터테인먼트는 고급 문화와 대비하여 저급한 것으로 널리 규정되어 왔다. 결과적으로 엔터테인먼트와 대중예술에 관한 이론은 대개 두 입장 사이에 놓인다. ⊙첫 번째 입장은 엔터테인먼트가 고급 문화를 차용해서 타락시키는 것이라고 주장하면서, 엔터테인먼트를 고급 문화에 전적으로 의존하고, 종속되며 그것에서 파생되는 것으로 간주한다. ⊙두 번째 입장은 엔터테인먼트를 고급 문화와 동떨어진 영역, 즉 고급 문화에 도전함으로써 대립적인 태도를 유지하면서 엔터테인먼트 자체의 자율적 규칙, 가치, 원리와 미적 기준을 갖고 있는 것으로 규정한다.

첫 번째 입장은 다양한 가치를 이상적인 진리 안에 종속시킴으로써, 예술의 형식과 즐거움의 미적 가치에 대한 어떠한 상대적 자율성도 인정하지 않는다. 두 번째 입장은 대중예술에 대한 극단적 자율성을 주장하는 것으로서, 고급 예술이 대중예술에 대하여 휘두르고 있는 오래된 헤게모니의 흔적을 제대로 평가하지 않을 뿐 아니라 고급 예술과 대중예술 사이의 관계를 설명하지 못한다.

① ⊙은 고급 문화와 엔터테인먼트 사이의 위계성을 설명하지 못한다.

② ⊙은 대중예술과 엔터테인먼트에 비해 고급 예술과 고급 문화의 우월성을 강조한다.

③ ⊙은 고급 예술과 대중예술 사이의 관계성을 설명하지 못한다.

④ ⊙은 고급 예술과 고급 문화에 대해 대중예술과 엔터테인먼트의 독자성을 강조한다.

정답 및 해설: 해설집 p.163
(문제집 p.276에서 전체 정답표를 확인하실 수 있습니다.)

모바일 자동 채점 + 성적 분석 서비스 바로 가기
QR코드를 이용해 모바일로 간편하게 채점하고 나의 실력이 어느 정도인지, 취약 부분이 어디인지 바로 파악해 보세요!

01 ㉠~㉣에 대한 설명으로 옳은 것은?

○ 현주가 취직이 되었대. ㉠이는 참으로 잘된 일이야.
○ 지금 사는 ㉡그 집이 싫으면 다른 집을 알아보자.
○ 쟤는 우리가 싫어했던 ㉢저것이 마음에 든대.
○ 어르신, 제가 ㉣저 건물까지 부축해 드리겠습니다.

① ㉠: 앞에 발화된 진술의 내용을 지시하는 기능을 한다.
② ㉡: 화자와 청자 모두 모르는 대상을 지시하는 기능을 한다.
③ ㉢: 화자는 모르지만 청자는 아는 내용을 지시하는 기능을 한다.
④ ㉣: 화자와 청자 모두에게 가까이 위치한 대상을 지시하는 기능을 한다.

02 다음을 고려한 보고서 작성 방안으로 적절하지 않은 것은?

주제: 주거지의 관광 명소화에 따른 문제점과 개선 방안
목적: 북촌 한옥 마을, 이화 마을 등의 주거 지역에 관광객이 몰리면서 기존 거주민의 쾌적한 주거 환경이 위협받는 문제에 대한 개선 방안을 마련하고자 한다.

① 외국의 유사한 정책 사례를 조사하고 시사점을 도출한다.
② 대상 지역에 주소지를 둔 관광 업체의 경영 실태 및 매출 실적을 분석한다.
③ 전문가 자문 회의와 주민 토론회를 열어 개선 방안에 대한 다양한 의견을 수렴한다.
④ 대상 지역 주민들과의 면담을 통해 피해 사례를 조사하고 일정한 기준에 따라 유형화한다.

03 밑줄 친 어휘 중 잘못 쓰인 것으로만 묶은 것은?

어쩔 수 없는 상황이었지만 혼자 낯선 이의 집에서 숙식을 ㉠붙인다는 것은 분명 힘에 ㉡부치는 일로 보였다. 오늘은 측은한 마음에 말을 ㉢붙여 보았지만, 아무 대답 없이 아버지에게 편지를 보내려고 우표를 ㉣부치고 있을 뿐이었다. ㉤붙여 먹을 땅 한 평 없던 아버지일지라도 그 아이가 유일하게 정을 ㉥붙였던 사람이라는 것을 알 수 있었다.

① ㉠, ㉢, ㉥
② ㉠, ㉣, ㉤
③ ㉡, ㉢, ㉤
④ ㉡, ㉣, ㉥

04 밑줄 친 부분의 주된 설명 방식은?

보살은 자기 자신이 불경의 체험 내용인 보리를 구하려고 노력하는 동시에 일체의 타인에게도 그의 진리를 체득시키고자 정진하는 인간이다. 그러므로 보살은 나한과 같은 자리(自利)를 위하여 보리를 구하는 자가 아니고 어디까지든지 이타(利他)를 위하여 활동하는 것이다. 나한이 개인적 자각인 데 대하여 보살은 사회적 자각에 입각한 것이니, 나한은 언제든지 개인 본위이고 개인 중심주의인 데 대하여 보살은 사회 본위이고 사회 중심주의인 것이다.

① 유추
② 묘사
③ 예시
④ 대조

05 다음 글에서 결론적으로 주장하는 바로 가장 적절한 것은?

사회 관계망 서비스(SNS)는 개인의 알 권리를 충족하거나 사회적 정의 실현을 위해 생각과 정보를 공유할 수 있도록 돕는다는 면에서 긍정적인 가치를 인정받는다. 그러나 도덕적 응징이라는 미명하에 개인의 신상 정보를 무차별적으로 공개하는 범법 행위가 확산되면서 심각한 사회 문제가 일고 있는 것이 사실이다. 법적 처벌이 어렵다면 도덕적으로 응징해서라도 죄를 물어야 한다는 누리꾼들의 요구가, '모욕죄'나 '사이버 명예 훼손죄' 등으로 처벌될 수 있는 범죄 행위 수준의 과도한 행동으로 이어지는 경우를 우려해야 하는 상황인 것이다.

특히 사회적 비난이 집중된 사건의 경우, 공익을 위한다는 생각으로 사건의 사실 여부를 제대로 확인하지도 않은 채 개인 신상 정보부터 무분별하게 유출하는 행위가 끊이지 않고 있어 문제의 심각성이 커지고 있다. 그로 인해 개인의 사생활 침해와 인격 훼손은 물론, 개인 정보가 범죄에 악용되는 부작용이 발생하고 있다. 따라서 사회 관계망 서비스를 이용하여 정보를 공유할 때에는, 개인의 사생활을 침해하거나 인격을 훼손하는 정보를 유출하는 것은 아닌지 각별한 주의를 기울일 필요가 있다.

① 정보 공유를 통해 사회 정의를 실현할 수 있다.
② 정보 유출로 공공의 이익이 훼손되는 경우는 없다.
③ 공유된 정보는 사실 관계를 확인할 수 있어야 한다.
④ 정보 공유 과정에서 개인의 인권이 침해당해서는 안 된다.

06 다음 글의 내용에 부합하지 않는 것은?

한국 전통 건축의 특징 중 하나는 여러 건물들이 일정한 축이나 질서에 의해 배치되고, 그 중간 부분에 크고 작은 마당들이 있다는 것이다. 그리고 마당으로부터의 시선이 마루를 거쳐 방으로 연결되고, 다시 창호를 통해 저 멀리의 들과 강과 산으로 이어진다. 한국 전통 건축은 결코 자연을 소유하려 하지 않는다. 자연을 있는 그대로 두고 열려진 건축 공간을 통해 정원처럼 즐기는 방식을 취한다. 그것은 자연을 정복하려는 중국 전통 건축이나, 자연을 소유하려는 일본 전통 건축의 특징과 명확히 구별되는 것이다.

한국 전통 건축물이 왜소하거나 초라해 보인다고 말하는 경우는 대개 외형적인 크기와 넓이 그리고 장식적 요소에만 집착하기 때문이다. 한국 전통 건축은 '겸손의 건축'이다. 자연과 인간은 하나라는 생각을 바탕으로, 자연을 침해하면서까지 건축물을 두드러지게 하지 않는다는 것이 한국 전통 건축의 기본 철학이다. 더 나아가 건축물도 자연의 일부라고 생각해서, 인간이 잠시 그 품에 머물렀다가 사라지는 것이 옳다는 철학도 한국 전통 건축에 반영되어 있다. 그래서 사람들은 처음부터 산과 들을 제압하는 거대한 건축물을 짓지 않으려고 했으며, 그 형태 또한 인위적인 직선을 배제하고 자연계의 곡선을 따르는 것을 즐겼다.

① 한국의 전통 가옥은 방의 창문을 통해 자연의 풍경을 감상할 수 있는 구조로 이루어져 있다.
② 한국 전통 건축은 자연을 소유의 대상으로 삼지 않는다는 면에서 일본 전통 건축과 다르다.
③ 한국 전통 건축에서 자연을 압도하는 건축을 추구하지 않은 것은 건축물을 자연의 일부로 여긴 까닭이다.
④ 한국 전통 건축의 조형미를 직선보다 곡선에서 찾은 것은 한국 전통 건축의 철학을 잘못 이해한 결과이다.

07 '효녀 지은'의 행위를 나타내는 사자 성어로 가장 적절한 것은?

효녀 지은은 어려서 아버지를 잃고 홀로 어머니를 봉양하였다. 아침과 저녁으로 문안드리며 곁을 떠나지 않았다.
— 『삼국사기』 열전 '효녀 지은' 중에서

① 肝膽相照   ② 磨斧爲針
③ 昏定晨省   ④ 孤掌難鳴

08 높임 표현의 쓰임이 적절하지 않은 것은?

① 부장님, 넥타이가 잘 어울리시네요.
② 어머님, 아비가 아직 안 들어왔습니다.
③ 선생님, 어머니께서 위임장을 주셨습니다.
④ 시장님, 저에게 여쭤 보셨던 내용을 검토했습니다.

09 밑줄 친 부분의 띄어쓰기가 옳지 않은 것은?

① 형은 항상 <u>열 시쯤</u> 돌아온다.
② 나는 사과를 <u>천 원어치</u> 샀다.
③ 그녀는 <u>스무 살남짓</u> 되어 보였다.
④ 그 일은 <u>이십 세기경</u> 일어난 일이다.

10 (가), (나)에 대한 이해로 가장 적절한 것은?

> (가) 公無渡河
> 公竟渡河
> 墮河而死
> 當奈公何
> — 백수광부의 처, '공무도하가'
>
> (나) 대동강(大同江) 아즐가 대동강(大同江) 너븐디 몰라셔
> 위 두어렁셩 두어렁셩 다링디리
> 빈 내여 아즐가 빈 내여 노흔다 샤공아
> 위 두어렁셩 두어렁셩 다링디리
> 네 가시 아즐가 네 가시 럼난디 몰라셔
> 위 두어렁셩 두어렁셩 다링디리
> 녈 빈예 아즐가 녈 빈예 연즌다 샤공아
> 위 두어렁셩 두어렁셩 다링디리
> 대동강(大同江) 아즐가 대동강(大同江) 건너편 고즐여
> 위 두어렁셩 두어렁셩 다링디리
> 빈 타들면 아즐가 빈 타들면 것고리이다 나는
> 위 두어렁셩 두어렁셩 다링디리
> — 작자 미상, '서경별곡' 중에서

① (가)의 화자는 임과의 동행을, (나)의 화자는 임과의 이별을 선택한다.
② (가)의 '河'와 (나)의 '강'은 모두, 임과 나의 재회를 돕는 매개로 설정되었다.
③ (가), (나)의 화자 모두, 벌어질 상황에 대해 염려하는 마음을 드러내고 있다.
④ (가)와 (나) 모두, 화자의 상대방이 보이는 반응이 희극적 분위기를 조성하고 있다.

11 '곰치'의 심리로 미루어 ㉠~㉣에 들어갈 지시문으로 적절하지 않은 것은?

> [어부 '곰치'가 선주 '임제순'에게 진 빚 때문에 모처럼 찾아온 만선(滿船)의 기회를 놓칠까 싶어 갈등하는 상황이다.]
>
> 임제순: (발끈해서) 아니면 으짤 참이였? 이자를 생각해 봐! 놀랠 것이 뭇이여?
> 연 철: (비꼬는 투로) 놀랠 것 하나도 없지라우! 이렇게 될 줄 뻔히 알었지라우! (불같은 한숨)
> 임제순: 뭇이라고? 저놈이 어따 대고 비양질이여?
> 곰 치: (㉠) 알았음녀…… (연철에게) 아무 소리 말어! 다들 입을 봉해!
> 성 삼: 곰치! 입을 봉할 때가 따로 있어! (오기스런 안간힘)
> 곰 치: (㉡) 시끄러웠!
> 임제순: 곰치!
> 곰 치: (㉢) 말씀하시게라우……
> 임제순: ……자네 섭섭할는지 모르겠네만은…… (강경하게) 남은 이만 원 청산할 때까지 내일부터 배를 묶겠네! 묶겄어!
> 성삼·연철·도삼: 배를 묶다니?
> 구포댁: (펄쩍 뛰며) 웟따! 믄 말씀이싱게라우? 아니 해필이면 이럴 때 배를 묶어라우? 에에?
> 임제순: (단호하게) 나는 두말 않는 사람이여!
> 곰 치: (㉣) 영감님! 배만은! 배만은!
> — 천승세, '만선' 중에서

① ㉠: 체념 조로
② ㉡: 비아냥거리는 투로
③ ㉢: 지친 듯
④ ㉣: 애걸 조로

12 ⊙~②에 들어갈 말로 가장 적절한 것은?

> 근대 국가가 형성되면서 언어의 단일화를 이루기 위한 언어 정책이 (⊙)되었다. 러시아의 경우가 대표적인데, 당시 러시아 사회는 칭기즈 칸의 침략 후 문장어와 방언 사이의 (ⓛ)가 컸다. 표트르 대제는 불가리아 문장어를 버리고 모스크바어를 (©)으로 한 러시아어 표준어 정책을 강력하게 실시했다. 이때부터 푸시킨을 비롯한 국민적 작가에 의해 러시아의 문예어가 발달하기 시작했다. 이렇게 서양에서 봉건제가 붕괴되고 민주 의식이 (②)되면서 표준어가 결정되고 국민 문예가 성립하는 과정을 거쳤다. 한 나라의 표준어 형성, 나아가 국어의 통합은 이렇게 문예 작품의 발달과 밀접하게 관련을 맺고 있는 것이다.

	⊙	ⓛ	©	②
①	시행	격차	기반	고양
②	시행	편차	기반	지양
③	중단	격차	방식	지양
④	중단	편차	방식	고양

13 다음은 신문 기사의 일부이다. 〈보기〉를 참고할 때 ⊙~②에 대한 설명으로 가장 적절한 것은?

> ⊙별 헤는 밤
> ⓛ─울산과 부산서 11·12일 별 축제 열려─
>
> ©11일과 12일 저녁 울산과 부산에서 가을밤 별자리를 관찰할 수 있는 축제가 잇따라 펼쳐진다.
> ②울산광역시와 한국천문연구원은 11일 오후 5시부터 한국우주전파관측망(KVN) 울산전파천문대에서 '울산전파천문대와 함께하는 대한민국 별 축제'를 연다. 이 축제는 울산광역시 생활과학교실과 한국아마추어천문학회가 주관해 2010년부터 해마다 여는, 청소년을 위한 과학 문화 축제이다. 〈하 략〉
> ─○○신문, 2000. 00. 00.─

> **보기**
>
> 신문 기사에서 '전문'은 기사의 내용을 요약하여 제시한 부분으로, 대체로 육하원칙에 의거하여 기사 내용의 뼈대를 제공한다. 이는 본문을 요약하는 전문, 배경을 설명하는 전문, 여론을 환기하는 전문, 결과를 제시하는 전문 등으로 나눌 수 있다.

① ⊙: 기사 내용을 요약 제시한 전문이다.
② ⓛ: 사건의 결과와 함께 원인을 제시한다.
③ ©: 육하원칙의 몇몇 요소로 기사의 요지를 제시한다.
④ ②: 대중의 관심을 환기하는 전문에 해당한다.

14 다음 시에 대한 감상으로 적절하지 않은 것은?

> 기다리지 않아도 오고
> 기다림마저 잃었을 때에도 너는 온다.
> 어디 뻘밭 구석이거나
> 썩은 물웅덩이 같은 데를 기웃거리다가
> 한눈 좀 팔고, 싸움도 한판 하고,
> 지쳐 나자빠져 있다가
> 다급한 사연 들고 달려간 바람이
> 흔들어 깨우면
> 눈 부비며 너는 더디게 온다.
> 더디게 더디게 마침내 올 것이 온다.
> 너를 보면 눈부셔
> 일어나 맞이할 수가 없다.
> 입을 열어 외치지만 소리는 굳어
> 나는 아무것도 미리 알릴 수가 없다.
> 가까스로 두 팔을 벌려 껴안아 보는
> 너, 먼 데서 이기고 돌아온 사람아.
>
> ─ 이성부, '봄'

① 특정한 시어를 반복함으로써 의미를 강화하고 있다.
② 단정적 어조로, 기대하는 대상에 대한 믿음을 드러내고 있다.
③ 미래의 절망적인 상황을 단언하는 화자의 태도가 시상의 중심을 이루고 있다.
④ 특정 대상을 인격화하여 대상에 대한 간절한 기다림을 표현하고 있다.

15 다음 글에 대한 추론으로 적절하지 않은 것은?

인류 역사는 끊임없이 변화를 거듭해 왔다. 그 변화의 굽이들 속에서 사람들의 세계관이나 가치관 또한 다양하게 바뀌었다. 어느 세기에는 종교적 믿음이 모든 것을 지배하기도 했고, 어느 때는 이성이 가장 중요한 위치를 차지했으며, 또 어느 시점에서는 전 인류가 기계 문명을 근간으로 한 산업화를 지향하기도 했다. 그리고 21세기가 되었다. 이 세기는 첨단 과학과 정보 통신 기술의 비약적인 발달로 과거 그 어느 때보다 변화의 진폭이 클 것으로 예상되었으며 변화된 모습이 실로 드러나고 있다. 이러한 지속적인 변화의 배경에는 늘 인간의 열망과 상상력이 가로놓여 있었다.

과학 기술의 진보와 이에 발맞춘 눈부신 문명의 진전 과정에서 인간의 열망과 상상력이 우선하였다. 과연 인간이 욕망하지 않고 상상하지 않았다면 이 문명 세계의 많은 것들을 창조하고 혁신할 수 있었을까? 하늘을 날고 싶어 하는 욕망이 없었다면 비행기는 발명되지 못했을 것이며, 좀 더 빠른 이동 수단을 원하지 않았다면 자동차는 나오지 않았을 것이다. 이제껏 상상력은 인류 문명을 가동시켜 온 원동력이었으며 현재 또한 그러하다.

그런 가운데 21세기 디지털 테크놀로지와 신과학들은 이러한 상상력의 위상을 다시 생각하게 한다. 사람들이 실현이 불가능하다고 여겨 공상 수준에 그쳤던 일들이 실로 구현되는 상황이 펼쳐지곤 한다. 3D, 아바타, 사이보그, 가상현실, 인공 생명, 유전 공학, 나노 공학 등 21세기 최첨단 과학 기술에 힘입어 상상력의 지평이 넓어졌다. 과거 시대들이 무엇인가를 상상하고 그것을 만들어 가는 기술을 개발하는 시간들이었다면, 21세기는 상상하는 것을 곧 이루어 낼 수 있는 시대가 된 것이다.

① 현재의 인간이 추구하는 가치를 불변의 절대적 가치로 인정할 수는 없다.
② 인류 역사의 변화 과정에서 인간의 열망과 상상력이 끼친 영향이 크다.
③ 인류 역사의 변화 중에도 인간의 상상력을 바탕으로 실현된 세계의 모습은 변함이 없었다.
④ 21세기에 접어들어 과학 기술과 상상력의 위상 관계에 변화가 일고 있다.

16 ㉠ ~ ㉣의 한자 표기가 모두 옳은 것은?

태어날 때 자기의 얼굴을 선택할 수 있는 사람은 없다. 얼굴은 부모님한테서 선물로 받은 것이기 때문이다. 얼굴은 재주나 체질과 마찬가지로 ㉠운명적으로 결정된 것이다. 누구나 맑고 아름다운 얼굴을 갖기를 원한다. 다른 사람에게 호감을 주지 못하는 얼굴을 바라는 사람은 아마 없을 것이다. 톨스토이의 ㉡자서전적 작품을 읽어 보면, 젊었을 때 자기의 코가 넓적하고 보기 흉한 것을 무척 비관해서 ㉢염세적이 되었다는 이야기가 나온다. 얼굴의 근본 바탕은 세상에 태어날 때 운명적으로 결정되지만, ㉣성실한 노력에 따라서는 내면을 드러내는 인상이 바뀔 수 있다.

	㉠	㉡	㉢	㉣
①	殞命	自書傳	厭世的	成實
②	運命	自書傳	鹽稅的	成實
③	殞命	自敍傳	鹽稅的	誠實
④	運命	自敍傳	厭世的	誠實

17 다음 글에 대한 감상으로 적절하지 않은 것은?

> 이처럼 동리자가 수절을 잘하는 부인이라 했는데 실은 슬하의 다섯 아들이 저마다 성(姓)을 달리하고 있었다. 어느 날 밤, 다섯 놈의 아들들이 서로 이르기를,
> "강 건넛마을에서 닭이 울고 강 저편 하늘에 샛별이 반짝이는데 방 안에서 흘러나오는 말소리는 어찌도 그리 북곽 선생의 목청을 닮았을까."
> 하고, 다섯 놈이 차례로 문틈을 들여다보았다. 동리자가 북곽 선생에게,
> "오랫동안 선생님의 덕을 사모했사온데 오늘 밤은 선생님 글 읽는 소리를 듣고자 하옵니다."
> 라고 간청하매, 북곽 선생은 옷깃을 바로잡고 점잖게 앉아서 시(詩)를 읊는 것이 아닌가.
>
> "'원앙새는 병풍에 그려 있고 / 반딧불이 흐르는데 잠 못 이루어 / 저기 저 가마솥 세발솥은 / 무엇을 본떠서 만들었나.' 흥야(興也)라."
>
> 다섯 놈들이 서로 소곤대기를
> "북곽 선생과 같은 점잖은 어른이 과부의 방에 들어올 리가 있겠나. 우리 고을의 성문이 무너진 데에 여우가 사는 굴이 있다더라. 여우란 놈은 천 년을 묵으면 사람 모양으로 둔갑할 수가 있다더라. 저건 틀림없이 그 여우란 놈이 북곽 선생으로 둔갑한 것이다."
> 하고 함께 의논했다.
> "들으니 여우의 갓을 얻으면 큰 부자가 될 수 있고, 여우의 신을 신으면 대낮에 그림자를 감출 수 있고, 여우의 꼬리를 얻으면 애교를 잘 부려서 남에게 이쁘게 보일 수 있다더라. 우리 저 여우를 때려잡아서 나누어 갖도록 하자."
> 다섯 놈들이 방을 둘러싸고 우루루 쳐들어갔다. 북곽 선생은 크게 당황하여 도망쳤다. 사람들이 자기를 알아볼까 겁이 나서 모가지를 두 다리 사이로 들이박고 귀신처럼 춤추고 낄낄거리며 문을 나가서 내닫다가 그만 들판의 구덩이 속에 빠져 버렸다. 그 구덩이에는 똥이 가득 차 있었다. 간신히 기어올라 머리를 들고 바라보니 뜻밖에 범이 길목에 앉아 있는 것이 아닌가. 범은 북곽 선생을 보고 오만상을 찌푸리고 구역질을 하며 코를 싸쥐고 외면을 했다.
> "어허, 유자(儒者)여! 더럽다."
> 북곽 선생은 머리를 조아리고 범 앞으로 기어가서 세 번 절하고 꿇어 앉아 우러러 아뢴다.
> "범님의 덕은 지극하시지요. 대인(大人)은 그 변화를 본받고, 제왕(帝王)은 그 걸음을 배우며, 자식 된 자는 그 효성을 본받고, 장수는 그 위엄을 취하며, 거룩하신 이름은 신령스런 용(龍)의 짝이 되는지라, 풍운의 조화를 부리시매 하토(下土)의 천신(賤臣)은 감히 아랫바람에 서옵나이다."
> 범은 북곽 선생을 여지없이 꾸짖었다.
> "내 앞에 가까이 오지 말아라. 내 듣건대 유(儒)는 유(諛)라 하더니 과연 그렇구나. 네가 평소에 천하의 악명을

> 죄다 나에게 덮어씌우더니, 이제 사정이 급해지자 면전에서 아첨을 떠니 누가 곧이듣겠느냐?"
>
> – 박지원, '호질' 중에서

① 자연의 묘사를 통해 주제를 강화하고 있다.
② 시를 통해 인물의 속셈을 넌지시 드러내고 있다.
③ 동물을 의인화하여 유학자의 이중성을 들추고 있다.
④ 동음이의어를 활용한 언어유희로 대상을 비판하고 있다.

18 다음 중 의미 중복이 없는 문장은?

① 투고한 원고는 돌려주지 않습니다.
② 나는 아무 생각 없이 길거리를 도보로 걸었다.
③ 요즈음 남자들의 절반은 담배를 피우지 않는다.
④ 버스 안에 탄 승객은 우리와 자매결연을 맺은 분들이다.

19 다음은 안중근 의사의 재판 기록 중 최후 진술의 일부분이다. 이에 대한 이해로 가장 적절한 것은?

> 앞에서 검찰관의 논고와 변호사의 변론을 들으니, 모두들 이등(伊藤)의 시정 방침은 완전무결한데, 내가 그것에 대하여 오해를 하고 있다고 말했는데, 이것은 그 내용을 잘 알지 못하고 하는 말들이다. 이등의 시정 방침은 결코 완비된 것이 아닐진대 어찌 오해라고 할 수 있겠는가? 나는 이등의 시정 방침이라는 것들을 잘 알고 있으나, 이등이 한국에서 주재하며 대한 정책으로 무엇을 했는지는 자세히 말할 시간이 없으므로 그 줄거리만을 말하고자 한다. 〈중 략〉 이와 같이 오늘 내가 말한 여러 계급의 인사들에게 다시 물어봐도 모두 동양의 평화를 희망하고 있다는 것을 알 수 있을 줄 안다. 그와 동시에 간신 이등을 얼마나 증오하고 있는지 그 정도를 짐작할 수 있으리라고 생각한다. 일본인도 그러하거늘, 하물며 한국인으로서는 자기의 친척과 지기(知己)의 죽임을 당하는 마당에 어찌 증오해 마지 않을 수 있겠는가. 따라서 내가 이등을 죽인 것도 전에 말한 바와 같이 의병 중장의 자격으로 한 것이지 결코 자객으로서 한 것은 아니다. 한국과 일본 두 나라의 친선을 저해하고 동양의 평화를 어지럽힌 장본인은 바로 이등이므로, 나는 한국의 의병 중장의 자격으로서 그를 제거한 것이다.

① 안중근 의사는 검찰관의 논고를 듣기도 전에 최후 진술을 하고 있다.

② 안중근 의사는 이등을 제거한 자신의 행위가 잘못되었음을 시인하고 있다.

③ 안중근 의사는 이등의 시정 방침이 완벽하지만 동양 평화에 기여하지 못한다고 생각하고 있다.

④ 안중근 의사는 여러 일본인의 의견을 언급하면서 이등을 제거한 행위의 정당성을 역설하고 있다.

20 다음 글에 대한 이해로 적절하지 않은 것은?

> 다음 세대에 자신의 모어(母語)를 전달하지 않고자 하는 행위를 '언어 자살(language suicide)'이라고 한다. 언어 자살은 명백한 외부의 강압이 없으며 비교적 단기간에 집단적으로 이루어진다는 특징이 있다. 가령, 멕시코 정부에서 공식적으로 토토낙어 사용을 금지하는 정책을 취하지 않고 지역 문화를 존중하는 태도를 보였는데도 이 지역 사람들은 모어 대신 스페인어를 사용했다. 이러한 언어 교체 현상을 멕시코 정부가 부추겼다고 보기는 어렵다. 연구에 의하면 언어 자살은 '정체성 상실, 사회 붕괴, 세대 간 문화적 연속성의 결여' 등이 앞서거나 뒤서거나 하는 원인이자 결과이자 배경이다. '나는 부모님들처럼 이렇게 살지는 않겠어.'라는 집단적 자각이 한 세대로 하여금 단체로 모어 사용을 그만두게 할 수도 있는 셈이다.

① 서구 열강들의 식민지 지배 전략 가운데 언어 말살 정책은 언어 자살 현상의 대표적 사례이다.

② 모어를 계승하려는 언중의 의지가 언어 자살 현상의 발생 가능성에 변수가 될 수 있다.

③ 멕시코 정부의 공식적인 언어 정책이 특정 지역의 언어 교체 현상을 유도했다고 보기 어렵다.

④ 부모 세대와 다르게 살겠다는 자식 세대의 집단적 자각은 언어 자살의 원인이 될 수 있다.

정답 및 해설: 해설집 p. 168
(문제집 p.276에서 전체 정답표를 확인하실 수 있습니다.)

모바일 자동 채점 + 성적 분석 서비스 바로 가기
QR코드를 이용해 모바일로 간편하게 채점하고 나의 실력이 어느 정도인지, 취약 부분이 어디인지 바로 파악해 보세요!

01 띄어쓰기가 옳은 것은?

① 부모와 자식간에도 예의는 지켜야 한다.
② 김 양의 할머니는 안동 권씨라고 합니다.
③ 내일이 이 충무공 탄신 500돌이라고 합니다.
④ 이번 여름에는 카리브 해로 휴가를 가기로 했어.

02 밑줄 친 부분이 어법에 맞지 않는 것은?

① 밥이 차져서 내 입맛에 맞았다.
② 아기가 이쁘디이쁜 미소를 짓고 있다.
③ 그녀가 내 소맷깃을 슬며시 잡아당겼다.
④ 동생은 안경을 맞춘 지 얼마 되지 않아서 안경 도수를 더 돋구었다.

03 다음은 사이시옷 규정의 일부이다. 이 조건에 부합하지 않는 것은?

○ 순우리말로 된 합성어로서 앞말이 모음으로 끝난 경우
  [1] 뒷말의 첫소리가 된소리로 나는 것
  [2] 뒷말의 첫소리 'ㄴ, ㅁ' 앞에서 'ㄴ' 소리가 덧나는 것
  [3] 뒷말의 첫소리 모음 앞에서 'ㄴㄴ' 소리가 덧나는 것
○ 순우리말과 한자어로 된 합성어로서 앞말이 모음으로 끝난 경우
  [1] 뒷말의 첫소리가 된소리로 나는 것
  [2] 뒷말의 첫소리 'ㄴ, ㅁ' 앞에서 'ㄴ' 소리가 덧나는 것
  [3] 뒷말의 첫소리 모음 앞에서 'ㄴㄴ' 소리가 덧나는 것

① 냇가   ② 윗옷
③ 훗날   ④ 예삿일

04 다음 글을 읽은 후의 반응으로 가장 적절한 것은?

역사 드라마는 역사적 인물이나 사건 혹은 역사적 시간이나 공간에 대한 작가의 단일한 재해석 또는 상상이 아니라 현재를 살아가는 시청자에 의해 능동적으로 해석되고 상상됨으로써 다중적으로 수용된다는 점에서 과거와 현재의 대화라는 역사의 속성을 견지한다. 이는 곧 과거의 시공간을 배경으로 한 텔레비전 역사 드라마가 현재를 지향하고 있음을 의미한다. 그래서 역사적 시간과 공간적 배경 속에 놓여 있는 등장인물과 지금 현재를 살아가는 시청자들이 대화를 나누기도 하고, 시청자들이 역사 드라마를 주제로 삼아 사회적 담론의 장을 열기도 한다.

① 현재와 밀접하게 관련되는 소재로만 역사 드라마를 만들어야겠군.
② 역사 드라마를 통해 시청자들이 사회적 화젯거리를 만들 수 있겠군.
③ 작가가 강조하는 역사적 교훈을 배우기 위해 역사 드라마를 시청해야겠군.
④ 부정적인 평가를 받는 인물은 역사 드라마에서 항상 악인으로만 그려지겠군.

05 음운 변동에 대한 설명으로 옳은 것은?

① 값진[갑찐]: 탈락, 첨가 현상이 있다.
② 밝과[박꽈]: 대치, 축약 현상이 있다.
③ 끓는[끌른]: 탈락, 대치 현상이 있다.
④ 밭도[받또]: 대치, 첨가 현상이 있다.

06 다음 글의 전개 순서로 가장 자연스러운 것은?

(가) 미술 작품에 등장하는 동물은 그 성격에 따라 나누어 보면 종교적·주술적인 동물, 신을 위한 동물, 인간을 위한 동물로 구분할 수 있다. 물론 이 구분은 엄격한 것이 아니므로 서로의 개념을 넘나들기도 하며, 여러 뜻을 동시에 갖기도 한다.

(나) 인류가 남긴 수많은 미술 작품을 살펴보다 보면 다양한 동물들이 등장하고 있음을 알 수 있다. 미술 작품 속에 등장하는 동물에는 일상에서 흔히 접할 수 있는 개나 고양이, 꾀꼬리 등도 있지만 해태나 봉황 등 인간의 상상에서 나온 동물도 적지 않음을 알 수 있다.

(다) 종교적·주술적인 성격의 동물은 가장 오랜 연원을 가진 것으로, 사냥 미술가들의 미술에 등장하거나 신앙을 목적으로 형성된 토템 등에서 확인할 수 있다. 여기에 등장하는 동물들은 대개 초자연적인 강대한 힘을 가지고 인간 세계를 지배하거나 수호하는 신적인 존재이다. 인간의 이지가 발달함에 따라 이들의 신적인 기능은 점차 감소되어, 결국 이들은 인간에게 봉사하는 존재로 전락하고 만다.

(라) 동물은 절대적인 힘을 가진 신의 위엄을 뒷받침하고 신을 도와 치세(治世)의 일부를 분담하기 위해 이용되기도 한다. 이 동물들 역시 현실 이상의 힘을 가지며 신성시되는 것이 보통이지만, 이는 어디까지나 신의 권위를 강조하기 위한 것에 지나지 않는다. 이들은 신에게 봉사하기 위해서 많은 동물 중에서 특별히 선택된 것들이다. 그리하여 그 신분에 알맞은 모습으로 조형화되었다.

① (가) – (나) – (라) – (다)
② (가) – (다) – (나) – (라)
③ (나) – (가) – (다) – (라)
④ (나) – (다) – (라) – (가)

07 ㉠~㉣ 중 다음 시의 주제와 관련하여 시적 화자의 정서를 가장 잘 대변하는 인물은?

징이 울린다 막이 내렸다.
오동나무에 전등이 매어 달린 가설 무대
구경꾼이 돌아가고 난 텅 빈 운동장
우리는 분이 얼룩진 얼굴로
학교 앞 소줏집에 몰려 술을 마신다.
답답하고 고달프게 사는 것이 원통하다.
꽹과리를 앞장세워 장거리로 나서면
따라붙어 악을 쓰는 건 ㉠쪼무래기들뿐
㉡처녀애들은 기름집 담벼락에 붙어 서서
철없이 킬킬대는구나.
보름달은 밝아 어떤 녀석은
㉢꺽정이처럼 울부짖고 또 어떤 녀석은
㉣서림이처럼 해해대지만 이까짓
산 구석에 처박혀 발버둥 친들 무엇하랴.
비료 값도 안 나오는 농사 따위야
아예 여편네에게나 맡겨 두고
쇠전을 거쳐 도수장 앞에 와 돌 때
우리는 점점 신명이 난다.
한 다리를 들고 날라리를 불거나.
고갯짓을 하고 어깨를 흔들거나.

– 신경림, '농무'

① ㉠   ② ㉡
③ ㉢   ④ ㉣

08 다음 글의 중심 생각을 표현한 성어는?

> 내 집이 산속에 있는데 문 앞에 큰 개울이 있다. 해마다 여름철에 소낙비가 한 차례 지나가면, 개울물이 갑자기 불어 언제나 수레 소리, 말 달리는 소리, 대포 소리, 북소리를 듣게 되어 마침내 귀에 못이 박혔다. 내가 일찍이 문을 닫고 누워서 소리의 종류를 비교해 들어 보았다. 깊은 솔숲에서 솔바람 소리 이는 듯하니 이 소리는 청아하게 들린다. 산이 찢어지고 언덕이 무너지는 것 같으니 이 소리는 격분한 듯 들린다. 개구리들이 다투어 우는 듯하니 이 소리는 교만하게 들린다. 많은 축(筑)이 차례로 연주되는 것 같으니 이 소리는 성난 듯이 들린다. 번개가 치고 우레가 울리는 것 같으니 이 소리는 놀란 듯 들린다. 약한 불 센 불에 찻물이 끓는 듯하니 이 소리는 아취 있게 들린다. 거문고가 궁조(宮調)와 우조(羽調)에 맞게 연주되는 것 같으니 이 소리는 슬프게 들린다. 종이 창문에 바람이 문풍지를 울게 하는 듯하니 이 소리는 의아하게 들린다.
>
> – 박지원, '일야구도하기'

① 以心傳心   ② 心機一轉

③ 人心不可測   ④ 一切唯心造

09 다음 글의 등장인물에 대한 이해로 적절하지 않은 것은?

> S# 75. 북측 초소(밤)
>
> **성식:** (우진에게 가서 무릎을 꿇고 워커 끈을 풀어서 다시 매 주며) 얌마, 군인이 한 번 가르쳐주면 제대로 해야지. 언제까지 내가 매 줄 순 (씁쓸해지며) 없잖아. (워커 끈을 매 주는 안타까운 표정. 일어서며 분위기를 바꾸려는 듯) 참! (봉투에 싼 물건을 꺼내 들고 한 손으로 우진의 어깨를 짚으며 짐짓 느끼한 톤으로) 생일 축하해. 진.
>
> 또 한번 우엑! 하는 수혁. 너무 그러지 말라는 듯 옆에서 툭치는 경필. 포장을 끄른 우진. 일제 수채화 물감 한 통과 붓 몇 자루를 내려다본다. 〈중 략〉
>
> **우진:** (진정하고, 심각한 표정으로) 나도, 형들 줄려구 준비한 게 있어요.
>
> **수혁:** 뭔데?
>
> 말없이 성식이 앉았던 자리로 와 앉는 우진. 모두들 궁금해하며 주목한다. 잠시 침묵. 주머니를 뒤지며 시간을 끄는 우진. 찾는 물건이 없다는 듯 고개를 갸우뚱한다. 몸을 한쪽으로 기울이더니, 큰 소리로 방귀를 뀌는 우진. 일동, 좌절하며 고개를 푹 숙인다. 낄낄대는 우진, 일어서서 테이블로 간다. 서랍을 열고 서류철을 꺼내 뭔가를 찾는 우진. 경필, 무표정한 얼굴에서 갑자기 오만상을 찡그리며 고개를 돌린다.
>
> **경필:** (코를 막으며) 야아, 문 열어!
>
> 초소 문을 열러 가는 성식, 손을 내미는 순간 먼저 문이 열린다. 무심코 돌아본 경필, 굳어 버린다.
>
> – 박찬욱 외, '공동경비 구역 JSA'

① 성식은 인간적이고 성품이 따뜻하다.

② 우진은 장난스러운 행동으로 해학적인 상황을 만든다.

③ 수혁은 우진의 선물을 궁금해한다.

④ 경필은 참을성이 강하고 포용력이 있다.

10 다음 글에서 토의 참여자의 말하기 방식에 대한 이해로 가장 적절한 것은?

> 사회자: 우리나라의 교통 체증 문제는 매우 심각합니다. 이에 대한 해결 방안을 마련하고자 여러 분야의 권위자를 모셨습니다. 각자의 의견을 말씀해 주시겠습니까?
>
> 김 국장: 교통 체증 문제는 승용차 10부제 실시로 해결할 수 있지 않을까요?
>
> 윤 사장: 그것은 사업자 입장에서 아주 불만스러운 제도입니다. 재정이 좋은 사업자는 번호판이 다른 차를 하나 더 구입하면 되겠지만, 영세한 사업자들은 그렇게 하기 힘듭니다.
>
> 박 위원: 버스 전용 차로제가 어떨까요? 이 제도가 잘 활용되면 승용차 이용자도 출퇴근 시간에 대중교통 수단을 이용할 것입니다.
>
> 김 국장: 승용차 10부제가 실시되면 대중교통을 이용하는 사람이 늘 것으로 기대됩니다. 승용차 이용을 제한하지 않고서는 교통 체증 문제를 해결하기 어렵습니다.
>
> 윤 사장: 자본주의 국가에서 재산권의 침해가 과연 옳은지 생각해 봐야 합니다.
>
> 사회자: 서로 주장을 조금씩 양보하면 어떨까요? 예를 들어, 승용차 10부제에서 상업용은 제외하는 방안이 그것입니다.
>
> 윤 사장: 상업용 승용차가 따로 있는 것은 아니지요. 사업하는 사람이 타고 다니는 승용차는 어떤 의미에서 다 상업용이지요.
>
> 김 국장: 어려움을 같이 감수해야 합니다. 모두 손해를 보지 않겠다고 한다면 어떤 해결 방안도 찾기 어렵습니다.
>
> 박 위원: 두 분 말씀 모두 일리가 있다고 생각합니다. 대중교통 이용이 승용차 이용보다 훨씬 편리하다고 생각하면 굳이 승용차를 이용하지 않을 것입니다. 명절 귀성길에 시행했던 고속버스 전용 차로제의 효과가 그것을 증명합니다.
>
> 사회자: 버스 전용 차로제에 대해서는 이의가 없군요. 이번 토의는 좋은 방안을 생각해 보자는 데 그 의의를 두었습니다. 승용차 10부제와 같이 미진한 안건에 대해서는 다음 번에 논의하도록 하겠습니다. 감사합니다.

① 사회자: 참여자의 의견을 수용하여 주제를 전환하고 있다.
② 김 국장: 상대방의 주장을 수긍하면서도 자신의 생각을 적극적으로 관철하고자 한다.
③ 윤 사장: 당면한 문제점을 부각하면서 타협의 가능성을 열어놓고 있다.
④ 박 위원: 참여자의 의견을 경청하며 구체적인 대안을 제시하고 있다.

11 반의어에 대한 설명으로 옳지 않은 것은?

① '상식 : 몰상식'에서는 부정(否定)의 접두사가 붙어 반의어가 만들어진다.
② '남자 : 여자'는 '사람'이라는 공통 요소와 '성별'의 대조적 요소가 있어서 반의 관계를 이룬다.
③ '오다 : 가다'는 '이동'이라는 공통 요소와 '방향'의 대조적 요소가 있어서 반의 관계를 이룬다.
④ '하늘 : 땅'은 두 단어 사이에 의미의 중간 영역이 있어서 서로 반의 관계를 이룬다.

12 밑줄 친 부분의 고쳐쓰기에 대한 설명으로 적절하지 않은 것은?

① 그 일을 한 사람은 민국예요.
　→ '민국이'와 '이에요'가 결합하였으므로, '민국예요'는 '민국이예요'로 바꾸어야 한다.
② 교실에서는 좀 조용히 해 주십시오.
　→ 문장을 종결하는 어미가 나와야 하므로, '주십시요'로 바꾸어야 한다.
③ 자신이 한 말은 반듯이 책임을 져야 한다.
　→ '반듯이'는 '반듯하게'의 의미이므로 문맥에 맞게 '꼭'이라는 의미의 '반드시'로 고쳐야 한다.
④ 선수들의 잇딴 부상으로 전력에 문제가 생겼다.
　→ 동사 '잇달-'과 어미 '-은'이 결합한 활용형은 '잇단'이므로, '잇딴'은 '잇단'으로 바꾸어야 한다.

13 밑줄 친 한자의 독음이 다른 것으로 짝지어진 것은?

① 復活 – 復命　　　② 樂園 – 樂勝
③ 降等 – 下降　　　④ 率先 – 引率

14 문장 성분의 호응이 가장 자연스러운 것은?

① 대화명을 규정에 맞게 변경하지 않는 사람은 관리자가 카페 이용을 제한해야 한다.

② 그 일이 벌어졌을 때 아마 마음속으로라도 박수를 보내는 사람은 얼마나 되었을까.

③ 월드컵에서 보여 준 에너지를 바탕으로 국민 대통합과 국가 경쟁력을 제고해야 한다.

④ 행복의 조건으로서 물질적 기반 이외에 자질의 연마, 인격, 원만한 인간관계 등이 필요하다는 것이다.

15 사동 표현이 없는 것은?

① 목동이 양들에게 풀부터 뜯겼다.

② 아이들은 종이비행기만 하늘로 날렸다.

③ 태희는 반지마저 유진에게 보여 주었다.

④ 소영의 양손에 무거운 보따리가 들려 있다.

16 다음 글의 논지 전개 방식으로 적절한 것은?

군산이 일본으로 쌀을 이출하는 전형적인 식민 도시였다면, 금강과 만경강 하구 사이에서 군산을 에워싸고 있는 옥구는 그 쌀을 생산하는 대표적인 식민 농촌이었다. 1903년 미야자키 농장을 시작으로 1910년 강점 이전에 이미 10개의 일본인 농장이 세워졌으며, 1930년 무렵에는 15~16개로 늘어났다. 1908년 한국인 지주들도 조선 최초의 수리조합인 옥구 서부 수리 조합을 세우긴 했지만 일본인의 기세를 꺾지 못했다. 1930년 무렵 일본인은 전라북도 경지의 대략 1/4을 차지하였으며, 평야 지역인 옥구는 절반 이상이 일본인 땅이었다. 쌀을 군산으로 보내기 편한 철도 부근의 지역에서는 일본인 지주의 비중이 더 높았을 것이다. '이리부터 군산에 이르는 철도 연선의 만경강 쪽 평야는 90%가 일본인이 경영한다.'는 말이 허풍만은 아닐 거다. 일본인이 좋은 땅 다 차지하고 조선인은 '산비탈 흙구덩이'에 몰려 사는 처지라는 푸념 또한 과언이 아닐 거다.

① 인과적 연결을 통해 대상을 논증하고 있다.

② 반어적 수사를 동원하여 대상을 비판하고 있다.

③ 풍자와 해학을 동원하여 대상을 희화화하고 있다.

④ 구체적인 사실과 정보를 중심으로 대상을 설명하고 있다.

17 (가)를 바탕으로 할 때, (나)에 나타난 사랑의 모습으로 적절하지 않은 것은?

(가) 근대적 연애에서 자기 의사를 중시하는 대등한 개인의 만남과 둘 사이에 타오르는 감정의 비중이 부각된다. 특히 상대방의 모습이 불러일으키는 열정은 결정적으로 중요하다. 전통 사회의 남녀 관계에서 가족 사이의 약속, 상대방에 대한 의존 가능성, 서로의 처지와 상황에 대한 비교 같은 외적 기준이 중시되었던 것과 구별되는 특징이라 할 수 있다.

(나) 옳다. 그렇다. 나는 영채를 구원할 의무가 있다. 영채는 나의 은사의 따님이요, 또 은사가 내 아내로 허락하였던 여자라. 설혹 운수가 기박하여 일시 더러운 곳에 몸이 빠졌다 하더라도 나는 그를 건져 낼 책임이 있다. 내가 먼저 그를 찾아다니지 못한 것이 도리어 한이 되고 죄송하거늘, 이제 그가 나를 찾아왔으니 어찌 모르는 체하고 있으리요. 나는 그를 구원하리라. 구원하여서 사랑하리라. 처음에 생각하던 대로, 만일 될 수만 있으면 나의 아내를 삼으리라. 설혹 그가 기생이 되었다 하더라도 원래 양반의 집 혈속이요, 또 어려서 가정의 교훈을 많이 받았으니 반드시 여자의 아름다운 점을 구비하였으리라. 또 만일 기생이라 하면 인정과 세상도 많이 알았을지요, 시와 노래도 잘할지니, 글로 일생을 보내려는 나에게는 가장 적합하다 하고 형식은 가만히 눈을 떴다. 멍하니 모기장을 바라보고 모기장 밖에서 앵앵하는 모기의 소리를 듣다가 다시 눈을 감으며 싱긋 혼자 웃었다. 아까 영채의 태도는 과연 아름다웠다. 눈썹을 짓고, 향수 내 나는 것이 좀 불쾌하기는 하였으나 그 살빛과 눈찌와 앉은 태도가 참 아름다웠다. 더구나 그 이야기할 때에 하얀 이빨이 반작반작하는 것과 탄식할 때에 잠깐 몸을 틀며 보일 듯 말 듯 양 미간을 찌그리는 것이 못 견디리만큼 어여뻤다. 아까 형식은 너무 감격하여 미처 영채의 얼굴과 태도를 자세히 비평할 여유가 없었거니와 지금 가만히 생각하니 영채의 일언일동과 옷고름 맨 모양까지도 어여뻐 보인다. 형식은 눈을 감고 한번 더 영채의 모양을 그리면서 싱긋 웃었다. 도리어 저 김장로의 딸 선형이도 그 얌전한 태도에 이르러서는 영채에게 및지 못한다 하였다. 선형의 얼굴과 태도도 얌전치 아니함이 아니지마는 영채에 비기면 변화가 적고 생기가 적다 하였다.

– 이광수, '무정'

① 영채가 형식에게 원하는 것이 형식의 보호라면, 이를 근대적 사랑이라 보기 어렵다.

② 은사가 아내로 허락하였다는 점을 먼저 생각하는 것을 보면 형식의 영채에 대한 감정은 근대적 사랑이라 보기 어렵다.

③ 자신의 처지에 비추어 시와 노래에 능한 영채의 장점을 호평하는 형식의 생각은 열정과 연결시킬 수 있다.

④ 영채의 외모와 행동을 떠올리며 미소 짓는 장면에서 영채에 대한 형식의 열정을 찾을 수 있다.

18 다음 글에 대한 이해로 적절한 것은?

> 이산화탄소와 온실 효과가 처음부터 자연에 해가 되었던 것은 아니었다. 오히려 온실 효과는 지구의 환경을 생태계에 적합하도록 해 주었다. 만약 자연적인 온실 효과가 없다면 지구 표면에서 복사된 열이 모두 외계로 방출되어 지구의 온도는 지금보다 평균 3, 4도 정도 낮아져서 생물들이 살아갈 수 없게 될 것이다. 그런데 화석 연료의 사용이 늘어나면서 대기 중에 이산화탄소가 너무나 많아져서 지구 온난화 현상이 생기는 것이 문제이다.
>
> 특히 이산화탄소는 공기 중에 50~200년이나 체류하기 때문에 그 효과가 크다. 이산화탄소 외에도 온실 효과를 일으키는 기체로는 프레온, 아산화질소, 메탄, 수증기 등이 있다. 프레온은 전자 제품을 생산할 때 세척제 혹은 냉장고의 냉매로 쓰인다. 아산화질소와 메탄은 공장과 자동차의 배기가스에서 생긴다. 수증기도 지구 온난화에 영향을 미치기는 하지만 그 양은 자연 생태계가 조절하고 있어서 별 문제가 되지는 않는다.

① 프레온, 아산화질소, 메탄 등의 기체는 지구 온난화에 직접적인 영향이 없다.

② 자연적인 온실 효과 때문에 지구 표면에서 복사된 열이 모두 외계로 방출된다.

③ 이산화탄소는 공기 중에 체류하는 기간이 길어서 지구 온난화 방지에 도움을 준다.

④ 수증기도 이산화탄소처럼 온실 효과를 나타내지만 지구 온난화에 미치는 영향은 작다.

19 다음 글에 나타난 시적 화자의 정서와 가장 유사한 것은?

> 흰 구름 뿌연 연하(煙霞) 푸른 것은 산람(山嵐)이라
> 천암만학(千巖萬壑)을 제 집으로 삼아 두고
> 나명성 들명성 이래도 구는지고
> 오르거니 내리거니 장공(長空)에 떠나거니 광야(廣野)로 건너거니
> 푸르락 붉으락 옅으락 짙으락
> 사양(斜陽)과 섞어지어 세우(細雨)조차 뿌리는가.
> 〈중 략〉
> 초목다 진 후의 강산(江山)이 매몰커늘
> 조물(造物)이 헌사하여 빙설(氷雪)로 꾸며 내니
> 경궁요대(瓊宮瑤臺)와 옥해은산(玉海銀山)이 안저(眼底)의 벌렸구나.
> 건곤(乾坤)도 가암열사* 간 데마다 경이로다.
>
> – 송순, '면앙정가'

* 가암열사: 풍성하다는 뜻

① 수간모옥(數間茅屋)을 벽계수(碧溪水) 앞에 두고 송죽(松竹) 울울리(鬱鬱裏)에 풍월주인(風月主人) 되어셔라.

② 이 술 가져다가 사해(四海)에 고루 나누어 억만창생(億萬蒼生)을 다 취(醉)케 만든 후에 그제야 고쳐 만나 또 한 잔 하잤고야.

③ 모첨(茅簷) 찬 자리에 밤중만 돌아오니 반벽청등(半壁靑燈)은 눌 위하여 밝았는고.

④ 종조추창(終朝惆愴)하며 먼들을 바라보니 즐기는 농가(農歌)도 흥(興) 없어 들리나다.

요트 중에서도 엔진과 선실을 갖추지 않은 1~2인용 딩기(dinghy)는 단연 요트의 백미라고 할 수 있다. 딩기는 엔진이 없기에 오로지 바람에 의지해 나아가는 요트다. 그러므로 배 다루는 기술도 중요하지만 바람과 조화를 이루고 그 바람을 어떻게 타느냐에 따라 속도가 달라진다.

배는 바람을 받고 앞으로 전진하는 게 상식이다. 그러나 요트는 맞바람이 불어도 거뜬히 전진할 수 있다. 도대체 요트에 어떤 비밀이 숨어 있는 걸까? 해답은 삼각형 모양의 지브세일(jib sail)에 숨어 있다. 바람에 평행하게 맞춘 돛이 수직 방향으로 부풀어 오르면 앞뒤로 공기의 압력이 달라진다.

요트의 추진력은 돛이 바람을 받을 때 생기는 풍압과 양력에 의하여 생긴다. 따라서 요트의 추진 원리를 이해하기 위해서는 풍압이 추진력의 주(主)가 되는 풍하범주(風下帆舟)와, 양력이 주(主)가 되는 풍상범주(風上帆舟)를 구분하여야 한다.

요트가 바람을 뒤쪽에서 받아 주행하는 풍하범주의 경우에는 바람에 의한 압력이 돛을 경계로 하여 풍상 측에서 높고 풍하 측에서 낮게 된다. 따라서 압력이 높은 풍상 측에서 압력이 낮은 풍하 측으로 나아가려는 힘이 발생하는데 이 힘을 총합력이라고 한다. 이 총합력의 힘은 평행사변형 법칙에 의하여 요트를 앞으로 추진시키는 전진력과 옆으로 밀리게 하는 횡류력으로 분해될 수 있다. 센터보드나 킬(keel)과 같은 횡류방지장치에 의하여 횡류를 방지하면서 전진력을 이용하여 앞으로 나아갈 수 있게 된다.

요트가 바람을 거슬러 올라가는 풍상범주의 경우는 비행기 날개에서 양력이 발생하여 비행기가 뜨게 되는 원리와 동일한 원리에 의하여 요트가 추진하게 된다. 베르누이의 정리에 의하면 유체의 속도가 빠르면 압력이 낮아지고, 속도가 느리면 압력이 높아진다. 비행기 날개와 비슷한 모양을 하고 있는 돛의 주위에 공기가 흐를 때 돛을 경계로 하여 풍상 측의 공기 속도는 느려지고 풍하 측의 공기 속도는 빨라진다. 그러므로 베르누이의 정리에 의하여 풍하 측으로 흡인력이 발생하게 되는데 이것이 총합력이 된다. 이 총합력은 풍하범주의 경우와 마찬가지로 전진력과 횡류력으로 분해된다. 횡류력은 요트를 옆 방향으로 미는 힘으로서 센터보드 등의 횡류방지장치에 의하여 상쇄된다. 따라서 요트는 전진력에 의하여 앞으로 나아갈 수 있게 된다.

① 딩기는 순풍이 불 때는 횡류력으로, 역풍이 불 때는 전진력으로 나아간다.

② 센터보드나 킬로 인해 요트는 옆으로 가지 않고 앞으로 나아갈 수 있게 된다.

③ 풍하범주는 풍압이 추진력의 주(主)가 되며, 풍상범주는 양력이 추진력의 주가 된다.

④ 요트가 바람을 등지고 갈 때는 풍압에 의존하고, 맞바람을 받고 갈 때는 양력에 의존하게 된다.

정답 및 해설: 해설집 p.173
(문제집 p.276에서 전체 정답표를 확인하실 수 있습니다.)

모바일 자동 채점 + 성적 분석 서비스 바로 가기
QR코드를 이용해 모바일로 간편하게 채점하고 나의 실력이 어느 정도인지, 취약 부분이 어디인지 바로 파악해 보세요!

gosi.Hackers.com

부록

실력 향상 고난도 기출

01 안긴문장의 유형이 다른 것은?

① 아이들은 장난을 좋아하기 마련이에요.
② 이러다가는 버스를 놓치기 십상이다.
③ 공부가 어렵기는 해도 결국 저 하기 나름이에요.
④ 비가 많이 오기 때문에 공사를 할 수 없다.
⑤ 나는 하루도 달리기를 거른 기억이 없다.

02 어법에 맞지 않는 문장은?

① 독감 유행이 지나가는 대로 다시 올게.
② 우리는 서로 걸맞는 짝이 아니라는 데 의견이 일치했다.
③ 컴퓨터에 익숙지 않으면 인공 지능 시대를 살아가는 데 어려움이 크다.
④ 돌이켜 생각건대, 김 선생님은 정말 누구에게나 존경받을 만한 분이오.
⑤ 저는 솔직히 기대치도 않은 선물을 받아서 고마웠어요.

03 ㉠과 같은 표현 기법이 활용된 것은?

> 아아 ㉠광고의 나라에 살고 싶다
> 사랑하는 여자와 더불어
> 행복과 희망만 가득찬
> 절망이 꽃피는, 광고의 나라
>
> – 함민복, '광고의 나라' 중에서

① 나 보기가 역겨워 가실 때에는 / 죽어도 아니 눈물 흘리오리다
② 이 마을 전설이 주저리주저리 열리고
③ 내 마음은 나그네요 / 그대 피리를 불어주오
④ 구름에 달 가듯이 / 가는 나그네
⑤ 어둠은 새를 낳고, 돌을 / 낳고, 꽃을 낳는다

04 다음 글에 대한 이해로 적절한 것은?

현대에 들어서 성격에 대한 체계적인 접근은 프로이트를 중심으로 하는 정신 역동학에서 이루어졌다. 지그문트 프로이트는 인간 행동에 미치는 무의식의 영향을 강조하면서 무의식이 억압된 욕구에 의해 형성된다고 주장했는데 개인이 스스로의 욕구를 조절하는 방식을 성격이라고 보았다. 어려서부터 자신의 욕구가 좌절되고 충족되는 과정을 통해 성격이 형성되고 그중에서 충족될 수 없는 욕구와 그를 둘러싼 갈등이 무의식으로 억압된다는 것이다. 그런데 정신 역동학은 성격의 형성 과정과 성격이 개인행동에 미치는 영향에는 관심이 있었지만, 성격을 유형화하려는 시도는 하지 않았다.

융은 다른 정신 역동학자와 달리 오랫동안 역사와 문화를 공유한 집단의 구성원들에게 존재하는 무의식을 강조했다. 이 때문에 융은 부모와 아이의 상호작용이라는 개인적 요인보다는 집단 무의식 수준의 보편적 원리들이 작동하여 성격이 형성된다고 보았다. 특히 융은 인간의 정신이 대립 원리에 의해 작동한다고 주장했는데, 대립 원리란 개인 내에 존재하는 대립 혹은 양극적인 힘이 갈등을 야기하고, 이 갈등이 정신 에너지를 생성한다는 것을 의미한다. 이 같은 융의 주장을 근거로 1940년대 MBTI와 같은 유형론적 성격 이론이 만들어지기도 하였다.

1980년대 이후 유전학과 뇌과학 등 생물학적 방법론이 크게 발전하면서 성격에 대한 접근은 새로운 전기를 마련한다. 부모의 양육 방식 등 환경을 강조한 정신 역동학에 비해 유전적으로 타고나는 기질의 중요성을 뒷받침하는 증거들이 발견되기 시작한 것이다. 특히 내향성과 외향성은 성격 형성에 대한 기질의 영향을 잘 보여 주는 특성이다. 이처럼 인간의 행동에 영향을 미치는 보편적인 특성을 발견하려는 노력이 이어졌고 그 결과 성격 5요인 모델과 같은 특성론적 성격 이론이 확립되었다.

① 프로이트는 개인이 자신의 욕구를 적절한 방법으로 해결하는 데 관심을 두고, 이를 조절하는 방식을 유형화하였다.

② 생물학적 방법론은 정신 역동학이 전제하는 욕구의 억압 조절 문제에 관심을 가지며 부모의 양육 태도를 강조했다.

③ 융 이전의 정신 역동학자들은 집단의 구성원들에게 존재하는 무의식 수준의 보편적인 원리가 성격 형성에 영향을 미친다고 보았다.

④ 유전학의 발전에 따른 일련의 발견들은 인간이 지닌 보편적 특성들을 통해 개인의 성격을 설명하고자 하는 이론으로 발전하였다.

⑤ 외향성과 내향성은 서로 대립하며 정신적 에너지를 창출하는 일종의 정신 작용으로 받아들여지며, 유형론적 성격 이론이 해체되는 계기를 가져왔다.

05 다음은 받침 'ㅎ'의 발음에 대한 자료이다. 이를 바탕으로 이끌어 낸 규칙으로 옳지 않은 것은?

자료1. 놓고 → [노코]   않던 → [안턴]   닳지 → [달치]
자료2. 않네 → [안네]   뚫는 → [뚤는 → 뚤른]
자료3. 닿소 → [다ː쏘]   많소 → [만ː쏘]   싫소 → [실쏘]
자료4. 놓는 → [논는]   쌓네 → [싼네]
자료5. 낳은 → [나은]   않은 → [아는]   싫어도 → [시러도]

① 'ㅎ(ㄶ, ㅀ)' 뒤에 'ㅅ'이 결합되는 경우에는, 'ㅅ'을 [ㅆ]으로 발음한다.

② 'ㄶ, ㅀ' 뒤에 'ㄴ'이 결합되는 경우에는, 'ㅎ'을 발음하지 않는다.

③ 'ㅎ' 뒤에 'ㄴ'이 결합되는 경우에는, 'ㅎ'을 발음하지 않는다.

④ 'ㅎ(ㄶ, ㅀ)' 뒤에 모음으로 시작된 어미나 접미사가 결합되는 경우에는, 'ㅎ'을 발음하지 않는다.

⑤ 'ㅎ(ㄶ, ㅀ)' 뒤에 'ㄱ, ㄷ, ㅈ'이 결합되는 경우에는, 뒤 음절 첫소리와 합쳐서 [ㅋ, ㅌ, ㅊ]으로 발음한다.

06 다음 글에 대한 이해로 적절한 것은?

표현적 글쓰기는 왜 그렇게 효과가 있을까? 우리가 흔히 경시하는 고통스러운 감정을 마주해야 되기 때문이다. 우리는 자수성가를 칭송하고 강인한 사람을 미화하는 세상에 살고 있다. 이 문화적 메시지와 그것이 우리에게 가하는 모든 압박 때문에 우리는 우리의 욕구를 간과하도록 배운다. 심지어 나약하다는 느낌을 갖거나 힘든 감정을 품었다고 스스로를 혐오하기도 한다. 표현적 글쓰기는 종일 꾹꾹 참고 발설하지 않은 취약한 측면을 찾아내고 그것에 대해 경청할 기회를 주기 때문에 효과가 있는 것이다.

또한 글쓰기 과정이 다른 사람을 염두에 두지 않았다는 점도 매우 중요하다. 우리는 보통 타인이 볼 글을 쓸 때, 스스로 검열하고 글이 충분히 좋은지에 관심을 두게 된다. 그러나 표현적 글쓰기는 그렇지 않다. 두서없고, 누가 읽기에도 적합하지 않은 글을 쓴 후 버리면 된다. 이것은 자신이 가진 모든 감정과 교감하는 데 도움을 줄 수 있다.

① 표현적 글쓰기는 고통스러운 감정을 피하는 데 효과가 있다.

② 표현적 글쓰기는 자수성가를 칭송하고 강인한 사람을 미화하는 데 필요하다.

③ 표현적 글쓰기는 타인을 의식하여 스스로 검열하는 특징을 지닌다.

④ 표현적 글쓰기는 참고 발설하지 않은 것에 대해 경청할 기회를 준다.

⑤ 표현적 글쓰기는 두서없이 편하게 써서 간직하도록 고안되었다.

07 ⊙, ⓒ에 들어갈 내용으로 적절한 것은?

> 최후통첩 게임에서 두 참가자는 일정한 액수의 돈을 어떻게 분배할지를 놓고 각각 나름의 결정을 내리게 된다. 먼저 A에게 1,000원짜리 100장을 모두 준 다음 그 돈을 다른 한 사람인 B와 나누라고 지시한다. 이때 A는 자기가 제안하는 액수를 받아들일지 말지 결정할 권리가 B에게 있다는 사실을 알고 있다. 만약 B가 그 제안을 수용하면, 두 사람은 A가 제안한 액수만큼 각각 받는다. 만약 B가 그 제안을 거절하면, 아무도 그 돈을 받지 못한다. 이는 일회적 상호작용으로서, 결정할 수 있는 기회는 단 한번뿐이고 두 사람은 서로에 대해서 전혀 모르는 사이이다. 그들은 어떤 결정을 내릴 것인가? 만약 두 사람이 모두 자기 이익에 충실한 개인들이라면, A는 아주 적은 액수의 돈을 제안하고 B는 그 제안을 받아들일 것이다. A가 단 1,000원만 제안하더라도, B는 그 제안을 받아들여야 한다. 왜냐하면 B는 (⊙) 둘 중 하나를 선택해야 하기 때문이다. 만약 상대방이 합리적 자기 이익에 충실하다고 확신한다면, A는 결코 1,000원 이상을 제안하지 않을 것이다. 그 이상을 제안하는 일은 상대방의 이익을 배려한 것으로 자신의 이익을 불필요하게 줄이기 때문이다. 이것이 이기적인 개인들에게서 일어날 상황이다.
> 하지만 현실에서는 이런 상황은 절대 일어나지 않는다. 실험 결과에 따르면, 사람들은 낮은 액수의 제안을 받으면 거절하는 경향이 있다. 이 연구에서 나타난 명백한 결과에 따르면 총액의 25% 미만을 제안할 경우 그 제안은 거절당할 가능성이 상당히 높다. 비록 자기의 이익이 최대화되지 않더라도 제안이 불공평하다고 생각하면 거절하는 것으로 보인다. 액수를 반반으로 나누고자 하는 사람이 제일 많다는 점은 이를 지지해 준다. 결과적으로 이 실험은 (ⓒ)는 것을 보여 준다.

① ⊙: 제안한 1,000원을 받든가, 한 푼도 받지 못하든가
　ⓒ: 인간의 행동이 경제적 이득에 의해서 움직인다
② ⊙: 1,000원보다 더 적은 금액을 받든가, 제안한 1,000원을 받든가
　ⓒ: 인간이 공정성과 상호 이득을 염두에 두고 행동한다
③ ⊙: 제안한 1,000원을 받든가, 한 푼도 받지 못하든가
　ⓒ: 인간의 행동이 경제적 이득에 의해서만 움직이지 않는다
④ ⊙: 1,000원보다 더 적은 금액을 받든가, 제안한 1,000원을 받든가
　ⓒ: 인간의 행동이 경제적 이득에 의해서만 움직이지 않는다
⑤ ⊙: 제안한 1,000원을 받든가, 한 푼도 받지 못하든가
　ⓒ: 인간이 공정성과 상호 이득을 염두에 두고 행동하지 않는다

08 다음 글에 서술된 '나이브 아트'에 대한 설명으로 적절한 것만을 〈보기〉에서 모두 고르면?

> 정규 미술 교육을 받지 않고, 어떤 화파에도 영향을 받지 않은 예술 경향을 나이브 아트라고 한다. 우리말로 소박파라고도 불리지만 특정한 유파를 가리키기보다 작가의 경향을 가리키는 말이다.
> 나이브 아트는 개인적인 즐거움을 주제로 형식에 얽매이지 않는 특징을 보인다. 우리에게 잘 알려진 나이브 아트 예술가로는 앙리 루소, 앙드레 보샹, 모리스 허쉬필드, 루이 비뱅, 그랜마 모지스 등이 있다. 이들은 서양 미술의 기본 규칙인 원근법, 명암법, 구도 등에 구속되지 않는 평면적 화면, 단순하지만 강렬한 색채, 자세한 묘사 등을 특징으로 보여 준다.
> 전업 화가가 아닌 본업이 따로 있어 낮은 취급을 받던 아웃사이더 예술이었지만, 독일 출신의 컬렉터이자 비평가 빌헬름 우데가 루소, 보샹 등의 화가들을 발굴하며 하나의 예술 영역으로 자리 잡는다. 이후 나이브 아트는 피카소와 같은 기존 미술의 권위와 전통에 반하는 그림을 그리려는 화가들의 주목을 받으며 현대 미술의 탄생에도 적지 않은 영향을 끼쳤다.

보기

ㄱ. 나이브 아트에 속하는 화가로 루소, 보샹 등이 있다.
ㄴ. 나이브 아트는 특정한 유파를 가리킨다.
ㄷ. 나이브 아트 작가들은 서양 미술의 기본 규칙을 따르고자 한다.
ㄹ. 현대 미술은 나이브 아트의 탄생에 결정적인 영향을 끼쳤다.

① ㄱ
② ㄷ
③ ㄱ, ㄴ
④ ㄴ, ㄷ
⑤ ㄱ, ㄷ, ㄹ

09 다음 시에 대한 이해로 적절하지 않은 것은?

> 마른 잎사귀에 도토리알 얼굴 부비는 소리 후두둑 뛰어
> 내려 저마다 멍드는 소리 멍석 위에 나란히 잠든 반들거리
> 는 몸 위로 살짝살짝 늦가을 햇볕 발 디디는 소리 먼 길 날
> 아온 늦은 잠자리 채머리 떠는 소리 맷돌 속에서 껍질 타지
> 며 가슴 동당거리는 소리 사그락사그락 고운 뼛가루 저희
> 끼리 소근대며 어루만져 주는 소리 보드랍고 찰진 것들 물
> 속에 가라앉으며 안녕 안녕 가벼운 것들에게 이별 인사 하
> 는 소리 아궁이 불 위에서 가슴이 확 열리며 저희끼리 다
> 시 엉기는 소리 식어 가며 단단해지며 서로 핥아 주는 소리
>
> 도마 위에 다갈빛 도토리묵 한 모
>
> 모든 소리들이 흘러 들어간 뒤에 비로소 생겨난 저 고요
> 저토록 시끄러운, 저토록 단단한,
>
> — 김선우, '단단한 고요'

① '도토리묵'이 만들어지는 과정을 청각적 이미지를 중심으
로 형상화하고 있다.
② 나무에 매달린 도토리에서부터 묵으로 엉길 때까지의 과정
을 형상화하고 있다.
③ 상반된 시어인 '고요'와 '시끄러운'을 병치시켜 역설의 미학
을 보여 주고 있다.
④ 시적 대상인 도토리를 의인화하여 표현하고 있다.
⑤ 자연과의 교감을 통한 인간에 대한 이해를 보여 주고 있다.

10 (가) ~ (라)를 논리적 순서에 맞게 나열한 것은?

> (가) 아동 정신의학자 존 볼비는 엄마와 아이 사이의 애착
> 을 연구하면서 처음으로 이 현상에 관심을 갖게 되었다.
> 그가 처음 연구를 시작할 때만 해도 아이가 엄마와 계속
> 붙어 있으려고 하는 이유는 먹을 것을 얻기 위해서라는
> 생각이 지배적이었다.
> (나) 아동 정신의학자로 활동하며 연구를 이어간 끝에, 볼
> 비는 엄마와의 애착 관계가 불안정한 아이는 정서 발달
> 과 행동 발달에 큰 문제가 생길 수 있음을 알게 됐다. 또
> 한 아이가 애착을 느끼는 대상이 아이를 세심하게 돌보
> 고 보살필 때 아이는 보호받는 기분, 안전함, 편안함을
> 느끼고, 이는 아이가 건강하게 발달해서 생존할 확률을
> 높이는 요소라는 사실을 밝혀냈다.
> (다) 애착이란 시간이 흐르고 멀리 떨어져 있어도 유지되
> 는 강력한 정서적 유대감으로 정의할 수 있다. 특정한 사
> 람과 어떻게든 가까이 있고 싶은 감정이 애착의 핵심이
> 지만 상대가 반드시 똑같이 느껴야 하는 것은 아니다.
> (라) 하지만 볼비는 아이가 엄마와 분리되면 엄청나게 괴로
> 워하며, 다른 사람이 돌봐 주거나 먹을 것을 줘도 그러한
> 고통이 해소되지 않는다는 사실을 발견했다. 엄마와 아
> 이의 유대에 뭔가 특별한 것이 있다는 의미였다.

① (가) – (나) – (다) – (라)
② (가) – (다) – (나) – (라)
③ (나) – (가) – (다) – (라)
④ (다) – (가) – (라) – (나)
⑤ (다) – (라) – (가) – (나)

11 다음 글에 대한 이해로 적절하지 않은 것은?

오픈AI사에서 개발해 내놓은 '챗지피티(chatGPT)'의 열기가 뜨겁다. 챗지피티는 인터넷에 존재하는 다양한 텍스트 데이터를 학습해 구축된 인공 지능으로, 사용자와 채팅을 통해 상호작용하는 형식으로 사용자의 요구에 응답한다. 예를 들어 "3+4를 계산하는 파이썬 코드를 짜 줘"라고 요구하면, 챗지피티는 실제로 작동하는 코드를 출력해서 알려 준다. 뒤이어 "같은 작업을 R에서 사용하는 코드로 짜 줘"라고 말하면, 대화의 맥락을 파악하고 같은 기능의 R 코드를 제공한다.

우리는 어떻게 시시각각 신기술로 무장하는 인공 지능과 '함께' 살아갈 수 있을까? 첫째, '인공 지능이 해 줄 수 있는 일'과 '인간이 할 필요가 없는 일'이 동의어가 아니라는 점을 명확히 인지해야 한다. 다시 말해, 인공 지능이 잘할 수 있는 일이라고 해서 인간이 그것을 할 줄 몰라도 된다는 것이 아니라는 것이다. 둘째, 인공 지능을 지혜롭게 사용하려면 인공 지능이 가진 성찰성의 한계를 이해해야 한다. 챗지피티의 흥미로운 특징은 매우 성찰적인 인공 지능인 척하지만, 사실은 매우 형편없는 자기반성 능력을 갖추고 있다는 데 있다.

인공 지능의 기능에 대해 성찰하는 것은 결국 인간의 몫이지, 기계의 역할이 아니다. 물론 인공 지능은 다양한 상호작용을 통해 스스로의 오류를 교정하고 최적화하는 기능을 탑재하고 있다. 머신 러닝(machine learning)이라는 개념이 바로 그것이다. 그러나 이 메커니즘은 명백하게도 인간 사용자의 특성과 의사에 따라 좌우될 수 있다. 사용자 경험을 통해 성능을 향상시켜 가고 있는 구글 번역기는 영어-스페인어 사이의 전환은 훌륭하게 수행하지만 영어-한국어 사이의 전환은 그만큼 잘하지 못한다. 그 사용자의 수가 적기 때문이다. 사회의 소수자는 인공 지능의 메커니즘에서도 소수자이다. 다시 말해, 인공 지능에 대해 성찰하는 역할만큼은 인간이 인공 지능에게 맡기지 말아야 할 영역이다.

인공 지능의 범람 속에서 살아남는 방법은, 인공 지능과 '함께 살아가는 인간'이 되는 것이다. 인공 지능을 과소평가하지 않고, 또한 인간 스스로의 가치와 주체성도 과소평가하지 않는, 용감하고 당당한 인간으로 살아가고자 하는 태도가 필요하다.

① 인간은 인공 지능과 공존하는 방법을 모색해 인공 지능을 지혜롭게 사용해야 한다.
② 인공 지능을 활용한 머신 러닝에도 인간 사용자의 특성이 반영된다.
③ 인공 지능이 글쓰기를 잘 수행하더라도 인간은 글쓰기 능력을 길러야 한다.
④ 인공 지능을 지혜롭게 사용할 수 있으려면 인공 지능이 가진 성찰성의 한계를 이해해야 한다.
⑤ 인공 지능은 스스로 양질의 정보를 가려낼 수 있어 자신의 오류를 교정하고 최적화한다.

12 다음 글은 글쓰기의 자세에 대한 것이다. (가)~(마)에 대한 이해로 적절하지 않은 것은?

(가) 이 세상 모든 사물 가운데 귀천과 빈부를 기준으로 높고 낮음을 정하지 않는 것은 오직 문장뿐이다. 그리하여 가난한 선비라도 무지개같이 아름다운 빛을 후세에 드리울 수 있으며, 아무리 부귀하고 세력 있는 자라도 문장에서는 모멸당할 수 있다.

(나) 배우는 자는 마땅히 자기 역량에 따라 알맞게 쓸 뿐이다. 억지로 남을 본떠서 자기 개성을 잃어버리지 않도록 하는 것이야말로 글쓰기의 본령이다.

(다) 글이란 것은 뜻을 나타내면 그만일 뿐이다. 제목을 놓고 붓을 잡은 다음 갑자기 옛말을 생각하고 억지로 고전의 사연을 찾으며 뜻을 근엄하게 꾸미고 글자마다 장중하게 만드는 것은 마치 화가를 불러서 초상을 그릴 적에 용모를 고치고 나서는 것과 같다.

(라) 문장에 뜻을 두는 사람들이 첫째로 주의할 것은 자기를 속이지 않는 것이다. 자기를 속이지 않는 것에서 출발하면 마음이 이치에 통하고 온갖 관찰력이 환하게 밝아질 것이다.

(마) 대체 글이란 조화다. 마음속에서 이루어진 문장은 반드시 정교하게 되나 손끝으로 이루어진 문장은 정교하게 되지 않으니, 진실로 그러하다.

① (가): 글쓰기에서 훌륭한 문장은 빈부귀천에 따라 높고 낮음이 정해진다.
② (나): 글쓰기에서 중요한 것은 남과는 다른 자기만의 개성을 표현하는 것이다.
③ (다): 글에서 중요한 것은 꾸미는 것보다 뜻을 정확하게 나타내는 것이다.
④ (라): 글쓰기에서 중요한 것은 진솔하게 표현하는 것이다.
⑤ (마): 글은 마음으로부터 이뤄져 조화를 이루는 것이 중요하다.

13 밑줄 친 동사의 쓰임이 옳지 않은 것은?

① 씻어 놓은 상추를 채반에 <u>밭쳤다</u>.
② 마을 이장이 소에게 <u>받쳐서</u> 꼼짝을 못 한다.
③ 그녀는 세운 무릎 위에 턱을 <u>받치고</u> 앉아 있었다.
④ 양복 속에 두꺼운 내복을 <u>받쳐서</u> 입으면 옷맵시가 나지 않는다.
⑤ 고추가 워낙 값이 없어서 백 근을 시장 상인에게 <u>받혀도</u> 변변한 옷 한 벌 사기가 힘들다.

14 밑줄 친 피동 표현이 옳지 않은 것은?

① 이 글은 두 문단으로 <u>나뉜다</u>.
② 들판이 온통 눈으로 <u>덮인</u> 광경이 장관이었다.
③ 벌목꾼에게 <u>베인</u> 나무가 여기저기에 쌓여 있다.
④ 아무리 생각해 보아도 <u>짚히는</u> 바가 없다.
⑤ 안개가 <u>걷히고</u> 파란 하늘이 나타났다.

15 밑줄 친 부분의 띄어쓰기가 맞는 것은?

① 일이 있어서 숙제를 <u>못했다</u>.
② <u>총금액이</u> 얼마 되지 않는다.
③ <u>한달간</u> 전국 일주 여행을 하고 돌아왔다.
④ 현대사회의 <u>제문제에</u> 대한 토론을 하였다.
⑤ 이번 방학에 무엇을 <u>해야 할 지</u> 모르겠다.

16 다음 단어의 로마자 표기로 옳은 것은?

	종로	여의도	신라
①	Jongro	Yeouido	Silla
②	Jongno	Yeouido	Silla
③	Jongro	Yeoeuido	Sinla
④	Jongno	Yeoeuido	Silla
⑤	Jongno	Yeoeuido	Sinla

17 다음 글에 대한 이해로 적절한 것은?

> 환경 보호는 정도의 차이는 있을지라도 모든 사람의 이익에 도움이 되는 일이라고 주장하는 사람도 있다. 초창기 환경 운동의 목표는 전통적인 자연 보호, 곧 특정 습지의 특정 조류를 보호하려는 좁은 생각을 극복하는 것이었다. 그렇지만 특정 종의 동물이나 식물에 대한 사랑에서는 열정적 투쟁 욕구가 생겨나는 반면, 대상을 특정하지 않은 자연 사랑은 어딘지 모르게 산만한 게 사실이다. 바로 그래서 생겨나는 것이 올슨 패러독스이다. 이것은 특별한 공동 이해관계로 묶인 소규모 그룹이 얼굴을 맞대고 단호히 일을 추진할 때, 대단히 애매한 일반적 이해를 가진 익명의 대규모 집단보다 훨씬 더 뛰어난 추진력을 보인다는 것이다. 이런 역설대로 소규모 그룹에는 로비할 좋은 기회가 주어지며, 마찬가지로 특정 사안을 반대하는 지역 저항 운동이 성공을 거둔다. 그렇기 때문에 포괄적 의미에서 환경 정책이 아주 까다로워진다.
>
> 무조건적인 타당성을 갖는 환경법을 요구하는 환경 정책은 애초부터 좌절될 수밖에 없다. 비록 나라와 문화마다 정도가 매우 다르기는 하지만, 현대화 과정에서 족벌에 대한 충성심을 넘어서서 다른 가치를 더욱 중시하는 충성심이 발달했다. 환경 정책은 이 과정에서 중요한 기회를 얻는다. 이기적 이해관계를 넘어서서 환경 전체를 바라보는 안목이 현대화 과정에서 발달했기 때문이다. 동시에 물론 자신의 직접적인 생활 환경을 지키려는 각오도 환경 정책에 결정적 영향을 미친다. 이처럼 환경 운동은 완전히 보편적 방향으로 발달하기는 힘들다. 우선 자신의 이해관계부터 생각하는 인간의 본성 탓에 근본적 긴장은 항상 사라지지 않기 때문이다.

① 현대화 과정에서 부각된 인간의 이기적 이해관계는 인간이 가진 자연 지배권에 대한 인식과 함께 발달하게 되었다.
② 환경 운동은 특정 생물 집단의 번식과 지속성을 보전하는 것에서 시작하여 궁극적으로 자연 경관의 보호를 목적으로 한다.
③ 환경 운동에서 발생하는 올슨 패러독스는 근본적으로 해소되기 어렵다.
④ 환경 운동은 대규모 집단의 이해관계가 소규모 집단의 이해관계와 일치할 때 이루어지는 과정이라고 할 수 있다.
⑤ 환경 운동은 생물학적 다양성을 위한 공리주의 원칙에 따라 진행되어야 하며, 이 과정에서 개인의 이기심은 환경 운동을 위한 직접적인 동기로 작용하지 않는다.

18 밑줄 친 단어의 표기가 맞지 않는 것은?

① 그들은 서로 인사말을 주고받았다.
② 아이들은 등굣길이 마냥 즐거웠다.
③ 빨랫줄에 있는 빨래를 걷어라.
④ 마굿간에는 말 두 마리가 있다.
⑤ 요즘은 셋방도 구하기 힘들다.

19 ㉠, ㉡에 들어갈 한자 성어로 적절한 것은?

> 김 첨지도 이 불길한 침묵을 짐작했는지도 모른다. 그렇지 않으면 대문에 들어서자마자 전에 없이, "이 난장맞을 년, 남편이 들어오는데 나와 보지도 않아, 이 오라질 년."이라고 고함을 친 게 수상하다. 이 고함이야말로 제 몸을 엄습해 오는 무시무시한 증을 쫓아 버리려는 (㉠)인 까닭이다.
> 하여간 김 첨지는 방문을 왈칵 열었다. 구역을 나게 하는 추기—떨어진 삿자리 밑에서 나온 먼지내, 빨지 않은 기저귀에서 나는 똥내와 오줌내, 가지각색 때가 켜켜이 앉은 옷 내, 병인의 땀 섞은 내가 섞인 추기가 무딘 김 첨지의 코를 찔렀다.
> 방 안에 들어서며 설렁탕을 한구석에 놓을 사이도 없이 주정꾼은 목청을 있는 대로 다 내어 호통을 쳤다. "이런 오라질 년, (㉡) 누워만 있으면 제일이야! 남편이 와도 일어나지를 못해?"라는 소리와 함께 발길로 누운 이의 다리를 몹시 찼다. 그러나 발길에 차이는 건 사람의 살이 아니고 나뭇등걸과 같은 느낌이 있었다.
>
> – 현진건, '운수 좋은 날' 중에서

	㉠	㉡
①	노심초사(勞心焦思)	주야불식(晝夜不息)
②	허장성세(虛張聲勢)	전전반측(輾轉反側)
③	절치부심(切齒腐心)	전전반측(輾轉反側)
④	노심초사(勞心焦思)	주야장천(晝夜長川)
⑤	허장성세(虛張聲勢)	주야장천(晝夜長川)

20 ㉠에 들어갈 내용으로 적절한 것은?

> 신석기 시대에 들어 농사가 시작되면서 여성의 역할은 더욱 증대되었다. 농사는 야생 곡물이 밀집한 지역에서 이를 인위적으로 재생산함으로써 시작되었다. 이처럼 농사는 채집 활동의 연장선상에서 발생하였기 때문에 처음에는 주로 여성이 담당하였다. 더욱이 당시 농업 기술은 보잘것없었고, 이를 극복할 별다른 방법도 없었다. 이러한 단계에서 인간들이 풍요로운 생활을 누리기 위해서는 종족 번식, 곧 여성의 출산력이 무엇보다 중요하였다.
> 그러나 신석기 시대 중후반에는 농경이 본격적으로 발전하면서 광활한 대지의 개간이나 밭갈이에는 엄청난 노동력과 강한 근력이 요구되었다. 농사는 더 이상 여성의 섬세함만으로 해낼 수 없는 아주 고된 일로 바뀌었다. 마침 이 무렵, 집짐승 기르기가 시작되면서 남성들은 더 이상 사냥감을 찾아 산야를 헤맬 필요가 없게 되었다. 사냥 활동에서 벗어난 남성들은 생산 활동의 새로운 주인공이 되었다. 그리고 여성들은 보조자로 밀려나서 주로 집안일이나 육아를 담당하게 되었다. 이로써 남성이 주요 생산 활동을 담당하게 되고, (㉠)

① 남성과 여성의 사회적 위상과 역할이 달라지게 되었다.
② 여성은 생산 활동에서 완전히 배제되기 시작하였다.
③ 남성이 남성으로서의 제 역할을 하게 되었다.
④ 남성은 여성을 씨족 공동체의 일원으로 인정하지 않게 되었다.
⑤ 사냥 활동에서 여성이 남성의 역할을 대체하게 되었다.

21 ㉠에 대한 설명으로 적절한 것은?

> 일본 문학의 세계가 여자들에게 열려 있긴 했어도 ㉠헤이안 시대의 여성들은 그 시대 대부분의 책에서는 자신들의 목소리를 발견할 수 없었을 것이다. 그리하여 한편으로는 읽을거리를 늘리기 위해, 그리고 다른 한편으로는 그들만의 독특한 취향에 상응하는 읽을거리를 손에 넣기 위해 여성들은 그들만의 고유한 문학을 창조해 냈다. 그 문학을 기록하기 위해 여성들은 그들에게 허용된 언어를 음성으로 옮긴 가나분카쿠를 개발하기에 이르렀는데, 이 언어는 한자 구조가 거의 배제된 것이 특징이다. 이는 여성들에게만 국한되어 쓰이면서 '여성들의 글자'로 알려지게 되었다.
>
> 발터 벤야민은 "책을 획득하는 방법 중에서도 책을 직접 쓰는 것이야말로 가장 칭송할 만한 방법으로 평가받을 수 있다"라고 논평했던 적이 있다. 헤이안 시대의 여자들도 깨달았듯이 어떤 경우에는 책을 직접 쓰는 방법만이 유일한 길일 수가 있다. 헤이안 시대의 여자들은 그들만의 새로운 언어로 일본 문학사에서, 아마도 전 시대를 통틀어 가장 중요한 작품 몇 편을 남겼다. 무라사키 부인이 쓴 『겐지 이야기』와 작가 세이 쇼나곤의 『마쿠라노소시』가 그 예이다.
>
> 『겐지 이야기』, 『마쿠라노소시』 같은 책에서는 남자와 여자의 문화적·사회적 삶이 소상하게 나타나지만, 그 당시 궁정의 남자 관리들이 대부분 시간을 할애했던 정치적 술책에 대해서는 거의 관심을 보이지 않는다. 언어와 정치 현장으로부터 유리되어 있었기 때문에 세이 쇼나곤과 무라사키 부인조차도 이런 활동에 대해서는 풍문 이상으로 묘사할 수 없었다. 어떤 예이든 이런 여성들은 근본적으로 그들 자신을 위해 글을 쓰고 있었다. 다시 말해 그들 자신의 삶을 향해 거울을 받쳐 들고 있었던 셈이다.

① 읽을거리에 대한 열망을 문학 창작의 동력으로 삼았다.
② 창작 국면에서 자신들의 언어를 작품에 그대로 담아내지 못했다.
③ 궁정에서 일어나는 정치적 행위에 대하여 치밀하게 묘사하였다.
④ 한문학에 대한 지식을 바탕으로 문학 창작에 참여하였다.
⑤ 문필 활동은 남성의 전유물이었기 때문에 남성적 취향의 문학 독서를 수행하였다.

22 밑줄 친 외래어 표기가 옳은 것은?

① 송년(送年) 모임이 회사 앞 <u>부페</u> 식당에서 있을 예정이다.
② 저 남자 배우는 <u>애드립</u>에 능해서 연기가 자연스럽게 느껴진다.
③ 점심시간이 끝나자 사람들은 <u>재스민</u> 차를 마시기 시작했다.
④ 여행 정보 <u>팜플렛</u>을 얻으러 회사 근처의 여행사 사무실에 다녀왔다.
⑤ 유머가 있고 내용이 가벼운 <u>꽁트</u> 프로그램을 한 편 보기로 했다.

※ 다음 글을 읽고 물음에 답하시오. [23~24]

> 사람과 상황이 서로 영향을 미치는 방식들을 몇 가지 소개해 보도록 하겠다.
>
> 첫째는 상황이 사람을 선택하는 경우다. 모든 사람이 자신이 원하는 상황에 놓일 수는 없다. 제한된 상황은 우리로 하여금 '무엇'을 할 수 있는 기회를 박탈하기도 한다. 예를 들어 아무것도 선택할 수 없는 경제적 어려움에 처해 있거나 부모의 학대로 인해 지속적인 피해를 입고 있는 상황처럼 자신의 의지나 책임이 아닌 절대적 상황이 그런 경우다. 이때 사람들은 상대적 박탈감이나 무력감을 경험하게 된다.
>
> 둘째는 사람이 상황을 선택하는 경우다. 이때는 자신의 욕망이나 목표에 맞는 기회를 제공하는 상황을 선택할 수 있다. 우리는 일상을 살아가면서 굉장히 합리적인 판단을 한다. 예를 들어 몸이 아프면 상황을 설명하고 조퇴를 할 수도 있다. 그런데 사회적 압력이나 압박들이 단순히 직장에서 일어나는 상황이 아니고 보다 더 본질적인 경우가 있다.
>
> 예를 들어 경제적 불균형처럼 자기가 가지고 있는 아주 왜곡된 관념들로 치닫기 시작하면 상황이 사람을 지배할 수도 있다. 자신의 자존감을 지키기 위해서는 타인에게 해를 가해서라도 그런 상황을 유지하려는 것이다. 그러나 대부분의 사람들은 스스로 상황을 지배해 나가기 때문에 범죄를 저지르지 않는다. 그래서 상황이 사람을 선택하느냐, 아니면 사람이 상황을 선택하느냐에 따라 결과는 엄청나게 달라진다.
>
> 상황에 따라 사람의 다른 측면이 점화되기도 한다. 사람들이 공통적으로 갖고 있는 공손함이나 공격성 등은 상황에 따라 점화되는 것이 다르다. 우리가 읽거나 들었던 단어 또는 정보가 우리의 생각이나 행동에 미묘한 변화를 일으킬 수 있고 이러한 현상을 '점화 효과'라고 한다.

23 윗글의 서술 방식에 대한 설명으로 적절하지 않은 것은?

① 설명하는 내용에 대한 예를 제시하고 있다.
② 서로 다른 내용을 대비하여 제시하고 있다.
③ 설명하는 내용에 대한 개념을 제시하고 있다.
④ 설명하는 내용을 병렬적 구조로 제시하고 있다.
⑤ 설명하는 내용에 대한 실험 결과를 제시하고 있다.

24 윗글에 대한 이해로 적절하지 않은 것은?

① 사람과 상황은 서로 영향을 끼친다.
② 경제적 불균형에 처하면 대부분의 사람들은 스스로 상황을 지배할 수 없다.
③ 부모의 학대와 같은 상황은 선택할 수 없는 절대적 상황이다.
④ 몸이 아플 때 상황을 설명하고 조퇴하는 것은 합리적 판단의 일종이다.
⑤ 사람들이 공통적으로 가진 공격성이라도 상황에 따라 다르게 점화된다.

25 다음 시에 대한 이해로 적절한 것만을 〈보기〉에서 모두 고르면?

> 1
> 첫닭 울고 둘째 닭 울더니
> 작은 별 큰 별 떨어지는데
> 문을 들락거리며
> 살짝이 살짝이 행인은 길 떠날 채비하네
>
> 2
> 나그네 새벽 틈타 떠나렸더니
> 주인은 안 된다며 보내질 않네
> 채찍을 손에 쥔 채 못 이긴 척 돌아서니
> 닭만 괜스레 번거롭게 했구나
>
> – 이병연, '조발'

보기
ㄱ. '첫닭'은 시간적 배경을 드러낸다.
ㄴ. '나그네'와 '주인'의 관계가 닭 울음으로 인해 달라진다.
ㄷ. '살짝이 살짝이'는 '행인'의 조심스러운 심리를 나타내고 있다.
ㄹ. 화자는 '나그네'와 '주인'을 관찰의 대상으로 삼고 있다.

① ㄱ
② ㄴ
③ ㄴ, ㄷ
④ ㄱ, ㄷ, ㄹ
⑤ ㄱ, ㄴ, ㄷ, ㄹ

정답 및 해설: 해설집 p.180
(문제집 p.277에서 전체 정답표를 확인하실 수 있습니다.)

모바일 자동 채점 + 성적 분석 서비스 바로 가기
QR코드를 이용해 모바일로 간편하게 채점하고 나의 실력이
어느 정도인지, 취약 부분이 어디인지 바로 파악해 보세요!

제한시간 : 25분   시작 _____시 _____분 ~ 종료 _____시 _____분   나의 점수 _____ 회독수 ☐☐☐

01 〈보기〉의 ㄱ~ㅁ에 대한 설명 중 옳지 않은 것은?

> **보기**
> ㄱ. 우리 사무실은 도심에 있어 비교적 교통이 편리하다.
> ㄴ. 천세나 만세를 누리소서!
> ㄷ. 그 일은 어제 끝냈어야 했다.
> ㄹ. 넷에 넷을 더하면 여덟이다.
> ㅁ. 한창 크는 분야라서 지원자가 많다.

① ㄱ의 '비교적'은 관형사이다.
② ㄴ의 '만세'는 명사이다.
③ ㄷ의 '어제'는 부사이다.
④ ㄹ의 '여덟'은 수사이다.
⑤ ㅁ의 '크는'은 동사이다.

02 밑줄 친 말 중 문법적 기능이 다른 것은?

① 그것참, 신기하군그래.
② 그를 만나야만 모든 원인을 밝힐 수 있다.
③ 그것이 금덩이라도 나는 안 가진다.
④ 얼마 되겠느냐마는 살림에 보태어 쓰도록 해.
⑤ 용서해 주시기만 하면요 정말 감사하겠습니다.

03 밑줄 친 단어의 뜻풀이가 옳지 않은 것은?

① 그는 줄목을 무사히 넘겼다.
    → 일의 진행 과정에서 가장 중요한 대목
② 그 사람들도 선걸음으로 그리 내달았다.
    → 이미 내디뎌 걷고 있는 그대로의 걸음
③ 겨울 동안 갈무리를 했던 산나물을 팔았다.
    → 물건 따위를 잘 정리하거나 간수함
④ 그는 인물보다 맵드리가 쓰레기꾼 축에 섞이기는 아까웠다.
    → 옷을 입고 매만진 맵시
⑤ 그녀는 잔입으로 출근 시간이 되기만을 기다렸다.
    → 음식을 조금만 먹음

04 어법에 맞는 문장은?

① 그 회사는 품질 면에서 세계 최고이다.
② 내 생각은 네가 잘못을 인정하면 해결될 것이다.
③ 지도자는 자유 수호와 인권을 보장하는 것을 목표로 삼아야 한다.
④ 이사회는 재무 지표 현황과 개선 계획을 수립, 다음 달부터 시행하기로 하였다.
⑤ 이 여론조사 결과는 현재 무엇을 시급히 개선해야 한다는 점을 말해주고 있다.

괴테는 인간의 목표가 각자의 개성과 존엄성을 통해 보편성에 이르는 데 있다고 보았다. 즉 그는 자연이라는 근원에서 나온 개체에 대해서는 자연과 동일한 권리를 부여하였지만, 개체와 근원 사이에 존재하는 중간 단계에 대해서는 상대적으로 관심이 적었다. 그리하여 나폴레옹이 그의 조국을 점령하였을 때에 그는 피히테만큼 열성적으로 활동하지는 않았다. 물론 그도 자기 민족의 자유를 원했고 조국에 대해 깊은 애정을 표시했지만, 그의 마음을 더욱 사로잡은 것은 인간성이나 인류와 같은 관념이었다. 이런 점에서 볼 때, 괴테는 집단의식보다는 개인의 존엄성을 더 중시했다고 할 수 있다.

그런데 이전보다 훨씬 다양한 집단에 속한 채 살아야 하는 현대인에게는 개인과 집단의 관계를 어떻게 설정하느냐 하는 문제가 더욱 중요하게 떠오른다. 이러한 문제가 발생할 때 다수의 논리를 내세워 개인의 의지를 배제한다면 그것은 바람직한 해결책이라 할 수 없다. 현대 사회가 추구하는 효율성의 원칙만을 내세워 집단을 개인의 우위에 두면 '진정한 인간성'이 계발되기 어렵다. 그러므로 우리는 개인이 조직 사회에 종속됨으로써 정신적 독립성을 잃게 되는 위험성을 항상 경계해야 한다.

오늘날 우리는 괴테의 의미를 새롭게 발견한다. 그는 현대의 공기를 마셔 보지 않았지만 대단히 현대적인 시각에서 우리에게 충고를 하고 있다. 지금 진행되고 있는 이 무서운 드라마를 끝내기 위해서는 모든 사람이 다 함께 '진정한 인간성'을 추구해야 한다. 물질적 편리함을 위해 정신적 고귀함을 간단히 양보해 버리고, 집단의 목적을 위해 개인의 순수성을 쉽게 배제해 버리는 세태 속에서 우리는 자신의 혼을 가진 인간으로 살기 위해 노력해야 한다. 이런 점에서, 순수하고 고결한 인간성을 부르짖는 괴테의 외침은 사람 자체를 존중하는 마음이 사라져 가는 오늘날의 심각한 병폐를 함께 치유하자는 세계사적 선서의 의미를 지닌다. 모든 사람들이 각자 '진정한 인간성'을 행동으로 실천한다면, 현대 사회의 비인간화 현상은 극복될 수 있을 것이다.

① 개인과 집단 사이에는 갈등이 있을 수 없다. 집단의 이익이 개인의 이익이며, 개인의 이익이 집단의 이익이다.

② 개인이 집단의 목적에 맹목적으로 따르는 것은 민주 시민의 올바른 자세가 아니다. 비판이 없는 집단은 자기 발전이 없다.

③ 개인의 존엄성은 상대적인 것이다. 따라서 개인도 자기 목소리만을 높일 것이 아니라 집단의 목표에 부합하도록 노력해야 한다.

④ 진정한 인간성은 이기주의와는 다르다. 개인의 독립성을 지나치게 주장하여 운영에 차질을 주면 그것도 바람직하지 않다.

⑤ 다수의 논리를 내세워 개인의 의지를 꺾는 것도 잘못이지만, 개인의 의지가 다수의 논리를 무시하는 것은 더 큰 문제이다.

원칙적으로 사람들은 제1 언어 습득 연구에 대한 양극단 중 하나의 입장을 취할 수 있을 것이다. ㉠극단적 행동주의자적 입장은 어린이들이 백지 상태, 즉 세상이나 언어에 대해 아무런 전제된 개념을 갖지 않은 깨끗한 서판을 갖고 세상에 나오며, 따라서 어린이들은 환경에 의해 형성되고 다양하게 강화된 예정표에 따라 서서히 조건화된다고 주장하였다. 또 반대쪽 극단에 있는 구성주의의 입장은 어린이들이 매우 구체적인 내재적 지식과 경향, 생물학적 일정표를 갖고 세상에 나온다는 인지주의적 주장을 할 뿐만 아니라 주로 상호 작용과 담화를 통해 언어 기능을 배운다고 주장한다. 이 두 입장은 연속선상의 양극단을 나타내며, 그 사이에는 다양한 입장들이 있을 수 있다.

> **보기**
>
> 생득론자는 언어 습득이 생득적으로 결정되며, 우리는 주변의 언어에 대해 체계적으로 인식할 수 있도록 되어 있어서 결과적으로 언어의 내재화된 체계를 구축하는 유전적 능력을 타고난다고 주장한다.

① 언어 습득에 대한 연구에서 실제적 언어 사용의 양상이 무시될 가능성이 크다.

② 아동의 언어 습득을 관장하는 유전자의 실체가 확인될 때까지는 행동주의는 불완전한 가설일 뿐이다.

③ 아동은 단순히 문법적으로 정확한 문장을 만드는 방법을 배우는 것이 아니라 의사소통 방법을 배우는 것이다.

④ 아동의 언어 습득은 특정 언어공동체의 일원이 되는 핵심 과정인데, 행동주의는 공동체 구성원들과의 상호 작용이 차지하는 중요성을 간과하고 있다.

⑤ 아동의 언어 습득이 외적 자극인 환경에 의해 전적으로 형성된다고 보는 행동주의 모델은 배우거나 들어본 적 없는 표현을 만들어내는 어린이 언어의 창조성을 설명하지 못한다.

07 '도산 노인'의 생각에 대한 이해로 옳지 않은 것은?

『도산십이곡』은 도산 노인이 지은 것이다. 노인이 이를 지은 것은 무엇 때문인가. 우리나라의 가곡은 대체로 음란하여 족히 말할 것이 없으니 『한림별곡』과 같은 것도 문인의 입에서 나왔으나, 교만하고 방탕하며 겸하여 점잖지 못하고 장난기가 있어 더욱 군자가 숭상해야 할 바가 아니다. 다만 근세에 이별의 『육가』라는 것이 있어 세상에 성대하게 전해지는데, 저것보다 낫기는 하나 또한 세상을 희롱하는 불공한 뜻만 있으며, 온유돈후의 실질이 적은 것을 애석하게 여겼다.

노인은 평소 음악을 이해하지는 못하나 오히려 세속의 음악이 듣기 싫은 것을 알아, 한가히 살면서 병을 돌보는 여가에 무릇 성정에서 느낌이 일어나는 것을 매양 시로 나타내었다. 그러나 지금의 시는 옛날의 시와는 달라서 읊을 수는 있어도 노래로 부를 수는 없다. 만약 노래로 부르려면 반드시 시속의 말로 엮어야 되니, 대개 우리나라 음절이 그렇게 하지 않고서는 안 되기 때문이다.

그래서 내가 일찍이 대략 이별의 노래를 본떠 도산육곡이란 것을 지은 것이 둘이니, 그 하나는 언지(言志)이고 다른 하나는 언학(言學)이다. 아이들로 하여금 아침저녁으로 익혀서 노래하게 하여 안석에 기대어 이를 듣고자 했다. 또한 아이들로 하여금 스스로 노래하고 춤추고 뛰게 한다면, 비루하고 더러운 마음을 깨끗이 씻어버리고, 느낌이 일어나 두루 통하게 될 것이니 노래하는 자와 듣는 자가 서로 유익함이 없지 않을 것이다.

돌이켜보면 나의 자취가 자못 어그러졌으니, 이 같은 한가한 일이 혹시나 시끄러운 일을 야기하게 될지 모르겠고, 또 곡조에 얹었을 때 음절이 맞을는지도 알 수 없어 우선 한 부를 베껴 상자 속에 담아 두고, 때때로 꺼내 완상하여 스스로를 반성하며, 또 훗날에 보는 자가 이를 버리거나 취하기를 기다릴 따름이다.

– 이황, '도산십이곡발'

① 우리말 노래가 대체로 품격이 떨어진다고 보아 만족하지 못하고 있었다.
② 우리나라에서 한시를 노래로 부르는 전통을 되살리려고 한다.
③ 자신이 지은 노래를 부르는 아이들에게도 유익함이 있을 것이라 생각한다.
④ 자신이 노래를 지은 것을 불만스럽게 생각할 사람이 있을 수 있다고 예상한다.
⑤ 자신이 지은 노래가 후세에 전해져서 평가의 대상이 될 것을 기대한다.

08 다음 시에 대한 이해로 적절하지 않은 것은?

아버지는 두 마리의 두꺼비를 키우셨다

해가 말끔하게 떨어진 후에야 퇴근하셨던 아버지는 두꺼비부터 씻겨 주고 늦은 식사를 했다 동물 애호가도 아닌 아버지가 녀석에게만 관심을 갖는 것 같아 나는 녀석을 시샘했었다 한번은 아버지가 녀석을 껴안고 주무시는 모습을 보았는데 기회는 이때다 싶어서 살짝 만져 보았다 그런데 녀석이 독을 뿜어내는 통에 내 양 눈이 한동안 충혈되어야 했다 아버지, 저는 두꺼비가 싫어요

아버지는 이윽고 식구들에게 두꺼비를 보여주는 것조차 꺼리셨다 칠순을 바라보던 아버지는 날이 새기 전에 막일판으로 나가셨는데 그때마다 잠들어 있던 녀석을 깨워 자전거 손잡이에 올려놓고 페달을 밟았다

두껍아 두껍아 헌집 줄게 새집 다오

아버지는 지난 겨울, 두꺼비집을 지으셨다 두꺼비와 아버지는 그 집에서 긴 겨울잠에 들어갔다 봄이 지났으나 잔디만 깨어났다

내 아버지 양 손엔 우툴두툴한 두꺼비가 살았었다

– 박성우, '두꺼비'

① 화자가 '아버지, 저는 두꺼비가 싫어요'라고 말한 것은 아버지의 고생스러운 삶에서 서러움과 연민을 느꼈기 때문이다.
② 이 시는 아이의 시선과 동요의 가사를 활용하여 아버지의 희생적인 삶을 돌아보게 하면서 감동을 주고 있다.
③ 이 시는 첫 줄과 마지막 줄에 제시된 아버지와 두꺼비의 호응 관계를 통해 시적 의미를 강조하고 있다.
④ 이 시에서 '두꺼비'는 아버지를 기다리는 자식들을 의미한다.
⑤ '아버지는 그 집에서 긴 겨울잠에 들어갔다'는 표현에서 아버지가 돌아가셨다는 것을 알 수 있다.

09 다음 글에 대한 이해로 적절하지 않은 것은?

정신에 대한 전통적인 설명에 따르면, 인간의 육체는 비물질적 실체인 영혼으로 가득 차 있으며 그 영혼이 때때로 유령이나 귀신의 모습으로 나타난다. 그러나 이 이론은 극복할 수 없는 문제에 부딪힌다. 그 유령이 어떻게 유형의 물질과 상호 작용하는가? 무형의 비실체가 어떻게 번쩍이고 쿡 찌르고 삑 소리를 내는 외부 세계에 반응하고 팔다리를 움직이게 만드는가? 그뿐 아니라 정신은 곧 뇌의 활동임을 보여 주는 엄청난 증거들도 극복할 수 없는 문제다. 오늘날 밝혀진 바에 따르면, 비물질적이라 생각했던 영혼도 칼로 해부되고, 화학 물질로 변질되고, 전기로 나타나거나 사라지고, 강한 타격이나 산소 부족으로 인해 소멸되곤 한다. 현미경으로 보면 뇌는 풍부한 정신과 완전히 일치하는 대단히 복잡한 물리적 구조를 갖고 있다.

정신을 어떤 특별한 형태의 물질에서 발생하는 것으로 보는 견해도 있다. 피노키오는 목수 제페토가 발견한, 말하고 웃고 움직이는 마법의 나무에서 생명력을 얻는다. 그러나 애석한 일이지만 그런 신비의 물질은 어디에서도 발견되지 않았다. 우선 뇌 조직이 그 신비의 물질이 아닌가 생각해 볼 수 있다. 다윈은 뇌가 정신을 '분비한다'고 적었고, 최근에 철학자 존 설은 유방의 세포 조직이 젖을 만들고 식물의 세포 조직이 당분을 만드는 것처럼, 뇌 조직의 물리 화학적 특성들이 정신을 만들어 낸다고 주장했다. 그러나 뇌종양 조직이나 접시 안의 배양 조직은 물론이고 모든 동물의 뇌 조직에도 똑같은 종류의 세포막, 기공, 화학 물질들이 존재한다는 사실을 생각해 보라. 그 모든 신경 세포 조직이 동일한 물리 화학적 특성들을 갖고 있지만, 그것들 모두가 인간과 같은 지능을 보이진 않는다. 물론 인간 뇌를 구성하는 세포 조직의 어떤 측면이 우리의 지능에 필수적인 것은 사실이지만, 그 물리적 특성들로는 충분하지 않다. 벽돌의 물리적 특성으로는 음악을 설명하기에 불충분한 것과 같다. 중요한 것은 신경 세포 조직의 '패턴' 속에 존재하는 어떤 것이다.

① 다윈과 존 설은 뇌 조직이 인간 정신의 근원이라고 주장했다.
② 인간의 뇌를 구성하는 세포 조직의 물리적 특성은 인간 지능의 필요 충분 조건이다.
③ 지능에 대한 전통적 설명 방식은 내적 모순으로부터 자유롭지 않다.
④ 뇌의 물리적 특성보다 신경 세포 조직의 '패턴' 속에 존재하는 어떤 것이 중요하다.
⑤ 뇌와 정신이 밀접하게 연결되어 있음을 시각적으로 확인할 수 있는 물리적 증거가 있다.

10 〈보기〉는 국어 단모음 체계의 변화를 보여 주고 있다. 〈보기〉에 대한 설명으로 적절하지 않은 것은?

보기

① 모음들이 연쇄적으로 조음 위치의 변화를 겪는 현상이 발견된다.
② 국어 역사에서 후설 저모음이 존재했던 것으로 추측된다.
③ 단모음의 개수는 점차 늘어난 것으로 보인다.
④ 모음 중에서 음소 자체가 소멸된 것이 있다.
⑤ 일부 이중 모음의 단모음화가 발견된다.

11 (가)~(마)를 논리적 순서에 맞게 나열한 것은?

> (가) 작센의 아우구스투스 2세는 독일 마이센 성의 연금술사인 요한 프리드리히 뵈트거를 가두고 황금을 만들라 명한다. 하지만 실패를 거듭하자 아우구스투스는 화학 반응으로 금을 만들 수 없다는 결론을 내리고 금과 맞먹는 대체품으로 백자를 만들라 명령한다. 뵈트거는 백자를 만들기 위해 대리석이나 뼛가루를 사용했지만 번번이 실패한다. 그는 1708년, 3년 만에 마이센에서 고령토 광산을 발견했고 장석 성분을 추가해 백자의 성분 문제를 해결한다.
>
> (나) 18세기 대항해 시대가 열리면서 유럽은 상류층에서 살롱 문화가 급속하게 번진다. 살롱에서 담론을 펼칠 때 아프리카 커피와 중국 차를 마시는 게 최고의 호사였으며, 백자는 거기에 품격을 더했다. 하지만 백자를 만드는 기술은 중국인들만의 비밀이었기 때문에 유럽은 비싼 가격을 중국에 지불하면서 백자를 수입할 수밖에 없었다.
>
> (다) 또 발터 폰 치른하우스의 도움으로 렌즈와 거울을 이용한 1400도 가마가 가능해졌다. 하늘에서의 고온과 땅에서의 고령토, 그러니까 천지의 조화를 통해 백자가 만들어졌고, 뵈트거는 이 결과를 기록에 남겼다. 이후 마이센의 백자 기술이 오스트리아 빈, 프랑스 스트라스부르, 덴마크 코펜하겐, 이탈리아 피렌체, 영국 런던 등으로 유출되면서 백자의 유럽 생산 시대가 열렸다.
>
> (라) 이탈리아의 메디치 포슬린을 비롯하여 유럽 각지에서 백자를 만들려는 다양한 시도가 있었다. 흰색을 내는 온갖 재료를 사용했지만 유리를 섞어 만드는 수준이었다. 실패의 원인은 백자의 주원료인 고령토를 알지 못했고, 1100도 이상의 가마를 만들지 못했던 데 있다. 중국 백자의 제조 비밀은 유럽의 과학.기술도 밝혀내지 못했던 것이다.
>
> (마) 17세기 유럽 전역에 백자의 인기가 폭발적이었다. 중국의 백자가 유럽에 들어오자 '하얀 금'이라 불리며 비싼 가격에 거래되었다. 유럽의 왕실과 귀족들은 백자를 비롯한 중국적 취향을 '시누아즈리'라면서 바로크나 로코코 양식과 결합시킨다.

① (가) - (다) - (나) - (라) - (마)
② (가) - (다) - (마) - (나) - (라)
③ (가) - (마) - (라) - (나) - (다)
④ (마) - (가) - (다) - (라) - (나)
⑤ (마) - (나) - (라) - (가) - (다)

※ 다음 글을 읽고 물음에 답하시오. [12 ~ 13]

> (가) '테라포밍'은 지구가 아닌 다른 외계의 천체 환경을 인간이 살 수 있도록 변화시키는 것을 말하는데 현재까지 최적의 후보로 꼽히는 행성은 바로 화성이다. 화성은 육안으로도 붉은 빛이 선명하기에 '火(불 화)' 자를 써서 화성(火星)이라고 부르며, 서양에서는 정열적인 전쟁의 신이기도 한 '마르스'와 함께 '레드 플래닛', 즉 '붉은 행성'으로도 일컬어진다. 화성이 이처럼 붉은 이유는 표면의 토양에 철과 산소의 화합물인 산화철이 많이 포함돼 있기 때문인데, 녹슨 쇠가 불그스름해지는 것과 같은 원리로 보면 된다. 그렇다면 이런 녹슨 행성인 화성을 왜 '테라포밍' 1순위로 선정했을까? 또한 어떤 과정을 통해서 이 화성을 인간이 살 수 있는 푸른 별로 바꿀 수 있을까?
>
> (나) 영화 『레드 플래닛』을 보면 이런 '테라포밍'의 계획이 잘 나타나 있다. 21세기 초, 자원 고갈과 생태계 오염 등으로 지구의 환경이 점점 악화되자, 화성을 새로운 인류의 터전으로 바꾸기 위해서 이끼 종자를 가득 담은 무인 로켓이 화성으로 발사된다. 이끼가 번식해 화성 표면을 덮으면 그들이 배출하는 산소가 모여 궁극적으로는 인간이 호흡할 수 있는 대기층이 형성되기 때문이다. 그로부터 50여 년 후, 마침내 화성에 도착한 선발대는 희박하기는 하지만 화성의 공기가 사람이 숨 쉴 수 있을 정도로 바뀌었음을 알게 된다.
>
> (다) 그렇다면 영화가 아닌 현실에서 화성을 변화시키는 일은 가능할까? 시간이 걸리고 힘든 일이지만 가능성은 있다. 화성의 극지방에는 '극관'이라고 부르는 드라이아이스로 추정되는 하얀 막 같은 것이 존재하는데, 이것을 녹여 화성에 공기를 공급한다는 것이다. 극관에 검은 물질을 덮어 햇빛을 잘 흡수하게 만든 후 온도가 상승하면 극관이 자연스럽게 녹을 수 있도록 하는 방법인 것이다. 이 검은 물질을 자기 복제가 가능한 것으로 만들면 소량을 뿌려도 시간이 지나면서 극관 전체를 덮게 될 것이다.
>
> (라) 자기 복제가 가능한 검은 물질이 바로 『레드 플래닛』에 나오는 이끼이다. 유전 공학에 의해 화성처럼 혹독한 환경에서도 성공적으로 번식할 수 있는, 지의류 같은 이끼의 변종을 만들어 내어 화성의 극관 지역에 투하한다. 그들이 뿌리를 내리고 성공적으로 번식할 경우 서서히 태양 광선 흡수량이 많아지고 극관은 점점 녹게 될 것이다. 그러나 이런 방법을 택하더라도 인간이 직접 호흡하며 돌아다니게 될 때까지는 최소 몇 백 년의 시간이 걸릴 것이다.
>
> (마) 지금은 거의 불가능하다고 여겨지는 일들이지만 인류는 언제나 불가능한 일들을 불굴의 의지로 해결해 왔다. 화성 탐사선이 발사되고 반세기가 안 된 오늘날 인류는 화성을 지구 환경으로 만들 꿈을 꾸고 있다. 최소 몇 백 년이 걸릴 수도 있는 이 '테라포밍'도 언젠가는 인류의 도전 앞에 무릎을 꿇게 될 것이 분명하다. 그래서 아주 먼 훗날 우리의 후손들은 화성을 볼 때, 붉게 빛나는 별이 아니라 지구와 같은 초록색으로 반짝이는 화성을 볼 수 있게 될지도 모른다. 그렇다면 그때에는 화성을 '녹성(綠星)' 또는 '초록별'이라 이름을 바꿔 부르게 되지 않을까?

12 (가)~(마)에 대한 설명으로 적절하지 않은 것은?

① (가): 대상의 특성을 설명하고 화제를 제시하고 있다.
② (나): 예를 통해 화제에 대한 이해를 돕고 있다.
③ (다): 화제를 현실화할 수 있는 방법을 제시하고 있다.
④ (라): 귀납을 통해 화제의 실현 가능성을 증명하고 있다.
⑤ (마): 화제에 대한 긍정적 전망으로 글을 마무리하고 있다.

13 '테라포밍' 계획의 핵심이 되는 최종적인 작업은?

① 화성의 극관을 녹이는 일
② 인류가 화성에 이주하는 일
③ 화성에 대기층을 만드는 일
④ 화성의 온도를 상승시키는 일
⑤ 극관을 검은 물질로 덮는 일

14 ㉠~㉤의 외래어 표기법 규정 중 〈보기〉의 내용과 관련성이 높은 것은?

제1장 표기의 기본 원칙
　제2항 ㉠ 외래어의 1 음운은 원칙적으로 1 기호로 적는다.
　제4항 ㉡ 파열음 표기에는 된소리를 쓰지 않는 것을 원칙으로 한다.

제2장 표기 일람표

제3장 표기 세칙

제4장 인명, 지명 표기의 원칙
　제1절 표기 원칙
　제2항 ㉢ 제3장에 포함되어 있지 않은 언어권의 인명, 지명은 원지음을 따르는 것을 원칙으로 한다.
　제3항 ㉣ 원지음이 아닌 제3국의 발음으로 통용되고 있는 것은 관용을 따른다.
　제4항 ㉤ 고유 명사의 번역명이 통용되는 경우 관용을 따른다.

보기
　안녕하십니까? 12시 뉴스입니다. 오늘부터는 우크라이나 지명을 러시아어가 아닌 우크라이나어를 기준으로 전해드립니다. 대표적으로 수도인 키예프는 '키이우'로, 제2의 도시 하리코프는 '하르키우'로, 서부의 리비프는 '르비우'로 바꿔 부릅니다.

① ㉠　　② ㉡　　③ ㉢　　④ ㉣　　⑤ ㉤

15 밑줄 친 부분의 띄어쓰기가 옳지 않은 것은?

① 비가 올성싶다.
② 자네가 이야기를 좀 하게나그려.
③ 집을 떠나온 지 어언 3년이 지났다.
④ 복도에서 친구가 먼저 나에게 알은척했다.
⑤ 그는 불황을 타개하기 위해 사업 차 외국에 나갔다.

16 밑줄 친 용언의 활용이 옳은 것은?

① 벼가 익으니 들판이 누래.
② 그는 시장에 드르지 않고 집에 왔다.
③ 아이들은 기단 작대기 끝에 헝겊을 매달았다.
④ 추위에 손이 고와서 글씨를 제대로 쓸 수가 없다.
⑤ 그가 내 옆구리를 냅다 질르는 바람에 눈을 떴다.

17 〈보기〉의 밑줄 친 부분을 한자 성어로 바꾸었을 때 적절하지 않은 것은?

보기
　무릇 지도자는 항상 귀를 열어 두어야 한다. 만약 정치를 행하는 데 ㉠문제가 있는데도 주위의 충고를 귀 기울여 듣지 않는다면 아집의 정치를 행하는 잘못을 저지를 수 있다. 만약 자신의 아집으로 잘못을 저지르게 된다면 자신의 과오를 인정하고 이를 바로잡도록 노력해야 한다. 왜냐하면 ㉡진실은 숨길 수 없고 거짓은 드러나기 마련이기 때문이다.
　자신의 과오를 인정하지 않고 주변의 충고를 듣지 않는 지도자는 결국 ㉢순리와 정도에서 벗어나 잘못된 판단을 내리거나 시대착오적인 결정을 강행하는 우를 범하기가 쉽다. 대개 이런 지도자 주변에는 충직한 사람이 별로 없고, ㉣지도자의 눈을 가린 채 지도자에게 제멋대로 조작되거나 잘못된 내용을 전달하고 지도자의 힘을 빌려 권세를 휘두르려고만 하는 무리만이 판을 칠 뿐이다. 만약 이런 상태가 지속된다면 결국 그 나라는 ㉤혼란과 무질서와 불의만이 판을 치는 혼탁한 상태가 될 것임이 자명하다.

① ㉠: 호질기의(護疾忌醫)
② ㉡: 장두노미(藏頭露尾)
③ ㉢: 도행역시(倒行逆施)
④ ㉣: 지록위마(指鹿爲馬)
⑤ ㉤: 파사현정(破邪顯正)

18 다음 글에서 말하는 '그릇' 도식의 사례로 적절하지 않은 것은?

존슨의 상상력 이론은 '영상 도식(Image Schema)'과 '은유적 사상(Metaphorical Mapping)'이라는 두 축을 중심으로 전개된다. 영상 도식이란 신체적 활동을 통해 직접 발생하는 소수의 인식 패턴들이며, 시대와 문화를 넘어 거의 보편적으로 나타나는 인식의 기본 패턴들이다. 존슨은 '그릇(Container)', '균형(Balance)', '강제(Compulsion)', '연결(Link)', '원-근(Near-Far)', '차단(Blockage)', '중심-주변(Center-Periphery)', '경로(Path)', '부분-전체(Part-Whole)' 등의 영상 도식을 예로 들고 있다. 우리는 영상 도식들을 물리적 대상은 물론 추상적 대상들에 '사상(Mapping)'함으로써 사물을 구체적 대상으로 식별하며, 동시에 추상적 개념들 또한 구체화할 수 있다. 예를 들어 우리는 '그릇' 도식을 방이나 건물 같은 물리적 대상에 사상함으로써 그것들을 안과 밖이 있는 대상으로 인식하게 된다. 또 '그릇' 도식을 꿈이나 역사 같은 추상적 대상에 사상함으로써 '꿈속에서'나 '역사 속으로'와 같은 표현을 사용하고 이해할 수 있다.

① 사랑받는 사람의 심장은 기쁨으로 가득 차 있다.
② 원수를 기다리는 그의 눈에는 분노가 담겨 있었다.
③ 전화기에서 들려온 말은 나를 두려움 속에 몰아넣었다.
④ 우리의 관계는 더 이상의 진전 없이 막다른 길에 부딪쳤다.
⑤ 지구의 반대편에서 출발한 비행기가 드디어 시야에 들어오고 있다.

19 다음 글에 대한 이해로 적절한 것은?

이순신 장군의 동상이 보이는 거리의 나무 의자에 앉아서도 마찬가지였다. 처음 얼마 동안은 말을 하지 않았다. 토요일 오후의 인파가 동생과 동생 친구의 옆으로 흘러넘쳤다. 나무 의자들 앞쪽, 공중전화 부스도 전부 사람들로 메워졌다. 둘의 기분은 아주 우울했다. 즐거운 일이 없었다. 둘은 아직도 많은 사람들이 어떤 치명적인 질병에 걸려 헤어나지 못한다고 믿고 있었다.

그날 친구는 한참 만에야 입을 열었다.

"나는 협박과 유혹을 받고 있다."

그의 표정은 굳어져 있었다. 얼굴을 들 때는 지나치게 심각해 보였다.

"왜 그래?"

동생이 물었다. 친구는 바짝 다가앉으며 말했다.

"박쥐 때문야."

"박쥐라니?"

"벌써 잊었니?"

동생은 소스라치듯 물었다.

"그는 대학에 있잖아."

"그가 나를 협박하고 있어."

"어디서?"

"신문을 봐야 알지. 그가 우두머리가 돼 왔어."

"빌어먹을!"

동생이 소리쳤다.

전화 차례를 기다리던 몇 사람이 둘을 돌아보았다. 그들은 이내 아무 일도 아니라는 듯 고개를 돌렸다.

"사실, 놀랄 일은 아닌데."

동생도 친구의 얼굴을 닮아 가며 말했다.

"그다운 결정 아냐?"

"물론 그래."

"그런데 네가 그에게서 받는 협박은 어떤 거야?"

"나를 자기와 가까운 자리에 앉히겠다는 거야."

침울한 목소리였다. 동생은 할 말을 잃었다. 친구가 이야기했다.

"그가 나를 불렀을 때 나는 참을 수 없었어. 과장이 오히려 놀라워하며 급히 가보라고 해 나는 그의 방으로 갔었지. 다들 부러워하는 눈치였어. 그런데도 나는 붉은 카펫이 깔려 있는 그의 방 바로 그 앞에서 마음 문은 더욱 굳게 닫히고, 하늘처럼 높아야 할 제일 우두머리는 위선적인 인간, 기회주의자, 그리고 우리를 짓밟는 끄나풀이라는 생각밖에는 할 수가 없었어. 그는 웃고 있었어. 나의 손을 잡아 흔들면서 말야. '지난 얘기지만 나는 대학에 있을 때부터 자네가 훌륭한 젊은이라는 점을 인정했었지. 물론 자네의 약점이 어떤 건지도 잘 알고 있었지만. 지난 이야기는 그만하구, 다음 주부터 이 옆방으로 와 일해 주게.' 알겠니? 그러면 자기가 나를 끌어주겠다는 거야."

이때의 친구는 아주 짧은 동안 동생이 처음 보는 표정을 지었다.

"간단히 말해 한편이 되자는 거야."

하고 동생의 친구는 말했다.

"그는 너의 이용 가치를 생각한 거다."

이번에는 동생이 말했다.

"학교에서 우리를 괴롭힌 인간이 밖에서 달라져야 될 까닭은 없잖아?"

"없지."

"그는 너에게서 뭘 원하는 걸까?"

"그야 충성이지. 자기가 못 갖고 있는 것을 내가 갖고 있다고 믿었을지도 모를 테구."

— 조세희, '육교 위에서'

① 동생과 동생의 친구는 공중전화 부스 앞에서 순서를 기다리고 있다.

② 동생과 동생의 친구는 대학에 다닐 때부터 '박쥐'로 불리는 '그'를 알고 있었다.

③ '박쥐'로 불리는 '그'는 대학에 있을 때 동생과 동생의 친구에게 인간적으로 대해주었다.

④ 동생은 자신의 친구가 '박쥐'로 불리는 '그'의 제안에 동의하는 것이 좋겠다고 생각하였다.

⑤ 동생은 '박쥐'로 불리는 '그'가 동생의 친구가 다니는 회사에 우두머리로 부임해 온 것을 신문에서 보았다.

20 어문 규범에 맞는 문장은?

① 다음 주에 뵈요.

② 아이들이 오순도순 이야기를 나누었다.

③ 이 자리를 빌어 감사의 말씀을 드립니다.

④ 술을 마신 다음날 그는 북어국을 먹었다.

⑤ 네가 그 내용을 요약토록 해라.

※ 다음 글을 읽고 물음에 답하시오. [21~22]

그것은 알렉산드르 2세가 통치하던 최근의, 우리 시대의 일이었다. 그 시대는 문명과 진보의 시대이고, ㉠제반 문제점들의 시대, 그리고 러시아의 ㉡부흥 등등의 시대였다. 또한 불패의 러시아 군대가 적군에게 내어준 세바스토폴에서 돌아오고, 전 러시아가 흑해 함대의 괴멸에 축전을 거행하고, 하얀 돌벽의 모스크바가 이 기쁜 사건을 맞이하여 이 함대 승무원들의 생존자들을 영접하고 경축하며, 그들에게 러시아의 좋은 보드카 술잔을 대령하며, 러시아의 훌륭한 풍습에 따라 빵과 소금을 대접하며 그들의 발 앞에 엎드려 절하던 때였다. 또한 그때는 ㉢형안의 신인 정치가와 같은 러시아가 소피아 사원에서 기도를 올리겠다는 꿈이 깨어짐에 슬퍼하고, 전쟁 중에 사망하여 조국의 가슴을 가장 미어지도록 아프게 한 위대한 두 인물(한 사람은 위에 언급된 사원에서 가능한 한 신속히 기도를 하고자 하는 열망에 불탔던 사람으로 발라히야 들판에서 전사했는데, 그 벌판에 두 기병중대를 남겼다. 다른 한 사람은 부상자들에게 차와 타인의 돈과 시트를 나누어주었지만 아무 것도 훔친 것은 없었던 훌륭한 사람이었다.)의 상실을 슬퍼하고 있을 때였다. 또한 그것은 위대한 인물들이, 이를테면 사령관들, 행정관들, 경제학자들, 작가들, 웅변가들, 그리고 특별한 사명이나 목적은 없지만 그래도 위대한 사람들이 사방에서, 인간 활동의 모든 분야에서 러시아에 버섯처럼 자라나고 있을 때였다. 또 모든 범죄자들을 ㉣응징하기 시작한 사회 여론이 모스크바의 배우를 기념하는 자리에서 축배사로 울려 퍼질 만큼 확고히 된 때이다. 페테르부르크에서 구성된 ㉤준엄한 위원회가 악덕 위원들을 잡아서 그들의 죄상을 폭로하고 처벌하기 위해 남쪽으로 달려가던 때이고, 모든 도시에서 세바스토폴의 영웅들에게 연설을 곁들여 오찬을 대접하고 팔과 다리를 잃은 그들을 다리 위나 거리에서 마주치면 코페이카 은화를 주곤 하던 때였다.

— 톨스토이, '데카브리스트들' 중에서

21 윗글의 서술 방식에 대한 설명으로 적절한 것은?

① 두 개의 특수한 대상에서 어떤 징표가 일치하고 있음을 드러내고 있다.

② 시대적 상황을 서술하기 위해 다양한 사건을 나열하고 있다.

③ 어떤 일이나 내용을 이해시키기 위해서 구체적 사례를 들고 있다.

④ 인물의 행동 변화 과정을 통해서 사건의 진행 과정을 이야기하고 있다.

⑤ 저자의 판단이 참임을 구체적 근거를 들어 논리적으로 보여주고 있다.

22 밑줄 친 ㉠~㉤의 뜻풀이로 적절하지 않은 것은?

① ㉠: 어떤 것과 관련된 모든 것
② ㉡: 쇠퇴하였던 것이 다시 일어남
③ ㉢: 빛나는 눈
④ ㉣: 잘못을 깨우쳐 뉘우치도록 징계함
⑤ ㉤: 태도나 상황 따위가 튼튼하고 굳음

23 다음 글을 토대로 하여 인물 간의 관계를 예상한 것으로 적절하지 않은 것은?

오행에서 상생이란 기르고, 북돋우고, 촉진한다는 의미를 지닌다. 상극이란 억압하고, 구속하고, 통제한다는 의미를 지닌다. 오행 사이에는 모두 상생과 상극의 관계가 존재한다. 상생 관계가 성립되지 않으면 사물의 발전과 성장은 기대할 수 없다. 상극 관계가 없으면 사물이 발전하고 성장하는 중에 균형과 조화를 유지할 수 없다. 상생 관계는 목생화, 화생토, 토생금, 금생수, 수생목이고 상극 관계는 목극토, 토극수, 수극화, 화극금, 금극목이다.

『서유기』의 등장인물은 오행의 생극 관계로 형상화되어 있다. 작품에서 삼장은 오행 가운데 수에 속한다. 삼장과 상생 관계에 있는 인물은 목인 저팔계이고 상극 관계에 있는 인물은 화인 손오공이다. 삼장이 제자들 가운데 특별히 저팔계를 편애하는 것은 그들이 상생 관계에 있기 때문이고, 손오공에게 각박한 것은 상극 관계에 있기 때문이다. 그런데 삼장과 손오공 사이에는 상극 관계만 존재하는 것이 아니라 상생 관계도 존재한다. 손오공은 화인 동시에 금이기도 하기 때문이다. 금이 수를 낳는 상생 관계이므로 손오공과 삼장 사이는 상호 보완의 관계이기도 하다. 그러므로 손오공은 서행 길을 가는 동안 삼장의 앞길을 가로막는 요괴들을 물리칠 뿐만 아니라 삼장이 미망에 갇혀 빠져나오지 못 하고 불안해할 때마다 그를 정신적으로 인도하여 깨달음에 이르게 한다. 마지막으로 사오정은 오행에서 토에 속한다. 사오정은 참을성 많고 침착하며 사려 깊은 인물로 형상화되고 있으며 갈등을 조정하는 역할을 맡고 있다.

① 손오공과 저팔계 사이에는 상생 관계가 존재한다.
② 손오공과 저팔계 사이에는 상극 관계가 존재한다.
③ 손오공과 사오정 사이에는 상극 관계가 존재한다.
④ 삼장과 저팔계 사이에는 상생 관계가 존재한다.
⑤ 사오정과 저팔계 사이에는 상극 관계가 존재한다.

24 다음 글에 대한 이해로 적절한 것은?

데이터 권력은 역사의 객관적이고 원본에 입각한 사실 기록의 방식과 해석에도 심각한 변화를 일으킨다. 디지털 기록은 알고리즘 분석을 위해 축적되는 재료에 불과하고, 개별의 구체적 가치와 질감을 거세한 무색무취의 건조한 데이터가 된다. 이용자들의 정서 데이터는 데이터베이스 어딘가에 데이터 조각으로 저장되지만, 누군가에 의해 알고리즘 명령으로 호출되기 전까지 그 어떤 사건사적·사회사적 의미도 만들어내지 못한다. 어떤 데이터를 선별적으로 남기고 무엇을 포기할 것인가에 대한 고민이나, 왜 특정의 데이터가 사회적 의미를 지니는지 등에 관한 역사성과 객관성을 중시하는 역사기록학적 물음들은, 오늘날 인간 활동으로 뿜어져 나오는 비정형 데이터에 의존한 많은 닷컴 기업들에 그리 중요하지 않다. 데이터 취급을 통해 생존을 도모하는 데이터 기업 자본은 거대한 데이터 센터를 구축해 인간의 움직임과 활동, 감정의 흐름 모두를 실시간으로 저장해 필요에 의해 잘 짜인 알고리즘으로 원하는 정보 패턴이나 관계를 찾는 데 골몰한다. 진본성이나 공공성을 담지한 공식 기록을 선별해 남기려는 역사학적 관심사는, 이 새로운 무차별적인 기억과 감정적 흐름의 공장을 돌리는 데이터 권력 질서와 자주 경합하거나 때론 데이터 권력에 의해 억압당한다.

새로운 데이터 권력의 질서 속에서는 개별적 기록이 지닌 가치와 진실 등 그 사회사적 사건의 특수한 흔적들이 거의 완전히 지워진다. 지배적 알고리즘의 산식에는 개인적 차이, 감수성, 질감들이 무시되고 이리저리 움직이고 부유하는 집단 욕망들의 경향과 패턴을 포착하는 것만이 중요하다.

① 공적이고 질적으로 의미 있는 데이터를 선별하려는 역사기록학적 시도는 데이터 권력에 의해 방해받는다.
② 거대한 기업을 경영하는 데이터 권력은 개인들의 섬세한 차이를 기록한 데이터의 가치를 높이 평가한다.
③ 데이터 가공을 통해 생존하는 데이터 기업은 알고리즘 산식을 이용하여 데이터를 체계적으로 저장한다.
④ 데이터 권력의 지배적 알고리즘을 수용함으로써 역사학은 개인과 사회의 관계를 더 잘 파악할 수 있다.
⑤ 역사학은 데이터 센터에 저장된 비정형 데이터를 활용함으로써 집단의 움직임을 파악하려 시도한다.

25 다음 글에 대한 이해로 적절한 것은?

한나라 무제는 춘추학자 동중서의 헌책을 받아들여, 도가나 법가의 사상을 멀리하고 그때까지 제자백가의 하나에 지나지 않았던 유가의 사상을 한나라의 정통 사상으로 인정했다.

그렇다면 무엇 때문에 제자백가 중에서 유가가 정통 사상의 지위를 얻을 수 있었을까? 당시 유가 외의 유력한 사상으로는 도가와 법가가 있었다. 법가는 법률에 의한 강제 지배를 국가 통치의 최상 형태라고 주장한다. 이러한 사상은 전국 시대 한비에 의해 이론화되고, 이사에 의해 시황제 치하 진나라의 통치에 실제로 이용되었다. 그러나 법에 의한 지배가 실효성을 갖기 위해서는 그것을 뒷받침할 만한 국가 권력, 구체적으로는 강대한 군사력이나 용의주도하게 구축된 경찰 조직을 필요로 한다. 진나라의 시황제는 그것을 실현하여 중국 최초의 중앙집권적 국가를 만들었으나, 진나라는 곧 붕괴해 버리고 말았다. 법에 의한 지배를 유지하는 일이 국가의 경제적인 측면에서는 대단히 큰 부담이 되었던 것이다.

한나라 초기의 위정자나 사상가는 이러한 역사를 반성하는 인식을 공통적으로 갖고 있었다. 가의는 『과진론』을 통해 진나라가 실행한 법치주의의 가혹함을 혹독하게 비난하였다. 그리고 항우와 치열한 천하 쟁탈의 싸움을 벌인 끝에 한나라를 세운 고조 유방은 비용이 많이 드는 법가 사상을 채용할 만한 국가적 여유를 갖고 있지 못했다.

한편 무위자연을 주창하는 도가는 전란으로 피폐해진 한나라 초기의 국가 정세 및 백성들의 사정에 가장 적합한 사상이었다. 사실 문제 시대에 도가 사상이 일세를 풍미했던 적도 있었다. 그렇지만 결국 외부적 강제를 부정하는 도가 사상은 국가의 지배 이데올로기가 될 수 없었다. 한나라가 국력을 회복하고 국가의 여러 가지 제도를 정비함에 따라 도가 사상은 결국 후퇴하지 않을 수 없었던 것이다.

여기에서 등장한 것이 효제충신의 가족 도덕을 근간으로 하는 유가 사상이다. 당시 '리(里)'라고 불린 촌락 공동체는 생활 관습이나 가치관을 구현하는 '부로(父老)'와 일반 촌락민인 '자제(子弟)'로 구성되어 있었는데, 공동체 내부의 인간관계는 흡사 가족 생활이 연장된 것 같은 모습을 보여주고 있었다. 즉, 촌락 공동체에서는 자연 발생적으로 유교적인 윤리나 규범이 지켜지고 있었던 것이다.

여기에서 만약 국가가 유교적 권위를 승인하고 촌락 공동체에서 행해지고 있는 윤리나 규범을 국가 차원에까지 횡적으로 확대 적용한다면 절대주의적인 황제 권력을 확립하는 가장 유효한 수단이 될 것이었다. 부로를 존경하는 향리의 자제는 동시에 황제를 숭배하는 국가의 좋은 백성이 될 것이 틀림없었다. 무제는 가족 도덕이 국가의 지배 이데올로기로서 그대로 기능할 수 있는 점에 매력을 느껴 유교를 국교로 정했던 것이다.

① 도가를 통치 이념으로 채택할 경우 비용이 많이 드는 약점이 있었다.
② 한나라 초기에는 법가의 경제 정책에 대한 비판적 논의가 활발했다.
③ 한나라 가의에 의해 도가 사상이 사상계를 주도하게 되었다.
④ 유교가 국교로 지정되기 이전부터 한나라의 촌락 공동체는 유교의 도덕규범을 준수하고 있었다.
⑤ 도가의 무정부주의적 성격은 한나라의 국가 정비를 정면에서 가로막았다.

정답 및 해설: 해설집 p.186
(문제집 p.277에서 전체 정답표를 확인하실 수 있습니다.)

모바일 자동 채점 + 성적 분석 서비스 바로 가기
QR코드를 이용해 모바일로 간편하게 채점하고 나의 실력이 어느 정도인지, 취약 부분이 어디인지 바로 파악해 보세요!

제한시간 : 40분   시작 _____ 시 _____ 분 ~ 종료 _____ 시 _____ 분   나의 점수 _____ 회독수 ☐☐☐

01 다음 글의 빈칸에 들어갈 내용으로 가장 적절한 것은?

20 민경채

A는 말벌이 어떻게 둥지를 찾아가는지 알아내고자 했다. 이에 A는 말벌이 둥지에 있을 때, 둥지를 중심으로 솔방울들을 원형으로 배치했는데, 그 말벌은 먹이를 찾아 둥지를 떠났다가 다시 둥지로 잘 돌아왔다. 이번에는 말벌이 먹이를 찾아 둥지를 떠난 사이, A가 그 솔방울들을 수거하여 둥지 부근 다른 곳으로 옮겨 똑같이 원형으로 배치했다. 그랬더니 돌아온 말벌은 솔방울들이 치워진 그 둥지로 가지 않고 원형으로 배치된 솔방울들의 중심으로 날아갔다.

이러한 결과를 관찰한 A는 말벌이 방향을 찾을 때 솔방울이라는 물체의 재질에 의존한 것인지 혹은 솔방울들로 만든 모양에 의존한 것인지를 알아내고자 하였다. 그래서 이번에는 말벌이 다시 먹이를 찾아 둥지를 떠난 사이, 앞서 원형으로 배치했던 솔방울들을 치우고 그 자리에 돌멩이들을 원형으로 배치했다. 그리고 거기 있던 솔방울들을 다시 가져와 둥지를 중심으로 삼각형으로 배치했다. 그러자 A는 돌아온 말벌이 원형으로 배치된 돌멩이들의 중심으로 날아가는 것을 관찰할 수 있었다.

이 실험을 통해 A는 먹이를 찾으러 간 말벌이 둥지로 돌아올 때, [   ]는 결론에 이르렀다.

① 물체의 재질보다 물체로 만든 모양에 의존하여 방향을 찾는다
② 물체로 만든 모양보다 물체의 재질에 의존하여 방향을 찾는다
③ 물체의 재질과 물체로 만든 모양 모두에 의존하여 방향을 찾는다
④ 물체의 재질이나 물체로 만든 모양에 의존하지 않고 방향을 찾는다
⑤ 경우에 따라 물체의 재질에 의존하기도 하고 물체로 만든 모양에 의존하기도 하면서 방향을 찾는다

02 다음 글에서 추론할 수 있는 것만을 〈보기〉에서 모두 고르면?

19 민경채

생산자가 어떤 자원을 투입물로 사용해서 어떤 제품이나 서비스 등의 산출물을 만드는 생산과정을 생각하자. 산출물의 가치에서 생산하는 데 소요된 모든 비용을 뺀 것이 '순생산가치'이다. 생산자가 생산과정에서 투입물 1단위를 추가할 때 순생산가치의 증가분이 '한계순생산가치'이다. 경제학자 P는 이를 ⓐ'사적(私的) 한계순생산가치'와 ⓑ'사회적 한계순생산가치'로 구분했다.

사적 한계순생산가치란 한 기업이 생산과정에서 투입물 1단위를 추가할 때 그 기업에 직접 발생하는 순생산가치의 증가분이다. 사회적 한계순생산가치란 한 기업이 투입물 1단위를 추가할 때 발생하는 사적 한계순생산가치에 그 생산에 의해 부가적으로 발생하는 사회적 비용을 빼고 편익을 더한 것이다. 여기서 이 생산과정에서 부가적으로 발생하는 사회적 비용이나 편익에는 그 기업의 사적 한계순생산가치가 포함되지 않는다.

보기

ㄱ. ⓐ의 크기는 기업의 생산이 사회에 부가적인 편익을 발생시키는지의 여부와 무관하게 결정된다.
ㄴ. 어떤 기업이 투입물 1단위를 추가할 때 사회에 발생하는 부가적인 편익이나 비용이 없는 경우, 이 기업이 야기하는 ⓐ와 ⓑ의 크기는 같다.
ㄷ. 기업 A와 기업 B가 동일한 투입물 1단위를 추가했을 때 각 기업에 의해 사회에 부가적으로 발생하는 비용이 같을 경우, 두 기업이 야기하는 ⓑ의 크기는 같다.

① ㄱ   ② ㄷ
③ ㄱ, ㄴ   ④ ㄴ, ㄷ
⑤ ㄱ, ㄴ, ㄷ

한 개체의 발생은 한 개의 세포가 세포분열을 통해 여러 세포로 분열되면서 진행된다. 따라서 한 개체를 구성하는 모든 세포는 동일한 유전자를 가지고 있다. 하지만 발생 과정에서 발현되는 유전자의 차이 때문에 세포는 다른 형태의 세포로 분화된다. 이와 같은 유전자 발현의 차이는 다양한 원인에 의해 이루어지는데 ⊙애기장대 뿌리에서 일어나는 세포 분화를 그 예로 알아보자.

분화가 완료되어 성숙한 애기장대 뿌리의 표면에는 두 종류의 세포가 있는데 하나는 뿌리털세포이고 다른 하나는 털이 없는 분화된 표피세포이다. 하지만 애기장대 뿌리의 표면이 처음부터 이 두 세포 형태를 가지고 있었던 것은 아니다. 발생 과정에서 미분화된 애기장대 뿌리의 중심부에는 피층세포가 서로 나란히 연결되어 원형으로 구성된 한 층의 피층세포층이 있으며, 이 층과 접하여 뿌리의 바깥쪽에 원형으로 미분화된 표피세포로 구성된 한 층의 미분화 표피세포층이 있다.

미분화된 표피세포가 그 안쪽의 피층세포층에 있는 두 개의 피층세포와 접촉하는 경우엔 뿌리털세포로 분화되어 발달하지만, 한 개의 피층세포와 접촉하는 경우엔 분화된 표피세포로 발달한다. 한편 미분화된 표피세포가 서로 다른 형태의 세포로 분화되기 위해서는 유전자 A의 발현에 차이가 있어야 하는데, 미분화된 표피세포에서 유전자 A가 발현되지 않으면 그 세포는 뿌리털세포로 분화되며 유전자 A가 발현되면 분화된 표피세포로 분화된다.

① 미분화 표피세포에서 유전자 A의 발현 조절은 분화될 세포에 뿌리털이 있는지에 따라 결정된다.

② 미분화된 세포가 뿌리털세포나 분화된 표피세포로 분화되는 것은 그 세포가 어느 세포로부터 유래하였는지에 따라 결정된다.

③ 미분화 표피세포가 뿌리털세포 또는 분화된 표피세포로 분화되는 것은 미분화 표피세포가 유전자 A를 가지고 있는지에 따라 결정된다.

④ 미분화 표피세포가 뿌리털세포 또는 분화된 표피세포로 분화가 되는 것은 미분화된 뿌리에서 미분화 표피세포층과 피층세포층의 위치에 의해 결정된다.

⑤ 미분화 표피세포가 어떤 세포로 분화될 것인지는 각 미분화 표피세포가 발생 중에 접촉하는 피층세포의 수에 따라 조절되는 유전자 A의 발현에 의해 결정된다.

확률적으로 가능성이 희박한 사건이 우리 주변에서 생각보다 자주 일어나는 것처럼 보인다. 왜 이러한 현상이 발생하는지를 설명하는 다음과 같은 두 입장이 있다.

(가) 만일 당신이 가능한 모든 결과들의 목록을 완전하게 작성한다면, 그 결과들 중 하나는 반드시 나타난다. 표준적인 정육면체 주사위를 던지면 1에서 6까지의 수 중 하나가 나오거나 어떤 다른 결과, 이를테면 주사위가 탁자 아래로 떨어져 찾을 수 없게 되는 일 등이 벌어질 수 있다. 동전을 던지면 앞면 또는 뒷면이 나오거나, 동전이 똑바로 서는 등의 일이 일어날 수 있다. 아무튼 가능한 결과 중 하나가 일어나리라는 것만큼은 확실하다.

(나) 한 사람에게 특정한 사건이 발생할 확률이 매우 낮더라도, 충분히 많은 사람에게는 그 사건이 일어날 확률이 매우 높을 수 있다. 예컨대 어떤 불행한 사건이 당신에게 일어날 확률은 낮을지 몰라도, 지구에 현재 약 70억 명이 살고 있으므로, 이들 중 한두 사람이 그 불행한 일을 겪고 있다는 것은 이상한 일이 아니다.

보기

ㄱ. 로또 복권 1장을 살 경우 1등에 당첨될 확률은 낮지만, 모든 가능한 숫자의 조합을 모조리 샀을 때 추첨이 이루어진다면 무조건 당첨된다는 사례는 (가)로 설명할 수 있다.

ㄴ. 어떤 사람이 교통사고를 당할 확률은 매우 낮지만, 대한민국에서 교통사고는 거의 매일 발생한다는 사례는 (나)로 설명할 수 있다.

ㄷ. 주사위를 수십 번 던졌을 때 1이 연속으로 여섯 번 나올 확률은 매우 낮지만, 수십만 번 던졌을 때는 이런 사건을 종종 볼 수 있다는 사례는 (가)로 설명할 수 있으나 (나)로는 설명할 수 없다.

① ㄱ   ② ㄷ

③ ㄱ, ㄴ   ④ ㄴ, ㄷ

⑤ ㄱ, ㄴ, ㄷ

05 다음 글의 논지로 가장 적절한 것은?

20 7급모의

사람들은 보통 질병이라고 하면 병균이나 바이러스를 떠올리고, 병에 걸리는 것은 개인적 요인 때문이라고 생각하곤 한다. 어떤 사람이 바이러스에 노출되었다면 그 사람이 평소에 위생 관리를 철저히 하지 않았기 때문이라고 여기는 것이다. 이는 발병 책임을 전적으로 질병에 걸린 사람에게 묻는 생각이다. 꾸준히 건강을 관리하지 않은 사람이나 비만, 허약 체질인 사람이 더 쉽게 병균에 노출된다고 생각하는 경향도 강하다. 그러나 발병한 사람들 전체를 고려하면, 성별, 계층, 직업 등의 사회적 요인에 따라 건강 상태나 질병 종류 및 그 심각성 등이 다르게 나타난다. 따라서 어떤 질병의 성격을 파악할 때 질병의 발생이 개인적 요인뿐만 아니라 계층이나 직업 등의 요인과도 관련될 수 있음을 고려해야 한다.

질병에 대처할 때도 사회적 요인을 고려해야 한다. 물론 어떤 사람들에게는 질병으로 인한 고통과 치료에 대한 부담이 가장 심각한 문제일 수 있다. 그러나 또 다른 사람들에게는 질병에 대한 사회적 편견과 낙인이 오히려 더 심각한 문제일 수 있다. 그들에게는 그러한 편견과 낙인이 더 큰 고통을 안겨 주기 때문이다. 질병이 나타나는 몸은 개인적 영역이면서 동시에 가족이나 직장과도 연결된 사회적인 것이다. 질병의 치료 역시 개인의 문제만으로 그치지 않고 가족과 사회의 문제로 확대되곤 한다. 나의 질병은 내 삶의 위기이자 가족의 근심거리가 되며 나아가 회사와 지역 사회에도 긴장을 조성하기 때문이다. 요컨대 질병의 치료가 개인적 영역을 넘어서서 사회적 영역과 관련될 수밖에 없다는 것은 질병의 대처 과정에서 사회적 요인을 반드시 고려해야 한다는 점을 잘 보여준다.

① 병균이나 바이러스로 인한 신체적 이상 증상은 가정이나 지역사회에 위기를 야기할 수 있기에 중요한 사회적 문제이다.

② 한 사람의 몸은 개인적 영역인 동시에 사회적 영역이기에 발병의 책임을 질병에 걸린 사람에게만 묻는 것은 옳지 않다.

③ 질병으로 인한 신체적 고통보다 질병에 대한 사회적 편견으로 인한 고통이 더 크므로 이에 대한 사회적 대책이 필요하다.

④ 질병의 성격을 파악하고 질병에 대처하기 위해서는 사회적인 측면을 고려해야 한다.

⑤ 질병의 치료를 위해서는 개인적 차원보다 사회적 차원의 노력이 더 중요하다.

06 (가) ~ (다)에 들어갈 예시를 〈보기〉에서 골라 알맞게 짝지은 것은?

12 민경채

첫째, 필요조건으로서 원인은 "어떤 결과의 원인이 없었다면 그 결과도 없다"는 말로 표현할 수 있다. 예를 들어 ☐(가)☐ 만일 원치 않는 결과를 제거하고자 할 때 그 결과의 원인이 필요조건으로서 원인이라면, 우리는 그 원인을 제거하여 결과가 일어나지 않게 할 수 있다.

둘째, 충분조건으로서 원인은 "어떤 결과의 원인이 있었다면 그 결과도 있다"는 말로 표현할 수 있다. 예를 들어 ☐(나)☐ 만일 특정한 결과를 원할 때 그것의 원인이 충분조건으로서 원인이라면, 우리는 그 원인을 발생시켜 그것의 결과가 일어나게 할 수 있다.

셋째, 필요충분조건으로서 원인은 "어떤 결과의 원인이 없다면 그 결과는 없고, 동시에 그 원인이 있다면 그 결과도 있다"는 말로 표현할 수 있다. 예를 들어 ☐(다)☐ 필요충분조건으로서 원인의 경우, 원인을 일으켜서 그 결과를 일으키고 원인을 제거해서 그 결과를 제거할 수 있다.

보기

ㄱ. 물체 속도 변화의 원인은 물체에 힘을 가하는 것이다. 물체에 힘이 가해지면 물체의 속도가 변하고, 물체에 힘이 가해지지 않는다면 물체의 속도는 변하지 않는다.

ㄴ. 뇌염모기에 물리는 것은 뇌염 발생의 원인이다. 뇌염모기에 물린다고 해서 언제나 뇌염에 걸리는 것은 아니다. 하지만 뇌염모기에 물리지 않으면 뇌염은 발생하지 않는다. 그래서 원인에 해당하는 뇌염모기를 박멸한다면 뇌염 발생을 막을 수 있다.

ㄷ. 콜라병이 총알에 맞는 것은 콜라병이 깨지는 원인이다. 콜라병을 깨뜨리는 원인은 콜라병을 맞히는 총알 이외에도 다양하다. 누군가 던진 돌도 콜라병을 깨뜨릴 수 있다. 하지만 콜라병이 총알에 맞는다면 그것이 깨지는 것은 분명하다.

	(가)	(나)	(다)
①	ㄱ	ㄴ	ㄷ
②	ㄱ	ㄷ	ㄴ
③	ㄴ	ㄱ	ㄷ
④	ㄴ	ㄷ	ㄱ
⑤	ㄷ	ㄴ	ㄱ

흔히들 과학적 이론이나 가설을 표현하는 엄밀한 물리학적 언어만을 과학의 언어라고 생각한다. 그러나 과학적 이론이나 가설을 검사하는 과정에는 이러한 물리학적 언어 외에 우리의 감각적 경험을 표현하는 일상적 언어도 사용될 수밖에 없다. 그런데 우리의 감각적 경험을 표현하는 일상적 언어에는 과학적 이론이나 가설을 표현하는 물리학적 언어와는 달리 매우 불명료하고 엄밀하게 정의될 수 없는 용어들이 포함되어 있다. 어떤 학자는 이러한 용어들을 '발룽엔'이라고 부른다.

이제 과학적 이론이나 가설을 검사하는 과정에 발룽엔이 개입된다고 해보자. 이 경우 우리는 증거와 가설 사이의 논리적 관계가 무엇인지 결정할 수 없게 될 것이다. 즉, 증거가 가설을 논리적으로 뒷받침하고 있는지 아니면 논리적으로 반박하고 있는지에 관해 미결정적일 수밖에 없다는 것이다. 그 이유는 증거를 표현할 때 포함될 수밖에 없는 발룽엔을 어떻게 해석할 것인지에 따라 증거와 가설 사이의 논리적 관계에 대한 다양한 해석이 나오게 될 것이기 때문이다. 발룽엔의 의미는 본질적으로 불명료할 수밖에 없다. 즉, 발룽엔을 아무리 상세하게 정의하더라도 그것의 의미를 정확하고 엄밀하게 규정할 수는 없다는 것이다.

논리실증주의자들이나 포퍼는 증거와 가설 사이의 관계를 논리적으로 정확하게 판단할 수 있고 이를 통해 가설을 정확히 검사할 수 있다고 생각했다. 그러나 증거와 가설이 상충하면 가설이 퇴출된다는 식의 생각은 너무 단순한 것이다. 증거와 가설의 논리적 관계에 대한 판단을 위해서는 증거가 의미하는 것이 무엇인지 파악하는 것이 선행되어야 하기 때문이다. 따라서 우리가 발룽엔의 존재를 염두에 둔다면, '   ㉠   '라고 결론지을 수 있다.

① 과학적 가설과 증거의 논리적 관계를 정확하게 판단할 수 있다는 생각은 잘못된 것이다.
② 과학적 가설을 정확하게 검사하기 위해서는 우리의 감각적 경험을 배제해야 한다.
③ 과학적 가설을 검사하기 위한 증거를 표현할 때 발룽엔을 사용해서는 안 된다.
④ 과학적 가설을 표현하는 데에도 발룽엔이 포함될 수밖에 없다.
⑤ 증거가 의미하는 것이 무엇인지 정확히 파악해야 한다.

갑: 나눠드린 'A시 공공 건축 교육 과정' 계획안을 다 보셨죠? 이제 계획안을 어떻게 수정하면 좋을지 각자의 의견을 자유롭게 말씀해 주십시오.

을: 코로나19 상황을 고려해 대면 교육보다 온라인 교육이 좋겠습니다. 그리고 방역 활동에 모범을 보이는 차원에서 온라인 강의로 진행한다는 점을 강조하는 것이 좋겠습니다. 온라인 강의는 편안한 시간에 접속하여 수강하게 하고, 수강 가능한 기간을 명시해야 합니다. 게다가 온라인으로 진행하면 교육 대상을 A시 시민만이 아닌 모든 희망자로 확대하는 장점이 있습니다.

병: 좋은 의견입니다. 여기에 덧붙여 교육 대상을 공공 건축 업무 관련 공무원과 일반 시민으로 구분하는 것이 좋겠습니다. 관련 공무원과 일반 시민은 기반 지식에서 차이가 커 같은 내용으로 교육하기에 적합하지 않습니다. 업무와 관련된 직무 교육 과정과 일반 시민 수준의 교양 교육 과정으로 따로 운영하는 것이 좋겠습니다.

을: 교육 과정 분리는 좋습니다만, 공무원의 직무 교육은 참고할 자료가 많아 온라인 교육이 비효율적입니다. 직무 교육 과정은 다음에 논의하고, 이번에는 시민 대상 교양 과정으로만 진행하는 것이 좋겠습니다. 그리고 A시의 유명 공공 건축물을 활용해서 A시를 홍보하고 관심을 끌 수 있는 주제의 강의가 있으면 좋겠습니다.

병: 그게 좋겠네요. 마지막으로 덧붙이면 신청 방법이 너무 예전 방식입니다. 시 홈페이지에서 신청 게시판을 찾아가는 방법을 안내할 필요는 있지만, 요즘 같은 모바일 시대에 이것만으로는 부족합니다. A시 공식 어플리케이션에서 바로 신청서를 작성하고 제출할 수 있도록 하면 좋겠습니다.

갑: ㉠오늘 회의에서 나온 의견을 반영하여 계획안을 수정하도록 하겠습니다. 감사합니다.

계획안

A시 공공 건축 교육 과정
○ 강의 주제: 공공 건축의 미래/ A시의 조경
○ 일시: 7. 12.(월) 19:00~21:00 / 7. 14.(수) 19:00~21:00
○ 장소: A시 청사 본관 5층 대회의실
○ 대상: A시 공공 건축에 관심 있는 A시 시민 누구나
○ 신청 방법: A시 홈페이지→'시민참여'→'교육'→'공공 건축 교육 신청 게시판'에서 신청서 작성

① 강의 주제에 "건축가협회 선정 A시의 유명 공공 건축물 TOP3"를 추가한다.
② 일시 항목을 "○ 기간: 7. 12.(월) 06:00 ~ 7. 16.(금) 24:00"으로 바꾼다.
③ 장소 항목을 "○ 교육방식: 코로나19 확산 방지를 위해 온라인 교육으로 진행"으로 바꾼다.
④ 대상을 "A시 공공 건축에 관심 있는 사람 누구나"로 바꾼다.
⑤ 신청 방법을 "A시 공식 어플리케이션을 통한 A시 공공 건축 교육 과정 간편 신청"으로 바꾼다.

A는 고려 인종 때 사람이니, 삼국의 시초로부터 일천 이 백여 년이나 떨어져 활동한 사람이다. 천년 이후의 사람이 천년 이전의 역사를 기록하는 일에는 오류가 발생할 경우가 많다. 예를 들어 남송 때 사람인 조정·장준이 한나라 때 위상·병길의 일을 엉터리로 기록한 것과 같은 경우가 그것이다. A 역시 삼한이 어느 곳에 있었는지도 모르면서 역사서에 기록하였으니, 다른 사실이야 말해 무엇 하겠는가. 우리나라 고대사의 기록은 근거를 댈 수 없는 경우가 많은데도 A는 그 기록을 자료로 역사서를 저술하였다. 또 사실 여부를 따져 보지도 않고 중국의 책들을 그대로 끌어다 인용하였다.

백두산은 몽고 땅에서부터 뻗어내려 온 줄기가 남쪽으로 천여 리를 달려 만들어졌다. 이 대간룡(大幹龍)의 동쪽 지역 가운데 별도로 한 지역을 이루어 다른 지역과 섞이지 않은 곳이 있다. 하·은·주 삼대에는 이를 숙신(肅愼)이라 일컬었고, 한나라 때는 읍루(挹婁), 당나라 때는 말갈(靺鞨), 송나라 때는 여진(女眞)이라 하였으며 지금은 오라영고탑(烏喇寧古塔)이라고 부른다. 그런데 A의 역사서에는 이곳이 한나라 선제 때 '말갈'이라는 이름으로 일컬어졌다고 하였다. 가리키는 대상이 같더라도 명칭은 시대에 따라 변화하는 법이거늘, A의 서술은 매우 터무니없다. 북적(北狄)을 삼대에는 훈육(葷粥), 한나라 때는 흉노(匈奴), 당나라 때는 돌궐(突厥), 송나라 때는 몽고(蒙古)라고 하였는데, 어떤 이가 한나라 역사를 서술하며 돌궐이 중원을 침입했다고 쓴다면 비웃지 않을 사람이 없을 것이다. A의 역사서는 비유하자면 이와 같은 것이다.

보기

ㄱ. 역사서를 저술할 때에는 중국의 기록을 참조하더라도 우리 역사서를 기준으로 해야 한다.
ㄴ. 역사서를 저술할 때에는 지역의 위치, 종족과 지명의 변천 등 사실을 확인해야 한다.
ㄷ. 역사서를 저술할 때에는 중국의 역사서에서 우리나라와 관계된 것들을 찾아내어 반영해야 한다.

① ㄱ
② ㄴ
③ ㄱ, ㄷ
④ ㄴ, ㄷ
⑤ ㄱ, ㄴ, ㄷ

갑국에서는 소셜미디어 상에서 진보 성향의 견해들이 두드러지게 나타난다. 이러한 현상은 다음 두 가설에 의해서 설명될 수 있다.

A 가설은 이러한 현상이 일어나는 이유가 진보 이념에서 전통적으로 중시되는 참여 민주주의의 가치가 쌍방향 의사소통을 주요 특징으로 하는 소셜미디어와 잘 부합하기 때문이라고 본다. 진보 성향을 가진 사람들은 일반적으로 엘리트에 의한 통제보다는 시민들이 가지는 영향력과 정치 활동에 지지를 표하고, 참여를 통해 자신들의 입장이 정당함을 보여주려는 경향이 강하다. 갑국의 소셜미디어 사용자들의 다수가 진보적인 젊은 유권자들이라는 사실은 이러한 A 가설을 뒷받침한다. 최근 갑국의 트위터 사용자에 대한 연구에서도 진보적인 유권자들이 트위터와 같은 소셜미디어를 더 자주 이용하는 것으로 나타났다.

한편 소셜미디어가 가지는 대안 매체로서의 가능성에 관련된 B 가설에 따르면, 소셜미디어는 기존의 주류 언론에서 상대적으로 소외된 집단에 의해 주도적으로 활용될 가능성이 높다. 가령 트위터는 140자의 트윗이라는 형식을 통해 누구든지 팔로워들에게 원하는 메시지를 전파할 수 있고, 이 메시지는 리트윗을 통해 더 많은 사람들에게 전달될 수 있다. 이러한 트위터의 작동방식은 사용자들로 하여금 더 이상 주류 언론에 의한 매개 과정을 거치지 않고 독자적인 언론인으로 활동하며 다수에게 자신들의 견해를 전달할 수 있게 해준다. B 가설은 주류 언론이 가지는 이념적 성향이 소셜미디어의 이념적 편향성의 방향을 결정하는 주요 요인이 되리라는 예측을 가능케 한다. 즉 어떤 이념적 성향을 가진 집단이 주류 언론에 대해 상대적 소외감을 더 크게 느끼느냐에 따라 누가 이 대안 매체의 활용가치를 더 크게 느끼는지 결정되리라는 것이다.

① 갑국에 적용한 것과 동일한 방식으로 분석했을 때, 을국의 경우 트위터 사용자들은 진보 성향보다 보수 성향이 많았다는 사실은 A 가설을 약화하지 않는다.
② 갑국의 주류 언론은 보수적 이념 성향이 강하다는 사실은 B가설을 강화한다.
③ 갑국의 젊은 사람들 중에 진보 성향의 비율이 높다는 사실은 A 가설을 강화하고 B 가설은 약화한다.
④ 갑국에서 주류 언론보다 소셜미디어의 영향력이 강하다는 사실은 A 가설과 B 가설을 모두 강화한다.
⑤ 갑국에서는 정치 활동을 많이 하는 사람들이 소셜미디어를 더 많이 사용한다는 사실은 A 가설과 B 가설을 모두 약화한다.

11 다음 글의 논증에 대한 비판으로 적절하지 않은 것은?

16 5급공채

진화론자들은 지구상에서 생명의 탄생이 30억 년 전에 시작됐다고 추정한다. 5억 년 전 캄브리아기 생명폭발 이후 다양한 생물종이 출현했다. 인간 종이 지구상에 출현한 것은 길게는 100만 년 전이고 짧게는 10만 년 전이다. 현재 약 180만 종의 생물종이 보고되어 있다. 멸종된 것을 포함해서 5억 년 전 이후 지구상에 출현한 생물종은 1억 종에 이른다. 5억 년을 100년 단위로 자르면 500만 개의 단위로 나눌 수 있다. 이것은 새로운 생물종이 평균적으로 100년 단위마다 약 20종이 출현한다는 것을 의미한다. 하지만 지난 100년 간 생물학자들은 지구상에서 새롭게 출현한 종을 찾아내지 못했다. 이는 한 종에서 분화를 통해 다른 종이 발생한다는 진화론이 거짓이라는 것을 함축한다.

① 100년마다 20종이 출현한다는 것은 다만 평균일 뿐이다. 현재의 신생 종 출현 빈도는 그보다 훨씬 적을 수 있지만 언젠가 신생 종이 훨씬 많이 발생하는 시기가 올 수 있다.

② 5억 년 전 이후부터 지구상에 출현한 생물종이 1,000만 종 이하일 수 있다. 그러면 100년 내에 새로 출현하는 종의 수는 2종 정도이므로 신생 종을 발견하기 어려울 수 있다.

③ 생물학자는 새로 발견한 종이 신생 종인지 아니면 오래 전부터 존재했던 종인지 판단하기 어렵다. 따라서 신생 종의 출현이나 부재로 진화론을 검증하려는 시도는 성공할 수 없다.

④ 30억 년 전에 생물이 출현한 이후 5차례의 대멸종이 일어났으나 대멸종은 매번 규모가 달랐다. 21세기 현재, 알려진 종 중 사라지는 수가 크게 늘고 있어 우리는 인간에 의해 유발된 대멸종의 시대를 맞이하는 것으로 볼 수 있다.

⑤ 생물학자들이 발견한 몇몇 종은 지난 100년 내에 출현한 종이라고 판단할 이유가 있다. DNA의 구성에 따라 계통수를 그렸을 때 본줄기보다는 곁가지 쪽에 배치될수록 늦게 출현한 종임을 알 수 있기 때문이다.

12 다음 대화의 ㉠으로 적절한 것만을 〈보기〉에서 모두 고르면?

21 7급공채

갑: 우리 지역 장애인의 체육 활동을 지원하기 위한 '장애인 스포츠강좌 지원사업'의 집행 실적이 저조하다고 합니다. 지원 바우처를 제대로 사용하지 못하고 있다는 의미인데요. 비장애인을 대상으로 하는 '일반 스포츠강좌 지원사업'은 인기가 많아 예산이 금방 소진된다고 합니다. 과연 어디에 문제점이 있는 것일까요?

을: 바우처를 수월하게 사용하려면 사용 가능한 가맹 시설이 많이 있어야 합니다. 우리 지역의 '장애인 스포츠강좌 지원사업' 가맹 시설은 10개소이며 '일반 스포츠강좌 지원사업' 가맹 시설은 300개소입니다. 그런데 장애인들은 비장애인들에 비해 바우처를 사용하기 훨씬 어렵습니다. 혹시 장애인의 수에 비해 장애인 대상 가맹 시설의 수가 비장애인의 경우보다 턱없이 적어서 그런 것 아닐까요?

병: 글쎄요, 제 생각은 조금 다릅니다. 바우처 지원액이 너무 적은 것은 아닐까요? 장애인을 대상으로 하는 스포츠강좌는 보조인력 비용 등 추가 비용으로 인해, 비장애인 대상 강좌보다 수강료가 높을 수 있습니다. 바우처를 사용한다 해도 자기 부담금이 여전히 크다면 장애인들은 스포츠강좌를 이용하기 어려울 것입니다.

정: 하지만 제가 보기엔 장애인들의 주요 연령대가 사업에서 제외된 것 같습니다. 현재 본 사업의 대상 연령은 만 12세에서 만 49세까지인데, 장애인 인구의 고령자 인구 비율이 비장애인 인구에 비해 높다는 사실을 고려하면, 대상 연령의 상한을 적어도 만 64세까지 높여야 한다고 생각합니다.

갑: 모두들 좋은 의견 감사합니다. 오늘 회의에서 논의된 내용을 확인하기 위해 ㉠필요한 자료를 조사해 주세요.

보기

ㄱ. 장애인 및 비장애인 각각의 인구 대비 '스포츠강좌 지원 사업' 가맹 시설 수

ㄴ. 장애인과 비장애인 각각 '스포츠강좌 지원사업'에 참여하기 위해 본인이 부담해야 하는 금액

ㄷ. 만 50세에서 만 64세까지의 장애인 중 스포츠강좌 수강을 희망하는 인구와 만 50세에서 만 64세까지의 비장애인 중 스포츠강좌 수강을 희망하는 인구

---

① ㄴ   ② ㄷ

③ ㄱ, ㄴ   ④ ㄱ, ㄷ

⑤ ㄱ, ㄴ, ㄷ

13 다음 글에서 추론할 수 있는 것은?

21 5급공채

푄 현상은 바람이 높은 산을 넘을 때 고온 건조하게 변하는 것을 가리킨다. 공기가 상승하게 되면 기압이 낮아져 공기가 팽창하는 단열팽창 현상 때문에 공기 온도가 내려간다. 공기가 상승할 때 고도에 따른 온도 하강률을 기온감률이라 한다. 공기는 수증기를 포함하고 있는데, 공기가 최대한 가질 수 있는 수증기량은 온도가 내려갈수록 줄어들고, 공기의 수증기가 포화상태에 이르는 온도인 이슬점 온도보다 더 낮은 온도에서는 수증기가 응결하여 구름이 생성되거나 비가 내리게 된다. 공기의 수증기가 포화상태일 경우에는 습윤 기온감률이 적용되고, 불포화상태일 경우에는 건조 기온감률이 적용되는데, 건조 기온감률은 습윤 기온감률에 비해 고도 차이에 따라 온도가 더 크게 변한다. 이러한 기온감률의 차이 때문에 푄 현상이 발생하는 것이다.

가령, 높은 산이 있는 지역의 해수면 고도에서부터 어떤 공기 덩어리가 이 산을 넘는다고 할 때, 이 공기의 온도는 건조 기온감률에 따라 내려가다가 공기가 일정 높이까지 상승하여 온도가 이슬점 온도에 도달한 후에는 공기 내 수증기가 포화하면 습윤 기온감률에 따라 온도가 내려간다. 공기의 상승 과정에서 공기 속 수증기는 구름을 형성하거나 비를 내리며 소모되고, 이는 산 정상에 이를 때까지 계속된다. 이 공기가 산을 넘어 건너편 사면을 타고 하강할 때는 공기가 건조하기 때문에 건조 기온감률에 따라 온도가 올라가게 된다. 따라서 산을 넘은 공기가 다시 해수면 고도에 도달하면 산을 넘기 전보다 더 뜨겁고 건조해진다. 이 건조한 공기가 푄 현상의 결과물이다.

우리나라에도 대표적인 푄 현상으로 높새바람이 있다. 이는 강원도 영동지방에 부는 북동풍과 같은 동풍류의 바람에 의해 푄 현상이 일어나 영서지방에 고온 건조한 바람이 부는 것을 의미한다. 늦은 봄에서 초여름에 한랭 다습한 오호츠크해 고기압에서 불어오는 북동풍이 태백산맥을 넘을 때 푄 현상을 일으키게 된다. 이 높새바람의 고온 건조한 성질은 영서지방의 농작물에 피해를 주기도 하고 산불을 일으키기도 한다.

① 공기가 상승하여 공기의 온도가 이슬점 온도에 도달한 이후부터는 공기가 상승할수록 공기 내 수증기량은 줄어든다.
② 공기가 상승할 때 공기의 온도가 이슬점 온도에 도달하는 고도는 공기 내 수증기량과 상관없이 일정하다.
③ 높새바람을 따라 이동한 공기 덩어리가 지닌 수증기량은 이동하기 전보다 증가한다.
④ 공기 내 수증기량이 증가하면 습윤 기온감률이 적용되기 시작하는 고도가 높아진다.
⑤ 동일 고도에서 공기의 온도는 공기가 상승할 때가 하강할 때보다 높다.

14 다음 글의 〈실험 결과〉에 대한 판단으로 적절한 것만을 〈보기〉에서 모두 고르면?

21 7급공채

박쥐 X가 잡아먹을 수컷 개구리의 위치를 찾기 위해 사용하는 방법에는 두 가지가 있다. 하나는 수컷 개구리의 울음소리를 듣고 위치를 찾아내는 '음탐지' 방법이다. 다른 하나는 X가 초음파를 사용하여, 울음소리를 낼 때 커졌다 작아졌다 하는 울음주머니의 움직임을 포착하여 위치를 찾아내는 '초음파탐지' 방법이다. 울음주머니의 움직임이 없으면 이 방법으로 수컷 개구리의 위치를 찾을 수 없다.

〈실험〉
한 과학자가 수컷 개구리를 모방한 두 종류의 로봇개구리를 제작했다. 로봇개구리 A는 수컷 개구리의 울음소리를 내고, 커졌다 작아졌다 하는 울음주머니도 가지고 있다. 로봇 개구리 B는 수컷 개구리의 울음소리만 내고, 커졌다 작아졌다 하는 울음주머니는 없다. 같은 수의 A 또는 B를 크기는 같지만 서로 다른 환경의 세 방 안에 같은 위치에 두었다. 세 방의 환경은 다음과 같다.
○ 방 1: 로봇개구리 소리만 들리는 환경
○ 방 2: 로봇개구리 소리뿐만 아니라, 로봇개구리가 있는 곳과 다른 위치에서 로봇개구리 소리와 같은 소리가 추가로 들리는 환경
○ 방 3: 로봇개구리 소리뿐만 아니라, 로봇개구리가 있는 곳과 다른 위치에서 로봇개구리 소리와 전혀 다른 소리가 추가로 들리는 환경
각 방에 같은 수의 X를 넣고 실제로 로봇개구리를 잡아먹기 위해 공격하는 데 걸리는 평균 시간을 측정했다. X가 로봇개구리의 위치를 빨리 알아낼수록 공격하는 데 걸리는 시간은 짧다.

〈실험 결과〉
○ 방 1: A를 넣은 경우는 3.4초였고 B를 넣은 경우는 3.3초로 둘 사이에 유의미한 차이는 없었다.
○ 방 2: A를 넣은 경우는 8.2초였고 B를 넣은 경우는 공격하지 않았다.
○ 방 3: A를 넣은 경우는 3.4초였고 B를 넣은 경우는 3.3초로 둘 사이에 유의미한 차이는 없었다.

보기
ㄱ. 방 1과 2의 〈실험 결과〉는, X가 음탐지 방법이 방해를 받는 환경에서는 초음파탐지 방법을 사용한다는 가설을 강화한다.
ㄴ. 방 2와 3의 〈실험 결과〉는, X가 소리의 종류를 구별할 수 있다는 가설을 강화한다.
ㄷ. 방 1과 3의 〈실험 결과〉는, 수컷 개구리의 울음소리와 전혀 다른 소리가 들리는 환경에서는 X가 초음파탐지 방법을 사용한다는 가설을 강화한다.

① ㄱ
② ㄷ
③ ㄱ, ㄴ
④ ㄴ, ㄷ
⑤ ㄱ, ㄴ, ㄷ

15 다음 갑~병의 견해에 대한 분석으로 적절한 것만을 〈보기〉에서 모두 고르면?

20 5급공채

갑: 현대 사회에서 '기술'이라는 용어는 낯설지 않다. 이 용어는 어떻게 정의될 수 있을까? 한 가지 분명한 사실은 우리가 기술이라고 부를 수 있는 것은 모두 물질로 구현된다는 것이다. 기술이 물질로 구현된다는 말은 그것이 물질을 소재 삼아 무언가 물질적인 결과물을 산출한다는 의미이다. 나노기술이나 유전자조합기술도 당연히 이 조건을 만족하는 기술이다.

을: 기술은 반드시 물질로 구현되는 것이어야 한다는 말은 맞지만 그렇게 구현되는 것들을 모두 기술이라고 부를 수는 없다. 가령, 본능적으로 개미집을 만드는 개미의 재주 같은 것은 기술이 아니다. 기술로 인정되려면 그 안에 지성이 개입해 있어야 한다. 나노기술이나 유전자 조합기술을 기술이라 부를 수 있는 이유는 둘 다 고도의 지성의 산물인 현대과학이 그 안에 깊게 개입해 있기 때문이다. 더 나아가 기술에 대한 우리의 주된 관심사가 현대 사회에 끼치는 기술의 막강한 영향력에 있다는 점을 고려할 때, '기술'이란 용어의 적용을 근대 과학혁명 이후에 등장한 과학이 개입한 것들로 한정하는 것이 합당하다.

병: 근대 과학혁명 이후의 과학이 개입한 것들이 기술이라는 점을 부인하지 않는다. 하지만 그런 과학이 개입한 것들만 기술로 간주하는 정의는 너무 협소하다. 지성이 개입해야 기술인 것은 맞지만 기술을 만들어내기 위해 과학의 개입이 꼭 필요한 것은 아니다. 오히려 기술은 과학과 별개로 수많은 시행착오를 통해 발전해 나가기도 한다. 이를테면 근대 과학혁명 이전에 인간이 곡식을 재배하고 가축을 기르기 위해 고안한 여러 가지 방법들도 기술이라고 불러야 마땅하다. 따라서 우리는 '기술'을 더 넓게 적용할 수 있도록 정의할 필요가 있다.

보기

ㄱ. '기술'을 적용하는 범위는 셋 중 갑이 가장 넓고 을이 가장 좁다.

ㄴ. 을은 '모든 기술에는 과학이 개입해 있다.'라는 주장에 동의하지만, 병은 그렇지 않다.

ㄷ. 병은 시행착오를 거쳐 발전해온 옷감 제작법을 기술로 인정하지만, 갑은 그렇지 않다.

① ㄱ
② ㄴ
③ ㄱ, ㄷ
④ ㄴ, ㄷ
⑤ ㄱ, ㄴ, ㄷ

16 다음 글에서 알 수 있는 것은?

21 5급공채

주식회사의 이사는 주주총회에서 선임된다. 1주 1의결권 원칙이 적용되는 주주총회에서 주주는 본인이 보유하고 있는 주식 비율에 따라 의결권을 갖는다. 예를 들어 5%의 주식을 가진 주주는 전체 의결권 중에서 5%의 의결권을 갖는다.

주주총회에서 이사를 선임할 때에는 각 이사 후보자별 의결이 별도로 이루어진다. 예를 들어 2인의 이사를 선임하는 주주총회에서 3인의 이사 후보가 있다면, 각 후보를 이사로 선임하는 세 건의 안건을 올려 각각 의결한다. 즉, 총 세 번의 의결 후 찬성 수를 가장 많이 얻은 2인을 이사로 선임하는 것이다. 이를 단순투표제라 한다. 단순투표제에서 발행주식 총수의 50%를 초과하는 지분을 가진 주주는 모든 이사를 자신이 원하는 사람으로 선임할 수 있게 되고, 그럴 경우 50% 미만을 보유하고 있는 주주는 자신이 원하는 사람을 한 명도 이사로 선임하지 못하게 된다.

집중투표제는 이러한 문제를 해결하기 위해 고안된 방안이다. 이는 복수의 이사를 한 건의 의결로 선임하는 방법으로 단순투표제와 달리 행사할 수 있는 의결권이 각 후보별로 제한되지 않는다. 예를 들어 회사의 발행주식이 100주이고 선임할 이사는 5인, 후보는 8인이라고 가정해 보자. 집중투표제를 시행한다면 25주를 가진 주주는 선임할 이사가 5인이기 때문에 총 125개의 의결권을 가지며 75주를 가진 지배주주는 총 375개의 의결권을 가진다. 각 주주는 자신의 의결권을 자신이 원하는 후보에게 집중하여 배분할 수 있다. 125개의 의결권을 가진 주주는 자신이 원하는 이사 후보 1인에게 125표를 집중 투표하여 이사로 선임될 가능성을 높일 수 있다. 최종적으로 5인의 이사는 찬성 수를 많이 얻은 순서에 따라 선임된다.

주주가 집중투표를 청구하기 위해서는 주식회사의 정관에 집중투표를 배제하는 규정이 없어야 한다. 이러한 방식을 옵트아웃 방식이라고 한다. 정관에서 명문으로 규정해야 제도를 시행할 수 있는 옵트인 방식과는 반대되는 것이다. 하지만 현재 우리나라 전체 상장회사의 90% 이상은 집중투표를 배제하는 정관을 가지고 있어 집중투표제의 활용이 미미한 상황이다.

① 한 안건에 대해 단순투표제와 집중투표제 모두 1주당 의결권의 수는 그 의결로 선임할 이사의 수와 동일하다.

② 집중투표제에서 대주주는 한 건의 의결로 선임될 이사의 수가 가능한 한 많아지기를 원할 것이다.

③ 집중투표제로 이사를 선임하는 경우 소액주주는 본인이 원하는 최소 1인의 이사를 선임할 수 있다.

④ 정관에 집중투표제에 관한 규정이 없다면 주주는 이사를 선임할 때 집중투표를 청구할 수 없다.

⑤ 단순투표제에서는 전체 의결권의 과반수를 얻어야만 이사로 선임된다.

17 다음 글의 전체 흐름과 맞지 않는 한 곳을 ㉠~㉤에서 찾아 수정하려고 할 때, 가장 적절한 것은? 15 민경채

소아시아 지역에 위치한 비잔틴 제국의 수도 콘스탄티노플이 이슬람교를 신봉하는 오스만인들에 의해 함락되었다는 소식이 인접해 있는 유럽 지역에까지 전해지자 그곳 교회의 한 수도원 서기는 "㉠지금까지 이보다 더 끔찍했던 사건은 없었으며, 앞으로도 결코 없을 것이다."라고 기록했다. 1453년 5월 29일 화요일, 해가 뜨자마자 오스만 제국의 군대는 난공불락으로 유명한 케르코포르타 성벽의 작은 문을 뚫고 진군하기 시작했다. 해가 질 무렵, 약탈당한 도시에 남아있는 모든 것들은 그들의 차지가 되었다. 비잔틴 제국의 86번째 황제였던 콘스탄티노스 11세는 서쪽 성벽 아래에 있는 좁은 골목에서 전사하였다. 이것으로 ㉡1,100년 이상 존재했던 소아시아 지역의 기독교도 황제가 사라졌다.

잿빛 말을 타고 화요일 오후 늦게 콘스탄티노플에 입성한 술탄 메흐메드 2세는 우선 성소피아 대성당으로 갔다. 그는 이 성당을 파괴하는 대신 이슬람 사원으로 개조하라는 명령을 내렸고, 우선 그 성당을 철저하게 자신의 보호 하에 두었다. 또한 학식이 풍부한 그리스 정교회 수사에게 격식을 갖추어 공석중인 총대주교직을 수여하고자 했다. 그는 이슬람 세계를 위해 ㉢기독교의 제단뿐만 아니라 그 이상의 것들도 활용했다. 역대 비잔틴 황제들이 제정한 법을 그가 주도하고 있던 법제화의 모델로 이용하였던 것이다. 이러한 행위들은 ㉣단절을 추구하는 정복왕 메흐메드 2세의 의도에서 비롯된 것이라고 할 수 있다.

그는 자신이야말로 지중해를 '우리의 바다'라고 불렀던 로마 제국의 진정한 계승자임을 선언하고 싶었던 것이다. 일례로 그는 한때 유럽과 아시아를 포함한 지중해 전역을 지배했던 제국의 정통 상속자임을 선언하면서, 의미심장하게도 자신의 직함에 '룸 카이세리', 즉 로마의 황제라는 칭호를 추가했다. 또한 그는 패권 국가였던 로마의 옛 명성을 다시 찾기 위한 노력의 일환으로 로마 사람의 땅이라는 뜻을 지닌 루멜리아에 새로 수도를 정했다. 이렇게 함으로써 그는 ㉤오스만 제국이 유럽으로 확대될 것이라는 자신의 확신을 보여주었다.

① ㉠을 '지금까지 이보다 더 영광스러운 사건은 없었으며'로 고친다.
② ㉡을 '1,100년 이상 존재했던 소아시아 지역의 이슬람 황제가 사라졌다'로 고친다.
③ ㉢을 '기독교의 제단뿐만 아니라 그 이상의 것들도 파괴했다'로 고친다.
④ ㉣을 '연속성을 추구하는 정복왕 메흐메드 2세의 의도에서 비롯된 것'으로 고친다.
⑤ ㉤을 '오스만 제국이 아시아로 확대될 것이라는 자신의 확신을 보여주었다'로 고친다.

18 ㉠~㉤의 예로서 옳게 연결하지 못한 것은? 09 5급공채

옛날이나 지금이나 치세와 난세가 없을 수 없소. 치세에는 왕도정치와 패도정치가 있소. 군주의 재능과 지혜가 출중하여 뛰어난 영재들을 잘 임용하거나, 비록 군주의 재능과 지혜가 모자라더라도 현자를 임용하여, 인의의 도를 실천하고 백성을 교화하는 것은 ㉠왕도(王道)정치입니다. 군주의 지혜와 재능이 출중하더라도 자신의 총명만을 믿고 신하를 불신하며, 인의의 이름만 빌려 권모술수의 정치를 행하여 백성들로 하여금 자신의 사익만 챙기고 도덕적 교화를 이루게 하지 못하는 것은 ㉡패도(覇道)정치라오.

나아가 난세에는 세 가지 경우가 있소. 속으로는 욕심 때문에 마음이 흔들리고 밖으로는 유혹에 빠져서 백성들의 힘을 모두 박탈하여 자기 일신만을 받들고 신하의 진실한 충고를 배척하면서 자기만 성스러운 체하다가 자멸하는 자는 ㉢폭군(暴君)의 경우이지요. 정치를 잘해보려는 뜻은 가지고 있으나 간사한 이를 분별하지 못하고 등용한 관리들이 재주가 없어 나라를 망치는 자는 ㉣혼군(昏君)의 경우이지요. 심지가 나약하여 뜻이 굳지 못하고 우유부단하며 구습만 고식적으로 따르다가 나날이 쇠퇴하고 미약해지는 자는 ㉤용군(庸君)의 경우이지요.

① ㉠ - 상(商)의 태갑(太甲)과 주(周)의 성왕(成王)은 자질이 오제, 삼황에 미치지 못했지요. 만약 성스러운 신하의 도움이 없었다면 법률과 제도가 전복된다 한들 누가 구제할 수 있었겠소. 필시 참소하는 사람들이 서로 난을 일으켰을 것이오. 그러나 태갑은 이윤(伊尹)에게 정사를 맡겨 백성을 교화하고 성왕은 주공에게 정사를 맡김으로써 인의의 도를 기르고 닦아 결국 대업을 계승했지요.

② ㉡ - 진(晉) 문공(文公)과 한(漢) 고조(高祖)는 황제의 대업을 성취하여 나라를 부강하게 하고 백성을 부유하게 하였소. 다만 아쉬운 점은 인의의 도를 체득하지 못하고 권모술수에 능하였을 뿐, 백성을 교화시키지 못했다는 것이오.

③ ㉢ - 당의 덕종(德宗)은 현명하지 못해 인자와 현자들을 알아보지 못했소. 자신의 총명에 한계가 있음을 깨닫지 못하여 때때로 유능한 관리의 충언을 들었으나 곧 그들을 멀리했기에 간사한 소인배들이 그 틈을 타 아첨할 경우 쉽게 빠져들었소.

④ ㉣ - 송의 신종(神宗)은 유위(有爲)정치의 뜻을 크게 발하여 왕도정치를 회복하고자 했소. 그러나 왕안석(王安石)에게 빠져서 그의 말이라면 모두 따르고 그의 정책이라면 모두 채택하여 재리(財利)를 인의(仁義)로 알고, 형법전서를 시경(詩經), 서경(書經)으로 알았지요. 사악한 이들이 뜻을 이뤄 날뛰는 반면 현자들은 자취를 감춰 백성들에게 그 해독이 미쳤고 전란의 조짐까지 야기했소.

⑤ ㉤ - 주의 난왕(赧王), 당의 희종(僖宗), 송의 영종(寧宗) 등은 무기력하고 나태하여 구습만을 답습하면서 한 가지 폐정도 개혁하지 못하고, 한 가지 선책도 제출하지 못한 채 묵묵히 앉아서 나라가 망하기를 기다리고 있던 자들이오.

미국의 일부 주에서 판사는 형량을 결정하거나 가석방을 허가하는 판단의 보조 자료로 양형 보조 프로그램 X를 활용한다. X는 유죄가 선고된 범죄자를 대상으로 그 사람의 재범 확률을 추정하여 그 결과를 최저 위험군을 뜻하는 1에서 최고 위험군을 뜻하는 10까지의 위험지수로 평가한다.

2016년 A는 X를 활용하는 플로리다 주 법정에서 선고받았던 7천여 명의 초범들을 대상으로 X의 예측 결과와 석방 후 2년간의 실제 재범 여부를 조사했다. 이 조사 결과를 토대로 한 ㉠A의 주장은 X가 흑인과 백인을 차별한다는 것이다. 첫째 근거는 백인의 경우 위험지수 1로 평가된 사람이 가장 많고 10까지 그 비율이 차츰 감소한 데 비하여 흑인의 위험지수는 1부터 10까지 고르게 분포되었다는 관찰 결과이다. 즉 고위험군으로 분류된 사람의 비율이 백인보다 흑인이 더 크다는 것이었다. 둘째 근거는 예측의 오류와 관련된 것이다. 2년 이내 재범을 [(가)] 사람 중에서 [(나)]으로 잘못 분류되었던 사람의 비율은 흑인의 경우 45%인 반면 백인은 23%에 불과했고, 2년 이내 재범을 [(다)] 사람 중에서 [(라)]으로 잘못 분류되었던 사람의 비율은 흑인의 경우 28%인 반면 백인은 48%로 훨씬 컸다. 종합하자면, 재범을 저지른 사람이든 그렇지 않은 사람이든, 흑인은 편파적으로 고위험군으로 분류된 반면 백인은 편파적으로 저위험군으로 분류된 것이다.

X를 개발한 B는 A의 주장을 반박하는 논문을 발표하였다. B는 X의 목적이 재범 가능성에 대한 예측의 정확성을 높이는 것이며, 그 정확성에는 인종 간에 차이가 나타나지 않는다고 주장했다. B에 따르면, 예측의 정확성을 판단하는 데 있어 중요한 것은 고위험군으로 분류된 사람 중 2년 이내 재범을 저지른 사람의 비율과 저위험군으로 분류된 사람 중 2년 이내 재범을 저지르지 않은 사람의 비율이다. B는 전자의 비율이 백인 59%, 흑인 63%, 후자의 비율이 백인 71%, 흑인 65%라고 분석하고, 이 비율들은 인종 간에 유의미한 차이를 드러내지 않는다고 주장했다. 또 B는 X에 의해서 고위험군 혹은 저위험군으로 분류되기 이전의 흑인과 백인의 재범률, 즉 흑인의 기저재범률과 백인의 기저재범률 간에는 이미 상당한 차이가 있었으며, 이런 애초의 차이가 A가 언급한 예측의 오류 차이를 만들어 냈다고 설명한다. 결국 ㉡B의 주장은 X가 편파적으로 흑인과 백인의 위험지수를 평가하지 않는다는 것이다.

하지만 기저재범률의 차이로 인종 간 위험지수의 차이를 설명하여, X가 인종차별적이라는 주장을 반박하는 것은 잘못이다. 기저재범률에는 미국 사회의 오래된 인종차별적 특징, 즉 흑인이 백인보다 범죄자가 되기 쉬운 사회 환경이 반영되어 있기 때문이다. 처음 범죄를 저질러서 재판을 받아야 하는 흑인을 생각해 보자. 그의 위험지수를 판정할 때 사용되는 기저재범률은 그와 전혀 상관없는 다른 흑인들이 만들어 낸 것이다. 그런 기저재범률이 전혀 상관없는 사람의 형량이나 가석방 여부에 영향을 주는 것은 잘못이다. 더 나아가 이런 식으로 위험지수를 평가받아 형량이 정해진 흑인들은 더 오랜 기간 교도소에 있게 될 것이며, 향후 재판받을

흑인들의 위험지수를 더욱 높이는 결과를 가져오게 될 것이다. 따라서 ㉢X의 지속적인 사용은 미국 사회의 인종 차별을 고착화한다.

19 위 글의 (가)~(라)에 들어갈 말을 적절하게 나열한 것은?

	(가)	(나)	(다)	(라)
①	저지르지 않은	고위험군	저지른	저위험군
②	저지르지 않은	고위험군	저지른	고위험군
③	저지르지 않은	저위험군	저지른	저위험군
④	저지른	고위험군	저지르지 않은	저위험군
⑤	저지른	저위험군	저지르지 않은	고위험군

20 위 글의 ㉠~㉢에 대한 평가로 적절한 것만을 〈보기〉에서 모두 고르면?

> **보기**
> ㄱ. 강력 범죄자 중 위험지수가 10으로 평가된 사람의 비율이 흑인과 백인 사이에 차이가 없다면, ㉠은 강화된다.
> ㄴ. 흑인의 기저재범률이 높을수록 흑인에 대한 X의 재범 가능성 예측이 더 정확해진다면, ㉡은 약화된다.
> ㄷ. X가 특정 범죄자의 재범률을 평가할 때 사용하는 기저재범률이 동종 범죄를 저지른 사람들로부터 얻은 것이라면, ㉢은 강화되지 않는다.

① ㄱ　　　　　　　　　② ㄷ

③ ㄱ, ㄴ　　　　　　　④ ㄴ, ㄷ

⑤ ㄱ, ㄴ, ㄷ

정답 및 해설: 해설집 p.191
(문제집 p.277에서 전체 정답표를 확인하실 수 있습니다.)

gosi.Hackers.com

정답
한눈에 보기

1회 2023년 국가직 9급   P.12

01	③	11	③
02	①	12	①
03	③	13	②
04	②	14	②
05	④	15	④
06	④	16	③
07	①	17	④
08	①	18	④
09	②	19	②
10	④	20	③

2회 2022년 국가직 9급   P.18

01	③	11	②
02	②	12	②
03	④	13	④
04	③	14	①
05	②	15	④
06	④	16	③
07	①	17	④
08	②	18	①
09	④	19	③
10	③	20	①

3회 2021년 국가직 9급   P.25

01	②	11	③
02	③	12	③
03	①	13	③
04	②	14	①
05	④	15	④
06	④	16	①
07	②	17	②
08	②	18	④
09	③	19	④
10	④	20	①

4회 2020년 국가직 9급   P.32

01	③	11	②
02	①	12	①
03	④	13	②
04	④	14	②
05	②	15	④
06	①	16	②
07	②	17	①
08	③	18	③
09	④	19	④
10	④	20	③

5회 2019년 국가직 9급   P.39

01	②	11	③
02	①	12	②
03	③	13	③
04	④	14	④
05	①	15	③
06	④	16	③
07	④	17	①
08	①	18	④
09	④	19	②
10	②	20	③

6회 2018년 국가직 9급   P.46

01	②	11	③
02	③	12	③
03	③	13	②
04	③	14	①
05	③	15	②
06	④	16	①
07	④	17	④
08	④	18	②
09	①	19	③
10	②	20	①

7회 2023년 지방직 9급   P.56

01	①	11	②
02	①	12	②
03	③	13	④
04	④	14	①
05	②	15	③
06	④	16	③
07	④	17	②
08	③	18	②
09	④	19	①
10	②	20	①

8회 2022년 지방직 9급   P.62

01	③	11	③
02	①	12	①
03	③	13	③
04	②	14	④
05	②	15	④
06	③	16	④
07	④	17	③
08	②	18	②
09	④	19	①
10	④	20	④

9회 2021년 지방직 9급   P.68

01	②	11	④
02	③	12	②
03	정답 없음	13	②
04	②	14	③
05	④	15	①
06	③	16	①
07	③	17	④
08	③	18	③
09	①	19	④
10	④	20	④

10회 2020년 지방직 9급   P.75

01	④	11	①
02	②	12	④
03	①	13	②
04	①	14	④
05	③	15	②
06	③	16	③
07	①	17	③
08	②	18	③
09	④	19	④
10	③	20	③

11회 2019년 지방직 9급   P.81

01	①	11	③
02	②	12	①
03	①	13	④
04	④	14	③
05	②	15	④
06	①	16	②
07	②	17	③
08	③	18	①
09	①	19	④
10	②	20	③

12회 2018년 지방직 9급   P.87

01	④	11	③
02	②	12	③
03	②	13	③
04	④	14	③
05	③	15	④
06	④	16	②
07	②	17	②
08	①	18	①
09	①	19	④
10	①	20	①

13회 2023년 서울시 9급   P.96

01	①	11	④
02	①	12	③
03	④	13	②
04	③	14	③
05	②	15	③
06	③	16	③
07	③	17	②
08	②	18	①
09	①	19	②
10	③	20	④

14회 2022년 서울시 9급 (6월)   P.101

01	②	11	④
02	③	12	③
03	④	13	①
04	①	14	②
05	①	15	③
06	④	16	④
07	③	17	②
08	②	18	④
09	①	19	①
10	③	20	④

15회 2022년 서울시 9급 (2월)   P.105

01	①	11	②
02	②	12	④
03	④	13	②
04	②	14	②
05	③	15	③
06	②	16	③
07	④	17	④
08	②	18	①
09	②	19	④
10	①	20	③

16회 2021년 서울시 9급   P.110

01	②	11	②
02	③	12	④
03	④	13	③
04	④	14	④
05	①	15	④
06	①	16	③
07	②	17	②
08	②	18	①
09	③	19	③
10	①	20	③

17회 2020년 서울시 9급   P.114

01	②	11	②
02	①	12	②
03	④	13	③
04	②	14	④
05	③	15	①
06	④	16	③
07	②	17	④
08	②	18	④
09	①	19	④
10	③	20	①

18회 2019년 서울시 9급   P.118

01	②	11	③
02	②	12	④
03	①	13	④
04	②	14	③
05	①	15	①
06	②	16	④
07	④	17	③
08	①	18	④
09	③	19	①
10	②	20	②

19회 2018년 서울시 9급   P.122

01	④	11	①
02	①	12	②
03	②	13	④
04	③	14	①
05	②	15	②
06	③	16	②
07	③	17	①
08	③	18	①
09	④	19	①
10	①	20	④

20회 2023년 법원직 9급   P.128

01	③	11	④	21	④
02	①	12	④	22	③
03	③	13	④	23	③
04	②	14	④	24	③
05	④	15	③	25	②
06	②	16	④		
07	②	17	②		
08	①	18	①		
09	③	19	④		
10	②	20	②		

21회 2022년 법원직 9급   P.137

01	④	11	①	21	①
02	④	12	④	22	①
03	④	13	④	23	③
04	②	14	②	24	②
05	③	15	③	25	②
06	①	16	④		
07	②	17	②		
08	②	18	②		
09	②	19	②		
10	③	20	②		

22회 2021년 법원직 9급   P.146

01	②	11	④	21	③
02	④	12	③	22	①
03	③	13	④	23	①
04	③	14	①	24	③
05	③	15	④	25	③
06	②	16	④		
07	①	17	④		
08	②	18	②		
09	③	19	③		
10	③	20	②		

23회 2020년 법원직 9급   P.155

01	①	11	①	21	④
02	③	12	④	22	②
03	②	13	④	23	①
04	③	14	④	24	④
05	③	15	④	25	④
06	③	16	④		
07	③	17	③		
08	③	18	①		
09	②	19	①		
10	①	20	①		

24회 2019년 법원직 9급   P.165

01	④	11	③	21	③
02	①	12	②	22	④
03	②	13	①	23	③
04	②	14	④	24	①
05	②	15	④	25	④
06	②	16	③		
07	②	17	②		
08	②	18	②		
09	①	19	①		
10	②	20	①		

25회 2018년 법원직 9급   P.173

01	③	11	②	21	④
02	③	12	④	22	③
03	③	13	③	23	③
04	①	14	①	24	①
05	①	15	②	25	④
06	③	16	②		
07	①	17	③		
08	④	18	③		
09	②	19	①		
10	④	20	②		

26회 2018년 교육행정직 9급   P.184

01	②	11	②
02	④	12	①
03	①	13	③
04	③	14	①
05	③	15	②
06	③	16	④
07	②	17	③
08	②	18	④
09	①	19	①
10	②	20	③

27회 2017년 교육행정직 9급   P.189

01	②	11	②
02	②	12	④
03	③	13	④
04	④	14	②
05	②	15	③
06	①	16	②
07	③	17	①
08	①	18	①
09	③	19	④
10	④	20	④

28회 2016년 교육행정직 9급   P.195

01	④	11	①
02	③	12	②
03	④	13	②
04	③	14	②
05	④	15	③
06	①	16	④
07	②	17	①
08	③	18	③
09	②	19	④
10	①	20	③

29회 2022년 지방직 7급   P.204

01	②	11	②
02	③	12	②
03	①	13	④
04	④	14	③
05	④	15	④
06	②	16	③
07	①	17	③
08	③	18	①
09	③	19	②
10	②	20	④

30회 2021년 지방직 7급   P.211

01	②	11	③
02	④	12	②
03	①	13	④
04	②	14	②
05	①	15	④
06	③	16	③
07	①	17	③
08	②	18	①
09	③	19	①
10	③	20	①

31회 2020년 지방직 7급   P.218

01	①	11	①
02	③	12	④
03	③	13	②
04	③	14	②
05	④	15	②
06	②	16	④
07	②	17	③
08	③	18	④
09	②	19	④
10	①	20	①

32회 2019년 지방직 7급   P.225

01	①	11	②
02	②	12	①
03	②	13	③
04	④	14	③
05	④	15	③
06	④	16	④
07	③	17	①
08	④	18	③
09	③	19	④
10	③	20	①

33회 2018년 지방직 7급   P.232

01	②	11	④
02	③	12	②
03	②	13	①
04	②	14	①
05	③	15	④
06	③	16	④
07	③	17	③
08	④	18	④
09	④	19	①
10	④	20	①

부록 1회

01	⑤	11	⑤	21	①
02	②	12	①	22	③
03	①	13	②	23	⑤
04	④	14	④	24	②
05	③	15	②	25	④
06	④	16	②		
07	③	17	③		
08	①	18	④		
09	⑤	19	⑤		
10	④	20	①		

부록 2회

01	①	11	⑤	21	②
02	③	12	④	22	⑤
03	⑤	13	③	23	③
04	①	14	③	24	①
05	②	15	⑤	25	④
06	⑤	16	③		
07	②	17	⑤		
08	④	18	④		
09	②	19	②		
10	①	20	②		

부록 3회

01	①	11	④
02	③	12	③
03	⑤	13	①
04	③	14	③
05	④	15	②
06	④	16	①
07	①	17	④
08	⑤	18	③
09	②	19	①
10	②	20	②

답안지

___ 회

문번	제 1 과목			
01	①	②	③	④
02	①	②	③	④
03	①	②	③	④
04	①	②	③	④
05	①	②	③	④
06	①	②	③	④
07	①	②	③	④
08	①	②	③	④
09	①	②	③	④
10	①	②	③	④
11	①	②	③	④
12	①	②	③	④
13	①	②	③	④
14	①	②	③	④
15	①	②	③	④
16	①	②	③	④
17	①	②	③	④
18	①	②	③	④
19	①	②	③	④
20	①	②	③	④

○: 개 △: 개 X: 개

___ 회

문번	제 1 과목			
01	①	②	③	④
02	①	②	③	④
03	①	②	③	④
04	①	②	③	④
05	①	②	③	④
06	①	②	③	④
07	①	②	③	④
08	①	②	③	④
09	①	②	③	④
10	①	②	③	④
11	①	②	③	④
12	①	②	③	④
13	①	②	③	④
14	①	②	③	④
15	①	②	③	④
16	①	②	③	④
17	①	②	③	④
18	①	②	③	④
19	①	②	③	④
20	①	②	③	④

○: 개 △: 개 X: 개

___ 회

문번	제 1 과목			
01	①	②	③	④
02	①	②	③	④
03	①	②	③	④
04	①	②	③	④
05	①	②	③	④
06	①	②	③	④
07	①	②	③	④
08	①	②	③	④
09	①	②	③	④
10	①	②	③	④
11	①	②	③	④
12	①	②	③	④
13	①	②	③	④
14	①	②	③	④
15	①	②	③	④
16	①	②	③	④
17	①	②	③	④
18	①	②	③	④
19	①	②	③	④
20	①	②	③	④

○: 개 △: 개 X: 개

___ 회

문번	제 1 과목			
01	①	②	③	④
02	①	②	③	④
03	①	②	③	④
04	①	②	③	④
05	①	②	③	④
06	①	②	③	④
07	①	②	③	④
08	①	②	③	④
09	①	②	③	④
10	①	②	③	④
11	①	②	③	④
12	①	②	③	④
13	①	②	③	④
14	①	②	③	④
15	①	②	③	④
16	①	②	③	④
17	①	②	③	④
18	①	②	③	④
19	①	②	③	④
20	①	②	③	④

○: 개 △: 개 X: 개

___ 회

문번	제 1 과목			
01	①	②	③	④
02	①	②	③	④
03	①	②	③	④
04	①	②	③	④
05	①	②	③	④
06	①	②	③	④
07	①	②	③	④
08	①	②	③	④
09	①	②	③	④
10	①	②	③	④
11	①	②	③	④
12	①	②	③	④
13	①	②	③	④
14	①	②	③	④
15	①	②	③	④
16	①	②	③	④
17	①	②	③	④
18	①	②	③	④
19	①	②	③	④
20	①	②	③	④

○: 개 △: 개 X: 개

___ 회

문번	제 1 과목			
01	①	②	③	④
02	①	②	③	④
03	①	②	③	④
04	①	②	③	④
05	①	②	③	④
06	①	②	③	④
07	①	②	③	④
08	①	②	③	④
09	①	②	③	④
10	①	②	③	④
11	①	②	③	④
12	①	②	③	④
13	①	②	③	④
14	①	②	③	④
15	①	②	③	④
16	①	②	③	④
17	①	②	③	④
18	①	②	③	④
19	①	②	③	④
20	①	②	③	④

○: 개 △: 개 X: 개

___ 회

문번	제 1 과목			
01	①	②	③	④
02	①	②	③	④
03	①	②	③	④
04	①	②	③	④
05	①	②	③	④
06	①	②	③	④
07	①	②	③	④
08	①	②	③	④
09	①	②	③	④
10	①	②	③	④
11	①	②	③	④
12	①	②	③	④
13	①	②	③	④
14	①	②	③	④
15	①	②	③	④
16	①	②	③	④
17	①	②	③	④
18	①	②	③	④
19	①	②	③	④
20	①	②	③	④

○: 개 △: 개 X: 개

___ 회

문번	제 1 과목			
01	①	②	③	④
02	①	②	③	④
03	①	②	③	④
04	①	②	③	④
05	①	②	③	④
06	①	②	③	④
07	①	②	③	④
08	①	②	③	④
09	①	②	③	④
10	①	②	③	④
11	①	②	③	④
12	①	②	③	④
13	①	②	③	④
14	①	②	③	④
15	①	②	③	④
16	①	②	③	④
17	①	②	③	④
18	①	②	③	④
19	①	②	③	④
20	①	②	③	④

○: 개 △: 개 X: 개

해커스공무원 6개년 기출문제집
국어

답안지

답안지 활용 방법

1. 맞은 것은 O, 찍었는데 맞은 것은 △, 틀린 것은 x를 문번에 표시하며 채점합니다.
2. △, x가 표시된 문제는 반드시 해설로 개념을 익히고, 다시 한번 풀어 봅니다.
3. 점선을 따라 답안지를 잘라내어 사용하실 수도 있습니다.

___ 회

문번	제 1 과목
01	① ② ③ ④
02	① ② ③ ④
03	① ② ③ ④
04	① ② ③ ④
05	① ② ③ ④
06	① ② ③ ④
07	① ② ③ ④
08	① ② ③ ④
09	① ② ③ ④
10	① ② ③ ④
11	① ② ③ ④
12	① ② ③ ④
13	① ② ③ ④
14	① ② ③ ④
15	① ② ③ ④
16	① ② ③ ④
17	① ② ③ ④
18	① ② ③ ④
19	① ② ③ ④
20	① ② ③ ④
O: 개 △: 개 X: 개	

___ 회

문번	제 1 과목
01	① ② ③ ④
02	① ② ③ ④
03	① ② ③ ④
04	① ② ③ ④
05	① ② ③ ④
06	① ② ③ ④
07	① ② ③ ④
08	① ② ③ ④
09	① ② ③ ④
10	① ② ③ ④
11	① ② ③ ④
12	① ② ③ ④
13	① ② ③ ④
14	① ② ③ ④
15	① ② ③ ④
16	① ② ③ ④
17	① ② ③ ④
18	① ② ③ ④
19	① ② ③ ④
20	① ② ③ ④
O: 개 △: 개 X: 개	

___ 회

문번	제 1 과목
01	① ② ③ ④
02	① ② ③ ④
03	① ② ③ ④
04	① ② ③ ④
05	① ② ③ ④
06	① ② ③ ④
07	① ② ③ ④
08	① ② ③ ④
09	① ② ③ ④
10	① ② ③ ④
11	① ② ③ ④
12	① ② ③ ④
13	① ② ③ ④
14	① ② ③ ④
15	① ② ③ ④
16	① ② ③ ④
17	① ② ③ ④
18	① ② ③ ④
19	① ② ③ ④
20	① ② ③ ④
O: 개 △: 개 X: 개	

___ 회

문번	제 1 과목
01	① ② ③ ④
02	① ② ③ ④
03	① ② ③ ④
04	① ② ③ ④
05	① ② ③ ④
06	① ② ③ ④
07	① ② ③ ④
08	① ② ③ ④
09	① ② ③ ④
10	① ② ③ ④
11	① ② ③ ④
12	① ② ③ ④
13	① ② ③ ④
14	① ② ③ ④
15	① ② ③ ④
16	① ② ③ ④
17	① ② ③ ④
18	① ② ③ ④
19	① ② ③ ④
20	① ② ③ ④
O: 개 △: 개 X: 개	

___ 회

문번	제 1 과목
01	① ② ③ ④
02	① ② ③ ④
03	① ② ③ ④
04	① ② ③ ④
05	① ② ③ ④
06	① ② ③ ④
07	① ② ③ ④
08	① ② ③ ④
09	① ② ③ ④
10	① ② ③ ④
11	① ② ③ ④
12	① ② ③ ④
13	① ② ③ ④
14	① ② ③ ④
15	① ② ③ ④
16	① ② ③ ④
17	① ② ③ ④
18	① ② ③ ④
19	① ② ③ ④
20	① ② ③ ④
O: 개 △: 개 X: 개	

___ 회

문번	제 1 과목
01	① ② ③ ④
02	① ② ③ ④
03	① ② ③ ④
04	① ② ③ ④
05	① ② ③ ④
06	① ② ③ ④
07	① ② ③ ④
08	① ② ③ ④
09	① ② ③ ④
10	① ② ③ ④
11	① ② ③ ④
12	① ② ③ ④
13	① ② ③ ④
14	① ② ③ ④
15	① ② ③ ④
16	① ② ③ ④
17	① ② ③ ④
18	① ② ③ ④
19	① ② ③ ④
20	① ② ③ ④
O: 개 △: 개 X: 개	

___ 회

문번	제 1 과목
01	① ② ③ ④
02	① ② ③ ④
03	① ② ③ ④
04	① ② ③ ④
05	① ② ③ ④
06	① ② ③ ④
07	① ② ③ ④
08	① ② ③ ④
09	① ② ③ ④
10	① ② ③ ④
11	① ② ③ ④
12	① ② ③ ④
13	① ② ③ ④
14	① ② ③ ④
15	① ② ③ ④
16	① ② ③ ④
17	① ② ③ ④
18	① ② ③ ④
19	① ② ③ ④
20	① ② ③ ④
O: 개 △: 개 X: 개	

___ 회

문번	제 1 과목
01	① ② ③ ④
02	① ② ③ ④
03	① ② ③ ④
04	① ② ③ ④
05	① ② ③ ④
06	① ② ③ ④
07	① ② ③ ④
08	① ② ③ ④
09	① ② ③ ④
10	① ② ③ ④
11	① ② ③ ④
12	① ② ③ ④
13	① ② ③ ④
14	① ② ③ ④
15	① ② ③ ④
16	① ② ③ ④
17	① ② ③ ④
18	① ② ③ ④
19	① ② ③ ④
20	① ② ③ ④
O: 개 △: 개 X: 개	

___ 회

문번	제1과목
01	① ② ③ ④
02	① ② ③ ④
03	① ② ③ ④
04	① ② ③ ④
05	① ② ③ ④
06	① ② ③ ④
07	① ② ③ ④
08	① ② ③ ④
09	① ② ③ ④
10	① ② ③ ④
11	① ② ③ ④
12	① ② ③ ④
13	① ② ③ ④
14	① ② ③ ④
15	① ② ③ ④
16	① ② ③ ④
17	① ② ③ ④
18	① ② ③ ④
19	① ② ③ ④
20	① ② ③ ④
○: 개 △: 개 X: 개	

___ 회

문번	제1과목
01	① ② ③ ④
02	① ② ③ ④
03	① ② ③ ④
04	① ② ③ ④
05	① ② ③ ④
06	① ② ③ ④
07	① ② ③ ④
08	① ② ③ ④
09	① ② ③ ④
10	① ② ③ ④
11	① ② ③ ④
12	① ② ③ ④
13	① ② ③ ④
14	① ② ③ ④
15	① ② ③ ④
16	① ② ③ ④
17	① ② ③ ④
18	① ② ③ ④
19	① ② ③ ④
20	① ② ③ ④
○: 개 △: 개 X: 개	

___ 회

문번	제1과목
01	① ② ③ ④
02	① ② ③ ④
03	① ② ③ ④
04	① ② ③ ④
05	① ② ③ ④
06	① ② ③ ④
07	① ② ③ ④
08	① ② ③ ④
09	① ② ③ ④
10	① ② ③ ④
11	① ② ③ ④
12	① ② ③ ④
13	① ② ③ ④
14	① ② ③ ④
15	① ② ③ ④
16	① ② ③ ④
17	① ② ③ ④
18	① ② ③ ④
19	① ② ③ ④
20	① ② ③ ④
○: 개 △: 개 X: 개	

___ 회

문번	제1과목
01	① ② ③ ④
02	① ② ③ ④
03	① ② ③ ④
04	① ② ③ ④
05	① ② ③ ④
06	① ② ③ ④
07	① ② ③ ④
08	① ② ③ ④
09	① ② ③ ④
10	① ② ③ ④
11	① ② ③ ④
12	① ② ③ ④
13	① ② ③ ④
14	① ② ③ ④
15	① ② ③ ④
16	① ② ③ ④
17	① ② ③ ④
18	① ② ③ ④
19	① ② ③ ④
20	① ② ③ ④
○: 개 △: 개 X: 개	

___ 회

문번	제1과목
01	① ② ③ ④
02	① ② ③ ④
03	① ② ③ ④
04	① ② ③ ④
05	① ② ③ ④
06	① ② ③ ④
07	① ② ③ ④
08	① ② ③ ④
09	① ② ③ ④
10	① ② ③ ④
11	① ② ③ ④
12	① ② ③ ④
13	① ② ③ ④
14	① ② ③ ④
15	① ② ③ ④
16	① ② ③ ④
17	① ② ③ ④
18	① ② ③ ④
19	① ② ③ ④
20	① ② ③ ④
○: 개 △: 개 X: 개	

___ 회

문번	제1과목
01	① ② ③ ④
02	① ② ③ ④
03	① ② ③ ④
04	① ② ③ ④
05	① ② ③ ④
06	① ② ③ ④
07	① ② ③ ④
08	① ② ③ ④
09	① ② ③ ④
10	① ② ③ ④
11	① ② ③ ④
12	① ② ③ ④
13	① ② ③ ④
14	① ② ③ ④
15	① ② ③ ④
16	① ② ③ ④
17	① ② ③ ④
18	① ② ③ ④
19	① ② ③ ④
20	① ② ③ ④
○: 개 △: 개 X: 개	

___ 회

문번	제1과목
01	① ② ③ ④
02	① ② ③ ④
03	① ② ③ ④
04	① ② ③ ④
05	① ② ③ ④
06	① ② ③ ④
07	① ② ③ ④
08	① ② ③ ④
09	① ② ③ ④
10	① ② ③ ④
11	① ② ③ ④
12	① ② ③ ④
13	① ② ③ ④
14	① ② ③ ④
15	① ② ③ ④
16	① ② ③ ④
17	① ② ③ ④
18	① ② ③ ④
19	① ② ③ ④
20	① ② ③ ④
○: 개 △: 개 X: 개	

___ 회

문번	제1과목
01	① ② ③ ④
02	① ② ③ ④
03	① ② ③ ④
04	① ② ③ ④
05	① ② ③ ④
06	① ② ③ ④
07	① ② ③ ④
08	① ② ③ ④
09	① ② ③ ④
10	① ② ③ ④
11	① ② ③ ④
12	① ② ③ ④
13	① ② ③ ④
14	① ② ③ ④
15	① ② ③ ④
16	① ② ③ ④
17	① ② ③ ④
18	① ② ③ ④
19	① ② ③ ④
20	① ② ③ ④
○: 개 △: 개 X: 개	

답안지 활용 방법

1. 맞은 것은 O, 찍었는데 맞은 것은 △, 틀린 것은 x 를 문번에 표시하며 채점합니다.
2. △, x 가 표시된 문제는 반드시 해설로 개념을 익히고, 다시 한번 풀어 봅니다.
3. 점선을 따라 답안지를 잘라내어 사용하실 수도 있습니다.

___ 회

문번	제 1 과목
01	① ② ③ ④
02	① ② ③ ④
03	① ② ③ ④
04	① ② ③ ④
05	① ② ③ ④
06	① ② ③ ④
07	① ② ③ ④
08	① ② ③ ④
09	① ② ③ ④
10	① ② ③ ④
11	① ② ③ ④
12	① ② ③ ④
13	① ② ③ ④
14	① ② ③ ④
15	① ② ③ ④
16	① ② ③ ④
17	① ② ③ ④
18	① ② ③ ④
19	① ② ③ ④
20	① ② ③ ④
O: 개 △: 개 X: 개	

___ 회

문번	제 1 과목
01	① ② ③ ④
02	① ② ③ ④
03	① ② ③ ④
04	① ② ③ ④
05	① ② ③ ④
06	① ② ③ ④
07	① ② ③ ④
08	① ② ③ ④
09	① ② ③ ④
10	① ② ③ ④
11	① ② ③ ④
12	① ② ③ ④
13	① ② ③ ④
14	① ② ③ ④
15	① ② ③ ④
16	① ② ③ ④
17	① ② ③ ④
18	① ② ③ ④
19	① ② ③ ④
20	① ② ③ ④
O: 개 △: 개 X: 개	

___ 회

문번	제 1 과목
01	① ② ③ ④
02	① ② ③ ④
03	① ② ③ ④
04	① ② ③ ④
05	① ② ③ ④
06	① ② ③ ④
07	① ② ③ ④
08	① ② ③ ④
09	① ② ③ ④
10	① ② ③ ④
11	① ② ③ ④
12	① ② ③ ④
13	① ② ③ ④
14	① ② ③ ④
15	① ② ③ ④
16	① ② ③ ④
17	① ② ③ ④
18	① ② ③ ④
19	① ② ③ ④
20	① ② ③ ④
O: 개 △: 개 X: 개	

___ 회

문번	제 1 과목
01	① ② ③ ④
02	① ② ③ ④
03	① ② ③ ④
04	① ② ③ ④
05	① ② ③ ④
06	① ② ③ ④
07	① ② ③ ④
08	① ② ③ ④
09	① ② ③ ④
10	① ② ③ ④
11	① ② ③ ④
12	① ② ③ ④
13	① ② ③ ④
14	① ② ③ ④
15	① ② ③ ④
16	① ② ③ ④
17	① ② ③ ④
18	① ② ③ ④
19	① ② ③ ④
20	① ② ③ ④
O: 개 △: 개 X: 개	

___ 회

문번	제 1 과목
01	① ② ③ ④
02	① ② ③ ④
03	① ② ③ ④
04	① ② ③ ④
05	① ② ③ ④
06	① ② ③ ④
07	① ② ③ ④
08	① ② ③ ④
09	① ② ③ ④
10	① ② ③ ④
11	① ② ③ ④
12	① ② ③ ④
13	① ② ③ ④
14	① ② ③ ④
15	① ② ③ ④
16	① ② ③ ④
17	① ② ③ ④
18	① ② ③ ④
19	① ② ③ ④
20	① ② ③ ④
O: 개 △: 개 X: 개	

___ 회

문번	제 1 과목
01	① ② ③ ④
02	① ② ③ ④
03	① ② ③ ④
04	① ② ③ ④
05	① ② ③ ④
06	① ② ③ ④
07	① ② ③ ④
08	① ② ③ ④
09	① ② ③ ④
10	① ② ③ ④
11	① ② ③ ④
12	① ② ③ ④
13	① ② ③ ④
14	① ② ③ ④
15	① ② ③ ④
16	① ② ③ ④
17	① ② ③ ④
18	① ② ③ ④
19	① ② ③ ④
20	① ② ③ ④
O: 개 △: 개 X: 개	

___ 회

문번	제 1 과목
01	① ② ③ ④
02	① ② ③ ④
03	① ② ③ ④
04	① ② ③ ④
05	① ② ③ ④
06	① ② ③ ④
07	① ② ③ ④
08	① ② ③ ④
09	① ② ③ ④
10	① ② ③ ④
11	① ② ③ ④
12	① ② ③ ④
13	① ② ③ ④
14	① ② ③ ④
15	① ② ③ ④
16	① ② ③ ④
17	① ② ③ ④
18	① ② ③ ④
19	① ② ③ ④
20	① ② ③ ④
O: 개 △: 개 X: 개	

___ 회

문번	제 1 과목
01	① ② ③ ④
02	① ② ③ ④
03	① ② ③ ④
04	① ② ③ ④
05	① ② ③ ④
06	① ② ③ ④
07	① ② ③ ④
08	① ② ③ ④
09	① ② ③ ④
10	① ② ③ ④
11	① ② ③ ④
12	① ② ③ ④
13	① ② ③ ④
14	① ② ③ ④
15	① ② ③ ④
16	① ② ③ ④
17	① ② ③ ④
18	① ② ③ ④
19	① ② ③ ④
20	① ② ③ ④
O: 개 △: 개 X: 개	

답안지

답안지 활용 방법

1. 맞은 것은 O, 찍었는데 맞은 것은 △, 틀린 것은 x 를 문번에 표시하며 채점합니다.
2. △, x 가 표시된 문제는 반드시 해설로 개념을 익히고, 다시 한번 풀어 봅니다.
3. 점선을 따라 답안지를 잘라내어 사용하실 수도 있습니다.

___ 회

문번	제 1 과목
01	① ② ③ ④
02	① ② ③ ④
03	① ② ③ ④
04	① ② ③ ④
05	① ② ③ ④
06	① ② ③ ④
07	① ② ③ ④
08	① ② ③ ④
09	① ② ③ ④
10	① ② ③ ④
11	① ② ③ ④
12	① ② ③ ④
13	① ② ③ ④
14	① ② ③ ④
15	① ② ③ ④
16	① ② ③ ④
17	① ② ③ ④
18	① ② ③ ④
19	① ② ③ ④
20	① ② ③ ④
O: 개 △: 개 X: 개	

___ 회

문번	제 1 과목
01	① ② ③ ④
02	① ② ③ ④
03	① ② ③ ④
04	① ② ③ ④
05	① ② ③ ④
06	① ② ③ ④
07	① ② ③ ④
08	① ② ③ ④
09	① ② ③ ④
10	① ② ③ ④
11	① ② ③ ④
12	① ② ③ ④
13	① ② ③ ④
14	① ② ③ ④
15	① ② ③ ④
16	① ② ③ ④
17	① ② ③ ④
18	① ② ③ ④
19	① ② ③ ④
20	① ② ③ ④
O: 개 △: 개 X: 개	

___ 회

문번	제 1 과목
01	① ② ③ ④
02	① ② ③ ④
03	① ② ③ ④
04	① ② ③ ④
05	① ② ③ ④
06	① ② ③ ④
07	① ② ③ ④
08	① ② ③ ④
09	① ② ③ ④
10	① ② ③ ④
11	① ② ③ ④
12	① ② ③ ④
13	① ② ③ ④
14	① ② ③ ④
15	① ② ③ ④
16	① ② ③ ④
17	① ② ③ ④
18	① ② ③ ④
19	① ② ③ ④
20	① ② ③ ④
O: 개 △: 개 X: 개	

___ 회

문번	제 1 과목
01	① ② ③ ④
02	① ② ③ ④
03	① ② ③ ④
04	① ② ③ ④
05	① ② ③ ④
06	① ② ③ ④
07	① ② ③ ④
08	① ② ③ ④
09	① ② ③ ④
10	① ② ③ ④
11	① ② ③ ④
12	① ② ③ ④
13	① ② ③ ④
14	① ② ③ ④
15	① ② ③ ④
16	① ② ③ ④
17	① ② ③ ④
18	① ② ③ ④
19	① ② ③ ④
20	① ② ③ ④
O: 개 △: 개 X: 개	

___ 회

문번	제 1 과목
01	① ② ③ ④
02	① ② ③ ④
03	① ② ③ ④
04	① ② ③ ④
05	① ② ③ ④
06	① ② ③ ④
07	① ② ③ ④
08	① ② ③ ④
09	① ② ③ ④
10	① ② ③ ④
11	① ② ③ ④
12	① ② ③ ④
13	① ② ③ ④
14	① ② ③ ④
15	① ② ③ ④
16	① ② ③ ④
17	① ② ③ ④
18	① ② ③ ④
19	① ② ③ ④
20	① ② ③ ④
O: 개 △: 개 X: 개	

___ 회

문번	제 1 과목
01	① ② ③ ④
02	① ② ③ ④
03	① ② ③ ④
04	① ② ③ ④
05	① ② ③ ④
06	① ② ③ ④
07	① ② ③ ④
08	① ② ③ ④
09	① ② ③ ④
10	① ② ③ ④
11	① ② ③ ④
12	① ② ③ ④
13	① ② ③ ④
14	① ② ③ ④
15	① ② ③ ④
16	① ② ③ ④
17	① ② ③ ④
18	① ② ③ ④
19	① ② ③ ④
20	① ② ③ ④
O: 개 △: 개 X: 개	

___ 회

문번	제 1 과목
01	① ② ③ ④
02	① ② ③ ④
03	① ② ③ ④
04	① ② ③ ④
05	① ② ③ ④
06	① ② ③ ④
07	① ② ③ ④
08	① ② ③ ④
09	① ② ③ ④
10	① ② ③ ④
11	① ② ③ ④
12	① ② ③ ④
13	① ② ③ ④
14	① ② ③ ④
15	① ② ③ ④
16	① ② ③ ④
17	① ② ③ ④
18	① ② ③ ④
19	① ② ③ ④
20	① ② ③ ④
O: 개 △: 개 X: 개	

___ 회

문번	제 1 과목
01	① ② ③ ④
02	① ② ③ ④
03	① ② ③ ④
04	① ② ③ ④
05	① ② ③ ④
06	① ② ③ ④
07	① ② ③ ④
08	① ② ③ ④
09	① ② ③ ④
10	① ② ③ ④
11	① ② ③ ④
12	① ② ③ ④
13	① ② ③ ④
14	① ② ③ ④
15	① ② ③ ④
16	① ② ③ ④
17	① ② ③ ④
18	① ② ③ ④
19	① ② ③ ④
20	① ② ③ ④
O: 개 △: 개 X: 개	

해커스공무원 6개년 기출문제집
국어

답안지

답안지 활용 방법

1. 맞은 것은 ○, 찍었는데 맞은 것은 △, 틀린 것은 x를 문번에 표시하며 채점합니다.
2. △, x가 표시된 문제는 반드시 해설로 개념을 익히고, 다시 한번 풀어 봅니다.
3. 점선을 따라 답안지를 잘라내어 사용하실 수도 있습니다.

___ 회

문번	제 1 과목
01	① ② ③ ④ ⑤
02	① ② ③ ④ ⑤
03	① ② ③ ④ ⑤
04	① ② ③ ④ ⑤
05	① ② ③ ④ ⑤
06	① ② ③ ④ ⑤
07	① ② ③ ④ ⑤
08	① ② ③ ④ ⑤
09	① ② ③ ④ ⑤
10	① ② ③ ④ ⑤
11	① ② ③ ④ ⑤
12	① ② ③ ④ ⑤
13	① ② ③ ④ ⑤
14	① ② ③ ④ ⑤
15	① ② ③ ④ ⑤
16	① ② ③ ④ ⑤
17	① ② ③ ④ ⑤
18	① ② ③ ④ ⑤
19	① ② ③ ④ ⑤
20	① ② ③ ④ ⑤
21	① ② ③ ④ ⑤
22	① ② ③ ④ ⑤
23	① ② ③ ④ ⑤
24	① ② ③ ④ ⑤
25	① ② ③ ④ ⑤
O: 개 △: 개 X: 개	

___ 회

문번	제 1 과목
01	① ② ③ ④ ⑤
02	① ② ③ ④ ⑤
03	① ② ③ ④ ⑤
04	① ② ③ ④ ⑤
05	① ② ③ ④ ⑤
06	① ② ③ ④ ⑤
07	① ② ③ ④ ⑤
08	① ② ③ ④ ⑤
09	① ② ③ ④ ⑤
10	① ② ③ ④ ⑤
11	① ② ③ ④ ⑤
12	① ② ③ ④ ⑤
13	① ② ③ ④ ⑤
14	① ② ③ ④ ⑤
15	① ② ③ ④ ⑤
16	① ② ③ ④ ⑤
17	① ② ③ ④ ⑤
18	① ② ③ ④ ⑤
19	① ② ③ ④ ⑤
20	① ② ③ ④ ⑤
21	① ② ③ ④ ⑤
22	① ② ③ ④ ⑤
23	① ② ③ ④ ⑤
24	① ② ③ ④ ⑤
25	① ② ③ ④ ⑤
O: 개 △: 개 X: 개	

___ 회

문번	제 1 과목
01	① ② ③ ④ ⑤
02	① ② ③ ④ ⑤
03	① ② ③ ④ ⑤
04	① ② ③ ④ ⑤
05	① ② ③ ④ ⑤
06	① ② ③ ④ ⑤
07	① ② ③ ④ ⑤
08	① ② ③ ④ ⑤
09	① ② ③ ④ ⑤
10	① ② ③ ④ ⑤
11	① ② ③ ④ ⑤
12	① ② ③ ④ ⑤
13	① ② ③ ④ ⑤
14	① ② ③ ④ ⑤
15	① ② ③ ④ ⑤
16	① ② ③ ④ ⑤
17	① ② ③ ④ ⑤
18	① ② ③ ④ ⑤
19	① ② ③ ④ ⑤
20	① ② ③ ④ ⑤
21	① ② ③ ④ ⑤
22	① ② ③ ④ ⑤
23	① ② ③ ④ ⑤
24	① ② ③ ④ ⑤
25	① ② ③ ④ ⑤
O: 개 △: 개 X: 개	

___ 회

문번	제 1 과목
01	① ② ③ ④ ⑤
02	① ② ③ ④ ⑤
03	① ② ③ ④ ⑤
04	① ② ③ ④ ⑤
05	① ② ③ ④ ⑤
06	① ② ③ ④ ⑤
07	① ② ③ ④ ⑤
08	① ② ③ ④ ⑤
09	① ② ③ ④ ⑤
10	① ② ③ ④ ⑤
11	① ② ③ ④ ⑤
12	① ② ③ ④ ⑤
13	① ② ③ ④ ⑤
14	① ② ③ ④ ⑤
15	① ② ③ ④ ⑤
16	① ② ③ ④ ⑤
17	① ② ③ ④ ⑤
18	① ② ③ ④ ⑤
19	① ② ③ ④ ⑤
20	① ② ③ ④ ⑤
21	① ② ③ ④ ⑤
22	① ② ③ ④ ⑤
23	① ② ③ ④ ⑤
24	① ② ③ ④ ⑤
25	① ② ③ ④ ⑤
O: 개 △: 개 X: 개	

___ 회

문번	제 1 과목
01	① ② ③ ④ ⑤
02	① ② ③ ④ ⑤
03	① ② ③ ④ ⑤
04	① ② ③ ④ ⑤
05	① ② ③ ④ ⑤
06	① ② ③ ④ ⑤
07	① ② ③ ④ ⑤
08	① ② ③ ④ ⑤
09	① ② ③ ④ ⑤
10	① ② ③ ④ ⑤
11	① ② ③ ④ ⑤
12	① ② ③ ④ ⑤
13	① ② ③ ④ ⑤
14	① ② ③ ④ ⑤
15	① ② ③ ④ ⑤
16	① ② ③ ④ ⑤
17	① ② ③ ④ ⑤
18	① ② ③ ④ ⑤
19	① ② ③ ④ ⑤
20	① ② ③ ④ ⑤
21	① ② ③ ④ ⑤
22	① ② ③ ④ ⑤
23	① ② ③ ④ ⑤
24	① ② ③ ④ ⑤
25	① ② ③ ④ ⑤
O: 개 △: 개 X: 개	

___ 회

문번	제 1 과목
01	① ② ③ ④ ⑤
02	① ② ③ ④ ⑤
03	① ② ③ ④ ⑤
04	① ② ③ ④ ⑤
05	① ② ③ ④ ⑤
06	① ② ③ ④ ⑤
07	① ② ③ ④ ⑤
08	① ② ③ ④ ⑤
09	① ② ③ ④ ⑤
10	① ② ③ ④ ⑤
11	① ② ③ ④ ⑤
12	① ② ③ ④ ⑤
13	① ② ③ ④ ⑤
14	① ② ③ ④ ⑤
15	① ② ③ ④ ⑤
16	① ② ③ ④ ⑤
17	① ② ③ ④ ⑤
18	① ② ③ ④ ⑤
19	① ② ③ ④ ⑤
20	① ② ③ ④ ⑤
21	① ② ③ ④ ⑤
22	① ② ③ ④ ⑤
23	① ② ③ ④ ⑤
24	① ② ③ ④ ⑤
25	① ② ③ ④ ⑤
O: 개 △: 개 X: 개	

___ 회

문번	제 1 과목
01	① ② ③ ④ ⑤
02	① ② ③ ④ ⑤
03	① ② ③ ④ ⑤
04	① ② ③ ④ ⑤
05	① ② ③ ④ ⑤
06	① ② ③ ④ ⑤
07	① ② ③ ④ ⑤
08	① ② ③ ④ ⑤
09	① ② ③ ④ ⑤
10	① ② ③ ④ ⑤
11	① ② ③ ④ ⑤
12	① ② ③ ④ ⑤
13	① ② ③ ④ ⑤
14	① ② ③ ④ ⑤
15	① ② ③ ④ ⑤
16	① ② ③ ④ ⑤
17	① ② ③ ④ ⑤
18	① ② ③ ④ ⑤
19	① ② ③ ④ ⑤
20	① ② ③ ④ ⑤
21	① ② ③ ④ ⑤
22	① ② ③ ④ ⑤
23	① ② ③ ④ ⑤
24	① ② ③ ④ ⑤
25	① ② ③ ④ ⑤
O: 개 △: 개 X: 개	

___ 회

문번	제 1 과목
01	① ② ③ ④ ⑤
02	① ② ③ ④ ⑤
03	① ② ③ ④ ⑤
04	① ② ③ ④ ⑤
05	① ② ③ ④ ⑤
06	① ② ③ ④ ⑤
07	① ② ③ ④ ⑤
08	① ② ③ ④ ⑤
09	① ② ③ ④ ⑤
10	① ② ③ ④ ⑤
11	① ② ③ ④ ⑤
12	① ② ③ ④ ⑤
13	① ② ③ ④ ⑤
14	① ② ③ ④ ⑤
15	① ② ③ ④ ⑤
16	① ② ③ ④ ⑤
17	① ② ③ ④ ⑤
18	① ② ③ ④ ⑤
19	① ② ③ ④ ⑤
20	① ② ③ ④ ⑤
21	① ② ③ ④ ⑤
22	① ② ③ ④ ⑤
23	① ② ③ ④ ⑤
24	① ② ③ ④ ⑤
25	① ② ③ ④ ⑤
O: 개 △: 개 X: 개	

MEMO

MEMO

해커스공무원

6개년
기출문제집
국어

차례

[책 속의 책] 문제집

국가직 9급 출제 경향

1. 영역별 출제 문항 수 (2018~2023)

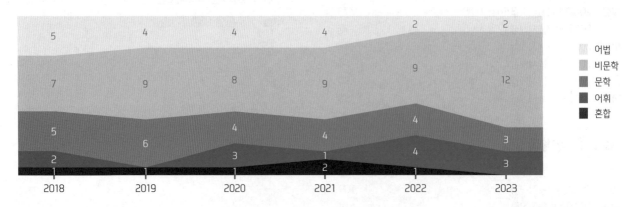

국가직 9급 시험은 비문학 영역이 가장 많이 출제되고 있으며, 특히 2023년에 비문학 영역의 출제 문항 수가 크게 증가했습니다. 그 뒤를 이어 문학과 어휘 영역의 문항 수가 균형 있게 출제되고 있습니다. 또한 어법 영역의 출제 비중은 지속적으로 감소하고 있습니다.

Part 1
국가직 9급

2. 영역별 최근 출제 경향 및 학습방법

어법	**빈출 포인트 중심의 문제 출제** 올바른 문장 표현, 한글 맞춤법 등 자주 나오는 출제 포인트 문제가 가장 많이 출제되었습니다. ▶ 빈출되는 출제 포인트와 관련된 개념을 정확히 학습하고 문제 풀이를 통해 개념을 적용하는 연습을 해야 합니다. [빈출 포인트] 올바른 문장 표현 / 한글 맞춤법
비문학	**독해력을 요구하는 문제와 비문학 지식을 묻는 문제 출제** 세부 내용 파악, 내용 추론과 같이 독해력을 요구하는 문제가 출제되었으며, 화법에 대한 지식, 말하기 전략을 묻는 문제가 출제되었습니다. ▶ 독해력 향상을 위해 독해 연습을 꾸준히 해야 하며, 비문학 이론도 정리해야 합니다. [빈출 포인트] 세부 내용 파악 / 화법 / 내용 추론
문학	**작품을 정확하게 파악하고 해석하는 능력을 요구하는 문제 출제** 선택지의 내용이 작품과 일치하는지 판단하는 문제와 작품을 종합적으로 감상해야 하는 문제가 자주 출제되었습니다. ▶ 문학 작품을 정확하게 파악하고 해석하는 연습을 충분히 하여 생소한 작품이 출제되어도 정확하게 감상할 수 있도록 해야 합니다. [빈출 포인트] 작품의 종합적 감상 / 작품의 내용 파악 / 시어의 의미
어휘	**한자 학습 여부를 파악할 수 있는 문제 출제** 어휘 영역은 한자 성어나 한자어를 묻는 문제가 꾸준히 출제되었습니다. ▶ 기출 한자어, 한자 성어 위주로 학습하고 자주 출제되는 한자의 표기와 의미는 반복적으로 암기해야 합니다. [빈출 포인트] 한자어 / 한자 성어
혼합	**어휘와 결합한 혼합 문제 출제** 비문학 지문이나 문학 작품을 어휘 영역의 한자 성어를 결합한 혼합 문제가 출제되었습니다. ▶ 비문학 지문의 독해와 문학 작품 감상을 연습하고, 한자 성어를 꾸준히 암기해야 합니다.

정답 및 취약점 확인

p.12

문항	정답	출제 포인트	정답률	약점 개념 확인	문항	정답	출제 포인트	정답률	약점 개념 확인
01	③	비문학-작문	84%	설의법, 비유법	11	③	비문학-세부 내용 파악	86%	
02	①	비문학-화법	77%		12	①	비문학-세부 내용 파악	82%	
03	③	어휘-관용 표현	80%	홍역을 치르다, 잔뼈가 굵다, 입추의 여지가 없다, 어깨를 나란히 하다	13	②	비문학-내용 추론	87%	
04	②	비문학-글의 구조 파악	80%		14	②	비문학-세부 내용 파악	82%	
05	④	문학-작품의 내용 파악	70%	김승옥 〈무진기행〉	15	④	어법-표준어 사정 원칙	71%	숫염소, 위층, 아지랑이, 으레
06	④	어휘-한자 성어	79%	針小棒大, 刻舟求劍, 捲土重來, 臥薪嘗膽	16	④	비문학-작문	79%	
07	①	문학-표현상의 특징과 효과	66%	〈어이 못 오던가〉	17	④	문학-작품의 종합적 감상	79%	박재삼 〈매미 울음 끝에〉
08	①	비문학-내용 추론	82%		18	④	비문학-세부 내용 파악	71%	
09	②	어법-한글 맞춤법	67%	한글 맞춤법 제40항	19	②	비문학-세부 내용 파악	87%	
10	④	어휘-한자어	69%	到着, 佛像, 境地, 追憶	20	③	비문학-세부 내용 파악	84%	

01 비문학 작문 (조건에 맞는 글쓰기)

난이도 ★☆☆

해설 ③ 마지막 문장인 '자기 쓰레기는 자기가 집으로 되가져가도록 합시다'에 해양 오염을 줄일 수 있는 생활 속 실천 방법이 드러난다. 또한 '자기 집이라면 이렇게 함부로 쓰레기를 버렸을까요?'에 설의적 표현이 드러나며, 피서객들이 버린 쓰레기로 해양이 오염된 것을 '바다가 몸살을 앓는다'라고 비유적으로 표현하였다. 따라서 제시된 조건을 모두 충족한 것은 ③이다.

오답 분석
① '미세 플라스틱'을 '바다를 서서히 죽이는 보이지 않는 독'이라고 비유적으로 표현한 부분은 있으나, 해양 오염을 줄이는 생활 속 실천 방법이나 설의적 표현은 확인할 수 없으므로 ①은 제시된 조건을 충족하지 않는다.

② 해양 오염을 줄이기 위한 생활 속 실천 방법으로 분리수거를 철저히 하고 일회용품을 줄이는 것을 제시하였으므로 첫 번째 조건을 충족한다. 그러나 설의적 표현과 비유적 표현을 활용한 내용은 없으므로 두 번째 조건은 충족하지 않는다.

④ '이대로 가다간 인간도 고통받게 되지 않을까요?'에 설의적 표현이 드러나며, 바다를 '쓰레기 무덤'이라고 비유적으로 표현하고 있으므로 두 번째 조건을 충족하고 있다. 다만 해양 오염을 줄이기 위한 정부의 역할을 언급할 뿐, 생활 속 실천 방법이 제시된 것은 아니므로 첫 번째 조건은 충족하지 않는다.

02 비문학 화법 (말하기 전략)

난이도 ★★☆

해설 ① 백 팀장이 사내 게시판에 워크숍 영상을 공유하는 것을 제안하며 자신의 바람을 전달한 것은 맞지만, 팀원들에 대한 유대감을 드러내는 표현은 사용하지 않았으므로 ①의 설명은 적절하지 않다.

오답 분석
② 고 대리는 사내 게시판에 영상을 공개하는 것이 부담스럽고, 타 부서와 비교될 것 같다는 점을 반대 이유로 제시하며 백 팀장의 요청을 거절하고 있다.

③ 임 대리는 발언 초반에 '정보 공유'의 취지는 좋다고 공감함으로써, 백 팀장의 체면을 세워 주고 있다.

④ 임 대리의 발언 마지막 문장은 대화 참여자의 의견을 묻는 의문문이다. 이를 통해 임 대리는 워크숍 장면 사내 게시판 공유에 대해 팀원들의 의견도 듣고 한두 개를 시범적으로 올려 보자며 자신의 의견을 간접적으로 드러내고 있다.

03 어휘 관용 표현

난이도 ★★☆

해설 ③ '입추의 여지가 없다'는 송곳 끝도 세울 수 없을 정도라는 뜻으로, ⓒ은 국도에 차가 밀려 꽉 들어찬 경우를 비유적으로 표현한 것이다. 따라서 관용 표현의 풀이로 적절하지 않은 것은 ③이다.
• 입추(立錐): 송곳을 세움

오답 분석
① ⑤ 홍역을 치르다: 몹시 애를 먹거나 어려움을 겪다.

② ⓒ 잔뼈가 굵다: 오랜 기간 일정한 곳이나 직장에서 일을 하여 그 일에 익숙하다.

④ ⓔ 어깨를 나란히 하다: 서로 비슷한 지위나 힘을 가지다.

04 비문학 글의 구조 파악 (문단 배열)

난이도 ★★☆

해설 ② '(가)-(다)-(나)'의 순서가 가장 자연스럽다.

순서	중심 내용	순서 판단의 단서와 근거
첫 문단	기업들이 데이터를 바라보는 시각이 변화하며 빅데이터의 가치가 부각됨	
(가)	기업이 많은 돈을 투자해 마케팅 조사를 하는 이유	첫 문단의 내용에 이어서 빅데이터의 가치가 부각되기 전, 기업의 마케팅 상황에 대해 설명함
(다)	어느 부분에서 효과를 내는지 알 수 없는 기업의 마케팅	지시 표현 '그런 노력': (가)에서 기업이 많은 돈을 투자해 마케팅 조사를 해 온 노력을 의미함

| (나) | 기업들은 SNS나 스마트폰 등을 통해 어느 부분에서 마케팅 효과가 나는지 알 수 있게 됨 | 지시 표현 '그런 상황': (나)에서 기업들이 쓴 광고비가 어느 부분에서 효과를 내는지 알지 못하는 상황을 의미함 |
| 마지막 문단 | 기업들이 소셜 미디어의 빅데이터를 중요한 경영 수단으로 수용하기 시작함 | – |

05 문학 작품의 내용 파악　난이도 ★★☆

해설　④ 1문단에서 사람들의 대화를 통해 ⑤ '무진'에는 누구나 인정할 만한 명산물이 없음을 알 수 있다. 참고로 2문단에서 '나'가 '안개'를 무진의 명산물이라고 말하는데, 이는 '나'의 개인적 생각일 뿐이다.

오답 분석

① 1문단 3~8번째 줄을 통해 '무진'은 바다가 가까이 있음에도 수심이 얕아 항구로 개발하기 어려운 곳임을 알 수 있다.

② 1문단 끝 5번째 줄에서 '무진'은 이렇다 할 평야가 있는 것도 아니라고 말하였으며, 2문단 마지막 문장에서는 안개에 의해 '무진'을 둘러싸고 있는 산들도 보이지 않는다고 설명하였다. 이를 통해 '무진'은 산으로 둘러싸여 있고 평야가 발달하지 않은 곳임을 알 수 있다.

③ '무진'은 항구로 발전할 수도 없고 이렇다 할 평야가 있는 것도 아니므로 경제적 여건을 갖추지 못한 지역이지만, 오륙만이나 되는 인구가 그럭저럭 살아가는 곳이다. 이로써 '무진'은 지역의 경제적 여건에 비해 인구가 적지 않은 공간임을 알 수 있다.

👍 이것도 알면 **합격!**

김승옥, '무진기행'에 대해 알아두자.

1. 작품 속 '안개'의 의미
반투명하여 사물을 뚜렷하게 인식할 수 없게 만든다는 '안개'의 속성을 이용해서 우울한 분위기를 조성하고 '무진'을 비현실적, 몽환적인 공간으로 만들고 있다. 또한 '안개'는 혼돈 속에서 진정한 자아를 찾고자 방황하는 주인공의 내면세계를 반영하는 소재이기도 하다.

2. 여로형 구조

서울 (현실)		무진 (추억의 공간)
현실적 가치가 중심이 되는 일상적 공간	떠남 → ← 복귀	• 일상에서 벗어나 새로운 경험을 하도록 하는 공간 • 방황하는 주인공의 내면세계

→ 주인공 '나'는 무진을 떠나 서울로 가면서 현실에 타협한 자기 자신을 부끄러워함

06 어휘 한자 성어　난이도 ★★☆

해설　④ 빈칸이 포함된 문장에서 필자는 처음으로 외국 여행을 다녀온 사람이 별것 아닌 사실을 과장하거나 특수한 경험을 일반화하여 이야기하더라도 들어 주는 편이 좋다고 말한다. 이때 빈칸에는 작은 일을 과장해 말한다는 의미의 한자 성어가 들어가는 것이 적절하므로 답은 ④ '針小棒大(침소봉대)'이다.

• 針小棒大(침소봉대): 작은 일을 크게 불리어 떠벌림

오답 분석

① 刻舟求劍(각주구검): 융통성 없이 현실에 맞지 않는 낡은 생각을 고집하는 어리석음을 이르는 말

② 捲土重來(권토중래): 1. 땅을 말아 일으킬 것 같은 기세로 다시 온다는 뜻으로, 한 번 실패하였으나 힘을 회복하여 다시 쳐들어옴을 이르는 말 2. 어떤 일에 실패한 뒤에 힘을 가다듬어 다시 그 일에 착수함을 비유하여 이르는 말

③ 臥薪嘗膽(와신상담): 불편한 섶에 몸을 눕히고 쓸개를 맛본다는 뜻으로, 원수를 갚거나 마음먹은 일을 이루기 위하여 온갖 어려움과 괴로움을 참고 견딤을 비유적으로 이르는 말

07 문학 표현상의 특징과 효과　난이도 ★★☆

해설　① 제시된 작품의 초장에서 '못 오던가'를 반복함으로써 화자는 '나'에게 오지 않는 '너'에 대한 섭섭한 감정을 표출하고 있다.

오답 분석

② 종장에서 화자는 한 달 30일 중 날 보러 올 하루가 없는지를 묻고 있다. 이는 화자가 '너'에 대한 원망을 드러내는 표현일 뿐, 날짜 수를 대조하거나 '너'와 헤어진 기간이 길다는 것을 강조한 것은 아니다.

③ 중장에서 임이 '나'에게 오는 데에 방해가 되는 장애물(무쇠 성, 담, 집, 뒤주, 궤, 자물쇠)을 연쇄적으로 나열하며 아무리 기다려도 오지 않는 '너'에 대한 답답한 마음을 해학적으로 표현하고 있다. 이는 '너'가 오지 못하는 이유를 상상하며 화자가 과장해 표현한 것일 뿐, 감정의 기복을 표현한 것은 아니다.

④ 중장에서 '무쇠 성 → 담 → 집 → 뒤주 → 궤'와 같이 단계적으로 공간을 축소하고 있다. 하지만 이는 이러한 상황이 아닌 이상 어떻게 자신을 보러 오지 않을 수가 있는지에 대한 의구심과 함께 '너'에 대한 화자의 원망을 표현하는 것으로, '너'를 만날 수 있다는 희망을 표현한 것은 아니다.

지문 풀이

어찌하여 못 오던가, 무슨 일로 못 오던가?
너 오는 길에 무쇠로 성을 쌓고, 성안에 담을 쌓고, 담 안에 집을 짓고, 집 안에 뒤주를 놓고, 뒤주 안에 궤짝을 놓고, 궤 안에 너를 결박하여 넣고, 쌍배목, 외걸쇠, 용거북 자물쇠로 꽁꽁 잠가 두었더냐? 너 어째서 그렇게 아니 오던가?
한 달이 서른 날인데, 나를 보러 올 하루가 없겠는가?　– 작자 미상

👍 이것도 알면 **합격!**

작자 미상, '어이 못 오던가'에 대해 알아두자.

1. 주제: 임을 기다리는 안타까운 마음
2. 특징
• 열거법, 연쇄법을 사용하여 운율을 형성함
• 해학적이고 과장된 표현을 통해 화자의 간절한 마음을 표현함
3. 구성

초장	임이 오지 않는 이유를 알 수 없음
중장	임이 오지 못하는 이유를 상상함
종장	한 달 중 하루도 내지 못하는 임을 원망함

08 비문학 내용 추론　난이도 ★☆☆

해설　① 빈칸에 들어갈 말로 가장 적절한 것은 ①이다.

• (가): 2문단에서 영·유아기에 꾸준한 훈련을 통해 '발음 능력'을 습득하면 음성 기관의 움직임은 자동화된다고 설명한다. 따라서 모어가 아닌 외국어 음성을 발음하기 어려운 이유는 음성 기관의 움직임이 모어의 음성에 맞게 자동화되었기 때문이라고 추론할 수 있다.

• (나): 3문단에서 '발음 능력'에 비해 '필기 능력'은 의식적이라 할 수 있다고 설명한다. 그렇지만 개인의 의지와 관계없이 필체가 일정한 것은 '필기 능력'도 '발음 능력'과 마찬가지로 손을 놀리는 데에 무의식적이고 자동적인 면이 있다는 것을 의미한다고 추론할 수 있다.

해설 ② 한글 맞춤법에 맞게 쓰인 것은 ②'㉠, ㉢'이다.
- ㉠무정타(○), ㉢선발토록(○): '무정하다'와 '선발하도록'의 준말이다. 어간의 끝음절 '하'의 'ㅏ'가 줄고 'ㅎ'이 다음 음절의 첫소리와 어울려 거센소리로 될 적에는 거센소리로 적는다.

오답
분석
- ㉡ 섭섭치(×) → 섭섭지(○): '섭섭하지'의 준말로, 안울림소리 받침 'ㅂ' 뒤에서 어간의 끝음절 '하'가 아주 줄 적에는 거센소리로 표기하지 않고 준 대로 적는다.
- ㉣ 생각컨대(×) → 생각건대(○): '생각하건대'의 준말로, 안울림소리 받침 'ㄱ' 뒤에서 어간의 끝음절 '하'가 아주 줄 적에는 거센소리로 표기하지 않고 준 대로 적는다.

👍 이것도 알면 **합격!**

어간의 끝음절 '하'가 줄어드는 방식에 대해 알아두자.

어간의 끝음절 '하'가 줄어드는 기준은 '하' 앞에 오는 받침의 소리이다. '하' 앞의 받침의 소리가 [ㄱ, ㄷ, ㅂ]이면 '하'가 통째로 줄고 그 외의 경우에는 'ㅎ'이 남는다.

'하'가 통째로 줄어드는 경우
[ㄱ] 넉넉하지 않다 → 넉넉지 않다 → 넉넉잖다
[ㄷ] 깨끗하지 않다 → 깨끗지 않다 → 깨끗잖다
[ㅂ] 답답하지 않다 → 답답지 않다 → 답답잖다

'하'가 통째로 줄지 않고 'ㅎ'이 남아 뒤에 오는 말의 첫소리와 어울려 거센소리가 되는 경우
[ㄴ] 결근하고자 → 결근코자
[ㄹ] 분발하도록 → 분발토록
[ㅁ] 무심하지 → 무심치
[ㅇ] 회상하건대 → 회상컨대
[모음] 개의하지 → 개의치

해설 ④ 記憶(기록할 기, 생각할 억)(×) → 追憶(쫓을 추, 생각할 억)(○): '지나간 일을 돌이켜 생각함. 또는 그런 생각이나 일'을 의미하는 '추억'의 올바른 한자어 표기는 '追憶'이다.
- 記憶(기억): 이전의 인상이나 경험을 의식 속에 간직하거나 도로 생각해 냄

오답
분석
① 到着(이를 도, 붙을 착)(○): 목적한 곳에 다다름
② 佛像(부처 불, 모양 상)(○): 부처의 형상을 표현한 상. 나무·돌·쇠·흙 등으로 만든, 부처의 소상이나 화상을 통틀어 이르는 말
③ 境地(지경 경, 땅 지)(○): 몸이나 마음, 기술 따위가 어떤 단계에 도달해 있는 상태

해설 ③ 제시문은 인간의 정신 활동이 프레임의 지배를 받으므로 세상을 객관적으로 보기 어렵다는 이야기를 하고 있다. 인간의 지각과 사고를 확장하는 과정에서 프레임을 극복해야 한다는 ③의 설명은 제시문에서 확인할 수 없다.

오답
분석
① ④ 제시문 1~6번째 줄에서 사람의 '지각과 생각(인간의 모든 정신 활동)'은 항상 '어떤 맥락, 관점, 평가 기준, 가정(프레임)'에 의해 일어난다고 설명한다. 이는 인간의 정신 활동이 프레임 없이 일어나지 않으며, 프레임이 인간의 정신 활동에 영향을 미치는 어떤 맥락이나 평가 기준임을 의미한다. 따라서 ①과 ④는 제시문을 이해한 설명으로 적절하다.

② 끝에서 4~5번째 줄에서 우리가 프레임이라는 안경을 쓰고 세상을 보고 있다고 설명한다. 이는 인간이 세상을 바라볼 때 프레임으로 인해 어떤 편향성을 가지게 된다는 의미이다.

해설 ① 제시문은 보잉과 에어버스의 자동조종시스템 활용 정도에 대한 차이를 설명하고 있다. 보잉은 '시스템은 불안정하고 완벽하지 않다'라는 관점을 가지며 조종사가 대개 항공기를 조종간으로 직접 통제한다. 반면 에어버스는 '인간은 실수할 수 있는 존재'라고 전제하며 조종사의 모든 조작을 컴퓨터가 모니터링하고 제한하게 하였다. 따라서 제시문의 내용을 이해한 것으로 가장 적절한 것은 ①이다.

오답
분석
② 2문단 끝에서 4번째 줄에 따르면 에어버스의 베테유가 인간을 실수할 수 있는 존재로 보는 것은 맞지만, 윌리엄 보잉이 그렇지 않다고 보는지는 제시문에서 확인할 수 없다. 제시문에서 윌리엄 보잉은 '인간이 실수할 수 있는 존재'라는 사실 자체를 부정하는 것이 아니라, 시스템은 불안정하고 완벽하지 않기 때문에 컴퓨터가 조종사의 판단보다 우선시될 수 없다는 입장일 뿐이다.

③ 1문단 끝에서 1~2번째 줄에 따르면 에어버스는 항공기 운항 시 컴퓨터(자동조종시스템)가 조종사의 조작을 감시하고 제한한다. 따라서 에어버스의 조종사가 자동조종시스템을 통제하고 조작한다는 ③의 설명은 적절하지 않다.

④ 1문단에서 보잉의 조종사가 대개 항공기를 조종간으로 직접 통제하며 이에 대한 전권을 가진다는 것은 알 수 있으나, 보잉의 조종사가 자동조종시스템을 사용하지 않고 항공기를 조종한다는 ④의 내용은 제시문에서 확인할 수 없다.

해설 ② 제시문 끝에서 5~7번째 줄에 따르면, 불안은 현재 발생하지 않으며 미래에 일어날지 모르는 불명확한 위협에 의해 야기된 상태이다. ②에서 말한 '전기·가스 사고'는 미래에 일어날지 모르는 불명확한 위협에 해당하므로, 이로 인해 두려워서 외출을 못하는 사람은 불안한 상태에 있다고 볼 수 있다.

오답
분석
① 제시문 마지막 문장에서 공포를 느끼는 것은 '나 자신'이 위험한 상황에 놓여 있다는 사실을 아는 것이고, 불안의 경험은 '나 자신'이 위해를 입을까 봐 걱정하는 것이라고 설명한다. 이에 따르면 ①의 '자신이 처한 위험한 상황을 정확히 인식하는 경우'는 공포를 느끼는 것에 해당하므로, 공포감에 비해 불안감이 더 크다는 설명은 적절하지 않다.

③ 제시문 끝에서 5~7번째 줄에 따르면, 불안은 현재 발생하지 않으며 미래에 일어날지 모르는 불명확한 위협에 의해 야기된 상태이다. ③에서 말한 '시험에 불합격할 수 있다는 생각'은 미래에 일어날지 모르는 불명확한 위협에 해당하므로, 이러한 생각에 사로잡힌 사람은 공포감이 아닌 불안감에 빠져 있다고 볼 수 있다.

④ 제시문은 공포와 불안 두 감정을 함께 느끼거나 한 감정이 다른 감정을 유발할 때가 많다고 말하며, 전염병을 목도하고 공포에 빠진 사람은 자신도 언젠가 그 병에 걸릴지 모른다는 불안 상태에 빠지게 된다고 설명한다. 이처럼 과거에 큰 교통사고를 경험한 사람은 실재하는 객관적 위험으로 인해 공포감이 크고, 미래에 또다시 교통사고가 일어날지도 모른다는 불명확한 위협으로 인해 불안감도 클 것이다.

14 비문학 세부 내용 파악 난이도 ★☆☆

해설 ② 1문단 내용에 따르면 프톨레마이오스가 행성들이 주기적으로 종전의 운동과는 반대 방향으로 움직인다는 관찰 결과를 얻었음에도, 그는 이를 행성의 역행 운동을 허용하지 않는 '천동설'로 설명하며 주전원을 따라 공전 궤도를 그리면서 행성들이 운동한다고 주장하였다. 따라서 프톨레마이오스의 주전원이 '지동설'을 지지하고자 만든 개념이라는 ②의 설명은 제시문의 내용과 부합하지 않는다.

오답
분석
① 1문단 내용에 따르면 과학 혁명 이전 아리스토텔레스 철학이 지배적인 영향력을 발휘하였고, 천문 분야에서도 아리스토텔레스의 세계관을 따라 우주의 중심은 지구이며, 모든 천체는 원운동을 하면서 지구의 주위를 공전한다는 천동설이 정설로 자리 잡았다고 한다.

③ 1문단 4~6번째 줄 내용에 따르면 천동설은 우주의 중심은 지구이며, 모든 천체는 원운동을 하면서 지구의 주위를 공전한다고 설명한다. 반면 2문단 끝에서 3~5번째 줄을 통해 지동설은 천체의 중심이 태양이며, 지구가 태양의 주위를 공전한다는 입장임을 알 수 있다. 즉 천동설과 지동설은 우주의 중심을 지구와 태양 중 어디에 두느냐에 따라 구분된다.

④ 2문단 마지막 문장에서 코페르니쿠스의 지동설은 행성들의 운동에 대해 프톨레마이오스보다 수학적으로 단순하게 설명하였다고 말한다. 이는 행성의 공전에 대한 프톨레마이오스의 설명이 코페르니쿠스의 설명보다 수학적으로 복잡했음을 의미한다.

15 어법 표준어 사정 원칙 난이도 ★★☆

해설 ④ 으레(ㅇ): '으레'는 모음이 단순화한 형태를 표준어로 삼는다. 참고로 '으례'는 잘못된 표기이다.

오답
분석
① 수염소(×) → 숫염소(ㅇ): 수컷을 이르는 접두사는 '수-'로 통일하나, '숫양, 숫염소, 숫쥐'는 '숫-'으로 적는다.

② 윗층(×) → 위층(ㅇ): '웃-' 및 '윗-'은 명사 '위'에 맞추어 '윗-'으로 통일하는데, 이때 된소리나 거센소리 앞에서는 '위-'로 적는다. '위+층'은 뒷말의 첫소리가 [ㅊ]이므로 '위층'으로 고쳐 써야 한다.

③ 아지랭이(×) → 아지랑이(ㅇ): '아지랑이'는 'ㅣ' 역행 동화가 일어나지 않은 형태를 표준어로 삼는다.

16 비문학 작문 (고쳐쓰기) 난이도 ★★☆

해설 ③ 제시문 6~11번째 줄에서 정독(精讀)의 결과로 생기는 어문 실력이 문해력이며, 문해력이 발달하면 결국 독서 속도가 빨라져, '빨리 읽기'인 속독(速讀)이 가능해진다고 설명하고 있다. 이어서 속독(速讀)은 정독(精讀)을 전제로 할 때에 의미가 있음을 설명하며, 결국 문해력의 증가는 정독(精讀)과 속독(速讀)이 결합된 '정교하고 빠르게 읽기'에서 일어남을 알 수 있다. 따라서 ⓒ '정속독(正速讀)'을 '정속독(精速讀)'으로 수정하는 것이 적절하다.

오답
분석
① '정교한 독서'를 의미하는 '정독(精讀)'과 '바른 독서'를 의미하는 '정독(正讀)'은 서로 소리는 같지만 뜻이 다른 동음이의어이다. 따라서 ⓐ을 '다르게 읽지만 뜻이 같다'로 수정한다는 ①은 적절하지 않다.

② ⓑ의 앞 문장에서 정교한 독서인 '정독(精讀)'의 방법으로 모든 단어에 눈을 마주치면서 제대로 인식하는 것에 대해 설명하고 있다. 따라서 ⓑ을 '정독(正讀)'으로 수정한다는 ②는 적절하지 않다.

④ ⓓ이 포함된 문장에서 '빼먹고 읽는 습관'은 정교하지 않은 독서를 의미하며, 결국 이는 '정독'이 빠진 것을 말한다. 따라서 ⓓ을 '속독이 빠진 정독'으로 수정한다는 ④는 적절하지 않다.

17 문학 작품의 종합적 감상 (시) 난이도 ★★☆

해설 ④ 1연 6행에서 매미 울음 소리가 사라진 고요한 상태를 '정적의 소리인 듯 쟁쟁쟁'이라고 표현하고 있다. 이는 '고요하고 괴괴함'을 뜻하는 '정적'을 '소리'로 표현한 것이므로, 반어법이 아닌 역설법이 사용된 것이다. 따라서 ④는 적절하지 않은 감상이다.

오답
분석
① 1연에서는 한여름에 절정이던 '매미 울음'이 잦아들고 지금은 아무 기척도 없이 조용해진 상황을 '정적의 소리, 그늘의 소리'라고 표현하며 마치 소리가 들리는 것처럼 감각적으로 제시하고 있다.

② 1연에서는 주로 청각적 이미지를 활용하였고, 2연에서는 주로 시각적 이미지를 활용하여 시상을 전개하고 있다.
- 청각적 이미지: 매미 울음, 정적의 소리인 듯 쟁쟁쟁
- 시각적 이미지: 맑은 구름만 눈이 부시게 / 하늘 위에 펼치기만 하노니
- 시각의 청각화(공감각적 이미지): 그늘의 소리

③ 2연에서는 사랑의 열정적인 속성을 '소나기'에 비유하고, 열정적인 사랑이 지나간 뒤 고요해진 마음을 '맑은 구름'으로 형상화하고 있다. 이렇듯 열정적이었다가 차분해지는 사랑의 변화(사랑의 속성)를 드러내고 있다.

👍 이것도 알면 **합격!**

박재삼, '매미 울음 끝에'의 시상 전개 방식에 대해 알아두자.

매미 울음소리가 한여름 무더위를 절정으로 올려놓고는 이내 사라지는데, 화자는 이러한 자연 현상과 인간의 사랑 사이의 유사성을 발견하고, 이를 통해 사랑의 본질에 대한 깨달음을 얻는다. 화자는 '사랑' 또한 소나기처럼 숨이 차고 온몸이 젖도록 들이붓다가 아무 일도 없었던 양 사라진다는 점에서 '매미 울음소리'와 공통점이 있다고 보았다.

매미의 울음소리	→ 유추	사랑의 의미

18 비문학 세부 내용 파악 난이도 ★★☆

해설 ④ 제시문은 신과 인간의 결합 정도를 가리키는 총체성을 기준으로 그리스 세계를 '서사시의 시대 → 비극의 시대 → 철학의 시대'와 같이 구분할 수 있으며, 후대로 갈수록 총체성이 낮아진다고 하였다. 에우리피데스의 비극은 '비극의 시대'에 해당하고, 오디세이아는 '비극의 시대'보다 앞선 '서사시의 시대'에 해당하므로, 에우리피데스의 비극에 비해 오디세이아에서 신과 인간의 결합 정도가 더 높다는 ④의 설명은 제시문을 이해한 내용으로 적절하다.

오답
분석
① 끝에서 4~6번째 줄에 따르면 '철학의 시대'는 이미 계몽된 세계여서 신탁 같은 것을 신뢰할 수 없게 되었다. 이를 통해 계몽사상은 '서사시의 시대'가 아닌 '비극의 시대'에서 '철학의 시대'로의 전환을 이끌었다는 것을 알 수 있다.

② 끝에서 2~4번째 줄에 따르면 '철학의 시대'에 신과 인간의 세계가 완전히 분리되면서 신의 세계는 인격적 성격을 상실하여 '이데아'라는 추상성의 세계로 바뀐다고 한다. 따라서 플라톤의 이데아는 신탁이 사라진 시대의 비극적 세계가 아닌 추상적인 신의 세계를 표현한 것임을 알 수 있다.

③ 1~2번째 줄에 따르면 루카치는 총체성을 기준으로 그리스 세계를 세 시대로 구분하였다. 따라서 각기 다른 기준에 따라 그리스 세계를 구분했다는 ③의 설명은 제시문을 이해한 내용으로 적절하지 않다.

해설 ② 끝에서 3~5번째 줄에 따르면 17세기 이후에 창작된 몽유록은 '방관자형'이며, 몽유자가 꿈속 인물들과 함께 현실을 비판하는 것이 아니라 구경꾼의 위치에 서 있다고 한다. 몽유자가 현실을 비판하는 경향이 강하게 나타나는 것은 16~17세기에 창작된 '참여자형' 몽유록이다.

오답 ① 4~8번째 줄에서 몽유록은 몽유자의 역할(꿈에서 만난 인물들의 모분석   임에 직접 참여하는지의 여부)에 따라 '참여자형'과 '방관자형'으로 구분할 수 있다고 설명한다.

    ③ 몽유자가 모임의 구경꾼 역할을 하는 몽유록은 '방관자형'이다. 제시문 마지막 문장에서 '방관자형' 몽유록이 통속적이고 허구적인 성격으로 변모했다고 설명한 것으로 보아 ③의 설명은 제시문의 내용과 부합한다.

    ④ 끝에서 5~8번째 줄에서 '참여자형'은 몽유자와 꿈속 인물들이 동질적인 이념을 공유하고 현실의 고통스러운 문제에 대해 의견을 나누며 비판적 목소리를 낸다고 설명한다. 따라서 ④의 설명은 제시문의 내용과 부합한다.

해설 ③ 제시문에서 디지털 트윈의 이용자는 가상 세계에서의 시뮬레이션을 통해 미래 상황을 예측할 수 있게 되고, 글로벌 기업들은 디지털 트윈을 도입하여 사전에 위험 요소를 제거해 수익 모델의 효율성을 높이고 있다고 말한다. 따라서 디지털 트윈에서의 시뮬레이션으로 현실 세계의 위험 요소를 찾아내고 방지할 수 있다는 ③의 설명은 제시문을 이해한 내용으로 적절하다.

오답 ① 디지털 트윈을 활용함에 따라 글로벌 기업들의 고용률이 향상되분석   었다는 내용은 제시문에서 확인할 수 없다.

    ② 마지막 문장에 따르면 디지털 트윈이 이렇게 주목받는 이유는 안정성과 경제성이 높기 때문이다. 따라서 디지털 트윈의 데이터 모델이 현실 세계의 다른 실험 모델보다 경제성이 낮다는 ②의 설명은 적절하지 않다.

    ④ 3~5번째 줄에서 확인할 수 있듯이, 가상 세계와 현실 세계가 융합된 플랫폼으로 이용자들에게 새로운 경제 · 사회 · 문화적 경험을 제공하는 데 목적을 두는 것은 '메타버스'이므로 ④의 설명은 적절하지 않다.

정답 및 취약점 확인

p.18

문항	정답	출제 포인트	정답률	약점 개념 확인	문항	정답	출제 포인트	정답률	약점 개념 확인
01	③	어휘-혼동하기 쉬운 어휘	80%	썩이다, 썩히다	11	②	비문학-글의 전략 파악	85%	
02	②	어법-올바른 문장 표현	80%	어휘의 적절성, 문장 성분의 호응, 문장 성분의 생략	12	②	비문학-화법	81%	지시 표현
03	④	어휘-한자 성어	77%	螳螂拒轍, 九曲肝腸, 曲學阿世, 口蜜腹劍	13	④	비문학-세부 내용 파악	80%	
04	③	비문학-화법	89%		14	①	문학-작품의 종합적 감상	82%	신동엽 〈봄은〉
05	②	문학-작품의 내용 파악	79%	김만중 〈구운몽〉	15	④	비문학-글의 구조 파악	67%	
06	④	문학-시어의 의미	77%	조식 〈삼동의 뵈옷 닙고〉	16	③	어휘-한자어	22%	滿足, 再請, 再論
07	①	어휘-혼동하기 쉬운 어휘	82%	가름, 갈음, 부문, 부분, 구별, 구분	17	④	비문학-글의 구조 파악	74%	
08	②	비문학-적용하기, 글의 구조 파악	73%		18	①	문학-인물의 심리 및 태도	73%	이태준 〈패강랭〉
09	④	비문학-세부 내용 파악	86%		19	③	어법- 한글 맞춤법	63%	사이시옷 표기
10	③	혼합-의미, 적용하기	71%	어휘의 의미 변화	20	①	비문학-관점과 태도 파악	84%	

01 어휘 혼동하기 쉬운 어휘

난이도 ★★☆

해설 ③ 부모님 속을 썩혀(x) → 부모님 속을 썩여(○): 문맥상 '걱정이나 근심 등으로 마음이 몹시 괴로운 상태가 되게 만들다'를 뜻하는 '썩이다'를 써야 한다.

오답분석 ① ④ 이때 '썩히다'는 '물건이나 사람 또는 사람의 재능 등이 쓰여야 할 곳에 제대로 쓰이지 못하고 내버려진 상태로 있게 하다'의 의미로 쓰였다.

② 이때 '썩히다'는 '유기물이 부패 세균에 의하여 분해됨으로써 원래의 성질을 잃어 나쁜 냄새가 나고 형체가 뭉개지는 상태가 되게 하다'의 의미로 쓰였다.

02 어법 올바른 문장 표현

난이도 ★★☆

해설 ② 고쳐 쓴 문장으로 옳지 않은 것은 ②이다.

• 바램(x) → 바람(○): '어떤 일이 이루어지기를 기다리는 간절한 마음'을 뜻하는 말은 '바람'이므로 '바램'으로 고쳐 쓰는 것은 적절하지 않다.

• 좋은 결실이 맺어졌으면/좋은 결실을 맺었으면(○): '좋은 결실'을 주어로, '맺어지다'를 서술어로 사용하여 피동의 표현으로 쓴 것은 어법적으로 틀린 표현은 아니나 피동 표현을 지양하는 것이 좋으므로 ②에서 고쳐 쓴 '좋은 결실'을 목적어로 하고 서술어를 '맺다'로 고쳐 쓰는 것이 더 바람직하다.

오답분석 ① 틀려(x) → 달라(○): 문맥상 '비교가 되는 두 대상이 서로 같지 않다'를 뜻하는 말인 '다르다'가 오는 것이 옳으므로 '다르다'의 활용형인 '달라'로 고쳐 쓰는 것이 적절하다. 참고로 '틀리다'는 '셈이나 사실 등이 그르게 되거나 어긋나다'를 의미한다.

③ 바라는 것은 ~ 좋겠어(x) → 바라는 것은 ~ 좋겠다는 거야(○): 주어부 '내가 오직 바라는 것은'과 서술부 '좋겠어'의 호응이 적절하지 않은 문장이다. 따라서 서술부를 '~것이다'의 구어적 표현인 '~거야'로 고쳐 쓴 것은 적절하다.

④ 시련을 주기도 한다(x) → 인간에게 시련을 주기도 한다(○): 서술어 '주다'의 필수적 부사어가 생략되어 적절하지 않으므로 ④에서 필수적 부사어 '인간에게'를 넣어 고쳐 쓴 것은 적절하다.

03 어휘 한자 성어 (한자 성어의 의미)

난이도 ★★☆

해설 ④ 사자성어의 쓰임이 적절하지 않은 것은 ④이다.

• 당랑거철(螳螂拒轍): 제 역량을 생각하지 않고, 강한 상대나 되지 않을 일에 덤벼드는 무모한 행동거지를 비유적으로 이르는 말

오답분석 ① 구곡간장(九曲肝腸): '굽이굽이 서린 창자'라는 뜻으로, 깊은 마음속 또는 시름이 쌓인 마음속을 비유적으로 이르는 말

② 곡학아세(曲學阿世): 바른길에서 벗어난 학문으로 세상 사람에게 아첨함

③ 구밀복검(口蜜腹劍): '입에는 꿀이 있고 배 속에는 칼이 있다'라는 뜻으로, 말로는 친한 듯하나 속으로는 해칠 생각이 있음을 이르는 말

04 비문학 화법 (말하기 전략)

난이도 ★☆☆

해설 ③ '지민'의 세 번째 발화에서 상대방인 '정수'의 의견에 동의하면서 자신의 의견을 제시함을 확인할 수 있으므로 ③은 적절하다. 참고로 '지민'은 다른 사람과의 의견 차이를 최소화하는 '동의의 격률'을 지켰다.

오답분석 ① ④ 대화에서 찾아볼 수 없다.

② 상대방의 이견에 대해서 자신의 견해를 제시할 뿐 상대방의 약점을 공략하여 상대방의 이견을 반박하고 있지 않으므로 적절하지 않다.

이것도 알면 **합격!**

공손성의 원리를 알아두자.

요령의 격률	상대방에게 부담이 되는 표현을 최소화하며, 이익이 되는 표현을 최대화함
관용의 격률	화자에게 혜택을 주는 표현을 최소화하며, 화자에게 부담을 주는 표현을 최대화함
찬동의 격률	상대방을 비난하는 표현을 최소화하며, 칭찬하는 표현을 최대화함
겸양의 격률	화자를 칭찬하는 표현을 최소화하고 겸손한 표현을 최대화함
동의의 격률	상대방 의견에 비동의하는 표현은 최소화하고, 상대방 의견에 동의하는 표현은 최대화함

05 문학 작품의 내용 파악

난이도 ★★☆

해설 ② 2문단에서 '양소유'가 자신의 몸을 보고, 머리를 직접 만져 본 후에야 비로소 '성진'의 모습으로 되돌아갔음을 깨닫는 부분을 통해 '양소유'가 스스로 인간 세상에 환멸을 느껴 돌아온 것이 아님을 알 수 있다. 따라서 ②는 적절하지 않다.

오답 분석 ① 3문단 3~4번째 줄을 통해 '양소유'가 장원급제를 하여 한림학사가 되었음을 알 수 있다.

③ 2문단 3~5번째 줄을 통해 '성진'이 있는 곳이 인간 세상이 아님을 알 수 있다.

④ 2문단에서 '성진'은 자신의 몸에 걸려 있는 염주를 보고, 머리를 손으로 만져보며 '양소유'였던 꿈에서 깨어나 '성진'으로 돌아오게 되었음을 인식한다.

이것도 알면 **합격!**

김만중, '구운몽'의 주제 및 환몽 구조를 알아두자.

1. 주제: '인생무상(人生無常)'의 깨달음
2. 환몽 구조: 주인공이 꿈에서 새로운 삶을 체험하여 꿈을 깬 후, 깨달음을 얻게 되는 구조

전개	내용
현실(성진)	승려 성진이 팔선녀를 본 후, 속세에 욕망을 느껴 번뇌하자 육관 대사가 그 벌로 성진을 인간 세계로 추방함
꿈(양소유)	성진은 인간 세상에서 양소유로 환생하여 입신양명, 부귀영화를 누리고 환생한 팔선녀와도 인연을 맺지만, 인생무상을 깨닫고 불교에 귀의하고자 함
현실(성진)	꿈에서 깬 성진은 인간 부귀와 남녀 정욕이 모두 무상한 것임을 깨닫고 대중을 교화하는 데 힘쓰고 극락세계로 가게 됨

06 문학 시어의 의미

난이도 ★★☆

해설 ④ (라)의 화자는 ㉣'히'가 져서 슬퍼하고 있다. 해가 지는 것은 임금의 승하를 나타내는 표현으로 이때 ㉣'히'는 '임금'을 가리키므로 적절하지 않다.

오답 분석 ① ㉠'낙락장송(落落長松)'이 간밤에 불던 '바람'과 '눈서리'에 기울어졌다고 표현하는 것으로 보아 ㉠'낙락장송(落落長松)'은 억울하게 해를 입은 충신을 의미함을 알 수 있다. 참고로 (가)는 계유정난을 풍자한 시조이다.

② 외로운 신하의 눈물을 비로 만들어 보낼 곳인 '구중심처(九重深處)'는 '겹겹이 문으로 막은 깊은 궁궐'이라는 뜻으로, 임금이 있는 대궐 안을 이르는 말이다. 따라서 ㉡'님'은 궁궐에 계신 임금을 의미함을 알 수 있다.

③ 초장에서 화자가 사랑하는 임과 '이화우(배꽃)'가 흩날리던 '봄'에 이별하였으며, 중장에서 가을에도 여전히 임을 그리워함을 알 수 있다. 이때 ㉢'저'가 자신을 그리워할지 궁금해 하는 것으로 보아 ㉢'저'는 헤어진 연인을 가리킴을 알 수 있다.

지문 풀이

(가) 지난밤에 불던 바람에 눈서리가 쳤단 말인가?
아름드리 소나무들이 다 기울어 가는구나.
하물며 아직 피지도 못한 꽃이야 말해 무엇하겠는가?

– 유응부

(나) 철령 높은 봉우리를 쉬어 넘는 저 구름아.
외로운 신하의 원통한 눈물을 비로 만들어 띄어다가,
임금 계신 깊은 대궐 안에 뿌려 본들 어떠리.

– 이항복

(다) 배꽃이 비처럼 흩날리던 때 울며 (손을) 잡고 이별한 임,
가을바람에 나뭇잎 떨어지는 이때에 임도 나를 생각하고 계실까.
천 리나 되는 머나먼 길에 외로운 꿈만 오락가락하는구나.

– 계랑

(라) 한겨울에 삼베옷을 입고 바위 굴에서 눈비 맞으며(산중에 은거하며)
구름 사이에 비치는 햇볕도 쬔 적이(임금의 은혜를 입은 적이) 없건마는,
서산에 해가 졌다(임금께서 승하하셨다)는 소식을 들으니 눈물을 이기지 못하겠노라.

– 조식

07 어휘 혼동하기 쉬운 어휘

난이도 ★☆☆

해설 ① ㉠~㉢에 들어갈 말은 '가름 – 부문 – 구별'이므로 ①이 가장 적절하다.

- ㉠ 가름: 문맥상 '승부나 등수 등을 정하는 일'을 뜻하는 '가름'이 들어가는 것이 적절하다.
- ㉡ 부문: 문맥상 '일정한 기준에 따라 분류하거나 나누어 놓은 낱낱의 범위나 부분'을 뜻하는 '부문'이 들어가는 것이 적절하다.
- ㉢ 구별: 문맥상 '성질이나 종류에 따라 갈라놓음'을 뜻하는 '구별'이 들어가는 것이 적절하다.

오답 분석

- ㉠ 갈음: 다른 것으로 바꾸어 대신함
- ㉡ 부분: 전체를 이루는 작은 범위. 또는 전체를 몇 개로 나눈 것의 하나
- ㉢ 구분: 일정한 기준에 따라 전체를 몇 개로 갈라 나눔

08 비문학 적용하기, 글의 구조 파악 (문장 배열)

난이도 ★★☆

해설 ② '동기화 단계 조직'에 따른 배열은 (가) – (다) – (나) – (라) – (마)이므로 ②가 가장 적절하다.

- (가): 친구가 자전거 사고로 머리를 다친 사건을 언급하며 설득하기 위한 주제에 대한 청자의 주의나 관심을 환기하고 있으므로 '동기화 단계 조직'의 1단계에 해당한다.
- (다): '자전거 사고 시 머리 부상'이라는 문제를 청자인 '여러분'과 관련지어 설명함으로써 청자의 요구를 자극하고 있으므로 '동기화 단계 조직' 2단계에 해당한다.
- (나): 자전거 사고로 머리 다친 문제에 대해 '헬멧 착용'이라는 해결 방안을 제시함으로써 청자의 이해와 만족을 유도하고 있으므로 '동기화 단계 조직' 3단계에 해당한다.
- (라): '헬멧 착용'이라는 해결 방안이 신체 피해를 75% 줄일 수 있다는 수치를 제시함으로써 문제에 대한 해결 방안이 청자에게 어떤 도움이 되는지 구체화하고 있으므로 '동기화 단계 조직' 4단계에 해당한다.

- **(마)**: 자전거를 탈 때는 반드시 헬멧을 착용하라고 특정 행동을 요구하고 있으므로 '동기화 단계 조직' 5단계에 해당한다.

심리적 원인	인식이 변화함으로써 단어의 의미가 변화한 경우 예 '곰'이 둔하고 미련하다는 인식으로 '곰'은 동물뿐 아니라 '미련한 사람'도 지칭하게 됨

09 비문학 세부 내용 파악 난이도 ★☆☆

해설 ④ 제시문에서 확인할 수 없는 내용이다.

오답 분석
① 1문단을 통해서 빅데이터를 기반으로 '복지 공감 지도'가 제작되었음을 알 수 있으며, '복지 공감 지도'는 복지 기관 접근성 분석을 통해 복지 사각지대를 줄이는 방안임을 확인할 수 있으므로 글에 대한 이해로 적절하다.
[관련 부분] 국가정보자원관리원과 ○○시는 빅데이터 기반의 맞춤형 복지 서비스 분석 사업을 수행했다. ~ ○○시로부터 받은 복지 사업 관련 데이터를 활용하여 '복지 공감 지도'를 제작하고, 복지 기관 접근성 분석을 통해 취약 지역 지원 방안을 제시했다.

② 3문단 1~3번째 줄을 통해 복지 기관과 수급자 거주지 사이의 거리가 복지 혜택의 정도에 영향을 미침을 알 수 있으므로 글에 대한 이해로 적절하다.
[관련 부분] 복지 기관으로부터 도보로 약 15분 내 위치한 수급자에게 복지 혜택이 집중되고 있는 것도 확인했다.

③ 3문단을 통해 복지 기관 접근성을 분석하여 복지 기관 방문이 어려운 수급자에 대한 맞춤형 복지 서비스의 필요성을 제시하였고 이에 근거하여 셔틀버스 노선을 4개 증설할 계획을 세웠음을 알 수 있다.
[관련 부분] 교통이나 건강 등의 문제로 복지 기관 방문이 어려운 수급자를 위해 맞춤형 복지 서비스가 절실하게 필요한 상황임을 발견하고, 복지 셔틀버스 노선을 4개 증설할 계획을 수립했다.

10 어법 + 비문학 의미 (어휘의 의미 변화), 적용하기 난이도 ★★★

해설 ③ '배꼽'은 일반적인 의미로 쓰이다가 '바둑'이라는 특수한 영역에서 사용되는 의미로 변화한 경우이므로 ©의 사례로 적절하지 않다.

오답 분석
① '코'는 '콧물'과 긴밀한 관계를 지녀 '콧물'의 의미까지 포함하여 의미가 변화되었으므로 ③의 사례로 적절하다.
② '수세미'는 '식물'을 지시하다가 시대가 변화하면서 '그릇을 씻는 데 쓰는 물건'으로 지시 대상이 바뀌어 의미가 변화하였으므로 ©의 사례로 적절하다.
④ '손님'은 '천연두'를 꺼리는 심리적인 이유로 '천연두'를 대신하는 단어로 쓰이면서 의미가 변화하였으므로 @의 사례로 적절하다.

👍 이것도 알면 합격!

단어의 의미 변화 원인을 알아두자.

유형	내용
언어적 원인	다른 단어와 자주 인접하여 나타남으로써 의미까지 변화한 경우 예 '별로'가 '아니다'와 인접하여 나타남으로써 '별로'는 부정의 의미로 변화함
역사적 원인	단어가 가리키는 대상이 변모하였으나 단어는 그대로 남아 있어 의미가 변화한 경우 예 '바가지'는 과거에 '박'으로 만든 용기를 가리켰음. 현대에 '플라스틱'으로 만든 용기로 지시 대상이 변모하였으나, 단어 '바가지' 자체는 그대로 사용됨
사회적 원인	일반 사회에서 쓰이던 단어가 특수 집단에서 사용되거나, 특수 집단에서 쓰이던 단어가 일반 사회에서 쓰이며 의미가 변화한 경우 예 '공양'은 불교계에서 쓰이던 용어지만, 현재는 일반 사회에서도 사용함

11 비문학 글의 전략 파악 난이도 ★★☆

해설 ② 제시문은 골프장의 조명으로 인한 빛 공해 문제를 해결할 수 있는 정책 수립을 촉구하는 건의문이다. 6~9번째 줄에서 필자는 지나친 야간 조명으로 인해 작물 수확량이 감소할 수 있음을 입증한 연구 자료가 있음을 밝히고 있을 뿐 자료의 출처를 밝히고 있지 않으므로 ②는 글에 대한 이해로 적절하지 않다.
[관련 부분] 지나친 야간 조명이 식물의 성장에 부정적인 영향을 끼쳐 작물 수확량을 감소시킬 수 있음은 이미 여러 연구를 통해 입증된 바 있습니다.

오답 분석
① 10~11번째 줄과 끝에서 1~2번째 줄에서 빛 공해로 인하여 농장의 수확률이 현저히 낮아지는 어려움에 대해 언급하며 시장에게 빛 공해 문제에 대해 관심을 갖기를 촉구하고 있으므로 적절하다.
[관련 부분]
• 시장님께서 이 문제에 관심을 가지고 농장과 골프장이 상생할 수 있는 정책을 펼쳐 주시기를 부탁드립니다.
• 골프장이 야간 운영을 시작했을 때를 기점으로 우리 농장의 수확률이 현저히 낮아졌음을 제가 확인했습니다.

③ 끝에서 3~5번째 줄을 통해서 확인할 수 있다.
[관련 부분] ○○군에서도 빛 공해 문제를 해결하기 위해 야간 조명의 조도를 조정하는 프로젝트를 진행한 바 있으니 참고해 보시기 바랍니다.

④ 끝에서 5~8번째 줄을 통해 확인할 수 있다.
[관련 부분] 이윤을 추구하는 골프장의 야간 운영을 무조건 막는다면 골프장 측에서 반발할 것입니다. 그래서 계절에 따라 야간 운영 시간을 조정하거나 운영 제한에 따른 손실금을 보전해 주는 등의 보완책도 필요합니다.

12 비문학 화법 (지시 표현) 난이도 ★☆☆

해설 ② ©'저 책'의 '저'는 말하는 이와 듣는 이로부터 멀리 있는 대상을 가리킬 때 쓰는 말이므로 ②는 적절하지 않은 설명이다.

오답 분석
① ③의 '이'는 말하는 이에게 가까이 있거나 말하는 이가 생각하고 있는 대상을 가리킬 때 쓰는 말이므로 화자에게 가까운 대상이다. ©의 '그'는 듣는 이에게 가까이 있거나 듣는 이가 생각하고 있는 대상을 가리킬 때 쓰는 말이므로 청자에게 가까이 있는 대상이다. 따라서 ①의 설명은 적절하다.
③ @의 '그'는 앞에서 이미 이야기한 대상을 가리킬 때 쓰는 말로, 앞에서 이미 이야기한 대상은 '이진'이 추천한 책인 ©'저 책'임을 알 수 있다. 따라서 ©과 @은 모두 '이진'이 추천한 동일한 책을 가리키므로 설명이 적절하다.
④ ⑩'이 책' 뒤에 이어지는 말을 통해 ⑩은 두 권을 가리킴을 알 수 있으며 ⑩이 가리키는 책 두 권은 '이진'의 두 번째 발화와 세 번째 발화에서 각각 추천한 책인 ©과 ©임을 알 수 있으므로 ④의 설명은 적절하다.

13 비문학 세부 내용 파악

난이도 ★★☆

해설 ④ 3문단 1~3번째 줄을 통해 「아동 권리에 관한 제네바 선언」에서 아동이 권리의 주체가 아닌 권리의 객체로만 인식이 되었음을 확인할 수 있으므로 적절하지 않다.

[관련 부분] 여기에서도 아동은 보호의 객체로만 인식되었을 뿐 생존, 보호, 발달을 위한 적극적인 권리의 주체로 인식되지는 않았다.

오답 분석
① 1문단을 통해 전근대 사회에서는 아동의 권리에 대한 인식이 없었으나 근대 사회부터 아동 보호가 시작되었음을 알 수 있으므로 적절하다.

[관련 부분] 전근대 사회에서는 아동의 권리에 대한 인식이 존재하지 않았다. ~ 근대 사회에 이르러 구빈법에 따른 국가 개입과 민간단체의 자발적인 참여로 아동 보호가 시작되었다.

② 3문단 끝에서 1~2번째 줄과 4문단 1~2번째 줄을 통해 알 수 있다.

[관련 부분]
• 1989년 유엔 총회에서 채택된 「아동 권리 협약」이 그것이다.
• 우리나라는 이를 토대로 2016년 「아동 권리 헌장」 9개 항을 만들었다.

③ 2문단 끝에서 1~4번째 줄을 통해 「아동 권리에 관한 제네바 선언」에서 아동의 발달에 대한 내용이 있음을 알 수 있으며, 4문단 1~5번째 줄을 통해 「아동 권리 헌장」과 「아동 권리 협약」에 아동 발달에 대한 내용이 있음을 알 수 있다.

[관련 부분]
• 여기에는 "아동은 물질적으로나 정신적으로 정상적인 발달을 위해 필요한 조건이 충족되어야 한다."라든지 "아동의 재능은 인류를 위해 쓰인다는 자각 속에서 양육되어야 한다." 등의 내용이 포함되었다.
• 2016년 「아동 권리 헌장」 9개 항을 만들었다. 이 헌장은 '생존과 발달의 권리', '아동이 최선의 이익을 보장 받을 권리', '차별 받지 않을 권리', '자신의 의견이 존중될 권리' 등 유엔의 「아동 권리 협약」의 네 가지 기본 원칙을 포함하고 있다.

14 문학 작품의 종합적 감상 (시)

난이도 ★☆☆

해설 ① 제시된 작품은 '봄', '겨울', '쇠붙이' 등과 같은 상징적인 시어를 사용하여 통일에 대한 소망과 염원을 드러내고 있을 뿐 순수 자연의 세계를 노래하고 있지는 않으므로 적절하지 않다.

오답 분석
② '오지 않는다', '움튼다', '움트리라' 등과 같은 단정적 어조를 사용하여 통일이 올 것이라는 믿음과 희망을 드러내고 있다.
③ '봄(통일)'과 '겨울(분단의 현실)', '눈보라(분단의 고통)', '쇠붙이(군사적 대립)' 등 다양한 시어의 상징적 의미를 통해 분단의 고통을 극복하고 평화적 통일을 이루고자 하는 소망을 노래하고 있다.
④ 긍정적 이미지를 상징하는 '봄'과 부정적 이미지를 상징하는 '겨울'의 대립을 통해 시상을 전개하고 있다.

👍 **이것도 알면 합격!**

신동엽, '봄은'의 주제와 특징에 대해 알아두자.
1. 주제: 자주적이고 평화적인 통일에 대한 염원
2. 특징
• '봄'과 '겨울'의 대립적 이미지와 상징성을 바탕으로 시상을 전개함
• 단정적인 어조로 통일에 대한 화자의 확고한 믿음과 의지를 드러냄

15 비문학 글의 구조 파악 (문장 배열)

난이도 ★★☆

해설 ④ (마)-(다)-(나)-(가)-(라)의 순서가 가장 자연스럽다.

순서	중심 내용	순서 판단의 단서와 근거
(마)	사회는 개인의 생활을 경영하고 보존하기 위해 여러 사람이 서로 의지하는 단체임	접속어나 지시어로 시작하지 않으면서 글의 중심 화제인 '사회'를 정의함
(다)	말과 글이 없으면 뜻이 서로 통하지 못해 사회의 모습을 갖출 수 없음	(마)의 내용에 이어 사회를 갖추기 위해 필요한 요소로 '말과 글'을 제시함
(나)	말과 글은 사회의 목표를 발표하여 인민들이 서로 통합하고 작동하게 함	키워드 '말과 글': (다)에서 제시한 '말과 글'의 역할을 설명함
(가)	사회가 원활하게 작동하기 위해서는 말과 글을 잘 수리하고 정련해야 함	지시 표현 '이 기관': (나)에서 설명한 '기관(말과 글)'에 해당함
(라)	말과 글을 수리하고 정련하지 않는다면 사회는 패망할 것임	키워드 '그뿐 아니라': (가)에서 설명한 '기관'을 수리하지 않을 때 일어나는 결과에 대해 설명함

16 어휘 한자어 (한자어의 표기)

난이도 ★★★

해설 ③ 해결(解結: 풀 해, 맺을 결)(×) → 해결(解決: 풀 해, 결단할 결)(○): '제기된 문제를 해명하거나 얽힌 일을 잘 처리함'을 뜻하는 '해결'의 '결'은 '決(결단할 결)'로 써야 한다. 따라서 한자의 표기가 옳지 않은 것은 ③이다.

오답 분석
① 만족(滿足: 찰 만, 발 족): 마음에 흡족함
② 재청(再請: 두 재, 청할 청): 회의할 때에 다른 사람의 동의에 찬성하여 자기도 그와 같이 청함을 이르는 말
④ 재론(再論: 두 재, 논할 론): 이미 논의한 것을 다시 논의함

17 비문학 글의 구조 파악 (문장 배열)

난이도 ★★☆

해설 ④ 제시된 문장은 생략된 주어가 신분에 따라 문체를 고착화하는 것을 인정하지 않았다고 재진술하는 문장이므로 앞선 문장에는 이와 같은 내용이 나와야 함을 알 수 있다. 이때 ② 앞에는 낭만주의 시기의 신흥 시민계급이 신분에 따라 문학을 배정하는 전통 시학을 거부했다는 내용이 제시되어 있으므로 제시된 문장은 ② 뒤에 들어가는 것이 적절하다.

18 문학 인물의 심리 및 태도

난이도 ★★☆

해설 ① 1문단에서 '현'은 '박'의 태도가 달라졌음을 인지하였으나, '박'의 태도가 달라진 이유가 자신의 작품 때문이라고 생각하는 부분은 찾아볼 수 없다. 따라서 ①은 글에 대한 이해로 적절하지 않다.

오답 분석
② 1문단 끝에서 1~3번째 줄을 통해 '현'이 '박'의 지싯지싯한 모습에서 자신과 자신의 작품을 떠올리고 울고 싶어졌다는 것으로 보아 자신을 연민하고 있음을 알 수 있다.
③ 마지막 문단 1~2번째 줄을 통해 본 기억이 없는 새 빌딩이 많이 늘어섰다고 표현한 것으로 보아 '현'이 새 빌딩들을 보고 도시가 변화한 것을 인지하였음을 알 수 있다.
④ 마지막 문단 3~6번째 줄을 통해 시뻘건 벽돌로 만든 경찰서를 벽돌 공장, 감옥, 분묘와 같이 부정적인 단어로 표현한 것으로 보아 '현'은 경찰서를 보고 암울한 분위기를 느끼고 있음을 알 수 있다.

19 어법 한글 맞춤법 (사이시옷 표기)

난이도 ★★☆

해설 ③ 전셋방(×) → 전세방(○): 한자어 '전세(傳貰)'와 한자어 '방(房)'이 결합한 합성어이므로 사이시옷을 받치어 적지 않는다. 따라서 (나)에 근거한 것이 아니므로 적절하지 않다.

오답 분석
① 아랫집(○): 순우리말 '아래'와 순우리말 '집'이 결합한 합성어로, 앞말이 모음 'ㅐ'로 끝나면서 뒷말인 '집'의 첫소리가 된소리 [ㅉ]으로 소리 나므로 사이시옷을 받치어 적는다.

② 쇳조각(○): 순우리말 '쇠'와 순우리말 '조각'이 결합한 합성어이며, 앞말이 모음 'ㅚ'로 끝나면서 뒷말인 '조각'의 첫소리가 된소리 [ㅉ]으로 소리 나므로 사이시옷을 받치어 적는다.

④ 자릿세(○): 순우리말 '자리'와 한자어 '세(貰)'가 결합한 합성어이며, 앞말이 모음 'ㅣ'로 끝나면서 뒷말인 '세'의 첫소리가 된소리 [ㅆ]으로 소리 나므로 사이시옷을 받치어 적는다.

20 비문학 관점과 태도 파악

난이도 ★☆☆

해설 ① 3문단 1~2번째 줄에서 문화 전파의 기제를 설명하는 이론으로 밈 이론보다 의사소통 이론이 더 적절함을 언급하고 있으므로 글쓴이의 견해에 부합한다.

[관련 부분] 문화 전파의 기제를 설명하는 이론으로는 밈 이론보다 의사소통 이론이 더 적절해 보인다.

오답 분석
② 4문단을 통해 의사소통 이론은 문화를 수용할 때 사람들의 생각이 덧붙는다고 보는 이론임을 알 수 있으므로 ②는 글쓴이의 견해와 부합하지 않는다.

[관련 부분]
• 푸딩 요리법의 수신자가 발신자가 전해 준 정보에다 자신의 생각을 덧붙였기 때문인데.
• 이에 따르면 사람들은 자신이 들은 이야기를 남에게 전달할 때 들은 이야기에다 자신의 생각을 더해서 그 이야기를 전달하기 때문이다.

③ 2문단 끝에서 1~2번째 줄을 통해 공동체 문화가 복제를 통해 전파된다고 보는 것은 의사소통 이론이 아닌 밈 이론임을 알 수 있으므로 글쓴이의 견해와 부합하지 않는다.

[관련 부분] 밈 역시 유전자와 마찬가지로 공동체 내에서 복제를 통해 확산된다.

④ 4문단 끝에서 4~7번째 줄에서 요크셔푸딩 요리법이 요크셔 지방 내에서도 차이를 보이는 현상은 복제의 관점에서 문화의 전파를 설명하는 밈 이론으로 설명하기 어렵다고 하였으므로 글쓴이의 견해와 부합하지 않는다.

[관련 부분] 푸딩 요리법의 수신자가 발신자가 전해 준 정보에다 자신의 생각을 덧붙였기 때문인데, 복제의 관점에서 문화의 전파를 설명하는 이론으로는 이와 같은 현상을 설명하기 어렵다.

정답 및 취약점 확인

p.25

문항	정답	출제 포인트	정답률	약점 개념 확인	문항	정답	출제 포인트	정답률	약점 개념 확인
01	②	어법-한글 맞춤법	41%	두음 법칙, 사이시옷, 된소리 표기	11	③	비문학-글의 구조 파악	74%	
02	③	어법-의미	72%	다의어의 의미(싸다)	12	③	비문학-적용하기	58%	
03	①	어법-올바른 문장 표현	47%	문장 성분의 호응	13	③	비문학-논지 전개 방식	88%	서사, 분류, 비유, 대조
04	②	비문학-논지 전개 방식	84%	정의, 인과, 인용, 예시	14	①	비문학-세부 내용 파악	58%	
05	④	어법-단어	41%	용언의 활용	15	④	문학-표현상의 특징과 효과	66%	이현보 〈농암에 올라보니〉
06	④	문학-시어의 의미	29%	작자 미상 〈동동〉	16	①	문학-서술상의 특징	87%	이상 〈권태〉
07	②	어휘-한자어	32%	野薄	17	②	혼합-작품의 내용 파악, 한자 성어	66%	김정한 〈산거족〉, 束手無策
08	②	비문학-화법	88%	토의 참여자의 역할	18	④	문학-표현상의 특징과 효과	79%	조병화 〈나무의 철학〉
09	③	비문학-화법	87%	공손성의 원리	19	④	혼합-내용 추론, 속담	78%	
10	④	비문학-관점과 태도 파악, 적용하기	87%		20	①	비문학-내용 추론	81%	

01 　어법　한글 맞춤법 (맞춤법에 맞는 표기)　난이도 ★★☆

해설 　② 맞춤법에 맞는 것만으로 묶은 것은 ②이다.
- **흡입량, 정답란**(○): 한자음 '랴, 랴'가 단어의 첫머리 이외의 자리에 올 경우에는 두음 법칙이 적용되지 않아 본음대로 적으므로 '흡입량(吸入量), 정답란(正答欄)'은 맞춤법에 맞는 표기이다.
- **구름양, 칼럼난**(○): 고유어나 외래어 뒤에 결합한 한자어는 독립적인 한 단어로 인식되어 두음 법칙이 적용되므로 '구름양(구름+量), 칼럼난(column+欄)'은 맞춤법에 맞는 표기이다.

오답 분석
① 꼭지점(×) → 꼭짓점(○): '꼭짓점[꼭찌쩜/꼭찓쩜]'은 '꼭지+점(點)'이 결합한 순우리말과 한자어로 된 합성어이다. 앞말이 모음 'ㅣ'로 끝나고 뒷말의 첫소리 'ㅈ'이 된소리 [ㅉ]으로 발음되므로 사이시옷을 받쳐 적어야 한다.
③ 딱다구리(×) → 딱따구리(○): 한 단어에서 같거나 비슷한 음절이 겹쳐나는 부분은 같은 글자로 적으므로 '딱따구리'로 적어야 한다.
④ 홧병(火病)(×) → 화병(火病)(○): '화(火)+병(病)'은 한자어로 된 합성어이므로 사이시옷을 받쳐 적지 않는다. 두 음절로 된 한자어 '곳간(庫間), 셋방(貰房), 숫자(數字), 찻간(車間), 툇간(退間), 횟수(回數)'의 경우에만 예외적으로 사이시옷을 받쳐 적는다.

👍 **이것도 알면 합격!**

두음 법칙이 적용되는 경우에 대해 알아두자.
1. 한자음 '녀, 뇨, 뉴, 니', '랴, 려, 례, 료, 류, 리', '라, 래, 로, 뢰, 루, 르'가 단어의 첫머리에 오는 경우
   예 여자(女子), 예의(禮儀), 노인(老人)
2. 접두사처럼 쓰이는 한자가 붙어서 된 말이나 합성어의 경우
   예 공염불(空念佛), 신여성(新女性), 중노인(中老人)
3. 모음이나 'ㄴ' 받침 뒤에 이어지는 '렬, 률'의 경우 '열, 율'로 적음
   예 나열(羅列), 백분율(百分率)
4. 고유어나 외래어 뒤에 결합한 한자어의 경우
   예 먹이양(-量), 에너지양(-量)
5. 둘 이상의 단어로 이루어진 고유 명사를 붙여 쓰는 경우
   예 한국여자대학, 서울여관

6. 십진법에 따라 쓰는 수(數)의 경우
   예 육천육백육십육(六千六百六十六)

02 　어법　의미 (다의어의 의미)　난이도 ★★☆

해설 　③ ㉠ '싼다'의 기본형 '싸다'는 '물건을 안에 넣고 보이지 않게 씌워 가리거나 둘러 말다'라는 의미이다. 이때 ③의 '싼'은 문맥상 '책을 보에 넣고 보이지 않게 씌워 가린'을 뜻하므로 ㉠의 의미와 같다.

오답 분석
① 이때 '싸다'는 '어떤 물체의 주위를 가리거나 막다'의 의미이다.
② ④ 이때 '싸다'는 '어떤 물건을 다른 곳으로 옮기기 좋게 상자나 가방 등에 넣거나 종이나 천, 끈 등을 이용해서 꾸리다'의 의미이다.

03 　어법　올바른 문장 표현　난이도 ★★☆

해설 　① 앞 절(날씨가 선선해지다)과 뒤 절(책이 잘 읽히다)이 '앞말이 뒷말의 원인이나 근거, 전제가 됨'을 나타내는 연결 어미 '-니'로 자연스럽게 연결되어 있다. 또한 뒤 절의 주어 '책'은 행위의 객체이므로 피동사 '읽힌다'가 올바르게 사용되었다.

오답 분석
② 어려운 책을 속독으로 읽는 것은(×) → 어려운 책을 속독하는 것은/어려운 책을 빠르게 읽는 것은(○): '속독'은 '책 등을 빠른 속도로 읽음'을 뜻하므로 '읽는'과 의미가 중복된 표현이다. 따라서 '어려운 책을 속독하는 것은' 또는 '어려운 책을 빠르게 읽는 것은'으로 고쳐 써야 한다.
③ 책임자가 되기보다는 직접 찾기로(×) → 책임자가 되기보다는 책임자를 직접 찾기로(○): 서술어 '찾다'와 호응하는 목적어가 생략되어 적절하지 않은 문장이다. 따라서 '책임자를'과 같은 목적어를 넣어 주어야 한다.

④ 시화전을 홍보하는 일과 시화전의 진행에(×) → 시화전을 홍보하는 일과 (시화전을) 진행하는 일에/시화전의 홍보와 (시화전의) 진행에(○): 조사 '과'로 연결되어 있는 앞뒤 내용이 각각 절과 구로 제시되어 구조적으로 대응하지 않는 문장이다. 따라서 절과 절, 또는 구와 구로 대응되도록 고쳐 쓰는 것이 적절하며, '시화전을' 또는 '시화전의'가 중복 제시되므로 뒤의 것을 생략하면 더욱 자연스러운 문장이 된다.

04 비문학 논지 전개 방식　　　난이도 ★☆☆

해설 ② 1~2번째 줄을 통해 인공조명의 과도한 빛이나 조명 영역 밖으로 누출되는 빛이 빛 공해의 주요 요인임은 알 수 있으나 인공조명의 누출 원인은 제시문을 통해 확인할 수 없다.

오답 분석
① 1~3번째 줄에서 빛 공해의 정의를 제시하고 있다.
③ 3~5번째 줄에서 '전 세계 빛 공해 지도'라는 자료를 인용하여 우리나라가 빛 공해가 심각한 국가임을 밝히고 있다.
④ 끝에서 1~4번째 줄에서 인간의 수면 부족과 면역력 저하, 농작물의 생산력 저하, 생태계 교란 등의 사례를 들어 빛 공해의 악영향을 제시하고 있다.

05 어법 단어 (용언의 활용)　　　난이도 ★★☆

해설 ④ ⊙, ⓒ의 사례로 옳은 것만을 짝 지은 것은 ④이다.
• 우물물을 품 ('우' 불규칙 활용, 어간만 불규칙하게 바뀜): '품'의 기본형 '푸다'는 '푸-+-어 → 퍼'와 같이 두 개의 모음이 이어질 때 어간의 끝소리 'ㅜ'가 탈락하는 '우' 불규칙 활용 용언이다. 따라서 '품'은 ⊙의 사례로 옳다.
• 목적지에 이름 ('러' 불규칙 활용, 어미만 불규칙하게 바뀜): '이름'의 기본형 '이르다[至]'는 '이르-+-어 → 이르러'와 같이 어미 '-어'가 '-러'로 변하는 '러' 불규칙 활용 용언이다. 따라서 '이름'은 ⓒ의 사례로 옳다.

오답 분석
① • 걸음이 빠름 ('르' 불규칙 활용, 어간만 불규칙하게 바뀜): '빠름'의 기본형 '빠르다'는 '빠르-+-아 → 빨라'와 같이 두 개의 모음이 이어질 때 어간의 끝소리 '르'가 'ㄹㄹ'로 바뀌는 '르' 불규칙 활용 용언이다. 따라서 '빠름'은 ⊙의 사례로 옳다.
• 꽃이 노람 ('ㅎ' 불규칙 활용, 어간과 어미가 불규칙하게 바뀜): '노람'의 기본형 '노랗다'는 '노랗-+-아/-어 → 노래'와 같이 'ㅎ'으로 끝나는 어간에 모음 어미가 결합하면 어간의 'ㅎ'이 탈락하고 어미의 형태도 변하는 'ㅎ' 불규칙 활용 용언이다. 따라서 '노람'은 ⓒ의 사례로 옳지 않다.
② • 잔치를 치름 ('ㅡ' 탈락 현상, 어간만 규칙적으로 바뀜): '치름'의 기본형 '치르다'는 '치르-+-어 → 치러'와 같이 모음 어미 앞에서 어간의 끝소리 'ㅡ'가 탈락하는 규칙 활용 용언이다. 따라서 '치름'은 ⊙의 사례로 옳지 않다.
• 공부를 함 ('여' 불규칙 활용, 어미만 불규칙하게 바뀜): '함'의 기본형 '하다'는 '하-+-아/-어 → 하여'와 같이 '하-' 뒤에 오는 어미 '-아/-어'가 '-여'로 변하는 '여' 불규칙 활용 용언이다. 따라서 '함'은 ⓒ의 사례로 옳다.
③ • 라면이 붇음 ('ㄷ' 불규칙 활용, 어간만 불규칙하게 바뀜): '붇음'의 기본형 '붇다'는 '붇-+-어 → 불어'와 같이 모음 어미 앞에서 어간의 끝소리 'ㄷ'이 'ㄹ'로 변하는 'ㄷ' 불규칙 활용 용언이다. 따라서 '붇음'은 ⊙의 사례로 옳다.
• 합격을 바람 (규칙 활용): '바람'의 기본형 '바라다'는 활용 시에 어간과 어미의 형태 변화가 보편적인 음운 규칙으로 설명되는 규칙 활용 용언이다. 따라서 '바람'은 ⓒ의 사례로 옳지 않다.

👍 이것도 알면 합격!

불규칙 활용의 종류를 알아두자.

1. 어간이 바뀌는 경우

종류	형태 변화의 양상	예
'ㅅ' 불규칙	어간 끝소리 'ㅅ'이 모음 앞에서 탈락	붓-+-어 → 부어
'ㅂ' 불규칙	어간 끝소리 'ㅂ'이 모음 앞에서 '오/우'로 바뀜	여쭙-+-어 → 여쭈워
'ㄷ' 불규칙	어간 끝소리 'ㄷ'이 모음 앞에서 'ㄹ'로 바뀜	듣-+-어 → 들어
'르' 불규칙	어간 끝소리 '르'가 모음 앞에서 'ㄹㄹ'로 바뀜	흐르-+-어 → 흘러
'우' 불규칙	어간 끝소리 'ㅜ'가 모음 어미 앞에서 탈락	푸-+-어 → 퍼

2. 어미가 바뀌는 경우

종류	형태 변화의 양상	예
'여' 불규칙	'하-' 뒤에 오는 어미 '-아/-어'가 '-여'로 바뀜.	공부하-+-어 → 공부하여
'러' 불규칙	어간이 '르'로 끝나는 일부 용언에서 어미 '-어'가 '-러'로 바뀜.	푸르-+-어 → 푸르러
'오' 불규칙	'달-/다-'의 명령형 어미가 '-오'로 바뀜.	달-+-아 → 다오

3. 어간과 어미가 모두 바뀌는 경우

종류	형태 변화의 양상	예
'ㅎ' 불규칙	'ㅎ'으로 끝나는 어간에 모음으로 시작하는 어미가 오면 'ㅎ'이 없어지고 어미도 바뀜.	파랗-+-아 → 파래

06 문학 시어의 의미　　　난이도 ★★★

해설 ④ ⓔ '므슴다'는 '무엇 때문에'라는 뜻이므로 의미가 적절하지 않은 것은 ④이다.

지문 풀이
2월 보름에 아아, 높이 ⊙ 켜 놓은 등불 같구나.
만인을 비추실 모습이시도다.
3월 지나며 핀 아아, 봄의 진달래꽃이여.
남이 부러워할 ⓒ 모습을 지니고 태어나셨구나.
4월을 아니 ⓒ 잊어 아아, 오는구나 꾀꼬리여
ⓔ 무엇 때문에 녹사님은 옛날을 잊고 계신지요.　　　– 작자 미상, '동동'

👍 이것도 알면 합격!

'동동'의 주제와 특징을 알아두자.

1. 주제: 임에 대한 송도(頌禱)와 그리움
2. 특징
• 현전하는 최고(最古)의 월령체(달거리) 노래임
• 분절체 형식으로 서사인 1연과 본사인 12연으로 구성됨
• 영탄법, 직유법, 은유법을 사용함
• 세시 풍속에 따라 사랑의 감정을 읊음

07 어휘 한자어 (한자어의 표기) 난이도 ★★★

해설 ② 한자 표기가 옳은 것은 ②이다.
- 野薄(들 야, 엷을 박): 야멸치고 인정이 없음

오답분석 ① 現室(나타날 현, 집 실)(×) → 現實(나타날 현, 열매 실)(○): '현재 실제로 존재하는 사실이나 상태'를 뜻하는 '현실'의 '실'은 實(열매 실)을 쓴다.
③ 謹性(삼갈 근, 성품 성)(×) → 根性(뿌리 근, 성품 성)(○): '뿌리가 깊게 박힌 성질'을 뜻하는 '근성'의 '근'은 根(뿌리 근)을 쓴다.
④ 債用(빚 채, 쓸 용)(×) → 採用(캘 채, 쓸 용)(○): '사람을 골라서 씀'을 뜻하는 '채용'의 '채'는 採(캘 채)를 쓴다.
- 債用(빚 채, 쓸 용): 돈이나 물건 등을 빌려서 씀

08 비문학 화법 (토의) 난이도 ★☆☆

해설 ② 사회자는 토의 주제와 발표자를 소개하고 발표 순서를 안내할 뿐, 발표자 간의 이견을 조정하여 의사결정을 유도하고 있지는 않다. 참고로 ②는 '패널 토의'에서 사회자가 지니는 역할을 설명한 내용이나, 제시된 토의의 유형은 '심포지엄'에 해당한다.

오답분석 ① '통일 시대의 남북한 언어가 나아갈 길'이라는 학술적인 주제에 대해 최 교수와 정 박사가 각각 자신의 의견을 발표하고 있다.
③ 발표자인 최 교수와 정 박사는 토의 주제에 대한 각자의 견해를 밝힘으로써 청중에게 정보를 전달하고 있다.
④ 발표자에게 '통일 시대에 대비한 언어 정책에는 무엇이 있는지'를 묻는 것으로 보아 청중 A는 발표를 들은 후 주제와 관련된 질문을 하고 있다.

👍 이것도 알면 **합격!**

토의의 유형에 대해 알아두자.

유형	특징
심포지엄	• 특정한 문제에 대하여 입장이 다른 두 사람 이상의 권위자나 전문가가 강연식으로 의견을 발표하고 청중의 질의에 응답하는 방식임 • 특정한 결론 도출을 목적으로 하지 않음 • 사회자는 발표 내용을 요약하고 정리하는 역할을 함 • 대표적인 예로 강연회나 학술 대회가 있음
패널 토의	• 특정한 문제에 대해 각각의 입장을 표명하는 3~6명의 전문가 또는 책임자가 청중 앞에서 문제에 대해 의견을 주고받는 방식임 • 정치적인 문제나 시사적인 문제의 해결에 적합함 • 사회자는 이견을 조정하는 안을 도출하는 역할을 함 • 대표적인 예로 공청회가 있음
포럼	• 상충되는 입장을 대표하는 소수의 토의자가 주제를 발표한 후 청중과의 질의응답을 통해 의견을 종합하는 방식임 • 심포지엄이나 패널 토의와 달리 처음부터 청중의 적극적인 참여가 이루어짐
원탁 토의	• 10명 내외의 소수의 사람들이 둥근 탁자에 앉아 자유롭게 의견을 말하는 방식임 • 모두가 동등한 자격으로 이야기할 수 있음
회의	• 공동의 문제를 해결하기 위해 두 사람 이상이 모여 의사를 결정하는 방식임 • 협의를 통해 의제(議題)를 채택하고 참석자들의 동의를 얻어 의제에 관련된 사항들을 결정함 • 결론은 다수결의 방식에 따라 채택됨

09 비문학 화법 (공손성의 원리) 난이도 ★☆☆

해설 ③ ⓒ은 공손성의 원리 중 '관용의 격률'에 대한 설명이다. ③에서 B는 상대방인 A의 목소리가 작아서 내용이 잘 안 들렸다고 말하며 문제를 상대방의 탓으로 돌리고 있으므로 ⓒ에서 설명하는 '관용의 격률'이 적용되지 않은 대답이다. (공손성의 원리: 관련 설명 12p)

오답분석 ① ㉠은 공손성의 원리 중 '겸양의 격률'에 대한 설명이다. ①의 B는 자신을 칭찬하는 A에게 자신이 여러모로 부족한 부분이 많다고 말하며 자신을 낮추어 겸손하게 대답하고 있으므로 ㉠에 해당한다.
② ⓛ은 공손성의 원리 중 '요령의 격률'에 대한 설명이다. ②의 B는 약속 시간에 늦은 A에게 쇼핑을 하며 기다리니 시간 가는 줄 몰랐다고 말하며 상대방의 부담을 덜어주고 있으므로 ⓛ에 해당한다.
④ ㉣은 공손성의 원리 중 '동의의 격률'에 대한 설명이다. ④의 B는 경희의 생일 선물을 제안하는 A의 의견에 먼저 동의한 후 자신의 생각을 말하고 있으므로 ㉣에 해당한다.

10 비문학 관점과 태도 파악, 적용하기 난이도 ★☆☆

해설 ④ 3~4문단 내용에 따르면 하버마스는 문화 산업의 발달과 미디어의 상업화로 인해 민주적 토론이 퇴보하였고 공공 영역이 축소되었다고 주장한다. 이러한 하버마스의 주장에 부합하는 사례로 가장 적절한 것은 ④이다.
[관련 부분]
- 현대 사회에서 민주적 토론은 문화 산업의 발달과 함께 퇴보했다.
- 미디어가 점차 상업화되면서 하버마스가 주장한 대로 공공 영역이 침식당하고 있다.

오답분석 ① ② 제시문을 통해 확인할 수 없는 내용이므로 하버마스의 주장에 부합하지 않는다.
③ 3문단 2~3번째 줄을 통해 하버마스는 대중매체와 대중오락의 보급과 같은 문화 산업의 발달이 공공 영역을 공허하게 만드는 원인이라고 생각하였음을 알 수 있으므로 ③은 하버마스의 주장에 부합하지 않는다.
[관련 부분] 대중매체와 대중오락의 보급은 공공 영역이 공허해지는 원인으로 작용했다.

11 비문학 글의 구조 파악 (문장 배열) 난이도 ★★☆

해설 ③ ㉣-ⓛ-ⓒ-㉠-ⓜ의 순서가 가장 자연스럽다.

순서	중심 내용	순서 판단의 단서와 근거
㉠의 앞	대설(폭설)의 정의	-
㉣	대설 주의보의 기준	앞서 설명한 '대설'의 개념에 더하여 '대설 주의보'의 기준을 설명하고 있음
ⓛ	대설 경보의 기준	접속어 '또한': ㉣에서 설명한 '대설 주의보'의 기준에 이어 '대설 경보'의 기준을 설명함
ⓒ	산지에서의 대설 경보의 기준	접속어 '다만': ⓛ의 설명에 예외적인 사항을 덧붙임
㉠	눈의 위력 1: 도심 교통을 마비시킴	접속어 '그런데': 화제를 앞 내용과 관련시키면서 내용을 다른 방향으로 이끌어 나감
ⓜ	눈의 위력 2: 서비스 업종과 사회 전반에 영향을 미침	접속 표현 '이뿐만 아니라': ㉠에서 설명한 내용에 덧붙여 또 다른 눈의 위력에 대해 설명함

12 비문학 적용하기   난이도 ★★☆

해설 ③ 제시문은 언어가 인간의 사고, 사회, 문화를 반영하고 있으며, 특히 언어와 사고는 상호작용하며 서로 깊은 관계를 맺고 있음을 말하고 있다. 이때 ③은 언어와 사고가 올바르게 상호작용하지 못한 내용이므로 제시문의 사례로 적절하지 않다.

오답
분석
① 우리나라는 과거 농경을 중시하는 사회였기에 쌀과 관련된 언어가 다른 나라에 비해 발달한 것이므로, ①은 언어가 인간의 사회, 문화를 반영한다는 것을 보여 주는 사례이다.

② '산, 물, 보행 신호의 녹색등'의 실제 색은 모두 다르지만 하나의 언어(파랗다)를 통해 같은 색(파란색)으로 인식한다는 내용으로, ②는 언어가 인간의 사고에 영향을 준다는 것을 보여 주는 사례이다.

④ 동일한 대상인 '수박'을 바라보는 서로 다른 사고가 각 나라의 언어에 반영된 것이므로 ④는 언어가 인간의 사고를 반영한다는 것을 보여 주는 사례이다.

13 비문학 논지 전개 방식   난이도 ★☆☆

해설 ③ 필자는 '글쓰기'를 나무에 꽃이 피는 과정에 빗대어 표현하고 있으므로 제시문에 사용된 서술 방식은 ③ '비유'이다.

오답
분석
① 서사: 일정한 시간 내에 일어나는 일련의 행동이나, 시간의 흐름에 따라 전개되는 사건에 초점을 두는 방식

② 분류: 어떤 대상이나 생각들을 비슷한 특성에 따라 하위 항목을 상위 항목으로 묶어 나가는 방식

④ 대조: 둘 이상의 사물들에 대해 서로 다른 점을 밝혀내어 설명하는 방식

14 비문학 세부 내용 파악   난이도 ★★☆

해설 ① 1문단 3~5번째 줄을 통해 알파벳 언어에서 철자 읽기의 명료성을 판단하는 기준은 소리가 지닌 특성이 아니라 표기와 소리가 대응하는 정도임을 알 수 있다.

[관련 부분] 철자 읽기가 명료하다는 것은 한 글자에 대응되는 소리가 규칙적이어서 글자와 소리의 대응이 거의 일대일이라는 것을 의미한다.

오답
분석
② 2문단 2~6번째 줄을 통해 알 수 있다.

[관련 부분] 영어와 이탈리아어를 읽는 사람은 동일하게 좌반구의 읽기 네트워크를 사용한다. 하지만 무의미한 단어를 읽을 때 영어를 읽는 사람은 암기된 단어의 인출과 연관된 뇌 부위에 더 의존하는 반면

③ 1문단 3~9번째 줄을 통해 이탈리아어는 한 글자에 대응되는 소리가 규칙적이어서 낯선 단어를 발음할 때 영어에 비해 철자 읽기의 명료성이 높다는 것을 알 수 있다.

[관련 부분] 철자 읽기가 명료하다는 것은 한 글자에 대응되는 소리가 규칙적이어서 글자와 소리의 대응이 거의 일대일이라는 것을 의미한다. 그 예로 이탈리아어와 스페인어가 있다. ~ 이에 비해 영어는 철자 읽기의 명료성이 낮은 언어이다.

④ 1문단 끝에서 1~4번째 줄을 통해 영어는 묵음과 같은 예외가 많고 글자에 대응하는 소리도 매우 다양하여 스페인어에 비해 철자 읽기의 명료성이 낮다는 것을 알 수 있다. 따라서 영어가 스페인어에 비해 소리와 글자의 대응이 덜 규칙적이라는 ④의 설명은 적절하다.

[관련 부분] 이에 비해 영어는 철자 읽기의 명료성이 낮은 언어이다. 영어는 발음이 아예 나지 않는 묵음과 같은 예외도 많은 편이고 글자에 대응하는 소리도 매우 다양하다.

15 문학 표현상의 특징과 효과   난이도 ★★☆

해설 ④ (라)의 화자는 변함없는 자연과 변해 버린 인간 세상을 대조하여 자연을 예찬하는 정서를 드러내고 있으나, 허약해진 노년의 무력함은 표현하고 있지 않다.

오답
분석
① (가)의 화자는 중장에서 육적의 '회귤 고사'를 인용하여 돌아가신 부모님에 대한 그리움을 표현하고 있다.

• '회귤 고사'의 내용: 중국의 이름난 효자인 '육적'이 여섯 살 때 '원술'을 찾아가 대접받은 귤을 어머니께 드리기 위해 품에 숨겨 몰래 가져가다 발각되어 좌중의 모든 사람들이 그 효심에 감탄하였다는 일화

② (나)의 화자는 임이 부재한 시간을 잘라 내어 넣어 두었다가 임이 오신 날 다시 펼치는 동작을 본뜬 의태적 심상인 '서리서리', '구뷔구뷔'를 활용하여, 임을 기다리는 여인의 마음을 섬세하게 드러내고 있다. 참고로 의태적 심상이란 어떤 모양이나 동작을 본떠서 흉내 낸 심상을 의미한다.

③ 초장의 '말'과 '태', '청산'과 '유수', 중장의 '갑'과 '님즈', '청풍'과 '명월'이 각각 대구를 이루고 있으며 초장과 중장에서 '~이오, ~로다'의 문장 구조가 반복된다. 이를 통해 화자는 자연을 벗삼아 살겠다는 자세와 자연에 귀의하려는 의지를 표현하고 있다.

지문
풀이

(가) 소반 위에 놓인 붉은 감이 곱게 보이는구나.
　　 유자가 아니라도 품어 갈 만하지만
　　 품어 가도 반가워하실 분(부모님)이 안 계시므로 그로 인해 서러워하노라.
　　　　　　　　　　　　　　　　　　　　　　　　 – 박인로

(나) 동짓달 긴 밤의 한가운데를 베어 내어
　　 봄바람처럼 따뜻한 이불 아래에 서리서리 넣어 두었다가.
　　 정든 임이 오시는 날 밤이면 굽이굽이 펴리라.
　　　　　　　　　　　　　　　　　　　　　　　　 – 황진이

(다) 말이 없는 청산이요, 모양이 없는 흐르는 물이로다.
　　 값이 없는 바람이요, 주인이 없는 밝은 달이로다.
　　 이 가운데 병 없는 이 몸이 아무 걱정 없이 늙으리라.
　　　　　　　　　　　　　　　　　　　　　　　　 – 성혼

(라) 농암에 올라 보니 노안인데도 오히려 더 잘 보이는구나.
　　 인간 세상이 변한다고 자연조차 변하겠는가?
　　 바위 앞에 펼쳐진 물과 언덕들이 어제 본 것 같구나.
　　　　　　　　　　　　　　　　　　　　　　　　 – 이현보

👍 이것도 알면 **합격!**

제시된 작품들의 주제와 특징에 대해 알아두자.

구분	작가	주제	특징
(가)	박인로	돌아가신 부모님에 대한 그리움, 풍수지탄(風樹之嘆)	중국의 '회귤 고사'를 인용하여 주제를 강조함
(나)	황진이	사랑하는 임을 애타게 기다리는 마음	• 음성 상징어를 활용함 • 추상적 개념인 시간을 구체적 사물로 표현함 • 의태어를 활용하여 우리말의 아름다움을 잘 살림
(다)	성혼	자연과 더불어 사는 즐거운 삶	대구와 반복을 통해 주제를 드러냄
(라)	이현보	고향에 돌아온 기쁨과 자연 예찬	인간 세상의 유한성과 자연의 무한성을 대조함

16 문학 서술상의 특징   난이도 ★☆☆

해설 ① 글쓴이는 소가 반추(되새김질)하는 모습을 보고, 소를 '식욕의 즐거움조차를 냉대할 수 있는 지상 최대의 권태자'라고 표현하는데, 이는 글쓴이가 단조로운 시골 생활을 하며 느끼는 권태로움을 소의 행위에 투사하여 표현한 것이다. 따라서 작품에 대한 이해로 적절한 것은 ①이다.

오답
분석
② 글쓴이가 과거의 삶을 회상하며 자신의 처지를 후회하는 부분은 드러나지 않는다.

③ 글쓴이는 자신의 무료함과 권태로움을 공간의 이동이 아닌 되새김질하는 '소'를 통해 표현하고 있다.

④ 글쓴이는 현실에 대한 권태로움을 드러내고 있으나 이를 반성적인 어조로 표출하고 있지 않다.

👍 이것도 알면 **합격!**

이상, '권태'의 주제 및 특징에 대해 알아두자.

1. 주제: 반복적인 일상의 연속에서 느끼는 권태
2. 특징
   • 자연이나 대상을 통해 작가의 내면 세계가 드러남
   • 주관적이고 개성적인 시선으로 대상을 바라봄
   • 일제강점기하 무기력한 지식인의 고뇌가 드러남

17 문학+어휘   작품의 내용 파악, 한자 성어   난이도 ★★☆

해설 ② 제시된 작품에서 '황거칠'은 모든 죄를 자신이 떠맡으려 했으나, 자신을 걱정하는 가족들로 인해 어쩔 수 없이 담당 경사의 타협안에 도장을 찍고 애써 만든 '산수도'를 포기하게 된다. 이러한 '황거칠'의 상황과 가장 어울리는 한자 성어는 ② '束手無策(속수무책)'이다.

   • 束手無策(속수무책): 손을 묶은 것처럼 어찌할 도리가 없어 꼼짝 못 함

오답
분석
① 同病相憐(동병상련): '같은 병을 앓는 사람끼리 서로 가엾게 여긴다'라는 뜻으로, 어려운 처지에 있는 사람끼리 서로 가엾게 여김을 이르는 말

③ 自家撞着(자가당착): 같은 사람의 말이나 행동이 앞뒤가 서로 맞지 않고 모순됨

④ 輾轉反側(전전반측): 누워서 몸을 이리저리 뒤척이며 잠을 이루지 못함

👍 이것도 알면 **합격!**

김정한, '산거족'의 줄거리를 알아두자.

부산 마삿등의 판잣촌에 사는 '황거칠'과 주민들은 식수 문제를 해결하기 위해 힘을 모아 수도를 파 산에서 물을 끌어 오는데 성공한다. 그런데 '호동팔'이라는 사람이 나타나 물을 끌어 오는 산이 자신의 형의 소유라는 이유로 수도를 강제 철거한다. '황거칠'과 주민들은 이에 좌절하지 않고 다른 산을 찾아 새로운 수도를 연결한다. 하지만 한 유력 인사가 그 산의 주인이라며 나타난다. 이에 '황거칠'은 끝까지 항거하고자 신문에 억울함을 호소하고 탄원서까지 제출하였지만 총선을 이유로 재판이 중단된다. 그러나 '황거칠'은 계속해서 맞서 싸울 것을 다짐한다.

18 문학 표현상의 특징과 효과   난이도 ★★☆

해설 ④ 1연과 4연에서 '~겠는가'와 같은 설의적 표현을 통해 시적 화자는 사는 동안 겪는 아픔을 극복하고 보다 높은 곳으로 향해 나아가야 한다는 삶의 깨달음을 강조하고 있다. 따라서 작품의 특징으로 적절한 것은 ④이다.

오답
분석
① 1연과 4연에서 의문형 어미가 사용되긴 했으나, 묻고 답하는 형식으로 내용을 강조하는 문답법은 사용되지 않았다. 또한 화자가 과거의 삶을 반추하는 부분도 드러나지 않는다.

② 제시된 작품에서 반어적 표현을 통해 슬픔의 정서를 나타내는 부분은 드러나지 않는다.

③ 나무를 흔들리지 않는 삶을 살아가는 존재로 의인화하여 표현하고 있으나 현실을 목가적으로 보여 주지 않으므로 ③의 설명은 적절하지 않다. 참고로 목가적이란, '농촌처럼 소박하고 평화로우며 서정적인'이란 뜻이다.

👍 이것도 알면 **합격!**

설의법에 대해 알아두자.

쉽게 판단할 수 있는 사실을 의문의 형식으로 표현하여 상대가 스스로 판단하게 하는 수사법
(예) 오히려 꽃은 발갛게 피지 않는가
  → 꽃이 핀다는 사실을 의문의 형식으로 표현함

19 비문학+어휘   내용 추론, 속담   난이도 ★★☆

해설 ④ 1문단에서 국보 문화재는 민족 전체의 것이자 민족을 결속하는 정신적 유대로 민족의 힘의 원천이라는 것을 밝히고 있으며 ㉠이 포함된 문장에서 이를 한 번 더 강조하고 있다. 따라서 ㉠에 들어갈 말로 가장 적절한 것은 문화적 가치가 민족적으로 큰 의미를 지닌다는 것을 뜻하는 ④이다.

   • 그 무엇을 내놓는다고 해도 셰익스피어와는 바꾸지 않는다: '영국 민족은 어떤 것을 가져오더라도 셰익스피어와 바꾸지 않는다'라는 뜻으로, 영국 민족에게 있어서는 셰익스피어와 그가 남긴 문화적인 가치가 다른 어떠한 가치보다 중요하다는 것을 의미한다.

오답
분석
① 구르는 돌에는 이끼가 끼지 않는다: 부지런하고 꾸준히 노력하는 사람은 침체되지 않고 계속 발전한다는 말

② 지식은 나눌 수 있지만 지혜는 나눌 수 없다: '배움을 통해서 얻는 지식은 쉽게 전달될 수 있지만 스스로 깨달아야 하는 지혜는 쉽게 터득할 수 없다'라는 뜻으로, 지혜의 중요성을 강조하는 말

③ 사람은 겪어 보아야 알고 물은 건너 보아야 안다: 사람은 겉만 보고는 알 수 없으며, 서로 오래 겪어 보아야 알 수 있음을 이르는 말

20 비문학 내용 추론   난이도 ★☆☆

해설 ① 1문단 5~6번째 줄을 통해 분류 개념은 하위 개념으로 분류할수록 그 대상에 대한 정보가 더 많이 전달됨을 알 수 있다. 따라서 '나비'의 하위 개념인 '호랑나비'는 나비에 비해 정보량이 더 많을 것이므로 ①의 추론 내용은 적절하지 않다.

[관련 부분] 하위 개념으로 분류할수록 그 대상에 대한 정보가 더 많이 전달된다.

오답
분석

② 1문단 6~8번째 줄에서 현실 세계에 적용 대상이 없는 분류 개념
도 있음을 설명하고 있다. 따라서 '용'도 분류 개념으로 인정된다.
[관련 부분] 현실 세계에 적용 대상이 하나도 없는 분류 개념도 있
을 수 있다.

③ 2문단 3~4번째 줄에서 비교 개념은 분류 개념과는 다르게 논리적
관계가 성립해야 함을 알 수 있다. 따라서 '꽃'과 '고양이'처럼 논리
적 관계가 없는 개념은 비교 개념에 포함되지 않는다.
[관련 부분] 분류 개념과 달리 논리적 관계도 반드시 성립해야 한다.

④ 3문단에서 정량 개념은 자연의 사실로부터 파악되는 물리량을 측
정함으로써 만들어지며, 자연현상에 수를 적용하는 과정에서 생
겨난다는 것을 알 수 있다. 이를 통해 물리량을 측정할 수 있는
단위가 자연현상에 수를 적용할 수 있게 해 주었다는 사실을 추
론할 수 있다.
[관련 부분]
· 정량 개념은 ~ 자연의 사실로부터 파악할 수 있는 물리량을 측
정함으로써 만들어진다.
· 정량 개념은 ~ 자연현상에 수를 적용하는 과정에서 생겨나는
것이다.

정답 및 취약점 확인

p.32

문항	정답	출제 포인트	정답률	약점 개념 확인	문항	정답	출제 포인트	정답률	약점 개념 확인
01	③	어법-문장	74%	문장의 짜임	11	②	비문학-화법	89%	
02	①	어휘-표기상 틀리기 쉬운 어휘	40%	깨나, 곤욕, 그러고 나서	12	①	비문학-논지 전개 방식	82%	인과, 정의, 예시, 서사, 묘사
03	④	어법-올바른 문장 표현	84%	문장 성분의 호응	13	③	비문학-화법	86%	
04	④	어법-올바른 문장 표현	81%	의미 중복, 어휘·문법 요소의 적절성, 영어 번역 투 표현	14	③	문학-작품의 내용 파악	78%	일연 〈삼국유사〉
05	②	어법-한글 맞춤법	67%	사전 등재 순서	15	③	비문학-내용 추론	83%	
06	①	어휘-관용 표현, 한자어	52%	오지랖이 넓다, 干涉, 參見, 干與	16	②	혼합-내용 추론, 한자 성어	83%	切齒腐心, 權不十年, 我田引水, 內憂外患
07	②	문학-작품의 내용 파악	86%	조세희 〈난장이가 쏘아 올린 작은 공〉	17	①	비문학-세부 내용 파악	80%	
08	③	비문학-관점과 태도 파악	82%		18	③	문학-인물의 심리, 화자의 정서	85%	양귀자 〈비 오는 날이면 가리봉동에 가야 한다〉
09	④	문학-작품의 종합적 감상	79%	이달 〈제총요〉	19	④	비문학-내용 추론	81%	
10	④	어휘-한자어	44%	盟誓	20	③	비문학-내용 추론	75%	

---

01 어법 문장 (문장의 짜임) 난이도 ★★☆

해설 ③ '해진이는 울산에 산다'와 '초희는 광주에 산다'라는 두 문장이 연결 어미 '-고'를 통해 대등하게 이어진 문장으로, 안긴문장이 없다.

오답 분석 ① ② ④는 모두 안긴문장이 포함되어 있다.
① '동생이 시험에 합격하기'가 명사절로 안긴 문장이다.
② '(영호가) 착한'이 관형절로 안긴 문장이다.
④ '내일 가족 여행을 가자고'가 인용절로 안긴 문장이다.

02 어휘 표기상 틀리기 쉬운 어휘 난이도 ★★★

해설 ① 골아떨어졌겠지(×) → 곯아떨어졌겠지(○): '몹시 곤하거나 술에 취하여 정신을 잃고 자다'를 뜻하는 말은 '곯아떨어지다'이므로 '곯아떨어졌겠지'가 바른 표기이다.

오답 분석 ② 책깨나(○): 이때 '깨나'는 어느 정도 이상의 뜻을 나타내는 보조사이다.
③ 곤욕과(○): 이때 '곤욕'은 '심한 모욕. 또는 참기 힘든 일'을 의미한다.
④ 그러고 나서(○): 이때 '그러고'는 동사 '그리하다'의 활용형 '그리하고'가 줄어든 말로, '그렇게 하고'라는 뜻이다. 또한 '나다'는 동사 뒤에서 '-고 나다'의 구성으로 쓰여 앞말이 뜻하는 행동이 끝났음을 나타내는 보조 동사로 앞말과 띄어 쓴다.

03 어법 올바른 문장 표현 난이도 ★☆☆

해설 ④ 그는 ~ 말을 하였다(○): 주어와 서술어, 목적어와 서술어의 호응이 자연스러운 문장이다.

오답 분석 ① 강조하고 싶은 점은 ~ 가졌다(×) → 강조하고 싶은 점은 ~ 가졌다는 것(점)이다(○): 주어부 '강조하고 싶은 점은'과 서술부 '가졌다'의 호응이 적절하지 않은 문장이다. 따라서 서술부를 '가졌다는 것(점)이다'로 고쳐 써야 한다.

② 함께한 일은 즐거운 시간이었다(×) → 함께한 시간은 즐거웠다(○): 주어 '일은'과 서술어 '시간이었다'의 호응이 적절하지 않은 문장이다. 따라서 '함께한 시간은 즐거웠다'로 고쳐 써야 한다.
③ 내 생각은 ~ 좋겠다고 결정했다(×) → 나는 ~ 좋겠다고 결정했다(○): 주어 '내 생각은'과 서술어 '결정했다'의 호응이 적절하지 않은 문장이다. 따라서 주어를 '나는'으로 고쳐 써야 한다.

04 어법 올바른 문장 표현 난이도 ★☆☆

해설 ④ ② '구속하다'에는 이미 동작의 대상에게 행위의 효력이 미친다는 의미가 포함되어 있으므로 사동의 뜻을 더하는 접미사 '-시키다'와 함께 쓰는 것은 적절하지 않다.
• 구속하다: 법원이나 판사가 피의자나 피고인을 강제로 일정한 장소에 잡아 가두다.

오답 분석 ① ㉠ '기간'과 '동안'은 서로 의미가 중복되므로 '공사하는 기간에는' 혹은 '공사하는 동안'으로 고쳐 쓰는 것이 적절하다.
• 기간: 어느 때부터 다른 어느 때까지의 동안
• 동안: 어느 한때에서 다른 한때까지 시간의 길이
② ㉡ '회의를 가지다'는 영어의 'have a meeting'을 직역한 표현이므로 '회의하겠습니다'로 고쳐 쓰는 것이 적절하다.
③ ㉢ '열려져'는 '열-+-리-+-어지(다)-+-어'의 구성으로, 피동을 나타내는 문법 요소가 두 번 사용된 이중 피동 표현이다. 따라서 '열려'로 고쳐 쓰는 것이 적절하다.

05 어법 한글 맞춤법 (사전 등재 순서) 난이도 ★★☆

해설 ② 제시된 단어들은 모두 첫 글자의 초성(ㄱ)이 동일하므로 모음과 받침 글자를 통해 사전 등재 순서를 판단해야 한다. 모음의 등재 순서는 'ㅗ → ㅘ → ㅠ'이고, 받침 글자의 등재 순서는 'ㄼ → ㅅ → ㅇ'이므로 ②㉠'곬' → ㉢'곳간' → ㉣'광명' → ㉡'규탄'의 순서가 적절하다.

사전 등재 순서를 알아두자.

자음	ㄱㄲㄴㄷㄸㄹㅁㅂㅃㅅㅆㅇㅈㅉㅊㅋㅌㅍㅎ
모음	ㅏㅐㅑㅒㅓㅔㅕㅖㅗㅘㅙㅚㅛㅜㅝㅞㅟㅠㅡㅢㅣ
받침 글자	ㄱㄲㄳㄴㄵㄶㄷㄹㄺㄻㄼㄽㄾㄿㅀㅁㅂㅄㅅㅆ ㅇㅈㅊㅋㅌㅍㅎ

---

06 **어휘** 관용 표현, 한자어 (한자어의 의미)　　난이도 ★★☆

해설　① '오지랖이 넓다'는 '쓸데없이 지나치게 아무 일에나 참견하는 면이 있다'라는 뜻의 관용구로, ① '謁見(알현)'의 의미와 거리가 멀다.
　　• 謁見(알현: 뵐 알, 뵈올 현): 지체가 높고 귀한 사람을 찾아가 뵘

오답　② 干涉(간섭: 방패 간, 건널 섭): 직접 관계가 없는 남의 일에 부당하게
분석　　참견함
　　③ 參見(참견: 참여할 참, 볼 견): 자기와 별로 관계없는 일이나 말 등에 끼어들어 쓸데없이 아는 체하거나 이래라저래라 함
　　④ 干與(간여: 방패 간, 더불 여): 어떤 일에 간섭하여 참여함

---

07 **문학** 작품의 내용 파악　　난이도 ★☆☆

해설　② 2문단에서 '아버지'는 가족들의 바람을 수용하여, 새로운 일(서커스단의 일)의 시작을 포기했다는 것을 알 수 있다. 따라서 평생 해 온 일을 그만두고 새로운 일을 시작하기로 결심했다는 ②의 설명은 적절하지 않다.

오답　① '나'와 식구들은 모두 일을 했지만 1문단 끝에서 1~2번째 줄을 통
분석　　해 그들이 아무리 애써도 윤택한 삶을 누리기 어려웠음을 알 수 있다.
　　③ 3문단에서 '나'와 가족이 속한 구역에서 한 걸음도 밖으로 나갈 수 없다는 내용을 통해 '보이지 않는 보호'는 벗어날 수 없는 계층적 한계를 의미한다는 것을 알 수 있다.
　　④ 4문단에서 '나'와 동생들은 세상이 공부를 한 자와 못 한 자로 나누어져 있으므로, 자신들의 '구역'에서 벗어날 방법은 공부를 하는 것이라고 여기고 있음을 확인할 수 있다.

---

08 **비문학** 관점과 태도 파악　　난이도 ★☆☆

해설　③ 글쓴이는 사람이 개입되는 것은 사물 인터넷이 아니라는 의견과 사물의 지능성을 중요시하는 생각이 모두 그릇되었다고 말한다. 따라서 ③은 글쓴이의 견해에 부합하지 않는 내용이다.
　　[관련 부분] 혹자는 사람이 개입되는 것은 사물 인터넷이 아니라고 이야기하면서 ~ 사물의 지능성을 중요시하는 경우도 있는데, 두 가지 모두 그릇된 것이다.

오답　① 2문단 끝에서 4~6번째 줄을 통해 알 수 있다.
분석　　[관련 부분] 사물 인터넷을 제대로 이해하려면 기존 인터넷과의 차이점에 주목하기보다는 오히려 공통점을 인식하는 것이 더 중요하다.
　　② 1문단 끝에서 1~4번째 줄을 통해 알 수 있다.
　　[관련 부분] 전원이 없었던 일반 사물들은 새롭게 센서와 배터리, 통신 모듈이 부착되면서 컴퓨터가 되고 이렇게 컴퓨터가 된 사물들이 그들 간에 또는 인간의 스마트 기기와 네트워크로 연결되는 것이다.

---

④ 2문단 끝에서 1~4번째 줄을 통해 알 수 있다.
　　[관련 부분] 컴퓨터를 서로 연결하는 수준에서 출발한 것이 기존의 인터넷이라면, 이제는 사물 각각이 컴퓨터가 되고, 그 사물들이 사람과 손쉽게 닿는 스마트폰, 스마트 워치 등과 서로 소통하는 것이다.

---

09 **문학** 작품의 종합적 감상 (한시)　　난이도 ★★☆

해설　④ 제시된 작품은 전반부와 후반부 모두 장면의 묘사로만 이루어져 있다. 참고로 후반부인 4행의 늙은이가 취해 돌아오는 모습에서 죽은 자에 대한 늙은이의 안타까운 정서를 느낄 수 있으나, 이는 장면 묘사를 통해 간접적으로 정서가 제시된 것일 뿐 직접적으로 정서를 표출했다고 보기 어렵다. 따라서 선경후정의 형식을 취하고 있다는 ④의 설명은 적절하지 않다.

오답　① 3~4행에서 해질 무렵 제사를 끝내고 돌아오는 늙은이를 아이가
분석　　부축하고 있음을 알 수 있다.
　　② 〈보기〉를 통해 작가가 임진왜란을 겪었다는 것을 알 수 있다. 따라서 무덤이 들밭머리에 늘어서 있다는 표현은 전란을 겪은 마을 사람들이 갑작스러운 죽음을 맞이했다는 것으로 해석할 수 있다.
　　③ 제사를 끝내고 돌아오는 할아버지가 취한 까닭은 죽은 이에 대한 안타까움과 속상함 때문일 것으로 추측할 수 있다.

---

10 **어휘** 한자어 (한자어의 표기)　　난이도 ★★☆

해설　④ 한자 표기가 옳은 것은 ④ ② '盟誓(맹세)'이다.
　　• 盟誓(맹세: 맹세 맹, 맹세할 서): 일정한 약속이나 목표를 꼭 실천하겠다고 다짐함

오답　① ⑦ 逃戰(도망할 도, 싸움 전)(×) → 挑戰(돋울 도, 싸움 전)(○): '정면으
분석　　로 맞서 싸움을 걺'을 뜻하는 '도전'의 '도'는 '挑(돋울 도)'를 써야 한다.
　　② ⓒ 持地(가질 지, 땅 지)(×) → 支持(지탱할 지, 가질 지)(○): '어떤 사람이나 단체 등의 주의·정책·의견 등에 찬동하여 이를 위하여 힘을 씀'을 뜻하는 '지지'는 각각 '支(지탱할 지)'와 '持(가질 지)'로 써야 한다.
　　③ ⓒ 浸黙(잠길 침, 잠잠할 묵)(×) → 沈默(잠길 침, 잠잠할 묵)(○): '아무 말도 없이 잠잠히 있음. 또는 그런 상태'를 뜻하는 '침묵'의 '침'은 '沈(잠길 침)'을 써야 한다. 참고로 '沈(잠길 침)'과 '浸(잠길 침)'은 형태는 다르나 뜻이 같은 이체자(이형동의자)이다.

---

11 **비문학** 화법 (말하기 전략)　　난이도 ★☆☆

해설　② '정민'은 작년에 짝꿍과 사이가 좋지 않았던 자신의 경험을 바탕으로 '상수'가 직면한 문제를 해결할 수 있도록 돕고 있다. 따라서 답은 ②이다.

---

12 **비문학** 논지 전개 방식　　난이도 ★☆☆

해설　① 온실 효과로 기온이 상승하면(원인) 해수면이 상승하여 기후가 변하거나 섬나라와 저지대가 물에 잠기게 됨(결과)을 '인과'의 방법으로 설명하고 있다.

오답　② • 정의: 핵심 용어인 제로섬(zero-sum)의 개념 설명
분석　　• 예시: 제로섬(zero-sum)에 대해 운동 경기를 예로 들어 설명

③ 서사: 시간에 흐름의 따른 찬호의 행동에 초점을 두어 진술
④ 묘사: 소읍의 전경을 그림을 그리듯이 구체적으로 진술

👍 이것도 알면 **합격!**

논지 전개 방식을 알아두자.

인과	어떤 결과를 가져온 원인과 그로 인해 초래된 결과에 초점을 두는 진술 방식 📝 경제 성장이 둔화되었기 때문에 일자리가 늘지 않았다.	
정의	용어의 뜻을 분명하게 규정하는 방식 📝 초는 불빛을 내는 데 쓰는 물건이다.	
예시	사례를 들어 일반적이거나 추상적인 원리, 법칙, 진술을 구체화하는 방식 📝 개미는 냄새로 서로 의사소통을 한다. 예를 들어, 먼 장소에 먹이가 있다면 개미는 '페로몬'이라는 화학 물질을 이용하여 냄샛길을 만들고 다른 개미가 그 길을 따라 오도록 만든다.	
서사	일정한 시간 내에 일어나는 일련의 행동이나 시간의 흐름에 따라 전개되는 사건에 초점을 두는 진술 방식 📝 나는 살금살금 발소리를 죽여 가며 창가로 다가가서, 누군지 모를 여학생의 팔을 살짝 꼬집었다. 그러고는 얼른 창문에 바짝 붙어 섰다.	
묘사	대상을 그림 그리듯이 구체적으로 진술하는 방식 📝 친구의 얼굴은 달걀형이고 귀가 크며 곱슬머리이다.	
비교	사물의 비슷한 점을 밝혀내어 설명하는 방식 📝 야구는 축구처럼 공을 가지고 하는 경기이다.	
대조	사물의 차이점을 밝혀내어 설명하는 방식 📝 동사와 형용사는 모두 용언이지만 동사는 주어의 동작을, 형용사는 주어의 성질을 나타낸다.	
분석	하나의 관념이나 대상을 그 구성 요소로 나누어 진술하는 방식 📝 식물은 뿌리, 줄기, 잎, 꽃으로 구성되어 있다.	
유추	친숙한 대상의 특징을 제시하고 이와 일부 속성이 일치하는 다른 대상도 그러한 특징을 가질 것이라고 비교하여 설명하는 방식 📝 척박한 환경에서는 몇몇 특별한 종들만이 득세한다는 점에서 자연 생태계와 우리 사회는 닮았다.	

13 비문학 화법 (말하기 전략) 난이도 ★☆☆

해설 ② 진행자 'A'는 상대방인 'B'가 '의약품 공급 정보망 구축 사업'에 대한 여러 가지 정보를 제공할 수 있도록 질문하여 답변을 유도할 뿐, 'B'의 대답에서 모순점을 찾거나 이에 논리적으로 대응하는 모습은 보이지 않는다.

오답 분석 ① 'A'는 '그렇군요', '네, 간편해서 좋군요'와 같이 답하는 것을 통해 상대방의 말을 듣고 있다는 반응을 보이고 있다.
③ 제시된 대화의 화제는 '의약품 공급 정보망 구축 사업'이다. 'A'는 화제와 관련된 용어의 개념, 사업 성과의 이유, 사업에 참여하는 방법 등을 질문하여 'B'가 진행하는 사업을 홍보할 수 있도록 대답을 유도하고 있다.
④ '의약품 공급 정보망 구축 사업'의 걸림돌에 대한 'B'의 답변 내용을 대화의 흐름에 맞게 해석하고 보충하고 있다.
[관련 부분] 그러니까 앞으로 이런 문제를 해결하기 위한 제도 정비나 의료 전문가의 지원이 좀 더 필요하다는 말씀인 것 같군요.

14 문학 작품의 내용 파악 난이도 ★★☆

해설 ③ 제시된 작품의 끝에서 4~6번째 줄에서 천사가 벼락을 내린 배나무를 용이 쓰다듬자 소생하였다는 것을 알 수 있고, 끝에서 1~3번째 줄을 통해 그 나무가 근래에 들어 쓰러지자 이를 어떤 이가 빗장 막대기로 만들어 선법당과 식당에 두었다는 것을 알 수 있다. 따라서 벼락 맞은 배나무로 만든 막대기가 글쓴이의 당대까지 전해지고 있다는 것을 파악할 수 있다.

오답 분석 ① 끝에서 3~6번째 줄을 통해 천사의 벼락을 맞은 배나무는 용의 쓰다듬음으로 인해 소생하였거나 보양 스님의 주문으로 인해 소생하였음을 알 수 있다.
② 끝에서 5~8번째 줄을 통해 천사는 실수로 배나무에 벼락을 내린 것이 아니라, 보양 스님이 가리킨 배나무를 이목이라고 여겨 벼락을 내렸음을 알 수 있다.
④ 3~6번째 줄을 통해 보양 스님은 이목에게 비를 내리게 하도록 시켰으며 비를 내리게 한 것은 이목임을 알 수 있다. 따라서 옥황상제가 벌하려던 사람은 보양 스님이 아닌 이목이다.

15 비문학 내용 추론 난이도 ★☆☆

해설 ③ 제시문은 구체적인 사례를 들어 우리나라의 일부 지역에서 특정한 발음이 구별되지 않는다는 것을 설명하고 있다. 이를 통해 ⊙에 들어갈 주장은 ③ '우리말에는 지역에 따라 구별되지 않는 소리가 있다'라는 것을 추론할 수 있다.
[관련 부분]
• 경상 지역 방언을 쓰는 사람들은 대체로 'ㅓ'와 'ㅡ'를 구별하지 못한다. ~ 이들은 'ㅅ'과 'ㅆ'을 구별하지 못하는 경우가 많다.
• 한편 평안도 및 전라도와 경상도의 일부에서는 'ㅗ'와 'ㅓ'를 제대로 분별해서 발음하지 않는 경우가 종종 있다.
• 평안도 사람들의 'ㅈ' 발음은 다른 지역의 'ㄷ' 발음과 매우 비슷하다.

오답 분석 ① 지역마다 구별되지 않는 소리가 있다는 것을 설명하고 있을 뿐, 지역마다 다양한 소리가 있음을 주장하는 것은 아니다.
② ④ 제시문을 통해 알 수 없는 내용이다.

16 비문학+어휘 내용 추론, 한자 성어 난이도 ★☆☆

해설 ② 제시문은 기술 혁신의 상징이었던 스마트폰이 진화의 한계에 봉착했으며, 스마트폰 이후 글로벌 산업을 주도하는 기업들도 영속 불멸하지 않을 것이라고 주장한다. 따라서 글의 통일성을 고려할 때 ⊙에 들어갈 문장으로 적절한 것은 ②이다.
• 권불십년(權不十年): '권세는 십 년을 가지 못한다'라는 뜻으로, 아무리 높은 권세라도 오래가지 못함을 이르는 말

오답 분석 ① 절치부심(切齒腐心): 몹시 분하여 이를 갈며 속을 썩임
③ 아전인수(我田引水): '자기 논에 물 대기'라는 뜻으로, 자기에게만 이롭게 되도록 생각하거나 행동함을 이르는 말
④ 내우외환(內憂外患): 나라 안팎의 여러 가지 어려움

17 비문학 세부 내용 파악

난이도 ★★☆

해설 ① 2~5번째 줄에 따르면 베르그송은 관객들이 자신의 감성을 침묵하고 지성만을 행사하는 가운데, 한 개인에게 나머지 관객의 모든 주의가 집중될 때 희극이 발생한다고 보았다. 따라서 희극을 관객의 감성이 집단적으로 표출된 결과로 본다는 ①의 설명은 글에 대한 이해로 적절하지 않다.

오답 ② 1~2번째 줄을 통해 알 수 있다.
분석   [관련 부분] 희극의 발생 조건에 대하여 베르그송은 집단, 지성, 한 개인의 존재 등을 꼽았다.

③ 7~9번째 줄을 통해 알 수 있다.
   [관련 부분] 웃음을 유발하는 단순한 형태의 직접적인 장치는 대상의 신체적인 결함이나 성격적인 결함을 들 수 있다.

④ 끝에서 4~6번째 줄에 제시된 프로이트의 말을 통해 알 수 있다.
   [관련 부분] 한 인물이 우리에게 희극적으로 보이는 것은 우리 자신과 비교해서 그 인물이 육체의 활동에는 많은 힘을 소비하면서 정신의 활동에는 힘을 쓰지 않는 경우이다.

18 문학 인물의 심리, 화자의 정서

난이도 ★☆☆

해설 ③ ㉠에서 '그'는 '임 씨'의 열 손가락에 박힌 굳은살(공이)을 보고, 자신의 일에 최선을 다하지만 지하실 단칸방에 사는 '임 씨'에게 안타까움과 연민의 정서를 느끼고 있다. ③에서도 일을 하느라 날이 저물도록 돌아오지 못하는 남편의 고된 삶에 대한 화자의 연민과 안타까움의 정서가 느껴지므로, ㉠과 가장 유사한 정서가 드러나는 것은 ③이다.

오답 ① 생동감 넘치는 아침 이미지에 대한 경외감이 드러난다.
분석
② '혼자서', '작은 새'라는 시어를 통해 외로운 존재의 고독감을 드러내고 있다.

④ 눈을 감아도 보이는 고향의 정경을 회상하는 것을 통해 고향에 대한 그리움을 드러내고 있다.

👍 이것도 알면 **합격!**

제시된 작품들의 주제와 특징을 알아두자.

지문	양귀자, '비 오는 날이면 가리봉동에 가야 한다'	주제	소시민들 사이에 벌어지는 일상의 갈등과 화해
		특징	• 실제 공간을 배경으로 소시민들의 삶을 사실적으로 그려 냄 • 등장인물의 대화와 행동을 중심으로 사건을 전개함
①	박남수, '아침 이미지 1'	주제	즐겁고 생동감 넘치는 아침의 이미지
		특징	• 시간적 순서에 따라 시상이 전개됨 • 의인법과 절제된 어조를 사용함 • 공감각적 심상을 통해 생동감 넘치는 아침의 모습을 묘사함
②	김소월, '산유화'	주제	존재의 근원적 고독
		특징	• 종결 어미 '-네'를 통해 각운의 효과를 얻고 감정의 절제를 보여 줌 • 3음보를 여러 행에 걸쳐 배열하거나 한 행에 배열함
③	김창협, '산민(山民)'	주제	백성들의 힘겨운 삶과 관리들의 횡포
		특징	• 고통스러운 삶을 사는 백성들에 대한 연민과 애정의 시선이 느껴짐 • 지배 계층에 대한 비판적 관점이 드러남
④	김상옥, '사향(思鄕)'	주제	고향에 대한 그리움
		특징	• 다양한 감각적 심상을 사용함 • '현재 – 과거 – 현재'의 역순행적 구성

19 비문학 내용 추론

난이도 ★☆☆

해설 ④ 기존의 사무실 적정 실내 온도가 비교적 낮게 설정된 것은 특정 몸무게와 연령대의 성인 남성을 표준으로 삼아 측정된 자료를 활용했기 때문이다. 따라서 사무실 적정 실내 온도는 근무자들의 연령대와 성별 등의 신체 조건을 고려하여 조정하는 것이 바람직하다는 것을 추론할 수 있으므로 모든 공공 기관 사무실의 적정 실내 온도를 일률적으로 높이는 것은 적절하지 않다.

오답 ① 3문단을 통해 특정 연령대 성인 남성의 몸을 표준으로 삼은 '표준화된 신체'는 나머지 대상의 특성까지 대표하지 못한다는 것을 알 수 있다. 따라서 하나의 표준을 정하기보다 다양한 대상을 선정해서 의학적 연구를 하는 것이 바람직하다는 것을 추론할 수 있다.

② 1문단을 통해 현재 우리가 알고 있는 의학 지식 중에는 특정 표준 대상만을 연구한 결과인 것이 있음을 알 수 있다. 따라서 앞으로 의학 지식을 활용하려면 연구한 대상에 대한 논의가 추가적으로 필요하다는 것은 시사점으로 볼 수 있다.

③ 3문단을 통해 '표준화된 신체'의 기준을 여성이나 다른 연령대의 남성에게도 적용하는 것은 무리가 있으므로 근무 환경을 조성할 때 근무자들의 성별이나 연령대를 고려하는 것이 바람직하다는 것을 알 수 있다.

20 비문학 내용 추론

난이도 ★★☆

해설 ③ 제시문에서 아우슈비츠를 소재로 한 드라마의 한 장면이 낭독되었을 때는 관객들의 열렬한 공감을 이끌어 냈지만 셰익스피어의 희곡이 낭독되었을 때는 관객들의 공감을 얻지 못했음을 알 수 있다. 따라서 훌륭한 고전이라고 해서 ㉠ '연극에서의 관객의 공감'을 불러일으킬 수 있는 것은 아니라는 점을 추론할 수 있다.

오답 ① 전문 배우가 유려하게 희곡의 대사를 낭독했지만 관객의 공감은 분석   이끌어내지 못했으므로, 배우의 연기력이 관객의 공감을 좌우한다고 볼 수 없다.

② 전문 배우가 낭독한 대본 역시 비참한 죽음을 다룬 비극적인 소재임에도 불구하고 관객의 공감을 일으키지 못했음을 알 수 있다.

④ 역사적 사실의 발생 시기에 따라 관객의 공감 가능성이 달라진다는 내용은 제시문에 드러나지 않는다.

정답 및 취약점 확인

p.39

문항	정답	출제 포인트	정답률	약점 개념 확인	문항	정답	출제 포인트	정답률	약점 개념 확인
01	②	어법-단어	76%	동사와 형용사의 구분	11	③	어법-문장	69%	높임 표현
02	①	비문학-화법	85%	토론의 논제	12	②	문학-작품의 종합적 감상	74%	신동엽 〈이야기하는 쟁기꾼의 대지〉
03	③	문학-작품의 종합적 감상	86%	이강백 〈파수꾼〉	13	③	문학-서술상의 특징	88%	서술자의 개입 (편집자적 논평)
04	④	비문학-화법	74%	공감적 듣기	14	④	문학-작품의 종합적 감상	76%	황순원 〈목넘이 마을의 개〉
05	①	어법-말소리	84%	교체, 첨가, 축약, 탈락	15	③	비문학-내용 추론	86%	
06	④	비문학-화법	83%		16	③	비문학-글의 전략 파악	85%	정의, 예시
07	④	문학-문학의 미적 범주	76%	골계미	17	①	비문학-관점과 태도 파악, 내용 추론	68%	
08	①	비문학-글의 구조 파악	84%		18	④	비문학-세부 내용 파악	86%	
09	④	문학-시어의 의미	85%	박인로 〈누항사〉	19	②	어법-의미	52%	의미 변화의 유형
10	②	혼합-화자의 정서 및 태도, 한자 성어	60%	琴瑟之樂, 輾轉不寐, 錦衣夜行, 麥秀之嘆	20	③	비문학-글의 전략 파악	75%	

---

01 어법 단어 (품사의 구분)

난이도 ★★☆

해설 ② 밑줄 친 단어의 품사가 같은 것끼리 묶인 것은 ②로, 두 단어 모두 동사이다. (동사와 형용사의 구분 방법: 관련 설명 143p)

- ⓒ **크지 못한다**: 이때 '크지'는 '동식물이 몸의 길이가 자라다'라는 뜻으로, 현재 시제 선어말 어미 '-ㄴ-'의 결합이 가능하므로 (나무가 잘 큰다 ○) 동사이다.
- ⓔ **홍수가 나서**: 이때 '나서'는 '홍수, 장마 등의 자연재해가 일어나다'라는 뜻으로, 현재 시제 선어말 어미 '-ㄴ-'의 결합이 가능하므로(홍수가 난다 ○) 동사이다.

오답 분석
- ㄱ **성격이 다른**: 이때 '다른'은 '비교가 되는 두 대상이 서로 같지 않다'를 뜻하는 형용사 '다르다'의 어간에 관형사형 어미 '-ㄴ'이 붙은 활용형이므로 품사는 형용사이다.
- ⓓ **허튼 말**: 이때 '허튼'은 '쓸데없이 헤프거나 막된'이라는 뜻으로 체언 '말'을 수식한다. 또한 형태가 고정되고 서술성이 없으므로 품사는 관형사이다.
- ⓜ **사랑이 아닐까**: 이때 '아닐까'는 '물음이나 짐작의 뜻'을 나타내는 형용사 '아니다'의 어간에 어떤 일에 대한 물음이나 추측을 나타내는 종결 어미 '-ㄹ까'가 붙은 활용형이므로 품사는 형용사이다.

---

02 비문학 화법 (토론의 논제)

난이도 ★☆☆

해설 ① '~해야 한다'라는 긍정 평서문으로 제시되고, 징병제도 유지와 폐지로 찬성과 반대의 대립이 분명하게 나타난다. 또한 쟁점이 '징병제도 유지' 하나이고, 찬성이나 반대 어느 한 편에 유리하게 작용하는 정서적 표현을 사용하고 있지 않으므로 제시된 조건을 모두 만족하는 토론의 논제는 ①이다.

오답 분석 ② 두 번째, 세 번째, 네 번째 조건은 모두 만족하지만, '~을 개선할 수는 없다'와 같이 긍정 평서문으로 제시되어 있지 않으므로 첫 번째 조건에 맞지 않다.

③ 첫 번째, 두 번째, 세 번째 조건은 모두 만족하지만, '야만적인'과 같이 찬성 편에 유리하게 작용하는 정서적 표현을 사용하고 있으므로 네 번째 조건에 맞지 않다.

④ 첫 번째, 두 번째, 네 번째 조건은 모두 만족하지만, '내신 제도'와 '논술 시험' 두 가지 쟁점이 제시되어 있으므로 세 번째 조건에 맞지 않다.

👍 이것도 알면 합격!

토론의 논제에 대해 알아두자.

1. 조건
   - 논제란 토론의 주제를 일컫는 것으로, 긍정과 부정의 두 입장이 뚜렷하게 구분되어야 함
   - 하나의 주장만을 포함하는 긍정 명제여야 함
   - 쟁점은 하나여야 함
   - 긍정과 부정의 두 입장 중 어느 한 편에 유리하게 작용하는 정서적 표현을 사용해서는 안 됨

2. 종류

사실 논제	사실의 진위 여부를 논하는 논제 예 강력한 음주 운전 단속은 사고 예방에 효과가 있다.
가치 논제	가치관이나 시각의 차이를 중요시하는 철학적인 논제 예 음주 운전 단속보다 음주 운전 방지 제도가 더 중요하다.
정책 논제	특정 정책을 두고 그것을 시행해야 하느냐 하지 말아야 하느냐에 대해 논하는 논제 예 음주 운전 기습 단속 제도는 폐지해야 한다.

---

03 문학 작품의 종합적 감상 (극)

난이도 ★☆☆

해설 ③ 5~6번째 줄을 통해 해설자는 무대 위의 파수꾼을 소개하고 있음을 알 수 있다. 이때 해설자는 파수꾼을 소개하기 위해 '나의 늙으신 아버지' 역시 파수꾼의 이야기를 들은 적이 있다고 이야기했을 뿐, 무대 위의 아버지를 소개하고 있지는 않으므로 ③의 설명은 적절하지 않다.

① 1~2번째 줄에서 알 수 있는 내용이다.

오답 분석

② 3~5번째 줄을 통해 연극의 진행에 따라 '황혼'에서 '아침'으로 시간적 배경이 달라짐을 알 수 있다.

④ 끝에서 4번째 줄을 통해 파수꾼은 그림자의 모습으로만 나타나므로 얼굴을 알 수 없음을 확인할 수 있다.

👍 **이것도 알면 합격!**

이강백, '파수꾼'의 주제와 특징을 알아두자.

1. 주제: 진실을 향한 열망과 진실이 통하지 않는 사회의 비극
2. 특징
   • 이솝 이야기를 모티프로 하여 1970년대 정치 현실을 우의적으로 표현함
   • 상징적 소재와 인물을 등장시켜 주제를 효과적으로 형상화함

04 비문학 화법 (공감적 듣기) 난이도 ★★☆

해설 ④ 수빈은 정아의 말에 공감하며 마음을 위로할 뿐, 정아의 말을 자신의 처지로 바꾸어 의미를 재구성하고 있지는 않으므로 ④의 설명은 적절하지 않다. (공감적 듣기: 관련 설명 44p)

오답 분석

① '정말?'과 같이 맞장구치는 표현과 '팀장님 질문에 대답을 못했구나'와 같이 상대의 말을 재진술하는 표현을 통해 수빈은 정아의 말에 주의 집중하고 있음을 알 수 있다.

② '무슨 일이 있었는지 자세히 말해봐'를 통해 수빈은 정아가 계속해서 말을 할 수 있도록 격려하고 있음을 알 수 있다.

③ '처음 하는 프레젠테이션이라 정아 씨가 긴장을 많이 했나 보다'를 통해 수빈은 정아가 긴장한 원인을 추측하여 위로함으로써 정아의 혼란스러운 감정을 정아 스스로 정리하게끔 도와주고 있음을 알 수 있다.

05 어법 말소리 (음운의 변동) 난이도 ★☆☆

해설 ① 부엌일(ⓐ교체, ⓑ첨가): '부엌일[부억일 → 부억닐 → 부엉닐]'에서 '엌'의 받침 'ㅋ'은 음절 말에서 [ㄱ]으로 발음하는 음절의 끝소리 규칙(교체)이 일어난다. 또한 합성어에서 앞 단어의 끝이 자음 'ㄱ'이고 뒤 단어의 첫 음절이 'ㅣ'인 경우 'ㄴ' 음을 첨가하여 발음하므로 'ㄴ' 첨가(첨가)가 일어난 [부억닐]로 발음한 후, 'ㄱ'이 비음 'ㄴ'을 만나 비음 [ㅇ]으로 발음하는 비음화(교체)가 나타난다. 따라서 답은 ①이다.

👍 **이것도 알면 합격!**

음운 변동의 유형을 알아두자.

교체 (대치)	원래의 음운이 다른 음운으로 바뀜 예 음절의 끝소리 규칙, 자음 동화, 구개음화, 모음 동화, 된소리되기
탈락	원래 있던 음운이 없어짐 예 자음군 단순화, 'ㄹ' 탈락, 'ㅎ' 탈락, 'ㅡ' 탈락, 동음 탈락
축약	두 개의 음운이나 음절이 하나의 음운이나 음절로 합쳐짐 예 자음 축약, 모음 축약
첨가	이미 있는 것에 새로운 음운이 덧붙음 예 사잇소리 현상

06 비문학 화법 (말하기 전략) 난이도 ★☆☆

해설 ④ 반대 측은 '학교 폭력을 방관한 학생에게도 책임을 물어야 한다'라는 논제에 대해 '과연 누구까지를 학교 폭력의 방관자라고 규정지을 수 있을까요?'라고 의문을 제기하며 학교 폭력을 방관한 학생에게 책임을 물을 수 없다는 주장을 강화하고 있다. 따라서 토론자들의 말하기 방식에 대한 설명으로 가장 적절한 것은 ④이다.

07 문학 문학의 미적 범주 난이도 ★★☆

해설 ④ 괄호 안에 들어갈 단어를 순서대로 나열하면 'ⓐ골계(滑稽) – ⓑ풍자(諷刺) – ⓒ해학(諧謔)'이므로 답은 ④이다.

• ⓐ: 풍자와 해학을 모두 포괄하면서, '있어야 할 것'을 부정하고, '있는 것'을 긍정하는 미적 범주가 들어가야 하므로 ⓐ에는 '골계'가 들어가야 한다.

• ⓑ, ⓒ: 풍자와 해학은 모두 웃음을 불러일으키기 위한 문학적 장치라는 점에서 유사하나, 대상을 바라보는 시선에서 차이가 있다. 풍자는 대상이 지닌 결점이나 악행을 부정적인 것으로 인식하고 이를 비판적인 시선으로 바라보며 웃음을 유발하는 반면, 해학은 대상을 비판 또는 비난의 시선으로 바라보기 전에 대상에 대해 호감과 연민을 느끼게 하여 웃음을 유발한다. 따라서 '있어야 할 것'을 깨뜨리는 것에 집중하는 ⓑ에는 '풍자'가, '있는 것'이 지닌 긍정에 관심을 집중하는 ⓒ에는 '해학'이 들어가야 한다.

👍 **이것도 알면 합격!**

문학의 미적 범주에 대해 알아두자.

'있는 것(현실)'과 '있어야 할 것(이상)'이 어떤 관계를 맺고 있느냐에 따라, 미적 범주를 '숭고미, 우아미, 비장미, 골계미'의 네 가지로 분류한다.

숭고미	• 고고한 정신의 경지를 체험할 수 있게 해 주는 미의식 • 현실을 자신이 바라는 이상과 일치시키려는 상황에서 드러남
우아미	• 고전적인 기품과 멋을 드러내는 미의식 • 현실이 이상과 융합되어 일치하는 상황에서 드러남
비장미	• 슬픔이 극에 달한 상태나 한의 정서 표출로 인해 형상화되는 미의식 • 현실과 이상이 조화를 이루지 못해 어긋나는 상황에서 드러남
골계미	• 풍자나 해학 등의 수법에 의해 우스꽝스러운 상황이나 인간상을 구현하는 미의식 • 현실의 규범이나 부정적인 대상을 비판하거나 추락시켜 웃음을 자아냄

08 비문학 글의 구조 파악 (문장 배열) 난이도 ★☆☆

해설 ① 제시문에서 ⓐ의 앞 문장은 선진 경제에서 뉴스가 종교를 대체하며, 정확하게 '교회의 시간 규범'을 따른다는 내용을 담고 있다. <보기>는 ⓐ 앞의 내용에 대한 예시이자 부연 설명이므로 <보기>는 ⓐ에 들어가는 것이 가장 적절하다. 따라서 답은 ①이다.

09 문학 시어의 의미 난이도 ★☆☆

해설 ④ 제시된 부분은 시적 화자가 이웃집에 소를 빌리러 갔다가 거절당한 상황을 노래한 부분이다. 이때 ㉠'개'는 소를 빌리지 못하고 풍채 적은 형용을 하고 있는 시적 화자를 향해 짖어 대 화자의 초라함을 부각시키는 존재이고, ㉡'대승'은 가난하여 밭을 가는 것이 어려운 처지에 놓인 시적 화자의 한을 돋우고 있으므로 화자의 수심을 깊게 하는 존재이다. 따라서 답은 ④이다.

지문 풀이 헌 모자를 숙여 쓰고 축 없는 짚신을 신고 맥없이 어슬렁어슬렁 물러나오니 풍채 적은 내 모습에 개만 짖을 뿐이로다. 누추한 집에 들어간들 잠이 와서 누워 있겠느냐. 북창에 기대 앉아 새벽을 기다리니 무정한 오디새는 나의 한을 돋는구나. 아침이 끝날 때까지 슬퍼하며 먼 들을 바라보니 즐기는 농가도 흥 없이 들리는구나. 세상 물정을 모르는 한숨은 그칠 줄을 모른다. － 박인로, '누항사'

10 문학 + 어휘 화자의 정서 및 태도, 한자 성어 난이도 ★★☆

해설 ② 제시된 작품에서 시적 화자는 사랑하는 임이 오기만을 애타게 기다리며 밤에 잠을 이루지 못하고 있다. 이러한 시적 화자의 상황을 적절하게 표현한 한자 성어는 ② '輾轉不寐(전전불매)'이다.
   • 輾轉不寐(전전불매): 누워서 몸을 이리저리 뒤척이며 잠을 이루지 못함

오답 분석 ① 琴瑟之樂(금슬지락): 부부간의 사랑
③ 錦衣夜行(금의야행): 1. '비단옷을 입고 밤길을 다닌다'라는 뜻으로, 자랑삼아 하지 않으면 생색이 나지 않음을 이르는 말 2. 아무 보람이 없는 일을 함을 이르는 말
④ 麥秀之嘆(맥수지탄): 고국의 멸망을 한탄함을 이르는 말

11 어법 문장 (높임 표현) 난이도 ★★☆

해설 ③ 괄호 안에는 상대 · 주체 · 객체 높임법이 모두 쓰인 문장이 들어가야 하므로 답은 ③이다.
   • 상대 높임법: 하십시오체 종결 어미 '-습니다'를 사용하여 대화의 상대를 높임
   • 주체 높임법: 서술의 주체인 '어머니'를 높이기 위해 높임의 주격 조사 '께서'와 주체 높임 선어말 어미 '-시-'를 사용함
   • 객체 높임법: 서술의 객체인 '아주머니'를 높이기 위해 부사격 조사 '께'와 객체를 높이는 특수 어휘 '드리다'를 사용함

오답 분석 ① 높임의 주격 조사 '께서'와 주체 높임 선어말 어미 '-시-'를 사용하여 서술의 주체인 '아버지'를 높이고, 객체를 높이는 특수 어휘 '모시다'를 사용하여 서술어의 객체인 '할머니'를 높였으나 대화의 상대를 높인 표현은 나타나지 않는다.
② 해요체 종결 어미 '-아요'를 사용하여 대화의 상대를 높이고, 높임의 부사격 조사 '께'와 객체를 높이는 특수 어휘 '드리다'를 사용하여 서술의 객체인 '어머니'를 높였으나 서술어의 주체를 높인 표현은 나타나지 않는다.

④ 하십시오체 종결 어미 '-ㅂ니다'를 사용하여 대화의 상대를 높이고, 높임의 주격 조사 '께서'와 주체 높임 선어말 어미 '-시-'를 사용하여 서술의 주체인 '여러분'을 높였으나 서술어의 객체를 높인 표현은 나타나지 않는다.

12 문학 작품의 종합적 감상 (시) 난이도 ★★☆

해설 ② 제시된 작품의 3~5연에서 시적 화자는 '큰 집단, 큰 체계'가 악을 만들고 형식을 강요하여 위조품을 모집한다고 하며 이에 대해 부정적인 인식을 드러내고 있다. 또한 시적 화자는 1연과 6연에서 전통, 조작된 권위를 의미하는 '국경', '탑', '울타리'를 바다로 몰아넣으라고 말하며 고전적인 질서를 거부하는 모습을 보이고 있다. 따라서 고전적인 질서를 통해 새로운 희망을 추구한다는 ②의 설명은 적절하지 않다.

오답 분석 ① '~하라'와 같은 단정적 어조의 사용을 통해 화자가 직설적인 어조로써 메시지를 전달하고 있음을 알 수 있다.
③ '국경, 탑, 울타리'와 같은 인위적인 것과 '안개, 바다, 날새, 바람, 햇빛'과 같은 자연적인 것이 대조적으로 제시되고 있다.
④ 1, 6연의 마지막 행에 농기구의 상징인 '가래'를 사용하여 체제 개혁을 역설하고 있다.

13 문학 서술상의 특징 난이도 ★☆☆

해설 ③ ㉠ ㉡ ㉣은 제시된 작품 속 상황에 대해 서술자가 개입하고 있는 부분인 반면 ㉢은 춘향이 도련님(이몽룡)을 그리워하며 직접 부르는 노래이므로 답은 ③이다. 참고로 제시된 작품 속 상황은 춘향을 데려오라는 변 사또의 명을 받고 사령과 군노들이 춘향의 집으로 가서, 춘향의 슬픈 노래를 듣고 감동을 받은 것이다.

14 문학 작품의 종합적 감상 (소설) 난이도 ★★★

해설 ④ 제시된 작품에서 간난이 할아버지는 신둥이에게 연민을 느끼고 일부러 신둥이가 도망칠 수 있도록 돕고 있다. 이때 동네 사람들이 빈틈을 낸 범인을 찾으려고 하자 동장네 절가가 '아즈반이웨다레(아저씨로구려)'라고 하며 간난이 할아버지를 지목하고 있으므로 ④의 설명은 옳지 않다.

오답분석
① 동네 사람들이 신둥이를 잡기 위해 달려들어 몽둥이를 내리치는 모습을 통해 토속적이면서 억센 삶의 현장을 그리고 있음을 알 수 있다.

② 새파란 불이란 눈앞에 있는 신둥이개 한 마리의 몸에서 나오는 것이 아니고 여럿의 몸에서 나오는 것이 합쳐진 것이라는 생각이 들었다는 서술을 통해 '새파란 불'이 새끼를 지키기 위한 신둥의 생의 욕구를 암시하고 있음을 알 수 있다.

③ 신둥이가 새끼를 밴 듯한 모습을 보고 간난이 할아버지가 새끼 밴 것을 차마 어찌할 수 없다고 생각하는 것을 통해 간난이 할아버지에게서 생명에 대한 외경을 느낄 수 있다.

👍 **이것도 알면 합격!**

황순원, '목넘이 마을의 개'의 주제와 줄거리를 알아두자.

1. 주제
   • 생명의 강인함과 그에 대한 외경
   • 한민족의 강인한 생명력과 끈기

2. 줄거리
   만주로 이주하는 길목에 있는 목넘이 마을에 어느 날 유민이 버리고 간 것 같은 개 '신둥이'가 나타난다. 마을 사람들은 이 개를 미친개라고 여겨 잡으려고 하나, 간난이 할아버지는 신둥이를 그저 굶주린 개라고 여긴다. 동장 형제들은 동네 개들이 신둥이와 같이 있었다는 이유로 잡아먹고, 신둥이마저 잡아먹으려고 한다. 하지만 간난이 할아버지는 새끼를 밴 것 같은 신둥이에게 연민을 느끼고 일부러 신둥이를 놓아 준다. 얼마 후 간난이 할아버지는 산에서 신둥이의 새끼들을 발견하고 이를 동네 사람들에게 나눠 주고, 동네의 개들은 모두 신둥이의 피를 이어받게 된다. 이는 내가 중학 시절에 외가가 있는 간난이 할아버지에게서 직접 들은 이야기이다.

15 비문학 내용 추론 난이도 ★☆☆

해설 ③ (나)를 통해 하층에서도 소설을 즐기는 사람들이 많았음은 알 수 있으나 창작하는 사람이 많았다는 내용은 추정하기 어려우므로 답은 ③이다.

오답분석
① (가)의 끝에서 1~3번째 줄을 통해 상층 남성들은 상중의 예법에 대해 매우 엄격했음을 알 수 있다.
   [관련 부분] 어찌 상중(喪中)에 있으면서 예의에 어긋난 책을 소리 내어 읽어서 스스로 평민과 같아지려 할 수 있는가?

② (가)의 1~3번째 줄을 통해 혼자 소설을 보면서 소리 내어 읽기도 하였음을 알 수 있다.
   [관련 부분] 부윤공의 부인 이 씨가 우연히 언문 소설을 읽다가 그 소리가 밖으로 들렸다.

④ (가)의 끝에서 2~3번째 줄을 통해 하층에서도 소설을 즐겼음을 알 수 있다.
   [관련 부분] 예의에 어긋난 책을 소리 내어 읽어서 스스로 평민과 같아지려 할 수 있는가?

16 비문학 글의 전략 파악 난이도 ★☆☆

해설 ③ 1문단 끝에서 3~5번째 줄을 통해 고전파 음악의 특징이 형식과 내용의 분리에 있는 것이 아니라, 형식과 내용의 일체화에 있음을 알 수 있다.

오답분석
① 3문단 1~3번째 줄에서 고전파 음악이 지닌 음악사적 의의를 밝히고 있다.

② 2문단 2~4번째 줄에서 고전파 음악의 음악가를 예시하여 이해를 돕고 있다.

④ 1문단 1번째 줄에서 질문을 통해 화제를 제시함으로써 호기심을 유발하고 있다.

17 비문학 관점과 태도 파악, 내용 추론 난이도 ★★☆

해설 ① (가)는 합리론과 경험론에 대해 설명하고 있다. 이를 바탕으로 '과학적 연구와 달리 실용적 기술을 개발할 때는 경험적 자료를 신뢰하고 따른다'라는 (나)의 글쓴이의 생각은 (가)의 경험론자들의 입장과 유사하다는 것을 알 수 있다. 따라서 실용적 기술의 개발이 경험론적 사고에 토대를 둔다는 ①의 추론은 적절하다.
   [관련 부분] 실용적 기술 개발이나 평범한 일상적 행동과는 달리 과학적 연구는 상당한 정도의 정확성을 요구하므로 경험적 자료에 대해 어느 정도의 경계심을 유지하는 것도 당연하다.

오답분석
② (나)의 끝에서 5~7번째 줄을 통해 끊임없이 변화하는 세계를 모두 감각적 정보 검증 절차를 거치고 받아들이는 것은 불가능함을 알 수 있다. 이는 (가)의 경험론에 가까우므로 합리론적 사고를 우선하여야 한다는 추론은 적절하지 않다.
   [관련 부분] 모든 감각적 정보를 검증 절차를 거친 후 받아들이다가는 정상적 생활을 영위하는 것 자체가 불가능해질 것이기 때문이다.

③ (나)의 끝에서 1~3번째 줄을 통해 과학적 연구는 정확성을 요구하므로 경험적 자료에 대해 어느 정도 경계심을 유지할 필요가 있음을 알 수 있다. 이는 (가)의 합리론에 가까우므로 철저히 경험론을 바탕으로 이루어져야 한다는 추론은 적절하지 않다.
   [관련 부분] 과학적 연구는 ~ 경험적 자료에 대해 어느 정도의 경계심을 유지하는 것도 당연하다.

④ (나)의 끝에서 1~3번째 줄을 통해 과학적 연구는 경험적 자료에 대해 경계심을 유지해야 함을 알 수 있으므로 감각에 대한 신뢰는 어느 분야에나 차별 없이 요구된다는 추론은 적절하지 않다.

18 비문학 세부 내용 파악 난이도 ★☆☆

해설 ④ 3문단 끝에서 2~4번째 줄에서 졸업식을 마치고 중국집을 향하던 발걸음들이 이제 피자집으로 돌려졌다고 설명한다. 이를 통해 자장면이 더 이상 특별한 날에 어린이들에게 가장 사랑받는 음식이 아님을 알 수 있다. 따라서 글에 대한 설명으로 적절하지 않은 것은 ④이다.

오답분석
① 1문단 2~3번째 줄과 1문단 끝에서 1~3번째 줄을 통해 피자는 쉽게 배달시켜 먹을 수 있는 편리한 음식임을 알 수 있다.

② 3문단 1~2번째 줄을 통해 자장면과 피자는 싸게 먹을 수 있는 이국적 음식임을 알 수 있다.

③ 3문단 1~5번째 줄을 통해 자장면과 피자는 싸게 먹을 수 있으면서 기분 전환을 할 수 있는 음식임을 알 수 있다.

해설 ② '말미'는 '일정한 직업이나 일 등에 매인 사람이 다른 일로 말미암아 얻는 겨를'을 뜻하는 말이고, '휴가'는 '직장, 학교, 군대 등의 단체에서 일정한 기간 동안 쉬는 일. 또는 그런 겨를'을 뜻한다. '말미'와 '휴가'는 제시문의 현실 언어에서 동의어로 공존하면서 경쟁을 계속하는 경우에 해당하므로, '말미'는 쓰지 않고 '휴가'라는 말을 사용하고 있다는 ②의 예는 적절하지 않다.

👍 이것도 알면 **합격!**

의미 변화의 양상에 대해 알아두자.

의미 축소	어떤 단어의 의미 범주가 축소되는 것 예 • 놈(사람 평칭 → 남자의 비칭) • 계집(여자 → 여자의 비칭)
의미 확대	어떤 단어의 의미 범주가 넓어지는 것 예 • 감투(모자 → 모자, 벼슬) • 오랑캐(만주에 있던 한 종족 → 이민족의 비칭)
의미 이동	어떤 단어의 의미 자체가 달라지는 것 예 방송(放送)(죄인을 풀어 주다 → 전파를 내보내다)

20 비문학 글의 전략 파악 난이도 ★★☆

해설 ③ (다)는 '디디티는 쉽게 분해되지 않기 때문에 한번 뿌려진 디디티는 물과 공기, 생물체 등을 매개로 세계 전역으로 퍼질 수 있다'를 통해 디디티의 악영향을 제시하고 있지만, 디디티의 사용 금지를 주장하고 있지는 않다. 따라서 글에 대한 설명으로 적절하지 않은 것은 ③이다.

오답 분석
① (가)는 중심 화제인 '지속성 농약'을 소개하고, 핵심어 '디디티(DDT)'를 제시함으로써 앞으로 '지속성 농약'이 자연 생태계에 끼치는 악영향에 대한 내용을 전개할 것을 암시하고 있다.

② (나)는 디디티가 물에 잘 녹지 않고 광분해나 생물학적 분해가 거의 이루어지지 않지만 지방에는 잘 녹아서(원인) 많은 양의 유기 염소계 살충제를 체내에 축적하게 된 맹금류가 멸종하게 됨(결과)을 인과 분석의 방법으로 설명하고 있다.

④ (라)는 '사소한 환경오염 행위가 장차 어떠한 재앙을 몰고 올 수 있는지에 대한 연구가 활발히 이루어지고 있다'를 통해 환경오염에 대한 경각심을 암시적으로 드러내고 있다.

정답 및 취약점 확인

p.46

문항	정답	출제 포인트	정답률	약점 개념 확인	문항	정답	출제 포인트	정답률	약점 개념 확인
01	②	어법-국어의 로마자 표기	56%	Ban-gudae	11	③	비문학-논지 전개 방식	24%	비교, 분석, 유추, 예시
02	③	비문학-주제 및 중심 내용 파악	67%		12	③	비문학-세부 내용 파악	82%	
03	③	어법-올바른 문장 표현	51%	문법 요소의 적절성	13	②	어법-한글 맞춤법	50%	의존 명사의 띄어쓰기
04	③	비문학-작문	82%	통일성	14	①	어법-말소리	71%	교체, 탈락, 첨가, 축약, 도치
05	③	문학-작품의 종합적 감상	59%	정철 〈내 마음 버혀 내어 ~〉, 임제 〈무어별〉	15	②	비문학-내용 추론	33%	
06	④	문학-시구의 의미	71%	곽재구 〈사평역에서〉	16	①	어법-의미	38%	반의 관계의 종류
07	④	문학-서술상의 특징	41%	김유정 〈봄봄〉	17	④	어법-중세 국어	20%	중세 국어의 문법적 특징
08	④	어휘-한자어	37%	協商, 協贊, 協奏, 協助	18	②	비문학-세부 내용 파악	69%	
09	①	어휘-한자어	30%	校訂	19	③	문학-내용 추리	48%	김만중 〈구운몽〉
10	②	비문학-적용하기	62%		20	①	문학-작품의 내용 파악	63%	

---

01 **어법** 국어의 로마자 표기

난이도 ★★☆

해설 ② 반구대 Ban-gudae(○): '반구대'를 붙임표 없이 'Bangudae'로 적을 경우 '반구대(Ban-gudae)'로 발음할지 '방우대(Bang-udae)'로 발음할지 혼동의 우려가 있다. 따라서 '반구대'를 로마자로 표기할 때는 붙임표(-)를 쓸 수 있다.

오답 분석
① 독도 Dok-do(×) → Dokdo(○): 자연 지물명은 붙임표(-) 없이 붙여 쓰는 것을 원칙으로 한다. 또한 ①은 발음상 혼동의 우려가 있는 경우가 아니다.

③ 독립문 Dok-rip-mun(×) → Dongnimmun(○): 자음 동화가 일어나는 경우 변화의 결과를 반영해야 하며, 문화재명과 인공 축조물명은 붙임표(-) 없이 붙여 쓰는 것을 원칙으로 한다. 또한 ③은 발음상 혼동의 우려가 있는 경우가 아니다.

④ 인왕리 Inwang-ri(○): 행정 구역 단위인 '리'는 'ri'로 적고, 그 앞에는 붙임표(-)를 넣는 것을 원칙으로 한다. 그러나 ④는 발음상 혼동의 우려가 있는 경우가 아니다.

02 **비문학** 주제 및 중심 내용 파악

난이도 ★★☆

해설 ③ 제시문은 언간이 특정 계층이나 성별에 관계없이 모두의 공유물이었음을 설명하고 있다. 1문단에서는 언간을 주고받은 사람들의 성별 특징을 제시하였으며, 2문단에서는 언간의 폭넓은 향유 계층에 대해 밝히고 있다. 따라서 중심 내용으로 가장 적절한 것은 ③이다.

오답 분석
① ② ④는 모두 제시문에서 확인할 수 있으나, 부분적인 내용이므로 중심 내용으로는 적절하지 않다.

① 1문단 1~2번째 줄을 통해 확인할 수 있다.
[관련 부분] '언문'은 실용 범위에 제약이 있었는데, 이런 현실은 '언간'에도 적용된다.

② 2문단 1~2번째 줄을 통해 확인할 수 있다.
[관련 부분] 이러한 사용자의 성별 특징으로 인하여 종래 '언간'은 '내간'으로 일컬어지기도 하였다.

④ 1문단 끝에서 1~3번째 줄을 통해 확인할 수 있다.
[관련 부분] 결국 조선시대에는 언간의 발신자나 수신자 어느 한쪽으로 반드시 여성이 관여하는 특징을 보인다고 할 수 있다.

03 **어법** 올바른 문장 표현

난이도 ★★☆

해설 ③ (다) 가던 길을 멈추면서 나에게 달려왔다(×) → 가던 길을 멈추고 나에게 달려왔다(○): 연결 어미 '-면서'를 '-고'로 고쳐 쓰는 것은 옳으나, 이는 '-면서'가 두 동작의 동시성을 나타내지 못하기 때문이 아니므로 ③은 고쳐 쓰기 방안으로 옳지 않다. '-면서'를 '-고'로 고쳐 써야 하는 이유는 '멈추다'와 '달리다'가 동시에 일어날 수 없는 동작이기 때문이다.

오답 분석
① (가) 수학 성적은 참 좋군(×) → 수학 성적이 참 좋군(○): 조사 '은'이 '어떤 대상이 다른 것과 대조됨'을 나타내는 보조사로 해석될 경우, 수학 성적과 국어 성적이 모두 좋다는 맥락에 어울리지 않는다. 따라서 '은'을 대조의 뜻을 나타내지 않는 주격 조사 '이'로 바꾸어 쓰는 것이 적절하다.

② (나) 친구가 "난 학교에 안 가겠다."고 말했다(×) → 친구가 "난 학교에 안 가겠다."라고 말했다(○): 이때 '고'는 앞말이 간접 인용 되는 말임을 나타내는 격 조사이다. (나)의 인용된 문장에는 큰따옴표가 쓰였으므로 '고'를 앞말이 직접 인용되는 말임을 나타내는 격 조사 '라고'로 바꾸어 쓰는 것이 적절하다.

④ (라) 대통령은 진지한 연설로서 국민을 설득했다(×) → 대통령은 진지한 연설로써 국민을 설득했다(○): '로서'는 지위나 신분 또는 자격을 나타내는 격 조사이다. (라)에서 '연설'을 통해 국민을 설득했다는 내용이 드러나므로 '로서'를 수단이나 도구를 나타내는 격 조사인 '로써'로 바꾸어 쓰는 것이 적절하다.

👍 **이것도 알면 합격!**

직접 인용과 간접 인용을 알아두자.

직접 인용	다른 사람의 말이나 글을 원래 말해진 그대로 따와서 쓰는 것으로, 조사 '라고'와 함께 씀 예 선생님께서 "오늘 수업 끝나고 다 남아!"라고 말씀하셨어.

간접 인용	다른 사람의 말이나 글을 말하는 사람의 표현으로 바꾸어서 나 타내는 것으로, 격 조사 '고', '-으라고'(어미 '-으라' + 격 조사 '고'), '-라고'('이다, 아니다'가 활용한 형태인 '이라, 아니라'의 어 미 '-라' + 격 조사 '고') 등과 함께 씀 예 • 아직도 네가 잘했다고 생각하느냐? (격 조사 '고') • 선생님께서 오늘 수업 끝나고 다 남으라고 말씀하셨어. (어미 '-으라' + 격 조사 '고') • 자기는 절대 범인이 아니라고 주장한다. ('아니라'의 어미 '-라' + 격 조사 '고')

04 비문학 작문 (문단 구성 원리) 난이도 ★☆☆

해설 ③ 〈보기〉는 글의 통일성에 대한 설명으로, ㉠~㉣ 중 통일성을 근거로 판단할 때 적절하지 않은 것은 ㉢이다. 제시문의 중심 내용은 '수학 선생님의 재미있는 수업'인데, ㉢은 수학 선생님의 아들에 관한 내용이므로 중심 내용에 부합하지 않는다.

오답 분석
① 수학 시간이 흥미로운 이유이므로 중심 내용에 부합한다.
② 재미있는 수학 수업의 사례이므로 중심 내용에 부합한다.
④ 재미있는 수학 수업으로 인한 결과이므로 중심 내용에 부합한다.

05 문학 작품의 종합적 감상 난이도 ★★☆

해설 ③ (가)의 '나'는 임을 그리워하는 마음을 칼로 베어 '달'로 만든 후 임의 곁을 비추겠다고 표현하고 있다. 이와 달리 (나)의 '아가씨'는 이별로 인한 슬픈 감정을 홀로 흐느낌으로써 나타내고 있다. 이를 통해 (가)의 '나'는 적극적인 태도로, (나)의 '아가씨'는 소극적인 태도로 정서를 드러냄을 알 수 있다.

오답 분석
① (가)의 '달'은 사랑하는 마음을 임에게 전달하는 매개체이나, (나)의 '달'은 애상적인 분위기를 자아내며 이별로 인한 화자의 정한을 심화시키는 소재이다.
② (가)의 '고운 님'은 화자가 사랑하는 대상이나, (나)의 '아가씨'는 화자가 관찰하고 있는 대상이다.
④ (나)의 '문'은 사랑하는 임에 대한 마음을 숨기는 공간이나, (가)의 '장천(長天)'은 사랑하는 임이 머무르는 공간이 아니라, 내 마음인 '달'을 걸어 놓고 싶은 공간이다.

👍 이것도 알면 **합격!**

정철, '내 마음 버혀 내어'와 임제, '무어별'의 특징을 알아두자.

1. 정철, '내 마음 버혀 내어'의 특징
  • 감성적이고 애상적인 정서가 드러남
  • 조선 전기 사대부의 의식을 보여 주는 시조임
  • 추상적 개념을 구체적 대상으로 형상화하여 표현함
2. 임제, '무어별'의 특징
  • 서정적이고 애상적인 정서가 드러남
  • 이별한 소녀의 애틋한 마음을 표현한 한시임
  • 절제된 언어로 담백하고 간결하게 표현함

06 문학 시구의 의미 난이도 ★★☆

해설 ④ ㉣: 제시된 작품의 화자는 막차를 기다리는 대합실에서 고단한 삶에 지친 사람들을 바라보고 있다. ㉣에서 화자는 지친 사람들의 모습을 통해 자신의 그리운 순간들을 떠올리고 있으며, 소외된 사람들에 대한 동정과 연민을 한 줌의 눈물(톱밥)을 던지는 행위에 투영하고 있으므로 답은 ④이다.

오답 분석
① ㉠: 유리창마다 난로가 지펴지고 있다는 표현은 각각의 유리창에 비친 난로의 모습을 비유한 것이다. 따라서 '여러 개'의 난로가 지펴졌다는 설명은 적절하지 않다.
② ㉡: 차가운 손을 나타내는 '청색의 손바닥'과 뜨거운 난로의 '붉은 열기'는 색채적으로 대조를 이룬다. 하지만 '모두들 아무 말도 하지 않았다'라는 구절을 통해 고단한 삶에 지친 이들의 모습을 표현하고 있으므로, 눈 오는 겨울 풍경의 서정적 정취를 강조하였다는 설명은 적절하지 않다.
③ ㉢: '기침 소리'와 '쓴 약'은 사람들의 힘겨운 삶을 암시하는 표현으로, 비관적 심리나 무례한 행동과는 관련이 없다.

👍 이것도 알면 **합격!**

곽재구, '사평역에서'의 주제와 특징을 알아두자.

1. 주제: 막차를 기다리는 사람들의 삶의 애환
2. 특징
  • 간결하고 절제된 어조를 사용함
  • 따뜻함과 차가움의 대조적인 이미지를 통해 시적 대상을 표현함
  • 소외되고 가난한 사람들의 삶의 애환을 잔잔하면서도 간결하게 그려냄

07 문학 서술상의 특징 난이도 ★★★

해설 ④ 제시된 작품의 끝에서 1~2번째 줄을 통해 장인과 소작인들 사이의 뒷거래 장면을 확인할 수 있다. 그러나 이는 뒷거래 장면을 간략하게 서술한 것일 뿐, 생생하게 묘사한 것이 아니므로 ④의 설명은 적절하지 않다.
[관련 부분] 미리부터 돈도 먹이고 술도 먹이고 안달재신으로 돌아치던 놈이 그 땅을 슬쩍 돌아앉는다.

오답 분석
① 마름의 외양을 뼈대가 굵고 털이 북슬북슬한 '호박개'에 빗대어 우스꽝스럽게 표현하였다.
② 비속어인 '놈'과 존칭어인 '님'을 함께 쓴 '이놈의 장인님'이라는 표현을 통해 장인에 대한 '나'의 불만을 해학적으로 표현했음을 알 수 있다.
③ 장인의 손버릇이 좋지 않고 욕을 잘 하는 점, 동네 아이들에게까지 인심을 잃은 점 등을 거론하여 장인의 됨됨이가 마땅치 않음을 드러내었다.

08 어휘 한자어 난이도 ★★★

해설 ④ 밑줄 친 부분에 들어갈 한자어로 적절한 것은 ④ '協商(협상)'이다.
  • 協商(협상: 화합할 협, 장사 상): 어떤 목적에 부합되는 결정을 하기 위하여 여럿이 서로 의논함

오답 분석
① 協贊(협찬: 화합할 협, 도울 찬): 1. 힘을 합하여 도움 2. 어떤 일 등에 재정적으로 도움을 줌
② 協奏(협주: 화합할 협, 아뢸 주): 독주 악기와 관현악이 합주하면서 독주 악기의 기교가 돋보이게 연주함. 또는 그런 연주
③ 協助(협조: 화합할 협, 도울 조): 힘을 보태어 도움

09 어휘 한자어 (한자어의 표기) 난이도 ★★★

해설 ① 校訂(교정: 학교 교, 바로잡을 정)(○): '남의 문장 또는 출판물의 잘못된 글자나 글귀 등을 바르게 고침'을 뜻하는 '校訂(교정)'이 문맥상 적절하게 사용되었으므로 답은 ①이다.

오답 분석
② 交差(교차: 사귈 교, 다를 차)(×) → 交叉(교차: 사귈 교, 갈래 차)(○): '서로 엇갈리거나 마주침'을 뜻하는 '교차'의 '차'는 '叉(갈래 차)'를 써야 한다.

- **交差(교차)**: 벼슬아치를 번갈아 임명함
③ **決濟**(결제: 결단할 결, 건널 제)(×) → **決裁**(결재: 결단할 결, 마를 재)(○): '결정할 권한이 있는 상관이 부하가 제출한 안건을 검토하여 허가하거나 승인함'을 뜻하는 '결재'의 '재'는 '裁(마를 재)'를 써야 한다.
  - **決濟(결제)**: 일을 처리하여 끝을 냄
④ **提高**(제고: 끌 제, 높을 고)(×) → **再考**(재고: 두 재, 생각할 고)(○): '어떤 일이나 문제 등에 대하여 다시 생각함'을 뜻하는 '再考(재고)'를 써야 한다.
  - **提高(제고)**: 수준이나 정도 등을 끌어올림

10 비문학 적용하기 난이도 ★★☆

해설 ② 첫 번째 문장 '부패하기 쉬운 것들은 냉동 보관해야 한다'의 '부패하다'는 '단백질이나 지방 등의 유기물이 미생물의 작용에 의하여 분해되다'의 뜻으로 쓰였고, 두 번째 문장 '세상은 부패하기 쉽다'의 '부패하다'는 '정치, 사상, 의식 등이 타락하다'의 뜻으로 쓰였다. 이처럼 '부패하다'의 의미가 다른데도 마지막 문장에서 '세상은 냉동 보관해야 한다'라고 진술하였으므로 ⓒ은 '애매어의 오류'의 예로 적절하다.

오답 분석
① 연역법에 따라 적절하게 논리를 전개하였으므로 어떤 오류의 예시에도 해당하지 않는다.
- 모든 사람은 죽는다 (대전제)
- 소크라테스는 사람이다 (소전제)
- 그러므로 소크라테스는 죽는다 (결론)
③ 집합인 '아이스하키 선수단'의 기량이 뛰어나다는 전제를 통해 개별 원소인 '아이스하키 선수 개인'의 실력이 뛰어나다는 결론을 도출하였으므로 ⓔ '분해의 오류'의 예에 해당한다.
④ 개별 원소인 '답안 속 각 문장'이 탁월하다는 전제를 통해 집합인 '시험 답안'이 탁월하다는 결론을 도출하였으므로 ⓒ '결합의 오류'의 예에 해당한다.

11 비문학 논지 전개 방식 난이도 ★★★

해설 ③ 제시문과 ③ 모두 유추의 방식이 사용되었으므로 답은 ③이다.
- 제시문: 건축 ≒ 문학
  - 완성된 건물은 구성 재료와 전혀 다른 것이 됨
  - 이와 마찬가지로 문학이 구축하는 세계도 실제 상황과 다름
- ③: 마라톤 ≒ 인생
  - 목적을 갖고 뛰어야 마라톤 완주가 가능함
  - 이와 마찬가지로 인생도 당사자가 목표를 가지고 꾸준히 노력해야 성공함

오답 분석
① 르네상스 시대의 화가와 인상주의자들의 공통점을 중심으로 설명하는 '비교'의 방식을 사용하였다.
② 소설을 구성하는 요소를 인물, 배경, 사건으로 나누어 진술하는 '분석'의 방식을 사용하였다.
④ 신라의 육두품 출신 중 학문적으로 훌륭했던 인물들을 예로 드는 '예시'의 방식을 사용하였다.

12 비문학 세부 내용 파악 난이도 ★☆☆

해설 ③ 제시문의 7~9번째 줄을 통해 고갱은 당시의 예술이 충분히 솔직하고 단순하지 않았다고 생각했음을 확인할 수 있다. 인상주의는 당시 예술의 한 경향이므로 제시문의 내용과 부합하지 않는 것은 ③이다.
[관련 부분] 고갱은 그가 본 인생과 예술 전부에 대해 철저하게 불만을 느꼈다. 그는 더 단순하고 더 솔직한 어떤 것을 열망했고

오답 분석
① 1~4번째 줄을 통해 확인할 수 있다.
[관련 부분] 세잔이, 사라졌다고 느낀 것은 균형과 질서의 감각이다. 인상주의자들은 ~ 소홀히 했다고 느꼈던 것이다.
② 4~6번째 줄을 통해 확인할 수 있다.
[관련 부분] 반 고흐는 인상주의가 ~ 미술의 강렬한 정열을 상실하게 될 위험에 처했다고 느꼈다.
④ 끝에서 5~6번째 줄을 통해 확인할 수 있다.
[관련 부분] 이 세 사람의 화가가 모색했던 제각각의 해법은 세 가지 현대 미술 운동의 이념적 바탕이 되었다.

13 어법 한글 맞춤법 (띄어쓰기) 난이도 ★★☆

해설 ② 제∨3장의(×) → 제3∨장의/제3장의(○): '제(第)–'는 '그 숫자에 해당되는 차례'의 뜻을 더하는 접두사이므로 '제3'과 같이 붙여 써야 한다. 그리고 '장'은 단위를 나타내는 의존 명사이므로 띄어 쓰는 것이 원칙이나, 숫자와 어울려 쓰이는 경우에는 붙여 쓸 수 있다. 따라서 답은 ②이다.

오답 분석
① 좋은∨걸(○): 이때 '걸'은 의존 명사 '것'을 구어적으로 이르는 말인 '거'와 목적격 조사 'ㄹ'이 결합한 의존 명사이므로 앞말과 띄어 쓴다.
③ 진행한∨지(○): 이때 '지'는 용언의 관형사형 뒤에서 경과한 시간을 나타내는 의존 명사이므로 앞말과 띄어 쓴다.
④ 10년∨차에(○): 이때 '차(次)'는 주기나 경과의 해당 시기를 나타내는 의존 명사이므로 앞말과 띄어 쓴다.

14 어법 말소리 (음운의 변동) 난이도 ★★☆

해설 ① 깎는(교체)(○): '깎는[각는 → 깡는]'에서 '깎'의 받침 'ㄲ'은 음절 말에서 [ㄱ]으로 바뀌는 음운 교체(음절의 끝소리 규칙)가 일어난 후, [ㄱ]이 비음 'ㄴ'을 만나 비음 [ㅇ]으로 발음되는 음운 교체(비음화)가 나타난다. 따라서 답은 ①이다.

오답 분석
② 깎아(탈락)(×) → (연음)(○): '깎아[까까]'는 홑받침이나 쌍받침이 모음으로 시작된 조사나 어미, 접미사와 결합되는 경우에 제 음가대로 뒤 음절 첫소리로 옮겨 발음하는 연음 현상이 나타난다.
③ 깎고(도치)(×) → (교체)(○): '깎고[각고 → 각꼬]'는 '깎'의 받침 'ㄲ'이 [ㄱ]으로 바뀌는 음운 교체(음절의 끝소리 규칙)가 일어난 후, [ㄱ]에 의해 뒤 음절의 첫소리 'ㄱ'이 [ㄲ]으로 발음되는 음운 교체(된소리되기)가 나타난다. 참고로 음운의 도치란 '배꼽[빗곱 < 빗복]'에서 'ㅂ'과 'ㄱ'의 위치를 바꾼 것과 같이 한 단어나 어군의 내부에서 두 음소 또는 그 연속이 서로 위치를 바꾸는 현상을 말한다.
④ 깎지(축약, 첨가)(×) → (교체)(○): '깎지[각지 → 각찌]'는 '깎'의 받침 'ㄲ'이 [ㄱ]으로 바뀌는 음운 교체(음절의 끝소리 규칙)가 나타난 후, [ㄱ]에 의해 뒤 음절의 첫소리 'ㅈ'이 [ㅉ]으로 발음되는 음운 교체(된소리되기)가 나타난다.

15 비문학 내용 추론 난이도 ★★★

해설 ② 3문단 1~3번째 줄을 통해 포스트휴먼은 '인위적으로 만들어진 인공 지능'일 수도 있고, '신체를 버린 형태'일 수도 있음을 확인할 수 있다. 따라서 포스트휴먼의 개념이 신체적 결함을 보완한 새로운 인간형의 탄생으로 귀결될 것이라는 ②의 내용은 제시문에 대한 추론으로 적절하지 않다.
[관련 부분] 포스트휴먼은 완전히 인위적으로 만들어진 인공 지능일 수도 있고, 신체를 버리고 슈퍼컴퓨터 안의 정보 패턴으로 살기를 선택한 업로드의 형태일 수도 있으며,

오답
분석
① 3문단을 통해 포스트휴먼은 높은 수준의 과학 기술이 필요한 인공 지능 또는 슈퍼컴퓨터와 관련된 형태이거나, 다양한 과학 기술을 이용해 두뇌나 신체에 변형을 가한 생물학적 인간임을 알 수 있다. 따라서 포스트휴먼 개념에 따라 미래의 존재는 현재의 인간에 비해 과학 기술의 발전 양상에 더 큰 영향을 받을 것임을 추론할 수 있다.

③ 2문단을 통해 포스트휴먼은 현재 인간의 상태를 능가하는 새로운 존재이지만, 그 형태는 상상하기 어려울 것임을 추론할 수 있다.

④ 1문단 1~3번째 줄을 통해 포스트휴먼은 현재의 인간보다 뛰어난 능력을 지니고 있으며 그렇기에 '인간'에 대한 개념을 재정립하게 될 것임을 추론할 수 있다.

[관련 부분] '포스트휴먼'은 그 기본적인 능력이 근본적으로 현재의 인간을 넘어서기 때문에 현재의 기준으로는 더 이상 인간이라 부를 수 없는 존재를 가리키는 표현이다.

16 <u>어법</u> 의미 (반의 관계)   난이도 ★★★

해설 ① '크다/작다'는 두 단어 사이에 중간 항이 있는 '정도 반의어'에 해당한다. 이 두 단어 사이에는 '크지도 작지도 않다'와 같은 중간 단계가 있으므로 두 단어를 동시에 긍정하거나 부정하여도 모순이 발생하지 않는다. 따라서 설명이 옳지 않은 것은 ①이다.

오답
분석
② '출발/도착'은 맞선 방향을 전제로 하여 관계나 이동의 측면에서 대립을 이루는 '방향 반의어'에 해당한다. '출발하지 않았다'와 '도착하지 않았다'는 서로 모순되지 않는다.

③ '참/거짓'은 두 단어 사이에 중간 항이 없는 '상보 반의어'에 해당한다. '참이 아니다'는 '거짓'의 의미를 포함하고 '거짓이 아니다'는 '참'의 의미를 포함한다.

④ '넓다/좁다'는 두 단어 사이에 중간 항이 있는 '정도 반의어'에 해당한다. '넓다'의 의미가 '좁지 않다'의 의미를 포함하고 '좁다'의 의미가 '넓지 않다'의 의미를 포함한다.

👍 이것도 알면 **합격!**

반의 관계의 종류에 대해 알아두자.

상보 반의어 (모순 관계)	중간 항이 없는 반의 관계 예 있다 ↔ 없다, 남 ↔ 여, 참 ↔ 거짓
정도 반의어 (반대 관계)	중간 항이 있는 반의 관계 예 길다 ↔ 짧다, 빠르다 ↔ 느리다
방향 반의어 (대칭 관계)	맞선 방향을 전제로 하여 관계나 이동의 측면에서 대립을 이루는 단어의 쌍으로, 공간적 관계에서의 대립, 인간관계에서의 대립, 이동 측면에서의 대립으로 나뉨 예 위 ↔ 아래, 형 ↔ 동생, 가다 ↔ 오다

17 <u>어법</u> 중세 국어   난이도 ★★★

해설 ④ ② '알외시니'는 '알리시니'를 뜻하며 '알-+-외-+-시-+-니'로 분석할 수 있다. 이때 '-외-'는 '알다'의 어간 '알-'에 붙어 사동을 나타내는 접미사이므로 ④는 적절한 설명이다.

오답
분석
① ㉠ '솔ᄫᆯ리'는 '아뢸 사람이'를 뜻하며 '솔ᄫᆯ+이'로 분석할 수 있다. 이때 '이'는 '사람'을 나타내는 의존 명사이므로 주격 조사라는 설명은 적절하지 않다.

② ㉡ '뵈아시니'는 '재촉하시니'를 뜻하며 '뵈아-+-시-+-니'로 분석할 수 있다. 이때 높임을 나타내는 선어말 어미로 기능하는 것은 '-시-'이므로 '-아시-'라는 설명은 적절하지 않다.

③ ㉢ '하ᄃᆡ'는 '많지만'을 뜻하며 이때 '-ᄃᆡ'는 대립적인 사실을 잇는 데 쓰는 연결 어미이다. 따라서 '-ᄃᆡ'가 이유를 나타내는 연결 어미로 기능한다는 설명은 적절하지 않다.

18 <u>비문학</u> 세부 내용 파악   난이도 ★★★

해설 ② 1문단 끝에서 1~3번째 줄을 통해 신라인들은 더 나은 미래에 대한 소망을 지니고 송편을 빚었음을 확인할 수 있으므로 정답은 ②이다.

[관련 부분] 이때부터 반달은 더 나은 미래를 기원하는 뜻으로 쓰이며, 그러한 뜻을 담아 송편도 반달 모양으로 떡을 빚었다고 한다.

오답
분석
① 2문단의 2~3번째 줄을 통해 월병이 제수 음식으로서의 명맥을 유지하지 못하고 있음을 확인할 수 있다.

[관련 부분] 월병은 ~ 점차 제례 음식으로서의 위상을 잃었지만

③ 월병이 비빔밥을 본떠 만든 음식이라는 내용은 찾을 수 없다.

④ 1문단을 통해 점술가는 신라가 발전할 것이라 예언하였고 결과적으로 예언이 적중하였음을 알 수 있다. 그러나 예언 덕분에 신라가 크게 발전할 수 있었다는 내용은 찾을 수 없다.

19 <u>문학</u> 내용 추리   난이도 ★★☆

해설 ③ 제시된 작품의 ㉠~㉣을 사건의 시간 순서대로 옳게 배열한 것은 ③ '㉢ → ㉣ → ㉡ → ㉠'이다. 참고로 '구운몽'은 '현실(천상) - 꿈(지상) - 현실(천상)'의 환몽 구조에 의해 이야기가 전개되는 것을 특징으로 하는데, 제시된 부분은 주인공이 꿈(지상)에서 깨어 현실(천상)로 돌아오게 되는 장면이다.

- ㉢: 꿈(지상)의 세계 이전에 현실(천상)에서 겪었던 일이다.
- ㉣: 꿈(지상)에서 벼슬을 하기 전에 겪은 일이다.
- ㉡: 꿈(지상)에서 벼슬을 하며 토번을 정벌할 때 겪은 일이다.
- ㉠: 꿈(지상)에서 현재 일어난 일이다.

20 <u>문학</u> 작품의 내용 파악   난이도 ★★☆

해설 ① '승상'은 우연히 '중'과 마주치고 꿈의 세계인 남악에서 '중'을 보았던 기억을 떠올리며 낯이 익은 듯하다고 여기고 있으므로 ①은 옳은 설명이다.

오답
분석
② '사부는 어찌 소유를 정도로 인도하지 않고 환술(幻術)로 희롱하나뇨?'라는 '승상'의 말을 통해 '승상'이 자신의 과거에 대한 '중'의 말을 인정하고 있지 않음을 확인할 수 있다.

③ 문맥상 '중'이 여덟 낭자를 사라지게 한 환술을 부린 것은 맞으나, '승상'이 이를 확인하고 '중'의 진의를 의심하는 부분은 제시되어 있지 않다.

④ '승상'이 '중'과의 관계를 부정한 것은 현실(천상)에서의 일을 기억하지 못하고 있기 때문이므로 자신의 죄를 징벌한 이가 '중'임을 깨닫고서 '중'과의 관계를 부정하였다는 설명은 옳지 않다.

👍 이것도 알면 **합격!**

김만중, '구운몽'의 줄거리를 알아두자.

'성진'은 육관 대사의 심부름으로 용궁에 갔다가 술을 마시고 팔선녀를 만나 수작을 부린다. 절에 돌아온 성진은 팔선녀를 그리워하며 부귀영화만 생각하다가 속세로 추방되어 '양소유'로 환생한다. 양소유는 인간 세상에서 승상이라는 지위까지 오르는 등 입신양명과 부귀영화를 누린다. 벼슬에서 물러나 한가한 여생을 즐기던 양소유는 어느 날 문득 인생의 허무함을 느끼는데, 이때 한 중이 나타나 그의 꿈을 깨운다. 꿈에서 깬 성진은 이후 자신의 잘못을 뉘우치고 불교에 귀의하여 극락세계로 들어간다.

gosi.Hackers.com

지방직 9급 출제 경향

1. 영역별 출제 문항 수 (2018~2023)

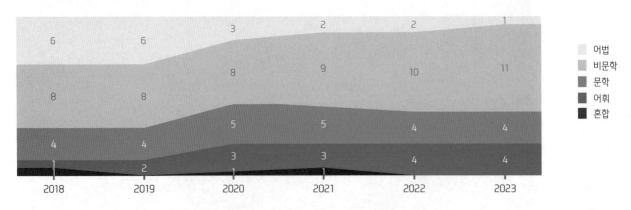

지방직 9급 시험은 비문학 영역이 가장 많이 출제되고 있으며, 문항 수도 꾸준히 증가하고 있습니다. 그 뒤를 이어 문학과 어휘 영역의 문항 수가 균형 있게 출제되고 있으며, 어법 영역의 비중은 지속적으로 감소하고 있습니다.

Part 2
지방직 9급

2. 영역별 최근 출제 경향 및 학습방법

어법	**빈출 포인트 중심의 문제 출제** 한글 맞춤법, 단어, 올바른 문장 표현 등 자주 나오는 출제 포인트 문제가 가장 많이 출제되었습니다. ▶ 자주 출제되는 어법 포인트를 정리하고, 기출문제 풀이를 통해 개념 적용 연습을 충분히 해야 합니다. [빈출 포인트] 한글 맞춤법 / 단어 / 올바른 문장 표현
비문학	**독해력을 요구하는 문제와 화법 문제 위주로 출제** 세부 내용 파악, 내용 추론과 같이 독해력을 요구하는 문제가 출제되었으며, 화법 지식 및 말하기 전략을 묻는 문제가 출제되었습니다. ▶ 독해력 향상을 위해 독해 연습을 꾸준히 해야 하며, 비문학 이론도 정리해야 합니다. [빈출 포인트] 세부 내용 파악 / 내용 추론 / 화법
문학	**작품의 내용을 정확하게 파악하고 해석하는 능력을 요구하는 문제 출제** 선택지의 내용이 작품과 일치하는지 판단하는 문제와 작품을 종합적으로 감상해야 하는 문제가 자주 출제되었습니다. ▶ 문학 작품을 정확하게 파악하고 해석하는 연습을 충분히 하여 생소한 작품이 출제되어도 정확하게 감상할 수 있도록 해야 합니다. [빈출 포인트] 작품의 종합적 감상 / 작품의 내용 파악
어휘	**한자어, 한자 성어 문제의 꾸준한 출제** 최근 6개년간 한자어와 한자 성어 관련한 문제가 꾸준히 출제되었습니다. ▶ 기출 한자어뿐만 아니라 기출 예상 한자어를 학습하고, 주요 한자 성어 또한 꾸준히 암기하여 어휘 영역을 대비해야 합니다. [빈출 포인트] 한자어 / 한자 성어
혼합	**어휘와 결합한 혼합 문제 출제** 문학 작품과 어휘 영역의 한자어, 한자 성어를 결합한 혼합 문제가 출제되었습니다. ▶ 문학 작품 감상을 연습하고, 한자어와 한자 성어를 꾸준히 암기해야 합니다.

7회 | 2023년 지방직 9급

정답 및 취약점 확인

p.56

문항	정답	출제 포인트	정답률	약점 개념 확인	문항	정답	출제 포인트	정답률	약점 개념 확인
01	①	비문학-화법	93%		11	②	비문학-화법	79%	
02	①	비문학-글의 구조 파악	82%		12	②	어휘-한자어	69%	謳歌, 買受, 軋轢, 鞭撻
03	③	어법-문장	88%	문장 성분	13	④	어휘-혼동하기 쉬운 어휘	79%	걷잡다, 겉잡다
04	④	어휘-고유어와 한자어	87%	부유(浮遊/浮游)하다-떠다니다	14	①	어휘-한자어	40%	長官, 補償, 決裁
05	②	문학-표현상의 특징과 효과	74%	황진이 〈청산은 내 뜻이오〉, 이황 〈도산십이곡〉	15	③	비문학-내용 추론	86%	
06	④	비문학-주제 및 중심 내용 파악	89%		16	③	문학-서술상의 특징	97%	〈춘향전〉
07	④	비문학-작문	88%	지양하다, 지향하다	17	②	비문학-세부 내용 파악	79%	
08	③	비문학-내용 추론	75%		18	②	비문학-세부 내용 파악	89%	
09	④	문학-작품의 종합적 감상	85%	기형도 〈빈집〉	19	①	비문학-내용 추론	87%	
10	②	문학-서술상의 특징	85%	윤흥길 〈아홉 켤레의 구두로 남은 사내〉	20	①	비문학-내용 추론	48%	

01 비문학 화법 (말하기 전략)

난이도 ★☆☆

해설 ① ㉠은 'AI에 대한 국민 이해도를 높이기 위한 설명회'를 개최할 필요성이 있다는 김 주무관의 의견에 최 주무관 또한 그 필요성을 절감하고 있다고 답함으로써 상대(김 주무관)의 의견에 공감을 표현한 것이다.

오답 분석 ② ㉡은 설명회를 어떻게 준비해야 효과적으로 전달할 수 있을지에 대해 자신의 고민을 이야기하듯이 간접적으로 묻는 표현이다. 이와 같은 간접 발화는 직접 발화에 비해 듣는 이의 부담감을 덜어 주며, 문장의 길이는 공손함에 비례하는 경향이 있다. 즉 ㉡은 정중한 표현을 사용한 것은 맞으나, 직접 질문을 한 것으로 볼 수 없다.

③ ㉢은 청중의 특성 중 무엇을 조사해야 할지에 대해 직접 질문한 것으로, 반대 의사를 표현한 것이 아니며 우회적으로 드러낸 표현에 해당하지 않는다.

④ ㉣은 청중의 특성 중 무엇을 조사해야 할지에 대해 묻는 최 주무관의 질문에 대한 답변이다. 이때 상대(최 주무관)도 자신(김 주무관)의 의견에 동의하는지 확인하기 위해 의문문 형식을 사용했을 뿐, 상대의 의견을 반박하는 것은 아니다.

02 비문학 글의 구조 파악 (문장 배열)

난이도 ★☆☆

해설 ① 맥락에 따라 가장 자연스럽게 배열한 것은 ①'(나)-(가)-(다)'이다.

순서	중심 내용	순서 판단의 단서와 근거
첫 문장	독서는 아이들 뇌 발달에 영향을 미침	-
(나)	A 교수는 독서 유무에 따른 뇌 변화를 연구함	첫 문장 내용에 이어, 글의 중심 화제인 '독서와 뇌 발달'에 대한 연구를 소개함
(가)	독서 시에는 전두엽을 많이 사용하게 됨	지시 표현 '그에 따르면': (나)에서 말한 'A 교수'의 연구 내용을 의미함
(다)	독서를 통해 전두엽이 훈련되어 뇌 발달의 가능성이 높아짐	• 지시 표현 '이처럼': (가)의 독서를 하면 전두엽을 많이 사용하게 되는 것을 가리킴 • 지시 표현 '그 결과': 마지막 문장에 '그 결과'에 대한 내용이 드러남
마지막 문장	교육 현장에서 증명된 연구 결과	-

03 어법 문장 (문장 성분)

난이도 ★☆☆

해설 ③ ㉢ '얼음이'는 불완전 서술어 '되다'가 필요로 하는 문장 성분으로, 보어에 해당한다. 보어는 주어와 목적어 이외에 문장에서 필수적으로 나타나는 주성분으로, '되다, 아니다' 앞에 조사 '이/가'가 붙는 것을 말한다.

오답 분석 ① ㉠ '지원은'은 서술어 '깨웠다'의 주체인 주어이다.

② ㉡ '만들었다'는 주어 '유선은'과 목적어 '도자기를'을 요구하는 두 자리 서술어이다.

④ ㉣ '어머나'는 어느 성분과도 직접적인 관련이 없는 독립된 성분으로, 독립어이다.

② 탈피하다(脫皮–: 벗을 탈, 가죽 피): 일정한 상태나 처지에서 완전히 벗어나다.

③ 제고하다(提高–: 끌 제, 높을 고): 수준이나 정도 따위를 끌어올리다.

05 문학 표현상의 특징과 효과

난이도 ★★☆

해설 ② (나)는 '푸른 청산'과 '그치지 않는 유수'의 변하지 않는 모습을 시각적 심상을 활용하여 표현함으로써 작품의 주제 의식인 '학문 수양에 대한 변함없는 의지'를 강조하고 있다. 이때 청각적 심상이 활용된 부분은 확인할 수 없으므로 답은 ②이다.

오답 분석
① (가)의 중장은 '청산'의 불변성과 '녹수'의 가변성을 대조하여 표현한 것으로, 이때 '청산'은 변치 않는 화자의 마음을 의미하며 '녹수'는 변해 버린 임의 정을 형상화하고 있다. 즉, '녹수(임)'가 흘러가도 '청산(나)'은 변하지 않을 것임을 노래함으로써 임이 떠난 후에도 임을 그리워하는 화자의 상황을 제시하고 있다.

③ (가)는 초장에서, (나)는 초장과 중장에서 대구를 통해 시상을 전개하고 있다.
- (가): 청산은 내 뜻이오 녹수는 님의 정이
- (나): 청산는 엇뎨ᄒᆞ야 만고애 프르르며 / 유수는 엇뎨ᄒᆞ야 주야애 긋디 아니는고

④ (가)는 중장에서 설의적 표현을 활용하여 임을 향한 화자의 변함없는 사랑을 드러내고 있다. 또한 (나)는 중장에서 설의적 표현을 활용하여 불변하고 영원한 자연물을 본받아 학문 수양에 힘쓰고자 하는 화자의 의지를 드러내고 있다.
- (가): 녹수(綠水) | 흘너간들 청산(靑山)이야 변(變)ᄒᆞᆯ손가
- (나): 유수(流水)는 엇뎨ᄒᆞ야 주야(晝夜)애 긋디 아니는고

지문 풀이
> (가) 청산은 변함없는 내 마음과 같고 쉬지 않고 흘러가는 푸른 시냇물은 임의 정과 같다.
> 푸른 시냇물이야 흘러가 버리지만 청산이야 변할 수 있겠는가?
> 하지만 흐르는 시냇물도 청산을 잊지 못해 울면서 흘러가는구나.
> – 황진이의 시조
>
> (나) 청산은 어찌하여 영원히 푸르며
> 유수는 어찌하여 밤낮으로 그치지 않는가?
> 우리도 그치지 말고 언제나 푸르리라.
> – 이황, '도산십이곡' 제11곡 언학 5

👍 이것도 알면 **합격!**

이황, '도산십이곡'의 주제와 구조에 대해 알아두자.

1. 주제: 자연 관조와 학문 수양의 길
2. 구조

구분	전육곡(前六曲) – 언지(言志)	후육곡(後六曲) – 언학(言學)
1수	자연에 대한 깊은 애정	독서하는 즐거움
2수	자연에의 동화	진리 터득의 중요성
3수	후덕하고 순박한 풍습 강조	성현의 도리를 본받고자 함
4수	임금을 그리워하는 마음	벼슬길을 떠나 학문 수양에 힘쓸 것을 다짐
5수	자연을 멀리하는 현실 개탄	청산과 유수를 본받아 학문 정진에 힘쓸 것을 다짐
6수	대자연의 웅대함과 오묘함	영원한 학문 수양의 길을 강조

👍 이것도 알면 **합격!**

문장 성분에 대해 알아두자.

주성분	주어	• 개념: 서술어가 나타내는 행위나 동작 또는 상태나 성질 등의 주체가 되는 성분 • 형식 – 체언 또는 체언 구실을 하는 구나 절+주격 조사(이/가, 께서 등) – 체언+보조사(은/는, 만 등) – (사람의 수를 나타내는) 체언+격 조사(서)
	서술어	• 개념: 주어의 행위나 동작 또는 상태나 성질 등을 서술하는 성분 • 형식 – 용언(동사, 형용사) – 서술격 조사 '이다'의 종결형 – 서술절 – 본용언+보조 용언
	목적어	• 개념: 서술어의 행위나 동작의 대상 혹은 목적이 되는 성분 • 형식 – 체언 또는 체언 구실을 하는 구나 절+목적격 조사(을/를) – 체언+보조사(은/는, 만 등) – 체언+보조사+목적격 조사
	보어	• 개념: 주어와 서술어만으로 뜻이 완전하지 못한 문장에서, 불완전한 곳을 보충하는 성분 • 형식 – (서술어 '되다', '아니다' 앞에서) 체언+보격 조사(이/가) – (서술어 '되다', '아니다' 앞에서) 체언+보조사(은/는, 만 등)
부속 성분	관형어	• 개념: 체언을 수식하는 말 • 형식 – 관형사 – 체언 – 체언+관형격 조사(의) – 용언의 관형사형
	부사어	• 개념: 용언, 관형어, 부사어, 문장 전체 등을 수식하는 성분 • 형식 – 부사 – 부사+보조사 – 체언+부사격 조사(에서, 으로, 보다, 에 등) – 용언의 부사형
독립 성분	독립어	• 개념: 문장 내의 다른 성분과 문법적으로 관련이 없는 성분 • 형식 – 감탄사 – 체언+호격 조사(아/야/이여) – 제시어

04 어휘 고유어와 한자어

난이도 ★☆☆

해설 ④ '부유하다'는 '물 위나 물속, 또는 공기 중에 떠다니다'를 뜻하는 말로, ④ '헤엄치는'과 의미상 유사성이 없다. 이때 ㉣ '부유하는'은 '떠다니는'과 같은 표현으로 바꿔 쓰는 것이 적절하다.
- 부유하다(浮遊/浮游–: 뜰 부, 놀 유/뜰 부, 헤엄칠 유)

오답 분석
① 맹종하다(盲從–: 맹인 맹, 좇을 종): 옳고 그름을 가리지 않고 남이 시키는 대로 덮어놓고 따르다.

④ 제시문에서 '계획하기'는 글쓰기의 목적 수립, 주제 선정, 예상 독자 분석 등을 포함한다고 설명한다. 그러나 예상 독자의 분석 요소 중 독자의 배경지식 수준이 글의 목적과 주제를 결정한다는 내용은 확인할 수 없으므로 ④는 빈칸에 들어갈 말로 적절하지 않다.

06 | 비문학 주제 및 중심 내용 파악 | 난이도 ★☆☆

해설 ④ 1문단에서는 상품을 구매할 때 사용가치의 영향이 크다는 것을 설명하고 있고, 2문단에서는 타인에 의해 사용가치를 잘못 판단하고 상품을 구매한 사례를 제시하고 있다. 이어서 3문단에서는 건강한 소비를 위해 구매하려는 상품의 사용가치가 어떤 과정을 거쳐 결정된 것인지 생각해 봐야 한다고 말한다. 이를 통해 상품 구매 시 '나'에게 얼마나 필요한 것인지를 신중하게 고민하여 사용가치를 결정하였는지 따져봐야 한다는 것이 글의 중심 내용임을 알 수 있다.

오답 분석
① 1문단 마지막 문장에서 교환가치가 아무리 높아도 '나'에게 사용가치가 없다면 상품을 구매하지 않을 것이라고 말한다. 따라서 ①의 설명은 글의 중심 내용으로 적절하지 않다.
② 1문단에 사용가치와 교환가치가 무엇인지에 대한 설명은 있으나, 상품 구매 시 사용가치와 교환가치를 두루 고려해야 한다는 내용은 제시문에서 확인할 수 없다.
③ 2문단에서 다른 사람의 평가만을 보고 상품을 구매하여 사용가치를 잘못 판단하는 사례를 제시하고, 3문단 마지막 문장에서는 다른 사람들의 말에 휩쓸려 상품의 사용가치가 결정될 때 그 상품은 '나'에게 쓸모없는 골칫덩이가 될 수 있다고 말한다. 따라서 ③의 설명은 글의 중심 내용으로 적절하지 않다.

07 | 비문학 작문 (고쳐쓰기) | 난이도 ★☆☆

해설 ④ ㄹ이 포함된 문장은 서학의 일부분은 수용했지만, 반대로 어느 일부분은 받아들이지 않았다는 내용이다. 즉 ㄹ에는 '수용'과 대립되는 부정적 의미의 단어가 들어가야 하므로 ㄹ '지향했다'를 '지양했다'로 수정하는 것이 적절하다.
• 지향하다(志向-): 어떤 목표로 뜻이 쏠리어 향하다.
• 지양하다(止揚-): 더 높은 단계로 오르기 위하여 어떠한 것을 하지 않다.

오답 분석
① 천주학의 '학(學)'은 '학문'을 의미하므로, ㄱ에는 종교적인 관점에서보다 학문적인 관점에서 받아들여졌다는 내용이 나와야 한다.
② ㄴ 뒤에서 서학은 신봉의 대상이 아니라고 하였으므로, ㄴ에는 서학 수용에 적극적인 이들도 서학을 무조건 따르자고 주장하지 않았다는 내용이 나와야 한다.
③ ㄷ 앞 내용에 따르면, 외부에서 유입된 사유 체계에는 양명학과 고증학 등 다른 학문도 있었다고 한다. 따라서 ㄷ에는 서학이 조선 사회를 바로잡고 발전시키기 위한 유일한 대안은 아니었다는 내용이 나와야 한다.

08 | 비문학 내용 추론 (빈칸 추론) | 난이도 ★★☆

해설 ③ 제시문의 마지막 문장에서 '글쓰기'는 필자가 글을 통해 자신의 메시지를 독자에게 전달하는 행위이므로 반드시 예상 독자를 분석해야 한다고 설명한다. 이 내용에 따르면 예상 독자 분석이 중요한 이유는 '필자의 메시지를 독자에게 효과적으로 전달하는 데 도움이 되기' 때문이다. 따라서 빈칸에 들어갈 말로 가장 적절한 것은 ③이다.

오답 분석
① 계획하기 과정이 글쓰기 과정의 첫 단계라는 ①의 설명은 '예상 독자 분석의 이유'와는 관련이 없는 내용이므로 빈칸에 들어갈 말로 적절하지 않다.
② 끝에서 3~5번째 줄에 따르면 글을 쓸 때 예상 독자의 수준에 따라 어려운 개념이나 전문용어의 포함 여부를 결정할 수 있을 것이다. 글에 어려운 개념이나 전문용어를 어느 정도 포함하기 위해 예상 독자를 분석한다는 것은 제시문과 거리가 먼 내용이므로 ②는 빈칸에 들어갈 말로 적절하지 않다.

09 | 문학 작품의 종합적 감상 (시) | 난이도 ★☆☆

해설 ④ 1연에는 사랑을 잃어버린 상황에서 글을 쓰는 화자의 모습이 그려진다. 이후 2연에서 사랑했던 순간과 관련된 대상들에게 이별을 고하고, 3연에서 공허함과 상실감을 드러내고 있다. 즉, 글을 쓰는 것은 화자가 사랑과 이별하는 마지막 행위로 볼 수 있으므로 화자가 글을 쓰는 행위를 통해 잃어버린 사랑의 회복을 열망한다는 ④의 설명은 작품을 이해한 내용으로 적절하지 않다.

오답 분석
① 화자는 사랑할 때 함께했던 대상들(밤, 겨울 안개, 촛불, 흰 종이, 눈물, 열망)을 호명하며 이별을 고하는데, 이를 통해 사랑했던 것들과 헤어져야 하는 화자의 안타까운 심정을 표현하였다.
② '빈집'은 화자의 '사랑'이 갇힌 곳으로, '문을 잠그네'라는 표현에서 알 수 있듯이 폐쇄적 공간을 의미한다. 이는 사랑의 추억과 모든 열망을 상실한 화자의 공허한 내면을 상징한 것으로 볼 수 있다.
③ 대상을 반복적으로 호명하고, 3연에서 '잠그네', '갇혔네'와 같이 감탄형 종결 어미를 사용하는 등 영탄적 어조를 통해 이별로 인한 화자의 공허한 정서를 부각하고 있다.

👍 이것도 알면 합격!

기형도, '빈집'의 시어 및 시구의 의미를 알아두자.

짧았던 밤들	사랑하는 마음으로 지새웠던 밤
창밖을 떠돌던 겨울 안개들	불투명한 미래로 인한 불안과 방황
아무것도 모르던 촛불들	화자의 가슴앓이를 몰라주던 대상
공포를 기다리던 흰 종이들	사랑은 가득하지만 실제로는 아무것도 쓸 수 없었던 마음
망설임을 대신하던 눈물들	사랑을 고백하지 못하던 안타까움과 답답함
더 이상 내 것이 아닌 열망들	사랑을 잃고 간직할 필요가 없는 열망
장님	사랑을 잃은 화자의 처지
빈집	• 상실되어 아무것도 없는 절망의 공간 • 화자의 사랑과 절망이 갇힌 폐쇄적 공간 • 사랑을 상실한 화자의 공허한 마음을 상징하는 공간

10 | 어법 서술상의 특징 | 난이도 ★☆☆

해설 ② 제시된 작품은 작품 속 등장인물인 '나'가 서술자로서 '그'의 행동과 심리 등을 관찰하여 진술하는 '1인칭 관찰자 시점'의 소설이다. 이러한 작품의 시점과 서술 방식에 대해 가장 잘 이해한 것은 ②이다.

오답 분석
① 서술자가 등장인물의 심리를 전지적 위치에서 전달하는 방식은 '전지적 작가 시점'이다.
③ 제시된 작품에서 서술자인 '나'가 유년 시절을 회상하거나 갈등의 원인을 해명하는 내용은 확인할 수 없다. 또한 작품 속의 '나'가 서술자이자 주인공으로서, '나'의 입장에서 사건이나 주변 상황을 관찰하고 서술해 나가는 방식은 '1인칭 주인공 시점'에 해당한다.
④ 서술자가 외부 관찰자의 시선으로 객관적인 입장을 지키며 이야기를 서술해 가는 방식은 '3인칭 관찰자 시점'이다.

윤흥길, '아홉 켤레의 구두로 남은 사내'의 줄거리를 알아두자.

발단	오랜 셋방살이 끝에 힘겹게 집을 마련한 교사인 '나'는 문간방에 세를 놓고, 권 씨가 임신한 아내와 두 아이를 데리고 세를 들어옴
전개	권 씨는 일자리를 구하지 못하는 처지에도 여러 켤레의 구두를 매일 닦아 신음. '나'는 어느 날 정책에 항의하는 시위를 주도하다가 전과자가 되고 변두리 인생을 살아가게 된 권 씨의 사연을 듣게 됨
위기	권 씨가 아내의 출산 수술비를 빌리기 위해 '나'를 찾아왔으나 이를 거절했다가, 뒤늦게 돈을 구하여 병원으로 가서 권 씨 아내가 해산할 수 있도록 도와줌
절정	이 사실을 모르는 권 씨는 강도 짓을 하러 '나'의 집에 들어왔다가 정체를 들켰다고 느끼고 자존심이 상한 채 집을 나감
결말	권 씨는 아홉 켤레의 구두만 남긴 채 사라짐

---

11 | **비문학** 화법 (말하기 전략) | 난이도 ★★☆

해설 ② 운용은 은지의 주장에 대한 근거가 있는지 물어보았을 뿐, 은지의 주장에 반대하는 것은 아니다. 운용이 은지 주장에 반대하는지는 제시된 대화 내용을 통해 확인할 수 없다.

오답 분석
① 은지는 첫 번째 발언에서 '설탕세 부과'라는 대화의 화제를 제시하고 있다.
③ 은지는 두 번째 발언에서 설탕세를 부과하면 당 소비가 감소한다는 자신의 의견을 뒷받침하기 위해 '세계보건기구 보고서'의 내용을 근거로 제시하고 있다.
④ 은지는 설탕세 부과해야 한다는 주장의 근거로 당 소비가 감소하여 질병이 예방되고 국민 건강 증진에 도움이 된다는 것을 제시하고 있다. 그러나 재윤은 당 섭취와 질병 발생에 유의미한 상관관계가 없다는 연구 결과를 언급하며, 은지가 제시한 주장의 근거를 부정하고 있다.

---

12 | **어휘** 한자어 | 난이도 ★★☆

해설 ② 매수(買受: 살 매, 받을 수)(×) → 매도(賣渡: 팔 매, 건널 도)(○): 문맥상 ⓒ에는 '팔다'의 의미를 가진 단어가 들어가야 한다. '매수(買受)'는 '물건을 사서 넘겨받음'을 의미하므로 ⓒ에 들어갈 단어로 적절하지 않다. 참고로 ⓒ에는 '값을 받고 물건의 소유권을 다른 사람에게 넘김'을 뜻하는 '매도(賣渡)'를 사용하는 것이 어울린다.

오답 분석
①③④ 모두 빈칸에 들어갈 단어로 적절하다.
① 구가(謳歌: 노래 구, 노래 가): 행복한 처지나 기쁜 마음 따위를 거리낌 없이 나타냄. 또는 그런 소리
③ 알력(軋轢: 삐걱거릴 알, 칠 력): 수레바퀴가 삐걱거린다는 뜻으로, 서로 의견이 맞지 않아 사이가 안 좋거나 충돌하는 것을 이르는 말
④ 편달(鞭撻: 채찍 편, 때릴 달): 경계하고 격려함

---

13 | **어휘** 혼동하기 쉬운 어휘 | 난이도 ★★☆

해설 ④ 걷잡아서(×) → 겉잡아서(○): '겉으로 보고 대강 짐작하여 헤아리다'의 의미일 때는 '겉잡다'를 써야 한다. 이때 '겉잡다'는 '걷잡다'와 구별하여 적어야 한다.
• 걷잡다: 1. 한 방향으로 치우쳐 흘러가는 형세 따위를 붙들어 잡다. 2. 마음을 진정하거나 억제하다.

---

① 힘에 부치는 일(○): 이때 '부치다'는 '모자라거나 미치지 못하다'를 의미하는 말로 단어의 쓰임이 올바르다.
② 알음이 있던 사이(○): 이때 '알음'은 '사람끼리 서로 아는 일'을 의미한다. 참고로 '알음'은 '앎'과 구별하여 적어야 한다.
• 앎: '아는 일' 또는 '지식이나 지혜'를 뜻함
③ 대문이 저절로 닫혔다(○): 이때 '닫히다'는 '닫다'의 피동사로, '열린 문짝, 뚜껑, 서랍 따위가 도로 제자리로 가 막히다'를 의미한다. 참고로 '닫히다'는 '닫치다'와 구별하여 적어야 한다.
• 닫치다: 1. 열린 문짝, 뚜껑, 서랍 따위를 꼭꼭 또는 세게 닫다. 2. 입을 굳게 다물다.

---

14 | **어휘** 한자어 (한자어의 표기) | 난이도 ★★★

해설 ① • ㉠長官(길 장, 벼슬 관): 국무를 나누어 맡아 처리하는 행정 각부의 우두머리
• ㉡補償(기울 보, 갚을 상): 남에게 끼친 손해를 갚음
• ㉢決裁(결단할 결, 마를 재): 결정할 권한이 있는 상관이 부하가 제출한 안건을 검토하여 허가하거나 승인함

오답 분석
• ㉠ 將官(장수 장, 벼슬 관): 군사를 거느리는 우두머리
• ㉡ 報償(갚을 보, 갚을 상): 1. 남에게 진 빚 또는 받은 물건을 갚음 2. 어떤 것에 대한 대가로 갚음
• ㉢ 決濟(결단할 결, 건널 제): 1. 일을 처리하여 끝을 냄 2. 증권 또는 대금을 주고받아 매매 당사자 사이의 거래 관계를 끝맺는 일

---

15 | **비문학** 내용 추론 | 난이도 ★☆☆

해설 ③ 제시문 7~9번째 줄 내용에 따르면 우리는 사회 속에서 보편적 복수성과 특수한 단수성을 겸비한 채 살아가는 다원적 존재이다. 이를 통해 유일무이성(특수한 단수성)과 보편적 복수성은 공존하는 성질임을 알 수 있으며, 개인의 유일무이성을 보존하려는 제도가 개인의 보편적 복수성을 침해한다는 내용은 제시문에서 확인할 수 없다. 따라서 ③의 추론은 적절하지 않다.

오답 분석
① 1~3번째 줄에서 우리는 개별적으로 고립된 채 살아갈 수 없으며, 여럿이 모여 '복수'의 상태로 살아갈 수밖에 없는 존재라고 설명한다. 이는 우리가 고립된 상태에서 '단수'로 살아가는 존재가 아님을 의미한다.
② 끝에서 3~7번째 줄에서 우리는 다원적 존재이며, 이러한 존재들로 구성된 다원화 사회에서 살아가기 위해 타인을 포용하는 공존의 태도가 필요함을 설명하고 있다.
④ 제시문 마지막 문장에서 공동체 정화 등을 목적으로 개별적 유일무이성(개인의 특수한 단수성)을 제거하는 것은 우리가 살아가는 사회의 다원성을 파괴하는 일임을 설명하고 있다.

---

16 | **문학** 서술상의 특징 | 난이도 ★☆☆

해설 ③ 제시된 부분은 변 사또의 수청을 거절한 주인공 춘향이 곤장을 맞으며 '십장가'를 부르는 장면으로, 등장인물 간의 대화를 통해 주인공의 내적 갈등이 해결되는 모습은 확인할 수 없다.

오답 분석
① 각 문단별로 동일한 글자 '일, 이, 삼'을 반복함으로써 리듬감을 조성하고 있다.
• 1문단: 일자, 일편단심, 일정지심, 일부종사, 일신난처 등
• 2문단: 이자, 이부불경, 이내 마음, 이군불사 등
• 3문단: 삼자, 삼청동, 삼생연분, 삼강, 삼척동자 등
② 매를 맞는 숫자 '일, 이, 삼'을 활용하여 절개를 지키고자 변 사또의 수청을 거절하고 곤장을 맞는 춘향의 상황을 제시하고 있다.

④ '일부종사, 이부불경, 이군불사, 삼강, 삼종지도' 등과 같이 유교적 가치를 담고 있는 말을 활용하여 절개를 지키고자 하는 춘향의 의지를 드러내고 있다.
- **일부종사(一夫從事)**: 한 남편만을 섬김
- **이부불경(二夫不更)**: 정절을 굳게 지키어, 두 남편을 섬기지 않음
- **이군불사(二君不事)**: 두 임금을 섬기지 않음
- **삼강(三綱)**: 유교의 도덕에서 기본이 되는 세 가지 강령. 임금과 신하, 부모와 자식, 남편과 아내 사이에 마땅히 지켜야 할 도리로 '군위신강, 부위자강, 부위부강'을 이른다.
- **삼종지도(三從之道)**: 예전에, 여자가 따라야 할 세 가지 도리를 이르던 말. 어려서는 아버지를, 결혼해서는 남편을, 남편이 죽은 후에는 자식을 따라야 하였다.

17 비문학 세부 내용 파악 난이도 ★★☆

해설 ② 2문단 2~3번째 줄에서 '차람'은 소설을 소유하고 있는 사람에게 직접 빌려서 보는 것으로, 알고 지내던 개인들 사이에서 이루어졌다고 설명한다. 이때 책을 빌리기 위해 대가를 지불하였다는 내용은 제시문에서 확인할 수 없으므로, ②의 설명은 적절하지 않다.

오답 분석 ① 1문단 2~6번째 줄에서 구연에 의한 유통 방식에 대해 설명하고 있다. 이때 '전기수'로 불리는 구연자는 글을 모르는 사람들과 남이 읽어 주는 것을 선호하는 이들을 대상으로 소설을 구연하였다고 한다. 따라서 ①은 제시문을 이해한 내용으로 적절하다.
③ 1문단 마지막 문장에서 구연에 의한 유통 방식은 문헌에 의한 유통에 비해 시간과 공간의 제약이 많았다고 설명한다. 이는 곧 문헌에 의한 유통이 구연에 의한 유통에 비해 시간과 공간의 제약이 적었다는 것을 의미하므로, ③은 제시문을 이해한 내용으로 적절하다.
④ 2문단 끝에서 1~5번째 줄에 조선 후기에 세책가가 성행하게 된 이유가 제시된다. 세책가에서는 소설을 구매하는 것보다 훨씬 적은 비용으로 책을 빌려 볼 수 있어, 경제적으로 넉넉지 않은 사람도 소설을 쉽게 접할 수 있었기 때문이다. 따라서 ④는 제시문을 이해한 내용으로 적절하다.

18 비문학 세부 내용 파악 난이도 ★☆☆

해설 ② 2문단에서 반신이지만 당나라에 대적한 민족적 영웅의 모습으로도 그려진 연개소문을 사례로 들며, '삼국사기'는 기존 평가와 달리 다면적이고 중층적인 역사 텍스트로 볼 수 있다고 설명한다. 따라서 제시문을 이해한 내용으로 가장 적절한 것은 ②이다.

오답 분석 ① 1문단 3~4번째 줄에서 '삼국사기' 열전에 수록된 인물 중 신라인이 가장 많고, 백제인이 가장 적다는 내용이 나오며, 2문단에는 열전 끝부분에 고구려의 연개소문이 수록되었다는 내용이 나온다. 이를 통해 '삼국사기' 열전에 고구려인과 백제인도 수록되었다는 점은 알 수 있다. 다만, 2문단 끝에서 4~5번째 줄에서 '삼국사기'가 신라 정통론에 기반해 있다고 설명하였으므로 ①은 제시문을 이해한 내용으로 적절하지 않다.
③ 1문단 마지막 문장에서 '삼국사기' 열전에 수록 인물을 배치하는 원칙에 대해 소개하였다. 앞부분에는 명장, 명신, 학자 등을 수록했고, 다음으로 관직에 있지는 않았으나 기릴 만한 사람을 실었다고 설명한 것으로 보아 ③은 제시문을 이해한 내용으로 적절하지 않다.
④ 1문단 첫 문장 내용을 통해 '삼국사기' 체제 중 가장 많은 권수를 차지하는 것은 '열전(10권)'이 아니라 '본기(28권)'임을 알 수 있다.

19 비문학 내용 추론 난이도 ★☆☆

해설 ① 1문단에 따르면, 최초의 IQ 검사는 프랑스에서 의무교육 제도를 실시하면서 정규학교에 입학하기 어려운 지적장애아, 학습부진아를 가려내고자 기초 학습 능력 평가를 목적으로 시행되었다. 따라서 학습 능력이 우수한 아이를 고르기 위해 최초의 IQ 검사가 시행되었다는 ①의 추론은 적절하지 않다.

오답 분석 ② 1문단 마지막 문장에서 IQ 검사를 통해 비로소 인간의 지능을 구체적으로 수치화할 수 있게 되었다고 설명한다. 이는 IQ 검사가 만들어지기 전에는 인간의 지능을 수치화할 수 없었다는 것을 의미하므로 ②의 추론은 적절하다.
③ 2문단 마지막 문장에서 IQ 검사는 인간의 지능 중 일부(기초 학습에 필요한 최소 능력)만을 측정하는 것이라고 설명한다. 따라서 IQ가 높은 아이라도 전체 지능은 높지 않을 수 있다는 점을 추론할 수 있다.
④ 2문단 3~5번째 줄에서 IQ가 높은 아이는 그렇지 않은 아이에 비해 읽기나 계산 등 사고 기능과 관련된 과목에서 높은 성취도를 보이는 경우가 많다고 설명한다. 즉, IQ가 높은 아이는 읽기 능력이 좋을 확률이 높으므로 ④의 추론은 적절하다.

20 비문학 내용 추론 난이도 ★★☆

해설 ① 제시문은 한자가 한글과 달리 문맥에 따라 다른 문장 성분으로 사용되기도 해 혼란을 야기하는 경우가 있다고 설명할 뿐이다. 한국어 문장보다 한문의 문장 성분이 복잡하다는 내용은 제시문에서 확인할 수 없으므로 ①의 추론은 적절하지 않다.

오답 분석 ② '淨水(정수)'가 문맥상 '깨끗하게 한 물'일 때, '淨(깨끗할 정)'은 '水(물 수)'를 수식하는 관형어이다.
③ 한글에서는 동음이의어가 많아 글자만으로 의미를 파악하지 못하는 경우가 많지만, 한자는 그렇지 않다. 따라서 '愛人(애인)'에서 '愛(사랑 애)'의 문장 성분이 바뀌더라도 '愛'의 뜻이 달라지는 것은 아니므로 '愛'는 동음이의어가 아니다.
④ 사례로 제시된 '사고'처럼 '의사'도 동음이의어에 해당한다. 따라서 한글로 '의사'라고만 쓰면 '병을 고치는 사람[醫師]'인지 '의로운 지사[義士]'인지 구별할 수가 없다.

정답 및 취약점 확인

p.62

문항	정답	출제 포인트	정답률	약점 개념 확인	문항	정답	출제 포인트	정답률	약점 개념 확인
01	③	어법-표준 언어 예절	80%	높임 표현, 호칭어와 지칭어	11	③	비문학-주제 및 중심 내용 파악	79%	
02	①	비문학-논지 전개 방식	89%	묘사, 설명, 유추, 분석	12	①	문학-작품의 종합적 감상	77%	심환지 〈육각지하화원소정염운〉
03	③	비문학-세부 내용 파악	91%		13	③	어휘-한자어	52%	膝下, 手腕, 發足
04	②	비문학-작문	90%	고쳐쓰기	14	③	문학-인물의 태도	79%	〈홍계월전〉, 〈장끼전〉
05	②	문학-시어 및 시구의 의미	85%	김소월 〈산〉	15	④	어휘-표기상 틀리기 쉬운 어휘	40%	끼이다
06	③	문학-작품의 내용 파악	87%	황석영 〈삼포 가는 길〉	16	④	어휘-한자어	38%	消防官, 科學者, 研究員
07	④	비문학-글의 구조 파악	90%		17	③	비문학-세부 내용 파악	83%	
08	②	비문학-화법	83%		18	②	어휘-한자 성어	66%	寸鐵殺人, 巧言令色, 言行一致, 街談巷說
09	④	비문학-세부 내용 파악	83%		19	①	비문학-내용 추론	54%	
10	④	어법-옛말의 문법	42%	어휘의 변천	20	④	비문학-내용 추론	67%	

---

01 | 어법 | 표준 언어 예절
난이도 ★★☆

해설 ③ 처음 뵙겠습니다. 박혜정입니다(○): 서로 처음 만나는 사이에서 자신을 상대방에게 소개할 때 '처음 뵙겠습니다. 저는 ○○○입니다'와 같은 표현을 사용하는 것은 적절하다.

오답 분석 ① 지금부터 회장님의 말씀이 계시겠습니다(×) → 지금부터 회장님의 말씀이 있으시겠습니다/있겠습니다(○): '계시다'는 직접 높임 표현에 쓰이는 어휘이므로, '회장님'과 관련된 '말씀'을 높이는 간접 높임 표현에서는 쓰면 안 된다. 서술어에 '-(으)시-'를 붙인 '있으시겠습니다'나 높임 표현을 쓰지 않은 '있겠습니다'로 고쳐야 한다.

② (시누이에게) 고모(×) → (시누이에게) 형님/아가씨/아기씨(○): '고모'는 아버지의 누이를 이르거나 부르는 말이므로, 남편의 누나나 여동생인 시누이에게 '고모'라고 부르는 것은 적절하지 않다. 참고로 남편의 누나는 '형님', 여동생은 '아가씨/아기씨'라고 불러야 하나 관습적으로 자녀와의 관계에 기대어 'ㅇㅇ[자녀 이름] 고모'로 부를 수도 있다.

④ (다른 사람에게 자기 아내를 가리키며) ~ 제 부인입니다(×) → (다른 사람에게 자기 아내를 가리키며) ~ 제 집사람/안사람/아내/처입니다(○): '부인'은 남의 아내를 높여 이르는 말이므로 자신의 배우자를 지칭할 때 사용할 수 없다. 아내를 지칭하는 표현은 대화하는 상대에 따라 달라질 수 있으나 보통 '집사람, 안사람, 아내, 처'를 사용한다.

02 | 비문학 | 논지 전개 방식
난이도 ★☆☆

해설 ① 제시문에서는 '달은 부드러운 빛을 흐붓이', '고요한 속에서', '숨소리가 손에 잡힐 듯', '잎새가 한층 달에 푸르게 젖었다'와 같은 감각적인 이미지를 통해 달밤의 풍경을 그림 그리듯 구체적이고 생생하게 표현하여 낭만적인 분위기를 형성하고 있다. 따라서 ① '묘사'의 서술 방식이 사용되었음을 알 수 있다.

· 묘사: 대상을 그림을 그리듯이 구체적이고 생생하게 진술하는 방식

오답 분석 ② 설명: 어떤 일이나 대상의 내용을 상대편이 잘 알 수 있도록 밝히는 진술 방식

③ 유추: 어떤 두 대상이 비슷한 속성을 가질 때, 한 대상에게서 나타나는 현상이 그와 유사한 다른 대상에서도 나타날 것이라고 추론하는 진술 방식

④ 분석: 대상을 이루는 구성 요소를 개별적 부분이나 성질로 나누어 진술하는 방식

03 | 비문학 | 세부 내용 파악
난이도 ★☆☆

해설 ③ 제시문 끝에서 4~7번째 줄을 통해 무대 연출 작업 속의 독보적인 창작을 걸러 내 저작권을 부여하면 후발 창작에 방해가 될 수 있음을 알 수 있으므로 적절하지 않다.

[관련 부분] 무대 연출 작업 중에서 독보적인 창작을 걸러 내서 배타적인 권한인 저작권을 부여하는 것은 매우 흔치 않은 경우이고, 후발 창작을 방해하는 요소로 작용할 수도 있다.

오답 분석 ① 제시문 4~5번째 줄을 통해 알 수 있다.

[관련 부분] 창작적인 표현을 도용당했는지 밝혀야 하는데, 이것이 쉽지 않다.

② 제시문 1~2번째 줄을 통해 알 수 있다.

[관련 부분] 연출자가 자신의 저작권을 침해당했다고 주장하기 위해서는 우선 그가 유효한 저작권을 소유하고 있어야 한다.

④ 제시문 끝에서 1~4번째 줄을 통해 알 수 있다.

[관련 부분] 저작권법은 ~ 창작을 장려함과 동시에 일반 공중이 저작물을 원활하게 이용할 수 있도록 해야 하는 두 가지 가치의 균형을 이루는 것이 목표다.

04 비문학 작문 (고쳐쓰기) 난이도 ★☆☆

해설 ② ⓒ 앞에서 파놉티콘은 교도관(소수)이 죄수들(다수)을 감시한다는 내용이 제시되고 있고 ⓒ이 포함된 문장에서는 권력자인 교도관(소수)의 정보 독점에 의해 죄수들(다수)이 통제된다는 내용을 요약적으로 설명하고 있으므로 ⓒ을 '소수'로 고쳐 쓰는 것은 적절하지 않다.

오답 분석 ① ⓐ 앞뒤에서 죄수들이 교도관이 자리에 있는지 없는지 알 수 없게 만든 파놉티콘의 구조로 인해 죄수들은 교도관의 존재 여부와 상관없이 스스로를 감시하게 되었다고 설명하고 있으므로 ⓐ을 '없을'로 고치는 것이 적절하다.

③ ⓒ 앞뒤에서 시놉티콘에 가장 크게 기여한 것은 자신을 노출하지 않고 권력자를 비판할 수 있는 인터넷의 특성임을 설명하고 있으므로 ⓒ을 '어떤 행위를 한 사람이 누구인지 드러나지 않는 특성'을 뜻하는 '익명성'으로 고쳐 쓰는 것이 적절하다.

④ ⓔ 앞뒤에서 현대 사회는 다수(네티즌들)가 소수의 권력자를 감시할 수 있는 시놉티콘의 시대이며 언론과 통신이 발달한 정보화 시대임을 제시하고 있다. 따라서 ⓔ은 특정인(소수)이 아닌 다수를 나타내는 '누구나'로 고치는 것이 적절하다.

05 문학 시어 및 시구의 의미 난이도 ★☆☆

해설 ② ⓒ '칠팔십 리(七八十里)'는 시적 화자가 걷는 유랑의 길을 비유한 것이므로 적절하다.

오답 분석 ① 고개를 넘지 못해 울고 있는 ⓐ '산(山)새'와 삼수갑산에 돌아가지 못하는 시적 화자의 처지는 동일하므로 적절하지 않다.

③ '불귀(不歸)'는 '다시 돌아오지 않음' 또는 '돌아가지 않음'을 뜻하는 말로 ⓒ '불귀(不歸), 불귀, 다시 불귀'는 삼수갑산으로 돌아가지 못하는 시적 화자의 안타까움을 강조하고 있다.

④ 시적 화자는 슬픔의 정서를 ⓐ '산(山)새'에 이입하여 ⓔ '위에서 운다'와 같이 표현하고 있으므로 적절하지 않다.

06 문학 작품의 내용 파악 난이도 ★☆☆

해설 ③ 8번째 줄을 통해 영달은 스스로가 능력이 없다고 생각하여 백화와 함께 떠나지 않은 것임을 알 수 있다. 따라서 ③은 글에 대한 감상으로 적절하지 않다.

오답 분석 ① 1번째 줄에서 정 씨는 백화가 좋은 여자 같다고 말하며 영달에게 함께 떠날 것을 권유하고 있다.

② 6~7번째 줄에서 쑤군대는 두 사내를 불안한 듯이 지켜보는 백화의 모습을 통해 알 수 있다.

④ 끝에서 2~5번째 줄에서 백화는 정 씨와 영달에게 잊지 않겠다는 표현을 통해 고마움을 표현하고 자신의 본명을 밝히고 있으므로 적절하다.

07 비문학 글의 구조 파악 난이도 ★☆☆

해설 ④ (나) - (라) - (다) - (가)의 순서가 가장 자연스럽다.

순서	중심 내용	순서 판단의 단서와 근거
(나)	100년 전 우리 민족은 국권을 상실하는 수난과 비극의 역사를 겪음	지시 표현이나 접속어로 시작하지 않으면서 지정학적 조건으로 인해 아픔을 겪었던 우리 민족의 역사를 제시함
(라)	분단의 아픔을 겪었던 우리나라에 희망의 시대가 열렸으며, 동북아시아가 세계 경제의 3대 축으로 떠오르고 있음	지시 표현 '그 아픔': (나)의 '국권을 상실하는 아픔'을 가리킴
(다)	우리나라도 과거의 아픔을 극복하고 경제 강국으로 발전하고 있음	키워드 '경제력': (라)의 내용을 이어받아 오늘날은 경제력이 중요하며 우리나라가 경제 강국으로 거듭나고 있음을 제시함
(가)	우리나라의 지정학적 조건을 바탕으로 평화와 번영의 동북아 시대를 만들어 나가야 함	키워드 '이제': (다)에 이어서 우리나라가 주도해야 할 긍정적인 미래에 대해 언급하며 글을 마무리함

08 비문학 화법 (말하기 전략) 난이도 ★☆☆

해설 ② A의 2번째 발화와 B의 3번째 발화를 통해 A와 B 모두 언어적·비언어적 표현을 사용하여 공감의 표지를 드러내고 있음을 알 수 있다.

[관련 부분]
• A: (고개를 끄덕이며) 맞습니다.
• B: (고개를 끄덕이며) 그렇겠네요.

오답 분석 ① B의 2번째 발화를 통해 A가 아닌 B가 내용 요약 방식을 제안하였음을 확인할 수 있다.

[관련 부분] 회의 내용은 개조식으로 요약하고, 팀장님을 포함해서 전체 팀원에게 메일로 보내도록 하겠습니다.

③ B의 3번째 발화를 통해 B가 A의 회의 내용 요약 방식에 대한 문제 제기에 동의하고 있음을 확인할 수 있다.

[관련 부분] (고개를 끄덕이며) 그렇겠네요. 개조식으로 요약할 경우 회의 내용이 과도하게 생략되어 이해가 어려울 수 있겠네요.

④ B의 3번째 발화를 통해 A가 아니라 B가 말한 내용임을 확인할 수 있다.

[관련 부분] 개조식으로 요약할 경우 회의 내용이 과도하게 생략되어 이해가 어려울 수 있겠네요.

2. 방법

소극적인 들어주기	• 상대방이 계속 말을 이어나갈 수 있도록 관심을 표함 • 상대방의 말에 맞장구를 쳐 주고 격려함
적극적인 들어주기	• 상대방이 객관적인 관점에서 문제에 접근할 수 있도록 상대방의 말을 요약하거나 재진술함

---

09 비문학 세부 내용 파악   난이도 ★☆☆

해설 ④ 제시문 끝에서 2~5번째 줄을 통해 A시의 올해 청소년 의회 교실은 자유 발언을 조례안 상정보다 먼저 진행했음을 알 수 있으므로 ④는 적절하지 않다.

[관련 부분] 의원 선서를 한 후 주제에 관한 자유 발언 시간을 가졌다. 이어서 관련 조례안을 상정한 후 찬반 토론을 거쳐 전자 투표로 표결 처리하였다.

오답 분석 ① 제시문 5~7번째 줄을 통해 알 수 있다.

[관련 부분] 참여할 수 있는 대상은 A시에 있는 학교에 재학 중인 만 19세 미만의 청소년이다.

② 제시문 7~10번째 줄을 통해 알 수 있다.

[관련 부분] 시 의회 의장은 의회 교실의 참가자 선정 및 운영 방안을 결정할 수 있다. 운영 방안에는 지방 자치 및 의회의 기능과 역할, 민주 시민의 소양과 자질 등에 관한 교육 내용이 포함된다.

③ 제시문 끝에서 5~9번째 줄을 통해 알 수 있다.

[관련 부분] 시 의회 의장은 고유 권한으로 본 회의장 시설 사용이 가능하도록 지원할 수 있다. 최근 A시는 ~ 본 회의장에서 첫 번째 의회 교실을 운영하였다.

---

10 어법 옛말의 문법 (어휘의 변천)   난이도 ★★☆

해설 ④ 점잖다: '어리다'를 뜻하는 옛말 '졈다'의 어간 '졈-'에 '-디(지) 아니ㅎ다'가 결합하여 '졈디 아니ㅎ다'가 형성된 후 축약되어 '졈댫다 > 졈쟎다 > 점잖다'로 바뀐 말이므로 적절하지 않다.

오답 분석 ① 가난: '몹시 힘들고 고생스러움'을 뜻하는 '간난(艱難: 어려울 간, 어려울 난)'의 앞 음절 종성 'ㄴ'이 탈락하여 현재의 '가난'이 되었다.

• 가난: 살림살이가 넉넉하지 못함. 또는 그런 상태

② 어리다: 중세 국어에서 '어리다'는 '어리석다(愚)'의 의미로 쓰였으나 근대 이후 현재의 의미인 '나이가 적다(幼)'로 바뀌었다.

③ 수탉: '수탉'은 'ㅎ'을 종성으로 가진 체언이었던 '수ㅎ'이 '닭'과 합쳐져서 이루어진 말이다. 이때 종성 'ㅎ'이 뒤 음절의 초성 'ㄷ'과 축약하여 'ㅌ'이 되었으며 18세기에 'ㆍ'가 소멸됨에 따라 '수탉'의 형태를 갖추게 되었다.

👍 **이것도 알면 합격!**

현대어에 보이는 'ㅎ'종성 체언의 영향을 알아두자.

• 살코기: 살ㅎ + 고기
• 머리카락: 머리ㅎ + 가락
• 안팎: 안ㅎ + 밖
• 암탉: 암ㅎ + 닭
• 수평아리: 수ㅎ + 병아리

---

11 비문학 주제 및 중심 내용 파악   난이도 ★★☆

해설 ③ 제시문은 '혐오 현상'이 사회적·역사적 배경에서 비롯된 문제의 증상이며, 이 증상을 단순히 감정의 결과로 본다면 사회 문제의 원인을 보지 못하고 매몰될 수 있다고 주장하고 있다. 따라서 글의 주제로 가장 적절한 것은 ③이다.

오답 분석 ① 1문단과 3문단을 통해 혐오는 역사적, 사회적 배경이 선행되어 사회적으로 형성된 결과임을 알 수 있으므로 인과 관계를 확인할 수 있다. 따라서 주제로 적절하지 않다.

[관련 부분]
• 혐오 현상은 ~ 거기엔 자체의 역사와 사회적 배경이 반드시 선행한다.
• 혐오는 자연 발생한 게 아니라 사회적으로 형성된 감정이다.

② 혐오라는 감정 자체를 부정적으로 바라보는 것은 사람들의 선량한 마음에서 비롯되지만 문제의 성격을 오인하게 만든다는 2문단의 내용과 반대되므로 주제로 적절하지 않다.

[관련 부분] 왜 혐오가 나쁘냐고 물어보면 많은 사람들은 이렇게 답한다. ~ 이 대답들은 분명 선량한 마음에서 나온 것이다. 하지만 문제의 성격을 오인하게 만들 수 있다.

④ 혐오라는 감정에 집중할수록 달(사회 문제)이 아닌 달을 가리키는 손가락(혐오 감정)만 바라보는 잘못을 범하게 된다는 2문단의 내용과 반대되므로 주제로 적절하지 않다.

[관련 부분] 혐오나 증오라는 특정 감정에 집착해선 안 된다는 것이다. ~ 혐오나 증오라는 감정에 집중할수록 우린 '달을 가리키는 손가락만 바라보는' 잘못을 범하기 쉬워진다.

---

12 문학 작품의 종합적 감상 (한시)   난이도 ★★☆

해설 ① 제시된 작품은 화자가 봄날의 풍경을 보고 느낀 감회를 드러내고 있다. 이때 ㉠'초가 정자'는 화자가 바라보는 풍경의 일부일 뿐 시간적 흐름을 나타내는 기능을 하지 않으므로 적절하지 않다.

오답 분석 ② 자연에서 홀로 술을 마시며 시를 읊조리는 화자의 모습을 ㉡'높다랗게'로 표현하여 고고하고 초연한 화자의 태도를 드러내고 있다.

③ '산과 계곡'의 변함없는 모습과 ㉢'누대'의 텅 빈 모습을 대비하여 자연과 대비되는 쇠락한 인간사를 표현하고 있다.

④ 7~8구에서 화자는 ㉣'봄바람'에게 꽃잎을 흔들지 말라고 하였으며 ㉣'봄바람'이 꽃잎을 흔드는 상황을 보고 안타까워하고 있다. 이를 미루어 보아 ㉣'봄바람'은 꽃잎을 흔드는 부정적인 이미지로 기능함을 알 수 있다.

---

13 어휘 한자어   난이도 ★★☆

해설 ③ 각축(角逐: 뿔 각, 쫓을 축): '서로 이기려고 다투며 덤벼듦'을 뜻하는 말로, 사람의 몸을 지시하는 말이 포함되지 않았다.

오답 분석 ① 슬하(膝下: 무릎 슬, 아래 하): 사람의 몸을 지시하는 '무릎[膝]'을 포함하고 있으며, 이때 '슬하'는 '무릎의 아래'라는 뜻으로, 어버이나 조부모의 보살핌 아래, 주로 부모의 보호를 받는 테두리 안을 뜻하는 말이다.

② 수완(手腕: 손 수, 팔뚝 완): 사람의 몸을 지시하는 '손[手]'과 '팔뚝[腕]'을 포함하고 있으며, 이때 '수완'은 일을 꾸미거나 치러 나가는 재간을 뜻하는 말이다.

④ 발족(發足: 필 발, 발 족): 사람의 몸을 지시하는 '발[足]'을 포함하고 있으며, 이때 '발족'은 어떤 조직체가 새로 만들어져서 일이 시작됨 또는 그렇게 일을 시작함을 뜻하는 말이다.

14 문학 인물의 태도

해설 ③ ㉠'계월'은 남편인 '보국'과의 갈등 상황에서 명령을 통해 '보국'을 복종시킴으로써 적극적으로 갈등 상황을 타개하고 있다. 반면 ㉡ '까투리'는 남편인 '장끼'와의 갈등 상황에서 순순히 물러나는 소극적인 태도를 보이고 있다. 따라서 ㉠과 ㉡에 대한 설명으로 가장 적절한 것은 ③이다.

오답
분석
① ㉠'계월'이 남편 '보국'에게 일방적으로 명령하는데 '보국'이 거역하지 못하는 것으로 보아 ㉠은 상대에 비해 우월한 지위를 갖고 있음을 알 수 있다. 반면 ㉡'까투리'의 말을 듣고도 남편 '장끼'가 고집을 꺾지 않았으므로 ㉡은 상대에 비해 우월한 지위를 갖고 있다고 보기 어렵다.

② ㉠'계월'은 남편 '보국'의 거만한 행동을 비판하고 있고 ㉡'까투리'도 고집을 부리다가 덫에 걸린 남편 '장끼'의 행위를 비판하고 있다.

④ ㉠'계월'이 군졸들에게 위엄 있게 호령하는 모습을 보고 '보국'이 겁을 내고 있음을 알 수 있을 뿐 주변의 호의적인 반응은 확인할 수 없다. 또한 ㉡'까투리'는 조문을 온 자식과 친구들에게 '장끼'의 죽음을 위로 받고 있으므로 주변의 적대적인 반응을 얻고 있다고 볼 수 없다.

👍 이것도 알면 합격!

제시된 작품의 주제 및 특징을 알아두자.

(가)	'홍계월전'	주제	여성 영웅 홍계월전의 활약
		특징	• 남장 모티프를 통해 여성의 사회 진출 욕구를 드러냄 • 여성 영웅 일대기 구조를 취함
(나)	'장끼전'	주제	남성 우월 의식과 여성의 개가(改嫁) 금지에 대한 풍자
		특징	• 동물을 의인화하여 사건을 전개함 • 한자어와 중국 고사를 많이 사용함 • 조선 후기 서민 의식이 잘 반영되어 있음

15 어휘 표기상 틀리기 쉬운 어휘

해설 ④ 끼이는(○): '끼이다'는 '벌어진 사이가 들어가 죄이고 빠지지 않게 되다'를 뜻하며, '끼다'의 피동사이다.

오답
분석
① 되뇌이고(×) → 되뇌고(○): '같은 말을 되풀이하여 말하다'를 뜻하는 말은 '되뇌다'이므로 '되뇌고'가 바른 표기이다.

② 헤매이고(×) → 헤매고(○): '갈 바를 몰라 이리저리 돌아다니다'를 뜻하는 말은 '헤매다'이므로 '헤매고'가 바른 표기이다.

③ 메이기(×) → 메기(○): '뚫려 있거나 비어 있는 곳이 막히거나 채워지다'를 뜻하는 말은 '메다'이므로 '메기'가 바른 표기이다. 참고로 '어깨에 걸쳐지거나 올려놓이다'를 뜻할 때에는 피동사 '메이다'로 쓸 수 있다.

16 어휘 한자어 (한자어의 표기)

해설 ④ 변호사(辯護事: 말씀 변, 도울 호, 일 사)(×) → 변호사(辯護士: 말씀 변, 도울 호, 선비 사)(○): '법률에 규정된 자격을 가지고 소송 당사자나 관계인의 의뢰 또는 법원의 명령에 따라 피고나 원고를 변론하며 그 밖의 법률에 관한 업무에 종사하는 사람'을 뜻하는 '변호사'의 '사'는 '士(선비 사)'를 써야 한다. 따라서 한자 표기가 옳지 않은 것은 ④이다.

오답
분석
① 소방관(消防官: 사라질 소, 막을 방, 벼슬 관): '소방 공무원'을 일상적으로 이르는 말

② 과학자(科學者: 과목 과, 배울 학, 놈 자): 과학을 전문으로 연구하는 사람. 주로 자연 과학을 연구하는 사람을 이름

③ 연구원(研究員: 갈 연, 연구할 구, 인원 원): 연구에 종사하는 사람

👍 이것도 알면 합격!

직업과 관련된 한자어 접미사를 알아두자.

士(선비 사)	'직업'의 뜻을 더하는 접미사 예 변호사, 세무사, 회계사 등
師(스승 사)	'그것을 직업으로 하는 사람'의 뜻을 더하는 접미사 예 사진사, 요리사, 의사 등
事(일 사)	'일'의 뜻을 더하는 접미사 예 판사, 검사, 형사 등
官(벼슬 관)	'공적인 직책을 맡은 사람'의 뜻을 더하는 접미사 예 경찰관, 법무관 등
者(놈 자)	'사람'의 뜻을 더하는 접미사 예 과학자, 교육자, 노동자 등
員(인원 원)	1. '그 일에 종사하는 사람'의 뜻을 더하는 접미사 예 사무원, 공무원, 연구원 2. '그 조직이나 단체 등을 이루고 있는 사람'의 뜻을 더하는 접미사 예 회사원, 조합원 등

17 비문학 세부 내용 파악

해설 ③ 2문단 끝에서 2~4번째 줄을 통해 고대의 학문과 언어에 대한 재평가가 이루어진 이유는 중세의 지적 전통에 대한 의구심 때문임을 알 수 있으므로 글에 대한 이해로 적절하지 않다.
[관련 부분] 중세의 지적 전통에 대한 의구심은 고대의 학문과 예술, 언어에 대한 재평가로 이어졌으며,

오답
분석
① 1문단 1~3번째 줄을 통해 알 수 있다.
[관련 부분] 르네상스가 일어나게 된 요인으로 많은 것들이 거론되어 왔지만, 의학사의 관점에서 볼 때 흥미롭고 논쟁적인 원인은 페스트이다.

② 1문단 끝에서 1~4번째 줄을 통해 알 수 있다.
[관련 부분] 페스트로 인해 '사악한 자'들만이 아니라 '선량한 자'들까지 무차별적으로 죽는 것을 보고 이전까지 의심하지 않았던 신과 교회의 막강한 권위에 대해서도 회의하게 되었다.

④ 3문단 끝에서 1~5번째 줄을 통해 알 수 있다.
[관련 부분] 기존의 의학적 전통을 여전히 신봉하던 의사들에게 해부학적 지식은 불필요한 것으로 인식되었던 반면, 당시의 미술가들은 예술가이면서 동시에 해부학자이기도 할 만큼 인체의 내부 구조를 탐색하는 데 골몰했다.

18 어휘 한자 성어

난이도 ★★☆

해설 ② 밑줄 친 부분에 어울리는 한자 성어로 가장 적절한 것은 ② '촌철살인(寸鐵殺人)'이다.
- **촌철살인(寸鐵殺人)**: '한 치의 쇠붙이로도 사람을 죽일 수 있다'는 뜻으로, 간단한 말로도 남을 감동하게 하거나 남의 약점을 찌를 수 있음을 이르는 말

오답 분석
① 교언영색(巧言令色): 아첨하는 말과 알랑거리는 태도
③ 언행일치(言行一致): 말과 행동이 하나로 들어맞음. 또는 말한 대로 실행함
④ 가담항설(街談巷說): 거리나 항간에 떠도는 소문

19 비문학 내용 추론

난이도 ★★☆

해설 ① 1문단 1~2번째 줄에서 논리 실증주의자들은 어떤 것이 과학일 경우, 그것에 사용되는 문장은 유의미하다고 하였으므로 반대로 어떤 것에 사용된 문장이 무의미한 문장이라면 그것은 과학이 아닐 것임을 추론할 수 있다.

오답 분석
② 1문단 1~2번째 줄에서 논리 실증주의자들이 과학에 사용되는 문장은 유의미하다고 하였음을 알 수 있으나, 과학의 문장들만이 유의미한 것인지는 제시문을 통해 추론할 수 없다.
[관련 부분] 논리 실증주의자들에 따르면, 만약 어떤 것이 과학일 경우 거기에서 사용되는 문장은 유의미하다.
③ 2문단 2~6번째 줄을 통해 아직까지 경험하지 않았더라도 진위를 확정하기 위해 무엇을 경험해야 하는지 알 수 있는 문장이라면 유의미한 문장으로 판단할 수 있음을 알 수 있으므로 ③의 추론은 적절하지 않다.
[관련 부분] (가)는 분명히 경험을 통해 진위를 밝힐 수 있다. 즉 우리는 (가)의 진위를 확정하기 위해서 무엇을 경험해야 하는지 알고 있다는 것이다. 이런 점에 근거하여 논리 실증주의자들은 (가)는 검증할 수 있고, 유의미한 문장이라고 판단한다.
④ 1문단 4~6번째 줄을 통해 경험을 통해 참과 거짓을 검증할 수 있는 문장은 유의미하다고 하였으므로 경험을 통해 문장이 거짓임을 검증할 수만 있다면 유의미한 문장임을 추론할 수 있다. 따라서 ④의 추론은 적절하지 않다.
[관련 부분] 검증 원리란, 경험을 통해 참이나 거짓을 검증할 수 있는 문장은 유의미하고 그렇지 않은 문장은 유의미하지 않다는 것이다.

20 비문학 내용 추론

난이도 ★★☆

해설 ④ 제시문을 통해 추론할 수 있는 내용은 ㄱ, ㄴ, ㄷ이다.
- ㄱ: 1문단 끝에서 2번째 줄을 통해 컴퓨터는 결정론적 법칙의 지배를 받는 시스템임을 알 수 있고 2문단 끝에서 1~4번째 줄을 통해 결정론적 법칙의 지배를 받는 시스템은 자유 의지를 가지지 않고 도덕적 의무를 귀속시킬 수 없음을 알 수 있다. 따라서 결정론적 법칙의 지배를 받는 컴퓨터는 자유 의지를 가지지 않으며 도덕적 의무의 귀속 대상도 아닐 것임을 추론할 수 있다.
- ㄴ: 2문단 끝에서 1~4번째 줄을 통해 결정론적 법칙의 지배를 받는 시스템은 자유 의지를 갖지 않고 도덕적 의무를 귀속시킬 수 없다고 하였다. 이를 미루어 보아 만약 도덕적 의무를 귀속시킬 수 있는 시스템이 있다면 그것은 결정론적 법칙의 지배를 받지 않을 것임을 추론할 수 있다.
- ㄷ: 2문단 1~4번째 줄을 통해 결정론적 법칙의 지배를 받는 시스템은 항상 하나의 선택지만 있으므로 다른 선택을 할 수 없음을 알 수 있다. 또한 2문단 끝에서 3~4번째 줄을 통해 그러한 결정론적 법칙의 지배를 받는 시스템은 자유 의지를 가질 수 없다고 하였으므로 적절하다.

정답 및 취약점 확인

p.68

문항	정답	출제 포인트	정답률	약점 개념 확인	문항	정답	출제 포인트	정답률	약점 개념 확인
01	②	어휘-표기상 틀리기 쉬운 어휘	63%	웬일, 박이다, 으레	11	④	비문학-세부 내용 파악	87%	
02	③	어법-단어	68%	조사의 쓰임	12	②	비문학-주제 및 중심 내용 파악	89%	
03	정답없음	어휘-고유어	–	반나절, 달포, 그끄저께, 해거리	13	②	비문학-세부 내용 파악	89%	
04	②	어휘-관용 표현	84%		14	③	비문학-세부 내용 파악	87%	
05	④	문학-서술상의 특징	75%	〈춘향전〉	15	①	문학-소재의 의미	72%	김훈 〈수박〉
06	③	비문학-화법	86%		16	①	비문학-글의 구조 파악	85%	
07	③	문학-인물의 심리 및 태도	81%	강신재 〈젊은 느티나무〉	17	④	어법-올바른 문장 표현	82%	어휘·문법 요소의 적절성
08	③	비문학-적용하기	83%		18	③	문학-인물의 태도	84%	이강백 〈느낌, 극락같은〉
09	①	혼합-인물의 심리 및 태도, 한자 성어	80%	박경리 〈토지〉, 寤寐不忘	19	④	비문학-내용 추론	57%	
10	④	문학-작품의 종합적 감상	74%	길재 〈오백년 도읍지를 필마로 돌아드니〉, 조지훈 〈봉황수〉	20	④	비문학-내용 추론	46%	

---

01 어휘 표기상 틀리기 쉬운 어휘
난이도 ★★☆

해설 ② 몇 일(×) → 며칠(○): '그달의 몇째 되는 날'을 뜻하는 단어는 '며칠'로 표기해야 한다.

오답
분석
① 웬일(○): '어찌 된 일'이라는 의미의 말로, 의외의 뜻을 나타내는 단어는 '웬일'이다. 이때 '왠일'로 잘못 표기하지 않도록 주의한다.

③ 박인(○): '손바닥, 발바닥 등에 굳은살이 생기다'를 뜻하는 '박이다'의 어간 '박이-'에 어미 '-ㄴ'이 결합한 형태이다. 이때 '박히다'나 '배기다'와 혼동하지 않도록 주의한다.
  - 박히다: 두드려 치이거나 틀려서 꽂히다.
  - 배기다: 바닥에 닿는 몸의 부분에 단단한 것이 받치는 힘을 느끼게 되다.

④ 으레(○): '틀림없이 언제나'를 뜻하는 단어는 '으레'이다. 이때 '의례, 으례'로 잘못 표기하지 않도록 주의한다.

02 어법 단어 (조사의 구분)
난이도 ★★☆

해설 ③ 오늘로써(○): 이때 '로써'는 어떤 일의 기준이 되는 시간임을 나타내는 격 조사이다.

오답
분석
① 딸로써(×) → 딸로서(○): 지위나 신분 또는 자격을 나타내는 격 조사 '로서'를 써야 한다.

② 대화로서(×) → 대화로써(○): 어떤 일의 수단이나 도구를 나타내는 격 조사 '로써'를 써야 한다.

④ 이로서(×) → 이로써(○): 시간을 셈할 때 셈에 넣는 한계를 나타내는 격 조사 '로써'를 써야 한다.

👍 이것도 알면 **합격!**

'로서'와 '로써'의 구분을 알아두자.

| (으)로서 | 지위나 신분 또는 자격을 나타내는 격 조사
예 지도자로서 책임을 지겠다. |
|---|---|

| (으)로써 | • 어떤 물건의 재료나 원료를 나타내는 격 조사
예 메주는 콩으로써 만든다.
• 어떤 일의 수단이나 도구를 나타내는 격 조사
예 말로써 천 냥 빚을 갚는다.
• 시간을 셈할 때 셈에 넣는 한계를 나타내는 격 조사
예 이곳에서의 생활이 올해로써 30년이 되었다.
• 어떤 일의 기준이 되는 시간임을 나타내는 격 조사
예 우리의 관계는 어제로써 끝났다. |
|---|---|

03 어휘 고유어
난이도 ★★☆

해설 '정답 없음'으로 최종 발표된 문제이다.

오답
분석
① 반나절: 1. 한나절의 반 2. 하룻낮의 반

② 달포: 한 달이 조금 넘는 기간

③ 그끄저께: 그저께의 전날. 오늘로부터 사흘 전의 날을 이른다.

④ 해거리: 한 해를 거름. 또는 그런 간격

04 어휘 관용 표현
난이도 ★☆☆

해설 ② 관용구 '호흡을 맞추다'는 '일을 할 때 서로의 행동이나 의향을 잘 알고 처리하여 나가다'를 뜻하므로 둘 이상의 대상을 서로 연결해 준다는 의미의 밑줄 친 부분과 바꾸어 쓸 수 없다. 참고로 밑줄 친 부분과 바꿔 쓸 수 있는 관용 표현으로 적절한 말은 '다리를 놓다'이다.
  - 다리(를) 놓다: 일이 잘되게 하기 위하여 둘 또는 여럿을 연결하다.

오답
분석
① 가랑이(가) 찢어지다: 몹시 가난한 살림살이를 비유적으로 이르는 말

③ 코웃음(을) 치다: 남을 깔보고 비웃다.

④ 바가지(를) 쓰다: 요금이나 물건값을 실제 가격보다 비싸게 지불하여 억울한 손해를 보다.

05 문학 서술상의 특징 난이도 ★★☆

해설 ④ ㉣에는 서술자가 작품 속 인물인 '춘향'에 대한 자신의 견해를 드러내는 편집자적 논평이 나타난다. 이때 서술자가 예찬하는 대상은 춘향의 '형용(외면적 아름다움)'이므로 춘향이의 '내면적 아름다움'을 서술하고 있다는 ④의 설명은 옳지 않다.
• 형용(形容): 사람의 생김새나 모습

오답 분석 ① ㉠에서는 '-ㄹ쏘냐'라는 종결 어미를 사용한 설의적 표현을 통해 춘향이가 천중절을 당연히 알 것임을 강조하고 있다.
• 천중절: '좋은 명절'이라는 뜻으로, '단오'를 달리 이르는 말
② ㉡에는 연결어 '같은'을 통해 꾀꼬리를 황금에 직접 빗대어 표현하는 비유법(직유법)이 쓰였다. 또한 '녹음방초가 우거지고 금잔디가 깔린 곳에 꾀꼬리는 쌍쌍이 날아든다'라는 표현을 통해 음양의 조화를 이룬 아름다운 봄날의 풍경을 서술하고 있다.
③ '펄펄', '흔들흔들'과 같이 움직임을 흉내 낸 음성상징어를 사용하여 춘향이 그네 타는 모습을 시각적으로 서술하고 있다.

> 👍 이것도 알면 **합격!**
>
> **'춘향전'의 서술상의 특징을 알아두자.**
>
> | 특징 | 내용 |
> | --- | --- |
> | 표현상의 특징 | • 동음이의어를 활용한 언어유희를 통해 웃음을 유발함
• 열거와 대구를 통해 양반들의 허둥대는 모습을 묘사하는 해학적 표현이 나타남
• 일반적인 단어의 순서를 바꾸어 어사출두로 인해 당황한 본관의 모습을 해학적으로 표현함 |
> | 문체상의 특징 | • 인물들의 행동을 열거함으로써 내용을 확장하는 확장적 문체를 통해 관객의 흥미를 유발함
• 춘향에게 수청을 요구하는 사또를 '명관'이라고 표현하는 반어적 문체를 사용하여 사또를 비판함 |

06 비문학 화법 (말하기 전략) 난이도 ★★☆

해설 ③ B는 고객이 제안서를 보고 코로나 시기에도 이전과 동일한 사업적 효과가 있을지 의문을 제기한 것을 근거로, 고객이 완곡하게 거절 의사를 표현하였다고 판단한다.

오답 분석 ① '검토하고 연락드리겠습니다'라는 고객의 답변에 대해 A는 제안서를 승낙한 것이라고 이해한 반면에 B는 완곡하게 거절한 것으로 이해하고 있다.
② A가 마지막 발화에서 '궁금하다고 말한 것이지 사업을 수용하지 않는다는 것은 아니지 않나요?'라고 반문한 것으로 보아, A는 고객의 의문을 부정적 평가로 판단하지 않는다.
④ A는 고객의 비언어적 표현(표정, 박수, 목소리)을 언급하며, 고객이 제안서를 승낙한 것으로 해석하고 있다.

07 문학 인물의 심리 및 태도 난이도 ★☆☆

해설 ③ 1문단에서 '나'가 '무슈 리'를 아버지로 부르는 것에 어려움을 느끼는 까닭이 드러난다. 이는 '현규'에 대한 감정 때문이라기보다, 그동안 '아버지'라는 말을 해 본 적이 없었던 '나'의 습관으로 인한 것이다.

오답 분석 ① 6문단에서 '나' 역시 '그'가 자기와 같은 일(괴로움)을 생각하기를 바란다고 하였다.
② 1문단과 3~4문단을 통해 '나'와 '현규'가 혈연적 관계는 없지만 법률상 '오누이'임을 알 수 있다.

④ 5문단을 통해 '나'는 '오누이' 관계에 대한 사회적 인식이나 도덕률 보다는 '현규'에 대한 사랑에 더 충실하고 싶어함을 알 수 있다.

> 👍 이것도 알면 **합격!**
>
> **강신재, '젊은 느티나무'의 주제와 특징을 알아두자.**
>
> 1. 주제: 현실의 굴레에서 벗어나 사랑을 성취하는 청춘 남녀의 모습
> 2. 특징
> • 감각적이고 섬세한 문체를 통해 젊은이들의 청순한 사랑을 그려냄
> • 주인공의 심리를 내적 독백 형식으로 표출함

08 비문학 적용하기 난이도 ★☆☆

해설 ③ 글쓴이는 다른 사람을 배려하면서도 자신의 의견을 분명히 내세울 수 있는 '단호한 반응'의 효용성을 강조하고 있다. 제시된 상황에서 '안 피우시면 좋겠어요. 해롭잖아요'라고 자신의 의견을 분명히 말하면서도, '피우고 싶으시면 차를 세워 드릴게요'라며 상대방을 배려하는 태도를 보이는 ③이 글쓴이의 견해에 부합하는 대응이다.

오답 분석 ① 자신의 의견을 분명하게 표현하지 못하고 상대방만 배려하는 '수동적인 반응'을 보이고 있다.
② 흡연을 하지 말아달라는 자신의 의견은 분명하게 표현했으나 상대방의 권리를 침해하는 '공격적인 반응'을 보이고 있다.
④ 자신의 의견을 분명하게 표현하지 못하고 상대방의 결정에 따르려는 '수동적인 반응'을 보이고 있다.

09 문학 + 어휘 인물의 심리 및 태도, 한자 성어 난이도 ★★☆

해설 ① (가)의 뒤에서 '호야 할매'는 손주인 성환이를 생각하며 눈물로 세월을 보냈으나, 성환이가 대학생이 되어 이제는 원과 한을 다 풀어냈다고 말한다. 따라서 (가)에 들어갈 한자 성어로 가장 적절한 것은 ① '오매불망(寤寐不忘)'이다.
• 오매불망(寤寐不忘): 자나 깨나 잊지 못하여

오답 분석 ② 망운지정(望雲之情): 자식이 객지에서 고향에 계신 어버이를 생각하는 마음
③ 염화미소(拈華微笑): 말로 통하지 않고 마음에서 마음으로 전하는 일
④ 백아절현(伯牙絶絃): 자기를 알아주는 참다운 벗의 죽음을 슬퍼함

> 👍 이것도 알면 **합격!**
>
> **박완서, '토지'의 주제와 특징을 알아두자.**
>
> 1. 주제: 한국 근대사의 격동기에서 인물들이 겪는 고통과 삶의 무게
> 2. 특징
> • 어느 한 집안의 몰락과 재기를 민족사의 흐름과 함께 전개함
> • 방언, 속어, 은어가 자주 사용됨

10 문학 작품의 종합적 감상 (시) 난이도 ★★☆

해설 ④ (가)는 '오백년 / 도읍지를 / 필마로 / 돌아드니'와 같이 3·4조, 4음보의 고정된 형식이 드러나지만 (나)는 율격이나 음보에 얽매이지 않고 시상을 전개하고 있다.

오답 분석 ① (가)는 '산천'의 변함없는 모습과 간데없는 '인걸'의 모습을 대비하여 인생의 무상함을 드러내고 있다.
• 인걸(人傑): 특히 뛰어난 인재

② (나)의 화자는 절대 권력을 상징하는 '쌍룡'과 조선 왕조를 상징하는 '봉황'을 대비시키고 있다. 이를 통해 '큰 나라(중국)'를 섬기기 때문에 옥좌에 '쌍룡' 대신 '봉황'을 사용할 수밖에 없었던 조선의 사대주의적 역사와 그에 대한 작가의 비판 의식을 드러내고 있다.

③ (가)와 (나)에는 모두 선경후정의 기법이 사용되었다.
- (가): 초장과 중장에서 폐허가 된 고려의 옛 궁궐터와 변함없는 자연의 모습을 그린 후, 종장에서 고국의 멸망을 한탄하는 화자의 정서를 드러내고 있다.
- (나): 시의 전반부에서 황폐해진 궁궐의 모습을 그린 후, 화자가 느끼는 망국의 비애를 후반부에서 드러내고 있다.

지문 풀이
(가) 오백 년 이어 온 고려의 옛 서울에 한 필의 말을 타고 들어가니
산천의 모습은 예나 다름이 없지만 인걸은 간 데 없다.
아아, 고려의 태평했던 시절이 한낱 꿈처럼 허무하도다. – 길재

👍 이것도 알면 **합격!**

조지훈, '봉황수'의 주제와 특징을 알아두자.

1. 주제: 망국의 비애
2. 특징
- 선경후정의 방식을 사용하여 시상을 전개함
- 역사에 대한 화자의 비판적인 시각이 드러남
- 봉황새에 화자의 정서를 이입하여 표현함

11 비문학 세부 내용 파악   난이도 ★☆☆

해설 ④ 1문단 3~4번째 줄을 통해 미국의 어머니는 아이들이 스스로 독립적인 행동을 할 수 있도록 교육함을 알 수 있다. 또한 2문단 끝에서 2~4번째 줄을 통해 일본의 어머니는 아이들이 다른 사람들의 감정을 예측할 수 있도록 교육함을 알 수 있다. 따라서 제시문의 내용과 부합하는 것은 ④이다.
[관련 부분]
- 아이들은 스스로 독립적인 행동을 하도록 교육받는다.
- 아이들은 자신의 생각을 드러내기보다는 행동에 영향을 받는 다른 사람들의 감정을 미리 예측하도록 교육받는다.

오답 분석 ① 1문단 4~7번째 줄을 통해 미국의 어머니는 말하는 사람의 입장을 강조함을 알 수 있고, 2문단 끝에서 1~2번째 줄을 통해 일본의 어머니는 듣는 사람의 입장을 강조함을 알 수 있다.
[관련 부분]
- 미국에서는 아이들에게 의사소통을 가르칠 때 자신의 생각을 분명하게 표현하고 말하는 사람의 입장에서 대화에 임해야 하며,
- 곧 일본에서는 아이들에게 듣는 사람의 입장에서 말할 것을 강조한다.

② 1문단 1~2번째 줄을 통해 미국의 어머니가 사물의 속성을 가르친다는 것을 알 수 있다.
[관련 부분] 미국의 어머니들은 자녀와 함께 놀이를 할 때 특정 사물에 초점을 맞추고 그 사물의 속성을 아이들에게 가르친다.

③ 2문단 끝에서 2~3번째 줄을 통해 일본의 어머니가 다른 사람들의 감정을 예측하도록 아이들을 교육한다는 것을 알 수 있다.
[관련 부분] 행동에 영향을 받는 다른 사람들의 감정을 미리 예측하도록 교육받는다.

12 비문학 주제 및 중심 내용 파악   난이도 ★☆☆

해설 ② 제시문은 인공지능의 발달이 가져오는 삶의 편리함으로 인해 오히려 인간의 두뇌가 게을러질 수도 있다는 문제를 제기하고 있다. 따라서 글의 결론으로 가장 적절한 것은 ②이다.

오답 분석 ① 인공지능에 대한 인간의 독립성이 지속적으로 증가하게 될 것이라는 내용은 제시문의 내용과 상반되므로 적절하지 않다.

③ 1문단에서 인공지능이 인간보다 똑똑해질 수도 있다고 말한다. 그러나 이는 제시문의 일부분에 해당하는 내용이므로 결론으로 적절하지 않다.

④ 제시문을 통해 알 수 없는 내용이다.

13 비문학 세부 내용 파악   난이도 ★☆☆

해설 ② 1문단 4~6번째 줄을 통해 유럽연합에서 공용어를 복수로 지정한 이유는 공식 업무상 편의를 도모하기 위함임을 알 수 있다.
[관련 부분] 유럽연합에서의 공용어 개념도 유엔에서의 경우와 마찬가지로 여러 공용어 중 하나만 알아도 공식 업무상 불편이 없게끔 한다는 것이지

오답 분석 ① 1문단 1~4번째 줄을 통해 확인할 수 있다.
[관련 부분] 국제기구인 유엔은 영어, 중국어, 러시아어, 프랑스어, 스페인어, 아랍어 등이 공용어로 사용되나 그곳에 근무하는 모든 외교관들이 이 공용어들을 전부 다 잘해야 하는 것은 아니다.

③ 2문단 끝에서 1~4번째 줄을 통해 확인할 수 있다.
[관련 부분] 우리가 영어를 한국어와 함께 공용어로 지정하기만 하면 모든 한국인이 영어를 잘할 수 있게 되리라는 믿음은 공용어의 개념을 제대로 이해하지 못한 데서 오는 망상에 불과하다.

④ 제시문을 통해 알 수 없는 내용이다.

14 비문학 세부 내용 파악   난이도 ★☆☆

해설 ③ 1문단 끝에서 1~3번째 줄에서 자신의 삶과 환경을 통제하지 못하는 사람이 공격적인 발설로 자기 효능감을 느끼려 한다는 내용은 드러나지만, 자신의 삶을 잘 통제하는 악플러와 관련된 내용은 제시문에서 찾을 수 없다.

오답 분석 ① 1문단 3~6번째 줄을 통해 확인할 수 있다.

② 2문단 1~6번째 줄에서 악플러는 상대방에게 무시당했다는 생각이 들면 자괴감에 빠질 수 있다는 것과, 개인주의 사회에서는 사람들이 자신을 향한 비판에 크게 개의치 않아 한다는 것을 알 수 있다. 이를 통해 개인주의자들이 악플에 무반응함으로써 악플러를 자괴감에 빠지게 할 수 있다는 사실을 추론할 수 있다.

④ 3문단 2~8번째 줄을 통해 한국 사회는 타인에 대해 지나치게 신경을 쓴다는 것과 그러한 특성으로 인해 인터넷 공간에서 악플이 양산된다는 사실을 알 수 있다.

15 문학 소재의 의미   난이도 ★★☆

해설 ① ㉡ '빨강', ㉢ '새까만 씨앗들이 별처럼 박힌 선홍색의 바다', ㉣ '한 바탕의 완연한 아름다움의 세계'는 수박의 과육을 의미하는 반면 ㉠ '구형'은 수박의 겉모습을 의미하므로 지시하는 대상이 다른 것은 ①이다.

16 비문학 글의 구조 파악 (접속어의 사용) 난이도 ★☆☆

해설 ① (가)~(라)에 들어갈 접속어는 순서대로 '그런데 – 게다가 – 그렇지만 – 그러나'이므로 답은 ①이다.

• (가): (가)의 앞에는 우리말로 시조나 가사를 썼던 작가들 중 정철, 윤선도, 이황은 양반이었다는 내용이 제시되고, (가)의 뒤에서 양반들도 한글을 즐겨 사용했음을 부정할 수 없다는 내용이 나온다. 따라서 (가)에는 화제를 다른 방향으로 전환할 때 쓰는 접속어 '그런데'가 들어가는 것이 적절하다.

• (나): (나)의 앞에는 양반들도 한글을 사용하여 작품을 썼다는 내용이 제시되고, (나) 뒤에는 허균이나 김만중은 한글로 소설까지 썼다는 내용이 나온다. 따라서 (나)에는 앞에서 언급한 사실에 또 다른 내용을 덧붙일 때 사용하는 접속어 '게다가, 더구나' 또는 앞뒤의 내용을 병렬적으로 이어주는 접속어 '그리고'가 들어가는 것이 적절하다.

• (다): (다)의 앞에는 양반들이 한글을 쓰는 것을 즐겨했다는 내용이 제시되고, (다)의 뒤에는 소수의 양반들을 제외한 대다수 양반들은 한문을 사용했다는 상반된 내용이 나온다. 따라서 (다)에는 역접의 접속어 '그렇지만, 하지만'이 들어가는 것이 적절하다.

• (라): (라)의 앞에는 대다수 양반들이 한글을 몰랐을 가능성에 대한 내용이 제시되고, (라)의 뒤에는 정철, 이황, 윤선도를 언급하며 대부분의 양반들이 한글을 이해했을 것이라는 상반된 내용을 설명하고 있다. 따라서 (라)에는 역접의 접속어 '그러나, 하지만'이 들어가는 것이 적절하다.

17 어법 올바른 문장 표현 난이도 ★★☆

해설 ④ '납부'는 '세금이나 공과금 등을 관계 기관에 냄'을 의미하므로 (라)의 문맥상 어휘의 쓰임이 올바르다. '수납'은 '돈이나 물품 등을 받아 거두어들임'을 뜻하므로 (라)에서 '납부'를 '수납'으로 고쳐 써야 한다는 ④의 설명은 적절하지 않다.

오답 분석
① 있었다(×) → 있다(○): 부사 '현재'와 과거 시제 선어말 어미 '–었–'이 결합한 서술어 '있었다'의 호응이 적절하지 않다. 따라서 서술어를 현재형 '있다'로 고쳐 써야 한다.

② 지양(×) → 지향(○): '지양(止揚)'은 '더 높은 단계로 오르기 위하여 어떠한 것을 하지 않음'을 뜻하므로, (나)의 문맥상 시청이 행복한 도시를 실현하기 위해 추진하는 방안과 어울리지 않는다. 따라서 '어떤 목표로 뜻이 쏠리어 향함'을 의미하는 '지향(志向)'으로 고쳐 써야 한다.

③ 수해로 인한(×) → 수해로 인하여(○): (다)의 문맥상 '지난달 수해'는 '(축제) 준비 기간이 짧았다'의 원인이다. 따라서 까닭이나 근거 등을 나타내는 연결 어미 '–여'를 사용하여 문제의 원인이 분명하게 드러나도록 고쳐 써야 한다.

👍 이것도 알면 **합격!**

'지양'과 '지향'의 의미 차이에 대해 알아두자.

지양(止揚)	더 높은 단계로 오르기 위하여 어떠한 것을 하지 않음 예 우리는 불필요한 갈등을 지양하여 보다 나은 사회를 건설해야 한다.
지향(志向)	어떤 목표로 뜻이 쏠리어 향함. 또는 그 방향이나 그쪽으로 쏠리는 의지 예 우리 민족은 모두가 하나 되는 통일된 한반도를 지향한다.

18 문학 인물의 태도 난이도 ★☆☆

해설 ③ 서연의 두 번째 말을 통해, 동연은 누군가가 흔히 있는 것을 베껴 놓은 부처님의 형상을 그대로 본뜨려 했음을 알 수 있다. 따라서 동연이 부처님 형상을 독창적으로 제작한다는 ③의 설명은 옳지 않다.

오답 분석
① ④ 불상을 제작할 때 동연은 부처님의 형태(형식)를, 서연은 부처님의 마음(내용)을 중시한다. 이러한 두 인물의 대립은 예술의 형식과 내용의 논쟁을 연상시킨다고 볼 수 있다.

② 서연은 전해지는 부처님 형상이 누가 언제 그린 것인지 알 수 없으며, 그것 또한 베껴 만든 것이므로 진짜 부처님이 아님을 주장하고 있다.

👍 이것도 알면 **합격!**

이강백, '느낌, 극락 같은'의 주제와 특징을 알아두자.

1. 주제: 예술의 본질적 가치에 대한 고찰과 깨달음
2. 특징
   • 두 인물의 관점을 대조하여 올바른 가치관을 제시함
   • 과거, 현재의 시간과 공간이 공존하는 방식으로 전개됨

19 비문학 내용 추론 난이도 ★★☆

해설 ④ 제시문 끝에서 4~8번째 줄 내용에 따르면, 온돌을 통한 난방은 방바닥의 찬 공기가 데워져서 위로 올라가고 위로 올라간 공기가 식어서 아래로 내려와 다시 데워져 올라가는 대류 현상으로 인해 방 전체가 따뜻해진다고 한다. 이를 통해 벽난로를 이용한 난방에서 바닥 바로 위 공기가 따뜻해지지 않는 이유는 상체와 위쪽에서 데워진 공기가 바닥으로 내려가지 않기 때문임을 추론할 수 있다. 따라서 (가)에 들어가야 할 말로 가장 적절한 것은 ④이다.

오답 분석
① 끝에서 2~4번째 줄을 통해 벽난로에 의한 난방은 방바닥의 공기를 따뜻하게 데우지 못함을 알 수 있으므로 (가)에 들어갈 내용으로 적절하지 않다.
[관련 부분] 벽난로를 통한 서양식의 난방 방식은 복사열을 이용하여 상체와 위쪽 공기를 데우는 방식인데, 대류 현상으로 바닥 바로 위 공기까지는 따뜻해지지 않는다.

② 벽난로에 의한 난방이 복사열에서 대류 현상의 순서로 이루어졌다는 내용은 제시문을 통해 확인할 수 없다.

③ 끝에서 4~8번째 줄을 통해 온돌을 통한 난방이 대류 현상으로 상체와 위쪽 공기는 물론 방 전체를 따뜻하게 함을 알 수 있으므로 (가)에 들어갈 내용으로 적절하지 않다.
[관련 부분] 방바닥 쪽의 차가운 공기는 온돌에 의해 따뜻하게 데워지므로 위로 올라가고, 위로 올라간 공기가 다시 식으면 아래로 내려와 다시 데워져 위로 올라가는 대류 현상으로 인해 결국 방 전체가 따뜻해진다.

20 비문학 내용 추론 난이도 ★★☆

해설 ④ 4문단 끝에서 1~5번째 줄을 통해 대부분의 백포도주는 시간이 흐를수록 품질이 떨어지며, 코르크 마개를 끼운 포도주가 시간이 흐를수록 품질이 개선되는 경우는 일부 고급 적포도주에만 해당됨을 알 수 있다. 따라서 코르크 마개를 끼운 고급 백포도주가 보관 기간에 비례하여 품질이 개선되지 않을 것이라는 ④의 추론은 적절하다.

① 3문단 5~8번째 줄과 3문단 끝에서 1~3번째 줄을 통해 더운 지역에서도 고급 포도주를 생산할 수 있음을 알 수 있다. 따라서 모든 고급 포도주는 너무 덥지도 춥지도 않은 곳에서 재배된 포도로 만들어진다는 ①의 추론은 적절하지 않다.

② 2문단 4~9번째 줄을 통해 포도를 재배할 수 있는 북방 한계가 '이탈리아 정도'에서 '루아르강 하구부터 크림반도와 조지아를 잇는 선'까지 올라갔음을 알 수 있다. 따라서 루아르강 하구부터 크림반도와 조지아를 잇는 선이 이탈리아보다 남쪽일 것이라는 ②의 추론은 적절하지 않다.

③ 1문단 끝에서 1~3번째 줄을 통해 유럽에서 일상적으로 마시는 식사용 포도주는 저렴한 포도주이고, 술이 약한 사람은 저렴한 포도주에 물을 섞어 마신다는 것을 알 수 있다. 따라서 유럽에서 일상적으로 마시는 식사용 포도주가 고급 포도주에 물을 섞은 것이라는 ③의 추론은 적절하지 않다.

정답 및 취약점 확인

p.75

문항	정답	출제 포인트	정답률	약점 개념 확인	문항	정답	출제 포인트	정답률	약점 개념 확인
01	④	어법-올바른 문장 표현	89%	의미 중복	11	①	혼합-올바른 문장 표현, 작문	78%	고쳐쓰기, 피동 표현의 적절성
02	②	비문학-화법	82%	공손성의 원리	12	④	문학-내용 추리	75%	이첨 〈저생전〉
03	①	비문학-작문	91%	내용 생성	13	②	비문학-다양한 유형의 글	83%	기사문
04	①	어휘-혼동하기 쉬운 어휘	72%	하노라고	14	③	문학-작품의 내용 파악	59%	〈봉산탈춤〉
05	③	문학-작품의 종합적 감상	86%	함민복 〈그 샘〉	15	②	어법-한글 맞춤법	52%	띄어쓰기
06	③	비문학-주제 및 중심 내용 파악	86%		16	③	문학-작품의 내용 파악	88%	오정희 〈중국인 거리〉
07	①	어법-단어	75%	용언의 활용	17	③	비문학-내용 추론	81%	
08	②	어휘-한자 성어	76%	兎死狗烹, 捲土重來, 手不釋卷, 我田引水	18	①	비문학-글의 구조 파악	57%	
09	④	비문학-주제 및 중심 내용 파악	88%		19	④	비문학-내용 추론	70%	
10	③	어휘-고유어와 한자어의 대응	63%	버리다-投棄	20	③	문학-소재 및 문장의 의미	74%	〈동명왕 신화〉

---

01 어법 올바른 문장 표현 (의미 중복) 난이도 ★☆☆

해설 ④ 연결 어미 '-ㄹ뿐더러'는 '어떤 일이 그것만으로 그치지 않고 나아가 다른 일이 더 있음'을 의미하며, 부사 '무척'은 '다른 것과 견줄 수 없이'라는 의미를 지닌다. 따라서 '-ㄹ뿐더러'와 '무척'이 의미하는 바가 서로 다르므로 의미 중복에 해당하지 않는 것은 ④이다.

오답 분석 ① '부터'와 '먼저' 모두 '앞서다'라는 뜻이므로 의미 중복에 해당한다.
- 부터: '어떤 일이나 상태 등에 관련된 범위의 시작임'을 나타내는 보조사
- 먼저: 시간적으로나 순서상으로 앞서서

② '오로지'와 '만' 모두 '오직'이라는 뜻이므로 의미 중복에 해당한다.
- 오로지: 오직 한 곬으로
- 만: '다른 것으로부터 제한하여 어느 것을 한정함'을 나타내는 보조사

③ '마다'와 '각각' 모두 '하나씩 모두'라는 뜻이므로 의미 중복에 해당한다.
- 마다: '낱낱이 모두'의 뜻을 나타내는 보조사
- 각각: 사람이나 물건의 하나하나마다

---

02 비문학 화법 (공손성의 원리) 난이도 ★☆☆

해설 ② 제시된 대화는 김 대리가 약속 시간에 늦어 이 부장과 최 대리에게 사과를 하고 있는 상황임을 보여 준다. 밑줄 친 부분에서 이 부장은 김 대리를 기다리는 동안 최 대리와 대화를 나눌 수 있었다며 상대(김 대리)에게 부담을 주는 표현을 최소화하고 있다. 따라서 답은 공손성의 원리 중 '요령의 격률'에 해당하는 ②이다. (공손성의 원리: 관련 설명 12p)

오답 분석 ① 자신과 상대방의 의견 차이를 최소화하는 것은 '동의의 격률'이다.
③ 화자 자신에게 혜택을 주는 표현을 최소화하는 것은 '관용의 격률'이다.
④ 상대방에 대한 비방을 최소화하고 칭찬을 최대화하는 것은 '찬동의 격률'이다.

---

03 비문학 작문 (자료를 활용한 글쓰기) 난이도 ★☆☆

해설 ① '국내 최대 게임 업체의 고객 개인 정보 유출 사례'는 청소년 인터넷 중독의 현황과 문제 해결에 대한 내용을 뒷받침할 수 없는 자료이다. 따라서 답은 ①이다.

> 👍 이것도 알면 **합격!**
>
> **내용 생성을 위한 자료의 요건에 대해 알아두자.**
>
> 1. 주제를 뒷받침할 수 있는 내용이어야 함
> 2. 사실과 의견이 분명하게 구분되어야 함
> 3. 객관적이고 구체적이며 근거가 확실해야 함
> 4. 독자의 관심을 끌 수 있도록 독창적이며 새로워야 함
> 5. 풍부하고 다양해야 함

---

04 어휘 혼동하기 쉬운 어휘 난이도 ★★☆

해설 ① 하노라고(○): '자기 나름대로 꽤 노력했음'을 나타낼 때에는 연결 어미 '-노라고'를 쓴다.

오답 분석 ② 결재된다(×) → 결제된다(○): '증권 또는 대금을 주고받아 매매 당사자 사이의 거래 관계를 끝맺다'라는 뜻을 나타낼 때는 '결제되다'를 쓴다.
- 결재하다: 결정할 권한이 있는 상관이 부하가 제출한 안건을 검토하여 허가하거나 승인하다.

③ 걷잡아서(×) → 겉잡아서(○): '겉으로 보고 대강 짐작하여 헤아리다'라는 뜻을 나타낼 때는 '겉잡다'를 쓴다.
- 걷잡다: 한 방향으로 치우쳐 흘러가는 형세 등을 붙들어 잡다.

④ 가름합니다(×) → 갈음합니다(○): '다른 것으로 바꾸어 대신하다'라는 뜻을 나타낼 때는 '갈음하다'를 쓴다.
- 가름하다: 쪼개거나 나누어 따로따로 되게 하다.

05 | **문학** | 작품의 종합적 감상 (시) 난이도 ★☆☆

해설 ③ 제일 맑게 고인 물은 네 집이 돌아가며 길어 먹고 사람들 마음을 넉넉하게 만들었다는 내용에서 '이웃 간의 배려'를 확인할 수 있으나, 공감각적 심상이 드러난 부분은 찾아볼 수 없다. 참고로 제시된 작품에서 미나리의 푸른색(시각)과 썩은 감자의 구린내(후각) 등 감각적인 이미지는 드러나고 있다.

오답 분석
① 다 같이 마시던 하나의 '샘'을 매개로 하여 '네 집'의 공동체적 삶을 표현하고 있다.
② '-이었습니다', '-었지요' 등의 과거 시제를 사용한 표현을 통해 화자가 과거의 일을 회상하는 분위기를 조성하고 있다.
④ '-지요', '-구요'와 같은 구어체 어미를 사용하여 이웃 간의 정다운 느낌을 표현하고 있다.

👍 이것도 알면 **합격!**

함민복, '그 샘'의 주제와 특징에 대해 알아두자.

1. 주제: 이웃 간의 배려와 정
2. 특징
   • 구어체 어미를 사용하여 정감 어린 분위기를 형성함
   • 향토적인 시어들을 사용하여 시골 마을의 따뜻한 인정을 드러냄

---

06 | **비문학** | 주제 및 중심 내용 파악 난이도 ★☆☆

해설 ③ 제시문은 동물들이 자신의 목적을 위해 행동함으로써 환경을 변형시킨다는 사례와 인간의 세 가지 충동을 근거로 들어 모든 생명체는 환경을 능동적으로 변형시킨다고 주장한다. 따라서 글의 주장으로 가장 적절한 것은 ③이다.

오답 분석
① 2문단 1~2번째 줄을 통해 인간은 환경에 적응하는 것을 넘어 환경에 대해 적극성을 보인다는 사실을 알 수 있다.
[관련 부분] 가장 고등한 동물인 인간도 다른 생명체와 마찬가지로 생존이나 적응을 넘어서 환경에 대해 적극성을 보인다.
② 1문단 2~5번째 줄을 통해 동물들이 생존을 위해 다양한 삶의 기술을 활용하고 있음을 알 수 있다. 그러나 이는 생명체가 환경 개변에 능동적으로 행동한다는 주장을 뒷받침하기 위한 사례일 뿐이므로 제시문의 주장으로는 보기 어렵다.
[관련 부분] 가장 단순한 생명체는 먹이가 그들에게 헤엄쳐 오게 만들고, 고등동물은 먹이를 구하기 위해 땅을 파거나 포획 대상을 추적하기도 한다.
④ 2문단 2~4번째 줄을 통해 '잘 사는 것'은 인간의 세 가지 충동 중 하나임을 알 수 있으나, 잘 사는 것을 삶의 목표로 한다는 내용은 제시문을 통해 확인할 수 없는 내용이다.
[관련 부분] 이는 인간의 세 가지 충동—사는 것, 잘 사는 것, 더 잘 사는 것—으로 인하여 가능하다.

---

07 | **어법** | 단어 (용언의 활용) 난이도 ★★☆

해설 ① 머물었다(×) → 머물렀다(○): '머무르다'의 어간 '머무르-'에 선어말 어미 '-었-'이 결합한 것이다. 이때 어간의 끝음절 '르'가 모음 어미 앞에서 'ㄹㄹ'로 바뀌어('르' 불규칙 활용) '머물렀다'로 활용해야 한다. 따라서 활용형이 옳지 않은 것은 ①이다.

오답 분석
② 머무르면서(○): '머무르다'의 어간 '머무르-'에 어미 '-면서'가 결합하여 '머무르면서'로 활용한다.
③ 서툰(○): '서툴다'의 어간 '서툴-'에 어미 '-ㄴ'이 결합한 것이다. 이때 어간 받침 'ㄹ'이 'ㄴ' 앞에서 탈락하는 'ㄹ' 탈락 현상이 일어난다. 참고로 '서툴다'는 '서투르다'의 준말이다.

---

④ 서투르므로(○): '서투르다'의 어간 '서투르-'에 어미 '-므로'가 결합하여 '서투르므로'로 활용한다.

👍 이것도 알면 **합격!**

'서투르다'의 준말 '서툴다'의 주의해야 할 활용형을 알아두자.

1. 관형사형 어미 '-ㄴ'이 붙을 때에는 어간의 끝 'ㄹ'이 탈락하여 '서툰'으로 활용함
2. 모음 어미가 연결될 때에는 준말의 활용을 인정하지 않으므로 '서툴어, 서툴어서, 서툴었다' 등의 활용형은 쓸 수 없고, 대신 '서투르다'의 활용형을 씀('서툴러, 서툴러서, 서툴렀다'는 '르' 불규칙에 따라, '서투르다'의 어간 끝음절 '르'가 어미 '-어' 앞에서 'ㄹㄹ'로 바뀐 예임)

---

08 | **어휘** | 한자 성어 난이도 ★★☆

해설 ② 제시문은 A사가 출시한 신제품으로 인해 B사에게 내주었던 업계 1위 자리를 되찾은 상황을 서술하고 있다. 이러한 A사의 상황을 가장 적절하게 표현한 한자 성어는 ② '捲土重來(권토중래)'이다.
• 捲土重來(권토중래): 1. '땅을 말아 일으킬 것 같은 기세로 다시 온다'라는 뜻으로, 한 번 실패하였으나 힘을 회복하여 다시 쳐들어옴을 이르는 말. 2. 어떤 일에 실패한 뒤에 힘을 가다듬어 다시 그 일에 착수함을 비유하여 이르는 말

오답 분석
① 兎死狗烹(토사구팽): '토끼가 죽으면 토끼를 잡던 사냥개도 필요 없게 되어 주인에게 삶아 먹히게 된다'라는 뜻으로, 필요할 때는 쓰고 필요 없을 때는 야박하게 버리는 경우를 이르는 말
③ 手不釋卷(수불석권): 손에서 책을 놓지 않고 늘 글을 읽음.
④ 我田引水(아전인수): '자기 논에 물 대기'라는 뜻으로, 자기에게만 이롭게 되도록 생각하거나 행동함을 이르는 말

---

09 | **비문학** | 주제 및 중심 내용 파악 난이도 ★☆☆

해설 ④ 1문단에서는 복제본이 원본을 대체할 수 없다는 일반적인 인식을 설명하고, 2문단에서는 빌 브란트의 사진 작품을 예로 들며 일반적인 인식에 대해 반박하고 있다. 복제본일지라도 다양한 방식으로 원본과 다른 예술적 속성을 갖게 할 수 있다고 설명하고 있으므로, 글의 주장으로 가장 적절한 것은 ④이다.

오답 분석
① 복제본과 원본의 예술적 가치를 비교하는 부분은 제시문에서 찾아볼 수 없다.
② 제시문을 통해 알 수 없는 내용이다.
③ 2문단 끝에서 1~2번째 줄을 통해 복제본의 재현적 특질을 변형하는 방법이 다양함을 알 수 있다.
[관련 부분] 사진의 경우, 작가가 재현적 특질을 선택하고 변형할 수 있는 방법이 다양함을 의미한다.

---

10 | **어휘** | 고유어와 한자어의 대응 난이도 ★★☆

해설 ③ '쓰레기를 버리고'에서 '버리다'는 '가지거나 지니고 있을 필요가 없는 물건을 내던지거나 쏟거나 하다'를 뜻하므로 '내던져 버림'을 뜻하는 '投棄(투기)'로 바꿔 쓸 수 있다.

오답 분석
① 꿈을 버리고: 이때 '버리다'는 '품었던 생각을 스스로 잊다'를 뜻하므로 '遺棄(유기)'가 아닌 '抛棄(포기)'로 바꿔 쓰는 것이 적절하다.
   • 遺棄(남길 유, 버릴 기): 내다 버림
② 버려지는 반려견들: 이때 '버리다'는 '직접 깊은 관계가 있는 사람과의 사이를 끊고 돌보지 않다'를 뜻하므로 '根絶(근절)'이 아닌 '遺棄(유기)'로 바꿔 쓰는 것이 적절하다.

- 根絶(뿌리 근, 끊을 절): 다시 살아날 수 없도록 아주 뿌리째 없애 버림
④ **습관을 버려야**: 이때 '버리다'는 '못된 성격이나 버릇 등을 떼어 없애다'를 뜻하므로 '拋棄(포기)'가 아닌 '根絶(근절)'로 바꿔 쓰는 것이 적절하다.
- 拋棄(던질 포, 버릴 기): 하려던 일을 도중에 그만두어 버림

---

11 어법+비문학 올바른 문장 표현, 작문 (고쳐쓰기) 난이도 ★★☆

해설 ① ⊙'꼽혀지고'는 '꼽다'의 어간 '꼽-'에 피동 접미사 '-히-'와 피동 표현 '-어지다'가 결합한 이중 피동 구성이다. 하지만 문맥상 리셋 증후군은 인터넷 중독의 한 유형으로 선택된 것이므로 ⊙은 능동 표현인 '꼽고'가 아닌 피동 표현 '꼽히고'로 고쳐야 한다.

오답
분석 ② ⓒ은 '리셋 증후군'의 유래로, 글의 맥락상 첫 번째 문장 뒤로 옮기는 것이 적절하다.
③ ⓒ이 포함된 문장은 마음에 들지 않는 사람이 있으면 관계를 쉽게 끊는다는 내용이므로 앞뒤 문맥을 고려하여 '칼로 무를 자르듯'으로 수정하는 것이 적절하다.
④ ⓔ의 앞 문장은 리셋 증후군의 판별이나 진단이 쉽지 않다는 내용이고, ⓔ의 뒤 문장은 리셋 증후군의 예방을 위한 방안에 대한 내용이므로 앞뒤 문장을 인과 관계로 연결하는 '그러므로'로 수정하는 것이 적절하다. 참고로 '이와 같이'는 앞서 말한 내용을 정리하여 재진술하고, 같은 방향의 논의를 전개해갈 때에 쓴다.

---

12 문학 내용 추리 난이도 ★★☆

해설 ④ 성이 '楮(닥나무 저)'고 이름이 '白(흰 백)'이라는 점과 '武人(무인)'보다 '文士(문사)'와 가까웠으며 붓을 의미하는 '毛學士(모학사)'가 친한 벗이라는 점을 통해 '종이'를 의인화하고 있음을 알 수 있다. 뿐만 아니라 인물의 출신이 최초의 종이 생산지로 알려진 '회계'이며, 종이를 발명한 사람인 '채륜'의 후손이라는 점을 통해서도 알 수 있다.

👍 이것도 알면 **합격!**

이첨, '저생전'에 대해 알아두자.

1. 주제: 선비로서의 올바른 삶
2. 구성: '가계-행적-논평'의 3단 구성
3. 특징
- 종이를 의인화한 가전체 문학
- 종이의 용도와 내력을 통시적으로 기술함

---

13 비문학 다양한 유형의 글 (기사문) 난이도 ★☆☆

해설 ② '그 의미를 새삼 돌아보게 됩니다'와 같은 표현은 어느 쪽이 옳다고 말하기 애매한 소식의 기사에는 적절하지 않으며, 교훈적인 시사점이 있는 기사의 마무리 표현으로 사용하는 것이 더욱 적합하다.

오답
분석 ① 소송이나 다툼에 관한 소식이므로 원만한 해결을 바란다는 표현이 적절하다.
③ 사건의 결과가 드러나기 전의 소식이므로 귀추가 주목되고 있다는 표현이 적절하다.
- 귀추: 일이 되어가는 형편
④ 연예 스캔들 소식이므로 호사가들의 입방아에 오르내린다는 표현이 적절하다.
- 호사가: 남의 일에 특별히 흥미를 가지고 말하기 좋아하는 사람

---

14 문학 작품의 내용 파악 난이도 ★★☆

해설 ③ 말뚝이가 말을 시작하는 부분에서 '음악과 춤 멈춘다'라는 지시문을 통해 말뚝이가 굿거리장단 없이 양반을 풍자하는 사설을 늘어놓고 있다는 것을 알 수 있다.

오답
분석 ① '야아, 이놈, 뭐야아!'라는 대사를 통해 양반들이 자신들을 조롱하는 말뚝이에게 야단치고 있음을 알 수 있다.
② ④ 양반 삼 형제의 등장 부분 지시문을 통해 샌님과 서방님이 부채와 장죽을 가지고 춤을 추며 등장하고, 이어서 등장한 도련님이 형들의 얼굴을 부채로 때리며 방정맞게 굴고 있음을 알 수 있다.

👍 이것도 알면 **합격!**

'봉산 탈춤'에 대해 알아두자.

1. 갈래: 민속극
2. 구성: 7과장으로 이루어진 옴니버스식 구성
3. 주제: 양반의 허세에 대한 풍자
4. 특징
- 각 과장이 독립적으로 구성됨
- 무대와 객석의 구분이 뚜렷하지 않음
- 서민과 양반 계층의 언어가 혼용됨
- 언어유희와 반어적 표현으로 대상을 풍자함

---

15 어법 한글 맞춤법 (띄어쓰기) 난이도 ★★☆

해설 ② 시일V내(○): 이때 '내'는 '일정한 범위의 안'을 뜻하는 의존 명사이므로 앞말과 띄어 쓴다.

오답
분석 ① 해도해도(×) → 해도V해도(○): 이때 '해도'는 '하여도'의 준말로, 각각 단어의 자격을 가지므로 띄어 써야 한다.
③ 대접하는데나(×) → 대접하는V데나(○): 이때 '데'는 '경우'를 뜻하는 의존 명사이므로 앞말과 띄어 써야 한다.
④ 정공법V밖에(×) → 정공법밖에(○): 이때 '밖에'는 '그것 말고는'을 뜻하는 조사이므로 앞말과 붙여 써야 한다.

👍 이것도 알면 **합격!**

의존 명사 '데'와 어미 '-ㄴ데/-는데'의 띄어쓰기를 알아두자.

의존 명사 '데'	다음과 같은 뜻으로 쓰일 때는 의존 명사이므로 앞말과 띄어 씀 • '곳'이나 '장소'의 뜻 예 지금 가는 데가 어디인데? • '일'이나 '것'의 뜻 예 그 책을 다 읽는 데 삼 일이 걸렸다. • '경우'의 뜻 예 머리 아픈 데 먹는 약.
어미 '-ㄴ데/-는데'	뒤 절에서 어떤 일을 설명하거나 묻거나 시키거나 제안하기 위하여 그 대상과 상관되는 상황을 미리 말할 때에 쓰는 연결 어미이므로 앞말과 붙여 씀 예 오늘 비가 오는데 우산을 가져갔니?

---

16 문학 작품의 내용 파악 난이도 ★☆☆

해설 ③ 5문단 끝에서 1~3번째 줄의 '몸놀림이 잽싼 아이들은 ~ 낮은 철조망을 깨금발로 뛰어넘었다'를 통해 선로 주변에 있는 철조망은 아이들이 넘을 수 있는 것임을 알 수 있다.

오답
분석

① 첫 문장 '시(市)를 남북으로 나누며 달리는 철도는 항만의 끝에 이르러서야 잘려졌다'에서 확인할 수 있다.

② 2문단 끝에서 1~2번째 줄을 통해 항만 북쪽에 제분 공장이 있음을 알 수 있고, 5문단 4번째 줄에서 철도 건너에 저탄장이 있음을 알 수 있다.

④ 6문단과 마지막 문단의 첫 번째 줄을 통해 간이음식점에서 석탄을 먹을거리와 바꿀 수 있다는 것을 알 수 있다.

17 　비문학　내용 추론　　　　난이도 ★☆☆

해설 ③ 제시문은 새로운 바이러스가 침입할 때 면역계가 과민 반응을 일으켜 도리어 인체에 해를 끼치는 '사이토카인 폭풍' 현상에 대해 설명하고 있다. 2문단의 내용에서 ⓒ '강도'는 처음엔 작은 손해를 끼치는 '좀도둑(새로운 바이러스의 침입)'이었지만 주인이 '몽둥이(면역계의 과민 반응)'를 들고 싸우려 하면 돌변하여 생명을 위협하는 존재를 의미한다. 따라서 ⓒ은 '치명적 바이러스'의 의미를 가진다.

오답
분석

① 집에 들어온 ⓗ '좀도둑'은 인체에 침입한 '바이러스(계절 독감)'라고 볼 수 있다.

② ⓛ '몽둥이'는 침입한 도둑과 싸우기 위한 도구이므로, 인체에 들어온 새로운 바이러스에 대항하는 '면역계의 과민 반응'이라 볼 수 있다.

④ ⓔ '승리의 대가'는 인체의 면역계와 싸워 바이러스가 승리할지라도, 숙주가 죽었기 때문에 바이러스도 함께 죽을 수밖에 없음을 비유한 것이다.

18 　비문학　글의 구조 파악 (문장 배열)　　난이도 ★★☆

해설 ① ㄱ - ㄷ - ㅁ - ㄹ - ㄴ의 순서가 가장 자연스럽다.

순서	중심 내용	순서 판단의 단서와 근거
ㄱ	1700년대 중반에 미국 이주민들의 평균 소득 수준	지시어나 접속어로 시작하지 않으면서 '미국 이주민들의 평균 소득'이라는 중심 화제를 제시함
ㄷ	미국 이주민들의 평균 소득이 높아지게 된 배경과 계속된 소득의 증가세	ㄱ의 중심 화제인 '미국 이주민들의 평균 소득'이 높아진 배경을 이어서 설명함
ㅁ	초기 정착기에 미국인이 부유할 수 있었던 실제 이유	지시어 '이처럼': ㄷ에 이어 미국인들이 초기 정착기에 누릴 수 있었던 풍요로움의 이유를 제시함
ㄹ	대부분의 미국인들이 생각하는 급속한 경제 성장의 이유	미국인들이 생각하는 초기 경제 성장의 원동력은 ㅁ에서 언급한 농업적 환경뿐이 아님을 밝힘
ㄴ	(과학·기술의 전환, 기업가 정신, 시장 경제의 자유의 측면에서) 미국은 다른 산업 국가들에 비해 우위를 갖고 있지 않았음	• 지시어 '그러한': ㄹ에서 설명한 '과학·기술의 전환, 기업가 정신, 시장 경제의 자유'를 가리킴 • 접속어 '그러나': 앞에서 설명한 내용과 달리 미국은 다른 산업 국가들에 비해 우위를 가진 분야가 없었다는 결론을 내림

19 　비문학　내용 추론　　　　난이도 ★★☆

해설 ④ 제시문에 따르면 사람에게는 자신의 신념과 일치하는 정보는 받아들이고 그렇지 않은 정보는 무시하거나 부정하는 확증 편향이 있다는 것을 알 수 있다. 따라서 새로운 정보를 접했을 때 심리적 불안을 느끼는 특성이 있다는 내용은 추론할 수 없다.

오답
분석

① 1문단에 제시된 로버트 치알디니의 견해에 따르면 확증 편향으로 인해 자신이 가진 기존의 견해와 일치하는 정보는 행동을 바꿀 필요가 없다는 것을 알 수 있다.

[관련 부분] 사회 심리학자인 로버트 치알디니는 자신이 가진 기존의 견해와 일치하는 정보는 두 가지 이점을 가지고 있다고 한다. ~ 추론의 결과 때문에 행동을 바꿔야 할 필요가 없다.

② 2문단에서 소개하는 특정 정치 성향을 가진 사람들의 조사 결과를 통해 사람에게는 정보를 객관적으로 판단하지 못하는 특성이 있음을 추론할 수 있다.

[관련 부분] 사람들은 반대당 후보의 주장에서는 모순을 거의 완벽하게 찾은 반면, 지지하는 당 후보의 주장에서는 모순을 절반 정도만 찾아냈다.

③ 2문단에서 자신이 동의하는 주장을 접했을 때는 긍정적인 반응을 보이며 뇌 회로가 활성화된다는 점을 설명하고 있는 것으로 보아 지지자들의 말만 듣고 자기 신념을 강화하는 경향이 있다는 것을 추론할 수 있다.

20 　문학　소재 및 문장의 의미　　　　난이도 ★★☆

해설 ③ 행위의 주체가 같은 것은 ⓒ, ⓗ이다.

• ⓒ: ⓒ이 포함된 문장과 뒤 문장을 통해, 알의 껍질을 까고 나온 행위의 주체는 '한 아이(주몽)'임을 알 수 있다.

• ⓗ: ⓗ이 포함된 문장을 통해, 둔한 말을 잘 먹여서 살찌게 한 행위의 주체는 '주몽'임을 알 수 있다.

오답
분석

• ㉠: ㉠이 포함된 문장에서 유화가 가두어진 방 안에 햇빛이 비추었다는 내용을 통해, 그 햇빛을 피한 행위의 주체는 '유화'임을 알 수 있다.

• ⓛ: ⓛ의 앞 문장에서 왕이 유화가 낳은 알을 버렸다는 내용을 통해, 다시 그 알을 내다 버리게 한 행위의 주체는 '왕'임을 알 수 있다.

• ⓔ: ⓔ이 포함된 문장은 나라 풍속에 활을 잘 쏘는 사람을 주몽이라 부른다는 내용으로, 활을 잘 쏘는 행위의 주체는 '사람'임을 알 수 있다.

• ⓜ: ⓜ이 포함된 문장은 맏아들 대소가 왕에게 하는 말로, 왕이 주몽을 없애지 않는다면 후환이 올까 두렵다고 말하고 있으므로 ⓜ의 주체는 '왕'임을 알 수 있다.

정답 및 취약점 확인

p.81

문항	정답	출제 포인트	정답률	약점 개념 확인	문항	정답	출제 포인트	정답률	약점 개념 확인
01	①	어법-의미	47%	방향 반의어	11	③	어법-의미	83%	다의어의 의미(살다)
02	②	비문학-화법	81%	토론 사회자의 역할	12	①	비문학-화법	83%	
03	①	비문학-글의 전략 파악	81%		13	④	비문학-주제 및 중심 내용 파악	58%	
04	④	어법-한글 맞춤법	76%	사이시옷 표기의 조건	14	③	문학-작품의 내용 파악	73%	김만중 〈사씨남정기〉
05	②	문학-문학 감상의 관점	85%	반영론적 관점	15	④	문학-소재의 의미	80%	이호철 〈닳아지는 살들〉
06	①	비문학-세부 내용 파악	75%		16	②	비문학-세부 내용 파악	54%	
07	②	어법-한글 맞춤법	48%	띄어쓰기	17	③	어휘-한자 성어	52%	花朝月夕, 韋編三絶, 天衣無縫, 莫無可奈
08	③	어법-말소리	53%	음운의 변동	18	①	어휘-한자어	20%	福不福, 對症療法, 經緯
09	①	어법-올바른 문장 표현	62%	문장 성분의 적절성, 의미 중복	19	④	비문학-내용 추론	66%	
10	②	문학-수사법	51%	연쇄, 문답, 대조, 반복	20	③	비문학-관점과 태도 파악	65%	

01 어법 의미 (반의 관계) 난이도 ★★☆

해설 ① 대립쌍을 이루는 단어들이 일정한 방향성을 이루는 반의어를 방향 반의어라고 한다. 이때 '성공/실패'는 방향성을 이룬다고 보기 어려우므로 '방향 반의어'에 해당하지 않는다. 따라서 적절하지 않은 것은 ①이다.
· 성공(成功): 목적하는 바를 이룸
· 실패(失敗): 일을 잘못하여 뜻한 대로 되지 않거나 그르침

오답분석 ② '시상/수상'은 '상(賞)'을 주거나 받는다는 측면에서 일정한 방향성을 이루는 '방향 반의어'에 해당한다.
· 시상(施賞): 상장이나 상품, 상금 등을 줌
· 수상(受賞): 상을 받음
③ '판매/구매'는 상품이나 물건을 팔거나 산다는 측면에서 일정한 방향성을 이루는 '방향 반의어'에 해당한다.
· 판매(販賣): 상품 등을 팖
· 구매(購買): 물건 등을 사들임
④ '공격/방어'는 상대편을 치거나 상대편의 공격을 막는다는 측면에서 일정한 방향성을 이루는 '방향 반의어'에 해당한다.
· 공격(攻擊): 나아가 적을 침
· 방어(防禦): 상대편의 공격을 막음

02 비문학 화법 (토론) 난이도 ★☆☆

해설 ② 사회자는 토론의 시작 단계에서 토론자들에게 토론의 배경 및 논제를 소개하는 등 토론의 전반적인 방향과 유의점에 대해 안내하는 역할을 한다. 따라서 토론에서 사회자가 하는 역할에 대한 설명으로 적절한 것은 ②이다.

오답분석 ① 사회자는 토론을 시작할 때 토론의 배경 및 논제를 소개하지만 논제가 타당한지에 대해 토론자들의 의견을 묻지는 않으므로 적절하지 않다.
③ 사회자는 청중의 의견을 수렴하기는 하지만 대안을 제시하여 쟁점을 약화시키지는 않으므로 적절하지 않다.

④ 사회자는 토론자의 주장과 근거가 논제에서 벗어나지 않도록 조정하거나 이를 요약할 뿐, 이에 대한 비판적인 견해를 개진하여 논쟁의 확산을 꾀하지는 않으므로 적절하지 않다.

👍 이것도 알면 합격!

토론의 특징 및 토론 사회자의 역할과 태도를 알아두자.

1. 토론의 특징
· 규칙과 절차에 따라 진행됨
· 찬성과 반대의 상반된 두 주장이 명확하게 드러남
· 첫 발언과 마지막 발언은 찬성 측이 하는 것이 원칙임
· 토론 당사자는 끝까지 자신의 주장이 정당하다는 입장을 유지하므로, 어느 편이 옳은가를 가리기 위해 제삼자의 판정이 필요함

2. 토론 사회자의 역할과 태도

역할	· 토론이 열리게 된 배경과 토론의 논제를 소개함 · 토론자들에게 토론의 규칙을 미리 알려 주고, 규칙을 지키도록 함 · 토론 시 질문과 요약을 때때로 삽입하여 토론의 진행을 도움 · 발언이 논제에서 벗어나지 않도록 조정함 · 발언이 모호할 경우 구체적으로 질문하여 의미를 명확히 함
태도	공평성과 공정성을 유지해야 함

03 비문학 글의 전략 파악 난이도 ★☆☆

해설 ① '숲의 25% 이상', '전체 농토의 2/3', '1,497만 3,900ha'와 같이 통계 수치를 활용하여 축산업을 위해 숲을 파괴하는 중앙아메리카의 상황에 대한 논거의 타당성을 높이고 있으므로 제시문의 글쓰기 방식에 대한 설명으로 적절한 것은 ①이다.

오답분석 ② 이론적 근거를 나열한 부분은 나타나지 않는다.
③ 전문 용어의 뜻을 쉽게 풀이한 부분은 나타나지 않는다.
④ 중앙아메리카의 열대 우림 파괴의 사례를 나열하여 사태의 심각성을 알리는 것은 맞으나, 예측할 수 없는 결과를 나열하는 것은 제시문에 나타나지 않는다.

04 어법 한글 맞춤법 (사이시옷 표기) 난이도 ★★☆

해설　④ 인사말(○): '인사말[인사말]'은 '인사(人事)＋말'이 결합한 한자어와 순우리말로 된 합성어이다. 앞말이 모음 'ㅏ'로 끝나고 뒷말의 첫소리가 'ㅁ'으로 시작하나 발음상 'ㄴ' 소리가 덧나지 않으므로 사이시옷을 받쳐 적는 조건에 해당되지 않는다. 따라서 어법에 맞는 것은 ④이다.

오답　① 노래말(×) → 노랫말(○): '노랫말'은 '노래＋말'이 결합한 순우리말
분석　합성어이다. 앞말이 모음 'ㅐ'로 끝나고 뒷말의 첫소리 'ㅁ' 앞에서 'ㄴ' 소리가 덧나므로 사이시옷을 받쳐 적어야 한다.
　　② 순대국(×) → 순댓국(○): '순댓국'은 '순대＋국'이 결합한 순우리말 합성어이다. 앞말이 모음 'ㅐ'로 끝나고 뒷말의 첫소리 'ㄱ'이 된소리 [ㄲ]으로 발음되므로 사이시옷을 받쳐 적어야 한다.
　　③ 하교길(×) → 하굣길(○): '하굣길'은 '하교(下校)＋길'이 결합한 한자어와 순우리말로 된 합성어이다. 앞말이 모음 'ㅛ'로 끝나고 뒷말의 첫소리 'ㄱ'이 된소리 [ㄲ]으로 발음되므로 사이시옷을 받쳐 적어야 한다.

👍 이것도 알면 합격!

사이시옷 표기에 대해 알아두자.

1. 사이시옷이 쓰이는 조건
   (1) 순우리말로 된 합성어로서 앞말이 모음으로 끝난 경우
       ① 뒷말의 첫소리가 된소리로 나는 것
          예 고랫재[고래째/고랟째], 귓밥[귀빱/귇빱], 나룻배[나루빼/나룯빼]
       ② 뒷말의 첫소리 'ㄴ, ㅁ' 앞에서 [ㄴ] 소리가 덧나는 것
          예 멧나물[멘나물], 아랫니[아랜니], 텃마당[턴마당]
       ③ 뒷말의 첫소리 모음 앞에서 [ㄴㄴ] 소리가 덧나는 것
          예 도리깻열[도리깬녈], 뒷윷[뒨ː뉻], 두렛일[두렌닐]
   (2) 순우리말과 한자어로 된 합성어로서 앞말이 모음으로 끝난 경우
       ① 뒷말의 첫소리가 된소리로 나는 것
          예 귓병(–病)[귀뼝/귇뼝], 머릿방(–房)[머리빵/머릳빵]
       ② 뒷말의 첫소리 'ㄴ, ㅁ' 앞에서 [ㄴ] 소리가 덧나는 것
          예 곗날(契–)[곈ː날/겓ː날], 제삿날(祭祀–)[제ː산날]
       ③ 뒷말의 첫소리 모음 앞에서 [ㄴㄴ] 소리가 덧나는 것
          예 사삿일(私私–)[사산닐], 가욋일(加外–)[가왼닐/가왿닐]

2. 사이시옷이 쓰이지 않는 조건
   (1) 사잇소리 현상이 일어나지 않는 경우
       예 머리말[머리말], 예사말[예ː사말]
   (2) 뒷말이 된소리나 거센소리로 시작하는 경우
       예 뒤뜰, 뒤꿈치, 위쪽, 뒤편, 뒤통수, 뒤처리, 위층
   (3) 외래어가 결합된 합성어의 경우
       예 핑크빛, 피자집
   (4) 한자로만 이루어진 단어의 경우. 단 아래의 6개 단어는 예외로서 사이시옷을 받쳐 적는다.

       > 곳간(庫間), 툇간(退間), 찻간(車間), 숫자(數字), 횟수(回數), 셋방(貰房)

05 문학 문학 감상의 관점 난이도 ★☆☆

해설　② (나) 박목월의 '나그네'는 일제 강점기에 쓰인 작품이다. '구름에 달 가듯이 가는 나그네'와 같이 달관과 체념의 태도를 보이는 나그네의 모습을 통해 당시의 고통스러운 현실 상황을 반영하지 않았음을 알 수 있다. 따라서 (나)는 나그네의 유유자적한 삶을 그렸다는 점에서 (가) 반영론적 관점으로 비판할 수 있다.

오답　① ③ ④ 작품 이외의 사실에 대한 고려를 배제하고, 작품의 율격과
분석　형식, 시적 분위기와 미적 감각 등 내부적 요소만을 분석하고 있으므로 내재적 관점으로 작품을 감상하였다.

👍 이것도 알면 합격!

문학 감상(비평)의 관점을 알아두자.

1. 내재적 관점(절대주의적 관점)
   작품 이외의 사실에 대한 고려를 배제하고 어조, 운율, 구성, 표현 기법, 미적 가치 등 작품의 내부적 요소를 분석하는 관점
2. 외재적 관점

표현론적 관점 (생산론적 관점)	• 작품이 작가와 맺는 관계를 중시하는 관점 • 작품 속에 작가의 체험, 사상, 감정 등이 표현되어 있다고 봄
효용론적 관점 (수용론적 관점)	• 작품과 독자의 관계를 중시하는 관점 • 작품이 독자에게 주는 의미, 감동, 교훈 등에 초점을 맞추어 감상함
반영론적 관점	• 작품이 현실 세계를 반영한다고 보는 관점 • 작품과 작품의 대상이 되는 현실 세계와의 관계를 중시함

06 비문학 세부 내용 파악 난이도 ★★☆

해설　① 3문단의 3~7번째 줄을 통해 독서는 '필자'를 읽고, '필자가 어떤 시대, 사회에 발 딛고 있는지'를 읽은 후 독자 자신을 읽는 것임을 알 수 있다. 이는 필자(타인)에 대한 경험이나 생각을 자기 것으로 만드는 자기화(自己化)과정이므로, 글에 대한 이해로 가장 적절한 것은 ①이다.

오답　② 1문단에서 '책'을 '반가운 벗'에 비유하고 있을 뿐, '반가운 벗과의
분석　독서'에 대해 이야기하고 있지 않다.
　　③ ④ 제시문에 나타나지 않는 내용이다.

07 어법 한글 맞춤법 (띄어쓰기) 난이도 ★★☆

해설　② 옛∨책을(○): 이때 '옛'은 '지나간 때의'를 뜻하는 관형사이므로 명사 '책'과 띄어 쓴다.

오답　① 그∨중에(×) → 그중에(○): 이때 '그중'은 '범위가 정해진 여럿 가
분석　운데'를 뜻하는 한 단어이므로 붙여 써야 한다.
　　③ 한∨번(×) → 한번(○): 문맥상 이때 '한번'은 '기회 있는 어떤 때에'를 뜻하는 한 단어이므로 붙여 써야 한다. 참고로 '번'이 '일의 차례'를 나타내거나 '일의 횟수를 세는 단위'를 뜻하는 경우에는 의존 명사이므로 '한 번'과 같이 앞말과 띄어 쓴다.
　　④ 굴∨속으로(×) → 굴속으로(○): 이때 '굴속'은 '굴의 안'을 뜻하는 한 단어이므로 붙여 써야 한다.

08 어법 말소리 (음운의 변동) 난이도 ★★☆

해설　③ '입학생[이팍쌩]'은 자음 축약과 된소리되기 현상이 나타난다. 음운의 변동 전 음운 개수는 8개(ㅣ, ㅂ, ㅎ, ㅏ, ㄱ, ㅅ, ㅐ, ㅇ)인 반면, 음운의 변동 후 음운 개수는 7개(ㅣ, ㅍ, ㅏ, ㄱ, ㅆ, ㅐ, ㅇ)이므로 음운 변동 전과 음운 변동 후의 음운 개수가 서로 다르다는 ③의 설명은 적절하다.

오답　① '가을일[가을릴]'은 'ㄴ' 첨가와 유음화 현상이 나타난다. 따라서 ㉠
분석　은 첨가와 교체 두 가지 유형의 음운 변동이 나타나므로 적절하지 않다.

② '텃마당[턷마당 → 턴마당]'은 음절의 끝소리 규칙과 비음화 현상이 나타난다. 이때 '치조음'(조음 위치)이자 '마찰음'(조음 방법)인 받침 'ㅅ'이 음절의 끝소리 규칙의 영향으로 [ㄷ]이 된 후, '양순음'(조음 위치)이자 '비음'(조음 방법)인 [ㅁ]의 영향으로 '치조음'(조음 위치)이자 '비음'(조음 방법)인 [ㄴ]으로 발음된다. 따라서 ⓒ은 조음 위치가 아니라 조음 방법이 같아지는 동화 현상(비음화)이 나타나므로 적절하지 않다.

④ '흙먼지[흑먼지 → 흥먼지]'는 자음군 단순화와 비음화 현상이 나타난다. 따라서 ②은 음절 끝에 'ㄱ, ㄴ, ㄷ, ㄹ, ㅁ, ㅂ, ㅇ' 이외의 자음이 오면 이 중 하나로 바뀌는 음절의 끝소리 규칙이 적용되지 않으므로 적절하지 않다.

09 어법 올바른 문장 표현   난이도 ★★☆

해설 ① 유사한 내용의 제안이 접수되었을 때에는(×) → 유사한 내용의 제안이 기관에 접수되었을 때에는(○): '접수되다'는 주로 '~에/에게 접수되다'와 같은 형태로 쓰이므로, '기관에'와 같이 부사어를 넣는 것이 적절하다. 또한 '유사한 내용의 제안이 접수되었다'는 문맥상 사건이 이미 완료된 상황을 나타내는 것으로 해석하는 것이 적절하므로 '접수될 때에는'으로 바꾸는 것은 옳지 않다.

10 문학 수사법   난이도 ★★☆

해설 ② (나)의 초장과 중장에 문답법이 활용된 것은 맞으나, 대조법을 활용하여 임의 만수무강을 기원하는 내용은 없다.

오답
분석 ① (가)의 중장과 종장에서 앞 구절의 말을 다시 다음 구절에 연결시키는 연쇄법을 활용하여 고인의 길을 따라 학문을 수양하겠다는 의지를 드러내고 있음을 알 수 있다.
③ (다)의 '우레ᄀᆺ치, 번기ᄀᆺ치, 비ᄀᆺ치, 구름ᄀᆺ치'를 통해 'ᄀᆺ치'를 반복적으로 표현하여 운율감을 더하고 있음을 알 수 있다.
④ (라)의 화자는 자신의 웃음이 진짜 웃음이 아니라 어처구니가 없어 울다가 나온 웃음이라고 냉소적으로 말하며 불편한 심기를 표출하고 있다.

지문
풀이 (가) 고인도 날 못 보고 나도 고인을 못 뵈었으니
　　　고인을 못 뵈었어도 가던 길 앞에 있네
　　　가던 길 앞에 있거늘 아니 가고 어쩔고　　– 이황, '도산십이곡' 제9곡
　　(나) 술은 어찌 하여 좋은고 누룩 섞은 탓이로다
　　　국은 어찌 하여 좋은고 간을 탄 탓이로다
　　　이 음식 이 뜻을 알면 만수무강 하리라　　– 윤선도, '초연곡' 제2수
　　(다) 우레 같이 소리 난 님을 번개같이 번쩍 만나
　　　비같이 오락가락 구름 같이 헤어지니
　　　흉중에 바람같은 한숨이 나 안개 피듯 하여라　　– 작자 미상
　　(라) 하하 허허 하고 웃든들 내 웃음이 정말 웃음인가
　　　하도 어처구니 없어서 울다가 그리된 것이다.
　　　사람들아 웃지를 말아라. 입이 찢어지리라.　　– 권섭, '하하 허허 흔들'

11 어법 의미 (다의어의 의미)   난이도 ★☆☆

해설 ③ ⓒ '옷에 풀기가 아직 살아 있다'에서 '살다'는 '본래 가지고 있던 색깔이나 특징 등이 그대로 있거나 뚜렷이 나타나다'를 뜻하므로, 제시된 단어의 의미에 맞지 않다.

12 비문학 화법 (말하기 전략)   난이도 ★☆☆

해설 ① 진행자는 고령자 친화적인 대중교통 인프라 구축의 필요성에 대해 언급하며 인터뷰를 마무리하고 있을 뿐 상대방의 의견이 합리적이지 않음을 지적하고 있지 않다.

오답
분석 ② 진행자는 네 번째 말에서 상대방인 홍 교수가 인용한 고령 운전자에 의한 교통사고 비율 통계 자료에 대해 전체 운전자 중에서 고령 운전자에 해당하는 비율이 늘었기 때문인 것 같다는 자기 나름대로의 해석을 제시하고 있다.
③ 진행자는 다섯 번째 말에서 '뭔가 보완책이 있나요?'와 같이 물으며 상대방인 홍 교수가 제시한 정보 이외에 추가적인 정보를 요구하고 있다.
④ 진행자는 세 번째 말에서 '뒷받침할 만한 자료가 있나요?'와 같이 물으며 상대방인 홍 교수에게 고령자의 운전면허 자진 반납 제도 시행 배경에 대한 객관적인 근거를 요구하고 있다.

13 비문학 주제 및 중심 내용 파악   난이도 ★★☆

해설 ④ 제시문은 진보와 진화에 관한 계몽주의 사상가들의 모순되는 견해에 대해 설명하고 있다. 헤겔은 역사는 진보하는 것이고 자연은 진보하지 않는다는 견해인 반면, 다윈은 진화와 진보를 동일한 것으로 보아 자연도 역사와 마찬가지로 진보한다는 견해를 밝히고 있다. 따라서 제시문은 진화와 진보에 대한 헤겔과 다윈의 견해를 제시하고 있으므로 제목으로 가장 적절한 것은 ④이다.

14 문학 작품의 내용 파악   난이도 ★★☆

해설 ③ 사씨의 말 '어찌 부부라고 간쟁(諫諍)치 않으리이까?'를 통해 사씨는 부부의 예에 따라, 남편이 잘못하면 이를 지적해야 한다고 생각하고 있음을 알 수 있다. 따라서 답은 ③이다.

👍 이것도 알면 합격!

김만중, '사씨남정기(謝氏南征記)'의 주제와 특징을 알아두자.

1. 주제: 처첩 간의 갈등과 권선징악
2. 특징
　• 각각의 인물들이 상징성을 지니고 있음
　• 숙종의 잘못을 깨우치게 하기 위한 목적 소설
　• 후대 가정 소설의 모범이 됨

15 문학 소재의 의미   난이도 ★★☆

해설 ④ '소리의 여운'은 '꽝 당 꽝 당' 소리에 해당하는데, 이 소리는 단선적 구성에 변화를 주지 않고 갈등 해소의 기미를 강화하지도 않으므로 '소리'에 대한 이해로 적절하지 않은 것은 ④이다.

오답
분석 ① '서늘한 소리'가 제시된 작품의 초반부에 등장함으로써 예사롭지 않은 분위기를 조성한다.
② '꽝 당 꽝 당' 소리가 '이상하게 신경을 자극했다'라는 서술을 통해 이 소리가 인물의 심리적 상태 변화를 촉발하였음을 알 수 있다.
③ '단조로운 소리'는 '꽝 당 꽝 당' 소리로, 이 소리는 제시된 작품에 반복적으로 드러남으로써 가족들의 정신적 고뇌가 상징적으로 표현됨과 동시에 '분단 상황이 낳은 비극'이라는 모종의 의미가 부여된다.

16 비문학 **세부 내용 파악** 난이도 ★★☆

해설 ② 제시문에서는 영화 〈일 포스티노〉의 마리오 루폴로가 고향의 여러 가지 소리를 녹음하는 장면을 은유의 출발, 은유의 확장, 은유의 절정에 빗대어 설명하고 있다. 그러나 제시문에서 영화 〈일 포스티노〉의 인물들이 문학적 은유의 본질과 의미를 잘 알고 있는지는 확인할 수 없으므로 글에 대한 이해로 적절하지 않은 것은 ②이다.

오답 ① 1문단 3~5번째 줄을 통해 알 수 있다.
분석 ③ 1문단 끝에서 1~3번째 줄을 통해 알 수 있다.
④ 2문단을 통해 문학과 영화 〈일 포스티노〉의 공통적인 미적 자질이 은유라는 것을 알 수 있다.

17 어휘 **한자 성어** 난이도 ★★☆

해설 ③ '일부러 꾸미지 않았는데도 자연스럽고 아름답다'는 제시문의 내용과 부합하는 한자 성어는 ③ '天衣無縫(천의무봉)'이다.
• 天衣無縫(천의무봉): '천사의 옷은 꿰맨 흔적이 없다'라는 뜻으로, 일부러 꾸민 데 없이 자연스럽고 아름다우면서 완전함을 이르는 말

오답 ① 花朝月夕(화조월석): 1. '꽃 피는 아침과 달 밝은 밤'이라는 뜻으로,
분석 경치가 좋은 시절을 이르는 말 2. 음력 2월 보름과 8월 보름
② 韋編三絶(위편삼절): '공자가 주역을 즐겨 읽어 책의 가죽끈이 세 번이나 끊어졌다'라는 뜻으로, 책을 열심히 읽음을 이르는 말
④ 莫無可奈(막무가내): 달리 어찌할 수 없음

18 어휘 **한자어 (한자어의 표기)** 난이도 ★★★

해설 ① 밑줄 친 부분의 한자 표기가 잘못된 것은 ①이다.
• 有名勢(유명세: 있을 유, 이름 명, 형세 세)(×) → 有名稅(유명세: 있을 유, 이름 명, 세금 세)(○): 세상에 이름이 널리 알려져 있는 탓으로 당하는 불편이나 곤욕을 속되게 이르는 말

오답 ② 福不福(복불복: 복 복, 아닐 불, 복 복)(○): '복분(福分)의 좋고 좋지 않
분석 음'이라는 뜻으로, 사람의 운수를 이르는 말
③ 對症療法(대증요법: 대할 대, 증세 증, 고칠 요, 법 법)(○): 병의 원인을 찾아 없애기 곤란한 상황에서, 겉으로 나타난 병의 증상에 대응하여 처치를 하는 치료법
④ 經緯(경위: 지날 경, 씨 위)(○): 일이 진행되어 온 과정

19 비문학 **내용 추론** 난이도 ★★☆

해설 ④ 2문단 끝에서 1~4번째 줄에서 과학 기술의 발전 성과를 농업에 수용해야 한다고 하였으므로 과학 기술의 부작용을 성찰할 필요가 있다는 ④의 추론은 적절하지 않다.
[관련 부분] 과학 기술의 눈부신 발전 성과를 수용하여 ~ 중시되고 있는 것이다.

오답 ① 1문단 1~3번째 줄에서 고도성장 과정에서 농업이 우리 경제의 뒷
분석 방실이 신세로 전락하였다고 하였으므로, 고도성장을 도모하는 경제 정책 추진 과정에서 농업 중심의 경제 패러다임을 지양했음을 추론할 수 있다.
② 2문단 5~8번째 줄에서 효용 가치가 떨어지면 다른 곳으로 이동하는 유목민적 태도가 오늘날의 위기를 낳고 키웠다고 하였으므로, 효율성을 중요한 가치로 내세우는 경제 시스템의 한계를 지적하고 있음을 추론할 수 있다.

③ 2문단 5~8번째 줄과 10~12번째 줄에서 유목민적 태도의 한계를 언급하며, 정주민의 농업의 가치를 주목할 만하다고 설명하고 있으므로 유목 생활을 하는 민족에 비해 정주 생활을 하는 민족이 농업의 가치 증진에 더 기여할 수 있음을 추론할 수 있다.

20 비문학 **관점과 태도 파악** 난이도 ★★☆

해설 ③ 3문단 끝에서 1~4번째 줄과 4문단 끝에서 1~4번째 줄을 통해 유교적 윤리의 한 바탕이 윗사람(부모, 임금)에 대한 복종을 절대시하지 않는 것이었음을 알 수 있다. 따라서 글쓴이의 입장에 부합하는 것은 ③이다.
[관련 부분]
• 유교의 기본 입장은 설사 부모의 명령이라 하더라도 ~ 맹목적인 복종은 그 자체가 불효라고 보았기 때문이다.
• 임금과 신하의 관계는 ~ 의리에 의해서 맺어진 관계로 ~ 의리에 맞지 않는다면 언제라도 끊을 수 있다고 생각하는 것이다.

오답 ① 1문단 1~2번째 줄을 통해 효(孝)가 일차적인 인간관계에서 일어나
분석 는 행위임을 알 수 있으나, 1문단 끝에서 2~4번째 줄을 통해 효가 봉건 가부장제 사회의 유습이라는 것은 오해임을 알 수 있다. 따라서 효가 봉건 가부장제 사회에서 비롯된 일차적 인간관계라는 내용은 글쓴이의 입장에 부합하지 않는다.
[관련 부분]
• 효(孝)가 개인과 가족, 곧 일차적인 인간관계에서 일어나는 행위를 규정한 것이라면
• 효를 ~ 봉건 가부장제 사회의 유습이라고 오해하는가 하면
② 3문단 끝에서 1~3번째 줄을 통해 맹목적인 복종은 그 자체가 불효라고 하였으므로 효가 조건 없는 신뢰에 기초한 덕목이라는 내용은 글쓴이의 입장에 부합하지 않는다.
[관련 부분] 부모의 명령이라 하더라도 옳고 그름을 가리지 않는 맹목적인 복종은 그 자체가 불효라고 보았기 때문이다.
④ 3문단 끝에서 4~5번째 줄을 통해 효는 가족 윤리로서 사회 윤리였던 충보다 우선시되었음을 알 수 있으므로 충의 도리를 다함으로써 효의 도리에 도달할 수 있다는 것이 인의 이치라는 내용은 글쓴이의 입장에 부합하지 않는다.
[관련 부분] 효란 가족 윤리 또는 종족 윤리로서 사회 윤리였던 충보다 우선시되었을 뿐만 아니라

12회 | 2018년 지방직 9급

정답 및 취약점 확인

p.87

문항	정답	출제 포인트	정답률	약점 개념 확인	문항	정답	출제 포인트	정답률	약점 개념 확인
01	④	어법-의미	38%	다의어의 의미(짚다)	11	③	비문학-적용하기	80%	
02	②	어법-문장	77%	사동 표현	12	③	비문학-화법	80%	
03	②	비문학-관점과 태도 파악, 세부 내용 파악	77%		13	③	비문학-화법	80%	직접·간접 발화
04	④	문학-작품의 종합적 감상	43%	박목월 〈청노루〉	14		어법-한글 맞춤법	53%	띄어쓰기
05	③	문학-작품의 내용 파악	54%	임춘 〈공방전〉	15	④	어법-올바른 문장 표현	72%	문장 성분·문장 구조·문법 요소의 적절성
06	④	비문학-글의 구조 파악	56%		16	②	어법-한글 맞춤법	35%	접미사가 붙어서 된 말의 표기
07	②	비문학-세부 내용 파악	78%		17	②	어법-중세 국어	55%	훈민정음의 제자 원리
08	①	문학-작품의 종합적 감상	49%	〈흥부전〉, 정훈 〈탄궁가〉	18	①	문학-서술상의 특징	52%	염상섭 〈삼대〉
09	①	혼합-주제 및 중심 내용 파악, 한자 성어	54%	鄕閭有禮, 相扶相助, 兄友第恭, 子弟有學	19	④	비문학-작문	59%	대구, 우의적 기법
10	①	어휘-한자어	54%	改善, 通貨	20	①	비문학-세부 내용 파악	73%	

---

01 어법 의미 (다의어의 의미) 난이도 ★★★

해설 ④ 지도 위에 손가락을 짚어 가며: 이때 '짚다'는 '여럿 중에 하나를 꼭 집어 가리키다'를 뜻한다. 이와 같은 의미로 사용된 것은 ④ '시험 문제를 짚어 주었는데도'의 '짚다'이다.

오답 분석
① 이마를 짚어 보니: 이때 '짚다'는 '손으로 이마나 머리 등을 가볍게 눌러 대다'를 뜻한다.
② 땅을 짚어야 했다: 이때 '짚다'는 '바닥이나 벽, 지팡이 등에 몸을 의지하다'를 뜻한다.
③ 그들은 속을 짚어 낼 수가 없는: 이때 '짚다'는 '상황을 헤아려 어떠할 것으로 짐작하다'를 뜻한다.

02 어법 문장 (사동 표현) 난이도 ★★☆

해설 ② 사동 표현이란, 주어가 다른 대상에게 동작을 하도록 시키는 것을 뜻한다. ②는 문맥상 생략된 주어가 아이를 입원하도록 시켰다는 의미를 나타내므로, 밑줄 친 단어 '입원시켰다'는 사동 표현이 적절하게 사용된 경우이다. 반면 ①③④는 밑줄 친 단어를 주동 표현으로 바꾸어도 문장의 의미가 달라지지 않는 것으로 보아 불필요한 사동 표현이 사용된 경우임을 알 수 있다.

오답 분석
① 소개시켰다(×) → 소개하였다(○): '소개하게 하다'라는 뜻의 사동 표현 '소개시키다'를 불필요하게 썼으므로 단어의 쓰임이 옳지 않다. '소개시켰다'는 '소개하였다'로 고쳐 써야 한다.
③ 설득시킨다(×) → 설득한다(○): '설득하게 하다'라는 뜻의 사동 표현 '설득시키다'를 불필요하게 썼으므로 단어의 쓰임이 옳지 않다. '설득시킨다'는 '설득한다'로 고쳐 써야 한다.
④ 해소시킨다(×) → 해소한다(○): '해소하게 하다'라는 뜻의 사동 표현 '해소시키다'를 불필요하게 썼으므로 단어의 쓰임이 옳지 않다. '해소시킨다'는 '해소한다'로 고쳐 써야 한다.

03 비문학 관점과 태도 파악, 세부 내용 파악 난이도 ★★☆

해설 ② 끝에서 3~5번째 줄을 통해 필자는 꺼려하는 사람과 같이 죄를 지었는데도 서로 죄를 밝히지 않았을 때 간악함이 일어나기 쉽다고 주장함을 알 수 있다. 그러나 ②의 설명은 제시문을 통해 확인할 수 없으므로 필자의 견해로 볼 수 없다.
[관련 부분] 자신이 꺼리는 사람이 같이 죄를 범하였는데도 서로 버티면서 죄를 밝히지 않으면 간악하게 되며

오답 분석
① 5~6번째 줄을 통해 확인할 수 있다.
[관련 부분] 노력을 조금 들였는데도 효과가 신속하면 간악하게 되며
③ 6~7번째 줄을 통해 확인할 수 있다.
[관련 부분] 자신은 그 자리에 오랫동안 있는데 자신을 감독하는 사람이 자주 교체되면 간악하게 되며
④ 끝에서 6~7번째 줄을 통해 확인할 수 있다.
[관련 부분] 아래에 자신의 무리는 많은데 윗사람이 외롭고 어리석으면 간악하게 되며

04 문학 작품의 종합적 감상 (시) 난이도 ★★☆

해설 ④ 제시된 작품에 사건의 시간적인 흐름은 드러나지 않으므로 답은 ④이다.

오답 분석
① ② 사람이 등장하지 않는 풍경. 푸른색의 청운사와 청노루, 자주색의 자하산 등을 통해 이 시에서 자연은 실제 현실과 달리 상상력에 의해 허구적으로 묘사되었음을 알 수 있다. 이처럼 화자는 현실에는 존재하지 않는 아름답고 평화로운 자연을 묘사함으로써 이상적 세계를 동경하고 그리워하는 마음을 표현하고 있다.
③ 제시된 작품은 화자의 시선에 따라 시상이 전개된다. 멀리 있는 '청운사'부터 '자하산', '느릅나무'를 거쳐 마지막에는 가까이 있는 '청노루의 눈'에 비친 구름으로 시상이 전개되고 있다.

05 문학 작품의 내용 파악   난이도 ★★☆

해설 ③ ⓒ'관상을 보는 사람[相工]'에게 공방에 대한 자신의 견해를 펼칠 기회를 제공한 사람은 ⓔ'폐하'이므로 ③의 설명은 적절하지 않다. 참고로, 문맥상 ⓒ'왕자(王者)'는 일반적인 의미의 '임금'을 뜻하는 말로, ⓔ'폐하'와 같은 의미로 사용되지 않았다.

오답 분석
① ⓔ'폐하'는 ㉠'공방(孔方)'을 버리지 말고 쓰라는 ⓒ'관상을 보는 사람[相工]'의 의견을 따라 ㉠'공방(孔方)'의 이름이 세상에 드러나게 하였다.

② ⓒ'관상을 보는 사람[相工]'은 ㉠'공방(孔方)'에 대해 쓸 만하지 못하지만 때를 긁고 빛을 갈면 그 자질이 마땅히 점점 드러날 것이라고 평가하였다.

④ ⓔ'폐하'는 ⓒ'왕자(王者)'라면 사람을 그릇으로 만든다는 ⓒ'관상을 보는 사람[相工]'의 말을 듣고 공방을 버리지 않고 취하였다. 이는 ⓔ'폐하'가 ⓒ'왕자(王者)'의 이상적인 모습을 본받고자 하였기 때문이다.

06 비문학 글의 구조 파악 (문단 배열)   난이도 ★★☆

해설 ④ (가)-(라)-(다)-(나)의 순서가 가장 자연스럽다.

순서	중심 내용	순서 판단의 단서와 근거
(가)	생명체들은 감각을 갖고 태어나는데 그중 일부는 감각으로부터 기억이 생겨나고, 기억을 통해 배움을 얻음	지시어나 접속어로 시작하지 않으면서 '생명체'라는 '인간'의 상위 개념을 제시함
(라)	인간의 경우에는 기억으로부터 경험이 생겨나고, 경험의 결과로 기술이 생겨남	키워드 '인간의 경우': 생명체의 하위 개념인 '인간'을 사례로 들어 설명하므로 (가) 뒤에 오는 것이 적절함
(다)	기술 중에는 여가의 삶을 위한 이론적 기술이 필요에 의한 기술보다 더욱 지혜로움	접속어 '하지만': (라)의 마지막 문장 내용과 달리 '기술'의 발생은 두 가지 원인으로 분류됨
(나)	감각보다 경험이, 경험보다 기술이 지혜로우며 이론적 지식이 실천적 지식보다 더욱 지혜로움	키워드 '앞에서 말했듯이': (다)의 내용을 요약하여 다시 설명함

07 비문학 세부 내용 파악   난이도 ★★☆

해설 ② 1~2번째 줄을 통해 무스가 소화를 잘 시키기 위해 움직이지 않는 전략을 선택했음을 알 수 있다. 그러나 소화를 잘 시키기 위해 식물을 가려먹는 습성이 있다는 ②의 설명은 제시문을 통해 알 수 없다.

[관련 부분] 되새김 동물인 무스(moose)의 경우, 위에서 음식물이 잘 소화되게 하려면 움직여서는 안 된다.

오답 분석
① 1~2번째 줄을 통해 무스는 생존과 직결되는 일인 '소화'를 위해 움직이지 않는다는 것을 알 수 있다.

[관련 부분] 위에서 음식물이 잘 소화되게 하려면 움직여서는 안 된다.

③ 6~10번째 줄을 통해 갈퀴발도마뱀은 움직이지 않음으로써 먹이를 구할 에너지를 충전함을 알 수 있다.

[관련 부분] 갈퀴발도마뱀은 모래 위로 눈만 빼꼼 내놓고 몇 시간 동안이나 움직이지 않는다. ~ 곤충이 지나가면 도마뱀이 모래에서 나가 잡아먹을 수 있도록 에너지를 충전해 주는 것이다.

④ 끝에서 1~3번째 줄을 통해 갈퀴발도마뱀은 모래 속에 몸을 묻을 때 생존 확률을 높일 수 있음을 알 수 있다.

[관련 부분] 갈퀴발도마뱀은 모래 속에 몸을 묻고 움직이지 않기 때문에 수분의 손실을 줄이고 사막 짐승들의 끊임없는 위협에서 벗어날 수 있는 것이다.

08 문학 작품의 종합적 감상   난이도 ★★☆

해설 ① (나)는 조선 중기에 정훈이 창작한 가사인 '탄궁가'로 4음보의 운율을 지니고 있으므로 읽을 때의 리듬이 규칙적이다. 반면 (가)는 판소리계 소설인 '흥부전'으로 규칙적인 리듬이 나타나지 않는다. 따라서 (가)와 (나)를 비교한 설명으로 적절한 것은 ①이다.

오답 분석
② (나)는 끼니를 잘 챙기지 못하고 이웃에게 농기구를 빌리는 상황을 비교적 사실적으로 묘사하고 있다. 그러나 (가)는 '천장은 굴뚝이요', '바람은 살쏜 듯이 들이불고', '천장은 하늘별자리를 그려놓은 그림이요' 등 상황을 비유적으로 묘사하고 있다.

③ (가)와 (나)에서 모두 현재의 상황을 운명으로 수용하는 태도는 나타나지 않는다. (가)는 '용미봉탕에 잣죽 좀 먹었으면 좋겠소'를 통해 궁핍한 현재의 상황을 벗어나길 원함을 알 수 있다. 또한 (나)에서는 '많고 많은 식구 이리하여 어이 살리'를 통해 현재의 상황을 탄식하고 있음을 알 수 있다.

④ (가)의 '이렇게 곤란이 더욱 심할 제'와 (나)의 '원헌의 가난인들 나같이 심할까', '많고 많은 식구 이리하여 어이 살리'를 통해 (가)와 (나)가 모두 상황을 부정적으로 인식하고 있음을 알 수 있다.

09 문학 + 어휘 주제 및 중심 내용 파악, 한자 성어   난이도 ★★☆

해설 ① 제시된 작품은 마을 사람들에게 옳은 행동을 권유하는 내용을 담고 있는 정철의 시조이다. 따라서 시조의 내용으로 적절한 것은 ① '鄕閭有禮(향려유례)'이다.
   • 鄕閭有禮(향려유례): 마을에는 예의가 있어야 함

오답 분석
② 相扶相助(상부상조): 서로서로 도움

③ 兄友弟恭(형우제공): '형은 아우를 사랑하고 동생은 형을 공경한다'라는 뜻으로, 형제간에 서로 우애 깊게 지냄을 이르는 말

④ 子弟有學(자제유학): 자제는 가르쳐야 함

10 | 어휘 | 한자어 (한자어의 표기) | 난이도 ★★☆

해설 ① ㉠과 ㉡에 들어갈 한자는 각각 '改善, 通貨'이므로 답은 ①이다.
- **改善**(개선: 고칠 개, 착할 선): 잘못된 것이나 부족한 것, 나쁜 것 등을 고쳐 더 좋게 만듦
- **通貨**(통화: 통할 통, 재물 화): 유통 수단이나 지불 수단으로서 기능하는 화폐

㉠ **改選**(개선: 고칠 개, 가릴 선): 의원이나 임원 등이 사퇴하거나 그 임기가 다 되었을 때 새로 선출함
㉡ **通話**(통화: 통할 통, 말씀 화): 1. 전화로 말을 주고받음 2. 통화한 횟수를 세는 말

11 | 비문학 | 적용하기 | 난이도 ★★☆

해설 ③ 동조 현상에 영향을 미치는 요인이 우매한 조직의 결속력보다 개인의 신념이라는 내용은 제시문에서 찾을 수 없으므로, 제시문의 내용을 잘못 이해한 사람은 ③ '갑순'이다.

오답분석 ① 2문단 5~7번째 줄을 통해 집단의 구성원 수가 많을 때 동조 현상이 강하게 일어남을 확인할 수 있다. 따라서 줄을 서 있는 사람이 많을수록 사람들이 줄 뒤에 설 확률이 높다는 ① '영희'의 설명은 옳다.
[관련 부분] 집단의 구성원 수가 많거나 그 결속력이 강할 때, ~ 동조 현상은 강하게 나타난다.

② 1문단 4~10번째 줄과 2문단 5~7번째 줄을 통해 응집력이 강한 집단에 항거하는 일은 매우 어려우며, 이때 동조 압력은 더욱 강해짐을 확인할 수 있다. 따라서 ② '철수'의 설명은 옳다.
[관련 부분]
- 어떤 집단이 그 구성원들을 이끌어 나가는 질서나 규범 같은 힘을 가지고 있을 때 ~ 동조 현상이 일어난다는 것이다. 만약 어떤 개인이 그 힘을 인정하지 않는다면 그는 집단에서 배척당하기 쉽다. ~ 사람들은 집단으로부터 소외되지 않기 위해서 동조를 하게 된다.
- 그 결속력이 강할 때 ~ 동조 현상은 강하게 나타난다.

④ 2문단 2~7번째 줄을 통해 정보가 부족한 상황과 특정 정보를 제공하는 사람에 대한 신뢰도가 높을 때 동조 현상이 강하게 일어남을 확인할 수 있다. 따라서 스튜어디스의 복장이 신뢰도를 높였다는 ④ '갑돌'의 설명은 옳다.
[관련 부분] 정보가 부족하여 어떤 판단을 내리기 어려운 상황일수록, ~ 특정 정보를 제공하는 사람의 권위와 지위, 그에 대한 신뢰도가 높을 때도 동조 현상은 강하게 나타난다.

12 | 비문학 | 화법 (말하기 전략) | 난이도 ★★☆

해설 ③ 제시된 대화는 보고서 마감 당일에 담당자인 '다정'이 오지 않은 것에 대한 선생님과 학생들의 대화를 다루고 있다. 그런데 '학생2'는 '학생1'이 회장이기 때문에 책임져야 한다고 하며 대화 맥락에 맞지 않는 언급을 하고 있다. 따라서 답은 ③이다.

오답분석 ① 교사는 학생들의 싸움을 저지하고 보고서를 가지고 있는 '다정'에게 연락을 해보라는 방안을 제시함으로써 상황을 해결하려 하고 있다. 따라서 교사가 권위적인 태도로 상황을 무마하려 한다는 설명은 적절하지 않다.

② 동아리 회장인 '학생1'은 회장이기 때문에 책임을 지라는 '학생2'의 말에 보고서 작성자를 회의를 통해 결정한 사실을 밝히고 있다. 따라서 '학생1'이 책임을 면하기 위해 변명으로 일관했다는 설명은 적절하지 않다.

④ '학생3'은 교사의 말에 따라 보고서를 가지고 있는 '다정'에게 연락하고자 하므로 '학생3'이 본질과 관계없는 말을 언급하여 상황을 무마한다는 설명은 적절하지 않다.

13 | 비문학 | 화법 (말하기 전략) | 난이도 ★★☆

해설 ③ 제시문의 밑줄 친 '맥락'을 고려하지 않아도 되는 것은 발화 의도가 겉으로 드러나는 직접 발화이다. ③은 공항을 가는 방향을 직접적으로 묻는 질문이므로 간접 발화가 아닌 직접 발화에 해당한다.

오답분석 ① '돈을 빌려달라'는 의도가 담긴 간접 발화에 해당하므로 발화 맥락을 고려해야 한다.
② '창문을 열어달라'는 의도가 담긴 간접 발화에 해당하므로 발화 맥락을 고려해야 한다.
④ '과제를 해라'는 의도가 담긴 간접 발화에 해당하므로 발화 맥락을 고려해야 한다.

14 | 어법 | 한글 맞춤법 (띄어쓰기) | 난이도 ★★☆

해설 ③ 띄어쓰기가 옳지 않은 것은 ③이다.
- **부부∨간**(×) → **부부간**(○): '부부간'은 '부부 사이'를 뜻하는 한 단어이므로 붙여 써야 한다.
- **얼마간**(○): '얼마간'은 '그리 많지 않은 수량이나 정도'를 뜻하는 한 단어이므로 붙여 쓴다.

오답분석 ① • **안됐어**(○): '안되다'는 '섭섭하거나 가엾어 마음이 언짢다'를 뜻하는 한 단어이므로 붙여 쓴다.
- **안∨돼**(○): '안'이 '아니'의 준말인 부사로 쓰였으므로 뒷말과 띄어 쓴다.

② • **아무것**(○): '아무것'은 '대단하거나 특별한 어떤 것'을 뜻하는 한 단어이므로 붙여 쓴다.
- **본∨것**(○): '것'은 '사물, 일, 현상 등을 추상적으로 이르는 말'을 뜻하는 의존 명사이므로 앞말과 띄어 쓴다.
- **못∨미쳐**(○): '못'이 부정의 뜻을 나타내는 부사로 쓰였으므로 뒷말과 띄어 쓴다.

④ • **믿을∨만한**(○): '만하다'는 '앞말이 뜻하는 동작이나 행동이 가능함'을 나타내는 의존 명사 '만'에 접미사 '-하다'가 결합한 보조 용언으로 한 단어이다. 따라서 용언의 관형사형 '믿을'과는 띄어 쓰고, '만한'은 붙여 쓴다. 참고로 '만하다'는 보조 용언이므로 본용언인 '믿을'과 붙여 쓰는 것도 허용한다.
- **집채만∨한**(○): '앞말이 나타내는 대상이나 내용 정도에 달함'을 나타내는 보조사 '만'은 앞의 체언에 붙여 쓴다. '한'은 용언 '하다'의 활용형이므로 앞말과 띄어 쓴다.

👆 이것도 알면 **합격!**

'간(間)'의 띄어쓰기를 알아두자.

의존 명사 '간'	'대상들 간의 사이'나 '관계'를 나타낼 때 '간'은 의존 명사이므로 앞말과 띄어 쓴다 예 • 서울과 부산∨간 • 부모와 자식∨간
접미사 '-간'	'시간의 경과'를 나타낼 때 '-간'은 접미사이므로 앞말과 붙여 쓴다 예 그는 이탈리아에서 삼십 일간 체류하였다.

'간'과 관련해 띄어쓰기를 주의해야 할 단어	'부부간, 부자간, 부녀간, 모자간, 모녀간, 남매간, 동기간, 고부간' 등은 하나의 단어로 인정되었기 때문에 붙여 씀. 단, '사제∨간, 남녀∨간'은 한 단어가 아니므로 띄어 씀 예 • 부부간에 금실이 좋다. • 봉건 시대의 결혼에는 남녀∨간의 애정이 도외시되었다.

15 | 어법 | 올바른 문장 표현   난이도 ★★☆

해설 ④ '하되'의 '-되'는 어떤 사실을 서술하면서 그와 관련된 조건이나 세부 사항을 뒤에 덧붙이는 뜻을 나타내는 연결 어미로 그 쓰임이 적절하다. '-며'는 두 가지 이상의 동작이나 상태 등을 나열할 때 쓰는 연결 어미이므로 제시된 문장의 '하되'를 '하며'로 고쳐 써야 한다는 ④의 설명은 적절하지 않다.

오답 분석 ① ② ③ 모두 문장을 올바르게 수정한 예에 해당한다.

16 | 어법 | 한글 맞춤법   난이도 ★★★

해설 ② '마개, 마감'은 (나)의 예로 적절하나, '지붕'은 (라)에 해당하는 예이므로 ②는 적절하지 않다.
- 마개(막-+-애), 마감(막-+-암): 어간 '막-'에 '-이'나 '-음' 이외의 모음으로 시작하는 접미사 '-애', '-암'이 붙어서 동사가 명사로 바뀌었다.
- 지붕(집+-웅): 명사 '집' 뒤에 '-이' 이외의 모음으로 시작하는 접미사 '-웅'이 붙은 것으로, 품사가 바뀌지 않고 명사로 유지되었다.

오답 분석 ① • 미닫이(미닫-+-이): 어간 '미닫-'에 '-이'가 붙어서 명사가 되었다.
- 졸음(졸-+-음): 어간 '졸-'에 '-음'이 붙어서 명사가 되었다.
- 익히(익-+-히): 어간 '익-'에 '-히'가 붙어서 부사가 되었다.
③ • 육손이(육손+-이): 명사 '육손' 뒤에 '-이'가 붙었다.
- 집집이(집집+-이): 명사 '집집' 뒤에 '-이'가 붙었다.
- 곰배팔이(곰배팔+-이): 명사 '곰배팔' 뒤에 '-이'가 붙었다.
④ • 끄트머리(끝+-으머리): 명사 '끝' 뒤에 '-이' 이외의 모음으로 시작하는 접미사 '-으머리'가 붙었다.
- 바가지(박+-아지): 명사 '박' 뒤에 '-이' 이외의 모음으로 시작하는 접미사 '-아지'가 붙었다.
- 이파리(잎+-아리): 명사 '잎' 뒤에 '-이' 이외의 모음으로 시작하는 접미사 '-아리'가 붙었다.

17 | 어법 | 중세 국어 (훈민정음)   난이도 ★★☆

해설 ② 훈민정음의 자음 체계상 'ㅁ'은 순음, 'ㅅ'은 치음으로 분류되므로 두 소리는 조음 위치가 다르다. 또한 조음 방식상 'ㅁ'은 울림소리, 'ㅅ'은 안울림소리로 분류되므로 두 소리의 성질이 다르다. 따라서 'ㅁㅅ' 칸이 조음 위치, 조음 방식의 양면을 모두 고려하여 성질이 같은 소리끼리 묶은 것이라는 ②의 설명은 옳지 않다.

오답 분석 ① 훈민정음의 자음 체계에 따르면 치음인 'ㅅ'은 기본자이며, 'ㅅ'의 가획자는 'ㅈ', 'ㅊ'이다. 따라서 훈민정음의 자음 체계에 따른다면 'ㅅ'은 'ㅈㅊ' 칸에 함께 배치할 수 있다.
③ 'ㄴ'은 기본자이며 'ㄷ, ㅌ'은 가획자, 'ㄹ'은 이체자이므로 가획의 원리대로 칸을 배치한다면 'ㄴ'과 'ㄹ'은 같은 칸에 배치될 수 없다. 'ㄴㄹ'과 'ㄷㅌ'으로 칸을 나눈 것은 각각 울림소리와 파열음이라는 소리의 유사성을 기준으로 한 것이다.

④ 훈민정음의 자음 체계에 따르면 'ㅇ'은 후음의 기본자, 'ㆁ'은 아음의 이체자이다. 따라서 훈민정음의 자음 체계를 따른다면 아음인 'ㆁ'은 같은 아음인 'ㄱㅋ' 칸에 함께 배치할 수 있다.

18 | 문학 | 서술상의 특징   난이도 ★★★

해설 ① 제시된 작품은 서술자가 등장인물의 행동과 태도를 설명하며 이야기를 이끌어나가는 전지적 작가 시점에 해당한다. 전지적 작가 시점의 서술자가 등장인물인 '덕기'의 시선을 빌려 이야기를 전개하고 있으므로 답은 ①이다.

오답 분석 ② 제시된 부분에서 시대적 배경과 밀접한 어휘를 사용한 부분은 찾을 수 없다.
③ 제시된 부분에는 서술자가 작품 속의 인물과 사건에 대해 자신의 견해를 드러내는 편집자적 논평이 나타나지 않는다.
④ 전지적 서술자가 같은 공간에서 일관되게 서술하고 있으므로, 공간적 배경에 따라 서술자를 달리한다는 설명은 적절하지 않다.

19 | 비문학 | 작문 (조건에 맞는 글쓰기)   난이도 ★★☆

해설 ④ '높은 곳의 구름은 멀리를 바라보고, 낮은 곳의 산은 세심히 보듬는다네'에서 '~의 ~은'을 통해 대구의 기법이 사용되었음을 확인할 수 있다. 또한 높이 나는 새와 낮게 나는 새의 대화로 모든 존재는 고유한 존재 가치를 지니고 있다는 삶의 통찰을 우의적으로 표현하였다.

오답 분석 ① 낙엽의 패배 이후 찾아오는 봄의 승리를 통해 시련의 유의미함이라는 통찰을 우의적으로 표현하고 있다. 그러나 대구의 기법을 사용한 부분은 찾을 수 없다.
② '비는 주룩주룩 내리고, 토끼는 깡충깡충 뛴다'를 통해 대구의 기법이 사용되었음을 확인할 수 있다. 그러나 삶에 대한 통찰을 우의적으로 표현한 부분은 찾을 수 없다.
③ '하늘'에 우의적 표현이 사용되었으나 이를 통해 삶에 대한 통찰을 나타내지는 않았다. 또한 대구의 기법을 사용한 부분도 찾을 수 없다.

20 | 비문학 | 세부 내용 파악   난이도 ★★☆

해설 ① 3문단 2~4번째 줄을 통해 사적인 글쓰기의 경우 작가가 독자(청중)로부터 반응을 얻을 수 없었음을 알 수 있다. 따라서 사적인 글쓰기의 출현을 통해 작가와 독자가 직접 소통할 수 있게 되었다는 ①의 설명은 옳지 않다.
[관련 부분] 사적으로 글을 쓸 경우 작가는 이야기꾼, 음유 시인, 극작가들과 달리 청중들로부터 아무런 즉각적 반응도 얻을 수 없다.

오답 분석 ② 1문단 끝에서 1~4번째 줄을 통해 확인할 수 있다.
[관련 부분] 자기만의 내적인 것에 대한 추구는 사람들의 이상이 되었고 점점 그 중요성이 커지면서 사람들의 존재 방식과 글쓰기 행태에 변화를 요구하였다.
③ 1문단 1~3번째 줄을 통해 확인할 수 있다.
[관련 부분] 소설의 출현은 사적 생활이라는 개념의 출현과 밀접한 관련이 있다. 왜냐하면 소설 읽기와 쓰기에 있어 사적 생활은 필수적인 까닭이다.
④ 2문단을 통해 희곡은 낭독하는 전통이 있었음을 알 수 있으며, 소설이 출현하기 전의 지배적 문화 형태였던 서사시, 서정시, 희곡 등은 공통의 규범과 가치를 나누는 역할을 하였음을 알 수 있다.

gosi.Hackers.com

서울시 9급 출제 경향

1. 영역별 출제 문항 수 (2018~2023)

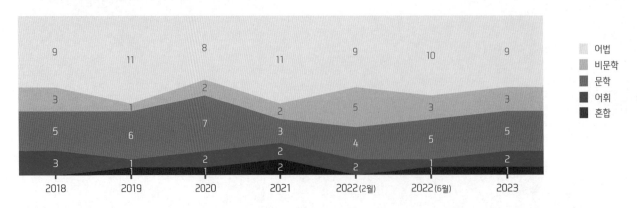

서울시 9급 시험은 어법 영역의 출제 비중이 가장 높고, 문학 영역은 평균 4~5문항씩 출제되고 있습니다. 비문학 영역은 국가직·지방직 9급에 비해 적게 출제되는 경향을 보입니다.

Part 3
서울시 9급

2. 영역별 최근 출제 경향 및 학습방법

서울시 시험은 2020년부터 인사혁신처에서 출제합니다. 다만, 서울시 추가 채용 시험의 경우 서울시에서 자체적으로 출제하므로 서울시 기출문제를 꾸준히 풀어 보아야 합니다.

어법	**어문 규정에 대한 이해가 필요한 문제 출제** 외래어 표기, 한글 맞춤법, 표준 발음법 등 어문 규정을 정확하게 이해하고 있는지 묻는 문제가 자주 출제되고 있습니다. ▶ 어문 규정에 대한 이해를 바탕으로 대표적인 용례와 예외 사항을 암기해야 합니다. 빈출 포인트 외래어 표기 / 한글 맞춤법 / 표준 발음법 / 문장
비문학	**독해력을 요구하는 문제 출제** 문장이나 글의 배열 순서를 묻거나 제시문에 드러나지 않은 정보를 추론해야 하므로 독해력이 필요한 문제가 주로 출제됩니다. ▶ 문제 유형별 풀이 전략을 익힌 후 기출문제를 풀면서 독해력을 키워야 합니다. 빈출 포인트 내용 추론 / 세부 내용 파악 / 글의 구조 파악
문학	**작품을 정확하게 파악하고 해석하는 능력을 요구하는 문제 출제** 작품 속에 사용된 문학 이론 등을 종합적으로 이해하는 문제와 작품에 쓰인 시어의 의미를 정확히 파악해야 하는 문제가 출제되었습니다. 빈출 포인트 작품의 종합적 감상 / 시어의 의미
어휘	**한자 성어와 한자어를 묻는 문제 출제** 최근 6개년간 국가직·지방직과 동일하게 한자 성어, 한자어 문제가 자주 출제되었습니다. ▶ 기출 한자 성어와 한자어를 꾸준히 암기해야 하며, 기출 예상 어휘도 학습하여 어휘 영역을 대비해야 합니다. 빈출 포인트 한자 성어 / 한자어
혼합	**어휘와 다른 영역의 혼합 문제 출제** 주로 어법, 비문학 등 다른 영역과 어휘 영역이 혼합된 문제가 주로 출제되었습니다. ▶ 어휘 영역이 혼합된 문제는 선택지에 제시된 어휘 및 표현을 정확하게 알아야 풀 수 있으므로 어휘를 꾸준히 암기해야 합니다.

정답 및 취약점 확인

p.96

문항	정답	출제 포인트	약점 개념 확인	문항	정답	출제 포인트	약점 개념 확인
01	①	어법-말소리	동화	11	④	어법-표준어 사정 원칙	예, 구시렁거리다, 들이켜다, 곰기다
02	①	어법-한글 맞춤법	의존 명사의 띄어쓰기	12	③	어법-단어	용언의 활용
03	④	어휘-한자어	穿鑿, 貶下, 忌避, 脚光	13	②	문학-시어의 의미	김광규 〈어린 게의 죽음〉
04	③	어법-국어 순화	所定, 常存, 到來, 提高	14	③	문학-작품의 종합적 감상	의유당 〈동명일기〉
05	②	비문학-글의 구조 파악		15	③	혼합-내용 추리, 한자 성어	臥薪嘗膽, 泥田鬪狗, 吳越同舟, 結草報恩
06	③	문학-시어의 의미	〈댁들아 동난지이 사오〉	16	③	비문학-세부 내용 파악	
07	③	어법-표준어 사정 원칙	표준어 규정 제26항	17	②	비문학-내용 추론	
08	②	어법-외래어 표기	브러시, 보닛, 보트, 그래프	18	①	어휘-한자어	玉稿, 管見, 短見, 拙稿
09	①	문학-인물의 심리 및 태도, 화자의 정서 및 태도	이청준 〈아름다운 흉터〉	19	②	어법-단어	수사와 수 관형사의 구분
10	③	문학-시어의 의미	윤동주 〈간〉	20	④	어법-단어	파생어와 합성어의 형성

---

01 어법 말소리 (음운의 변동)   난이도 ★☆☆

해설 ① 〈보기〉의 '국민[궁민]'은 파열음 'ㄱ'이 비음 [ㅁ]을 만나 비음 [ㅇ]으로 발음되며, '묻는[문는]'은 파열음 'ㄷ'이 비음 [ㄴ]을 만나 비음 [ㄴ]으로 발음되는 비음화 현상이 나타난다. 이때 비음화는 조음 방법 동화에 해당하므로 조음 위치는 바뀌지 않는다. 따라서 ①의 설명은 옳지 않다.
- 국민[궁민]: 연구개음/파열음 'ㄱ' → 연구개음/비음 [ㅇ]
- 묻는[문는]: 치조음/파열음 'ㄷ' → 치조음/비음 [ㄴ]

오답 분석 ② '국민[궁민]'과 '묻는[문는]'의 비음화는 각각 비음 [ㅁ], [ㄴ] 앞에서 일어나는 음운 현상이다.

③ 비음화는 자음 동화 현상에 속한다.

④ '읊는'에서도 '국민', '묻는'과 같이 비음화 현상이 일어난다. '읊는[음는]'은 자음군 단순화로 인해 받침 'ㄿ'의 'ㄹ'이 탈락해 'ㅍ'이 남고 음절 끝소리 규칙에 의해 'ㅍ'는 [ㅂ]로 발음하게 된다. 이때 [ㅂ]은 비음 [ㄴ]의 영향을 받아 [ㅁ]으로 발음되므로 〈보기〉와 동일한 음운 현상인 비음화가 나타난다.

02 어법 한글 맞춤법 (띄어쓰기)   난이도 ★★☆

해설 ① 본바가(×) → 본∨바가(○): 이때 '바'는 '앞에서 말한 내용 그 자체나 일 따위를 나타내는 말'로 의존 명사이므로 앞말과 띄어 써야 한다.

오답 분석 ② 생각대로(○): 이때 '대로'는 '앞에 오는 말에 근거하거나 달라짐이 없음'을 나타내는 보조사이므로 앞말인 체언과 붙여 쓴다.

③ 고향뿐이다(○): 이때 '뿐'은 '그것만이고 더는 없음'을 나타내는 보조사이고, '이다'는 주어가 지시하는 대상의 속성이나 부류를 지정하는 뜻을 나타내는 서술격 조사이므로 모두 붙여 쓴다.

④ 원칙만큼은(○): 이때 '만큼'은 '앞말에 한정됨'을 나타내는 보조사이고, '은'은 강조의 뜻을 나타내는 보조사이므로 모두 붙여 쓴다.

👍 이것도 알면 합격!

의존 명사 '바'와 어미 '-ㄴ바/-은바'의 띄어쓰기를 알아두자.

의존 명사 '바'	다음과 같은 뜻으로 쓰일 때는 의존 명사이므로 앞말과 띄어 씀 • 앞에서 말한 내용 그 자체나 일 따위를 나타내는 말 　예 평소에 느낀 바를 말해라. • 일의 방법이나 방도 　예 어찌할 바를 모르다. • 앞말이 나타내는 일의 기회나 그리된 형편의 뜻을 나타내는 말 　예 이왕 산 중턱까지 온 바에 꼭대기까지 올라갑시다. • 자기주장을 단언적으로 강조하여 나타내는 말 　예 우리는 우리의 굳건한 의지를 내외에 천명하는 바이다.
어미 '-ㄴ바/-은바'	다음과 같은 뜻으로 쓰일 때는 어미이므로 앞말과 붙여 씀 • 뒤 절에서 어떤 사실을 말하기 위하여 그 사실이 있게 된 것과 관련된 과거의 어떤 상황을 미리 제시하는 데 쓰는 연결 어미. 앞 절의 상황이 이미 이루어졌음을 나타낸다. 　예 서류를 검토한바 몇 가지 미비한 사항이 발견되었다. 　　진상을 들은바, 그것은 사실이 아님이 드러났다. • 뒤 절에서 어떤 사실을 말하기 위하여 그 사실이 있게 된 것과 관련된 상황을 제시하는 데 쓰는 연결 어미 　예 그는 나와 동창인바 그를 잘 알고 있다. 　　어버이의 은혜가 하해와 같은바 갚을 길이 없다.

03 어휘 한자어 (한자어의 의미)   난이도 ★☆☆

해설 ④ @의 '천착하다(穿鑿-)'는 '어떤 원인이나 내용 따위를 따지고 파고들어 알려고 하거나 연구하다'라는 의미를 가지므로, ④의 뜻풀이는 옳지 않다. 참고로, '잘못된 것을 바로잡는다'의 의미를 가진 단어는 '시정하다(是正-)'이다.

오답 분석 ① ㉠ 폄하하다(貶下-): 가치를 깎아내리다.

② ㉡ 기피하다(忌避-): 꺼리거나 싫어하여 피하다.

③ ㉢ 각광(脚光): 사회적 관심이나 흥미

04 어법 국어 순화 난이도 ★★☆

해설 ③ '소정의 급여'에서 '소정(所定)'은 '정해진 바'를 뜻한다. 따라서 '소정의 급여'는 '정해진 급여'와 같이 쉬운 표현으로 다듬어야 한다.

오답 분석 ① '가능성은 상존하고 있다'의 '상존하다(常存–)'는 '언제나 존재하다'를 뜻하므로, 이를 쉬운 표현으로 다듬으면 '가능성은 늘 있다'이다.

② '만 65세 도래자는'의 '도래(到來)'는 '어떤 시기나 기회가 닥쳐옴'을 뜻하므로, 이를 쉬운 표현으로 다듬으면 '만 65세가 되는 사람은'이다.

④ '편의성을 제고함'의 '제고하다(提高–)'는 '수준이나 정도 따위를 끌어올리다'를 뜻하므로, 이를 쉬운 표현으로 다듬으면 '편의성을 높임'이다.

05 비문학 글의 구조 파악 (문장 배열) 난이도 ★☆☆

해설 ② 〈보기 1〉은 '왜냐하면~때문이다'와 같은 문장 형식을 사용함으로써, 앞 문장 내용에 대한 원인이나 이유를 설명하고 있다. 〈보기 1〉의 내용을 고려하였을 때 〈보기 1〉 앞에는 학문의 세계에서 여러 요소들이 하나로 합쳐지는 것 자체가 어렵다는 내용이 나와야 하는데, 이는 ⓒ 앞의 내용과 상통하므로 답은 ②이다.

06 문학 시어의 의미 난이도 ★★☆

해설 ③ ㉠, ㉡, ㉢은 모두 '게젓'을 의미하므로, 가리키는 대상이 다른 하나는 ㉢ '청장'이다.
  • ㉢ 청장(淸醬): 게의 뱃속에 들어 있는 푸른 빛깔의 장

지문 풀이 사람들아, 동난젓 사오. 저 장수야. 네 물건 그 무엇이라 외치느냐? 사자. 밖은 단단하고 안은 물렁하며, 두 눈은 위로 솟아 하늘을 향하고, 앞뒤로 기는 작은 발 여덟 개, 큰 발 두 개. 청장이 아스슥하는 동난젓 사오. 장수야, 그렇게 거북하게 말하지 말고 게젓이라 하려무나.
– 작자 미상

👍 이것도 알면 **합격!**

'댁들아 동난지이 사오'의 시상 전개 방식에 대해 알아두자.

시정(市井)의 상거래 장면을 대화 형식으로 엮어서 표현한 것으로, 쉬운 말을 두고 괜히 어려운 한자어를 써서 지식을 과시하려는 현학적 태도(세태)를 날카롭게 풍자함

초장	게젓 장수가 '동난지이'를 사라고 외치는 말을 듣고도 알아듣지 못한 사람이 게젓 장수에게 되물음
중장	게젓 장수가 '게'를 한자어로 장황하게 묘사함
종장	게젓 장수의 현학적인 태도를 익살맞게 꼬집음

07 어법 표준어 사정 원칙 (표준어의 구분) 난이도 ★★☆

해설 ③ '외눈퉁이, 덩쿨'은 비표준어이므로 답은 ③이다.
  • 상관없다(○): '서로 아무런 관련이 없다, 문제 될 것이 없다'를 의미하는 말로, '상관없다/관계없다'는 복수 표준어이다.
  • 외눈퉁이(×) → 애꾸눈이/외눈박이(○): '한쪽 눈이 먼 사람'을 낮잡아 이르는 말은 '애꾸눈이/외눈박이'이다.
  • 덩쿨(×) → 넝쿨/덩굴(○): '길게 뻗어 나가면서 다른 물건을 감기도 하고 땅바닥에 퍼지기도 하는 식물의 줄기'를 의미하는 말은 '넝쿨/덩굴'로 고쳐 써야 한다.

• 귀퉁배기(○): '사물이나 마음의 한구석이나 부분'을 의미하는 '귀퉁이'를 낮잡아 이르는 말이다. 참고로 '귀퉁배기/귀퉁머리'는 복수 표준어이다.

오답 분석 ① • 가엽다(○): '마음이 아플 만큼 안되고 처연하다'를 의미하는 말로, '가엽다/가엾다'는 복수 표준어이다. 참고로 이 둘은 '가엾어라/가여워'와 같이 두 가지 활용형이 다 쓰이므로 복수 표준어로 삼은 것이다.
  • 배냇저고리(○): '깃과 섶을 달지 않은, 갓난아이의 옷'을 의미하는 말로, '배냇저고리/깃저고리/배내옷' 모두 복수 표준어이다.
  • 감감소식(○): '소식이나 연락이 전혀 없는 상태'를 의미하는 말로, '깜깜소식'보다 여린 느낌을 준다. 이때 '감감소식/감감무소식'은 복수 표준어이다.
  • 검은엿(○): '푹 고아 여러 번 켜지 않고 그대로 굳혀 만든, 검붉은 빛깔의 엿'을 의미하는 말로, '검은엿/갱엿'은 복수 표준어이다.

② • 눈짐작(○): '눈으로 보아 헤아려 보는 짐작'을 의미하는 말로, '눈짐작/눈대중/눈어림' 모두 복수 표준어이다.
  • 세로글씨(○): '글줄을 위에서 아래로 써 내려가는 글씨'를 의미하는 말로, '세로글씨/내리글씨'는 복수 표준어이다.
  • 푸줏간(○): '예전에, 쇠고기나 돼지고기 따위의 고기를 끊어 팔던 가게'를 의미하는 말로, '푸줏간/고깃간'은 복수 표준어이다. 참고로 '푸줏관, 고깃관, 다림방'은 비표준어이다.
  • 가물(○): '오랫동안 계속하여 비가 내리지 않아 메마른 날씨'를 의미하는 말로, '가물/가뭄'은 복수 표준어이다. 이 둘 중에서도 '가뭄'이 점점 더 큰 세력을 얻어 가고 있으나, '가물에 콩 나듯'이라는 속담에서 보듯 '가물'도 아직 명맥을 유지하고 있다고 보아 복수 표준어로 처리하였다. 이에 따라 '가뭄철/가물철', '왕가뭄/왕가물' 등도 모두 복수 표준어이다.

④ • 겉창(○): '창문 겉에 덧달려 있는 문짝'을 의미하는 말로, '겉창/덧창'은 복수 표준어이다.
  • 뚱딴지(○): '땅속줄기가 감자 모양인 국화과의 여러해살이풀'을 의미하는 말로, '뚱딴지/돼지감자'는 복수 표준어이다.
  • 툇돌(○): '집채의 낙숫물이 떨어지는 곳 안쪽으로 돌려 가며 놓은 돌'을 의미하는 말로, '툇돌/댓돌'은 복수 표준어이다.
  • 들랑날랑(○): '자꾸 들어왔다 나갔다 하는 모양. 정신 따위가 있다가 없다가 하는 모양'을 의미하는 말로, '들랑날랑/들락날락'은 복수 표준어이다.

08 어법 외래어 표기 난이도 ★★☆

해설 ② brush 브러쉬(×) → 브러시(○): 'brush'는 [brʌʃ]로 소리 나고 이때 어말의 [ʃ]는 '시'로 적어야 하므로 외래어 표기에 대한 설명으로 옳지 않은 것은 ②이다. 참고로 자음 앞의 [ʃ]는 '슈'로 적고, 모음 앞의 [ʃ]는 뒤따르는 모음에 따라 '샤, 섀, 셔, 셰, 쇼, 슈, 시'로 적는다.

오답 분석 ① bonnet 보닛(○): 'bonnet'은 [bɔ́nit]으로 소리 난다. 이때 짧은 모음 다음의 어말 무성 파열음 [t]는 받침으로 적으므로 적절하다.

③ boat 보트(○): 'boat'는 [bout]로 소리 난다. 이때 [ou]는 '오'로 적으므로 적절하다.

④ graph 그래프(○): 'graph'는 [græf]로 소리 난다. 이때 어말 또는 자음 앞의 [f]는 '으'를 붙여 적으므로 적절하다.

09 문학 인물의 심리 및 태도, 화자의 정서 및 태도 난이도 ★★☆

해설 ① 〈보기〉의 글쓴이와 ①의 화자 모두 '시련과 고난 속에서 완성되는 삶의 가치'에 대한 깨달음을 드러내고 있다.

- 〈보기〉는 이청준의 수필 '아름다운 흉터'의 일부이다. 글쓴이는 흉터 많은 손을 보며 흉터가 곧 어려웠던 어린 시절의 모습이자, 떳떳하고 자랑스러운 삶의 기록이라고 하였으며, 삶의 단단한 마디이자, 숨은 값이라고 표현하였다. 이를 통해 글쓴이는 '흉터'가 시련과 고난을 극복하는 과정 속에서 더욱 단단해진 삶의 모습을 보여 주는 흔적임을 깨닫는다.
- ①은 도종환 '흔들리며 피는 꽃'의 일부로, 여기서 '흔들림'은 시련과 고난, 갈등 등을 의미한다. 이렇듯 화자는 시련과 역경을 이겨 내고 꽃이 피듯이 우리의 사랑과 삶도 그렇게 완성된다는 깨달음을 노래하고 있다.

오답분석

② 제시된 작품은 안도현의 '너에게 묻는다'이다. 작품 속 화자는 '연탄재'와 같이 하찮아 보이는 사물을 무시하는 현대인의 삶의 모습을 비판하며, 열정과 사랑 없이 살아가는 사람들의 반성을 유도하고 있다. 즉, 일상적 소재를 통해 삶의 깨달음을 얻은 화자가 인간은 어떻게 살아야 하는지에 대한 답을 제시하고 있다.

③ 제시된 작품은 윤동주 '서시'의 일부로, 화자는 도덕적인 삶에 대한 강한 의지를 보인다. 또한 나뭇잎의 작은 흔들림에도 괴로워하면서 끊임없이 고뇌하고 하늘을 우러러 보면서 부끄러움 없는 삶을 살기를 소망하고 있다. 이를 통해 화자는 일제 강점기의 어두운 시대에 도덕적 순결성과 양심을 지키겠다는 의지를 드러낸다.

④ 제시된 작품은 정호승 '슬픔이 기쁨에게'의 일부로, 자신의 안일만 추구하고 소외된 사람들을 외면하던 '너'에게 진정한 슬픔의 가치를 깨닫게 하겠다는 화자의 의지적인 자세가 나타난다. 이를 통해 자기만을 생각하는 이기적인 사람들의 '사랑'보다, 소외된 이웃들에 대한 사랑과 관심을 의미하는 '슬픔'이 오히려 더 큰 힘을 갖고 있음을 역설적으로 드러내고 있다.

👍 이것도 알면 **합격!**

이청준, '아름다운 흉터'의 주제와 특징을 알아두자.

1. 주제: 시련과 역경을 극복하며 단단해지는 삶의 가치
2. 특징
   - 대상에 대한 인식이 변화된 경험을 바탕으로 깨달은 가치를 서술함
   - 흉터라는 소재가 지닌 참된 의미와 진정한 가치를 서술함

10 | 문학 | 시어의 의미 | 난이도 ★★☆

해설 ③ 제시된 작품에서 내가 오래 기르던 '독수리'는 '예리한 정신적·의지적 자아'를 의미한다. 이때 3연에서 독수리에게 '와서 뜯어 먹어라'라고 표현한 것은 화자가 스스로 양심을 지키기 위한 내적 고통을 그린 것으로 볼 수 있다. 반면 '거북이'는 '유혹하는 존재(일제)'를 의미하는 시어로, '용궁의 유혹에 안 떨어진다'라는 표현을 통해 양심을 저버리게 하는 일제의 현실적 유혹에 넘어가지 않겠다는 화자의 의지를 드러내고 있다. 따라서 '독수리'와 '거북이'가 유사한 의미를 갖는다는 ③의 해석은 옳지 않다.

오답분석

① '간'은 '인간의 양심과 본질, 지조와 생명'을 상징하는 소재로, 작품 속 화자는 끝없는 고통을 감내하면서까지 '간'을 지키려는 의지를 보인다.

② '토끼'는 '간'을 지켜 낸 존재이며, 화자와 동일시되는 대상이다. '토끼'가 코카서스 산중에서 도망해 왔다고 표현한 지점에서 제시된 작품은 '토끼'를 매개로 토끼전과 프로메테우스 신화를 연결하고 있음을 알 수 있다.

④ '프로메테우스'는 화자가 지향하는 존재로, 현실(시대)의 끝없는 고통을 감내하겠다는 자기희생의 의지를 나타내는 대상이다. 이때 끝없이 침전한다는 표현을 통해 화자가 겪는 현실(시대)의 고통이 크다는 사실을 알 수 있다.

👍 이것도 알면 **합격!**

윤동주 '간'의 주제와 특징을 알아두자.

1. 주제: 현실의 시련과 고난을 극복하고자 하는 의지
2. 특징
   - 구토지설(토끼전)과 프로메테우스 신화를 연결하여 시상을 전개함
   - 육체적 자아(나)와 내면적 자아(독수리)의 대비를 통해 자아 성찰과 자기 희생의 의지를 드러냄

11 | 어법 | 표준어 사정 원칙 (표준어의 구분) | 난이도 ★★☆

해설 ④ 곰겨서(○): '곪은 자리에 딴딴한 멍울이 생기다'를 의미하는 말은 '곰기다'이므로 '곰겨서'는 올바른 표현이다.

오답분석

① 옛부터(×) → 예부터(○): '옛'은 관형사인데, 관형사는 주로 체언을 수식하므로 조사 '부터'와 결합하여 사용할 수 없다. 따라서 '아주 먼 과거'를 의미하는 명사 '예'와 결합한 '예부터'로 고쳐 써야 한다. 참고로 명사 '예'에 조사 '로부터'를 결합한 '예로부터'도 규범에 맞는 표현이다.

② 궁시렁거리지(×) → 구시렁거리지(○): '못마땅하여 군소리를 듣기 싫도록 자꾸 하다'를 의미하는 말은 '구시렁거리다'이므로 '구시렁거리지'로 고쳐 써야 한다. '궁시렁거리다'는 '구시렁거리다'의 방언이다.

③ 들이키지(×) → 들이켜(○): '물이나 술 따위의 액체를 단숨에 마구 마시다'를 의미하는 말은 '들이켜다'이므로 '들이켜지'로 고쳐 써야 한다.
   - 들이키다: 안쪽으로 가까이 옮기다.

12 | 어법 | 단어 (용언의 활용) | 난이도 ★☆☆

해설 ③ 밑줄 친 부분은 용언이 활용될 때 어간의 형태가 바뀌는 경우를 의미한다. ③ '이르다(至)'는 '러' 불규칙 용언으로, 어간의 끝음절 '르' 뒤에 오는 어미 '-어'가 '-러'로 바뀌어 '이르러', '이르렀다'와 같이 활용한다. 이때 어간 '이르-'의 형태는 바뀌지 않으므로 ③은 밑줄 친 경우에 해당하지 않는다. (불규칙 활용의 종류: 관련 설명 17p)

오답분석

①②④ 모두 어간의 형태가 불규칙하게 활용하는 경우에 해당한다.

①④ '잇다', '낫다'는 'ㅅ' 불규칙 용언으로, 어간의 끝 받침 'ㅅ'이 모음 앞에서 탈락하여 '이어, 이으니', '나아, 나으니'와 같이 활용한다.

② '묻다(問)'는 'ㄷ' 불규칙 용언으로, 어간의 끝 받침 'ㄷ'이 모음 앞에서 'ㄹ'로 바뀌어 '물어, 물으니'와 같이 활용한다.

13 | 문학 | 시어의 의미 | 난이도 ★☆☆

해설 ② 제시된 작품은 유신 체제하에서 숨져가는 젊은이들(어린 게)에 대한 안타까운 심정과 폭압적인 현실에 대한 비판을 드러내고 있다. ⓒ '아스팔트'는 어린 게가 군용 트럭에 깔려 죽게 되는 곳으로, 대상을 구속하는 공간을 의미한다. 따라서 ②의 설명은 적절하지 않다. 참고로, 어린 게가 개펄에서 숨바꼭질하던 자유로운 바다를 그리워한다는 점에서 자유로움을 상징하는 공간은 '개펄'임을 알 수 있다.

오답분석

① ㉠ '구럭'은 어린 게가 게장수에게 잡혀 갇히게 된 공간이므로, 폭압으로 인해 자유를 잃은 구속된 현실을 의미한다.

③ ⓒ '사방'은 어린 게(약자)가 자유(돌파구)를 찾아 두리번거리며 바라보게 된 공간으로, 자유를 찾기 어려운 암울한 현실을 의미한다.

④ 썩어가는 어린 게의 사체 위에 쌓인 ㉢'먼지'는 폭압적인 현실 속에서 방치된 힘없는 민중의 현실을 강조하고 있다.

> 👍 이것도 알면 **합격!**
>
> **김광규, '어린 게의 죽음'의 주제와 특징을 알아두자.**
>
> 1. 주제
>   - 현대 물질문명의 잔혹함에 대한 고발
>   - 민중을 억압하는 군사 정권에 대한 비판 및 고발
> 2. 특징
>   - 우의적 기법을 통해 현실을 비판함
>   - 대조적인 시어를 사용하여 대상을 효과적으로 비판함

14 문학 작품의 종합적 감상 (수필) 난이도 ★★☆

해설 ③ 제시된 작품은 의유당의 '동명일기'로, 작가가 함흥 판관으로 부임해 가는 남편을 따라가 그곳의 명승고적을 둘러보고 느낀 바를 쓴 기행 수필이다. 따라서 현실 세계에서 있음직한 이야기를 허구적으로 구성했다는 ③의 설명은 적절하지 않다.

오답 분석
① '의유당'은 여류 작가로 작품 전반에 순우리말의 섬세한 표현이 드러난다.
② 제시된 작품에는 해돋이 장면의 과정이 시각적, 촉각적 심상을 통해 감각적이고 생동감 있게 묘사되어 있다.
④ '회오리밤', '큰 쟁반', '수레바퀴'는 해돋이 과정에서의 점차 커지는 '해'의 모습을 비유한 표현이다.

> 👍 이것도 알면 **합격!**
>
> **의유당, '동명일기'에 나타난 이미지와 표현 방식에 대해 알아두자.**
>
> 작품 전체에서 작가는 시간의 흐름에 따라 월출과 일출의 변화 과정을 시각적·촉각적 이미지와 직유법을 사용하여 생동감 있게 묘사한다.
>
> | | 달 | 바다 | 해 |
> |---|---|---|---|
> | 시각적 이미지 | 희다 | 어둡다, 희다, 붉다 | 붉다 |
> | 촉각적 이미지 | – | 시리다, 차갑다 | 뜨겁다 |
> | 움직임 표현 | 흥처 올라붙다 | 굽이쳐 올려 치다 | 치밀어 올라붙다 |
> | 비유 | 얼레빗 잔등, 폐백반 | 은, 옥, 진홍대단, 홍옥 | 회오리밤, 큰 쟁반, 수레바퀴 |

15 문학+어휘 내용 추리, 한자 성어 난이도 ★★☆

해설 ③ 〈보기〉에서는 금옥이네 누렁이를 꺾고 말겠다는 목적을 달성하기 위해 전보다 더 '베스'를 위해 주는 '석구'의 노력이 나타난다. 따라서 ㉠에 들어갈 사자성어로 적절한 것은 ③ '臥薪嘗膽(와신상담)'이다.
- 臥薪嘗膽(와신상담): '불편한 섶에 몸을 눕히고 쓸개를 맛본다'라는 뜻으로, 원수를 갚거나 마음먹은 일을 이루기 위하여 온갖 어려움과 괴로움을 참고 견딤을 비유적으로 이르는 말

오답 분석
① 泥田鬪狗(이전투구): 자기의 이익을 위하여 비열하게 다툼을 비유적으로 이르는 말
② 吳越同舟(오월동주): 서로 적의를 품은 사람들이 한자리에 있게 된 경우나 서로 협력하여야 하는 상황을 비유적으로 이르는 말
④ 結草報恩(결초보은): 죽은 뒤에라도 은혜를 잊지 않고 갚음을 이르는 말

16 비문학 세부 내용 파악 난이도 ★☆☆

해설 ③ 제시문 10~12번째 줄에서 고구려 때의 광개토 대왕비에 기록된 빼곡한 한자를 예로 들며, 한자로 우리말을 적는 것이 불가능한 것은 아님을 설명하고 있다. 따라서 한국어는 오로지 한글로만 표기할 수 있다는 ③의 설명은 옳지 않다.

오답 분석
①② 제시문 끝에서 8~9번째 줄에서 많은 이들이 세종대왕이 우리글(한글)이 아닌 우리말(언어)을 만드신 것으로 오해한다고 하였다. 이를 통해 '한글'은 언어가 아니라 문자를 가리키는 것이며, 세종대왕이 만드신 것은 '우리글'임을 알 수 있다.
④ 제시문 끝에서 1~4번째 줄에서 한글은 우리말을 적는 데만 쓰이기 때문에 많은 이들이 한글과 우리말(한국어)을 같은 것으로 여겨 혼동하는 것이라고 설명하고 있다.

17 비문학 내용 추론 난이도 ★★☆

해설 ② (가)~(다)에 들어갈 문장을 순서대로 나열한 것은 ② 'ㄱ-ㄷ-ㄴ'이다.
- (가): 1문단에서는 우리의 뇌가 생존에 이롭고 해로운 대상을 구분하는 능력이 있으며, 이는 '본능'에 의한 것임을 설명하고 있다. 한편 2문단에서는 초콜릿 케이크를 먹어 본 경험을 한 사람이 케이크에 대한 기호를 갖게 되는 반응을 예로 들며 '경험에 의한 학습 능력'에 대해 말한다. 따라서 글의 흐름이 '본능'에 대한 내용에서 '경험을 통한 학습 능력'에 대한 내용으로 자연스럽게 이어지도록 (가)에는 동물이 본능과 더불어 경험에 따라 기호를 학습하는 능력을 가지고 있다는 내용의 'ㄱ'이 들어가야 한다.
- (나): (나)는 2문단 끝에 위치하므로 (나)에는 1~2문단의 내용을 포괄하여 정리할 수 있는 문장이 들어가야 한다. 이때 'ㄷ'은 우리가 타고난 기본 성향(본능)과 학습 능력을 통해 대상에 대한 기호를 형성한다는 내용으로, 기호와 본능의 관계를 설명한 1문단과 기호와 학습의 관계를 설명한 2문단을 포괄하고 있다. 따라서 (나)에는 1~2문단의 내용을 요약하여 정리하는 'ㄷ'이 들어가야 한다.
- (다): 3문단에서는 두 가지 선택지 앞에 놓인 여우의 이야기를 제시하고 있으며, (다) 바로 뒤 문장의 내용을 고려해 보았을 때 (다)에는 '의사결정의 과정'에 대해 설명하는 내용이 들어가야 한다. 따라서 (다)에는 뇌가 감정적, 인지적 반응을 합쳐 각 선택지에 가치를 매기는 '의사결정 과정'을 설명한 'ㄴ'이 들어가야 한다.

18 어휘 한자어 (한자어의 의미) 난이도 ★★★

해설 ① 자신의 생각, 물건, 일 등을 낮추어 겸손하게 이르는 것과 관련이 없는 단어는 ① '옥고(玉稿)'이다.
- 옥고(玉稿): 구슬 옥, 원고 고: '훌륭한 원고'라는 뜻으로, 다른 사람의 원고를 높여 이르는 말

오답 분석
② 관견(管見: 대롱 관, 볼 견): '대롱 구멍으로 사물을 본다'라는 뜻으로, 좁은 소견이나 자기의 소견을 겸손하게 이르는 말
③ 단견(短見: 짧을 단, 볼 견): 자기의 생각이나 의견을 겸손하게 이르는 말
④ 졸고(拙稿: 옹졸할 졸, 원고 고): 자기나 자기와 관련된 사람의 원고를 겸손하게 이르는 말

해설 ② 둘(수사)＋이다(조사): 이때 '둘'은 조사 '이다'와 결합하므로 '수사'이다.

오답
분석
①③④는 모두 의존 명사 '명, 번', 명사 '사람'과 함께 쓰였으므로 수 관형사이다.

① 다섯(수 관형사)＋명(의존 명사)

③ 세(수 관형사)＋번(의존 명사)

④ 열(수 관형사)＋사람(명사)

👍 이것도 알면 **합격!**

수사와 수 관형사의 구분에 대해 알아두자.

조사와 결합하면 수사이고, 조사와 결합할 수 없으며 체언을 수식하면 수 관형사이다.

예 • 사람 다섯이 모였다. (수사)

• 다섯 사람 (수 관형사)

해설 ④ 짚(어근)＋신(어근): '짚신'은 어근과 어근이 결합한 합성어이고, ①②③은 파생어이다. 따라서 조어법이 다른 하나는 ④이다.

오답
분석
①②③은 접사와 어근이 결합한 파생어이다.

① 개-(접사)＋살구(어근): 이때 '개-'는 '야생 상태의' 또는 '질이 떨어지는', '흡사하지만 다른'의 뜻을 더하는 접두사이다.

② 돌-(접사)＋미나리(어근): 이때 '돌-'은 '야생으로 자라는'의 뜻을 더하는 접두사이다.

③ 군-(접사)＋소리(어근): 이때 '군-'은 '쓸데없는'의 뜻을 더하는 접두사이다.

14회 | 2022년 서울시 9급 (6월 시행)

정답 및 취약점 확인

p.101

문항	정답	출제 포인트	약점 개념 확인	문항	정답	출제 포인트	약점 개념 확인
01	②	비문학-내용 추론		11	④	문학-작품에 대한 지식	이상 〈날개〉
02	③	어법-한글 맞춤법	표음주의, 표의주의	12	③	어법-외래어 표기	외래어 표기의 기본 원칙
03	④	어법-한글 맞춤법	부사의 끝음절 표기	13	①	비문학-주제 및 중심 내용 파악	
04	①	혼합-내용 추론, 한자 성어	自家撞着, 桑田碧海, 晩時之歎, 五里霧中	14	②	문학-내용 추리	나희덕 〈해일〉
05	①	문학-작품의 종합적 감상	신동엽 〈껍데기는 가라〉	15	③	어법-단어	지시 관형사, 성상 관형사
06	④	어법-한글 맞춤법	의존명사와 어미의 띄어쓰기	16	④	비문학-내용 추론	
07	③	어휘-속담	금강산 그늘이 관동 팔십 리	17	②	어법-표준어 사정 원칙	숫양, 수퇘지, 수캉아지, 수탉
08	②	어법-말소리	교체	18	④	문학-작품의 종합적 감상	〈어이려뇨 어이려뇨〉
09	①	어법-중세 국어	중세 국어의 문법적 특징	19	①	어법-단어	대명사의 쓰임
10	③	어법-표준 발음법	음의 첨가	20	④	문학-작품의 종합적 감상	맹사성 〈강호사시가〉, 월산대군 〈추강에 밤이 드니〉

---

01 비문학 내용 추론

난이도 ★☆☆

해설 ② 4~6번째 줄을 통해 여왕개미는 평생 알을 낳는 일만 담당하고 일개미는 여왕개미가 알을 잘 낳을 수 있도록 여왕개미를 도움을 알 수 있다. 이를 미루어 보아 개미 사회에서는 여왕을 중심으로 자손을 후세에 많이 남기기 위한 분업이 이루어짐을 추론할 수 있다. 따라서 빈칸에 들어갈 단어로 가장 적절한 것은 ② '번식(繁殖)'이다.
· 번식(繁殖): 붙고 늘어서 많이 퍼짐

오답 분석
① 경제(經濟): 인간의 생활에 필요한 재화나 용역을 생산 · 분배 · 소비하는 모든 활동. 또는 그것을 통하여 이루어지는 사회적 관계
③ 국방(國防): 외국의 침략에 대비 태세를 갖추고 국토를 방위하는 일
④ 교육(敎育): 지식과 기술 등을 가르치며 인격을 길러 줌

02 어법 한글 맞춤법

난이도 ★★☆

해설 ③ ㉠과 ㉡의 사례로 옳지 않게 짝지은 것은 ③이다. 참고로 ㉡ '어법에 맞도록 함'은 말의 뜻을 파악하기 쉽도록 각 형태소의 본모양을 밝혀 적는 것이다.
· 빛깔: [빈깔]로 발음되지만 각 형태소를 밝혀 적으므로 ㉡의 사례로 옳다.
· 여덟에: [여덜베]로 발음되지만 각 형태소를 밝혀 적으므로 ㉡의 사례로 옳다.

오답 분석
① · 마감: [마감]으로 발음되며 소리 나는 대로 적으므로 ㉠의 사례로 옳다.
· 무릎이: [무르피]로 발음되지만 각 형태소를 밝혀 적으므로 ㉡의 사례로 옳다.
② · 며칠: [며칠]로 발음되며 소리 나는 대로 적으므로 ㉠의 사례로 옳다.
· 없었고: [업썯꼬]로 발음되지만 각 형태소를 밝혀 적으므로 ㉡의 사례로 옳다.
④ · 꼬락서니: [꼬락서니]로 발음되며 소리 나는 대로 적으므로 ㉠의 사례로 옳다.
· 젊은이: [절므니]로 발음되지만 각 형태소를 밝혀 적으므로 ㉡의 사례로 옳다.

03 어법 한글 맞춤법 (맞춤법에 맞는 표기)

난이도 ★★★

해설 ④ '정확히'는 부사의 끝음절을 '히'로만 발음하는 사례에 해당하므로 밑줄 친 부분의 사례로 옳지 않다.

오답 분석
① ② ③ '꼼꼼히', '당당히', '섭섭히'는 부사의 끝음절을 '이'나 '히'로 발음하는 사례에 해당하므로 밑줄 친 부분의 사례로 옳다.

👍 이것도 알면 **합격!**

한글 맞춤법 51항에 대해 알아두자.

부사 끝음절 소리가 [이]로 나는지 [히]로 나는지를 직관적으로 명확히 구별하기 어려운 경우에는 다음과 같은 경향성을 참조하여 구별할 수 있다.

1. '이'로 적는 것

겹쳐 쓰인 명사 뒤	겹겹이 낱낱이 번번이 줄줄이	곳곳이 다달이 샅샅이 짬짬이	길길이 땀땀이 알알이 철철이	나날이 몫몫이 앞앞이 틈틈이
'ㅅ' 받침 뒤	기웃이 번듯이	남짓이 빠듯이	뜨뜻이 지긋이	버젓이 나긋나긋이
'ㅂ' 불규칙 용언의 어간 뒤	가벼이 외로이	괴로이 새로이	기꺼이 쉬이	너그러이 부드러이
'-하다'가 붙지 않는 용언의 어간 뒤	같이 높이	굳이 많이	길이 실없이	깊이 헛되이
부사 뒤	곰곰이 일찍이	더욱이 히죽이	생긋이	오뚝이

2. '히'로 적는 것

'-하다'가 붙는 어근 뒤 (단, 'ㅅ' 받침 제외)	간편히 급급히 정확히 족히	고요히 나른히 능히 극히	공평히 답답히 딱히 급히	과감히 엄격히 속히

'-하다'가 붙는 어근에 '-히'가 결합하여 된 부사에서 온 말	익히(← 익숙히) 특히(← 특별히)
어근 형태소의 본뜻이 유지되고 있지 않은 단어의 경우	작히 • 어원적으로는 '-하다'가 붙지 않는 어근에 부사화 접미사가 결합한 형태로 분석되더라도, 그 어근 형태소의 본뜻이 유지되고 있지 않은 단어의 경우는 익어진 발음 형태대로 '히'로 적는다.

04 비문학+어휘 내용 추론, 한자 성어 난이도 ★☆☆

해설 ① 문맥상 ㉠에 '같은 사람의 말이나 행동이 앞뒤가 서로 맞지 않고 모순됨'을 뜻하는 '자가당착(自家撞着)'이 들어가는 것은 적절하지 않다. 참고로 ㉠에는 제각기 살아 나갈 방법을 꾀한다는 의미의 한자 성어인 '각자도생(各自圖生)'이 들어가는 것이 적절하다.

오답 분석
② 상전벽해(桑田碧海): '뽕나무 밭이 변하여 푸른 바다가 된다'라는 뜻으로, 세상일의 변천이 심함을 비유적으로 이르는 말
③ 만시지탄(晚時之歎): 시기에 늦어 기회를 놓쳤음을 안타까워하는 탄식
④ 오리무중(五里霧中): '오 리나 되는 짙은 안개 속에 있다'라는 뜻으로, 무슨 일에 대하여 방향이나 갈피를 잡을 수 없음을 이르는 말

05 문학 작품의 종합적 감상 (시) 난이도 ★★☆

해설 ① 명령형 종결 어미 '-라'를 사용하여 단호한 어조로 부정적 현실에 대한 화자의 저항 의지를 드러낼 뿐 반어적 어조를 사용하여 현실을 풍자하는 부분은 찾을 수 없다.

오답 분석
② 명령법이 쓰인 시구를 반복하여 부정적인 세력에 대한 저항 의지와 민족의 진정한 화합에 대한 강한 염원을 드러내고 있다.
③ 4연에서 우리 민족이 사는 곳인 '한라'에서 '백두'까지에 부정적 세력인 '껍데기, 쇠붙이'가 사라지고 순수한 향기로운 흙가슴만 남아야 함을 드러내며 우리 민족의 비극적 현실(분단)을 극복하려는 의지를 강조하였다.
④ 3연에서 우리 민족을 상징하는 '아사달, 아사녀'가 화해의 장소인 중립의 초례청에서 맞절을 한다고 표현함으로써 민족의 통일에 대한 염원을 드러내고 있다.

👍 이것도 알면 합격!

신동엽, '껍데기는 가라'의 대립적 이미지를 알아두자.

이 시는 대립적 시어를 사용하여 민족의 통일을 방해하는 부정적 세력을 거부하며 순수한 정신만 남은 화합의 세상이 오기를 소망하고 있다.

부정적 이미지		긍정적 이미지
• 껍데기 • 쇠붙이	↔ 대립	• 알맹이 • 아우성 • 아사달 아사녀 • 흙가슴
민족의 화합과 통일을 가로막는 존재		순수, 분단 극복 의지

06 어법 한글 맞춤법 (띄어쓰기) 난이도 ★★☆

해설 ④ 아니신데(○): 이때 '데'는 뒤 절에서 어떤 일을 설명하거나 묻거나 시키거나 제안하기 위해 그 대상과 상관되는 상황을 미리 말할 때 쓰는 연결 어미 '-ㄴ데'의 일부이므로 앞말과 붙여 쓴다.

오답 분석
① ② ③ 모두 관형어의 수식을 받고 조사와 결합하는 '의존 명사'이므로 앞말과 띄어 써야 한다.
  • 본데가(×) → 본∨데가(○): 이때 '데'는 '곳'이나 '장소'의 뜻을 나타내는 말이다.
  • 돕는데에(×) → 돕는∨데에(○): 이때 '데'는 '일'이나 '것'의 뜻을 나타내는 말이다.
  • 대접하는데나(×) → 대접하는∨데나(○): 이때 '데'는 '경우'의 뜻을 나타내는 말이다.

07 어휘 속담 난이도 ★★☆

해설 ③ 〈보기〉는 '금강산 그늘이 관동 팔십 리'의 뜻풀이이므로 답은 ③이다.

오답 분석
① 서 발 막대 거칠 것 없다: 1. '서 발이나 되는 긴 막대를 휘둘러도 아무것도 거치거나 걸릴 것이 없다'라는 뜻으로, 가난한 집안이라 세간이 아무것도 없음을 비유적으로 이르는 말 2. 주위에 조심스러운 사람도 없고 아무것도 거리낄 것이 없음을 비유적으로 이르는 말
② 무른 땅에 말뚝 박기: 1. 몹시 하기 쉬운 일을 비유적으로 이르는 말 2. 세도 있는 사람이 힘없고 연약한 사람을 업신여기고 학대함을 비유적으로 이르는 말
④ 우물에 가 숭늉 찾는다: 모든 일에는 질서와 차례가 있는 법인데 일의 순서도 모르고 성급하게 덤빔을 비유적으로 이르는 말

08 어법 말소리 (음운의 변동) 난이도 ★★☆

해설 ② '래일(來日)[내일]'은 한자음 '래(來)'가 단어의 첫머리에 왔으므로 두음 법칙에 따라 '내'로 바뀐다. 이때 두음 법칙은 동화가 아니므로 ②는 동화의 예로 옳지 않다.

오답 분석
① '권력(權力)[궐력]'은 '권'의 받침 'ㄴ'에 연결되는 유음 'ㄹ'의 영향으로 'ㄴ'이 [ㄹ]로 바뀌어 발음된다. 따라서 '동화(유음화)'에 해당한다.
③ '돕는다[돔는다]'는 받침 'ㅂ' 뒤에 연결되는 비음 'ㄴ'의 영향으로 'ㅂ'이 [ㅁ]으로 바뀌어 발음된다. 따라서 '동화(비음화)'에 해당한다.
④ '미닫이[미다지]'는 받침 'ㄷ'이 'ㅣ'로 시작하는 형식 형태소와 결합하여 [ㅈ]으로 바뀌어 발음된다. 따라서 '동화(구개음화)'에 해당한다.

09 어법 중세 국어 난이도 ★★☆

해설 ① ㉠'기픈'은 용언의 어간 '깊-'과 관형사형 전성 어미 '-은'이 결합한 형태로 조사를 포함하고 있지 않다.

오답 분석
② ③ ④ '체언+조사'의 결합이다.
  • 므른: 믈+은(보조사)
  • ᄀᆞ ᄆᆞ래: ᄀᆞ믈+애(부사격 조사)
  • 내히: 내ㅎ+이(주격 조사)

10 어법 표준 발음법 난이도 ★★☆

해설 ③ 나뭇잎[나묻닙/나문닙](×) → 나뭇잎[나문닙](○): '나무+잎'이 결합한 합성어로, 사이시옷 뒤에 '이' 음이 결합되는 경우에는 [ㄴㄴ]으로 발음해야 하므로 [나문닙]으로 발음해야 한다.

오답 분석
① ④ 금융[금늉/그뮹], 이죽이죽[이중니죽/이주기죽](○): '금융'과 '이죽이죽'은 'ㄴ' 음을 첨가하여 [금늉], [이중니죽]으로 발음하되 표기대로 [그뮹], [이주기죽]으로도 발음할 수 있다.

② 샛길[새:낄/샏:낄](○): 'ㄱ, ㄷ, ㅂ, ㅅ, ㅈ'으로 시작하는 단어 앞에 사이시옷이 올 때는 이들 자음만 된소리로 발음하므로 [새:낄]로 발음한다. 이때 사이시옷을 [ㄷ]으로 발음하는 것도 허용하므로 [샏:낄]로도 발음할 수 있다.

11 문학 작품에 대한 지식 (소설) 난이도 ★★☆

해설 ④ 제시된 작품은 결혼한 관계인 '나'와 '아내'가 등장하는 소설이므로 적절하지 않다.

오답 분석
① 제시된 작품은 1936년 『조광』에 발표된 이상의 대표작 '날개'이다.
② '나'는 '활개'를 펴는 듯한 사람들의 활력 넘치는 모습을 보고, '겨드랑이의 가려움', 즉 삶에 대한 희망을 느낀다. 이어서 '나'는 '날자'의 반복을 통해 구속된 삶에서 벗어나 자아를 회복하고자 하는 소망을 드러낸다. 이를 미루어 보아 빈칸에는 자유, 이상을 상징하는 '날개'가 들어가야 함을 알 수 있다.
③ 〈보기〉는 의식의 흐름 기법을 통해 1930년대 도시에서 살아가는 '나'가 겪는 자의식의 분열을 드러내어 현대인의 무기력한 삶을 드러내고 있는 모더니즘 계열의 소설이다. 참고로 모더니즘이란 기존의 리얼리즘, 합리적인 기성의 도덕, 전통적 신념 등을 부정하고, 극단적인 개인주의, 도시 문명이 가져다 준 문제의식 등에 기반을 둔 문예 사조이다.

> 👍 이것도 알면 **합격!**
> **이상, '날개'의 주제와 특징을 알아두자.**
> 1. 주제: 현대인의 무기력한 삶과 자아 분열에서 벗어나려는 의지
> 2. 특징
>   • 의식의 흐름 기법을 바탕으로 주인공의 내면 의식에 따라 서술됨
>   • 상징을 통해 식민지 지식인의 불안한 내면 의식을 표현함

12 어법 외래어 표기 난이도 ★☆☆

해설 ③ 외래어 표기 시 받침에는 'ㄱ, ㄴ, ㄹ, ㅁ, ㅂ, ㅅ, ㅇ'만 쓸 수 있으므로 ③은 외래어 표기법의 기본 원칙으로 옳지 않다.

13 비문학 주제 및 중심 내용 파악 난이도 ★☆☆

해설 ① 제시문은 주제나 결론이 문단의 앞부분에 나오는 두괄식 구조로 구성되어 현재의 출산율, 높아진 평등 의식, 각계에 여성 진출, 높은 여성 교육열을 근거로 남녀평등의 문제가 개선될 것임을 제시하고 있다. 따라서 글의 주제문으로 가장 적절한 것은 ①이다.

오답 분석
② ③ ④ 제시문의 주장에 대한 근거에 해당하므로 주제문으로 적절하지 않다.

14 문학 내용 추리 난이도 ★★☆

해설 ② 〈보기〉는 '숲(원관념)'을 '바다(보조 관념)'에 비유하여 시상을 전개하고 있다. ㉠ 앞뒤에서 '숲'에 '바람'이 부는 모습을 '바다'에 '파도'가 출렁이는 것처럼 표현하고 있으므로 ㉠에 들어갈 구절로 적절한 것은 ②이다.

15 어법 단어 (관형사의 구분) 난이도 ★★☆

해설 ③ '이런'은 특정한 대상을 가리키는 지시 관형사이나 ① '새', ② '갖은', ④ '외딴'은 모두 사람이나 사물의 모양, 상태, 성질을 나타내는 성상 관형사이다. 참고로 서술성을 지니고 활용이 가능한 '이런'은 형용사 '이렇다'의 활용형이므로, 품사는 형용사이다.
예 내 성격이 이런 걸 어떡하니?

오답 분석
① 새: 1. 이미 있던 것이 아니라 처음 마련하거나 다시 생겨난 2. 사용하거나 구입한 지 얼마 되지 않은
② 갖은: 골고루 다 갖춘. 또는 여러 가지의
④ 외딴: 외따로 떨어져 있는

> 👍 이것도 알면 **합격!**
> **형용사의 관형사형과 관형사의 차이점을 알아두자.**
>
> | 형용사의 관형사형 | 활용하고 서술성을 지니며, 기본형이 존재함
예 • 새로운 옷 (기본형: 새롭다)
 • 그 사람은 우리와 다른 사람이다. (기본형: 다르다) |
> |---|---|
> | 관형사 | 활용하지 않고, 서술성이 없음
예 • 새 옷을 입다.
 • 다른 사람은 다 가고 나만 남았다. |

16 비문학 내용 추론 난이도 ★★☆

해설 ④ 〈보기〉는 단어 '무지개'의 형태가 변화한 과정을 설명하는 글이다. 이때 ④는 '무지개'와 관련한 표현의 적절성에 대한 내용으로 〈보기〉와 관련이 없으므로 적절하지 않다.

오답 분석
① 6~8번째 줄을 통해 '무지개'가 '물'과 '지개'가 결합할 때 'ㅈ' 앞에서 'ㄹ'이 탈락한 것임을 알 수 있으나 'ㄹ'이 탈락한 조건에 대한 내용은 언급하지 않았으므로 ①은 독자가 가질 수 있는 의문으로 적절하다.
② 끝에서 4~6번째 줄을 통해 '지개'가 '므지게'의 '지게'에서 왔음을 알 수 있으나, '지개'의 'ㅐ'와 '지게'의 'ㅔ'의 차이에 대한 내용은 언급하지 않았으므로 ②는 독자가 가질 수 있는 의문으로 적절하다.
③ 끝에서 1~3번째 줄을 통해 '무지개'는 '물'의 15세기 형태인 '믈'과 '지게'가 합쳐진 형태임을 알 수 있으나, 형태가 변화한 시기에 대한 내용은 언급하지 않았으므로 ③은 독자가 가질 수 있는 의문으로 적절하다.

17　어법　표준어 사정 원칙　난이도 ★★☆

해설　② 표준어 규정에 맞지 않는 단어로만 짝지은 것은 ②이다.
　　숫병아리/숫당나귀(×) → 수평아리/수탕나귀(○): '병아리'와 '당나귀'는 접두사 '수-'와 결합할 때 접두사 뒤에서 거센소리가 나므로 '수평아리', '수탕나귀'로 표기해야 한다.

오답분석　① 숫기와(×) → 수키와(○): '수컷'을 이르는 접두사는 '수-'로 적되 접두사 뒤에서 거센소리가 나는 것은 소리 나는 대로 적어야 하므로 '수키와'로 적는다.
　　③ 숫은행나무(×) → 수은행나무(○): '수컷'을 이르는 접두사는 '수-'로 통일하므로 '수은행나무'로 표기해야 한다.

👍 **이것도 알면 합격!**

접두사 '수-', '숫-', '암-'의 쓰임을 알아두자.

1. 수컷을 이르는 접두사는 '수-'로 통일함
　예 수평, 수나사, 수놈, 수돌, 수소, 수은행나무
2. 다만 '양, 염소, 쥐'는 접두사 '숫-'을 사용함
　예 숫양, 숫염소, 숫쥐
3. 아래의 단어는 접두사 '수-'와 접두사 '암-' 다음에서 나는 거센소리를 인정함
　예 · 수캉아지, 수캐, 수컷, 수키와, 수탉, 수탕나귀, 수톨쩌귀, 수퇘지, 수평아리
　　 · 암캉아지, 암캐, 암키와, 암탉, 암탕나귀, 암톨쩌귀, 암퇘지, 암평아리

18　문학　작품의 종합적 감상 (시조)　난이도 ★☆☆

해설　④ 중장에서 며느리가 '놋쥬걱'을 부러뜨린 잘못을 밝히며 시적 긴장감이 유발되지만 종장에서 시어머니는 자신도 젊었을 때 많이 겪어 본 일이라며 며느리를 달래 주고 있다. 따라서 아랫사람의 잘못으로 인한 갈등은 드러나지 않으므로 ④의 설명은 옳지 않다.

오답분석　① 초 · 중장에서 며느리가 '싀어마님아'라고 부르며 시어머니에게 '놋쥬걱'이 부러진 일을 하소연하고 중 · 종장에서 시어머니가 며느리를 위로하는 대화의 형식으로 작품이 전개되고 있다.
　　② 초장에서 '어이려뇨'를 반복하여 리듬감을 형성하고 있다.
　　③ 제시된 작품은 '어이려뇨, 어이하려뇨'라는 표현을 통해 혼나고 싶지 않은 며느리의 평범한 욕구를 조명하고, 며느리의 예상과는 다른 시어머니의 관용적 태도가 시적 긴장감을 깨뜨리며 희극적 묘미가 드러나고 있다.
　　 · 범상하다: 중요하게 여길 만하지 않고 예사롭다

19　어법　단어 (대명사의 쓰임)　난이도 ★★☆

해설　① 이때 '당신'은 '자기'를 아주 높여 이르는 삼인칭 재귀 대명사이다.

오답분석　② 이때 '당신'은 부부 사이에서, 상대편을 높여 이르는 이인칭 대명사이다.
　　③ ④ 이때 '당신'은 문어체에서 상대편을 높여 이르는 이인칭 대명사이다.

👍 **이것도 알면 합격!**

대명사 '당신'에 대해 알아두자.

대명사 '당신'은 이인칭 대명사와 재귀 대명사로 쓰일 수 있으므로, 그 쓰임을 구별해야 한다.

이인칭 대명사	1. 듣는 이를 가리키는 이인칭 대명사. 하오할 자리에 쓴다. 　예 당신은 이 문제에 대해 어떻게 생각하오? 2. 부부 사이에서, 상대편을 높여 이르는 이인칭 대명사 　예 당신, 요즘 직장에서 피곤하시죠? 3. 문어체에서, 상대편을 높여 이르는 이인칭 대명사 　예 당신이 꼭 알아야 할 사실들. 4. 맞서 싸울 때 상대편을 낮잡아 이르는 이인칭 대명사 　예 당신이 뭔데 참견이야.
재귀 대명사	'자기'를 아주 높여 이르는 말 예 아버지는 당신과는 아무 상관없는 사람이라도 강자가 약자를 능멸하는 것을 보면 참지 못하신다.

20　문학　작품의 종합적 감상 (시조)　난이도 ★★☆

해설　④ (가)는 종장의 역군은(亦君恩)이샷다에서 임금의 은혜를 표현하고 있으나 (나)는 임금의 은혜를 생각하는 마음이 표현된 부분이 드러나지 않으므로 적절하지 않다.

오답분석　① (가)와 (나) 모두 자연(강호, 추강)에서 즐기는 유유자적한 삶을 드러내고 있다.
　　② (가)는 중장에서 (나)는 중 · 종장에서 화자가 배를 타고 낚시를 즐기는 모습을 확인할 수 있다.
　　③ (가)와 (나) 모두 시조에 해당하며, 시조는 3 · 4조와 4음보의 율격을 지닌 정형시이다.

지문풀이
> (가) 강호에 가을이 찾아오니 물고기마다 살이 올라 있다.
> 　　작은 배에 그물을 싣고 물결 따라 흐르게 던져 놓고
> 　　이 몸이 소일하며 지내는 것도 역시 임금님의 은덕이시도다.
> 　　　　　　　　　　　　　　　　　　　 – 맹사성, '강호사시가' 추사
> (나) 가을 강에 밤이 찾아오니 물결이 차갑구나.
> 　　낚시를 드리우니 물고기가 물지 않는구나.
> 　　욕심이 없는 달빛만 가득 싣고 빈 배를 저어 오는구나.
> 　　　　　　　　　　　　　　　　　　　 – 월산대군, '추강에 밤이 드니'

정답 및 취약점 확인

문항	정답	출제 포인트	약점 개념 확인	문항	정답	출제 포인트	약점 개념 확인
01	①	어법-문장	문장 성분	11	②	비문학-적용하기	
02	②	어법-문장	사동 표현과 피동 표현	12	④	문학-수사법	황진이 〈동짓달 기나긴 밤〉
03	④	어법-단어	동사와 형용사의 구분	13	②	비문학-주제 및 중심 내용 파악	
04	②	어법-올바른 문장 표현	문장 성분·문법 요소의 적절성	14	②	어법-한글 맞춤법	드러나다
05	③	어법-한글 맞춤법	보조 용언과 의존 명사의 띄어쓰기	15	③	어법-외래어 표기	커피숍, 리더십, 파마
06	②	어법-문장	문장의 짜임	16	③	문학-문장의 의미	권여선 〈손톱〉
07	④	비문학-세부 내용 파악		17	④	어휘-표기상 틀리기 쉬운 어휘	대물림, 구시렁거리다, 느지막하다
08	②	어휘-한자어	體系的, 提高, 有名稅	18	①	어휘-한자 성어	犬馬之勞, 犬免之爭
09	③	비문학-세부 내용 파악		19	④	비문학-관점과 태도 파악, 내용 추론	
10	①	문학-수사법	장만영 〈달, 포도, 잎사귀〉	20	③	문학-작품의 종합적 감상	김지하 〈무화과〉

---

01 어법 문장 (문장 성분)

난이도 ★★☆

해설 ① '말은'은 목적어인 반면 ② '호랑이도', ③ '연기', ④ '꿀도'는 주어이므로 답은 ①이다.
- 말은: '명사＋보조사'로 이루어진 목적어로, 목적격 조사 '을'이 생략되고 보조사 '은'이 사용된 것이다.

오답분석 ② ④ 이때 '호랑이도', '꿀도'는 '명사 + 보조사'로 이루어진 '주어'로, 주격 조사가 생략되고 보조사 '도'가 사용되었다.
- ③ 이때 '연기'는 서술어 '나다'의 주체로, 주격 조사가 생략된 주어이다.

02 어법 문장 (사동 표현과 피동 표현)

난이도 ★★☆

해설 ② 〈보기〉에서 밑줄 친 설명과 같은 문법 범주인 사동사를 사용한 사동문은 ②다.
- 사장이 사장실을 넓히기 위해 직원 회의실을 좁힌다: 이때 '넓히다'와 '좁히다'는 각각 '넓다/좁다'의 어간 '넓-/좁-'에 사동 접미사 '-히-'가 결합한 사동사이다.

오답분석 ① 이때 '우기다'는 주동사이다.
- ③ 이때 '버리다'는 주동사이다.
- ④ 이때 '모이다'는 '모으다'의 어간 '모으-'에 피동 접미사 '-이-'가 결합한 피동사이다.

👍 이것도 알면 합격!

사동문의 종류를 알아두자.

1. 파생적 사동문: 파생 접사에 의한 사동문으로, 주동사에 '-이-, -히-, -가-, -리-, -우-, -구-, -추-, -으키-, -이키-'를 결합시켜 만든다.
2. 통사적 사동문: 주동문의 용언 어간에 '-게 하다'를 결합시켜 만든다.

03 어법 단어 (동사와 형용사의 구분)

난이도 ★★☆

해설 ④ 밑줄 친 단어 중 ④ '보다'는 보조 형용사이고, ①②③ '보다'는 보조 동사이므로 품사가 다른 것은 ④이다.
- 식구들이 모두 집에 들어왔나 보다: 이때 '보다'는 앞말이 뜻하는 행동이나 상태를 추측하거나 어렴풋이 인식하고 있음을 나타내는 보조 형용사이다. 주로 동사나 형용사, '이다' 뒤에서 '-은가/는가/나 보다'의 형태로 쓰인다.

오답분석 ① 이야기를 들어 보다: 이때 '보다'는 어떤 행동을 시험 삼아 함을 나타내는 보조 동사이다. 주로 동사 뒤에서 '-어 보다'의 형태로 쓰인다.
- ② 일을 하다가 보면 요령이 생겨서 작업 속도가 빨라진다: 이때 '보다'는 앞말이 뜻하는 행동을 하는 과정에서 뒷말이 뜻하는 사실을 새로 깨닫게 되거나, 뒷말이 뜻하는 상태로 됨을 나타내는 보조 동사이다. 주로 동사 뒤에서 '-다(가) 보니', '-다(가) 보면'의 형태로 쓰인다.
- ③ 이런 일을 당해 보지 않은 사람은 내 심정을 모른다: 이때 '보다'는 어떤 일을 경험함을 나타내는 보조 동사이다. 주로 동사 뒤에서 '-어 보다'의 형태로 쓰인다.

👍 이것도 알면 합격!

보조 용언 '보다'의 품사를 알아두자.

'보다'는 추측, 의도, 원인, 우선의 의미로 쓰이면 보조 형용사이고, 구체적인 동작이 전제된 시험 삼아 해보기·시행, 동작의 결과에 대한 확인·지각·경험의 뜻으로 쓰이면 보조 동사이다.

예 · 그 가수는 인기가 많은가 보다. (추측, 보조 형용사)
· 원산지를 꼼꼼히 따져 보다. (시험 삼아 함, 보조 동사)

해설 ② 당신이 가리키는 곳은 시청으로 보입니다(○): 주어와 서술어의 호응이 적절하며 어휘가 적절하게 쓰였으므로 자연스러운 문장이다.

오답 분석
① 지금부터 회장님의 말씀이 계시겠습니다(×) → 지금부터 회장님의 말씀이 있으시겠습니다/있겠습니다(○): '계시다'는 주체를 직접 높이는 표현에 쓰이는 어휘이므로, '회장님'과 관련된 대상인 '말씀'을 높이는 간접 높임 표현에서는 쓰면 안 된다. 따라서 서술어 '-(으)시-'를 붙인 '있으시겠습니다'나 높임 표현을 쓰지 않은 '있겠습니다'로 고쳐 써야 한다.

③ 푸른 산과 맑은 물이 흐르는 계곡으로 가자(×) → 푸른 산이 있고 맑은 물이 흐르는 계곡으로 가자(○): '푸른 산'과 서술어 '흐르다'의 호응이 자연스럽지 않다. '푸른 산'에 호응하는 서술어를 추가해야 한다.

④ 이런 곳에서 생활한다는 것이 믿겨지지 않았다(×) → 이런 곳에서 생활한다는 것이 믿기지 않았다/믿어지지 않았다(○): '믿겨지다'는 '믿다'의 어간 '믿-'에 피동 접미사 '-기-'와 피동 표현 '-어지다'가 함께 쓰인 이중 피동 표현이므로 적절하지 않다. 따라서 '믿기지 않았다' 또는 '믿어지지 않았다'로 수정해야 한다.

해설 ③ 잘될∨듯∨싶었다(×) → 잘될∨듯싶었다(○): 이때 '듯싶다'는 '앞 말이 뜻하는 사건이나 상태 등을 짐작하거나 추측함을 나타내는 말'을 뜻하는 한 단어이므로 붙여 써야 한다.

오답 분석
① 할∨만하다(○): 이때 '만하다'는 '앞말이 뜻하는 행동을 하는 것이 가능함을 나타내는 말'을 뜻하는 한 단어이다. 따라서 용언의 관형사형인 '할'과 띄어 쓴다. 참고로 '만하다'는 보조 용언이므로 본용언인 '할'과 붙여 쓰는 것도 허용한다.

② • 싶은∨대로(○): 이때 '대로'는 어떤 모양이나 상태를 나타내는 의존 명사이므로 앞말과 띄어 쓴다.
• 할∨테야(○): 이때 '테야'는 '터이야'가 줄어든 말로, '터'는 예정이나 추측, 의지의 뜻을 나타내는 의존 명사이다. 따라서 앞말과 띄어 쓴다.

④ 아는∨체를∨하였다(○): 이때 체는 '그럴듯하게 꾸미는 거짓 태도나 모양'을 뜻하는 의존 명사이므로 앞말과 띄어 쓴다. 참고로 한 단어인 '체하다'는 붙여 써야 하지만 중간에 조사가 들어갈 경우 띄어 써야 한다.

해설 ② 〈보기〉의 ㉠ '관형사절'을 안은 문장은 ②이다.
• 꽃밭에는 예쁜 꽃이 활짝 피었다: 밑줄 친 '예쁜'은 문장 '꽃이 예쁘다'의 어간 '예쁘-'에 관형사형 전성 어미 '-(으)ㄴ'이 붙어 형성된 '꽃'을 수식하는 관형사절이므로 ②는 ㉠ '관형사절'을 포함한다.

오답 분석
①③④ 모두 관형사가 쓰인 홑문장이다.
① 그는 갖은 양념으로 맛을 내었다: 이때 '갖은'은 '골고루 다 갖춘. 또는 여러 가지'를 뜻하는 관형사이다.
③ 오랜 가뭄 끝에 비가 내렸다: 이때 '오랜'은 '이미 지난 동안이 긴'을 뜻하는 관형사이다.
④ 사무실 밖에서 여남은 명이 웅성대고 있었다: 이때 '여남은'은 '열이 조금 넘는 수'를 뜻하는 관형사이다.

👍 이것도 알면 **합격!**

안은문장의 종류를 알아두자.

종류	설명
명사절을 안은 문장	명사형 전성 어미 '-(으)ㅁ, -기'가 붙어서 만들어진 명사절이 문장에서 주어, 목적어, 부사어 등의 다양한 기능을 함 예 지금은 밖에 나가기에 늦은 시간이다.
관형사절을 안은 문장	관형사형 어미 '-(으)ㄴ, -는, -(으)ㄹ, -던'이 붙어서 만들어진 관형절이 문장 속에서 관형어의 기능을 함 예 그 책은 내가 [읽은/읽는/읽을/읽던] 책이다.
부사절을 안은 문장	부사형 전성 어미 '-이, -게, -도록, -아/-어, -(아/어)서' 또는 부사 파생 접미사 '-이'가 붙어서 만들어진 부사절이 문장 속에서 부사어의 기능을 함 예 너는 예고도 없이 불쑥 찾아오니?
서술절을 안은 문장	특정한 절 표시가 따로 없는 서술절이 문장 속에서 서술어의 기능을 함 예 그는 키가 크다.
인용절을 안은 문장	직접 인용 조사 '라고'와 간접 인용 조사 '고'가 붙어서 만들어진 인용절이 문장 속에서 부사어의 기능을 함 예 • 선생님께서 "이제 수업을 시작하자."라고 말씀하셨다. (직접 인용절) • 나는 그 사실을 믿을 수 없다고 생각했다. (간접 인용절)

해설 ④ 〈보기〉는 생물 진화의 유전적 원리에 비유해 문화의 진화를 설명하고 있다. 이때 ④ '적자생존'은 〈보기〉에서 찾을 수 없다.

오답 분석
① 2~5번째 줄을 통해 확인할 수 있다.
② 끝에서 4~7번째 줄을 통해 확인할 수 있다.
③ 8~11번째 줄을 통해 확인할 수 있다.

해설 ② 보고(報誥: 알릴 보, 고할 고)(×) → 보고(報告: 알릴 보, 고할 고)(○): '일에 관한 내용이나 결과를 말이나 글로 알림'을 뜻하는 '보고'의 '고'는 '告(고할 고)'를 써야 한다. 따라서 한자 표기가 옳지 않은 것은 ②이다.

오답 분석
① 체계적(體系的: 몸 체, 맬 계, 과녁 적): 일정한 원리에 따라서 낱낱의 부분이 짜임새 있게 조직되어 통일된 전체를 이루는 것
③ 제고(提高: 끌 제, 높을 고): 수준이나 정도 등을 끌어올림
④ 유명세(有名稅: 있을 유, 이름 명, 세금 세): 세상에 이름이 널리 알려져 있는 탓으로 당하는 불편이나 곤욕을 속되게 이르는 말

해설 ③ 3문단을 통해 '나트륨'은 갑작스러운 표기 변경에 따른 혼란을 막기 위해 지금까지 사용한 대로 표기를 허용한 것으로 새 이름 '소듐'이 국제 기준에 맞는 표기임을 알 수 있다. 따라서 답은 ③이다.

오답 분석
① 2문단 1~3번째 줄을 통해 '요오드'보다 '아이오딘'이 세계적으로 통용되는 발음에 가까움을 알 수 있으므로 적절하지 않다.

② 2문단 1~3번째 줄을 통해 '저마늄'은 세계적으로 통용되는 발음에 가깝게 정해진 새 표기이므로 적절하지 않다.

④ 3문단 마지막 문장을 통해 '비타민'도 '바이타민'과 병행하여 표기할 수 있음을 알 수 있으므로 적절하지 않다.

---

10 문학 수사법 난이도 ★☆☆

해설 ① 〈보기〉의 밑줄 친 부분과 표현법이 유사한 것은 ①이다. 〈보기〉와 ①에는 사물이나 관념을 사람인 것처럼 표현하는 '의인법'이 쓰였다.
- 〈보기〉: '달'을 사람처럼 앉아 있다고 의인화하여 표현함
- ①: '풀'을 사람처럼 운다고 의인화하여 표현함

오답 분석
② 설의법: 가난해도 외로움을 안다는 사실을 의문문의 형식으로 표현함

③ 은유법: '구름(원관념)'을 '장미(보조 관념)'에 빗대어 표현함

④ 대조법: 푸른색과 붉은색의 색채 대비를 통해 정열을 표현함

> 👍 이것도 알면 **합격!**
>
> 장만영 '달, 포도, 잎사귀'의 주제 및 특징을 알아두자.
>
> 1. 주제: 가을 달밤의 풍경
> 2. 특징
> - 감각적인 이미지를 통해 가을밤의 고요한 정취를 묘사함
> - 대화체를 통해 친근하고 고즈넉한 분위기를 형성함

---

11 비문학 적용하기 난이도 ★★☆

해설 ② 끝에서 1~3번째 줄을 통해 명제 P와 Q가 IF … THEN(만약 ~라면 ~이다)으로 연결되는 경우, P가 참이고 Q가 거짓일 때만 거짓이고 나머지는 모두 참임을 알 수 있다. 따라서 '파리는 새다(P)'가 거짓, '지구는 둥글다(Q)'가 참이므로 '파리가 새라면 지구는 둥글다'라는 명제는 참이다. 따라서 ②의 이해는 옳지 않다.
[관련 부분] 명제 P와 Q가 IF … THEN으로 연결되는 P→Q는 P가 참이고 Q가 거짓이면 거짓이고 나머지 경우에는 모두 참이 된다.

오답 분석
① 끝에서 4~6번째 줄을 통해 명제 P와 Q가 AND(~고/~면서)로 연결되는 경우 P와 Q가 모두 참일 때만 참임을 알 수 있다. 따라서 '모기는 생물이다(P)'는 참이지만 '모기는 무생물이다(Q)'는 거짓이므로 성립하지 않는다.
[관련 부분] 명제 P와 Q가 AND로 연결되는 P∧Q는 P와 Q가 모두 참일 때에만 참이다.

③ 끝에서 3~4번째 줄을 통해 명제 P와 Q가 OR(또는/~거나)로 연결되는 경우 P와 Q 둘 중 하나만 참이면 명제가 참임을 알 수 있다. 따라서 '컴퓨터가 동물이다(Q)'는 거짓이나 '개는 동물이다(P)'가 참이기 때문에 ③의 이해는 옳다.
[관련 부분] 명제 P와 Q가 OR로 연결되는 P∨Q는 P와 Q 둘 중 적어도 하나가 참이기만 하면 참이 된다.

④ 끝에서 4~6번째 줄을 통해 P와 Q가 AND(~고/~면서)로 연결되는 경우 P와 Q 모두 참일 때만 참임을 알 수 있다. 따라서 명제 '늑대는 새가 아니다(P)'와 '파리는 곤충이다(Q)' 모두 참이므로 '늑대는 새가 아니고 파리는 곤충이다'가 참이라는 ④의 이해는 옳다.
[관련 부분] 명제 P와 Q가 AND로 연결되는 P∧Q는 P와 Q가 모두 참일 때에만 참이다.

---

12 문학 수사법 난이도 ★★☆

해설 ④ 〈보기〉의 밑줄 친 부분과 표현 방식이 유사한 것은 ④이다. 〈보기〉와 ④에는 추상적 개념을 구체적인 사물처럼 표현하는 '관념의 구체화'가 사용되었다.
- 〈보기〉: 추상적인 개념인 시간(밤)을 물리적으로 베어 낼 수 있는 것처럼 표현하여 구체적 사물로 형상화함
- ④: 추상적인 개념인 '꿈'으로 '눈썹'을 씻는다고 표현하여 추상적 개념을 구체적인 사물로 형상화함

오답 분석
① 역설법: 님이 떠났으나 님을 보내지 않았다는 논리적으로 맞지 않는 표현을 통해 재회에 대한 믿음을 강조함

② • 역설법: 아무 탈 없이 편안한 상태인 '무사(無事)'한 세상을 '병원'에 빗대어 나타내고 병이 없는 상태인 '무병(無病)'이 치료를 기다린다는 논리적으로 모순된 표현을 사용함
 • 은유법: '무사(無事)한 세상(원관념)'을 연결어 없이 '병원(보조 관념)'에 빗대어 표현함

③ 직유법: 조사 '같이'를 사용하여 '나의 사랑(원관념)'을 '태양(보조 관념)'에 직접 빗대어 표현함

> 👍 이것도 알면 **합격!**
>
> 황진이, '동짓달 기나긴 밤~'의 주제 및 특징을 알아두자.
>
> 1. 주제: 임에 대한 간절한 기다림과 사랑
> 2. 특징
> - 추상적 개념인 시간을 구체적인 사물로 표현하여 임에 대한 사랑을 강조함
> - 음성 상징어를 사용하여 표현 효과를 높임

---

13 비문학 주제 및 중심 내용 파악 난이도 ★☆☆

해설 ② 〈보기〉는 일제 시기 근대화에 대한 두 가지 주장 모두 일제의 조선 지배에 주체적으로 대응한 조선인의 역사가 빠져 있다는 문제점을 제기하고, 일제의 지배의 억압에 주체적으로 대응한 조선인의 역사를 정당하게 평가해야 함을 주장하고 있다. 따라서 답은 ②이다.
[관련 부분]
- 두 주장 모두 일제의 조선 지배에도 불구하고 조선인들이 주체적으로 대응했던 역사가 탈락되어 있다.
- 지배의 억압 속에서도 치열하게 삶을 영위해 가면서 자기 발전을 도모해 나간 조선인의 역사도 정당하게 평가되지 않으면 안 된다.

오답 분석
① ③ ④ 〈보기〉의 부분적인 내용으로, 글 전체 내용을 포괄하지 못하므로 적절하지 않다.

---

14 어법 한글 맞춤법 (맞춤법에 맞는 표기) 난이도 ★★☆

해설 ② 드러났습니다(○): 이때 '드러나다'는 '들다'와 '나다'가 결합한 말로 '알려지지 않은 사실이 널리 밝혀지다'를 뜻하여 앞말 '들다'의 본뜻에서 멀어졌으므로 원형을 밝혀 적지 않고 소리 나는 대로 적는다. 참고로 두 개의 용언이 어울려 한 개의 용언이 될 때, 앞말의 본뜻이 유지되고 있는 것은 그 원형을 밝혀 적고, 그 본뜻에서 멀어진 것은 밝혀 적지 않는다.

① **제작년**(×)→ **재작년**(○): 문맥상 '지난해의 바로 전 해'를 뜻하는
말인 '재작년'으로 표기해야 한다.

③ **띠다**(×)→ **띠다**(○): 문맥상 '주체나 대상이 감정이나 기운 등을
나타내다'를 뜻하는 말인 '띠다'로 표기해야 한다. 참고로 '띠다'
는 '뜨다'의 피동사인 '뜨이다' 또는 '뜨다'의 사동사인 '띄우다'
의 준말이다.

④ **받아드리다**(×)→ **받아들이다**(○): 이때 '받아들이다'는 '받다'와
'들이다'가 결합한 말로 '다른 사람의 의견이나 비판 등을 찬성하
여 따르다. 또는 옳다고 인정하다'를 뜻한다. 따라서 앞말 '받다'의
본뜻이 유지되고 있으므로 원형을 밝혀 적어야 한다.

👍 이것도 알면 **합격!**

'띠다'의 구분을 알아두자.

피동사 '뜨이다'의 준말	1. 감았던 눈이 벌려지다. 예 새벽에 잤더니 오후 늦게 눈이 뜨였다. 2. 처음으로 청각이 느껴지다. 예 갓난아이의 귀가 뜨이다. 3. 눈에 보이다. 예 도둑은 남의 눈에 뜨이지 않게 밤에 움직인다. 4. 남보다 훨씬 두드러지다 예 그녀는 눈에 띄는 미인이다. 5. 청각의 신경이 긴장되다. 예 그는 주변에서 돈 얘기만 하면 귀가 뜨였다.
사동사 '띄우다'의 준말	공간적으로 거리를 꽤 멀게 하다. 예 책상과 책상 사이를 띄우다.

---

15 어법 외래어 표기
난이도 ★★☆

해설 ③ 외래어 표기가 모두 올바른 것은 ③ '커피숍, 리더십, 파마'이다.
- 커피숍/리더십(○): 모음 앞 [ʃ]는 뒤따르는 모음 'o/i'에 따라
'쇼/시'로 적는다. 또한 어말의 [p]는 받침 'ㅂ'으로 적으므로 '커
피숍, 리더십'으로 표기한다.
- 파마(○): 'permanent'는 '파마'로 굳어진 외래어로 관용을 존중
하여 '파마'로 표기한다.

① • 플랜카드(×)→ 플래카드(○)
- 케익(×)→ 케이크(○)
② 쵸콜릿(×)→ 초콜릿(○)
④ 캐비넷(×)→ 캐비닛(○)

---

16 문학 문장의 의미
난이도 ★★☆

해설 ③ 〈보기〉의 밑줄 친 부분에서 '여자'는 짬뽕 한 그릇 사먹는 것도 고
민하는 '소희'를 무시하고 못마땅해 하는 모습을 보인다. 이러한
'여자'의 비꼬는 말과 행동을 통해 서술자는 청년 세대의 가난을
간접적으로 나타내고 있으므로 답은 ③이다.

---

17 어휘 표기상 틀리기 쉬운 어휘
난이도 ★★☆

해설 ④ 어문 규범에 맞는 단어로만 묶은 것은 ④ '대물림, 구시렁거리다,
느지막하다'이다.
- 대물림(○): '사물이나 가업 등을 후대의 자손에게 남겨 주어 자
손이 그것을 이어 나감. 또는 그런 물건'을 뜻하는 말은 '대물
림'이다. 참고로 '되물림'으로 표기하지 않도록 주의해야 한다.
- 구시렁거리다(○): '못마땅하여 군소리를 듣기 싫도록 자꾸 하다'
를 뜻하는 말은 '구시렁거리다'이다. 참고로 방언 '궁시렁거리다'
로 표기하지 않도록 주의해야 한다.
- 느지막하다(○): '시간이나 기한이 매우 늦다'를 뜻하는 말은 '느
지막하다'이다. 참고로 '느즈막하다'로 표기하지 않도록 주의해
야 한다.

① • 닥달하다(×)→ 닦달하다(○): '닥달하다'는 '닦달하다'의 잘못된 표
기이다.
② • 통채(×)→ 통째(○): '통채'는 '통째'의 잘못된 표기이다.
- 발자욱(×)→ 발자국(○): '발자욱'은 '발자국'의 잘못된 표기이다.
- 구렛나루(×)→ 구레나룻(○): '구렛나루'는 '구레나룻'의 잘못된
표기이다.
③ • 귀뜸(×)→ 귀띔(○): '귀뜸'은 '귀띔'의 잘못된 표기이다.
- 핼쓱하다(×)→ 핼쑥하다(○): '핼쓱하다'는 '핼쑥하다'의 잘못된
표기이다.

---

18 어휘 한자 성어
난이도 ★★☆

해설 ① 같은 의미의 '견' 자가 사용된 것은 ① '견마지로 – 견토지쟁'으로 둘
다 '犬(개 견)'이 사용되었다.
- 견마지로(犬馬之勞: 개 견, 말 마, 갈 지, 일할 로): '개나 말 정도의
하찮은 힘'이라는 뜻으로, 윗사람에게 충성을 다하는 자신의 노
력을 낮추어 이르는 말
- 견토지쟁(犬兔之爭: 개 견, 토끼 토, 갈 지, 다툴 쟁): '개와 토끼의
다툼'이라는 뜻으로, 두 사람의 싸움에 제삼자가 이익을 봄을
이르는 말

② '견문발검'은 '見(볼 견)', '견마지성'은 '犬(개 견)'을 사용하므로 '견'
의 의미가 다르다.
- 견문발검(見蚊拔劍: 볼 견, 모기 문, 뽑을 발 칼 검): '모기를 보고 칼
을 뺀다'는 뜻으로, 사소한 일에 크게 성내어 덤빔을 이르는 말
- 견마지성(犬馬之誠: 개 견, 말 마, 갈 지, 정성 성): 1. 임금이나 나라
에 바치는 충성을 낮추어 이르는 말 2. '개나 말의 정성'이라는
뜻으로, 자신의 정성을 낮추어 이르는 말
③ '견강부회'는 '牽(이끌 견)', '견물생심'은 '見(볼 견)'을 사용하므로
'견'의 의미가 다르다.
- 견강부회(牽强附會: 이끌 견, 강할 강, 붙을 부, 모일 회): 이치에 맞지
않는 말을 억지로 끌어 붙여 자기에게 유리하게 함
- 견물생심(見物生心: 볼 견, 물건 물, 날 생, 마음 심): 어떠한 실물을
보게 되면 그것을 가지고 싶은 욕심이 생김
④ '견원지간'은 '犬(개 견)', '견리사의'는 '見(볼 견)'을 사용하므로 '견'
의 의미가 다르다.
- 견원지간(犬猿之間: 개 견, 원숭이 원, 갈 지, 사이 간): '개와 원숭이
의 사이'라는 뜻으로, 사이가 매우 나쁜 두 관계를 비유적으로
이르는 말
- 견리사의(見利思義: 볼 견, 이로울 리, 생각 사, 옳을 의): 눈앞의 이익
을 보면 의리를 먼저 생각함

19 | 비문학 | 관점과 태도 파악, 내용 추론

난이도 ★★☆

해설 ④ (가) (나) (다) 모두 '주관적 인식'에 대한 견해를 제시하고 있지만, '주관적 인식'에 대한 모순은 언급하고 있지 않다. 따라서 답은 ④이다.
- (가): 사람들은 보는 방향에 따라 대상을 다르게 인식함
- (나): 모든 환경적 조건은 자신이 받아들이기 나름임
- (다): 기준에 따라 과학적 법칙은 다르게 정립될 수 있음

오답 분석 ① (가)에서 임제가 보는 방향에 따라 가죽신을 신었는지 짚신을 신었는지 분간하기 어렵다고 말하는 것으로 보아 임제는 사람들이 주관적 관점에서 대상을 인식한다고 판단함을 추론할 수 있다.

② (나)의 2~4번째 줄을 통해 확인할 수 있다. 집주인은 객관적 조건 (협소하고 누추한 집)과 무관하게 자신만의 방식으로 대상(편안한 공간)을 수용하고 있음을 확인할 수 있다.

③ (다)의 6~8번째 줄을 통해 확인할 수 있다.

20 | 문학 | 작품의 종합적 감상 (시)

난이도 ★★☆

해설 ③ 2연에서 '무화과'는 '속꽃'을 피우는 내재적 가치를 지닌 존재임이 드러나며, 친구는 '나'를 '무화과'와 동일시하고 있다. 즉 '무화과'는 화려하지는 않지만 내면화된 가치를 지닌 화자를 의미한다고 볼 수 있다.

오답 분석 ① '잿빛 하늘'은 어두운 시각적 이미지인 '잿빛'과 함께 쓰여 화자가 처한 부정적 현실을 그대로 표현하고 있다. 따라서 반어적 형상으로 볼 수 없으므로 적절하지 않다.

② 제시된 작품에서 화자는 자신의 처지를 한탄하고 친구에게 위로 받고 있을 뿐 의지를 나타내거나 현실에 저항하는 모습은 보이지 않으므로 적절하지 않다.

④ '도둑괭이'는 어두운 현실을 의미하는 '검은 개굴창가'를 지나가는 존재로, 화자가 처한 현실이 여전히 암울하다는 것을 환기시키는 기능을 하므로 적절하지 않다.

👍 이것도 알면 **합격!**

김지하 '무화과'의 주제 및 특징을 알아두자.

1. 주제: 암울한 현실 속 내면적 가치를 추구하는 삶
2. 특징
- 사물에 대한 관찰을 통해 삶의 의미를 깨달음
- 대화의 형식으로 시상을 전개함

정답 및 취약점 확인

p.110

문항	정답	출제 포인트	약점 개념 확인	문항	정답	출제 포인트	약점 개념 확인
01	②	어법-한글 맞춤법		11	②	어법-표준 발음법	경음화
02	③	어법-문장	시간 표현	12	④	어법-의미	다의어와 동음이의어의 구분
03	④	혼합-한글 맞춤법, 혼동하기 쉬운 어휘	욜로	13	③	어법-문장	문장 성분
04	④	어휘-한자 성어	肝膽相照, 螳螂拒轍 騎虎之勢, 百年河淸	14	④	어법-한글 맞춤법	사이시옷 표기
05	①	어법-중세 국어	훈민정음의 제자 원리	15	④	어법-한글 맞춤법	띄어쓰기
06	①	문학-작품의 종합적 감상	정호승 〈슬픔이 기쁨에게〉	16	③	어법-의미	어휘의 의미 변화
07	②	어법-외래어 표기	시저, 팸플릿, 규슈	17	②	혼합-국어 순화, 한자어	일부인, 불하, 지득하다
08	②	어법-의미	문장의 중의성	18	①	문학-갈래에 대한 지식	시조
09	③	문학-시어 및 시구의 의미	월명사 〈제망매가〉	19	③	비문학-글의 구조 파악	
10	①	어휘-혼동하기 쉬운 어휘	방불하다, 서둘다, 갈음하다	20	③	비문학-글의 구조 파악	

---

01 어법 한글 맞춤법

난이도 ★★☆

해설 ② 〈보기〉의 밑줄 친 말 중에서 맞춤법에 맞게 쓰인 것은 '㉠보내는 데에는, ㉢책만 한, ㉻늘리고'이므로 이 중에 옳게 짝지은 것은 ② '㉢, ㉻'이다.

- ㉠보내는∨데에는(○): 이때 '데'는 '경우'의 뜻을 나타내는 의존 명사이므로 앞말과 띄어 쓰고 조사 '에'에 붙여 쓴다.
- ㉢책만∨한(○): 이때 '만'은 '앞말이 나타내는 대상이나 내용 정 도에 달함'을 나타내는 보조사이므로 앞의 체언에 붙여 쓴다. 또 한 '한'은 용언 '하다'의 활용형이므로 앞말과 띄어 쓴다.
- ㉻늘리고(○): 문맥상 '재주나 능력 등을 나아지게 하다'의 의미 인 '늘리다'가 적절하게 쓰였다.

오답 분석
- ㉢ 김박사님의(×) → 김∨박사님의(○): 성명 또는 성이나 이름 뒤에 붙는 호칭어나 관직명은 띄어 쓰므로, 성인 '김'과 호칭어인 '박사' 는 띄어 써야 한다.
- ㉣솔직이(×) → 솔직히(○): '-하다'가 붙는 어근 뒤('ㅅ' 받침 제외)에 는 부사의 끝음절을 '-히'로 적는다.
- ㉤맞추기(×) → 맞히기(○): 문맥상 '문제에 대한 답을 틀리지 않게 하다'의 의미인 '맞히다'를 써야 한다.
- ㉥읽으므로써(×) → 읽음으로써(○): '읽으므로써'는 '읽+-으므 로+써'로 분석할 수 있다. 어미 '-으므로'에 '써'가 붙는 형식은 없 으므로, 명사화 접미사 '-음'에 조사 '으로써'가 붙은 형태인 '읽음 으로써'로 써야 한다.
- ㉦해야∨겠다(×) → 해야겠다(○): 선어말 어미 '-겠-'은 용언의 어 간이나 어미 뒤에 붙여 써야 한다.

---

02 어법 문장 (시간 표현)

난이도 ★★★

해설 ③ 과거를 나타내는 시간 부사어 '작년에'가 쓰인 것으로 보아 ③ 의 '-었-'은 과거 시제를 나타내는 선어말 어미로 기능함을 알 수 있다. 반면 ① ② ④의 '-았-/-었-'은 완결 지속 또는 완결의 의 미를 나타내는 현재 시제로 쓰였으므로 밑줄 친 부분의 시제가 다 른 것은 ③이다.

오답 분석 ① ② ④의 '-았-/-었-'은 이야기하는 시점에서 현재까지 지속되거 나 현재에도 영향을 미치는 상황을 나타내므로 현재 시제로 기능함을 알 수 있다.
① 주어 '너'가 현재 늙은 상태임을 의미한다.
② 주어 '너'의 현재 모습이 아버지의 어린 시절 모습과 닮았음을 의 미한다.
④ 주어 '너'가 현재 마른 상태임을 의미한다.

> 👍 **이것도 알면 합격!**
>
> **선어말 어미 '-았-/-었-'의 시제를 알아두자.**
>
> | | |
> |---|---|
> | 과거 | 이야기하는 시점에서 볼 때 사건이나 행위가 이미 일어났음을 나타내는 어미 예 영호는 이미 저녁밥을 먹었다. |
> | 현재 | 완결 지속: 이야기하는 시점에서 볼 때 완료되어 현재까지 지속 됨을 나타내는 어미 예 주희는 아빠를 닮았다. |
> | | 완결: 이야기하는 시점에서 볼 때 현재에도 영향을 미치는 상황 을 나타내는 어미 예 주현이는 지금 집에 왔어. |
> | 미래 | 이야기하는 시점에서 볼 때 미래의 사건이나 일을 이미 정해진 사 실인 양 말할 때 쓰이는 어미 예 잠을 이렇게 많이 자니 이번 중간고사는 다 봤다. |

---

03 어법+어휘 한글 맞춤법, 혼동하기 쉬운 어휘

난이도 ★★☆

해설 ④ 어문 규범에 맞는 표기로만 이루어진 것은 ④이다.
- 욜로 가면 지름길이 나온다(○): '욜로'는 부사 '요리'와 조사 '로' 가 결합한 '요리로'의 준말로, 부사에 조사가 어울려 줄어지는 경 우에 준 대로 적어야 하므로 올바른 표기이다.

오답 분석 ① 대노(大怒)하셨다(×) → 대로(大怒)하셨다(○): 한자음 '로'는 단어의 첫머리 이외의 자리에 올 경우에는 두음 법칙이 적용되지 않아 본 음대로 적어야 하므로 '대로(大怒)하셨다'로 적어야 한다.

② 갈음이 되지 않는다(×) → 가름이 되지 않는다(○): 문맥상 '쪼개거나 나누어 따로따로 되게 하는 일'의 의미인 '가름'으로 적어야 한다. 참고로 '갈음'은 '다른 것으로 바꾸어 대신함' 또는 '일한 뒤나 외출할 때 갈아입는 옷'을 의미한다.

③ 목거리가 옷과 잘 어울린다(×) → 목걸이가 옷과 잘 어울린다(○): 문맥상 '귀금속이나 보석 등으로 된 목에 거는 장신구'를 뜻하는 '목걸이'로 적어야 한다. 참고로 '목거리'는 '목이 붓고 아픈 병'을 뜻하는 단어이다.

04 어휘 한자 성어 난이도 ★★☆

해설 ④ 고사 성어의 쓰임이 가장 옳지 않은 것은 ④ '百年河淸(백년하청)' 이다.
• 百年河淸(백년하청): '중국의 황허강(黃河江)이 늘 흐려 맑을 때가 없다'라는 뜻으로, 아무리 오랜 시일이 지나도 어떤 일이 이루어지기 어려움을 이르는 말

오답분석 ① 肝膽相照(간담상조): 서로 속마음을 털어놓고 친하게 사귐
② 螳螂拒轍(당랑거철): 제 역량을 생각하지 않고, 강한 상대나 되지 않을 일에 덤벼드는 무모한 행동거지를 비유적으로 이르는 말
③ 騎虎之勢(기호지세): '호랑이를 타고 달리는 형세'라는 뜻으로, 이미 시작한 일을 중도에서 그만둘 수 없는 경우를 비유적으로 이르는 말

05 어법 중세 국어 (훈민정음) 난이도 ★☆☆

해설 ① 한글의 중성자는 천지인(天地人)의 모양을 본떠 기본자 'ㆍ, ㅡ, ㅣ'를 만들고 기본자를 합하여 나머지 중성자를 만들었으므로 한글의 중성자가 '발음 기관'의 상형을 만들어졌다는 ①의 설명은 옳지 않다.

오답분석 ② 같은 조음 위치에 속하는 자음자들은 발음 기관을 본떠 만든 기본자에 획을 더하여 만들어졌으므로 형태상 유사성을 지닌다.
③ 한글의 중성자는 기본자 'ㆍ, ㅡ, ㅣ'를 조합하여 초출자 'ㅗ, ㅏ, ㅜ, ㅓ'와 재출자 'ㅛ, ㅑ, ㅠ, ㅕ'를 만들었다.
④ 한글의 종성자는 '종성부용초성'에 따라 별도의 글자를 만들지 않고 초성의 8글자 'ㄱ, ㄴ, ㄷ, ㄹ, ㅁ, ㅂ, ㅅ, ㆁ'을 다시 사용했다.

06 문학 작품의 종합적 감상 (시) 난이도 ★★☆

해설 ① 제시된 작품은 이기적인 사람들의 '기쁨'이 아닌 타인의 시련에 공감하며 느끼는 '슬픔'을 통해 사회에서 소외된 이웃들에 대한 관심과 애정을 가져야 한다는 주제를 전달하고 있다. 따라서 ①의 설명은 적절하지 않다.

오답분석 ② 17~19행에서 화자는 타인의 슬픔에 공감하지 못하는 '너'가 슬픔과 기다림의 의미를 깨달을 때까지 함께 걸어가겠다는 의지를 표현하고 있다. 따라서 대결과 갈등이 아닌 화합과 조화를 통해 사회적 약자에 대한 무관심을 해결하고자 함을 알 수 있다.
③ 겉으로 보기에는 모순된 말이지만 그 속에 진리를 담아 표현하는 방법을 '역설법'이라고 한다. 제시된 작품은 흔히 긍정적인 감정으로 인식되는 '사랑'보다 부정적인 감정으로 인식되는 '슬픔'이 더 소중하다고 표현하며, 슬픔에 대한 일반적인 통념을 뒤집고 더불어 살아가는 삶의 가치를 강조하는 역설법을 사용하였다.
④ 제시된 작품은 '슬픔'과 '기쁨'의 대립적 이미지를 통해 타인의 고통에 무관심한 세태를 비판하며 소외된 이웃에 대한 관심이 필요하다는 교훈을 전달하고 있다.

07 어법 외래어 표기 난이도 ★★☆

해설 ② 외래어 표기가 옳은 것은 'ㄴ. 시저(Caesar), ㅁ. 팸플릿(pamphlet), ㅂ. 규슈(キュウシュウ, 九州)'이므로 답은 ②이다.
• ㄴ. 시저(Caesar)(○): 'Caesar'의 원지음은 '카이사르'이나 제3국의 발음으로 통용되는 것은 관용을 따르므로 '시저'로 표기한다.
• ㅁ. 팸플릿(pamphlet)(○): 'pamphlet'에서 단모음 다음의 어말 무성 파열음 [t]는 받침 'ㅅ'으로 적으므로 '팸플릿'으로 표기한다. 참고로 'pamphlet'을 '팜플렛', '팜플레트'로 표기하지 않도록 주의해야 한다.
• ㅂ. 규슈(キュウシュウ, 九州)(○): 일본어의 장모음은 따로 표기하지 않으므로 '규슈'로 표기한다.

오답분석 • ㄱ. 아젠다(agenda)(×) → 어젠다(○)
• ㄷ. 레크레이션(recreation)(×) → 레크리에이션(○)
• ㄹ. 싸이트(site)(×) → 사이트(○): 외래어 표기에는 된소리를 쓰지 않는 것이 원칙이므로 '사이트'로 표기해야 한다.

08 어법 의미 (문장의 중의성) 난이도 ★★☆

해설 ② ㄱ과 ㅁ은 '어휘', ㄴ, ㄹ은 '수식의 범위', ㄷ은 '비교의 대상', ㅂ은 '부정의 범위'로 인해 중의적으로 해석된다. 따라서 중의성이 발생한 원인이 같은 것을 옳게 짝지은 것은 ② 'ㄴ, ㄹ'이다.
• ㄴ. 하늘이 아름다운 것인지, 구름이 아름다운 것인지 문장 구조상 수식의 범위가 모호하여 그 의미가 분명하지 않다.
• ㄹ. 영수가 잘생긴 것인지, 영수의 동생이 잘생긴 것인지 문장 구조상 수식의 범위가 모호하여 그 의미가 분명하지 않다.

오답분석 • ㄱ. 이때 '차'는 '바퀴가 굴러서 나아가게 되어 있는, 사람이나 짐을 실어 옮기는 기관'이라는 의미와 '식물의 잎이나 뿌리, 과실 등을 달이거나 우리거나 하여 만든 마실 것을 통틀어 이르는 말'이라는 두 가지 의미로 해석되므로 그 의미가 분명하지 않다.
• ㄷ. '철수가 딸을 사랑하는 정도가 아내를 사랑하는 정도보다 크다'는 것인지, '철수가 딸을 사랑하는 정도가 아내가 딸을 사랑하는 정도보다 크다'는 것인지 문장 구조상 비교의 대상이 모호하여 그 의미가 분명하지 않다.
• ㅁ. 이때 '사과'는 '사과나무의 열매'라는 의미와 '자기의 잘못을 인정하고 용서를 빎'이라는 두 가지 의미로 해석되므로 그 의미가 분명하지 않다.
• ㅂ. 부정의 범위가 '대상(모자)'인지, '행위(모자를 쓰다/학교를 가다)'인지 모호하여 그 의미가 분명하지 않다.

09 문학 시어 및 시구의 의미　　　난이도 ★★☆

해설　③ ⓒ '아아'는 10구체 향가의 마지막 2구(낙구) 첫머리에 오는 감탄사로, 다른 10구체 향가에서도 공통적으로 나타나는 표현이다. 따라서 다른 작품에서 찾기 어려운 생생한 표현이라는 설명은 옳지 않으므로 답은 ③이다.

오답분석
① ㉠은 누이가 어린 나이에 죽음을 맞이한 것을 비유한 표현으로 예상치 못한 불행을 의미한다.
② ㉡은 같은 부모에게서 태어난 핏줄임을 비유한 것이므로 화자와 대상(누이)이 친동기 관계임을 알 수 있다.
④ ㉣은 부처가 있는 서방 정토로, 화자는 이곳에서 누이와 다시 만날 것을 믿고 있다. 즉 화자는 불교적 믿음을 바탕으로 사별의 슬픔을 종교적으로 승화하는 모습을 보여주고 있다.

10 어휘 혼동하기 쉬운 어휘　　　난이도 ★☆☆

해설　① 걷잡아서(×) → 겉잡아서(○): '겉으로 보고 대강 짐작하여 헤아리다'라는 뜻을 나타낼 때는 '겉잡다'를 써야 하므로 단어의 사용이 옳지 않은 것은 ①이다.
• 걷잡다: 1. 한 방향으로 치우쳐 흘러가는 형세 등을 붙들어 잡다.
2. 마음을 진정하거나 억제하다

오답분석
② 방불하게(○): '흐릿하거나 어렴풋하다'를 나타낼 때에는 '방불하다'를 쓴다.
③ 서둘고(○): '일을 빨리 해치우려고 급하게 바삐 움직이다'를 나타낼 때에는 '서둘다'를 쓴다.
④ 갈음합니다(○): '다른 것으로 바꾸어 대신하다'를 나타낼 때에는 '갈음하다'를 쓴다.

11 어법 표준 발음법　　　난이도 ★★☆

해설　② 〈보기〉에서 (가)와 (나)에 해당하는 예는 각각 '(나이가) 젊지', '핥다'이므로 답은 ②이다.
• 젊지[점:찌]: 어간 '젊-'의 받침이 'ㄲ'이고, 뒤에 결합되는 어미의 첫소리가 'ㅈ'이므로 '젊지'는 [점:찌]로 발음한다.
• 핥다[할따]: 어간 '핥-'의 받침이 'ㄾ'이고, 뒤에 결합되는 어미의 첫소리가 'ㄷ'이므로 '핥다'는 [할따]로 발음한다.

오답분석
• 신기다[신기다]: 어간 '신-'의 받침이 'ㄴ'이고 뒤에 이어지는 어미의 첫소리가 'ㄱ'이지만 이때 '-기-'는 사동 접미사이므로 '신기다'는 [신기다]로 발음한다.
• 여덟도[여덜도]: 명사 '여덟'에 조사 '도'가 결합한 것으로, 체언 뒤에서는 경음화가 일어나지 않는다. 따라서 '여덟도'는 [여덜도]로 발음한다.

12 어법 의미 (다의어와 동음이의어)　　　난이도 ★★☆

해설　④ ① ② ③의 '타다'는 의미적 유사성이 있는 다의 관계이고 ④의 '타다'는 의미가 다른 동음이의어 관계이므로 밑줄 친 의미가 나머지 셋과 다른 것은 ④이다.
• 음악적 소질을 타고 태어났다: 이때 '타다'는 '복이나 재주, 운명 등을 선천적으로 지니다'를 뜻한다.

오답분석
① ③ 연이 바람을 타고 하늘로 올라간다, 착한 일을 한 덕분에 방송을 타게 됐다: 이때 '타다'는 '바람이나 물결, 전파 등에 실려 퍼지다'를 뜻한다.

② 부동산 경기를 타고 건축 붐이 일었다: 이때 '타다'는 '어떤 조건이나 시간, 기회 등을 이용하다'를 뜻한다.

13 어법 문장 (문장 성분)　　　난이도 ★☆☆

해설　③ '나에게'는 명사 '나'에 어떤 행동이 미치는 대상을 나타내는 부사격 조사 '에게'가 결합한 형태로, 서술어 '주었다'가 요구하는 필수적 부사어이다.

오답분석
① ② ④의 밑줄 친 부분의 문장 성분은 관형어이다.
① 새 옷을: '새'는 '사용하거나 구입한 지 얼마 되지 않은'의 뜻을 가진 관형사로, 뒤에 오는 체언 '옷'을 수식하므로 문장 성분은 관형어이다.
② 군인인 형이: 명사 '군인'과 서술격 조사 '-이(다)'가 결합한 형태로, '-이(다)'에 관형사형 어미 '-ㄴ'이 붙어 뒤에 오는 체언 '형'을 수식하므로 문장 성분은 관형어이다.
④ 시골의 풍경을: 명사 '시골'과 관형격 조사 '의'가 결합한 형태로, 뒤에 오는 체언 '풍경'을 수식하므로 문장 성분은 관형어이다.

👍 이것도 알면 **합격!**

관형어의 형식에 대해 알아두자.

① 관형사	예 오늘 새 신발을 신었다.
② 체언	예 아빠 가게는 내일 문을 닫는다.
③ 체언+관형격 조사(의)	예 친구의 아버지가 과장으로 승진하셨다.
④ 용언의 관형사형	예 하늘에는 예쁜 구름이 떠다니고 있었다.

14 어법 한글 맞춤법 (사이시옷 표기)　　　난이도 ★★☆

해설　④ 북엇국(○): '북어(北魚)+국'이 결합된 한자어와 순우리말로 된 합성어로, 앞말이 모음 'ㅓ'로 끝나고 뒷말의 첫소리 'ㄱ'이 된소리 [ㄲ]으로 발음되므로 사이시옷을 받쳐 적는다.
(사이시옷 표기: 관련 설명 58p)

오답분석
① 머릿말(×) → 머리말(○): '머리+말'이 결합된 순우리말로 된 합성어이다. 사잇소리 현상이 일어나지 않아 [머리말]로 발음하므로 사이시옷을 받쳐 적지 않는다.
② 윗층(×) → 위층(○): '위+층(層)'이 결합된 순우리말과 한자어로 된 합성어로, 앞말이 모음 'ㅟ'로 끝나지만 뒷말의 첫소리가 거센소리 [ㅊ]으로 발음되므로 사이시옷을 받쳐 적지 않는다. 참고로 사이시옷은 뒷말의 첫소리가 된소리로 나거나 'ㄴ' 소리가 덧나는 경우에만 표기한다.
③ 햇님(×) → 해님(○): 사이시옷은 합성어에서만 나타나는 표기이므로 명사 '해'와 접미사 '-님'이 결합한 파생어 '해님'에는 사이시옷을 받쳐 적지 않는다.

15 어법 한글 맞춤법 (띄어쓰기)　　　난이도 ★★☆

해설　④ 밥은∨커녕(×) → 밥은커녕(○): 이때 '은커녕'은 앞말을 지정하여 어떤 사실을 부정하는 뜻을 강조하는 보조사로, 한 단어이므로 붙여 써야 한다.

오답분석
① 칭찬받을∨만하다(○): 이때 '만하다'는 '어떤 대상이 앞말이 뜻하는 행동을 할 타당한 이유를 가질 정도로 가치가 있음을 나타내는 말'을 뜻하는 보조 형용사이므로 앞말과 띄어 쓴다.

② 말할∨수밖에(ㅇ): 이때 '수'는 어떤 일을 할 만한 능력이나 어떤 일이 일어날 가능성을 뜻하는 의존 명사이므로 용언의 관형사형 '말할'과 띄어 쓴다. 또한 '밖에는'은 '그것 말고는', '그것 이외에는'을 뜻하는 조사이므로 의존 명사 '수'와 붙여 쓴다.

③ 힘깨나(ㅇ): 이때 '깨나'는 '어느 정도 이상'의 뜻을 나타내는 보조사이므로 앞말과 붙여 쓴다.

---

16 | 어법 | 의미 (어휘의 의미 변화) | 난이도 ★☆☆

해설 ③ '어리다'의 의미가 '어리석다'에서 '나이가 적다'의 의미로 변화한 것은 단어의 의미 자체가 달라진 경우이므로 '의미 이동'에 해당한다.

---

17 | 어법＋어휘 | 국어 순화, 한자어 (한자어의 의미) | 난이도 ★★☆

해설 ② '시건장치'는 '문 등을 잠그는 장치'를 뜻하므로 이를 '멈춤장치'로 바꾸는 것은 적절하지 않다. 참고로 '시건장치'를 쉬운 표현으로 바꾼 것으로 적절한 것은 '잠금장치'이다.

오답 분석
① 일부인(日附印: 날 일, 붙을 부, 도장 인): 서류 등에 그날그날의 날짜를 찍게 만든 도장

③ ・불하(拂下: 떨칠 불, 아래 하): 국가 또는 공공 단체의 재산을 개인에게 팔아넘기는 일
   ・매각(賣却: 팔 매, 물리칠 각): 물건을 팔아버림

④ 지득하다(知得: 알 지, 얻을 득): 깨달아 알다

---

18 | 문학 | 갈래에 대한 지식 (시조) | 난이도 ★★☆

해설 ① 〈보기〉는 윤선도의 「어부사시사」로, 연시조이다. ② 「오우가」, ③ 「훈민가」, ④ 「도산십이곡」은 연시조 작품이므로 〈보기〉와 형식이 동일하나, ① 「면앙정가」는 가사에 해당하므로 〈보기〉와 형식이 다르다.

・연시조: 3(4)ㆍ4조의 4음보 율격이 3장 6구 45자 내외로 구성된 두 개 이상의 평시조가 하나의 제목으로 엮인 시조

・가사: 3(4)ㆍ4조의 4음보 율격이 길이의 제한 없이 연속되는 형식으로, 시가와 산문 중간 형태의 갈래

---

19 | 비문학 | 글의 구조 파악 (접속어의 사용) | 난이도 ★☆☆

해설 ③ ㉠의 앞에서 우리와 외국 기술자의 교류가 과학 기술, 문화생활에 영향을 주어 우리의 근대화에 실질적으로 힘이 된다는 긍정적인 내용이 제시되고 있다. 그러나 ㉠의 뒤에서는 우리가 선진 과학 기술을 수용할 수 있는 태세를 갖추지 않는다면 경제, 정치, 외교적 측면에서 부정적 결과를 초래할 수 있다는 내용이 나오므로 ㉠에는 반대, 대립되는 내용을 이어주는 '역접'의 접속어가 들어가야 한다. 따라서 답은 ③이다.

오답 분석
② ㉡의 뒤에서 앞의 내용을 바탕으로 결론을 제시하고 있으므로 ㉡에는 앞의 내용을 요약하는 기능을 하는 접속어인 '즉, 요컨대' 등이 들어가는 것이 적절하다. 그러나 '요약' 기능을 하는 접속어는 문장을 대등한 자격으로 이어주지 않으므로 ②의 설명은 적절하지 않다. 참고로 앞뒤 문장을 대등하게 이어주는 접속어로는 '그리고, 또한, 및' 등이 있다.

---

20 | 비문학 | 글의 구조 파악 (문단 배열) | 난이도 ★★☆

해설 ③ (라)-(가)-(다)-(나)의 순서가 가장 자연스럽다.

순서	중심 내용	순서 판단의 단서와 근거
(가)의 앞	온도는 생물의 동면을 결정하는 중요한 인자이지만 변덕이 심해 생물체가 속는 일이 많음	—
(라)	'미친 개나리'나 몇몇 벌레들은 따뜻한 이상 기온에 속아 꽃을 피우거나 밖으로 나왔다가 죽기도 함	키워드 '이상 기온': 생물체가 이상 기온에 속는 현상을 설명한 (가)의 앞 내용을 뒷받침하는 사례를 제시함
(가)	동면에 들어가거나 동면에서 깨어나는 일은 많은 에너지를 소모하므로 그 자체로 위험한 일임	접속어 '하지만': (라)에서 설명한 동물이 처할 수 있는 위험과는 다른 내용을 소개함
(다)	박쥐는 동면에서 깨어나면 다시 잠들더라도 대부분 다시 깨어나지 못하고 죽게 됨	키워드 '에너지', '소모': 동면에서 깨어날 때 에너지를 많이 소모하므로 위험에 처한다는 (가)의 설명을 뒷받침하는 구체적인 사례를 제시함
(나)	일부 동물들은 계절 변화에 맞추어진 생체 시계나 일광 주기를 동면의 신호로 사용함	지시어 '이런': 앞에서 언급한 비정상적으로 동면에서 깨어나 죽게 되는 현상을 가리킴

정답 및 취약점 확인

p.114

문항	정답	출제 포인트	약점 개념 확인	문항	정답	출제 포인트	약점 개념 확인
01	②	어법-표준 발음법	음의 첨가	11	②	문학-갈래에 대한 지식	소설의 시점
02	①	어법-표준 발음법	받침의 발음	12	②	문학-문학사	조선 전기 문학
03	④	문학-작품에 대한 지식	〈구지가〉	13	③	혼합-내용 추론, 한자어	矛盾, 現像, 本質
04	②	어휘-단위를 표시하는 어휘	손, 타, 쌈, 쾌	14	④	어법-문장	문장 성분
05	③	문학-작품에 대한 지식	현대 문학사	15	①	어법-표준어 사정 원칙	어원에서 멀어진 형태로 굳어져 쓰이는 표준어
06	④	문학-갈래에 대한 지식	시조	16	③	비문학-글의 구조 파악	
07	②	어법-의미	다의어의 의미(좋다)	17	④	문학-수사법	반어
08	②	문학-시어의 의미	박두진 〈해〉	18	④	어휘-한자 성어	敝衣破冠, 敝袍破笠
09	①	어법-한글 맞춤법	준말의 표기, 용언의 활용	19	④	어법-문장	문장 성분
10	③	비문학-논지 전개 방식	대조, 유추, 정의, 구분, 분류	20	①	어법-외래어 표기	로봇, 배지, 타깃, 텔레비전

---

01 어법 표준 발음법

난이도 ★★☆

해설 ② 〈보기〉에서 음의 첨가 현상이 일어나지 않는 것은 ㄱ. '등용문', ㄹ. '송별연'이므로 답은 ②이다.

ㄱ. 등용문[등용문], ㄹ. 송별연[송:벼련]: 합성어에서 앞 단어의 끝이 자음이고, 뒤 단어의 첫음절이 '이, 야, 여, 요, 유'인 경우에는 'ㄴ' 음을 첨가하여 발음한다. 다만, '등용문', '송별연'은 'ㄴ' 음을 첨가하여 발음하지 않는 예외적인 단어에 해당하므로 각각 [등용문], [송:벼련]으로 발음한다.

오답 분석
ㄴ. 한여름[한녀름]: '한-(접사)+여름(명사)'이 결합된 파생어로, 접두사의 끝이 자음 'ㄴ'으로 끝나고, 뒤 단어의 첫음절이 '여'이기 때문에 'ㄴ' 첨가 현상이 일어나 [한녀름]으로 발음한다.

ㄷ. 눈요기[눈뇨기]: '눈(명사)+요기(명사)'가 결합된 합성어로, 앞 단어의 끝이 자음 'ㄴ'으로 끝나고, 뒤 단어의 첫음절이 '요'이기 때문에 'ㄴ' 첨가 현상이 일어나 [눈뇨기]로 발음한다.

👍 이것도 알면 합격!

'ㄴ' 음이 첨가되지 않는 경우에 대해 알아두자.

「표준 발음법」제29항에 따르면 합성어 및 파생어에서, 앞말이 자음으로 끝나고 뒷말이 '이, 야, 여, 요, 유'로 시작하는 경우에는, 뒷말을 [니, 냐, 녀, 뇨, 뉴]로 발음해야 한다. 다만, 다음과 같은 단어에서는 'ㄴ(ㄹ)' 음을 첨가하여 발음하지 않는다.

예 • 6 · 25[유기오] · 3 · 1절[사밀쩔] · 8 · 15[파리로]
· 송별-연[송:벼련] · 등-용문[등용문] · 절약[저략]
· 월요일[워료일] · 목요일[모교일] · 금요일[그묘일]

02 어법 표준 발음법

난이도 ★☆☆

해설 ① 풀꽃아[풀꼬다](×) → [풀꼬차](○): '꽃' 뒤에 모음으로 시작하는 형식 형태소가 이어지므로 받침 'ㅊ'을 제 음가대로 뒤 음절로 옮겨 [풀꼬차]로 발음해야 한다.

오답 분석
② 옷 한 벌[오탄벌](○): '옷'의 'ㅅ'은 음절 말에서 대표음 [ㄷ]으로 바뀐 후 뒤에 오는 'ㅎ'과 결합하여 [ㅌ]으로 발음되므로 '옷 한 벌'의 표준 발음은 [오탄벌]이다.

③ 넓둥글다[넙뚱글다](○): 겹받침 'ㄼ'은 어말 또는 자음 앞에서 [ㄹ]로 발음되는 것이 원칙이지만 '넓둥글다'의 '넓-'은 [넙]으로 발음된다. 또한 뒤에 오는 'ㄷ'은 된소리되기로 인해 [ㄸ]으로 발음되므로 '넓둥글다'의 표준 발음은 [넙뚱글다]이다.

④ 늙습니다[늑씀니다](○): '늙'의 겹받침 'ㄺ'은 어말 또는 'ㄱ'을 제외한 자음 앞에서 [ㄱ]으로 발음되며 이로 인해 뒤에 오는 'ㅅ'이 [ㅆ]으로 발음된다. 또한 '습'의 받침 'ㅂ'은 뒤에 오는 'ㄴ'으로 인해 [ㅁ]으로 발음되므로 '늙습니다'의 표준 발음은 [늑씀니다]이다.

👍 이것도 알면 합격!

된소리되기에 대해 알아두자.

개념	'ㄱ, ㄷ, ㅂ, ㅅ, ㅈ'과 같은 예사소리가 'ㄲ, ㄸ, ㅃ, ㅆ, ㅉ'과 같은 된소리로 바뀌는 음운 변동 현상
된소리되기의 조건	1. 안울림소리와 안울림소리가 만날 때, 뒤의 예사소리가 된소리로 바뀜 예 옷고름[옫꼬름], 옆집[엽찝] 2. 용언 어간의 끝소리가 'ㄴ, ㅁ'일 때, 뒤의 예사소리가 된소리로 바뀜 예 • 껴안다[껴안따], 앉고[안꼬] • 더듬지[더듬찌], 젊지[점:찌] 3. 용언 어간의 끝소리가 'ㄹ' 혹은 관형사형 '-ㄹ'일 때, 뒤의 예사소리가 된소리로 바뀜 예 • 핥다[할따], 넓게[널께] • 갈 데가[갈떼가], 할 것을[할꺼슬] 4. 한자어에서 'ㄹ' 받침 뒤에 연결되는 자음 'ㄷ, ㅅ, ㅈ'은 된소리로 바뀜 예 갈등[갈뜽], 일시[일씨], 발전[발쩐]

03 문학 작품에 대한 지식 (고대 가요)

난이도 ★☆☆

해설 ④ ④는 '구지가'가 아닌 '공무도하가'에 대한 설명이다.

• 공무도하가(公無渡河歌): 고조선의 뱃사공 곽리자고의 아내 여옥이 지었다고 전해지는 작품으로, 우리나라에서 가장 오래된 서정시이며 집단 가요에서 개인적 서정시로 넘어가는 과도기적 작품이다.

① '구지가'는 향가 발생 이전에 창작된 고대 시가이다. 참고로 한국의 시가 문학은 '고대 시가(고대 가요) → 향가 → 고려 가요' 등의 순으로 발전되었다.

② '구지가'는 '환기-요구-가정-위협'의 순서대로 전개되며 가락국의 군중이 임금을 맞이하기 위해 불렀던 주술적인 목적을 지닌 노래이다.
- 1구(환기): 신령한 존재인 거북을 부름
- 2구(요구): 거북에게 머리를 내어놓으라고 요구함
- 3구(가정): 머리를 내어놓지 않는 상황을 가정함
- 4구(위협): 거북을 구워 먹겠다고 위협함

③ '구지가'는 음악, 시가, 무용이 어우러진 원시 종합 예술의 특징을 지닌 작품이다. 이는 '구지가'의 배경 설화를 통해 알 수 있다.

👍 이것도 알면 **합격!**

'구지가'의 성격과 배경 설화를 알아두자.

1. 성격: '구지가'는 마을 사람들이 모여 흙을 두드리며 노래를 불렀다는 점에서 집단적·제의적 성격이 짙은 노동요이며, 무엇인가를 염원하며 불렀다는 점에서 주술요의 성격도 지닌다. 또한 땅을 파는 연극적 행위와 춤, 노래가 함께 이루어진 것으로 보아 원시 종합 예술이었음을 짐작할 수 있다.

2. 배경 설화: 계욕일(액을 덜기 위해 목욕하고 술을 마시던 날)에 구지봉에서 누군가를 부르는 이상한 소리가 들려와 수백 명의 사람들이 모이니 사람 소리는 있는 것 같으나 모습은 보이지 않고 "여기에 사람이 있느냐?" 하는 말소리만 들렸다. 구간 등이 "우리들이 있습니다." 하자, "하늘이 내게 명하여 이곳에 나라를 세우고 임금이 되라 하시므로 여기에 왔으니, 너희는 이 봉우리의 흙을 파서 모으면서 노래를 불러라. '거북아. 거북아. 머리를 내 놓아라. 내놓지 않으면 구워서 먹으리라.' 하면서 춤을 추면 하늘에서 내려 주는 대왕을 맞이하여 기뻐서 춤추게 될 것이다"라고 하였다. 구간 등이 그 말대로 즐거이 노래하며 춤추고 나니 하늘에서 황금 알 여섯이 내려와 각각 사람으로 변해 여섯 가야의 왕이 되었다.

---

04 어휘 단위를 표시하는 어휘 난이도 ★☆☆

해설 ② 단위 명사의 수량이 적은 것부터 나열한 것은 ② '고등어 한 손 < 양말 한 타 < 북어 한 쾌 < 바늘 한 쌈'이다.
- 손: 한 손에 잡을 만한 분량을 세는 단위. 조기, 고등어, 배추 등 한 손은 큰 것 하나와 작은 것 하나를 합한 것(2마리)을 이르고, 미나리나 파 등 한 손은 한 줌 분량을 이름
- 타: 물건 열두 개를 한 단위로 세는 말
- 쾌: 북어를 묶어 세는 단위. 한 쾌는 북어 스무 마리를 이름
- 쌈: 바늘을 묶어 세는 단위. 한 쌈은 바늘 스물네 개를 이름

05 문학 작품에 대한 지식 (소설) 난이도 ★★★

해설 ③ 〈보기〉에 제시된 소설의 시대적 배경을 시간 순으로 나열한 것은 ③ 'ㄹ → ㄱ → ㄴ → ㄷ'이다.
- ㄹ. 염상섭의 「삼대」: 1919년 3·1 운동을 전후한 우리나라의 암담하고 혼란스러운 시대상을 사실적으로 그려낸 작품
- ㄱ. 최인훈의 「광장」: 1945년 해방 이후부터 1950년 6·25 전쟁까지의 혼란스러운 시대 상황을 당대 지식인의 시선으로 나타낸 작품
- ㄴ. 황석영의 「무기의 그늘」: 1960년~1975년에 일어난 베트남 전쟁의 숨겨진 본질을 다룬 작품
- ㄷ. 한강의 「소년이 온다」: 1980년 5월 18일에 일어난 광주 민주화 운동을 배경으로 하는 작품

---

06 문학 갈래에 대한 지식 (시조) 난이도 ★☆☆

해설 ④ 〈보기〉는 시조에 대한 설명으로, 시조에 해당하는 작품은 ④ 「도산십이곡」이다.
- 「도산십이곡」: 조선시대에 퇴계 이황이 지은 연시조로 모두 12수로 구성되어 있으며, 전 6곡은 언지(言志), 후 6곡은 언학(言學)의 내용으로 구성되어 있다.

오답
분석 ① 「한림별곡」: 고려 고종 때 한림(翰林)의 학자들이 지은 작품으로 경기체가에 속한다.
② 「월인천강지곡」: 조선 세종 31년(1449)에 세종이 석가모니의 공덕을 찬양하며 지은 노래를 실은 책으로, 악장에 속한다.
③ 「상춘곡」: 조선 성종 때 정극인이 지은 가사로, 우리나라 최초의 가사라는 점에 의의가 있다. 자연 속에서 유유자적(悠悠自適)한 생활을 보내며, 봄날의 경치를 예찬하는 내용으로 구성되어 있다.

07 어법 의미 (다의어의 의미) 난이도 ★★☆

해설 ② 〈보기〉의 '좋다'는 '신체적 조건이나 건강 상태가 보통 이상의 수준이다'라는 의미로, 이것과 문맥적 의미가 가장 가까운 것은 ② '서울 간 길에 한 번 뵈올 땐 혈색이 좋으셨는데?'의 '좋다'이다.

오답
분석 ① 그녀의 성격은 더할 수 없이 좋다: 이때 '좋다'는 '성품이나 인격 등이 원만하거나 선하다'를 뜻한다.
③ 다음 주 토요일은 결혼식을 하기에는 매우 좋은 날이다: 이때 '좋다'는 '날짜나 기회 등이 상서롭다'를 뜻한다.
④ 대화를 하는 그의 말투는 기분이 상쾌할 정도로 좋았다: 이때 '좋다'는 '말씨나 태도 등이 상대의 기분을 언짢게 하지 않을 만큼 부드럽다'를 뜻한다.

08 문학 시어의 의미 난이도 ★★☆

해설 ② 제시된 작품은 어둠과 밝음의 이미지를 대비시켜 밝음의 세계가 오기를 바라는 화자의 소망을 드러내고 있다. 이때 어둠을 살라먹는 ㉠'해'와 화자가 좋아하는 공간인 ㉢'청산', 그리고 볕이 바로 드는 곳을 의미하는 ㉣'양지'는 밝음의 세계를 의미한다. 그러나 골짜기의 달밤이 싫다는 표현을 통해 ㉡'골짜기'는 어둠의 세계를 의미함을 알 수 있다. 따라서 답은 ②이다.

👍 이것도 알면 **합격!**

박두진 '해'에 사용된 대립적 이미지에 대해 알아두자.

이 시는 밝음과 어둠의 대립적 이미지를 활용하여 밝고 평화로운 세계가 오기를 바라는 화자의 소망을 노래하고 있다.

밝음		어둠
해, 청산, 양지	⇔ 대립	어둠, 달밤, 눈물 같은 골짜기, 아무도 없는 뜰

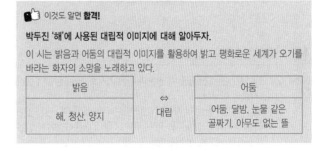

---

09 어법 한글 맞춤법 (맞춤법에 맞는 표기) 난이도 ★★☆

해설 ① 돼라는(×) → 되라는(○): '되다'의 어간 '되-'에 '-라고 하는'의 준말인 '-라는'이 결합한 것이므로 '되라는'으로 써야 한다.

오답
분석 ② 되었다(○): 기본형 '되다'의 어간 '되-'에 선어말 어미 '-었-', 어말 어미 '-다'가 결합된 것이다. 참고로, '되었-'이 줄어들 경우 '됐다'도 옳은 표현이다.

③ **돼라**(○): '돼라'는 '되어라'의 준말이다. 기본형 '되다'의 어간 '되-'에 어미 '-어라'가 결합된 것인데, 어간 모음 'ㅚ' 뒤에 '-어'가 붙었기 때문에 'ㅙ'로 줄어질 수 있다.

④ **되고**(○): 기본형 '되다'의 어간 '되-'에 연결 어미 '-고'가 결합된 것이다.

10 비문학 논지 전개 방식 난이도 ★★☆

해설 ③ 〈보기〉와 ③에는 모두 대상들의 차이점을 밝혀 설명하는 '대조'의 방식이 사용되었으므로 답은 ③이다. 참고로 〈보기〉에는 '대조'뿐만 아니라 베르그의 견해를 빌려 진술하는 '인용'의 방식도 사용되었다. (논지 전개 방식: 관련 설명 24p)
- 〈보기〉: 인간과 동물의 차이점을 밝혀 설명하고 있다.
- ③: 세균과 바이러스의 크기나 번식 방법 등의 차이점을 밝혀 설명하고 있다.

오답 분석
① **유추**: '좋은 음식'이 만들어지기 위해서는 여러 가지 조건이 반영되어야 하는 것처럼 '좋은 교육' 역시 다양한 조건이 어우러져야 한다는 결론을 이끌어 내고 있다.
② • **정의**: '기호'의 뜻을 분명하게 규정하여 설명하고 있다.
  • **구분**: 상위 항목인 '기호'를 하위 항목인 '수학, 신호등, 언어, 벌들의 춤사위'로 나누어 설명하고 있다.
④ **분류**: 하위 항목인 '고사리'와 '고비'를 상위 항목인 '양치식물'로 묶어 설명하고 있다.

11 문학 갈래에 대한 지식 (소설) 난이도 ★☆☆

해설 ② 〈보기〉는 '일인칭 관찰자 시점'에 대한 설명이다. '일인칭 관찰자 시점'은 작품 속 인물인 '나'가 관찰자의 입장에서 주인공에 대해 서술하는 시점을 말한다. 서술의 초점은 '나'가 아니라 주인공에게 있으며 독자는 '나'의 서술을 통해 주인공의 심리나 성격을 추측하게 된다.

오답 분석
① **일인칭 주인공 시점**: 작품 속 주인공인 '나'가 자신의 이야기를 서술하는 시점이다.
③ **전지적 작가 시점**: 서술자가 전지전능한 입장에서 작품 속 등장인물들의 내면 심리, 성격, 행동 등을 서술하는 시점이다.
④ **작가 관찰자 시점(3인칭 관찰자 시점)**: 서술자가 외부 관찰자의 입장에서 객관적인 태도로 서술해 나가는 방식이다.

12 문학 문학사 (고전 문학사) 난이도 ★★★

해설 ② 「면앙정가」는 조선 중종 때 송순이 지은 가사로, 송강 정철이 창작한 작품이 아니다.
- **「면앙정가」**: '송순'이 자신의 고향인 전라남도 담양에 '면앙정'이라는 정자를 짓고 은거하면서 주위 자연의 아름다움에서 얻은 흥취를 사계절의 변화에 따라 노래한 가사이다.

오답 분석
① ③ ④는 모두 송강 정철이 창작한 가사이다.
① **「속미인곡」**: 임금을 그리워하는 정을 두 여인의 대화 형식으로 읊은 연군 가사이다.
③ **「관동별곡」**: 금강산 및 관동 팔경을 유람하며 그 경치에 대한 감탄과 더불어 관리로서의 책임감(우국, 연군, 애민)과 개인으로서의 욕망(풍류) 사이의 갈등을 노래한 가사이다.
④ **「사미인곡」**: 임금에 대한 그리움과 충정을 여성적 화자를 통해 노래한 충신연주지사의 가사이다.

13 비문학+어휘 내용 추론, 한자어 난이도 ★★★

해설 ③ ㉠ 앞에서는 물속에 잠긴 나무 막대기가 굽어 보이지만 실제로는 굽지 않은 사실에 대해 말하고 있다. 이렇듯 이치상 상반되는 내용을 언급하고 있으므로 ㉠에는 '矛盾(모순)'이 들어가는 것이 적절하다. 또한 ㉡에는 '사물이나 사태의 보임새'를 뜻하는 단어인 '現象(현상)'이 들어가야 하며 ㉢에는 '사물이나 사태의 참모습'을 뜻하는 단어인 '本質(본질)'이 들어가야 한다.
- ㉠ **矛盾**(모순: 창 모, 방패 순): 어떤 사실의 앞뒤, 또는 두 사실이 이치상 어긋나서 서로 맞지 않음을 이르는 말
- ㉡ **現象**(현상: 나타날 현, 코끼리 상): 인간이 지각할 수 있는, 사물의 모양과 상태
- ㉢ **本質**(본질: 근본 본, 바탕 질): 본디부터 가지고 있는 사물 자체의 성질이나 모습

오답 분석
- **葛藤**(갈등: 칡 갈, 등나무 등): 칡과 등나무가 서로 얽히는 것과 같이, 개인이나 집단 사이에 목표나 이해관계가 달라 서로 적대시하거나 충돌함. 또는 그런 상태
- **假象**(가상: 거짓 가, 코끼리 상): 주관적으로는 실제 있는 것처럼 보이나 객관적으로는 존재하지 않는 거짓 현상
- **根本**(근본: 뿌리 근, 근본 본): 사물의 본질이나 본바탕

14 어법 문장 (문장 성분) 난이도 ★★☆

해설 ④ '정부에서'는 주어이고, ① '시장에서', ② '마음에서', ③ '이에서'는 모두 부사어이므로, 문장 성분이 다른 하나는 ④이다.
- **정부에서** 실시한 조사 결과가 발표되었다: 이때 '정부에서'는 '명사+주격 조사'로 이루어진 주어이다. 참고로 '에서'는 일반적으로 부사격 조사로 사용되지만, 단체를 나타내는 명사 뒤에 붙어 앞말이 주어임을 나타내는 주격 조사로도 쓰일 수 있다.

오답 분석
① ② ③ '명사+부사격 조사'로 이루어진 부사어이다.
① 이 물건은 **시장에서** 사 왔다: 이때 '에서'는 앞말이 행동이 이루어지고 있는 처소의 부사격 조사이다.
② 고마운 **마음에서** 드리는 말씀입니다: 이때 '에서'는 앞말이 근거의 뜻을 갖는 부사어임을 나타내는 부사격 조사이다.
③ **이에서** 어찌 더 나쁠 수가 있겠어요?: 이때 '에서'는 앞말이 비교의 기준이 되는 점의 뜻을 갖는 부사어임을 나타내는 부사격 조사이다.

15 어법 표준어 사정 원칙 난이도 ★☆☆

해설 ① '강낭콩, 고샅, 사글세'는 모두 언중의 어원 의식이 약해져서 어원으로부터 멀어진 형태로 널리 쓰이기에 표준어로 삼은 말이다. 따라서 〈보기〉의 단어들에 공통적으로 적용되는 표준어 규정에 대한 설명은 ①이다.
- **강낭콩**: 중국의 '강남(江南)' 지방에서 들어온 콩이라 붙여진 이름인데, '강남'의 형태가 '강낭'으로 변함
- **고샅**: '지붕을 일 때에 쓰는 새끼'를 뜻하는 말의 어원은 '고삳'이나 어원에 대한 의식이 희박해져 조사가 붙은 형태가 [고사시/고사슬] 등으로 발음되고 있으므로 '고샅'으로 정해짐
- **사글세**: '월세(月貰)'와 뜻이 같은 말로서 '삭월세'와 '사글세'가 모두 쓰였으나 '삭월세'를 한자어 '朔月貰'로 나타내는 것은 '사글세'의 음을 단순히 한자로 흉내 낸 것이므로 '사글세'만을 표준으로 삼음

오답 분석
② '갈비(가리×)', '굴젓(구젓×)' 등이 이에 해당한다.
③ '상추(상치×)', '나무라다(나무래다×)' 등이 이에 해당한다.
④ '본새(뽄새×)', '봉숭아(봉숭화×)'가 이에 해당한다.

16 비문학 글의 구조 파악 (접속어의 사용) 난이도 ★★☆

해설 ③ ㉠의 앞뒤 내용이 모두 원인과 결과의 관계이므로 ㉠에는 앞서 말한 일이 뒤에서 말할 일의 원인, 이유, 근거가 됨을 나타내는 ③ '따라서'가 들어가는 것이 적절하다.
- 첫번째 ㉠ 앞뒤 내용: 격분의 물결에서 안정성, 항상성, 연속성을 찾아낼 수 없어서(원인) 격분의 물결은 안정적인 논의의 맥락 속에 통합되지 못한다(결과)로 이어짐
- 두번째 ㉠ 앞뒤 내용: 분개한 시민의 염려가 자신에 대한 것이므로(원인) 그러한 염려는 금세 흩어진다(결과)는 내용임

17 문학 수사법 난이도 ★★☆

해설 ④ 〈보기〉는 반어법에 대한 설명으로, 이 표현 방법이 적용된 시구는 ④이다. ④의 화자는 사랑하는 임이 자신을 떠난다는 슬픈 상황에서 오히려 눈물을 흘리지 않겠다고 반대로 표현함으로써 자신의 슬픔을 강조하고 있다.

오답 분석
① 직유법: 연결어 '같이'를 사용하여 전달하고자 하는 바를 '햇발'과 '샘물'에 직접 빗대어 표현하였다.
② 상징: 의미 있는 존재라는 추상적인 내용을 구체적인 대상인 '꽃'으로 표현하였다.
③ 의인법: '나무를 기르는 법(인내심)', '벼랑에 오르지 못하는 법(겸손함)'으로 사람을 다스린다는 표현을 통해 '산'에 인격적 특성을 부여하여 사람처럼 행동하는 이미지를 형성하였다.

18 어휘 한자 성어 난이도 ★★☆

해설 ④ '폐의파관(敝衣破冠)'과 '폐포파립(敝袍破笠)'은 모두 '해어진 옷과 부서진 갓'이란 뜻으로, 초라한 차림새를 비유적으로 이르는 말이다. 참고로 또 다른 유사한 의미의 한자 성어로 '폐의파립(敝衣破笠)'이 있다.

오답 분석
① • 경국지색(傾國之色): '임금이 혹하여 나라가 기울어져도 모를 정도의 미인'이라는 뜻으로, 뛰어나게 아름다운 미인을 이르는 말
- 경중미인(鏡中美人): '거울에 비친 미인'이라는 뜻으로, 실속 없는 일을 비유적으로 이르는 말
② • 지록위마(指鹿爲馬): 윗사람을 농락하여 권세를 마음대로 함을 이르는 말
- 지란지화(芝蘭之化): '지초와 난초의 감화'라는 뜻으로, 좋은 친구와 사귀면 자연히 그 아름다운 덕에 감화됨을 이르는 말
③ • 목불식정(目不識丁): '아주 간단한 글자인 '丁' 자를 보고도 그것이 '고무래'인 줄을 알지 못한다'라는 뜻으로, 아주 까막눈임을 이르는 말
- 목불인견(目不忍見): 눈앞에 벌어진 상황 등을 눈 뜨고는 차마 볼 수 없음을 이르는 말

19 어법 문장 (서술어의 자릿수) 난이도 ★★☆

해설 ④ '넓다'는 주어(길이)만을 필요로 하는 한 자리 서술어이지만 ① ② ③에 쓰인 서술어는 주어 외에 또 하나의 문장 성분을 필요로 하는 두 자리 서술어이다.

오답 분석
① 그림이 실물과 같다: '같다'는 '~와(과) 같다'의 형태로 쓰이며 주어(그림이)와 필수적 부사어(실물과)를 모두 필요로 하는 서술어이다.
② 나는 학생이 아니다: '아니다'는 '~이 아니다'의 형태로 쓰이며 주어(나는)와 보어(학생이)를 모두 필요로 하는 서술어이다.

③ 지호가 종을 울렸다: '울렸다'는 '~을(를) 울렸다'의 형태로 쓰이며 주어(지호가)와 목적어(종을)를 모두 필요로 하는 서술어이다.

20 어법 외래어 표기 난이도 ★★☆

해설 ① 「외래어 표기법」에 맞지 않는 단어는 '플룻(flute)' 뿐이다.
- flute 플룻(×) → 플루트(○): 'flute'는 [fluːt]로 소리 나고, 이때 어말의 [t]는 '으'를 붙여 '트'로 적어야 한다. 따라서 '플루트'로 표기해야 한다.

오답 분석
- robot 로봇(○), target 타깃(○): 짧은 모음 다음의 어말 무성 파열음 [t]는 받침으로 적으므로 각각 '로봇', '타깃'으로 표기한다.
- badge 배지(○): 'badge'는 [bædʒ]로 소리 나는데 이때 [dʒ]는 '지'로 적는다. 따라서 '배지'로 표기한다.
- television 텔레비전(○)

정답 및 취약점 확인

p.118

문항	정답	출제 포인트	약점 개념 확인	문항	정답	출제 포인트	약점 개념 확인
01	②	어법-문장	문장 성분	11	③	어법-한글 맞춤법	준말의 표기
02	②	어법-한글 맞춤법	접두사가 붙어서 된 말의 표기	12	④	어법-언어의 본질	언어의 특징
03	①	혼합-주제 및 중심 내용 파악, 한자어	이희중 〈편견〉, 偏見	13	④	문학-시어의 의미	이육사 〈절정〉
04	③	어휘-속담, 한자 성어	언 발에 오줌 누기, 雪上加霜	14	③	어법-단어	동사와 형용사의 구분
05	①	어법-중세 국어	훈민정음의 제자 원리	15	①	문학-내용 추리	박완서 〈그 여자네 집〉
06	②	어법-외래어 표기	파카	16	④	비문학-내용 추론	
07	④	어법-국어의 로마자 표기	Hallasan	17	③	문학-작품의 종합적 감상	김승옥 〈서울, 1964년 겨울〉
08	①	문학-작품에 대한 지식	황진이 〈동짓돌 기나긴 밤을〉	18	④	문학-주제 및 중심 내용 파악	이황 〈도산십이곡〉
09	③	어법-한글 맞춤법	본용언과 보조 용언의 띄어쓰기	19	①	문학-시어의 의미	신동엽 〈누가 하늘을 보았다 하는가〉
10	②	어법-한글 맞춤법	웃어른, 사흗날, 베갯잇, 적잖은, 생각건대, 하마터면, 홑몸, 밋밋하다, 선율	20	②	어법-표준 발음법	음의 동화·첨가, 받침의 발음

---

01 어법 문장 (문장 성분)   난이도 ★★☆

해설 ② '마음만은'은 주어이고, ① '밥도', ③ '물만', ④ '사투리까지'는 모두 목적어이므로 문장 성분이 다른 하나는 ②이다.
  • 마음(명사)+만(보조사)+은(보조사): '명사+보조사'로 이루어진 주어이다. 이때 '마음만은'은 주격 조사가 생략되고 보조사가 사용된 것이다.

오답 분석 ①③④ '명사+보조사'로 이루어진 목적어이다. 이때 '밥도', '물만', '사투리까지'는 목적격 조사가 생략되고 보조사가 사용된 것이다.
  ① 밥(명사)+도(보조사)
  ③ 물(명사)+만(보조사)
  ④ 사투리(명사)+까지(보조사)

02 어법 한글 맞춤법 (맞춤법에 맞는 표기)   난이도 ★★★

해설 ② 한글 맞춤법에 따라 바르게 표기한 것은 '시뻘겋다, 시허옇다, 싯누렇다'이므로 답은 ②이다.
  • 시뻘겋다, 시허옇다(○): 접두사 '시-'는 어두음이 된소리나 거센소리 또는 'ㅎ'이고 첫음절의 모음이 'ㅓ, ㅜ'인 색채를 나타내는 일부 형용사 '뻘겋다, 허옇다' 앞에 결합하여 '매우 짙고 선명하게'의 뜻을 더하므로, '시뻘겋다', '시허옇다'가 바르게 표기된 것이다.
  • 싯누렇다(○): 접두사 '싯-'은 어두음이 울림소리 'ㄴ'이고 첫음절의 모음이 'ㅓ, ㅜ'인 색채를 나타내는 형용사 '누렇다' 앞에 결합하여 '매우 짙고 선명하게'의 뜻을 더하므로, '싯누렇다'는 바르게 표기된 것이다.

오답 분석 ① 싯퍼렇다(×) → 시퍼렇다(○)
  ③ 새퍼렇다(×) → 시퍼렇다(○)
  ④ 시하얗다(×) → 새하얗다(○)

03 문학+어휘 주제 및 중심 내용 파악, 한자어   난이도 ★★☆

해설 ① 제시된 작품은 서로 다른 성향이나 생각을 지닌 사람들을 대비하여 나열하고 있다. 이는 사람들이 모두 한쪽으로 치우친 생각을 하는 존재임을 이야기하는 것이므로 이 시의 제목으로 가장 적절한 한자어는 ① 편견(偏見)이다.
  • 편견(偏見: 치우칠 편, 볼 견): 공정하지 못하고 한쪽으로 치우친 생각

오답 분석 ② 불화(不和: 아닐 불, 화할 화): 서로 화합하지 못함. 또는 서로 사이좋게 지내지 못함
  ③ 오해(誤解: 그르칠 오, 풀 해): 그릇되게 해석하거나 뜻을 잘못 앎. 또는 그런 해석이나 이해
  ④ 독선(獨善: 홀로 독, 착할 선): 1. 자기 혼자만이 옳다고 믿고 행동하는 일 2. 남을 돌보지 않고 자기 한 몸의 처신만을 온전하게 함

04 어휘 속담, 한자 성어   난이도 ★★☆

해설 ③ '언 발에 오줌 누기'와 '雪上加霜(설상가상)'은 서로 의미가 유사하지 않으므로 답은 ③이다.
  • 언 발에 오줌 누기: '언 발을 녹이려고 오줌을 누어 봤자 효력이 별로 없다'라는 뜻으로, 임시변통은 될지 모르나 그 효력이 오래가지 못할 뿐만 아니라 결국에는 사태가 더 나빠짐을 비유적으로 이르는 말
  • 雪上加霜(설상가상): '눈 위에 서리가 덮인다'라는 뜻으로, 난처한 일이나 불행한 일이 잇따라 일어남을 이르는 말

오답 분석 ① • 원님 덕에 나팔 분다: '사또와 동행한 덕분에 나팔 불고 요란히 맞아 주는 호화로운 대접을 받는다'라는 뜻으로, 남의 덕으로 당치도 않은 행세를 하게 되거나 그런 대접을 받고 우쭐대는 모양을 비유적으로 이르는 말
  • 狐假虎威(호가호위): 남의 권세를 빌려 위세를 부림
  ② • 소 잃고 외양간 고친다: '소를 도둑맞은 다음에서야 빈 외양간의 허물어진 데를 고치느라 수선을 떤다'라는 뜻으로, 일이 이미 잘못된 뒤에는 손을 써도 소용이 없음을 비꼬는 말

- 晚時之歎(만시지탄): 시기에 늦어 기회를 놓쳤음을 안타까워하는 탄식
④ • 낫 놓고 기역자도 모른다: '기역 자 모양으로 생긴 낫을 보면서도 기역 자를 모른다'라는 뜻으로, 아주 무식함을 비유적으로 이르는 말
- 目不識丁(목불식정): '아주 간단한 글자인 '丁' 자를 보고도 그것이 '고무래'인 줄을 알지 못한다'라는 뜻으로, 아주 까막눈임을 이르는 말

05 어법 중세 국어 (훈민정음) 난이도 ★★☆

해설 ① 'ㄹ'은 'ㄴ'의 이체자이다. 따라서 ⊙ '가획자'에 해당하는 글자가 아닌 것은 ①이다.

오답 분석
② 'ㄷ'은 혓소리 'ㄴ'의 가획자이다.
③ 'ㅂ'은 입술소리 'ㅁ'의 가획자이다.
④ 'ㅊ'은 잇소리 'ㅅ'의 가획자이다.

👍 이것도 알면 **합격!**

훈민정음의 제자 원리를 알아두자.

구분	상형	기본자	가획자	이체자
어금닛소리 [牙音(아음)]	허뿌리가 목구멍을 닫는 형상을 본뜸	ㄱ	ㅋ	ㆁ
혓소리 [舌音(설음)]	허끝이 윗잇몸에 닿는 형상을 본뜸	ㄴ	ㄷ, ㅌ	ㄹ
입술소리 [脣音(순음)]	입의 형상을 본뜸	ㅁ	ㅂ, ㅍ	
잇소리 [齒音(치음)]	이의 형상을 본뜸	ㅅ	ㅈ, ㅊ	ㅿ
목소리 [喉音(후음)]	목구멍의 형상을 본뜸	ㅇ	ㆆ, ㅎ	

06 어법 외래어 표기 난이도 ★★☆

해설 ② 외래어 표기 용례로 올바른 것은 ② '파카'이다.

오답 분석
① dot 다트(×) → 도트(○)
③ flat 플래트(×) → 플랫(○)
④ chorus 코루스(×) → 코러스(○)

07 어법 국어의 로마자 표기 난이도 ★★☆

해설 ④ ⓔ 한라산[할:라산] Hallasan(○): 국어의 로마자 표기에서 [ㄹㄹ]은 'll'로 적으므로 'Hallasan'은 옳은 표기이다.

오답 분석
① ⊙ 다락골[다락꼴] Dalakgol(×) → Darakgol(○): 'ㄹ'은 모음 앞에서는 'r'로, 자음 앞이나 어말에서는 'l'로 적어야 한다. 참고로 된소리되기는 로마자 표기에 반영하지 않는다.
② ⓛ 국망봉[궁망봉] Gukmangbong(×) → Gungmangbong(○): 받침 'ㄱ'이 'ㅁ'과 만나 [ㅇ]으로 발음되는 비음화 현상이 나타나므로 자음 동화의 결과를 로마자 표기에 반영하여 적어야 한다.
③ ⓒ 낭림산[낭:님산] Nangrimsan(×) → Nangnimsan(○): 받침 'ㅇ'이 'ㄹ'과 만나 'ㄹ'이 [ㄴ]으로 발음되는 비음화 현상이 나타나므로 자음 동화의 결과를 로마자 표기에 반영하여 적어야 한다.

👍 이것도 알면 **합격!**

음운 변화와 관련된 로마자 표기법을 알아두자.

1. 음운 변화가 일어날 때에는 변화의 결과에 따라 적음

음운 변화	예
자음 동화	백마[뱅마] Baengma, 신문로[신문노] Sinmunno, 종로[종노] Jongno, 왕십리[왕심니] Wangsimni, 별내[별래] Byeollae, 신라[실라] Silla
ㄴ, ㄹ이 덧나는 경우	학여울[항녀울] Hangnyeoul, 알약[알략] allyak
구개음화	해돋이[해도지] haedoji, 같이[가치] gachi, 굳히다[구치다] guchida
ㄱ, ㄷ, ㅂ, ㅈ+ㅎ → 거센소리	좋고[조코] joko, 놓다[노타] nota, 잡혀[자펴] japyeo, 낳지[나치] nachi

2. 다만, 체언에서 'ㄱ, ㄷ, ㅂ' 뒤에 'ㅎ'이 따를 때에는 'ㅎ'을 밝혀 적음
예 묵호 Mukho, 집현전 Jiphyeonjeon

3. 된소리는 표기에 반영하지 않음
예 압구정 Apgujeong, 낙동강 Nakdonggang, 죽변 Jukbyeon, 울산 Ulsan, 합정 Hapjeong, 팔당 Paldang, 샛별 saetbyeol, 낙성대 Nakseongdae

08 문학 작품에 대한 지식 (시조) 난이도 ★★☆

해설 ① 제시된 작품은 사랑하는 임을 향한 그리움과 임을 기다리는 간절한 마음을 표현한 황진이의 시조이다. 화자는 동지의 긴 밤을 잘라 내어 이불 아래 넣어 두었다가 임이 오신 날 밤에 펴겠다고 말하고 있다. 따라서 ⊙에는 사물의 가운데 부분을 의미하는 '허리'가, ⓛ에는 따뜻한 봄바람을 의미하는 '春風(춘풍)'이 들어가는 것이 적절하므로 답은 ①이다. (황진이, '동짓달 기나긴 밤'의 주제 및 특징: 관련 설명 71p)

지문 풀이
동짓달 긴 밤의 한가운데를 베어 내어
봄바람처럼 따뜻한 이불 아래에 서리서리 넣어 두었다가.
정든 임이 오시는 날 밤이면 굽이굽이 펴리라.　　　– 황진이의 시조

09 어법 한글 맞춤법 (띄어쓰기) 난이도 ★★☆

해설 ③ 떠내려∨가∨버렸다(×) → 떠내려가∨버렸다(○): '떠내려가다'는 '물 위에 떠서 물결을 따라 옮겨 가다'라는 뜻의 한 단어이므로 붙여 써야 한다. 참고로 '버리다'는 앞말이 나타내는 행동이 이미 끝났음을 나타내는 보조 용언으로, 앞말이 합성 동사이며 그 활용형이 3음절이므로 띄어 쓴다.

오답 분석
① 꺼져∨간다(○): '꺼지다(본용언)＋가다(보조 용언)'가 결합한 단어이므로 띄어 쓴다.
② 아는척한다(○): '알다(본용언)＋척하다(보조 용언)'이 결합한 단어이므로 띄어 쓰는 것이 원칙이다. 다만 '관형사형＋보조 용언(의존 명사＋-하다)' 구성이므로 붙여 쓸 수 있다.
④ 올∨듯도∨하다(○): '오다(본용언)＋듯하다(보조 용언)'이 결합한 단어이다. 이때 한 단어인 '듯하다'의 중간에 보조사 '도'가 들어간 경우에는 띄어 쓴다.

10 어법 한글 맞춤법 (맞춤법에 맞는 표기) 난이도 ★☆☆

해설 ② '닐리리, 남존녀비, 혜택'은 모두 올바르지 않은 표기이다.
- 닐리리(×)→ 늴리리(○): 자음을 첫소리로 가지고 있는 음절의 '늬'는 [ㅣ]로 소리가 나더라도 '늬'로 적어야 한다.
- 남존녀비(×)→ 남존여비(○): 접두사처럼 쓰이는 한자가 붙어서 된 말이나 합성어에서, 뒷말의 첫소리가 [ㄴ] 소리로 나더라도 두음 법칙에 따라 적어야 한다.
- 혜택(×)→ 혜택(○): '혜'의 'ㅖ'는 [ㅔ]로 소리 나는 경우가 있더라도 'ㅖ'로 적어야 한다.

오답 분석 ① • 웃어른(○): '웃+어른'이 결합한 단어로, '어른'은 위아래의 대립이 없는 단어이므로 접두사 '웃-'을 쓴다.
- 사흗날(○): '사흘+날'이 결합한 단어로, 끝소리가 'ㄹ'인 말과 다른 말이 어울릴 적에 'ㄹ' 소리가 'ㄷ' 소리로 나는 것은 'ㄷ'으로 적는다.
- 베갯잇(○): '베개+잇'이 결합한 순우리말 합성어로, 앞말이 모음 'ㅐ'로 끝나고 뒷말의 첫소리 모음 'ㅣ' 앞에서 'ㄴㄴ' 소리가 덧나므로 사이시옷을 받쳐 적는다.
③ • 적잖은(○): '적지 않은'의 준말로, '-지 않-'은 '-잖-'으로 줄여 쓴다.
- 생각건대(○): '생각하건대'의 준말로, 안울림소리 받침 'ㄱ' 뒤에서 어간의 끝음절 '하'가 아주 줄 적에는 거센소리로 표기하지 않고 준 대로 적는다.
- 하마터면(○): '조금만 잘못하였더라면'을 뜻하는 단어는 '하마터면'이다. 참고로 '하마트면'은 '하마터면'의 잘못된 표기이다.
④ • 홑몸(○): '딸린 사람이 없는 혼자의 몸'을 뜻하는 단어는 '홑몸'이다. 참고로 '홀몸'은 '배우자나 형제가 없는 사람'을 뜻한다.
- 밋밋하다(○): 한 단어 안에서 같은 음절이 겹쳐나는 부분은 같은 글자로 적는다.
- 선율(○): 'ㄴ' 받침 뒤에 오는 접미사 '-렬/률'은 '-열/율'로 적는다.

👍 이것도 알면 **합격!**

'위-/윗-/웃-'의 표기를 알아두자.

구분	조건	예
위-	• 위/아래의 대립이 있는 단어 • 된소리 · 거센소리 앞	위짝, 위쪽, 위채, 위층, 위치마, 위턱, 위팔
윗-	• 위/아래의 대립이 있는 단어 • 예사소리 앞	윗눈썹, 윗니, 윗도리, 윗몸, 윗배, 윗수염, 윗입술
웃-	위/아래의 대립이 없는 단어	웃국, 웃기, 웃돈, 웃비, 웃어른, 웃옷

11 어법 한글 맞춤법 (맞춤법에 맞는 표기) 난이도 ★★☆

해설 ③ 익숙치(×)→ 익숙지(○): '익숙지'는 '익숙하지'의 준말로, 안울림소리 'ㄱ' 뒤에서는 어간의 끝음절 '하'가 아주 줄어들므로 올바르게 표기된 경우가 아닌 것은 ③이다.

오답 분석 ① 섭섭지(○): '섭섭지'는 '섭섭하지'의 준말로, 안울림소리 'ㅂ' 뒤에서는 어간의 끝 음절 '하'가 아주 줄어든다.
② 흔타(○): '흔타'는 '흔하다'의 준말로, 울림소리 'ㄴ' 뒤에서는 어간의 끝음절 '하'의 'ㅏ'가 줄고 'ㅎ'이 다음 음절의 첫소리 'ㄷ'과 어울려 거센소리 'ㅌ'으로 될 적에는 거센소리로 적는다.
④ 정결타(○): '정결타'는 '정결하다'의 준말로, 울림소리 'ㄹ' 뒤에서는 어간의 끝음절 '하'의 'ㅏ' 가 줄고 'ㅎ'이 다음 음절의 첫소리 'ㄷ'과 어울려 거센소리 'ㅌ'으로 될 적에는 거센소리로 적는다.

12 어법 언어의 본질 (언어의 특성) 난이도 ★★☆

해설 ④ ㉠규칙성은 언어에는 일정한 규칙과 체계로 짜여진 구조가 있다는 특성이다. 〈보기1〉의 (라)는 같은 의미를 가진 말을 나라마다 다르게 표현한다는 것으로, 이는 언어의 의미와 말소리 사이에는 필연적인 관계가 없음을 의미하는 언어의 자의성과 관련이 있다. 따라서 언어의 특성이 잘못 짝지어진 것은 ④이다.

오답 분석 ① ㉡역사성은 언어가 시간의 흐름에 따라 생성, 발전(변화), 소멸한다는 특성이다. 〈보기1〉의 (가)는 '방송(放送)'의 의미가 처음에는 '석방'에서 시간이 흐름에 따라 '보도'로 변화하였다는 것으로 언어의 역사성과 관련이 있다.
② ㉣사회성은 언어가 언어를 사용하는 사람들 간의 사회적 약속이라고 보는 특성이다. 〈보기1〉의 (나)는 '밥'의 말소리를 개인이 임의로 [밥]에서 [법]으로 바꾸면 사회적 약속이 깨져 다른 사람들과 의사소통이 불가능하다는 것으로 언어의 사회성과 관련이 있다.
③ ㉢창조성은 언어를 상황에 따라 새로운 말들로 만들어 표현할 수 있다는 특성이다. 〈보기1〉의 (다)는 '종이가 찢어졌어'라는 말을 배운 아이가 새로운 문장인 '책이 찢어졌어'를 만들어 표현하였다는 것으로 언어의 창조성과 관련이 있다.

👍 이것도 알면 **합격!**

언어의 특징을 알아두자.

조음 위치	해당 자음
기호성	언어는 음성과 뜻이 결합하여 나타나는 기호 체계임
자의성	언어의 의미(내용)와 말소리(형식) 사이에는 필연적인 관계가 없음
사회성	어떤 말소리에 일정한 뜻이 주어진 후에는, 그 언어가 언어를 사용하는 사람들 사이에서 사회적 약속으로 굳어진 것이므로 개인이 임의로 바꿀 수 없음
역사성	언어는 시간이 지나면서 새로 만들어지기도 하고(생성), 변하기도 하며(발전), 없어지기도 함(소멸)
분절성	언어는 여러 단위로 나누어지거나 결합할 수 있음. 또한 언어는 외부 세계를 반영할 때, 있는 그대로를 반영하지 않고 연속적으로 이루어져 있는 세계를 불연속적인 것처럼 끊어서 표현함
추상성	'추상(抽象)'이란 서로 다른 개별적이고 구체적인 대상으로부터 공통적인 요소를 뽑아 일반적인 개념으로 파악하는 것임. 대부분의 단어들은 상당한 수준의 추상화 과정을 거쳐 형성된 개념을 전달함
규칙성	언어에는 일정한 규칙인 문법이 있음
창조성	언어는 상황에 따라 새로운 말들을 만들어 표현할 수 있음

13 문학 시어의 의미 난이도 ★★☆

해설 ④ ㉣'재겨디딜'은 '발끝이나 발뒤꿈치만으로 땅을 디디다'를 의미하는 현대어 '제겨디디다'를 가리키는 말이다. 따라서 ㉣'재겨디딜'을 '재껴 디딜'로 옮긴 것은 적절하지 않다.

👍 이것도 알면 **합격!**

이육사, '절정'의 주제와 특징을 알아두자.

1. 주제: 현실적 한계 상황에서의 초월적 인식
2. 특징
   - 역설적 표현을 통해 주제를 효과적으로 드러냄
   - 남성적 어조를 통해 화자 자신의 의지와 결단을 보임
   - 한시의 '기-승-전-결'과 유사한 시상 전개 방식을 따름

14 어법 단어 (품사의 구분) 난이도 ★★☆

해설 ③ 품사가 나머지와 다른 하나는 ③이다. 이때 '밝는'은 '밤이 지나고 환해지며 새날이 오다'라는 뜻으로, 용언의 어간 '밝-'에 현재를 나타내는 관형사형 어미 '-는'이 붙은 동사이다.

오답 ① 이때 '밝구나'는 '빛깔의 느낌이 환하고 산뜻하다'라는 뜻이므로 형
분석 용사이다.

② 이때 '밝단다'는 '예측되는 미래 상황이 긍정적이고 좋다'라는 뜻이므로 형용사이다.

④ 이때 '밝은'은 '생각이나 태도가 분명하고 바르다'라는 뜻이므로 형용사이다.

15 문학 내용 추리 난이도 ★★☆

해설 ① ㉠과 ㉡에는 각각 '원로, 낭송하고 싶은 시가 있었다는 게'가 순서대로 들어가므로 답은 ①이다.

• ㉠: 2~4번째 줄을 통해 내가 시를 낭송해 달라는 요청을 받은 이유는 '원로'이기 때문임을 알 수 있다.

• ㉡: 끝에서 4~5번째 줄을 통해 내가 시 낭송 요청을 받아들인 이유는 낭송하고 싶은 시가 있었기 때문임을 알 수 있다.

16 비문학 내용 추론 난이도 ★★☆

해설 ④ 제시문은 '직설'과 '완곡함'을 대비하며 서술하고 있다. 이때 '완곡함'은 듣고 읽는 이가 비켜갈 '틈'을 주고, 화자와 독자의 교행이 이루어지는 '공간'을 준다. 또한 상상의 '여지'를 박탈하는 글이 군림하는 세상은 살풍경하다고 하였으므로, ① '틈', ② '공간', ③ '여지'는 '완곡함'과 문맥적 의미가 유사하다. 반면 ④ '세상'은 물태와 인정이 극으로 나뉜다고 하였으므로 '직설'과 문맥적 의미가 유사하다. 따라서 문맥적 의미가 다른 하나는 ④ '세상'이다.

17 문학 작품의 종합적 감상 (소설) 난이도 ★☆☆

해설 ③ 제시된 작품은 김승옥의 '서울, 1964년 겨울'로, 혼자 있기 싫다는 '아저씨'의 요구에도 '나'와 '안'은 '잠'을 잔다는 핑계로 거절한다. 따라서 '잠'은 타인에게 무관심한 현대인 모습을 나타내는 것일 뿐 현실을 초월한 삶에 대한 강렬한 동경을 환기하는 매개체라는 설명은 적절하지 않으므로 답은 ③이다.

오답 ① 나란히 붙은 세 개의 방에 각각 들어가는 행위, 피곤하다며 '아저
분석 씨'의 요구를 거절하는 행위 등을 통해 물화된 도시의 삶이 만든 비정함, 절망감, 권태 등이 바탕에 깔려 있음을 알 수 있다.

② '나', '안', '아저씨'와 같이 이름이 언급되지 않는 모습, 숙박계에 거짓으로 이름, 주소, 나이, 직업을 쓰는 모습 등을 통해 주인공들이 익명적 존재로 기호화되어 있음을 알 수 있다.

④ 화투는 '나'가 마지못해 제안한 놀이이므로 절망과 권태를 견디는 의미 없는 놀이의 상징으로 볼 수 있다.

👍 이것도 알면 합격!

김승옥, '서울, 1964년 겨울'에 대해 알아두자.

1. '서울, 1964년 겨울'이라는 제목의 의미
1964년 당시 서울의 사람들은 자유를 박탈당한 채, 정치적으로 혼란한 사회 현실 속에서 개인주의적 성향을 띠며 살아가고 있었다. 이처럼 혼란한 사회적 현실이 작품 속에서 차갑고 혹독한 계절인 겨울로 형상화된 것이다.

2. '서울, 1964년 겨울'에 등장하는 인물들의 태도

나	사내(아저씨)를 동정어린 시선으로 바라보지만, 자신의 세계에 틀어박혀 남을 도울 여유가 없음
사내 (아저씨)	자신이 겪은 사연을 털어놓으며 '나', '안'과 함께 고뇌를 나누고 싶어 함
안	사내(아저씨)가 자살을 할 것을 인지하였으나 이를 외면함

→ 작가는 이를 통해 연대감이 상실되고 인간관계가 단절된 현대 사회의 단면을 보여줌

18 문학 주제 및 중심 내용 파악 난이도 ★★☆

해설 ④ 〈보기〉와 ④ 모두 성현의 가르침을 따라 학문 수양에 정진해야 한다는 내용을 담고 있다.

• 〈보기〉: 경전 공부를 통해 성현이 주는 가르침을 얻을 수 있도록 노력해야 한다는 내용이다.

• ④: 이황의 '도산십이곡' 제9곡으로, 시적 화자는 고인(古人)의 삶의 방식을 따라 자신도 학문 수양에 정진하는 삶을 살겠다는 의지를 밝히고 있다. (이황, '도산십이곡'의 주제와 구조: 관련 설명 39p)

오답 ① 장부의 호탕한 기개와 우국충정을 표현한 이순신의 시조이다.
분석
② 고산의 아름다운 경치를 표현한 이이의 연시조 '고산구곡가' 중 9곡이다.

③ 강호에서 자연을 즐기며 임금의 은혜에 감사를 표현한 맹사성의 연시조 '강호사시가' 중 동사(冬詞)이다.

지문 ① 십년 가온 칼이 칼집 속에서 우는구나.
풀이 　관산을 바라보며 때때로 만져 보니.
　장부의 위국공훈을 어느 때에 드리울고
　　　　　　　　　　　　　　　 – 이순신의 시조

② 아홉 번째로 경치 좋은 곳이 어디인가? 문산에 한 해가 저물었구나.
　기암괴석이 눈 속에 묻혀 버렸도다.
　사람들은 오지 아니하고 볼 것 없다 하더라.
　　　　　　　　　　　　　　 – 이이, '고산구곡가'

③ 강호에 겨울이 찾아오니 쌓인 눈의 깊이가 한 자가 넘는다.
　삿갓을 비스듬히 쓰고 도롱이를 둘러 덧옷을 삼으니
　이 몸이 춥지 않게 지내는 것도 역시 임금님의 은덕이시도다.
　　　　　　　　　　　　　　 – 맹사성, '강호사시가'

④ 고인도 날 못 보고 나도 고인을 못 뵈었으니
　고인을 못 뵈었어도 그분들이 가던 길이 앞에 있네
　가던 길 앞에 있거늘 아니 가고 어쩔고.
　　　　　　　　　　　　　　 – 이황, '도산십이곡'

19 문학 시어의 의미 난이도 ★★☆

해설 ① ㉠은 사람들이 하늘로 착각하고 있는 대상이자, 맑은 하늘을 바라볼 수 없게 만드는 장애물이고, ㉡ '발톱'은 조국에 위협을 가하는 부정적인 대상이다. 따라서 ㉠과 ㉡ '발톱' 모두 억압과 위협을 상징하는 부정적인 시어이므로 답은 ①이다.

오답 ② '초례청'은 이념의 대립을 초월한 화합의 장소를 의미하는 시어이다.
분석
③ '완충지대'는 분단과 대립이 사라진 화해를 의미하는 시어이다.

④ '봄'은 평화와 민주주의를 의미하는 시어이다.

신동엽, '누가 하늘을 보았다 하는가'에 대해 알아두자.

1. 주제: 억압 및 구속의 역사에 대한 비판적 인식과 희망찬 미래에 대한 소망

2. 대립적 시어의 상징적 의미

하늘	억압적인 시대적 상황에서 민중들이 추구했던 진정한 자유, 평화로운 세상을 상징함

⇕

먹구름, 쇠항아리	민중들이 진정한 형태의 하늘을 바라볼 수 없도록 만드는 장애물로, 억압과 구속을 상징함

---

20 | 어법 | 표준 발음법

난이도 ★★☆

해설 ② 신문[심문](×) → [신문](○): [심문]은 치조음인 받침 'ㄴ'이 양순음 'ㅁ'에 동화되어 양순음 [ㅁ]으로 발음된 것(양순음화)으로, 표준 발음으로 인정되지 않는다. 따라서 답은 ②이다.

오답 분석
① 물난리[물랄리](○): '물'의 받침 'ㄹ'의 영향을 받아 '난'의 첫소리 'ㄴ'이 [ㄹ]로 발음되고, '리'의 첫소리 'ㄹ'의 영향을 받아 '난'의 받침 'ㄴ'이 [ㄹ]로 발음된다.

③ 밟는다[밤ː는다](○): 겹받침 'ㄼ'이 자음 앞에서 [ㅂ]으로 발음된 후, 비음 'ㄴ'의 영향을 받아 [ㅁ]으로 발음된다.

④ 한여름[한녀름](○): '한-(접사)+여름(명사)'이 결합된 파생어로, 앞 단어의 끝이 자음 'ㄴ'이고 뒤 단어의 첫음절이 '여'인 경우 'ㄴ' 음을 첨가하여 발음한다.

정답 및 취약점 확인

p.122

문항	정답	출제 포인트	약점 개념 확인	문항	정답	출제 포인트	약점 개념 확인
01	④	어법-표준어 사정 원칙	단수·복수 표준어	11	①	비문학-관점과 태도 파악	
02	①	어법-올바른 문장 표현	문장 성분·문법 요소의 적절성	12	②	어휘-나이와 관련된 어휘	희수, 화갑, 백수, 미수
03	②	문학-작품에 대한 지식	박경리 〈토지〉, 손창섭 〈비오는 날〉, 장용학 〈요한시집〉, 박완서 〈엄마의 말뚝〉	13	④	어법-한글 맞춤법	용언의 활용, 준말의 표기
04	③	어휘-속담	물도 가다 구비를 친다	14	①	어법-단어	관형사와 부사의 구분
05	②	비문학-세부 내용 파악		15	②	어법-한글 맞춤법	조사·의존 명사의 띄어쓰기
06	③	어휘-한자 성어	矯角殺牛, 改過不吝, 輕擧妄動, 附和雷同	16	②	문학-문학 감상의 관점	문학 감상의 관점
07	③	어법-말소리	교체, 첨가	17	①	어법-단어	본용언과 보조 용언의 구분
08	③	어법-단어	품사의 구분	18	①	비문학-글의 전략 파악	정의, 예시
09	④	문학-문학사	1960~1980년대 문학	19	①	문학-작품에 대한 지식	김상헌 〈가노라 삼각산아〉
10	①	어법-표준 발음법	받침의 발음	20	④	문학-작품에 대한 지식	김승옥 〈무진기행〉

---

01 어법 표준어 사정 원칙 (표준어의 구분) 난이도 ★★☆

해설 ④ '개발새발, 이쁘다, 마실'은 표준어이나 '덩쿨'은 비표준어이므로 답은 ④이다. 참고로 '개발새발, 이쁘다, 마실'은 모두 복수 표준어이다.
- 개발새발/괴발개발(○): 글씨를 되는대로 아무렇게나 써 놓은 모양을 이르는 말
- 이쁘다/예쁘다(○)
- 마실/마을(○): 이웃에 놀러 다니는 일
- 덩쿨(×) → 넝쿨/덩굴(○): 길게 뻗어 나가면서 다른 물건을 감기도 하고 땅바닥에 퍼지기도 하는 식물의 줄기

02 어법 올바른 문장 표현 난이도 ★★☆

해설 ① 한국 정부는 ~ 일본에 강력히 항의하였다(○): 무정 명사인 '일본' 뒤에 조사 '에'를 사용하였으므로 ①은 어법상 옳은 문장이다. 참고로, 사람이나 동물 등의 유정 명사 뒤에는 조사 '에게'를 사용한다.

오답 분석 ② 경영 혁신이 요구되어지다(×) → 경영 혁신이 요구된다(○): 피동 표현 '-되다'에 피동의 뜻을 더하는 접미사 '-어지다'가 결합한 '-되어지다'는 피동 표현이 중복 사용된 것이므로 옳지 않다. 따라서 '요구된다'로 고쳐 쓰는 것이 자연스럽다.
③ 이것은 ~ 생각이 든다(×) → 이것은 ~ 사실을 나타낸다(○): 주어와 서술어의 호응이 옳지 않은 문장이다. 따라서 주어인 '이것은'과 호응하는 서술어 '나타낸다'를 넣어 고쳐 쓰는 것이 자연스럽다. 또한 '나타낸다'는 목적어를 필수 성분으로 하는 서술어이므로 이에 호응하는 적절한 목적어를 넣어 고쳐 쓰는 것이 자연스럽다.
④ 16강 티켓 가능성이 높은 편이다(×) → 16강 티켓을 얻게 될 가능성이 높은 편이다(○): 목적어 '16강 티켓을'과 호응하는 서술어가 생략되어 있으므로 옳지 않은 문장이다. 목적어 '16강 티켓을'과 호응하는 서술어를 넣어 '16강 티켓을 얻게 될 가능성이 높은 편이다'로 고쳐 쓰는 것이 자연스럽다.

03 문학 작품에 대한 지식 난이도 ★★☆

해설 ② 박경리의 『토지』는 1897년부터 1945년 광복까지를 시대적 배경으로 하는 소설이므로 1950년에 일어난 6·25전쟁과는 거리가 멀다. 반면 ①③④는 모두 6·25전쟁 시기를 시대적 배경으로 하는 소설이므로 답은 ②이다.

오답 분석 ① 손창섭, 『비오는 날』: 6·25전쟁 직후의 부산을 배경으로 주인공 남매의 불행한 삶을 그린 소설이다.
③ 장용학, 『요한시집』: 6·25전쟁 중 포로가 된 주인공의 의식을 중심으로, 1950년대의 이데올로기 문제를 탐구하고 폭로한 소설이다.
④ 박완서, 『엄마의 말뚝』: 6·25전쟁과 분단의 비극을 겪은 어머니의 삶을 통해 전쟁의 상처를 안고 살아가는 개인의 피해 의식을 나타낸 소설이다.

04 어휘 속담 난이도 ★★☆

해설 ③ '권력의 무상함'을 나타내는 속담으로 가장 옳지 않은 것은 ③이다.
- 물도 가다 구비를 친다: 사람의 한평생에는 전환기가 있기 마련이라는 말

오답 분석 ①②④는 모두 '권력의 무상함'을 나타내는 속담이다.
① 달도 차면 기운다: 세상의 온갖 것이 한번 번성하면 다시 쇠하기 마련이라는 말
② 열흘 붉은 꽃이 없다: 부귀영화란 일시적인 것이어서 그 한때가 지나면 그만임을 비유적으로 이르는 말
④ 꽃이 시들면 오던 나비도 안 온다: 사람이 세도가 좋을 때는 늘 찾아오다가 그 처지가 보잘것없게 되면 찾아오지 않음을 비유적으로 이르는 말

05 | 비문학 | 세부 내용 파악 난이도 ★★☆

해설 ② 2문단 1~3번째 줄을 통해 인디언들은 구세계의 병원균에 대한 면역성이 없었음을 알 수 있으므로 답은 ②이다.
[관련 부분] 인디언들이 죽은 주된 요인은 구세계의 병원균이었다. 인디언들은 그런 질병에 노출된 적이 없었으므로 면역성이나 유전적인 저항력이 전혀 없었다.

오답 분석
① 1문단을 통해 인디언들이 살고 있던 곳은 '북아메리카'이고 사람들은 이곳을 '신세계'라고 지칭하였음을 알 수 있다. 이어서 2문단 1번째 줄에서 인디언들의 주요 사망 원인이 '구세계'의 병원균이라고 하였으므로, 이는 유럽인이었던 콜럼버스가 구세계로부터 왔음을 알 수 있다. 이러한 내용들을 종합하였을 때, 유럽은 구세계였고, 아메리카는 신세계였음을 추론할 수 있다.
[관련 부분] 인디언들이 죽은 주된 요인은 구세계의 병원균이었다.

③ 2문단 끝에서 1~5번째 줄을 통해 만단족 인디언들의 인구 감소는 무기가 아니라 천연두 때문이었음을 알 수 있다.
[관련 부분] 만단족 인디언들은 ~ 천연두에 걸렸다. 만단족의 한 마을은 몇 주 사이에 인구 2000명에서 40명으로 곤두박질쳤다.

④ 1문단 끝에서 4~5번째 줄을 통해 콜럼버스가 도착하기 전의 북아메리카에는 약 2000만 명의 인디언이 살았음을 알 수 있다.
[관련 부분] 인디언들이 처음에는 약 2000만 명에 달했다는 것을 알게 되었다.

06 | 어휘 | 한자 성어 난이도 ★★☆

해설 ③ 〈보기〉의 괄호 안에는 부분적 결점을 바로잡으려다 본질을 해친다는 의미의 한자 성어가 들어가야 한다. 따라서 괄호 안에는 '잘못된 점을 고치려다가 그 방법이나 정도가 지나쳐 오히려 일을 그르침'을 뜻하는 ③ '矯角殺牛(교각살우)'가 들어가는 것이 적절하다.

오답 분석
① 개과불린(改過不吝): 허물을 고침에 인색하지 않음을 이르는 말
② 경거망동(輕擧妄動): 경솔하여 생각 없이 망령되게 행동함. 또는 그런 행동
④ 부화뇌동(附和雷同): 줏대 없이 남의 의견에 따라 움직임

07 | 어법 | 말소리 (음운의 변동) 난이도 ★★☆

해설 ③ '꽃내음[꼰내음], 바깥일[바깐닐], 학력[항녁]'에는 모두 비음화 현상이 적용되므로 답은 ③이다.
• 꽃내음(음절의 끝소리 규칙, 비음화): '꽃내음[꼰내음]'은 음절의 끝소리 규칙에 따라 '꽃'의 받침 'ㅊ'이 대표음 [ㄷ]으로 바뀌어 발음된 후 [ㄷ]이 비음 [ㄴ]과 만나 비음 [ㄴ]으로 발음되는 비음화 현상이 나타난다.
• 바깥일(음절의 끝소리 규칙, ㄴ 첨가, 비음화): '바깥일[바깐닐]'은 '바깥(명사)+일(명사)'이 결합한 합성어이다. 먼저 음절의 끝소리 규칙에 따라 '끝'의 받침 'ㅌ'이 대표음 [ㄷ]으로 바뀌어 [바깥일]로 발음된다. 그리고 뒷말의 첫소리 모음 'ㅣ' 앞에서 [ㄴ] 소리가 첨가되어 [바깐닐]로 발음된다. 마지막으로 [ㄷ]이 비음 [ㄴ]과 만나 비음 [ㄴ]으로 발음되는 비음화 현상이 나타난다.
• 학력(비음화): '학력[항녁]'은 'ㄹ'의 비음화 현상이 나타나는데, 먼저 '력'의 'ㄹ'이 앞의 'ㄱ' 받침 영향으로 인해 [ㄴ]으로 발음된다. 그리고 '학'의 받침 'ㄱ'이 [ㄴ]의 영향으로 [ㅇ]으로 발음된다.

오답 분석
① 중화: 서로 다른 요소가 특정한 조건에서 변별 기능을 잃고 구별되지 않는 현상
[예] '낟', '낫', '낯', '낱' 등에 쓰인 받침소리는 모두 'ㄷ'으로 발음됨

08 | 어법 | 단어 (품사의 구분) 난이도 ★★☆

해설 ③ 밑줄 친 단어의 품사가 옳지 않은 것은 ③이다.
• 열을 배우면 백을 안다. 〈명사〉(×) → 〈수사〉(○): 수를 나타내는 단어의 품사는 수사 또는 관형사인데, 이때 '백'은 조사 '을'과 결합하였으므로 수사이다.
• 열 사람이 백 말을 한다. 〈관형사〉(○): 이때 '백'은 단어 뒤에 조사가 없으며, '백'이 체언인 '말'을 수식하고 있으므로 관형사이다.

오답 분석
① • 참을 만큼 참았다. 〈의존 명사〉(○): 이때 '만큼'은 용언의 관형사형 뒤에서 '앞의 내용에 상당한 수량이나 정도'를 뜻하므로 의존 명사이다.
• 사람만큼 할 수 있다. 〈조사〉(○): 이때 '만큼'은 체언 뒤에 붙어 '앞말과 비슷한 정도나 한도'를 뜻하므로 조사이다.
② • 바람이 아니 분다. 〈부사〉(○): 이때 '아니'는 용언인 '분다'의 의미를 부정하므로 부사이다.
• 아니, 이럴 수가 있단 말인가? 〈감탄사〉(○): 이때 '아니'는 문장에서 독립적으로 쓰이므로 감탄사이다.
④ • 그는 이지적이다. 〈명사〉(○): 이때 '이지적'은 서술격 조사 '이다'와 결합하였으므로 명사이다.
• 그는 이지적 인간이다. 〈관형사〉(○): 이때 '이지적'은 조사와 결합하지 않고 체언인 '인간'을 수식하고 있으므로 관형사이다.

👍 이것도 알면 합격!

수사와 수 관형사를 구분하는 방법을 알아두자.

수사	조사가 결합할 수 있으면 수사 [예] 사람 다섯이 모였다.
수 관형사	조사가 결합할 수 없으면 수 관형사 [예] 다섯 사람이 모였다.

09 | 문학 | 문학사 (현대 문학사) 난이도 ★★☆

해설 ④ 민족 문학과 민중 문학에 대한 논의가 전개된 시기는 1970~80년대이므로 ④는 1960년대 한국 문학의 특징으로 옳지 않다. 1970~80년대에는 급격한 산업화로 인한 여러 사회 문제가 발생하였고 이를 계기로 노동자, 농민, 도시 빈민 등 민중이 창작의 주체이자 수용자가 되는 민중 문학이 등장하였다. 또한 문학의 사회 참여를 적극적으로 주장하는 민족 문학이 부흥하였다.

오답 분석
① 1960년대 한국 문학의 주요 과제는 1950년대 활발히 전개되었던 전후 문학의 한계를 극복하는 것이었다.
② 1960년 4·19혁명 이후 현실의 문제를 고발하는 사회 참여적 성격의 현실 비판 문학이 등장하였다.
③ 1960년대에는 문학의 현실 참여 문제를 둘러싼 참여 문학과 순수 문학 간의 논쟁이 수차례 전개되었다. 참여 문학이란, 문학이 사회문제 해결에 목적을 둔 문학을 뜻한다. 반면 순수 문학은 현실 및 시대의 상황과는 무관하게 예술로서의 작품 자체에 목적을 둔 문학을 의미한다.

10 | 어법 | 표준 발음법 난이도 ★★☆

해설 ① ㉠밭을[바슬](×) → [바틀](○): '밭' 뒤에 모음으로 시작하는 형식 형태소인 조사 '을'이 결합한 것이므로, '밭'의 받침 'ㅌ'을 그대로 뒤 음절 첫소리로 옮겨 [바틀]로 발음해야 한다.

오답 분석
② ⓛ 밭만[반만](○): '밭'의 받침 'ㅌ'이 음절의 끝소리 규칙에 따라 [ㄷ]으로 발음된 후 [ㄷ]이 비음 [ㅁ]과 만나 [ㄴ]으로 발음되는 비음화가 일어난다.

③ ⓒ 밭[받](○): 받침 'ㅌ'이 음절의 끝소리 규칙에 따라 [ㄷ]으로 발음된다.

④ ⓔ 밭이[바치](○): 받침 'ㅌ'이 'ㅣ'로 시작되는 형식 형태소를 만나 [ㅊ]으로 발음되는 구개음화 현상이 일어난다.

11 비문학 관점과 태도 파악 　　난이도 ★★☆

해설 ① 〈보기〉의 비판 대상으로 가장 옳지 않은 것은 ① '채식주의자'이다. 필자는 비윤리적인 식육 생산의 실상을 어느 정도 알면서도 이를 고의로 외면하는 경우를 예로 들며 '폭력적 이데올로기'를 설명하고 있다. 또한 제시문의 1~4번째 줄에서 사람들이 식육 생산의 실상을 안다면 '채식주의자'가 된다고 하였으므로, '채식주의자'는 비판의 대상이 아님을 알 수 있다.

[관련 부분] 도축장의 벽이 유리로 되어 있다면 모든 사람이 채식주의자가 될 거라고 ~ 우리가 식육 생산의 실상을 안다면 계속해서 동물을 먹을 수 없으리라고

12 어휘 나이와 관련된 어휘 　　난이도 ★★☆

해설 ② 나이와 한자어가 바르게 연결된 것은 ② '77세 - 희수(喜壽)'이다.
• 희수(喜壽): 77세. 참고로, '희(喜)' 자는 숫자 '7'을 나타내기도 하였음

오답 분석
① 화갑(華甲): 61세. '화(華)' 자를 풀면 '十(10)'이 여섯 개이고 '一(1)'이 한 개가 되는 것에서 나온 말

③ 백수(白壽): 99세. '百(100)'에서 '一(1)'을 빼면 99가 되고 '白(일백 백)' 자가 되는 데서 나온 말

④ 미수(米壽): 88세. '米(미)' 자를 풀면 '88(八十八)'이 되는 것에서 나온 말

👍 이것도 알면 합격!

나이와 관련된 어휘를 알아두자.

10살 안팎의 어린 나이	충년(沖年)	62세	진갑(進甲)
20살 안팎의 여자 나이	묘령(妙齡), 방년(芳年)	70세	고희(古稀), 종심(從心), 희수(稀壽)
20세	약관(弱冠)	80세	산수(傘壽)
50세	지명(知命), 지천명(知天命), 애년(艾年)	90세	구질(九秩)
61세	화갑(華甲), 회갑(回甲), 환갑(還甲)	99세	백수(白壽)

13 어법 한글 맞춤법 (맞춤법에 맞는 표기) 　　난이도 ★★☆

해설 ④ 압니다(○): '압니다'는 '알-+-ㅂ니다'가 결합한 것이다. 어미의 첫소리 'ㅂ' 앞에서 어간의 끝소리 'ㄹ'이 탈락하므로('ㄹ' 탈락 규칙) ④ '압니다'는 옳은 표기이다.

오답 분석
① 하면 되?(×) → 하면 돼?(○): '되다'의 어간 '되-'는 홀로 쓰일 수 없으며 어미와 결합하여 사용해야 한다. 따라서 '되'를 '되-+-어'의 준말인 '돼'로 고쳐 써야 한다.

② 합격할께요(×) → 합격할게요(○): 어떤 행동에 대한 약속이나 의지를 나타내는 종결 어미는 '-ㄹ게'이므로 '께'를 '게'로 고쳐 써야 한다. 참고로 '-ㄹ께'는 '-ㄹ게'의 잘못된 표기이다.

③ 도우고 사는 게(×) → 돕고 사는 게(○): 기본형 '돕다'는 'ㅂ' 불규칙 용언이므로 어간의 끝소리 'ㅂ'이 모음 앞에서 '오/우'로 바뀐다. 그러나 자음으로 시작하는 어미와 결합할 때는 어간의 끝소리가 바뀌지 않으므로 '도우고'를 '돕고'로 고쳐 써야 한다.

👍 이것도 알면 합격!

'ㄹ' 탈락 규칙을 알아두자.

개념	어간의 끝소리인 'ㄹ'이 어미의 첫소리 'ㄴ, ㅂ, ㅅ' 및 '-(으)오, -(으)ㄹ' 앞에서 탈락하는 활용 형식
용례	• 갈다: 갈-+-ㄴ → 간 • 날다: 날-+-는 → 나는 • 빌다: 빌-+-ㅂ시다 → 빕시다 • 어질다: 어질-+-시다 → 어지시다 • 불다: 불-+-으오 → 부오 • 살다: 살-+-을수록 → 살수록

14 어법 단어 (품사의 구분) 　　난이도 ★★☆

해설 ① 갖은 고생을 다 겪었다: 이때 '갖은'은 '여러 가지의'를 뜻하며 체언 '고생'을 수식한다. 또한 활용하지 않고 서술성이 없으므로 품사는 관형사이다. 반면 ②③④의 밑줄 친 단어는 모두 부사이므로 품사가 다른 하나는 ①이다.

오답 분석
② 바로 이것이구나: 이때 '바로'는 체언인 '이것'을 수식하는 부사이다. 참고로 부사는 주로 용언이나 문장을 수식하지만 '바로, 아주, 특히'의 경우 수량, 정도, 위치를 뜻하는 말 앞에서는 체언을 수식하기도 한다.

③ 인천으로 갔다. 그리고 배를 탔다: 이때 '그리고'는 앞 문장과 뒷 문장을 병렬적으로 연결하는 접속 부사이다.

④ 방글방글 웃는다: 이때 '방글방글'은 동사 '웃는다'를 수식하는 부사이다.

👍 이것도 알면 합격!

형용사의 관형사형과 관형사의 차이점을 알아두자.

형용사의 관형사형	활용하고 서술성을 지니며, 기본형이 존재함 예 • 새로운 옷 (기본형: 새롭다) • 그 사람은 우리와 다른 사람이다. (기본형: 다르다)
관형사	활용하지 않고, 서술성이 없으며 체언을 수식함 예 • 새 옷을 입다. • 다른 사람은 다 가고 나만 남았다.

15 어법 한글 맞춤법 (띄어쓰기) 　　난이도 ★★☆

해설 ② 철수가∨나하고(○): 이때 '하고'는 상대로 하는 대상임을 나타내는 격 조사이므로 앞말에 붙여 쓰는 것이 옳다.

오답 분석
① 수∨밖에∨없다(×) → 수밖에∨없다(○): 이때 '밖에'는 '그것 말고는', '그것 이외에는'을 뜻하는 조사이므로 앞말에 붙여 써야 한다.

③ • 아는∨체하는∨걸∨보니(○): 이때 '체'는 '그럴듯하게 꾸미는 거짓 태도나 모양'을 뜻하는 의존 명사이므로 앞말과 띄어 쓴다. 또한 이때 '걸'은 의존 명사 '것'을 구어적으로 이르는 '거'에 '를'을 구어적으로 이르는 'ㄹ'이 붙은 형태이므로 앞말과 띄어 쓴다.

- 공부∨깨나(×) → 공부깨나(○): '깨나'는 '어느 정도 이상'을 뜻하는 보조사이므로 앞말과 붙여 써야 한다.

④ 가는김에(×) → 가는∨김에(○): '김'은 '어떤 일의 기회나 계기'를 뜻하는 의존 명사이므로 앞말과 띄어 써야 한다.

16 문학 문학 감상의 관점 난이도 ★★☆

해설 ② 〈보기〉는 이광수의 '무정'을 읽은 독자가 작품을 통해 느낀 감동에 대해 서술한 글이므로, 이에 해당하는 작품 감상의 관점으로 가장 옳은 것은 ②'효용론적 관점'이다. '효용론적 관점'은 작품 외적인 세계와 작품을 연결하여 이해하는 외재적 관점 중 하나로, 독자를 중심으로 작품을 감상하는 방법이다.

오답 ① 반영론적 관점: 외재적 관점에 해당하며 작품이 현실 세계를 어떻
분석 게 반영하고 있는지 분석하는 방법이다.

③ 표현론적 관점: 외재적 관점에 해당하며 작가가 자신의 체험, 사상, 감정 등을 작품에 어떻게 표현하였는지 분석하는 방법이다.

④ 객관론적 관점: 작품 외적인 요소와는 무관하게 문학 작품의 내재적인 요소만을 분석하는 방법이다.

17 어법 단어 (본용언과 보조 용언) 난이도 ★★☆

해설 ① 줍다(본용언) + 버리다(본용언): 두 번째 용언인 '버리다'가 단독으로 서술어가 되어도 문장이 성립하므로 '버리다'는 본용언이다. 따라서 '본용언 + 보조 용언'의 구성이 아닌 것은 ①이다.
- 영수는 쓰레기를 주웠다. (ㅇ)
- 영수는 쓰레기를 버렸다. (ㅇ)

오답 ②③④는 두 번째 용언이 단독으로 서술어가 될 경우 문장이 성립
분석 하지 않으므로 '본용언 + 보조 용언'의 구성이 맞다.

② 알다(본용언) + 척하다(보조 용언): '척하다'는 보조 동사로, 앞말이 뜻하는 행동이나 상태를 거짓으로 그럴듯하게 꾸밈을 나타낸다.

③ 먹다(본용언) + 보다(보조 용언): '보다'는 보조 동사로, 어떤 행동을 시험 삼아 함을 나타낸다.

④ 알다(본용언) + 가다(보조 용언): '가다'는 보조 동사로, 말하는 이가 정하는 어떤 기준점에서 멀어지면서 앞말이 뜻하는 행동이나 상태가 계속 진행됨을 나타낸다.

18 비문학 글의 전략 파악 난이도 ★★☆

해설 ① 제시문 1~4번째 줄에서 '화랑도(花郎道)'와 '화랑도(花郎徒)'라는 용어를 정의의 방식으로 서술하였으므로 답은 ①이다.
[관련 부분] 화랑도(花郎道)란, 신라 때의 청소년들이 자신의 마음과 몸을 닦고 목숨을 바쳐 나라를 지키려는 우리 고유의 정신적 흐름을 말한다. 그리고 이를 실천하기 위하여 조직된 단체를 화랑도(花郎徒)라 한다.

오답 ②③④는 모두 제시문과 관련이 없는 설명이다.
분석

19 문학 작품에 대한 지식 (시조) 난이도 ★★☆

해설 ① 제시된 작품은 조선 중기 문신인 김상헌의 시조로, 병자호란 때 끝까지 싸울 것을 주장한 작가가 전란 후 볼모로 잡혀가며 분하고 안타까운 심정을 표현한 작품이다. ⓐ'三角山(삼각산)'의 다른 명칭은 '북한산'이므로 시조를 이해한 내용으로 옳지 않은 것은 ① 이다.

오답 ② ⓑ'漢江(한강)'은 현재 서울의 '한강'을 지칭하는 시어로, 여전히 사
분석 용되는 명칭이다.

③ ⓒ'故國(고국)'은 작가인 김상헌이 조국인 조선을 지칭하는 시어이다.

④ ⓓ'殊常ᄒ니(수상하니)'는 현대어로 풀이하면 '뒤숭숭하니'로, 병자호란 직후 혼란스러운 나라 사정을 뜻하는 시어이다.

지문
풀이 가노라 ⓐ삼각산아, 다시 보자 ⓑ한강수야. / ⓒ고국 산천을 떠나고자 하겠는가마는 / 시절이 매우 ⓓ뒤숭숭하니 올 동 말 동 하여라.

20 문학 작품에 대한 지식 (소설) 난이도 ★★☆

해설 ④ 제시된 작품은 김승옥의 '무진기행'으로, 주인공이 자신의 고향이자 추억의 공간인 무진으로 향하였으나 현실과 타협한 후 현실 공간인 서울로 돌아가는 내용을 담고 있다. 〈보기〉는 주인공 '나'가 아내의 전보를 받고 무진에서 서울로 돌아가는 장면이므로 괄호 안에 들어 갈 지명은 '무진'이다.

👍 이것도 알면 합격!

김승옥, '무진기행'의 줄거리를 알아두자.

주인공 '나'는 제약 회사의 전무가 되기 전 아내의 권유에 따라 고향 '무진'으로 향한다. '무진'은 젊은 시절의 '나'가 새 출발이 필요할 때면 찾아가서 방황하던 곳이기도 하다. 고향에서 '나'는 '하인숙'이라는 여자를 만나는데, '하인숙'은 '나'에게 자신을 서울로 데려가 달라고 부탁한다. '나'는 그런 '하인숙'에게서 과거 자신의 모습을 발견하며 이끌림을 느낀다. 그러나 '나'는 아내에게서 전보를 받자 현실과 타협하여 서울로 돌아가는 것을 선택한다. '나'는 서울로 돌아가는 차 안에서 이러한 자신의 선택에 대해 부끄러움을 느낀다.

gosi.Hackers.com

법원직 9급 출제 경향

1. 영역별 출제 문항 수 (2018~2023)

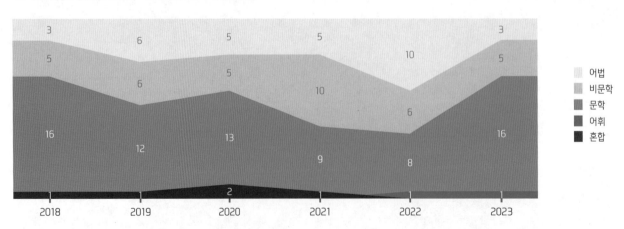

					어법
					비문학
					문학
					어휘
					혼합

법원직 9급 시험은 최근 6년 간 문학 영역이 평균 12문제가 출제되어 가장 큰 비중을 차지하였고, 그 뒤를 이어 비문학 영역이 평균 7문제가 출제되었습니다. 2022년 시험에서 어법 영역이 10문제나 출제된 것은 특이 사항입니다.

Part 4
법원직 9급

2. 영역별 최근 출제 경향 및 학습방법

법원직 시험은 법원행정처에서 출제하고 있습니다. 법원직 시험의 경우 비문학 지문 및 문학 작품의 길이가 길기 때문에 독해력을 기르기 위해 법원직 기출문제도 함께 풀어 보는 것을 추천합니다.

어법	**다양한 출제 포인트의 문제 출제** 문장, 단어, 중세 국어 등 다양한 출제 포인트의 문제가 고루 출제되었습니다. ▶ 어법 개념을 정확히 학습하고 문제 풀이를 통해 개념을 적용하는 연습을 해야 합니다. [빈출 포인트] 문장 / 단어 / 중세 국어 / 한글 맞춤법
비문학	**독해 능력을 요구하는 문제 출제** 세부 내용 파악, 내용 추론과 같이 독해력을 요구하는 문제가 출제되었으며, 글의 전략을 파악하는 문제도 꾸준히 출제되었습니다. ▶ 독해력 향상을 위해 다양한 독해 지문으로 독해 연습을 충분히 해야 합니다. [빈출 포인트] 세부 내용 파악 / 글의 전략 파악 / 내용 추론
문학	**감상 능력을 확인하거나 서술상 특징을 파악하는 문제가 출제** 작품의 종합적 감상 능력을 확인하거나 작품의 서술상 특징을 파악하는 문제가 출제되었습니다. ▶ 문학 이론을 학습한 후 이를 적용하여 문학 작품을 해석하는 연습을 충분히 해야 합니다. [빈출 포인트] 작품의 종합적 감상 / 서술상의 특징
어휘	**한자어 문제가 집중적으로 출제** 어휘 영역은 한자어의 의미를 파악하여 푸는 문제가 출제되었습니다. ▶ 빈출 한자어를 중심으로 학습하고 빈출 어휘의 표기와 의미는 반드시 암기해야 합니다. [빈출 포인트] 한자어
혼합	**어휘와 결합한 혼합 문제 출제** 비문학 지문이나 문학 작품을 어휘 영역의 한자 성어나 속담과 결합한 혼합 문제가 출제되었습니다. ▶ 비문학 지문의 독해와 문학 작품 감상을 연습하고, 한자 성어나 속담을 꾸준히 암기해야 합니다.

20회 | 2023년 법원직 9급

정답 및 취약점 확인

p.128

문항	정답	출제 포인트	약점 개념 확인	문항	정답	출제 포인트	약점 개념 확인
01	③	비문학-세부 내용 파악		14	④	문학-표현상의 특징과 효과	
02	①	비문학-세부 내용 파악		15	③	문학-적용하기	
03	③	비문학-세부 내용 파악		16	④	어법-중세 국어	
04	②	어법-단어	파생어의 형성	17	②	문학-표현상의 특징과 효과	〈공무도하가〉, 이황 〈도산십이곡〉, 〈한숨아 세 한숨아~〉
05	④	어법-문장	높임 표현	18	①	문학-화자의 정서 및 태도	김춘수 〈강우〉, 오세영 〈자화상 2〉, 김종삼 〈누군가 나에게 물었다〉, 이육사 〈꽃〉
06	②	문학-서술상의 특징	이호철 〈나상〉	19	④	문학-표현상의 특징과 효과	
07	③	문학-문장의 의미		20	②	문학-서술상의 특징	정약용 〈수오재기〉
08	①	문학-작품의 내용 파악		21	④	문학-작품의 내용 파악	
09	③	문학-작품의 종합적 감상	〈가시리〉, 김소월 〈진달래꽃〉	22	③	문학-작품의 내용 파악	
10	③	문학-시어 및 시구의 의미		23	③	비문학-글의 전략 파악	
11	④	문학-작품의 종합적 감상		24	③	어휘-한자어	內包, 誘導, 範例
12	④	문학-시어의 의미	천양희 〈그 사람의 손을 보면〉, 김수영 〈어느 날 고궁을 나오면서〉, 김기택 〈풀벌레들의 작은 귀를 생각함〉	25	②	비문학-세부 내용 파악	
13	④	문학-작품의 종합적 감상					

---

01 비문학 세부 내용 파악

난이도 ★☆☆

해설 ③ 4문단 끝에서 1~7번째 줄 내용에 따르면, 가짜 뉴스는 이윤을 내기 위해 비윤리적이거나 혐오, 선동과 같은 자극적 요소들을 포함하며, 이와 같은 가짜 뉴스는 사회 구성원들의 통합을 방해하고 극단주의를 불러일으킨다. 따라서 ㉠으로 인해 발생할 수 있는 사회적 문제로 적절한 것은 ③이다.

오답 분석
① 4문단 1~4번째 줄에서 가짜 뉴스가 광고를 통해 '돈'을 버는 방식에 대해 설명하긴 하나, 광고주와 중개 업체 사이에 위계 관계와 관련된 내용은 제시문에서 확인할 수 없다. 따라서 ①은 ㉠으로 인해 발생할 수 있는 문제로 적절하지 않다.

② 4문단 5~7번째 줄에 뉴스가 범람하는 상황에서 이용자는 선택과 집중을 할 수밖에 없다는 내용이 나오지만 이는 ㉠으로 인해 발생할 문제로 볼 수 없다. 오히려 뉴스가 범람하는 상황에서 이용자(소비자)는 선택과 집중을 통해 뉴스를 소비할 수밖에 없기 때문에, 이용자의 선택을 받고자 '돈'이 되는 가짜 뉴스를 생산하게 된 것이다.

④ 4문단 1~8번째 줄 내용에 따르면 뉴스와 관련된 돈은 대부분 광고에서 발생하고 높은 조회 수가 나오는 사이트에 높은 금액의 광고가 배치되므로 눈길을 끄는 뉴스를 만들어야 한다. 하지만 제시문에서 소비자가 비용을 지불하고 가짜 뉴스를 읽는다는 내용은 확인할 수 없으므로 ④는 ㉠으로 인해 발생할 수 있는 문제로 적절하지 않다.

02 비문학 세부 내용 파악

난이도 ★★☆

해설 ① 1문단 7~12번째 줄에서 가짜 뉴스의 정의와 범위에 대한 의견이 여러 갈래로 나뉘며, 언론사의 오보에서부터 인터넷 루머까지 가짜 뉴스는 넓은 스펙트럼 안에서 혼란스럽게 사용되고 있고, 가짜 뉴스의 기준을 정하고 범위를 좁히지 않으면 비생산적인 논란이 가중될 것이라고 하였다. 이를 통해 가짜 뉴스의 기준과 범위를 정하는 것의 어려움과 이것이 정해지지 않을 경우 발생할 수 있는 문제점은 제시문에서 확인할 수 있으나, 그 이유에 대해서는 구체적으로 제시하고 있지 않으므로 답은 ①이다.

오답 분석
② 1문단 끝에서 1~4번째 줄을 보면, 전문성을 가진 단체(한국언론학회, 한국언론진흥재단)의 세미나에서 정의한 가짜 뉴스의 개념이 제시되고 있다.

③ 1문단 1~7번째 줄에서 탈진실화에 대해 설명하면서 이를 시대적 특성이라고 하였다. 또한 탈진실의 시대가 시작되면서 가짜 뉴스가 사회적 논란거리로 떠올랐다고 제시하였다.

④ 3문단 내용에 따르면, 대중이 뉴스를 접하는 채널이 전통적 매체(신문·방송)에서 디지털 매체(포털, SNS 등)로 옮겨 가면서 가짜 뉴스가 쉽게 유통되고 확산된다. 이러한 사용 매체의 변화로 인해서 누구나 쉽게 이용하는 매체에 정식 기사의 얼굴을 하고 나타난다는 21세기형 가짜 뉴스의 특징을 제시하고 있다.

03 　비문학　세부 내용 파악　난이도 ★☆☆

해설 ③ 2문단에서 과거 1923년 관동 대지진이 났을 때 일본 내무성이 허위 정보를 퍼뜨려 조선인들이 학살되었던 사건을 가짜 뉴스의 사례로 제시하고 있다. 따라서 제시문을 읽고 나눈 대화로 적절한 것은 ③이다.

오답분석 ① 3문단 2~3번째 줄을 통해 가짜 뉴스는 더 이상 동요나 입소문을 통해 전파되지 않는 것을 알 수 있다. 현재의 가짜 뉴스는 주로 디지털 매체를 통해 유통되고 확산되고 있다.

② 1문단 3~5번째 줄에서 탈진실화는 국지적 현상이 아니라 세계적으로 나타나는 시대적 특성이라고 설명한다. 따라서 탈진실화를 특정 국가에 한정된 일이라고 보기 어렵다.

　• 국지적(局地的): 일정한 지역에 한정된

④ 2문단에서 제시한 서동요와 관동대학살 사례를 통해 가짜 뉴스가 역사 속에서 늘 반복되어 왔던 현상임을 알 수 있다. 하지만 2문단 끝에서 1~3번째 줄 내용에 따르면, 최근 일어나는 가짜 뉴스 현상이 과거의 사례와는 확연히 다르다는 점을 확인할 수 있다. 과거의 가짜 뉴스가 동요나 입소문을 통해 전파되었다면, 현재의 가짜 뉴스는 주로 누구나 쉽게 이용하는 매체를 통해 전파된다.

04 　어법　단어 (파생어)　난이도 ★★☆

해설 ② ㉠의 조건은 '어근＋접미사'로 결합된 경우를 의미하며, ㉡의 조건은 어근과 결합되는 접사가 '지배적 접사'이어야 함을 의미한다. 따라서 ㉠과 ㉡을 모두 충족하는 것은 '어근＋지배적 접미사'로 결합한 단어이므로, 답은 ②'높여야'이다.

　• 높-(어근)＋-이-(지배적 접미사)＋-어야(연결 어미): 형용사 '높다'에 사동 접미사 '-이-'가 결합하여 만들어진 파생어 '높이다'는 동사이므로 ㉠과 ㉡을 모두 충족한다.

오답분석 ① 새-(접두사)＋빨갛다(어근): 이때 '새-'는 '매우 짙고 선명하게'의 뜻을 더하는 접두사이므로 ㉠의 조건을 충족시키지 않는다. 또한 형용사 '빨갛다'에 접두사가 '새-'가 결합하여 만들어진 파생어 '새빨갛다'의 품사는 어근의 품사와 일치한다. 따라서 ① '새빨갛다'는 ㉠과 ㉡의 조건을 모두 충족시키지 않는다.

③ 읽-(어근)＋-히-(한정적 접미사)＋-다(종결 어미): 동사 '읽다'에 결합한 '-히-'는 피동 접미사이므로 ㉠의 조건은 충족한다. 그러나 '읽히다' 또한 동사이므로 어근과 품사가 일치한다. 따라서 ㉡의 조건은 충족하지 않는다.

④ 달리-(어간)＋-기(명사형 전성 어미): 이때 '달리기'는 부사 '천천히'의 수식을 받으며 서술성이 있는 용언의 명사형으로 품사는 동사이다. '-기'는 용언의 어간 뒤에 붙어 그 말이 명사 구실을 하게 하는 어미이기에 품사를 변화시키지 않는다. 따라서 ④ '달리기'는 ㉠과 ㉡의 조건을 모두 충족시키지 않는다.

👍 이것도 알면 합격!

한정적 접미사와 지배적 접미사에 대해 알아두자.

한정적 접미사	파생 접사가 어근과 결합하여 새로운 단어를 만들 때 어근의 품사를 바꾸지 않는 접사 예 풋사랑, 드높다, 잠꾸러기, 가위질
지배적 접미사	파생 접사가 어근과 결합하여 새로운 단어를 만들 때 어근의 품사를 바꾸는 접사 예 웃음, 정답다, 가난하다

접미사 '-ㅁ/-음/-기'와 명사형 어미 '-ㅁ/-음/-기'의 차이에 대해 알아두자.

접미사 '-ㅁ/-음/-기'	용언의 어간 뒤에 붙어서 용언을 명사로 파생시킴. 파생된 명사는 서술성이 없으므로 앞에 부사적 표현이 쓰일 수 없고, 관형어가 올 수 있음 예 • 앞이 모자라지 않게 공부를 해야 한다. 　• 나는 그의 순수한 웃음이 좋다. 　• 나는 육상 종목 중 달리기를 좋아한다.
명사형 어미 '-ㅁ/-음/-기'	용언의 어간 뒤에 붙어서 용언을 명사형이 되게 하는 역할을 함. 동사의 명사형은 서술성이 있어 주어를 서술하며 품사가 변하지 않음. 앞에 부사적 표현이 쓰일 수 있음 예 • 내가 그를 앎은 우연이 아니었다. 　• 그가 크게 웃음은 조국이 전쟁에서 이겼다는 소식을 들었기 때문이다. 　• 그는 너무 빨리 달리기 때문에 아무도 그를 잡을 수 없다.

05 　어법　문장 (높임 표현)　난이도 ★☆☆

해설 ④ ㉣ '편찮으셨구나'는 '편찮-＋-으시-＋-었-＋-구나'의 구성으로 주체 높임 선어말 어미 '-으시-'를 사용하여 서술의 주체인 할머니를 높였다. 따라서 객체 높임에 해당하지 않는 것은 ④이다.

(높임법의 종류: 관련 설명 28p)

오답분석 ①②③ 모두 객체 높임 표현이다.

① ㉠ 모시고(객체 높임): 객체 높임 어휘 '모시다'를 사용하여 서술의 대상인 할머니(목적어)를 높였다.

② ㉡ 할머니께(객체 높임): 부사격 조사 '에게'의 높임말인 '께'를 사용하여 서술의 대상인 할머니(부사어)를 높였다.

③ ㉢ 드린대(객체 높임): ㉢은 '(할머니께) 드린대'로 부사어가 생략된 것으로 볼 수 있다. 이때 객체 높임 어휘 '드리다'를 사용하여 서술의 대상인 할머니(부사어)를 높였다.

06 　문학　서술상의 특징　난이도 ★★☆

해설 ② 제시된 작품은 액자식 구성으로, (가)는 '나'와 '철'이 베란다 위에 앉아 이야기를 시작하는 외부 이야기이며 (나)~(마)는 6·25 전쟁 당시 포로가 된 형제의 사연을 들려주는 내부 이야기이다. 이렇듯 내화와 외화를 넘나드는 인물을 통해 과거와 현재를 교차시키며 '근원적 인간성의 소중함'과 '극한 상황 속에서 모색하는 올바른 삶의 자세'라는 주제를 전달하고 있다.

오답분석 ① (나)에서 '형이 둔감하고 위태롭도록 솔직했으며, 모자란 사람이었다고 상세히 말하며 형의 순수한 성격에 대해 직접 제시하고 있다. 다만, 이러한 형의 모습을 우스꽝스럽게 묘사하면서 희화화하고 있지는 않으므로 ①의 설명은 적절하지 않다.

③ 제시된 작품에서 등장인물의 내적 독백과 갈등은 확인할 수 없다.

④ 제시된 작품은 현재 (가)에서 과거 (나)로 장면을 전환함으로써 사건을 입체적으로 보여 주고 있다. 그러나 여러 사건을 병렬적으로 열거하여 제시하고 있지는 않으므로 ④의 설명은 적절하지 않다.

이것도 알면 합격!

이호철, '나상'에서 액자 구조의 기능에 대해 알아두자.

'나상'에서의 액자 구조는 작가가 말하고자 하는 주제 의식을 효과적으로 드러내는 장치가 되고 있다.

내부 이야기	천진난만하지만 어수룩한 '형'이 전쟁 상황 속에서 외부 폭력에 의해 희생되는 모습이 제시됨으로써 근원적인 인간성의 소중함이라는 주제가 드러남
외부 이야기	'철'이 이야기 속 '동생'임을 밝히며 현실 순응적이었던 자신의 삶에 대한 회한을 드러내고 있어, 극한 상황에서 삶의 올바른 방향이 무엇인지 모색하게 함

07 문학 문장의 의미 난이도 ★★☆

해설 ③ 형이 동생에게 무슨 일이 생기더라도 자기를 형이라고 부르지 말라고 말한 것은 자신의 죽음을 예감하면서도 동생의 신변을 더 걱정한 것으로, 이를 통해 동생을 위하는 애틋하고 지극한 형의 마음을 확인할 수 있다.

오답 분석 ① (나)에서 형이 둔감하고 위태롭도록 솔직했으며, 모자란 사람이었다고 말하는 것과 형에게는 매일 매일이 천하태평이었다는 것을 통해 형은 현실에 때 묻지 않은 순수한 인간 본연의 모습을 간직한 인물임을 알 수 있다.
② 다리가 좋지 않은 상태인 것을 경비병에게 들킬까봐 경비병의 눈치를 흘끔거리기만 하는 형의 모습을 통해 개인의 자유를 억압하는 외부의 감시가 존재함을 확인할 수 있다.
④ 포로를 감시하던 북한 경비병이 따발총을 휘둘러 쏘며 행군에 방해되는 형을 가차 없이 죽이는 장면은 전쟁의 폭력성에 근원적 인간성이 파괴되었음을 상징적으로 보여 준다.

08 문학 작품의 내용 파악 난이도 ★☆☆

해설 ① (나)에서 해방 이후 삼팔선을 넘어오는 긴장된 상황에서 '형'이 큰 소리로 자기가 있는 곳이 삼팔선이냐고 말하여 일행 모두를 놀라게 했던 일화를 제시하며 '형'의 천진난만한 모습을 보여 주었다. 따라서 제시된 작품에 대한 이해로 적절하지 않은 것은 ①이다.

오답 분석 ② (다)의 1~5번째 줄과 (라)의 7~10번째 줄에서, '동생'의 울음을 본 '형'이 울지 말라고 하며 본인도 울음을 터뜨리는 모습을 확인할 수 있다.
③ (라)의 끝에서 1~6번째 줄에서, '동생'의 귀에 어떤 말도 하지 않는 '형'으로 인해 '동생'이 서러워져 흐느끼는 모습을 확인할 수 있다.
④ (마)의 2~5번째 줄에서, 여느 때답지 않게 숙성한 사람 같은 억양으로 무슨 일이 생겨도 자신을 모른 체하라고 '동생'에게 당부하는 '형'의 모습을 확인할 수 있다.

09 문학 작품의 종합적 감상 (고려 가요, 시) 난이도 ★★☆

해설 ③ (가)와 (나) 작품 모두 이별 상황에 대한 체념과 화자의 자기희생적 태도가 드러나므로 답은 ③이다.
• (가): 3연에서 떠나는 임을 붙잡지 못하는 화자의 순종적이고 체념적인 태도가 드러나며, 4연에서는 임을 어쩔 수 없이 보내는 화자의 모습에서 소극적이고 자기희생적인 태도가 드러난다.
• (나): 1연에서 이별의 상황이 왔을 때, 임을 말없이 고이 보내 드리겠다는 화자의 체념적 태도가 드러나며, 3연에서는 시적 화자의 분신인 '꽃'을 사뿐히 즈려밟고 가라는 표현을 통해 임에 대한 원망을 초극한 희생적 사랑이 드러난다.

오답 분석 ① (가) 4연의 '가시는 듯 도셔 오쇼셔'에서 임이 올 때까지 기다리겠다는 화자의 의지와 임과의 재회를 희망하는 간절한 소망이 드러난다. 하지만 (나)에서는 임과의 재회를 희망하는 화자의 의지가 드러나는 부분을 확인할 수 없다.
② (나) 2연에서 평안북도의 지명인 '영변'을 언급함으로써 향토성을 부여하고, 이별의 상황을 구체화하고 있다. 다만 (가)에서는 구체적인 지명을 제시하지 않았다.
④ (가)에는 이별의 원인이 구체적으로 드러나 있지 않으며, (나)의 화자는 이별의 원인을 자기 자신 즉, 내부에서 찾고 있다. 또한 (가) 2연에서는 떠나는 임에 대한 원망의 감정이 고조되는 것을 확인할 수 있는 반면 (나)에는 임에 대한 원망이 드러나지 않는다.

지문 풀이 (가) 가시겠습니까, (진정으로 떠나) 가시겠습니까?
(나를) 버리고 가시겠습니까?

나는 어찌 살라 하고
(나를) 버리고 가시겠습니까?

(생각 같아서는) 붙잡아 두고 싶지만,
(혹시나 임께서) 서운하면 (다시는) 아니 올까 두렵습니다.

서러운 임을 (어쩔 수 없이) 보내옵나니,
가자마자 곧 돌아오십시오.   – 작자 미상, '가시리'

이것도 알면 합격!

제시된 작품들의 주제와 특징을 알아두자.

(가) 작자 미상 '가시리'	주제	이별의 정한(情恨)
	특징	• 간결한 형식과 소박한 시어를 사용하여 이별의 감정을 절묘하게 표현함 • 3·3·2조 3음보의 율격을 지님 • 후렴구가 반복됨
(나) 김소월 '진달래꽃'	주제	승화된 이별의 정한(情恨)
	특징	• 이별의 상황을 가정하여 시상을 전개함 • 7·5조 3음보의 민요조 율격과 '–우리다'의 반복을 통해 운율을 형성함 • 여성적이고 간절한 어조를 띰

10 문학 시어 및 시구의 의미 난이도 ★★☆

해설 ② '셜온(서러운)'의 주체를 화자로 본다면 ⓒ은 '나를 서럽게 하는 임'을 의미한다. 이는 나를 서럽게 하는 임을 떠나보내는 것이기에, 임이 이별의 상황을 아쉬워한다고 보기 어렵다. 따라서 답은 ②이다. 참고로, ⓒ을 '이별을 서러워하는 임'으로 해석하고자 한다면 '셜온'의 주체를 임으로 보아야 한다.

오답 분석 ① ㉠은 화자가 임을 떠나보내는 이유가 드러나는 대목으로, 떠나는 임을 붙잡으면 마음이 토라져서 돌아오지 않을까봐 걱정하는 화자의 모습이 드러난다. 동시에 임을 보내는 서러움을 절제하는 모습도 나타나 있다.
③ ⓒ은 임에 대한 화자의 헌신적 사랑을 형상화하기 위해 선택한 표상이자, 화자의 분신과도 같다. 즉, 떠나는 임에 대한 원망과 슬픔의 표현이기도 하며, 끝까지 변함없이 임에게 헌신하려는 화자의 순종적 사랑을 상징하는 중심 시어이다.
④ ⓔ은 떠나는 임이 슬퍼하는 나의 모습을 보고 마음이 상하실까 걱정돼 죽는 한이 있어도 눈물을 보이지 않겠다는 인고의 의지가 드러나 있다. 결국 ⓔ에는 임이 떠날 때 자신은 매우 슬퍼할 것이라는 의미가 내포된 것이므로 반어적 표현으로 볼 수 있다.

11 문학 작품의 종합적 감상 (고려 가요, 시) | 난이도 ★★☆

해설 ④ (가)와 (나) 모두 기-승-전-결의 4단 구성의 짜임을 가지고 있다.

	(가)	(나)
기(1연)	뜻밖의 이별에 대한 안타까움과 하소연	이별의 상황에 대한 체념과 순응
승(2연)	허탈감과 좌절	임에 대한 축복
전(3연)	감정의 절제와 체념	원망을 초극한 희생적 사랑
결(4연)	임이 돌아오기를 바라는 소망과 기원	인고의 의지

오답 분석
① (나)는 유사한 시구를 처음과 끝에 반복하여 작품의 주제를 강조하고 구성의 안정감을 주고 있다. 따라서 수미 상관의 형식을 보이는 것은 (나) 작품에만 해당하는 설명이다.

② (가)와 (나) 모두 시어의 반복을 통해 운율을 형성한다. (가)에서는 '가시리(가시리잇고)'의 반복을 통해 의미를 강조하면서 음악적 효과를 거두고 있으며, (나) 또한 '~우리다'의 반복을 통해 음악적 리듬감을 형성하고 있다.

③ 3·3·2조의 3음보 율격을 보이는 것은 (가) 작품에만 해당하는 설명이다. (나)는 7·5조 3음보의 율격을 가진다.

- (가): 가시리 / 가시리 / 잇고 (3음보)
  　　　　3　　　3　　　2
- (나): 나 보기가 / 역겨워 / 가실 때에는 (3음보)
  　　　　7　　　　　5

12 문학 시어의 의미 | 난이도 ★☆☆

해설 ④ 〈보기〉는 텔레비전의 빛과 소리가 사라진 후에 비로소 어둠이 지각되고, 풀벌레 소리가 인식되었음을 표현함으로써 문명과 인간의 이기를 비판하며 자연과의 공생을 노래하고 있다. 이때 ㉮ '풀벌레 소리'는 현대 문명을 뜻하는 '텔레비전'과 대조되는 긍정적 대상으로, 잊고 있던 자연의 소리를 의미한다. (가) 작품의 ㉠~㉢ 또한 모두 화자가 긍정적으로 인식하는 대상으로, 사소하거나 보잘것없는 것을 의미한다. 반면 ㉣ '보이는 빛'은 화자가 부정적으로 인식하는 대상이자, 돋보이는 것(외면적 가치)을 의미하므로 ㉮ '풀벌레 소리'와 성격이 다른 것은 ④이다.

> 👍 이것도 알면 합격!
>
> 김기택, '풀벌레들의 작은 귀를 생각함'에서 시어의 대조적 의미에 대해 알아두자.
>
> | 긍정적 의미
(자연, 생명과 관련된 것) | ↔ 대조 | 부정적 의미
(현대 문명, 장애물과 관련된 것) |
> |---|---|---|
> | 풀벌레, 별빛, 작은 귀, 여린 마음, 울음소리 | | 텔레비전, 발뒤꿈치, 현란한 빛, 전등 |

13 문학 작품의 종합적 감상 (시) | 난이도 ★★★

해설 ④ (나)의 7연에서 화자는 스스로를 자연물인 '모래, 바람, 먼지, 풀'과 대비하여 이보다 작은 존재라며 자신의 삶을 자조적으로 반성하고 있을 뿐이다. 따라서 미비한 자연물과의 대비를 통해 화자 자신의 왜소함을 극복하고 있다는 ④의 설명은 적절하지 않다.

① 1~2연에서 50원짜리 갈비에 기름 덩어리만 나왔다고 설렁탕집 주인에게 욕을 하고, 20원을 받으러 찾아오는 야경꾼들을 증오하는 등의 일상적 경험을 나열함으로써 비본질적이고 사소한 일에 분개하는 소시민적 삶에 대한 성찰이 드러난다.

② 1연 4행에서 '설렁탕집 돼지 같은 주인 년'과 같은 비속어를 사용함으로써 화자 자신의 속된 모습을 솔직하게 노출하고 있다.

③ 3연에서 화자는 자신의 옹졸함이 오래된 전통이라고 이야기하며, 포로수용소 시절의 일화를 제시하고 있다. 이는 자신의 옹졸한 언행과 태도가 과거 포로수용소에 있을 때부터 몸에 배어 체질화되었음을 고백하고 있는 것이다.

14 문학 표현상의 특징과 효과 | 난이도 ★★★

해설 ④ 역설적 인식을 통해 화자의 태도를 드러내는 것은 (가) 작품에만 해당하는 설명이다. (가)의 화자는 '구두 닦는 사람, 창문 닦는 사람, 청소하는 사람, 마음 닦는 사람'과 같이 사소하고 보잘것없는 일을 하는 사람들에게서 빛이 난다고 인식하며 대상에 대해 예찬적인 태도를 드러내는데, 이러한 화자의 태도는 4연 4행의 보이지 않는 것에서도 빛이 난다는 역설적 표현을 통해 더욱 강조되고 있다.

오답 분석
① (가)에서는 보잘것없어 보이는 '검은 것, 비누 거품, 쓰레기, 보이지 않는 것'과 상대적으로 '흰 것, 맑은 것, 깨끗한 것, 보이는 빛'을 대조적으로 제시하며 시상을 전개하고 있다. (나)에서는 '땅 주인, 구청 직원, 동회 직원'과 같이 권력(힘)을 가진 자들에게 반항하지 못하는 화자의 모습과 '이발쟁이, 야경꾼'과 같이 힘없는 자에게 사소한 일로 흥분하는 화자의 모습을 대조하여 시상을 전개하고 있다.

② (가)에서는 '구두 닦는 사람, 창문 닦는 사람, 청소하는 사람(청소부), 비누 거품, 쓰레기' 등의 일상적 시어를 사용하여 사소해 보일지라도 자신이 맡은 일을 성실하게 수행하는 삶의 소중함을 드러내고 있다. (나)에서도 '50원짜리 갈비, 20원, 스펀지, 거즈, 개 울음소리, 애놈의 투정, 은행나무 잎' 등의 일상적 시어를 사용함으로써 일상의 실제적 삶을 사실적으로 보여 주고 있다.

③ (가)의 1~4연에서 유사한 문장 구조를 반복함으로써 운율을 형성하고 있으며, (나)의 7연에서도 '얼마큼 작으냐'를 반복하고 있다.

15 문학 적용하기 | 난이도 ★☆☆

해설 ③ ⓐ '절정 위'는 사회의 자유와 정의를 위해 부정과 불의에 대항하는 모습을 의미한다. 이때 ① '악덕 기업의 제품 불매 운동', ② '불합리한 외교 조약에 대한 반대 시위', ④ '대기업의 노동 착취에 대한 비판' 모두 ⓐ '절정 위'의 삶을 구현한 것으로 볼 수 있다. 반면 ③의 상황은 커다란 부정과 불의가 아닌 자신의 개인적 불이익에 대해 불평하는 것이므로 (나)의 화자처럼 사소한 것에 분개하는 소시민적인 모습에 해당한다.

> 👍 이것도 알면 합격!
>
> 김수영, '어느 날 고궁을 나오면서'에서 화자의 태도에 대해 알아두자.
>
> 화자는 부조리한 현실과 힘 있는 권력에는 반항하지 못하고 사소한 일과 힘없는 자에게만 분개하는 자신의 소시민적 모습을 반성하며 자책하는 태도를 보인다.
>
> | 의미 있는 일 | ↔ 대조 | 사소한 일 |
> |---|---|---|
> | • 왕궁의 음탕에 분개, 언론의 자유 요구, 월남 파병 반대
• 불합리한 상황과 힘 있는 권력에 대한 저항 | | • 힘없는 자인 설렁탕집 주인, 야경꾼, 이발쟁이에게 분개함
• 스펀지 만들기와 거즈 접는 일 |

해설 ④ ⓑ와 ⓒ의 의문문의 주어는 각각 '이 사ᄅ미(이 사람이)'와 '뉘(누가)'로, 모두 3인칭임을 알 수 있다. 따라서 ⓑ와 ⓒ를 통해 주어의 인칭에 따라 의문형 어미가 다르게 나타나는 경우를 확인할 수 있다는 ④의 탐구 내용은 적절하지 않다. 참고로 ⓑ와 ⓒ는 각각 판정 의문문과 설명 의문문으로, 의문문의 종류에 따라 의문형 어미가 다르게 나타나는 사례로 보는 것이 적절하다.

- ⓑ: ⓑ는 청자에게 질문에 대한 가부(可否)를 묻는 판정 의문문으로, 의문사가 쓰이지 않았고 ᄒ라체 의문형 종결 어미 '-녀'가 사용되었다.
- ⓒ: ⓒ는 청자에게 설명을 요구하는 설명 의문문으로, 의문사 '뉘(누가)'가 쓰였고 ᄒ라체 의문형 종결 어미 '-뇨'가 사용되었다.

오답 분석 ① ⓐ-㉠: ⓐ의 '나니이다(나-+-니-+-이-+-다)'가 '났습니다'로 해석되는 것으로 보아 과거 시제 표현임을 알 수 있다. 이때 '-이-'는 ᄒ쇼셔체 평서형 어미 앞에 나타나는 상대 높임 선어말 어미로, ⓐ에서 과거 시제를 표현하는 선어말 어미는 사용되지 않았다. 따라서 ⓐ '나니이다'는 ㉠'시제 선어말 어미 없이 과거 시제를 표현하는 경우'에 해당한다.

② ⓒ-㉡: ⓒ의 '出슝ᄒ샤딕'는 '出슝ᄒ-+-시-+-오딕'가 결합한 말로 주체 높임 선어말 어미 '-시-'가 모음 어미 '-오딕' 앞에서 '-샤-'로 되고 '오'는 탈락하였다. 즉, 자음 어미나 매개모음을 갖는 어미 앞에서는 '-시-'로 실현되나 '아/어'나 '오/우'로 시작되는 모음 어미 앞에서는 '-샤-'로 쓰인다. 따라서 ⓒ'出슝ᄒ샤딕'에는 서술어의 주체를 높이는 방법 중 하나로 선어말 어미를 사용하였음을 알 수 있다. 참고로 '-오딕'는 현대 국어에서의 '-는데'나 '-되'와 같은 것으로, 전제의 기능을 가진 종속적 연결 어미이다.

③ • ⓑ-ⓒ: ⓑ의 '닐온(니ᄅ-+-오-+-ㄴ)'은 현대 국어의 '이르다'와 달리 두음 법칙의 적용을 받지 않는다.
- ⓑ-ⓔ: ⓑ의 '뜨들'은 '뜯+을'이 결합된 말로 이때 '을'은 목적격 조사이다. 목적격 조사 '을/를'은 앞말(체언)의 끝소리가 자음일 때 쓰이며, '롤/를'은 체언의 끝소리가 모음일 때 쓰인다. 그중 '을/를'은 앞 음절의 모음이 음성 모음일 때 사용하는 조사이고 이때 ⓑ '뜨들'의 'ᅳ'는 중세 국어에서 음성 모음에 해당하므로 모음 조화 현상이 엄격하게 지켜진 표현으로 볼 수 있다.

해설 ② (가)~(다) 모두 의문형 진술을 활용함으로써 화자의 정서를 드러내고 있으므로 답은 ②이다.

- (가): 4구의 '어이할꼬'와 같은 의문형 표현을 통해 임의 죽음에 대한 슬픔과 탄식, 화자의 체념적 정서가 드러난다.
- (나): 종장의 '엇졀고(어찌할 것인가?)'와 같은 의문형 진술을 통해 학문 수양에 대한 화자의 의지가 드러난다.
(이황, '도산십이곡'의 주제와 구조: 관련 설명 39p)
- (다): 초장에서 삶의 고난을 의미하는 '한숨'을 의인화하여 청자로 설정하고, '네 어닉 틈으로 드러온다(네 어느 틈으로 들어오느냐?)', '디딕글 ᄆᆞᆫ다(대굴대굴 말았느냐?)'와 같은 의문형 표현을 사용함으로써 끝없는 삶의 근심으로 인해 화자가 느끼는 답답한 마음을 드러내고 있다. ('한숨아 셰 한숨아'의 주제와 특징: 관련 설명 156p)

오답 분석 ① (다)에서만 과장적 표현이 드러난다. (다)의 중장에서 장지문의 종류와 돌쩌귀 등 유사한 사물들을 열거하며 한숨이 들어오지 못하도록 문단속하는 화자의 모습과, 그럼에도 '한숨'이 자신의 몸을 병풍처럼 덜컥 접고 족자처럼 둘둘 말아 들어왔다는 묘사 모두 과장된 표현이다. 이를 통해 시름을 막아 보려고 애를 쓰지만 결국 시름에 잠길 수밖에 없는 화자의 처지가 해학적으로 드러나고 있다.

③ (다)에서만 유사한 문장 구조의 반복이 드러난다. (다)에서는 '한숨아', '네 어닉 틈으로 드러온다'라는 문장 구조를 반복적으로 사용함으로써 끝없는 시름과 삶의 고뇌에서 벗어나고 싶은 화자의 힘겨운 감정을 강조하고 있다.

④ 반어적 표현을 통해 시적 상황을 거부하는 화자의 모습은 (가)~(다)에서 확인할 수 없다.

> (나) 옛 성현도 날 못 보고 나 또한 성현을 뵙지 못하네.
> 성현을 못 뵈도 그분들이 가던 길이 앞에 있네.
> 가던 길이 앞에 있는데 아니 가고 어찌할 것인가?
>   – 이황, '도산십이곡'
>
> (다) 한숨아 가느다란 한숨아, 네 어느 틈으로 들어오느냐?
> 고미장지, 세살장지, 가로닫이, 여닫이에 암톨쩌귀, 수톨쩌귀, 배목걸쇠 뚝딱 박고, 용 거북 자물쇠로 꼭꼭 채웠는데, 병풍처럼 덜컥 접고 족자처럼 대굴대굴 말았느냐 네 어느 틈으로 들어오느냐?
> 어찌 된 일인지 네가 오는 날 밤이면 잠 못 들어 하노라.
>   – 작자 미상

해설 ① ㉠은 물에 빠져 죽은 임에 대한 비통함과 슬픔이 집약되어 있는 구절로, '어이할꼬'를 통해 화자의 체념적인 정서가 드러나고 있다. 이와 유사한 정서가 드러나는 것은 ①이다. 김춘수의 '강우'는 아내의 죽음으로 인한 화자의 슬픈 심정을 애절하게 노래한 작품이다. 풀이 죽는다는 표현과 빗발이 한 치 앞을 못 보게 한다는 표현은 아내의 죽음을 현실로 받아들인 화자의 슬픔과 절망감을 드러낸다. 또한 마지막 행에서 지금은 어쩔 수 없다는 구절을 통해 아내의 죽음을 인정하고 체념한 화자의 정서를 확인할 수 있다.

오답 분석 ② 오세영의 '자화상 2'는 빈 가지 끝에 앉아 먼 설원을 응시하는 '검은 까마귀'의 고고한 모습을 통해 진실하고 순수한 삶을 살고자 하는 화자의 의지를 드러내고 있다.

③ 김종삼의 '누군가 나에게 물었다'에는 '그런 사람들'에 대한 긍정의 태도가 드러나고 있다. 참고로 이 작품은 인간다운 세상을 소망하는 시인이 건강하고 성실하게 하루를 살아가는 서민들의 삶을 긍정하는 작품이다.

④ 이육사의 '꽃'은 하늘도 다 끝나고 비 한 방울 내리지 않는 극한의 상황에서도 빨갛게 피어나는 '꽃'의 생명력을 통해 조국 광복에 대한 기대와 희망을 드러내고 있다.

> 👍 **이것도 알면 합격!**
>
> '공무도하가'의 구성에 따른 화자의 정서에 대해 알아두자.

	구성	화자의 정서
기(1구)	임이 물을 건너는 것에 대한 만류	애원
승(2구)	물을 건너는 임	초조
전(3구)	물에 빠져 죽은 임	절망
결(4구)	임을 잃은 화자의 슬픔과 체념	슬픔, 체념

해설 ④ 시조의 종장 첫 음보는 3음절로 고정되는데, 이에 따라 연시조인 (나)와 사설시조인 (다) 모두 종장 첫 음보를 3음절(녀ᄃ 길, 어인지)로 제시하고 있다. 따라서 (다)의 종장 첫 음보 음절 수가 지켜지지 않는다는 ④의 설명은 적절하지 않다.

오답
분석
① (나)는 '고인도 / 날 못 보고 / 나도 / 고인 못 뵈'와 같이 초장, 중장, 종장 모두 4음보의 전통적인 시조의 율격으로 구성되어 있다.

② 사설시조는 3장 6구 중 2구 이상이 평시조보다 매우 길어진 시조를 말한다. (다)는 사설시조로, 중장이 초장과 종장에 비해 현저히 길어진 구성을 취하고 있다.

③ (나)와 (다) 모두 시조이므로 초장, 중장, 종장의 3장 구성으로 되어 있다.

20 문학 서술상의 특징 난이도 ★★☆

해설 ② 글쓴이는 '나를 지키는 것'의 의미에 대해 의문점을 갖고 있다가 어느 날 갑자기 해답을 얻게 되었는데, 이때 타인과의 문답 과정이 아닌 '자문자답의 형식'으로 천하 만물을 지키지 않아도 되는 이유에 대해 제시하고 있다.
예 • 내 밭을 지고 달아날 자가 있는가. (자문)
　 • 밭은 지킬 필요가 없다. (자답)

오답
분석
① 제시된 작품 22~32번째 줄에서 글쓴이는 천하 만물과는 다른 '나[丟]'의 특성을 열거하여 '나[丟]'를 지키는 것의 중요성에 대한 깨달음을 제시하고 있다.

③ 제시된 작품의 마지막 문단에서 맹자의 말을 인용하여 글쓴이의 주장(나를 지키는 것의 중요성)에 대한 근거로 삼아 설득력을 높이고 있다.

④ 제시된 작품의 서두에서 글쓴이는 '수오재'라는 명칭에 대해 의문을 제시함으로써 독자의 관심과 흥미를 유발하고 있다.

21 문학 작품의 내용 파악 난이도 ★☆☆

해설 ④ 끝에서 13~15번째 줄에서 둘째 형님도 나[丟]를 잃고 '나'를 쫓아 남해 지방으로 귀양을 왔다고 말하며, 역시 나[丟]를 붙잡아서 그곳에 함께 머물렀다고 한다. 이때 나[丟]를 붙잡았다는 것은 본질적 자아를 지킬 수 있게 되었다는 의미이므로 둘째 형님이 깨달음을 얻지 못했다는 ④의 설명은 적절하지 않다.

오답
분석
① 1~2번째 줄과 끝에서 5~6번째 줄을 통해 '수오재'는 큰형님이 자기 집 거실에 붙인 이름임을 알 수 있다.

② '나'는 조정에 나아가 '검은 사모관대에 비단 도포(벼슬아치가 입던 옷과 모자)'를 입고 12년 동안이나 대낮에 미친 듯이 '큰길(벼슬길)'을 뛰어다녔다며 관직에 나아가 나랏일을 했음을 비유적으로 표현하고 있다.

③ 6~8번째 줄을 통해 '나'는 장기로 귀양 온 뒤에 혼자 지내면서 '수오재'의 의미에 대해 곰곰이 생각해 보다가, 어느 날 갑자기 해답을 얻게 되었음을 알 수 있다.

22 문학 작품의 내용 파악 난이도 ★☆☆

해설 ③ 성현의 경전(책)은 이미 세상에 퍼져 물이나 불처럼 흔하므로 감히 없앨 수 있는 사람은 없다고 하였다. 따라서 '널리 퍼져 없애기 어려운 책'이라는 설명은 제시된 작품의 내용과 일치한다. 또한 ⊙ '나[丟]'는 잠시 살피지 않으면 어디든지 못 가는 곳이 없다고 하였으므로 살피지 않으면 금세 달아날 것임을 알 수 있다. 따라서 ⊙에 대한 설명으로 적절한 것은 ③이다.

오답
분석
① ⊙ '나[丟]'는 잘 달아난다고 하였다. 다만, 글쓴이가 내 밭을 지고 달아날 자가 없으므로 밭은 지킬 필요가 없다고 하였으므로, ①의 밭이 훔치기 쉽다는 설명은 적절하지 않다.

② 천하에 있는 실이 모두 '나'가 입을 옷이므로 옷을 훔쳐서 '나'를 옹색하게 하지는 못한다고 하였다. 따라서 옷이 '나'를 옹색하게 만든다는 설명은 적절하지 않다. 또한 ⊙ '나[丟]'는 이익으로 꾀거나, 겁을 주거나, 아름다운 음악 소리를 듣거나, 미인의 요염한 모습에도 쉽게 떠나가므로 ⊙ '나[丟]'가 유혹에 쉽게 떠나가지 않는다는 설명은 적절하지 않다.

④ 천하의 곡식이 모두 '나'가 먹을 양식이므로 '나'를 옹색하게 하지는 못한다고 하였으나, 누군가 양식을 가져가면 돌아오지 않는지는 제시된 작품을 통해 확인할 수 없다. 또한 ⊙ '나[丟]'는 한 번 가면 돌아올 줄을 몰라서 붙잡아 만류할 수가 없는 것이므로 ⊙ '나[丟]'가 떠났다가도 곧 돌아온다는 설명은 적절하지 않다.

23 비문학 글의 전략 파악 난이도 ★☆☆

해설 ③ 이차 프레임의 효과에 대한 전문가의 견해를 인용한 부분은 제시문에서 확인할 수 없다.

오답
분석
① 1~3문단에서 이차 프레임의 기능 세 가지를 병렬적으로 나열하여 설명하고 있다.
　• 1문단: 화면 안의 인물이나 물체에 대한 시선 유도 기능
　• 2문단: 작품의 주제나 내용을 암시하는 기능
　• 3문단: 액자형 서사 구조를 지시하는 기능

② 1~3문단에서 이차 프레임이 광고나 영화에서 어떻게 기능하는지에 대한 사례를 제시하고 있다. 또한 4문단에서는 현대의 시각 매체 작가들이 이차 프레임의 범례에서 벗어나는 시도를 통해 다양한 효과를 낳는 사례를 보여 준다.
　• 1문단 끝에서 1~3번째 줄: 광고에서의 이차 프레임 활용 사례
　• 2문단 끝에서 1~3번째 줄, 3문단 2~6번째 줄: 영화에서의 이차 프레임 활용 사례
　• 4문단 3~10번째 줄: 이차 프레임의 범례에서 벗어나는 시도들의 사례

④ 1문단 1~2번째 줄에서 프레임의 개념을 정의하고 있으며, 1문단 5~8번째 줄에서 이중 프레이밍과 이차 프레임의 개념을 정의하고 있다.

24 어휘 한자어 (한자어의 의미) 난이도 ★☆☆

해설 ③ ⓒ의 '환기'는 이차 프레임을 활용함으로써 구속, 소외, 고립 따위의 '생각을 불러일으킨다'라는 의미로 쓰였으므로, 문맥상 ③의 의미는 적절하지 않다.
　• 환기(喚起: 부를 환, 일어날 기): 주의나 여론, 생각 따위를 불러일으킴

오답
분석
① 내포(內包: 안 내, 쌀 포): ⊙의 '내포'는 프레임 안에는 카메라로 찍은 사람의 의도와 메시지를 '품고 있다'라는 의미로 쓰였으므로 문맥상 ①의 의미는 적절하다.

② 유도(誘導: 꾈 유, 인도할 도): ⓒ의 '유도'는 이차 프레임이 화면 안의 대상으로 시선을 '이끌다'라는 의미로 쓰였으므로 문맥상 ②의 의미는 적절하다.

④ 범례(範例: 법 범, 법식 례): ⓔ의 '범례'는 이차 프레임의 '예시로 하여 모범으로 삼을 만한 것'에서 벗어나는 시도가 이루어졌다는 의미로 쓰였으므로 문맥상 ④의 의미는 적절하다.

해설 ② 2문단 2~6번째 줄을 통해 이차 프레임 내부의 대상과 외부의 대상 사이에는 정서적 거리감이 조성됨을 알 수 있다. 따라서 제시문을 이해한 내용으로 적절한 것은 ②이다.

오답
분석 ① 1문단 3~5번째 줄에서 카메라로 대상을 포착하는 행위는 현실의 특정 부분을 프레임에 담는 것으로, 찍은 사람의 의도와 메시지를 내포한다고 설명한다. 즉 찍은 사람의 의도와 메시지는 프레임 밖의 영역이 아니라 프레임 안의 영역에 담기는 것이므로 ①의 설명은 적절하지 않다.

③ 1문단 끝에서 5~8번째 줄에서 이차 프레임이 대상을 시각적으로 강조하는 효과가 있어, 대상이 작거나 구도의 중심에서 벗어나 있을 때도 존재감을 부각하기가 용이하다고 설명한다. 따라서 이차 프레임 내 대상의 크기가 작을 경우 대상의 존재감이 강조되기 어렵다는 ③의 설명은 적절하지 않다.

④ 4문단 3~5번째 줄에서 이차 프레임 내부 이미지의 형체를 식별하기 어렵게 할 경우 관객의 지각 행위를 방해하여 강조의 기능을 무력한 것으로 만든다고 설명한다. 따라서 역설적으로 대상을 강조하는 효과가 발생한다는 ④의 설명은 적절하지 않다.

정답 및 취약점 확인

p.137

문항	정답	출제 포인트	약점 개념 확인	문항	정답	출제 포인트	약점 개념 확인
01	④	비문학-글의 전략 파악		14	②	어법-단어	어미의 구분
02	④	비문학-세부 내용 파악		15	③	어법-중세 국어	조사의 구분
03	③	비문학-관점과 태도 파악		16	④	어법-말소리	동화
04	②	어법-문장	문장의 짜임	17	②	어법-문장	간접·직접 인용절
05	③	비문학-글의 전략 파악		18	②	어법-단어	형태소의 구분
06	①	비문학-내용 추론		19	②	어법-말소리	첨가, 교체, 축약, 탈락
07	③	비문학-내용 추론, 세부 내용 파악		20	②	문학-서술상의 특징	박태원 〈소설가 구보 씨의 일일〉
08	③	어휘-한자어	構成, 寄與, 創出, 優越	21	①	문학-작품의 내용 파악	
09	④	어법-중세 국어	의문문	22	①	문학-작품의 내용 파악	
10	③	문학-화자의 정서 및 태도	〈서경별곡(西京別曲)〉, 〈정석가(鄭石歌)〉	23	③	문학-작품의 종합적 감상	정지용 〈고향〉, 〈향수〉
11	①	문학-표현상의 특징과 효과	여음, 설의법, 반복법	24	②	어법-문장	문장 성분
12	④	문학-시어의 의미		25	②	어법-문장	이어진 문장과 안은문장
13	④	문학-시어의 의미					

01 | 비문학 | 글의 전략 파악
난이도 ★★☆

해설 ④ 제시문을 통해 확인할 수 없는 전개 방식이다.

오답 분석
① 1문단 끝에서 3~4번째 줄을 통해 알 수 있다.
[관련 부분] 무엇이 학교를 이토록 팽창하게 만들었을까?
② 제시문은 '학교 팽창 현상'의 원인을 '학습 욕구 차원', '경제적 차원', '정치적 차원', '사회적 차원'의 네 가지 차원에서 병렬적으로 제시하고 있다.
③ 1문단 4~5번째 줄을 통해 알 수 있다.
[관련 부분] 예를 들어 한국의 대학생 수는 1945년 약 8000명이었지만, 2010년 약 350만 명으로 증가했다.

02 | 비문학 | 세부 내용 파악
난이도 ★☆☆

해설 ④ ④는 ⊙ '학교 팽창의 원인' 중 '경제적 차원'에 해당하는 설명이므로 적절하지 않다.

오답 분석
① 2문단 1~2번째 줄을 통해 알 수 있다.
[관련 부분] 학습 욕구 차원에서, 인간은 지적 · 인격적 성장을 위한 학습 욕구를 지니고 있다.
② 3문단 끝에서 1~5번째 줄을 통해 알 수 있다.
[관련 부분] 산업 사회에서는 훈련 받은 인재가 필요하였다. 이러한 산업 사회의 과제를 해결하기 위한 기관이 학교였다. ~ 경제 규모의 확대와 산업 기술 수준의 향상은 학교를 팽창하게 만드는 요인 중 하나인 것이다.
③ 4문단 1~3번째 줄을 통해 알 수 있으므로 적절하다.
[관련 부분] 정치적 차원에서 학교는 국민 통합을 이룰 수 있는 장치였다. 통일 국가에서는 언어, 역사의식, 가치관, 국가 이념 등을 모든 국가 구성원들에게 가르쳐야 했다.

03 | 비문학 | 관점과 태도 파악
난이도 ★★☆

해설 ③ 제시문 5문단 끝에서 2~4번째 줄에서 '막스 베버'는 높은 학력을 가진 사람이 사회 경제적으로 높은 지위를 독점할 수 있다고 하였다. 〈보기〉의 1문단 끝에서 1~3번째 줄에서 A 역시 높은 학력을 갖춘 개인은 높은 소득을 바탕으로 계층 상승을 이룰 수 있다고 하였으므로 ③은 적절하다.
[관련 부분]
• 제시문: 그는 높은 학력을 가진 사람은 사회 경제적으로 높은 지위를 독점할 수 있다고 기술한 바 있다.
• 〈보기〉: 높은 학력을 통해 능력을 인정받은 개인은 희소가치가 높은 노동을 제공함으로써 높은 소득을 얻고 계층 상승을 이룰 수 있다고 본다.

오답 분석
① 막스 베버와 A 모두 높은 학력을 취득한 사람이 사회 경제적으로 더 높은 지위를 얻을 수 있다고 하였으므로 적절하다.
② ④ 사회 경제적으로 높은 지위를 차지하기 위해 막스 베버는 개인의 학력을, B는 부모의 사회적 지위와 소득을 더 중요시하였으므로 적절하지 않다.
[관련 부분]
• 제시문: 사회적으로 대접 받고 높은 관직에 오르기 위해서 과거에는 명문가의 족보가 필요했지만, 오늘날에는 학력 증명이 있어야 한다고 주장했다.
• 〈보기〉: B는 상급 학교의 진학은 개인의 능력만을 반영하지 않고 부모의 사회적 지위와 소득의 영향을 받는다고 본다.

04 | 어법 | 문장 (문장의 짜임)
난이도 ★☆☆

해설 ② ⓒ '철수가 산책했던'은 안은문장의 주어인 '공원은'을 수식하는 관형절이므로 적절하지 않다.

<table>
<tr><td>오답
분석</td><td>① ⊙'동생이 산'은 안은문장의 목적어 '사탕'을 수식하는 관형절이다.</td></tr>
</table>

① ⊙'동생이 산'은 안은문장의 목적어 '사탕'을 수식하는 관형절이다.

③ ⓒ'숙소로 돌아가기'는 목적격 조사 '를'과 결합하여 문장에서 목적어로 쓰이는 명사절이다.

④ ⓔ'학교에 가기'는 부사격 조사 '에'와 결합하여 문장에서 부사어로 쓰이는 명사절이다.

---

05 비문학 글의 전략 파악 난이도 ★★☆

해설 ③ 2~5문단에서 '기업 전략'의 구체적 예로 '기업 다각화 전략'을 소개한 후, '기업 다각화 전략'의 정의와 종류, 장점 등을 상세하게 설명하고 있으므로 적절하다.

오답
분석 ① '기업 전략'의 성립 배경과 역사적 의의는 제시문에 드러나지 않으므로 적절하지 않다.

② 3~5문단에서 '기업 다각화 전략'의 장점을 소개하고 있으나, 단점과 단점 극복 방안을 서술하고 있지는 않으므로 적절하지 않다.
[관련 부분] 기업 다각화는 범위의 경제성을 창출함으로써 수익 증대에 기여한다. ~ 다각화된 기업은 기업 내부 시장을 활용함으로써 새로운 가치를 창출할 수 있다. ~ 다각화를 함으로써 기업은 사업 부문들의 경기 순환에서 오는 위험을 줄일 수 있다.

④ 2문단 끝에서 1~4번째 줄에서 '다각화 기업'의 구분 기준에 대한 '리처드 러멜트'의 견해를 인용하고 있으나 다른 학자들의 견해를 비교하며 절충안을 도출하고 있지는 않으므로 적절하지 않다.
[관련 부분] 리처드 러멜트는 미국의 다각화 기업을 구분하며, 관련 사업에서 70% 이상의 매출을 올리는 기업을 관련 다각화 기업, 70% 미만의 매출을 올리는 기업을 비관련 다각화 기업으로 명명했다.

---

06 비문학 내용 추론 난이도 ★★☆

해설 ① a와 b에 들어갈 말은 순서대로 '비관련 – 확보'이므로 답은 ①이다.
- a: a가 포함된 문장의 앞뒤 내용을 통해 불경기와 호경기가 반복되는 불안정한 사업을 주력 사업으로 삼는 기업은 이와 관련이 없는 사업 분야로 다각화해야 경기가 불안정해지더라도 자금이 순환되어 위험을 줄일 수 있음을 알 수 있다. 따라서 a에는 '비관련'이 들어가는 것이 적절하다.
- b: 문맥상 b에는 경기가 불안정할 때 '비관련' 분야를 다각화하면 자금 순환의 안정성을 얻을 수 있다는 내용이 들어가야 한다. 따라서 '확실히 보증하거나 가지고 있음'을 뜻하는 '확보'가 들어가는 것이 적절하다.

---

07 비문학 내용 추론, 세부 내용 파악 난이도 ★☆☆

해설 ③ 4문단 끝에서 1~5번째 줄을 통해 다각화된 기업과 달리 신규 기업은 훈련된 인력을 활용할 수 있는 내부 노동 시장이 없음을 알 수 있다. 따라서 신규 기업은 새로운 인력을 채용하고 교육하는 것에 시간과 비용이 많이 들어 부담을 느낄 것임을 추론할 수 있다.
[관련 부분] 여러 사업부에서 훈련된 인력을 전출하여 활용할 수 있는 내부 노동 시장도 갖추었기 때문이다. 새로운 인력을 채용하여 교육시키는 데 많은 시간과 비용이 들어감을 고려하면, 다각화된 기업은 신규 기업에 비해 훨씬 우월한 위치에서 경쟁할 수 있다.

오답
분석 ① 3문단 2~5번째 줄에서 범위의 경제성은 한 기업이 동시에 복수의 사업 활동을 하는 것이 더 효율적이라고 주장하는 이론임을 알 수 있으므로 적절하지 않다.
[관련 부분] 범위의 경제성이란 하나의 기업이 동시에 복수의 사업 활동을 하는 것이, 복수의 기업이 단일의 사업 활동을 하는 것보다 총비용이 적고 효율적이라는 이론이다.

② 4문단 2~4번째 줄에서 다각화된 기업은 여러 사업부에서 나오는 자금을 통합하여 활용할 수 있다고 하였으므로 적절하지 않다.
[관련 부분] 여러 사업부에서 나오는 자금을 통합하여 활용할 수 있는 내부 자본 시장을 갖추었을 뿐 아니라

④ 2문단 끝에서 2~4번째 줄에서 리처드 러멜트는 관련 사업에서 70% 이상의 매출을 올려야 관련 다각화 기업이라고 하였으므로 적절하지 않다.
[관련 부분] 리처드 러멜트는 미국의 다각화 기업을 구분하며, 관련 사업에서 70% 이상의 매출을 올리는 기업을 관련 다각화 기업,

---

08 어휘 한자어 (한자어의 의미) 난이도 ★☆☆

해설 ③ ⓒ'창출(創出)'은 '전에 없던 것을 처음으로 생각하여 지어내거나 만들어 냄'을 뜻하므로 ③은 ⓒ'창출'의 사전적 의미로 적절하지 않다. 참고로 '사업 따위를 처음으로 이루어 시작함'을 뜻하는 단어는 '창업(創業)'이다.

---

09 어법 중세 국어 난이도 ★☆☆

해설 ④ ⓔ ᄒ라체 상대 높임 등급이 쓰인 문장으로 어미 '-뇨'를 사용하여 의문사 '어듸'에 대한 설명을 요구하는 설명 의문문이다. 따라서 ④는 적절하지 않다.

오답
분석 ① ⊙은 의문사 없이 '예', '아니오'의 대답을 요구하는 판정 의문문이므로 체언 '쥬'에 의문 보조사 '가'가 결합하였다.

② ⓒ은 의문사 '므스'에 대한 설명을 요구하는 설명 의문문이므로 체언 '것'에 의문 보조사 '고'가 결합하였다.

③ ⓒ의 주어가 2인칭 청자 '너'이므로 어미 '-ㄴ다'가 사용되었다.

---

10 문학 화자의 정서 및 태도 난이도 ★★☆

해설 ③ (가)의 1연에서 화자가 자신의 생활 터전인 '셔경(西京)'과 생업인 '질삼뵈'를 버리고서라도 임을 따르겠다고 말하는 것으로 보아 임과 이별하고 싶어 하지 않음을 알 수 있다. 또한 (나)의 화자는 2~5연에서 현실적으로 발생할 수 없는 불가능한 상황이 이루어져야 임과 이별하겠다는 것으로 보아 이별하는 것을 원치 않음을 알 수 있다. 따라서 ③은 (가)와 (나)의 공통점으로 적절하다.

오답
분석 ① (가)의 3연에서 화자는 임이 떠날 수 있도록 돕는 '사공'에 대한 원망의 정서를 드러내고 있으나 (나)에는 시적 대상에 대한 원망의 정서가 드러나 있지 않으므로 적절하지 않다.

② (가)의 화자는 1연에서 자신의 생활 터전인 '쇼셩경'을 사랑한다고 말하고 있으나 (나)에는 화자의 생활 터전에 대한 애정이 드러나지 않으므로 적절하지 않다.

④ (나)의 화자는 2~5연에서 불가능한 상황을 설정하고 그것이 이루어지면 임과 이별하겠다고 함으로써 임과 이별하고 싶지 않다는 의지를 강조하고 있다. 이와 달리 (가)는 1연에서 화자는 생업을 포기하면서까지 임을 따르겠다고 말하며 이별하지 않겠다는 의지를 드러내고 있으나 불가능한 상황을 설정하지는 않았으므로 적절하지 않다.

👍 이것도 알면 **합격!**

'정석가'의 역설적 상황과 표현 효과를 알아두자.

'정석가'의 화자는 실현 불가능한 상황을 설정하고 그것이 실현 가능한 사실인 것처럼 역설적으로 표현하여 임과 이별하지 않겠다는 강한 의지를 드러낸다.

연	가정	결론	효과
2연	구운 밤에 움이 돋아 싹이 나면		
3연	옥 연꽃에 꽃이 피면	임과 이별하겠다	임과 이별하지 않겠다는 의지를 강조
4연	무쇠로 된 철릭이 헐면		
5연	무쇠로 된 소가 쇠 풀을 먹으면		

---

11 문학 표현상의 특징과 효과   난이도 ★☆☆

해설 ① (가)는 3음보의 율격을 가지고 있는 고려 가요이므로 적절하지 않다. 참고로 고려 가요는 여음(구)을 제외하고 음보율을 형성하기 때문에, (가)는 '셔경(西京)이/(아즐가)셔경(西京)이/셔울히마르는'과 같이 끊어 읽어야 한다.

오답 분석 ② 악률을 맞추기 위한 여음 '아즐가'와 후렴구 '위 두어렁셩 두어렁셩 다링디리'가 사용되었으므로 적절하다. 참고로 여음은 시에서 본 가사의 앞·뒤·가운데에 위치해 의미 표현보다는 감흥과 율조에 영향을 미치는 구절이다.

③ '그츠리잇가'와 같은 설의적 표현을 통해 임에 대한 믿음과 사랑의 정서를 드러내고 있으므로 적절하다.

④ 북소리를 나타내는 의성어 '위 두어렁셩 두어렁셩 다링디리'를 후렴구로 반복하여 운율을 형성하고 있으므로 적절하다.

👍 이것도 알면 **합격!**

제시된 작품들의 주제와 특징을 알아두자.

	주제	임에 대한 사랑과 이별의 한(恨)
(가) '서경별곡'	특징	• 설의적 표현을 통해 임에 대한 믿음과 사랑의 맹세를 나타냄 • '대동강'이라는 상징적인 시어를 통해 이별의 상황을 나타냄
	주제	태평성대에 대한 염원과 임에 대한 영원한 사랑의 소망
(나) '정석가'	특징	• 역설적 표현을 바탕으로 실현 불가능한 상황을 설정하여 임과의 영원한 사랑을 소망함 • 시구를 반복하여 운율을 형성하고 화자의 감정을 강조함

---

12 문학 시어의 의미   난이도 ★☆☆

해설 ④ ㉣ '구스리'는 임과의 변함없는 사랑과 믿음을 다짐하기 위한 시어이나 ㉠ '그 바미', ㉡ '그 오시', ㉢ '그 쇠'는 현실적으로 실현 불가능한 상황을 드러내는 역할을 하는 시어이므로 답은 ④이다.

---

13 문학 시어의 의미   난이도 ★★☆

해설 ④ (가)의 '대동강'과 ④의 '남포' 모두 임과 이별하는 공간으로서의 역할을 한다. 따라서 답은 ④이다.

오답 분석 ① '청산(靑山)'은 '살어리랏다'를 '살고 싶구나'로 해석할 경우 화자가 바라는 '이상향'을 상징하고 '살아야만 하는구나'로 해석할 경우 '벗어나고 싶은 현실'을 상징한다.

② '수양산(首陽山)'은 '백이', '숙제'가 은거했던 공간 또는 '수양 대군'을 상징한다.

③ '추강(秋江)'은 '가을의 강'이라는 의미로 시의 계절적·공간적 배경이다. 즉 가을 달밤에 배를 띄워 낚시를 하며 여유로운 삶을 즐기는 공간이므로 한가로운 자연을 나타내는 시어임을 알 수 있다.

---

14 어법 단어 (품사의 구분)   난이도 ★☆☆

해설 ② 밥을 먹던지 말던지 네 맘대로 해라(×) → 밥을 먹든지 말든지 네 맘대로 해라(○): 문맥상 '실제로 일어날 수 있는 여러 가지 중에서 어느 것이 일어나도 뒤 절의 내용이 성립하는 데 아무런 상관이 없음'을 나타내는 어미 '-든지'를 써야 한다.

오답 분석 ① 싫든 좋든 이 길로 가는 수밖에 없다(○): 이때 '-든'은 '-든지'의 준말로 '실제로 일어날 수 있는 여러 가지 중에서 어느 것이 일어나도 뒤 절의 내용이 성립하는 데 아무런 상관이 없음'을 나타내는 어미이므로 적절하다.

③ 어제 같이 봤던 영화는 참 재미있었다(○): 이때 '-던'은 '앞말이 관형어 구실을 하게 하고, 과거의 어떤 상태'를 나타내는 어미이므로 적절하다.

④ 집에 가든지 학교에 가든지 해라(○): 이때 '-든지'는 '나열된 동작이나 상태, 대상들 중에서 어느 것이든 선택될 수 있음'을 나타내는 어미이므로 적절하다.

---

15 어법 중세 국어   난이도 ★★☆

해설 ③ A, B, C에 들어갈 말로 적절한 것은 '나랏 – 사ᄅ미 – ㅅ'이므로 답은 ③이다.

• A '나랏': 선행 체언 '나라'는 무정물이므로 관형격 조사 'ㅅ'을 쓴다.

• B '사ᄅ미': 선행 체언 '사ᄅ'은 유정물이고 양성 모음 'ㆍ'가 쓰였으므로 모음 조화에 따라 관형격 조사 '익'를 쓴다. 참고로 '사ᄅ미'는 앞말의 끝소리 'ㅁ'을 뒷말의 초성에 적어 '사ᄅ미'로 이어적기한 형태이다.

• C 'ㅅ': 선행 체언 '世尊(세존)'은 유정물이나 존칭의 대상이므로 관형격 조사 'ㅅ'을 쓴다.

---

16 어법 말소리 (음운의 변동)   난이도 ★★☆

해설 ④ [A]와 [B] 모두 뒤에 오는 자음의 조음 방법으로 동화되는 음운 변동이 일어났으므로 답은 ④이다. 참고로 [A]와 [B]에서 음운 변동이 일어날 때 조음 위치는 변하지 않는다.

• [A]: 파열음 'ㄱ, ㄷ, ㅂ'이 비음 'ㄴ, ㅁ' 앞에서 비음 [ㅇ, ㄴ, ㅁ]으로 조음 방법이 같아지는 비음화가 나타난다.

• [B]: 비음 'ㄴ'이 유음 'ㄹ' 앞에서 유음 [ㄹ]로 조음 방법이 같아지는 유음화가 나타난다.

👍 이것도 알면 **합격!**

동화의 방향에 따른 분류를 알아두자.

순행 동화	앞의 소리의 영향을 받아 뒷소리가 앞의 소리를 닮는 것 예 칼날[칼랄], 찰나[찰라], 불놀이[불로리]
역행 동화	뒷소리의 영향을 받아 앞의 소리가 뒷소리를 닮는 것 예 겉문[건문], 입는[임는], 손난로[손날로]

상호 동화	앞의 소리와 뒷소리가 서로 닮는 것 예 급류[금뉴], 국립[궁닙]

17 어법 문장 (문장의 짜임)
난이도 ★★☆

해설 ② ㄴ의 직접 인용절의 일인칭 대명사 '나'가 간접 인용절에서 앞에서 이미 말하였거나 나온 바 있는 사람을 도로 가리키는 삼인칭 대명사 '자기'로 바뀌었으므로 ②는 적절하지 않다. 참고로 간접 인용절은 말한 그대로를 인용하는 것이 아니라 화자의 현재 관점에서 기술되므로 시간 표현이나 인칭 대명사가 달라진다.

오답
분석
① ㄱ의 직접 인용절에 사용된 명령형 종결 어미 '-거라'가 간접 인용절에서는 '-(으)라고'의 형태로 바뀌었으므로 적절하다.

③ ㄷ의 직접 인용절에 사용된 상대 높임 표현 '-ㅂ니다'가 간접 인용절에서는 나타나지 않았으므로 적절하다.

④ ㄹ의 직접 인용절에 사용된 시간 표현 '오늘'이 간접 인용절에서 해당 문장을 발화하는 시점을 기준으로 '어제'로 표현되고 있으므로 적절하다.

18 어법 단어 (형태소의 분석)
난이도 ★☆☆

해설 ② 제시된 문장의 의존 형태소는 10개이므로 ②는 적절하지 않다.
• 이/녹-/-으면/남-/-은/마다/이/피-/-리-/-니

오답
분석
① 자립 형태소는 5개이므로 적절하다.
• 눈/발/자국/자리/꽃

③ 실질 형태소는 8개이므로 적절하다.
• 눈/녹-/남-/발/자국/자리/꽃/피-

④ 7개의 어절과 19개의 음절로 이루어진 문장이므로 적절하다. 참고로 어절은 문장 성분의 최소 단위로서 띄어쓰기의 단위이며, 음절은 하나의 종합된 음의 느낌을 주는 말소리의 단위이다.
• 어절(7개): 눈이/녹으면/남은/발자국/자리마다/꽃이/피리니
• 음절(19개): [누], [니], [노], [그], [면], [나], [믄], [발], [짜], [국], [자], [리], [마], [다], [꼬], [치], [피], [리], [니]

19 어법 말소리 (음운의 변동)
난이도 ★★☆

해설 ② ㉠'꽃잎[꼰닙]'은 음운의 첨가('ㄴ' 첨가)가 일어났음을 알 수 있으나 ㉡'맏며느리[만며느리]'는 음운의 첨가가 일어나지 않았다. 따라서 ②는 적절하지 않다.
• ㉠꽃잎[꼰닙]('ㄴ' 첨가, 음절 끝소리 규칙, 비음화): '꽃잎'은 '꽃'과 '잎'이 결합한 합성어로, 앞 단어의 끝이 자음이고 뒤 단어의 첫 음절이 '이'로 시작하는 실질 형태소이므로 'ㄴ'이 첨가된다. 또한 음절 끝소리 규칙에 의해 받침 'ㅊ'과 'ㅍ'이 각각 [ㄷ]과 [ㅂ]으로 교체되며, 첨가된 'ㄴ'의 영향으로 [ㄷ]이 [ㄴ]으로 바뀌는 비음화가 일어난다.
• ㉡맏며느리[만며느리](비음화): 받침 'ㄷ'이 'ㅁ'의 영향을 받아 [ㄴ]으로 교체되는 비음화가 일어난다.

오답
분석
① ㉠~㉣ 모두 음운의 교체 현상이 나타난다.
• ㉠ 꽃잎[꼰닙](음절 끝소리 규칙, 비음화)
• ㉡ 맏며느리[만며느리](비음화)
• ㉢ 닫혔다[다쳗따](음절 끝소리 규칙, 된소리되기)
• ㉣ 넓죽하다[넙쭈카다] (된소리되기)

③ ㉢'닫혔다[다쳗따]'에는 음운의 축약(자음 축약)이 일어났으므로 적절하다.
• ㉢닫혔다[다쳗따](음절 끝소리 규칙, 자음 축약, 구개음화, 된소리되기): 음절 끝소리 규칙에 의해 받침 'ㅆ'이 [ㄷ]으로 교체되고, '닫-'의 받침 'ㄷ'과 'ㅎ'이 만나 [다텯다]로 발음되는 자음 축약이 일어나며, 'ㅌ'이 모음 'ㅕ'와 만나 [ㅊ]으로 교체되는 구개음화가 일어난다. 또한 안울림소리 [ㄷ]과 [ㄷ]이 만나 뒤의 [ㄷ]으로 바뀌는 된소리되기가 일어난다. 참고로 시험에서 '닫혔다[다쳗다]'로 출제되었으나, '져, 쪄, 쳐'는 [저, 쩌, 처]로 발음하므로 '닫혔다'는 [다텯따]로 발음해야 한다.

④ ㉣'넓죽하다[넙쭈카다]'에는 음운의 탈락(자음군 단순화)과 음운의 축약(자음 축약)이 일어났으므로 적절하다.
• ㉣넓죽하다[넙쭈카다](자음군 단순화, 된소리되기, 자음 축약): 받침 'ㄼ'에서 'ㄹ'이 탈락하는 자음군 단순화가 일어나고 받침의 안울림소리 [ㅂ]과 [ㅈ]이 만나 뒤의 [ㅈ]이 [ㅉ]으로 바뀌는 된소리되기가 일어난다. 또한 '죽'의 받침 'ㄱ'이 뒤 음절의 첫소리 'ㅎ'과 만나 [ㅋ]으로 축약되는 자음 축약이 일어난다.

20 문학 서술상의 특징
난이도 ★☆☆

해설 ② 제시된 작품은 주인공 '구보'가 하루 동안 서울 거리를 배회하며 느낀 내면 심리를 중심으로 이야기를 전개하고 있다.

👍 이것도 알면 합격!

박태원, '소설가 구보 씨의 일일'의 주제와 특징을 알아두자.
1. 주제: 1930년대 무기력한 소설가인 '구보'가 바라본 도시의 모습과 그 도시의 모습을 바라보며 느끼는 그의 내면 의식
2. 특징
• 1930년대 서울의 세태를 자세하게 보여 줌
• 여로형 구조로 구성됨
• 인물의 의식의 흐름에 따라 이야기가 전개됨

21 문학 작품의 내용 파악
난이도 ★☆☆

해설 ① 6문단 2~7번째 줄을 통해 알 수 있다.

오답
분석
② 6문단 끝에서 1~3번째 줄을 통해 '중년의 시골 신사'가 삼등 승차권을 가지고 이등 대합실에 자리 잡는 것은 구보의 상상에 해당함을 알 수 있으므로 적절하지 않다.

③ 7문단 5~9번째 줄을 통해 '40여 세의 노동자'가 '바세도우씨'병을 앓고 있으며 그의 곁에 아무도 앉지 않았음을 알 수 있으므로 적절하지 않다.

④ 8문단 3~5번째 줄을 통해 '양복 입은 사나이'가 사람들을 의심하는 모습을 확인할 수 있으나 '구보'가 이를 보고 분노를 느끼는지는 알 수 없으므로 적절하지 않다.

22 문학 작품의 내용 파악
난이도 ★☆☆

해설 ① 1문단 끝에서 2~6번째 줄에서 '구보'는 행복해 보이는 가족을 업신여기려다가 마음을 바꿔 그들을 축복해 주고 곧 그들에게 부러움을 느끼고 있음을 알 수 있다. 따라서 ①은 적절하지 않다.

오답
분석
② 3문단 1~3번째 줄을 통해 뚜렷한 목적지 없이 발 가는 대로 걷다가 안전지대에 도착하는 구보의 모습을 확인할 수 있다. 이는 목표나 방향이 없는 무력한 지식인의 모습으로 이해할 수 있다.

③ 4문단 2~5번째 줄을 통해 구보는 사람들이 모두 전차에 오르는 것을 보고 자신만 홀로 안전지대에 남은 것에 외로움을 느낀 후 전차에 뛰어올랐음을 알 수 있으므로 적절하다.

④ 5문단에서 구보가 고독을 느낀 후 사람들이 있는 경성역에 간 것으로 보아 사람들 틈에서 고독을 피하려고 했음을 알 수 있다.

오답 분석

① ㄱ은 '대조(-지만)', ㄴ은 '조건(-면)'의 의미 관계로 연결된 것으로 적절하다.

③ ㄷ은 명사형 전성 어미 '-ㅁ', ㄹ은 관형사형 전성 어미 '-던'에 의해 형성된 명사절, 관형사절이므로 적절하다.

④ ㄷ의 안긴문장의 주어는 '아이가'이고 안은문장의 주어는 '언니는'으로 각각의 주어가 다르지만 ㄹ의 안긴문장과 안은문장의 주어는 모두 '영수가'로 동일하므로 적절하다.

---

23 | 문학 | 작품의 종합적 감상 (시) | 난이도 ★★☆

해설 ③ 위 시는 1연에서 자연물인 '실개천'이 지줄댄다고 의인화하여 고향의 한가하고 평화로운 모습을 형상화하고 있다. 〈보기〉 또한 4연에서 '흰 점 꽃'이 웃고 있다고 의인화하여 화자를 반겨주는 고향의 모습을 형상화하고 있으므로 적절하다.

오답 분석 ① 〈보기〉의 화자는 5연에서 변함없는 모습의 고향과 달리 변해버린 자신으로 인해 더 이상 어린 시절의 고향으로 돌아갈 수 없는 현실에 대한 씁쓸함을 드러내고 있다. 그러나 위의 시는 후렴구를 사용해 고향에 대한 그리움을 강조할 뿐 과거의 추억을 잃어버린 현실에 대한 씁쓸함을 드러내지는 않으므로 적절하지 않다.

② 〈보기〉는 6연에서 높은 '하늘'을 통해 고향과 화자의 거리감과 단절감을 나타내고 있으나, 위 시에서는 고향에 대한 거리감과 단절감을 드러내는 표현은 확인할 수 없으므로 적절하지 않다.

④ 〈보기〉는 청각적 심상과 미각적 심상을 통해 씁쓸함을 드러내고, 위 시는 시각 · 청각 · 촉각 · 공감각적 심상을 사용하여 고향에 대한 그리움을 드러낸다.

---

24 | 어법 | 문장 (문장 성분) | 난이도 ★☆☆

해설 ② ㉠~㉢의 주성분의 개수는 각각 2개, 3개, 3개로 일치하지 않는다.
- ㉠(주성분 2개): 아이가(주어)/잔다(서술어)
- ㉡(주성분 3개): 그는(주어)/딸을(목적어)/삼았다(서술어)
- ㉢(주성분 3개): 영희가(주어)/물을(목적어)/엎질렀구나(서술어)

오답 분석 ① ㉠~㉢은 '침대', '딸', '물'을 수식하는 관형어가 존재하므로 적절하다.
- ㉠: 작은
- ㉡: 친구의
- ㉢: 뜨거운

③ ㉠의 부속 성분 개수는 3개, ㉡과 ㉢의 부속 성분 개수는 각각 2개, 1개이므로 적절하다.
- ㉠(부속 성분 3개): 작은(관형어)/ 침대에서(부사어)/ 예쁘게(부사어)
- ㉡(부속 성분 2개): 친구의(관형어)/며느리로(부사어)
- ㉢(부속 성분 1개): 뜨거운(관형어)

④ ㉠은 생략이 가능한 부사어 '예쁘게'가 있으나, ㉡에는 생략할 수 없는 필수적 부사어 '며느리로'가 존재한다.

---

25 | 어법 | 문장 (문장의 짜임) | 난이도 ★☆☆

해설 ② 〈보기〉의 이어진 문장 중 종속적으로 이어진 문장인 ㄴ은 앞뒤 문장의 순서를 바꾸면 의미가 달라지므로 적절하지 않다. 참고로 대등하게 이어진 문장은 앞뒤 문장이 독립적이므로 앞뒤 문장의 순서를 바꾸어도 동일한 의미를 나타낸다.

정답 및 취약점 확인

p.146

문항	정답	출제 포인트	약점 개념 확인	문항	정답	출제 포인트	약점 개념 확인
01	②	비문학-글의 전략 파악		14	①	비문학-글의 전략 파악	
02	④	비문학-세부 내용 파악		15	④	비문학-세부 내용 파악	
03	③	비문학-주제 및 중심 내용 파악		16	④	비문학-내용 추론	
04	③	어법-의미	다의어의 의미(문제)	17	④	문학-시구의 의미	이육사 〈꽃〉, 윤동주 〈참회록〉
05	③	어법-문장	피동 표현과 사동 표현	18	②	문학-작품의 종합적 감상	
06	②	어법-국어의 로마자 표기	haedoji, Ulsan, Jiphyeonjeon	19	③	문학-시어의 의미	
07	①	비문학-논지 전개 방식	열거, 대조, 정의	20	②	어법-중세 국어	중세 국어의 문법적 특징
08	②	비문학-세부 내용 파악		21	③	문학-작품의 종합적 감상	〈흥보가〉
09	③	비문학-내용 추론		22	①	혼합-인물의 심리 및 태도, 한자 성어	鶴首苦待, 塞翁之馬, 惻隱之心, 語不成說
10	③	문학-작품의 종합적 감상	조세희 〈뫼비우스의 띠〉	23	①	문학-작품의 종합적 감상	
11	④	문학-서술상의 특징		24	③	비문학-내용 추론	
12	③	문학-문장의 의미		25	③	어법-단어	품사의 구분
13	④	문학-작품의 내용 파악					

---

01 비문학 글의 전략 파악

난이도 ★★☆

해설 ② 제시문은 지구에서 '달에 갈 때'와 '화성에 갈 때'의 차이점과 로켓의 추진 방식인 '화학 로켓'과 '전기적인 추진 방식'의 차이점을 중심으로 글을 전개하고 있으므로 서술상 특징으로 적절한 것은 ②이다.

[관련 부분]
- 달에 갈 때는 편도 3일 정도 걸리지만, 화성에 갈 때는 편도 8개월 정도 걸린다. 또 달에서는 언제든지 돌아올 수 있지만, 화성의 경우에는 곧바로 지구로 귀환할 수 있는 것이 아니다.
- 전기 추진을 이용하면 화학 로켓보다 연비가 월등히 높아진다. 연비가 높아지면 그만큼 연료가 적어도 된다.

오답 분석 ① 3문단에서 미국이 아폴로 계획에서 화물 운반용으로 사용한 로켓인 '새턴 파이브'를 사례로 제시하고 있을 뿐 그 밖의 사례는 확인할 수 없다. 또한 이를 통해 주장을 강화하고 있지 않다.

③ ④ 제시문에서 확인할 수 없다.

02 비문학 세부 내용 파악

난이도 ★☆☆

해설 ④ 마지막 문단 2~5번째 줄을 통해 전기적인 추진 방식은 에너지가 열로 달아나지 않으므로 그만큼 연비가 높다는 것을 알 수 있다.

[관련 부분] 전기적인 추진 방식이란 태양 전지나 원자로를 사용해 발전한 전기적 에너지를 이용해 추진하는 방법이다. 이 방법으로는 에너지가 열로 달아나지 않으므로 그만큼 연비가 높아진다.

오답 분석 ① 1문단 끝에서 1~2번째 줄을 통해 화성 유인 비행은 500일(약 16개월)에서 1,000일(약 32개월) 정도 걸린다는 것을 알 수 있으므로 적절하지 않다.

[관련 부분] 화성 유인 비행은 500일 내지 1,000일 정도가 걸린다.

② 5문단 끝에서 1~3번째 줄을 통해 화학 로켓은 많은 양의 연료가 필요하지만 추진력은 크다는 것을 알 수 있으므로 적절하지 않다.

[관련 부분] 화학 로켓은 추진력은 크지만, 열로 에너지가 달아나므로 그만큼 연비가 낮아진다. 그래서 많은 양의 연료가 필요하다.

③ 3문단 2~4번째 줄을 통해 미국은 달에 인간을 보내기 위해 총 250억 달러를 투자했음을 알 수 있으므로 적절하지 않다.

[관련 부분] 미국은 달에 인간을 보내기 위해 아폴로 계획에 총 250억 달러를 투자했다고 한다.

03 비문학 주제 및 중심 내용 파악

난이도 ★☆☆

해설 ③ 2문단에서는 화성 유인 비행에서 가장 큰 문제는 화물의 운반임을 설명하고 있으며, 5~6문단에서는 현재 화물을 옮길 때 사용하는 '화학 로켓'은 연비가 좋지 않으므로 연비가 높은 엔진이 필요하다는 점을 언급하고 있다. 이를 통해 화성 유인 탐사를 위해 가장 시급히 해결해야 할 문제는 연료 소비 효율을 높이는 것임을 알 수 있다.

[관련 부분]
- 이 화물의 운반이 화성 유인 비행에서 가장 큰 문제일 것이다.
- 그래서 화성에 가기 위해서는 연비가 높은 엔진이 필요하다.

오답 분석 ① 3문단 끝에서 1~2번째 줄을 통해 화물을 운반하는 용도의 대형 로켓은 더 이상 만들지 않는다는 것을 알 수 있으므로 '대형 로켓 제작'은 시급히 해결해야 할 문제로 보기 어렵다.

[관련 부분] 막대한 자금을 투입해서, 다른 용도가 없고 지나치게 거대한 로켓을 만드는 시대는 이미 지났다는 뜻이다.

② 제시문과 관련 없는 내용이다.

④ 5문단 1~2번째 줄에서 화물을 여러 번 나누어 운반하는 것이 현실적으로 화물을 옮길 수 있는 방법임을 설명하고 있으므로 시급히 해결해야 할 문제로 보기 어렵다.

[관련 부분] 거대한 로켓을 만들 수 없기 때문에 470톤의 화물은 여러 번 나누어 운반된다.

04 어법 의미 (다의어의 의미) 난이도 ★★☆

해설 ③ 문맥상 ⊙ '문제'는 '해결하기 어렵거나 난처한 대상. 또는 그런 일'이라는 의미로, 이와 문맥적 의미가 가장 가까운 것은 ③ '출산율 감소는 우리나라만의 문제가 아니다'의 '문제'이다.

오답 분석
① 문제의 영화가 드디어 오늘 개봉된다: 이때 '문제'는 '논쟁. 논의. 연구 등의 대상이 되는 것'을 뜻한다.
② 그는 어디를 가나 문제를 일으키곤 했다: 이때 '문제'는 '귀찮은 일이나 말썽'을 뜻한다.
④ 연습을 반복하면 어려운 문제도 척척 풀게 된다: 이때 '문제'는 '해답을 요구하는 물음'을 뜻한다.

05 어법 문장 (피동 표현과 사동 표현) 난이도 ★★☆

해설 ③ 대화문의 내용을 통해 (가)에는 목적어가 포함된 피동문이 들어가야 함을 알 수 있다. 이때 ③ '동생이 버스 안에서 발을 밟혔다'는 목적어 '발을'을 포함하고 있으며, 문맥상 주어 '동생이'가 서술어 '밟히다'의 행위를 당하는 객체이므로 피동의 의미를 지니는 피동문이다. 따라서 (가)에 들어갈 문장으로 적절한 것은 ③이다.

오답 분석
①②④ 모두 문맥상 주어가 대상에게 어떤 행위나 동작을 하게 만드는 사동문이므로 (가)에 들어갈 문장으로 적절하지 않다.

06 어법 국어의 로마자 표기 난이도 ★☆☆

해설 ② 속리산[송니산] Sokrisan(×) → Songnisan(○): ⑪를 통해 자음동화에 의한 변화는 로마자 표기에 반영해야 함을 알 수 있다. 따라서 '속리산'은 자음 동화(비음화)에 의해 [송니산]으로 발음되므로 'Songnisan'으로 적어야 한다.

오답 분석
① 해돋이[해도지] haedoji(○): ⑭를 통해 구개음화에 의한 변화는 로마자 표기에 반영해야 함을 알 수 있다. 따라서 '해돋이'는 'haedoji'로 적는다.
③ 울산[울싼] Ulsan(○): ㉱를 통해 된소리되기에 의한 변화는 로마자 표기에 반영하지 않음을 알 수 있다. 따라서 '울산'은 'Ulsan'으로 적는다.
④ 집현전[지편전] Jiphyeonjeon(○): ㉲를 통해 체언에서 'ㄱ, ㄷ, ㅂ' 뒤에 'ㅎ'이 따를 때에는 'ㅎ'을 밝혀 적음을 알 수 있다. 따라서 '집현전'은 'Jiphyeonjeon'으로 적는다.

07 비문학 논지 전개 방식 난이도 ★★☆

해설 ① 2문단 6~7번째 줄에서 아름다운 대상을 연구한다는 미학과 미술사학, 음악사학의 공통점을 제시하고 있지만 그 밖의 공통점들은 제시되고 있지 않으므로 공통점들을 열거하고 있다는 ①의 설명은 적절하지 않다.
• 열거: 여러 가지 예나 사실을 낱낱이 죽 늘어놓음
[관련 부분] 미학이나 미술사학, 음악사학이 모두 아름다운 대상을 연구한다는 점에는 마찬가지이지만

오답 분석
② 2문단 6~9번째 줄을 통해 아름다운 대상을 연구하는 학문인 미학과 미술사학, 음악사학의 차이점에 초점을 두고 서술하고 있음을 알 수 있다.
[관련 부분] 미학이나 미술사학, 음악사학이 모두 아름다운 대상을 연구한다는 점에는 마찬가지이지만, 그 차이점은 그것에 접근하는 방식, 다르게 말하면 그것들을 연구하는 방식이 다르기 때문이다.
③ 제시문은 '~인가', '~을까?' 등의 의문형 문장을 빈번하게 사용하여 독자에게 질문을 던지는 방식으로 서술하고 있다.

④ 2~4문단에서 미술사학과 미학의 정의와 특징을 밝혀 글을 서술하고 있다.
[관련 부분]
• 미술사학은 화가 개인이나 화파 사이의 역사적 관계를 연구하는 학문이다.
• 미학은 아름다운 대상을 철학적으로 연구하는 학문이다.
• 미술사학은 미술을 역사적 관점에서 보는 것이고, 미학은 미술을 철학적 관점에서 보는 것이다.

08 비문학 세부 내용 파악 난이도 ★★☆

해설 ② 3문단 끝에서 1~3번째 줄을 통해 미학과 미술사학은 아름다운 대상을 연구할 때 철학과 역사라는 서로 다른 도구를 사용한다는 것임을 알 수 있다.
[관련 부분] 미학과 미술사학의 차이는 미술작품을 철학과 역사라는 도구 중 어떤 도구를 가지고 연구하냐의 차이이다.

오답 분석
① 2문단 끝에서 1~5번째 줄을 통해 미술사학이 역사적 관계에 초점을 맞추어 아름다운 대상을 연구하는 것과 같이 음악사학도 동일한 방식으로 연구 대상에 접근함을 알 수 있다.
[관련 부분] 미술사학은 화가 개인이나 화파 사이의 역사적 관계를 연구하는 학문이다. 이러한 연구 방식은 그림의 역사를 연구하는 것이기에 우리는 그러한 학문을 미술사학이라고 부르며, 이 같은 설명이 음악사학에도 적용될 것이다.
② 2문단 6~9번째 줄을 통해 미학과 미술사학, 음악사학은 공통적으로 아름다운 대상을 연구하지만 대상에 대한 접근 방식에서 차이가 나는 별개의 학문임을 알 수 있으므로, 아름다운 대상을 연구하는 사람이 모두 미학을 한다는 내용은 적절하지 않다.
[관련 부분] 미학이나 미술사학, 음악사학이 모두 아름다운 대상을 연구한다는 점에는 마찬가지이지만, 그 차이점은 그것에 접근하는 방식, 다르게 말하면 그것들을 연구하는 방식이 다르기 때문이다.
④ 2문단과 3문단을 통해 미학은 아름다운 대상을 철학이라는 도구를 사용하여 연구하는 학문이며, 음악사학은 음악을 역사라는 도구를 사용하여 연구하는 학문임을 알 수 있다.
[관련 부분]
• 미술사학은 화가 개인이나 화파 사이의 역사적 관계를 연구하는 학문이다. 이러한 연구 방식은 그림의 역사를 연구하는 것이기에 우리는 그러한 학문을 미술사학이라고 부르며, 이 같은 설명이 음악사학에도 적용될 것이다.
• 미학은 아름다운 대상을 철학적으로 연구하는 학문이다.

09 비문학 내용 추론 난이도 ★★☆

해설 ③ 빈칸 앞에 쓰인 부사 '즉'을 통해 빈칸이 포함된 문장은 미술사학과 미학의 공통점과 차이점을 밝히고 있는 앞 문장을 다시 한 번 정리한 내용임을 알 수 있다. 또한 빈칸 뒤에는 미술사학과 미학의 차이점이 드러나므로 빈칸에는 미술사학과 미학의 공통점인 ③ '같은 대상을 보고 있지만'이 들어가야 함을 추론할 수 있다.

10 문학 작품의 종합적 감상 (소설) 난이도 ★★☆

해설 ③ 제시된 작품은 1970년대 사회상을 고발하는 사회 소설이 맞지만, 고발의 대상이 일상의 기계적인 삶이 아니라 산업화 이면의 부정적인 모습이므로 적절하지 않은 설명이다.

①② 제시된 작품은 조세희의 연작소설 '난쟁이가 쏘아 올린 작은 공'에 수록된 작품 중 하나로, 수학 교사가 학생들에게 '뫼비우스의 띠'를 설명하는 외부 이야기와 '앉은뱅이'와 '꼽추'가 등장하는 내부 이야기가 '고정관념'이라는 주제 아래에 구성된 액자소설의 형태를 지니고 있다.

- 외부 이야기: 교사가 '뫼비우스의 띠'를 설명하여 학생들의 흑백 논리와 고정관념을 깨뜨리고자 함
- 내부 이야기: 피해자와 가해자가 명확히 구분되지 않는 '앉은뱅이'와 '꼽추'의 이야기를 통해 고정관념을 깨뜨리고 왜곡된 현실의 모습을 부각함

④ '앉은뱅이'가 '사나이'의 차에 불을 질러 살해하는 장면을 구체적으로 묘사하지 않고 생략하여 사건을 속도감 있게 전개하고 있다.

11 문학 서술상의 특징
난이도 ★☆☆

해설 ④ 제시된 작품은 신체적 장애가 있는 '앉은뱅이'와 '꼽추'를 주인공으로 설정하여 도시 재개발(산업화)의 혜택을 받지 못하고 소외된 계층의 비극적인 현실 상황을 더욱 부각시키고 있다.

12 문학 문장의 의미
난이도 ★★☆

해설 ③ ⓒ의 뒤에 제시된 '꼽추'의 말을 통해 '꼽추'가 '앉은뱅이'와의 동행을 거부하는 이유가 살인을 저지른 '앉은뱅이'의 마음이 두려워서임을 알 수 있으므로 '꼽추'가 걸음이 느린 '앉은뱅이'와 함께 가는 것을 부담스러워 한다는 설명은 적절하지 않다.

오답 분석
① ㉠에서 '앉은뱅이'는 '사나이'에게 빼앗은 돈이 원래 자신들의 돈이라고 말하여 '사나이'에게 폭력을 행사하고 돈을 빼앗은 행위를 정당화하고 있다.
② ㉡의 뒷 내용을 통해 '앉은뱅이'와 '꼽추'는 폭력을 휘둘러 빼앗은 돈이라는 점에서 불안을 느낌과 동시에 그 돈으로 내일 할 일을 떠올리며 흥분하고 있음을 알 수 있다.
④ ㉣의 '이 밤'은 '앉은뱅이'가 살인을 저지르고 그로 인해 '꼽추'가 '앉은뱅이'의 곁을 떠난 부정적인 시간으로, 절망적인 상황이 앞으로도 지속될 것임을 암시하고 있다.

13 문학 작품의 내용 파악
난이도 ★★☆

해설 ④ '꼽추'가 '약장수'를 죽을힘을 다해 일한 대가로 먹고 사는 '완전한 사람'이라고 평가하는 것을 통해 알 수 있다.

오답 분석
① '꼽추'는 '앉은뱅이'에게 돈을 받은 후 플라스틱 통을 가져오기 위해 먼저 승용차에서 내렸으므로 적절하지 않다.
② 앞부분의 줄거리를 통해 '앉은뱅이'와 '꼽추'가 '사나이'의 차를 가로막아 선 후 폭력을 행사하여 돈을 뺏었음을 알 수 있으므로 적절하지 않다.
③ 제시된 부분에서 '사나이'가 '앉은뱅이'의 집을 쇠망치로 부순 사람인지 알 수 없다.

14 비문학 글의 전략 파악
난이도 ★★☆

해설 ① 제시문은 미생물에 대한 파스퇴르와 코흐의 탐구 및 실험 내용을 구체적으로 제시하고 있다.

[관련 부분]
- 1865년 파스퇴르는 이런 생각이 틀렸음을 증명했다. 그는 미생물이 누에에게 두 가지 질병을 일으킨다는 사실을 입증한 뒤, 감염된 알을 분리하여 질병이 전염되는 것을 막음으로써 프랑스의 잠사업을 위기에서 구했다.
- 1876년 코흐는 이 미생물을 쥐에게 주입한 뒤 쥐가 죽은 것을 확인했다. 그는 이 암울한 과정을 스무 세대에 걸쳐 집요하게 반복하여 번번이 똑같은 현상이 반복되는 것을 확인했고, 마침내 세균이 탄저병을 일으킨다는 결론을 내렸다.

오답 분석
② 2문단 5~6번째 줄에서 미생물에 대한 기존 이론인 '자연발생설'과 이와 상반되는 '배종설'이 나타나지만, 두 이론을 대조하여 각각의 장단점을 제시하고 있지는 않다.
[관련 부분] 배종설은 오랫동안 이어져 내려온 자연발생설에 반박하는 이론으로서
③ 1문단 2~6번째 줄에서 플렌치즈의 가설과 이를 뒷받침할 증거가 없다는 문제점이 함께 제시되었으나, 이에 대한 해결 방안은 제시되지 않았다.
[관련 부분] 플렌치즈는 미생물이 체내에서 증식함으로써 질병을 일으키고, 이는 공기를 통해 전염될 수 있다고 주장했으며, 모든 질병은 각자 고유의 미생물을 갖고 있다고 말했다. 그러나 유감스럽게도 그 주장에 대한 증거가 없었으므로
④ 제시문을 통해 18세기 중반에는 사람들이 미생물의 중요성을 납득하지 못하였으나 파스퇴르와 코흐의 연구를 거치면서 미생물에 대한 인식이 변화하였음을 알 수 있다. 그러나 미생물의 종류를 나누어 분석하는 내용은 제시되지 않았다.

15 비문학 세부 내용 파악
난이도 ★★☆

해설 ④ 2문단을 통해 파스퇴르가 미생물을 연구하여 프랑스의 잠사업을 위기에서 구했음을 알 수 있으며, 5문단에서 파스퇴르의 영향을 받은 조지프 리스터의 소독 기법이 환자들을 감염으로부터 구했음을 알 수 있다. 따라서 글을 이해한 내용으로 가장 적절한 것은 ④이다.
[관련 부분]
- 그는 미생물이 누에에게 두 가지 질병을 일으킨다는 사실을 입증한 뒤, 감염된 알을 분리하여 질병이 전염되는 것을 막음으로써 프랑스의 잠사업을 위기에서 구했다.
- 조지프 리스터는 파스퇴르에게서 영감을 얻어 소독 기법을 실무에 도입했다. 그는 자신의 스태프들에게 손과 의료 장비와 수술실을 화학적으로 소독하라고 지시함으로써 수많은 환자들을 극심한 감염으로부터 구해냈다.

오답 분석
① 1문단 끝에서 1~4번째 줄을 통해 미생물의 관한 플렌치즈의 주장은 다른 사람들을 납득시키지 못하였으며 어처구니없는 가설이라는 혹평을 듣기도 했음을 알 수 있으므로 적절하지 않다.
[관련 부분] 플렌치즈는 외견상 하찮아 보이는 미생물들도 사실은 중요하다는 점을 다른 사람들에게 납득시킬 수가 없었다. 심지어 한 비평가는 그처럼 어처구니없는 가설에 반박하느라 시간을 허비할 생각이 없다며 대꾸했다.
② 2문단 끝에서 3~6번째 줄을 통해 썩어가는 물질이 내뿜는 독기가 질병을 일으킨다는 주장이 틀렸음을 입증한 사람은 파스퇴르임을 알 수 있으므로 적절하지 않다.
[관련 부분] 사람들은 흔히 썩어가는 물질이 내뿜는 나쁜 공기, 즉 독기가 질병을 일으킨다고 생각했다. 1865년 파스퇴르는 이런 생각이 틀렸음을 증명했다.
③ 3문단 1~5번째 줄을 통해 코흐가 탄저균을 쥐에게 주입하는 실험을 한 것은 맞지만, 동물의 시체에서 탄저균을 발견한 사람은 코흐가 아닌 다른 과학자임을 알 수 있으므로 적절하지 않다.

[관련 부분] 로베르트 코흐라는 내과 의사가 지역농장의 사육동물을 휩쓸던 탄저병을 연구하고 있었다. 때마침 다른 과학자들이 동물의 시체에서 탄저균을 발견하자, 1876년 코흐는 이 미생물을 쥐에게 주입한 뒤 쥐가 죽은 것을 확인했다.

16 비문학 내용 추론 　　　　난이도 ★★☆

해설　④ 4문단 4~6번째 줄을 통해 새로운 도구가 개발됨에 따라 코흐를 비롯한 학자들이 질병을 유발하는 세균들을 발견할 수 있었다는 것을 알 수 있으므로 ④의 내용은 도출할 수 없다.

[관련 부분] 코흐를 비롯한 과학자들은 한센병, 임질, 장티푸스, 결핵 등의 질병 뒤에 도사리고 있는 세균들을 속속 발견했다. 이러한 발견을 견인한 것은 새로운 도구였다.

오답
분석
① 2문단에서 파스퇴르가 미생물이 누에에게 질병을 일으킨다는 사실로 세균이 질병을 일으키는 원인임을 입증했다는 내용과 3문단에서 코흐가 미생물(탄저균)을 쥐에게 주입하는 실험을 통해 세균이 탄저병을 일으킨다는 결론을 냈다는 내용을 통해 세균이 미생물의 일종임을 도출할 수 있다.

[관련 부분]
• 만약 세균이 발효와 부패의 주범이라면 질병도 일으킬 수 있을 것이라고 주장했다. ~ 그는 미생물이 누에에게 두 가지 질병을 일으킨다는 사실을 입증한 뒤,
• 코흐는 이 미생물을 쥐에게 주입한 뒤 ~ 마침내 세균이 탄저병을 일으킨다는 결론을 내렸다.

② 5문단 2~6번째 줄을 통해 조지프 리스터는 세균을 제거하기 위해 손, 의료 장비, 수술실을 화학적으로 소독함으로써 환자들을 감염으로부터 보호했음을 알 수 있다. 이를 통해 세균은 화학적인 방법으로 제거할 수 있음을 도출할 수 있다.

[관련 부분] 조지프 리스터는 파스퇴르에게서 영감을 얻어 소독 기법을 실무에 도입했다. 그는 자신의 스태프들에게 손과 의료 장비와 수술실을 화학적으로 소독하라고 지시함으로써 수많은 환자들을 극심한 감염으로부터 구해냈다.

③ 제시문을 통해 1762년에 플렌치즈가 미생물(세균)이 질병을 일으킨다는 주장을 했을 때는 사람들이 믿지 않았으나, 19세기 중반 이후 파스퇴르와 코흐의 연구로 인해 사람들이 미생물로 인해 질병이 발생한다고 여겼음을 알 수 있다. 따라서 미생물과 질병의 연관성에 대한 인식이 통시적으로 변화했음을 도출할 수 있다.

17 문학 시구의 의미 　　　　난이도 ★★☆

해설　④ 제시된 작품에서 ㉠'그 땅', ㉡'북(北)쪽 툰드라', ㉢'눈 속'은 모두 생명이 살아갈 수 없는 척박한 환경으로, 일제 강점기의 극한 상황을 의미하는 시어이다. 반면 ㉣'꽃성(城)'은 광복이 된 조국을 상징하는 긍정적 의미의 시어이므로 성격이 가장 다른 것은 ㉣ '꽃성(城)'이다.

👍 이것도 알면 **합격!**

이육사, '꽃'의 주제와 특징에 대해 알아두자.

1. 주제: 조국 광복에 대한 신념과 의지
2. 특징
  • 한시의 선경후정의 구조가 나타나며 시상이 점층적으로 전개됨
  • 의미가 대립되는 시어를 사용하여 의지를 강조함

18 문학 작품의 종합적 감상 (시) 　　　　난이도 ★★☆

해설　② (가)와 (나)에는 모두 색채를 나타내는 시어를 통한 시각적 심상이 드러난다.
  • (가): 꽃은 발갛게 피지 않는가, 제비 떼 까맣게 날아오길 기다리나니
  • (나): 파란 녹이 낀 구리거울

오답
분석
① (나)의 화자는 고백적인 어조를 통해 자신의 삶에 대한 성찰을 드러내고 있으나, (가)의 화자는 의지적, 설득적 어조를 통해 새로운 세계가 올 것임을 확신하고 있다.
③ (가)와 (나) 모두 시구의 반복이 나타나지 않는다.
④ (가)와 (나)의 화자는 모두 영탄적 어조를 통해 자신의 정서를 드러내고 있다. 이때 (가)의 화자는 암울한 현실을 극복하려는 의지를, (나)의 화자는 자신을 성찰하며 느낀 부끄러움의 정서를 드러내고 있다.

👍 이것도 알면 **합격!**

윤동주, '참회록'의 주제와 특징에 대해 알아두자.

1. 주제: 자기 성찰과 반성을 통한 순결성의 추구와 현실 극복 의지
2. 특징
  • 순행적 구조로 시상을 전개함
  • 매개체인 구리거울을 통해 치열한 자기 성찰을 드러냄

19 문학 시어의 의미 　　　　난이도 ★★☆

해설　③ (나)의 '구리거울'은 화자가 자신의 모습을 비추어 삶을 성찰하게 하는 매개체의 기능을 한다. 이와 같은 기능을 하는 것은 ③의 '흰 바람벽'이다.
  • 구리거울: 오랜 세월을 거친 역사적 유물로, 화자는 구리거울에 자신의 모습을 비추어 봄으로 자신의 삶을 성찰하고 있다.
  • 흰 바람벽: 화자는 '흰 바람벽'에 자신의 모습을 비추어 내면을 성찰하고 있으며, 이를 통해 자신의 삶의 의미를 되돌아 보고 있다.

오답
분석
① '유리'는 화자와 대상의 만남을 매개하면서, 동시에 화자와 대상을 단절하는 이중적 기능을 하는 소재이다.
② '기침'은 마음속에 있는 불순한 것들을 뱉어 내는 행위를 의미하는 시어로, 순수하고 정의로움을 추구하는 화자의 의지를 강조하는 기능을 하는 소재이다.
④ '흐르는 물'은 주체적이지 못하고 반복적이라는 점에서 화자의 삶과 동일시되는 시어로, 암담한 현실 속에서 살아갈 수 밖에 없는 도시 노동자들의 삶을 부각하는 기능을 하는 소재이다.

20 어법 중세 국어 　　　　난이도 ★★★

해설　② ㉡에서 '여름 하ᄂᆞ니'는 '열매(가) 많으니'로 해석되므로 '여름'의 문장 성분은 주어이다. 따라서 '여름'이 목적격 조사 없이 실현된 목적어라는 설명은 적절하지 않다.

오답
분석
① ㉠의 '太子ᄅᆞᆯ'은 체언 '태자(太子)'에 목적격 조사 'ᄅᆞᆯ'이 붙어 목적어가 실현된 경우이다.
③ ㉢의 '고ᄌᆞ란'은 체언 '곳'에 보조사 'ᄋᆞ란'이 붙어 목적어가 실현된 경우이다.
④ ㉣의 '부텻 像ᄋᆞᆯ'은 명사구 '부텻 像'에 목적격 조사 'ᄋᆞᆯ'이 붙어 목적어가 실현된 경우이다.

21 문학 작품의 종합적 감상 (판소리) 난이도 ★★☆

해설 ③ 제시된 작품에서 비현실적 상황이 설정된 부분은 나타나지 않으므로 적절하지 않다.

오답
분석 ① 1문단을 통해 동일한 어구를 반복하여 운율을 형성하고 있음을 알 수 있다.
② 5문단에서 서술자가 흥보가 숫한 사람이라 병영으로 떨면서 들어간다고 말하는데 이는 서술자가 작중에 직접 개입하여 흥보가 겁많고 소심한 성격임을 전달하는 것이다.
④ 각 문단마다 상황에 맞는 장단을 사용하여 인물의 정서를 전달하고 있다.
　• 1문단: 중중모리장단을 사용하여 오랜만에 돈을 벌어온 흥보와 흥보 마누라의 기쁜 마음을 드러내고 있다.
　• 3문단: 진양조장단을 사용하여 돈을 벌기 위해 매를 대신 맞으러 떠나는 흥보와 그를 말리는 흥보 마누라의 애달픈 감정을 표현하고 있다.
　• 5문단: 중모리장단을 사용하여 자신의 신세를 한탄하는 흥보의 심정을 표현하고 있다.
　• 7문단: 중모리장단을 사용하여 흥보가 무사히 집으로 돌아오기 바라는 흥보 마누라의 간절한 마음을 표현하고 있다.

👍 이것도 알면 **합격!**

판소리 장단의 종류에 대해 알아두자.

진양조장단	가장 느린 판소리 장단으로서 서정적이고 느슨한 전개에서 쓰임
중모리장단	서정적인 장면이나 담담하게 사연을 서술하는 장면에서 쓰임
중중모리장단	중모리보다 빠른 장단으로 활동적인 장면에서 쓰임
자진모리장단	중중모리보다 빠른 장단으로 여러 사건을 나열하거나 격동하는 장면에서 쓰임
휘모리장단	가장 빠른 판소리 장단으로서 어떤 사건이나 일이 빠르게 전개되는 장면에서 쓰임

22 문학+어휘 인물의 심리 및 태도, 한자 성어 난이도 ★★☆

해설 ① 7문단에서 흥보의 아내는 매품을 팔러 간 흥보가 무사히 돌아오기를 간절하게 기다리고 있으므로 흥보의 아내가 '학수고대(鶴首苦待)'하고 있다는 독자의 반응은 적절하다.
　• 학수고대(鶴首苦待): 학의 목처럼 목을 길게 빼고 간절히 기다림

오답
분석 ② 7문단에서 흥보는 매품을 팔지 못하게 된 상황에 절망하고 있으므로 이러한 상황을 새옹지마(塞翁之馬)로 여기고 있다는 독자의 반응은 적절하지 않다.
　• 새옹지마(塞翁之馬): 인생의 길흉화복은 변화가 많아서 예측하기가 어렵다는 말
③ 4문단에서 흥보의 아들들은 매품을 팔러 가는 흥보에게 철없이 떡을 사와 달라고 말하고 있으므로 흥보의 아들들이 흥보에게 측은지심(惻隱之心)을 갖고 있다는 독자의 반응은 적절하지 않다.
　• 측은지심(惻隱之心): 불쌍히 여기는 마음
④ 6문단에서 흥보는 사령에게 옆집 꾀수 애비가 자신의 이름으로 매품을 팔았다는 말을 듣고 허탈해 하고 있으므로 흥보가 사령의 말을 어불성설(語不成說)이라고 생각한다는 독자의 반응은 적절하지 않다.
　• 어불성설(語不成說): 말이 조금도 사리에 맞지 않음

23 문학 작품의 종합적 감상 (판소리) 난이도 ★☆☆

해설 ① [A]에서 흥보는 사령에게 옆집 꾀수 애비가 흥보의 이름을 팔아 매품팔이를 하고 돈을 받아 갔다는 소식을 듣고 울면서 집으로 돌아갈 뿐 사령을 원망하지는 않는다.

오답
분석 ② 흥보는 사령의 말을 통해 매품팔이를 할 수 없는 상황임을 알게 되었으므로 적절하다.
③ 흥보가 사령의 말을 이해하지 못하고 계란이 곯지 사람이 곯냐며 언어유희적 표현을 사용해 대답하는 부분을 통해 매품조차 팔지 못하게 된 흥보의 비극적인 상황을 해학적으로 드러내고 있음을 알 수 있다.
④ 꾀수 애비가 몰래 흥보의 이름을 팔아 매품팔이를 한 것을 통해 매품을 팔 기회도 흔치 않았던 당시 서민들의 궁핍한 삶을 짐작할 수 있다.

👍 이것도 알면 **합격!**

'흥보가'의 표현상의 특징을 알아두자.
• 현재형 시제를 사용하여 사실감을 높임
• 해학적 표현을 사용하여 희극미를 드러냄
• 전라도 방언과 생생한 구어를 사용하여 현장감을 높임
• 동일한 어구의 반복, 4 · 4조 등 운문의 성격이 중심이지만 산문의 성격도 부분적으로 나타남
• 조선 후기의 몰락한 양반과 서민들의 생활상을 일상 언어를 통해 사실적으로 제시함

24 비문학 내용 추론 난이도 ★★☆

해설 ③ 성별에 따라 사용하는 어휘가 달라진다는 내용은 제시문을 통해 확인할 수 없다.

오답
분석 ① 끝에서 1~3번째 줄에서 친구들과 대화를 하며 사용하는 단어들을 부모님과 대화할 때는 따로 설명해야 한다는 것으로 보아 세대에 따라서 사용하는 어휘가 달라짐을 추론할 수 있다.
　[관련 부분] 친구들과 이야기 할 때 흔히 사용하는 '컴싸'나 '훈남', '생파'같은 단어들을 부모님과 대화할 때는 설명을 해드려야 해서 불편할 때가 많다.
② 3~4번째 줄에서 사투리로 인해 할아버지의 말씀을 이해할 수 없었다는 것으로 보아 지역에 따라 어휘가 달라짐을 추론할 수 있다.
　[관련 부분] 할아버지께서 나에게 심부름을 시키셨는데 사투리가 섞여 있어서 잘 알아들을 수가 없었다.
④ 문화상품권을 '문상'으로 줄여 말하거나 '컴싸', '훈남', '생파'같은 단어들은 주로 글쓴이가 학교에서 친구들과 대화할 때 사용한다는 내용을 통해 은어나 유행어는 청소년층이 쓰는 경우가 많음을 추론할 수 있다.

해설 ③ '밝은 빛을 비춘다'와 '벽지가 밝아'에 쓰인 '밝다'는 모두 성질이나 상태를 나타내는 형용사이므로 품사의 통용 사례로 적절하지 않다. 참고로, '밝다'는 '밤이 지나고 환해지며 새날이 오다'를 뜻하는 동사로도 쓰인다.
- **밝은 빛을 비춘다**(형용사): 이때 '밝다'는 '불빛 등이 환하다'를 뜻하는 형용사이다.
- **벽지가 밝아**(형용사): 이때 '밝다'는 '빛깔의 느낌이 환하고 산뜻하다'를 뜻하는 형용사이다.

오답 ①②④ 하나의 단어가 두 가지 이상의 품사로 사용되는 품사의 통
분석 용 사례이다.
① • **철수만큼**(조사): 이때 '만큼'은 체언 뒤에서 앞말과 비슷한 정도나 한도임을 나타내는 격 조사로 쓰였다.
- **먹을 만큼**(의존 명사): 이때 '만큼'은 앞의 내용에 상당한 수량이나 정도임을 나타내는 의존 명사로 쓰였다.
② • **내일의 날씨**(명사): 이때 '내일'은 관형격 조사 '의'와 결합하여 명사 '날씨'를 수식하고 있으므로 품사는 명사이다.
- **내일 다시 시작합시다**(부사): 이때 '내일'은 조사와 결합하지 않고 부사 '다시'를 수식하고 있으므로 품사는 부사이다.
④ • **키가 큰 나무**(형용사): 이때 '크다'는 '나무'의 성질이나 상태를 나타내므로 품사는 형용사이다.
- **키가 몰라보게 컸구나**(동사): 이때 '크다'는 길이가 자라는 동작 또는 과정을 나타내므로 품사는 동사이다.

정답 및 취약점 확인

p.155

문항	정답	출제 포인트	약점 개념 확인	문항	정답	출제 포인트	약점 개념 확인
01	①	문학-서술상의 특징	조지훈 〈지조론〉, 예시, 비교, 대조, 인용, 문답	14	③	혼합-인물의 태도, 한자 성어	羊頭狗肉, 棟梁之材, 天衣無縫, 改過遷善
02	③	문학-작품의 내용 파악		15	④	문학-작품의 종합적 감상	한용운 〈알 수 없어요〉, 신경림 〈장자를 빌려〉
03	②	문학-소재의 의미, 시어의 의미	박팽년 〈가마귀 눈비 마즈〉	16	④	혼합-작문, 표현상의 특징	청각적 심상, 설의법
04	③	비문학-글의 전략 파악		17	③	문학-시구의 의미	
05	③	비문학-세부 내용 파악		18	①	어법-단어	품사의 구분(관형사)
06	③	문학-작품의 종합적 감상	백석 〈여승〉, 나희덕 〈못 위의 잠〉, 이수익 〈결빙의 아버지〉	19	①	비문학-글의 전략 파악	문답, 예시
07	③	문학-작품의 종합적 감상		20	①	비문학-관점과 태도 파악	
08	②	문학-작품의 종합적 감상	김수영 〈풀〉, 박두진 〈해〉	21	④	비문학-세부 내용 파악	
09	②	문학-시어의 의미		22	②	어법-문장	형태가 같은 사동사와 피동사
10	①	문학-작품의 종합적 감상	윤동주 〈쉽게 씌어진 시〉	23	①	어법-단어	파생어와 합성어의 형성
11	①	문학-서술상의 특징	박지원 〈호질〉	24	④	어법-한글 맞춤법	한글 맞춤법 제23항
12	④	문학-인물의 태도		25	④	어법-의미	반의 관계
13	④	문학-문장의 의미					

01 문학 서술상의 특징

난이도 ★☆☆

해설 ① 6문단 1~2번째 줄에서 자문자답의 형식을 빌려 변절의 정의를 내리고 있으나 이를 통해 자신의 삶을 성찰하고 있지는 않으므로 답은 ①이다.

오답 분석 ② 신단재 선생의 일화, 최명길의 일화, 조선어학회의 간판 등 구체적인 사례를 들어 지조와 변절에 대한 자신의 논지를 강화하고 있다.

③ 7문단과 8문단 1~2번째 줄에서 친일 행위와 독립운동 사이의 전향을 비교·대조하며 좋은 방향에서 나쁜 방향으로 가는 것이 변절이라는 점을 부각하고 있다.

④ 5문단 5~7번째 줄에서 '채근담'의 구절을 인용해 쉽게 변절하는 도자와 정치인들을 비판하려는 자신의 의도를 드러내고 있다.

👍 이것도 알면 **합격!**

조지훈, '지조론'의 주제와 특징을 알아두자.

1. 주제: 지조 있는 삶의 태도
2. 특징
   • 다양한 사례를 들어 지조와 변절의 의미를 제시함
   • 힘이 넘치면서도 단정적인 문체로 독자들의 공감을 유도함

02 문학 작품의 내용 파악

난이도 ★★☆

해설 ③ 2문단 1~4번째 줄과 5문단 1~5번째 줄을 통해 장사꾼의 생활은 상황에 따라 바뀌는 것이 올바른 길이지만, 지도자와 정치인들에게 바라는 지조는 이와 다르다는 것을 알 수 있다.

오답 분석 ① 10~11문단에서 최명길의 일화와 친일파의 예를 제시하여 잘못된 신념을 끝까지 고집하는 것은 자기 신념으로 일관한 것이므로 변절이 아님을 말하고 있다.

② 마지막 문단의 '조선어학회' 사례를 통해 대의를 위한 변절 행위는 비판받지 않음을 알 수 있다.

④ 3문단 1~4번째 줄을 통해 부정과 불의한 권력 앞에서 곤욕을 무릅쓸 각오가 있어야만 지조가 지켜질 수 있다는 것을 알 수 있다.

03 문학 소재의 의미, 시어의 의미

난이도 ★★☆

해설 ② '야광명월(夜光明月)'은 어두운 밤(고난과 시련의 상황)에도 빛(지조와 절개)을 잃지 않는 충신을 의미하며 ⓒ '신단재 선생'은 추운 겨울에도 고개를 숙이지 않고 세수를 할 만큼 꼿꼿한 지조를 지닌 인물이므로 ②는 옳은 설명이다.

오답 분석 ① '눈비'는 혼란한 시대 상황을 상징하며, ㉠ '과부나 홀아비'는 자신의 신념에 따라 행동할 권리가 있는 인물이므로 변절자로 볼 수 없다.

③ '가마귀'는 간신(변절자)을 상징하며, ⓒ '야당이 된 이'는 변절자라는 비난은 받지 않으나 지조에 있어 완전히 깨끗하다고 할 수 없으므로 '가마귀'와 ⓒ 모두 지조를 지켰다고 할 수 없다.

④ ㉣ '조선어학회'의 사례에 대하여 민족 전체를 위해 치욕을 무릅쓴 업적이 있는 자는 변절자라고 욕하지 않는다고 서술하였으므로 ㉣은 변절자가 아니다.

지문 풀이

> 까마귀가 눈비를 맞아서 흰 듯하면서도 검구나.
> 한밤중에도 빛나는 밝은 달이 밤이라고 해서 그 빛을 잃겠는가?
> 임금(단종)을 향한 굳은 충성심이야 변할 까닭이 있겠는가?
>
> – 박팽년의 시조

04 비문학 글의 전략 파악 난이도 ★☆☆

해설 ③ 2문단과 5문단에서 민주주의와 자본주의의 결합에 대한 아나톨 칼레츠키와 레스터 서로의 견해를 인용하여 글의 신뢰도를 높이고 있다.

05 비문학 세부 내용 파악 난이도 ★☆☆

해설 ③ 2문단 5~7번째 줄을 통해 근대 자본주의의 시작은 애덤 스미스의 "국부론"이 출간된 1776년으로 간주됨을 알 수 있다.

오답 분석 ① 1문단 끝에서 3~5번째 줄을 통해 대중 민주주의는 20세기 초에야 제대로 된 형태를 갖추기 시작했음을 알 수 있다.
② 2문단 끝에 1~3번째 줄을 통해 세계의 많은 나라가 민주주의와 자본주의를 결합한 정치·경제 체제를 갖추고 있음을 알 수 있다.
④ 4문단 1~2번째 줄을 통해 민주주의와 자본주의는 권력의 분배에 대해 다른 지향점을 가지고 있음을 알 수 있다.

06 문학 작품의 종합적 감상 (시) 난이도 ★★☆

해설 ③ (다)의 화자는 한강교를 지나며 떠올린 어린 시절의 추억을 통해 '아버지'에 대한 그리움을 드러내고 있으나 (가)의 화자는 '여승'의 고단했던 과거를 짐작해보며 그리움이 아닌 연민을 드러내고 있으므로 답은 ③이다.

오답 분석 ① (가)는 '여승'이, (다)는 얼어붙은 한강 물이 시상을 유발하고 있다.
② (가)는 1연에서 불경처럼 서러워졌다는 표현을 통해 화자의 정서를 불경에 빗대어 형상화하고 있다.
④ (나)는 어린 시절 아버지와 함께 어머니를 마중 나간 경험을, (다)는 추운 겨울 날 아버지 품속에서 추위를 피하던 경험을 바탕으로 시상이 전개되고 있다.

👍 이것도 알면 **합격!**

제시된 작품들의 주제와 특징을 알아두자.

(가)	백석, '여승'	**주제** 한 여인의 비극적 삶을 통해 본 일제 강점기 우리 민족의 수난
		특징 • 역순행적 구성을 통해 여승의 삶을 압축하여 제시함 • 화자를 관찰자로 설정하여 여승의 삶을 사실감 있게 전달함 • 감각적인 어휘 구사와 비유를 통해 여인의 비극적인 삶을 형상화함
(나)	나희덕, '못 위의 잠'	**주제** 유년 시절의 아버지에 대한 회상과 연민
		특징 • 아비 제비와 아버지의 고단한 삶을 병치시켜 구성함 • 과거 회상을 바탕으로 시상을 전개함
(다)	이수익, '결빙의 아버지'	**주제** 아버지에 대한 그리움
		특징 • 시간의 흐름에 따라 시상을 전개함 • 계절적 배경을 활용하여 화자의 정서를 드러냄 • '어머니'를 청자로 설정하여 말을 건네는 방식을 사용함

07 문학 작품의 종합적 감상 (시) 난이도 ★★☆

해설 ③ 음성 상징어 '꽝 꽝'에는 혹한을 견뎌내며 '나'를 단단하게 감싸는 아버지의 이미지가 나타나며, 말줄임표에는 아버지에 대한 애틋한 그리움이 드러난다. 따라서 (다)에서는 나약한 인간에 대한 연민의 어조가 드러나지 않으므로 답은 ③이다.

오답 분석 ① (나)의 '못'은 둥지와 대비되는 공간으로, 아버지가 평생 견뎌야만 했던 고달픈 삶을 상징한다. 또한 '반쪽 난 달빛'이 창백하다는 표현을 통해 피곤에 지친 어머니의 모습을 시각적으로 형상화하고 있다. 따라서 '못'과 '반쪽 난 달빛'은 '고달픈 삶'이라는 함축적 의미를 지닌다고 볼 수 있다.
② '못 위에 밤새 꾸벅거리는 제비'는 어린 자식들을 위해 희생하며 가장의 책임감을 지고 살아온 화자의 아버지를 떠올리게 한다.
④ '얼어붙은 잔등'으로 '하얗게 얼음으로 엎드려 있던 아버지'의 모습을 통해 부모의 희생과 사랑이라는 가치를 내면화할 수 있다.

08 문학 작품의 종합적 감상 (시) 난이도 ★★☆

해설 ② (가)는 '풀'과 '바람'의 관계를 통해 강인한 생명력을 지닌 민중과 민중을 억압하는 세력의 대립을 나타내며 (나)는 '해'와 '달밤'의 대비를 통해 어두운 현실을 이겨내고 희망찬 세계가 도래할 것을 기원하고 있다. 따라서 (가)와 (나) 모두 대립적 의미의 시어들을 활용하여 화자의 생각을 드러내었으므로 답은 ②이다.

오답 분석 ① (가)와 (나) 모두 시간의 흐름에 따른 화자의 태도 변화가 드러나 있지 않다.
③ (나)는 '해'에게 말을 건네는 방식을 통해 어둠이 가고 해가 솟아나 기를 바라는 화자의 소망을 드러내고 있으나 (가)는 말을 건네는 방식을 취하고 있지 않다.
④ (나)는 3연과 6연에서 의성어와 의태어를 활용하여 '해'에 대한 화자의 예찬적 태도를 드러내고 있으나 (가)는 의성어, 의태어의 활용하고 있지 않으며, 예찬적 태도도 드러나 있지 않다.

09 문학 시어의 의미 난이도 ★★☆

해설 ② ㉠'풀'은 바람에 나부끼면서도 절대 뿌리째 뽑히지 않는, 강인한 생명력을 지닌 민중을 의미하며 ㉡'해'는 어두운 현실인 '달밤'을 이겨내고 맞이할 밝고 희망찬 세계를 의미한다. 따라서 ㉠과 ㉡은 모두 화자가 가치 있는 대상으로 여기고 있으며, ㉠이 울고 웃는다는 표현과 ㉡을 '너'라고 표현하는 것으로 보아 의인화된 대상들임을 알 수 있다.

10 문학 작품의 종합적 감상 (시) 난이도 ★★☆

해설 ① 제시된 작품은 시선의 이동에 따라 시상을 전개하고 있지 않다.

오답 분석 ② 1연의 '밤비'와 '육첩방'이라는 시간적, 공간적 배경을 통해 일본에서 유학 중인 화자의 상황을 드러내고 있다. 이때 '밤비'는 시간적 배경이 밤임을 의미하기도 하지만 고국의 어두운 현실을 형상화한 것이기도 하다.
③ 화자의 의지와 희망을 상징하는 '등불', '아침' 등의 시어와 암울한 현실을 상징하는 '밤비', '어둠' 등의 시어를 대립하여 '현실 극복 의지'라는 시적 의미를 구체적으로 드러내고 있다.
④ 7연의 '시가 이렇게 쉽게 씌어지는 것은 부끄러운 일이다'에서 반성적인 어조를, 9연의 '시대처럼 올 아침을 기다리는 최후의 나'에서 미래지향적인 어조를 찾아볼 수 있다. 이를 통해 '부정적 현실에 대한 극복 의지'라는 주제 의식을 제시하고 있다.

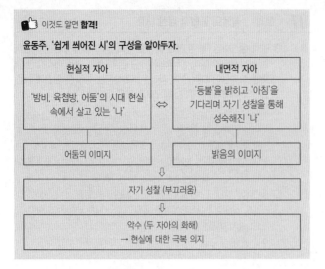

이것도 알면 **합격!**

윤동주, '쉽게 씌어진 시'의 구성을 알아두자.

현실적 자아		내면적 자아
'밤비, 육첩방, 어둠'의 시대 현실 속에서 살고 있는 '나'	⇔	'등불'을 밝히고 '아침'을 기다리며 자기 성찰을 통해 성숙해진 '나'
⇓		⇓
어둠의 이미지		밝음의 이미지

⇓

자기 성찰 (부끄러움)

⇓

악수 (두 자아의 화해)
→ 현실에 대한 극복 의지

---

11 **문학** **서술상의 특징** 난이도 ★☆☆

해설 ① 제시된 작품에서 시대적 배경이 구체적으로 묘사된 부분은 찾을 수 없다.

오답분석 ② 유(儒)는 유(諛)라는 표현을 통해 '선비 유(儒)'와 '아첨할 유(諛)'라는 동음이의어를 활용하여 선비들의 위선적인 태도를 풍자하고 있다.
③ 북곽 선생과 범의 대화 및 행동을 통해 사건을 전개하고 있다.
④ 범을 의인화하여 인간을 꾸짖는 대상으로 형상화함으로써 부도덕한 인간 사회의 현실을 우회적으로 비판하고 있다.

이것도 알면 **합격!**

박지원, '호질'에 드러난 풍자 의식을 알아두자.

'북곽 선생'은 명망이 높은 유학자이고, '동리자'는 열녀로 추앙받는 미모의 과부이다. 이들은 유교적 질서 내에서 이상적인 인간형으로 칭송받지만 표리부동(表裏不同)한 모습을 지니고 있다. 북곽 선생이 동리자와 밀회를 즐기는 것이나, 동리자가 성이 다른 다섯 아들을 두고 있는 것에서 그들의 부도덕한 이면을 볼 수 있다. 작가는 겉과 속이 다른 두 인물을 제시하여 당대 지배층의 허위의식과 부도덕성을 풍자하고 있다.

---

12 **문학** **인물의 태도** 난이도 ★★☆

해설 ④ 북곽 선생은 범에게 아첨함으로써 위기를 모면하고자 하나 인간의 본성과 범의 본성을 비교하고 있지는 않다. 참고로 인간의 본성과 범의 본성을 비교하며 인간들의 위선을 비판하는 인물은 범이다.

오답분석 ① 범은 인간이 말로는 도덕과 선을 권하지만 실제로 사람이 사는 세상에는 악행이 그치지 않고 있음을 이야기하고 있다.
② 1문단 2~4번째 줄을 통해 북곽 선생은 동리자의 집에서 나오는 자신을 남들이 알아볼까 두려워 괴이한 모습으로 도망쳤음을 알 수 있다.
③ 범은 평소에 자신을 부정적으로 평가하던 북곽 선생의 아첨을 듣고 믿을 수 없다고 생각하고 있음을 알 수 있다.

---

13 **문학** **문장의 의미** 난이도 ★☆☆

해설 ④ ㉣에서 범의 면전에서는 목숨을 구걸하고자 머리를 조아리고 있던 북곽 선생이 농부 앞에서는 옛글을 인용하여 자신의 비굴함을 그럴듯하게 합리화하며 허세를 부리고 있음을 알 수 있다.

오답분석 ① ㉠은 북곽 선생의 행태를 냄새가 구리다고 표현함으로써 거부감을 드러낸 것이지, 본심을 숨기고자 한 의도가 아니다.
② ㉡은 범의 본성과 인간의 본성을 비교하며 현실을 우회적으로 비판한 것이다.
③ ㉢은 머리를 조아리고 있는 북곽 선생을 보고 기도를 하고 있다고 생각하는 농부의 어리석음을 알 수 있는 부분이다.

---

14 **문학 + 어휘** **인물의 태도, 한자 성어** 난이도 ★★☆

해설 ③ 북곽 선생은 명망이 높은 선비지만 과부인 동리자와 몰래 정을 통하는 행동을 하는 부도덕하고 위선적인 인물이다. 따라서 북곽 선생은 '양두구육(羊頭狗肉)'한 인물이라 볼 수 있다.
• 양두구육(羊頭狗肉): '양의 머리를 걸어 놓고 개고기를 판다'라는 뜻으로, 겉보기만 그럴듯하게 보이고 속은 변변하지 않음을 이르는 말

오답분석 ①②④ 모두 북곽 선생의 위선적인 태도와 거리가 먼 내용이다.
① 동량지재(棟梁之材): '마룻대와 들보로 쓸 만한 재목'이라는 뜻으로, 집안이나 나라를 떠받치는 중대한 일을 맡을 만한 인재를 이르는 말
② 천의무봉(天衣無縫): '천사의 옷은 꿰맨 흔적이 없다'라는 뜻으로, 일부러 꾸민 데 없이 자연스럽고 아름다우면서 완전함을 이르는 말
④ 개과천선(改過遷善): 지난날의 잘못이나 허물을 고쳐 올바르고 착하게 됨

---

15 **문학** **작품의 종합적 감상 (시)** 난이도 ★★☆

해설 ④ (가)의 화자는 자연 현상을 통해 절대적인 존재에 대한 동경과 구도의 자세를 형상화하고 있으며, (나)의 화자는 산 위에서 본 세상과 속초, 원통에서 본 세상을 대조하여 삶에 대한 깨달음을 드러내고 있다. 이때 '구도(求道)적인 자세'는 '진리나 종교적인 깨달음의 경지를 구하는 자세'를 뜻하므로, (나)와 달리 (가)에만 구도적인 자세가 드러난다.

오답분석 ① (가)에는 자연 만물의 섭리 속에 있는 절대적 존재에 대한 예찬적 태도가 드러난다.
② (가)는 불교적 색채가 짙은 작품으로, 자연 현상 속에 깃든 절대적 존재를 인식하고 그를 향한 구도 정신을 노래하고 있으며 이를 통해 명상적이고 관념적인 분위기를 형성하고 있다.
③ (나)에는 화자가 설악산 대청봉과 속초, 원통에서 경험한 것을 통해 얻은 삶에 대한 깨달음이 드러난다.

이것도 알면 **합격!**

제시된 작품들의 주제와 특징을 알아두자.

(가)	한용운, '알 수 없어요'	주제	절대적 존재에 대한 동경과 구도의 정신
		특징	• 경어체를 사용하고 의문형 어구를 반복함 • 자연 현상을 통한 깨달음을 형상화함 • 동일한 통사 구조를 반복하여 음악성과 형태적 안정성을 갖춤
(나)	신경림, '장자를 빌려'	주제	세상을 바라보는 관점에 대한 성찰
		특징	• 사물을 의인화하여 나타냄 • 산의 정상에서 바라본 세상의 모습과 산 아래에서 바라본 세상의 모습을 대조해서 표현함 • 삶의 관점에 대한 성찰을 통해 독자에게 질문을 던짐

16 비문학 + 문학 작문 (조건에 맞는 글쓰기), 표현상의 특징 난이도 ★★☆

해설 ④ Ⓐ에 드러난 감각적 이미지는 청각적 심상이며, 설의법이 쓰였다. ④는 '바람이 스쳐 지나갈 때마다 들려오는 신비로운 소리'로 청각적 심상을 표현했고, '~입니까'로 끝나는 의문형 어조가 드러나므로 조건을 모두 만족하는 것은 ④이다.

오답 분석 ①②③ 모두 의문형 어조는 유지했으나, 시각적 심상으로 표현하였으므로 적절하지 않다.

17 문학 시구의 의미 난이도 ★★☆

해설 ③ ⓒ은 산 아래에서 겪은 부정적인 경험을 구체적으로 제시하고 있으나 이를 통해 탈속적인 공간에 대한 동경을 그려내고 있지는 않다.

오답 분석
① ⓐ: '오동잎, 푸른 하늘, 시내, 저녁놀'과 같이 다양한 자연의 현상을 통해 보이지 않는 임의 존재를 형상화함으로써 임에 대한 화자의 외경심과 신비감을 드러내고 있다.
② ⓑ: '그칠 줄을 모르고 타는 나의 가슴'과 '약한 등불'을 통해 암담한 시대 현실을 지키기 위한 희생정신과 진리를 얻기 위한 구도신을 드러내고 있다.
④ ⓓ: 멀리서 볼 땐 단순해 보이다가도 가까이서 보면 복잡한 세상사에 대한 깨달음이 드러난 부분으로, 삶의 본질을 쉽게 알 수 없다는 화자의 인식을 나타내고 있다.

18 어법 단어 (품사의 구분) 난이도 ★★☆

해설 ① 〈보기2〉에서 관형사를 모두 골라 바르게 묶은 것은 ㉠, ㉡이다.
• ㉠: '무슨'은 '무엇인지 모르는 일이나 대상, 물건 등을 물을 때 쓰는 말'을 뜻하는 관형사이다.
• ㉡: '모든'은 '빠짐이나 남김이 없이 전부'를 뜻하는 관형사이다.

오답 분석
• ㉢: '빠른'은 '빠르다'의 어간 '빠르–'에 관형사형 전성 어미 '–ㄴ'이 결합한 형태로, 형용사이다.
• ㉣: '아름다운'은 '아름답다'의 어간 '아름답–'에 관형사형 전성 어미 '–은'이 결합한 형태로, 형용사이다.

19 비문학 글의 전략 파악 난이도 ★★☆

해설 ① 맹자는 두 번째 '진심장구 상'에서 제자 도응과의 문답과 순임금의 사례를 들어 천자의 의무에 대한 자신의 견해를 밝히고 있다. 또한 '양혜왕장구 하'에서는 선왕과의 문답과 무왕의 사례를 들어 통치자로서의 자격을 상실한 임금을 벌하는 일에 대한 견해를 밝히고 있다.

20 비문학 관점과 태도 파악 난이도 ★★☆

해설 ① '양혜왕장구 하'에서 맹자는 신하로서 임금을 죽이는 것은 도리에 어긋나는 일이지만, 임금이 포악하고 무도하여 천자의 자격을 상실했을 경우 벌할 수 있다고 보았음을 알 수 있다.

오답 분석
② 두 번째 '진심장구 상'에서 맹자는 '순'이 천자의 의무보다 자식으로서의 입장을 우선시 할 것이라 생각했다.
③ 첫 번째 '진심장구 하'에서 맹자는 천자가 되기 위해서는 백성의 마음에 들어야 함을 강조했다.
④ 첫 번째 '진심장구 상'에서 맹자는 법령을 정비하는 것을 부정적으로 보지는 않았으나, 이보다 예의염치와 효제충신 등을 체득하고 실천하도록 가르치는 것이 중요하다고 보았다.

21 비문학 세부 내용 파악 난이도 ★★☆

해설 ④ 첫 번째 '진심장구 상'에서 맹자는 백성들에게 도덕을 가르치는 까닭은 백성들이 나랏일을 위해 자발적으로 협조하게 하기 위함이라고 말하고 있다. 하지만 백성들이 덕을 베풀어도 은혜를 모른다는 내용은 언급되어 있지 않다.

오답 분석
① 두 번째 '진심장구 하'에서 맹자는 인자하지 않고서 온 천하를 얻어 천자가 된 사람을 본 적이 없다고 말하는데, 이는 통치자가 백성들에게 인자한 덕을 지녀야 함을 의미한다.
② '양혜왕장구 하'에서 맹자는 통치자가 백성들의 부모 역할을 해야 한다고 말하고 있다.
③ 첫 번째 '진심장구 하'에서 맹자는 나라에서 가장 중요한 것은 백성이며, 백성의 마음을 얻어야 통치자가 될 수 있다고 말하고 있다.

22 어법 문장 (피동 표현과 사동 표현) 난이도 ★★★

해설 ② ㉠과 ㉡의 '보이다'는 '보다'에서 파생된 사동사와 피동사로, 형태가 동일하다.
• 새 시계를 내게 보였다: 이때 '보이다'는 '눈으로 대상의 존재나 형태적 특징을 알게 하다'를 뜻하는 사동사이다.
• 하늘이 보였다: 이때 '보이다'는 '눈으로 대상의 존재나 형태적 특질을 알게 되다'를 뜻하는 피동사이다.

오답 분석
① ㉠의 '울리다'는 '어떤 물체가 소리를 내다'를 뜻하는 동사이며, ㉡의 '울리다'는 '억누르기 힘든 감정이나 참기 힘든 어려운 아픔으로 눈물을 흘리게 하다'를 뜻하는 사동사이다.
③ ㉠의 '녹이다'는 '추워서 굳어진 몸이나 신체 부위를 풀리게 하다'를 뜻하는 사동사이며, ㉡의 '녹이다'는 '얼음이나 얼음같이 매우 차가운 것을 열로 액체가 되게 하다'를 뜻하는 사동사이다.
④ ㉠의 '들리다'는 '손에 가지게 되다'를 뜻하는 피동사이며, ㉡의 '들리다'는 '손에 가지게 하다'를 뜻하는 사동사이다.

👍 이것도 알면 합격!

관형사 '이', '그', '저'에 대해 알아두자.

구분	사동사로 쓰인 예	피동사로 쓰인 예
안기다	엄마가 아빠에게 아이를 안기다.	동생은 아버지에게 안겨서 차에 올랐다.
잡히다	엄마가 아이에게 연필을 잡혔다.	도둑이 경찰에게 잡히다.
업히다	엄마가 아빠에게 아이를 업히다.	아기가 아빠 등에 업혀 잠이 들었다.
뜯기다	목동이 소에게 풀을 뜯기다.	편지 봉투가 뜯긴 채 바닥에 떨어져 있었다.
물리다	개에게 막대기를 물리다.	사나운 개에게 팔을 물리다.

23 어법 단어 (단어의 형성) 난이도 ★☆☆

해설 ① 특정한 뜻을 더하는 접사가 어근 앞에 붙어 새말을 만드는 단어 형성 방식은 접두사에 의한 파생을 의미한다. 이때 '강–'은 '심하게'라는 뜻을 더하는 접두사로, 어근 '마르다' 앞에 붙어 '강마르다'를 만든다.
• 강마르다: 물기가 없이 바싹 메마르다.

오답 분석 ②③④ 모두 실질적인 의미를 갖는 어근들끼리 만나 만들어진 합성어이다.

② 첫(관형사) + 눈(명사)

③ 새(관형사) + 해(명사)

④ 얕-(용언의 어간) + 보다(용언)

24 | 어법 | 한글 맞춤법 난이도 ★★★

해설 ④ '부스러기'는 '-거리다'가 붙을 수 있는 어근 '부스럭'에 '-이'가 붙
어서 명사가 된 말이 아니다. '부스러기'는 '잘게 부스러진 물건'을
뜻하는 말로 '부스럭'과 다른 의미를 지닌 별개의 어근이다. 따라
서 ④는 옳지 않은 설명이다.

오답 ① '동그라미'의 어근 '동글'은 '-하다'가 붙을 수 있는 어근이지만
분석 '-이'가 붙어서 명사가 된 것이 아니므로 원형을 밝히어 적지 않
는 예에 속한다.

② '삐죽'은 '-거리다'가 붙을 수 있는 어근이므로, '삐죽'에 '-이'가 결
합한 것은 원형을 밝히어 '삐죽이'로 표기한다.

③ '매미', '뻐꾸기'의 어근 '맴', '뻐꾹'은 '-하다'나 '-거리다'가 붙을
수 없는 어근이므로 [붙임]에 따라 원형을 밝히어 적지 않는다.

25 | 어법 | 의미 (반의 관계) 난이도 ★★☆

해설 ④ '있다-없다'는 중간 상태가 없는 상호 배타적인 관계에 있으므로
한 단어의 긍정이 다른 단어의 부정을 함의하는 상보 반의어에 속
한다.

오답 ①②③ 두 단어가 상대적 관계에 있으면서 의미상 대칭을 이루는 관
분석 계 반의어에 속한다.

정답 및 취약점 확인

p.165

문항	정답	출제 포인트	약점 개념 확인	문항	정답	출제 포인트	약점 개념 확인
01	④	어법-중세 국어	중세 국어의 표기법 및 문법적 특징	14	④	비문학-글의 구조 파악	
02	①	어법-한글 맞춤법	조사·의존 명사의 띄어쓰기	15	②	비문학-논지 전개 방식	대조, 예시, 비교, 분석, 서사
03	②	문학-소재 및 문장의 의미		16	③	비문학-주제 및 중심 내용 파악	
04	④	문학-서술상의 특징	편집자적 논평(서술자의 개입)	17	②	비문학-관점과 태도 파악	
05	③	혼합-주제 및 중심 내용 파악, 속담	적반하장도 유분수	18	②	문학-표현상의 특징과 효과	해학, 반어, 열거
06	②	문학-서술상의 특징	소설의 문체	19	①	문학-작품의 종합적 감상	작자 미상 〈두터비 푸리를 물고〉
07	②	문학-글의 구조 파악	김승옥 〈서울, 1964 겨울〉	20	②	문학-수사법	시의 표현(수사법)
08	③	문학-작품의 종합적 감상		21	③	어법-말소리	축약, 교체, 탈락
09	①	문학-작품의 종합적 감상		22	④	어법-표준어 사정 원칙, 한글 맞춤법	후텁지근하다
10	②	어법-한글 맞춤법	사이시옷의 표기	23	③	문학-서술상의 특징	윤흥길 〈아홉 켤레의 구두로 남은 사내〉, 소설의 시점과 거리
11	③	어법-의미	다의어의 의미(존재)	24	①	문학-작품의 종합적 감상	
12	②	비문학-글의 전략 파악	예시, 비유, 병렬, 비교, 대조	25	④	문학-소재의 의미	
13	①	비문학-내용 추론					

---

01 어법 중세 국어

난이도 ★★☆

해설 ④ ㉣ '쩌'에는 어두에 두 개의 자음 즉 어두 자음군 'ㅳ'이 사용되었으나, 이를 통해 중세 국어 시기에 어두에 두 개 자음을 하나의 자음처럼 발음했는지는 알 수 없으므로 적절하지 못한 것은 ④이다.

오답 분석
① ㉠ '孔子(공주)ㅣ'에 주격 조사 'ㅣ'가 사용되었다. 따라서 ㉠은 중세 국어 시기에도 주격 조사를 사용했다는 사례로 적절하다.
② ㉡ '솔ᄒᆞᆫ'은 '솔ᄒᆞ(명사)+ᄋᆞᆫ(조사)'가 결합하여 'ㅎ'이 연음된 것이다. 이를 통해 '숲'이 'ㅎ' 말음을 가진 체언임을 알 수 있으므로 ㉡은 중세 국어 시기에 'ㅎ'으로 끝나는 체언을 사용했다는 사례로 적절하다.
③ ㉢ '받ᄌᆞ온'은 '받-(용언의 어간)+-ᄌᆞᆸ-(선어말 어미)+-오-(선어말 어미)+-ㄴ(관형사형 전성 어미)'이 결합하였으며 서술의 객체(부사어) '父母(부모)'를 높이고 있다. 따라서 ㉢은 중세 국어 시기에 객체를 높이는 형태소로 '-ᄌᆞᆸ-'이 있었다는 사례로 적절하다.

02 어법 한글 맞춤법 (띄어쓰기)

난이도 ★★☆

해설 ① 〈보기 2〉에서 띄어쓰기가 올바른 것은 ㉠, ㉣이므로 답은 ①이다.
- ㉠ 도착하는∨대로(○): 이때 '대로'는 '어떤 상태나 행동이 나타나는 그 즉시'를 뜻하는 의존 명사이므로 앞말과 띄어 쓴다.
- ㉣ 이것뿐이다(○): 이때 '뿐'은 '그것만이고 더는 없음' 또는 '오직 그렇게 하거나 그러하다는 것'을 나타내는 보조사이므로 앞말에 붙여 쓴다.

오답 분석
㉡ 말씀∨대로(×) → 말씀대로(○): 이때 '대로'는 '앞에 오는 말에 근거하여 달라짐이 없음'을 나타내는 보조사로 앞말과 붙여 써야 한다.
㉢ 느낀대로(×) → 느낀∨대로(○): 이때 '대로'는 '어떤 모양이나 상태와 같이'를 뜻하는 의존 명사이므로 앞말과 띄어 써야 한다.

㉤ 들었을뿐이다(×) → 들었을∨뿐이다(○): 이때 '뿐'은 '다만 어떠하거나 어찌할 따름'이라는 뜻을 나타내는 조사이므로 앞말과 띄어 써야 한다.

03 문학 소재 및 문장의 의미

난이도 ★★☆

해설 ② (나)의 3~4번째 줄을 통해 ⓑ '저'는 배 좌수 자기 자신을 지시하는 말임을 알 수 있다. 반면, ⓐⓒⓓ는 모두 배 좌수 부인(전실 장 씨 이후에 들인 후처)이므로 지시하는 대상이 다른 것은 ②이다.

오답 분석
①③ ⓐ '흉녀'의 흉계는 죽은 쥐를 장화가 낙태한 것으로 꾸며 배 좌수를 속였다는 것이다. (나)를 통해 전실 장 씨 이후 들인 ⓒ '후처'가 이 흉계를 꾸민 인물인 것을 알 수 있다. 따라서 ⓐ '흉녀'와 ⓒ '후처'가 꾸민 흉계는 같은 흉계이므로 같은 흉계를 꾸민 인물 ⓐ '흉녀'와 ⓒ '후처'는 동일 인물이다.
④ ⓓ '소첩'은 흉계를 꾸민 죄로 부사 앞에 나아가 변호하고 있는 자신을 이르므로 전실 장 씨 이후 들인 후처 ⓐ '흉녀', ⓒ '후처'와 동일 인물이다.

04 문학 서술상의 특징

난이도 ★★☆

해설 ④ ㉠은 '부사', ㉡은 '배 좌수(장화, 홍련의 아버지)', ㉢은 '배 좌수의 부인(장화, 홍련의 계모)'가 하는 말이므로 ㉠, ㉡, ㉢은 인물의 시각에서 인물의 경험과 인식을 반영하여 서술한 것인 반면 ㉣은 서술자가 자신의 시각에서 이야기를 직접 서술한 것이다.

05 문학 + 어휘 주제 및 중심 내용 파악, 속담 난이도 ★★☆

해설 ③ (가)의 끝에서 1~3번째 줄과 (나)의 끝에서 2~3번째 줄을 통해 홍련 자매의 죽음이 흉녀의 흉계에 의한 것임을 알 수 있다. 그러나 ⓔ에서 흉녀는 자신의 죄를 뉘우치기는커녕 죄가 없는 홍련 자매를 나무라고 있으므로 ⓔ에 부합하는 가장 적절한 속담은 ③이다.
- 적반하장(賊反荷杖): '도둑이 도리어 매를 든다'라는 뜻으로, 잘못한 사람이 아무 잘못도 없는 사람을 나무람을 이르는 말

오답 분석
① 믿는 도끼에 발등을 찍힌다: 잘되리라고 믿고 있던 일이 어긋나거나 믿고 있던 사람이 배반하여 오히려 해를 입음을 비유적으로 이르는 말
② 공든 탑이 무너지랴: '공들여 쌓은 탑은 무너질 리 없다'라는 뜻으로, 힘을 다하고 정성을 다하여 한 일은 그 결과가 반드시 헛되지 아니함을 비유적으로 이르는 말
④ 닭 쫓던 개 지붕 쳐다보듯: '개에게 쫓기던 닭이 지붕으로 올라가자 개가 쫓아 올라가지 못하고 지붕만 쳐다본다'라는 뜻으로, 애써 하던 일이 실패로 돌아가거나 남보다 뒤떨어져 어찌할 도리가 없이 됨을 비유적으로 이르는 말

06 문학 서술상의 특징 난이도 ★★☆

해설 ② 제시된 작품의 서술자는 작중 인물 '나'로 아내의 시체를 판 '사내'를 만난 사건, '사내'와 '안'과 함께 양품점, 화재가 난 곳을 돌아다니며 사건을 직접 서술하여 현장감을 부각하고 있으므로 서술상의 특징으로 가장 적절한 것은 ②이다.

오답 분석
① 제시된 작품에는 주인공 '나'의 내면 의식 서술을 통해 성격을 드러내는 부분은 없다.
③ 작품 속 서술자가 자기 자신의 이야기를 하고 있다.
④ '사내'를 만난 장면, '사내'와 '안'과 함께 양품점, 화재가 난 곳을 돌아다니는 장면과 같이 장면의 잦은 전환이 있는 것은 맞지만, 이를 통해 인물의 가치관이 달라지고 있음을 드러내진 않는다.

07 문학 글의 구조 파악 난이도 ★☆☆

해설 ② 〈보기〉는 '나', '사내', '안'이 모두 취해서 중국집에서 거리로 나온 상황이다. (다)의 1~2번째 줄의 세 사람이 중국집에서 나왔다는 부분을 통해 〈보기〉는 ② '(나)와 (다) 사이에 들어가는 것이 가장 적절함을 알 수 있다.

08 문학 작품의 종합적 감상 (소설) 난이도 ★★☆

해설 ③ 상황을 바르게 이해한 것은 ㄱ, ㄴ, ㄷ, ㄹ이므로 답은 ③이다.
- ㄱ: (가)에서 '사내'가 아내의 시체를 병원에 판(ⓒ) 이유는 처갓집이 어딘지 모르기(ⓐ) 때문이다.
- ㄴ: (가)에서 '나'는 '사내'가 아내의 시체를 병원에 판(ⓒ) 상황을 알지 못해 무엇을 할 수 없었는지(ⓑ) 되묻고 있다.
- ㄷ: (가)에서 '사내'는 아내의 시체를 병원에 판(ⓒ) 결과로 돈 사천 원을(ⓓ) 갖게 되었다.
- ㄹ: 돈 사천 원은(ⓓ) (나)에서 '사내'가 '나'와 '안'에게 함께 있어 달라고(ⓔ) 요청하는 계기가 되고 있다.

오답 분석
- ㅁ: (나)에서 '나'와 '안'은 '사내'와 함께 있는 것을(ⓔ) 승낙하였으므로 '사내'가 여전히 힘이 없는 음성으로 말을 한 것은(ⓕ) ⓔ가 좌절되었기 때문이 아님을 알 수 있다.

09 문학 작품의 종합적 감상 (소설) 난이도 ★★☆

해설 ① (가)를 통해 사내가 가진 돈이 아내의 시체를 판 돈임을 알 수 있고, (나)에서 그 돈을 다써버리고 싶다는 사내의 말을 통해 '사내'가 '나'와 '안'에게 알록달록 넥타이를 하나씩 사 준 것은 아내의 시체를 병원에 팔았다는 죄책감에서 벗어나기 위함이었음을 알 수 있다. 따라서 넥타이를 사주는 '사내'의 모습에서 냉혹해진 사회 속에서 인간성 회복의 가능성을 엿볼 수 있다는 ①의 감상 내용은 적절하지 않다.

오답 분석
② (다)에서 갈 데가 없었다는 말을 통해 삶의 목표를 찾지 못하고 방황하는 도시인의 비애가 드러나고 있다.
③ (라)에서 화재가 발생했음에도 '나'가 불이 조금 더 오래 타기를 바라는 부분을 통해 타인의 아픔을 이해하지 못하는 현대인의 이기적인 태도를 엿볼 수 있다.
④ (라)의 끝에서 1~3번째 줄에서 '안'이 화재가 세 사람 중 그 누구의 것도 아니기 때문에 흥미가 없다고 말하는데, 이를 통해 연대감을 상실한 현대인의 모습이 제시되고 있다.

10 어법 한글 맞춤법 (사이시옷의 표기) 난이도 ★★☆

해설 ② 〈보기1〉을 참고할 때 〈보기2〉에서 사이시옷을 적을 수 있는 것은 ㉠, ㉡, ㉣이다.
- ㉠ '대+잎'은 순우리말로 된 합성어로, 앞말이 모음 'ㅐ'로 끝나고 뒷말의 첫소리 모음 'ㅣ' 앞에서 'ㄴㄴ' 소리가 덧나므로 [댄닙]으로 발음된다. 따라서 ㉠은 〈보기1〉의 1-(3)에 해당하므로 '댓잎'과 같이 사이시옷을 받쳐 적는다.
- ㉡ '아래+마을'은 순우리말로 된 합성어로, 앞말이 모음 'ㅐ'로 끝나고 뒷말의 첫소리 'ㅁ' 앞에서 'ㄴ' 소리가 덧나므로 [아랜마을]로 발음된다. 따라서 ㉡은 〈보기1〉의 1-(2)에 해당하므로 '아랫마을'과 같이 사이시옷을 받쳐 적는다.
- ㉣ '코+병(病)'은 순우리말과 한자어로 된 합성어로, 앞말이 모음 'ㅗ'로 끝나고 뒷말의 첫소리 'ㅂ'이 된소리 'ㅃ'으로 나므로 [코뼝/콛뼝]으로 발음된다. 따라서 ㉣은 〈보기1〉의 2-(1)에 해당하므로 '콧병'과 같이 사이시옷을 받쳐 적는다.

오답 분석
- ㉢ '머리+말'은 순우리말로 된 합성어이지만, 〈보기1〉의 1에 해당하지 않으므로 사이시옷을 적지 않고 '머리말'이라고 표기한다.
- ㉤ '위+층(層)'은 순우리말과 한자어로 된 합성어지만, 〈보기1〉의 2에 해당하지 않으므로 사이시옷을 적지 않고 '위층'이라고 표기한다.
- ㉥ '개(個)+수(數)'는 두 음절로 된 한자어지만, 〈보기1〉의 3에 해당하지 않으므로 사이시옷을 적지 않고 '개수'라고 표기한다.

👍 이것도 알면 **합격!**

사이시옷 표기에 대해 알아두자.

1. 사이시옷이 쓰이는 조건
  (1) 순우리말로 된 합성어로서 앞말이 모음으로 끝난 경우
    ① 뒷말의 첫소리가 된소리로 나는 것
      예 고랫재[고래째/고랟째], 귓밥[귀빱/귇빱], 나룻배[나루빼/나룯빼]
    ② 뒷말의 첫소리 'ㄴ, ㅁ' 앞에서 [ㄴ] 소리가 덧나는 것
      예 멧나물[멘나물], 아랫니[아랜니], 텃마당[턴마당]
    ③ 뒷말의 첫소리 모음 앞에서 [ㄴㄴ] 소리가 덧나는 것
      예 도리깻열[도리깬녈], 뒷윷[뒨ː뉻], 두렛일[두렌닐]
  (2) 순우리말과 한자어로 된 합성어로서 앞말이 모음으로 난 경우
    ① 뒷말의 첫소리가 된소리로 나는 것
      예 귓병(—病)[귀뼝/귇뼝], 머릿방(—房)[머리빵/머릳빵]
    ② 뒷말의 첫소리 'ㄴ, ㅁ' 앞에서 [ㄴ] 소리가 덧나는 것
      예 곗날(契—)[곈ː날/겐ː날], 제삿날(祭祀—)[제ː산날]
    ③ 뒷말의 첫소리 모음 앞에서 [ㄴㄴ] 소리가 덧나는 것
      예 사삿일(私私—)[사산닐], 가욋일(加外—)[가왼닐/가웬닐]

2. 사이시옷이 쓰이지 않는 조건
  (1) 사잇소리 현상이 일어나지 않는 경우
    예 머리말[머리말], 예사말[예:사말]
  (2) 뒷말이 된소리나 거센소리로 시작하는 경우
    예 뒤뜰, 뒤꿈치, 위쪽, 뒤편, 뒤통수, 뒤처리, 위층
  (3) 외래어가 결합된 합성어의 경우
    예 핑크빛, 피자집
  (4) 한자로만 이루어진 단어의 경우. 단 아래의 6개 단어는 예외로서 사이시옷
    을 받쳐 적는다.
    예 곳간(庫間), 툇간(退間), 찻간(車間), 숫자(數字), 횟수(回數), 셋방(貰房)

---

11 | 어법 | 의미 (다의어의 의미) | 난이도 ★★☆

해설　③ ⓒ이 포함된 문장은 지팡이가 있다는 것을 까맣게 잊었다는 내용
이므로 ⓒ '존재'는 '현실에 실제로 있음. 또는 그런 대상'을 의미
하는 말로 쓰였다. 반면 ③은 그녀는 이제 다른 사람이 함부로 할
수 없는 대상이 되었다는 내용이므로, ③의 '존재'는 '다른 사람의
주목을 끌 만한 두드러진 품위나 처지'를 의미하는 말로 쓰였다.
따라서 ㉠~㉣의 문맥적 의미와 다르게 사용된 것은 ③이다.

오답
분석
① ㉠과 ⓛ의 '처방'은 모두 문맥상 '일정한 문제를 처리하는 방법'을
　　의미하는 말로 쓰였다.
② ⓛ과 ②의 '현혹'은 모두 문맥상 '정신을 빼앗겨 하여야 할 바를 잊
　　어버림'을 의미하는 말로 쓰였다.
④ ㉣과 ④의 '섭렵'은 모두 문맥상 '많은 책을 널리 읽거나 여기저기
　　찾아다니며 경험함'을 의미하는 말로 쓰였다.

---

12 | 비문학 | 글의 전략 파악 | 난이도 ★☆☆

해설　② 제시문은 박지원의 글 두 편을 예로 들어 고전을 읽는 이유에 대
해 설명하고 있다. 또한 6~8문단에서 고전을 '지팡이'와 '등대'에
비유하여 '고전은 삶의 방향을 잃었을 때 그 길을 알려 주는 역할
을 한다'라는 핵심 논지를 쉽게 전달하고 있다.

---

13 | 비문학 | 내용 추론 | 난이도 ★★☆

해설　① '아는 게 병, 모르는 게 약이다'는 '아무것도 모르면 차라리 마음이
편하여 좋으나, 무엇이나 좀 알고 있으면 걱정거리가 많아 도리어
해롭다'를 의미하는 말이다. 하지만 제시문에서 이와 관련된 내용
을 찾을 수 없다.

오답
분석
② 5문단 5~6번째 줄을 통해 일의 처리는 선후를 가려야 한다는 것
　　을 전제로 하고 있음을 추론할 수 있다.
③ 1문단 4번째 줄을 통해 인간의 삶은 본질적으로 변하지 않는다는
　　것을 전제로 하고 있음을 추론할 수 있다.
④ 2문단에 제시된 앞 못 보던 사람이 갑자기 사물을 또렷이 볼 수
　　있게 되며 겪은 이야기를 통해 인간은 낯선 환경과 마주치게 되면
　　쉽게 혼란에 빠진다는 것을 전제로 하고 있음을 추론할 수 있다.

---

14 | 비문학 | 글의 구조 파악 (접속어의 사용) | 난이도 ★☆☆

해설　④ (가)~(다) 안에 들어갈 접속어는 순서대로 '그러나 - 게다가 - 그
러므로'이므로 답은 ④이다.
  • (가): (가)의 앞에서 신고전파 경제학이 태초에 시장이 있었음을
　　주장한다고 했지만, (가)의 뒤에서 태초에 시장은 없었다는 것
　　이 진실이라고 언급하였으므로 (가)에는 역접의 접속어 '그러나'
　　가 들어가야 한다.

  • (나): (나)의 앞에서 미국의 초기 산업화 성공에 결정적인 영향을
　　미친 것이 정부의 개입이었다고 언급했고, (나)의 뒤에서 또 다
　　른 형태의 정부 개입에 대해 부연 설명하고 있으므로 (나)에는
　　첨가, 보충의 접속어 '게다가'가 들어가야 한다.
  • (다): (다)의 앞에서 거의 모든 선진국은 정부가 강도 높게 개입
　　하는 '비자연적 방법'을 통해 발전했다고 언급했고, (다)의 뒤
　　에서 이에 대한 결론으로 시장을 인위적 개입이 없는 자연적
　　현상으로 바라보는 관점은 실제 사실이 아닌 희망 사항이라
　　고 설명하였으므로 (다)에는 인과의 접속어 '그러므로'가 들어
　　가야 한다.

---

15 | 비문학 | 논지 전개 방식 | 난이도 ★★☆

해설　② 제시문은 정부의 시장 개입에 대한 당위성에 대해 신고전파 경제
학자들과 경제학자들이 상반된 주장을 내세우고 있다. 또한 영국
과 미국 등 여러 나라의 실제 사례를 들어 설명하고 있다.

오답
분석
① 특정 이론의 형성 과정을 시대 순으로 제시한 부분은 찾을 수 없다.
③ 상반된 두 이론의 차이점을 바탕으로 비교·분석하는 것은 맞으나,
　　각각의 장단점은 제시되어 있지 않다.
④ 특정 이론의 사회적 의의를 밝힌 부분은 찾을 수 없다.

---

16 | 비문학 | 주제 및 중심 내용 파악 | 난이도 ★★☆

해설　③ 제시문은 시장에 정부가 개입해야 한다는 입장인 반면, 〈보기〉는
시장의 흐름이 정부보다 더 강력하게 작용하며 거의 모든 문제는
시장에서 해결되므로 정부의 역할은 제한적이어야 한다는 입장이
다. 따라서 답은 ③이다.

---

17 | 비문학 | 관점과 태도 파악 | 난이도 ★★☆

해설　② ㉠~㉣ 중 성격이 다른 하나는 ②이다. 자유 시장으로 가는 길이
정부의 개입을 꾸준히 늘리는 방향으로 시작되고 유지되었다는
내용과 그러한 상황에서 ⓛ '단순하고 자연적인 자유'를 실현하는
것이 매우 복잡했다는 내용을 통해 ⓛ은 시장의 자율성과 관련된
것임을 알 수 있다. 그러나 나머지 ㉠, ⓒ, ㉣은 정부의 개입과 관
련된 것이다.

오답
분석
① ㉠이 포함된 문장에서 국가의 개입을 ㉠ '인위적 대체물'로 본다고
　　했으므로, ㉠은 정부의 시장 개입과 관련된 것이다.
③ ⓒ이 포함된 문장에서 ⓒ '유치산업 보호'는 정부의 개입으로 초
　　기 산업화에 성공한 미국의 아이디어라고 했으므로 ⓒ은 정부의
　　시장 개입과 관련된 것이다.
④ ㉣이 포함된 문장에서 ㉣ '비(非)자연적 방법'은 정부가 강도 높
　　게 개입하는 것이라고 했으므로, ㉣은 정부의 시장 개입과 관련
　　된 것이다.

---

18 | 문학 | 표현상의 특징과 효과 | 난이도 ★★☆

해설　② (나)는 사설시조이므로 평시조에서 사설시조로 나아가는 작품이
아니다. 또한 4음보를 유지하면서 종장의 첫 음보가 3음보로 시작
되고 있으므로 시조의 기본 율격을 지키고 있다.

오답
분석
① 제시된 작품은 조선 후기 서민 의식의 영향으로 주로 평민들이 창
작한 사설시조이다. 세상살이의 고달픔에서 벗어나고 싶은 비애
와 고통의 심정을 '가슴에 창(窓)을 낸다'라는 기발한 발상을 통해
웃음으로 극복하고자 하였다.

③ 장지문의 종류와 부속품과 같은 구체적인 생활 언어와 친근한 일상적 사물을 나열함으로써 화자의 괴로움을 강조하여 반어적으로 웃음을 유발하고 있다.

④ 여러 종류의 문과 문고리들을 열거하여 화자의 괴롭고 답답한 심정을 강조하였으며, 그러한 답답함을 해소하기 위해 마음에 창을 낸다는 구체적인 방안을 제시하고 있으므로, 화자가 처한 현실에 대한 극복 의지를 표현한 것으로 볼 수 있다.

19 문학 작품의 종합적 감상 (시조) 난이도 ★★☆

해설 ① '백송골(白松鶻)'과 같은 한자어를 서민적인 일상어로 볼 수는 없다. 따라서 가장 적절하지 않은 것은 ①이다.

오답 분석 ②③ 제시된 작품에서 두꺼비는 강자(백송골)에게 꼼짝 못하는 비굴한 모습을 보이고, 약자(파리)에게 군림하는 모습을 보인다. 또한 백송골을 보고 놀라 도망가다 넘어진 뒤 '나였기에 망정이지 하마터면 피멍이 들 뻔하였다'라며 자신의 실수를 합리화한다. 이러한 두꺼비의 위선적이고 비굴한 모습이 희화적으로 표현됨으로써 두꺼비가 비판의 대상으로 여겨지고 있음을 알 수 있다.

④ '파리'는 억압과 수탈을 당하는 백성을, '두터비'는 양반 혹은 지방 관리(탐관오리)를, '백송골'은 중앙 관리 또는 외세를 비유한 것이다. 이 세 계층의 대응 관계를 통해 권력 구조의 비리를 우회적으로 표현하였다. 또한 초장과 중장에서는 화자가 3인칭인 반면, 종장에서는 화자를 1인칭(두꺼비)으로 바꾸어 풍자의 효과를 극대화하였다.

20 문학 수사법 난이도 ★☆☆

해설 ② (가)에서는 '삼각산'과 '한강수'를, 〈보기〉에서는 '한반도'를 통해 우리나라를 나타내고 있다.(대유법) 또한 이를 의인화하여 각각의 대상에게 말하듯이 표현함으로써(의인법) 고국에 대한 애정을 강조하였다. 따라서 (가)와 〈보기〉의 공통적 특징으로 가장 적절한 것은 ②이다.

오답 분석 ① (가)와 〈보기〉는 문장의 어순을 바꾸어 내용을 강조하는 도치법을 사용해 고국을 떠나는 화자의 안타까운 심정을 표현한 것은 맞으나, 설의법은 사용되지 않았다.

③ (가)의 초장에서 대구를 이루는 것은 맞으나 대조의 방식은 사용되지 않았다. 또한 〈보기〉는 대구와 대조의 방식이 모두 사용되지 않았으며, (가)와 〈보기〉에서 화자의 불안감이 표현된 부분은 찾아볼 수 없다.

④ 〈보기〉의 '간다 간다 – 나는 간다 – 너를 두고 – 나는 간다'가 a – a – b – a 구조를 이루는 것은 맞으나, 과장법은 사용되지 않았다. 또한 (가)는 a – a – b – a 반복과 과장법이 모두 사용되지 않았으며, (가)와 〈보기〉에서 화자의 답답함이 표현된 부분은 찾아볼 수 없다.

21 어법 말소리 (음운의 변동) 난이도 ★★☆

해설 ③ '않고[알코]'는 받침 'ㅀ'의 'ㅎ'이 뒤 음절 첫소리 'ㄱ'과 만나 [ㅋ]으로 발음되는 자음 축약이 일어났다. 반면 '앉고[안고 → 안꼬]'는 자음군 단순화가 일어나 음절 끝 겹받침 'ㄵ' 중 'ㅈ'이 탈락하고, 끝소리가 'ㄴ'인 용언 어간에 예사소리 'ㄱ'으로 시작되는 활용 어미가 이어져 된소리 'ㄲ'으로 발음되는 된소리되기가 일어났다. 따라서 ㉢에서는 자음 축약이 일어나지 않았으므로 설명으로 적절하지 않은 것은 ③이다.

오답 분석 ① 음절 끝에 올 수 있는 자음이 제한되어 있기 때문에 일어난 음운 변동은 음절의 끝소리 규칙으로, 음절의 끝소리 규칙이란 자음이 음절 끝에 올 때 'ㄱ, ㄴ, ㄷ, ㄹ, ㅁ, ㅂ, ㅇ' 7개의 대표음으로 실현되는 현상이다. 이때 '맞불[맏불 → 맏뿔]'은 '맞'의 받침 'ㅈ'이 [ㄷ]으로 발음되므로 음절의 끝소리 규칙이 일어났다.
  • ㉠ '부엌일[부억일 → 부엉닐]'은 '엌'의 받침 'ㅋ'이 [ㄱ]으로 발음되는 음절의 끝소리 규칙이 일어났다.
  • ㉡ '콧날[콛날 → 콘날]'은 '콧'의 받침 'ㅅ'이 [ㄷ]으로 발음되는 음절의 끝소리 규칙이 일어났다.

② 인접하는 자음과 조음 방법이 같아진 음운 변동은 자음 동화로, 자음 동화 현상에는 비음화, 유음화, 구개음화 등이 있다. 이때 '있니[읻니 → 인니]'는 받침 'ㄷ'이 인접하는 자음 'ㄴ'의 영향으로 조음 방법이 비음 [ㄴ]으로 같아진 비음화 현상이 일어났다.
  • ㉠ '부엌일[부억일 → 부엉닐]'은 받침 'ㄱ'이 인접하는 자음 'ㄴ'의 영향으로 조음 방법이 비음 [ㄴ]으로 같아진 비음화 현상이 일어났다.
  • ㉡ '콧날[콛날 → 콘날]'은 받침 'ㄷ'이 인접하는 자음 'ㄴ'의 영향으로 조음 방법이 비음 [ㄴ]으로 같아진 비음화 현상이 일어났다.
  • ㉣ '훑는[훌는 → 훌른]'은 'ㄴ'이 인접하는 자음 'ㄹ'의 영향으로 조음 방법이 유음 [ㄹ]으로 같아진 유음화 현상이 일어났다.

④ 음절 끝에 둘 이상의 자음이 오지 못하기 때문에 일어난 음운 변동은 자음군 단순화로, 이때 '몫도[목도 → 목또]'는 음절 끝 받침 'ㄳ' 중 'ㅅ'이 탈락하고 'ㄱ'만 발음되는 자음군 단순화 현상이 일어났다.
  • ㉢ '앉고[안고 → 안꼬]'은 음절 끝 받침 'ㄵ' 중 'ㅈ'이 탈락하고 'ㄴ'만 발음되는 자음군 단순화 현상이 일어났다.
  • ㉣ '훑는[훌는 → 훌른]'은 음절 끝 받침 'ㄾ' 중 'ㅌ'이 탈락하고 'ㄹ'만 발음되는 자음군 단순화 현상이 일어났다.

22 어법 표준어 사정 원칙, 한글 맞춤법 난이도 ★★☆

해설 ④ 후텁지근한(○): '조금 불쾌할 정도로 끈끈하고 무더운 기운'을 뜻하는 표준어는 '후텁지근하다'이므로 답은 ④이다.

오답 분석 ① 헤매이던(×) → 헤매던(○): '어떤 환경에서 헤어나지 못하고 허덕이다'를 뜻하는 표준어는 '헤매다'이다.

② • 그∨곳(×) → 그곳(○): '거기'를 문어적으로 이르는 말인 '그곳'은 한 단어이므로 붙여 써야 한다.
  • 내노라하는(×) → 내로라하는(○): '어떤 분야를 대표할 만하다'를 뜻하는 표준어는 '내로라하다'이다.

③ 칠흙(×) → 칠흑(○): '옻칠처럼 검고 광택이 있음. 또는 그런 빛깔'을 뜻하는 표준어는 '칠흑'이다.

23 　문학 　서술상의 특징 　　　　난이도 ★★☆

해설 　③ 작품 속 등장인물인 '나(오 선생)'가 '권 씨'를 관찰하면서 일어나는 사건을 서술하는 1인칭 관찰자 시점을 취하고 있다. 따라서 적절한 설명은 ③이다.

오답
분석
　① 작품 밖의 서술자는 3인칭 시점에 대한 설명이다.
　② 제시된 작품에서 외부 이야기 속에 내부 이야기가 삽입되는 액자식 구성은 나타나지 않으며, 시점과 주인공도 바뀌지 않는다.
　④ 작품 속 서술자가 요약적으로 서술을 하는 부분은 제시되지 않는다.

24 　문학 　작품의 종합적 감상 (소설) 　　　　난이도 ★★☆

해설 　① 원 산부인과의 원장 의사는 '권 씨'에게 수술 보증금 10만 원을 받기 전에는 수술을 시작하지 않았다가, '나(오 선생)'를 통해 돈을 받고 비로소 수술을 시작한다. 그리고 '나(오 선생)'가 '권 씨'의 셋방 주인임을 알고서는 아버지가 되는 방법도 여러 가지라며 비꼬듯 말하고 있다. ㉠은 이처럼 사람의 목숨보다 돈을 더 중시하는 원장 의사에 대해 부정적인 의도를 담은 대답이므로 화자의 의도로 가장 적절한 것은 ①이다.

오답
분석
　② ㉠은 원장 의사에 대한 비난의 의도를 담고 있다.
　③④ 제시된 작품에서 찾을 수 없는 내용이다.

25 　문학 　소재의 의미 　　　　난이도 ★★☆

해설 　④ 제시된 작품에서 '권 씨'는 끼니조차 감당 못할 정도로 가난한 처지인데다, 아내가 아이를 낳다가 죽을 지경에 이르렀음에도 수술할 비용조차 없을 만큼 비참한 상황에 놓여 있다. 이러한 상황에서 '나(오 선생)'에게 절박한 심정으로 돈을 빌리려다 거절당했을 때, '권 씨'가 '나(오 선생)'에게 자기가 대학 나온 사람이라고 말하는 것을 통해 '권 씨'는 자존심이 매우 강한 사람임을 알 수 있다. 따라서 '권씨'에게 놓인 비참한 상황 속에서도 늘 반짝거림을 유지하는 구두는 마지막까지 지키고 싶은 자존심으로 볼 수 있으므로 구두의 상징적 의미로 가장 적당한 것은 ④이다.

오답
분석
　① '권 씨'가 자신의 삶에 대해 낙관적인 기대를 하는 부분은 제시된 작품에서 찾을 수 없다.
　② '권 씨'가 세속적인 성공을 이루고 싶어 하는 욕망을 드러내는 부분은 제시된 작품에서 찾을 수 없다.
　③ '권 씨'가 지식인으로서 차별 의식을 갖고 있음을 확인할 수 있는 부분은 제시된 작품에 나타나지 않는다. 또한 '권 씨'가 '나(오 선생)'에게 대학 나온 사람이라고 말하는 것은 스스로 지식인임을 자부하는 표현일 뿐, 지식인으로서 차별 의식을 갖고 있기 때문이 아니다.

정답 및 취약점 확인

p.173

문항	정답	출제 포인트	약점 개념 확인	문항	정답	출제 포인트	약점 개념 확인
01	③	문학-소재의 의미, 인물의 심리	임철우 〈아버지의 땅〉	14	①	문학-화자의 정서 및 태도	
02	③	문학-서술상의 특징		15	②	어법-단어	본용언과 보조 용언의 구분
03	③	문학-작품의 종합적 감상		16	②	문학-작품의 종합적 감상	〈정석가〉, 〈청산별곡〉
04	①	문학-인물의 심리		17	③	문학-표현상의 특징과 효과	
05	①	비문학-내용 추론		18	③	문학-표현상의 특징과 효과	
06	③	비문학-내용 추론		19	①	문학-표현상의 특징과 효과	
07	①	비문학-논지 전개 방식	예시, 비교, 대조	20	②	문학-작품의 종합적 감상	이옥 〈유광억전〉
08	④	문학-작품의 종합적 감상	박지원 〈허생전〉	21	④	문학-인물의 심리 및 태도	
09	②	문학-문장의 의미		22	③	문학-인물의 태도	
10	④	어휘-한자 성어	捲土重來, 上漏下濕, 三旬九食, 家徒壁立	23	③	비문학-논지 전개 방식	
11	②	어법-단어	명사형 전성 어미, 명사 파생 접미사	24	①	비문학-글의 구조 파악	
12	④	문학-작품의 종합적 감상	〈봉선화가〉	25	④	어법-단어	파생어와 합성어의 형성
13	③	문학-문장의 의미					

01 문학 소재의 의미, 인물의 심리

난이도 ★★☆

해설 ③ ⓒ의 '새(까마귀)'는 저희들끼리만 모여서 새까맣게 구물거리며 음산함과 불길함을 역병처럼 퍼뜨리고 있는데, 이를 통해 ⓒ '몸집이 크고 불길한 새들'은 전쟁의 희생자들을 암시하는 것이 아니라 이념의 대립을 조장하는 부정적인 세력을 의미하는 것임을 알 수 있다. 따라서 적절하지 않은 것은 ③이다.

오답
분석 ① 어머니는 오랜 시간이 지났음에도 전쟁 중 종적을 감춘 아버지의 생일을 기억하고 ⓐ '그득한 밥상'을 준비한다. 이를 통해 ⓐ '그득한 밥상'은 아버지에 대한 어머니의 변함없는 기다림을 의미하는 것임을 알 수 있다.

② '나'는 소총과 수통이 부딪치며 나는 찔렁찔렁 소리로부터 쇠붙이의 차가움과 중압감을 느끼며 전쟁의 냉혹함을 생각한다. 이를 통해 ⓑ '섬뜩한 쇠붙이의 촉감과 확실한 중량'은 '나'가 느끼는 전쟁의 냉혹함과 압박감을 의미하는 것임을 알 수 있다.

④ '나'는 땅 밑에 웅크리고 누운 아버지를 떠올리고 있는데, 이때 밭고랑, 밭둑뿐 아니라 구물거리는 검은 새 떼까지도 하얗게 지우며 세상을 가득 채우려는 듯이 눈이 내리고 있다. 이를 통해 ⓓ '굵고 탐스러운 눈송이들'은 아버지에 대한 증오의 감정에서 벗어나 사랑과 포용의 감정으로 아버지를 이해하고자 하는 '나'의 심정을 암시하는 것임을 알 수 있다.

02 문학 서술상의 특징

난이도 ★★☆

해설 ③ 제시된 작품은 '나'가 유골을 발견하는 현재 이야기와 아버지와 관련된 과거 이야기가 중첩되는 이중 구조로 구성되어 있다. 즉 장면이 여러 번 바뀌고 있으므로 장면 전환이 비교적 잦다고 볼 수 있으나 이를 통해 사건의 긴박함을 전달하지는 않는다. 따라서 ③의 설명은 적절하지 않다. 참고로, 제시된 작품은 이러한 이중 구조를 통해 과거의 분단 문제가 현재를 살아가는 사람들에게까지 영향을 미치고 있음을 강조하고 있다.

오답
분석 ① 첫 휴가를 받아 집에 도착한 다음날, '어머니'와 '나'의 대화를 통해 아버지가 살아 돌아오시기를 기다리는 '어머니'와 그런 어머니를 못마땅해 하는 '나'가 갈등하고 있음을 보여주고 있다.

② 작품 속 서술자인 '나'가 아버지의 생일과 관련된 과거 이야기뿐 아니라 유골을 수습하는 현재 이야기를 직접 전달하고 있다.

④ 유골을 수습하는 현재 시점의 이야기와 아버지와 관련된 과거 시점의 이야기가 교차되어 아버지에 대한 증오, 아버지에 대한 어머니의 그리움과 같은 인물의 심리를 드러내고 있다.

03 문학 작품의 종합적 감상 (소설)

난이도 ★★☆

해설 ③ 〈보기〉를 통해 제시된 작품에는 이데올로기의 대립으로 인한 전후 세대의 상흔과 그것을 치유해 나가는 과정이 잘 형상화되어 있음을 알 수 있다. 또한 '나'가 이데올로기의 갈등을 극복하려다 좌절하거나 무기력해지는 부분은 제시된 작품에 나타나지 않으므로 ③의 설명은 적절하지 않다.

오답
분석 ① 불길함을 하얗게 지우는 '눈'을 보며 어머니의 '하얀 사기 대접'을 떠올리는 것은 '나'가 아버지에 대한 어머니의 사랑과 기다림을 이해하고 수용하게 되었음을 의미한다. 이는 이데올로기의 상흔을 치유해 나가는 과정과 관련 있다.

② '나'는 아버지를 기다리는 어머니와는 달리, 아버지를 진작에 죽은 사람이라며 증오하는 태도를 보이며 어머니와 대립한다. 이러한 모습에서 이데올로기의 갈등으로 동요되는 개인을 발견할 수 있다.

④ '아버지의 땅'이라는 제목은 6·25 전쟁 때 종적을 감춘 아버지가 죽어서 묻혀 있을 수도 있는 공간을 의미하는 것으로, 이데올로기로 인한 아버지 세대의 상처와 흔적이 깃든 공간을 상징한다. 이는 전후 세대가 유산처럼 안게 된 이데올로기의 상흔과 관련 있다.

04 문학 인물의 심리

해설 ① 어머니는 아버지가 돌아오지 않는다는 것을 누구보다 더 잘 알면서도 아버지가 아직 살아 있을 것이라고 믿으며 스물다섯 해의 세월 동안 아버지를 기다린다. 이렇듯 어머니가 스스로에게 기만적인 행위를 하는 것은 아버지가 돌아올 수 없는 현실을 인식하면서도 그러한 현실을 인정하지 않으려는 심정 사이의 괴리로 인한 것이다.

[관련 부분] 사실상 어머니는 누구보다도 더 잘 알고 있을 터였다. 그녀의 기다림이 얼마나 까마득하게 손이 닿지 않는 먼 곳으로 자꾸만 자꾸만 밀려 나가고 있는 것인가를 말이다.

• 기만(欺瞞): 남을 속여 넘김

05 비문학 내용 추론

해설 ① 비용편익분석이란 어떤 안을 실현하는 데 필요한 비용과 그로 인해 얻어지는 편익을 평가, 대비함으로써 그 안의 채택 여부를 결정하는 방법이다. 이를 4문단의 자동차 결함 수리 여부에 적용해 보면 이때의 비용은 결함을 수리했을 때의 비용을, 편익은 사고로 인해 사망한 사람들이나 부상자들에게 배상해야 할 금액을 의미함을 알 수 있다. 또한 ㉠ 뒤에서 '결함을 개량하는 데 드는 비용(수리의 비용)'이 '편익(차의 결함으로 인해 배상해야 하는 금액)'보다 많다고 하였으므로 ㉠에 들어갈 내용으로 가장 적절한 것은 ① '수리의 편익'이다.

06 비문학 내용 추론

해설 ③ ㉡이 포함된 문단에서 ㉡은 '인명 희생의 방치나 정당화와 같이 도덕적으로 허용되지 않는 답을 이끌어낸 사례'를 지적하면서 제기할 수 있는 질문이라고 하였으므로 ㉡에는 도덕적으로 허용되지 않는 문제와 관련된 질문이 들어가야 한다. 그런데 ③은 비용편익 분석의 주체에 대한 질문으로, 도덕적인 문제와는 무관하다. 따라서 ㉡에 들어갈 질문으로 적절하지 않은 것은 ③이다.

07 비문학 논지 전개 방식

해설 ① 비용 편익 분석의 사례로 필립 모리스 담배 문제와 소형 자동차 핀토의 결함 수리 여부에 대한 판단을 구체적으로 제시하며 논지를 전개하고 있다. 따라서 윗글의 서술 방식으로 가장 적절한 것은 ①이다.

오답분석 ② 제시문에서 둘 이상의 사물을 공통된 성질이나 유사성을 중심으로 설명하는 방법인 '비교'와 둘 이상의 사물의 차이점을 들어 설명하는 방법인 '대조'는 사용되지 않았다.

③ 제시문은 '고전적 공리주의'라는 철학적 사상을 근거로 하고 있으나, 이를 통해 설득력을 높이고 있지는 않다.

④ 5번째 문단에서 '인명 희생의 방치나 정당화와 같이 비용 편익 분석의 문제점을 제기하고 있으나, 문제에 대한 대안을 제시하고 타당성을 검증하고 있지는 않다.

08 문학 작품의 종합적 감상 (소설)

해설 ④ 허생이 군도를 데리고 가 빈 섬을 개척한 것은 조선 후기 양반 사대부의 무능함을 비판하는 한편, 작가가 바라는 이상향을 보여주기 위함이다. 따라서 빈 섬을 개척한 것을 작가가 영토 확장이 필요하다는 인식을 가지고 있었음을 확인할 수 있다는 ④의 내용은 적절하지 않다. 참고로 제시된 작품인 박지원의 '허생전'은 비범한 인물인 '허생'을 주인공으로 내세워 조선 후기 사회의 문제를 비판하고, 그에 따른 실천적 과제를 제시하는 한문 소설이다.

오답분석 ① '묵적골, 남산(南山), 변산(邊山)' 등의 실제 지명을 사용함으로써 소설에 현실감을 부여하고, 허생과 부인의 대화를 통해 그들의 갈등 원인이 가난과 허생의 경제적 무능력에 있음을 구체적으로 드러내고 있다.

② 허생은 나라에서 해결하지 못한 도둑 문제를 해결한다. 이와 같이 영웅적 면모를 지닌 '허생'을 통해 조선 후기 양반 사대부들의 무능함을 드러내고, 이로 인해 양민이 도둑이 될 수밖에 없는 당대 사회 현실을 비판하고 있다.

③ 군도들과의 대화를 통해 군도들이 도둑질을 하는 이유가 농사지을 땅도, 처자식도 없기 때문임을 알 수 있다. 이러한 내용은 당대 민중의 삶이 평범한 생활을 영위할 수 없을 정도로 피폐했음을 보여 주는 장치이다.

09 문학 문장의 의미

해설 ② ㉡은 허생에게 과거를 보지 않을 것이라면, 가난에서 벗어 나기 위해 돈을 벌 수 있는 직업을 가질 것을 권유한 것이다. 또한 '장인바치 일'은 허생의 처가 생각하는 바람직한 직업이 아니라, 글만 읽는 허생의 경제적 무능함을 비판하는 동시에 실사구시의 관점에서 공(工)과 사(士)를 동일하게 보았던 작가의 실학 사상을 드러내는 소재이므로 답은 ②이다.

오답분석 ① ㉠에서 '허생의 처'는 글 읽기만 하고 과거(科擧)를 보지 않는 '허생'을 비판하는데, 이를 통해 '허생의 처'는 글 읽기를 입신양명 및 출세의 수단으로 여기는 실용적 관점을 취하고 있음을 알 수 있다.

③ ㉢은 가난으로 인해 아내와 갈등을 겪으면서도 글 읽기만 하는 허생의 모습을 통해 허생은 도를 이루기 위해 글 읽기를 한 것임을 알 수 있다.

④ ㉣은 돈이 없어 아내를 얻거나, 농사를 짓는 등의 일을 하지 못한다는 것으로 보아 돈의 필요성에 대해 인식하고 있는데, 이를 통해 조선 후기에 상업 자본에 대한 근대적 자각이 있었음을 알 수 있다.

10 어휘 한자 성어

해설 ④ ⓐ는 바느질품을 팔아 겨우 끼니를 이어 가는 매우 가난한 상황을 나타낸다. 이때 ④ '권토중래(捲土重來)'는 가난과 관련이 없으므로 ⓐ의 상황에 적절하지 않다.

• 권토중래(捲土重來): 1. '땅을 말아 일으킬 것 같은 기세로 다시 온다'라는 뜻으로, 한 번 실패하였으나 힘을 회복하여 다시 쳐들어옴을 이르는 말 2. 어떤 일에 실패한 뒤에 힘을 가다듬어 다시 그 일에 착수함을 비유하여 이르는 말

오답분석 ① 상루하습(上漏下濕): '위에서는 비가 새고 아래에서는 습기가 오른다'라는 뜻으로, 매우 가난한 집을 비유적으로 이르는 말

② 삼순구식(三旬九食): '삼십 일 동안에 아홉 끼니밖에 먹지 못 한다'라는 뜻으로, 몹시 가난함을 이르는 말

③ 가도벽립(家徒壁立): '가난한 집이라서 집 안에 세간은 하나도 없고 네 벽만 서 있다'라는 뜻으로, 매우 가난하다는 말

11 어법 단어 (명사형 전성 어미와 명사 파생 접미사의 구분) 난이도 ★★☆

해설 ② ⓛ의 '얼음'은 서술성이 없고 '동사 '얼다'에서 파생된 명사이다. 품사를 바꾸어 주는 기능을 하는 것은 접미사이므로, 이때 '-음'은 명사 파생 접미사이다.

오답 분석 ① ㉠의 '삶'은 서술성이 없고 관형어 '불우한'의 수식을 받으므로, 동사 '살다'에서 파생된 명사이다. 이때 '-ㅁ'은 품사를 바꾸어 주는 기능을 하는 명사 파생 접미사이다.

③ ㉢의 '잠'은 서술성이 없고 관형어 '깊은'의 수식을 받으므로, 동사 '자다'에서 파생된 명사이다. 품사를 바꾸어 주는 기능을 하는 명사 파생 접미사이다. 반면, '잠'는 주어 '영희는'을 서술하는 것으로 보아 서술성이 있고, 품사가 동사로 변하지 않으므로 이때 '-ㅁ'은 명사형 전성 어미이다.

④ ㉣의 '웃음'은 부사적 표현 '크게'의 수식을 받으며, '진행자가 웃다'와 같이 서술성이 있고 품사가 동사로 변하지 않으므로 이때 '-음'은 명사형 전성 어미이다.

12 문학 작품의 종합적 감상 (가사) 난이도 ★★☆

해설 ④ 말을 주고받는 방식의 문답법이 사용된 것은 맞으나 스스로 묻고 답하는 자문자답의 방식으로 시상을 전개하고 있다. 따라서 화자와 청자가 말을 주고받는 방식으로 시상을 전개한다는 ④의 설명은 적절하지 않다.

[관련 부분] 봉선화 이 이름을 뉘라서 지어낸고 일로 하여 지어서라(봉선화 이 이름을 누가 지었는가? 이렇게 해서 지어진 것이로구나)

오답 분석 ① 봉선화를 한 여인으로 의인화하여 친근하게 표현함으로써 심리적 거리를 좁히고 있다.

[관련 부분] 녹의홍상 일여자가 표연히 앞에 와서 ~ 하직하는 듯(푸른 저고리와 붉은 치마를 입은 여자가 홀연히 내 앞에 와서 ~ 작별을 고하는 듯하다)

② 봉선화를 심는 것부터 손톱에 봉선화를 물들이는 모습까지 시간의 흐름에 따라 시상을 전개하며, 봉선화에 대한 여인의 정감을 드러내고 있다.

③ 흰색의 백반과 붉은 색의 봉선화 이미지를 대비하여 봉선화에 대한 인상을 보다 선명하게 표현하고 있다.

[관련 부분] 흰 구슬을 갈아 마아 ~ 홍산궁을 펼쳤는 듯 ~ 절고에 홍수궁을 마아는 듯(흰 백반을 갈아 바수어 ~ 붉은 산호궁을 헤쳐 놓은 듯하며 ~ 절구에 붉은 도마뱀을 빻아 놓은 듯하다)

👍 이것도 알면 합격!

작자 미상, '봉선화가'의 주제와 특징을 알아두자.

1. 주제
   봉선화에 대한 규중 여인의 정감

2. 특징
   • 직유법, 의인법을 사용하여 여인의 감정을 섬세하게 표현함
   • 문답법을 사용하여 내용을 전개함
   • 여인의 정서를 밝은 분위기로 노래한 규방 가사

지문 풀이

고운 섬돌 깨끗한 흙에 한 그루 한 그루 심어 내니 봄 삼월이 지난 후에 향기가 없다고 비웃지 마오
향기에 취한 나비와 미친 벌들이 따라올까 두려워서라네
정숙하고 깨끗한 저 기상을 여자 외에 누가 벗하겠는가?
옥난간에서 긴긴 날 아무리 보아도 다 못 보아
창문을 반쯤 열고 계집종을 불러내어
다 핀 봉선화를 캐어다가 수놓은 상자에 담아 놓고
바느질을 마친 후 안채에 밤이 깊고 촛불이 밝혀져 있을 때
천천히 자세를 세우고 앉아 흰 백반을 갈아 바수어
옥같이 고운 손 가운데 흠뻑 개어 내니
페르시아 제후가 좋아하는 붉은 산호궁을 헤쳐 놓은 듯하며
깊은 궁궐에서 절구에 붉은 도마뱀을 빻아 놓은 듯하다
가늘고 고운 열 손가락에 수실로 감아 내니
종이 위에 붉은 물은 희미하게 스며드는 듯하고
미인의 고운 뺨 위에 붉은 이슬을 뿌린 듯하며
단단히 묶은 모양은 비단에 옥으로 쓴 편지를 서왕모에게 부치는 듯하다
봄잠을 늦게 깨어 열 손가락을 차례로 풀어 놓고
거울 앞에서 눈썹을 그리려고 하니
난데없는 붉은 꽃이 가지에 붙어 있는 듯하여
그것을 손으로 잡으려 하니 어지럽게 흩어지고
입으로 불려고 하니 입김에 가리워 보이지 않는다
여자 친구를 불러서 즐겁게 자랑하고
봉선화 앞에 가서 꽃과 손톱을 비교하니
쪽 잎에서 나온 푸른 물이 쪽빛보다 푸르단 말, 이것이 아니 옳겠는가?
은근히 풀을 매고 돌아와서 누웠더니
푸른 저고리와 붉은 치마를 입은 한 여자가 홀연히 내 앞에 와서
웃는 듯 찡그리는 듯 고마움을 전하는 듯 작별을 고하는 듯하다.
어렴풋이 잠을 깨어 곰곰이 생각하니
아마도 꽃귀신이 내게 와서 작별을 고한 것이다
문을 급히 열고 꽃수풀을 살펴보니
땅 위에 붉은 꽃이 떨어져서 가득하게 수를 놓았다
마음이 상해서 슬퍼하고 낱낱이 주위 담으며
꽃에게 말하기를 그대는 한스러워 마소
해마다 꽃빛은 옛날과 같으며
더구나 그대(봉선화) 자취가 내 손톱에 머물러 있지 않은가
동산의 복숭아꽃, 오얏꽃은 잠깐 지나가는 봄을 자랑하지 마소
스무 번 꽃 바람에 그대들(복숭아꽃, 오얏꽃)이 적막히 떨어진들 누가 슬퍼하겠는가?
규중에 남은 인연이 그대 한 몸뿐일세
봉선화 이 이름을 누가 지었는가? 이렇게 해서 지어진 것이로구나!

– '봉선화가'

13 문학 문장의 의미 난이도 ★★☆

해설 ③ ㉢은 '푸른색은 쪽에서 나왔지만 쪽보다 더 푸르다'라는 청출어람 이어청람(靑出於藍而靑於藍)의 의미를 활용하여 봉선화 꽃잎의 색보다 손톱에 물들인 봉선화 꽃물의 색이 더 아름답다는 것을 관용적으로 표현하고 있다. 따라서 '봉선화 꽃물의 색보다 봉선화 꽃잎의 색이 아름답다'라는 ③의 설명은 적절하지 않다.

오답 분석 ① 경박한 남자를 '취한 나비 미친 벌'과 같이 비유적으로 표현하고, 봉선화는 그러한 경박한 남자가 따라올까 두렵다고 표현함으로써 봉선화의 정숙함과 깨끗함을 드러내고 있다.

② 손톱 위에 백반과 섞은 봉선화를 싼 모양을 '춘라옥자로 봉한 한 통의 편지'에 비유하여 아름답게 표현하였다.

• **미화법(美化法)**: 수사법에서 강조법의 일종으로, 표현 대상을 의식적으로 아름답게 만드는 방법

④ 화자는 '도리화'에게 적막하게 떨어져도 슬퍼할 사람이 없다는 태도를 보이는 반면, '봉선화'에게는 그대의 자취가 화자의 손톱에 남아 있다는 상반된 태도를 보이며 봉선화와의 인연을 강조하고 있다.

14 　**문학**　**화자의 정서 및 태도**　　　난이도 ★★★

해설　① 화자는 봉선화의 곧은 행실과 깨끗함을 예찬하며 봉선화에 대한 애정을 드러내고 있다. 이러한 화자의 태도와 가장 일치하는 것은 ①로, ①의 화자는 추운 겨울 눈 속에서도 필 수 있는 꽃은 매화뿐이라며 매화를 예찬하는 태도를 드러낸다.

오답
분석　② 봄밤에 느끼는 애상적 정서를 노래하고 있다.
　　　③ 세속적 명리에서 벗어나 자연 속에서 유유자적하는 삶의 모습을 노래하고 있다.
　　　④ 자연과 더불어 안분지족하며 살아가는 흥겨운 삶의 태도를 노래하고 있다.

지문
풀이　① 동쪽에 있는 누각에 숨은 꽃이 철쭉인가 진달래꽃인가.
　　　　온 천지가 눈이거늘 제 어찌 감히 피겠는가.
　　　　알겠도다. 흰 눈이 날리는 겨울인데도 봄빛을 보이는 것은 매화밖에 누가 있으리.
　　　　　　　　　　　　　　　　　　　　　　　　　　– 안민영, '매화사(梅花詞)'
　　　　② 배꽃에 달이 환하게 비치고 은하수는 자정을 알리는 때에
　　　　배나무 한 가지에 어려 있는 봄날의 정서를 소쩍새가 알고서 우는 것이라마는
　　　　정이 많은 것도 병인 듯싶어 잠을 이루지 못하노라
　　　　　　　　　　　　　　　　　　　　　　　　　　– 이조년, '다정가(多情歌)'
　　　　③ 가을 강에 밤이 찾아오니 물결이 차갑구나.
　　　　낚시를 드리우니 물고기가 물지 않는구나.
　　　　욕심이 없는 달빛만 가득 싣고 빈 배를 저어 오는구나.
　　　　　　　　　　　　　　　　　　　　　　　　　　– 월산 대군, '추강(秋江)에 밤이 드니'
　　　　④ 잔 들고 혼자 앉아 먼 산을 바라보니
　　　　그리워하던 임이 온다고 한들 반가움이 이러하랴.
　　　　말도 웃음도 아니지만 마냥 좋아하노라.
　　　　　　　　　　　　　　　　　　　　　　　　　　– 윤선도, '만흥'

15 　**어법**　**단어 (본용언과 보조 용언)**　　난이도 ★★☆

해설　② 빨아(본용언)＋말렸다(본용언): 두 번째 용언인 '말렸다'는 단독으로 주어를 서술하는 것이 가능하므로 본용언이다. 〈보기〉에서 알 수 있듯이 본용언과 본용언은 띄어 써야 하므로 붙여 쓸 수 없는 것은 ②이다.
　　　• 그녀는 가족의 빨래를 빨았다. (○)
　　　• 그녀는 가족의 빨래를 말렸다. (○)

오답
분석　①③④ 두 번째 용언이 자립성이 없어 단독으로 주어를 서술하지 못하고 첫 번째 용언의 뜻을 보충하는 역할을 하므로 밑줄 친 부분은 '본용언＋보조 용언'의 결합이다. 본용언과 보조 용언은 띄어 씀이 원칙이나 붙여 쓸 수도 있다.
　　　① 하고(본용언)＋있다(보조 용언): 이때 '있다'는 보조 동사로, 앞말이 뜻하는 행동이 계속 진행되고 있거나 그 행동의 결과가 지속됨을 나타낸다. 주로 동사 뒤에서 '–고 있다'의 형태로 쓰인다.
　　　③ 이겨(본용언)＋냈다(보조 용언): 이때 '내다'는 보조 동사로, 앞말이 뜻하는 행동이 스스로의 힘으로 끝내 이루어짐을 나타낸다. 주로 동사 뒤에서 '–어 내다'의 형태로 쓰인다.
　　　④ 도와(본용언)＋드렸다(보조 용언): 이때 '드리다'는 보조 동사로, 앞 동사의 행위가 다른 사람의 행위에 영향을 미침을 나타낸다. 주로 동사 뒤에서 '–어 드리다'의 형태로 쓰인다.

16 　**문학**　**작품의 종합적 감상 (고려 가요)**　난이도 ★★☆

해설　② (가)는 불가능한 상황을 설정하여 임과의 영원한 사랑을 기원하는 화자의 애절한 정서를 역설, 반어의 방법을 사용하여 효과적으로 표현하고 있는 고려 가요이다. 따라서 임에 대한 그리움을 열거의 방법으로 밝히고 있다는 ②의 설명은 적절하지 않다.

오답
분석　① (가)는 구운 밤에 움이 돋아 싹이 나거나 옥으로 만든 연꽃에 꽃이 피는 것과 같이 현실적으로 일어날 수 없는 불가능한 상황을 역설적으로 표현함으로써 임과 이별하지 않겠다는 강한 소망과 임에 대한 영원한 사랑의 의지를 드러내고 있다.
　　　③ (나)의 1연에서 화자가 이상향인 '청산'에 살고 싶다고 말한 것을 통해 현실에서 벗어나고자 하는 화자의 소망이 나타나 있음을 알 수 있다.
　　　④ (나)는 각 연의 마지막 행에 여음구를 반복함으로써 노래의 흥을 돋우며 리듬감을 형성하고 있다.

지문
풀이

(가) 징이여 돌이여 지금에 계시옵니다.
　　징이여 돌이여 지금에 계시옵니다.
　　이 좋은 태평성대에 놀고 싶사옵니다.

　　사각사각 가는 모래 벼랑에
　　사각사각 가는 모래 벼랑에
　　구운 밤 닷 되를 심습니다.
　　그 밤이 움이 돋아 싹이 나야만
　　그 밤이 움이 돋아 싹이 나야만
　　유덕하신 임을 이별하고 싶습니다.

　　옥으로 연꽃을 새기옵니다.
　　옥으로 연꽃을 새기옵니다.
　　바위 위에 접을 붙이옵니다.
　　그 꽃이 세 묶음(추운 겨울에) 피어야만
　　그 꽃이 세 묶음(추운 겨울에) 피어야만
　　유덕하신 임을 이별하고 싶습니다.　　　　– '정석가'

(나) 살겠노라 살겠노라
　　청산에 살겠노라
　　머루와 다래를 먹고
　　청산에 살겠노라
　　얄리얄리 얄랑셩 얄라리 얄라

　　우는구나 우는구나 새여
　　자고 일어나 우는구나 새여
　　너보다 시름 많은 나도 자고 일어나 울고 있노라

　　가는 새 가는 새 본다
　　물 아래로 날아가는 새 본다
　　이끼 묻는 쟁기를 가지고
　　물 아래로 날아가는 새 본다　　　　– '청산별곡'

17 　**문학**　**표현상의 특징과 효과**　　난이도 ★☆☆

해설　③ (나)의 2연에서 '널라와 시름한 나도 자고 니러 우니로라'를 통해 ⓒ '새'는 화자의 슬픈 감정을 이입한 자연물로, 화자로 하여금 동병상련의 감정을 느끼게 함을 알 수 있다.

오답
분석　① (가)의 2연에서 ㉠ '밤'은 화자가 임에 대한 영원한 사랑을 강조하기 위해 구운 밤에서 싹이 돋아난다는 역설적인 상황을 나타내기 위한 자연물을 의미한다.
　　　② (가)의 3연에서 ⓒ '바회'는 화자가 임에 대한 영원한 사랑을 강조하기 위해 바위 위에서 꽃이 핀다는 역설적인 상황을 나타내기 위한 자연물을 의미한다.
　　　④ (나)의 3연에서 ② '믈아래'는 화자의 이상향인 청산과 대비되는 공간으로 속세를 의미한다.

감정 이입과 객관적 상관물의 차이에 대해 알아두자.

감정 이입	화자의 감정을 특정한 대상을 통하여 전달하는 것으로, 그 대상은 화자와 같은 감정을 가진 존재로 표현됨
객관적 상관물	화자의 감정을 환기시키는 모든 사물을 가리키는 것으로, 시적 화자와 동일한 감정뿐만 아니라 대조적인 감정을 떠올리게 하는 것도 객관적 상관물임

---

18 | 문학 | 표현상의 특징과 효과 | 난이도 ★★☆

해설 ③ (가)는 실현 불가능한 상황을 실현 가능하게끔 역설적으로 표현하여 임에 대한 영원한 사랑을 노래하였다. 이와 마찬 가지로 ③에서는 나무로 만든 닭이 우는 것과 같이 현실적으로 이루어지기 어려운 상황을 설정하고 이것이 이루어질 수 있다고 역설적으로 표현하여 어머니에 대한 효심을 노래하였다. 따라서 (가)의 시와 발상면에서 가장 유사한 것은 ③이다.

오답 분석
① 추상적 개념인 시간(동짓달 긴 밤)을 구체적으로 형상화하여 사랑하는 임을 기다리는 여인의 간절한 마음을 노래하였다.
[관련 부분] 동지(冬至)ㅅ 돌 기나긴 밤을 한 허리를 버혀 내어 / 춘풍 니불아리 서리서리 너헛다가
② 가정법과 설의법을 통해 힘센 이가 서로 다투는 속세와는 달리, 자연 속에서는 처지와 상관없이 마음껏 즐길 수 있음을 강조하였다.
[관련 부분] 내 힘과 내 분으로 어이하여 엇들쏜이
④ 화자의 심경을 말해 주는 대상이자 화자의 분신인 자연물(묏버들)에 화자 자신을 비유하여 임에게 자신을 잊지 말아달라고 호소하고 화자의 사랑을 전달한다.

지문 풀이
① 동짓달 긴 밤의 한가운데를 베어 내어
봄바람처럼 따뜻한 이불 아래에 서리서리 넣어 두었다가
정든 임이 오시는 날 밤이면 굽이굽이 펴리라.　　　　－ 황진이의 시조
② 자연의 아름다운 경치를 힘센 사람들이 (자기 것으로 하고자) 다툴 양이면 / 내 힘과 내 분수로 어떻게 (자연을) 얻겠는가 / 진실로 (자연을 사랑하는 것을) 금할 사람이 없으므로 나도 두고 노니노라.　－ 김천택의 시조
④ 산에 있는 버들을 예쁜 것으로 골라 꺾어 보내노라 임에게
주무시는 방의 창문 밖에 심어 놓고 보소서
밤비에 새 잎이 나면 마치 나를 본 것처럼 여기소서.　　－ 홍랑의 시조

---

19 | 문학 | 표현상의 특징과 효과 | 난이도 ★★☆

해설 ① ㉮는 3·3·2조 3음보의 율격과 a−a−b−a의 구조를 통해 운율을 형성하고 있다. 이와 운율 방법이 가장 유사한 것은 ①로, ①은 '해야 솟아라(a) − 해야 솟아라(a) − 말갛게 씻은 얼굴 고운(b) − 해야 솟아라(a)'와 같이 a−a−b−a의 구조를 통해 운율을 형성하고 있다.
　• ㉮ 살어리(3) / 살어리(3) / 랏다(2) / 청산에(3) / 살어리(3) / 랏다(2)
　　　　a　　　　　a　　　　　b　　　　　　a

오답 분석
② ③ 7·5조의 음수율과 3음보의 민요적 율격을 바탕으로 운율을 형성하고 있다.
④ '～습니다'라는 종결 어미의 반복을 통해 운율을 형성하고 있다.

---

20 | 문학 | 작품의 종합적 감상 (소설) | 난이도 ★★☆

해설 ② 제시된 작품의 주인공은 허구적 인물인 유광억으로, 그는 시험지의 답안까지 팔 정도로 가난하고 지위가 낮은 인물이다. 따라서 높은 지위에 올랐던 실존 인물이 주인공이라는 ②의 설명은 적절하지 않다.

오답 분석
① 제시된 작품은 '유광억'이라는 인물의 간략한 전기를 통해 세태를 비판한 고전 소설이다.
　• 전기(傳記): 한 사람의 일생 동안의 행적을 적은 기록
③ 돈을 받고 답안을 대신 작성해 주는 유광억의 부정행위를 통해 당대에 만연했던 과거 시험에서의 부정행위를 비판하고 있다.
④ 불법적, 비도덕적인 행위로 돈을 버는 주인공 유광억의 일화와 이에 대한 군자, 매화외사의 논평을 제시하고 있다.

---

21 | 문학 | 인물의 심리 및 태도 | 난이도 ★★☆

해설 ④ 경시관이 공식 문건을 합천으로 보내 유광억을 잡아 올리게 하였으나, 이는 유광억을 못마땅하게 여겨서가 아닌 유광억의 글 재주를 알아보는 자신의 안목을 입증하기 위한 행동이다. 따라서 경시관이 글을 파는 유광억을 못마땅하게 여기고 있었다는 ④의 설명은 적절하지 않다.

오답 분석
① 유광억은 돈을 받고 글을 대신 작성해 줄 정도로 능력이 뛰어났으나, 처벌이 두려워 자결하였으므로 단명한 인물이다.
② 경시관은 유광억의 작품을 알아보는 것으로 보아 시 작품을 보는 안목이 탁월함을 알 수 있다.
③ 유광억은 생계를 위해 남의 글을 대신 지어 주고 그 글을 돈을 받고 파는 등 비양심적인 행위를 하는 인물이다.

---

22 | 문학 | 인물의 태도 | 난이도 ★★☆

해설 ③ '군자'는 유광억의 죽음을 과거 법규를 해쳤기 때문이라며 개인적 측면에서 평가하고 있다. 한편, '매화외사'는 세상에는 팔지 못할 물건이 없고 심지어 마음까지 사고 팔고 있는 현실을 비판하며 사는 사람이나 파는 사람이나 모두 잘못한 것이라고 말하고 있다. 이는 개인(유광억)의 죽음을 확장하여 당대 사회에 널리 퍼진 부정적인 세태까지 비판하는 것이다. 따라서 유광억의 죽음을 ㉠은 개인적인 측면에서, ㉡은 사회적 문제로 확장시켜 평가한다는 ③이 가장 적절하다.

오답 분석
① 군자가 유광억의 죽음이 자업자득의 차원에서 마땅한 결정이라고 생각하는 것은 맞으나, 매화외사가 유광억의 죽음을 안타깝게 여기는 것은 아니다. 매화외사는 유광억의 행위가 '천하에서 가장 천박한 매매'라고 비판하고 있다.
② 군자는 유광억이 과거 법규를 해쳤다는 이유로 유광억의 죽음을 당위적인 것이라 설명하는 것은 맞으나, 매화외사가 유광억의 죽음이 우연적이라 설명하는 부분은 나타나 있지 않다.
④ 군자는 유광억의 죽음에 대해 마땅한 일이라며 간단하게 논평하였으나, 매화외사는 유광억이 한 일(마음을 사고 파는 것)을 비판하였을 뿐 유광억의 죽음이 사회에 미치는 영향에 대해서는 논평하지 않았다.

23 | 비문학 | 논지 전개 방식 | 난이도 ★☆☆

해설 ③ 제시문에서는 대부분의 물질에서 온도가 올라갈수록 밀도가 작아 지는 온도와 밀도에 대한 일반적인 원리를 보여주고, 이러한 원리 가 적용되지 않는 물의 특성을 호수와 연못에서 물이 어는 현상을 예로 들어 설명하고 있다. 따라서 어떤 원리를 보여주고 그와 관 련된 현상을 설명한다는 ③이 제시문에서 취하고 있는 논지 전개 방식과 가장 가깝다.

24 | 비문학 | 글의 구조 파악 (접속어의 사용) | 난이도 ★★☆

해설 ① ㉠ 앞에서 온도가 올라갈수록 밀도가 작아진다면, 온도가 내려갈 수록 밀도 커져야 한다는 내용을 제시하면서, 물을 냉각시키면 물 분자의 움직임이 느려지고 서로 간의 거리가 가까워져 밀도가 증 가한다는 것을 설명하고 있다. 하지만 ㉠ 뒤에서 물은 4℃ 이하에 서 온도가 내려갈수록 분자들의 거리가 오히려 멀어져 밀도가 낮 아진다고 설명하고 있으므로 일반적인 원리와는 상반되는 내용이 제시되어 있다. 따라서 제시문의 흐름을 고려할 때 ㉠에 들어갈 접속어로 가장 적절한 것은 ①이다.

25 | 어법 | 단어 (합성어와 파생어) | 난이도 ★★☆

해설 ④ ㉣의 '알부자'는 접두사 '알-'과 어근 '부자'가 결합한 파생어이므 로 어근과 어근의 결합인 '명사+명사' 형태의 통사적 합성어라는 ④의 설명은 적절하지 않다. 참고로 이때 '알-'은 '진짜, 알짜'의 뜻을 의미한다. (통사적 합성어와 비통사적 합성어의 개념과 형성 방법: 관련 설 명 143p)

오답 ① ㉠의 '슬픔'은 용언 '슬프다'의 어근 '슬프-'와 명사 파생 접미사 '-
분석 ㅁ'가 결합하여 이루어진 파생어로, 품사는 형용사에서 명사로 바 뀌었으므로 ①은 적절한 설명이다.

② ㉡의 '휘감았다'는 접두사 '휘-'와 어근 '감았다'가 결합한 파생어 이므로 ②는 적절한 설명이다. 참고로 이때 '휘-'는 '마구' 또는 '매우 심하게'의 뜻을 더한다.

③ ㉢의 '새해'는 '새(관형사)+해(명사)'가 결합한 합성어로, 어근과 어 근이 우리말의 일반적인 배열법과 일치하게 결합한 통사적 합성 어이므로 ③은 적절한 설명이다.

교육행정직 9급 출제 경향

1. 영역별 출제 문항 수 (2016 ~ 2018)

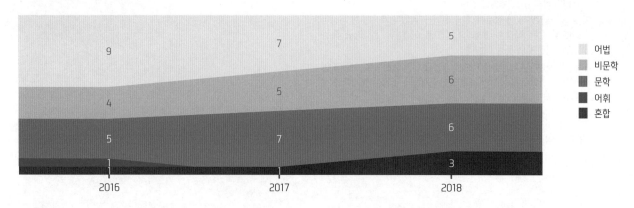

교육행정직 9급 시험은 어법, 비문학, 문학 영역이 평균적으로 5 ~ 7문제가 골고루 출제되었습니다. 혼합 영역이 그 뒤를 이었으며, 어휘 영역이 가장 낮은 출제 비중을 보였습니다.

Part 5
교육행정직 9급

2. 영역별 최근 출제 경향 및 학습방법

교육행정직 시험은 2019년부터 인사혁신처에서 출제하고 있으나, 국가직·지방직 9급 시험과 유사한 문제들이 출제되었으므로, 교육행정직 기출문제도 함께 풀어 보는 것을 추천합니다.

어법	**빈출 포인트 중심의 문제 출제** 한글 맞춤법, 단어, 문장 등 자주 나오는 출제 포인트 문제가 가장 많이 출제되었습니다. ▶ 빈출되는 출제 포인트와 관련된 개념을 정확히 학습하고 문제 풀이를 통해 개념을 적용하는 연습을 해야 합니다. 빈출 포인트 한글 맞춤법 / 단어 / 문장
비문학	**독해력을 요구하는 문제와 비문학 지식을 묻는 문제** 세부 내용 파악, 글의 구조 파악과 같이 독해력을 요구하는 문제가 출제되었으며, 화법에 대한 지식과 말하기 전략을 묻는 문제가 출제되었습니다. ▶ 독해력 향상을 위해 독해 연습을 꾸준히 해야 하며, 비문학 이론도 함께 정리해야 합니다. 빈출 포인트 세부 내용 파악 / 글의 구조 파악 / 화법
문학	**작품을 정확하게 파악하고 해석하는 능력을 요구하는 문제 출제** 작품 속에 사용된 문학 이론 등을 종합적으로 이해하는 문제와 작품에 쓰인 시어나 소재의 의미를 정확히 파악해야 하는 문제가 출제되었습니다. 빈출 포인트 작품의 종합적 감상 / 서술상의 특징 / 시어 및 시구의 의미 / 소재 및 문장의 의미
어휘	**혼동하기 쉬운 어휘를 문맥에 따라 정확히 구분해야 하는 문제 출제** 비슷한 형태지만 의미가 다른 단어들의 정확한 쓰임을 파악해야 하는 문제가 출제되었습니다. 빈출 포인트 혼동하기 쉬운 어휘
혼합	**어휘와 결합한 혼합 문제 출제** 비문학 지문이나 문학 작품과 어휘 영역의 한자 성어를 결합한 혼합 문제가 출제됩니다. ▶ 비문학 지문의 독해와 문학 작품 감상을 연습하고, 한자 성어를 꾸준히 암기해야 합니다.

정답 및 취약점 확인

p.184

문항	정답	출제 포인트	약점 개념 확인	문항	정답	출제 포인트	약점 개념 확인
01	②	어법-한글 맞춤법, 표준어 사정 원칙	애달프다, 담그다, 가엽다, 까다롭다	11	②	비문학-글의 전략 파악	열거, 예시, 논증, 구분
02	④	어법-한글 맞춤법, 표준 발음법	준말의 표기, 모음의 발음	12	①	비문학-세부 내용 파악	
03	①	어법-문장	문법 요소의 적절성	13	③	혼합-작문, 고유어와 한자어의 대응	담다-內包, 들다-收錄 빼내다-抽出, 잇다-連結
04	③	어법-단어	능력 동사의 쓰임	14	①	문학-화자의 정서 및 태도	조식 〈두류산 양단수를~〉, 김영랑 〈오월〉
05	③	어법-말소리	모음 탈락	15	②	문학-시어의 의미	
06	③	혼합-올바른 문장 표현, 작문	문장 성분의 적절성, 사이시옷의 표기, 접속어의 사용, 띄어쓰기	16	④	문학-표현상의 특징과 효과	
07	①	비문학-화법	토의 평가	17	③	문학-서술상의 특징	채만식 〈미스터 방〉
08	②	비문학-세부 내용 파악		18	④	문학-인물의 심리 및 태도	
09	①	비문학-세부 내용 파악		19	①	문학-서술상의 특징	박지원 〈광문자전〉
10	②	비문학-내용 추론		20	③	혼합-작품의 내용 파악, 한자 성어	安分知足, 囊中之錐 巧言令色, 口蜜腹劍

01 어법 한글 맞춤법, 표준어 사정 원칙
난이도 ★☆☆

해설 ② 애닯구나(×) → 애달프구나(○): '마음이 안타깝거나 쓰라리다'를 뜻하는 말의 표준어는 '애달프다'이므로 '애달프구나'로 표기해야 한다. 참고로 '애닯다'는 '애달프다'의 비표준어이다.

오답 분석
① 담갔다(○): '담갔다'는 '담그-+-았-+-다'가 결합한 표현이다. 이때 어간의 끝소리 'ㅡ'는 '-아'로 시작하는 어미와 결합할 때 탈락하므로('ㅡ' 탈락 규칙) '담갔다'로 표기하는 것은 적절하다.
③ 가여운(○): '마음이 아플 만큼 안되고 처연하다'를 뜻하는 '가엽다'의 사용이 적절하다. 이때 어간의 끝소리 'ㅂ'은 모음 앞에서 '우'로 바뀌므로('ㅂ' 불규칙 활용) '가여운'으로 표기하는 것은 적절하다. 참고로, '가엽다'와 '가엾다'는 동일한 의미의 복수 표준어이다.
④ 까다로워(○): '까다로워'는 '까다롭-+-어'가 결합한 표현이다. 이때 어간의 끝소리 'ㅂ'은 모음 앞에서 '우'로 바뀌므로('ㅂ' 불규칙 활용) '까다로워'로 표기하는 것은 적절하다.

02 어법 한글 맞춤법 (준말), 표준 발음법
난이도 ★☆☆

해설 ④ 'ㅣ'로 끝나는 어간에 '-어'가 붙어서 'ㅕ'로 줄어드는 경우 준 대로 적으므로 〈보기〉 '가지어라'의 축약형은 형태를 밝혀 '가져라'로 적는다. 다만 용언의 활용형에서 'ㅈ, ㅉ, ㅊ' 뒤에 나타나는 'ㅕ'는 [ㅓ]로 발음해야 하므로 '가져라'의 표준 발음은 [가저라]이다. 이와 같은 사례와 동일한 것은 ④ '고쳐라'로, 'ㅊ' 뒤에 'ㅕ'를 [ㅓ]로 발음해 [고처라]와 같이 발음하되 표기 시에는 형태를 밝혀 '고쳐라'로 적는다.

오답 분석
①②③ '이기어라', '다니어라', '비비어라'의 축약형인 '이겨라', '다녀라', '비벼라'는 'ㅣ'로 끝나는 어간에 '-어'가 붙어 'ㅕ'로 줄어든 경우에 해당하므로 형태를 밝혀 적는다. 그러나 'ㅈ, ㅉ, ㅊ'가 아닌 'ㄱ, ㄴ, ㅂ' 뒤에 'ㅕ'가 나타나므로 [이겨라], [다녀라], [비벼라]와 같이 'ㅕ'를 이중 모음 [ㅕ]로 발음해야 한다.

03 어법 문장 (문법 요소)
난이도 ★★☆

해설 ① '가세'는 '가다'의 어간 '가-'에 어미 '-세'가 결합된 표현이다. 이때 '-세'는 하게할 자리에 쓰여, 어떤 행동을 함께하자는 뜻을 나타내는 청유형 종결 어미이다.

오답 분석
② '앉아라'는 '앉다'의 어간 '앉-'에 어미 '-아라'가 결합된 표현이다. 이때 '-아라'는 해라할 자리에 쓰여, 명령하는 뜻을 나타내는 명령형 종결 어미이다.
③ '먹게'는 '먹다'의 어간 '먹-'에 어미 '-게'가 결합된 표현이다. 이때 '-게'는 하게할 자리에 쓰여, 손아래나 허물없는 사이에 무엇을 시키는 뜻을 나타내는 명령형 종결 어미이다.
④ '예쁘구려'는 '예쁘다'의 어간 '예쁘-'에 어미 '-구려'가 결합된 표현이다. 이때 '-구려'는 하오할 자리에 쓰여, 화자가 새롭게 알게 된 사실에 주목함을 나타내는 감탄형 종결 어미이다.

04 어법 단어
난이도 ★★☆

해설 ③ 자동사는 동사가 나타내는 동작이나 작용이 주어에만 미치는 동사이며 타동사는 동작의 대상인 목적어를 필요로 하는 동사를 의미한다. 이때 자동사와 타동사의 기능을 모두 가지고 있는 동사는 ③ '움직이다'이다.
- 몸이 움직이다(○) → 자동사
- (내가) 몸을 움직이다(○) → 타동사

오답 분석
① '뱉다'는 동작의 대상인 목적어를 필요로 하는 타동사이다.
- 침이 뱉다(×) / (내가) 침을 뱉다(○)
② '쌓이다'는 동사가 나타내는 동작이나 작용이 주어에만 미치는 자동사이다.
- 먼지가 쌓이다(○) / (내가) 먼지를 쌓이다(×)
④ '읽다'는 동작의 대상인 목적어를 필요로 하는 타동사이다.
- 책이 읽다(×) / (내가) 책을 읽다(○)

👍 이것도 알면 **합격!**

자동사와 타동사의 차이점을 알아두자.

구분	설명

자동사	• 정의: 동사가 나타내는 동작이나 작용이 주어에만 미치는 동사
	• 특징
	   – 목적어를 가지지 않음
	   예 동생이 자리에 눕다.
	   – 모든 피동사는 자동사임
	   예 토끼가 사자에게 쫓기다.

타동사	• 정의: 동작의 대상인 목적어를 필요로 하는 동사
	• 특징
	   – 목적어를 반드시 요구함
	   그가 내 발을 밟았다.
	   – 모든 사동사는 타동사임
	   예 형이 동생을 울리다.

---

05 **어법** 말소리 (음운의 변동)   난이도 ★★☆

해설 ③ 제시문은 모음 탈락 중 동음이 탈락하는 현상에 대해 설명하고 있다. 이때 ③ '가도'는 '가다'의 어간 '가-'에 가정이나 양보의 뜻을 나타내는 연결 어미 '–아도'가 결합한 것으로 제시문과 동일한 음운 현상(모음 탈락)이 나타난다.

오답 ① 이때 '가고'는 '가다'의 어간 '가-'에 두 가지 이상의 사실을 대등
분석 하게 벌여 놓는 연결 어미 '–고'가 결합한 것으로, 모음 탈락 현상이 나타나지 않는다.

② 이때 '가니'는 '가다'의 어간 '가-'에 어떤 사실을 먼저 진술하고 이와 관련된 다른 사실을 이어서 설명할 때 쓰는 연결 어미 '–니'가 결합한 것으로, 모음 탈락 현상이 나타나지 않는다.

④ 이때 '가면'은 '가다'의 어간 '가-'에 뒤의 사실이 실현되기 위한 단순한 근거 따위를 나타내거나 수시로 반복되는 상황에서 그 조건을 말할 때 쓰는 연결 어미 '–면'이 결합한 것으로, 모음 탈락 현상이 나타나지 않는다.

---

06 **어법 + 비문학** 올바른 문장 표현, 작문 (고쳐쓰기)   난이도 ★☆☆

해설 ③ ©의 앞뒤에서는 스마트폰을 사용했을 때 유발되는 악영향인 청소년의 안구 건조증과 무기력증에 대해 설명하고 있으며, ©은 이러한 앞뒤 내용을 대등하게 이어주고 있다. 따라서 ©을 앞의 내용과 뒤의 내용이 상반될 때 쓰는 접속 부사 '그러나'로 고쳐 쓰는 것은 적절하지 않다. 참고로 ©은 단어, 구, 절, 문장 따위를 병렬적으로 연결할 때 쓰는 접속 부사 '그리고' 정도로 고쳐 쓰는 것이 적절하다.

오답 ① ③ '사용이'와 '서술어 '유발되는'의 호응이 적절하지 않다. 따라서
분석 ③을 부사어 '사용으로'로 고쳐 써야 한다.

② 한자어가 결합한 합성어는 사이시옷을 받치어 적지 않는 것이 원칙이나, '회(回)＋수(數)'가 결합한 '횟수(回數)'는 예외적으로 사이시옷을 받치어 적는다. 따라서 © '회수'를 '횟수'로 고쳐 써야 한다. 참고로 두 음절로 된 한자어 '곳간(庫間)', 셋방(貰房), 숫자(數字), 찻간(車間), 툇간(退間), 횟수(回數)'의 경우에만 예외적으로 사이시옷을 받쳐 적는다.

④ @ '시달릴 수 밖에'의 '수'는 '어떤 일을 할 만한 능력이나 어떤 일이 일어날 가능성'을 뜻하는 의존 명사이며, '밖에'는 '그것 말고는', '그것 이외에는', '기꺼이 받아들이는', '피할 수 없는'의 뜻을 나타내는 보조사이다. 조사는 그 앞말에 붙여 써야 하므로 @을 '시달릴 수밖에'로 고쳐 써야 한다.

---

07 **비문학** 화법 (토의)   난이도 ★☆☆

해설 ② 평가 의견에서 '시설 개선에 관한 외부 사례'에 대한 내용은 확인할 수 없다. 따라서 평가 의견에서 고려한 사항이 아닌 것은 ②이다.

오답 ① 일반 열람실 확대를 위한 건물 개조에 예산이 부족하다는 내용과
분석 적은 비용으로 세미나실을 설치할 수 있다는 내용을 통해 '시설 개선에 필요한 경비'를 고려했음을 알 수 있다.

③ 일반 열람실 확대에 따라 이용자의 편의가 증진될 것으로 예상된다는 내용과 회의 공간 부족에 따른 불편을 해결할 수 있다는 내용을 통해 '시설 개선에 따른 편의 증진'을 고려했음을 알 수 있다.

④ 일반 열람실 확대에 따라 이용자 수가 증가할 것으로 예상된다는 내용과 독서 프로그램 추가에 의해 이용자가 늘어날 것을 기대한다는 내용을 통해 '시설 개선에 따른 이용자 증가'를 고려했음을 알 수 있다.

---

08 **비문학** 세부 내용 파악   난이도 ★☆☆

해설 ② 제시문 4~5번째 줄을 통해 배심원은 법률가가 아닌 일반인들 중에 선정함을 알 수 있으며, 끝에서 4~5번째 줄을 통해 배심원들은 법률적 소양이 없음을 알 수 있다. 따라서 법률적 소양이 있는 법률가인 변호사는 배심원으로 선정되지 않는다는 ②의 이해는 적절하다.

오답 ① 제시문 7~8번째 줄을 통해 배심원들은 비공개로 토의와 투표를
분석 진행하여 평결을 내림을 알 수 있으므로 평결에 이르는 과정이 공개된다는 ①의 이해는 적절하지 않다.

③ 제시문 7~8번째 줄을 통해 평결은 배심원들이 피고인의 유죄 여부를 결정하는 것임을 알 수 있으므로 법관이 평결을 한다는 ③의 이해는 적절하지 않다.

④ 제시문 끝에서 6번째 줄을 통해 평결은 만장일치로 결정됨을 알 수 있으므로 평결이 다수결로 결정된다는 ④의 이해는 적절하지 않다.

---

09 **비문학** 세부 내용 파악   난이도 ★☆☆

해설 ① 3문단을 통해 그리스인들은 이탈리아 남부와 시실리까지 퍼져 나갔으며 어느 곳에서든 폴리스를 만들었다고 설명하고 있다. 따라서 이탈리아 지역에도 폴리스가 있었다는 ①의 이해는 적절하다.

오답 ② ③ 3문단 끝에서 1~3번째 줄을 통해 그리스인들이 통일된 정부나
분석 제국을 두려고 하지 않았고, 그들이 만든 어느 폴리스도 도시 국가 이상으로 커지지 않았음을 알 수 있다. 따라서 폴리스가 제국으로 성장하기도 했다는 ②와 고대 그리스에 모든 폴리스를 아우르는 통일된 정부가 있었다는 ③의 이해는 적절하지 않다.

④ 1문단 끝에서 1~3번째 줄을 통해 폴리스들은 언어, 문화, 종교적으로 동류의식을 가지고 있었음을 알 수 있다. 따라서 폴리스들 간에 문화와 종교가 서로 달라 동류의식이 생기지 않았다는 ④의 이해는 적절하지 않다.

---

10 **비문학** 내용 추론   난이도 ★☆☆

해설 ② 〈보기〉를 통해 대의제 민주주의란 유권자를 대표하여 선출된 대의원들이 국가의 정책을 결정하고 유권자들은 간접적으로 정치에 참여하는 체제임을 알 수 있다. 제시문 2문단 3~4번째 줄을 통해 아테네는 시민들이 모두 아고라 광장에 모여 공적인 문제에 대해 직접 투표를 했음을 알 수 있으므로 아테네의 정치 체제가 대의제로 발전하지 않았음을 추론할 수 있다.

오답
분석
① 2문단 끝에서 1~2번째 줄을 통해 아테네에서 노예나 여자들은 정치적 권리가 없었음을 알 수 있다. 따라서 아테네는 신분과 성별에 따라 일부만 투표권을 가졌음을 추론할 수 있다.

③ 2문단 3~4번째 줄을 통해 아테네는 대의원이 아닌 시민들이 아고라에 모여 투표를 통해 직접 국정을 결정했음을 추론할 수 있다.

④ 2문단 끝에서 3~4번째 줄을 통해 아테네는 시민들이 국가를 통치하는 지도자를 선출했음을 추론할 수 있다.

---

11 | **비문학** | **글의 전략 파악** | 난이도 ★☆☆

해설 ② 1문단에서는 빅데이터의 특성(데이터의 복잡성이 높으면 다양한 파생 정보를 끌어낼 수 있음, 구성 항목들의 연관성을 이용하여 데이터로부터 정보를 추출함)에 대해 설명하고 있다. 그리고 2문단에서는 이러한 빅데이터의 특성을 설명하기 위해 '한 집단 구성원의 몸무게와 키, 교통 카드 이용 데이터를 연결해 추출할 수 있는 파생 정보'를 사례로 제시하고 있다. 따라서 제시문에 대한 설명으로 적절한 것은 ②이다.

오답
분석
① 빅데이터에 대한 다양한 견해는 제시문을 통해 확인할 수 없다.

③ 2문단에서 빅데이터로부터 정보를 추출하는 방식에 대해 설명하고 있으나, 빅데이터의 동작 원리를 이론적으로 증명하는 내용은 제시문을 통해 확인할 수 없다.

④ 빅데이터의 장점과 단점을 유형별로 구분해 평가하는 내용은 제시문을 통해 확인할 수 없다.

---

12 | **비문학** | **세부 내용 파악** | 난이도 ★☆☆

해설 ① 1문단 5~6번째 줄에서 빅데이터를 통해 다양한 파생 정보를 얻을 수 있음을 알 수 있다. 따라서 빅데이터에서 파생 정보를 얻을 수 없다는 ①의 이해는 적절하지 않다.

오답
분석
②③ 1문단 1~3번째 줄에서 빅데이터는 규모가 매우 큰 데이터를 지칭함을 알 수 있는데, 여기서 규모가 매우 크다는 것은 데이터의 양이 매우 많다는 의미이며 데이터의 복잡성이 매우 높다는 의미임을 설명하고 있다. 따라서 ②, ③의 이해는 적절하다.

④ 1문단 3~5번째 줄을 통해 빅데이터는 데이터의 구성 항목이 많고 그 항목들의 연결 고리가 함께 수록되어 있는 것임을 알 수 있다. 따라서 ④의 이해는 적절하다.

---

13 | **비문학 + 어휘** | **작문 (고쳐쓰기), 고유어와 한자어의 대응** | 난이도 ★☆☆

해설 ③ ⓒ '추출할'에서 '추출(抽出)하다'는 '전체 속에서 어떤 물건, 생각, 요소 따위를 뽑아내다'를 뜻한다. 하지만 '섞다'는 '두 가지 이상의 것을 한데 합치다' 또는 '어떤 말이나 행동에 다른 말이나 행동을 함께 나타내다'를 뜻하므로 ⓒ '추출할'을 '섞다'의 활용형 '섞을'로 바꿔 쓰는 것은 적절하지 않다. 참고로, ⓒ '추출할'과 바꿔 쓰기에 적절한 표현은 '빼낼', '뽑아낼' 등이 있다.
• 빼내다: 여럿 가운데에서 필요한 것 혹은 불필요한 것만을 골라내다.
• 뽑아내다: 여럿 가운데서 어떤 것을 가려서 뽑다.

오답
분석
① ⊙ '내포되어'에서 '내포(內包)되다'는 '어떤 성질이나 뜻 따위가 속에 품어지다'를 뜻한다. 따라서 ⊙ '내포되어'를 '어떤 내용이나 사상이 그림, 글, 말, 표정 따위 속에 포함되거나 반영되다'를 뜻하는 '담기다'의 활용형 '담겨'로 바꿔 쓰는 것은 적절하다.

② ⓛ '수록되어'에서 '수록(收錄)되다'는 '모아져 기록되다'를 뜻한다. 따라서 ⓛ '수록되어'를 '안에 담기거나 그 일부를 이루다'를 뜻하는 '들다'의 활용형 '들어'로 바꿔 쓰는 것은 적절하다.

④ ⓔ '연결하여'에서 '연결(連結)하다'는 '사물과 사물을 서로 잇거나 현상과 현상이 관계를 맺게 하다'를 뜻한다. 따라서 ⓔ '연결하여'를 '두 끝을 맞대어 붙이다'를 뜻하는 '잇다'의 활용형 '이어'로 바꿔 쓰는 것은 적절하다.

---

14 | **문학** | **화자의 정서 및 태도** | 난이도 ★☆☆

해설 ① (가)의 종장에서 화자는 지리산의 경치를 무릉도원에 비유하며, '두류산(지리산) 양단수'의 아름다움을 예찬하고 있다. 또한 (나)의 화자는 봄날에 느끼는 흥취와 생명력을 '들, 바람, 햇빛, 보리, 꾀꼬리, 산봉우리' 등의 자연물을 통해 감각적이고 구체적으로 묘사하고 있다. 따라서 (가)와 (나)의 화자가 지닌 공통적 태도로 가장 적절한 것은 ①이다.

오답
분석
②③④ (가)와 (나)의 화자 모두 지니지 않는 태도이다.

지문
풀이

> (가) 지리산 양단수를 옛날에 듣고 이제 와 보니
> 복숭아꽃이 떠내려가는 맑은 물에 산 그림자까지 잠겨 있구나.
> 아이야 무릉도원이 어디냐? 나는 여기인가 하노라.
> – 조식의 시조

👍 이것도 알면 **합격!**

제시된 작품의 주제와 특징을 알아두자.

(가)	조식, '두류산 양단수를~'	주제	• 두류산(지리산) 양단수의 경치 예찬 • 자연에의 귀의
		특징	문답법을 통해 주제를 형상화함
(나)	김영랑, '오월'	주제	오월에 느끼는 봄날의 생명력
		특징	• 시선 이동에 따라 시상을 전개함 • 색채 대비, 의인법을 활용하여 대상을 생동감 있게 표현함 • 향토적 소재를 활용함

---

15 | **문학** | **시어의 의미** | 난이도 ★☆☆

해설 ② (가)에서 화자는 자신이 있는 곳인 '두류산(지리산) 양단수'를 무릉도원을 의미하는 ⊙ '무릉'에 비유하고 있다. 이때 무릉도원은 '이상향', '별천지'를 비유적으로 이르는 말이므로 ⊙의 함축적 의미로 가장 적절한 것은 ② '낙원(樂園)'이다.
• 낙원(樂園): 아무런 괴로움이나 고통이 없이 안락하게 살 수 있는 즐거운 곳

오답
분석
① 고향(故鄕): 1. 자기가 태어나서 자란 곳 2. 조상 대대로 살아온 곳 3. 마음속에 깊이 간직한 그립고 정든 곳

③ 오지(奧地): 해안이나 도시에서 멀리 떨어진 대륙 내부의 땅

④ 정상(頂上): 1. 산 따위의 맨 꼭대기 2. 그 이상 더 없는 최고의 상태

---

16 | **문학** | **표현상의 특징과 효과** | 난이도 ★★☆

해설 ④ [D]는 봄이 되어 푸르게 물들기 시작한 산봉우리의 모습을 단장하고 아양 떠는 여인의 모습으로 의인화하여 표현하고 있으며 동시에 밤이 되면 아름다운 봄날의 산봉우리가 어둠으로 사라지는 것에 대한 안타까움을 드러내고 있는 부분이다. 따라서 사철 내내 변함없는 산봉우리의 의연한 모습을 묘사했다는 ④의 감상은 적절하지 않다.

오답 분석
① [A]는 붉음과 푸름의 색채 대비를 통해 봄철 들길과 마을의 정경을 선명하게 드러낸 부분이다. 따라서 ①의 감상은 적절하다.
② [B]는 보리가 봄바람에 흔들리고 햇살을 받는 모습을 의인화하여 생동감 있게 묘사한 부분이다. 따라서 ②의 감상은 적절하다.
③ [C]는 암수 짝을 지어 날아다니는 꾀꼬리의 정다운 모습을 표현한 부분이다. 따라서 ③의 감상은 적절하다.

---

17 문학 서술상의 특징 · 난이도 ★☆☆

해설 ③ [B]에서 미스터 방은 S 소위의 얼굴에 우연히 양칫물을 떨어뜨린 후, 허둥지둥 뛰쳐나왔지만 S 소위에게 얻어맞게 된다. 이와 같이 인물의 행동 묘사를 통해 주인공인 미스터 방을 희화화하고, 그의 위선적인 삶이 끝날 것임을 암시하고 있다. 따라서 ③은 적절한 설명이다.

오답 분석
① [A]에서는 백 주사의 생각과 심리가 제시되고 있을 뿐, 인물 간의 대화가 나타나거나 외적 갈등이 고조되는 부분은 확인할 수 없다.
② [A]에서 공간적 배경이 묘사되거나 비극적 분위기가 심화되는 부분은 확인할 수 없다.
④ [B]에서 과거 사건을 요약하여 이야기의 전개를 빠르게 하는 부분은 확인할 수 없다.

---

18 문학 인물의 심리 및 태도 · 난이도 ★☆☆

해설 ④ 미스터 방은 자신의 말 한마디로 '기관총 들멘 엠피'를 백 명이고 천 명이고 동원할 수 있다고 이야기하고 있다. 여기서 '기관총 들멘 엠피'는 기관총으로 무장한 헌병을 의미하는데, 이를 통해 미스터 방이 자신의 위치를 과시하며 자기가 마치 대단한 인물인 것처럼 으스대고 있음을 알 수 있다. 따라서 미스터 방이 '기관총 들멘 엠피'를 조롱의 대상으로 여긴다는 ④의 설명은 적절하지 않다.

오답 분석
① 1문단에서 백 주사는 '옛날의 영화'가 꿈이 되고 몰락했음을 떠올리는데, 이를 통해 백 주사가 과거에 누렸던 권위와 재산을 잃어버렸음을 알 수 있다. 또한 2문단에서 백 주사는 빼앗긴 재물을 도로 찾을 희망이 있을 것 같다고 생각하는데, 이를 통해 백 주사가 과거에 누렸던 권위와 재산을 되찾고 싶어 함을 알 수 있다.
② 1문단에서 백 주사는 자신이 무시했던 미스터 방의 무례한 행동에 불쾌함을 느꼈지만 자리를 떠나지 않고 참고 있다. 또한 2문단에서 백 주사는 미스터 방이 '큰 세도'를 지니고 있다는 것을 알게 된 후 재물을 찾기 위해 미스터 방(삼복이)보다 더한 놈에게도 머리 숙이는 것쯤은 상관할 바 아니라고 생각한다. 이를 통해 백 주사는 미스터 방의 '큰 세도'를 빌려 재산을 되찾고자 자존심을 굽히고 있음을 알 수 있다.
③ 미스터 방은 '분풀이'를 부탁하는 백 주사에게 복수를 약속하며 '머, 지끔 당장이래두, 내 입 한 번만 떨어진다 치면, 기관총 들멘 엠피가 백 명이구 천 명이구 들끓어 내려가서, 들이 쑥밭을 만들어 놉니다, 쑥밭을.', '흰말이 아니라 참 이승만 박사두 내 말 한마디면 고만 다 제바리유'라고 말을 한다. 이를 통해 미스터 방이 백 주사의 '분풀이'를 약속하며 자기를 과시하고 있음을 알 수 있다.

👍 이것도 알면 **합격!**

채만식, '미스터 방'에 대해 알아두자.

1. **주제**: 권력에 빌붙어 개인의 이익을 추구하는 인간상과 당시 세대 비판
2. **배경**
 • 시간: 광복 직후
 • 공간: 서울

---

3. 특징
 • 인물을 희화화하여 웃음을 유발하는 동시에 인물에 대한 비판적 시각을 드러냄
 • 판소리 사설체를 사용하여 서술자의 개입이 나타남
 • 풍자와 비판의 대상이 되는 인물의 행적을 사실적으로 서술함

---

19 문학 서술상의 특징 · 난이도 ★☆☆

해설 ① 제시된 작품에서는 광문이 길을 가다가 싸우는 사람을 만났을 때의 일화, 남들이 광문에게 장가를 가거나 집을 가지라고 권했을 때의 일화, 기생 운심과의 일화 등이 제시되고 있다. 이를 통해 주인공인 광문이 기지와 재치를 지녔으며 자신의 분수를 지키며 주어진 삶에 만족하고 당당하게 살아가는 성격임을 드러내고 있다. 따라서 ①의 설명은 적절하다.

오답 분석
② 광문과 관련된 여러 사건들이 제시되고 있으나 주인공의 심리가 변화하는 부분은 확인할 수 없다.
③ 특정 사건을 계기로 인물 간의 갈등이 심화되는 부분은 확인할 수 없다.
④ 남들이 결혼과 집을 권유하는 말에 광문의 대답이 제시되어 있으나, 긴장과 이완이 교차되는 분위기가 조성되는 부분은 확인할 수 없다.

---

20 문학 + 어휘 작품의 내용 파악, 한자 성어 · 난이도 ★☆☆

해설 ③ 집을 가질 것을 권유하는 사람들에게 광문은 일정한 거처가 없이 지내는 삶에 대해 이야기하며 욕심 없고 자유분방한 자기의 삶에 만족하는 태도를 드러내고 있다. 이를 통해 광문이 '안분지족(安分知足)'의 삶을 추구하고 있음을 보여 준다.
 • 안분지족(安分知足): 편안한 마음으로 제 분수를 지키며 만족할 줄을 앎

오답 분석
① 아이들이 서로 싸울 때 상대방을 광문에 빗대어 욕하는 것은 광문의 추악한 외모 때문이다. 따라서 광문을 낭중지추(囊中之錐)로 보고 있기 때문이라는 ①의 설명은 적절하지 않다.
 • 낭중지추(囊中之錐): '주머니 속의 송곳'이라는 뜻으로, 재능이 뛰어난 사람은 숨어 있어도 저절로 사람들에게 알려짐을 이르는 말
② 길거리에서 싸우던 사람들이 싸움을 풀게 된 것은 광문이 우스광스러운 행동으로 웃음을 유발해 싸움을 말렸기 때문이다. 따라서 싸움을 멈춘 것이 광문의 교언영색(巧言令色)에 넘어갔기 때문이라는 ②의 설명은 적절하지 않다.
 • 교언영색(巧言令色): 아첨하는 말과 알랑거리는 태도
④ 사람들이 광문과 벗을 맺은 것은 광문이 기생 운심의 마음을 움직여 모두 함께 어울려 논 후의 일이다. 따라서 이를 구밀복검(口蜜腹劍)의 행태로 볼 수 있다는 ④의 설명은 적절하지 않다.
 • 구밀복검(口蜜腹劍): '입에는 꿀이 있고 배 속에는 칼이 있다'라는 뜻으로, 말로는 친한 듯하나 속으로는 해칠 생각이 있음을 이르는 말

👍 이것도 알면 **합격!**

박지원, '광문자전'의 주제 및 특징에 대해 알아두자.

1. 주제
 • 정직하고 의리가 있는 삶에 대한 예찬
 • 권모술수가 팽배하는 위선적인 양반 사회에 대한 풍자
2. 특징
 • 주인공인 광문의 여러 일화를 삽화 형식으로 나열함
 • 조선 후기의 사회상을 사실적으로 묘사함
 • 신분이 천한 광문의 성품을 예찬하여 양반 사회에 대한 풍자 효과를 극대화함

정답 및 취약점 확인

p.189

문항	정답	출제 포인트	약점 개념 확인	문항	정답	출제 포인트	약점 개념 확인
01	②	어법-한글 맞춤법	준말의 표기, -을걸, -니	11	②	비문학-세부 내용 파악	
02	②	어법-외래어 표기	가톨릭, 시뮬레이션, 쇼트커트, 카레, 챔피언, 캐리커처	12	④	비문학-세부 내용 파악	
03	③	어법-표준어 사정 원칙	두리뭉실하다, 우레, 애달프다	13	④	문학-표현상의 특징과 효과	윤동주 〈길〉
04	④	어법-단어	품사의 구분	14	②	문학-시어 및 시구의 의미	
05	②	어법-표준 발음법, 한글 맞춤법	'ㄹ'의 비음화, 유음화, 두음 법칙	15	③	문학-서술상의 특징	이청준 〈눈길〉
06	①	어법-단어	파생어와 합성어의 형성	16	②	문학-소재의 의미	
07	③	어법-문장	문장의 짜임	17	①	문학-작품의 종합적 감상	한림제유 〈한림별곡〉
08	①	비문학-화법	공손성의 원리	18	①	문학-인물의 심리 및 태도	〈이춘풍전〉
09	③	비문학-글의 구조 파악		19	④	문학-작품의 종합적 감상	
10	④	비문학-관점과 태도 파악		20	④	혼합-문장의 의미, 한자 성어	以實直告, 男負女戴, 同病相憐, 滅私奉公

01 어법 한글 맞춤법 (맞춤법에 맞는 표기) 난이도 ★☆☆

해설 ② 쫴요(○): '쬐다'의 어간 '쬐-'에 종결 어미 '-어'와 보조사 '요'가 결합한 '쬐어요'의 준말이다. 모음 'ㅚ' 뒤에 '-어'가 어울려 'ㅙ'로 된다면 준 대로 적으므로 '쫴요'는 맞춤법에 맞는 표기이다.

오답 분석

① 맞을껄(×) → 맞을걸(○): 해할 자리나 혼잣말처럼 쓰여, 화자의 추측이 상대편이 이미 알고 있는 바나 기대와는 다른 것임을 나타내는 종결 어미 '-을걸'은 예사소리로 적어야 하므로 '맞을걸'로 표기해야 한다.

③ 갖어라(×) → 가져라(○): '갖다'는 '가지다'의 준말로 표준어이나, '-어라'와 같이 모음 어미가 연결될 때에는 준말의 활용형을 인정하지 않으므로 '갖어라'는 틀린 표기이다. 따라서 본말인 '가지다'의 활용형인 '가져라'로 표기해야 한다.

④ 고으니(×) → 고니(○): 앞말이 뒷말의 원인이나 근거, 전제 따위가 됨을 나타내는 연결 어미 '-으니'는 'ㄹ'을 제외한 받침 있는 용언의 어간이나 어미 '-었-', '-겠-' 뒤에 결합한다. 이때 '고기나 뼈 따위를 무르거나 진액이 빠지도록 끓는 물에 푹 삶다'를 뜻하는 '고다'는 용언의 어간에 받침이 없으므로 받침이 없는 용언의 어간 뒤에 붙는 어미 '-니'를 사용해 '고니'로 표기해야 한다.

02 어법 외래어 표기 난이도 ★★☆

해설 ② 외래어 표기가 맞는 것은 'ㄴ, ㄹ'이므로 답은 ②이다.

- ㄴ. 시뮬레이션(simulation)(○): 모음 앞의 자음 [s]는 'ㅅ'으로 적으므로 '시뮬레이션'으로 표기한다. 참고로, '시뮬레이션'을 '씨뮬레이션'으로 표기하지 않도록 주의해야 한다.
- ㄹ. 카레(curry)(○): 'curry'는 '카레'로 이미 굳어진 외래어로 관용을 존중하여 '카레'로 표기한다.

오답 분석

- ㄱ. 카톨릭(Catholic)(×) → 가톨릭(○): 'Catholic'은 '가톨릭'으로 이미 굳어진 외래어로 관용을 존중하여 '가톨릭'으로 표기한다.
- ㄷ. 숏커트(short cut)(×) → 쇼트커트(○): 'short'의 어말 [t]는 '으'를 붙여 '트'로 적으므로 '쇼트'로 표기해야 한다. 참고로, 'cut'은 '미용을 목적으로 머리를 자르는 일 또는 그 머리 모양'의 의미로 사용될 때는 '커트'로, '영화 촬영에서, 촬영을 멈추거나 멈추라는 뜻으로 하는 말'의 의미로 사용될 때는 '컷'으로 표기한다.
  - ㅁ. 챔피온(champion)(×) → 챔피언(○)
  - ㅂ. 캐리커쳐(caricature)(×) → 캐리커처(○)

이것도 알면 합격!

'커트', '컷'의 의미를 알아두자.

커트(cut)	• 전체에서 일부를 잘라 내는 일. 또는 진행되던 일을 중간에서 차단하는 일. • 미용을 목적으로 머리를 자르는 일. 또는 그 머리 모양. • 야구에서, 투수가 던진 공이 타자가 바라던 공이 아니거나 치기 거북할 때 배트를 살짝 대어 파울 볼로 처리하는 일. • 야구에서, 한 야수가 던진 공이 목적한 야수에게 도달하기 전에 다른 야수가 그 공을 잡아 버리는 일. • 농구 따위에서, 상대편의 공을 가로채는 일. • 탁구나 테니스에서, 라켓을 비스듬히 한 채로 깎아 쳐서 공에 회전력을 주는 일.
컷(cut)	• 한 번의 연속 촬영으로 찍은 장면을 이르는 말. '장면'으로 순화. ≒숏. • 대본이나 촬영한 필름에서 불필요한 부분을 삭제하는 일. • 인쇄물에 넣는 삽화. '삽화'로 순화. • 영화 촬영에서, 촬영을 멈추거나 멈추라는 뜻으로 하는 말.

03 어법 표준어 사정 원칙 (표준어의 구분) 난이도 ★☆☆

해설 ③ '웃프다'는 신조어일 뿐, 표준어가 아니다.

오답 분석

① 과거에는 '두루뭉술하다'만 표준어로 인정되었으나, 2011년에 '두리뭉실하다'도 표준어로 추가되었다.

② 과거에는 '우레'를 한자어로 보아 '우뢰(雨雷)'라 쓰기도 했으나, 현재는 '우뢰'는 표준어로 인정하지 않고 '우레'만 표준어로 인정한다.

④ '애닯다'는 사어(死語)가 되어 쓰이지 않게 된 단어로 표준어가 아니며, '애달프다'만 표준어로 인정한다.

해설 ④ 밑줄 친 단어의 품사가 서로 같은 것은 ④이다.
- ⊙: 이때 '다른'은 '나는 너와 다르다'와 같이 서술성을 지니며, 문맥상 '비교가 되는 두 대상이 서로 같지 않다'를 뜻하는 형용사 '다르다'의 어간에 관형사형 전성 어미 '-ㄴ'이 결합한 활용형이다. 참고로, 관형사 '다른'은 '당장 문제 되거나 해당되는 것 이외의'의 의미로 사용된다.
- ⓒ: 이때 '다르게'는 '하루가 다르다'와 같이 서술성을 지니며, '비교가 되는 두 대상이 서로 같지 않다'를 뜻하는 형용사 '다르다'의 어간에 부사형 전성 어미 '-게'가 결합한 활용형이다.

(형용사의 관형사형과 관형사의 차이점: 관련 설명 75p)

오답 분석
- ① • ⊙: 이때 '진짜'는 용언인 '아프다'를 수식하고 있으므로 '꾸밈이나 거짓이 없이 참으로'를 뜻하는 부사이다.
- ⓒ: 이때 '진짜'는 조사인 '처럼'과 결합하였으므로 '본뜨거나 거짓으로 만들어 낸 것이 아닌 참된 것'을 뜻하는 명사이다.
- ② • ⊙: 이때 '이성적'은 체언인 '동물'을 수식하고 있으므로 '이성에 따르거나 이성에 근거한'을 뜻하는 관형사이다.
- ⓒ: 이때 '이성적'은 조사인 '으로'와 결합하였으므로 '이성에 따르거나 이성에 근거한 것'을 의미하는 명사이다.
- ③ • ⊙: 이때 '있어'의 '있다'는 현재 시제 선어말 어미 '-는-'의 결합이 불가능하고 의도의 어미 '-으려'와 결합이 불가능하며, 문맥상 '사람, 동물, 물체 따위가 실제로 존재하는 상태이다'를 뜻하는 형용사이다.
- ⓒ: 이때 '있으려고'의 '있다'는 현재 시제 선어말 어미 '-는-'의 결합이 가능하고 의도의 어미 '-으려'와 결합이 가능하며, 문맥상 '사람이나 동물이 어느 곳에서 떠나거나 벗어나지 아니하고 머물다'를 뜻하는 동사이다.

👍 이것도 알면 **합격!**

동사와 형용사의 구분 방법에 대해 알아두자.

의미로 구분	주체의 동작이나 과정을 나타내면 동사이고, 성질이나 상태를 나타내면 형용사임	
어미의 결합 여부로 구분	현재 시제 선어말 어미 '-는-/-ㄴ-'과 관형사형 어미 '-는'	→ 결합할 수 있으면 동사
	의도의 어미 '-려/으려', 목적의 어미 '-러/으러'	→ 결합할 수 없으면 형용사
	명령형 어미 '-아라/-어라', 청유형 어미 '-자'	

해설 ② ⓒ의 '삼림[삼님]', '심리[심니]'는 앞 음절 종성이 /ㅁ/일 때 초성 /ㄹ/이 [ㄴ]으로 바뀌는 경우이다. 하지만 '백로[뱅노]', '박력[방녁]'은 앞 음절 종성이 /ㅇ/이 아닌 /ㄱ/일 때 초성 /ㄹ/이 [ㄴ]으로 바뀌는 경우이므로 ②는 적절하지 않다.

오답 분석
- ① ⊙의 한자어 '노동(勞動)', '유행(流行)'은 한자음 '로'와 '류'가 단어 첫머리에 온 경우로, 두음 법칙에 따라 '노'와 '유'로 적어야 한다. 따라서 /ㄹ/이 한자어의 첫머리에 올 때 실현되지 않는다는 ①은 적절하다. (두음 법칙이 적용되는 경우: 관련 설명 16p)
- ③ ⓒ의 '의견란[의:견난]', '생산량[생산냥]'은 유음화가 적용되지 않아 [ㄴㄴ]으로 발음되는 경우이며, '편리[펼리]', '난로[날:로]'는 유음화가 적용되어 [ㄹㄹ]로 발음되는 경우이다. 따라서 앞 음절 종성이 /ㄴ/일 때 /ㄹ/이 [ㄴ]으로 바뀌거나 앞 음절 종성을 [ㄹ]로 바꾼다는 ③은 적절하다.

④ @의 '고려[고려], 비리[비:리]'는 /ㄹ/이 모음 뒤에 위치하여 [ㄹ]로 발음되는 경우이며, '철로[철로], 물리[물리]'는 /ㄹ/이 /ㄹ/ 뒤에 위치하여 [ㄹ]로 발음되는 경우이다. 따라서 /ㄹ/이 모음 뒤나 앞 음절 종성이 /ㄹ/일 때 실현된다는 ④는 적절하다.

해설 ① ⊙과 ⓒ의 해당하는 예로 적절한 것은 ①이다.
- ⊙: '슬기롭다'는 명사 '슬기'에 형용사를 만드는 접미사 '-롭다'가 결합한 파생어로 형용사이다. 따라서 접사가 결합하기 전의 어근의 품사와 파생어의 품사가 달라진 예로 적절하다.
- ⓒ: '접칼'은 용언 '접다'의 어간 '접-'과 체언 '칼'이 결합한 구조로, 관형사형 전성 어미 없이 바로 결합한 비통사적 합성어이다. 따라서 문장에서 나타나지 않는 배열 방식으로 만들어진 비통사적 합성어의 예로 적절하다.

오답 분석
- ② • ⊙: '선무당'은 명사 '무당'에 '서툰' 또는 '충분치 않은'의 뜻을 더하는 접두사 '선-'이 결합한 파생어로 명사이다. 따라서 ⊙의 예로 적절하지 않다.
- ⓒ: '늦잠'은 '늦은'의 뜻을 더하는 접두사 '늦-'과 명사 '잠'이 결합한 파생어이므로 ⓒ의 예로 적절하지 않다. 참고로 '늦잠'을 용언 '늦다'의 어간 '늦-'과 체언 '잠'이 결합한 구조로, 관형사형 전성 어미 없이 바로 결합한 비통사적 합성어로 보는 관점도 존재한다.
- ③ • ⊙: '공부하다'는 명사 '공부'에 동사를 만드는 접미사 '-하다'가 결합한 파생어로 동사이다. 따라서 ⊙의 예로 적절하다.
- ⓒ: '힘들다'는 체언 '힘'과 용언 '들다'가 결합한 구조로, 주어(힘이)와 서술어(들다)가 결합된 후 주격 조사 '이'가 생략된 것이다. 이는 문장에서 나타나는 배열 방식으로 만들어진 통사적 합성어이다. 따라서 ⓒ의 예로 적절하지 않다.
- ④ • ⊙: '먹이'는 동사 '먹다'의 어간 '먹-'에 명사를 만드는 접미사 '-이'가 결합한 파생어로 명사이다. 따라서 ⊙의 예로 적절하다.
- ⓒ: '잘나가다'는 부사 '잘'과 용언 '나가다'가 결합한 구조로, 문장에서 나타나는 배열 방식으로 만들어진 통사적 합성어이다. 따라서 ⓒ의 예로 적절하지 않다.

👍 이것도 알면 **합격!**

통사적 합성어와 비통사적 합성어의 개념과 형성 방법을 알아두자.

1. 통사적 합성어

개념	우리말의 일반적인 단어 배열법과 일치하는 합성어
형성 방법	• 명사+명사 예 논밭, 소나무 • 주어+서술어(조사 생략 인정) 예 바람나다, 수많다 • 목적어+서술어(조사 생략 인정) 예 본받다, 수놓다 • 관형어+명사 예 새해, 작은집 • 부사+용언 예 가로눕다, 잘생기다 • 부사+부사 예 이리저리, 비틀비틀 • 감탄사+감탄사 예 얼씨구절씨구 • 용언의 어간+연결 어미+용언 예 들어가다, 알아보다

2. 비통사적 합성어

개념	우리말의 일반적인 단어 배열법과 일치하지 않는 합성어
형성 방법	• 어간+명사(관형사형 어미 생략) 예 먹거리, 접칼 • 어간+용언(연결 어미 생략) 예 검붉다, 날뛰다, 여닫다 • 부사+명사 예 부슬비, 산들바람, 척척박사 • 한자어 어순이 우리말과 다른 경우 예 독서(讀書), 등산(登山)

07 어법 문장 (문장의 짜임) 난이도 ★☆☆

해설 ③ 제시된 문장과 ③은 모두 관형어와 같은 기능을 하는 관형절을 안긴문장으로 포함하고 있다.
- 내가 바라던 합격이 현실이 되었다: '내가 바라던'은 '내가 (합격을) 바라다'에 관형사형 전성 어미 '-던'이 붙은 형태로, 체언 '합격'을 수식하는 관형어의 역할을 하는 안긴문장(관형절)이다.
- 나는 그 사람이 잡은 손을 놓지 않았다: '그 사람이 잡은'은 '그 사람이 (손을) 잡다'에 관형사형 전성 어미 '-은'이 붙은 형태로, 체언 '손'을 수식하는 관형어의 역할을 하는 안긴문장(관형절)이다.

(안은문장의 종류: 관련 설명 78p)

오답 분석 ① 내 마음이 바뀌기는 어렵다: '내 마음이 바뀌기는'은 '내 마음이 바뀌다'에 명사형 전성 어미 '-기'가 붙은 명사절이다.
② 하늘이 눈이 부시게 푸르다: '눈이 부시게'는 '눈이 부시다'에 부사형 전성 어미 '-게'가 붙어 용언 '푸르다'를 수식하는 부사절이다.
④ 우리의 싸움은 내가 항복함으로써 끝났다: '내가 항복함'은 '내가 항복하다'에 명사형 전성 어미 '-ㅁ'이 붙은 명사절임.

08 비문학 화법 (공손성의 원리) 난이도 ★☆☆

해설 ① '손님'이 '주인'의 요리 솜씨를 칭찬하고 있으므로 공손성 원리 중 찬동의 격률이 나타나고 있다. 따라서 정답은 ①이다.

(공손성의 원리: 관련 설명 12p)

오답 분석 ② 공손성 원리 중 요령의 격률에 해당한다.
③ 공손성 원리 중 관용의 격률에 해당한다.
④ 공손성 원리 중 겸양의 격률에 해당한다.

09 비문학 글의 구조 파악 난이도 ★☆☆

해설 ③ (가)에서는 유전자 변형 농작물에 대한 서로 다른 입장이 있음을 밝히고 있다. 이어서 (나)에서는 '실질적 동등성의 입장'의 주장을, (다)에서는 '사전 예방 원칙의 입장'의 주장을 구체적으로 설명하고 있다. 마지막으로 (라)에서는 (나)와 (다)의 주장을 종합하여 필자의 의견을 밝히고 있으므로 제시문의 구조로 가장 적절한 것은 ③이다.

10 비문학 관점과 태도 파악 난이도 ★☆☆

해설 ④ (다)의 1~3번째 줄을 통해 ⓒ은 유전자 변형 농작물에 유전자 재조합 방식이 적용되었기 때문에 육종 농작물과 다르다고 본다는 것을 알 수 있다. 따라서 ⓒ이 육종 농작물에 유전자 재조합 방식이 적용된다고 주장한다는 ④의 이해는 적절하지 않다.

오답 분석 ① (나)를 통해 ⊙은 유전자 변형 농작물이 육종 농작물과 동등하며, 안전성이 입증되었다고 주장하고 있으므로 ⊙은 유전자 변형 농작물에 대한 긍정적 관점을 지니고 있음을 알 수 있다. 반면, (다)를 통해 ⓒ은 유전자 변형 농작물이 육종 농작물과 동등하지 않으며, 안전성이 입증되지 않았다고 주장하고 있으므로 ⓒ은 유전자 변형 농작물에 대한 부정적 관점을 지니고 있음을 알 수 있다.
② (나)의 끝에서 1~3번째 줄을 통해 ⊙은 유전자 변형 농작물이 안전하기 때문에 유통해도 문제가 없다고 주장함을 알 수 있고, (다)의 끝에서 1~2번째 줄을 통해 ⓒ은 유전자 변형 농작물의 안전성이 증명될 때까지 유전자 변형 농작물의 유통이 금지되어야 한다고 주장함을 알 수 있다. 이를 통해 ⊙과 ⓒ은 모두 유전자 변형 농작물의 유통에는 기본적으로 안정성이 확보되어야 한다고 본다는 것을 알 수 있다.

③ (나)의 끝에서 2~3번째 줄을 통해 ⊙은 육종 농작물이 안전하기 때문에 유전자 변형 농작물도 안전하다고 주장함을 알 수 있다. 이를 통해 ⊙은 유전자 변형 농작물과 육종 농작물이 모두 안전하다고 생각한다는 것을 알 수 있다.

11 비문학 세부 내용 파악 난이도 ★☆☆

해설 ② 제시문을 통해 소유권을 분류하는 기준은 확인할 수 없다.

오답 분석 ① 1단락 1~2번째 줄을 통해 저작권은 저작물을 보호하기 위해 저작자에게 부여된 독점적 권리임을 알 수 있다.
③ 4문단을 통해 저작자의 저작권을 보호하는 목적은 저작물이 문화 발전의 원동력이 되기 때문이며, 저작자가 창작 행위를 계속할 수 있는 동기를 제공하기 위함임을 알 수 있다.
④ 2문단을 통해 저작권법의 보호를 받는 저작물은 타인의 것을 베낀 것이 아닌 저작자 자신의 것이어야 하며, 법의 보호를 받을 가치가 있을 정도로 최소한의 창작성을 지니고 있어야 함을 알 수 있다.

12 비문학 세부 내용 파악 난이도 ★☆☆

해설 ④ 제시문에 대해 바르게 이해한 내용은 'ㄷ, ㄹ'이다.
- ㄷ: 3문단 3~4번째 줄에서 개인뿐만 아니라 법인도 저작자가 될 수 있다고 설명하고 있으므로 적절하다.
- ㄹ: 3문단 끝에서 1~3번째 줄에서 저작을 하는 동안 도움을 주었거나 자료를 제공한 사람은 저작자가 될 수 없다고 설명하고 있으므로 적절하다.

오답 분석
- ㄱ: 1문단 4~5번째 줄에서 소설책을 구매한 사람은 책에 대한 소유권만 획득한 것일 뿐 저작권을 획득한 것은 아니라고 설명하고 있으므로 적절하지 않다.
- ㄴ: 1문단 끝에서 1~5번째 줄에서 상업적 목적을 위해 저작자의 허락 없이 소설(저작물)을 변형하는 행위가 불가능한 것은 소설(저작물)이 저작권법의 적용을 받기 때문이라고 설명하고 있으므로 적절하지 않다.

13 문학 표현상의 특징과 효과 난이도 ★★☆

해설 ④ 제시된 작품에서 화자인 '나'는 경어체를 사용하여 자신이 처한 부정적인 현실 상황과 그 속에서 느끼는 절망을 고백하면서도 이상적 자아를 회복하기 위한 의지를 차분하고 담담하게 드러내고 있다.

오답 분석 ① 제시된 작품에서 상승의 이미지가 사용된 부분은 확인할 수 없다.
② 제시된 작품에서 설의적 표현을 사용한 부분은 확인할 수 없으며 체념적 정서도 드러나지 않는다.
- 설의법: 쉽게 판단할 수 있는 사실을 의문의 형식으로 표현하여 상대편이 스스로 판단하게 하는 수사법
③ 제시된 작품에서 수미 상관의 구조는 확인할 수 없다.
- 수미 상관: 시의 시작과 끝에 유사하거나 동일한 시구를 배치하는 방식

14 문학 시어 및 시구의 의미 난이도 ★★☆

해설 ② 3연에서 '쇠문'은 길을 막고 길 위에 그림자를 드리우는 존재이므로 화자의 여정을 방해하는 ⊙ '장애'를 상징한다고 볼 수 있다. 또한 7연에서 '잃은 것'은 화자가 자아 성찰을 통해 회복하고자 하는 대상이므로 ⓒ '참된 자아'를 상징한다고 볼 수 있다.

오답
분석
① 2연의 '돌담'은 화자의 가는 길을 가로막고 있으므로 장애를 상징한다고 볼 수 있으나, 5연의 '눈물'은 돌담으로 인해 이상적 자아와 단절된 것에 대한 슬픔을 상징하므로 참된 자아를 상징한다고 볼 수 없다.

👍 이것도 알면 **합격!**

윤동주 '길'의 주제와 특징을 알아두자.

1. 주제: 이상적인 자아를 회복하고자 하는 의지
2. 특징
   • 상징적인 시어를 사용해 내면 의식을 드러냄
   • '길'을 걷는 여정을 시적 상황으로 설정하여 참된 자아를 회복하려는 화자의 의지를 형상화함

---

15 문학 서술상의 특징　　난이도 ★☆☆

해설 ③ [가]에서는 오리나무 그늘 아래에서 내려다 본 마을의 풍경을 그림 그리듯이 묘사하고 있으며, [나]에는 십칠팔 년 전 고등학교 1학년 때 과거에 있었던 일을 요약적으로 서술하고 있다.

오답
분석
① [가]는 현재 시점의 이야기이고 [나]는 십칠팔 년 전 과거를 회상하는 부분이다.
② [가]와 [나] 모두 인물의 머릿속에 떠오르는 의식, 생각, 기억 등을 연속적으로 서술하는 의식의 흐름 기법을 사용하지 않았다.
④ [가]와 [나] 모두 작품 속 등장인물인 '나'가 사건을 서술하고 있다.

---

16 문학 소재의 의미　　난이도 ★☆☆

해설 ② '나'는 ⓒ'지붕 개량 사업'에 불편함 심기를 느끼고 그쪽에 저주를 보내고 있다. 이는 ⓒ'지붕 개량 사업'으로 인해 '나'가 '노인'이라고 칭하며 거리를 두려고 하는 어머니와 '나' 사이의 갈등이 표면에 드러나게 되기 때문이다. 따라서 ⓒ이 '나'와 어머니 사이의 갈등을 해소하는 원인이 된다는 설명은 적절하지 않다.

오답
분석
① ㉠'빚'은 '나'의 어머니(노인)에 대한 책임감과 부담감을 의미하는데, '나'는 어머니와 자신 사이에는 빚이 없다고 생각하고 있다. 하지만 '나'가 어머니에게 '빚'이 없다고 지속적으로 강조하는 모습이나 어머니의 애정을 상기시키는 옷궤를 불편해하는 모습을 보았을 때, '나'는 정말로 ㉠'빚'이 없는지에 대해 갈등하고 있다는 것을 알 수 있다. 따라서 ㉠은 '나'의 내면적 갈등의 근원임을 알 수 있다.
③ '나'는 아내가 ⓒ'옷장' 이야기를 꺼내는 것을 거북스럽게 여기는데, 이는 ⓒ'옷장'이 '나'로 하여금 잊고 싶은 과거를 떠올리게 해 심리적 불편함을 유발하기 때문이다.
④ ⓔ'저녁밥'은 집이 팔렸지만, 옛날 집 분위기에서 '나'가 편하게 지내고 가길 바라는 어머니의 애틋한 마음이 구체화 된 대상이다.

👍 이것도 알면 **합격!**

이청준, '눈길'에 대해 알아두자.

1. 주제: 어머니의 절절한 사랑에 대한 깨달음과 인간적 화해
2. 특징
   • 대화와 회상을 통해 과거의 사실들이 밝혀지는 역순행적 구성을 취함
   • 옷궤, 눈길 등 상징적 의미의 소재를 사용하여 주제를 효과적으로 전달함

---

3. 전체 줄거리

발단	'나'는 아내와 함께 오랜만에 고향에 있는 노모를 찾아갔다가 다음 날 아침에 올라가겠다고 한다. '나'의 이런 결정에 어머니는 섭섭해하면서도 반대하지 않는다.
전개	고등학교 1학년 시절 형이 집안을 파산시킨 뒤 어머니와 '나'는 서로에게 부모 노릇, 자식 노릇을 못한 채 살아왔기 때문에 '나'는 어머니에게 진 빚이 없다고 생각한다. 그러나 어머니가 갑자기 지붕을 고치고 싶은 소망을 드러내고 '나'는 이를 외면한다.
위기	'나'의 태도를 못마땅해 하던 아내는 어머니에게 옛길과 관련된 과거의 이야기를 이끌어 내고, '나'는 이미 팔린 집에서 어머니와 함께 밤을 보냈었던 일을 떠올린다.
절정	'나'는 어머니가 과거에 '나'를 떠나보낸 뒤, 홀로 눈길을 되돌아 왔었던 기억을 '아내'에게 말하는 것을 듣게 된다.
결말	어머니의 숭고한 사랑을 깨달은 '나'는 회한의 눈물을 흘린다.

---

17 문학 작품의 종합적 감상 (경기체가)　　난이도 ★★☆

해설 ① 제시된 작품은 유명한 서체와 필기구 등을 나열하여 명필을 찬양하고 있다. 특히 '경(景) 긔 어떠하니잇고(~ 광경, 그것이야말로 어떻습니까?)'와 같은 설의적 표현이 후렴구로 반복되는데, 이는 신흥 사대부가 자신들의 지식과 삶의 방식 등에 대한 자부심을 강조하는 영탄조의 표현으로 볼 수 있다.

오답
분석
② 제시된 작품에서 미래의 소망을 기원하는 부분은 확인할 수 없다.
③ 후렴구에서 한림제유의 호탕한 기개가 드러나지만 제시된 작품에서 역설적 표현은 확인할 수 없다.
④ 제시된 작품에서 어떤 인식이나 대상을 비판적으로 제시하는 부분은 확인할 수 없다.

지문
풀이
당나라 안진경의 서체, 후한 채옹에서 비롯한 비백의 서체, 후한 유득승에서 시작한 행서체, 뒷날 성행한 초서체.
진나라 이사의 소전과 주나라 태사주의 대전의 서체, 올챙이 모양의 과두의 서체, 당나라 우세남의 서체
양수염으로 맨 붓, 쥐수염으로 맨 붓들을 비스듬히 들고
아! 한 점을 찍는 광경, 그것이야말로 어떻습니까?
오생과 유생 두 분 선생님께서
오생과 유생 두 분 선생님께서
아! 붓을 거침없이 휘달려 그려 나가는 광경, 그것이야말로 어떻습니까?
　　　　　　　　　　　　　　– 한림제유, '한림별곡'

👍 이것도 알면 **합격!**

한림제유, '한림별곡'의 주제와 특징을 알아두자.

1. 주제
   • 신진 사대부의 학문적 자부심과 의욕적 기개
   • 귀족들의 향락적 생활과 퇴폐적 기풍
2. 특징
   • 전체 8장의 분절체 구성
   • 3 · 3 · 4조의 3음보 율격
   • 후렴구를 반복하여 자기 과시를 드러냄
   • 객관적 사물을 나열하여 귀족층의 집단적 감흥을 유도함
   • 최초의 경기체가로 가사문학에 영향을 줌

18 문학 인물의 심리 및 태도 난이도 ★☆☆

해설 ① 제시문 12~14번째 줄에서 오라비를 비장으로 평양에 데려가 달라는 '춘풍 아내'의 청에 '대부인'이 흔쾌히 청을 들어 주고 있으므로 ①의 이해는 적절하다.

오답 분석 ② '춘풍 아내'가 남장을 할 계획을 말하지 않았으므로 '김 승지'는 '춘풍 아내'의 오라비를 비장으로 데려갈 것으로 알고 허락했다.

③ '추월'은 '비장'을 호리기 위해 진수성찬을 대접하는 등 각별하게 대접하고 있을 뿐, '비장'에게 자신의 정체를 속이지는 않고 있다.

④ '비장'이 원래 걸인이냐고 묻는 질문에 '춘풍'은 자기도 경성 사람이라고 답하며 경성 사람임을 밝히고 있다.

19 문학 작품의 종합적 감상 (소설) 난이도 ★☆☆

해설 ④ 남장을 하고 비장이 된 '춘풍 아내'가 자기에게 차려진 차담상을 '춘풍'에게 준 것은 추한 모습의 남편에 대한 연민과 일종의 호의에 의한 것일 뿐, 아직 가정이 회복되었음을 의미하는 것이 아니다.

오답 분석 ① '춘풍 아내'는 남장을 하고 비장 행세를 하며 유흥에 빠진 '춘풍'을 잡아들여 매를 치는 등 능동적인 여성으로서의 모습을 보이고 있다.

② '춘풍'이 평양에 내려와 '추월'과 일 년간 함께 놀면서 돈을 다 썼다고 실토하는 부분을 통해 '춘풍'이 유흥에 빠진 가장의 모습을 나타낸다는 것을 알 수 있다.

③ '춘풍 아내'는 남장을 하고 비장이 되어 유흥에 빠진 '춘풍'에게 매를 치는 등 문초하며 가장을 깨우치려는 아내의 적극적인 모습을 보여 주고 있다.

20 문학 + 어휘 문장의 의미, 한자 성어 난이도 ★☆☆

해설 ④ ②은 '비장(춘풍 아내)'이 '춘풍'에게 호조에서 빌린 돈을 어디에 썼는지 사실대로 말하라고 심문하는 말이므로 이실직고(以實直告)하라는 말이란 반응은 적절하다.

• 이실직고(以實直告): 사실 그대로 고함

오답 분석 ① ㉠은 '대부인'이 '춘풍 아내'에게 자신과 함께 평양으로 가자고 권유하는 말이므로 남부여대(男負女戴)하라는 뜻이란 반응은 적절하지 않다.

• 남부여대(男負女戴): 남자는 지고 여자는 인다는 뜻으로, 가난한 사람들이 살 곳을 찾아 이리저리 떠돌아다님을 비유적으로 이르는 말

② ㉡은 '춘풍'의 추한 모습을 강조하기 위한 표현이므로 동병상련(同病相憐)하는 마음이라는 반응은 적절하지 않다.

• 동병상련(同病相憐): 같은 병을 앓는 사람끼리 서로 가엾게 여긴다는 뜻으로, 어려운 처지에 있는 사람끼리 서로 가엾게 여김을 이르는 말

③ ㉢은 '춘풍 아내'가 유흥에 빠져 국가의 돈을 탕진한 '춘풍'을 문초하며 하는 꾸짖는 말이므로 멸사봉공(滅私奉公)을 요구한다는 반응은 적절하지 않다.

• 멸사봉공(滅私奉公): 사욕을 버리고 공익을 위하여 힘씀

👍 이것도 알면 합격!

작자 미상, '이춘풍전'의 주제와 특징을 알아두자.

1. 주제: 춘풍의 방탕한 행적과 춘풍 아내의 활약
2. 특징
   • 물질 중심적인 가치관이 형성되던 시대상을 반영함
   • 춘풍과 춘풍 아내의 상반된 생활 태도와 갈등을 통해 주제 의식을 형상화 함

정답 및 취약점 확인

p.195

문항	정답	출제 포인트	약점 개념 확인	문항	정답	출제 포인트	약점 개념 확인
01	④	어법-단어	동사와 형용사의 구분	11	①	비문학-내용 추론, 적용하기	
02	③	어법-단어	어미의 구분	12	②	비문학-글의 구조 파악	
03	④	어법-한글 맞춤법	-ㄹ는지, 통틀어, 아니요, 잠그다	13	②	비문학-세부 내용 파악	
04	③	어법-표준 발음법	모음의 발음, 받침의 발음, 음의 동화	14	②	비문학-화법	
05	④	어법-한글 맞춤법	띄어쓰기	15	③	문학-작품의 종합적 감상	예종 〈도이장가〉
06	①	어법-문장	사동 표현, 부정 표현	16	④	문학-작품의 종합적 감상	송지양 〈다모전〉
07	②	어휘-혼동하기 쉬운 어휘	있다가, 이따가	17	①	혼합-작품의 내용 파악, 한자 성어	公私分別, 無事安逸, 悲憤慷慨, 厚顔無恥
08	③	어법-말소리	'ㄴ'첨가, 모음 축약, 비음화	18	③	문학-시구의 의미	이문재 〈산성 눈 내리네〉
09	②	어법-외래어 표기	팸플릿, 스케일링	19	④	문학-시어의 의미	김기택 〈바퀴벌레는 진화 중〉
10	①	어법-한글 맞춤법	어떻게, 어떡해, 셋방, 전세방, 어렵사리, 하릴없이, 만듦으로써, 만듭니다	20	③	문학-작품의 내용 파악	이태준 〈농군〉

---

01 어법 단어 (품사의 구분) 난이도 ★★☆

해설 ④ 이때 '않다'는 동사 뒤에서 '-지 않다'의 구성으로 쓰여 앞말이 뜻하는 행동을 부정하는 뜻을 나타내는 보조 동사이다.

오답 분석
① '만하다'는 '어떤 대상이 앞말이 뜻하는 행동을 할 타당한 이유를 가질 정도로 가치가 있음을 나타내는 말'로 보조 형용사이다.
② '싶다'는 '앞말대로 될까 걱정하거나 두려워하는 마음이 있음을 나타내는 말'로 보조 형용사이다.
③ 이때 '하다'는 형용사 뒤에서 앞말이 뜻하는 상태를 일단 긍정하거나 강조함을 나타내는 말로 보조 형용사이다.

02 어법 단어 (어미의 구분) 난이도 ★☆☆

해설 ③ 밑줄 친 부분이 ㉠과 같은 구성 방식으로 이루어진 것은 ③이다.
• ㉠: '오래'는 '오다'의 어간 '오-'에 어미 '-래'가 결합한 구성이다. 이때 '-래'는 '-라고 해'가 줄어든 말로, 화자가 청자(김 대리)에게 다른 사람(박 대리)의 말을 전달하는 표현이다.
• ③: '돌아가재'는 '돌아가다'의 어간 '돌아가-'에 어미 '-재'가 결합한 구성이다. 이때 '-재'는 '-자고 해'가 줄어든 말로, 화자가 청자(언니)에게 다른 사람(동생)의 말을 전달하는 표현이다.

오답 분석
① '갈래'는 '가다'의 어간 '가-'에 어미 '-ㄹ래'가 결합한 구성이다. 이때 '-ㄹ래'는 해할 자리에 쓰여, 장차 어떤 일을 하려고 하는 스스로의 의사를 나타내거나 상대편의 의사를 묻는 데 쓰이는 종결 어미이다.
② '덥대'는 '덥다'의 어간 '덥-'에 어미 '-대'가 결합한 구성이다. 이때 '-대'는 해할 자리에 쓰여, 어떤 사실을 주어진 것으로 치고 그 사실에 대한 의문을 나타내는 종결 어미이며 놀라거나 못마땅하게 여기는 뜻이 섞여 있다.
④ '재미없데'는 '재미없다'의 어간 '재미없-'에 어미 '-데'가 결합한 구성이다. 이때 '-데'는 해할 자리에 쓰여, 과거 어느 때에 직접 경험하여 알게 된 사실을 현재의 말하는 장면에 그대로 옮겨 와서 말함을 나타내는 종결 어미이다.

03 어법 한글 맞춤법 (맞춤법에 맞는 표기) 난이도 ★★☆

해설 ④ 밑줄 친 말이 어법에 맞는 것은 'ㄴ, ㄹ'이다.
• ㄴ. 통틀어(○): '통틀어'는 '있는 대로 모두 합하여'를 뜻하는 부사이다.
• ㄹ. 잠가(○): '잠그다'는 '잠그-+-어'와 같이 모음 어미 앞에서 어간의 끝소리 '—'가 규칙적으로 탈락한다.

오답 분석
• ㄱ. 오실런지요(×) → 오실는지요(○): 어떤 불확실한 사실의 실현 가능성에 대한 의문을 나타내는 종결 어미는 '-ㄹ는지'이므로 '오실는지요'로 써야 한다. '-ㄹ런지'는 '-ㄹ는지'의 잘못된 표기이다.
• ㄷ. 아니오(×) → 아니요(○): '예'에 상대되는 말로 쓸 때는 '아니요'로 써야 한다. '아니오'는 '아니-+-오'의 구성으로 '-오'는 하오할 자리에 쓰여 설명·의문·명령의 뜻을 나타내는 종결 어미이며, '이것은 책이 아니오', '나는 홍길동이 아니오'와 같이 한 문장의 서술어로만 쓴다.

04 어법 표준 발음법 난이도 ★★☆

해설 ③ 잃는다[일는다](×) → [일른다](○): 'ㅀ' 뒤에 'ㄴ'이 결합되는 경우에는 'ㅎ'을 발음하지 않아야 하며(자음군 단순화), 'ㄴ'이 'ㅀ', 'ㄾ' 뒤에 연결되는 경우에 [ㄹ]로 발음해야 하므로(유음화) '잃는다'는 [일른다]로 발음하는 것이 적절하다.

오답 분석
① 마음의[마으메](○): 조사 '의'는 [에]로 발음하는 것을 허용하므로 '마음의'는 [마으믜/마으메]와 같이 발음할 수 있다.
② 스쳐[스처](○): 용언의 활용형에 나타나는 '쳐'는 [처]로 발음해야 하므로 '스쳐'는 [스처]로 발음해야 한다.
④ 되어[되여](○): 어미 '-어'는 [어]로 발음함을 원칙으로 하되, '되-'와 같이 'ㅚ'로 끝나는 어간과 결합하는 경우에는 [여]로 발음함도 허용한다. 참고로 단모음 'ㅚ'는 이중 모음 'ㅞ'로도 발음할 수 있으므로 '되어'는 [되어/되여/뒈어/뒈여]와 같이 발음할 수 있다.

05 어법 한글 맞춤법 (띄어쓰기) 난이도 ★★☆

해설 ④ '가~라' 중 틀린 설명은 '가, 다, 라'이므로 답은 ④이다.

- 가. 은∨커녕(×) → 은커녕(○): '커녕'은 어떤 사실을 부정하는 것은 물론 그보다 덜하거나 못한 것까지 부정하는 뜻을 나타내는 보조사이므로 앞말에 붙여 써야 한다. 참고로, '은커녕'은 앞말을 지정하여 어떤 사실을 부정하는 뜻을 강조하는 보조사이며 보조사 '은'에 보조사 '커녕'이 결합한 말이다.
- 다. 부르는∨데(×) → 부르는데(○): '-는데'는 뒤 절에서 어떤 일을 설명하거나 묻거나 시키거나 제안하기 위하여 그 대상과 상관되는 상황을 미리 말할 때에 쓰는 연결 어미이므로 '부르는데'와 같이 붙여 써야 한다.
- 라. "사람∨살려."하고(×) → "사람∨살려."∨하고(○): 이때 '하고'는 '이르거나 말하다'를 뜻하는 동사이므로 앞말과 띄어 써야 한다. 참고로, 직접 인용 조사 '라고'는 앞말에 붙여 써야 한다.

오답 분석
- 나. 김씨(○): 이때 '씨'는 '그 성씨 자체', '그 성씨의 가문이나 문중'의 뜻을 더하는 접미사로 앞말에 붙여 써야 한다. 참고로, '씨'가 '김 씨', '홍길동 씨'와 같이 그 사람을 높이거나 대접하여 부르거나 이르는 말로 사용될 경우에는 의존 명사이므로 앞말과 띄어 써야 한다.

06 어법 문장 난이도 ★★☆

해설 ① 빈칸에 들어갈 것을 바르게 연결한 것은 ①이다.

- ㉠: (가)'형은 동생에게 밥을 먹였다'의 '먹이다'는 어간 '먹-'에 사동 접미사 '-이-'가 결합하여 형성된 사동사로 (가)는 단형 사동문에 해당한다. 이때 (가)는 주어(형)가 객체(동생)에게 직접 밥을 떠서 먹였다는 직접적 행위를 나타낼 수도 있고, 주어(형)가 객체(동생)에게 밥을 먹도록 시켰다는 간접적 행위를 나타낼 수도 있다.
- ㉡: (나)'형은 동생에게 밥을 먹게 했다'의 '먹게 하다'는 어간 '먹-'에 사동 표현 '-게 하다'가 결합하여 형성된 것으로 (나)는 장형 사동문에 해당한다. 이때 (나)는 주어(형)가 객체(동생)에게 밥을 먹도록 시켰다는 간접적 행위만을 나타낼 수 있다.
- ㉢: (다)'영호는 그림을 잘 그리지 않았다'는 부정의 보조용언 '-지 아니하다'가 사용된 안 부정문으로 어떤 내용에 대한 단순 부정을 뜻할 수 있고, 주어(영호)의 의지에 의한 부정을 뜻할 수도 있다.
- ㉣: (라)'영호는 그림을 잘 그리지 못했다'는 부정의 보조용언 '-지 못하다'가 사용된 못 부정문으로 주어(영호)의 능력 부족에 의한 부정을 뜻한다.

👍 이것도 알면 **합격!**

사동문의 종류를 알아두자.

종류	특징
파생적 사동문 (단형 사동)	• 용언의 어간에 사동 접미사 '-이-, -하-, -리-, -기-, -우-, -구-, -추-'를 붙여서 구성함 • 직접 사동이나 간접 사동의 의미로 해석될 수 있음
통사적 사동문 (장형 사동)	• 용언의 어간에 '-게 하다'를 붙여서 구성함 • 간접 사동의 의미로만 해석될 수 있음

07 어휘 혼동하기 쉬운 어휘 난이도 ★☆☆

해설 ② '있다가'는 동사 '있다'의 어간 '있-'에 어미 '-다가'가 결합한 용언의 활용형이며, '이따가'는 '조금 지난 뒤에' 뜻하는 부사이다. 〈보기〉의 빈칸 중 '있다가'가 들어갈 곳은 '㉠, ㉣, ㉡'이고, '이따가'가 들어갈 곳은 '㉡, ㉢, ㉤'이므로 빈칸에 들어갈 말이 같은 것끼리 묶인 것은 '있다가'가 공통적으로 쓰인 ②'㉠-㉣-㉡'이다.

08 어법 말소리 (음운의 변동) 난이도 ★★☆

해설 ③ ㄱ~ㄷ은 각각 음운의 첨가, 축약, 동화에 대한 설명이며, ㄱ~ㄷ에 해당하는 예가 모두 올바른 것은 ③이다.

- ㄱ. 식용유[시굥뉴]('ㄴ' 첨가): '식용+-유(油)'가 결합한 파생어로, 앞 단어의 끝이 자음이고 뒤 접미사의 첫 음절이 '유'이므로 'ㄴ'을 첨가하여 발음되는 경우이다. 따라서 'ㄱ'의 예로 적절하다.
- ㄴ. 이기-+-어→[이겨](모음 축약): 'ㅣ'로 끝나는 어간 뒤에 '-어'가 붙어 'ㅕ'로 줄어든 경우이므로 'ㄴ'의 예로 적절하다.
- ㄷ. 국민[궁민](비음화): 받침 'ㄱ'이 'ㅁ' 앞에서 [ㅇ]으로 동화되어 발음되는 경우이므로 'ㄷ'의 예로 적절하다.

오답 분석
① • ㄱ. 안방[안빵](사잇소리 현상): 앞말의 끝소리 [ㄴ]의 영향으로 'ㅂ'이 [ㅃ]으로 발음되는 사잇소리 현상이 나타난다.
- ㄴ. 보-+-아→[봐](모음 축약): 'ㅗ'와 'ㅏ'가 'ㅘ'로 줄어서 발음되는 모음 축약 현상이 나타난다.
- ㄷ. 더럽다[더럽따](된소리되기): 받침 'ㅂ' 뒤에 연결된 'ㄷ'이 [ㄸ]으로 발음되는 교체 현상이 나타난다. 참고로, '더럽다'의 올바른 발음은 [더:럽따]이다.

② • ㄱ. 금융[금늉]('ㄴ' 첨가): 'ㄴ'음을 첨가하여 발음되는 현상이 나타난다. 참고로, '금융'은 표기대로 [그뮹]으로 발음할 수도 있다.
- ㄴ. 좋-+-은→[조은]('ㅎ' 탈락): 어간 끝 받침 'ㅎ'이 탈락하여 발음되는 현상이 나타난다.
- ㄷ. 해돋이[해도지](구개음화): 받침 'ㄷ'이 'ㅣ' 앞에서 [ㅈ]으로 발음되는 교체 현상이 나타난다.

④ • ㄱ. 오리알[오리얄](반모음 첨가): 반모음 'ㅣ'가 첨가되어 [ㅑ]로 발음하는 반모음 첨가 현상이 나타난다. 하지만 이는 표준 발음으로 인정되지 않으며 '오리알'의 올바른 발음은 [오:리알]이다.
- ㄴ. 살-+-으니→[사니]('ㄹ' 탈락, 'ㅡ' 탈락): 어간 끝 받침 'ㄹ'이 탈락하는 'ㄹ' 탈락 현상과 'ㅡ' 탈락 나타난다. 참고로, 표준국어대사전에 의하면 'ㄹ'로 끝나는 어간 뒤에는 어미 '-니'를 적어야 하며, 이를 따르면 살-+-니→[사니]와 같이 'ㄹ' 탈락 현상만 발생하게 된다.
- ㄷ. 감기[강기](연구개음화): 앞 음절 받침에 놓인 양순음 'ㅁ'의 조음 위치가 뒤 음절 첫소리에 놓인 연구개음 'ㄱ'에 동화되어 연구개음 [ㅇ]으로 변하는 연구개음화가 나타난다. 다만 이는 표준 발음으로 인정되지는 않으며 '감기'의 올바른 발음은 [감:기]이다.

09 어법 외래어 표기 난이도 ★★☆

해설 ② 외래어 표기가 맞는 것은 'ㄴ. 팸플릿(pamphlet), ㅁ. 스케일링(scaling)'이므로 답은 ②이다.

오답 분석
- ㄱ. 카달로그(catalog)(×) → 카탈로그(○)
- ㄷ. 배드민튼(badminton)(×) → 배드민턴(○)
- ㄹ. 레크레이션(recreation)(×) → 레크리에이션(○)
- ㅂ. 렌트카(rent-a-car)(×) → 렌터카(○)

10 어법 한글 맞춤법 (맞춤법에 맞는 표기) 난이도 ★★☆

해설 ① 너도 어떻게 하는지 모르면 나는 어떡해(ㅇ): '어떻다'의 부사형 '어떻게'와 '어떻게 해'가 줄어든 말인 '어떡해'의 표기가 적절하다.

오답 분석 ② 전셋방부터 알아봐라(×) → 전세방부터 알아봐라(ㅇ): '전세방'은 '전세(傳貰)+방(房)'과 같이 한자어와 한자어가 결합한 합성어로 사이시옷을 받치어 적지 않으므로 '전세방'으로 표기해야 한다. 참고로, '곳간(庫間)', 셋방(貰房), 숫자(數字), 찻간(車間), 툇간(退間), 횟수(回數)'는 한자어로 이루어진 합성어이지만 예외적으로 사이시옷을 표기해야 한다.

③ 어렵살이 결심을 하고서도(×) → 어렵사리 결심을 하고서도(ㅇ): '매우 어렵게'를 뜻하는 부사는 '어렵사리'로 표기해야 한다.

④ 음식을 만듬으로써(×) → 음식을 만듦으로써(ㅇ): '만들다'의 명사형은 어간 '만들-'에 명사 파생 접미사 '-ㅁ'이 결합한 형태이므로 어간의 원형을 밝혀 '만듦'으로 표기해야 한다.

11 비문학 내용 추론, 적용하기 난이도 ★☆☆

해설 ① 1문단을 통해 보유 효과란 무언가를 소유하고 나면 갖고 있지 않을 때보다 그것을 더 높이 평가하려는 성향임을 알 수 있다. 따라서 자신보다 타인의 것이 더 좋아 보인다는 의미의 '남의 떡이 더 커 보인다'는 보유 효과와 상반되는 내용의 관용 표현이다. 따라서 ①은 글에 대한 반응으로 적절하지 않다.

12 비문학 글의 구조 파악 난이도 ★☆☆

해설 ② (가)에서는 집단의 사회적 구조를 구성하는 주요 요소로 규범, 역할, 지위가 있음을 설명하고 있다. 이어서 (나), (라), (마)에서는 각각 규범, 역할, 지위의 의미에 대해 세부적으로 설명하고 있으며, (다)에서는 규범과 관련된 사이먼의 연구 내용에 대해 언급하고 있다. 따라서 제시문의 구조로 적절한 것은 ②이다.

13 비문학 세부 내용 파악 난이도 ★☆☆

해설 ② (나)의 1~2번째 줄을 통해 규범이 집단의 모든 구성원의 행동에 관한 규칙과 기대임을 알 수 있으므로 ②는 제시문과 일치하는 설명이다.

오답 분석 ① (가)의 3~5번째 줄을 통해 아동 집단의 사회적 구조는 집단 내부에서 형성됨을 알 수 있다.

③ (라)의 끝에서 1~4번째 줄을 통해 역할이 계약서를 통해 공식적으로 규정되기도 하지만 그렇지 않은 경우도 있음을 알 수 있다.

④ (마)의 2번째 줄을 통해 각각의 지위가 갖는 영향력이 다르다는 것을 알 수 있다.

14 비문학 화법 (말하기 전략) 난이도 ★☆☆

해설 ② '죄송하지만 다른 민원인들도 생각해 주시겠습니까?'는 화자(공무원)가 청자(떠들고 있는 민원인)에게 조용히 해달라는 요청의 의도를 의문문을 통해 간접적으로 전달한 간접 발화 형식의 표현이다. 이와 같은 간접 발화는 직접적으로 지시 행위를 전달하는 명령문보다 공손성이 높으므로 청자의 심리적 부담을 낮추는 완곡어법에 해당한다. 따라서 <보기>의 설명 중 옳은 것은 ② 'ㄱ, ㄹ'이다.

• 완곡어법: 듣는 사람의 감정이 상하지 않도록 모나지 않고 부드러운 말을 쓰는 표현법

오답 분석
• ㄴ: 발화 형식은 의문문이나 발화 기능은 요청이므로 발화 형식과 기능이 일치하지 않는 표현이다.

• ㄷ: 화자는 자신의 의도를 간접적으로 드러내고 있다.

15 문학 작품의 종합적 감상 (향가) 난이도 ★☆☆

해설 ③ (가)에서 예종이 「도이장가」를 짓게 된 계기는 확인할 수 있으나, 팔관회의 기원에 대한 이야기는 확인할 수 없다.

오답 분석 ① (가)에서 공신인 신숭겸과 김낙이 태조를 대신해 죽었다는 것을 확인할 수 있고 (나)의 1~2행을 통해서도 두 공신이 '임'을 지키기 위해 죽었음을 알 수 있으므로 (나)의 '임'은 신숭겸과 김낙이 모시던 태조 왕건을 의미함을 알 수 있다.

②④ (가)에서 예종이 신숭겸과 김낙으로 분장한 배우들의 연행을 보고 그들의 행적에 감격하여 「도이장가」를 지었음을 알 수 있고 (나)의 4행을 통해 그들을 예찬하고 있음을 확인할 수 있다. 따라서 (나)의 「도이장가」에는 공신들의 행적에 대한 예종의 평가가 나타나 있음을 알 수 있다.

> 👍 이것도 알면 **합격!**
>
> **예종, '도이장가'의 주제와 특징을 알아두자.**
>
> 1. 주제: 공신 신숭겸과 김낙의 행적 예찬
> 2. 특징
>   • 죽음의 비극을 초월한 숭고미가 나타남
>   • 왕이 지은 가장 오래된 향가로 제작 연대와 경위가 밝혀져 있는 작품이라는 점에서 의의가 큼

16 문학 작품의 종합적 감상 (소설) 난이도 ★★☆

해설 ④ 제시된 작품에서 시동생이 포상금을 받기 위해 형수가 술을 빚은 것을 고발한 내용을 확인할 수 있으나, 이는 다모의 인간적인 면모를 부각하기 위해 제시된 것일 뿐, 포상금 제도에 대한 비판을 표면화한 것은 아니다.

오답 분석 ① 다모는 법을 집행하는 인물이나, 남편의 약으로 쓰려고 불법으로 술을 빚었다는 주인 여자의 사정에 감동을 받고 포상금을 받기 위해 형수를 고발한 시동생을 꾸짖고 있다. 이를 통해 제시된 작품은 인륜적 가치를 중시하는 조선 후기의 시대적 관점에서 서술되었음을 알 수 있다.

② 제시된 작품은 주인공 다모의 행적을 기록하고, 여기에 교훈적인 내용을 덧붙인 전(傳)이다. 이때 아전에 딸린 하인인 이예가 다모의 머리채를 잡고 끌고 갔다는 것으로 보아 다모의 지위가 낮다는 것을 알 수 있다. 참고로, 다모는 조선 시대에, 일반 관아에서 차와 술대접 등의 잡일을 맡아 하던 관비인데 당시 조선에서 상층 여성의 범죄를 남자 관리가 처리하기 곤란했으므로, 한성부에서 다모에게 여성 수사관의 임무를 맡기기도 하였다.

③ 다모와 주변 인물들의 대화와 행동을 중심으로 사건을 전개하고 있다.

17 문학 + 어휘 작품의 내용 파악, 한자 성어 난이도 ★☆☆

해설 ① 주부는 법을 세우기 위해 술을 빚은 죄를 숨겨 준 다모에게 태형을 내렸으나, 이후 다모에게 조용히 상을 내리며 다모의 의로움을 칭찬하고 있다. 이러한 주부를 공사분별(公私分別)이 철저한 관리라고 평가한 것은 적절하다.

② 젊은 생원은 포상금을 받기 위해 자신의 형수를 고발한 패륜적 인물로, 다모에게 꾸짖음을 당하는 인물이다. 따라서 젊은 생원은 무사안일(無事安逸)한 인물이 아닌 인륜을 저버린 인면수심(人面獸心)한 인물이라고 할 수 있다.

- 무사안일(無事安逸): 큰 탈이 없이 편안하고 한가로움. 또는 그런 상태만을 유지하려는 태도
- 인면수심(人面獸心): 사람의 얼굴을 하고 있으나 마음은 짐승과 같다는 뜻으로, 마음이나 행동이 몹시 흉악함을 이르는 말

③ 다모는 주인 여자의 사정을 듣고 그녀의 죄를 숨겨 주는 등 인륜을 중시 여기며 법을 집행하는 인물이다. 따라서 다모는 법을 절대적으로 준수하고 있지는 않으므로 준법정신이 투철한 인물로 보기는 어렵다.

- 비분강개(悲憤慷慨): 슬프고 분하여 마음이 북받침

④ 주인 여자는 나라가 금하는 술을 몰래 빚긴 했으나, 이는 남편을 살리기 위해 한 행동일 뿐이다. 또한 주인 여자는 부끄러워하며 돈을 받으려 하지 않았다고 했으므로 주인 여자가 후안무치(厚顔無恥)한 사람이라는 평가는 적절하지 않다.

- 후안무치(厚顔無恥): 뻔뻔스러워 부끄러움이 없음

👍 이것도 알면 **합격!**

송지양, '다모전'의 주제와 줄거리를 알아두자.

1. 주제: 주인 여자의 잘못을 눈감아 주고, 부도덕한 양반을 꾸짖는 다모의 인품과 덕성
2. 줄거리
다모 김조이는 한성부에 소속되어 치안 및 범법자 단속과 관련한 일을 하는 인물이다. 어느 날 신고를 받고 단속을 나가 금주령을 어기고 술을 빚은 몰락 양반가의 주인 여자를 검거한다. 하지만 병든 남편을 살리기 위해서였다는 주인 여자의 딱한 사정을 듣고 죄를 덮어 주게 된다. 대신 포상금을 받기 위해 형수(주인 여자)를 밀고한 시동생(젊은 생원)을 찾아가 뺨을 때리며 그 부도덕함을 꾸짖는다. 주부는 주인 여자의 죄를 숨겨 준 죄목으로 다모를 태형에 처하나, 그녀의 의로움을 가상히 여겨 나중에 몰래 상금을 주며 칭찬한다. 다모는 그 상금을 모두 주인 여자에게 준다.

---

18 **문학** **시구의 의미** 난이도 ★★☆

③ ⓒ은 문명의 발전에 의해 환경이 파괴된 현실에 대한 화자의 절망과 분노가 나타난 표현이다.

① 1연 1~2행에서 산성 눈을 내리는 썩은 구름들을 통해 ⊙은 밝고 활기찬 미래가 아닌 아이들이 산성 눈(환경 오염)의 피해자가 될 수 있음을 암시하며 우울하고 절망적인 분위기를 형성하는 것임을 알 수 있다.

② ⓛ은 산성 눈이 결코 아름다울 수 없음을 강조하는 표현이며, 산성 눈이라는 자연의 경고에 대한 현대인의 무감각함을 나타낸다. 따라서 ⓛ이 이면의 진실을 은폐하려는 욕망을 드러낸다는 이해는 적절하지 않다.

④ ⓔ은 자연이 환경 파괴에 대해 견뎌 낼 수 있는 범위를 넘어섰음을 의인법을 활용해 경고하는 부분이다. 즉, 더 늦기 전에 인간으로서 환경에 대한 죄의식을 느끼고 행동해야 함을 강조하는 표현이다.

👍 이것도 알면 **합격!**

이문재, '산성 눈 내리네'의 주제와 특징을 알아두자.

1. 주제
- 환경 오염의 심각성과 그에 대한 절망감
- 자연에 대한 배려 없이 발전만 추구하는 문명에 대한 비판
2. 특징
- 자연물(눈)에 상징적 의미를 부여하여 시상을 전개함
- 자연을 의인화하여 주제 의식을 강조함
- 소멸, 하강의 이미지를 사용하여 문명의 발전에 대한 불안감을 드러냄

---

19 **문학** **시어의 의미** 난이도 ★☆☆

④ '산성 눈'은 현대 물질문명의 발전에 의해 야기된 환경 파괴의 심각성과 그 폐해를 형상화한 대상이다. 〈보기〉의 밑줄 친 시어 중 '산성 눈'과 함축적 의미가 같은 것은 ④ '중금속 폐기물'이다.

👍 이것도 알면 **합격!**

김기택, '바퀴벌레는 진화 중'의 주제와 특징에 대해 알아두자.

1. 주제: 현대 문명이 초래한 심각한 환경 문제
2. 특징
- 반어적 표현을 통해 환경 파괴의 심각성을 경고함
- 부정적인 이미지를 가진 바퀴벌레를 소재로 사용해 시상을 전개함

---

20 **문학** **작품의 내용 파악** 난이도 ★☆☆

③ 제시된 작품에서는 논농사를 짓기 위해 봇도랑(수로)을 공사하려는 조선 사람들과 밭농사를 짓는 밭이 침수될 것을 우려하여 봇도랑 공사를 막는 토민들의 갈등이 드러난다. 또한 조선 사람들이 벼농사를 알려주겠다고 해도 끝까지 거절하는 토인들의 모습도 확인할 수 있으므로 정답은 ③이다.

①④ 조선인들과 토민들은 땅의 소유권이나 봇도랑 공사 방식을 두고 갈등을 하는 것이 아니라 봇도랑 공사를 진행하는 것의 여부를 두고 대립하고 있다.

② 조선 사람들이 괭이, 식칼, 낫을 들고 왔다는 서술을 통해 조선인들이 폭력으로 문제를 해결하려 했음을 알 수 있다.

gosi.Hackers.com

지방직 7급 출제 경향

1. 영역별 출제 문항 수 (2018~2022)

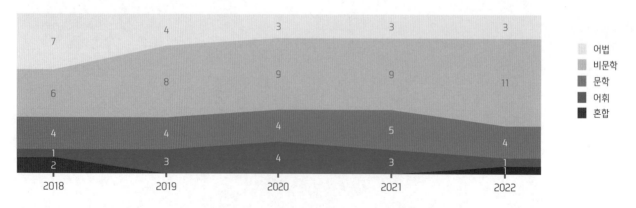

지방직 7급 시험은 비문학 영역이 가장 많이 출제되고, 그 뒤를 이어 문학 영역의 출제 비중이 높습니다. 최근 5개년 동안 한문 문제는 한 문항도 출제되지 않았습니다.

Part 6
지방직 7급

2. 영역별 최근 출제 경향 및 학습방법

어법	**다양한 출제 포인트의 문제 출제** 한글 맞춤법과 말소리, 단어 등 다양한 출제 포인트의 문제가 고루 출제되었습니다. ▶ 어법 개념을 정확히 학습하고 문제 풀이를 통해 개념을 적용하는 연습을 해야 합니다. [빈출 포인트] 한글 맞춤법 / 말소리 / 단어 / 문장
비문학	**독해력을 요구하는 문제와 비문학 지식을 묻는 문제 출제** 세부 내용 파악, 내용 추론과 같이 독해력을 요구하는 문제가 출제되었으며, 화법 작문과 같이 비문학 지식을 묻는 문제도 출제되었습니다. ▶ 독해력 향상을 위해 독해 연습을 꾸준히 해야 하며, 비문학 이론과 관련된 내용도 정리해야 합니다. [빈출 포인트] 세부 내용 파악 / 내용 추론 / 화법 / 작문
문학	**작품 감상 능력을 요구하는 문제 출제** 제시된 작품의 내용뿐만 아니라 작품 속에 사용된 문학 이론 등을 종합적으로 이해하는 능력을 요구하는 문제가 가장 많이 출제되었습니다. ▶ 여러 갈래의 문학 작품을 정확하게 감상하는 연습을 해서 작품의 종합적 감상 문제를 대비해야 합니다. [빈출 포인트] 작품의 종합적 감상
어휘	**한자 학습 여부를 파악할 수 있는 문제 출제** 최근 5개년간 한자어와 한자 성어에 관련된 문제가 꾸준히 출제되었습니다. ▶ 기출 한자어와 한자 성어를 꾸준히 암기하고 자주 출제되는 한자의 표기와 의미도 학습해야 합니다. [빈출 포인트] 한자어 / 한자 성어
혼합	**어휘와 다른 영역의 혼합 문제 출제** 어법, 비문학 등 다른 영역과 어휘 영역이 혼합된 문제가 주로 출제되었습니다. ▶ 어휘 영역이 혼합된 문제는 선택지에 제시된 어휘 및 표현을 정확하게 알아야 풀 수 있으므로 어휘를 꾸준히 암기해야 합니다.

정답 및 취약점 확인

p.204

문항	정답	출제 포인트	정답률	약점 개념 확인	문항	정답	출제 포인트	정답률	약점 개념 확인
01	②	비문학-화법	73%		11	②	문학-작품의 내용 파악	84%	이윤기 〈숨은그림찾기1 — 직선과 곡선〉
02	③	비문학-세부 내용 파악	86%		12	②	비문학-세부 내용 파악	84%	
03	①	비문학-화법	88%		13	④	비문학-내용 추론	56%	필요조건, 충분조건
04	④	비문학-논지 전개 방식	85%	정의, 분류, 서사, 유추	14	③	문학-시어 및 시구의 의미	83%	최치원 〈촉규화〉
05	④	혼합-내용 추론, 한자 성어	72%	天衣無縫, 聲東擊西, 苦盡甘來, 髀肉之歎	15	④	문학-표현상의 특징과 효과	70%	황지우 〈겨울-나무로 부터 봄-나무에로〉
06	②	어휘-한자어	24%	老益壯	16	③	비문학-글의 구조 파악	72%	정약용 〈두 아들에게 부침〉
07	①	어법-표준어 사정 원칙	45%	꿰매다, 빠삭하다, 계면쩍다, 어중되다	17	③	비문학-작문	82%	고쳐쓰기
08	③	어법-단어	41%	어미의 구분	18	①	비문학-내용 추론	63%	
09	③	어법-의미	50%	다의어와 동음이의어의 구분	19	②	비문학-관점과 태도 파악	51%	
10	②	문학-작품의 종합적 감상	26%	〈한숨아 셰 한숨아〉	20	④	비문학-관점과 태도 파악	61%	

---

01 비문학 화법 (말하기 전략)

난이도 ★★☆

해설 ② '올림픽 휴전 결의안' 초안 승인을 위해 권위 있는 자료(올림픽 헌장)의 내용을 인용하여 설득력을 높이고 있다.

오답 분석 ①③④ 반대되는 사례를 제시하거나 설의적 표현을 사용하거나 연설자의 공신력을 강조하는 것은 제시문에서 확인할 수 없다.

02 비문학 세부 내용 파악

난이도 ★☆☆

해설 ③ 제시문 끝에서 1~3번째 줄에 따르면, 공공 건축은 지역의 정체성과 문화적 전통을 보존함으로써 공적인 소통의 장이 되어야 한다. 따라서 공공 건축이 지역의 정체성을 반영한 소통의 장이 되어야 한다는 ③의 설명은 제시문의 내용과 부합한다.

오답 분석
① 5~7번째 줄에 따르면 국민의 삶의 질을 높이는 것은 공공 건축의 역할이다. 따라서 ①의 설명은 제시문의 내용과 부합하지 않는다.
② 끝에서 3~5번째 줄에 따르면 개인의 취향이 반영되기보다 다수가 누릴 수 있도록 보편성을 갖추어야 하는 것은 공공 건축이다. 따라서 ②의 설명은 제시문의 내용과 부합하지 않는다.
④ 1~4번째 줄에 따르면 공공 건축은 다수를 위한 것으로, 사적 자본이 생산해 낼 수 없는 공간을 생산해 내어야 한다. ④의 '다수가 누릴 수 있는 공간'은 공공 건축에 대한 설명이 맞지만, 공공 건축이 사적 자본을 활용한다는 설명은 제시문 내용과 부합하지 않는다.

03 비문학 화법 (말하기 전략)

난이도 ★☆☆

해설 ① 채연은 지난 학기에 정국이와 과제를 함께 했던 경험을 예로 들어 정국이에 대해 다시 한번 생각해 볼 것을 권유하며 민서를 설득하고 있다.

오답 분석
② 채연은 민서에게 정국이에게도 나름대로 사정이 있었을 것이라고 말하며, 원만한 갈등 해소를 유도하고 있다. 다만 제시된 대화에서 채연이 민서의 의견을 수용하는 내용은 드러나지 않는다.
③ 민서의 세 번째 발화 '사정은 무슨 사정? 자기 혼자 튀어 보고 싶은 거겠지'라는 내용을 통해, 민서가 정국이의 상황이나 감정을 고려하지 않는 것을 알 수 있다. 또한 정국이에 대해 다시 한번 생각해 보라는 채연의 권유에도 민서는 수긍하지 않는 태도를 보임으로써, 대화의 타협점을 찾으려는 시도도 드러나지 않는다.
④ 제시된 대화에서 민서가 채연의 답변에서 모순점을 찾아내며 논리적으로 비판하는 내용은 드러나지 않는다.

04 비문학 논지 전개 방식

난이도 ★☆☆

해설 ④ 제시문은 별도의 동력에 의지하지 않고 바람의 힘으로 추진력을 얻어 항해할 수 있는 '배의 돛'의 특성을 제시한다. 이후, 우주선 또한 배와 마찬가지로 태양에서 방출되는 입자들이 일으키는 바람에 의해 추진력을 얻을 수 있으므로 '햇살 돛'을 만들면 별도의 동력 없이 먼 우주 공간까지 갈 수 있을 것이라고 설명한다. 이는 두 대상의 유사성을 바탕으로 한 쪽의 특징을 다른 한 쪽도 가질 것이라 추론하는 방식이므로 ④ '유추'에 해당한다.
• 유추: 친숙한 대상의 특징을 제시하고 이와 일부 속성이 일치하는 다른 대상도 그러한 특징을 가질 것이라고 비교하여 설명하는 방식

오답 분석
① 정의: 용어의 뜻을 분명하게 규정하는 방식
② 분류: 어떤 대상이나 생각들을 비슷한 특성에 따라 나누어 진술하는 방식 (하위 항목을 상위 항목으로 묶어 나가는 것)
③ 서사: 일정한 시간 내에 일어나는 일련의 행동이나 시간의 흐름에 따라 전개되는 사건에 초점을 두는 진술 방식

05 비문학 + 어휘 내용 추론, 한자 성어 난이도 ★★☆

해설 ④ (가)가 포함된 문장은 쉼표 없이 자연스럽고 완전한 문장을 만들거나 쉼표 앞뒤를 섬세하게 짓게 하는 치밀한 문장을 만들어야 한다고 설명한다. 따라서 (가)에 들어갈 한자 성어로 가장 적절한 것은 '완전함'을 의미하는 ④ '天衣無縫(천의무봉)'이다.

- 天衣無縫(천의무봉): 천사의 옷은 꿰맨 흔적이 없다는 뜻으로, 일부러 꾸민 데 없이 자연스럽고 아름다우면서 완전함을 이르는 말

오답 분석 ① 髀肉之歎(비육지탄): 재능을 발휘할 때를 얻지 못하여 헛되이 세월만 보내는 것을 한탄함을 이르는 말
② 聲東擊西(성동격서): 동쪽에서 소리를 내고 서쪽에서 적을 친다는 뜻으로, 적을 유인하여 이쪽을 공격하는 체하다가 그 반대쪽을 치는 전술을 이르는 말
③ 苦盡甘來(고진감래): 쓴 것이 다하면 단 것이 온다는 뜻으로, 고생 끝에 즐거움이 옴을 이르는 말

06 어휘 한자어 (한자어의 표기) 난이도 ★★★

해설 ② 老益壯(늙을 노, 더할 익, 장할 장)(○): 늙었지만 의욕이나 기력은 점점 좋아짐. 또는 그런 상태

오답 분석 ① 百眉(일백 백, 눈썹 미)(×) → 白眉(흰 백, 눈썹 미)(○): 흰 눈썹이라는 뜻으로, 여럿 가운데에서 가장 뛰어난 사람이나 훌륭한 물건을 비유적으로 이르는 말
③ 燈龍門(등 등, 용 용, 문 문)(×) → 登龍門(오를 등, 용 용, 문 문)(○): 용문에 오른다는 뜻으로, 어려운 관문을 통과하여 크게 출세하게 됨. 또는 그 관문을 이르는 말
④ 未縫策(아닐 미, 꿰맬 봉, 꾀 책)(×) → 彌縫策(미륵 미, 꿰맬 봉, 꾀 책)(○): 눈가림만 하는 일시적인 계책

07 어법 표준어 사정 원칙 (표준어의 구분) 난이도 ★★☆

해설 ① 꼬매고(×) → 꿰매고(○): '옷 따위의 해지거나 뚫어진 데를 바늘로 깁거나 얽어매다'를 뜻하는 말은 '꿰매다'이다. 참고로 '꼬매다'는 '꿰매다'의 방언이다.

오답 분석 ② 빠삭한(○): '어떤 일을 자세히 알고 있어 그 일에 대하여 환하다'를 뜻하는 말은 '빠삭하다'이다.
③ 계면쩍게(○): '계면쩍다'는 '쑥스럽거나 미안하여 어색하다'를 뜻하는 '겸연쩍다'의 변한말이다.
④ 어중된(○): '이도 저도 아니어서 어느 것에도 알맞지 않다'를 뜻하는 말은 '어중되다'이다.

08 어법 단어 (어미의 구분) 난이도 ★★☆

해설 ③ 드리-(어간)+-시-(주체 높임 선어말 어미)+-었-(과거 시제 선어말 어미)+-을(관형사형 전성 어미): 이때 '-을'은 앞말이 관형어의 구실을 하게 하는 관형사형 전성 어미이므로 ⓒ이 아닌 ⓔ에 해당한다. 따라서 '드리셨을'은 '어간 + ㉠ + ㉠ + ⓔ'로 분석할 수 있다.

오답 분석 ① 모시-(어간)+-겠-(미래 시제 선어말 어미)+-지만(연결 어미): '모시겠지만'은 '어간+㉠+ⓒ'으로 분석할 수 있다.
② 오가-(어간)+-았-(과거 시제 선어말 어미)+-기(명사형 전성 어미): '오갔기'는 '어간+㉠+ⓔ'로 분석할 수 있다.
④ 보내-(어간)+-시-(주체 높임 선어말 어미)+-었-(과거 시제 선어말 어미)+-을걸(종결 어미): '보내셨을걸'은 '어간+㉠+㉠+ⓒ'으로 분석할 수 있다.

09 어법 의미 (다의어와 동음이의어) 난이도 ★★☆

해설 ③ '입술이 바짝바짝 탄다'의 '타다'와 '장작불이 활활 타고 있다'의 '타다'는 의미적으로 유사성이 있으므로 다의어 관계로 볼 수 있다.
- 입술이 바짝바짝 탄다: 이때 '타다'는 '물기가 없어 바싹 마르다'를 의미한다.
- 장작불이 활활 타고 있다: 이때 '타다'는 '불씨나 높은 열로 불이 붙어 번지거나 불꽃이 일어나다'를 의미한다.

오답 분석 ①②④ 모두 의미적 유사성이 없으므로 소리는 같으나 뜻이 다른 동음이의어 관계이다.
① • 무를 강판에 갈아: 이때 '갈다'는 '날카롭게 날을 세우거나 표면을 매끄럽게 하기 위하여 다른 물건에 대고 문지르다'를 의미한다.
• 전등을 새것으로 갈아 끼웠다: 이때 '갈다'는 '이미 있는 사물을 다른 것으로 바꾸다'를 의미한다.
② • 안개에 가려서 앞이 잘 안 보인다: 이때 '가리다'는 '보이거나 통하지 못하도록 막히다'를 의미한다.
• 음식을 가리지 말고: 이때 '가리다'는 '음식을 골라서 먹다'를 의미한다.
④ • 이 경기에서 지면: 이때 '지다'는 '내기나 시합, 싸움 따위에서 재주나 힘을 겨루어 상대에게 꺾이다'를 의미한다.
• 모닥불이 지면: 이때 '지다'는 '불이 타 버려 사위어 없어지거나 빛이 희미하여지다'를 의미한다.

10 문학 작품의 종합적 감상 (시조) 난이도 ★★★

해설 ② 화자는 시적 대상인 '한숨'을 '너'라고 지칭함으로써 인격을 부여하였고(의인화), '한숨아'라고 부르며 시적 대상을 청자로 설정하였다. 그러나 시적 대상을 향한 화자의 일방적 이야기만 있을 뿐, '한숨'의 답변은 확인할 수 없으므로 시적 대상과의 대화를 통해 시상을 전개한다는 ②의 설명은 적절하지 않다.

오답 분석 ① '병풍(屛風)이라 덜걱 저본 족자(簇子) | 라 뒤틀글 몬다'라는 표현에서 '덜걱, 뒤틀글'과 같은 부사어를 활용하여 시적 대상인 '한숨'의 존재를 부각하고 있다. 화자가 빈틈없이 문단속을 했음에도 '한숨'이 자신의 몸을 병풍처럼 덜컥 접고 족자처럼 둘둘 말아 들어왔다는 의미이다.
③ '한숨아', '네 어늬 틈으로 드러온다'와 같은 표현을 반복하면서 끝없는 시름과 삶의 고뇌에서 벗어나고 싶은 화자의 답답한 감정을 강조하고 있다.
④ 중장에서 '고모장즈, 셰살장즈', '가로다지, 여다지', '암돌져귀, 수돌져귀', '비목걸새, 용 거북 즈물쇠', '병풍, 족자'와 같이 유사한 종류의 사물들을 열거하여 시적 대상인 '한숨'이 들어올 틈이 없도록 문단속하는 모습이 묘사되고 있다. 이를 통해 삶의 고뇌와 시름을 의미하는 '한숨'을 막고자 하는 화자의 의지를 확인할 수 있다.

지문 풀이
> 한숨아 가느다란 한숨아, 네 어느 틈으로 들어오느냐?
> 고미장지, 세살장지, 가로닫이, 여닫이에 암톨쩌귀, 수톨쩌귀, 배목걸쇠 뚝딱 박고, 용 거북 자물쇠로 꼭꼭 채웠는데, 병풍처럼 덜컥 접고 족자처럼 대굴대굴 말았느냐 네 어느 틈으로 들어오느냐?
> 어찌 된 일인지 네가 오는 날 밤이면 잠 못 들어 하노라.
> – 작자 미상

11 | 문학 | 작품의 내용 파악   난이도 ★☆☆

해설 ② '그'는 지명 스님이 조계사에 있지 않고 책을 쓰지 않았으며 텔레비전이나 라디오에 나오지 않았다는 '나'의 답변을 듣고, 지명 스님을 공부를 많이 한 스님이 아니라고 평가하고 있다. 따라서 ②의 설명은 '나'가 아닌 '그'의 입장으로 볼 수 있다.

오답분석
① 제시된 작품에서 '그'는 지명 스님이 조계사가 아닌 대흥사에 있다는 이유로 지명 스님을 인정하지 않는 듯한 발언을 한다. 이때 '그'에게 대흥사도 대찰이라고 말하면서 스님들에게 중앙청이 어디 있냐고 반박한 것으로 보아, '나'의 입장에서 '조계사'와 '대흥사'는 우열의 관계가 아님을 알 수 있다.
③ '나'는 텔레비전이나 라디오 방송에 나갈 사람을 가르치는 사람도 있다고 말하며, 방송 출연을 하지 않았다는 이유로 지명 스님을 인정하지 않는 것이 잘못되었음을 간접적으로 피력하고 있다. 이에 '그'는 그런 것은 못 나간 사람들이 만든 변명이라고 답하고 있는데, 이를 통해 '그'의 입장에서 '지명 스님'은 '못 나간 사람들'에 속한다는 것을 알 수 있다.
④ '그'는 공부를 많이 했다는 스님이 대흥사에 있다는 것을 이해하지 못하며 공부를 많이 한 스님이라면 중앙청인 조계사에 있어야 한다고 말한다. 이를 통해 '그'의 입장에서 '중앙청'에 있는 스님들은 다른 곳에 있는 스님들보다 '공부를 많이 한 사람'임을 알 수 있다.

12 | 비문학 | 세부 내용 파악   난이도 ★☆☆

해설 ② 1문단에 따르면 기술 복제 시대 전에 예술은 고급 예술만을 의미하였기에 예술 작품은 귀족과 같은 상층 사람들만 제한된 장소에서 감상할 뿐이었으나, 복제 기술이 발명된 이후에 예술 작품을 인테리어 소품이나 엽서, 일상의 생필품과 같이 실용적으로 사용하게 되었음을 알 수 있다. 따라서 기술 복제 시대 전에도 귀족은 예술 작품을 실용적으로 사용했다는 ②의 설명은 제시문의 내용과 부합하지 않는다.

오답분석
① 과거의 예술은 고급 예술만을 의미하고 진본성, 유일성을 가져야 한다고 보았다. 하지만 사진기와 같이 복제와 관련된 새로운 기술의 발명으로 인해 대중도 예술 작품을 공유할 수 있게 되었으며, 이는 대중이 예술 작품을 능동적으로 소비하고 실용적으로 사용하게 되는 변화를 가져왔다. 따라서 ①의 설명은 제시문의 내용과 부합한다.
③ 2문단 2~4번째 줄에 따르면 과거와 달리 기술 복제 시대에는 진본성이나 유일성이 예술 작품의 조건이 될 수 없다. 따라서 ③의 설명은 제시문의 내용과 부합한다.
④ 과거에는 예술 작품이 수동적인 감상의 대상이었으며, 진본성, 유일성을 가져야 한다고 보았기에 인테리어 소품과 같은 일상의 물품은 예술에 포함될 수 없었다. 그러나 2문단의 마지막 문장의 내용에 따르면, 기술 복제 시대에는 일상의 물품 역시 예술의 범주에 들어갈 수 있게 되었으므로 ④의 설명은 제시문의 내용과 부합한다.

13 | 비문학 | 내용 추론   난이도 ★★☆

해설 ④ (가)와 (나)에 들어갈 내용으로 가장 적절한 것은 ④이다.
   • (가): 1문단에서 실험 참가자들은 모두 중요하다고 생각하는 것(동영상 속 흰색 옷을 입은 사람들의 패스 횟수)에 주의를 기울이는 동안 고릴라 복장의 사람이 출현한 것을 인지하지 못했다. 이 실험을 통해 '인간은 중요하다고 생각하는 것 위주로 주의를 기울인다'라는 결론을 도출할 수 있다.
   • (나): 2문단에서 오토바이 운전자가 밝은색 옷을 입으면 시각적으로 더 잘 보일 수는 있으나, 모든 자동차 운전자가 밝은색 옷을 입은 오토바이 운전자를 다 알아보는 것은 아니라고 말한다. 이는 바라보는 행위가 오토바이 운전자를 인지하기 위해 필요한 조건(필요조건)이긴 하나, 바라보는 것만으로 반드시 오토바이 운전자를 인지할 수 있는 것은 아니므로 바라보는 행위 자체가 인지하기에 충분한 조건(충분조건)일 수는 없다는 점을 의미한다.

14 | 문학 | 시어 및 시구의 의미   난이도 ★☆☆

해설 ③ 제시된 작품의 5~6구에서는 '수레 탄 사람들(왕이나 고귀한 신분의 사람들)'은 자신(꽃)을 알아주지 않고 '벌과 나비(하찮은 사람들)'만 자신에게 기웃거린다고 표현하고 있다. 이는 세상이 화자의 재능을 알아주지 않으며 자기의 주변에는 하찮은 사람들 뿐임을 드러내는 것이므로 '벌과 나비'를 '수레 탄 사람들'과 자신을 이어줄 수 있는 대상이라고 설명한 ⓒ의 내용은 적절하지 않다.

오답분석
① '만발한 꽃'은 화자의 완숙한 학문적 경지를 의미한다.
② '수레 탄 사람'은 화자에게 등용의 기회를 줄 왕이나 고귀한 신분의 사람들을 의미한다.
④ '천한 땅'은 '꽃(촉규화)'이 피어난 척박한 땅을 의미하기도 하며, '꽃'과 동일시되는 작가 최치원이 태어난 '신라'를 의미하기도 한다. 이를 통해 이국땅에서 변방의 소국 출신이라는 이유로 인정받지 못하는 처지를 한탄하고 있는 화자의 정서가 드러난다.

15 문학 표현상의 특징과 효과   난이도 ★★☆

해설 ④ 제시된 작품에서 공감각적 심상을 활용한 구절은 확인할 수 없으므로 ④는 시에 대한 이해로 적절하지 않다. 참고로 '零下 十三度(영하 십삼도), 零下 二十度(영하 이십도)'와 같은 표현에 촉각적 심상이 활용되었으며, 이를 통해 시적 대상인 '나무'가 처한 시련과 고통의 상황을 드러내고 있다.

오답 분석
① 시적 대상인 '나무'가 겨울의 고통을 견디는 모습을 '벌'을 받는 것으로 표현하며 의인화하였다. 또한 '나무'가 이와 같은 시련을 버티고 거부하는 것을 온몸이 으스러지도록 밀고 올라간다고 표현하여 인간처럼 주체적인 의지와 감정을 지닌 존재로 의인화하며 시상을 전개하고 있다.

② 감탄사 '아아'를 사용하여 나무의 끈질긴 생명력에 감동한 화자의 정서를 표현하고 있다.

③ 제시된 작품은 시간(계절)이 '겨울'에서 '봄'으로 흐름에 따라 시적 대상이 '헐벗은 나무(나목)'에서 '꽃 피는 나무'로 변화하는 과정을 그리고 있다.

👍 **이것도 알면 합격!**

황지우, '겨울 — 나무로부터 봄 — 나무에로'에서 '나무'의 의미에 대해 알아두자.

이 시에서 '겨울'은 1980년대 정치적으로 억압되어 있던 독재 시대를 의미하고, '봄'은 이러한 어두운 현실을 극복한 시기를 말한다. 작가는 '나무'를 의인화하여 고통과 시련 속에서도 굴하지 않는 '나무'처럼 자유와 민주의 세상을 실현하기 위해서는 부정적 현실에 저항하며 이를 극복하고자 하는 민중의 의지가 있어야 함을 강조한다.

나무	강인한 생명력을 가진 민중
겨울 – 나무	부정적 현실 속에서 시련을 겪고 있는 상태
봄 – 나무	'겨울'이 주는 부정적 상황을 극복하여 생명력이 충분한 상태

16 비문학 글의 구조 파악 (문장 배열)   난이도 ★★☆

해설 ③ (다)-(가)-(라)-(마)-(나)의 순서가 가장 자연스럽다.

순서	중심 내용	순서 판단의 단서와 근거
(다)	겉모습을 단정히 하는 것을 가식, 허위라고 하는 어떤 자의 말을 전함	글의 중심 화제인 '겉모습을 단정히 하는 것'에 대한 비판적 관점을 제시함으로써 흥미를 유발함
(가)	젊은이들 중 일부는 앉고 서고 움직이는 예절을 마음에 내키는 대로 함	지시 표현 '이 말': (다)의 '어떤 자'가 한 말을 가리킴
(라)	예전에 필자도 예절을 익히지 않았기에 후회했으나 고치기가 어려움	지시 표현 '이 병': (가)의 젊은이들처럼 예절을 익히지 않고 마음에 내키는 대로 행동하는 것을 가리킴
(마)	겉모습이 단정하지 않은 아들의 모습을 지적함	키워드 '내 병통': (라)에서 필자가 예전에 예절을 익히지 못했던 것을 가리켜 '이 병'에 걸렸다고 표현하였는데, 필자의 아들도 겉모습이 단정하지 않은 것을 보고 (라)에 이어서 '내 병통'이 한 바퀴 돌아 네가 되었다고 표현함
(나)	겉모습이 단정해야만 자신의 마음을 안정시킬 수 있으며, 공경하는 마음을 가질 수 있음	필자가 아들에게 궁극적으로 전달하고자 하는 바를 정리하여 결론으로 제시함

17 비문학 작문 (고쳐쓰기)   난이도 ★☆☆

해설 ③ 3문단에서 예를 들어 설명한 내용에 따르면, 여성 주인공이 자신의 생각을 포기함으로써 태교 문제에 대한 내적 갈등이 해소된 것처럼 마무리되었다고 한다. 또한 ⓒ을 부각하여 사랑과 이해에 기반한 순종과 순응을 결혼 이주 여성이 갖추어야 할 덕목으로 묘사하였다고 설명한다. 이에 근거했을 때 ⓒ은 순종, 순응과 유사한 의미의 "남편의 의견을 따르는 여성 주인공의 모습"으로 고쳐 쓰는 것이 적절하다.

오답 분석
① 1문단에서는 결혼 이주 여성이 직면한 여러 문제들을 다룰 기회가 마련되었다는 점에서 A 드라마를 긍정적으로 평가하였다. 이후 접속 부사 '하지만'을 사용한 것으로 보아 앞의 내용과 상반되는 부정적 평가가 제시될 것임을 추측할 수 있다. 따라서 ㉠에는 A 드라마에 대한 부정적 평가에 대한 내용이 들어가는 것이 적합하므로 ㉠을 ①과 같이 고치는 것은 적절하지 않다.

② 2문단에서 ⓛ 앞에는 A 드라마에서 결혼 이주 여성이 겪는 갈등의 원인을 제대로 규명하지 않는 것에 대한 비판이 제시되어 있으므로 ⓛ에는 그에 대한 해결 방식 또한 비구체적이라는 내용이 들어가는 것이 적합하다. 따라서 ⓛ을 구체적인 해결 방식을 언급하는 ②와 같이 고치는 것은 적절하지 않다.

④ 4문단에서는 A 드라마에서 갈등의 실질적인 원인이 은폐되고, 여성의 일방적 희생으로 갈등이 해소된 것처럼 마무리하는 것에 대해 비판하고 있다. 따라서 ⓔ에는 순종과 순응을 강요받아 하게 된 선택과 사실대로 재현되지 않은 갈등에 대한 내용이 들어가는 것이 어울리므로 ⓔ을 ④와 같이 고치는 것은 적절하지 않다.

18 비문학 내용 추론   난이도 ★★☆

해설 ① 자기지향적 동기만 말한 사람들을 ㉠, 타인지향적 동기만 말한 사람들을 ⓛ, 둘 다 말한 사람들을 ⓒ이라 가정할 때, 제시문에서 말한 결론을 정리하면 아래와 같다.
- 결론1: ㉠과 ⓒ 모두 ⓛ보다 순찰 횟수가 더 많다.
- 결론2: ⓒ은 ㉠보다 순찰 횟수가 더 많다.
  → 순찰 횟수: ⓒ>㉠>ⓛ
이때 ①의 내용은 '㉠은 ⓛ보다 행위의 적극성이 높다(순찰 횟수가 더 많다)'라고 정리할 수 있으므로 제시문에서 말한 '결론1'의 내용과 일치한다. 따라서 (가)에 들어갈 말로 가장 적절한 것은 ①이다.

오답 분석
② 'ⓛ은 ㉠보다 행위의 적극성이 높다(순찰 횟수가 더 많다)'는 제시문에서 말한 '결론'의 내용과 일치하지 않으므로 (가)에 들어갈 말로 적절하지 않다.

③④ 자기지향적 동기나 타인지향적 동기가 행위의 적극성에 부정적인 영향을 주는지는 제시문을 통해 확인할 수 없으므로 ③, ④는 (가)에 들어갈 말로 적절하지 않다. 참고로, 자기지향적 동기가 행위의 적극성에 긍정적 영향을 준다는 내용은 맞는 설명이다.

19 비문학 관점과 태도 파악   난이도 ★★☆

해설 ② 갑~병에 대한 평가로 적절한 것은 ② 'ㄱ, ㄷ'이다.
- ㄱ: '갑'은 '우리 엄마'라는 표현이 형제가 아닌 화자와 청자가 공유하는 엄마를 지칭하므로 이상한 표현이라고 설명한다. 즉 '우리'를 화자와 청자 모두를 포함하는 개념으로 인식하는 것이다. 따라서 ㄱ은 '갑'의 견해에 대한 평가로 적절하다.

- ㄷ: '병'은 '우리 동네'라는 표현을 사용하는 것은 동네를 공유하는 공동체가 존재하기 때문이라고 설명한다. ㄷ은 '무인도'에서 혼자 살아온 사람이 그 섬을 '우리 마을'이라고 말하면 어색하게 느껴진다고 했는데, '병'의 의견에 따르면 이는 '무인도'를 공유하는 공동체가 존재하지 않기 때문이다. 이렇듯 ㄷ의 설명이 '병'의 입장을 약화한다고 볼 수 없기에 ㄷ은 '병'의 견해에 대한 평가로 적절하다.

- ㄴ: '을'은 청자가 사는 동네와 화자가 사는 동네가 다른 경우에도 '우리 동네'라는 표현을 쓸 수 있다고 말하면서 '우리 엄마'의 경우에도 마찬가지라고 설명한다. 이는 화자와 청자의 엄마가 동일한 경우뿐만 아니라 다른 경우에도 '우리 엄마'라는 표현을 쓸 수 있다는 의미이다. 즉, '을'은 '우리'라는 표현이 화자만 포함하는 것도 가능하다고 하였을 뿐 청자를 배제해야만 한다는 견해는 아니므로 ㄴ은 '을'의 견해에 대한 평가로 적절하지 않다.

20 비문학 관점과 태도 파악

난이도 ★★☆

해설 ④ A와 B의 주장에 대한 평가로 적절한 것은 ④ 'ㄱ, ㄴ, ㄷ'이다.
- ㄱ: 3문단에 따르면 A는 자기중심적 언어 이전(출생~약 2세까지)의 아이는 '환상적 사고' 단계에 머물러 있으며, 자신과 대상 세계를 구분하지 못하여 의사소통 행위가 불가능하다고 주장한다. 반면 B는 자기중심적 언어 이전(출생 이후 약 2세까지)의 상호작용을 의사소통 행위로 판단하므로 ㄱ의 평가는 적절하다.
- ㄴ: 1문단 끝에서 1~2번째 줄에 따르면 A는 8세경에 학령이 되면서 자기중심적 언어가 소멸한다고 주장한다. 반면 2문단 끝에서 1~4번째 줄에 따르면 B는 자기중심적 언어가 학령이 되면서 소멸하는 게 아니라 내면화되어 내적 언어를 구성한다고 하였다. 따라서 ㄴ의 평가는 적절하다.
- ㄷ: 1문단 끝에서 1~2번째 줄에 따르면 A는 '8세경'에 학령이 되면서 자기중심적 언어가 소멸하고 사회적 언어의 단계로 진입한다고 주장한다. 반면 3문단 끝에서 1~4번째 줄에 따르면 B는 '출생 이후 약 2세까지'의 의사소통 행위가 대화적 상호작용의 일종으로, 사회적 언어를 통해 수행된다고 하였다. 이를 통해 '사회적 언어'의 단계로 진입하는 시기에 대한 A와 B의 견해가 다르다는 것을 알 수 있으므로 ㄷ의 평가는 적절하다.

정답 및 취약점 확인

p.211

문항	정답	출제 포인트	정답률	약점 개념 확인	문항	정답	출제 포인트	정답률	약점 개념 확인
01	②	어휘-혼동하기 쉬운 어휘	56%	조리다	11	③	비문학-작문	82%	개요 수정
02	④	어법-의미	81%	다의어의 의미(풀다)	12	②	비문학-논지 전개 방식	81%	정의, 분석, 서사, 비교
03	①	어휘-한자 성어	48%	走馬加鞭, 走馬看山, 切齒腐心, 見蚊拔劍	13	④	비문학-세부 내용 파악	75%	
04	②	비문학-세부 내용 파악	81%		14	②	비문학-세부 내용 파악	69%	
05	①	문학-표현상의 특징과 효과	62%	우탁 〈혼 손에 막디 잡고〉	15	④	문학-작품의 종합적 감상	74%	박지원 〈큰 누님 박씨 묘지명〉
06	③	어법-중세 국어	52%	문장 성분의 구분	16	③	비문학-내용 추론, 세부 내용 파악	81%	
07	①	문학-작품의 종합적 감상	78%	김기택 〈풀벌레들의 작은 귀를 생각함〉	17	③	문학-서술상의 특징	77%	〈호랑이의 웃음〉 〈박쥐의 처세술〉
08	②	문학-작품의 내용 파악	83%	윤흥길 〈장마〉	18	①	어법-표준 발음법	38%	음의 첨가
09	③	비문학-비판적 이해	76%		19	①	비문학-관점과 태도 파악	65%	
10	③	어휘-한자어	33%	結果, 初有, 序幕	20	①	비문학-적용하기	46%	

01 어휘 혼동하기 쉬운 어휘

난이도 ★★☆

해설 ② 간장에 조렸다(○): '조리다'는 '양념을 한 고기나 생선, 채소 등을 국물에 넣고 바짝 끓여서 양념이 배어들게 하다'를 뜻하므로 어법상 맞는 표현이다.

오답 분석 ① 쌀을 앉혔다(×) → 쌀을 **안쳤다**(○): 문맥상 '밥, 떡, 찌개 등을 만들기 위하여 그 재료를 솥이나 냄비 등에 넣고 불 위에 올리다'를 뜻하는 '안치다'를 써야 한다.
  • 앉히다: 사람이나 동물이 윗몸을 바로 한 상태에서 엉덩이에 몸무게를 실어 다른 물건이나 바닥에 몸을 올려놓게 하다.
③ 실력이 딸리니(×) → 실력이 **달리니**(○): 문맥상 '재물이나 기술, 힘 등이 모자라다'를 뜻하는 '달리다'를 써야 한다.
  • 딸리다: 어떤 것에 매이거나 붙어 있다.
④ 화가 나서 잔뜩 불어(×) → 화가 나서 잔뜩 **부어**(○): 문맥상 '성이 나서 뾰로통해지다'를 뜻하는 '붓다'를 써야 한다.
  • 불다: 1. 바람이 일어나서 어느 방향으로 움직이다. 2. 유행, 풍조, 변화 등이 일어나 휩쓸다. 3. 입을 오므리고 날숨을 내어보내어, 입김을 내거나 바람을 일으키다.

02 어법 의미 (다의어의 의미)

난이도 ★☆☆

해설 ④ ㉣ '풀어서'는 '사람을 동원하다'의 의미로 쓰인 것이므로 적절하지 않다. ㉣에 들어갈 문장으로는 '해외여행 규제를 풀다', '출입 통제를 풀다' 등이 적절하다.

03 어휘 한자 성어

난이도 ★★☆

해설 ① 제시문은 축구 대표팀이 좋은 성적으로 이미 올림픽 본선행을 결정지었음에도 경기력 향상을 위해 더 강도 높은 훈련을 계속하고 있는 상황이다. 이러한 상황에 어울리는 한자 성어로 적절한 것은 ① '走馬加鞭(주마가편)'이다.

• 走馬加鞭(주마가편): '달리는 말에 채찍질한다'라는 뜻으로, 잘하는 사람을 더욱 장려함을 이르는 말

오답 분석 ② 走馬看山(주마간산): '말을 타고 산천을 구경한다'라는 뜻으로, 자세히 살피지 않고 대충대충 보고 지나감을 이르는 말
③ 切齒腐心(절치부심): 몹시 분하여 이를 갈며 속을 썩임
④ 見蚊拔劍(견문발검): '모기를 보고 칼을 뺀다'라는 뜻으로, 사소한 일에 크게 성내어 덤빔을 이르는 말

04 비문학 세부 내용 파악

난이도 ★☆☆

해설 ② 제시문에 따르면 과거 집터를 고를 때 고려한 조건 네 가지는 '지리(地理), 생리(生利), 인심(人心), 산수(山水)'이다. 이중 '인심(人心)'과 '생리(生利)'는 인간을 고려한 조건이며, '지리(地理)'와 '산수(山水)'는 자연을 고려한 조건이므로 우리 조상들은 거주 공간을 고를 때 인간과 자연을 모두 고려했음을 알 수 있다. 따라서 강연 내용에 대한 반응으로 가장 적절한 것은 ②이다.

오답 분석 ① 제시문을 통해 알 수 없는 내용이다.
③ 끝에서 4번째 줄에서 생리(生利)를 고려했다고 하였으므로 거주의 편리성을 추구했음을 알 수 있으나, 거주의 편리성을 위해 자연을 적극적으로 변용했는지는 알 수 없다.
[관련 부분] 둘째가 생리(生利), 곧 살기에 얼마나 편리하냐이고
④ 제시문을 통해 '지리(地理), 생리(生利), 인심(人心), 산수(山水)'는 거주 공간을 정할 때 모두 고려해야 했던 조건이었음을 알 수 있으므로 이들을 서로 경쟁하는 요소로 볼 수 없다.

05 문학 표현상의 특징과 효과

난이도 ★★☆

해설 ① 제시된 작품의 화자는 '늙음'을 가시와 막대기로 막아 보려는 적극적 태도를 취했지만 결국 '늙음'을 피할 수 없음을 표현하며 '인생무상'을 드러내고 있다. 따라서 늙음으로 인한 인생의 덧없음을 관조적으로 표현했다는 ①의 이해는 적절하지 않다.
  • 관조적: 주관을 배제하고 어떠한 대상을 고요한 마음으로 관찰하거나 비추어 보는 태도

오답
분석 ② 중장과 종장에서 '백발'이 오는 것을 막대기로 치려고 하였으나 지름길로 왔다고 의인화하여 생동감 있게 표현하였다.

- 의인화: 무생물이나 동물에 인간적 속성을 부여하는 표현 방법

③ ④ 화자는 중장과 종장에서 세월이 흐르면 늙는다는 자연의 섭리이자 인간의 운명을 거스르려고 애써 보지만 실패하고 만다. 이 과정을 늙음을 가시로 막고 막대로 치려 했으나 늙음이 먼저 알고 지름길로 온다고 해학적으로 표현하였다.

- 해학: 태도, 동작, 표정, 말씨 등에 광범위하게 나타나는 익살스러운 것이나 그런 태도

지문
풀이

> 한 손에 막대기를 잡고 또 한 손에는 가시를 쥐고,
> 늙는 길은 가시로 막고 오는 백발은 막대기로 치려고 하였더니
> 백발이 제가 먼저 알고 지름길로 오더라.   – 우탁, '흔 손에 막더 잡고'

06　어법　중세 국어 　　난이도 ★★☆

해설　③ ⓒ'제'는 대명사 '저'에 관형격 조사 'ㅣ'가 결합한 말로 목적어인 '뜯(뜻)'을 수식하는 관형어이나, 나머지 ㉠ ⓛ ㉣은 주어이다. 따라서 ㉠~㉣ 중 문장 성분이 다른 하나는 ③이다. 참고로 ⓒ'제'를 대명사 '저'에 관형격 조사 '의'가 결합한 것으로 보는 견해도 있으므로 문제에 맞게 상대적으로 판단해야 한다.

오답
분석　① ㉠'百姓이'는 명사 '百姓(백성)'에 주격 조사 '이'가 결합해 서술어 '니르고져(말하고자)'의 주체가 되는 주어이다.

② ⓛ'배'는 의존 명사 '바'에 주격 조사 'ㅣ'가 결합해 서술어 '이셔도(있어도)'의 주체가 되는 주어이다.

④ ㉣'내'는 대명사 '나'에 주격 조사 'ㅣ'가 결합해 서술어 '너겨(생각하여)'의 주체가 되는 주어이다.

지문
풀이

> 우리나라 말이 중국과 달라 한자와는 서로 통하지 아니하여서 이런 까닭으로 어리석은 ㉠백성이 말하고자 하는 ⓛ바가 있어도 마침내 ⓒ제 뜻을 펴지 못하는 사람이 많다. ㉣내가 이것을 가엾게 생각하여 새로 스물여덟 글자를 만드니, 모든 사람들로 하여금 쉽게 익혀서 날로 쓰는 데 편하게 하고자 할 따름이다.   – '훈민정음언해'

👍 이것도 알면 **합격!**

중세 국어의 주격 조사와 관형격 조사를 알아두자.

1. 주격 조사

형태	특징	예
이	• 자음으로 끝나는 체언 뒤에 쓰임 • 분철이나 연철로 표기함	사룸＋이: 사룸이／사ᄅᆞ미(사람이)
ㅣ	• 'ㅣ'를 제외한 모음으로 끝나는 체언 뒤에 쓰임 • 모음에 결합하여 표기하나, 한자어 체언 뒤에서는 'ㅣ'를 따로 표기함	• 나＋ㅣ: 내 • 始祖＋ㅣ: 始祖ㅣ(시조가)
∅	• 'ㅣ' 모음으로 끝나는 체언 뒤에 쓰임	• 불휘＋∅: 불휘(뿌리가) • 빅(梨)＋∅: 빅(梨)(배가)

2. 관형격 조사

형태	특징	예
익/의 /ㅣ	• 높임의 대상이 되지 않는 유정 체언 뒤에 쓰임 • '익'는 양성 모음 뒤에 표기, '의'는 음성 모음 뒤에 표기함	• 사룸＋익: 사ᄅᆞ미(사람의) • 迦葉＋의: 迦葉의(가섭의) • 쇼＋ㅣ: 쇠(소의)
ㅅ	무정 체언이나, 높임의 대상이 되는 유정 체언 뒤에 쓰임	如來＋ㅅ: 如來ㅅ(여래의)

07　문학　작품의 종합적 감상 (시) 　　난이도 ★★☆

해설　① 제시된 작품에서 텔레비전(문명)은 풀벌레 소리(자연)와 화자 사이를 차단시키는 부정적 대상으로 묘사되고 있다. 따라서 문명과 자연을 호혜적 관계로 이해한 ①은 적절하지 않다.

- 호혜적: 서로 특별한 혜택을 주고받는

오답
분석　② 공감각적 이미지란 어떤 한 감각을 다른 감각으로 전이시켜 표현하는 것을 말한다. 4행의 '벌레 소리들 환하다'에 사용된 공감각적 이미지(청각의 시각화)를 통해 어둠 속에서 풀벌레 소리가 더 잘 들리는 상황을 구체화하여 실재감을 높이고 있다.

③ 1~3행에서 텔레비전을 끄고 난 후에는 자연의 풀벌레 소리가 가득하지만 15~20행에서 텔레비전을 끄기 전에는 문명의 시끄럽고 요란한 소리가 가득했다고 표현하고 있다. 이를 통해 제시된 작품에는 텔레비전을 끄기 전후의 상황이 대조적으로 제시되었음을 알 수 있다.

④ 4~20행에서 화자는 그동안 텔레비전(문명)으로 인해 풀벌레 소리를 간과했던 것을 성찰하고 21~23행에서 풀벌레 소리를 내면으로 받아들이며 시상을 마무리하고 있다. 이러한 과정을 통해 화자가 자연에 관심을 갖게 되었음을 알 수 있다.

08　문학　작품의 내용 파악 　　난이도 ★☆☆

해설　② 구렁이에게 사람을 대상으로 하는 호칭어인 "이 사람아", "자네" 등을 사용하는 것을 통해 외할머니는 구렁이를 산 사람처럼 대하고 있음을 알 수 있으므로 ②의 설명은 적절하다.

오답
분석　① 외할머니는 구렁이에게 말을 건네는 자신을 보고 비웃은 사람을 야단친 것이므로 적절하지 않다.

③ ④ 외할머니는 구렁이를 말로 안심시키며 가야할 곳으로 갈 것을 권유하고 있을 뿐 구렁이를 혐오스럽게 쫓아내거나 음식을 대접하고 있지는 않으므로 적절하지 않다.

09　비문학　비판적 이해 　　난이도 ★★☆

해설　③ 2문단 끝에서 2~4번째 줄에서 ⓛ은 의무 투표제를 도입했을 때, 선출된 정치인들이 높은 투표율을 핑계로 안하무인의 태도를 취하는 부작용을 문제점으로 제기하며 반대하고 있다. 따라서 이에 대한 대책은 의무 투표제 도입을 찬성하는 ㉠에서 제시해야 하므로 ㉠, ⓛ의 주장에 대한 비판으로 적절하지 않은 것은 ③이다.

오답
분석　① 1문단 끝에서 2~3번째 줄에서 ㉠은 더 많은 국민이 투표에 참여할수록 정치인들은 정책 경쟁력을 높이려 할 것이라고 주장하고 있으므로 투표율 증가와 후보들의 정책 경쟁 간의 상관관계에 대한 근거 제시를 요구하는 비판은 적절하다.

② 1문단 끝에서 5~6번째 줄에서 ㉠은 정당한 사유 없는 기권에 대해 법적 제재를 가하는 의무 투표제를 도입하면 분명히 높은 투표율로 이어질 것이라고 주장하고 있으므로 이를 뒷받침할 자료 제시를 요구하는 비판은 적절하다.

④ 2문단 1~3번째 줄에서 ⓛ은 우리나라의 투표율이 정치 지도자들의 대표성을 훼손할 만큼 심각하지 않다고 주장하고 있으므로 이에 대한 근거 제시를 요구하는 비판은 적절하다.

10　어휘　한자어 (한자어의 표기) 　　난이도 ★★★

해설　③ 曲絶(곡절: 굽을 곡, 끊을 절)(×) → 曲折(곡절: 굽을 곡, 꺾을 절)(○): '순조롭지 않게 얽힌 이런저런 복잡한 사정이나 까닭'을 뜻하는 '곡절'의 '절'은 折(꺾을 절)을 쓴다.

오답
분석
① 結果(결과: 맺을 결, 실과 과): 어떤 원인으로 결말이 생김. 또는 그런 결말의 상태
② 初有(초유: 처음 초, 있을 유): 처음으로 있음
④ 序幕(서막: 차례 서, 장막 막): 일의 시작이나 발단

11 | 비문학 | 작문 (개요 수정) | 난이도 ★☆☆

해설 ③ ⓒ'고객 지원 센터의 지원 인력 부족'은 Ⅰ-2의 원인에 해당하므로 Ⅲ-1, 2의 상위 항목으로 적절하지 않다. 참고로 ⓒ에는 '고객 불만에 대한 해결 방안'이 들어가는 것이 적절하다.

12 | 비문학 | 논지 전개 방식 | 난이도 ★☆☆

해설 ② 제시문은 ⊙'담배를 피우는 이유'를 네 가지로 나누어 설명하고 있으므로 ⊙을 설명한 방식으로 '분석'이 쓰였음을 알 수 있다.
• 분석: 하나의 관념이나 대상을 그 구성 요소로 나누어 진술하는 방식

오답
분석
① 정의: 어떤 용어의 뜻을 분명하게 규정하는 방식
③ 서사: 일정한 시간 내에 일어나는 일련의 행동이나 시간의 흐름에 따라 전개되는 사건에 초점을 두는 방식
④ 비교: 둘 이상의 사물들에 대해 서로 비슷한 점을 밝혀내어 설명하는 방식

13 | 비문학 | 세부 내용 파악 | 난이도 ★★☆

해설 ④ 끝에서 3~5번째 줄을 통해 15세기 후반부에 라틴어가 가장 중요하여 라틴어로 된 종교 서적이 인쇄의 주류를 이루었음을 알 수 있다. 따라서 인쇄술에 힘입어 라틴어가 중요한 언어가 되었다는 설명은 적절하지 않다.
[관련 부분] 15세기 후반부에는 라틴어가 가장 중요했기에 라틴어로 된 종교 서적이 인쇄의 주류를 이루었다.

오답
분석
① 끝에서 1~3번째 줄을 통해 16세기에 인쇄술이 종교 개혁에 영향을 주었음을 알 수 있다.
[관련 부분] 16세기 들어 인쇄술은 고대 문헌들의 출판을 통해 인문주의의 대의에 공헌했으며, 1517년 이후 종교 개혁을 위한 수단으로도 이용되었다.
② 4~5번째 줄을 통해 15세기 말 인쇄업은 대금업자들에게 금전적으로 의존했음을 알 수 있다.
[관련 부분] 15세기 말 인쇄업은 자금을 빌려주는 업자들에게 종속되었는데
③ 5~6번째 줄을 통해 유럽의 상인들의 책 유통 목적이 사상의 교환이 아닌 경제적 목적임을 알 수 있다.
[관련 부분] 그들은 경제적 목적을 가지고 책 사업을 장악하였다.

14 | 비문학 | 세부 내용 파악 | 난이도 ★★☆

해설 ② 5~6번째 줄을 통해 동양 사람들은 용이 네 발이 있다고 믿었으며 7~8번째 줄을 통해 동양의 육지 사람들은 용이 하늘 위 구름 속에 있다고 생각했음을 알 수 있다.
[관련 부분]
• 네 발이 있으나 땅에서 걷는 일이 없다.
• 육지 사람들은 주로 하늘 위 구름 속에서 지낸다고 믿었다.

오답
분석
① 6~8번째 줄에서 바닷가 사람들은 용이 바닷가에 있다고 생각했으며, 육지 사람들은 용이 구름 속에서 지낸다고 생각했다는 차이를 설명하였을 뿐 서로 대립적 관념으로 제시하지는 않았다.
[관련 부분] 바닷가 사람들은 이러한 용이 주로 바다 속 용궁에서 지낸다고 생각했던 데 비해, 육지 사람들은 주로 하늘 위 구름 속에서 지낸다고 믿었다.
③ 끝에서 4~7번째 줄에서 풍랑은 고깃배를 위협하는 현상이고, 풍우는 곡식을 자라게 하는 현상임을 확인할 수 있다. 따라서 풍우는 길한 징조인 상서로운 현상으로 볼 수 있으나 풍랑은 상서로운 현상이라고 볼 수 없다.
[관련 부분] 이는 환경 중심적 사고에 기인한 바, 어부들은 용을 고깃배를 위협하는 풍랑(風浪)의 원인으로, 농부들은 곡식을 자라게 하는 풍우(風雨)의 원인으로 ~
④ 3~4번째 줄에서 드래건에게 날개가 달렸다고 설명하고 있으므로 서양 사람들은 드래건이 하늘을 날 수 있는 존재로 여겼음을 알 수 있다. 따라서 ④는 적절하지 않다.
[관련 부분] 용은 날개 달린 드래건과 달리 날개 없이도 자유롭게 하늘을 날아다닐 수 있고

15 | 문학 | 작품의 종합적 감상 (수필) | 난이도 ★★☆

해설 ④ '나'는 죽은 누님의 명정을 단 배를 바라보며 어릴 때의 누님이 시집가던 날의 일화를 회상하고 있다. 이를 통해 '나'는 죽은 누님에 대한 슬픔과 그리움을 표현하고 있을 뿐 누님의 결혼에 대한 기쁨은 찾아볼 수 없으므로 ④는 적절하지 않다.

오답
분석
① '나'는 2문단 4~6번째 줄에서 누님의 모습을 '산'과 '새벽달'에 비유하며 누님을 떠올리고 있다.
② 2문단 1~3번째 줄에서 누님의 죽음을 확인할 수 있다. 이에 대해 '나'는 죽은 누님과의 추억을 떠올리며 이별에 대한 안타까움을 드러내고 있으므로 적절하다.
③ 2문단에서 강가에서 명정을 단 배를 바라보는 현재의 장면과 누님의 시집가는 날인 과거의 장면을 겹쳐서 제시하여 누님의 죽음으로 인한 상실의 감정을 나타내고 있으므로 적절하다.

> 👍 이것도 알면 합격!
>
> 박지원, '큰 누님 박씨 묘지명'에 대해 알아두자.
>
> 1. 갈래: 고전 수필
> 2. 주제: 죽은 누님에 대한 그리움과 슬픔
> 3. 특징
>   • '기 - 승 - 전 - 결'의 구성으로 전개함
>   • 정형화된 묘지명의 형식에서 벗어나 누님과의 추억을 중심으로 서술함

16 | 비문학 | 내용 추론, 세부 내용 파악 | 난이도 ★☆☆

해설 ③ 2문단 끝에서 2~5번째 줄에서 파스퇴리제이션 살균법은 끓는점보다 낮은 온도에서 장시간 가열하는 방법이며 음식물의 맛과 질감을 변화시키지 않는다고 하였다. 이를 통해 해당 살균법을 사용해도 맛과 질감은 높아지지 않을 것임을 추론할 수 있으므로 ③은 적절하지 않다.

오답
분석
① 1문단에서 고대 로마의 성인은 70~80세 정도 살았으나 질병으로 인한 아동 사망률이 높아 평균 수명이 21세에 불과했음을 밝히고 있다. 따라서 고대 로마인의 평균 수명이 낮았던 원인들 중 하나가 아이들이 질병으로 많이 죽었기 때문이었음을 추론할 수 있다.
② 2문단 2~5번째 줄에서 파스퇴르는 음식물이 발효하거나 부패하는 원인이 공기 중의 미생물임을 증명하여 '음식물 자체에서 새로운 생명체가 발생하여 음식물이 발효하거나 부패한다'는 자연 발생설을 반박하였음을 알 수 있다.

④ 1문단을 통해 질병으로 인한 아이들의 사망률이 높았음을 알 수 있고, 3문단을 통해 파스퇴르가 미생물이 원인인 질병에 대한 백신을 개발하고 치료법을 제시하였음을 확인할 수 있다. 이를 미루어 보아 그의 미생물 연구가 질병으로 인한 아이들의 사망률을 줄이는 데에 기여했을 것으로 추론할 수 있다.

17 [문학] 서술상의 특징   난이도 ★★☆

해설 ③ (가)는 체면만 중시하다 먹잇감을 놓친 '호랑이'의 어리석음을 풍자하고, (나)는 상황에 따라 교묘한 처세술을 보이는 '박쥐'를 비판하고 있다. (가)와 (나) 모두 대상을 비판하고 있으나 반어적 표현은 사용하지 않았으므로 ③은 적절하지 않다.

오답
분석
① (가)의 화자는 '호랑이'를, (나)의 화자는 '박쥐'를 비웃고 있으므로 적절하다.

② (가)는 '호랑이'가 먹잇감(탁대사)을 놓친 일화, (나)는 '박쥐'가 생일 잔치마다 벌이는 처세술 일화를 통해 '호랑이'의 어리석음과 '박쥐'의 간사함을 드러내고 있으므로 적절하다.

④ 우화란 인격화한 동·식물이나 사물을 주인공으로 하여 그들의 행동을 통해 풍자와 교훈의 뜻을 나타내는 이야기이다. (가)와 (나)는 각각 '호랑이'와 '박쥐'를 감정과 의지가 있는 사람처럼 표현하고 이를 통해 교훈을 전달하고 있으므로 적절하다.

18 [어법] 표준 발음법   난이도 ★★★

해설 ① '혼합약'은 어근 '혼합(混合)'과 어근 '약(若)'으로 이루어진 합성어이며 앞 단어의 끝이 자음 'ㅂ'이고 뒤 단어 첫 음절이 '야'이므로 'ㄴ' 음을 첨가하여 발음한다. 또한 'ㅂ'이 'ㄴ'과 만나 비음 [ㅁ]으로 바뀌어 [혼ː함냑]으로 발음해야 하므로 표기대로 발음할 수 없다. 따라서 ㉠에 해당하는 예로 적절하지 않다.

오답
분석
② '휘발유'는 어근 '휘발(揮發)'과 접미사 '-유(油)'로 이루어진 파생어이다. 앞 단어 끝이 자음 'ㄹ'이고 접미사의 첫 음절이 '유'이므로 'ㄴ' 음을 첨가하여 발음한다. 이때 'ㄹ' 받침 뒤에 첨가되는 'ㄴ' 음은 [ㄹ]로 발음하므로 [휘발류]로 발음한다. 따라서 ㉡에 해당하는 예로 적절하다.

③ 두 단어 '열'과 '여덟'을 이어서 한 마디로 발음하는 경우 'ㄴ' 음을 첨가하여 발음한다. 이때 받침 'ㄹ' 뒤 'ㄴ'음은 [ㄹ]로 발음하므로 [열려덜]로 발음한다. 따라서 ㉢에 해당하는 예로 적절하다. 참고로 '열여덟'은 한 단어가 아니므로 연음하여 [여려덜]로 발음할 수 있다.

④ '등용문'은 어근 '등(登)'과 어근 '용문(龍門)'이 결합하여 이루어진 합성어이다. 앞 단어의 끝이 자음 'ㅇ'이고 뒤 단어가 '요'이지만 'ㄴ' 음을 첨가하여 발음하지 않고, [등용문]으로 발음한다. 따라서 ㉣에 해당하는 예로 적절하다.

19 [비문학] 관점과 태도 파악   난이도 ★★☆

해설 ① 축약된 기술어가 지칭하는 대상에 대해 언급한 것은 을이므로 ①은 적절하지 않다.
[관련 부분] 실존하지 않는 대상을 지칭하는 단어는 실제로는 이름이 아니라 일종의 축약된 기술어인 거야.

오답
분석
② 을의 두 번째 발화 끝에서 1~3번째 줄을 통해 을은 실존하지 않는 대상을 지칭하는 단어를 축약된 기술어라고 설명하고 있으므로 적절하다.
[관련 부분] 실존하지 않는 대상을 지칭하는 단어는 ~ 축약된 기술어인 거야.

③ 갑의 두 번째 발화 1~4번째 줄과 을의 첫 번째 발화, 두 번째 발화 끝에서 1~3번째 줄을 통해 갑은 '페가수스'가 실존하는 존재를 지칭하므로 의미를 지닌 이름이라고 보고 있으며, 을은 '페가수스'는 실존하지 않는 대상을 지칭하므로 축약된 기술어라고 보고 있음을 알 수 있다.
[관련 부분]
· 갑: '페가수스'라는 단어가 의미를 지닌다는 것은 분명하지? ~ 모든 단어는 무언가의 이름인 것이지.
· 을: '페가수스'라는 단어는 실존하지 않는 대상을 지칭한다고 생각해.
· 을: 실존하지 않는 대상을 지칭하는 단어는 ~ 축약된 기술어인 거야.

④ 갑의 두 번째 발화 끝에서 1~2번째 줄과 을의 두 번째 발화 끝에서 5~6번째 줄을 통해 갑과 을 모두 이름은 실존하는 대상을 지칭한다고 언급하였으므로 적절하다.
[관련 부분]
· 갑: 모든 이름은 실존하는 대상을 반드시 지칭해.
· 을: 어떤 단어가 이름이라면 그것은 실존하는 어떤 대상을 반드시 지칭하거든.

20 [비문학] 적용하기   난이도 ★★☆

해설 ① '이론 X'에 근거한 판단으로 적절한 것은 'ㄱ, ㄴ'이다.
· ㄱ: 1문단에서 '이론 X'는 문장 'A가 B의 원인이다'가 'A가 일어나지 않았다면 B도 일어나지 않았을 것이다.'와 같다고 설명한다. 따라서 ㄱ에서 흡연(A)이 폐암(B)의 원인이라는 말은, 흡연(A)하지 않았다면 폐암(B)에 걸리지 않았을 것이라는 말과 같다. 따라서 ㄱ은 적절하다.
· ㄴ: 2문단에서 '이론 X'는 'A가 일어나지 않고 B가 일어난 상황'보다, 'A가 일어나지 않고 B도 일어나지 않은 상황'이 'A가 일어나고 B도 일어난 사실'과 더 유사하다고 하였다. 따라서 즉, '갑이 홈런(A)을 치지 않고 팀이 승리(B)하는 상황'보다, '갑이 홈런(A)을 치지 않고 갑의 팀이 승리(B)하지 않은 상황'이 '갑이 홈런(A)을 치고 팀이 승리(B)한 상황'과 더 유사하므로 '갑의 홈런(A)이 없었다면 갑의 팀은 승리(B)하지 않았을 것이다'를 도출할 수 있다. 따라서 갑의 홈런(A)은 갑의 팀 승리(B)의 원인이므로 적절하다.

오답
분석
· ㄷ: '이론 X'는 A와 B의 인과 관계를 증명하는 것이므로 ㄷ의 까마귀가 난 것(A)이 배가 떨어진(B) 원인이 아니라면 '이론 X'로 판단할 수 없으므로 적절하지 않다.

정답 및 취약점 확인

p.218

문항	정답	출제 포인트	정답률	약점 개념 확인	문항	정답	출제 포인트	정답률	약점 개념 확인
01	①	어법-외래어 표기	56%	심포지엄	11	①	어휘-한자 성어	56%	琴瑟相和, 女必從夫, 談笑自若, 男負女戴
02	③	어법-단어	35%	용언의 활용	12	④	비문학-작문	62%	개요 수정
03	③	비문학-글의 구조 파악	50%		13	②	비문학-내용 추론	69%	
04	③	어휘-한자어	47%	間髮, 比肩	14	②	비문학-주제 및 중심 내용 파악	65%	
05	④	문학-시어의 의미	35%	정철 〈관동별곡〉	15	②	문학-화자의 정서 및 태도	65%	허난설헌 〈규원가〉
06	②	비문학-세부 내용 파악	48%		16	④	비문학-세부 내용 파악	55%	
07	②	혼합-국어 순화, 한자어	52%	附議, 徵求, 算入	17	③	문학-시어의 의미	47%	조지훈 〈석문〉
08	③	비문학-내용 추론	57%		18	④	문학-작품의 종합적 감상	56%	임철우 〈사평역〉
09	②	어법-말소리	54%	교체, 첨가, 축약	19	④	비문학-논지 전개 방식	54%	예시, 정의, 비교, 인과
10	①	어휘-표기상 틀리기 쉬운 어휘, 한자 성어	46%	好衣好食, 換骨奪胎 晝夜長川, 三水甲山	20	①	비문학-관점과 태도 파악	59%	

01 　어법　외래어 표기

난이도 ★★☆

해설 ① 'symposium'은 [sɪmpoʊziəm]으로 소리 나므로 '심포지엄'으로 표기한다. '심포지움' 또는 '씸포지엄'과 같이 표기하지 않도록 주의해야 한다.

오답 분석
② 바리케이트(×) → 바리케이드(○)
③ 컨셉트(×) → 콘셉트(○)
④ 컨텐츠(×) → 콘텐츠(○)

02 　어법　단어 (용언의 활용)

난이도 ★★★

해설 ③ 왜서(○): '왜서'는 '외다'의 어간 '외-'에 어미 '-어서'가 결합한 '외어서'가 줄어든 형태이다. 'ㅚ' 뒤에 '-어'가 어울려 'ㅙ'로 될 적에는 준 대로 적으므로 '왜서'는 올바른 표기이다. 참고로 '외다'는 '외우다'의 준말이다.

오답 분석
① 데서(×) → 데워서(○): 문맥상 '식었거나 찬 것을 덥게 하다'를 뜻하는 '데우다'의 어간 '데우-'에 어미 '-어서'가 결합한 '데워서'를 쓰는 것이 옳다. 참고로 '데다'는 '불이나 뜨거운 기운으로 말미암아 살이 상하다. 또는 그렇게 하다'를 뜻하는 말이다.
② 펴서(×) → 피워서(○): 문맥상 일부 명사와 함께 쓰여 '그 명사가 뜻하는 행동이나 태도를 나타내다'를 뜻하는 '피우다'의 어간 '피우-'에 어미 '-어서'가 결합한 '피워서'를 쓰는 것이 옳다. 참고로 '피다'는 '꽃봉오리 등이 벌어지다'를 뜻하는 말이다.
④ 새서(×) → 새워서(○): 문맥상 '한숨도 자지 않고 밤을 지내다'를 뜻하는 '새우다'의 어간 '새우-'에 어미 '-어서'가 결합한 '새워서'를 쓰는 것이 옳다. 참고로 '새다'는 '날이 밝아 오다'를 뜻하는 말이다.

03 　비문학　글의 구조 파악 (문장 배열)

난이도 ★★☆

해설 ③ ㄹ - ㄴ - ㄷ - ㄱ의 순서가 가장 자연스럽다.

순서	중심 내용	순서 판단의 단서와 근거
첫 번째 문장	1900년대 이후 한글로만 문자 생활을 영위하려는 경향이 나타남	-
ㄹ	1930년대 이후 사전 편찬 사업이 추진됨	지시 표현 '이로 인해': 앞 문장의 '한글로만 문자 생활을 영위하고자 하는 경향'이 ㄹ의 원인임
ㄴ	어문 연구가들이 사전 편찬 과정에서 한자어 처리 방안을 고심함	• 지시 표현 '그 과정': ㄹ에 제시된 '사전 편찬 과정'을 의미함 • 지시 표현 '그들': ㄹ에 제시된 '우리 어문 연구가들'을 가리킴
ㄷ	한글학회의 『큰사전』에서 한글이 아닌 다른 문자는 괄호 안에 병기함	ㄴ에서 언급한 문제적 상황에 대한 해결 방안이 ㄷ에 제시됨
ㄱ	각급 학교 교재에도 한자는 괄호 안에 넣어 표기함	지시 표현 '이에 따라': ㄷ에서 제시한 『큰사전』 표제어 병기 방식을 의미함

04 　어휘　한자어 (한자어의 표기)

난이도 ★★☆

해설 ③ ㄱ, ㄴ은 각각 '間髮, 比肩'으로 표기하므로 답은 ③이다.
• ㄱ 間髮(간발: 사이 간, 터럭 발): 아주 잠시 또는 아주 적음을 이르는 말
• ㄴ 比肩(비견: 견줄 비, 어깨 견): 서로 비슷한 위치에서 견줌. 또는 견주어짐

오답 분석 ㄱ 簡拔(간발: 대쪽 간, 뽑을 발): 여러 사람 가운데 골라 뽑음
ㄴ 批(비평할 비), 腑(육부 부), 房(방 방)

05 | 문학 | 시어의 의미 | 난이도 ★★★

해설 ④ 제시된 작품에서 화자는 정자(망양정)에 앉아 월출을 바라보고 있다. 이때 '白蓮花(백련화)'는 바다에서 떠오르는 '달'의 모습을 '흰 연꽃'에 비유한 것으로, '白蓮花'가 가리키는 대상은 '달'이다. 따라서 '달'의 포용성과 과묵함을 예찬하고 있는 ④가 답이다. 참고로, 선택지에 제시된 작품은 윤선도의 '오우가'로, 다섯 가지 자연물을 화자의 벗으로 표현하며 그 속성을 예찬하는 연시조이다.

오답 분석 ① 구름, 바람과 달리 깨끗하면서도 변하지 않는 '물'을 대상으로 노래하고 있다.

② 꽃, 풀과 달리 시간이 흘러도 변치 않는 '바위'를 대상으로 노래하고 있다.

③ 곧고 속이 비어 있지만 사시사철 푸르른 '대나무'를 대상으로 노래하고 있다.

지문 풀이

〈제시된 가사〉
주렴(구슬로 만든 발)을 다시 걷어 올리고 옥계(옥으로 만든 계단)를 다시 쓸며
계명성(샛별)이 돋아 오를 때까지 꼿꼿이 앉아 바라보니
백련화(흰 연꽃)같은 달을 어느 누가 보내셨는가?

– 정철, '관동별곡'

① 구름 빛깔이 깨끗하다고 하나 검기를 자주 한다.
바람 소리가 맑다고 하나 그칠 때가 많다.
깨끗하고도 그칠 때가 없기는 물뿐인가 하노라. – 윤선도, '오우가' (제2수)

② 꽃은 무슨 일로 피자마자 쉽게 지고
풀은 어찌하여 푸르러지자 곧 누른빛을 띠는가?
아마도 변하지 않는 것은 바위뿐인가 하노라. – 윤선도, '오우가' (제3수)

③ 나무도 아닌 것이, 풀도 아닌 것이,
곧기는 누가 시켰으며, 속은 어찌 비었느냐?
저러고도 사시사철 푸르니 그를 좋아하노라. – 윤선도, '오우가' (제5수)

④ 작은 것이 높이 떠서 만물을 다 비추니
밤중에 밝은 빛이 너만 한 것이 또 있겠느냐?
보고도 말을 하지 않으니 내 벗인가 하노라. – 윤선도, '오우가' (제6수)

06 | 비문학 | 세부 내용 파악 | 난이도 ★★☆

해설 ② 1문단 끝에서 1~4번째 줄을 통해 생산량이나 소득 통계로 생활수준을 측정하는 것은 어려우며, 특히 가난한 나라보다 부유한 나라에서 더욱 그러함을 알 수 있다. 따라서 답은 ②이다.
[관련 부분] 생산량이나 소득 통계가 생활수준을 정확히 나타낸다고 말하기는 어렵다. 특히, 가난한 나라보다 식량, 주거, 의료 서비스 등 기본적 필요를 충족한 상태인 부유한 나라들은 더욱 그렇다.

오답 분석 ① 2문단 4~6번째 줄을 통해 다양한 선호의 문제가 행복측정 연구를 더욱 어렵게 만드는 요소임을 알 수 있다.
[관련 부분] 그 연구에는 더 심각한 문제들이 있다. 행복은 그 자체로 측정이 어렵다는 점과 다양한 선호의 문제가 개입된다는 점 때문이다.

③ 1문단 1~3번째 줄과 2문단 끝에서 1~5번째 줄을 통해 가치 판단이 경제학적 개념을 추출하는 데 어려움을 초래하며, 행복과 같은 가치 판단의 영역은 관념과 욕망, 선호의 차이 그리고 비금전적 요인 등으로 인해 측정이 어렵다는 것을 알 수 있다. 그러나 가치 판단의 측정이 불가능하다는 내용은 제시문에서 찾을 수 없다.

[관련 부분]
- 간단할 것 같은 경제학적 개념도 이끌어 내는 데 각종 어려움이 따른다. 거기에 수많은 가치 판단이 들어가기 때문이다.
- 행복은 가치의 영역으로서 그에 대해 부여하는 우리의 관념과 욕망, 선호의 지점이 각기 다를 뿐만 아니라 비금전적인 요인 등 복잡한 차이가 존재하므로 행복측정 연구와 같은 영역은 그 대상을 측정하는 것이 그만큼 어려워진다.

④ 3문단 2~4번째 줄을 통해 경제학에서 사용하는 숫자를 모른다면 실제 세상의 경제를 제대로 이해할 수 없음을 알 수 있다. 따라서 경제학에서 사용하는 숫자가 객관성이 없어서 경제를 이해하는 데 도움이 되지 않는다는 ④의 내용은 제시문을 통해 알 수 없다.
[관련 부분] 생산량, 성장률, 실업률, 불평등 수준 등에 관한 주요 숫자를 모르고서는 우리는 실제 세상의 경제를 제대로 이해할 수 없다.

07 | 어법 + 어휘 | 국어 순화, 한자어 (한자어의 의미) | 난이도 ★★☆

해설 ② '명도(明渡: 밝을 명, 건널 도)'는 '건물, 토지, 선박 등을 남에게 주거나 맡김. 또는 그런 일'을 뜻하므로, ②의 고쳐 쓴 내용은 적절하지 않다.

오답 분석 ① 부의(附議: 붙을 부, 의논할 의): 토의에 부침

③ 징구(徵求: 부를 징, 구할 구): 돈, 곡식 등을 내놓으라고 요구함

④ 산입(算入: 셈 산, 들 입): 셈하여 넣음

08 | 비문학 | 내용 추론 | 난이도 ★★☆

해설 ③ 2문단 1~3번째 줄을 통해 '링구아 프랑카'란 국제적으로 세력을 얻어 여러 나라에서 통용되는 언어임을 알 수 있다. 따라서 국제 사회에서 영향력이 강한 나라가 등장하면 그 나라의 언어가 링구아 프랑카가 될 수 있다는 ③의 추론은 적절하다.
[관련 부분] 언어 중에는 영어와 같이 국제적으로 세력을 얻어 글로벌 시대에 의사소통의 가교 역할을 하는 언어도 있다. 이러한 언어들을 '링구아 프랑카(lingua franca)'라고 부른다.

오답 분석 ① 1문단 2~4번째 줄을 통해 역사상 많은 언어가 생명체처럼 분기하고 사멸하였음을 알 수 있을 뿐, 교류와 소통이 증가하면 언어의 분기와 사멸 속도가 빨라질 것이라는 ①의 내용은 제시문을 통해 추론할 수 없다.
[관련 부분] 그동안 많은 언어가 분기하고 사멸하였다. 오늘날의 모든 언어는 나름대로 특별한 역사를 갖는다.

② 2문단 4~5번째 줄을 통해 과거 서양에서 그리스어나 라틴어가 링구아 프랑카의 역할을 수행했음을 알 수 있을 뿐, 그리스어나 라틴어가 다른 언어보다 발음, 규칙, 의미가 쉽게 변하지 않는다는 ②의 내용은 제시문을 통해 추론할 수 없다.
[관련 부분] 과거에 서양에서는 그리스어나 라틴어가, 동양에서는 한자가 그 역할(링구아 프랑카)을 수행하기도 했다.

④ 1문단 끝에서 4~7번째 줄을 통해 피진은 의사소통의 편의를 위해 급조된 언어이고, 크리올은 피진을 사용하는 집단의 후대가 탄생시킨 새로운 언어임을 알 수 있다. ④에서 '어리다'의 의미가 '어리석다'에서 '나이가 적다'로 변한 것은 의미가 바뀐 것일 뿐 새로운 언어가 탄생한 것이 아니므로 피진에서 크리올로 변화한 사례로 보기는 어렵다.
[관련 부분] '피진(pidgin)'과 같이 의사소통의 편의를 위해 급조된 언어도 있는데, 이 언어를 사용하는 집단의 후대는 자연스럽게 '크리올(creole)'과 같은 새로운 언어를 탄생시키기도 한다.

09 어법 말소리 (음운의 변동) 난이도 ★★☆

해설 ② 식용유[시공뉴]는 'ㄴ' 첨가 현상이 일어나므로 음운 변동 전과 후의 음운 개수(6개→7개)가 다르며, 입학생[이팍쌩]은 음운 축약이 일어나므로 음운 변동 전과 후의 음운 개수(8개→7개)가 다르다. 따라서 ㉠과 ㉣은 각각 음운 변동 전과 후의 음운 개수가 다르므로 ②의 설명은 옳지 않다. ㉠~㉣에 일어나는 음운 변동 현상은 아래와 같다.

㉠ 식용유[시공뉴]('ㄴ' 첨가): '식용+-유'가 결합한 파생어로, 앞 단어의 끝이 자음이고 뒤 접미사의 첫 음절이 '유'이므로 'ㄴ'을 첨가하여 발음한다.

㉡ 헛걸음[헏꺼름](음절의 끝소리 규칙, 된소리되기): 음절의 끝소리 규칙으로 인해 받침 'ㅅ'이 [ㄷ]으로 발음되며, [ㄷ]으로 인해 이어지는 'ㄱ'이 된소리로 발음된다.

㉢ 안팎일[안팡닐]('ㄴ' 첨가, 음절의 끝소리 규칙, 비음화): '안팎+일'이 결합한 합성어로, 앞 단어의 끝이 자음이고 뒤 단어의 첫 음절이 '이'이므로 'ㄴ'이 첨가된다. 또한 음절의 끝소리 규칙으로 인해 받침 'ㄲ'이 [ㄱ]으로 발음되며, 첨가된 'ㄴ'의 영향으로 [ㄱ]이 [ㅇ]으로 바뀌는 비음화 현상이 일어난다.

㉣ 입학생[이팍쌩](음운 축약, 된소리되기): 'ㅂ'과 'ㅎ'이 만나 'ㅍ'으로 축약되며, 받침 'ㄱ'으로 인해 'ㅅ'이 된소리로 발음된다.

오답분석 ① ㉠과 ㉢에는 각각 음운의 첨가('ㄴ' 첨가)가 나타난다.

③ ㉡은 음절의 끝소리 규칙, 된소리되기가 나타나고 ㉢은 음절의 끝소리 규칙, 비음화가 나타나므로 ㉡과 ㉢에는 각각 음운의 대치 현상이 나타난다.

④ ㉡은 음절의 끝소리 규칙, 된소리되기가 나타나고 ㉣은 된소리되기가 나타나므로 같은 유형(음운의 대치)의 음운 변동이 나타난다.

10 어휘 표기상 틀리기 쉬운 어휘, 한자 성어 난이도 ★★☆

해설 ① 밑줄 친 단어가 바르게 쓰인 것은 ①'호의호식'이다.
• 호의호식(好衣好食)(○): 좋은 옷을 입고 좋은 음식을 먹음

오답분석 ② 환골탈퇴(×) → 환골탈태(換骨奪胎)(○): '뼈대를 바꾸어 끼고 태를 바꾸어 쓴다'라는 뜻으로, 고인의 시문의 형식을 바꾸어서 그 짜임새와 수법이 먼저 것보다 잘되게 함

③ 주야장창(×) → 주야장천(晝夜長川)(○): 밤낮으로 쉬지 않고 연달아

④ 산수갑산(×) → 삼수갑산(三水甲山)(○): 우리나라에서 가장 험한 산골이라 이르던 삼수와 갑산. 참고로, '삼수갑산에 가는 한이 있어도'는 '자신에게 닥쳐올 어떤 위험도 무릅쓰고라도 어떤 일을 단행할 때' 사용하는 속담이다.

11 어휘 한자 성어 난이도 ★★☆

해설 ① 밑줄 친 어구는 '이생'이 자신의 아내인 '최 씨'와 다정하고 화목하게 지냈다는 의미이므로, 이와 같은 뜻의 한자 성어는 ①'琴瑟相和(금슬상화)'이다.
• 琴瑟相和(금슬상화): 금과 슬이 합주하여 화음이 조화되는 것같이 부부 사이가 다정하고 화목함을 비유적으로 이르는 말

오답분석 ② 女必從夫(여필종부): 아내는 반드시 남편을 따라야 한다는 말

③ 談笑自若(담소자약): 근심이나 놀라운 일을 당하였을 때도 보통 때와 같이 웃고 이야기함

④ 男負女戴(남부여대): '남자는 지고 여자는 인다'라는 뜻으로, 가난한 사람들이 살 곳을 찾아 이리저리 떠돌아다님을 비유적으로 이르는 말

12 비문학 작문 (개요 수정) 난이도 ★★☆

해설 ④ 컴퓨터 판매량을 늘리기 위한 인프라가 제대로 구축되어 있지 않다는 내용은 ㉣ 뒤에 이어지는 '컴퓨터 보안 프로그램 개발이 미흡함'의 원인으로 적절하지 않다.

오답분석 ① ② ③ 모두 뒤에 이어지는 내용의 원인으로 적절하다.

13 비문학 내용 추론 난이도 ★★☆

해설 ② 1문단 3~4번째 줄을 통해 파랑은 테크놀로지 업계에서 선호하는 색임을 알 수 있다. 따라서 테크놀로지 업계에서 브랜드에 파란색을 쓴 것이 우연한 선택이라는 ②의 추론은 적절하지 않다. 또한 제시문을 통해 테크놀로지 업계가 파란색을 브랜드에 사용함으로써 성공했다는 사실은 알 수 없으므로 답은 ②이다.

오답분석 ① ③ 1문단에서 다양한 회사들은 파란색이 가진 긍정적 속성을 활용하기 위해 브랜드의 상징색으로 파랑을 사용한다고 설명한다. 따라서 색이 주는 효과를 고려하고 긍정적 속성을 파악해야 한다는 ①, ③의 추론은 적절하다.

④ 2문단에서 같은 파란색이어도 톤에 따라 전달하는 분위기가 다르다고 하였으므로 ④의 추론은 적절하다.

14 비문학 주제 및 중심 내용 파악 난이도 ★★☆

해설 ② 필자는 신어 연구의 대상이 특정 범주의 언어, 소수 집단의 언어에 한정되지 않아야 하며 '자연 발생적 신어'와 더불어 '인위적인 신어'의 영역까지 신어 연구의 대상으로 확대되어야 한다고 주장한다. 따라서 발화에 나타난 주장으로 가장 적절한 것은 ②이다.

오답분석 ① 1~2번째 줄을 통해 비속어와 은어가 신어에 포함됨을 알 수 있다. 또한 필자는 글을 통해 신어의 연구 대상과 영역을 확장해야 한다고 주장하므로 ①은 필자의 주장으로 적절하지 않다.
[관련 부분] 신어(新語)에 대해 말할 때, 보통 유행어나 비속어, 은어와 같은 한정된 대상을 떠올리는 경우가 많습니다.

③ 6~7번째 줄을 통해 필자가 정책적인 고려가 필요하다고 말한 신어의 영역은 '전문 용어'임을 알 수 있다.
[관련 부분] 상당수의 전문 용어는 신어에 대한 정책적인 고려가 필요해 보입니다.

④ 4~6번째 줄에서 필자는 의사소통의 효율성을 위해 어려운 전문 용어를 순화된 신어로 대체해야 한다고 밝힐 뿐, 신어의 범주를 특정해야 한다고 주장하지 않는다.
[관련 부분] 어려운 전문 용어는 의사소통의 효율성이나 교육적 목적을 위해 순화된 신어로 대체할 필요가 있는데,

15 문학 화자의 정서 및 태도 난이도 ★★☆

해설 ② 제시된 작품은 가정을 돌보지 않는 남편으로 인해 독수공방하고 있는 여인의 삶과 그로 인한 한의 정서를 드러낸 것으로, 화자는 자신이 느끼는 슬픔과 외로움의 감정을 자연물인 '실솔(귀뚜라미)'과 '새'에 이입하여 표현하고 있다. 참고로 감정 이입은 자신의 감정을 다른 대상에 이입하여 대상도 자신과 같은 감정을 느끼는 것처럼 표현하는 방법이다.

오답분석 ① 규방 앞에 심은 '매화'가 몇 번이나 피고 졌다는 표현을 통해 계절이 순환될 만큼 많은 시간이 흘렀음을 확인할 수 있지만 외롭고 서글픈 화자의 심정은 변하지 않으므로 ①의 설명은 적절하지 않다.

③ 제시된 작품에서 확인할 수 없는 내용이다.

④ 자신만큼 기구한 운명의 여자가 세상에 없을 것이라는 표현을 통해 화자가 힘든 결혼 생활을 하고 있음을 알 수 있지만, 이러한 결혼 생활을 견뎌 온 것에 대한 자부심은 드러나지 않는다.

> 하루가 길기도 길구나. 한 달이 지루하기만 하구나. 규방 앞에 심은 매화는 몇 번이나 피고 졌는가? 겨울 밤 차고 찬 때는 진눈깨비 섞어 내리고 여름날 길고 긴 때 궂은비는 무슨 일인가? 봄날 온갖 꽃이 피고 버들잎이 돋아나는 좋은 시절에 아름다운 경치를 보아도 아무 생각이 없다. 가을 달빛이 방 안을 비추어 들어오고 귀뚜라미가 침상에서 울 때, 긴 한숨으로 흘리는 눈물 헛되이 생각만 많도다. 아마도 모진 목숨이 죽기도 어려운가 보구나. 돌이켜 여러 가지 일을 하나하나 생각하니 이렇게 살아서 어찌할 것인가? 등불을 돌려놓고 푸른 거문고를 비스듬히 안아 벽련화 한 곡조를 시름으로 함께 섞어서 연주하니 소상강 밤비에 댓잎 소리가 섞여 들리는 듯, 망주석에 천 년 만에 찾아온 이별한 학이 울고 있는 듯. 아름다운 여자의 손(나의 손)으로 타는 거문고 솜씨는 옛날 가락이 그대로 있다마는 연꽃무늬의 휘장이 드리워진 방 안이 텅 비었으니, 누구의 귀에 들리겠는가? 간장이 아홉 굽이가 되어 굽이굽이 끊어질 듯 애통하구나. 차라리 잠이 들어 꿈에나 임을 보려고 하였더니 바람에 지는 잎과 풀속에 우는 벌레는 무슨 일로 원수가 되어 잠마저 깨우는가? 하늘의 견우와 직녀는 은하수가 막혔을지라도 칠월 칠석 일 년에 한 번씩 때를 어기지 않고 만나는데 우리 임 가신 후는 무슨 장애물이 가려졌길래 오간다는 소식마저 그쳤을까? 난간에 기대어서서 임 가신 데를 바라보니 풀 이슬은 맺혔 있고 저녁 구름이 지나가는 때이구나. 대숲 우거진 푸른 곳에 새소리가 더욱 서럽다. 세상에 서러운 사람이 많다고 하겠지만 운명이 기구한 젊은 여자야 나 같은 이가 또 있을까? 아마도 임의 탓으로 살 듯 말 듯 하구나.
> — 허난설헌, '규원가'

허난설헌, '규원가'의 주제 및 특징에 대해 알아두자.

1. 주제: 임의 부재로 겪는 부녀자의 한(恨)
2. 특징
   - '실솔', '새소리' 등에 화자의 감정을 이입하여 효과적으로 전달함
   - 고사와 한문을 많이 사용함
   - 대구법이나 은유법과 같은 다양한 표현법을 사용함
   - 현재 전해지는 최초의 여류·내방·규방 가사임

---

16 | 비문학 | 세부 내용 파악 | 난이도 ★★☆

해설 ④ 2문단 첫 번째 줄을 통해 자유는 무한하지도 않고 방임도 아님을 알 수 있다. 그러나 1문단 3~5번째 줄에서 자유가 특정 시점을 기준으로 모두 구체적인 이름을 띠고 있을 수는 없다고 하였으므로 ④의 설명은 적절하지 않다.
   [관련 부분]
   - 자유는 무한하지도 않고, 방임도 아니다.
   - 자유가 특정 시점을 기준으로 모두 구체적인 이름을 띠고 있을 수는 없다.

오답 분석
① 2문단 2~4번째 줄을 통해 확인할 수 있다.
   [관련 부분] 자유는 ~ 공동체의 존속과 발전을 침해하지 않는 범위 내에서 향유할 수 있는 것이다.
② 1문단 끝에서 1~5번째 줄을 통해 확인할 수 있다.
   [관련 부분] 인간이 살아가면서 발견하게 될 자유도 헌법상 보장되는 장치를 할 필요가 있어서 헌법 제37조 제1항에 "국민의 자유와 권리는 헌법에 열거되지 아니한 이유로 경시되지 아니한다."라고 정함으로써 모든 영역에 걸쳐 자유를 보장하고 있다.
③ 3문단 끝에서 2~3번째 줄을 통해 확인할 수 있다.
   [관련 부분] 이런 가치에 의해 자유를 제한하는 경우에도 과잉금지 원칙이 적용되고

---

17 | 문학 | 시어의 의미 | 난이도 ★★☆

해설 ③ 화자는 오랫동안 기다리던 '당신'의 손길이 닿게 되면 그제서야 자취도 없이 '한 줌 티끌'로 사라지겠다고 말하고 있다. ⓒ'한 줌 티끌'은 문맥상 '당신'과의 재회에 대한 화자의 태도를 나타내는 시어이므로, 이를 ③'기약할 수 없는 임에 대한 체념'으로는 이해하기 어렵다. 참고로 화자는 '한 줌 티끌로 사라지겠습니다'라고 단정하여 '당신'에 대한 절개를 끝까지 지키겠다는 의지를 표현하고 있다.

오답 분석
① ⊙ 검푸른 이끼: 긴 세월 동안 '당신'이 화자를 찾아 주지 않았음을 시각적으로 표현한 것으로, 임에 대한 오랜 기다림을 의미한다.
② ⓛ 촛불 한 자루: 2연에서 화자는 '당신'이 올 때까지 꺼지지 않을 '촛불 한 자루'를 간직하겠다고 말하고 있다. 따라서 ⓛ'촛불 한 자루'는 임에 대한 변하지 않는 사랑을 의미함을 알 수 있다.
④ ⓔ 열리지 않는 돌문: 5연에서 화자는 원한에 사무쳐 정성을 다해도 '돌문'이 열리지 않는다고 하였으므로 ⓔ'열리지 않는 돌문'은 문맥상 임에 대한 사무치는 원한을 의미함을 알 수 있다.

조지훈, '석문'에 쓰인 '돌문'의 의미를 알아두자.

'돌문'은 화자의 기다림과 원한을 동시에 상징하는 시어이다.

기다림	1연에서 '돌문'이 당신의 손끝만 스쳐도 열리지만 다른 사람은 열지 못한다는 말을 통해 임에 대한 자신의 기다림을 드러냄
원한	5연에서 '돌문'이 원한에 사무쳐 지극한 정성에도 열리지 않는다는 말을 통해 오랜 기다림으로 인한 자신의 원한을 드러냄

---

18 | 문학 | 작품의 종합적 감상 (소설) | 난이도 ★★☆

해설 ④ 1문단에서는 작품의 시간적·공간적 배경을 묘사하고 2, 3문단에서는 각각 '사내'와 '대학생'의 과거 삶과 내면을 서술하고 있다. 따라서 등장인물의 구체적 행위가 객관적으로 기술된 내용은 제시된 부분에서 확인할 수 없다.

오답 분석
① 제시된 작품 속 '사내'는 며칠 전 교도소에서 출감하였고, '대학생'은 유치장을 다녀온 뒤 퇴학을 당했다. 이를 통해 등장인물들의 과거 삶이 모두 순탄치 않았음을 짐작할 수 있다.
② 제시된 작품에서 등장인물들 사이의 외적 갈등은 드러나지 않는다.
③ 1문단을 통해 등장인물들이 간이역 대합실의 난로 주변에 모여 완행열차를 기다리고 있는 상황임을 알 수 있다.

임철우, '사평역'의 주제 및 특징에 대해 알아두자.

1. 주제: 막차를 기다리는 사람들의 고단한 삶과 그들의 삶에 대한 상념
2. 특징
   - 곽재구의 '사평역에서'라는 시에 서사적 상상력을 더하여 전개함
   - 중심인물 없이 여러 시민들의 내면이 서술됨

해설 ④ 제시문에서 ⊙ '예술'과 ⓒ '과학'을 인과적으로 분석하고 있지는 않다.
   • 인과: 어떤 결과를 가져온 원인과 그로 인해 초래된 결과에 초점을 두는 진술 방식

오답 분석 ① 2문단 3~5번째 줄에서 ⊙ '예술'의 언어가 과학의 언어처럼 지시적 기능을 갖고 있다는 사실이 오해임을 설명하기 위해 다빈치의 '모나리자'를 예시로 들고 있다.
   [관련 부분] 다빈치의 「모나리자」는 모나리자라는 여인을 모델로 했다고 하더라도, 그러한 인물을 지시하고 표현했기 때문에 예술이 되는 것은 아니다.

   ② 1문단 1번째 줄에서 ⊙ '예술'의 개념을 밝혀 설명하는 '정의'가 사용되었다.
   [관련 부분] 예술의 본질은 무엇인가를 표현하는 것이다.

   ③ 1문단에서 ⊙ '예술'과 ⓒ '과학'의 공통점을 밝혀 설명하는 '비교'가 사용되었다.
   [관련 부분]
   • 예술이 과학과 마찬가지로 일종의 설명적 기능을 하고 있다는 것이다.
   • 과학이나 예술은 다 같이 우리들이 경험하고 있는 사물 현상에 질서를 주는 방법이라는 것이다.
   • 과학이나 예술의 목적이 진리를 밝히는 데 있으며, 그들의 언어가 갖는 의미는 그 언어가 가리키는 지시 대상에서 찾아진다는 것이다.

해설 ① 2문단 5~7번째 줄에서 ⊙은 엔터테인먼트가 고급 문화에 의존하고 종속되며, 엔터테인먼트가 고급 문화에서 파생된 것으로 본다고 설명한다. 이는 고급 문화와 엔터테인먼트 사이에 위계가 있다고 보는 입장이므로 ①의 설명은 글쓴이의 견해로 적절하지 않다.
   [관련 부분] 엔터테인먼트를 고급 문화에 전적으로 의존하고, 종속되며 그것에서 파생되는 것으로 간주

오답 분석 ② 2문단 4~7번째 줄 내용에 따르면 ⊙은 엔터테인먼트가 고급 문화를 차용하여 타락시킨다고 주장하면서 엔터테인먼트를 고급 문화의 하위 개념으로 간주하고 있다. 따라서 ⊙이 대중예술과 엔터테인먼트에 비해 고급 예술과 고급 문화의 우월성을 강조한다는 ②의 설명은 글쓴이의 견해로 적절하다.
   [관련 부분] 첫 번째 입장은 엔터테인먼트가 고급 문화를 차용해서 타락시키는 것이라고 주장하면서, 엔터테인먼트를 고급 문화에 전적으로 의존하고, 종속되며 그것에서 파생되는 것으로 간주한다.

   ③ 3문단 3~7번째 줄을 통해 확인할 수 있다.
   [관련 부분] 두 번째 입장은 ~ 고급 예술과 대중예술 사이의 관계를 설명하지 못한다.

   ④ 2문단 끝에서 1~5번째 줄 내용에 따르면 ⓒ은 엔터테인먼트가 고급 문화와 동떨어진 영역이며, 자체적으로 규칙, 가치, 원리, 미적 기준을 갖고 있다고 한다. 따라서 ⓒ이 대중예술과 엔터테인먼트의 독자성을 강조한다는 ④의 설명은 글쓴이의 견해로 적절하다.
   [관련 부분] 두 번째 입장은 엔터테인먼트를 고급 문화와 동떨어진 영역, 즉 고급 문화에 도전함으로써 대립적인 태도를 유지하면서 엔터테인먼트 자체의 자율적 규칙, 가치, 원리와 미적 기준을 갖고 있는 것으로 규정한다.

정답 및 취약점 확인

p.225

문항	정답	출제 포인트	정답률	약점 개념 확인	문항	정답	출제 포인트	정답률	약점 개념 확인
01	①	비문학-화법	73%	지시 표현	11	②	문학-인물의 심리 및 태도	72%	천승세 〈만선〉
02	②	비문학-작문	77%	글쓰기 계획	12	①	비문학-내용 추론	69%	
03	②	어휘-혼동하기 쉬운 어휘	68%	부치다, 붙이다	13	③	비문학-다양한 유형의 글	71%	기사문
04	④	비문학-논지 전개 방식	72%	유추, 묘사, 예시, 대조	14	③	문학-작품의 종합적 감상	68%	이성부 〈봄〉
05	④	비문학-주제 및 중심 내용 파악	66%		15	③	비문학-내용 추론	56%	
06	④	비문학-세부 내용 파악	70%		16	④	어휘-한자어	45%	運命, 自敍傳, 厭世的, 誠實
07	③	어휘-한자 성어	57%	肝膽相照, 磨斧爲針, 昏定晨省, 孤掌難鳴	17	①	문학-작품의 종합적 감상	68%	박지원 〈호질〉
08	④	어법-문장	59%	높임 표현	18	③	어법-올바른 문장 표현	60%	의미 중복
09	③	어법-한글 맞춤법	48%	의존 명사·접사의 띄어 쓰기	19	④	비문학-세부 내용 파악	68%	
10	③	문학-작품의 종합적 감상	67%	백수광부의 처 〈공무도 하가〉, 〈서경별곡〉	20	①	비문학-세부 내용 파악	70%	

---

01 비문학 화법 (지시 표현) 난이도 ★★☆

해설 ① ㉠ '이'는 앞 문장의 진술 내용을 지시하는 지시 대명사이다. 문맥상 뒤 문장의 내용인 '참으로 잘된 일'은 앞 문장에서 '현주가 취직이 된 것'을 지시하는 말이므로 옳은 설명은 ①이다.

오답 분석 ② ㉡ '그'는 뒤에 오는 체언 '집'을 수식하는 지시 관형사이다. 문맥상 '그'가 지시하는 '집'은 현재 청자가 거주하는 집이므로 화자와 청자가 모두 알고 있는 대상에 해당함을 알 수 있다.
③ ㉢ '저것'은 '우리가 싫어했던'을 통해 화자와 청자 모두가 알고 있는 대상에 해당함을 알 수 있다.
④ ㉣ '저'는 화자와 청자 모두에게서 멀리 떨어져 있는 대상을 가리키는 지시 관형사이다. 문맥상 화자가 청자를 부축하여 함께 멀리 떨어져 있는 건물까지 이동해야 하는 상황임을 알 수 있다.

👍 **이것도 알면 합격!**

관형사 '이', '그', '저'에 대해 알아두자.

이	말하는 이에게 가까이 있거나 말하는 이가 생각하고 있는 대상을 가리킬 때 쓰는 말 예 이 사과가 맛있게 생겼다.
그	듣는 이에게 가까이 있거나 듣는 이가 생각하고 있는 대상을 가리킬 때 쓰는 말 예 그 책 이리 좀 줘 봐.
저	말하는 이와 듣는 이로부터 멀리 있는 대상을 가리킬 때 쓰는 말 예 저 둘 중에 하나를 선택해라.

02 비문학 작문 (글쓰기 계획) 난이도 ★★☆

해설 ② 제시문은 주거지가 관광 명소화 되면서 기존 거주민의 주거 환경이 위협받는 문제에 대한 개선 방안을 마련하고자 하는 보고서의 주제와 목적을 설명하고 있다. 이때 관광 업체의 경영 실태와 매출 실적을 분석하는 것은 거주민의 주거 환경 위협 문제에 대한 개선 방안을 마련하는 것과 관련이 없으므로 보고서의 주제와 목적에 부합하지 않는다. 따라서 보고서 작성 방안으로 적절하지 않은 것은 ②이다.

오답 분석 ① 거주민의 쾌적한 주거 환경 유지와 관련된 외국의 유사한 정책 사례를 조사하고 시사점을 도출하는 것은 주거지의 관광 명소화 문제에 대한 개선 방안을 작성할 때 도움이 될 수 있다.
③ 전문가 자문 회의와 주민 토론회를 통해 의견을 수렴하는 것은 공동의 문제를 해결하기 위한 다양한 방면의 개선 방안을 도출하는 데 도움이 될 수 있다.
④ 지역 주민들과의 면담을 통해 피해 사례를 조사하고 일정한 기준에 따라 유형화하는 것은 주거지의 관광 명소화에 따른 문제점을 체계적이고 상세하게 파악하는 데 도움이 될 수 있다.

03 어휘 혼동하기 쉬운 어휘 난이도 ★★☆

해설 ② 밑줄 친 어휘 중 잘못 쓰인 것으로만 묶은 것은 ㉠, ㉣, ㉤이다.
• ㉠ 붙인다(×) → 부친다(○): 문맥상 '먹고 자는 일을 제집이 아닌 다른 곳에서 하다'를 뜻하는 '부치다'를 써야 한다.
• ㉣ 부치고(×) → 붙이고(○): 문맥상 '맞닿아 떨어지지 않게 하다'를 뜻하는 '붙이다'를 써야 한다.
• ㉤ 붙여(×) → 부쳐(○): 문맥상 '논밭을 이용하여 농사를 짓다'를 뜻하는 '부치다'을 써야 한다.

오답 분석 ㉡ 부치는(○): 문맥상 '모자라거나 미치지 못하다'를 뜻하는 '부치다'가 올바르게 쓰였다.
㉢ 붙여(○): 문맥상 '말을 걸거나 치근대며 가까이 다가서다'를 뜻하는 '붙이다'가 올바르게 쓰였다.
㉥ 붙였던(○): 문맥상 '어떤 감정이나 감각을 생기게 하다'를 뜻하는 '붙이다'가 올바르게 쓰였다.

'부치다'와 '붙이다'의 용례를 알아두자.

부치다	• 편지를 부치다. • 부채로 부치다. • 논밭을 부치다. • 힘이 부치는 일	• 빈대떡을 부치다. • 회의에 부치는 안건 • 인쇄에 부치는 원고 • 삼촌 집에 숙식을 부치다.
붙이다	• 접을 붙이다. • 불을 붙이다. • 우표를 붙이다. • 흥정을 붙이다. • 책상을 벽에 붙이다.	• 조건을 붙이다. • 취미를 붙이다. • 별명을 붙이다. • 경호원을 붙이다. • 한 대 올려 붙이다.

---

04 비문학 논지 전개 방식 난이도 ★★☆

해설 ④ 제시문의 밑줄 친 부분에서 '보살'은 이타(利他)를 위하여 활동하고 사회적 자각에 입각한 사회 본위의 사회 중심주의인 반면, '나한'은 자리(自利)를 위하여 활동하고 개인적 자각에 입각한 개인 본위의 개인 중심주의라고 설명하고 있다. 이때 '보살'과 '나한'의 특성을 차이점을 중심으로 설명하고 있으므로 밑줄 친 부분의 주된 설명 방식은 '대조'이다. (논지 전개 방식: 관련 설명 24p)
- 대조: 둘 이상의 사물들에 대해 차이점을 밝혀내어 설명하는 방식

오답 분석 ① 유추: 두 대상의 유사성을 바탕으로 한 쪽의 특징을 다른 한 쪽도 가질 것이라 추론하는 설명 방식
② 묘사: 대상에 대한 시각적 이미지를 사용하여 그림을 그리듯이 표현하는 방법
③ 예시: 일반적이고 추상적인 진술을 구체화하기 위해 세부적인 예를 들어 설명하는 방법

---

05 비문학 주제 및 중심 내용 파악 난이도 ★★☆

해설 ④ 제시문은 1문단에서 사회 관계망 서비스의 긍정적인 가치를 언급함과 동시에 무차별적인 개인 신상 정보 유출로 인해 사회 문제가 확산되고 있는 상황을 제시하고 그 심각성과 부작용을 2문단에서 설명하였다. 이어서 사회 관계망 서비스를 이용해 공유하는 정보가 개인의 사생활을 침해하거나 인격을 훼손하는 것은 아닐지 주의해야 함을 당부하고 있다. 따라서 제시문에서 결론적으로 주장하는 바로 가장 적절한 것은 ④이다.

오답 분석 ① 1문단 2~3번째 줄을 통해 정보 공유로 사회 정의를 실현할 수 있음을 알 수 있으나 이는 사회 관계망 서비스의 긍정적인 측면으로 제시된 내용일 뿐 제시문의 결론에 해당하지 않는다.
② ③ 제시문을 통해 확인할 수 없는 내용이다.

---

06 비문학 세부 내용 파악 난이도 ★★☆

해설 ④ 2문단 끝에서 1~2번째 줄을 통해 한국 전통 건축은 자연계의 곡선을 따른다는 것을 알 수 있다. 따라서 한국 전통 건축의 조형미를 곡선에서 찾은 것은 한국 전통 건축의 철학을 잘못 이해한 결과라는 ④의 설명은 글의 내용에 부합하지 않는다.
[관련 부분] 그 형태 또한 인위적인 직선을 배제하고 자연계의 곡선을 따르는 것을 즐겼다.

오답 분석 ① 1문단 3~5번째 줄과 끝에서 3~4번째 줄을 통해 확인할 수 있다.
[관련 부분]
- 마당으로부터의 시선이 마루를 거쳐 방으로 연결되고, 다시 창호를 통해 저 멀리의 들과 강과 산으로 이어진다.
- 자연을 있는 그대로 두고 열려진 건축 공간을 통해 정원처럼 즐기는 방식을 취한다.

② 1문단 끝에서 1~2번째 줄을 통해 확인할 수 있다.
[관련 부분] 자연을 소유하려는 일본 전통 건축의 특징과 명확히 구별되는 것이다.

③ 2문단 끝에서 2~6번째 줄을 통해 확인할 수 있다.
[관련 부분] 건축물도 자연의 일부라고 생각해서 ~ 산과 들을 제압하는 거대한 건축물을 짓지 않으려고 했으며

---

07 어휘 한자 성어 난이도 ★★☆

해설 ③ 제시문은 '효녀 지은'이 밤낮으로 어머니를 봉양하는 상황으로 '효녀 지은'의 지극한 효심이 나타난다. 따라서 '효녀 지은'의 행위를 나타내는 한자 성어로 가장 적절한 것은 ③ 昏定晨省(혼정신성)이다.
- 昏定晨省(혼정신성): '밤에는 부모의 잠자리를 보아 드리고 이른 아침에는 부모의 밤새 안부를 묻는다'라는 뜻으로, 부모를 잘 섬기고 효성을 다함을 이르는 말

오답 분석 ① 肝膽相照(간담상조): 서로 속마음을 털어놓고 친하게 사귐
② 磨斧爲針(마부위침): '도끼를 갈아 바늘을 만든다'라는 뜻으로, 아무리 어려운 일일지라도 인내와 노력으로 마침내 이루어 낸다는 말
④ 孤掌難鳴(고장난명): 1. '외손뼉만으로는 소리가 울리지 않는다'라는 뜻으로, 혼자의 힘만으로 어떤 일을 이루기 어려움을 이르는 말 2. 맞서는 사람이 없으면 싸움이 일어나지 않음을 이르는 말

---

08 어법 문장 (높임 표현) 난이도 ★★☆

해설 ④ 여쭤 보셨던(×) → 물어보셨던(○): '여쭈어보다'는 '물어보다'의 높임말로, 서술의 객체를 높일 때 사용하는 어휘이다. 따라서 ④에서 '여쭤 보셨던'이 높이는 대상은 서술의 객체(부사어) '저(나)'가 되므로, 높임의 대상이자 서술의 주체인 '시장님'을 높이기 위해서는 '여쭤 보셨던'을 '물어보다'에 주체 높임 선어말 어미 '-(으)시-'를 붙인 '물어보셨던'으로 고쳐 써야 한다.

오답 분석 ① 부장님, 넥타이가 잘 어울리시네요(○): 문장의 주체인 '넥타이'는 높임의 대상인 '부장님'과 관련된 간접 높임의 대상이다. 따라서 서술어 '어울리다'에 '-(으)시-'를 붙여 '어울리시네요'로 쓰는 것은 적절하다.
② 어머님, 아비가 아직 안 들어왔습니다(○): 남편을 시부모님에게 말할 때는 높이지 않고 낮추어 말하는 것이 적절하다.
③ 선생님, 어머니께서 위임장을 주셨습니다(○): 문장의 주체인 '어머니'를 높이기 위해 주격 조사의 높임말 '께서'를 사용하고 서술어에 주체 높임 선어말 어미 '-(으)시-'를 붙여 쓰는 것은 적절하다.

👍 이것도 알면 **합격!**

압존법에 대해 알아두자.

압존법은 문장의 주체가 화자보다는 높지만 청자보다는 낮아, 그 주체를 높이지 못하는 어법임

예 할아버지, 아버지가 아직 안 왔습니다.

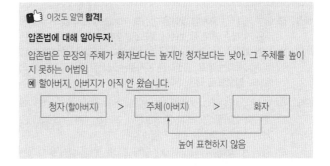

09 어법 한글 맞춤법 (띄어쓰기) 난이도 ★★☆

해설 ③ 스무∨살남짓(×) → 스무∨살∨남짓(○): '남짓'은 '크기, 수효, 부피 등이 어느 한도에 차고 조금 남는 정도'를 뜻하는 말로 수량을 나타내는 말 뒤에 쓰이는 의존 명사이므로 앞말과 띄어 쓴다.

오답분석
① 열∨시쯤(○): '시'는 '차례가 정하여진 시각'을 뜻하는 의존 명사이므로 앞말과 띄어 쓰고, '-쯤'은 '알맞은 한도, 그만큼가량'의 의미를 더하는 접미사이므로 앞말과 붙여 쓴다.
② 천∨원어치(○): '원'은 '우리나라 화폐 단위'를 이르는 의존 명사이므로 앞말과 띄어 쓰고, '-어치'는 '그 값에 해당하는 분량'의 뜻을 더하는 접미사이므로 앞말과 붙여 쓴다.
④ 이십∨세기경(○): '세기'는 '백 년을 단위로 하는 기간'을 이르는 의존 명사이므로 앞말과 띄어 쓰고, '-경'은 '그 시간 또는 날짜에 가까운 때'의 뜻을 더하는 접미사이므로 앞말과 붙여 쓴다.

10 문학 작품의 종합적 감상 난이도 ★★☆

해설 ③ (가)의 화자는 1구에서 임이 물을 건너는 모습을 보고 물에 빠져서 죽을까봐 걱정하는 마음을 드러내고 있고, (나)의 화자는 9~10행을 통해 임이 배를 타고 강을 건너서 다른 여인과 만나게 될 것을 걱정하고 있다. 따라서 (가)와 (나)에 대한 이해로 가장 적절한 것은 ③이다.

오답분석
① (가)의 화자가 임과의 동행을 선택했는지 알 수 없고, (나)의 화자는 임에게 배를 내어준 사공을 원망하는 것을 통해 임과의 이별을 강하게 거부하고 있으므로 적절하지 않다. 참고로 '공무도하가'의 배경 설화에서 백수광부의 처가 이 노래를 마치고 나서 스스로 물에 몸을 던져 죽었다고 전해지고 있으나, 제시된 작품만으로는 해당 내용을 확인할 수 없으므로 가장 적절한 이해로 볼 수 없다.
② (가)의 '河(물 하)'는 임이 빠져 죽은 공간이고, (나)의 '강'은 화자와 임이 이별하는 공간이므로 임과 나의 재회를 돕는다는 설명은 적절하지 않다.
④ (가)와 (나) 모두 화자의 상대방이 보이는 반응은 제시되어 있지 않고, 임과의 이별로 인해 비극적 분위기를 조성하고 있으므로 적절하지 않다.

지문풀이
(가) 임이여, 물을 건너지 마오.
임은 그예 물을 건너시네.
물에 빠져 돌아가시니,
가신 임을 어이할꼬. – 백수광부의 처, '공무도하가'

(나) 대동강이 넓은 줄을 몰라서 / 배를 내어 놓았느냐 사공아! / 네 아내가 음란한 줄도 몰라서 / 가는 배에 몸을 실었느냐 사공아! / (나의 임은) 대동강 건너편 꽃을 / 배를 타고 (건너편에) 들어가면 꺾을 것입니다. – 작자 미상, '서경별곡'

11 문학 인물의 심리 및 태도 난이도 ★★☆

해설 ② 어부 '곰치'는 모처럼 찾아온 만선의 기회를 놓치지 않기 위해 선주인 '임제순'에게 잘 보여야 하므로 '임제순'에게 언성을 높이는 '연철'과 '성삼'에게 주의를 주는 상황이다. 따라서 '성삼'에게 ⓒ '비아냥거리는 투로' 말한다는 지시문은 제시된 작품의 맥락상 적절하지 않으므로 답은 ②이다.

오답분석
① '곰치'는 만선의 기회를 놓치지 않기 위해 배를 타야 하므로 '임제순'의 심기를 건드리지 않아야 한다. 따라서 '임제순'의 말에 ㉠ '체념 조로' 동의하는 것이 적절하다.
③ '곰치'는 '임제순'에게 달려들며 말하고 있는 '연철, 성삼'을 말리는 동시에 '임제순'의 기분을 파악하며 눈치를 보고 있는 상황이므로 '임제순'의 부름에 ⓒ '지친 듯' 대답하는 것이 적절하다.

④ '임제순'이 배를 묶음으로써 '곰치'는 만선의 기회를 놓치게 될 위기에 놓여 있으므로 '임제순'의 태도에 ⓔ '애걸 조로' 부탁하는 것이 적절하다.

👍 이것도 알면 합격!
천승세, '만선'에 대해 알아두자.
1. 주제: 한 어부의 만선에 대한 집념, 현실에 대한 인간의 도전과 좌절
2. 특징
  • 사투리와 비속어를 사용하여 현장감을 더함
  • 인물의 집념과 의지, 그 과정에서의 갈등을 섬세하게 표현함
3. 갈등 양상
  제시된 부분에 등장하는 주된 갈등은 곰치 · 도삼 · 연철과 임제순 사이에 발생하는 빈부 간의 갈등이라고 할 수 있다. 임제순은 고리대금업을 하는 악덕 선주로 곰치와 실현 불가능한 조건으로 계약을 맺는다. 곰치는 그 부당함에 화를 내면서도 만선으로 극복할 수 있다는 의지를 보인다.

12 비문학 내용 추론 난이도 ★★☆

해설 ① ㉠~㉣에 들어갈 말은 순서대로 '시행 - 격차 - 기반 - 고양'이므로 답은 ①이다.
  • ㉠: ㉠의 뒤에서 근대 국가가 형성되면서 언어의 단일화를 이루기 위해 노력한 러시아의 사례가 제시된다. 러시아는 러시아어 표준어 정책을 강력하게 실시했다는 설명이 나오고, 이는 곧 언어 정책이 시작되었음을 의미한다고 볼 수 있다. 따라서 ㉠에는 '실지로 행함'을 뜻하는 '시행(施行)'이 들어가는 것이 적절하다.
  • ㉡: ㉡이 포함된 문장은 러시아가 표준어 정책을 실시하게 된 배경이 된다. 따라서 ㉡에는 문장어와 방언 사이에 차이가 컸음을 의미하는 단어가 들어가야 하므로 '가격이나 자격, 품등 등이 서로 다른 정도'를 뜻하는 '격차(格差)'가 들어가는 것이 적절하다. 참고로 '편차(偏差)'는 '수치, 위치, 방향 등이 일정한 기준에서 벗어난 정도나 크기' 등을 뜻한다.
  • ㉢: ㉢이 포함된 문장에서 표트르 대제가 표준어 정책을 실시하기 위해 불가리아 문장어를 버렸다고 하였으므로 문맥상 불가리아 문장어 대신 새로운 언어를 토대로 한 정책이 실시되었음을 알 수 있다. 따라서 ㉢에는 '기초가 되는 바탕. 또는 사물의 토대'를 뜻하는 '기반(基盤)'이 들어가야 한다. 참고로 '방식(方式)'은 '일정한 방법이나 형식'을 뜻한다.
  • ㉣: ㉣의 앞에서 봉건제가 붕괴되었다고 하였으므로 주종 관계를 기본으로 하는 봉건제와 의미상 대립적 관계에 있는 민주 의식은 높아졌음을 알 수 있다. 따라서 ㉣에는 '정신이나 기분 등을 북돋워서 높임'을 뜻하는 '고양(高揚)'이 들어가는 것이 적절하다. 참고로 '지양(止揚)'은 '더 높은 단계로 오르기 위하여 어떠한 것을 하지 않음'을 뜻한다.

13 비문학 다양한 유형의 글 (기사문) 난이도 ★★☆

해설 ③ ㉢은 '전문'의 육하원칙에 해당하는 몇몇 요소인 언제(11일과 12일 저녁), 어디서(울산과 부산), 무엇을(가을밤 별자리를 관찰할 수 있는 축제)에 의거하여 기사의 요지인 '별 축제'에 대한 기사 내용의 뼈대를 제시하고 있으므로 ③의 설명은 적절하다.

오답분석
① ㉠은 별자리 관찰 축제를 '별 헤는 밤'으로 표현하여 내용 전체를 간결하게 나타내고, 본문을 압축한 내용으로 독자의 호기심을 유발하는 '표제'에 해당하므로 적절하지 않다.
② ㉡은 축제가 언제, 어디에서 열리는지에 대한 내용을 구체적으로 알리는 작은 제목으로 표제를 보완하는 '부제'에 해당하므로 적절하지 않다.
④ ㉣은 기사의 구체적인 내용을 본격적으로 서술한 부분인 '본문'에 해당하므로 적절하지 않다.

14 문학 작품의 종합적 감상 (시)　　　난이도 ★★☆

해설 ③ 제시된 작품의 화자는 기다림을 잃었을 때와 같이 절망적인 상황에서도 봄이 반드시 올 것이라는 희망을 가지고 있다. 또한 '너를 보면 눈부셔 일어나 맞이할 수가 없다'에서 화자는 봄을 맞이하는 감격스러운 마음을 표현하고 있다. 따라서 화자는 미래에 대해 긍정적인 태도를 지니고 있으므로 화자가 미래의 절망적인 상황을 단언한다는 ③의 감상은 적절하지 않다.

오답 분석
① '온다'를 반복적으로 사용함으로써 봄이 오기를 기다리는 화자의 간절함을 강화하고 있다.

② 서술어 '온다', '올 것이다'를 사용한 단정적 어조로 기대하는 대상인 봄이 반드시 올 것이라는 확신을 드러내고 있다.

④ 봄을 '너'라고 지칭함으로써 인격화하여 봄을 간절히 기다리고 있는 화자의 마음을 표현하고 있다.

👍 이것도 알면 **합격!**

이성부, '봄'에 대해 알아두자.

갈래	자유시, 서정시
성격	예찬적, 희망적, 상징적
주제	봄(민주, 자유)이 올 것이라는 확신과 희망
내용	1행~2행	너(봄)가 올 것이라는 믿음
	3행~10행	너(봄)는 더디게 옴
	11행~16행	마침내 돌아온 너(봄)를 맞이하며 감격함
특징	1. 대상(봄)을 의인화하여 예찬함 2. 앞으로 다가올 새로운 시대에 대한 확신과 희망이 나타남 3. 자연 섭리(계절의 순환, 봄은 반드시 옴)의 당위성을 강조함

15 비문학 내용 추론　　　난이도 ★★☆

해설 ③ 1문단 끝에서 1~5번째 줄을 통해 21세기는 인간의 상상력을 바탕으로 첨단 과학과 정보 통신 기술이 발달하여 어느 때보다 큰 폭으로 변화된 모습이 나타나고 있음을 알 수 있다. 따라서 인간의 상상력을 바탕으로 실현된 세계의 모습에 변함이 없다는 내용은 제시문에 대한 추론으로 적절하지 않으므로 답은 ③이다.
[관련 부분] 이 세기는 첨단 과학과 정보 통신 기술의 비약적인 발달로 ~ 늘 인간의 열망과 상상력이 가로놓여 있었다.

오답 분석
① 1문단 2~6번째 줄을 통해 인간이 추구하는 가치가 끊임없이 변하였음을 알 수 있다. 따라서 현재 인간이 추구하는 가치를 불변의 절대적 가치로 인정할 수 없음을 추론할 수 있다.
[관련 부분] 가치관 또한 다양하게 바뀌었다. 어느 세기에는 종교적 믿음이 ~ 어느 때에는 이성이 ~ 어느 시점에서는 ~ 산업화를 지향하기도 했다.

② 2문단 1~2번째 줄을 통해 인간의 열망과 상상력이 인류 역사의 변화 과정에 큰 영향을 끼쳤음을 추론할 수 있다.
[관련 부분] 과학 기술의 진보와 이에 발맞춘 눈부신 문명의 진전 과정에서 인간의 열망과 상상력이 우선하였다.

④ 3문단 끝에서 1~4번째 줄을 통해 21세기는 과거와 달리 상상하는 것을 이루어낼 수 있는 시대임을 알 수 있다. 이를 통해 과거에는 상대적으로 과학 기술의 위상이 낮았다면, 21세기에는 과학 기술의 위상이 인간의 상상력을 실현할 만큼 높아졌다고 볼 수 있다. 따라서 과학 기술과 상상력의 위상 관계에 변화가 일고 있음을 추론할 수 있다.
[관련 부분] 과거 시대들이 무엇인가를 상상하고 그것을 만들어 가는 기술을 개발하는 시간들이었다면, 21세기는 상상하는 것을 곧 이루어 낼 수 있는 시대가 된 것이다.

16 어휘 한자어 (한자어의 표기)　　　난이도 ★★☆

해설 ④ ㄱ~ㄹ은 각각 '運命, 自敍傳, 厭世的, 誠實'로 표기하므로 답은 ④이다.
- ㄱ 運命(운명: 옮길 운, 목숨 명): 인간을 포함한 모든 것을 지배하는 초인간적인 힘. 또는 그것에 의하여 이미 정하여져 있는 목숨이나 처지
- ㄴ 自敍傳(자서전: 스스로 자, 펼 서, 전할 전): 작자 자신의 일생을 소재로 스스로 짓거나, 남에게 구술하여 쓰게 한 전기
- ㄷ 厭世的(염세적: 싫어할 염, 인간 세, 과녁 적): 세상을 싫어하고 모든 일을 어둡고 부정적인 것으로 보는 것
- ㄹ 誠實(성실: 정성 성, 열매 실): 정성스럽고 참됨

오답 분석
- 殞命(죽을 운, 목숨 명): 사람의 목숨이 끊어짐
- 自(스스로 자), 書(글 서), 傳(전할 전)
- 鹽(소금 염), 稅(세금 세), 的(과녁 적)
- 成實(이룰 성, 열매 실): 곡식 등이 다 자라서 열매를 맺음

17 문학 작품의 종합적 감상 (소설)　　　난이도 ★★☆

해설 ① 제시된 작품은 등장인물들 간의 대화와 상황 묘사를 통해 주제를 강화하고 있을 뿐, 자연을 묘사하는 부분은 나타나지 않으므로 글에 대한 감상으로 적절하지 않은 것은 ①이다.

오답 분석
② 북곽 선생이 읊는 시에서 '원앙새'와 '반딧불'은 남녀 간의 정을 의미하고, '가마솥 세발솥'은 각기 성이 다른 다섯 아들들을 의미한다. 이를 통해 북곽 선생이 시를 읊으며, 동리자와 통정하고자 하는 욕정을 넌지시 드러내고 있음을 알 수 있다.

③ 범이 북곽 선생을 꾸짖는 장면을 통해 범을 의인화하여 평소의 명망 높은 유학자로 존경받는 모습과 달리 위급한 상황에 아첨하는 북곽 선생의 이중성을 들추고 있음을 알 수 있다.

④ '유(儒)'는 유(諛)'에 동음이의어를 활용한 언어유희가 나타난다. '유(儒)'는 '선비 유'를, '유(諛)'는 '아첨할 유'를 의미하는 것으로, 언어유희를 통해 아첨하는 말을 일삼는 양반들을 비판하고 있음을 알 수 있다.

👍 이것도 알면 **합격!**

박지원, '호질'에 대해 알아두자.

1. 주제: 위선적인 양반들의 삶과 부도덕한 인간 사회에 대한 비판

2. 특징
- 동물을 의인화하는 우의적 수법을 사용
- 실학사상을 바탕으로 부정적인 인간들의 삶의 모습을 비판함

3. '범'의 역할과 활용 의의

'범'의 역할	• 작가 의식을 대변하는 의인화된 인물 • 객관적인 관찰자로 양반 계층의 위선적 속성을 풍자함
활용 의의	• 작품에 흥미를 더하면서 신랄한 비판이 가능함 • 당시의 유교 사회의 지탄을 받지 않고 현실을 비판함

18 어법 올바른 문장 표현 (의미 중복)　　　난이도 ★★☆

해설 ③ 의미 중복이 없는 문장은 ③이다.

오답 분석
① 투고한 원고(×) → 보낸 원고(○): '투고'는 '의뢰를 받지 않은 사람이 신문이나 잡지 등에 실어 달라고 원고를 써서 보냄. 또는 그 원고'를 뜻한다. 따라서 '원고'의 의미가 중복되었으므로 '보낸'으로 고쳐 써야 한다.

② 길거리를 도보로 걸었다(×) → 길거리를 걸었다(○): '도보'는 '탈 것을 타지 않고 걸어감'을 뜻한다. 따라서 '걷다'의 의미가 중복되었으므로 '도보로'를 삭제해야 한다.

④ 버스 안에 탄 승객은 우리와 자매결연을 맺은 분들(×) → 버스 안에 탄 손님은 우리와 자매결연을 한 분들(○): '승객'은 '차, 배, 비행기 등의 탈것을 타는 손님'을 뜻하며 '타다'의 의미를 포함하고 있고, '결연'은 '인연을 맺음. 또는 그런 관계'를 뜻하며 '맺다'의 의미를 포함하고 있다. 따라서 '타다'와 '맺다'의 의미가 중복되었으므로 '승객'은 '손님'으로, '자매결연을 맺은'은 '자매결연을 한'으로 고쳐 써야 한다.

---

19 [비문학] 세부 내용 파악   난이도 ★★☆

해설 ④ 9~10번째 줄을 통해 안중근 의사가 여러 인사들에게 의견을 묻고 있음을 확인할 수 있다. 또한 끝에서 5~9번째 줄을 통해 그 인사는 일본인임과 일본인들도 증오하는 이등을 한국인으로서 어떻게 증오하지 않을 수 있겠냐며 이등을 제거한 자신의 행위를 역설하고 있음을 확인할 수 있다. 따라서 글에 대한 이해로 적절한 것은 ④이다.
• 역설(力說)하다: 자기의 뜻을 힘주어 말하다.
[관련 부분]
• 내가 말한 여러 계급의 인사들에게 다시 물어봐도
• 간신 이등을 얼마나 증오하고 있는지 ~ 일본인도 그러하거늘, 하물며 한국인으로서는 ~ 어찌 증오해 마지않을 수 있겠는가.

오답 분석 ① 첫 번째 줄을 통해 검찰관의 논고를 듣고 난 이후에 최후 진술을 하고 있음을 확인할 수 있다.
[관련 부분] 앞에서 검찰관의 논고와 변호사의 변론을 들으니,

② 끝에서 1~3번째 줄을 통해 안중근 의사는 이등을 제거한 자신의 행위가 잘못되지 않았다고 생각함을 확인할 수 있다.
[관련 부분] 한국과 일본 두 나라의 친선을 저해하고 동양의 평화를 어지럽힌 장본인은 바로 이등이므로, 나는 한국의 의병 중장의 자격으로서 그를 제거한 것이다.

③ 4~5번째 줄을 통해 안중근 의사는 이등의 시정 방침이 완벽하지 않다고 생각함을 확인할 수 있다.
[관련 부분] 이등의 시정 방침은 결코 완비된 것이 아닐진대

---

20 [비문학] 세부 내용 파악   난이도 ★★☆

해설 ① 2~3번째 줄을 통해 언어 자살 현상의 특징은 명백한 외부의 강압이 없다는 것임을 알 수 있다. 서구 열강들의 식민 지배 전략인 언어 말살 정책은 명백한 외부의 강압에 해당하는 것이므로 글에 대한 이해로 적절하지 않은 것은 ①이다.
[관련 부분] 언어 자살은 명백한 외부의 강압이 없으며

오답 분석 ② 4~7번째 줄을 통해 멕시코 정부의 지역 문화 존중에도 불구하고 언중들은 모어 대신 스페인어를 사용하고 있다. 이를 통해 언중의 의지가 언어 사용에 큰 영향을 미친다는 것을 알 수 있으므로, 모어를 계승하기 위한 언중의 의지는 언어 자살 현상의 발생 가능성에 변수가 될 수 있음을 확인할 수 있다.
[관련 부분] 멕시코 정부에서 ~ 지역 문화를 존중하는 태도를 보였는데도 ~ 모어 대신 스페인어를 사용했다.

③ 4~8번째 줄을 통해 멕시코 정부는 코코낙어 사용 금지 정책을 펼치지 않았으므로 특정 지역의 언어 교체 현상을 유도했다고 보기 어려움을 확인할 수 있다.
[관련 부분] 멕시코 정부에서 공식적으로 토토낙어 사용을 금지하는 정책을 취하지 않고 ~ 이 지역 사람들은 모어 대신 스페인어를 사용했다. 이러한 언어 교체 현상을 멕시코 정부가 부추겼다고 보기는 어렵다.

④ 끝에서 1~3번째 줄을 통해 확인할 수 있다.
[관련 부분] '나는 부모님들처럼 이렇게 살지는 않겠어.'라는 집단적 자각이 한 세대로 하여금 단체로 모어 사용을 그만두게 할 수도 있는 셈이다.

정답 및 취약점 확인

p.232

문항	정답	출제 포인트	정답률	약점 개념 확인	문항	정답	출제 포인트	정답률	약점 개념 확인
01	②	어법-한글 맞춤법	20%	띄어쓰기	11	④	어법-의미	51%	반의 관계
02	③	혼합-한글 맞춤법, 표기상 틀리기 쉬운 어휘	42%	이쁘디이쁘다, 차지다, 돋구다	12	②	어법-한글 맞춤법	54%	용언의 활용, 어미의 표기
03	②	어법-한글 맞춤법	53%	사이시옷의 표기	13	①	어휘-한자어	45%	復活, 復命, 樂園, 樂勝, 降等, 下降, 率先, 引率
04	②	비문학-내용 추론	56%		14	①	어법-올바른 문장 표현	47%	문장 성분의 호응, 문법 요소의 적절성
05	③	어법-말소리	50%	교체(대치), 탈락, 첨가, 축약	15	①	어법-문장	40%	사동 표현
06	③	비문학-글의 구조 파악	58%		16	④	비문학-글의 전략 파악	51%	인과, 반어, 풍자, 해학
07	③	문학-작품의 종합적 감상	45%	신경림 〈농무〉	17	③	문학-작품의 종합적 감상	42%	이광수 〈무정〉
08	④	혼합-주제 및 중심 내용 파악, 한자 성어	43%	박지원 〈일야구도하기〉, 以心傳心, 心機一轉, 人心不可測, 一切唯心造	18	④	비문학-세부 내용 파악	55%	
09	④	문학-작품의 종합적 감상	58%	박찬욱 외 〈공동경비구역 JSA〉	19	①	문학-화자의 정서 및 태도	55%	송순 〈면앙정가〉
10	④	비문학-화법	49%	토의 참여자의 말하기 방식	20	①	비문학-세부 내용 파악	58%	

01 | 어법 한글 맞춤법 (띄어쓰기) 난이도 ★★★

해설 ② 띄어쓰기가 옳은 것은 ②이다.
- 김∨양(○): '김'은 성의 하나로 명사이고, '양'은 아랫사람을 조금 높여 이르거나 부를 때 쓰는 의존 명사이므로 '김∨양'과 같이 띄어 쓴다.
- 안동∨권씨(○): 이때 '-씨'는 '그 성씨 자체'의 뜻을 더하는 접미사이므로 '권씨'와 같이 붙여 쓴다.

오답 분석 ① 부모와∨자식간에도(×) → 부모와∨자식∨간에도(○): 이때 '간'은 '관계'의 뜻을 나타내는 의존 명사이므로 앞말인 '자식'과 띄어 써야 한다.
③ · 이∨충무공(×) → 이충무공(○): '이충무공'은 '이순신'의 성과 시호를 함께 이르는 말이므로 붙여 써야 한다. 참고로 '이충무공'은 사전에 한 단어로 등재되어 있다.
· 500∨돌/500돌(○): '돌'은 '특정한 날이 해마다 돌아올 때, 그 횟수를 세는 단위'를 뜻하는 의존 명사이므로 앞말과 띄어 쓰는 것이 원칙이나 숫자와 어울려 쓰이는 경우에는 붙여 쓸 수 있다.
④ 카리브∨해(×) → 카리브해(○): '해, 섬, 강, 산' 등이 외래어에 붙을 때에는 앞말에 붙여 써야 한다.

👍 **이것도 알면 합격!**

'씨(氏)'의 띄어쓰기를 알아두자.

의존 명사 '씨'	상대방을 대접하여 부르거나 이르는 말로 쓰일 때는 의존 명사이므로 앞말과 띄어 씀 **예** 김∨씨, 홍길동∨씨
접미사 '-씨'	'그 성씨 자체', '그 성씨의 가문이나 문중'의 뜻을 더할 때는 접미사이므로 앞말에 붙여 씀 **예** 김씨 문중, 혜경궁 홍씨
	※ 비슷한 뜻을 지닌 '-가(哥)'도 '그 성씨 자체' 또는 '그 성씨를 가진 사람'의 뜻을 더하는 접미사이므로 앞말에 붙여 씀 **예** 김가야! 요즘은 잘 지내느냐?

02 | 어법 + 어휘 한글 맞춤법, 표기상 틀리기 쉬운 어휘 난이도 ★★☆

해설 ③ 소맷깃을(×) → 소맷귀를(○): '소맷부리의 구석 부분'을 뜻하는 말은 '소맷귀'이므로 ③ '소맷깃'은 어법에 맞지 않다.

오답 분석 ① 차져서(○): 기본형은 '차지다'로, 'ㅣ'로 끝나는 어간 '차지-'에 모음 어미 '-어서'가 결합하여 'ㅕ'로 줄 적에는 준 대로 적는다. 참고로 '차지다'와 '찰지다'는 동일한 의미의 복수 표준어이다.
② 이쁘디이쁘다(○): '매우 예쁘다'를 뜻하는 말로, 한 단어이므로 붙여 쓴다. 참고로 '이쁘디이쁘다'와 '예쁘디예쁘다'는 동일한 의미의 복수 표준어이다.
④ 돋구었다(○): '안경의 도수를 더 높게 하다'를 뜻하는 '돋구다'가 적절하게 쓰였다.

03 | 어법 한글 맞춤법 (사이시옷 표기) 난이도 ★★☆

해설 ② '윗옷'은 사이시옷 규정과 관련이 없는 단어이므로 답은 ②이다. '윗-'과 '웃-'의 경우, 표기를 통일하기 위해 표준어 사정 원칙 규정에 따라 '윗-'을 기본으로 적는다. 참고로 '윗옷'은 '위에 입는 옷'을 뜻하는 말이다. *(사이시옷 표기: 관련 설명 58p)*

오답 분석 ① 냇가: '내 + 가'가 결합된 순우리말 합성어로, 앞말이 모음 'ㅐ'로 끝나고 뒷말의 첫소리 'ㄱ'이 된소리 [ㄲ]으로 발음되므로 사이시옷을 받쳐 적는다.
③ 훗날: '후(後) + 날'이 결합된 한자어와 순우리말로 된 합성어이다. 앞말이 모음 'ㅜ'로 끝나고 뒷말의 첫소리 'ㄴ' 앞에서 'ㄴ' 소리가 덧나므로 사이시옷을 받쳐 적는다.
④ 예삿일: '예사(例事) + 일'이 결합된 한자어와 순우리말로 된 합성어이다. 앞말이 모음 'ㅏ'로 끝나고 뒷말의 첫소리 'ㅣ' 앞에서 'ㄴㄴ' 소리가 덧나므로 사이시옷을 받쳐 적는다.

해설 ② 끝에서 1~2번째 줄을 통해 시청자들은 역사 드라마를 주제로 사회적 담론을 벌이기도 함 확인할 수 있다. 이에 따르면 시청자들이 역사 드라마를 통해 사회적 화젯거리를 만들 수 있음을 추론할 수 있다. 따라서 제시문을 읽은 후의 반응으로 가장 적절한 것은 ②이다.

[관련 부분] 시청자들이 역사 드라마를 주제로 삼아 사회적 담론의 장을 열기도 한다.

오답 분석
① 제시문에서 다루고 있지 않은 내용이다.
③ 1~4번째 줄을 통해 시청자들은 작가의 생각을 그대로 받아들이지 않고 다중적으로 수용한다는 것을 알 수 있다. 따라서 작가가 강조하는 역사적 교훈을 배우기 위해 역사 드라마를 시청해야 한다는 반응은 적절하지 않다.

[관련 부분] 역사 드라마는 역사적 인물이나 사건 혹은 역사적 시간이나 공간에 대한 작가의 단일한 재해석 또는 상상이 아니라 ~ 시청자에 의해 능동적으로 해석되고 상상됨으로써 다중적으로 수용된다는 점에서

④ 1~4번째 줄을 통해 부정적인 평가를 받는 인물이더라도 시청자들에 의해 능동적으로 해석되고 상상됨으로써 다중적으로 수용될 수 있음을 추론할 수 있다.

[관련 부분] 역사 드라마는 역사적 인물이나 사건 혹은 역사적 시간이나 공간에 대한 작가의 단일한 재해석 또는 상상이 아니라 ~ 시청자에 의해 능동적으로 해석되고 상상됨으로써 다중적으로 수용된다는 점에서

해설 ③ 끓는[끌른] 탈락, 대치(○): '끓는'은 음절 끝의 겹받침 'ㅀ'에서 'ㅎ'이 탈락하는 현상(자음군 단순화)이 나타난다. 그리고 '는'의 첫소리 'ㄴ'은 '끌'의 받침 'ㄹ'의 영향으로 [ㄹ]로 바뀌어 발음되는 대치 현상(유음화)이 나타난다.

오답 분석
① 값진[갑찐] 탈락, 첨가(×) → 탈락, 대치(○): '값진'은 음절 끝의 겹받침 'ㅄ'에서 'ㅅ'이 탈락하는 현상(자음군 단순화)이 나타난다. 그리고 안울림소리 'ㅂ'과 'ㅈ'이 만나 뒤의 예사소리 'ㅈ'이 [ㅉ]으로 발음되는 대치 현상(된소리되기)이 나타난다.
② 밖과[박꽈] 대치, 축약(×) → 대치(○): '밖과'는 받침 'ㄲ'이 'ㄱ'으로 바뀌는 대치 현상(음절의 끝소리 규칙)이 나타난다. 그리고 안울림소리 'ㄱ'과 'ㄱ'이 만나 뒤의 예사소리 'ㄱ'이 [ㄲ]으로 발음되는 대치 현상(된소리되기)이 나타난다.
④ 밭도[받또] 대치, 첨가(×) → 대치(○): '밭도'는 받침 'ㅌ'이 [ㄷ]으로 바뀌는 대치 현상(음절의 끝소리 규칙)이 나타난다. 그리고 안울림소리 'ㄷ'과 'ㄷ'이 만나 뒤의 예사소리 'ㄷ'이 [ㄸ]으로 발음되는 대치 현상(된소리되기)이 나타난다.

해설 ③ '(나)-(가)-(다)-(라)'의 순서가 가장 자연스럽다.

순서	중심 내용	순서 판단의 단서와 근거
(나)	인류가 남긴 미술 작품에는 다양한 동물들이 등장함	제시문의 중심 화제인 '미술 작품에 등장하는 동물'에 대해 언급함
(가)	미술 작품에 등장하는 동물은 종교적·주술적인 동물, 신을 위한 동물, 인간을 위한 동물로 구분됨	키워드 '미술 작품에 등장하는 동물': 미술 작품에 등장하는 동물들을 성격에 따라 분류하고 있으므로 (나) 뒤에 이어지는 것이 자연스러움
(다)	종교적·주술적 성격의 동물은 인간의 이지가 발달함에 따라 그 기능이 변화되었음	키워드 '종교적·주술적인 성격의 동물': (가)에서 언급한 첫 번째 유형인 '종교적·주술적인 동물'에 대해 설명함
(라)	신의 위엄을 뒷받침하고 신을 돕기 위해 동물이 이용되기도 함	키워드 '신의 권위를 강조하기 위한 것': (가)에서 언급한 두 번째 유형인 '신을 위한 동물'에 대해 설명함

해설 ③ 제시된 작품은 농민들이 추는 춤 또는 보고 즐기는 춤인 '농무(農舞)'를 제재로 하여 농민들의 한(恨)과 고뇌를 표현하였다. 6행이나 13~14행 등의 구절을 통해 농촌 현실에 대한 시적 화자의 울분과 한(恨)을 느낄 수 있다. ㉠~㉣ 중 이러한 시적 화자의 정서를 가장 잘 대변하는 인물은 ㉢ '꺽정이'로, 모순된 현실에 대해 울부짖으며 현실을 개혁하고자 맞서 싸우는 사람을 상징한다. 따라서 답은 ③이다.

오답 분석
① ② ㉠ '쪼무래기들', ㉡ '처녀애들'은 젊은이들이 떠난 농촌 현실을 짐작하게 한다.
④ 피폐한 농촌의 현실에도 불구하고 웃고 있는 ㉣ '서림이'는 모순된 현실에 타협하며 살아가는 사람을 상징한다.

👍 이것도 알면 **합격!**

신경림, '농무'의 특징과 시어의 의미를 알아두자.

1. 특징
• 서사적인 시상 전개가 나타남
• 역설적 상황을 설정하여 심리를 표현함
• 직설적 표현을 통해 현실에 대한 인식을 나타냄

2. 시어의 의미

텅 빈 운동장	농촌 현실에서 느끼는 쓸쓸함, 소외감, 허무감
도수장	농민들의 분노가 고조되는 공간
신명	농민들의 절망과 울분을 드러낸 역설적인 표현

해설 ④ 제시된 작품의 작가는 집 앞의 개울물 소리가 다양하게 들린다고 하였다. 이를 통해 듣는 사람의 마음에 따라 같은 소리가 다르게 느껴질 수 있다는 것이 제시문의 중심 생각임을 알 수 있다. 따라서 답은 ④ '一切唯心造(일체유심조)'이다.
• 一切唯心造(일체유심조): 모든 것은 마음먹기에 달린 것임을 이르는 말

오답 분석
① 以心傳心(이심전심): 마음과 마음으로 서로 뜻이 통함
② 心機一轉(심기일전): 어떤 동기가 있어 이제까지 가졌던 마음가짐을 버리고 완전히 달라짐
③ 人心不可測(인심불가측): '사람의 마음은 그 깊이를 잴 수가 없다'라는 뜻으로, 사람의 마음은 헤아릴 수 없다는 말

👍 이것도 알면 **합격!**

박지원, '일야구도하기'에 대해 알아두자.

1. 갈래: 한문 수필, 기행 수필
2. 주제
   - 마음을 다스리는 일의 중요성
   - 외물(外物)에 현혹되지 않는 자세
3. 특징
   - 구체적 경험을 통해 결론을 이끌어 냄
   - 치밀하고 예리한 관찰력으로 사물의 본질을 파악함

---

09 문학 **작품의 종합적 감상 (시나리오)** 난이도 ★★☆

해설 ④ '경필'이 '우진'의 방귀 냄새를 참지 못하고 가장 먼저 문을 열라고 소리치고 있는 것으로 보아 참을성이 강하지 않은 성격임을 추론할 수 있다. 또한 '경필'이 포용력 있는 성격임이 드러나는 부분은 제시된 작품에 나타나지 않는다. 따라서 등장인물에 대한 이해로 적절하지 않은 것은 ④이다.

오답 분석 ① '우진'의 워커 끈을 매어 주고 '우진'의 생일 선물을 챙겨 주는 '성식'의 행동을 통해 그의 성품이 인간적이고 따뜻함을 알 수 있다.
② 선물을 찾는 척하다가 큰 소리로 방귀를 뀌는 '우진'의 장난스러운 행동은 제시된 작품의 배경이 남·북 긴장 관계 속의 군대 초소임에도 대화 상황을 해학적으로 만들고 있다.
③ 선물을 찾는 척하는 '우진'의 행동을 보고 '수혁'은 '뭔데?'라고 하며 궁금해 하고 있다.

---

10 비문학 **화법 (말하기 전략)** 난이도 ★★☆

해설 ④ '박 위원'은 토의 참여자인 '김 국장'과 '윤 사장'의 의견을 경청하면서 '버스 전용 차로제' 시행이라는 구체적인 대안을 제시하고 있다. 따라서 토의 참여자의 말하기 방식에 대한 이해로 가장 적절한 것은 ④이다.

오답 분석 ① '사회자'는 참여자들의 의견을 수용하여 승용차 10부제에서 상업용은 제외하는 방안을 제안하였다. 그러나 이는 대안을 제시한 것일 뿐, 주제를 전환한 것은 아니다.
② '김 국장'은 교통 체증을 해결하기 위해서는 개인의 승용차 이용을 제한할 수밖에 없다는 자신의 생각을 적극적으로 관철하고자 한다. 그러나 개인의 승용차 제한을 반대하는 상대의 주장을 수긍하고 있지는 않다.
③ '윤 사장'은 상대방이 제시한 해결 방안에 대해 자신의 의견을 말할 뿐, 당면 문제인 '우리나라의 교통 체증 문제'를 부각하고 있지는 않다. 또한, 타협안을 제시하는 사회자의 대안에도 불구하고 자신의 의견만을 이야기하는 것으로 보아, 타협의 가능성을 열어 놓고 있는 것도 아님을 알 수 있다.

---

11 어법 **의미 (반의 관계)** 난이도 ★★☆

해설 ④ '하늘 : 땅'은 두 단어 사이에 의미의 중간 영역이 없으므로 ④의 설명은 옳지 않다. 두 단어 사이에 중간 영역이 있다는 것은 '뜨겁다 : 차갑다'와 같이 '미지근하다'라는 의미가 존재하는 경우를 뜻한다. 참고로 반의 관계에 있는 단어는 오직 한 개의 의미 요소만 다르고 나머지 의미 요소들은 모두 공통되어야 한다. '하늘 : 땅'은 '공간'이라는 공통 요소와 '공간의 대칭'이라는 대조적 요소가 있는 반의 관계이다.

오답 분석 ① '상식 : 몰상식'은 '그것이 전혀 없음'을 뜻하는 접두사 '몰-'을 사용하여 반의 관계를 이룬다.
② ③ '남자 : 여자', '오다 : 가다'의 공통 요소와 대조적 요소에 대한 설명이 모두 옳다.

---

12 어법 **한글 맞춤법 (맞춤법에 맞는 표기)** 난이도 ★★★

해설 ② 주십시요(×) → 주십시오(○): 종결형에 사용되는 어미 '-오'는 '요'로 소리 나는 경우가 있더라도 그 원형을 밝혀 '오'로 적어야 한다. 따라서 '주십시오'를 '주십시요'로 바꾸어야 한다는 ②의 설명은 적절하지 않다.

오답 분석 ① 민국예요(×) → 민국이에요(○): '민국이'와 같이 모음으로 끝나는 말 뒤에서는 '이에요'가 '예요'로 줄어들 수 있으므로 '민국이에요'라고 고쳐 쓰는 것이 적절하다. 참고로 '민국'과 '이에요'가 결합한 '민국이에요'로 고쳐 쓰는 것도 적절하다.
③ 반듯이(×) → 반드시(○): 문맥상 '틀림없이 꼭'을 뜻하는 '반드시'로 고쳐 쓰는 것이 적절하다.
④ 잇딴(×) → 잇단(○): '어떤 사건이나 행동 등이 이어 발생하다'를 뜻하는 말은 '잇따르다' 또는 '잇달다'이다. 밑줄 친 단어가 '잇달다'의 활용형일 경우, 동사의 어간 '잇달-'에 관형사형 어미 '-ㄴ'이 결합하여 'ㄹ'이 탈락하므로('ㄹ' 탈락 규칙) '잇단'으로 고쳐 쓰는 것이 적절하다. 참고로 '잇따르다'의 활용형인 '잇따른'으로 고쳐 쓰는 것도 적절하다.

---

13 어휘 **한자어 (한자어의 독음)** 난이도 ★★★

해설 ① '復活'의 '復'는 '부'로 읽고, '復命'의 '復'은 '복'으로 읽는다. 따라서 밑줄 친 한자의 독음이 다른 것으로 짝지어진 것은 ①이다.
 • 復活(부활: 다시 부, 살 활): 1. 죽었다가 다시 살아남 2. 쇠퇴하거나 폐지한 것이 다시 성하게 됨. 또는 그렇게 함
 • 復命(복명: 회복할 복, 목숨 명): 명령을 받고 일을 처리한 사람이 그 결과를 보고함

오답 분석 ② • 樂園(낙원: 즐길 낙, 동산 원): 1. 아무런 괴로움이나 고통이 없이 안락하게 살 수 있는 즐거운 곳 2. '고난과 슬픔 등을 느낄 수 없는 곳'이라는 뜻에서, 죽은 뒤의 세계를 비유적으로 이르는 말
 • 樂勝(낙승: 즐길 낙, 이길 승): 힘들이지 않고 쉽게 이김
③ • 降等(강등: 내릴 강, 무리 등): 등급이나 계급 등이 낮아짐. 또는 등급이나 계급 등을 낮춤
 • 下降(하강: 아래 하, 내릴 강): 1. 높은 곳에서 아래로 향하여 내려옴 2. 신선이 속계로 내려오거나 웃어른이 아랫자리로 내려옴
④ • 率先(솔선: 거느릴 솔, 먼저 선): 남보다 앞장서서 먼저 함
 • 引率(인솔: 끌 인, 거느릴 솔): 여러 사람을 이끌고 감

---

14 어법 **올바른 문장 표현** 난이도 ★★☆

해설 ① 대화명을 규정에 맞게 변경하지 않는 사람은 관리자가 카페 이용을 제한해야 한다(○): 문장의 필수 성분인 주어(관리자가), 목적어(카페 이용을), 서술어(제한해야 한다)가 모두 포함되어 있으며, 각각의 문장 성분의 호응이 자연스러우므로 답은 ①이다.

오답 분석 ② 아마 ~ 얼마나 되었을까(×) → 과연 ~ 얼마나 되었을까(○): 부사어 '아마'와 서술어 '되었을까'가 호응하지 않아 자연스럽지 않다. 따라서 서술어 '되었을까'와 호응하는 부사어 '과연'으로 고쳐 쓰는 것이 적절하다.

③ 국민 대통합과 국가 경쟁력을 제고해야 한다(×) → 국민 대통합을 이루고 국가 경쟁력을 제고해야 한다(○): 조사 '과'로 연결되는 '국민 대통합'과 '국가 경쟁력을 제고해야 한다'가 각각 구와 절로 제시되어 어법상 자연스럽지 않다. 문법적 형태가 동일하게 대응되도록 '대통합을 이루고'로 고쳐 쓰는 것이 적절하다.

④ 행복의 조건으로서 ~ 필요하다는 것이다(×) → 행복의 조건으로써 ~ 필요하다(○): 조사의 사용이 적절하지 않아 어법상 자연스럽지 않다. 어떤 일의 수단이나 도구를 나타내는 격 조사는 '로써'이므로 '로서'를 '로써'로 고쳐 쓰는 것이 적절하다. 또한 주어 '자질의 연마, 인격, 원만한 인간관계 등이'와 서술어 '~것이다'가 호응하지 않으므로 서술어를 '필요하다'로 고쳐 쓰는 것이 적절하다.

15 어법 문장 (사동 표현) 난이도 ★★★

해설 ④ 사동 표현은 주체가 제3의 대상에게 동작이나 행동을 하게 하는 표현을 말한다. '소영의 양손에 무거운 보따리가 들려 있다'에서 '들려 있다'는 주체(보따리)가 다른 힘(소영)에 의해 움직이는 것이므로 피동 표현에 해당한다. 따라서 사동 표현이 없는 것은 ④이다.

오답 분석
① 뜯겼다: 주체(목동)가 대상(양들)으로 하여금 풀을 뜯게 하였다는 의미이므로 '뜯겼다'는 '뜯다'의 사동 표현에 해당한다.
② 날렸다: 주체(아이들)가 대상(종이비행기)으로 하여금 하늘을 날게 하였다는 의미이므로 '날렸다'는 '날다'의 사동 표현에 해당한다.
③ 보여: 주체(태희)가 대상(반지)으로 하여금 다른 이가 보게 하였다는 의미이므로 '보여'는 '보다'의 사동 표현에 해당한다.

16 비문학 글의 전략 파악 난이도 ★★☆

해설 ④ 제시문은 구체적인 시기와 수치를 중심으로 일제 강점기 시기의 대표적 식민 농촌이었던 '옥구'에 대해 설명하고 있다. 따라서 제시문의 논지 전개 방식으로 적절한 것은 ④이다.

오답 분석
① ③은 제시문과 관련 없는 설명이다.
② 일본에 대한 필자의 비판 의식을 엿볼 수 있으나, 반어적 수사는 활용하지 않았다.

17 문학 작품의 종합적 감상 (소설) 난이도 ★★☆

해설 ③ (가)는 근대적 연애의 특징을 전통 사회의 남녀 관계와 대조하여 설명하고 있다. (나)에서 형식이 글로 일생을 보내는 자신의 처지에 비추어 시와 노래에 능한 영채를 호평하는 것은 (가)의 '서로의 처지와 상황에 대한 비교'이므로 전통 사회의 남녀 관계에 해당한다. 따라서 형식이 자신의 처지에 비추어 영채의 장점을 호평한 것을 근대적 연애의 특징인 '열정'과 연결시킬 수 있다는 ③의 설명은 적절하지 않다.

오답 분석
① 영채가 형식에게 원하는 것이 형식의 보호라면 이는 (가)의 '상대방에 대한 의존 가능성'이므로 전통 사회의 남녀 관계에 해당한다.
② 은사가 아내로 허락하였다는 점을 먼저 생각하는 것은 (가)의 '가족 사이의 약속'을 중시하는 것이므로 전통 사회의 남녀 관계에 해당한다.
④ 영채의 외모와 행동을 떠올리며 미소를 짓는 장면은 (가)의 '상대방의 모습이 불러일으키는 열정'에 해당한다.

18 비문학 세부 내용 파악 난이도 ★★☆

해설 ④ 2문단 끝에서 1~3번째 줄을 통해 수증기는 이산화탄소처럼 온실 효과를 발생시키지만 그 양이 조절되므로 지구 온난화에 미치는 영향이 작음을 알 수 있다. 따라서 답은 ④이다.

오답 분석
① 2문단 2~4번째 줄을 통해 프레온, 아산화질소, 메탄 등의 기체도 온실 효과를 유발함을 확인할 수 있다.
② 1문단 3~4번째 줄을 통해 자연적인 온실 효과가 복사된 열이 모두 외계로 방출되지 않도록 막아 주었음을 확인할 수 있다.
③ 2문단 1~2번째 줄을 통해 이산화탄소는 공기 중에 체류하는 기간이 길어서 지구 온난화에 큰 영향을 미침을 확인할 수 있다.

19 문학 화자의 정서 및 태도 난이도 ★★☆

해설 ① 제시된 작품과 ①은 모두 화자의 자연 친화적 정서를 표현하고 있다. 따라서 답은 ①이다.
   • 제시된 작품: 송순의 '면앙정가' 중 일부분으로, 화자는 '면앙정'의 봄 경치를 묘사하며 그 아름다움에 대해 감탄하고 있다.
   • ①: 정극인의 '상춘곡' 중 일부분으로, 아름다운 자연에 묻혀 사는 즐거움을 표현하였다.

오답 분석
② 정철의 '관동별곡' 중 일부분으로, '사해(四海)에 고루 나누어 억만창생(億萬蒼生)을 다 취(醉)케 만든 후(온 세상에 고루 나눠 온 백성을 다 취하게 만든 후에)'를 통해 백성들을 먼저 생각하는 화자의 애민 정신을 표현하였음을 알 수 있다.
③ 정철의 '속미인곡' 중 일부분으로, 독수공방으로 인한 화자의 외로운 정서를 표현하였다.
④ 박인로의 '누항사' 중 일부분으로, '즐기는 농가(農歌)도 흥(興) 없이 들리나다(즐기는 농가도 흥 없이 들리는구나)'를 통해 화자의 실망과 안타까움의 정서를 표현하였음을 알 수 있다.

지문 풀이

〈제시된 가사〉
흰구름, 뿌연 안개와 노을, 푸른 것은 산 아지랑이로구나. 수많은 바위와 골짜기를 제 집으로 삼아 두고 나왔다 들어갔다 아양도 부리는구나. 오르거니 내리거니 하늘에 떠나거니 광야로 건너거니, 푸르락붉으락, 옅으락짙으락 석양과 섞어져서 가랑비조차 뿌리는구나. 〈중 략〉
초목 다 진 후에 강산이 (눈에) 묻혔거늘 조물주가 야단스러워 빙설로 꾸며 내니 경궁요대와 옥해 은산이 눈 아래에 펼쳐졌구나. 천지도 풍성하구나. 가는 곳마다 경이롭구나.
― 송순, '면앙정가'

① 몇 칸짜리 초가집을 맑은 시냇물 앞에 지어 놓고, 소나무와 대나무가 우거진 속에 자연의 주인이 되었구나!
― 정극인, '상춘곡'

② 이 신선주를 가져다가 온 세상에 고루 나눠 온 백성을 다 취하게 만든 후에, 그때에야 다시 만나 또 한 잔 하자꾸나.
― 정철, '관동별곡'

③ 초가집 찬 잠자리에 밤중에 돌아오니, 벽에 걸린 등불은 누구를 위하여 밝았는가?
― 정철, '속미인곡'

④ 아침이 끝날 때까지 슬퍼하며 먼 들을 바라보니 즐기는 농가도 흥 없이 들리는구나.
― 박인로, '누항사'

해설 ① 4문단 끝에서 1~4번째 줄과 5문단 끝에서 1~3번째 줄을 통해 요트의 한 종류인 '딩기'는 순풍이 불 때와 역풍이 불 때 모두 횡류방지장치로 횡류를 방지한 후 '전진력'을 이용하여 앞으로 나아감을 알 수 있다. 또한 '횡류력'은 요트를 나아가게 하는 힘이 아니라 옆 방향으로 미는 힘이므로 ①의 설명은 적절하지 않다.

오답
분석
② 4문단 끝에서 1~3번째 줄을 통해 센터보드나 킬과 같은 횡류방지장치에 의하여 요트는 옆으로 가지 않고 앞으로 나아갈 수 있게 됨을 알 수 있다.

③ 3문단 끝에서 1~3번째 줄을 통해 풍하범주는 풍압이 추진력의 주(主)가 되고 풍상범주는 양력이 추진력의 주(主)가 됨을 알 수 있다.

④ 4문단 1~2번째 줄을 통해 바람을 등지고 가는 것은 '풍하범주'임을 알 수 있으며, 5문단 1~2번째 줄을 통해 맞바람을 받고 가는 것은 '풍상범주'임을 알 수 있다. 그리고 3문단 끝에서 1~3번째 줄을 통해 '풍하범주'는 '풍압'이, '풍상범주'는 '양력'이 주(主)가 됨을 알 수 있으므로 ④의 설명은 적절하다.

부록

실력 향상 고난도 기출

정답 및 취약점 확인

p.242

문항	정답	출제 포인트	약점 개념 확인	문항	정답	출제 포인트	약점 개념 확인
01	⑤	어법-문장	문장의 짜임	14	④	어법-문장	피동 표현
02	②	어법-한글 맞춤법	걸맞은, -ㄹ게, 익숙지, 데, 생각건대, 기대치도	15	②	어법-한글 맞춤법	띄어쓰기
03	①	문학-표현상의 특징	함민복 〈광고의 나라〉	16	②	어법-국어의 로마자 표기	Jongno, Yeouido, Silla
04	④	비문학-세부 내용 파악, 내용 추론		17	③	비문학-주제 및 중심 내용 파악	
05	③	어법-표준 발음법	표준 발음법 제12항	18	④	어법-한글 맞춤법	사이시옷의 표기
06	④	비문학-세부 내용 파악		19	⑤	혼합-내용 추리, 한자 성어	현진건 〈운수 좋은 날〉, 虛張聲勢, 晝夜長川, 勞心焦思, 切齒腐心, 晝夜不息, 輾轉反側
07	③	비문학-내용 추론		20	①	비문학-내용 추론	
08	①	비문학-세부 내용 파악		21	①	비문학-세부 내용 파악	
09	⑤	문학-작품의 종합적 감상	김선우 〈단단한 고요〉	22	③	어법-외래어 표기	재스민
10	④	비문학-글의 구조 파악		23	⑤	비문학-논지 전개 방식	
11	⑤	비문학-내용 추론, 세부 내용 파악		24	②	비문학-세부 내용 파악	
12	①	비문학-주제 및 중심 내용 파악		25	④	문학-작품의 종합적 감상	이병연 〈조발〉
13	②	어휘-혼동하기 쉬운 어휘	받치다, 받히다, 받치다				

---

01 [어법] 문장 (문장의 짜임)

난이도 ★★☆

해설 ⑤ '달리기를 거른'은 '거르다'의 어간 '거르-'에 관형사형 전성 어미 '-ㄴ'이 결합한 관형절로, 명사 '기억'을 수식하고 있다. 또한 '(달리기를 거른) 기억이 없다'는 주어 '나는'의 서술어 기능을 하는 서술절이다. 따라서 안긴문장의 유형이 다른 것은 ⑤이다.

(안은문장의 종류: 관련 설명 78p)

오답 분석 ①②③④ 모두 명사절이 안긴문장으로 있는 문장이다.
① '아이들은 장난을 좋아하기'는 '좋아하다'의 어간 '좋아하-'에 명사형 전성 어미 '-기'가 결합한 명사절로, 의존 명사 '마련'을 수식하고 있다.
② '버스를 놓치기'는 '놓치다'의 어간 '놓치-'에 명사형 전성 어미 '-기'가 결합한 명사절로, '버스를 놓치기(가) 십상이다'의 구성으로 쓰여 서술절의 주어 역할을 하고 있다.
③ '저 하기'는 '하다'의 어간 '하-'에 명사형 전성 어미 '-기'가 결합한 명사절로, 의존 명사 '나름'을 수식하고 있다.
④ '비가 많이 오기'는 '오다'의 어간 '오-'에 명사형 전성 어미 '-기'가 결합한 명사절로, 의존 명사 '때문'을 수식하고 있다.

02 [어법] 한글 맞춤법 (맞춤법에 맞는 표기)

난이도 ★★★

해설 ② • 걸맞는(×) → 걸맞은(○): '걸맞다'는 '두 편을 견주어 볼 때 서로 어울릴 만큼 비슷하다'를 뜻하는 형용사이다. 따라서 관형사형 전성 어미 '-는'은 '걸맞다'와 결합할 수 없으므로 '-은'으로 고쳐 써야 한다.
• 아니라는∨데: 이때 '데'는 '일'이나 '것'의 뜻을 나타내는 의존 명사이므로 앞말과 띄어 써야 한다.

오답 분석 ① • 지나가는∨대로(○): 이때 '대로'는 '어떤 상태나 행동이 나타나는 그 즉시'를 뜻하는 의존 명사이므로 앞말과 띄어 써야 한다.

• 올게(○): 이때 '올게'는 '오다'의 어간 '오-'와 어떤 행동에 대한 약속이나 의지를 나타내는 종결 어미 '-ㄹ게'가 결합한 표현이다. 'ㄹ'로 시작하는 어미는 뒷말이 된소리로 소리 나더라도 예사소리로 적어야 한다.
③ • 익숙지(○): '익숙지'는 '익숙하지'의 준말로, '하' 앞의 받침의 소리가 [ㄱ]일 때는 '하'가 통째로 줄어들므로 '익숙지'로 적어야 한다.
• 살아가는∨데(○): 이때 '데'는 '일'이나 '것'의 뜻을 나타내는 의존 명사이므로 앞말과 띄어 써야 한다.
④ • 생각건대(○): '생각건대'는 '생각하건대'의 준말로, '하' 앞의 받침의 소리가 [ㄱ]일 때는 '하'가 통째로 줄어들므로 '생각건대'로 적어야 한다.
• 김∨선생님(○): '선생님'은 '선생'을 높여 이르는 명사이므로 앞말과 띄어 써야 한다.
• 존경받을∨만한: 이때 '만하다'는 '앞말이 뜻하는 동작이나 행동에 타당한 이유가 있음'을 나타내는 의존 명사 '만'에 접미사 '-하다'가 결합한 보조 용언으로 한 단어이다. 따라서 '존경받을'과는 띄어 쓰고, '만한'은 붙여 쓴다.
⑤ • 기대치도(○): '기대치도'는 '기대하지도'의 준말로, 어간의 끝음절 '하'의 'ㅏ'가 줄어들고 'ㅎ'이 다음 음절의 첫소리와 어울려 거센소리로 발음되므로 거센 소리로 적어야 한다.

03 [문학] 표현상의 특징

난이도 ★★☆

해설 ① 제시된 작품의 '광고의 나라'는 행복과 희망만 가득 찼으나 절망이 꽃피는 공간이다. ㉠에는 이러한 '광고의 나라'에 살고 싶지 않다는 의미를 반대로 표현하는 반어법이 활용되었다. 이와 같은 표현 기법이 활용된 것은 ①로, 임이 떠날 때 화자가 매우 슬플 것이라는 의미를 반대로 표현한 반어법이 활용되었다.

오답
분석
② 의태어 '주저리주저리'가 활용된 표현이다.

③ 연결어 없이 나의 '마음'을 '나그네'에 간접적으로 빗댄 은유법이 활용되었다.

④ 연결어 '듯이'를 사용하여 가는 '나그네'의 모습을 구름에 가는 '달'의 모습에 직접적으로 빗댄 직유법이 활용되었다.

⑤ 무생물인 '어둠'이 마치 생물처럼 새, 돌, 꽃을 낳는다고 표현한 활유법이 사용되었다.

👍 이것도 알면 합격!

함민복 '광고의 나라'의 주제와 특징을 알아두자.

1. 주제: 자본주의적 세계에 대한 환상과 물신주의에 대한 비판
2. 특징
   • 운문과 산문이 교차되며 시상이 전개됨
   • 이상의 '오감도'에 대한 패러디가 등장함

04 비문학 세부 내용 파악, 내용 추론 　난이도 ★★☆

해설　④ 3문단에서 유전학과 뇌과학 같은 생물학적 방법론이 발전함에 따라 성격에 대한 접근법이 새로운 국면을 맞이했음을 설명하고 있다. 특히 3문단 마지막 문장에서 인간의 행동에 영향을 미치는 보편적 특성을 발견하려 했고 그 결과로 특성론적 성격 이론이 확립되었음을 알 수 있는데, 이는 인간의 보편적 특성을 통해 인간의 성격을 설명하려는 이론이 나타났음을 의미한다. 따라서 제시문에 대한 이해로 적절한 것은 ④이다.

오답
분석
① 1문단 5~6번째 줄에서 개인이 욕구를 조절하는 방식을 성격으로 보았다는 것을 통해 정신 역동학을 주장한 프로이트는 개인이 자신의 요구를 적절한 방법으로 해결하는 데 관심을 두었음을 추론할 수 있다. 하지만 1문단 마지막 문장을 통해 정신 역동학은 성격을 유형화하려고 시도하지 않았음을 알 수 있으므로 ①은 적절하지 않은 추론이다.

② 1문단 5~6번째 줄에서 개인의 욕구 억압 조절 문제에 관심을 가진 것은 정신 역동학자들임을 알 수 있고, 3문단 3번째 줄에서 부모의 양육 방식을 강조한 것 역시 정신 역동학자들임을 알 수 있다. 따라서 생물학적 방법론이 욕구 억압 조절 문제에 관심을 가졌으며 부모의 양육 태도를 강조했다는 ②는 적절하지 않은 추론이다.

③ 2문단 3~5번째 줄을 통해 집단의 구성원들에게 존재하는 무의식 수준의 보편적인 원리가 성격 형성에 영향을 미친다고 본 것은 융임을 알 수 있으므로 ③은 적절하지 않은 추론이다.

⑤ 2문단 끝에서 3~5번째 줄을 통해 대립하는 힘이 정신적 에너지를 생성하는 것은 융이 주장한 대립 원리임을 알 수 있다. 하지만 생물학적 방법론에서 제시한 외향성과 내향성이 대립 원리에 포함되는지는 제시문을 통해 알 수 없다. 또한 2문단 끝에서 1~2번째 줄을 통해 융의 주장을 바탕으로 유형론적 성격 이론이 만들어졌음을 알 수 있으므로 ⑤는 적절하지 않은 추론이다.

05 어법 표준 발음법 　난이도 ★☆☆

해설　③ 자료4에 따르면 'ㅎ' 뒤에 'ㄴ'이 결합되는 경우에는 'ㅎ'을 [ㄴ]으로 발음한다. 따라서 'ㅎ' 뒤에 'ㄴ'이 결합되는 경우에 'ㅎ'을 발음하지 않는다는 ③은 옳지 않은 규칙이다.

오답
분석
① 자료3에 따르면 'ㅎ(ㄶ, ㅀ)' 뒤에 'ㅅ'이 결합되는 경우에는 'ㅅ'을 [ㅆ]으로 발음한다.

② 자료2에 따르면 'ㄶ, ㅀ' 뒤에 'ㄴ'이 결합되는 경우에는 'ㅎ'을 발음하지 않는다. 참고로, [뚤는→뚤른]의 변화는 'ㄹ' 뒤에 오는 'ㄴ'이 'ㄹ'로 바뀌는 유음화의 결과이다.

④ 자료5에 따르면 'ㅎ(ㄶ, ㅀ)' 뒤에 모음으로 시작되는 어미나 접미사가 결합되는 경우에는 'ㅎ'을 발음하지 않는다.

⑤ 자료1에 따르면 'ㅎ(ㄶ, ㅀ)' 뒤에 'ㄱ, ㄷ, ㅈ'이 결합되는 경우에는 뒤 음절 첫소리와 합쳐서 [ㅋ, ㅌ, ㅊ]으로 발음한다.

👍 이것도 알면 합격!

받침 'ㅎ'의 발음에 대해 알아두자.

1. 'ㅎ(ㄶ, ㅀ)' 뒤에 'ㄱ, ㄷ, ㅈ'이 결합되는 경우에는, 뒤 음절 첫소리와 합쳐서 [ㅋ, ㅌ, ㅊ]으로 발음한다.
   예 놓고[노코], 좋던[조·턴], 쌓지[싸치], 많고[만·코], 않던[안턴], 닳지[달치]
2. 'ㅎ(ㄶ, ㅀ)' 뒤에 'ㅅ'이 결합되는 경우에는, 'ㅅ'을 [ㅆ]으로 발음한다.
   예 닿소[다·쏘], 많소[만·쏘], 싫소[실쏘]
3. 'ㅎ' 뒤에 'ㄴ'이 결합되는 경우에는, [ㄴ]으로 발음한다.
   예 놓는[논는], 쌓네[싼네]
4. 'ㄶ, ㅀ' 뒤에 'ㄴ'이 결합되는 경우에는, 'ㅎ'을 발음하지 않는다.
   예 않네[안네], 않는[안는], 뚫네[뚤네→뚤레], 뚫는[뚤는→뚤른]
5. 'ㅎ(ㄶ, ㅀ)' 뒤에 모음으로 시작된 어미나 접미사가 결합되는 경우에는, 'ㅎ'을 발음하지 않는다.
   예 놓아[노아], 쌓이다[싸이다], 많아[마·나], 닳아[다라], 싫어도[시러도]

06 비문학 세부 내용 파악 　난이도 ★☆☆

해설　④ 1문단 마지막 문장에서 표현적 글쓰기가 효과적인 이유는 참고 발설하지 않은 취약한 측면을 찾아내고 그것을 경청할 기회를 주기 때문이라고 설명하고 있다. 따라서 글에 대한 이해로 적절한 것은 ④이다.

오답
분석
① 1문단 1~2번째 줄을 통해 표현적 글쓰기는 고통스러운 감정을 마주해야 하는 것임을 알 수 있다. 따라서 고통스러운 감정을 피하는 데 효과가 있다는 ①의 이해는 적절하지 않다.

② 1문단 3~4번째 줄을 통해 자수성가를 칭송하고 강인한 사람을 미화하는 것은 우리가 현재 살고 있는 세상에 대한 설명임을 알 수 있다. 하지만 이를 위해 표현적 글쓰기가 필요하다고 한 부분은 제시문에서 확인할 수 없다. 따라서 ②의 이해는 적절하지 않다.

③ 2문단 1~3번째 줄을 통해 표현적 글쓰기는 타인을 염두에 두지 않으며, 타인을 의식하고 스스로 검열하는 것은 타인이 볼 글을 쓸 때에 대한 설명임을 알 수 있다. 따라서 ③의 이해는 적절하지 않다.

⑤ 2문단 끝에서 2~3번째 줄에서 표현적 글쓰기는 두서없이 쓴 후 버리면 된다고 설명하고 있다. 따라서 표현적 글쓰기가 간직하도록 고안되었다는 ⑤의 이해는 적절하지 않다.

07 비문학 내용 추론 　난이도 ★★☆

해설　③ ㉠, ㉡에 들어갈 내용으로 적절한 것은 ③이다.

• ㉠: 1문단의 내용에 따르면 B가 A의 제안을 수용하면 두 사람은 A가 제안한 액수의 돈을 각각 받게 되고, B가 A의 제안을 거절하면 아무도 돈을 받지 못한다. 따라서 A가 1,000원을 제안한 상황에서 B가 그 제안을 수용한다면 1,000원을 받게 되고, 거절한다면 돈을 받지 못할 것임을 추론할 수 있다. 따라서 ㉠에 들어갈 말로 적절한 것은 '(A가) 제안한 1,000원을 받든가, 한 푼도 받지 못하든가'이다.

- ⓒ: 2문단의 내용에 따르면 사람들은 낮은 액수(총액의 25% 미만)를 제안받을 경우 그 제안을 거절하는 경향을 보인다. 이러한 현상을 통해 인간은 자신의 이익이 최대화되지 않더라도 제안이 불공평하다면 거절하는 것으로 보인다고 설명하는데, 이는 공정성이 선택에 개입된 것으로 인간이 경제적 이익에 의해서만 행동을 선택하지 않음을 의미한다. 따라서 ⓒ에 들어갈 말로 적절한 것은 '인간의 행동이 경제적 이득에 의해서만 움직이지 않는다'이다.

08　비문학　세부 내용 파악　난이도 ★☆☆

해설　① '나이브 아트'에 대한 설명으로 적절한 것은 'ㄱ'이므로 답은 ①이다.
- ㄱ: 2문단 2~4번째 줄을 통해 '앙리 루소, 앙드레 보샹' 등이 나이브 아트 예술가로 분류됨을 알 수 있다.

오답　• ㄴ: 1문단 마지막 문장을 통해 나이브 아트가 특정한 유파를 가리분석　키기보다 작가의 경향을 가리키는 말임을 알 수 있다. 따라서 나이브 아트가 특정한 유파를 가리킨다는 'ㄴ'의 설명은 적절하지 않다.
- ㄷ: 2문단 마지막 문장을 통해 나이브 아트 작가들은 서양 미술의 기본 규칙에 구속되지 않았음을 알 수 있다. 따라서 나이브 아트 작가들이 서양 미술의 기본 규칙을 따르고자 한다는 'ㄷ'의 설명은 적절하지 않다.
- ㄹ: 3문단 마지막 문장을 통해 나이브 아트가 현대 미술의 탄생에 지대한 영향을 끼쳤음을 알 수 있다. 따라서 현대 미술이 나이브 아트의 탄생에 영향을 끼쳤다는 'ㄹ'의 설명은 적절하지 않다.

09　문학　작품의 종합적 감상 (시)　난이도 ★☆☆

해설　⑤ 제시된 작품은 도토리가 묵이 되어 가는 과정을 묘사하고 있을 뿐, 자연과의 교감에 대한 내용은 확인할 수 없다.

오답　①② 1연에서 '~는 소리'와 같은 표현을 반복적으로 사용하며 나무분석　위의 도토리가 땅에 떨어진 후 가루가 되고 묵으로 다시 엉기는 과정을 청각적 이미지를 중심으로 형상화하고 있다.
③ 3연에서 '조용하고 잠잠한 상태'를 의미하는 '고요'와 상반되는 의미의 '시끄러운'을 함께 사용하는 역설적 발상을 통해 도토리묵의 개성적 이미지를 강조하고 있다.
④ 도토리가 마치 사람처럼 저희끼리 소근대며 어루만져 준다는 등의 표현을 통해 도토리를 의인화하였음을 알 수 있다.

👍 이것도 알면 합격!

김선우, '단단한 고요'에 대해 알아두자.
1. 주제: 도토리묵이 완성되어 가는 과정에 대한 통찰
2. 특징
- 시적 대상을 의인화하고 도토리묵 제조 과정을 감각적 이미지를 사용하여 다채롭게 표현함
- 유사한 통사 구조와 동일한 시어를 반복하여 운율을 형성함
- 역설적 표현을 활용해 대상에 대한 작가의 개성적 인식을 드러냄
3. 구조

1연	도토리묵이 만들어지는 과정
2연	완성된 도토리묵의 형상
3연	도토리묵의 개성적인 이미지

10　비문학　글의 구조 파악 (문단 배열)　난이도 ★☆☆

해설　④ (가)~(라)를 논리적 순서에 맞게 나열한 것은 ④ '(다) - (가) - (라) - (나)'이다.

순서	중심 내용	순서 판단의 단서와 근거
(다)	애착은 시간이 흐르고 멀리 떨어져 있어도 유지되는 강력한 정서적 유대감을 의미함	접속어나 지시어로 시작하지 않으며 글의 중심 화제인 '애착'을 정의함
(가)	연구 초기에 존 볼비는 아이가 엄마와 붙어 있으려는 이유가 먹을 것을 얻기 위함이라고 생각했음	지시 표현 '이 현상': (다)에서 제시한 '애착'을 가리킴
(라)	아이가 엄마와 분리되면 다른 사람이 먹을 것을 주더라도 고통이 해소되지 않는다는 사실이 발견됨	접속어 '하지만': (가)에서 언급한 존 볼비의 예상과는 다른 연구 결과가 나왔음을 설명함
(나)	아이와 엄마 간의 애착 관계는 아이의 건강한 발달과 생존에 영향을 주는 요소임	키워드 '연구를 이어간 끝에': (가)와 (라)에 이어 존 볼비가 지속적으로 연구하며 밝혀낸 사실에 대해 설명함

11　비문학　내용 추론, 세부 내용 파악　난이도 ★★☆

해설　⑤ 3문단 2~4번째 줄을 통해 인공 지능이 스스로의 오류를 교정하고 최적화하는 머신 러닝 기능을 탑재하고 있다는 것은 알 수 있다. 하지만 2문단 끝에서 1~4번째 줄에서 챗지피티가 성찰성의 한계를 갖고 있으며 사실은 매우 형편없는 자기반성 능력을 갖춘 인공 지능이라고 하였고, 3문단 5~6번째 줄에서 머신 러닝 메커니즘은 인간 사용자의 특성과 의사에 따라 좌우된다고 설명하였다. 이를 통해 인공 지능이 스스로 양질의 정보를 가려내는 데에는 한계가 있을 것임을 추론할 수 있으므로 ⑤는 제시문에 대한 이해로 적절하지 않다.

오답　① 제시문 전체에서 인공 지능이 발전하고 있는 시기에 인간이 인공분석　지능과 공존하기 위해서는 인공 지능을 지혜롭게 사용해야 한다고 주장하고 있다. 따라서 ①은 제시문에 대한 이해로 적절하다.
② 3문단 2~6번째 줄에서 통해 인공 지능은 스스로 오류를 교정하고 최적화하는 머신 러닝 기능을 탑재하고 있으나, 이것이 인간 사용자의 특성과 의사에 따라 좌우될 수 있음을 설명하고 있으므로 ②는 제시문에 대한 이해로 적절하다.
③ 2문단 4~6번째 줄에서 인공 지능이 잘 할 수 있는 일은 인간이 할 줄 몰라도 되는 것이 아니라고 설명하고 있다. 이로 미루어 보아 인공 지능이 글쓰기를 잘 수행하더라도 인간이 글쓰기 능력을 갖추고 있어야 함을 추론할 수 있으므로 ③은 제시문에 대한 이해로 적절하다.
④ 2문단 끝에서 3~4번째 줄에서 인공 지능을 지혜롭게 사용하기 위해서 인공 지능이 가진 성찰성의 한계를 이해해야 한다고 주장하고 있으므로 ④는 제시문에 대한 이해로 적절하다.

12　비문학　주제 및 중심 내용 파악　난이도 ★☆☆

해설　① (가)의 첫 문장에서 문장은 세상에서 유일하게 귀천과 빈부의 기준으로 높고 낮음이 정해지지 않는다고 설명하고 있으므로 ①은 적절하지 않은 이해이다.

오답 분석 ② (나)에서는 글쓰기의 본령이 자신의 개성을 잃어버리지 않는 것이라고 설명하고 있다.

③ (다)에서는 글의 목적이 뜻을 나타내는 것이며, 뜻을 근엄하게 꾸미거나 글자를 장중하게 만드는 것이 불필요한 행위라고 설명하고 있다.

④ (라)에서는 글을 쓸 때 자기를 속이지 않도록 주의해야 한다고 설명하고 있다.

⑤ (마)에서는 마음속에서 조화를 이룬 글만이 정교한 글이라고 설명하고 있다.

---

13 어휘 혼동하기 쉬운 어휘 난이도 ★★☆

해설 ② 이장이 소에게 받쳐서(×) → 이장이 소에게 받혀서(○): '머리나 뿔 따위에 세차게 부딪히다'를 뜻하는 단어는 '받히다'이므로 '받혀서'로 고쳐 써야 한다. 참고로, '받히다'는 '받다'에 피동 접미사 '-히-'가 결합한 표현이다.

오답 분석 ① 상추를 채반에 밭쳤다(○): 이때 '밭쳤다'는 '구멍이 뚫린 물건 위에 국수나 야채 따위를 올려 물기를 빼다'를 뜻하는 '밭치다'의 활용형으로 그 쓰임이 옳다.

③ 무릎 위에 턱을 받치고(○): 이때 '받치고'는 '물건의 밑이나 옆 따위에 다른 물체를 대다'를 뜻하는 '받치다'의 활용형으로 그 쓰임이 옳다.

④ 내복을 받쳐서 입으면(○): 이때 '받쳐서'는 '옷의 색깔이나 모양이 조화를 이루도록 함께 하다'를 뜻하는 '받치다'의 활용형으로 그 쓰임이 옳다.

⑤ 백 근을 시장 상인에게 받혀도(○): 이때 '받혀도'는 '한꺼번에 많은 양의 물품을 사게 하다'를 뜻하는 '받히다'의 활용형으로 그 쓰임이 옳다.

👍 **이것도 알면 합격!**

'받히다, 밭치다, 받치다'의 의미를 알아두자.

받히다¹	머리나 뿔 따위에 세차게 부딪히다. 예 휠체어를 탄 여학생이 횡단보도를 건너다 신호등을 무시하고 달려오는 승용차에 받혀 크게 다쳤다.
받히다²	한꺼번에 많은 양의 물품을 사게 하다. 예 고추가 워낙 값이 없어서 백 근을 시장 상인에게 받혀도 변변한 옷 한 벌 사기가 힘들다.
밭치다¹	1. 먹은 것이 잘 소화되지 않고 위로 치밀다. 예 아침에 먹은 것이 자꾸 밭쳐서 아무래도 점심은 굶어야겠다. 2. 단단한 곳에 닿아 몸의 일부분이 아프게 느껴지다. 예 맨바닥에서 잠을 자려니 등이 밭쳐서 잠이 오지 않는다. 3. 화 따위의 심리적 작용이 강하게 일어나다. 예 그녀는 감정이 밭쳐서 끝내는 울음을 터뜨렸다.
받치다²	1. 물건의 밑이나 옆 따위에 다른 물체를 대다. 예 쟁반에 커피를 받치고 조심조심 걸어오던 그녀의 모습이 아직도 잊히지 않는다. 2. 옷의 색깔이나 모양이 조화를 이루도록 함께 하다. 예 이 조끼는 무난해서 어떤 셔츠에 받쳐 입어도 다 잘 어울린다. 3. 한글로 적을 때 모음 글자 밑에 자음 글자를 붙여 적다. 예 '가'에 'ㅁ'을 받치면 '감'이 된다. 4. 어떤 일을 잘할 수 있도록 뒷받침해 주다. 예 배경 음악이 그 장면을 잘 받쳐 주어서 전체적인 분위기가 훨씬 감동적이었다. 5. 비나 햇빛과 같은 것이 통하지 못하도록 우산이나 양산을 펴 들다. 예 아가씨들이 양산을 받쳐 들고 거리를 거닐고 있다.

밭치다	1. '건더기와 액체가 섞인 것을 체나 거르기 장치에 따라서 액체만을 따로 받아 내다'를 뜻하는 '밭다'를 강조하여 이르는 말 예 젓국을 밭쳐 놓았다. 2. 구멍이 뚫린 물건 위에 국수나 야채 따위를 올려 물기를 빼다. 예 잘 삶은 국수를 찬물에 헹군 후 체에 밭쳐 놓았다.

---

14 어법 문장 (피동 표현) 난이도 ★★☆

해설 ④ 짚히는 바가 없다(×) → 짚이는 바가 없다(○): '헤아려 본 결과 어떠할 것으로 짐작이 가다'를 뜻하는 단어는 '짚이다'이므로 '짚이는'으로 고쳐 써야 한다.

오답 분석 ① 두 문단으로 나뉜다(○): '나뉘다'는 '나누이다'의 준말로, '하나를 둘 이상으로 가르다'를 뜻하는 '나누다'에 피동 접미사 '-이-'가 결합한 표현이다.

② 눈으로 덮인(○): '덮이다'는 '일정한 범위나 공간을 빈틈없이 휩싸다'를 뜻하는 '덮다'에 피동 접미사 '-이-'가 결합한 표현이다.

③ 벌목꾼에게 베인 나무(○): '베이다'는 '날이 있는 연장 따위로 무엇을 끊거나 자르거나 가르다'를 뜻하는 '베다'에 피동 접미사 '-이-'가 결합한 표현이다.

⑤ 안개가 걷히고(○): '걷히다'는 '구름이나 안개 따위가 흩어져 없어지다'를 뜻하는 '걷다'에 피동 접미사 '-히-'가 결합한 표현이다.

---

15 어법 한글 맞춤법 (띄어쓰기) 난이도 ★★☆

해설 ② 총금액(○): 이때 '총-'은 '전체를 아우르는' 또는 '전체를 합한'의 뜻을 나타내는 접두사이므로 뒷말과 붙여 쓴다.

오답 분석 ① 못했다(×) → 못∨했다(○): 이때 '못'은 동사가 나타내는 동작을 할 수 없다거나 상태가 이루어지지 않았다는 부정의 뜻을 나타내는 부사이므로 뒷말과 띄어 쓴다.

③ 한달간(×) → 한∨달간(○): 이때 '달'은 한 해를 열둘로 나눈 것 가운데 하나의 기간을 세는 단위를 뜻하는 의존 명사이므로 앞말과 띄어 쓴다. 참고로, '-간'은 '동안'의 뜻을 더하는 접미사이므로 앞말에 붙여 쓴다.

④ 제문제에(×) → 제∨문제에(○): 이때 '제'는 '여러'의 뜻을 나타내는 관형사이므로 뒷말과 띄어 쓴다.

⑤ 해야∨할∨지(×) → 해야∨할지(○): 이때 '-ㄹ지'는 추측에 대한 막연한 의문이 있는 채로 그것을 뒤 절의 사실이나 판단과 관련시키는 데 쓰는 하나의 연결 어미이므로 붙여 써야 한다.

👍 **이것도 알면 합격!**

접미사 '-간'과 의존 명사 '간'의 차이를 알아두자.

접미사 '-간'	다음과 같은 뜻으로 쓰일 때는 접미사이므로 앞말에 붙여 씀 1. '동안'의 뜻을 더하는 접미사 예 이틀간, 한 달간, 삼십 일간 2. '장소'의 뜻을 더하는 접미사 예 외양간, 대장간
의존 명사 '간'	다음과 같은 뜻으로 쓰일 때는 의존 명사이므로 앞말과 띄어 씀 1. 한 대상에서 다른 대상까지의 사이 예 서울과 부산 간 야간열차 2. '관계'의 뜻을 나타내는 말 예 부모와 자식 간에도 예의를 지켜야 한다. 3. 앞에 나열된 말 가운데 어느 쪽인지를 가리지 않는다는 뜻을 나타내는 말 예 공부를 하든지 운동을 하든지 간에 열심히만 해라.

16 어법 국어의 로마자 표기 난이도 ★★☆

해설 ② 단어의 로마자 표기가 옳은 것은 ②이다.
- 종로[종노] Jongno(○): '종로'는 '종'의 받침 'ㅇ'의 영향으로 '로'의 'ㄹ'이 'ㄴ'으로 발음되는 자음 동화(비음화)가 일어나므로 [종노]로 발음한다. 이때 자음 사이에서 일어나는 동화 작용의 결과는 로마자 표기에 반영하므로 'Jongno'로 표기해야 한다.
- 여의도[여의도/여이도] Yeouido(○): '여의도'의 '의'는 'ㅢ'로 발음하는 것이 원칙이나 'ㅣ'로 발음하는 것도 인정된다. 하지만 'ㅢ'는 'ㅣ'로 소리 나더라도 'ui'로 적어야 하므로 'Yeouido'로 표기해야 한다.
- 신라[실라] Silla(○): '신라'는 '라'의 'ㄹ'의 영향으로 '신'의 받침 'ㄴ'이 'ㄹ'로 발음되는 자음 동화(유음화)가 일어나므로 [실라]로 발음한다. 이때 자음 사이에서 일어나는 동화 작용의 결과는 로마자 표기에 반영하므로 'Silla'로 표기해야 한다.

17 비문학 주제 및 중심 내용 파악 난이도 ★★☆

해설 ③ 1문단 끝에서 4~8번째 줄을 통해 환경 운동 과정에서 발생하는 '올슨 패러독스'란 특별한 공동 이해관계를 바탕으로 소규모 그룹이 공동으로 일을 추진할 때, 애매한 일반적 이해를 가진 익명의 대규모 집단보다 더 뛰어난 추진력을 보이는 현상임을 알 수 있다. 또한 2문단 끝에서 1~4번째 줄을 통해 환경 운동이 완전히 보편적인 방향으로 발달하기 힘든 이유가 자신의 이해관계부터 생각하는 인간의 본성 때문에 근본적 긴장이 항상 사라지지 않기 때문임을 알 수 있다. 이로 미루어 보았을 때, 환경 운동에서 특별한 이해관계로 일을 추진하는 소규모 그룹이 대규모 집단보다 더 뛰어난 추진력을 발휘하는 올슨 패러독스는 개인의 이해관계를 우선시하는 인간의 본성에 의한 것이므로 근본적으로 해소되기 어려움을 추론할 수 있다. 따라서 ③은 제시문에 대한 이해로 적절하다.

오답 분석
① 2문단 6~7번째 줄을 통해 현대화 과정에서 이기적 이해관계를 넘어서서 환경 전체를 바라보는 안목이 발달했다고 설명하고 있다. 또한 인간의 자연 지배권과 관련된 내용은 제시문에서 확인할 수 없다.
② 1문단 2~5번째 줄을 통해 환경 운동의 초창기 목표는 전통적 자연 보호(특정 생물 집단 보전)의 좁은 생각을 극복하는 것이라고 설명하고 있다. 또한 환경 운동의 궁극적 목적과 관련된 내용은 제시문에서 확인할 수 없다.
④ 대규모 집단과 소규모 집단의 이해관계가 일치하는 경우와 관련된 내용은 제시문에서 확인할 수 없다.
⑤ 2문단 끝에서 4~5번째 줄을 통해 자신의 직접적인 생활 환경을 지키려는 각오(개인의 이기심)도 환경 정책에 결정적 영향을 미친다고 설명하고 있다. 또한 환경 운동에서의 공리주의 원칙과 관련된 내용은 제시문에서 확인할 수 없다.

18 문학 한글 맞춤법 (사이시옷의 표기) 난이도 ★★☆

해설 ④ 마굿간(×) → 마구간(○): '마구간[마:구깐]'은 '마구(馬廄)'에 '장소'의 뜻을 더하는 접미사 '-간(間)'이 결합한 단어로, 한자어로만 이루어진 파생어이므로 사이시옷을 받치어 적지 않아야 한다. 따라서 단어의 표기가 맞지 않는 것은 ④이다. 참고로 사이시옷은 합성어에서만 나타나는 현상이다. (사이시옷 표기: 관련 설명 58p)

오답 분석
① 인사말(○): '인사말[인사말]'은 '인사(人事)'와 '말'이 결합한 단어로, 한자어와 순우리말로 된 합성어이다. 앞말이 모음 'ㅏ'로 끝나고 뒷말의 첫소리가 'ㅁ'으로 시작되지만 발음상 'ㄴ' 소리가 덧나지 않으므로 사이시옷을 받쳐 적지 않아야 한다.

② 등굣길(○): '등굣길[등꾜낄/등꾿낄]'은 '등교(登校)'와 '길'이 결합한 단어로, 한자어와 순우리말로 된 합성어이다. 앞말이 모음 'ㅛ'로 끝나고 뒷말의 첫소리 'ㄱ'이 된소리 [ㄲ]으로 발음되므로 사이시옷을 받쳐 적어야 한다.
③ 빨랫줄(○): '빨랫줄[빨래쭐/빨랟쭐]'은 '빨래'와 '줄'이 결합한 단어로, 순우리말로만 이루어진 합성어이다. 앞말이 모음 'ㅐ'로 끝나고 뒷말의 첫소리 'ㅈ'이 된소리 [ㅉ]으로 발음되므로 사이시옷을 받쳐 적어야 한다.
⑤ 셋방(○): '셋방[세:빵/섿:빵]'은 '세(貰)'와 '방(房)'이 결합한 단어로, 한자어로만 이루어진 합성어이다. 하지만 예외적으로 사이시옷을 받쳐 적는 경우에 해당하므로 사이시옷을 받쳐 적어야 한다.

19 문학 + 어휘 내용 추리, 한자 성어 난이도 ★☆☆

해설 ⑤ • ㉠: 김 첨지는 침묵으로 인한 불길함을 쫓아 버리기 위해 고함을 치며 허세를 부리고 있다. 따라서 ㉠에 들어갈 한자 성어로 적절한 것은 '실속은 없으면서 큰소리치거나 허세를 부림'을 뜻하는 '허장성세(虛張聲勢)'이다.
• ㉡: 김 첨지는 자신이 집에 왔음에도 계속해서 누워있는 아내에게 호통을 치고 있다. 따라서 ㉡에 들어갈 한자 성어로 적절한 것은 '밤낮으로 쉬지 않고 연달아'를 뜻하는 '주야장천(晝夜長川)'이다.

오답 분석
• 노심초사(勞心焦思): 몹시 마음을 쓰며 애를 태움
• 절치부심(切齒腐心): 몹시 분하여 이를 갈며 속을 썩임
• 주야불식(晝夜不息): 밤낮으로 쉬지 않음
• 전전반측(輾轉反側): 누워서 몸을 이리저리 뒤척이며 잠을 이루지 못함

20 비문학 내용 추론 난이도 ★★☆

해설 ① 1문단에서는 신석기 초반에 농사가 시작되면서 농사를 담당하고 출산을 하던 여성의 역할이 무엇보다 중요했음을 설명하고 있다. 이어서 2문단에서는 농경이 본격적으로 발전하고 집짐승을 기르기 시작함에 따라 남성들이 생산 활동의 주인공이 되고, 여성들은 보조자로 밀려났음을 설명하고 있다. 이로 미루어 보아 ㉠에는 남성과 여성의 위상과 역할이 변화되었다는 내용의 ①이 들어가는 것이 적절하다.

오답 분석
② 2문단 끝에서 2~4번째 줄에서 남성들이 생산 활동의 주인공이 됨에 따라 여성들은 보조자로 밀려났음은 알 수 있으나, 이는 남성과 여성의 사회적 위상과 역할의 차이를 설명하기 위한 것일 뿐이다. 이를 통해 여성이 생산 활동에서 완전히 배제되기 시작했는지는 추론할 수 없으므로 ②는 ㉠에 들어갈 내용으로 적절하지 않다.
③④⑤ 제시문을 통해 추론할 수 없다.

21 비문학 세부 내용 파악 난이도 ★★☆

해설 ① 1문단 3~6번째 줄을 통해 ㉠'헤이안 시대의 여성들'은 읽을거리를 늘리고, 자신들의 취향에 맞는 읽을거리를 얻기 위해 여성들의 고유한 문학을 창작했음을 알 수 있다. 따라서 ㉠에 대한 설명으로 적절한 것은 ①이다.

오답 분석
② 2문단 끝에서 2~4번째 줄을 통해 ㉠'헤이안 시대의 여성들'이 자신들만의 언어로 문학 작품을 남겼음을 알 수 있다.

③ 3문단 4~6번째 줄을 통해 ⊙'헤이안 시대의 여성들' 중 세이 쇼 나곤, 무라사키 부인과 같은 작가들이 언어와 정치 현장으로부터 떨어져 있었기 때문에 정치적 행위에 대해 소문 이상으로 묘사할 수 없었음을 알 수 있다.

④ 1문단 끝에서 2~3번째 줄을 통해 ⊙'헤이안 시대의 여성들'의 글자인 가나분카쿠의 특징이 한자 구조가 거의 배제된 것임을 알 수 있다.

⑤ 1문단 1번째 줄에서 일본 문학 세계가 여자들에게 열려 있었다고 설명하고 있을 뿐, 문필 활동이 남성들의 전유물이었는지는 제시 문을 통해 확인할 수 없다. 또한 1문단 4~6번째 줄에서 ⊙'헤이 안 시대의 여성들'은 여성들의 취향에 맞는 문학 작품을 향유하기 위해 작품을 창작했다고 설명하고 있으므로 남성적 취향의 독서 를 수행했다는 설명은 적절하지 않다.

---

22 | 어법 | 외래어 표기 | 난이도 ★★☆

해설 ③ jasmine 재스민(○): 'jasmine'은 [dʒæzmɪn]으로 소리 난다. 이때 [dʒ]는 모음 앞에서 'ㅈ'로 표기하고, [æ]는 'ㅐ'로 표기하므로 '재 스민'으로 표기하는 것이 옳다. 참고로 '재스민'을 '쟈스민'이나 '자 스민'으로 잘못 표기하지 않도록 주의해야 한다.

오답 분석
① buffet 부페(×) → 뷔페(○)
② ad lib 애드립(×) → 애드리브(○)
④ pamphlet 팜플렛(×) → 팸플릿(○)
⑤ conte 꽁트(×) → 콩트(○)

---

23 | 비문학 | 논지 전개 방식 | 난이도 ★☆☆

해설 ⑤ 제시문에서 설명하는 내용에 대한 실험 결과를 제시하는 부분은 확인할 수 없다.

오답 분석
① 2~4문단에서 '예를 들어'라고 서술하며 설명하는 내용에 대한 예 를 제시하고 있다.
② 2문단과 3문단에서 각각 상황이 사람을 선택하는 경우와 사람이 상황을 선택하는 경우를 대비하여 제시하고 있다.
③ 5문단에서 '점화 효과'에 대한 개념을 제시하고 있다.
④ 2문단과 3문단에서 각 상황에 대한 내용을 병렬적으로 제시하 고 있다.

---

24 | 비문학 | 세부 내용 파악 | 난이도 ★★☆

해설 ② 4문단에서 경제적 불균형에 처해 상황이 사람을 지배하게 될 경우 에는 범죄를 저지를 수 있다고 설명하고 있으나, 대부분의 사람 은 스스로 상황을 지배해 나가기 때문에 범죄를 저지르지 않는다 고 설명하고 있다. 따라서 경제적 불균형에 처하면 대부분의 사람 들이 상황을 지배할 수 없다는 ②는 제시문에 대한 이해로 적절하 지 않다.

오답 분석
① 제시문 전체에서 사람과 상황이 서로 영향을 미치는 방식에 대해 설명하고 있으므로 ①은 적절한 이해이다.
③ 2문단 끝에서 2~4번째 줄에서 부모의 학대로 인해 지속적인 피 해를 입고 있는 상황을 자신이 선택할 수 없는 절대적 상황의 예 시로 제시하고 있으므로 ③은 적절한 이해이다.
④ 3문단 3~5번째 줄에서 몸이 아프면 상황을 설명하고 조퇴를 하 는 것을 합리적인 판단을 하는 예시로 제시하고 있으므로 ④는 적절한 이해이다.

---

⑤ 5문단 1~3번째 줄에서 사람들이 공통적으로 갖고 있는 공격성 이 상황에 따라 다르게 점화된다고 설명하고 있으므로 ⑤는 적 절한 이해이다.

---

25 | 문학 | 작품의 종합적 감상 (한시) | 난이도 ★☆☆

해설 ④ 제시된 작품에 대한 이해로 적절한 것은 ④'ㄱ, ㄷ, ㄹ'이다.
• ㄱ: '첫닭'이 울었다는 것은 새벽이 왔음을 의미하므로 '첫닭'은 시간적 배경을 드러내는 시어이다.
• ㄷ: '살짝이 살짝이'는 새벽을 틈타 주인이 모르게 길을 떠나려 는 '행인'의 조심스러운 심리를 나타낸 표현이다.
• ㄹ: 화자는 새벽에 조용히 떠나려는 '나그네'와 '나그네'를 보내 지 않으려 하는 '주인'의 모습을 관찰하고 있다.

오답 분석
• ㄴ: 닭 울음은 작품의 시간적 배경이 새벽임을 나타내는 역할을 할 뿐이다. 제시된 작품에서 '나그네'와 '주인'의 관계가 달라지는 부 분은 확인할 수 없다.

정답 및 취약점 확인

p.251

문항	정답	출제 포인트	약점 개념 확인	문항	정답	출제 포인트	약점 개념 확인
01	①	어법-단어	품사의 구분	14	③	어법-외래어 표기	외래어 표기 제4장 제2항
02	③	어법-단어	조사와 어미의 구분	15	⑤	어법-한글 맞춤법	띄어쓰기
03	⑤	어휘-고유어	잔입, 줄목, 선걸음, 갈무리, 맨드리	16	③	어법-단어	용언의 활용
04	①	어법-올바른 문장 표현	문장 성분과 구조의 적절성	17	⑤	어휘-한자 성어	護疾忌醫, 藏頭露尾, 倒行逆施, 指鹿爲馬, 破邪顯正
05	②	비문학-주제 및 중심 내용 파악		18	④	비문학-적용하기	
06	⑤	비문학-비판적 이해		19	②	문학-작품의 내용 파악	조세희 〈육교 위에서〉
07	②	비문학-관점과 태도 파악		20	②	어법-표준어 사정 원칙, 한글 맞춤법	별도 표준어, 준말·사이시옷의 표기
08	④	문학-작품의 종합적 감상	박성우 〈두꺼비〉	21	②	비문학-글의 전략 파악	
09	②	비문학-세부 내용 파악		22	⑤	어휘-한자어	諸般, 復興, 炯眼, 膺懲, 峻嚴
10	①	어법-중세 국어	단모음 체계 변화	23	③	비문학-세부 내용 파악	
11	⑤	비문학-글의 구조 파악		24	①	비문학-세부 내용 파악	
12	④	비문학-글의 전략 파악		25	④	비문학-세부 내용 파악	
13	③	비문학-내용 추론					

---

01   어법   단어 (품사의 구분)

난이도 ★★☆

해설   ① ㄱ의 '비교적'은 '일정한 수준이나 보통 정도보다 꽤'를 뜻하며, 용언 '편리하다'를 수식하고 있으므로 부사이다.

오답 분석   ② ㄴ의 '만세'는 '영원히 삶'을 뜻하며 조사와 결합하여 사용하므로 명사이다. 참고로 '대한민국 만세'와 같이 '바람이나 경축, 환호의 느낌으로 외치는 말'인 감탄사와 혼동하지 않도록 주의한다.
③ ㄷ의 '어제'는 '오늘의 바로 하루 전에'를 뜻하며 용언을 수식하고 있으므로 부사이다.
④ ㄹ의 '여덟'은 '일곱에 하나를 더한 수'를 뜻하며 조사와 결합하여 사용하므로 수사이다.
⑤ ㅁ의 '크는'은 '수준이나 능력 따위가 높은 상태가 되다'를 뜻하는 '크다'에 관형사형 어미 '-는'과 결합한 활용형이므로 동사이다. 참고로 성질이나 상태를 나타내며 현재 시제 선어말 어미 '-는-/-ㄴ-'이나 관형사형 어미 '-는'과 결합하지 못하면 형용사이므로 혼동하지 않도록 주의한다.

02   어법   단어 (품사의 구분)

난이도 ★★☆

해설   ③ ③의 '-라도'는 '설사 그렇다고 가정하여도 다른 경우와 마찬가지로 상관없음'을 나타내는 연결 어미이며 ①②④⑤는 보조사이므로 문법적 기능이 다른 것은 ③이다.
• ③ 금덩이라도: '금덩이+-라도'가 결합한 형태로, 이때 서술격 조사 '이다'의 어간 '이-'가 생략된 것이다.

오답 분석   ① 신기하군그래: 이때 '그래'는 청자에게 문장의 내용을 강조함을 나타내는 보조사이다.
② 그를 만나야만: 이때 '만'은 무엇을 강조하는 뜻을 나타내는 보조사이다.

④ 얼마 되겠느냐마는: 이때 '마는'은 앞의 사실을 인정을 하면서도 그에 대한 의문이나 그와 어긋나는 상황 따위를 나타내는 보조사이다.
⑤ 주시기만 하면요: 이때 '요'는 청자에게 존대의 뜻을 나타내는 보조사이다.

👍 이것도 알면 **합격!**

조사 '라도'와 어미 '-라도'의 차이를 알아두자.

조사 '라도'	• 조사 '라도'를 '-이다'로 바꾸면 문장이 성립하지 않음 예 배가 고프니 빵이라도 먹자 → 배가 고프니 빵이다(×) • 선어말 어미 '-더-'를 붙여 쓸 수 없음 예 배가 고프니 빵이더라도 먹자(×)
어미 '-라도'	• 어미 '-라도'를 '-이다'로 바꿔도 문장이 성립함 예 네 말이 거짓말이라도 기분은 좋다 → 네 말이 거짓말이다(○) • 선어말 어미 '-더-'를 붙여 쓸 수 있음 예 네 말이 거짓말이더라도 기분은 좋다(○)

03   어휘   고유어

난이도 ★★★

해설   ⑤ '잔입'은 '자고 일어나서 아직 아무것도 먹지 않은 입'이라는 뜻이므로, ⑤의 뜻풀이는 옳지 않다.

04   어법   올바른 문장 표현

난이도 ★★☆

해설   ① 그 회사는 ~ 세계 최고이다(○): 주어 '회사는'과 서술어 '최고이다'의 호응이 적절하므로 어법에 맞는 문장이다.

오답분석 ② 내 생각은 ~ 해결될 것이다(×)→ 내 생각은 ~ 해결된다는 것이다(○): 주어 '생각은'과 서술어 '해결될 것이다'의 호응이 적절하지 않은 문장이다. 따라서 '~해결된다는 것이다'로 고쳐 써야 한다.

③ 자유 수호와 인권을 보장하는(×)→ 자유를 수호하고 인권을 보장하는/자유 수호와 인권 보장을(○): 조사 '와'로 연결되는 '자유 수호'와 '인권을 보장하는'이 각각 구와 절로 제시되어 어법에 맞지 않으므로 앞뒤 구조가 동일하게 대응되도록 '자유를 수호하고 인권을 보장하는' 또는 '자유 수호와 인권 보장을'로 고쳐 써야 한다.

④ 재무 지표 현황과 개선 계획을 수립(×)→ 재무 지표 현황을 확인하고 개선 계획을 수립(○): 조사 '과'로 연결되는 '재무 지표 현황'과 '개선 계획을 수립'이 각각 구와 절로 제시되어 어법에 맞지 않으므로 앞뒤 구조가 동일하게 대응되도록 재무 지표 현황과 호응하는 서술어 '확인하다'를 추가하여 '재무 지표 현황을 확인하고 개선 계획을 수립'으로 고쳐 써야 한다.

⑤ 무엇을 ~ 개선해야 한다는 점을(×)→ 무엇을 ~ 개선해야 하는가를(○): '무엇'이라는 의문사는 '-느냐', '-ㄴ가'와 같은 의문형 어미와 함께 제시되어야 하므로 '하는가를'로 고쳐 써야 한다.

---

05 비문학 주제 및 중심 내용 파악 난이도 ★★☆

해설 ② 제시문은 집단의식보다 개인의 존엄성을 더 중시한 괴테의 견해를 바탕으로 다양한 집단과 관계를 맺어야 하는 현대인들이 가져야 할 자세에 대해 설명하고 있다. 2문단 끝에서 1~3번째 줄과 3문단 5~9번째 줄에서 개인은 정신적 독립성을 잃지 않도록 경계해야 하며, 집단의 목적이 아닌 개인의 순수성을 지닌 존재로 살아야 함을 주장하고 있다. 따라서 집단의 목적에 맹목적으로 따르는 자세를 비판하는 ②가 제시문의 논지에 가깝다.

---

06 비문학 비판적 이해 난이도 ★☆☆

해설 ⑤ ㉠'극단적 행동주의자적 입장'은 환경에 의해서 언어를 습득한다고 주장하고 생득론자들은 타고난 유전적 능력으로 언어를 습득한다고 주장하고 있다. 즉 ㉠에 따르면 아동은 학습한 표현만 습득할 수 있고 〈보기〉는 아동이 학습하지 않아도 언어를 표현할 수 있다는 입장이다. 따라서 〈보기〉의 관점에서 ㉠의 입장을 비판한 것은 어린이 언어의 창조성을 언급한 ⑤이다.

오답분석 ① 제시문과 관련 없는 내용이다.

② 언어 습득과 관련된 유전자의 실체를 확인해야 한다는 '생득론자'의 입장을 비판하는 근거에 해당하므로 ㉠'극단적 행동주의자적 입장'을 비판한 것으로 볼 수 없다.

③ '구성주의'의 입장이다.

④ '구성주의'의 입장에서 ㉠'극단적 행동주의자적 입장'을 비판하고 있다.

---

07 비문학 관점과 태도 파악 난이도 ★☆☆

해설 ② 제시문에서 확인할 수 없는 내용이므로 ②는 '도산 노인'의 생각에 대한 이해로 옳지 않다.

오답분석 ① 1문단 2~6번째 줄을 통해 '도산 노인'이 우리나라 노래가 음란하고 교만하여 만족하지 못함을 확인할 수 있다.

③ 3문단 끝에서 1~4번째 줄을 통해 아이들이 노래를 부름으로써 비루하고 더러운 마음을 깨끗하게 씻어버리며 유익함이 있을 것이라고 생각함을 확인할 수 있다.

④ 4문단 1~2번째 줄에서 노래를 지은 일이 시끄러운 일을 야기하게 될지 모르겠다고 표현한 부분을 통해 자신이 노래 지은 것을 불만스럽게 생각할 사람이 있다고 예상함을 확인할 수 있다.

⑤ 4문단 끝에서 1~2번째 줄을 통해 훗날에 자신이 지은 노래가 평가의 대상이 될 것을 기대하고 있음을 확인할 수 있다.

---

08 문학 작품의 종합적 감상 (시) 난이도 ★★☆

해설 ④ 마지막 연에서 '아버지의 양 손'에 '두꺼비'가 살았었다고 표현한 것으로 보아 '두꺼비'는 '아버지'의 우툴두툴한 양 손, 즉 '아버지'의 고된 삶을 의미하므로 ④는 시에 대한 이해로 적절하지 않다.

오답분석 ① 2연에서 화자가 '아버지, 저는 두꺼비가 싫어요'라고 말한 것은 아버지의 손이 거칠어지도록 고생스러운 삶을 사는 것이 싫다는 의미로, 아버지의 삶에 대한 서러움과 연민을 표현한 것이다.

② 제시된 작품은 어린 아이의 목소리로 시상을 전개하고, 아버지의 고된 삶을 의미하는 시어 '두꺼비'와 관련된 동요의 가사를 인용하여 아버지의 희생적인 삶을 회상하고 있다.

③ 1연의 '두꺼비'는 '아버지'의 우툴두툴한 양 손(원관념)을 비유한 보조 관념으로서, 시의 전반부에는 '두꺼비'의 원관념을 감추다가 마지막 연에서 의도적으로 '두꺼비'의 원관념이 '아버지의 양 손'임을 드러내고 있다. 이러한 1연과 마지막 연의 호응 관계는 '아버지의 양 손'을 통해 '고달프고 희생적인 아버지의 삶'을 강조하기 위한 것임을 알 수 있다.

⑤ 5연에서 '아버지'와 '두꺼비'가 겨울잠에 들었으나 봄이 와도 잠에 든 '아버지'와 '두꺼비'는 일어나지 않고 '잔디'만 깨어났다는 표현을 통해 아버지의 죽음을 알 수 있다.

---

09 비문학 세부 내용 파악 난이도 ★★☆

해설 ② 2문단 끝에서 3~6번째 줄을 통해 인간의 뇌를 구성하는 세포 조직의 물리적 특성은 인간의 지능에 필수적이지만, 충분하지 않음을 알 수 있으므로 ②는 적절하지 않다.

[관련 부분] 인간 뇌를 구성하는 세포 조직의 어떤 측면이 우리의 지능에 필수적인 것은 사실이지만, 그 물리적 특성들로는 충분하지 않다.

오답분석 ① 2문단 6~9번째 줄을 통해 확인할 수 있다.

[관련 부분] 다윈은 뇌가 정신을 '분비한다'고 적었고, 최근에 철학자 존 설은 유방의 세포 조직이 젖을 만들고 식물의 세포 조직이 당분을 만드는 것처럼, 뇌 조직의 물리 화학적 특성들이 정신을 만들어 낸다고 주장했다.

③ 1문단 1~8번째 줄을 통해 지능에 대한 전통적 설명 방식의 모순(문제점)을 확인할 수 있다.

[관련 부분] 정신에 대한 전통적인 설명에 따르면, 인간의 육체는 비물질적 실체인 영혼으로 가득 차 있으며 ~ 정신은 곧 뇌의 활동임을 보여 주는 엄청난 증거들도 극복할 수 없는 문제.

④ 2문단 끝에서 1~4번째 줄을 통해 알 수 있다.

[관련 부분] 그 물리적 특성들로는 충분하지 않다. ~ 중요한 것은 신경 세포 조직의 '패턴' 속에 존재하는 어떤 것이다.

⑤ 1문단 끝에서 1~2번째 줄을 통해 현미경으로 뇌와 정신이 밀접하게 연결되어 있음을 시각적으로 확인할 수 있으므로 적절하다.

[관련 부분] 현미경으로 보면 뇌는 풍부한 정신과 완전히 일치하는 대단히 복잡한 물리적 구조를 갖고 있다.

10　어법　중세 국어　난이도 ★★☆

해설　① 〈보기〉를 통해 단모음이 추가되고 소실되었음을 알 수 있을 뿐 조음 위치의 변화는 확인할 수 없으므로 ①의 설명은 적절하지 않다.

오답
분석　② 후설 저모음이 15세기에는 'ㅏ', 'ㆍ'가, 19세기 초와 현재에는 'ㅏ'가 존재함을 알 수 있다.

③ 단모음의 개수는 15세기 7개, 19세기 초 8개, 현재 10개로 늘어났다.

④ 15세기에 존재했던 모음 'ㆍ'가 19세기 초에 소멸되었음을 확인할 수 있다.

⑤ 15세기까지 이중 모음이었던 'ㅔ'와 'ㅐ'가 19세기 초에 단모음이 되었고, 19세기 초까지 이중 모음이었던 'ㅟ'와 'ㅚ'가 현재는 단모음이 되었음을 확인할 수 있다.

11　비문학　글의 구조 파악 (문단 배열)　난이도 ★★☆

해설　⑤ 논리적 순서에 맞게 나열한 것은 (마) - (나) - (라) - (가) - (다) 순이다.

순서	중심 내용	순서 판단의 단서와 근거
(마)	17세기 유럽에서 '하얀 금'이라 불린 백자는 비싼 가격에 거래되며 큰 인기를 끌었음	접속어로 시작하지 않으며 중심 화제인 '백자'에 대해 언급함
(나)	18세기 유럽은 백자를 만드는 기술이 없어서 중국에 비싼 값을 지불하고 백자를 수입할 수밖에 없었음	키워드 '18세기': 17세기에 '백자'가 큰 인기를 끌었다는 (마)에 이어 '백자'에 대한 설명을 더하고 있음
(라)	유럽에서 백자를 만들기 위한 다양한 시도가 있었지만 고령토를 모르고 1100도 이상의 가마를 만들지 못하여 실패함	비싼 가격으로 백자를 수입하였다는 (나)에 이어 백자를 생산하기 위한 시도가 있었음을 밝히고 있음
(가)	뵈트거는 아우구스투스의 명으로 백자를 만들기 위한 시도 끝에 3년 만에 고령토 광산을 발견하여 백자 성분 문제를 해결함	키워드 '고령토', '해결한다': 유럽에서 백자 생산을 실패한 원인 중 하나인 '고령토'의 문제를 해결하였음을 드러냄
(다)	1400도 가마가 만들어지면서 백자가 생산되었고 마이센의 백자 기술이 유럽 전역으로 퍼지면서 백자의 유럽 생산 시대가 열림	키워드 '또': (가)에 이어 백자 생산의 실패 원인 중 다른 하나인 고온의 가마를 해결하였음을 알 수 있음

12　비문학　글의 전략 파악　난이도 ★★☆

해설　④ (라)는 (다)에서 언급한 '테라포밍'의 현실화 방법을 구체적으로 설명하고 있을 뿐 '테라포밍'을 실현 가능성을 증명하기 위하여 개별적 사례들을 통하여 결론을 이끌어 내는 '귀납'의 방법을 사용하지 않았으므로 적절하지 않다.

오답
분석　① (가)는 표면 색깔, 토양 성분 등 '화성'의 특성을 언급하면서 화성이 '테라포밍'의 1순위로 선정된 이유에 의문을 제기하며 '테라포밍'이라는 화제를 제시하고 있다.

② (나)는 영화 『레드 플래닛』의 내용을 예로 들어 화제인 '테라포밍'에 대한 이해를 돕고 있다.

③ (다)는 '테라포밍'을 영화가 아닌 현실에서 실현시키는 방법으로 '화성'의 '극관'에 검은 물질을 덮어 '극관'이 자연스럽게 녹을 수 있도록 하여 '화성'에 공기를 공급하는 방법을 제시하고 있다.

⑤ (마)에서 '테라포밍'이 최소 몇 백 년이 걸리더라도 성공할 것이라는 긍정적 전망을 내리며 글을 마무리하고 있다.

13　비문학　내용 추론　난이도 ★☆☆

해설　③ (가)와 (나)를 통해 '테라포밍'은 인간이 살 수 있도록 천체의 환경을 바꾸는 것이며 화성을 테라포밍하려면 궁극적으로 인간이 호흡할 수 있는 대기층을 만들어야 함을 알 수 있다. 이를 미루어 보아 '테라포밍'의 핵심이 되는 작업은 ③'화성에 대기층을 만드는 일'임을 추론할 수 있다.

[관련 부분]
· '테라포밍'은 지구가 아닌 다른 외계의 천체 환경을 인간이 살 수 있도록 변화시키는 것을 말하는데
· 이끼가 번식해 화성 표면을 덮으면 그들이 배출하는 산소가 모여 궁극적으로는 인간이 호흡할 수 있는 대기층이 형성되기 때문이다.

14　어법　외래어 표기　난이도 ★☆☆

해설　③ 〈보기〉는 우크라이나 지명을 우크라이나어 기준에 따르겠다는 내용이다. 우크라이나 지명은 외래어 표기법 제3장에 포함되어 있지 않은 언어권의 지명이므로 ⓒ의 규정에 따라 원지음인 우크라이나어를 따르는 것을 원칙으로 한다. 참고로 외래어 표기법 제3장에 포함된 언어는 영어, 독일어, 프랑스어, 에스파냐어, 일본어 등이 있다.

15　어법　한글 맞춤법 (띄어쓰기)　난이도 ★★☆

해설　⑤ 사업∨차(×) → 사업차(○): 이때 '-차'는 '목적'의 뜻을 더하는 접미사이므로 앞말과 붙여 써야 한다. 따라서 띄어쓰기가 옳지 않은 것은 ⑤이다.

오답
분석　① 올∨성싶다/올성싶다(○): 이때 '성싶다'는 '앞말이 뜻하는 상태를 어느 정도 느끼고 있거나 짐작함'을 나타내는 보조 형용사로 앞말과 띄어 쓰는 것이 원칙이나 붙여 쓰는 것도 허용한다.

② 하게나그려(○): 이때 '그려'는 청자에게 문장의 내용을 강조함을 나타내는 보조사이므로 앞말과 붙여 쓴다.

③ 떠나온∨지(○): 이때 '지'는 '어떤 일이 있었던 때로부터 지금까지의 동안'을 나타내는 의존 명사이므로 앞말과 띄어 쓴다.

④ 알은척하다(○): 이때 '알은척하다'는 '사람을 보고 인사하는 표정을 짓다'를 뜻하는 한 단어이므로 붙여 쓴다.

16　어법　단어 (용언의 활용)　난이도 ★★★

해설　③ 기단(○): '기단'의 기본형은 '기닿다'로, '매우 길거나 생각보다 길다'를 뜻하는 '기다랗다'의 준말이다. 어간 '기닿-'에 어미 '-은'이 결합할 때 어간의 'ㅎ'이 탈락하여 '기단'으로 활용한다.

오답
분석　① 누래(×) → 누레(○): '익은 벼와 같이 다소 탁하고 어둡게 누르다'를 뜻하는 '누렇다'는 어간 '누렇-'에 어미 '-어'가 결합할 때 어간의 'ㅎ'이 탈락하고 어미의 형태가 변한 '누레'로 활용한다.

② 드르지(×) → 들르지(○): '지나는 길에 잠깐 들어가 머무르다'를 뜻하는 단어는 '들르다'로, 어간 '들르-'에 어미 '-지'가 결합하여 '들르지'로 활용한다.

④ 고와서(×) → 곱아서(○): '손가락이나 발가락이 얼어서 감각이 없고 놀리기가 어렵다'를 뜻하는 단어는 '곱다'로, 어간 '곱–'에 모음 어미 '–아서'가 결합할 때 '곱아서'로 활용한다. 참고로 '모양, 생김새, 행동거지 등이 산뜻하고 아름답다'를 뜻하는 '곱다'는 어간 '곱–'의 끝소리 'ㅂ'이 모음 어미 앞에서 '우'로 변하는 'ㅂ' 불규칙 용언이나, '–아'로 시작하는 모음 어미와 결합할 경우에는 예외적으로 '고와'와 같이 활용한다.

⑤ 질르는(×) → 지르는(○): '팔다리나 막대기 등을 내뻗치어 대상물을 힘껏 건드리다'를 뜻하는 단어는 '지르다'로, 어간 '지르–'에 어미 '–는'이 결합하여 '지르는'으로 활용한다.

---

17 어휘 한자 성어 난이도 ★★★

해설 ⑤ '파사현정(破邪顯正)'은 '사견(邪見)과 사도(邪道)를 깨고 정법(正法)을 드러내는 일'을 뜻하는 말로 ⓜ과 관련 없는 의미이므로 적절하지 않다. 참고로 ⓜ은 '싸움이나 그 밖의 다른 일로 큰 혼란에 빠진 곳'을 뜻하는 '아수라장(阿修羅場)'으로 바꿀 수 있다.

오답 분석 ① 호질기의(護疾忌醫): 다른 이에게 충고 받지 않기 위하여 스스로 잘못을 감추려 함을 이르는 말

② 장두노미(藏頭露尾): 진실을 감추기 위해 노력하여도 결국 진실은 밝혀짐을 이르는 말

③ 도행역시(倒行逆施): 차례나 순서를 바꾸어서 행함

④ 지록위마(指鹿爲馬): 윗사람을 농락하여 권세를 마음대로 함을 이르는 말

---

18 비문학 적용하기 난이도 ★★★

해설 ④ 끝에서 4~6번째 줄을 통해 '그릇' 도식은 설명하려는 대상을 안과 밖이 있는 대상으로 인식하게 함을 알 수 있다. ④는 '관계'가 안과 밖이 있는 대상이 아닌 '막다른 길'에 차단되어 있는 것으로 표현하고 있으므로 '그릇' 도식의 사례로 적절하지 않다. 참고로 ④는 영상 도식 중 '차단(Blockage)' 도식의 사례로 볼 수 있다.

오답 분석 ① '심장'을 기쁨으로 가득 채워질 수 있는 안과 밖이 있는 대상으로 인식하도록 표현하였으므로 '그릇' 도식의 사례로 적절하다.

② '눈'을 분노가 담길 수 있는 안과 밖이 있는 대상으로 인식하도록 표현하였으므로 '그릇' 도식의 사례로 적절하다.

③ '두려움'을 '두려움 속'이라는 표현을 통해 안과 밖이 있는 대상으로 인식하도록 하였으므로 '그릇' 도식의 사례로 적절하다.

⑤ '시야'를 '시야에 들어왔다'라는 표현을 통해 안과 밖이 있는 대상으로 인식하도록 하였으므로 '그릇' 도식의 사례로 적절하다.

---

19 문학 작품의 내용 파악 난이도 ★★☆

해설 ② 동생과 동생 친구의 대화를 통해 두 사람 모두 '박쥐'라고 지칭하는 인물을 대학 다닐 때부터 알고 있음을 확인할 수 있으므로 작품에 대한 이해로 적절하다.

오답 분석 ① 1~2번째 줄을 통해 동생과 동생 친구는 이순신 장군의 동상이 보이는 거리의 나무 의자에 앉아서 대화를 하고 있음을 알 수 있으므로 적절하지 않다.

③ 끝에서 5~6번째 줄의 말에서 '박쥐'로 불리는 '그'는 대학에 있을 때 동생과 동생의 친구를 괴롭혔음을 알 수 있으므로 적절하지 않다.

④ 제시문에서 확인할 수 없다.

⑤ 동생이 '박쥐'로 불리는 '그'가 동생의 친구가 다니는 회사에 우두머리로 부임해 온 소식을 신문이 아니라 동생이 친구에게 처음 들었음을 알 수 있다.

---

20 어법 표준어 사정 원칙, 한글 맞춤법 난이도 ★★★

해설 ② 오순도순(○): '오순도순'은 표준어이므로 어문 규범에 맞는 문장은 ②이다. 참고로 '오손도손'은 2011년에 별도 표준어로 인정된 단어이다.

오답 분석 ① 뵈요(×) → 봬요(○): '봬요'는 '뵈어요'의 준말로, 기본형 '뵈다'의 어간 '뵈–'에 어미 '–어'가 결합하여 '봬'로 줄어들므로 '봬요'로 써야 한다.

③ 빌어(×) → 빌려(○): '어떤 일을 하기 위해 기회를 이용하다'를 뜻하는 말은 '빌리다'로, 어간 '빌리–'의 'ㅣ' 뒤에 어미 '–어'가 결합하여 'ㅕ'로 줄어들므로 '빌려'로 써야 한다.

④ 북어국(×) → 북엇국(○): '북엇국'은 한자어 '북어(北魚)'와 순우리말 '국'이 결합한 것으로, 뒷말의 첫소리가 된소리로 소리 나므로 사이시옷을 받쳐 적어야 한다.

⑤ 요약토록(×) → 요약도록(○): '요약도록'의 준말로, 받침 'ㄱ' 뒤에서 어간의 끝음절 '하'가 아주 줄 적에 거센소리로 표기하지 않고 준 대로 적어야 한다.

---

21 비문학 글의 전략 파악 난이도 ★☆☆

해설 ② 제시문은 알렉산드르 2세가 통치하던 시대를 문명과 진보의 시대, 제반 문제점들의 시대, 러시아 부흥의 시대 등으로 정의하고 있으며, 이 시대의 상황을 서술하기 위해 러시아 군대가 세바스토폴에서 돌아온 사건, 러시아의 위대한 두 인물이 전쟁 중에 사망한 사건, 페테르부르크에서 구성된 위원회가 악덕 위원들을 잡아 처벌하는 사건 등을 나열하고 있다. 따라서 ②는 제시문의 서술 방식에 대한 설명으로 적절하다.

---

22 어휘 한자어 (한자어의 의미) 난이도 ★★★

해설 ⑤ ⓜ '준엄(峻嚴: 높을 준, 엄할 엄)'은 '조금도 타협함이 없이 매우 엄격함'을 의미하므로 ⑤의 뜻풀이는 적절하지 않다. 참고로 '태도나 상황 따위가 튼튼하고 굳음'을 뜻하는 말은 '확고(確固: 굳을 확, 굳을 고)'이다.

오답 분석 ① ㄱ 제반(諸般: 모두 제, 가지 반)

② ㄴ 부흥(復興: 다시 부, 일 흥)

③ ㄷ 형안(炯眼: 빛날 형, 눈 안)

④ ㄹ 응징(膺懲: 가슴 응, 징계할 징)

---

23 비문학 세부 내용 파악 난이도 ★☆☆

해설 ③ 제시문은 오행의 상생 관계와 상극 관계를 설명하고 있다. 1문단을 통해 오행의 상생 관계와 상극 관계를 확인할 수 있고, 2문단을 통해 손오공은 '화'와 '금'에 속하며 사오정은 '토'에 속함을 알 수 있다. 따라서 손오공과 사오정 사이에 '화생토', '토생금'의 상생 관계만 존재함을 확인할 수 있으므로 적절하지 않다.

- 상생 관계는 목생화, 화생토, 토생금, 금생수, 수생목이고 상극 관계는 목극토, 토극수, 수극화, 화극금, 금극목이다.
- 손오공은 화인 동시에 금이기도 하기 때문이다.
- 사오정은 오행에서 토에 속한다.

오답 분석
① ② 2문단 3번째 줄과 8~9번째 줄을 통해 저팔계는 '목'이고, 손오공은 '화' 또는 '금'임을 알 수 있다. 따라서 둘 사이에는 상생 관계인 '목생화', 상극 관계인 '금극목'이 존재하므로 적절하다.
[관련 부분]
- 목인 저팔계이고
- 손오공은 화인 동시에 금이기도 하기 때문이다.
④ 2문단 2~3번째 줄을 통해 알 수 있다.
[관련 부분] 삼장과 상생 관계에 있는 인물은 목인 저팔계이고
⑤ 2문단 끝에서 2~3번째 줄을 통해 사오정이 '토'에 속한다는 것을 알 수 있다. 따라서 사오정과 저팔계 사이에는 '목극토'의 상극 관계가 존재하므로 적절하다.
[관련 부분] 사오정은 오행에서 토에 속한다.

24 [비문학] 세부 내용 파악   난이도 ★★☆

해설 ① 1문단 끝에서 1~5번째 줄을 통해 공적이고 질적인 의미 있는 데이터를 선별하려는 역사학적 관심사가 데이터 권력에 의해 억압당한다는 것을 알 수 있으므로 글에 대한 이해로 적절하다.
[관련 부분] 진본성이나 공공성을 담지한 공식 기록을 선별해 남기려는 역사학적 관심사는, ~ 데이터 권력에 의해 억압당한다.

오답 분석
② 2문단을 통해 데이터 권력은 개인적 차이를 무시하고 집단 욕망의 흐름을 포착하는 것만을 중요시함을 알 수 있으므로 적절하지 않다.
[관련 부분] 새로운 데이터 권력의 질서 속에서는 ~ 개인적 차이, 감수성, 질감들이 무시되고 이리저리 움직이고 부유하는 집단 욕망들의 경향과 패턴을 포착하는 것만이 중요하다.
③ 1문단 끝에서 5~8번째 줄에서 데이터 기업은 모든 데이터를 실시간으로 저장한 후 알고리즘 산식을 이용해 패턴을 찾는 데 주력함을 알 수 있다. 따라서 알고리즘 산식을 통해 데이터를 저장한다는 내용은 글에 대한 이해로 적절하지 않다.
[관련 부분] 데이터 기업 자본은 ~ 모두를 실시간으로 저장해 필요에 의해 잘 짜인 알고리즘으로 원하는 정보 패턴이나 관계를 찾는 데 골몰한다.
④ 제시문에서 확인할 수 없는 내용이다.
⑤ 1문단 11~13번째 줄에서 비정형 데이터를 활용하는 것은 역사학이 아닌 기업임을 알 수 있으므로 글에 대한 이해로 적절하지 않다.
[관련 부분] 역사기록학적 물음들은, 오늘날 인간 활동으로 뿜어져 나오는 비정형 데이터에 의존한 많은 닷컴 기업들에 그리 중요하지 않다.

25 [비문학] 세부 내용 파악   난이도 ★☆☆

해설 ④ 5문단 끝에서 1~2번째 줄과 6문단 1~3번째 줄을 통해 유교가 국교로 지정되기 전부터 촌락 공동체는 자연 발생적으로 유교적 윤리나 규범을 지키고 있었음을 확인할 수 있으므로 글에 대한 이해로 적절하다.

- 촌락 공동체에서는 자연 발생적으로 유교적인 윤리나 규범이 지켜지고 있었던 것이다.
- 국가가 유교적 권위를 승인하고 촌락 공동체에서 행해지고 있는 윤리나 규범을 국가 차원에까지 횡적으로 확대 적용한다면

오답 분석
① 3문단 끝에서 1~2번째 줄을 통해 비용이 많이 드는 사상은 도가가 아닌 법가임을 알 수 있으므로 적절하지 않다.
[관련 부분] 비용이 많이 드는 법가 사상
② ③ 제시문에서 찾을 수 없는 내용이다.
⑤ 4문단 끝에서 1~3번째 줄을 통해서 도가가 한나라의 국가 정비를 가로막은 것이 아니라 한나라가 국가 제도를 정비함으로써 도가 사상을 후퇴하게 했음을 알 수 있으므로 적절하지 않다.
[관련 부분] 한나라가 국력을 회복하고 국가의 여러 가지 제도를 정비함에 따라 도가 사상은 결국 후퇴하지 않을 수 없었던 것이다.

정답 및 취약점 확인

p.261

문항	정답	출제 포인트	문항	정답	출제 포인트
01	①	비문학-내용 추론	11	④	비문학-비판적 이해
02	③	비문학-내용 추론	12	③	비문학-화법, 내용 추론
03	⑤	비문학-내용 추론	13	①	비문학-내용 추론
04	③	비문학-관점과 태도 파악, 적용하기	14	③	비문학-내용 추론
05	④	비문학-주제 및 중심 내용 파악	15	②	비문학-관점과 태도 파악
06	④	비문학-내용 추론	16	①	비문학-내용 추론
07	①	비문학-내용 추론	17	④	비문학-작문
08	⑤	비문학-화법, 작문	18	③	비문학-적용하기
09	②	비문학-관점과 태도 파악	19	①	비문학-내용 추론
10	②	비문학-관점과 태도 파악, 비판적 이해	20	②	비문학-관점과 태도 파악, 비판적 이해

01 　비문학　내용 추론

해설　① 말벌이 둥지를 떠난 사이 원형으로 배치했던 솔방울들을 치우고 그 자리에 돌멩이들을 원형으로 배치하였더니 돌아온 말벌이 원형으로 배치된 돌멩이들의 중심으로 날아갔다고 했다. 이는 말벌이 방향을 찾을 때 솔방울이라는 물체의 재질이 아닌, 솔방울들로 만든 모양에 의존한 것임을 추론할 수 있다. 따라서 빈칸에 들어갈 내용은 '물체의 재질보다 물체로 만든 모양에 의존하여 방향을 찾는다'가 가장 적절하다.

02 　비문학　내용 추론

해설　③ • ㄱ: 두 번째 단락에서 사적 한계순생산가치란 한 기업이 생산과정에서 투입물 1단위를 추가할 때 그 기업에 직접 발생하는 순생산가치의 증가분이라고 했으므로 사적 한계순생산가치의 크기는 사회에 부가적인 편익을 발생시키는지의 여부와 무관하게 결정됨을 추론할 수 있다.
　　• ㄴ: 두 번째 단락에서 사회적 한계순생산가치란 한 기업이 투입물 1단위를 추가할 때 발생하는 사적 한계순생산가치에 그 생산에 의해 부가적으로 발생하는 사회적 비용을 빼고 편익을 더한 것이라고 했으므로 어떤 기업이 투입물 1단위를 추가할 때 사회에 발생하는 부가적인 편익이나 비용이 없으면 사적 한계순생산가치와 사회적 한계순생산가치의 크기는 같음을 추론할 수 있다.

오답
분석　• ㄷ: 두 번째 단락에서 사회적 한계순생산가치란 한 기업이 투입물 1단위를 추가할 때 발생하는 사적 한계순생산가치에 그 생산에 의해 부가적으로 발생하는 사회적 비용을 빼고 편익을 더한 것이라고 했으므로 기업 A와 기업 B가 동일한 투입물 1단위를 추가했을 때 각 기업에 의해 사회에 부가적으로 발생하는 비용이 같더라도 편익의 차이에 따라 두 기업이 야기하는 사회적 한계순생산가치의 크기는 다를 수 있음을 추론할 수 있다.

03 　비문학　내용 추론

해설　⑤ 세 번째 단락에서 미분화된 표피세포가 그 안쪽의 피층세포층에 있는 두 개의 피층세포와 접촉하는 경우엔 뿌리털세포로 분화되어 발달하지만, 한 개의 피층세포와 접촉하는 경우엔 분화된 표피세포로 발달하고, 미분화된 표피세포가 서로 다른 형태의 세포로 분화되기 위해서는 유전자 A의 발현에 차이가 있어야 함을 알 수 있다. 따라서 ⊙을 설명하는 가설로 '미분화 표피세포가 어떤 세포로 분화될 것인지는 접촉하는 피층세포의 수에 따라 조절되는 유전자 A의 발현에 의해 결정된다.'가 가장 적절하다.

오답
분석　① 세 번째 단락에서 미분화된 표피세포에서 유전자 A가 발현되지 않으면 그 세포는 뿌리털세포로 분화되며 유전자 A가 발현되면 분화된 표피세포로 분화된다고 했으므로 분화될 세포에 뿌리털이 있는지에 따라 유전자 A의 발현 조절이 이루어진다는 것은 적절하지 않다.
　　② 세 번째 단락에서 미분화된 표피세포가 그 안쪽의 피층세포층에 있는 두 개의 피층세포와 접촉하는 경우엔 뿌리털세포로 분화되고, 한 개의 피층세포와 접촉하는 경우엔 분화된 표피세포로 분화된다고 했으므로 뿌리털세포와 분화된 표피세포는 동일한 세포임을 알 수 있다. 따라서 미분화된 세포가 어느 세포로부터 유래하였는지에 따라 분화가 결정된다는 것은 적절하지 않다.
　　③ 첫 번째 단락에서 한 개체를 구성하는 모든 세포는 동일한 유전자를 가지고 있으나 발생 과정에서 발현되는 유전자의 차이 때문에 다른 형태의 세포로 분화된다고 했으므로 미분화 표피세포가 유전자 A를 가지고 있는지에 따라 분화가 결정된다는 것은 적절하지 않다.
　　④ 세 번째 단락에서 미분화된 표피세포가 그 안쪽의 피층세포층에 있는 두 개의 피층세포와 접촉하는 경우엔 뿌리털세포, 한 개의 피층세포와 접촉하는 경우엔 분화된 표피세포로 분화된다고 했으므로 미분화된 표피세포가 뿌리털세포 또는 분화된 표피세포로 분화가 되는 것은 몇 개의 피층세포와 접촉하는지에 따라 결정되는 것임을 알 수 있다. 따라서 미분화 표피세포층과 피층세포층의 위치에 의해 분화가 결정된다는 것은 적절하지 않다.

04 비문학 관점과 태도 파악, 적용하기

해설 ③ • ㄱ: 제시된 사례는 로또 복권 1장을 사서 1등에 당첨될 확률은 낮지만, 가능한 모든 숫자 조합을 산다면 그중 하나는 당첨된다는 것이다. 따라서 이 사례는 가능한 모든 결과 중 하나는 확실히 일어난다는 (가)로 설명할 수 있으므로 적절한 판단이다.

• ㄴ: 제시된 사례는 어떤 사람이 교통사고를 당할 확률은 낮지만, 대한민국 전체로 보면 교통사고가 빈번히 발생한다는 것이다. 따라서 이 사례는 한 사람을 기준으로 할 때보다 충분히 많은 사람을 기준으로 할 때 어떤 사건이 발생할 확률이 매우 높을 수 있다는 (나)로 설명할 수 있으므로 적절한 분석이다.

오답 분석 • ㄷ: 제시된 사례는 주사위를 수십 번 던질 때는 희박한 확률의 사건이라도 수십만 번 던졌을 때는 종종 일어날 수 있다는 것이다. 따라서 이 사례는 하나의 대상을 기준으로 할 때보다 충분히 많은 대상을 기준으로 할 때 어떤 사건이 발생할 확률이 매우 높을 수 있다는 (나)로 설명할 수 있으나, (가)로는 설명할 수는 없으므로 적절하지 않은 분석이다.

05 비문학 주제 및 중심 내용 파악

해설 ④ 제시된 글은 일반적으로 질병의 발생을 개인적인 요인에서 찾으려는 경향이 있지만, 질병의 성격을 파악하고 대처할 때 개인적 요인뿐만 아니라 사회적 요인도 함께 고려해야 한다는 내용이다. 따라서 글의 논지는 '질병의 성격을 파악하고 질병에 대처하기 위해서는 사회적인 측면을 고려해야 한다.'가 가장 적절하다.

오답 분석 ① 병균이나 바이러스로 인한 신체적 이상 증상이 가정이나 지역사회에 위기를 야기할 수 있는 사회적 문제라는 것은 글의 내용과 부합하나, 전체 내용을 포괄할 수 없으므로 글의 논지로 적절하지 않다.

② 발병의 책임을 개인에게만 물어서는 안 된다는 것은 글의 내용과 부합하나, 전체 내용을 포괄할 수 없으므로 글의 논지로 적절하지 않다.

③ 질병에 대한 사회적 편견과 낙인이 오히려 더 심각한 문제일 수 있다는 것은 글의 내용과 부합하나, 전체 내용을 포괄할 수 없으므로 글의 논지로 적절하지 않다.

⑤ 글의 논지는 질병에 대처할 때 개인적 요인뿐만 아니라 사회적 요인도 함께 고려해야 한다는 것이므로 질병의 치료에 있어 개인적 차원보다 사회적 차원의 노력이 더 중요하다는 것은 글의 논지로 적절하지 않다.

06 비문학 내용 추론

해설 ④ • (가): 첫 번째 단락에서 원치 않는 결과를 제거하고자 할 때 그 결과의 원인이 필요조건으로서 원인이라면, 그 원인을 제거하여 결과가 일어나지 않게 할 수 있다고 했다. 따라서 (가)에 들어갈 예시는 원인에 해당하는 뇌염모기를 박멸한다면 결과에 해당하는 뇌염 발생을 막을 수 있다는 'ㄴ'이 적절하다.

• (나): 두 번째 단락에서 특정한 결과를 원할 때 그것의 원인이 충분조건으로서 원인이라면, 우리는 그 원인을 발생시켜 그것의 결과가 일어나게 할 수 있다고 했다. 따라서 (나)에 들어갈 예시는 콜라병이 총알에 맞는다면 그것이 깨지는 것은 분명하다는 'ㄷ'이 적절하다.

• (다): 세 번째 단락에서 필요충분조건으로서 원인의 경우, 원인을 일으켜서 그 결과를 일으키고 원인을 제거해서 그 결과를 제거할 수 있다고 했다. 따라서 (다)에 들어갈 예시는 물체에 힘이 가해지면 물체의 속도가 변하고, 물체에 힘이 가해지지 않는다면 물체의 속도는 변하지 않는다는 'ㄱ'이 적절하다.

07 비문학 내용 추론

해설 ① 첫 번째 단락에서 물리학적 언어와는 달리 매우 불명료하고 엄밀하게 정의될 수 없는 용어들을 발룽엔이라고 하고, 두 번째 단락에서 발룽엔이 개입될 경우 증거와 가설 사이의 논리적 관계에 대한 다양한 해석이 나오게 되므로 증거와 가설 사이의 논리적 관계가 무엇인지 결정할 수 없음을 알 수 있다. 따라서 ㉠에 들어갈 진술은 '과학적 가설과 증거의 논리적 관계를 정확하게 판단할 수 있다는 생각은 잘못된 것이다.'가 가장 적절하다.

오답 분석 ②③④⑤ 발룽엔의 불명료한 정의로 인해 논리적 관계의 판단이 어렵다는 글의 내용과 무관하므로 적절하지 않다.

08 비문학 화법, 작문

해설 ⑤ 병의 두 번째 말에서 시 홈페이지에서 신청 게시판을 찾아가는 방법을 안내할 필요는 있지만, 이는 부족하므로 A시 공식 어플리케이션에서 바로 신청서를 작성하고 제출할 수 있도록 하자고 했다. 따라서 '신청 방법'을 시 홈페이지에서 신청 게시판을 찾아가는 방법을 삭제하고 A시 공식 어플리케이션을 통한 신청 방법으로 바꾸는 것은 적절하지 않은 수정이다.

오답 분석 ①②③④ ①은 을의 두 번째 말에서 나온 의견, ②, ③은 을의 첫 번째 말에서 나온 의견, ④는 을과 병의 의견이 반영된 적절한 수정이다.

09 비문학 관점과 태도 파악

해설 ② • ㄴ. 우리나라 고대사의 기록은 근거를 댈 수 없는 경우가 많은데도 A는 그 기록을 자료로 역사서를 저술하였고, 사실 여부를 따져 보지도 않고 중국의 책들을 그대로 끌어다 인용하였다고 비판하고 있으므로 '역사서를 저술할 때에는 지역의 위치, 종족과 지명의 변천 등 사실을 확인해야 한다.'가 글의 주장으로 적절하다.

오답 분석 • ㄱ. A의 역사서가 사실 여부를 따져 보지도 않고 중국의 책들을 그대로 끌어다 인용하였음을 비판하고 있으므로 역사서를 저술할 때 중국의 기록을 참조하더라도 우리 역사서를 기준으로 해야 한다는 것은 글의 주장으로 적절하지 않다.

• ㄷ. 역사서를 저술할 때에는 중국의 역사서에서 우리나라와 관계된 것들을 찾아내어 반영해야 한다는 것은 글의 내용과 무관하므로 글의 주장으로 적절하지 않다.

10 비문학 관점과 태도 파악, 비판적 이해

해설 ② B 가설에 따르면 주류 언론에서 상대적 소외감을 더 크게 느끼는 이념적 성향이 소셜미디어를 대안 매체로서 더 주도적으로 활용한다. 따라서 갑국의 주류 언론이 보수적 이념 성향이 강하다면 이는 진보 성향이 주류 언론에서 상대적 소외감을 더 크게 느껴 대안 매체의 활용가치를 더 크게 느낀다는 것이고, 실제로 갑국은 소셜미디어 상에서 진보 성향의 견해들이 두드러지게 나타난다고 했으므로 B 가설을 강화한다.

오답 분석 ① A 가설에 따르면 소셜미디어 상에서 진보 성향의 견해들이 두드러지게 나타나는 이유는 진보 이념에서 중시하는 참여 민주주의의 가치가 소셜미디어의 특징과 잘 부합하기 때문이다. 즉, 진보 성향을 가진 사람들이 소셜미디어를 더 자주 이용한다는 것이다. 따라서 을국의 경우 트위터 사용자들이 진보 성향보다 보수 성향이 많았다는 사실은 A 가설을 약화한다.

③ A 가설은 갑국의 소셜미디어 사용자들의 다수가 진보적인 젊은 유권자라고 설명하고 있으나 B 가설은 주류 언론에 대해 소외된 집단이 소셜미디어를 주도적으로 활용할 가능성이 높다고 설명하고 있으므로 갑국의 젊은 사람들 중에 진보 성향의 비율이 높다는 사실은 A 가설은 강화하지만, B 가설과는 무관하다.

④ A 가설은 진보 성향과 소셜미디어의 특징이 잘 부합하기 때문에 진보 성향을 가진 사람들이 소셜미디어를 더 자주 이용한다는 것이고, B 가설은 주류 언론에 대해 상대적 소외감을 느끼는 집단이 소셜미디어를 활용한다는 것이다. 갑국에서 주류 언론보다 소셜미디어의 영향력이 강하다는 사실은 소셜미디어가 상대적 소외감을 느끼는 집단의 매체가 아니라는 것이므로 B 가설은 약화하고, A 가설과는 무관하다.

⑤ A 가설은 진보 성향과 소셜미디어의 특징이 잘 부합하기 때문에 진보 성향을 가진 사람들이 소셜미디어를 더 자주 이용한다는 것이고, B 가설은 주류 언론에 대해 상대적 소외감을 느끼는 집단이 소셜미디어를 활용한다는 것이다. 갑국에서 정치 활동을 많이 하는 사람들이 소셜미디어를 더 많이 사용한다는 사실은 A 가설과 B 가설 모두와 무관하므로 약화하지 않는다.

11 비문학 비판적 이해

해설 ④ 제시된 논증은 새로운 생물종은 평균적으로 100년 단위마다 약 20종이 출현하는데 지난 100년 간 지구상에서 새롭게 출현한 종을 찾아내지 못했다는 점을 근거로 한 종에서 분화를 통해 다른 종이 발생한다는 진화론이 거짓이라고 주장하고 있다. 따라서 사라지는 종의 수가 크게 늘고 있어 대멸종의 시대를 맞이하고 있다는 것은 제시된 논증과는 무관한 내용이므로 글의 논증에 대한 비판으로 적절하지 않다.

오답분석 ① 제시된 논증은 새로운 생물종은 평균적으로 100년 단위마다 약 20종이 출현하는데 지난 100년 간 생물학자들은 지구상에서 새롭게 출현한 종을 찾아내지 못했다는 점을 근거로 들고 있다. 따라서 100년 단위마다 약 20종이 출현한다는 것은 평균일 뿐이므로 언젠가 신생 종이 훨씬 많이 발생하는 시기가 올 수 있다는 것은 제시된 논증의 전제를 비판하는 내용이므로 글의 논증에 대한 비판으로 적절하다.

② 제시된 논증은 5억 년 전 이후 지구상에 출현한 생물종은 1억 종에 이른다는 점을 근거로 평균적으로 100년 단위마다 약 20종이 출현한다고 주장한다. 따라서 5억 년 전 이후부터 지구상에 출현한 생물종이 1,000만 종 이하일 수 있다는 것은 제시된 논증의 전제를 비판하는 내용이므로 글의 논증에 대한 비판으로 적절하다.

③ 제시된 논증은 지난 100년 간 생물학자들이 지구상에서 새롭게 출현한 종을 찾아내지 못했다는 점을 근거로 진화론은 거짓이라고 주장하고 있다. 따라서 생물학자가 새로 발견한 종이 신생 종인지 오래 전부터 존재했던 종인지 판단하기 어렵다면 제시된 논증의 전제가 성립하지 않으므로 글의 논증에 대한 비판으로 적절하다.

⑤ 제시된 논증은 지난 100년 간 생물학자들이 지구상에서 새롭게 출현한 종을 찾아내지 못했다는 점을 근거로 들고 있다. 따라서 생물학자들이 발견한 몇몇 종은 지난 100년 내에 출현한 종이라고 판단할 이유가 있다면 제시된 논증의 근거를 비판하는 내용이므로 글의 논증에 대한 비판으로 적절하다.

12 비문학 화법, 내용 추론

해설 ③ • ㄱ: 을은 장애인의 수에 비해 장애인 대상 가맹 시설의 수가 비장애인의 경우보다 적기 때문일 것이라는 의견을 제시했으므로 장애인의 수 대비 장애인 대상 가맹 시설의 수가 비장애인의 경우보다 적다면 장애인 스포츠강좌 지원사업의 실적 저조 원인으로 볼 수 있다. 따라서 장애인 및 비장애인 각각의 인구 대비 '스포츠강좌 지원사업' 가맹 시설 수를 확인하는 것은 적절하다.

• ㄴ: 병은 장애인 대상 강좌의 수강료가 높을 수 있어 바우처를 사용해도 자기 부담금이 크다면 장애인들은 스포츠강좌를 이용하기 어려울 것이라는 의견을 제시했으므로 장애인이 스포츠강좌를 이용할 때 자기가 부담해야 하는 비용이 비장애인의 경우보다 크다면 장애인 스포츠강좌 지원사업의 실적 저조 원인으로 볼 수 있다. 따라서 장애인과 비장애인 각각 '스포츠강좌 지원사업'에 참여하기 위해 본인이 부담해야 하는 금액을 확인하는 것은 적절하다.

오답분석 • ㄷ: 정은 장애인 인구의 고령자 인구 비율이 비장애인 인구에 비해 높아 사업의 대상 연령 상한을 만 49세에서 만 64세로 높여야 한다는 의견을 제시했다. 따라서 만 50세에서 만 64세까지의 장애인 중 스포츠강좌 수강을 희망하는 인구와 만 50세에서 만 64세까지의 비장애인 중 스포츠강좌 수강을 희망하는 인구를 확인하는 것은 적절하지 않다.

13 비문학 내용 추론

해설 ① 첫 번째 단락에서 공기의 수증기가 포화상태에 이르는 온도인 이슬점 온도보다 더 낮은 온도에서는 수증기가 응결하여 구름이 생성되거나 비가 내린다고 했고, 두 번째 단락에서 공기가 일정 높이까지 상승하여 이슬점 온도에 도달한 후에는 공기 내 수증기가 포화하면 온도가 내려가며 공기의 상승 과정에서 공기 속 수증기는 구름을 형성하거나 비를 내리며 소모된다고 했다. 따라서 공기의 온도가 이슬점 온도에 도달한 이후부터는 공기가 상승할수록 공기 속 수증기가 구름이나 비를 통해 소모되어 공기 내 수증기량은 줄어든다는 것을 추론할 수 있다.

오답분석 ② 첫 번째 단락에서 공기가 상승하면 온도가 내려가며 온도가 내려갈수록 공기가 최대로 가질 수 있는 수증기량은 줄어든다고 했고, 이슬점 온도는 공기의 수증기가 포화상태에 이르는 온도라고 했다. 따라서 공기가 상승하여 이슬점 온도에 도달하는 고도는 공기 내 수증기량과 상관이 있을 것임을 추론할 수 있다.

③ 세 번째 단락에서 한랭 다습한 오호츠크해 고기압에서 불어오는 북동풍이 태백산맥을 넘을 때 푄 현상이 일어나 영서지방에 고온 건조한 높새바람이 분다고 했으므로 높새바람을 따라 이동한 공기 덩어리가 지닌 수증기량은 이동하기 전보다 감소한다는 것을 추론할 수 있다.

④ 첫 번째 단락에서 습윤 기온감률은 공기의 수증기가 포화상태일 경우에 적용된다고 했으므로 공기 내 수증기량이 증가하면 습윤 기온감률이 적용되기 시작하는 고도는 낮아질 것임을 추론할 수 있다.

⑤ 첫 번째 단락에서 건조 기온감률은 습윤 기온감률에 비해 고도 차이에 따른 온도 변화가 더 크다고 했고, 두 번째 단락에서 공기의 온도는 공기가 산을 넘을 때 건조 기온감률에 따라 내려가다가 이슬점 온도에 도달한 후에는 습윤 기온감률에 따라 내려가며 이 공기가 산을 넘어 하강할 때는 건조 기온감률에 따라 올라간다고 했다. 따라서 동일 고도라도 상승하는 공기는 건조 기온감률이 적용되어 온도가 천천히 내려가고 하강하는 공기는 습윤 기온감률이 적용되어 상대적으로 온도가 빠르게 올라간다면, 공기의 온도는 공기가 상승할 때가 하강할 때보다 낮을 수 있음을 추론할 수 있다.

해설 ③ A는 울음소리를 내고 울음주머니를 가지고 있으므로 음탐지와 초음파탐지 방법 모두로 위치를 찾을 수 있으며, B는 울음소리만 내고 울음주머니가 없으므로 음탐지 방법으로만 위치를 찾을 수 있다. 따라서 〈실험 결과〉에서 A를 넣은 경우와 B를 넣은 경우 사이에 유의미한 차이가 없었던 방 1과 3에서는 음탐지 방법이 사용되었고, A를 넣은 경우는 공격하였으나 B를 넣은 경우는 공격하지 않았던 방 2에서는 초음파탐지 방법이 사용되었음을 추론할 수 있다.

- ㄱ: 로봇개구리 소리만 들리는 방 1에서는 음탐지 방법이 사용된 반면, 다른 위치에서 로봇개구리 소리와 같은 소리가 추가로 들리는 방 2에서는 음탐지 방법이 아닌 초음파탐지 방법이 사용되었다. 따라서 방 2와 같이 음탐지 방법이 방해를 받는 환경에서는 X가 초음파탐지 방법을 사용한다는 가설이 강화되므로 적절한 판단이다.
- ㄴ: 방 2와 3 모두 로봇개구리가 있는 곳과 다른 위치에서 소리가 추가로 들리는 환경이지만, 로봇개구리 소리와 같은 소리가 추가로 들리는 방 2에서는 초음파탐지 방법이, 로봇개구리 소리와 전혀 다른 소리가 추가로 들리는 방 3에서는 음탐지 방법이 사용되었다. 따라서 X가 소리의 종류를 구별할 수 있다는 가설이 강화되므로 적절한 판단이다.

오답 분석
- ㄷ: 로봇개구리 소리와 전혀 다른 소리가 추가로 들리는 방 3에서 X가 초음파탐지 방법을 사용했다면 B는 공격하지 않았어야 하지만, 방 1과 마찬가지로 A와 B 사이에 유의미한 차이가 없었으므로 음탐지 방법으로 로봇개구리의 위치를 알아냈음을 추론할 수 있다. 따라서 수컷 개구리의 울음소리와 전혀 다른 소리가 들리는 환경에서는 X가 초음파탐지 방법을 사용한다는 가설이 강화되지 않으므로 적절하지 않은 판단이다.

해설 ②
- ㄴ: 을은 기술이란 용어의 적용을 근대 과학혁명 이후에 등장한 과학이 개입한 것들로 한정하는 것이 합당하다고 주장하고, 병은 근대 과학혁명 이전에 인간이 곡식을 재배하고 가축을 기르기 위해 고안한 여러 가지 방법들도 기술이라고 불러야 마땅하다고 주장하고 있으므로 을은 '모든 기술에는 과학이 개입해 있다.'라는 주장에 동의하지만, 병은 그렇지 않음을 알 수 있다.

오답 분석
- ㄱ: 갑은 물질로 구현되는 것, 을은 근대 과학혁명 이후에 등장한 과학이 개입한 것, 병은 과학이 개입한 것뿐만 아니라 과학이 개입하지 않으면서 시행착오를 통해 발전된 것을 기술의 범위로 적용하고 있다. 이때 갑이 제시하는 기술의 범위에 을과 병이 제시하는 기술의 범위인 '과학이 개입한 것'을 포함하는지 알 수 없으므로 기술을 적용하는 범위가 갑이 가장 넓고 을이 가장 좁은지는 알 수 없다.
- ㄷ: 병은 기술이 과학과 별개로 수많은 시행착오를 통해 발전해 나가기도 하므로 인간이 곡식을 재배하고 가축을 기르기 위해 고안한 여러 가지 방법들도 기술이라고 불러야 마땅하다고 주장한다. 이때 갑은 기술이라고 부를 수 있는 것은 모두 물질로 구현되는 것이라고 주장하고 있으므로 시행착오를 통해 고안된 여러 가지 방법으로 물질이 구현된다면 이를 기술로 인정할 것이다. 따라서 병은 시행착오를 거쳐 발전해온 옷감 제작법을 기술로 인정하고, 갑은 물질 구현의 여부에 따라 기술로 인정할 수 있음을 알 수 있다.

해설 ① 첫 번째 단락에서 주주총회는 1주 1의결권 원칙이 적용된다고 했고, 두 번째 단락에서 단순투표제로 3인의 후보 중 2인의 이사를 선출하는 경우 후보자별 세 건의 안건을 각각 의결한다고 했으므로 단순투표제에서 한 안건에 대해 1주당 의결권의 수와 그 의결로 선임할 이사의 수는 모두 1임을 알 수 있다. 세 번째 단락에서 복수의 이사를 한 건으로 의결하는 집중투표제로 8인의 후보 중 5인의 이사를 선출하는 경우 25주를 가진 주주는 125개의 의결권, 즉 1주당 5개의 의결권을 가진다고 했으므로 집중투표제에서 한 안건에 대해 1주당 의결권의 수는 그 의결로 선임할 이사의 수와 동일함을 알 수 있다.

오답 분석
② 세 번째 단락에 따르면 집중투표제로 이사를 선임할 경우 주주는 그 의결로 선임될 이사의 수만큼 의결권을 가진다. 이때 1인의 이사를 선출한다면 많은 의결권을 가진 대주주가 원하는 사람이 선임될 가능성이 높지만, 선임될 이사의 수가 많아지면 다른 주주들이 특정 후보에게 집중 투표하여 선임될 가능성을 높임으로써 대주주가 원하지 않는 사람이 이사로 선임될 수도 있다. 따라서 집중투표제에서 대주주는 한 건의 의결로 선임될 이사의 수가 많아지지 않기를 원할 것임을 알 수 있다.
③ 세 번째 단락에서 집중투표제를 시행한다면 각 주주는 자신의 의결권을 자신이 원하는 후보에게 집중 투표하여 이사 선임 가능성을 높일 수 있다고 했다. 따라서 집중투표제로 이사를 선임하는 경우 소액주주가 본인이 원하는 최소 1인의 이사를 선임할 수 있는 것이 아닌, 그 가능성을 높일 수 있는 것임을 알 수 있다.
④ 마지막 단락에서 집중투표제는 옵트아웃 방식으로, 주식회사의 정관에 집중투표를 배제하는 규정이 없어야 그 제도를 시행할 수 있다고 했다. 따라서 정관에 집중투표제에 관한 규정이 없다면 이를 배제하는 규정도 없다는 것이므로 주주는 이사를 선임할 때 집중투표를 청구할 수 있음을 알 수 있다.
⑤ 두 번째 단락에서 단순투표제에 따르면 각 의결에서 찬성 수를 가장 많이 받은 후보를 이사로 선임한다고 했으므로 전체 의결권의 과반수를 얻어야만 이사로 선임되는 것은 아님을 알 수 있다.

해설 ④ 술탄 메흐메드 2세는 성소피아 대성당을 파괴하지 않고 이슬람 사원으로 개조하거나 그리스 정교회 수사에게 총대주교직을 수여하는 등 이슬람 문화의 발전을 위해 기존 기독교의 잔재를 재활용하려고 했음을 알 수 있다. 또한 역대 비잔틴 황제들이 제정한 법을 그가 주도하고 있던 법제화의 모델로 이용하였던 것이라고 했으므로 '단절을 추구'한다는 것은 내용과 연결되지 않는다. 따라서 '연속성을 추구하는 정복왕 메흐메드 2세의 의도에서 비롯된 것'으로 수정하는 것이 적절하다.

오답 분석
① '지금까지 이보다 더 끔찍했던 사건은 없었으며'라는 내용은 비잔틴 제국의 수도 콘스탄티노플이 오스만인들에 의해 함락되었다는 소식이 전해졌다는 내용과 연결된다.
② '1,100년 이상 존재했던 소아시아 지역의 기독교도 황제가 사라졌다'는 내용은 비잔틴 제국의 황제가 전사하였다는 내용과 연결된다.
③ '기독교의 제단뿐만 아니라 그 이상의 것들도 활용했다'는 내용은 비잔틴 황제들이 제정한 법을 이용했다는 내용과 연결된다.
⑤ '오스만 제국이 유럽으로 확대될 것이라는 자신의 확신을 보여주었다'는 내용은 로마 제국의 진정한 계승자임을 선언하고 싶었다는 내용과 연결된다.

18　비문학　적용하기

해설 ③ 폭군은 욕심 때문에 마음이 흔들리고 백성들의 힘을 모두 박탈하여 자기 일신만을 받드는 자이고, 혼군은 간사한 이를 분별하지 못하여 나라를 망치는 자이다. 당의 덕종은 인자와 현자들을 알아보지 못하고, 간사한 소인배들의 아첨에 쉽게 빠져들었으므로 폭군이 아니라 혼군의 예임을 알 수 있다.

오답분석 ① 왕도정치는 군주의 재능과 지혜가 모자라더라도 현자를 임용하여 백성을 교화한다고 했고, 상의 태갑은 이윤, 주의 성왕은 주공에게 정사를 맡김으로써 백성을 교화하고 인의의 도를 닦았으므로 왕도정치의 예임을 알 수 있다.

② 패도정치는 인의의 이름만 빌려 권모술수의 정치를 행하여 백성들로 하여금 도덕적 교화를 이루지 못한다고 했고, 진 문공과 한 고조는 백성을 부유하게 하였으나 권모술수에 능하였을 뿐 백성을 교화시키지 못했으므로 패도정치의 예임을 알 수 있다.

④ 혼군은 정치를 잘해보려는 뜻은 가지고 있으나 간사한 이를 분별하지 못하여 나라를 망치는 자라고 했고, 송의 신종은 왕도정치를 회복하고자 했으나 왕안석에게 빠져 사악한 이들이 뜻을 이루어 전란의 조짐까지 야기했으므로 혼군의 예임을 알 수 있다.

⑤ 용군은 우유부단하여 구습만 고식적으로 따르다가 나날이 쇠퇴하고 미약해지는 자라고 했고, 주의 난왕, 당의 희종, 송의 영종 등은 구습만을 답습하면서 한 가지 선책도 제출하지 못한 채 나라가 망하기를 기다리고 있던 자들이라고 했으므로 용군의 예임을 알 수 있다.

19　비문학　내용 추론

해설 ① 두 번째 단락에서 X의 예측 결과와 석방 후 2년간의 실제 재범 여부를 비교한 결과 재범을 저지른 사람이든 그렇지 않은 사람이든, 흑인은 편파적으로 고위험군으로 분류된 반면 백인은 편파적으로 저위험군으로 분류되는 오류가 나타났다고 했다. 이때 고위험군으로 잘못 분류된 것은 재범을 저지를 것으로 예측되었으나 실제로는 저지르지 않은 사람, 저위험군으로 잘못 분류된 것은 재범을 저지르지 않을 것으로 예측되었으나 실제로는 저지른 사람을 의미함을 알 수 있다.

• (가), (나): 잘못 분류되었던 사람의 비율이 백인보다 흑인이 컸던 것은 흑인이 편파적으로 고위험군으로 분류된 경우이다. 따라서 (가)와 (나)에 들어갈 말은 "2년 이내 재범을 '저지르지 않은' 사람 중에서 '고위험군'으로 잘못 분류되었던 사람의 비율이 흑인의 경우 45%인 반면 백인은 23%에 불과했고"가 적절하다.

• (다), (라): 잘못 분류되었던 사람의 비율이 흑인보다 백인이 컸던 것은 백인이 편파적으로 저위험군으로 분류된 경우이다. 따라서 (다)와 (라)에 들어갈 말은 "2년 이내 재범을 '저지른' 사람 중에서 '저위험군'으로 잘못 분류되었던 사람의 비율은 흑인의 경우 28%인 반면 백인은 48%로 훨씬 컸다"가 적절하다.

20　비문학　관점과 태도 파악, 비판적 이해

해설 ② • ㄷ: ©은 다른 흑인들이 만들어낸 기저재범률이 이와 전혀 상관없는 흑인범죄자의 형량이나 가석방 여부에 영향을 주는 문제가 반복될 것이기 때문에 X의 지속적인 사용이 미국 사회의 인종차별을 고착화한다는 내용이다. 따라서 X가 특정 범죄자의 재범률을 평가할 때 사용하는 기저재범률이 동종 범죄를 저지른 사람들로부터 얻은 것이라면, 인종이 아닌 해당 범죄자와 관련성 있는 데이터를 토대로 위험지수를 판정한다는 것으로 ©은 강화되지 않으므로 적절한 평가이다.

오답분석 • ㄱ: ⊙은 백인의 경우 위험지수 1로 평가된 사람이 가장 많고 10까지 그 비율이 차츰 감소한 데 비하여 흑인의 위험지수는 1부터 10까지 고르게 분포되었으므로 X가 흑인과 백인을 차별한다는 내용이다. 따라서 강력 범죄자 중 위험지수가 10으로 평가된 사람의 비율이 흑인과 백인 사이에 차이가 없다 해도 ⊙은 강화되지 않으므로 적절하지 않은 평가이다.

• ㄴ: ©은 X가 흑인과 백인 간에 차이가 있는 기저재범률을 근거로 재범 가능성을 예측하기 때문에 인종 간 재범 가능성 예측의 오류 차이가 발생한다는 내용이다. 따라서 흑인의 기저재범률이 높을수록 흑인에 대한 X의 재범 가능성 예측이 더 정확해진다 해도 ©은 약화되지 않으므로 적절하지 않은 평가이다.

MEMO

MEMO

MEMO

MEMO

2024 대비 최신개정판

해커스공무원

6개년 기출문제집
국어

개정 9판 2쇄 발행 2024년 11월 4일

개정 9판 1쇄 발행 2023년 9월 1일

지은이	해커스 공무원시험연구소
펴낸곳	해커스패스
펴낸이	해커스공무원 출판팀

주소	서울특별시 강남구 강남대로 428 해커스공무원
고객센터	1588-4055
교재 관련 문의	gosi@hackerspass.com
	해커스공무원 사이트(gosi.Hackers.com) 교재 Q&A 게시판
	카카오톡 플러스 친구 [해커스공무원 노량진캠퍼스]
학원 강의 및 동영상강의	gosi.Hackers.com

ISBN	979-11-6999-448-4 (13710)
Serial Number	09-02-01

공무원 교육 1위,
해커스공무원 **gosi.Hackers.com**

🏛 **해커스공무원**

· **해커스공무원 학원 및 인강**(교재 내 인강 할인쿠폰 수록)

· 해커스 스타강사의 **공무원 국어 무료 특강**

· 내 점수와 석차를 확인하는 **모바일 자동 채점 및 성적 분석 서비스**

· 시험에 또 나올 **기출 한자 성어 200** 및 다회독에 최적화된 **회독용 답안지**

5천 개가 넘는
해커스토익 무료 자료!

대한민국에서 공짜로 토익 공부하고 싶으면 ┃ 해커스영어 Hackers.co.kr ▾ ┃ 검색

RC 정수진   **RC 이상길**

강의도 무료

베스트셀러 1위 토익 강의 150강 무료 서비스,
누적 시청 1,900만 돌파!

3,730제 무료

Q1
Thousands of park visitors came for the free concert, but _____ simply wanted a quiet place to sit and watch people walk by.

A some   B any
C other   D these

문제도 무료

토익 RC/LC 풀기, 모의토익 등
실전토익 대비 문제 3,730제 무료!

LC 한승태   **RC 김동영**

최신 특강도 무료

2,400만뷰 스타강사의
압도적 적중예상특강 매달 업데이트!

공부법도 무료

토익 고득점 달성팁, 비법노트,
점수대별 공부법 무료 확인

전원 무료
*미션 달성 시

가장 빠른 정답까지!

615만이 선택한 해커스 토익 정답!
시험 직후 가장 빠른 정답 확인

더 많은
토익무료자료 보기 ▶

공부 계획표 12주 완성에 맞추어 공부하면
단원별로 **개념책, 복습책, 평가책**을 번갈아 공부하며
기본 실력을 완성할 수 있어요!

7주

4. 덧셈과 뺄셈(2)

개념책 78~83쪽	개념책 84~87쪽	개념책 88~91쪽	개념책 92~95쪽	개념책 96~99쪽
월 일	월 일	월 일	월 일	월 일

8주

4. 덧셈과 뺄셈(2)

개념책 100~105쪽	복습책 39~43쪽	복습책 44~47쪽	복습책 48~52쪽	평가책 26~28쪽
월 일	월 일	월 일	월 일	월 일

9주

4. 덧셈과 뺄셈(2)   **5. 규칙 찾기**

평가책 29~33쪽	개념책 106~113쪽	개념책 114~117쪽	개념책 118~121쪽	개념책 122~127쪽
월 일	월 일	월 일	월 일	월 일

10주

5. 규칙 찾기   **6. 덧셈과 뺄셈(3)**

복습책 53~59쪽	복습책 60~62쪽	평가책 34~36쪽	평가책 37~41쪽	개념책 128~133쪽
월 일	월 일	월 일	월 일	월 일

11주

6. 덧셈과 뺄셈(3)

개념책 134~137쪽	개념책 138~141쪽	개념책 142~145쪽	개념책 146~147쪽	개념책 148~152쪽
월 일	월 일	월 일	월 일	월 일

12주

6. 덧셈과 뺄셈(3)

복습책 63~66쪽	복습책 67~69쪽	복습책 70~74쪽	평가책 42~44쪽	평가책 45~49쪽
월 일	월 일	월 일	월 일	월 일

개념+유형

공부 계획표

1-2
8주
완성

개념책으로 공부

1주

1. 100까지의 수			2. 덧셈과 뺄셈(1)	
개념책 6~15쪽	개념책 16~23쪽	개념책 24~29쪽	개념책 30~39쪽	개념책 40~49쪽
월 일	월 일	월 일	월 일	월 일

2주

2. 덧셈과 뺄셈(1)	3. 모양과 시각			4. 덧셈과 뺄셈(2)
개념책 50~55쪽	개념책 56~65쪽	개념책 66~71쪽	개념책 72~77쪽	개념책 78~85쪽
월 일	월 일	월 일	월 일	월 일

3주

4. 덧셈과 뺄셈(2)			5. 규칙 찾기	
개념책 86~91쪽	개념책 92~99쪽	개념책 100~105쪽	개념책106~115쪽	개념책 116~121쪽
월 일	월 일	월 일	월 일	월 일

4주

5. 규칙 찾기	6. 덧셈과 뺄셈(3)			
개념책 122~127쪽	개념책 128~135쪽	개념책 136~141쪽	개념책 142~147쪽	개념책 148~152쪽
월 일	월 일	월 일	월 일	월 일

공부 계획표 8주 완성에 맞추어 공부하면
개념책으로 공부한 후 **복습책**과 **평가책**으로 복습하며
기본 실력을 완성할 수 있어요!

복습책, 평가책으로 공부

5주	1. 100까지의 수			2. 덧셈과 뺄셈(1)	
복습책 3~10쪽	복습책 11~14쪽	평가책 2~9쪽	복습책 15~21쪽	복습책 22~26쪽
월 일	월 일	월 일	월 일	월 일

6주	2. 덧셈과 뺄셈(1)	3. 모양과 시각		4. 덧셈과 뺄셈(2)
평가책 10~17쪽	복습책 27~34쪽	복습책 35~38쪽	평가책 18~25쪽	복습책 39~43쪽
월 일	월 일	월 일	월 일	월 일

7주	4. 덧셈과 뺄셈(2)			5. 규칙 찾기	
복습책 44~47쪽	복습책 48~52쪽	평가책 26~33쪽	복습책 53~59쪽	복습책 60~62쪽
월 일	월 일	월 일	월 일	월 일

8주	5. 규칙 찾기	6. 덧셈과 뺄셈(3)			
평가책 34~41쪽	복습책 63~66쪽	복습책 67~69쪽	복습책 70~74쪽	평가책 42~49쪽
월 일	월 일	월 일	월 일	월 일

개념+유형

공부 계획표

1-2
12주
완성

1주
1. 100까지의 수

개념책 6~11쪽	개념책 12~15쪽	개념책 16~19쪽	개념책 20~23쪽	개념책 24~29쪽
월 일	월 일	월 일	월 일	월 일

2주
1. 100까지의 수

복습책 3~6쪽	복습책 7~10쪽	복습책 11~14쪽	평가책 2~4쪽	평가책 5~9쪽
월 일	월 일	월 일	월 일	월 일

3주
2. 덧셈과 뺄셈(1)

개념책 30~35쪽	개념책 36~39쪽	개념책 40~43쪽	개념책 44~47쪽	개념책 48~49쪽
월 일	월 일	월 일	월 일	월 일

4주
2. 덧셈과 뺄셈(1)

개념책 50~55쪽	복습책 15~18쪽	복습책 19~21쪽	복습책 22~26쪽	평가책 10~12쪽
월 일	월 일	월 일	월 일	월 일

5주
2. 덧셈과 뺄셈(1)   3. 모양과 시각

평가책 13~17쪽	개념책 56~63쪽	개념책 64~67쪽	개념책 68~71쪽	개념책 72~77쪽
월 일	월 일	월 일	월 일	월 일

6주
3. 모양과 시각

복습책 27~30쪽	복습책 31~34쪽	복습책 35~38쪽	평가책 18~20쪽	평가책 21~25쪽
월 일	월 일	월 일	월 일	월 일

개념+유형

개념책

초등 수학

1·2

구성과 특징

개념 학습

개념 정리

수준별 유형 학습

STEP1
기본유형

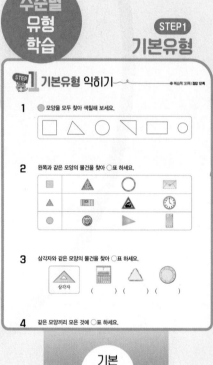

개념 복습

기본 유형 복습

복습책

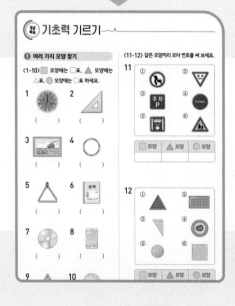

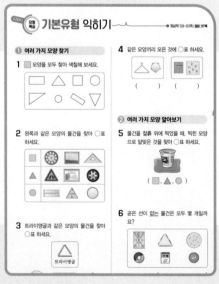

개념책의 문제를
복습책에서 1:1로 복습하여 기본을 완성해요!

STEP 2 실전유형

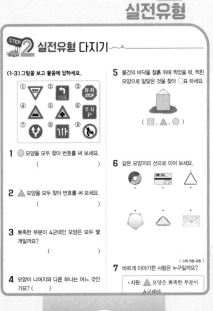

STEP 2 실전유형 다지기

(1-3) 그림을 보고 물음에 답하세요.

1 ⬤ 모양을 모두 찾아 번호를 써 보세요.
( )

2 ▲ 모양을 모두 찾아 번호를 써 보세요.
( )

3 뾰족한 부분이 4군데인 모양은 모두 몇 개일까요?
( )

4 모양이 나머지와 다른 하나는 어느 것인가요? ( )

5 물건의 바닥을 찰흙 위에 찍었을 때, 찍힌 모양으로 알맞은 것을 찾아 ◯표 하세요.
(▇ . ▲ . ⬤)

6 같은 모양끼리 선으로 이어 보세요.

7 바르게 이야기한 사람은 누구일까요?
• 지원: ▲ 모양은 뾰족한 부분이 4군데야.

↓ **실전유형 복습**

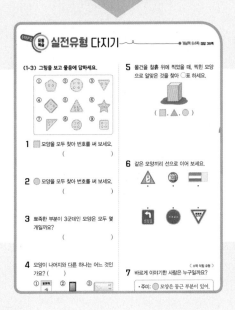

실전유형 다지기

(1-3) 그림을 보고 물음에 답하세요.

1 ▇ 모양을 모두 찾아 번호를 써 보세요.
( )

2 ⬤ 모양을 모두 찾아 번호를 써 보세요.
( )

3 뾰족한 부분이 3군데인 모양은 모두 몇 개일까요?
( )

4 모양이 나머지와 다른 하나는 어느 것인가요? ( )

5 물건을 찰흙 위에 찍었을 때, 찍힌 모양으로 알맞은 것을 찾아 ◯표 하세요.
(▇ . ▲ . ⬤)

6 같은 모양끼리 선으로 이어 보세요.

7 바르게 이야기한 사람은 누구일까요?
• 주미: ⬤ 모양은 둥근 부분이 있어.

STEP 3 응용유형

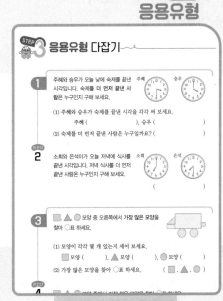

STEP 3 응용유형 다잡기

1 주혜와 승우가 오늘 낮에 숙제를 끝낸 시각입니다. 숙제를 더 먼저 끝낸 사람은 누구인지 구해 보세요.

(1) 주혜와 승우가 숙제를 끝낸 시각을 각각 써 보세요.
주혜 ( ), 승우 ( )
(2) 숙제를 더 먼저 끝낸 사람은 누구일까요? ( )

2 소희와 은석이가 오늘 저녁에 식사를 끝낸 시각입니다. 저녁 식사를 더 먼저 끝낸 사람은 누구인지 구해 보세요.

3 ▇, ▲, ⬤ 모양 중 오른쪽에서 가장 많은 모양을 찾아 ◯표 하세요.

(1) 모양이 각각 몇 개 있는지 세어 보세요.
▇ 모양 ( ), ▲ 모양 ( ), ⬤ 모양 ( )
(2) 가장 많은 모양을 찾아 ◯표 하세요.
(▇ . ▲ . ⬤)

↓ **응용유형 복습**

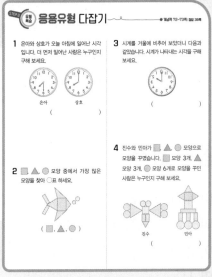

응용유형 다잡기

1 은아와 상호가 오늘 아침에 일어난 시각입니다. 더 먼저 일어난 사람은 누구인지 구해 보세요.

은아 ( ) 상호 ( )

2 ▇, ▲, ⬤ 모양 중에서 가장 많은 모양을 찾아 ◯표 하세요.

(▇ . ▲ . ⬤)

3 시계를 거울에 비추어 보았더니 다음과 같았습니다. 시계가 나타내는 시각을 구해 보세요.

( )

4 진수와 민아가 ▇, ▲, ⬤ 모양으로 모양을 꾸몄습니다. ▇ 모양 3개, ▲ 모양 3개, ⬤ 모양 6개로 모양을 꾸민 사람은 누구인지 구해 보세요.

진수   민아

실력 확인
단원 마무리

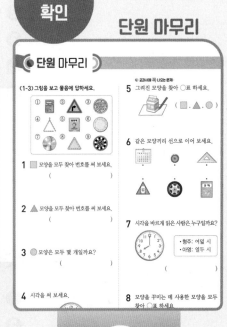

단원 마무리

(1-3) 그림을 보고 물음에 답하세요.

1 ▇ 모양을 모두 찾아 번호를 써 보세요.

2 ▲ 모양을 모두 찾아 번호를 써 보세요.

3 ⬤ 모양은 모두 몇 개일까요?
( )

4 시각을 써 보세요.

5 그려진 모양을 찾아 ◯표 하세요.
(▇ . ▲ . ⬤)

6 같은 모양끼리 선으로 이어 보세요.

7 시각을 바르게 읽은 사람은 누구일까요?
• 형주: 여덟 시
• 아영: 열두 시

8 모양을 꾸미는 데 사용한 모양을 모두 찾아 ◯표 하세요.

↓ **실력 평가**

평가책

- 단원 평가
- 서술형 평가
- 학업 성취도 평가

차례

재미있게 색칠하며
시장을 완성해 보세요

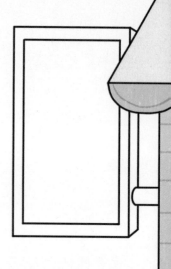

1

100까지의
수

이 단원에서는

- 99까지의 수를 알아볼까요
- 수의 순서를 알아볼까요
- 수의 크기를 비교해 볼까요
- 짝수와 홀수를 알아볼까요

사과 62개

귤 80개

60, 70, 80, 90 알아보기

	10개씩 묶음	낱개	쓰기	읽기
	6개	0	60	육십 또는 예순
	7개	0	70	칠십 또는 일흔
	8개	0	80	팔십 또는 여든
	9개	0	90	구십 또는 아흔

1 사탕의 수를 세어 써 보세요.

10개씩 묶음 8개 ⇨ ☐

2 과자의 수를 세어 쓰고, 그 수를 바르게 읽은 것에 ◯표 하세요.

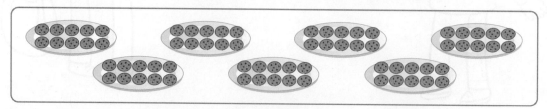

☐ ⇨ (칠십 , 팔십)

1 수를 세어 빈칸에 알맞은 수를 써넣으세요.

10개씩 묶음	낱개

⇨

2 10개씩 묶어 세어 보고, ☐ 안에 알맞은 수를 써넣으세요.

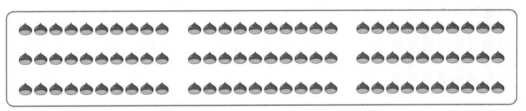

10개씩 묶음 ☐ 개 ⇨ ☐

3 알맞게 선으로 이어 보세요.

60 ·	· 육십 ·	· 여든
70 ·	· 칠십 ·	· 일흔
80 ·	· 구십 ·	· 아흔
90 ·	· 팔십 ·	· 예순

개념 2 99까지의 수 알아보기

	10개씩 묶음	낱개	쓰기	읽기
	6개	2개	62	육십이 또는 예순둘
	6개	3개	63	육십삼 또는 예순셋
	7개	4개	74	칠십사 또는 일흔넷
	8개	4개	84	팔십사 또는 여든넷

1 달걀의 수를 세어 써 보세요.

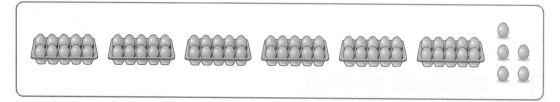

10개씩 묶음 6개와 낱개 5개 ⇨ ☐

2 양파의 수를 세어 쓰고, 그 수를 바르게 읽은 것에 ○표 하세요.

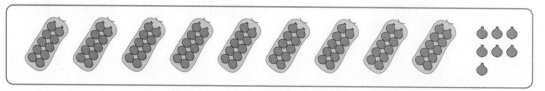

☐ ⇨ (칠십구 , 구십칠)

1 수를 세어 빈칸에 알맞은 수를 써넣으세요.

10개씩 묶음	낱개

⇨ ▢

2 10개씩 묶어 세어 보고, ▢ 안에 알맞은 수를 써넣으세요.

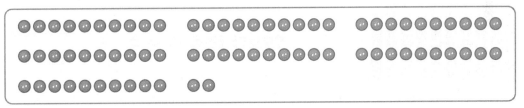

10개씩 묶음 ▢ 개와 낱개 ▢ 개 ⇨ ▢

3 알맞게 선으로 이어 보세요.

75 ·	· 육십일 ·	· 아흔여덟
61 ·	· 칠십오 ·	· 예순하나
98 ·	· 팔십구 ·	· 일흔다섯
89 ·	· 구십팔 ·	· 여든아홉

100까지 수의 순서

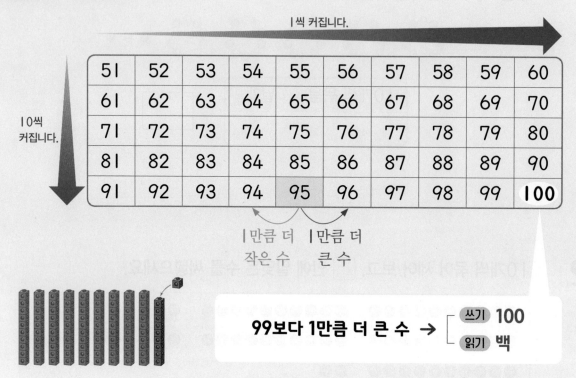

I씩 커집니다.

51	52	53	54	55	56	57	58	59	60
61	62	63	64	65	66	67	68	69	70
71	72	73	74	75	76	77	78	79	80
81	82	83	84	85	86	87	88	89	90
91	92	93	94	95	96	97	98	99	100

10씩 커집니다.

I만큼 더 작은 수   I만큼 더 큰 수

99보다 1만큼 더 큰 수 → 쓰기 **100** / 읽기 **백**

---

1 수의 순서를 알아보세요.

51	52	53	54	55		57	58	59	60
61		63	64	65	66	67	68	69	70
71	72	73	74		76	77		79	80
81	82				86	87	88	89	90
91	92	93	94	95	96	97	98	99	100

(1) 수의 순서대로 빈칸에 알맞은 수를 써넣으세요.

(2) 빈칸에 I만큼 더 큰 수와 I만큼 더 작은 수를 써넣으세요.

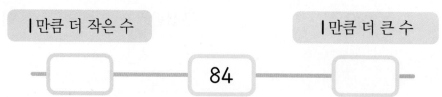

I만큼 더 작은 수   I만큼 더 큰 수

[ ] — 84 — [ ]

1 빈칸에 알맞은 수를 써넣으세요.

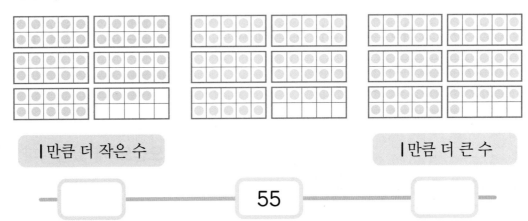

| 만큼 더 작은 수 | 만큼 더 큰 수

[ ] ——— 55 ——— [ ]

2 수의 순서대로 빈칸에 알맞은 수를 써넣으세요.

(1) 61 — [ ] — 63 — 64 — [ ]

(2) 96 — 97 — [ ] — 99 — [ ]

3 수를 순서대로 이어 그림을 완성해 보세요.

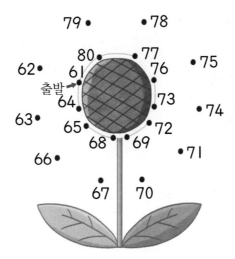

수를 상황에 알맞게 표현하기

● 같은 수라도 수가 사용되는 상황에 따라 여러 방법으로 표현할 수 있습니다.

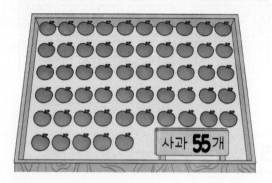

- 사과는 **쉰다섯** 개 있습니다.
- 사과는 **오십오** 개 있습니다.

버스 번호는 **칠십육** 번입니다.

표지판의 번호는 **육십오** 번입니다.

할머니는 올해 **여든** 살입니다.

수족관은 **오십삼** 층에 있습니다.

문제집을 **구십육** 쪽까지 풀었습니다.

STEP 2 실전유형 다지기

1 ☐ 안에 알맞은 수를 써넣으세요.

(1) 60 ⇨ 10개씩 묶음 ☐ 개

(2) 90 ⇨ 10개씩 묶음 ☐ 개

2 그림을 보고 수를 상황에 알맞게 읽은 사람의 이름을 써 보세요.

- 윤아: 비상 초등학교는 생긴지 칠십 년이 되었어.
- 민규: 비상 초등학교는 생긴지 일흔 년이 되었어.

(   )

3 과자의 수를 세어 빈칸에 알맞은 수를 써넣으세요.

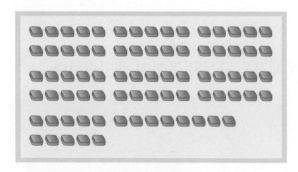

10개씩 묶음	낱개

⇨ ☐

4 60이 되도록 ◉를 더 그려 넣으세요.

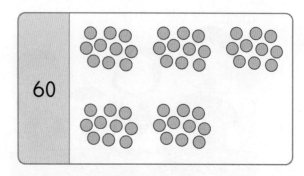

5 노란색 공을 한 상자에 10개씩 담으려고 합니다. 노란색 공을 모두 담으려면 상자는 몇 개 필요할까요?

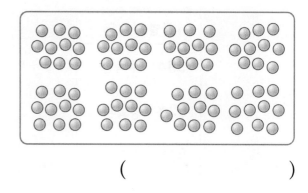

(   )

6 수의 순서대로 빈칸에 알맞은 수를 써넣으세요.

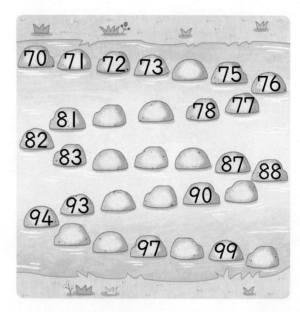

7 나타내는 수가 <u>다른</u> 하나를 찾아 ◯표 하세요.

| 62 | 예순둘 | 육십이 | 이십육 |

(   ) (   ) (   ) (   )

8 나타내는 수를 써 보세요.

10개씩 묶음 4개와 낱개 11개

(   )

서술형

9 나타내는 수보다 1만큼 더 큰 수는 얼마인지 풀이 과정을 쓰고 답을 구해 보세요.

10개씩 묶음 9개와 낱개 9개

❶ 나타내는 수 구하기

풀이 _____

_____

❷ 나타내는 수보다 1만큼 더 큰 수 구하기

풀이 _____

_____

답 _____

10 (보기)와 같이 수 카드 2장을 골라 만들 수 있는 두 수를 써 보세요.

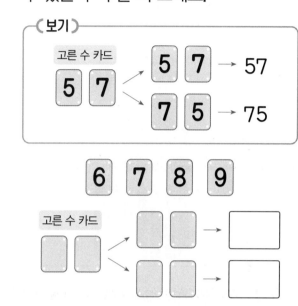

11 놀이공원 안내도에 가게들이 번호 순서대로 있습니다. 안내도에서 아래 가게들의 위치를 찾아 번호를 알맞게 써넣으세요.

76번   100번

● **65와 74의 크기 비교** → 10개씩 묶음의 수가 다른 두 수의 크기 비교

10개씩 묶음의 수가 **다르면**
10개씩 묶음의 수가 클수록 더 큰 수입니다.

	10개씩 묶음	낱개
65		
74		

└ •10개씩 묶음의 수는
　7이 6보다 큽니다.

┌ 65는 74보다 작습니다. ⇨ 65 < 74
└ 74는 65보다 큽니다. 　⇨ 74 > 65

● **52와 57의 크기 비교** → 10개씩 묶음의 수가 같은 두 수의 크기 비교

10개씩 묶음의 수가 **같으면**
낱개의 수가 클수록 더 큰 수입니다.

	10개씩 묶음	낱개
52		
57		

└ •10개씩 묶음의 수는
　5로 같습니다.　　　•낱개의 수는
　　　　　　　　　　7이 2보다 큽니다.

┌ 52는 57보다 작습니다. ⇨ 52 < 57
└ 57은 52보다 큽니다. 　⇨ 57 > 52

1 62와 81의 크기를 비교하여 ◯ 안에 >, <를 알맞게 써넣고, 알맞은 말에 ◯표 하세요.

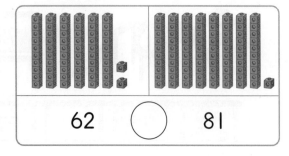

(1) 62는 81보다
　　　（ 작습니다 , 큽니다).

(2) 81은 62보다
　　　（ 작습니다 , 큽니다).

2 75와 73의 크기를 비교하여 ◯ 안에 >, <를 알맞게 써넣고, 알맞은 말에 ◯표 하세요.

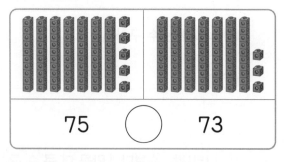

(1) 75는 73보다
　　　（ 작습니다 , 큽니다).

(2) 73은 75보다
　　　（ 작습니다 , 큽니다).

1 두 수의 크기를 비교하고 읽어 보세요.

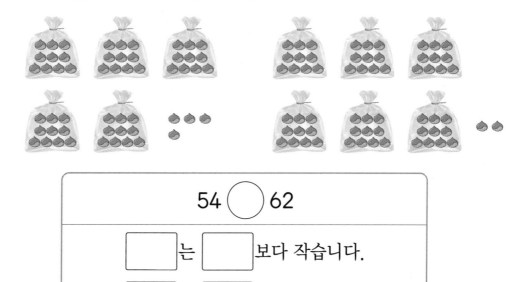

54 ◯ 62

☐ 는 ☐ 보다 작습니다.

☐ 는 ☐ 보다 큽니다.

2 수 배열을 보고 ◯ 안에 >, <를 알맞게 써넣으세요.

66 67 68 69 70 71 72

68 ◯ 71

3 두 수의 크기를 비교하여 ◯ 안에 >, <를 알맞게 써넣으세요.

(1) 90 ◯ 80

(2) 86 ◯ 79

(3) 78 ◯ 74

(4) 85 ◯ 87

4 가장 큰 수에 ◯표, 가장 작은 수에 △표 하세요.

67   74   87

- 2, 4, 6, 8, 10, 12와 같이 둘씩 짝을 지을 때 남는 것이 없는 수 → 짝수
- 1, 3, 5, 7, 9, 11과 같이 둘씩 짝을 지을 때 남는 것이 있는 수 → 홀수

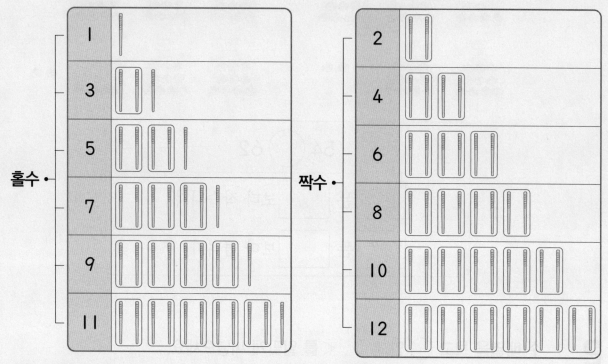

참고 • 홀수는 낱개의 수가 1, 3, 5, 7, 9인 수입니다. ⇨ 예 7, 13, 19
• 짝수는 낱개의 수가 0, 2, 4, 6, 8인 수입니다. ⇨ 예 8, 16, 20

1 둘씩 짝을 지어 보고, 짝수인지 홀수인지 ○표 하세요.

(1)

5는 (짝수 , 홀수)입니다.

(2)

8은 (짝수 , 홀수)입니다.

2 짝수는 빨간색, 홀수는 파란색으로 칠해 보세요.

1	2	3	4	5	6	7	8	9	10
11	12	13	14	15	16	17	18	19	20

1 수를 세어 쓰고, 둘씩 짝을 지어 짝수인지 홀수인지 ◯표 하세요.

(1)
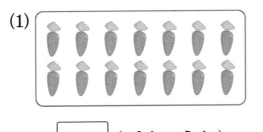

[　　] (짝수 , 홀수)

(2)
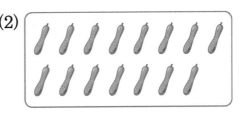

[　　] (짝수 , 홀수)

2 홀수에 ◯표 하세요.

(1) | 2 　 7 |

(2) | 16 　 13 |

3 짝수는 빨간색, 홀수는 파란색으로 이어 보세요.

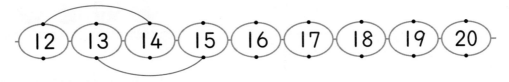

4 짝수는 빨간색, 홀수는 파란색으로 칠해 보세요.

1 홀수를 따라가 보세요.

2 수를 세어 ▢ 안에 쓰고 ◯ 안에 >, <를 알맞게 써넣으세요.

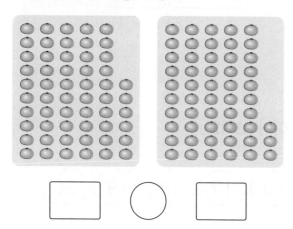

▢ ◯ ▢

3 두 수의 크기를 비교하여 ◯ 안에 >, <를 알맞게 써넣으세요.

(1) 91 ◯ 82

(2) 67 ◯ 69

4 그림을 보고 짝수에 ◯표, 홀수에 △표 하세요.

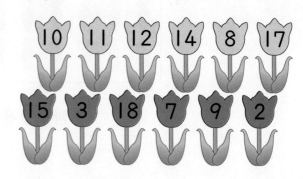

서술형

5 사과의 수는 짝수인지 홀수인지 쓰려고 합니다. 풀이 과정을 쓰고 답을 구해 보세요.

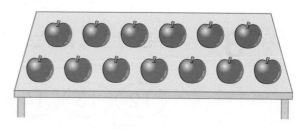

❶ 사과를 둘씩 짝을 지을 때 남는 것이 있는지 없는지 알아보기

풀이 _____

_____

❷ 사과의 수는 짝수인지 홀수인지 쓰기

풀이 _____

_____

답 _____

6 ☐ 안에 알맞은 수를 쓰고 ○ 안에 >, <를 알맞게 써넣으세요.

 81보다 1만큼 더 작은 수   78보다 1만큼 더 큰 수

☐ ○ ☐

7 홀수만 모여 있는 상자에 ○표 하세요.

1 5 17   16 8 20

(   )   (   )

8 세 사람의 대화를 보고 줄넘기를 가장 많이 넘은 사람의 이름을 써 보세요.

나는 84번 넘었어.   나는 82번 넘었어.   나는 87번 넘었어.

은송   윤수   희주

(   )

(수학 익힘 유형)

9 그림을 보고 짝수인지 홀수인지 ○표 하세요.

새 친구가 전학을 왔어요.   나만 짝이 없었는데 이제 짝이 생겼네.

(1) 친구가 전학을 오기 전, 학생 수는 (짝수 , 홀수)입니다.

(2) 친구가 전학을 온 후, 학생 수는 (짝수 , 홀수)입니다.

(수학 익힘 유형)

10 작은 수부터 수 카드를 놓으려고 합니다.

61 은 어디에 놓아야 할지 찾아 번호를 써 보세요.

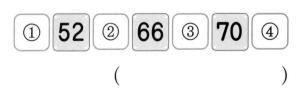

① 52 ② 66 ③ 70 ④

(   )

1 0부터 9까지의 수 중에서 ☐ 안에 들어갈 수 있는 수는 모두 몇 개인지 구해 보세요.

$$67 < 6\square$$

(1) ☐ 안에 들어갈 수 있는 수를 모두 찾아 ○표 하세요.

| 0 | I | 2 | 3 | 4 | 5 | 6 | 7 | 8 | 9 |

(2) ☐ 안에 들어갈 수 있는 수는 모두 몇 개일까요?

(   )

한 번 더

2 0부터 9까지의 수 중에서 ☐ 안에 들어갈 수 있는 수는 모두 몇 개인지 구해 보세요.

$$7\square < 74$$

(   )

3 수 카드 3장 중에서 2장을 뽑아 한 번씩만 사용하여 가장 큰 수를 만들어 보세요.

| 4 | 7 | 8 |

(1) 알맞은 말에 ○표 하세요.

가장 큰 수를 만들려면
10개씩 묶음의 수에 (가장 큰 수 , 가장 작은 수)를,
낱개의 수에 (가장 큰 수 , 두 번째로 큰 수)를 놓아야 합니다.

(2) 가장 큰 수를 만들어 보세요. (   )

한 번 더

4 수 카드 3장 중에서 2장을 뽑아 한 번씩만 사용하여 가장 작은 수를 만들어 보세요.

| 9 | 6 | 5 |

(   )

1 단원

5 **설명하는 수를 구해 보세요.**

> • 10개씩 묶음이 5개입니다.
> • 53보다 작은 수입니다.
> • 홀수입니다.

(1) 10개씩 묶음이 5개이면서 53보다 작은 수를 모두 써 보세요.

( )

(2) 위 (1)에서 홀수를 찾아 설명하는 수를 써 보세요.

( )

한 번 더
6 설명하는 수를 구해 보세요.

> • 10개씩 묶음이 7개입니다.
> • 77보다 큰 수입니다.
> • 짝수입니다.

( )

놀이 수학

7 민서가 두 수의 크기를 비교하여 더 작은 수가 적힌 길을 따라가려고 합니다. **민서가 도착한 장소**는 어디인지 구해 보세요.

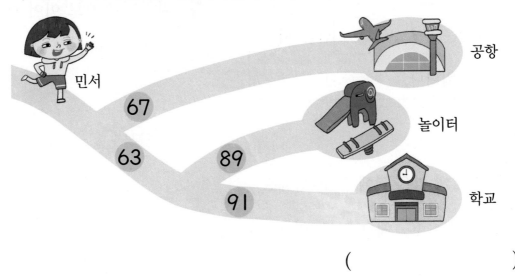

( )

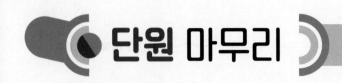

1 그림을 보고 ☐ 안에 알맞은 수를 써 넣으세요.

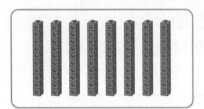

10개씩 묶음 ☐ 개 ⇨ ☐

2 수를 세어 빈칸에 알맞은 수를 써넣으세요.

10개씩 묶음	낱개

⇨ ☐

3 ☐ 안에 알맞은 수를 써넣으세요.

100은 99보다 ☐ 만큼 더 큰 수입니다.

4 수를 바르게 읽은 것에 ○표 하세요.

60 ⇨ (예순 , 여든)

5 나타내는 수가 <u>다른</u> 하나를 찾아 ○표 하세요.

70	칠십	아흔	일흔

● 교과서에 **꼭** 나오는 문제

6 귤의 수를 세어 짝수인지 홀수인지 ○표 하세요.

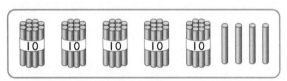

(짝수 , 홀수)

7 알맞게 선으로 이어 보세요.

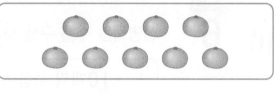

93   85

칠십오   구십삼   팔십오

여든다섯   아흔셋   예순셋

8 짝수에 ○표 하세요.

| 15   18 |

9 수의 순서대로 빈칸에 알맞은 수를 써넣으세요.

63 ▢ ▢ 66

교과서에 꼭 나오는 문제

10 두 수의 크기를 비교하여 ○ 안에 >, <를 알맞게 써넣으세요.

59 ◯ 52

11 수를 순서대로 이어 그림을 완성해 보세요.

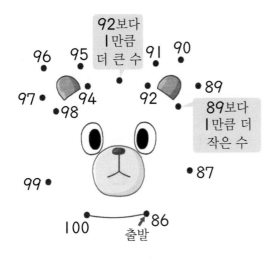

12 홀수를 모두 찾아 ○표 하세요.

| 4   5   13   20 |

13 가장 큰 수에 ○표, 가장 작은 수에 △표 하세요.

| 90   96   91 |

14 사탕이 한 상자에 10개씩 들어 있습니다. 혜리가 사탕을 90개 사려면 몇 상자를 사야 할까요?

(   )

잘 틀리는 문제

15 초콜릿이 10개씩 묶음 7개와 낱개 16개 있습니다. 초콜릿은 모두 몇 개 있을까요?

(   )

16 자두는 79개, 배는 72개, 복숭아는 70개가 있습니다. 가장 적은 과일은 무엇일까요?

(   )

● 잘 틀리는 문제

17 0부터 9까지의 수 중에서 ☐ 안에 들어갈 수 있는 수를 모두 구해 보세요.

$$8\square < 82$$

(   )

18 설명하는 수를 구해 보세요.

- 10개씩 묶음이 6개입니다.
- 66보다 큰 수입니다.
- 짝수입니다.

(   )

● 서술형 문제 ●

19 색종이를 성재는 74장 가지고 있고, 수미는 69장 가지고 있습니다. 색종이를 더 많이 가지고 있는 사람은 누구인지 풀이 과정을 쓰고 답을 구해 보세요.

풀이

답

20 짝수는 모두 몇 개인지 풀이 과정을 쓰고 답을 구해 보세요.

| 5 | 8 | 20 | 17 | 9 |

풀이

답

식빵, 칫솔, 수박, 가위를 찾아요!

동물원

2

재미있게 색칠하며
동물원을 완성해 보세요

덧셈과
뺄셈(1)

이 단원에서는

· 세 수의 덧셈과 뺄셈을 어떻게 할까요

· 10이 되는 더하기를 해 볼까요

· 10에서 빼 볼까요

· 10을 만들어 더해 볼까요

개념 1 세 수의 덧셈

● **3+2+1의 계산**

> 세 수의 덧셈은 **앞의 두 수를** 먼저 **더하고**, 나온 수에 **나머지 한 수를 더합니다.**

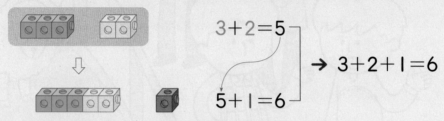

$$3+2=5$$
$$5+1=6$$
$$\rightarrow 3+2+1=6$$

참고 세 수의 덧셈은 순서를 바꾸어 계산해도 결과가 같습니다.

· $3+2+1=3+3=6$　　　· $3+2+1=4+2=6$

---

1 빨간색 구슬이 3개, 파란색 구슬이 1개, 초록색 구슬이 4개 있습니다.
구슬은 모두 몇 개인지 알아보세요.

(1) 식으로 나타내 보세요.

$$3+\boxed{}+\boxed{}$$

(2) 세 수의 덧셈을 해 보세요.

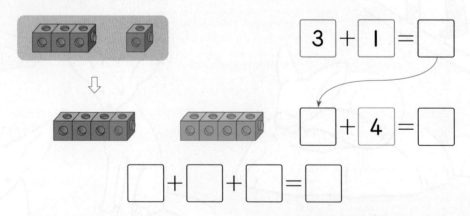

$$3+1=\boxed{}$$

$$\boxed{}+4=\boxed{}$$

$$\boxed{}+\boxed{}+\boxed{}=\boxed{}$$

1 그림을 보고 세 수의 덧셈을 해 보세요.

(1)

$3+\boxed{}+\boxed{}=\boxed{}$

(2)

$2+\boxed{}+\boxed{}=\boxed{}$

2 알맞은 것을 찾아 선으로 이어 보세요.

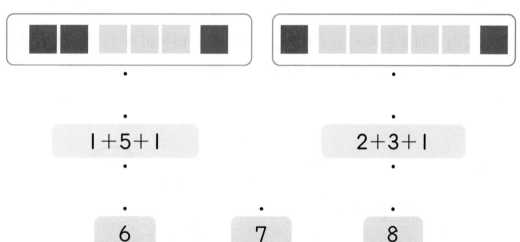

$1+5+1$

$2+3+1$

6   7   8

3 ☐ 안에 알맞은 수를 써넣으세요.

(1) $6+1+2=\boxed{}$

$6+1=\boxed{}$

$\boxed{}+2=\boxed{}$

(2) $1+3+3=\boxed{}$

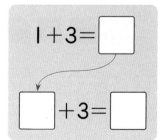

$1+3=\boxed{}$

$\boxed{}+3=\boxed{}$

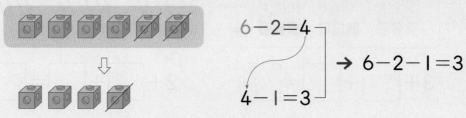

개념 2 세 수의 뺄셈

● 6−2−1의 계산

세 수의 뺄셈은 **앞의 두 수를 빼고**, 나온 수에서 **나머지 한 수를 뺍니다.**

$$6-2=4$$
$$4-1=3$$
$$\rightarrow 6-2-1=3$$

참고 세 수의 뺄셈은 순서를 바꾸어 계산하면 결과가 달라집니다.

· $6-2-1=4-1=3\ (\bigcirc)$　　　　· $6-2-1=6-1=5\ (\times)$

---

1 고리 7개를 던져서 은석이가 3개를 걸고, 태형이가 1개를 걸었습니다.
걸지 못한 고리는 몇 개인지 알아보세요.

(1) 식으로 나타내 보세요.

$$7-\boxed{}-\boxed{}$$

(2) 세 수의 뺄셈을 해 보세요.

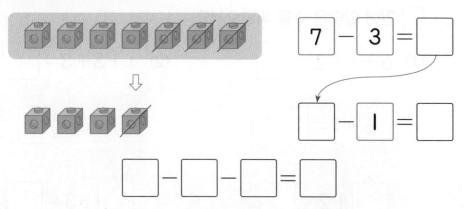

$$7-3=\boxed{}$$

$$\boxed{}-1=\boxed{}$$

$$\boxed{}-\boxed{}-\boxed{}=\boxed{}$$

1 그림을 보고 세 수의 뺄셈을 해 보세요.

(1)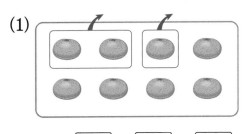

$8-\boxed{}-\boxed{}=\boxed{}$

(2)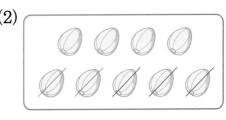

$9-\boxed{}-\boxed{}=\boxed{}$

2 알맞은 것을 찾아 선으로 이어 보세요.

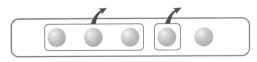

$6-1-2$

$5-3-1$

1

2

3

3 ☐ 안에 알맞은 수를 써넣으세요.

(1) $4-2-1=\boxed{}$

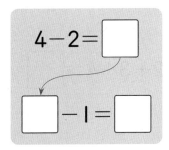

$4-2=\boxed{}$

$\boxed{}-1=\boxed{}$

(2) $6-3-1=\boxed{}$

$6-3=\boxed{}$

$\boxed{}-1=\boxed{}$

1 $1+1+2=$ ☐

2 $2+1+4=$ ☐

3 $1+4+1=$ ☐

4 $3+2+1=$ ☐

5 $2+5+1=$ ☐

6 $4+2+2=$ ☐

7 $1+3+5=$ ☐

8 $2+2+1=$ ☐

9 $3+1+1=$ ☐

10 $4+1+2=$ ☐

11 $2+2+3=$ ☐

12 $1+5+2=$ ☐

13 $6+2+1=$ ☐

14 $2+3+4=$ ☐

15 $3 - 1 - 1 = \boxed{}$

16 $4 - 1 - 2 = \boxed{}$

17 $5 - 2 - 1 = \boxed{}$

18 $9 - 3 - 4 = \boxed{}$

19 $6 - 1 - 3 = \boxed{}$

20 $9 - 1 - 2 = \boxed{}$

21 $5 - 1 - 3 = \boxed{}$

22 $7 - 4 - 2 = \boxed{}$

23 $8 - 2 - 4 = \boxed{}$

24 $9 - 4 - 2 = \boxed{}$

25 $9 - 2 - 3 = \boxed{}$

26 $8 - 4 - 1 = \boxed{}$

27 $8 - 1 - 1 = \boxed{}$

28 $7 - 3 - 1 = \boxed{}$

1 그림을 보고 세 수의 뺄셈을 해 보세요.

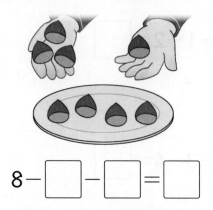

$8-\boxed{}-\boxed{}=\boxed{}$

2 ☐ 안에 알맞은 수를 써넣으세요.

(1) $3+1+3=\boxed{}$

(2) $7-2-2=\boxed{}$

3 세 수의 합은 얼마일까요?

| 2 | 5 | 2 |

( )

4 합을 구하여 선으로 이어 보세요.

2+2+2 ·

3+4+1 ·

· 7

· 6

· 8

5 바르게 계산한 것에 ○표 하세요.

$5-3-1=3$

$3-1=2$

$5-2=3$

( )

$5-3-1=1$

$5-3=2$

$2-1=1$

( )

6 운동장에 걷는 사람이 4명, 뛰는 사람이 3명, 서 있는 사람이 1명 있습니다. 운동장에 있는 사람은 모두 몇 명일까요?

( )

서술형

7 7명이 버스에 타고 있었습니다. 동물원 앞에서 3명이 내리고, 식물원 앞에서 2명이 내렸습니다. 버스에 남은 사람은 몇 명인지 풀이 과정을 쓰고 답을 구해 보세요.

❶ 문제에 알맞은 식 만들기

풀이 _____

_____

❷ 버스에 남은 사람 수 구하기

풀이 _____

_____

답 _____

8 합이 더 큰 것에 ◯표 하세요.

4+2+2	5+1+3
( )	( )

9 계산 결과의 크기를 비교하여 ◯ 안에 >, <를 알맞게 써넣으세요.

$$7-1-6 \bigcirc 9-4-4$$

(수학 익힘 유형)

10 세 가지 색으로 구슬을 색칠하고 덧셈식을 만들어 보세요.

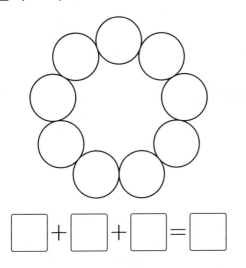

□ + □ + □ = □

11 □ 안에 알맞은 수를 써넣고 뺄셈식을 만들어 보세요.

밀가루 □ 덩어리로 식빵을 만들고 □ 덩어리로 컵케이크를 만들어야지. 그럼 밀가루는 몇 덩어리가 남을까?

9 − □ − □ = □

(수학 익힘 유형)

12 수 카드 두 장을 골라 덧셈식을 완성해 보세요.

1	2	3	4

3 + □ + □ = 8

10이 되는 더하기

● 이어 세기로 **10**이 되는 더하기를 하고, 두 수를 바꾸어 더한 결과 비교하기

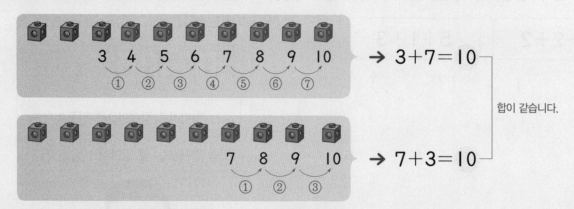

→ 3+7=10 ┐
                 ├ 합이 같습니다.
→ 7+3=10 ┘

⇨ 두 수를 바꾸어 더해도 합은 10으로 같습니다.

● **10**이 되는 여러 가지 덧셈식

1+9=10	4+6=10	7+3=10
2+8=10	5+5=10	8+2=10
3+7=10	6+4=10	9+1=10

1 흰색 바둑돌은 6개, 검은색 바둑돌은 4개 있습니다. 바둑돌은 모두 몇 개인지 이어 세기를 이용하여 알아보세요.

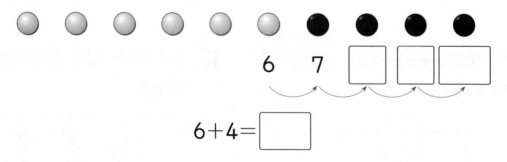

6+4= $\boxed{}$

2 덧셈식으로 나타내고, 알맞은 말에 ◯표 하세요.

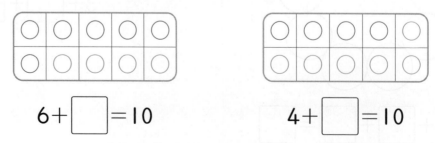

6+ $\boxed{}$ =10   4+ $\boxed{}$ =10

⇨ 두 수를 바꾸어 더하면 합은 (같습니다 , 다릅니다).

1 그림을 보고 덧셈을 해 보세요.

(1)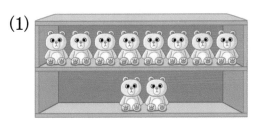

$$8+2=\boxed{}$$

(2)

$$7+3=\boxed{}$$

2 그림을 보고 알맞은 덧셈식을 만들어 보세요.

(1)

$$\boxed{}+\boxed{}=10$$

(2)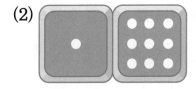

$$\boxed{}+\boxed{}=10$$

3 ● 모양과 △ 모양을 그려 덧셈식을 만들고, 설명해 보세요.

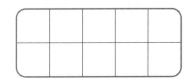

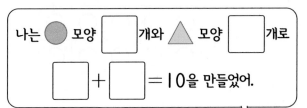

나는 ● 모양 □ 개와 △ 모양 □ 개로

$$\boxed{}+\boxed{}=10$$ 을 만들었어.

개념 4 10에서 빼기

● 거꾸로 세기로 10에서 빼기

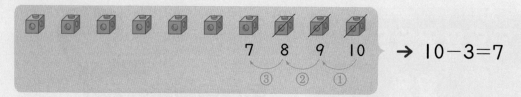

$$\rightarrow 10-3=7$$

● 10에서 빼는 여러 가지 뺄셈식

$10-1=9$	$10-4=6$	$10-7=3$
$10-2=8$	$10-5=5$	$10-8=2$
$10-3=7$	$10-6=4$	$10-9=1$

1 상자에 있는 야구공 10개 중 4개를 던졌습니다. 상자에 남은 야구공은 몇 개인지 거꾸로 세기를 이용하여 알아보세요.

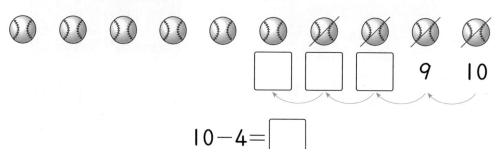

$$10-4=\boxed{}$$

2 뺄셈식으로 나타내 보세요.

$$10-1=\boxed{}$$

$$10-9=\boxed{}$$

1 그림을 보고 뺄셈을 해 보세요.

(1)

$10 - 3 = $ □

(2)

$10 - 2 = $ □

2 그림을 보고 알맞은 뺄셈식을 만들어 보세요.

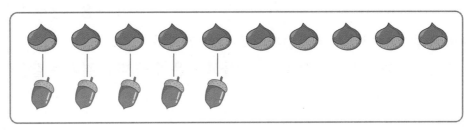

$10 - $ □ $ = $ □

3 /을 그려 뺄셈식을 만들고, 설명해 보세요.

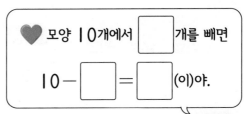

♥ 모양 10개에서 □ 개를 빼면

$10 - $ □ $ = $ □ (이)야.

개념 5 10을 만들어 더하기

● 6+4+2의 계산

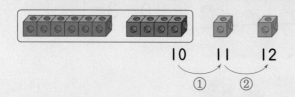

앞의 두 수를 먼저 더해 10을 만들고, 10과 나머지 한 수를 더합니다.

10 11 12
① ②

$$6+4+2=10+2=12$$

● 1+8+2의 계산

방법1 앞에서부터 순서대로 더하기

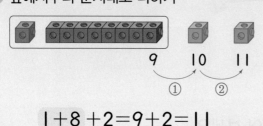

9 10 11
① ②

$$1+8+2=9+2=11$$

방법2 뒤의 두 수를 더해 10을 만들고 나머지 한 수를 더하기

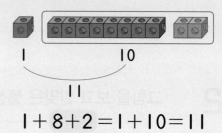

1 10

11

$$1+8+2=1+10=11$$

➡ 세 수의 덧셈에서 앞에서부터 순서대로 더한 결과와
  10이 되는 두 수를 먼저 더해 10을 만들고 남은 수를 더한 결과는 같습니다.

---

1 수 카드의 세 수의 합을 두 가지 방법으로 구하고, 알맞은 말에 ○표 하세요.

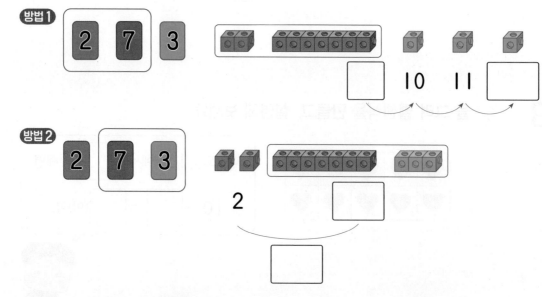

방법1 2 7 3

10 11

방법2 2 7 3

2

➡ **방법1**과 **방법2**의 계산 결과는 (같습니다 , 다릅니다).

1 □ 안에 알맞은 수를 써넣으세요.

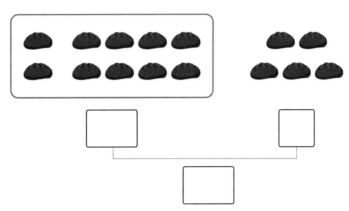

2 □ 안에 알맞은 수를 써넣으세요.

$$4+6+5=15$$

(1) $2+8+1=$ □

(2) $5+5+7=$ □

(3) $3+3+7=$ □

(4) $4+1+9=$ □

3 합이 같은 것끼리 선으로 이어 보세요.

| $8+2+3$ | $9+1+2$ | $9+5+5$ | $8+7+3$ |

| $10+3$ | $10+2$ | $7+10$ | $8+10$ | $9+10$ |

⑤ 10을 만들어 더하기

1 $6+4+1=$ ☐

2 $2+8+5=$ ☐

3 $3+7+9=$ ☐

4 $4+6+2=$ ☐

5 $5+5+3=$ ☐

6 $2+8+7=$ ☐

7 $1+9+5=$ ☐

8 $7+3+8=$ ☐

9 $8+2+6=$ ☐

10 $9+1+4=$ ☐

11 $3+7+4=$ ☐

12 $6+4+6=$ ☐

13 $7+3+2=$ ☐

14 $1+9+2=$ ☐

● 정답 10쪽

15 $1+3+7=$ ▢

16 $4+2+8=$ ▢

17 $6+5+5=$ ▢

18 $7+8+2=$ ▢

19 $5+9+1=$ ▢

20 $7+4+6=$ ▢

21 $2+7+3=$ ▢

22 $3+5+5=$ ▢

23 $4+1+9=$ ▢

24 $3+6+4=$ ▢

25 $5+8+2=$ ▢

26 $6+7+3=$ ▢

27 $9+6+4=$ ▢

28 $5+3+7=$ ▢

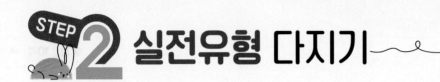
1 ☐ 안에 알맞은 수를 써넣으세요.

(1) $8+2+4=$ ☐

(2) $9+5+5=$ ☐

2 두 수를 더해서 10이 되도록 빈칸에 알맞은 수를 써넣으세요.

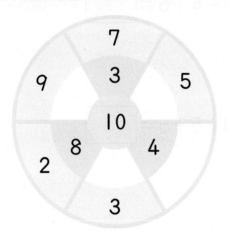

3 10을 만들어 더할 수 있는 식을 모두 찾아 ◯표 하세요.

$2+7+2$	( )
$8+5+5$	( )
$6+4+3$	( )

4 화살을 은우가 10개, 연아가 7개 넣었습니다. 은우가 연아보다 몇 개를 더 넣었을까요?

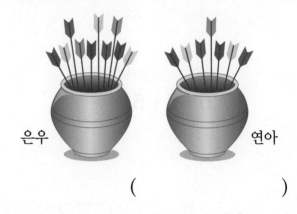

은우   연아

( )

5 두 가지 색으로 색칠하고 덧셈식을 만들어 보세요.

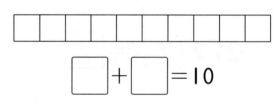

☐ $+$ ☐ $=10$

서술형

6 곶감 10개 중에서 부모님께 5개를 드렸습니다. 남은 곶감은 몇 개인지 풀이 과정을 쓰고 답을 구해 보세요.

❶ 문제에 알맞은 식 만들기

풀이 _____

_____

❷ 남은 곶감의 수 구하기

풀이 _____

_____

답 _____

7 식에 맞게 빈 접시에 과자의 수만큼 ○를 그리고, ☐ 안에 알맞은 수를 써넣으세요.

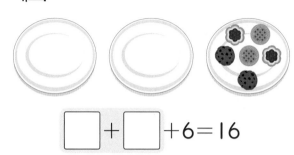

☐+☐+6=16

9 수 카드 두 장을 골라 덧셈식을 완성해 보세요.

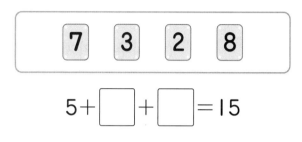

$5+\boxed{}+\boxed{}=15$

8 더해서 10이 되는 두 수를 찾아 ○표 하고, 10이 되는 덧셈식을 써 보세요.

2	5	3	5	4	1
8	7	9	8	5	8
4	6	1	3	6	3

10=2+8

10 1모둠과 2모둠이 한 고리 던지기 놀이 결과를 보고 ☐ 안에 알맞은 수를 써넣으세요.

1모둠

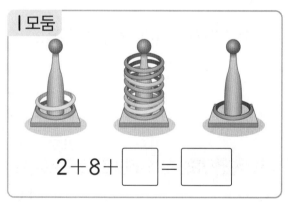

$2+8+\boxed{}=\boxed{}$

2모둠

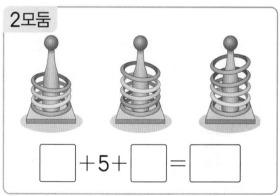

$\boxed{}+5+\boxed{}=\boxed{}$

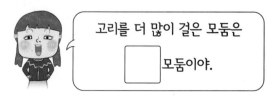

고리를 더 많이 걸은 모둠은 ☐모둠이야.

1 미주는 딸기 맛 사탕 4개와 포도 맛 사탕 6개를 가지고 있었습니다. 그중에서 경표에게 3개를 주었다면 **남은 사탕**은 몇 개인지 구해 보세요.

(1) 미주가 가지고 있던 사탕은 모두 몇 개일까요?

(   )

(2) 경표에게 주고 남은 사탕은 몇 개일까요?

(   )

한 번 더
2 태희는 빨간 색종이 2장과 파란 색종이 8장을 가지고 있었습니다. 그중에서 동생에게 5장을 주었다면 남은 색종이는 몇 장인지 구해 보세요.

(   )

3 같은 모양은 같은 수를 나타냅니다. ★**이 나타내는 수**를 구해 보세요.

$$\cdot 10 - 1 = ♥ \qquad \cdot ♥ - 3 - 2 = ★$$

(1) ♥가 나타내는 수를 구해 보세요. (   )

(2) ★이 나타내는 수를 구해 보세요. (   )

한 번 더
4 같은 모양은 같은 수를 나타냅니다. ♣가 나타내는 수를 구해 보세요.

$$\cdot 10 - 8 = ◆ \qquad \cdot ◆ + 1 + 2 = ♣$$

(   )

5 1부터 9까지의 수 중에서 ☐ 안에 들어갈 수 있는 수를 모두 구해 보세요.

$$1+2+3<☐$$

(1) 1+2+3은 얼마일까요?   (   )

(2) ☐ 안에 들어갈 수 있는 수를 모두 써 보세요.

(   )

한번더
6 1부터 9까지의 수 중에서 ☐ 안에 들어갈 수 있는 수를 모두 구해 보세요.

$$6-1-1<☐$$

(   )

놀이 수학   (수학 익힘 유형)

7 길을 따라갔을 때의 당근의 수를 구하려고 합니다. ☐ 안에 알맞은 수를 써넣어 **덧셈식을 완성**해 보세요.

$2+8+4=14$ $2+☐+6=☐$ $2+5+☐=☐$

1 그림을 보고 세 수의 덧셈을 해 보세요.

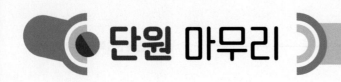

$$2+\boxed{}+\boxed{}=\boxed{}$$

2 그림을 보고 덧셈식을 완성해 보세요.

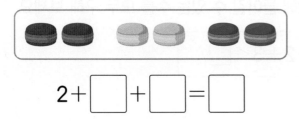

$$10+\boxed{}=\boxed{}$$

(3~4) ☐ 안에 알맞은 수를 써넣으세요.

3

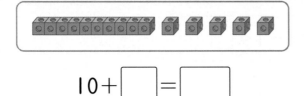

$$5+5=\boxed{}$$

4

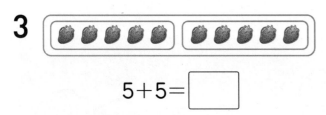

$$10-6=\boxed{}$$

5 그림을 보고 알맞은 덧셈식을 만들어 보세요.

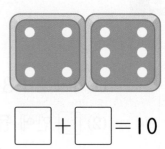

$$\boxed{}+\boxed{}=10$$

● 교과서에 **꼭** 나오는 문제

6 ☐ 안에 알맞은 수를 써넣으세요.

$$9-3-5=\boxed{}$$

7 10을 만들어 더할 수 있는 식에 ◯표 하세요.

4+1+7	8+2+5
( )	( )

8 세 수의 합은 얼마일까요?

1	3	5

( )

● 교과서에 **꼭** 나오는 문제

9 합을 구하여 선으로 이어 보세요.

| $5+7+3$ | $8+5+5$ |

| 18 | 13 | 15 |

10 빨간색 공깃돌이 10개, 파란색 공깃돌이 4개 있습니다. 빨간색 공깃돌은 파란색 공깃돌보다 몇 개가 더 많을까요?

(   )

11 바르게 계산한 것에 ◯표 하세요.

| $8-4-1=2$ | $5+2+2=9$ |

(   )   (   )

12 두 수의 합이 10이 되도록 선으로 이어 보세요.

| 3 | 5 | 8 | 9 |

| 2 | 7 | 1 | 5 |

● **잘 틀리는** 문제

13 계산 결과의 크기를 비교하여 ◯ 안에 >, <를 알맞게 써넣으세요.

$$9-2-2 \bigcirc 1+3+4$$

14 송편이 10개 있습니다. 지효가 송편을 3개 먹으면 몇 개가 남을까요?

(   )

15 축구공 2개, 농구공 5개, 배구공 2개가 있습니다. 공은 모두 몇 개일까요?

(   )

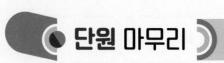

16 주차장에 빨간색 자동차 3대와 파란색 자동차 7대가 있었습니다. 그중에서 자동차 2대가 주차장을 나갔다면 남은 자동차는 몇 대일까요?

( )

● 잘 틀리는 문제

17 수 카드 두 장을 골라 뺄셈식을 완성해 보세요.

| 1 | 2 | 5 | 6 |

$$8-\boxed{}-\boxed{}=1$$

18 같은 모양은 같은 수를 나타냅니다. ★이 나타내는 수를 구해 보세요.

· 1+9=▲
· ▲−8=★

( )

● 서술형 문제

19 어항에 물고기가 6마리 있었습니다. 물고기 4마리를 더 넣으면 어항에 있는 물고기는 모두 몇 마리인지 풀이 과정을 쓰고 답을 구해 보세요.

풀이 _____

_____

_____

답 _____

20 수 카드의 세 수의 합이 더 큰 사람은 누구인지 풀이 과정을 쓰고 답을 구해 보세요.

| 6 | 3 | 7 | | 4 | 5 | 5 |

은주   지아

풀이 _____

_____

_____

답 _____

그림이 연결되도록 알맞은 무늬를 찾아요!

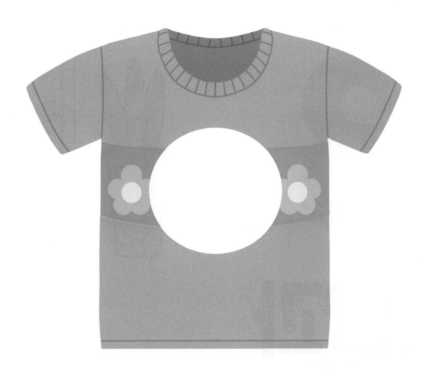

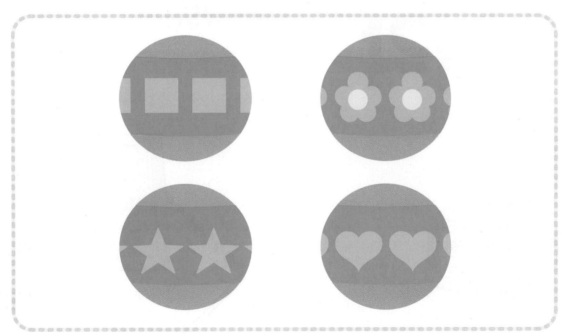

3

모양과
시각

재미있게 색칠하며 방을 완성해 보세요

이 단원에서는

• 여러 가지 모양을 찾아볼까요

• 여러 가지 모양으로 꾸며 볼까요

• 몇 시와 몇 시 30분을 알아볼까요

개념 **1** 여러 가지 모양 찾기

● ▢, ▲, ⬤ 모양 찾기

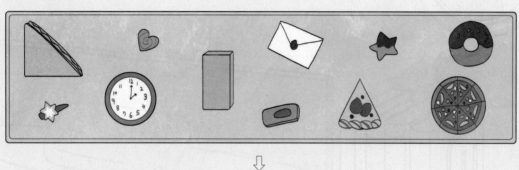

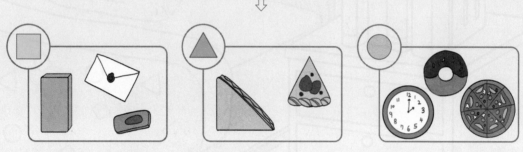

1 그림에서 ▢, ▲, ⬤ 모양을 찾아 따라 그려 보세요.

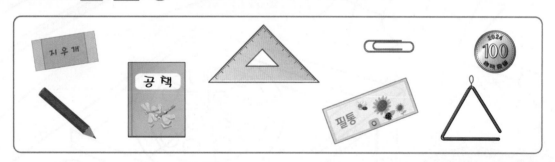

2 같은 모양을 찾아 선으로 이어 보세요.

1 ◯ 모양을 모두 찾아 색칠해 보세요.

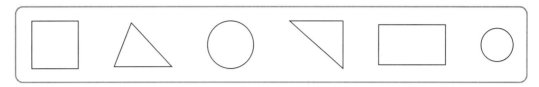

2 왼쪽과 같은 모양의 물건을 찾아 ◯표 하세요.

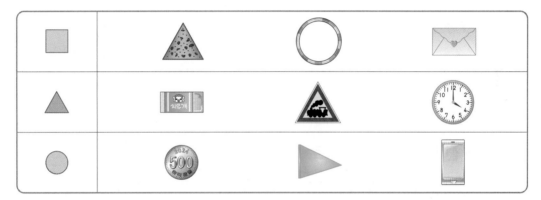

3 삼각자와 같은 모양의 물건을 찾아 ◯표 하세요.

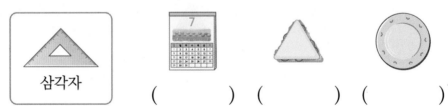

( ) ( ) ( )

4 같은 모양끼리 모은 것에 ◯표 하세요.

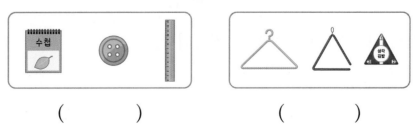

( ) ( )

여러 가지 모양 알아보기

● ▢, △, ○ 모양 알아보기

본뜨기	찰흙 위에 찍기	모양	알게 된 것
		▢ ─●뾰족한 부분 ─●곧은 선	• 뾰족한 부분이 **4**군데입니다. • 곧은 선이 있습니다.
		△ ─●뾰족한 부분 ●곧은 선	• 뾰족한 부분이 **3**군데입니다. • 곧은 선이 있습니다.
		○ ●둥근 부분이 있습니다	• 뾰족한 부분과 곧은 선이 없습니다. • 둥근 부분이 있습니다.

1 그려진 모양을 찾아 선으로 이어 보세요.

2 설명이 맞으면 ○표, 틀리면 ╳표 하세요.

(1) ▢ 모양은 뾰족한 부분이 **3**군데입니다. ……………… (　　　　)

(2) △ 모양은 곧은 선이 있습니다. ……………… (　　　　)

(3) ○ 모양은 둥근 부분이 있습니다. ……………… (　　　　)

1 물건을 찰흙 위에 찍었을 때, 찍힌 모양으로 알맞은 것을 찾아 ◯표 하세요.

2 곧은 선이 <u>없는</u> 물건은 모두 몇 개일까요?

(   )

3 몸으로 어떤 모양을 만든 것인지 찾아 선으로 이어 보세요.

여러 가지 모양으로 꾸미기

● ■, ▲, ● 모양으로 '강아지' 모양 꾸미기

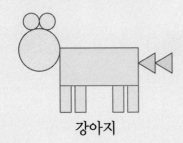

강아지

• 머리는 ● 모양으로, 몸통과 다리는 ■ 모양으로,

  꼬리는 ▲ 모양으로 꾸몄습니다.

• ■ 모양이 5개, ▲ 모양이 2개, ● 모양이 3개 있습니다.

1 ■, ▲, ● 모양으로 어떻게 꾸몄는지 말해 보려고 합니다. 알맞은 모양을 찾아 ○표 하세요.

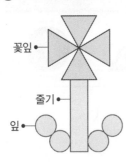

꽃잎

줄기

잎

꽃잎은 (■ , ▲ , ●) 모양으로,
잎은 (■ , ▲ , ●) 모양으로
꾸몄습니다.

2 ■ 모양이 몇 개 있는지 세어 보세요.

(1)

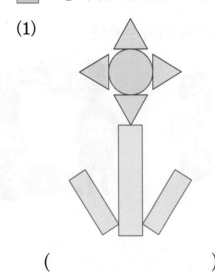

(   )

(2)

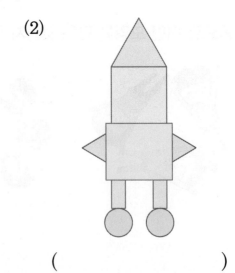

(   )

STEP 1 기본유형 익히기

● 복습책 32쪽 | 정답 13쪽

1 모양을 꾸미는 데 사용한 모양을 모두 찾아 ◯표 하세요.

(1)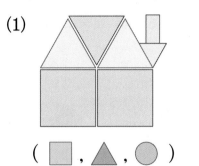

(■ , ▲ , ●)

(2)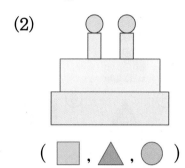

(■ , ▲ , ●)

2 ■ , ▲ , ● 모양이 각각 몇 개 있는지 세어 보세요.

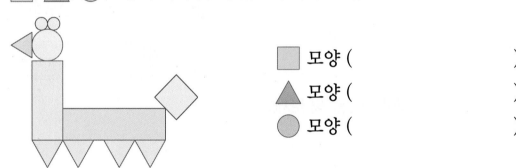

■ 모양 (   )

▲ 모양 (   )

● 모양 (   )

3 ■ , ▲ , ● 모양으로 비행기를 꾸며 보세요.

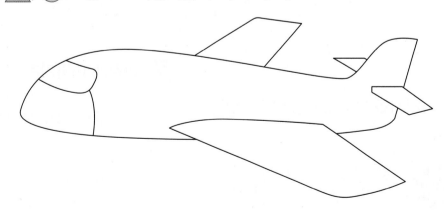

(1~3) 그림을 보고 물음에 답하세요.

1 ⬤ 모양을 모두 찾아 번호를 써 보세요.

( )

2 ▲ 모양을 모두 찾아 번호를 써 보세요.

( )

3 뾰족한 부분이 4군데인 모양은 모두 몇 개일까요?

( )

4 모양이 나머지와 <u>다른</u> 하나는 어느 것인 가요? ( )

5 물건의 바닥을 찰흙 위에 찍었을 때, 찍힌 모양으로 알맞은 것을 찾아 ◯표 하세요.

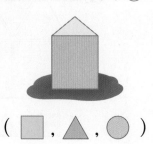

(▢ , ▲ , ◯)

6 같은 모양끼리 선으로 이어 보세요.

〈 수학 익힘 유형 〉

7 바르게 이야기한 사람은 누구일까요?

- 지원: ▲ 모양은 뾰족한 부분이 4군데야.
- 연희: ⬤ 모양은 뾰족한 부분이 없어.

( )

(수학 익힘 유형)

8 바닷속을 ⬜, 🔺, ⚫ 모양으로 꾸몄습니다. ⬜, 🔺, ⚫ 모양이 각각 몇 개 있는지 세어 보세요.

⬜ 모양 (   )

🔺 모양 (   )

⚫ 모양 (   )

서술형

9 자동차 바퀴가 ⬜ 모양이라면 어떤 일이 생길지 써 보세요.

답 _____

_____

_____

10 그림을 보고 바르게 이야기한 사람을 찾아 ◯표 하세요.

| ⬜ 모양이 4개 있어. | 🔺 모양이 7개 있어. | ⚫ 모양이 없어. |

(   ) (   ) (   )

11 ⬜, 🔺, ⚫ 모양이 각각 몇 개 있는지 세어 보세요.

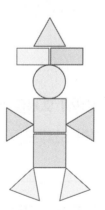

⬜ 모양	🔺 모양	⚫ 모양

개념 4 몇 시

짧은바늘이 ▨, 긴바늘이 12를 가리킬 때 시계는 ▨시를 나타냅니다.

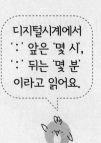

디지털시계에서
':' 앞은 '몇 시,
':' 뒤는 '몇 분'
이라고 읽어요.

시계의 짧은바늘이 가리키는 숫자: 3 ➡ 쓰기 **3시**
긴바늘이 가리키는 숫자: 12   읽기 **세 시**

참고 긴바늘이 한 바퀴 움직일 때 짧은바늘은 숫자 한 칸을 움직입니다.

1 시계를 보고 몇 시인지 알아보려고 합니다. ☐ 안에 알맞은 수를 써넣고, 알맞은 말에 ◯표 하세요.

(1) 짧은바늘이 ☐, 긴바늘이 12를 가리킬 때

시계는 ☐ 시를 나타냅니다.

(2) (일곱 , 여덟) 시라고 읽습니다.

2 시계에 2시를 나타내려고 합니다. ☐ 안에 알맞은 수를 써넣고, 짧은바늘을 그려 보세요.

2시는 짧은바늘이 ☐ 를 가리키도록 그립니다.

1 몇 시인지 써 보세요.

(1)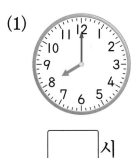

[ ] 시

(2)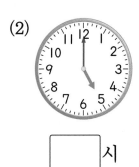

[ ] 시

2 시계를 보고 선으로 이어 보세요.

4:00

11:00

1:00

3 시계에 몇 시를 나타내 보세요.

(1)
6:00

(2)
10:00

짧은바늘이 ■와 ▲ 사이, 긴바늘이 **6**을 가리킬 때 시계는 ■시 **30분**을 나타냅니다.

시계의 짧은바늘이 가리키는 곳: **1**과 **2** 사이

긴바늘이 가리키는 숫자: **6**

⇨ | 쓰기 | **1**시 **30분**
| 읽기 | 한 시 삼십 분

참고 3시, 1시 30분 등을 '시각'이라고 합니다.

---

1 시계를 보고 몇 시 30분인지 알아보려고 합니다. ☐ 안에 알맞은 수를 써넣고, 알맞은 말에 ◯표 하세요.

(1) 짧은바늘이 ☐와 ☐ 사이, 긴바늘이 **6**을 가리킬 때 시계는 ☐시 ☐분을 나타냅니다.

(2) (네 , 다섯) 시 삼십 분이라고 읽습니다.

2 시계에 **11**시 30분을 나타내려고 합니다. ☐ 안에 알맞은 수를 써넣고, 긴바늘을 그려 보세요.

11시 30분은 긴바늘이 ☐을 가리키도록 그립니다.

1 몇 시 30분인지 써 보세요.

(1)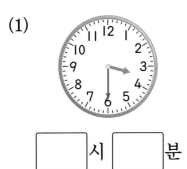

[ ]시 [ ]분

(2)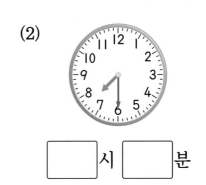

[ ]시 [ ]분

2 계획표를 보고 선으로 이어 보세요.

	청소하기	숙제하기	줄넘기하기
시각	1시 30분	5시 30분	8시 30분

3 시계에 시각을 나타내 보세요.

(1)

(2)

1 시각을 써 보세요.

(1) `12:00`

(   )

(2) `5:30`

(   )

2 같은 시각끼리 선으로 이어 보세요.

· `11:30`

· `10:00`

· `9:30`

3 **11**시 **30**분을 나타내는 시계를 찾아 ○표 하세요.

(   ) (   ) (   )

4 시계를 보고 시각을 써넣으세요.

     시   분에 피아노 연습을 합니다.

5 시계를 보고 시각을 써넣으세요.

     시에는 축구를 하고,

     시에는 책을 읽습니다.

6 시계에 시각을 나타내 보세요.

`4:00` ⇨

(7~8) 이야기에 나오는 시각을 시계에 나타내 보세요.

7

8시에 아침을 먹었습니다.

8

1시 30분에 그림을 그렸습니다.

〈 서술형 〉

9 왼쪽 시계는 7시 30분을 잘못 나타낸 것입니다. 오른쪽 시계에 바르게 나타내고, 잘못된 이유를 써 보세요.

이유
_____

_____

_____

10 시계의 짧은바늘이 12와 1 사이, 긴바늘이 6을 가리킬 때의 시각을 써 보세요.

(   )

11 다음 시각에서 긴바늘이 한 바퀴 움직였을 때의 시각을 써 보세요.

(   )

〈 수학 유형 〉

12 시계에 4시 30분을 나타내고, 그 시각에 하고 싶은 일을 써 보세요.

_____

_____

_____

1 주혜와 승우가 오늘 낮에 숙제를 끝낸 시각입니다. 숙제를 **더 먼저 끝낸 사**람은 누구인지 구해 보세요.

주혜  승우

(1) 주혜와 승우가 각각 숙제를 끝낸 시각을 써 보세요.

주혜 (   ), 승우 (   )

(2) 숙제를 더 먼저 끝낸 사람은 누구일까요? (   )

한번더
2 소희와 은석이가 오늘 저녁에 식사를 끝낸 시각입니다. 저녁 식사를 더 먼저 끝낸 사람은 누구인지 구해 보세요.

소희 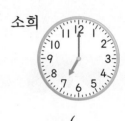 은석

(   )

3 ■, ▲, ● 모양 중 오른쪽에서 **가장 많은 모양을** 찾아 ○표 하세요.

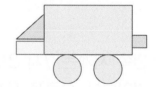

(1) 모양이 각각 몇 개 있는지 세어 보세요.

■ 모양 (   ), ▲ 모양 (   ), ● 모양 (   )

(2) 가장 많은 모양을 찾아 ○표 하세요.   (■ , ▲ , ●)

한번더
4 ■, ▲, ● 모양 중에서 가장 적은 모양을 찾아 ○표 하세요.

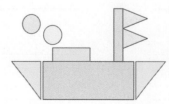 

(■ , ▲ , ●)

5 시계를 거울에 비추어 보았더니 오른쪽과 같았습니다.
시계가 나타내는 시각을 구해 보세요.

(1) 시계의 짧은바늘과 긴바늘이 각각 가리키는 숫자를 써 보세요.

짧은바늘 (   ), 긴바늘 (   )

(2) 시계가 나타내는 시각을 써 보세요.   (   )

한번더 6 시계를 거울에 비추어 보았더니 오른쪽과 같았습니다.
시계가 나타내는 시각을 구해 보세요.

(   )

놀이 수학

7 미주는 ■, ▲, ● 모양으로 궁전과 꽃게를 꾸몄습니다. ■ **모양 7개,**
▲ **모양 2개,** ● **모양 2개로 꾸민 모양**은 무엇인지 구해 보세요.

궁전 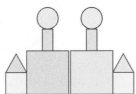   꽃게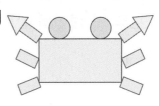

(1) 모양이 각각 몇 개 있는지 세어 보세요.

	■ 모양	▲ 모양	● 모양
궁전			
꽃게			

(2) ■ 모양 7개, ▲ 모양 2개, ● 모양 2개로 꾸민 모양을 써 보
세요.   (   )

(1~3) 그림을 보고 물음에 답하세요.

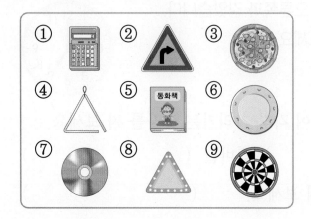

1 ⬜ 모양을 모두 찾아 번호를 써 보세요.

( )

2 🔺 모양을 모두 찾아 번호를 써 보세요.

( )

3 ⚫ 모양은 모두 몇 개일까요?

( )

4 시각을 써 보세요.

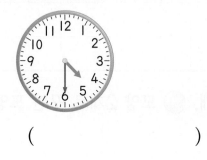

( )

● 교과서에 꼭 나오는 문제

5 그려진 모양을 찾아 ◯표 하세요.

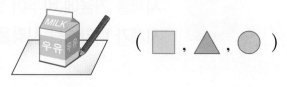

(⬜ , 🔺 , ⚫)

6 같은 모양끼리 선으로 이어 보세요.

7 시각을 바르게 읽은 사람은 누구일까요?

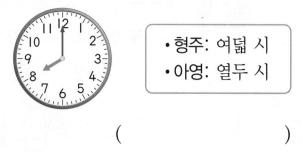

• 형주: 여덟 시
• 아영: 열두 시

( )

8 모양을 꾸미는 데 사용한 모양을 모두 찾아 ◯표 하세요.

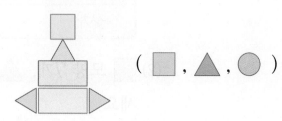

(⬜ , 🔺 , ⚫)

🌑 교과서에 꼭 나오는 문제

9 같은 시각끼리 선으로 이어 보세요.

 · ·

 · · 5:00

 · · 6:00

10 4시를 나타내는 시계를 찾아 ◯표 하세요.

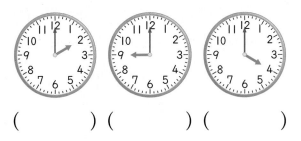

(　) (　) (　)

11 시계에 시각을 나타내 보세요.

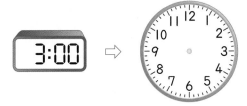

12 ◯ 모양에 대해 바르게 이야기한 사람은 누구일까요?

 곧은 선이 3군데야. 뾰족한 부분이 없어.

은희　　　　　　　민규

(　　　　　)

🌑 잘 틀리는 문제

13 세현이는 9시 30분에 잠자리에 들었습니다. 세현이가 잠자리에 든 시각을 시계에 나타내 보세요.

14 시계의 짧은바늘이 1과 2 사이, 긴바늘이 6을 가리킬 때의 시각을 써 보세요.

(　　　　　)

15 ▢, ▲, ◯ 모양이 각각 몇 개 있는지 세어 보세요.

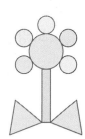

▢ 모양	▲ 모양	◯ 모양

● 잘 틀리는 문제

16 모양을 보고 바르게 이야기한 사람을 찾아 이름을 써 보세요.

   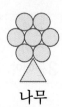

로봇   나무   나비

・영재: 로봇에 ▢ 모양이 5개 있어.

・미진: 나무에 ▲ 모양이 없어.

・희주: 나비에 ⬤ 모양이 2개 있어.

(   )

17 윤미와 재민이가 오늘 아침에 일어난 시각입니다. 더 먼저 일어난 사람은 누구일까요?

윤미   재민

(   )

18 ▢, ▲, ⬤ 모양 중에서 가장 적은 모양을 찾아 ◯표 하세요.

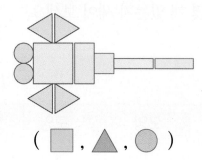

(▢ , ▲ , ⬤)

● 서술형 문제

19 수지의 물음에 답해 보세요.

 ▢ 모양과 ▲ 모양은 뾰족한 부분이 있어.

 그래. 그러면 ▢ 모양과 ▲ 모양의 다른 점은 무엇일까?

준호   수지

답 _____

_____

_____

20 다음 시각에서 긴바늘이 한 바퀴 움직였을 때의 시각을 구하려고 합니다. 풀이 과정을 쓰고 답을 구해 보세요.

풀이 _____

_____

_____

_____

답 _____

두 그림에서 다른 곳 4가지를 찾아요!

4

재미있게 색칠하며 빵 가게를 완성해 보세요

덧셈과
뺄셈 (2)

이 단원에서는

- 덧셈을 해 볼까요
- 뺄셈을 해 볼까요

개념 1 받아올림이 있는 (몇)＋(몇)의 여러 가지 계산 방법

● 6＋5의 계산

방법 1 이어 세기로 구하기

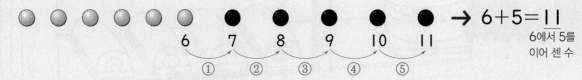

→ 6＋5＝11
6에서 5를
이어 센 수

방법 2 십 배열판에 더하는 수 5만큼 △를 그려 구하기

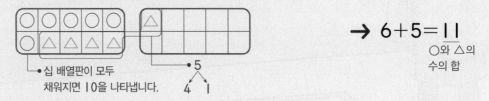

→ 6＋5＝11
○와 △의
수의 합

방법 3 구슬을 옮겨 구하기

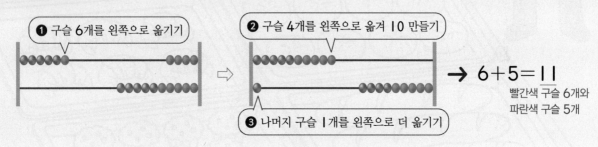

→ 6＋5＝11
빨간색 구슬 6개와
파란색 구슬 5개

---

1 8＋4는 얼마인지 여러 가지 방법으로 알아보세요.

(1) 8에서 4를 이어 세어 보세요.

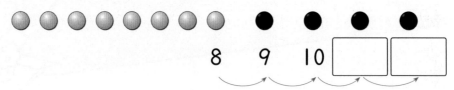

(2) 십 배열판에 더하는 수 4만큼 △를 그려 보세요.

(3) 8＋4는 얼마일까요?

8＋4＝☐

1 감은 모두 몇 개인지 ☐ 안에 알맞은 수를 써넣으세요.

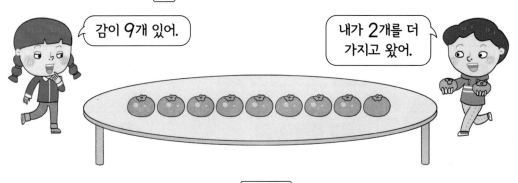

감은 모두 ☐ 개입니다.

2 인형은 모두 몇 개인지 ☐ 안에 알맞은 수를 써넣으세요.

인형은 모두 ☐ 개입니다.

3 오리는 모두 몇 마리일까요?

식 ___ 7 + ☐ = ☐ ___   답 ___

받아올림이 있는 (몇)＋(몇)

7＋9의 계산

방법1 7과 3을 더하여 10을 만들고, 남은 6 더하기

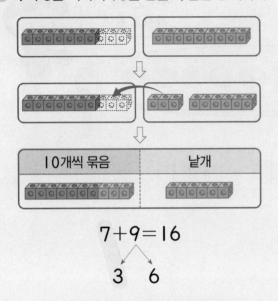

$$7+9=16$$

3   6

방법2 9와 1을 더하여 10을 만들고, 남은 6 더하기

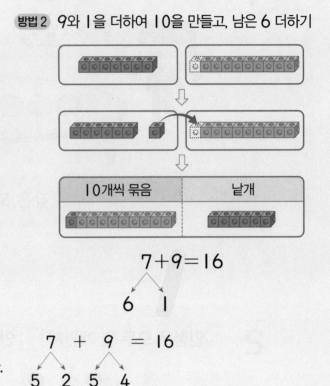

$$7+9=16$$

6   1

참고 7＋9는 5와 5를 더하여 10을 만들고, 남은 2와 4를 더하는 방법으로 계산할 수도 있습니다.

7 ＋ 9 ＝ 16
5 2 5 4

---

1 8＋3을 여러 가지 방법으로 계산해 보세요.

방법1 8과 2를 더하여 10을 만들고, 남은 1 더하기

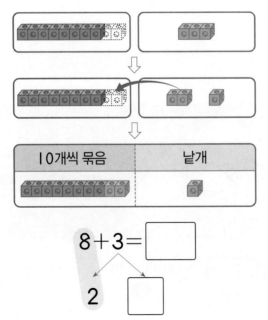

$$8+3=\boxed{}$$

2   □

방법2 3과 7을 더하여 10을 만들고, 남은 1 더하기

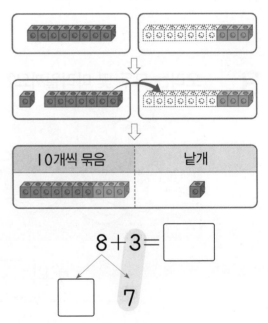

$$8+3=\boxed{}$$

□   7

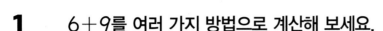

1 6+9를 여러 가지 방법으로 계산해 보세요.

(1)  6과 4를 더하여 10을 만들어 구해 볼래!

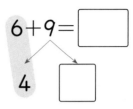

$6+9=\boxed{}$

4 $\boxed{}$

(2)  9와 1을 더하여 10을 만들어 구해 볼래!

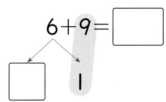

$6+9=\boxed{}$

$\boxed{}$ 1

(3) 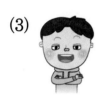 5와 5를 더하여 10을 만들어 구해 볼래!

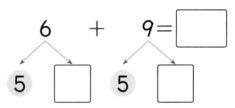

$6\qquad+\qquad 9=\boxed{}$

5 $\boxed{}$ 5 $\boxed{}$

2 덧셈을 해 보세요.

(1) $7+6=\boxed{}$

(2) $9+3=\boxed{}$

(3) $4+7=\boxed{}$

(4) $5+8=\boxed{}$

3 구슬 5개가 있었는데 9개를 더 가져왔습니다. 구슬은 모두 몇 개일까요?

 식

답

여러 가지 덧셈하기

●같은 수

$6 + 5 = 11$
$6 + 6 = 12$
$6 + 7 = 13$
$6 + 8 = 14$

↓1씩 커짐   ↓1씩 커짐

같은 수에 1씩
커지는 수를 더하면
합은 1씩 커집니다.

●같은 수

$9 + 9 = 18$
$8 + 9 = 17$
$7 + 9 = 16$
$6 + 9 = 15$

↓1씩 작아짐   ↓1씩 작아짐

1씩 작아지는 수에
같은 수를 더하면
합은 1씩 작아집니다.

$6 + 7 = 13$

$7 + 6 = 13$

두 수를 서로 바꾸어
더해도 합은 같습니다.

1 여러 가지 덧셈을 해 보세요.

$9+2=11$				
$9+3=12$	$8+3=11$			
$9+4=\boxed{}$	$8+4=12$	$7+4=11$		
$9+5=\boxed{}$	$8+5=\boxed{}$	$7+5=12$	$6+5=\boxed{}$	
$9+6=\boxed{}$	$8+6=14$	$7+6=\boxed{}$	$6+6=12$	$5+6=\boxed{}$
$9+7=16$	$8+7=\boxed{}$	$7+7=\boxed{}$	$6+7=\boxed{}$	$5+7=12$

STEP 1 기본유형 익히기

1 덧셈을 해 보세요.

(1)
$$7+6=13$$
$$7+7=\boxed{}$$
$$7+8=\boxed{}$$
$$7+9=\boxed{}$$

(2)
$$8+6=14$$
$$8+5=\boxed{}$$
$$8+4=\boxed{}$$
$$8+3=\boxed{}$$

(3)
$$3+9=\boxed{}$$
$$9+3=\boxed{}$$

(4)
$$6+6=\boxed{}$$
$$6+5=\boxed{}$$

2 9+6과 합이 같은 덧셈식을 모두 찾아 색칠해 보세요.

9+6	8+6	7+6	6+6	5+6
9+7	8+7	7+7	6+7	5+7
9+8	8+8	7+8	6+8	5+8
9+9	8+9	7+9	6+9	5+9

1 5+6= ☐

2 6+8= ☐

3 7+5= ☐

4 3+8= ☐

5 2+9= ☐

6 9+7= ☐

7 4+9= ☐

8 7+4= ☐

9 6+6= ☐

10 3+9= ☐

11 9+4= ☐

12 9+2= ☐

13 8+3= ☐

14 8+7= ☐

15 $4+7=$ ☐

16 $7+7=$ ☐

17 $5+8=$ ☐

18 $8+9=$ ☐

19 $6+9=$ ☐

20 $9+3=$ ☐

21 $5+7=$ ☐

22 $9+5=$ ☐

23 $6+7=$ ☐

24 $8+8=$ ☐

25 $9+9=$ ☐

26 $5+9=$ ☐

27 $8+6=$ ☐

28 $4+8=$ ☐

1 ☐ 안에 알맞은 수를 써넣으세요.

(1) 6+7= ☐

☐   3

(2) 3+9= ☐

2   ☐

2 덧셈을 해 보세요.

(1) 8+6= ☐

(2) 4+7= ☐

3 덧셈을 해 보세요.

9+5= ☐

9+6= ☐

9+7= ☐

9+8= ☐

4 ☐ 안에 알맞은 수를 써넣으세요.

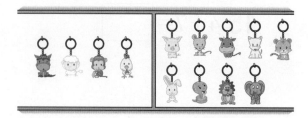

4+9= ☐

☐   3

4+9= ☐

☐   ☐

5 어항에 물고기가 9마리 있었는데 3마리를 더 넣었습니다. 어항에 있는 물고기는 모두 몇 마리일까요?

(   )

서술형

6 연두색 구슬이 6개, 주황색 구슬이 5개 있습니다. 구슬은 모두 몇 개인지 풀이 과정을 쓰고 답을 구해 보세요.

❶ 문제에 알맞은 식 만들기

풀이 _____

_____

❷ 구슬의 수 구하기

풀이 _____

_____

답 _____

7 □ 안에 알맞은 수를 써넣어 덧셈식을 완성해 보세요.

(1)
$$7+7=14$$
$$\boxed{}+8=15$$

(2)
$$9+8=17$$
$$9+\boxed{}=18$$

8 계산 결과의 크기를 비교하여 ○ 안에 >, =, <를 알맞게 써넣으세요.

$$8+3 \bigcirc 6+6$$

9 □ 안에 알맞은 수를 써넣고, 두 수의 합이 작은 식부터 순서대로 이어 보세요.

시작
$$4+8=12$$ ·

· $5+8=\boxed{}$

$6+8=\boxed{}$ ·

· $8+7=\boxed{}$

$8+8=\boxed{}$ ·

10 합이 같은 식을 찾아 (보기)와 같이 ○, △, □표 해 보세요.

(보기)
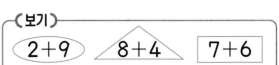

| 5+6 | 9+4 | 7+5 |
| 5+7 | 9+2 | 8+5 |

11 합이 같도록 점을 그리고, □ 안에 알맞은 수를 써넣으세요.

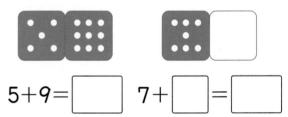

$$5+9=\boxed{} \qquad 7+\boxed{}=\boxed{}$$

12 빈칸과 같은 색 병에서 수를 골라 덧셈식을 완성해 보세요.

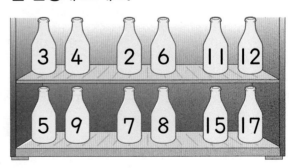

3	+	8	=	11
	+		=	
	+		=	

개념 4 받아내림이 있는 (십몇)−(몇)의 여러 가지 계산 방법

● **12−3의 계산**

방법 1 거꾸로 세어 구하기

→ 12−3=9
12에서 3을
거꾸로 센 수

방법 2 연결 모형에서 빼고 남는 것을 세어 구하기

→ 12−3=9
남은 연결
모형의 수

방법 3 구슬을 옮겨 구하기

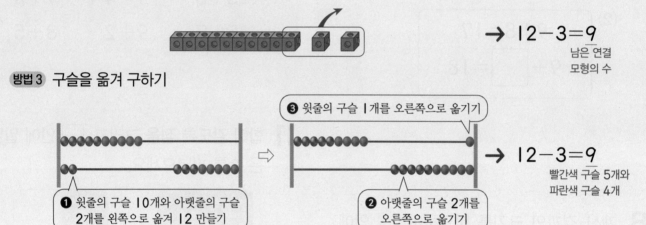

❸ 윗줄의 구슬 1개를 오른쪽으로 옮기기

→ 12−3=9
빨간색 구슬 5개와
파란색 구슬 4개

❶ 윗줄의 구슬 10개와 아랫줄의 구슬 2개를 왼쪽으로 옮겨 12 만들기

❷ 아랫줄의 구슬 2개를 오른쪽으로 옮기기

1 13−8은 얼마인지 여러 가지 방법으로 알아보세요.

(1) 바둑돌을 하나씩 짝 지어 보세요.

검은색 바둑돌이 ☐개 더 많습니다.

(2) 연결 모형의 수를 비교해 보세요.

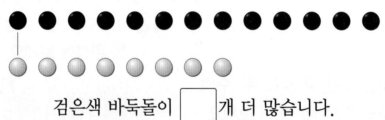

빨간색 연결 모형이 ☐개 더 많습니다.

(3) 13−8은 얼마일까요?

13−8=☐

1 남는 귤은 몇 개인지 ☐ 안에 알맞은 수를 써넣으세요.

귤 14개 중 5개를 먹어야지.

남는 귤은 ☐ 개입니다.

2 어느 것이 몇 개 더 많은지 알맞은 말에 ○표 하고, ☐ 안에 알맞은 수를 써넣으세요.

튜브

구명조끼

(튜브 , 구명조끼)가 ☐ 개 더 많습니다.

3 나비가 벌보다 몇 마리 더 많을까요?

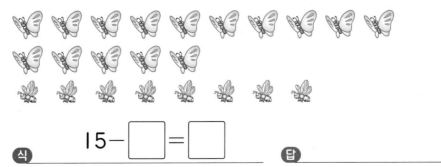

식 15 − ☐ = ☐   답

● **13−5의 계산**

방법1 13에서 3을 먼저 빼고, 남은 10에서 2 빼기

방법2 13을 10과 3으로 가르기하여 10에서 5를 빼고, 남은 5와 3 더하기

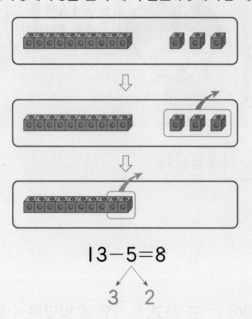

$$13-5=8$$
　　　　3　　2

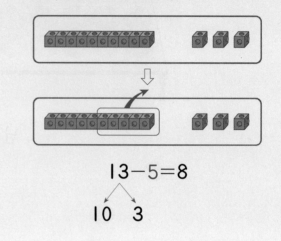

$$13-5=8$$
　　　10　　3

---

1 15−6을 여러 가지 방법으로 계산해 보세요.

방법1 15에서 5를 먼저 빼고, 남은 10에서 1 빼기

방법2 15를 10과 5로 가르기하여 10에서 6을 빼고, 남은 4와 5 더하기

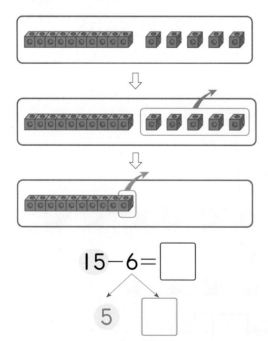

$$15-6=\boxed{}$$
　　　5　　$\boxed{}$

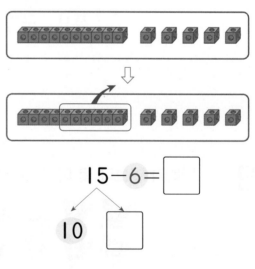

$$15-6=\boxed{}$$
　　　10　　$\boxed{}$

1 그림을 보고 ☐ 안에 알맞은 수를 써넣으세요.

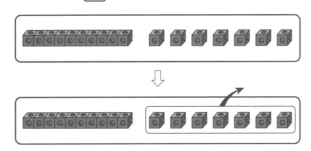

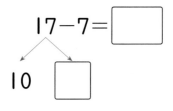

$17-7=\boxed{}$

10 $\boxed{}$

2 12−5를 여러 가지 방법으로 계산해 보세요.

(1) 12에서 2를 먼저 빼서 구해 볼래!

(2) 10에서 5를 한 번에 빼서 구해 볼래!

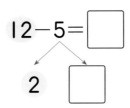

$12-5=\boxed{}$

2 $\boxed{}$

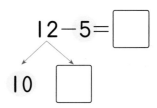

$12-5=\boxed{}$

10 $\boxed{}$

3 뺄셈을 해 보세요.

(1) $13-3=\boxed{}$

(2) $15-9=\boxed{}$

4 시아가 사탕 12개 중에서 4개를 먹었습니다. 남은 사탕은 몇 개일까요?

 식 _____

답 _____

개념 6 여러 가지 뺄셈하기

같은 수

$13 - \boxed{7} = 6$
$14 - \boxed{7} = 7$
$15 - \boxed{7} = 8$
$16 - \boxed{7} = 9$

↓ |씩 커짐   ↓ |씩 커짐

|씩 커지는 수에서
같은 수를 빼면
차는 |씩 커집니다.

$13 - 4 = 9$
$14 - 5 = 9$
$15 - 6 = 9$
$16 - 7 = 9$

↓ |씩 커짐 ↓ |씩 커짐

|씩 커지는 수에서
|씩 커지는 수를 빼면
차는 같습니다.

같은 수

$\boxed{11} - 5 = 6$
$\boxed{11} - 6 = 5$
$\boxed{11} - 7 = 4$
$\boxed{11} - 8 = 3$

↓ |씩 커짐   ↓ |씩 작아짐

같은 수에서 |씩
커지는 수를 빼면
차는 |씩 작아집니다.

1 여러 가지 뺄셈을 해 보세요.

$11-3=8$	$11-4=7$	$11-5=6$	$11-6=5$	$11-7=4$
$12-3=9$	$12-4=\square$	$12-5=\square$	$12-6=\square$	$12-7=5$
	$13-4=\square$	$13-5=8$	$13-6=7$	$13-7=\square$
		$14-5=\square$	$14-6=8$	$14-7=\square$
			$15-6=\square$	$15-7=\square$
				$16-7=9$

1 뺄셈을 해 보세요.

(1)
15−9=6
16−9=□
17−9=□
18−9=□

(2)
12−5=7
12−6=□
12−7=□
12−8=□

(3)
17−8=9
16−8=□
15−8=□
14−8=□

(4)
11−6=5
12−7=□
13−8=□
14−9=□

2 14−8과 차가 같은 뺄셈식을 모두 찾아 색칠해 보세요.

11−5	11−6	11−7	11−8	11−9
12−5	12−6	12−7	12−8	12−9
13−5	13−6	13−7	13−8	13−9
14−5	14−6	14−7	14−8	14−9

1 $12-2=$ ☐

2 $11-3=$ ☐

3 $14-7=$ ☐

4 $16-8=$ ☐

5 $13-4=$ ☐

6 $12-4=$ ☐

7 $11-9=$ ☐

8 $18-8=$ ☐

9 $13-5=$ ☐

10 $14-8=$ ☐

11 $15-9=$ ☐

12 $16-7=$ ☐

13 $12-8=$ ☐

14 $11-5=$ ☐

● 정답 20쪽

15 $13-7=\boxed{}$

16 $11-2=\boxed{}$

17 $17-9=\boxed{}$

18 $12-5=\boxed{}$

19 $11-1=\boxed{}$

20 $13-9=\boxed{}$

21 $11-7=\boxed{}$

22 $15-5=\boxed{}$

23 $16-9=\boxed{}$

24 $14-6=\boxed{}$

25 $19-9=\boxed{}$

26 $18-9=\boxed{}$

27 $12-6=\boxed{}$

28 $15-6=\boxed{}$

1 ☐ 안에 알맞은 수를 써넣으세요.

(1) $11-6=$ ☐

☐   5

(2) $14-8=$ ☐

10 ☐

2 뺄셈을 해 보세요.

(1) $16-6=$ ☐

(2) $18-9=$ ☐

3 뺄셈을 해 보세요.

$11-9=$ ☐

$12-9=$ ☐

$13-9=$ ☐

$14-9=$ ☐

4 차를 구하여 선으로 이어 보세요.

$11-4$ $16-7$

9 8 7

5 초콜릿 17개 중에서 8개를 먹었습니다. 남은 초콜릿은 몇 개일까요?

(   )

서술형

6 사과는 13개 있고, 귤은 6개 있습니다. 사과는 귤보다 몇 개 더 많은지 풀이 과정을 쓰고 답을 구해 보세요.

❶ 문제에 알맞은 식 만들기

풀이 _____

_____

❷ 사과는 귤보다 몇 개 더 많은지 구하기

풀이 _____

_____

답 _____

7 차가 더 작은 것에 △표 하세요.

$$12-3 \qquad 17-9$$

(　　　) 　　(　　　)

8 ⬜ 안에 알맞은 수를 써넣고, 두 수의 차가 작은 식부터 순서대로 이어 보세요.

시작

$$11-8=3$$ •

•$12-7=$ ⬜

$12-8=$ ⬜ •

•$13-7=$ ⬜

(수학 익힘 유형)

9 차가 8이 되도록 ⬜ 안에 알맞은 수를 써넣으세요.

$$11-3 \qquad 12-4$$

$$16-⬜ \quad =8 \quad 13-5$$

$$15-⬜ \qquad 14-⬜$$

(수학 익힘 유형)

10 차가 같은 식을 찾아 보기 와 같이 ◯, △, ⬜표 해 보세요.

보기

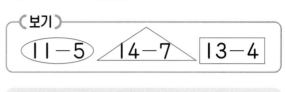

$$◯11-5 \quad △14-7 \quad ⬜13-4$$

$$11-2 \qquad 12-6 \qquad 14-5$$

$$12-5 \qquad 15-9 \qquad 15-8$$

11 소윤이가 사용한 색종이는 몇 장일까요?

- 민기: 색종이 13장 중 8장은 꽃을 만드는 데 사용했어.
- 소윤: 나는 12장을 가지고 있었는데 사용하고 남은 색종이의 수가 민기와 같아.

(　　　　　　　　)

12 빈칸과 같은 색 주머니에서 수를 골라 뺄셈식을 완성해 보세요.

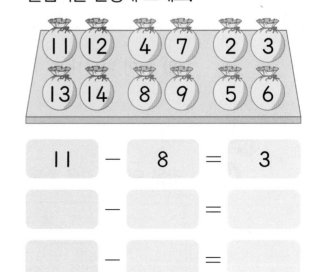

$$11 \quad - \quad 8 \quad = \quad 3$$

$$⬜ \quad - \quad ⬜ \quad = \quad ⬜$$

$$⬜ \quad - \quad ⬜ \quad = \quad ⬜$$

1 8명이 타고 있던 버스에 ㉮ 정류장에서 5명이 타고, ㉯ 정류장에서 6명이 내렸습니다. **지금 버스에 타고 있는 사람은** 몇 명인지 구해 보세요.

(1) 버스가 ㉮ 정류장을 떠날 때, 버스에 타고 있는 사람은 몇 명일까요?

( )

(2) 지금 버스에 타고 있는 사람은 몇 명일까요?

( )

한번더 2 접시에 딸기가 5개 있었는데 7개를 더 담고, 그중 9개를 먹었습니다. 지금 접시에 남아 있는 딸기는 몇 개인지 구해 보세요.

( )

3 같은 모양은 같은 수를 나타냅니다. **★이 나타내는 수를** 구해 보세요.

$$\cdot \heartsuit + \heartsuit = 18 \qquad \cdot 11 - \heartsuit = \bigstar$$

(1) ♥가 나타내는 수를 구해 보세요.

( )

(2) ★이 나타내는 수를 구해 보세요.

( )

한번더 4 같은 모양은 같은 수를 나타냅니다. ◆가 나타내는 수를 구해 보세요.

$$\cdot \bullet + \bullet = 12 \qquad \cdot 14 - \bullet = \blacklozenge$$

( )

5 5장의 수 카드 중에서 2장을 뽑아 **합이 가장 큰 덧셈식**을 만들고 합을 구해 보세요.

 2 4 5 6 8

(1) 알맞은 말에 ◯표 하세요.

> 합이 가장 큰 덧셈식은 (가장 큰 수 , 가장 작은 수)와
> (두 번째로 큰 수 , 두 번째로 작은 수)를 더합니다.

(2) 합이 가장 큰 덧셈식을 만들고 합을 구해 보세요.

☐ + ☐ = ☐

한번더
6 5장의 수 카드 중에서 2장을 뽑아 합이 가장 큰 덧셈식을 만들고 합을 구해 보세요.

1 3 5 7 9   ☐ + ☐ = ☐

놀이 수학   (수학 유형)

7 차가 1씩 커지는 길을 따라가는 로봇이 있습니다. 이 로봇이 **화살표를 따라 길을 갈 수 있도록** ☐ 안에 알맞은 수를 써넣으세요.

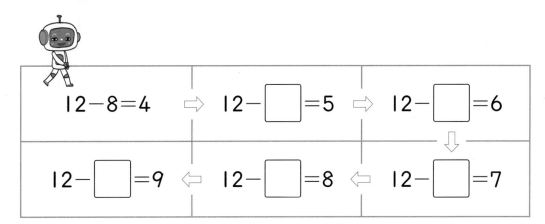

$12-8=4 \Rightarrow 12-\boxed{}=5 \Rightarrow 12-\boxed{}=6$

$12-\boxed{}=9 \Leftarrow 12-\boxed{}=8 \Leftarrow 12-\boxed{}=7$

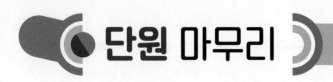

1 그림을 보고 덧셈을 해 보세요.

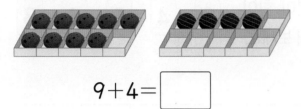

$9+4=\boxed{}$

2 그림을 보고 뺄셈을 해 보세요.

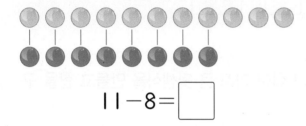

$11-8=\boxed{}$

(3~4) $\boxed{}$ 안에 알맞은 수를 써넣으세요.

3 $6+5=\boxed{}$

4 $\boxed{}$

4 $17-9=\boxed{}$

10 $\boxed{}$

5 뺄셈을 해 보세요.

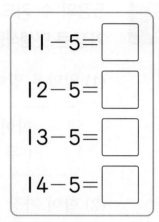

$11-5=\boxed{}$

$12-5=\boxed{}$

$13-5=\boxed{}$

$14-5=\boxed{}$

● 교과서에 **꼭** 나오는 문제

6 합을 구하여 선으로 이어 보세요.

$8+4$ $9+6$

12 15 18

7 합이 13인 덧셈식을 모두 찾아 ○표 하세요.

$5+8$ $6+9$

$3+9$ $8+5$

8 계산 결과의 크기를 비교하여 ○ 안에 >, =, <를 알맞게 써넣으세요.

$11-4 \bigcirc 14-9$

9 필통에 연필이 7자루 들어 있었는데 5자루를 더 넣었습니다. 필통에 들어 있는 연필은 모두 몇 자루일까요?

(   )

10 딸기 맛 젤리가 8개, 포도 맛 젤리가 3개 있습니다. 젤리는 모두 몇 개일 까요?

(   )

● 교과서에 꼭 나오는 문제

11 두발자전거가 14대, 네발자전거가 4대 있습니다. 두발자전거는 네발자 전거보다 몇 대 더 많을까요?

(   )

12 ☐ 안에 알맞은 수를 써넣어 덧셈식 을 완성해 보세요.

$$8+8=16$$
$$8+\boxed{}=15$$

13 합이 가장 작은 식을 찾아 ◯표 해 보 세요.

| 7+8 | 6+7 | 6+6 |

(   ) (   ) (   )

14 17−8과 차가 같은 뺄셈식을 모두 찾아 색칠해 보세요.

| 16−7 | 14−7 | 18−8 |

| 16−8 | 15−7 | 15−6 |

● 잘 틀리는 문제

15 차가 6이 되도록 ☐ 안에 알맞은 수 를 써넣으세요.

$$12-6=6$$
$$13-\boxed{}=6$$
$$14-\boxed{}=6$$

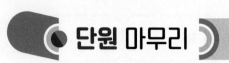

16 수 카드 3장으로 서로 <u>다른</u> 뺄셈식을 만들어 보세요.

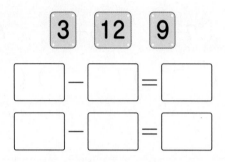

$$\boxed{}-\boxed{}=\boxed{}$$

$$\boxed{}-\boxed{}=\boxed{}$$

● 잘 틀리는 문제

17 빨간색 풍선이 7개, 파란색 풍선이 4개 있었습니다. 그중 2개가 터졌다면 남은 풍선은 몇 개일까요?

(   )

18 5장의 수 카드 중에서 2장을 뽑아 합이 가장 큰 덧셈식을 만들고 합을 구해 보세요.

$$\boxed{2}\quad\boxed{4}\quad\boxed{6}\quad\boxed{8}\quad\boxed{9}$$

$$\boxed{}+\boxed{}=\boxed{}$$

● 서술형 문제 ●━━━━━━━━

19 시윤이가 과자 18개 중에서 9개를 먹었습니다. 남은 과자는 몇 개인지 풀이 과정을 쓰고 답을 구해 보세요.

풀이 _____

_____

_____

답 _____

20 두 덧셈식의 합이 같도록 ☐ 안에 알맞은 수를 구하려고 합니다. 풀이 과정을 쓰고 답을 구해 보세요.

$$\cdot 5+9 \qquad \cdot 6+\boxed{}$$

풀이 _____

_____

_____

답 _____

소방관이 불을 끄러 갈 수 있는 길을 찾아요!

재미있게 색칠하며 놀이터를 완성해 보세요

5 규칙 찾기

이 단원에서는

- 규칙을 찾아볼까요
- 규칙을 만들어 볼까요
- 수 배열과 수 배열표에서 규칙을 찾아볼까요
- 규칙을 여러 가지 방법으로 나타내 볼까요

규칙 찾기

● **색이 반복되는 규칙**

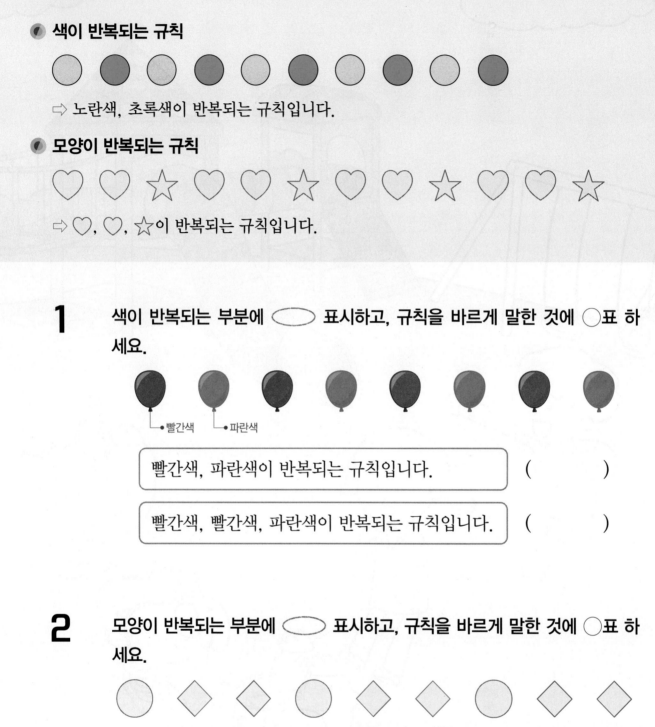

⇨ 노란색, 초록색이 반복되는 규칙입니다.

● **모양이 반복되는 규칙**

♡ ♡ ☆ ♡ ♡ ☆ ♡ ♡ ☆ ♡ ♡ ☆

⇨ ♡, ♡, ☆이 반복되는 규칙입니다.

1 색이 반복되는 부분에 ⬭ 표시하고, 규칙을 바르게 말한 것에 ◯표 하세요.

● 빨간색   ● 파란색

| 빨간색, 파란색이 반복되는 규칙입니다. | (   ) |
| 빨간색, 빨간색, 파란색이 반복되는 규칙입니다. | (   ) |

2 모양이 반복되는 부분에 ⬭ 표시하고, 규칙을 바르게 말한 것에 ◯표 하세요.

| ◯, ◇가 반복되는 규칙입니다. | (   ) |
| ◯, ◇, ◇가 반복되는 규칙입니다. | (   ) |

1 규칙에 따라 알맞게 색칠해 보세요.

(1)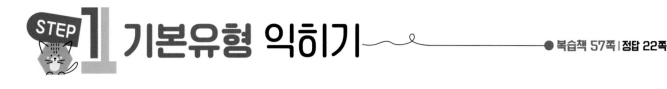

(2)

2 규칙에 따라 빈칸에 알맞은 그림을 그려 보세요.

(1)

(2)

3 규칙을 찾아 ☐ 안에 알맞은 말을 써넣으세요.

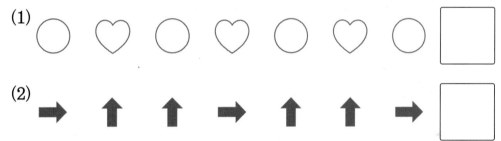

귤   포도

➡ 귤, ☐, ☐ 이/가 반복되는 규칙입니다.

규칙 만들기

🥢 두 가지 색으로 다양한 규칙 만들기

• 파란색, 빨간색이 반복되는 규칙 만들기

• 노란색, 노란색, 보라색이 반복되는 규칙 만들기

🥢 두 가지 물건으로 다양한 규칙 만들기

• 스케치북, 크레파스, 크레파스가 반복되는 규칙 만들기

• 연필, 연필, 지우개, 지우개가 반복되는 규칙 만들기

1 초록색, 파란색이 반복되는 규칙을 만든 것에 ◯표 하세요.

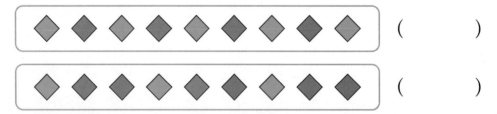

(   )

(   )

2 우유, 우유, 컵이 반복되는 규칙을 만든 것에 ◯표 하세요.

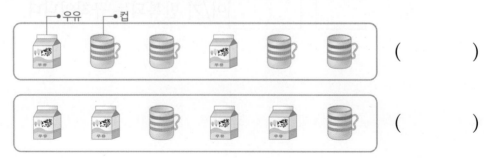

(   )

(   )

1 농구공, 축구공, 축구공이 반복되는 규칙을 바르게 만든 사람에 ◯표 하세요.

<table>
<tr><td>지유</td><td>민규</td></tr>
<tr><td>(　　　)</td><td>(　　　)</td></tr>
</table>

2 티셔츠(👕), 바지(👖), 티셔츠(👕)가 반복되는 규칙으로 물건을 그려 보세요.

3 규칙을 만들어 손가방을 색칠해 보세요.

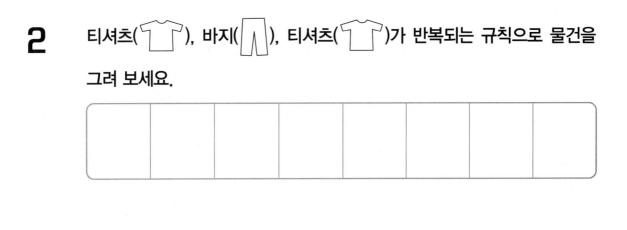

4 바둑돌(◯●)로 규칙을 만들어 그려 보세요.

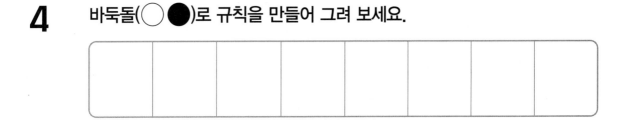

규칙을 만들어 무늬 꾸미기

● **색으로 규칙을 만들어 무늬 꾸미기**

• 노란색, 빨간색이 반복되는 규칙으로 무늬 꾸미기

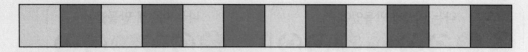

● **모양으로 규칙을 만들어 무늬 꾸미기**

• ◯, ◯, △가 반복되는 규칙으로 무늬 꾸미기

---

1 주황색, 파란색이 반복되는 규칙으로 색칠한 것에 ◯표 하세요.

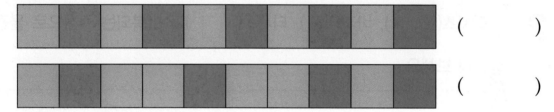

(   )

(   )

2 ☆, ☾, ☾이 반복되는 규칙으로 무늬를 꾸민 것에 ◯표 하세요.

(   )

(   )

1 규칙에 따라 빈칸에 알맞은 색을 칠해 보세요.

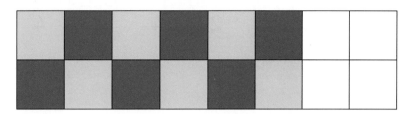

2 ○와 △ 모양으로 규칙을 만들어 깃발을 꾸며 보세요.

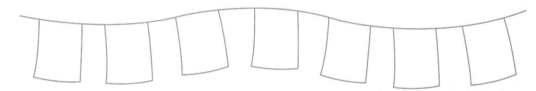

3 빨간색과 파란색으로 규칙을 만들어 색칠해 보세요.

4 규칙을 만들어 무늬를 색칠해 보세요.

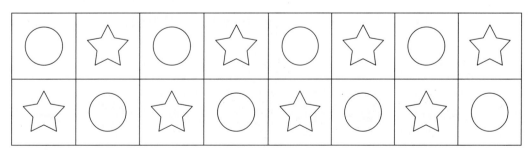

수 배열에서 규칙 찾기

- 수가 반복되는 규칙

| 2 | 4 | 2 | 4 | 2 | 4 | 2 | 4 |

⇨ 2, 4가 반복되는 규칙입니다.

- 수가 커지는 규칙

| 1 | 4 | 7 | 10 | 13 | 16 | 19 | 22 |

⇨ 1부터 시작하여 3씩 커지는 규칙입니다.

- 수가 작아지는 규칙

| 10 | 9 | 8 | 7 | 6 | 5 | 4 | 3 |

⇨ 10부터 시작하여 1씩 작아지는 규칙입니다.

1 수 배열에서 규칙을 찾아 ☐ 안에 알맞은 수를 써넣으세요.

(1)

| 1 | 5 | 1 | 5 | 1 | 5 | 1 | 5 |

⇨ ☐, ☐가 반복되는 규칙입니다.

(2)

⇨ 2부터 시작하여 ☐씩 커지는 규칙입니다.

(3)

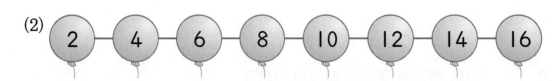

⇨ 20부터 시작하여 ☐씩 작아지는 규칙입니다.

1 규칙에 따라 빈칸에 알맞은 수를 써넣으세요.

(1)

| 3 | 5 | 3 | 5 | | 5 | | 5 |

(2)

| 1 | 4 | 6 | 1 | 4 | 6 | | |

2 규칙에 따라 빈칸에 알맞은 수를 써넣으세요.

(1)

| 1 | 5 | 9 | 13 | | 21 | | 29 |

(2)

| 40 | 35 | 30 | | 20 | 15 | | 5 |

3 규칙을 만들어 빈칸에 알맞은 수를 써넣으세요.

(1)

1   3   5 ○ ○ ○ ○ ○

(2)

33   30   27 ○ ○ ○ ○ ○

개념 5 수 배열표에서 규칙 찾기

1	2	3	4	5	6	7	8	9	10
11	12	13	14	15	16	17	18	19	20
21	22	23	24	25	26	27	28	29	30
31	32	33	34	35	36	37	38	39	40
41	42	43	44	45	46	47	48	49	50

- 에 있는 수는 11부터 시작하여 → 방향으로 1씩 커지는 규칙입니다.
- 에 있는 수는 7부터 시작하여 ↓ 방향으로 10씩 커지는 규칙입니다.

1 수 배열표에서 규칙을 찾아 알맞은 말이나 수에 ◯표 하세요.

41	42	43	44	45	46	47	48	49	50
51	52	53	54	55	56	57	58	59	60
61	62	63	64	65	66	67	68	69	70
71	72	73	74	75	76	77	78	79	80

(1) ⬜에 있는 수는 61부터 시작하여 → 방향으로 1씩 (커지는 , 작아지는) 규칙입니다.

(2) ⬜에 있는 수는 43부터 시작하여 ↓ 방향으로 (1 , 10)씩 커지는 규칙입니다.

2 색칠한 수에 있는 규칙을 찾아 ⬜ 안에 알맞은 수를 써넣으세요.

21	22	23	24	25	26	27	28	29	30
31	32	33	34	35	36	37	38	39	40
41	42	43	44	45	46	47	48	49	50

22부터 시작하여 ⬜씩 커지는 규칙입니다.

1 수 배열표를 보고 물음에 답하세요.

51	52	53	54	55	56	57	58	59	60
61	62	63	64	65	66	67	68	69	70
71	72	73	74	75	76	77	78	79	80
81	82	83	84	85	86				
91	92	93	94	95	96	97	98	99	100

(1) [　] 에 있는 수에는 어떤 규칙이 있는지 ☐ 안에 알맞은 수를 써넣으세요.

☐ 부터 시작하여 → 방향으로 ☐ 씩 커지는 규칙입니다.

(2) [　] 에 있는 수에는 어떤 규칙이 있는지 ☐ 안에 알맞은 수를 써넣으세요.

☐ 부터 시작하여 ↓ 방향으로 ☐ 씩 커지는 규칙입니다.

(3) 규칙에 따라 [　] 에 알맞은 수를 써넣으세요.

2 규칙에 따라 색칠해 보세요.

11	12	13	14	15	16	17	18	19	20
21	22	23	24	25	26	27	28	29	30
31	32	33	34	35	36	37	38	39	40

개념 6 규칙을 여러 가지 방법으로 나타내기

◆ 규칙을 모양으로 나타내기

오징어	게	오징어	게	오징어	게	오징어	게
△	□	△	□	△	□	△	□

◆ 규칙을 수로 나타내기

병아리	토끼	토끼	병아리	토끼	토끼	병아리	토끼	토끼
2	4	4	2	4	4	2	4	4

1 규칙에 따라 빈칸에 △, ○로 나타내 보세요.

표지판	표지판	표지판	표지판	표지판	표지판	표지판	표지판
△	○	△	○	△	○		

2 규칙에 따라 빈칸에 4, 0으로 나타내 보세요.

자동차	자동차	배	자동차	자동차	배	자동차	자동차
4	4	0	4	4	0		

1 규칙에 따라 빈칸에 4, 2로 나타내 보세요.

4	2	4	2	4			

2 규칙에 따라 빈칸에 □, ○로 나타내 보세요.

□	○	□	□	○			

3 규칙에 따라 빈칸에 알맞은 주사위를 그리고 수를 써넣으세요.

2	3	3	2	3	3		

4 규칙에 따라 빈칸에 알맞은 몸동작에 ○표 하세요.

(   )   (   )

1 규칙에 따라 빈칸에 알맞은 모양을 그려 보세요.

2 야구 방망이( ) 와 야구공( )으로 규칙을 만들어 그려 보세요.

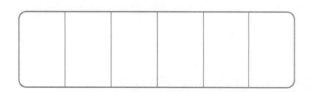

《 수학 익힘 유형 》

3 규칙을 바르게 말한 사람에 ○표 하세요.

색이 파란색, 빨간색, 파란색으로 반복되는 규칙이야.

사용한 모형의 개수가 1개, 1개, 2개로 반복되는 규칙이야.

승우   수지

(   )   (   )

4 리본, 인형, 리본이 반복되는 규칙으로 물건을 놓았습니다. 잘못 놓은 물건에 ✕표 하세요.

리본 인형

5 그림에서 규칙을 찾아 써 보세요.

흰색 주황색

_____

_____

6 수 배열에서 규칙을 찾아 ★에 알맞은 수를 구해 보세요.

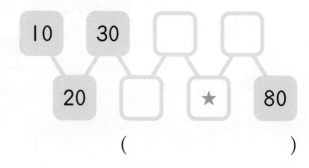

10   30

20   ★   80

(   )

7 규칙을 찾아 여러 가지 방법으로 나타내 보세요.

(수학 유형)

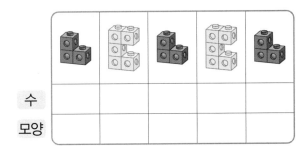

수					
모양					

8 규칙에 따라 무늬를 꾸몄을 때 알맞은 모양이 다른 하나를 찾아 번호를 써 보세요.

(   )

서술형

9 수의 규칙이 어떻게 다른지 설명해 보세요.

답 _____

_____

10 규칙을 찾아 빈칸에 알맞은 수를 써넣고, 색칠한 수에는 어떤 규칙이 있는지 써 보세요.

14	18		26	30
13		21		
12			24	
11	15	19		27

_____

_____

_____

_____

11 오른쪽 수 배열에서 규칙을 두 가지 찾아 써 보세요.

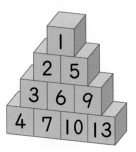

규칙1 _____

_____

규칙2 _____

_____

1 규칙에 따라 **빈칸에 알맞은 모양을** 그려 보세요.

♡ △ ○ ○ ♡ △ ○ ○ ♡ ☐

(1) 규칙을 찾아 써 보세요.

_____

(2) ☐ 안에 알맞은 모양을 그려 보세요.

한번더
2 규칙에 따라 빈칸에 알맞은 모양을 그려 보세요.

☆ ◎ ◎ ▽ ☆ ◎ ◎ ▽ ☆ ☐

3 (보기)와 같은 규칙에 따라 **빈칸에 알맞은 수를** 써넣으세요.

(보기)

23	27	31	40
25	29		

(1) (보기)의 규칙을 찾아 써 보세요.

_____

(2) 빈칸에 알맞은 수를 써넣으세요.

한번더
4 (보기)와 같은 규칙에 따라 빈칸에 알맞은 수를 써넣으세요.

(보기)

35	27	19	72
31	23		

5 수 배열표에서 규칙을 찾아 ★에 **알맞은 수**를 구해 보세요.

33	34	35	36	
38		40		
		45		
				★

(1) 수 배열표에서 규칙을 찾아 써 보세요.

_____

(2) ★에 알맞은 수는 얼마일까요? (   )

한번더

6 수 배열표의 일부분입니다. 규칙을 찾아 ♥에 알맞은 수를 구해 보세요.

53	54	55	56	
59				
65				
				♥

(   )

놀이 수학

7 고양이가 방석을 찾아 가려고 합니다. 규칙 순서대로 길을 따라 선을 그어 보세요.

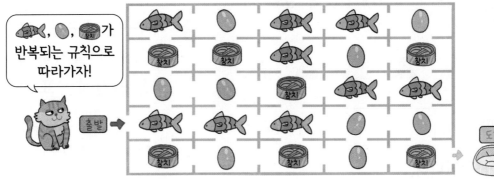

단원 마무리

1 규칙에 따라 빈칸에 알맞은 그림을 그려 보세요.

↓ ↑ ↓ ↑ ↓ ☐

2 사과, 귤, 귤이 반복되는 규칙을 만든 것에 ○표 하세요.

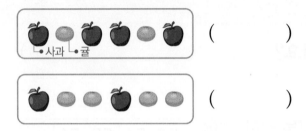

(   )

(   )

3 규칙에 따라 빈칸에 알맞은 몸동작에 ○표 하세요.

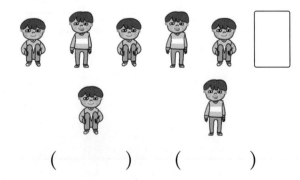

(   ) (   )

● 교과서에 꼭 나오는 문제

4 규칙을 찾아 ☐ 안에 알맞은 말을 써 넣으세요.

⇨ **빨간색,** ☐ **이 반복되는**

규칙입니다.

5 규칙을 만들어 접시를 색칠해 보세요.

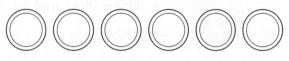

6 규칙을 바르게 말한 사람의 이름을 써 보세요.

노란색   파란색

- 준기: 노란색, 노란색, 파란색이 반복되는 규칙입니다.
- 은유: ○, ☐, ○가 반복되는 규칙입니다.

(   )

7 규칙을 찾아 ☐ 안에 알맞은 수를 써 넣으세요.

| 10 | 15 | 20 | 25 | 30 |

⇨ 10부터 시작하여 ☐ 씩 커지는 규칙입니다.

8 탁구공, 야구공, 야구공이 반복되는 규칙으로 물건을 놓았습니다. <u>잘못</u> 놓은 물건에 ☓표 하세요.

탁구공   야구공

9 규칙에 따라 빈칸에 알맞은 수를 써 넣으세요.

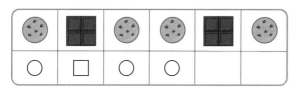

10 규칙에 따라 빈칸에 ○, □로 나타내 보세요.

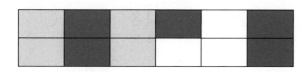

● 교과서에 **꼭** 나오는 문제

11 규칙에 따라 빈칸에 알맞은 색을 칠해 보세요.

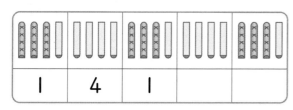

12 규칙에 따라 빈칸에 알맞은 수를 써 넣으세요.

1	4	1		

13 에 있는 수에는 어떤 규칙이 있는지 써 보세요.

71	72	73	74	75	76	77	78	79	80
81	82	83	84	85	86	87	88	89	90
91	92	93	94	95	96	97	98	99	100

_____

_____

● 잘 **틀리는** 문제

14 숟가락과 포크의 규칙을 여러 가지 방법으로 나타내었습니다. 잘못 나타 낸 것에 ✕표 하세요.

| 1 3 1 1 3 1 | (　　　) |

| ○ ○ □ ○ ○ □ | (　　　) |

15 ☆, ◇ 모양으로 규칙을 만들어 무늬를 꾸며 보세요.

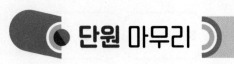

16 규칙에 따라 색칠해 보세요.

1	2	3	4	5	6	7	8	9	10
11	12	13	14	15	16	17	18	19	20
21	22	23	24	25	26	27	28	29	30
31	32	33	34	35	36	37	38	39	40

잘 틀리는 문제

17 규칙에 따라 빈칸에 알맞은 모양을 그려 보세요.

♡ ○ ○ △ ♡ ○ ○ △ ♡ ☐

18 수 배열표의 일부분입니다. 규칙을 찾아 ★에 알맞은 수를 구해 보세요.

14	15	16	17	
21	22			
	29			
				★

(   )

 서술형 문제

19 규칙에 따라 빈칸에 알맞은 모양을 구하려고 합니다. 풀이 과정을 쓰고 답을 구해 보세요.

☆ ○ ○ ★ ○ ○ ☆ ☐

풀이 _____

_____

_____

_____

답 _____

20 규칙에 따라 ㉠에 알맞은 수는 얼마인지 풀이 과정을 쓰고 답을 구해 보세요.

24		18		㉠
	21		15		9

풀이 _____

_____

_____

답 _____

똑같은 모자 2개를 찾아요!

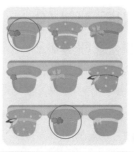

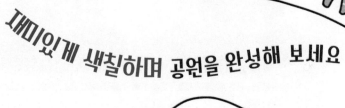

재미있게 색칠하며 공원을 완성해 보세요

6 덧셈과 빼셈(3)

이 단원에서는

- 덧셈을 해 볼까요
- 뺄셈을 해 볼까요

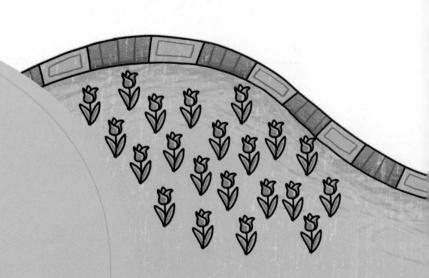

받아올림이 없는 (몇십몇)＋(몇)의 여러 가지 계산 방법

● **22＋5의 계산**

방법 1 이어 세기로 구하기

→ 22＋5＝<u>27</u>
22에서 5를 이어 센 수

방법 2 십 배열판에 더하는 수 5만큼 △를 그려 구하기

└● 십 배열판이 모두 채워지면 10을 나타냅니다.

→ 22＋5＝<u>27</u>
○와 △의 수의 합

방법 3 수 모형으로 구하기

→ 22＋5＝<u>27</u>
십 모형 2개와 일 모형 7개

---

1 13＋6은 얼마인지 여러 가지 방법으로 알아보세요.

(1) 13에서 6을 이어 세어 보세요.

13   14   15   16   ☐   ☐   ☐

(2) 십 배열판에 더하는 수 6만큼 △를 그려 보세요.

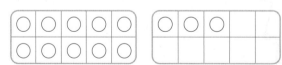

(3) 13＋6은 얼마일까요?

13＋6＝☐

1 그림을 보고 덧셈을 해 보세요.

(1)

$$30+3=\boxed{}$$

(2)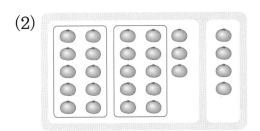

$$23+4=\boxed{}$$

2 덧셈을 해 보세요.

(1) $44+5=\boxed{}$

(2) $80+7=\boxed{}$

3 합을 구하여 선으로 이어 보세요.

$65+2$

$72+6$

66 67 78 79

4 윤영이는 동화책을 어제 11쪽 읽었고, 오늘 8쪽 읽었습니다. 모두 몇 쪽을 읽었을까요?

식 $11+\boxed{}=\boxed{}$

답

개념 2 받아올림이 없는 (몇십)＋(몇십), (몇십몇)＋(몇십몇)

● **22＋31의 계산**

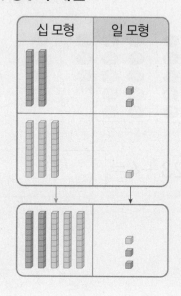

십 모형	일 모형

$$\begin{array}{r} 2\ 2 \\ +\ 3\ 1 \\ \hline \end{array}$$
→
$$\begin{array}{r} 2\ 2 \\ +\ 3\ 1 \\ \hline 5\ 3 \end{array}$$

십 모형의 수끼리,
일 모형의 수끼리
줄을 맞추어 씁니다.

일 모형의 수끼리 더한 수,
십 모형의 수끼리 더한 수를
내려씁니다.

1 수 모형을 보고 14＋12를 어떻게 계산하는지 알아보세요.

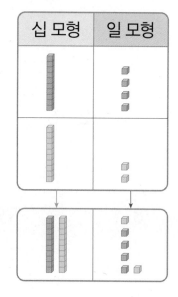

십 모형	일 모형

$$\begin{array}{r} 1\ 4 \\ +\ 1\ 2 \\ \hline \quad \square \end{array}$$
⇨
$$\begin{array}{r} 1\ 4 \\ +\ 1\ 2 \\ \hline \square\ \square \end{array}$$

2 덧셈을 해 보세요.

(1)
$$\begin{array}{r} 2\ 0 \\ +\ 3\ 0 \\ \hline \square\ \square \end{array}$$

(2)
$$\begin{array}{r} 4\ 1 \\ +\ 3\ 3 \\ \hline \square\ \square \end{array}$$

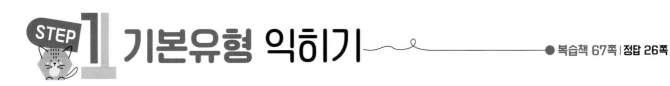
1 그림을 보고 덧셈을 해 보세요.

$35 + 24 = \boxed{}$

2 덧셈을 해 보세요.

(1)
$$\begin{array}{r} 2\ 0 \\ +\ 4\ 0 \\ \hline \end{array}$$

(2)
$$\begin{array}{r} 1\ 1 \\ +\ 5\ 4 \\ \hline \end{array}$$

3 합이 46인 것은 빨간색, 70인 것은 파란색으로 칠해 보세요.

①~② 받아올림이 없는 덧셈

1
$$\begin{array}{r} 2\,5 \\ +\ \ 3 \\ \hline \end{array}$$

2
$$\begin{array}{r} 1\,0 \\ +2\,0 \\ \hline \end{array}$$

3
$$\begin{array}{r} 3\,5 \\ +2\,2 \\ \hline \end{array}$$

4
$$\begin{array}{r} 4\,0 \\ +\ \ 8 \\ \hline \end{array}$$

5
$$\begin{array}{r} 3\,3 \\ +1\,0 \\ \hline \end{array}$$

6
$$\begin{array}{r} 1 \\ +3\,6 \\ \hline \end{array}$$

7
$$\begin{array}{r} 6\,7 \\ +2\,1 \\ \hline \end{array}$$

8
$$\begin{array}{r} 3\,0 \\ +3\,0 \\ \hline \end{array}$$

9
$$\begin{array}{r} 2 \\ +4\,7 \\ \hline \end{array}$$

10
$$\begin{array}{r} 5\,3 \\ +1\,6 \\ \hline \end{array}$$

11
$$\begin{array}{r} 1\,1 \\ +\ \ 5 \\ \hline \end{array}$$

12
$$\begin{array}{r} 5\,0 \\ +4\,0 \\ \hline \end{array}$$

13
```
   4 2
+  5 0
───────
```

14
```
   7 0
+  1 0
───────
```

15
```
   3 5
+    4
───────
```

16
```
   2 2
+    6
───────
```

17
```
   5 3
+  2 1
───────
```

18
```
   3 0
+  5 0
───────
```

19
```
   6 0
+  3 3
───────
```

20
```
   1 4
+  4 2
───────
```

21
```
   2 0
+    9
───────
```

22
```
   7 4
+    3
───────
```

23
```
   2 0
+  7 0
───────
```

24
```
   4 8
+  3 1
───────
```

수학 익힘 유형

1 덧셈을 해 보세요.

(1) $34+2=$ ☐

(2) $5+63=$ ☐

2 합이 같은 것끼리 선으로 이어 보세요.

53+4		38+21

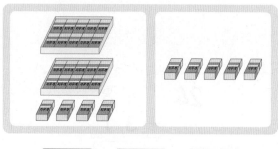

23+33	50+9	42+15

3 지우개가 모두 몇 개인지 구하려고 합니다. ☐ 안에 알맞은 수를 써넣으세요.

☐ + ☐ = ☐

4 구슬은 모두 몇 개인지 바르게 계산한 것에 ○표 하세요.

$$\begin{array}{r} 1\,1 \\ +\ \ 6 \\ \hline 7\,1 \end{array}$$ $$\begin{array}{r} 1\,1 \\ +\ \ 6 \\ \hline 1\,7 \end{array}$$

(   )   (   )

서술형

5 여자 34명, 남자 15명이 박물관에 갔습니다. 박물관에 간 사람은 모두 몇 명인지 풀이 과정을 쓰고 답을 구해 보세요.

❶ 문제에 알맞은 식 만들기

풀이 _____

_____

❷ 박물관에 간 사람의 수 구하기

풀이 _____

_____

답 _____

6 계산 결과의 크기를 비교하여 ◯ 안에 >, =, <를 알맞게 써넣으세요.

$$62+6 \bigcirc 50+20$$

7 합이 큰 것부터 순서대로 글자를 써 보세요.

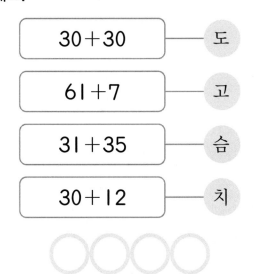

30+30	도
61+7	고
31+35	습
30+12	치

◯ ◯ ◯ ◯

8 가장 큰 수와 가장 작은 수의 합은 얼마일까요?

| 27 | 5 | 42 |

( )

(9~10) 두 가지 색의 공을 골라 더하려고 합니다. 물음에 답하세요.

| 노란색 공 | 파란색 공 | 빨간색 공 |
| 12개 | 23개 | 16개 |

9 노란색 공과 파란색 공은 모두 몇 개일까요?

( )

10 노란색 공과 빨간색 공은 모두 몇 개일까요?

( )

〈 수학 익힘 유형 〉

11 같은 모양에 적힌 수의 합을 구해 보세요.

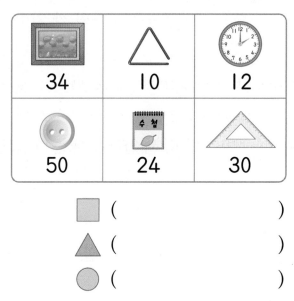

| 34 | 10 | 12 |
| 50 | 24 | 30 |

▢ ( )

△ ( )

◯ ( )

개념 3 받아내림이 없는 (몇십몇)−(몇)의 여러 가지 계산 방법

● 23−2의 계산

방법1 비교하여 구하기

→ 23−2=21
짝 지어지지 않은
●의 수

방법2 십 배열판에 빼는 수 2만큼 ╱을 그려 구하기

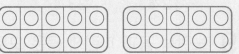

→ 23−2=21
남은 ○의 수

방법3 수 모형으로 구하기

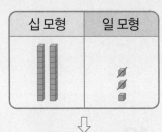

십 모형	일 모형

⇩

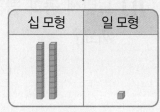

십 모형	일 모형

→ 23−2=21
십 모형 2개와
일 모형 1개

---

1 28−4는 얼마인지 여러 가지 방법으로 알아보세요.

(1) 구슬을 하나씩 짝 지어 보세요.

(2) 십 배열판에 빼는 수 4만큼 ╱을 그려 보세요.

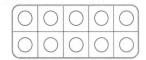 

(3) 28−4는 얼마일까요?

$$28-4=\boxed{}$$

1 그림을 보고 뺄셈을 해 보세요.

$$15-3=\boxed{}$$

2 뺄셈을 해 보세요.

(1) $19-8=\boxed{}$

(2) $56-1=\boxed{}$

3 차를 구하여 선으로 이어 보세요.

47−5		64−2

42	43	61	62

4 사과가 38개, 귤이 7개 있습니다. 사과는 귤보다 몇 개 더 많을까요?

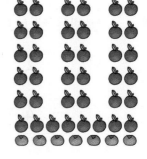

식 $38-\boxed{}=\boxed{}$

답 _____

개념 4 받아내림이 없는 (몇십)-(몇십), (몇십몇)-(몇십몇)

● 48-23의 계산

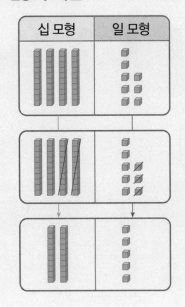

$$\begin{array}{r} 4\ 8 \\ -\ 2\ 3 \\ \hline \end{array}$$ → $$\begin{array}{r} 4\ 8 \\ -\ 2\ 3 \\ \hline 2\ 5 \end{array}$$

십 모형의 수끼리,
일 모형의 수끼리
줄을 맞추어 씁니다.

일 모형의 수끼리 뺀 수,
십 모형의 수끼리 뺀 수를
내려씁니다.

1 수 모형을 보고 27-11을 어떻게 계산하는지 알아보세요.

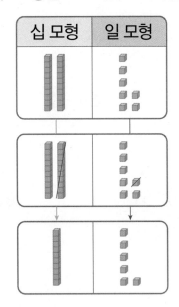

$$\begin{array}{r} 2\ 7 \\ -\ 1\ 1 \\ \hline \ \square \end{array}$$ ⇨ $$\begin{array}{r} 2\ 7 \\ -\ 1\ 1 \\ \hline \square\ \square \end{array}$$

2 뺄셈을 해 보세요.

(1) $$\begin{array}{r} 6\ 0 \\ -\ 4\ 0 \\ \hline \square\ \square \end{array}$$

(2) $$\begin{array}{r} 4\ 6 \\ -\ 1\ 5 \\ \hline \square\ \square \end{array}$$

STEP 1 기본유형 익히기

1 남은 단추가 몇 개인지 뺄셈을 해 보세요.

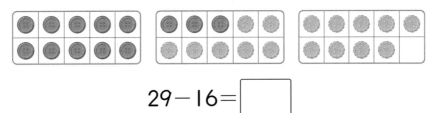

$$29-16=\boxed{}$$

2 뺄셈을 해 보세요.

(1)
```
   5 0
 - 3 0
```

(2)
```
   7 8
 - 2 2
```

3 차가 30인 것은 빨간색, 45인 것은 파란색으로 칠해 보세요.

70 − 40

65 − 20

59 − 12

88 − 43

60 − 30

개념 5 덧셈과 뺄셈하기

모두 **몇 개**인지 구하려면 **덧셈식**으로 나타내고,
차이, 남는 것을 구하려면 **뺄셈식**으로 나타냅니다.

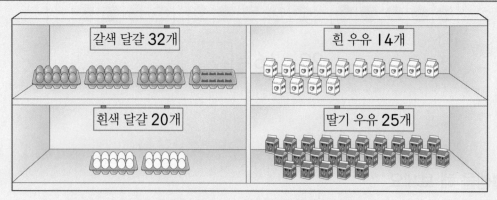

• 갈색 달걀과 흰색 달걀은 모두 몇 개인지 구하는 덧셈식
  → 32+20=52

• 딸기 우유는 흰 우유보다 몇 개 더 많은지 구하는 뺄셈식
  → 25-14=11

1 그림을 보고 덧셈식과 뺄셈식으로 나타내 보세요.

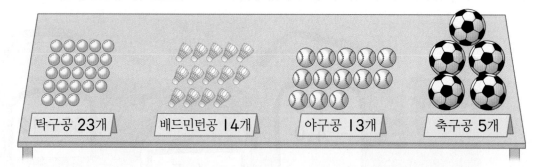

(1) 탁구공과 축구공은 모두 몇 개인지 덧셈식으로 나타내 보세요.

$$23+\boxed{}=\boxed{}$$

(2) 배드민턴공은 야구공보다 몇 개 더 많은지 뺄셈식으로 나타내 보세요.

$$14-\boxed{}=\boxed{}$$

1 덧셈과 뺄셈을 해 보세요.

(1)
$14+10=$ ☐
$14+20=$ ☐
$14+30=$ ☐
$14+40=$ ☐

(2)
$23+45=$ ☐
$45+23=$ ☐
$31+36=$ ☐
$36+31=$ ☐

(3)
$52-10=$ ☐
$52-20=$ ☐
$52-30=$ ☐

(4)
$67-11=$ ☐
$67-12=$ ☐
$67-13=$ ☐

(2~3) 그림을 보고 덧셈식과 뺄셈식으로 나타내 보세요.

딸기 맛 사탕   포도 맛 사탕   귤 맛 사탕   배 맛 사탕

2 딸기 맛 사탕과 귤 맛 사탕은 모두 몇 개인지 덧셈식으로 나타내 보세요.

☐ $+$ ☐ $=$ ☐

3 포도 맛 사탕은 배 맛 사탕보다 몇 개 더 많은지 뺄셈식으로 나타내 보세요.

☐ $-$ ☐ $=$ ☐

1
```
   2 4
 −   2
```

2
```
   5 0
 − 1 0
```

3
```
   3 4
 − 1 1
```

4
```
   3 5
 − 1 0
```

5
```
   3 9
 −   6
```

6
```
   7 0
 − 5 0
```

7
```
   9 0
 − 8 0
```

8
```
   6 8
 − 5 2
```

9
```
   2 7
 −   4
```

10
```
   4 4
 −   3
```

11
```
   5 6
 − 3 2
```

12
```
   6 0
 − 1 0
```

● 정답 28쪽

13
$$\begin{array}{r} 8\ 0 \\ -\ 4\ 0 \\ \hline \end{array}$$

14
$$\begin{array}{r} 1\ 8 \\ -\ \ \ 7 \\ \hline \end{array}$$

15
$$\begin{array}{r} 3\ 7 \\ -\ 2\ 3 \\ \hline \end{array}$$

16
$$\begin{array}{r} 6\ 2 \\ -\ 3\ 2 \\ \hline \end{array}$$

17
$$\begin{array}{r} 8\ 1 \\ -\ 2\ 0 \\ \hline \end{array}$$

18
$$\begin{array}{r} 3\ 6 \\ -\ \ \ 4 \\ \hline \end{array}$$

19
$$\begin{array}{r} 8\ 5 \\ -\ \ \ 3 \\ \hline \end{array}$$

20
$$\begin{array}{r} 4\ 7 \\ -\ 1\ 2 \\ \hline \end{array}$$

21
$$\begin{array}{r} 8\ 0 \\ -\ 3\ 0 \\ \hline \end{array}$$

22
$$\begin{array}{r} 9\ 0 \\ -\ 4\ 0 \\ \hline \end{array}$$

23
$$\begin{array}{r} 7\ 8 \\ -\ \ \ 5 \\ \hline \end{array}$$

24
$$\begin{array}{r} 9\ 5 \\ -\ 7\ 4 \\ \hline \end{array}$$

STEP 2 실전유형 다지기

1 뺄셈을 해 보세요.

(1) $28 - 3 = \boxed{}$

(2) $33 - 20 = \boxed{}$

2 차가 같은 것을 모두 찾아 색칠해 보세요.

3 남은 달걀이 몇 개인지 구하려고 합니다. ☐ 안에 알맞은 수를 써넣으세요.

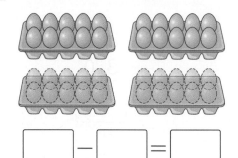

$$\boxed{} - \boxed{} = \boxed{}$$

4 그림을 보고 빈칸에 알맞은 수를 써넣으세요.

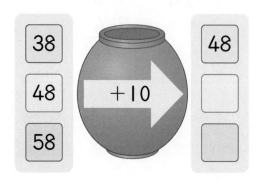

(수학 익힘 유형)

5 노란색 책은 초록색 책보다 몇 권 더 많은지 바르게 계산한 것에 ◯표 하세요.

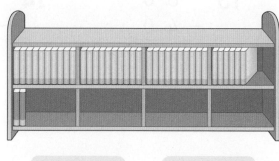

$$\begin{array}{r} 3\ 6 \\ -\ \ \ 2 \\ \hline 3\ 4 \end{array} \qquad \begin{array}{r} 3\ 6 \\ -\ \ \ 2 \\ \hline 1\ 6 \end{array}$$

(　　　)　　　(　　　)

서술형

6 고등어가 27마리, 갈치가 10마리 있습니다. 고등어가 갈치보다 몇 마리 더 많은지 풀이 과정을 쓰고 답을 구해 보세요.

❶ 문제에 알맞은 식 만들기

풀이 _____

_____

❷ 고등어가 갈치보다 몇 마리 더 많은지 구하기

풀이 _____

_____

답 _____

7 계산 결과의 크기를 비교하여 ◯ 안에
>, =, <를 알맞게 써넣으세요.

$$57 - 3 \bigcirc 70 - 30$$

8 수지가 말하는 수를 구해 보세요.

내 수는 **39**보다
14만큼 더 작은 수야.

수지

(   )

(9~10) 그림을 보고 덧셈식과 뺄셈식으로 나
타내 보세요.

국화	13 송이
장미	20 송이
튤립	15 송이
백합	4 송이

9 국화와 장미는 모두 몇 송이인지 덧셈식
으로 나타내 보세요.

☐ + ☐ = ☐

10 튤립은 백합보다 몇 송이 더 많은지 뺄
셈식으로 나타내 보세요.

☐ - ☐ = ☐

11 두 바구니에서 수를 하나씩 골라 식을
써 보세요.

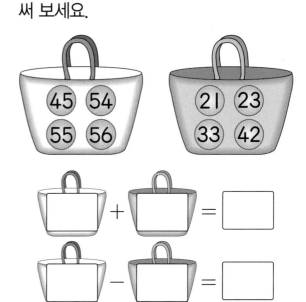

☐ + ☐ = ☐

☐ - ☐ = ☐

12 규칙에 따라 빈칸을 채우고 ㉡ - ㉠을
구해 보세요.

11	12	13	14	
21	22	㉠	24	25
31		33		㉡

㉡ - ㉠ = ☐

1 승우와 은희가 **말하는 수의 합**을 구해 보세요.

 내 수는 33보다
1만큼 더 작은 수야.

승우

내 수는 10개씩 묶음
1개와 낱개 5개야.

은희

(1) 승우와 은희가 말하는 수는 각각 얼마일까요?

승우 (   ), 은희 (   )

(2) 승우와 은희가 말하는 수의 합은 얼마일까요?

(   )

한번더
2 재이와 현지가 말하는 수의 차를 구해 보세요.

> • 재이: 내 수는 10개씩 묶음 2개와 낱개 4개야.
> • 현지: 내 수는 37보다 1만큼 더 큰 수야.

(   )

3 토마토를 지수는 27개 땄고, 영철이는 지수보다 15개 더 적게 땄습니다.
지수와 영철이가 딴 토마토는 모두 몇 개인지 구해 보세요.

(1) 영철이가 딴 토마토는 몇 개일까요? (   )

(2) 지수와 영철이가 딴 토마토는 모두 몇 개일까요?

(   )

한번더
4 구슬을 준재는 34개 모았고, 연희는 준재보다 3개 더 적게 모았습니다.
준재와 연희가 모은 구슬은 모두 몇 개인지 구해 보세요.

(   )

5 수 카드 3장 중에서 2장을 뽑아 한 번씩만 사용하여 만든 **가장 큰 수와 남은 한 수의 차**는 얼마인지 구해 보세요.

(1) 알맞은 말에 ○표 하세요.

> 가장 큰 수를 만들려면
> 10개씩 묶음의 수에 (가장 큰 수 , 가장 작은 수)를 놓고,
> 낱개의 수에 (가장 큰 수 , 두 번째로 큰 수)를 놓아야 합니다.

(2) 가장 큰 수와 남은 한 수의 차는 얼마일까요?

(   )

한 번 더
6 수 카드 3장 중에서 2장을 뽑아 한 번씩만 사용하여 만든 가장 큰 수와 남은 한 수의 합은 얼마인지 구해 보세요.

(   )

놀이 수학 (수학 유형)

7 바르게 계산한 식을 찾아 연을 색칠해 보세요.

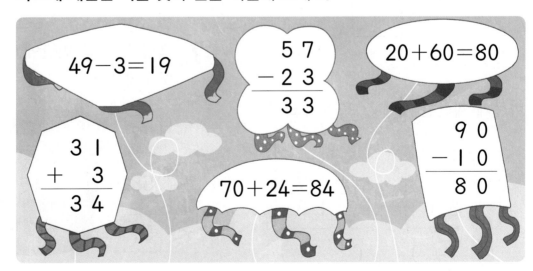

1 그림을 보고 덧셈을 해 보세요.

$$33+6=\boxed{}$$

2 그림을 보고 뺄셈을 해 보세요.

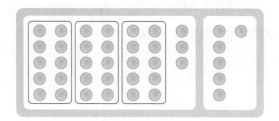

$$46-\boxed{}=\boxed{}$$

● 교과서에 꼭 나오는 문제

3 뺄셈을 해 보세요.

$$\begin{array}{r} 8\ 7 \\ -\ 2\ 0 \\ \hline \boxed{} \end{array}$$

4 바르게 계산한 것에 ○표 하세요.

$$\begin{array}{r} 1\ 1 \\ +\ 7 \\ \hline 8\ 1 \end{array}$$ $$\begin{array}{r} 1\ 1 \\ +\ \ 7 \\ \hline 1\ 8 \end{array}$$

(   )   (   )

5 합과 차가 같은 것끼리 선으로 이어 보세요.

20+4 ·	· 90−20
31+26 ·	· 27−3
40+30 ·	· 79−22

6 덧셈을 해 보세요.

$$16+43=\boxed{}$$

$$43+16=\boxed{}$$

$$35+52=\boxed{}$$

$$52+35=\boxed{}$$

7 그림을 보고 빈칸에 알맞은 수를 써넣으세요.

59   58   57   −15 →   44

8 계산 결과의 크기를 비교하여 ◯ 안에 >, =, <를 알맞게 써넣으세요.

$$50+10 \bigcirc 68-7$$

9 준호가 말하는 수를 구해 보세요.

내 수는 16보다 30만큼 더 큰 수야.

준호

( )

(10~11) 닭이 닭장 안에는 14마리, 닭장 밖에는 3마리 있습니다. 그림을 보고 물음에 답하세요.

10 닭은 모두 몇 마리일까요?

▢ + ▢ = ▢

11 닭장 안에 있는 닭은 닭장 밖에 있는 닭보다 몇 마리 더 많을까요?

▢ − ▢ = ▢

12 가장 큰 수와 가장 작은 수의 차는 얼마일까요?

| 20 | 65 | 70 |

( )

13 놀이터에 학생 21명이 있었는데 학생 16명이 놀이터로 더 왔습니다. 놀이터에 있는 학생은 모두 몇 명일까요?

( )

● 교과서에 **꼭** 나오는 문제

14 과일 가게에 사과가 56개 있었는데 그 중 24개를 팔았습니다. 과일 가게에 남은 사과는 몇 개일까요?

( )

● 잘 **틀리는 문제**

15 계산 결과가 가장 큰 것에 ◯표, 가장 작은 것에 △표 하세요.

| 80−20 | 34+23 | 20+20 |

( ) ( ) ( )

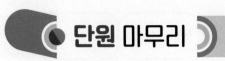
● 잘 틀리는 문제

16 수 카드 2장을 골라 식을 써 보세요.

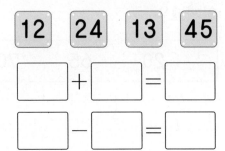

| 12 | 24 | 13 | 45 |

☐ + ☐ = ☐

☐ − ☐ = ☐

17 규칙에 따라 빈칸을 채우고 ㉡−㉠을 구해 보세요.

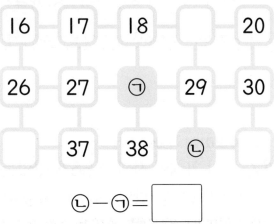

16	17	18		20
26	27	㉠	29	30
	37	38	㉡	

㉡−㉠= ☐

18 붙임딱지를 주연이는 29장 모았고, 희수는 주연이보다 9장 더 적게 모았습니다. 주연이와 희수가 모은 붙임딱지는 모두 몇 장일까요?

( )

● 서술형 문제

19 아버지는 감자를 42개 캤고, 현우는 7개 캤습니다. 아버지와 현우가 캔 감자는 모두 몇 개인지 풀이 과정을 쓰고 답을 구해 보세요.

풀이

답

20 과자가 86개, 사탕이 34개 있습니다. 과자는 사탕보다 몇 개 더 많은지 풀이 과정을 쓰고 답을 구해 보세요.

풀이

답

개념+유형

정답과 풀이

초등 수학

1·2

1. 100까지의 수

| 개념책 8쪽 | 개념❶ |

1 80

2 70 / 칠십

2 10개씩 묶음 7개 ⇨ 70(칠십 또는 일흔)

| 개념책 9쪽 | 기본유형 익히기 |

1 6, 0 / 60

2 예
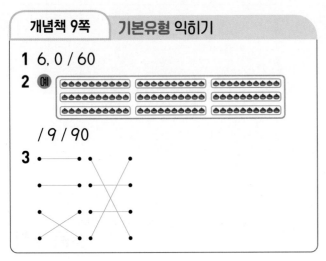
/ 9 / 90

3

1 10개씩 묶음 6개와 낱개 0이므로 수로 나타내면 60입니다.

2 10개씩 묶어 보면 10개씩 묶음 9개이므로 수로 나타내면 90입니다.

3 •60(육십 또는 예순)
•70(칠십 또는 일흔)
•80(팔십 또는 여든)
•90(구십 또는 아흔)

| 개념책 10쪽 | 개념❷ |

1 65

2 97 / 구십칠

2 10개씩 묶음 9개와 낱개 7개
⇨ 97(구십칠 또는 아흔일곱)

| 개념책 11쪽 | 기본유형 익히기 |

1 5, 3 / 53

2 예
/ 7, 2 / 72

3

1 10개씩 묶음 5개와 낱개 3개이므로 수로 나타내면 53입니다.

2 10개씩 묶어 보면 10개씩 묶음 7개와 낱개 2개이므로 수로 나타내면 72입니다.

3 •75(칠십오 또는 일흔다섯)
•61(육십일 또는 예순하나)
•98(구십팔 또는 아흔여덟)
•89(팔십구 또는 여든아홉)

| 개념책 12쪽 | 개념❸ |

1 (1) 56, 62, 75, 78, 83, 84, 85
(2) 83, 85

1 (2) 84보다 1만큼 더 작은 수는 84 바로 앞의 수인 83이고, 84보다 1만큼 더 큰 수는 84 바로 뒤의 수인 85입니다.

개념책 13쪽　기본유형 익히기

1 54, 56

2 (1) 62, 65 　(2) 98, 100

3
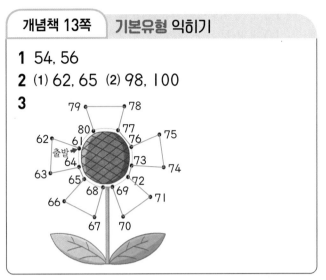

1 55보다 1만큼 더 작은 수는 55 바로 앞의 수인 54이고, 55보다 1만큼 더 큰 수는 55 바로 뒤의 수인 56입니다.

2 (1) 61보다 1만큼 더 큰 수는 62이고, 64보다 1만큼 더 큰 수는 65입니다.
　(2) 99보다 1만큼 더 작은 수는 98이고, 99보다 1만큼 더 큰 수는 100입니다.

3 61부터 80까지의 수를 순서대로 이어 그림을 완성합니다.

개념책 16~17쪽　실전유형 다지기

✎ 서술형 문제는 풀이를 꼭 확인하세요.

1 (1) 6　(2) 9　　　　**2** 윤아

3 7, 8 / 78

4
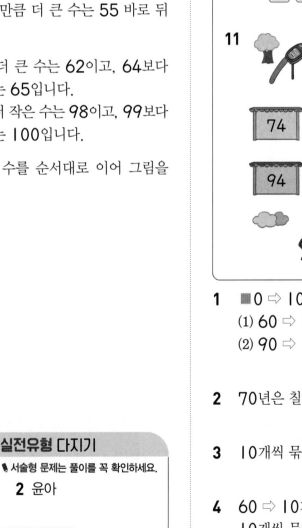

5 8개

6
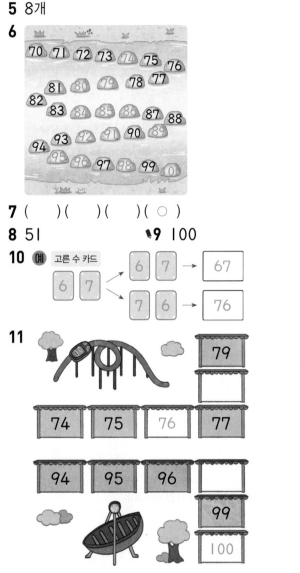

7 (　) (　) (　) (○)

8 51　　　　　　　**9** 100

10 예

11

1 ■0 ⇨ 10개씩 묶음 ■개
　(1) 60 ⇨ 10개씩 묶음 6개
　(2) 90 ⇨ 10개씩 묶음 9개

2 70년은 칠십 년으로 읽습니다.

3 10개씩 묶음 7개와 낱개 8개 ⇨ 78

4 60 ⇨ 10개씩 묶음 6개
10개씩 묶어 세면 10개씩 묶음 5개이므로 ●를 10개 더 그려야 합니다.

5 노란색 공은 10개씩 묶음 8개이므로 상자는 8개 필요합니다.

6 70부터 100까지의 수를 순서대로 씁니다.

7 62(육십이 또는 예순둘)

8 낱개 11개는 10개씩 묶음 1개와 낱개 1개입니다.
10개씩 묶음 5개와 낱개 1개 ⇨ 51

9 ❶ 예 10개씩 묶음 9개와 낱개 9개는 99입니다.
❷ 예 99보다 1만큼 더 큰 수는 100입니다.
따라서 나타내는 수보다 1만큼 더 큰 수는 100입니다.

10 고른 수 카드 2장이 6, 7이면 만들 수 있는 두 수는 67, 76입니다.

11 • 74 – 75 – 76 – 77 – 78 – 79
• 95 – 96 – 97 – 98 – 99 – 100

개념책 18쪽 | 개념 ❹

1 < (1) 작습니다 (2) 큽니다
2 > (1) 큽니다 (2) 작습니다

---

1 10개씩 묶음의 수를 비교하면 6 < 8입니다.
⇨ 62 < 81

2 10개씩 묶음의 수가 7로 같으므로 낱개의 수를 비교하면 5 > 3입니다.
⇨ 75 > 73

개념책 19쪽 | 기본유형 익히기

1 < / 54, 62 / 62, 54
2 <
3 (1) > (2) > (3) > (4) <
4 87에 ○표, 67에 △표

---

1 • 10개씩 묶음 5개와 낱개 4개 ⇨ 54
• 10개씩 묶음 6개와 낱개 2개 ⇨ 62
10개씩 묶음의 수를 비교하면 5 < 6입니다.
⇨ 54 < 62

2 수 배열에서 오른쪽에 있는 수가 더 큽니다.
⇨ 68 < 71

3 (1) 10개씩 묶음의 수를 비교하면 9 > 8입니다.
⇨ 90 > 80
(2) 10개씩 묶음의 수를 비교하면 8 > 7입니다.
⇨ 86 > 79
(3) 10개씩 묶음의 수가 7로 같으므로 낱개의 수를 비교하면 8 > 4입니다. ⇨ 78 > 74
(4) 10개씩 묶음의 수가 8로 같으므로 낱개의 수를 비교하면 5 < 7입니다. ⇨ 85 < 87

4 10개씩 묶음의 수를 비교하면 8이 가장 크고, 6이 가장 작습니다.
⇨ 87이 가장 큰 수이고, 67이 가장 작은 수입니다.

개념책 20쪽 | 개념 ❺

1 (1) 예 ⬜ / 홀수
(2) 예 ⬜ / 짝수

2

1	2	3	4	5	6	7	8	9	10
11	12	13	14	15	16	17	18	19	20

---

1 (1) 복숭아 5개는 둘씩 짝을 지을 때 남는 것이 있으므로 5는 홀수입니다.
(2) 자두 8개는 둘씩 짝을 지을 때 남는 것이 없으므로 8은 짝수입니다.

2 짝수는 낱개의 수가 0, 2, 4, 6, 8인 수이고, 홀수는 낱개의 수가 1, 3, 5, 7, 9인 수입니다.

1 (1) 14, 짝수 (2) 15, 홀수
2 (1) 7 (2) 13
3

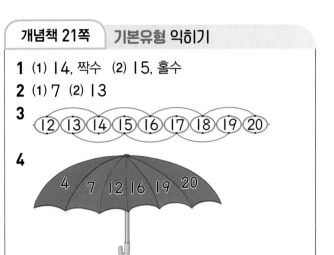

4

✎ 서술형 문제는 풀이를 꼭 확인하세요.

1

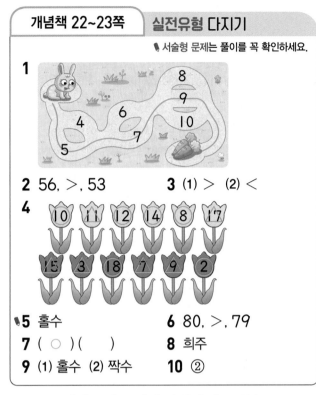

2 56, >, 53
3 (1) > (2) <
4

5 홀수
6 80, >, 79
7 (○)( )
8 희주
9 (1) 홀수 (2) 짝수
10 ②

---

1 (1)

당근 14개는 둘씩 짝을 지을 때 남는 것이 없으므로 14는 짝수입니다.

(2)

오이 15개는 둘씩 짝을 지을 때 남는 것이 있으므로 15는 홀수입니다.

참고 10개씩 묶음은 짝수이기 때문에 낱개의 수로 짝수와 홀수를 구별하면 된다는 것을 학생 스스로 발견할 수 있도록 도움을 줍니다.

2 홀수는 낱개의 수가 1, 3, 5, 7, 9인 수입니다.

3 짝수는 낱개의 수가 0, 2, 4, 6, 8인 수이고, 홀수는 낱개의 수가 1, 3, 5, 7, 9인 수입니다.

참고 짝수와 홀수는 각각 2씩 뛰어 셀 수 있습니다.

4 짝수는 낱개의 수가 0, 2, 4, 6, 8인 수이고, 홀수는 낱개의 수가 1, 3, 5, 7, 9인 수입니다. 따라서 짝수는 4, 12, 16, 20이고 홀수는 7, 19입니다.

2 • 10개씩 묶음 5개와 낱개 6개 ⇨ 56
   • 10개씩 묶음 5개와 낱개 3개 ⇨ 53
   10개씩 묶음의 수가 5로 같으므로 낱개의 수를 비교하면 6>3입니다. ⇨ 56>53

3 (1) 91 > 82 (2) 67 < 69
       9 > 8   7 < 9

4 • 짝수는 낱개의 수가 0, 2, 4, 6, 8인 수이므로 2, 8, 10, 12, 14, 18입니다.
   • 홀수는 낱개의 수가 1, 3, 5, 7, 9인 수이므로 3, 7, 9, 11, 15, 17입니다.

5 ❶ 예 사과를 둘씩 짝을 지을 때 남는 것이 있습니다.
   ❷ 예 사과의 수는 홀수입니다.

6 • 81보다 1만큼 더 작은 수는 80입니다.
   • 78보다 1만큼 더 큰 수는 79입니다.
   ⇨ 80 > 79
         8 > 7

7 홀수는 낱개의 수가 1, 3, 5, 7, 9인 수입니다.
   • 왼쪽 상자: 1, 5, 17은 모두 홀수입니다.
   • 오른쪽 상자: 16, 8, 20은 모두 짝수입니다.
   따라서 홀수만 모여 있는 상자는 왼쪽 상자입니다.

8 10개씩 묶음의 수가 8로 같으므로 낱개의 수를 비교하면 7이 가장 큽니다.

⇨ 87이 가장 큽니다.

따라서 줄넘기를 가장 많이 넘은 사람은 희주입니다.

9 (1) 친구가 전학을 오기 전에는 한 명만 짝이 없었으므로 홀수입니다.

(2) 친구가 전학을 온 후에는 모든 학생이 짝이 있으므로 짝수입니다.

10 61 > 52, 61 < 66, 61 < 70

    ⌣6>5   ⌣1<6   ⌣6<7

따라서 61은 52보다 크고 66보다 작으므로 ②에 놓아야 합니다.

개념책 24~25쪽	응용유형 다잡기

1 (1) 8, 9 (2) 2개   **2** 4개
3 (1) 가장 큰 수, 두 번째로 큰 수
   (2) 87
4 56
5 (1) 50, 51, 52 (2) 51
6 78
7 놀이터

1 (1) 67과 6☐는 10개씩 묶음의 수가 6으로 같으므로 낱개의 수를 비교하면 7 < ☐입니다.

따라서 ☐ 안에 들어갈 수 있는 수는 7보다 큰 8, 9입니다.

(2) ☐ 안에 들어갈 수 있는 수는 8, 9로 모두 2개입니다.

2 7☐와 74는 10개씩 묶음의 수가 7로 같으므로 낱개의 수를 비교하면 ☐ < 4입니다.

따라서 ☐ 안에 들어갈 수 있는 수는 4보다 작은 0, 1, 2, 3으로 모두 4개입니다.

3 (2) 4, 7, 8을 큰 수부터 순서대로 쓰면 8, 7, 4입니다.

따라서 10개씩 묶음의 수에 가장 큰 수인 8을, 낱개의 수에 두 번째로 큰 수인 7을 놓으면 87입니다.

4 비법

> 가장 작은 수를 만들려면 10개씩 묶음의 수에 가장 작은 수를, 낱개의 수에 두 번째로 작은 수를 놓아야 합니다.

9, 6, 5를 작은 수부터 순서대로 쓰면 5, 6, 9입니다.

따라서 10개씩 묶음의 수에 가장 작은 수인 5를, 낱개의 수에 두 번째로 작은 수인 6을 놓으면 56입니다.

5 (1) 10개씩 묶음이 5개인 수는 50, 51, 52, 53, 54, 55, 56, 57, 58, 59이고 이 중에서 53보다 작은 수는 50, 51, 52입니다.

(2) 50, 51, 52 중에서 홀수는 51이므로 설명하는 수는 51입니다.

6 10개씩 묶음이 7개인 수는 70, 71, 72, 73, 74, 75, 76, 77, 78, 79이고 이 중에서 77보다 큰 수는 78, 79입니다.

따라서 78, 79 중에서 짝수는 78이므로 설명하는 수는 78입니다.

7 67 > 63, 89 < 91

    ⌣7>3   ⌣8<9

따라서 민서가 도착한 장소는 놀이터입니다.

단원 마무리

🖋 서술형 문제는 풀이를 꼭 확인하세요.

1 8 / 80
2 5, 4 / 54
3 1
4 예순
5 아흔
6 홀수
7
8 18
9 64, 65
10 >

11
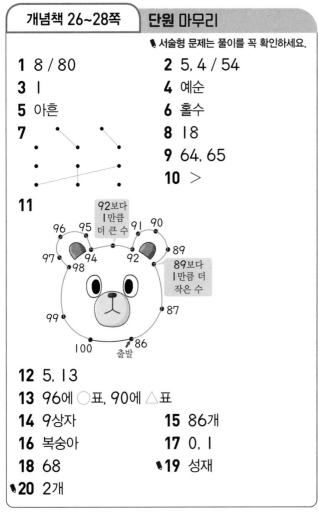

12 5, 13
13 96에 ○표, 90에 △표
14 9상자
15 86개
16 복숭아
17 0, 1
18 68
🖋**19** 성재
🖋**20** 2개

6 귤 9개는 둘씩 짝을 지을 때 남는 것이 있으므로 9는 홀수입니다.

7 • 93(구십삼 또는 아흔셋)
• 85(팔십오 또는 여든다섯)

8 짝수는 날개의 수가 0, 2, 4, 6, 8인 수입니다.
따라서 짝수는 18입니다.

9 63보다 1만큼 더 큰 수는 64이고,
66보다 1만큼 더 작은 수는 65입니다.

10 59 > 52
9 > 2

11 89보다 1만큼 더 작은 수는 88이고, 92보다 1만큼 더 큰 수는 93입니다.
86부터 100까지의 수를 순서대로 이어 그림을 완성합니다.

12 홀수는 날개의 수가 1, 3, 5, 7, 9인 수입니다.
따라서 홀수는 5, 13입니다.

13 10개씩 묶음의 수가 9로 같으므로 날개의 수를 비교하면 6이 가장 크고, 0이 가장 작습니다.
⇨ 96이 가장 큰 수이고, 90이 가장 작은 수입니다.

14 90은 10개씩 묶음 9개이므로 9상자를 사야 합니다.

15 날개 16개는 10개씩 묶음 1개와 날개 6개입니다.
따라서 초콜릿은 10개씩 묶음 8개와 날개 6개 있으므로 모두 86개 있습니다.

16 10개씩 묶음의 수가 7로 같으므로 날개의 수를 비교하면 0이 가장 작습니다.
⇨ 70이 가장 작습니다.
따라서 가장 적은 과일은 복숭아입니다.

17 8□와 82는 10개씩 묶음의 수가 8로 같으므로 날개의 수를 비교하면 □<2입니다.
따라서 □ 안에 들어갈 수 있는 수는 2보다 작은 0, 1입니다.

18 10개씩 묶음이 6개인 수는 60, 61, 62, 63, 64, 65, 66, 67, 68, 69이고 이 중에서 66보다 큰 수는 67, 68, 69입니다.
따라서 67, 68, 69 중에서 짝수는 68이므로 설명하는 수는 68입니다.

🖋**19** 예 74와 69의 10개씩 묶음의 수를 비교하면 7>6이므로 74>69입니다.」❶
따라서 색종이를 더 많이 가지고 있는 사람은 성재입니다.」❷

채점 기준	
❶ 두 수의 크기 비교하기	3점
❷ 색종이를 더 많이 가지고 있는 사람 구하기	2점

🖋**20** 예 짝수는 날개의 수가 0, 2, 4, 6, 8인 수이므로 8, 20입니다.」❶
따라서 짝수는 모두 2개입니다.」❷

채점 기준	
❶ 짝수를 찾기	4점
❷ 짝수는 모두 몇 개인지 구하기	1점

2. 덧셈과 뺄셈(1)

1 (1) 1, 4 또는 3+4+1
(2) (계산 순서대로) 4, 4, 8 / 3, 1, 4, 8

1 (1) 3, 3, 9 (2) 3, 2, 7 또는 2+2+3=7
2
3 (1) 9 / (계산 순서대로) 7, 7, 9
(2) 7 / (계산 순서대로) 4, 4, 7

2 • 빨간색 종이 2장, 노란색 종이 3장, 파란색 종이
1장을 모두 더하는 덧셈식은
2+3+1입니다.
⇨ 2+3+1=5+1=6
• 빨간색 종이 1장, 노란색 종이 5장, 파란색 종이
1장을 모두 더하는 덧셈식은
1+5+1입니다.
⇨ 1+5+1=6+1=7

1 (1) 3, 1 또는 7-1-3
(2) (계산 순서대로) 4, 4, 3 / 7, 3, 1, 3

1 (1) 2, 1, 5 또는 8-1-2=5
(2) 3, 2, 4 또는 9-2-3=4
2
3 (1) 1 / (계산 순서대로) 2, 2, 1
(2) 2 / (계산 순서대로) 3, 3, 2

2 • 구슬 5개에서 구슬 3개와 구슬 1개를 빼는
뺄셈식은 5-3-1입니다.
⇨ 5-3-1=2-1=1
• 구슬 6개에서 구슬 1개와 구슬 2개를 빼는
뺄셈식은 6-1-2입니다.
⇨ 6-1-2=5-2=3

1 4		**2** 7	
3 6		**4** 6	
5 8		**6** 8	
7 9		**8** 5	
9 5		**10** 7	
11 7		**12** 8	
13 9		**14** 9	
15 1		**16** 1	
17 2		**18** 2	
19 2		**20** 6	
21 1		**22** 1	
23 2		**24** 3	
25 4		**26** 3	
27 6		**28** 3	

🖊 서술형 문제는 풀이를 꼭 확인하세요.

1 3, 1, 4 또는 8-1-3=4
2 (1) 7 (2) 3　　　　**3** 9
4 　　　　　　　　**5** ( )(○)
　　　　　　　　　　6 8명
🖊**7** 2명　　　　　　**8** ( )(○)
9 <
10 예　　　　　　　　/ 4, 3, 2, 9

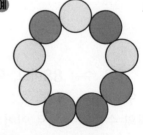

11 예 4, 2 / 4, 2, 3
12 1, 4 또는 3+4+1=8
또는 3+2+3=8 또는 3+3+2=8

2 (1) $3+1+3=4+3=7$
(2) $7-2-2=5-2=3$

3 $2+5+2=7+2=9$

4 · $2+2+2=4+2=6$
· $3+4+1=7+1=8$

5 세 수의 뺄셈은 앞의 두 수를 빼고, 나온 수에서 나머지 한 수를 빼야 합니다.

6 (운동장에 있는 사람 수)
$=4+3+1=7+1=8$(명)

7 ❶ 예 버스에 타고 있었던 사람 수에서 동물원 앞에서 내린 사람 수를 빼고 다시 식물원 앞에서 내린 사람 수를 빼면 되므로 $7-3-2$ 를 계산합니다.
❷ 예 버스에 남은 사람은
$7-3-2=4-2=2$(명)입니다.

8 · $4+2+2=6+2=8$
· $5+1+3=6+3=9$
➡ $8<9$

9 · $7-1-6=6-6=0$
· $9-4-4=5-4=1$
➡ $0<1$

10 세 가지 색으로 구슬을 색칠하고 색깔별로 세어서 덧셈식으로 나타냅니다.

11 밀가루 9덩어리에서 4덩어리와 2덩어리를 빼면 3덩어리가 남습니다.
➡ $9-4-2=5-2=3$

12 합이 8이 되는 세 수에서 한 수가 3이므로 나머지 두 수의 합은 5이어야 합니다.
합이 5가 되는 두 수는 1과 4, 2와 3입니다.

개념책 40쪽 개념❸

1 $8, 9, 10 / 10$
2 $4 / 6 /$ 같습니다

개념책 41쪽 기본유형 익히기

1 (1) 10 (2) 10 **2** (1) $3, 7$ (2) $1, 9$
3 예  / $5, 5, 5, 5$

1 (1) 곰 인형 8개와 2개를 더하면 모두 10개입니다.
➡ $8+2=10$
(2) 오렌지 주스 7잔에 3잔을 더 놓으면 모두 10잔입니다. ➡ $7+3=10$

2 (1) 점 3개와 점 7개를 더하면 모두 10개입니다.
➡ $3+7=10$
(2) 점 1개와 점 9개를 더하면 모두 10개입니다.
➡ $1+9=10$

개념책 42쪽 개념❹

1 $6, 7, 8 / 6$
2 $9 / 1$

개념책 43쪽 기본유형 익히기

1 (1) 7 (2) 8 **2** $5, 5$
3 예 ♥♥♥♥♥ / $1, 1, 9$
♥♥♥♥♥

1 (1) 귤 10개 중 3개가 떨어지면 귤 7개가 남습니다. ➡ $10-3=7$
(2) 새 10마리 중 2마리가 날아가면 새 8마리가 남습니다. ➡ $10-2=8$

2 밤은 도토리보다 5개가 더 많습니다.
➡ $10-5=5$

개념책 44쪽 개념 ⑤

1 **방법1** 9, 12
  방법2 10 / 12
  같습니다

개념책 45쪽 기본유형 익히기

1 10, 5 / 15
2 (1) 11 (2) 17 (3) 13 (4) 14
3 (점 잇기 그림)

1 빵 2개와 8개로 10개를 만들고 5개를 더 더하면
  빵은 모두 15개가 됩니다.

2 (1) 2+8+1=10+1=11
  (2) 5+5+7=10+7=17
  (3) 3+3+7=3+10=13
  (4) 4+1+9=4+10=14

3 • 8+2+3=10+3=13
  • 9+1+2=10+2=12
  • 9+5+5=9+10=19
  • 8+7+3=8+10=18

개념책 46~47쪽 연산 PLUS

1 11	2 15
3 19	4 12
5 13	6 17
7 15	8 18
9 16	10 14
11 14	12 16
13 12	14 12
15 11	16 14
17 16	18 17
19 15	20 17
21 12	22 13
23 14	24 13
25 15	26 16
27 19	28 15

개념책 48~49쪽 실전유형 다지기

🖊 서술형 문제는 풀이를 꼭 확인하세요.

1 (1) 14 (2) 19
2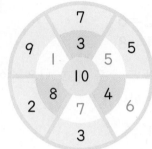

3 ( )
  (○)
  (○)
4 3개
5 예 (네모 색칠 그림) / 4, 6
🖊6 5개
7 예  / 3, 7

8 예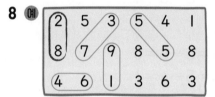

  / 예 10=1+9, 10=3+7, 10=4+6,
    10=5+5, 10=6+4, 10=7+3,
    10=8+2, 10=9+1
9 7, 3 또는 5+3+7=15
  또는 5+2+8=15 또는 5+8+2=15
10 1, 11 / 4, 5, 14 / 2

2 • 1+9=10
  • 5+5=10
  • 7+3=10
  • 4+6=10

3 10을 만들어 더하려면 세 수 중에 합이 10인
  두 수가 있어야 합니다.
  따라서 10을 만들어 더할 수 있는 식은
  8+5+5, 6+4+3입니다.

4 10−7=3이므로 은우는 연아보다 화살 3개를
  더 넣었습니다.

5 두 가지 색으로 색칠하고 색깔별로 세어서 덧셈식으로 나타냅니다.

6 ❶ 예 처음에 있었던 곶감의 수에서 부모님께 드린 곶감의 수를 빼면 되므로 $10-5$를 계산합니다.
❷ 예 따라서 남은 곶감은 $10-5=5$(개)입니다.

7 합이 10개가 되도록 빈 접시에 ○를 그리고, □ 안에 각각의 접시에 그린 ○의 수를 써넣습니다.

8 10이 되는 두 수를 찾아 묶고, 이를 이용하여 $10=□+□$의 덧셈식을 씁니다.
참고 □$+$□$=10$의 덧셈식과 $10=□+□$의 덧셈식이 같은 의미임을 이해하는 과정을 통해 등호의 의미를 알 수 있도록 지도합니다.

9 합이 15가 되는 세 수에서 한 수가 5이므로 나머지 두 수의 합은 10이어야 합니다.
합이 10이 되는 두 수는 7과 3, 2와 8입니다.

10 • 1모둠: $2+8+1=10+1=11$(개)
• 2모둠: $4+5+5=4+10=14$(개)
➪ $11<14$이므로 고리를 더 많이 걸은 모둠은 2모둠입니다.

개념책 50~51쪽	응용유형 다잡기

1 (1) 10개 (2) 7개 **2** 5장
3 (1) 9 (2) 4 **4** 5
5 (1) 6 (2) $7, 8, 9$ **6** $5, 6, 7, 8, 9$
7 $8, 16$ / $5, 12$

1 (1) (미주가 가지고 있던 사탕의 수)
$=4+6=10$(개)
(2) (경표에게 주고 남은 사탕의 수)
$=10-3=7$(개)

2 (태희가 가지고 있던 색종이의 수)
$=2+8=10$(장)
➪ (동생에게 주고 남은 색종이의 수)
$=10-5=5$(장)

---

3 (1) $10-1=9 ➪ ♥=9$
(2) $♥-3-2=9-3-2=6-2=4$
➪ $★=4$

4 • $10-8=2 ➪ ◆=2$
• $◆+1+2=2+1+2=3+2=5$
➪ $♣=5$

5 (1) $1+2+3=3+3=6$
(2) $6<□$이므로 □ 안에 들어갈 수 있는 수는 $7, 8, 9$입니다.

6 $6-1-1=5-1=4$
따라서 $4<□$이므로 □ 안에 들어갈 수 있는 수는 $5, 6, 7, 8, 9$입니다.

7 • 길을 따라가면 바구니에 당근이 2개, 8개, 6개가 있습니다. ➪ $2+8+6=10+6=16$
• 길을 따라가면 바구니에 당근이 2개, 5개, 5개가 있습니다. ➪ $2+5+5=2+10=12$

개념책 52~54쪽	단원 마무리

🖊 서술형 문제는 풀이를 꼭 확인하세요.

1 $2, 2, 6$ **2** $5, 15$
3 10 **4** 4
5 $4, 6$ **6** 1
7 (　　)(○)   **8** 9
9
10 6개   **11** (　　)(○)
12
13 $<$ **14** 7개
15 9개   **16** 8대
17 $1, 6$ 또는 $8-6-1=1$
또는 $8-2-5=1$ 또는 $8-5-2=1$
18 2 🖊**19** 10마리
🖊**20** 은주

6 $9-3-5=6-5=1$

7 10을 만들어 더하려면 세 수 중에 합이 10인 두 수가 있어야 합니다.
따라서 10을 만들어 더할 수 있는 식은 $8+2+5$입니다.

8 1+3+5=4+5=9

9 ·5+7+3=5+10=15
    ·8+5+5=8+10=18

10 10−4=6이므로 빨간색 공깃돌은 파란색 공
    깃돌보다 6개가 더 많습니다.

11 ·8−4−1=4−1=3
    ·5+2+2=7+2=9

12 ·3+7=10   ·5+5=10
    ·8+2=10   ·9+1=10

13 ·9−2−2=7−2=5
    ·1+3+4=4+4=8
    ⇨ 5<8

14 (남은 송편의 수)=10−3=7(개)

15 (공의 수)
    =2+5+2=7+2=9(개)

16 (주차장에 있던 자동차의 수)=3+7=10(대)
    ⇨ (주차장에 남은 자동차의 수)
      =10−2= 8(대)

17 8에서 순서대로 빼었을 때 1이 나오는 두 장의
    수 카드는 1과 6, 2와 5입니다.

18 ·1+9=10 ⇨ ▲=10
    ·▲−8=10−8=2 ⇨ ★=2

19 예 처음에 어항에 있었던 물고기의 수와 더 넣은
    물고기의 수를 더하면 되므로 6+4를 계산합니
    다.」❶
    따라서 어항에 있는 물고기는 모두
    6+4=10(마리)입니다.」❷

채점 기준	
❶ 문제에 알맞은 식 만들기	2점
❷ 어항에 있는 물고기의 수 구하기	3점

20 예 은주의 세 수의 합은
    6+3+7=6+10=16이고, 지아의 세 수의
    합은 4+5+5=4+10=14입니다.」❶
    따라서 16>14이므로 세 수의 합이 더 큰 사람
    은 은주입니다.」❷

채점 기준	
❶ 은주와 지아의 수 카드의 세 수의 합 구하기	4점
❷ 세 수의 합이 더 큰 사람 구하기	1점

3. 모양과 시각

개념책 58쪽 개념 ❶

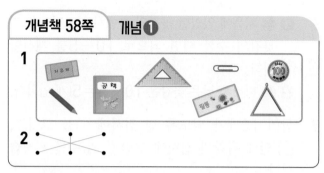

1 · ■ 모양은 지우개, 공책, 필통입니다.

   · ▲ 모양은 삼각자, 트라이앵글입니다.

   · ● 모양은 동전입니다.

2 시계는 ● 모양, 옷걸이는 ▲ 모양, 스케치북은
    ■ 모양입니다.

개념책 59쪽 기본유형 익히기

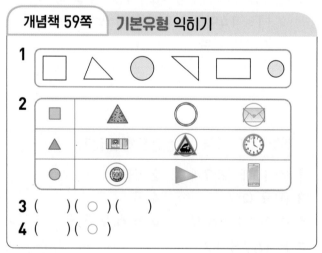

3 (   )(○)(   )
4 (   )(○)

2 · ■ 모양과 같은 모양은 편지봉투입니다.

   · ▲ 모양과 같은 모양은 표지판입니다.

   · ● 모양과 같은 모양은 동전입니다.

3 삼각자는 ▲ 모양입니다.
    따라서 삼각자와 같은 모양은 샌드위치입니다.

4 ·수첩, 자 ⇨ ■ 모양, 단추 ⇨ ● 모양

   ·옷걸이, 트라이앵글, 삼각 김밥 ⇨ ▲ 모양

개념 ❷

1 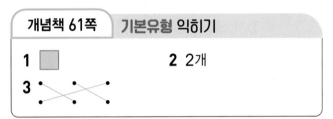   **2** (1) ✕ (2) ◯ (3) ◯

1 • 주사위의 바닥을 본뜨면 ■ 모양이 나옵니다.
• 통조림통의 바닥을 본뜨면 ◯ 모양이 나옵니다.
• 삼각 김밥의 바닥을 본뜨면 ▲ 모양이 나옵니다.

2 (1) ■ 모양은 뾰족한 부분이 4군데입니다.

개념책 61쪽 **기본유형 익히기**

1 ■   **2** 2개
3

1 물건의 바닥을 납작하게 편 찰흙 위에 찍으면
■ 모양이 나옵니다.

2 곧은 선이 없는 물건은 ◯ 모양입니다.
따라서 곧은 선이 없는 물건은 거울, 과녁으로
모두 2개입니다.

개념책 62쪽 개념 ❸

1 ▲, ◯   **2** (1) 3개 (2) 4개

개념책 63쪽 **기본유형 익히기**

1 (1) ■, ▲ (2) ■, ◯
2 3개 / 5개 / 3개
3 예

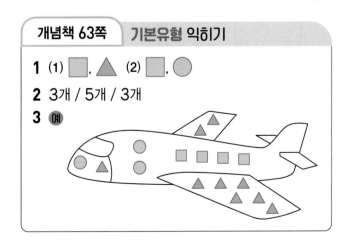

개념책 64~65쪽 **실전유형 다지기**

✎ 서술형 문제는 풀이를 꼭 확인하세요.

1 ⑦, ⑨   **2** ①, ④, ⑤
3 3개   **4** ⑤
5 ▲   **6**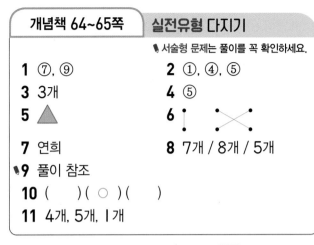
7 연희   **8** 7개 / 8개 / 5개
✎**9** 풀이 참조
10 (　　) (◯) (　　)
11 4개, 5개, 1개

3 뾰족한 부분이 4군데인 모양은 ■ 모양입니다.
따라서 뾰족한 부분이 4군데인 모양은 ②, ⑥, ⑧
로 모두 3개입니다.

4 ①, ②, ③, ④는 ◯ 모양, ⑤는 ■ 모양입니다.

5 물건의 바닥을 납작하게 편 찰흙 위에 찍으면
▲ 모양이 나옵니다.

6 도넛과 탬버린은 ◯ 모양, 교통 카드와 편지봉투
는 ■ 모양, 트라이앵글과 샌드위치는 ▲ 모양
입니다.

7 ▲ 모양은 뾰족한 부분이 3군데입니다.
따라서 바르게 이야기한 사람은 연희입니다.

✎**9** 예 ■ 모양은 뾰족한 부분이 있어서 자동차 바퀴
가 잘 굴러가지 않을 것입니다. ❶

채점 기준
❶ 자동차 바퀴가 ■ 모양이라면 어떤 일이 생길지 쓰기

10 • ■ 모양은 2개 있습니다.
• ◯ 모양은 8개 있습니다.

개념책 66쪽 개념 ❹

1 (1) 7, 7 (2) 일곱   **2** 2

개념책 67쪽 | 기본유형 익히기

1 (1) 8 (2) 5   **2**

3 (1) (2)

1 (1) 짧은바늘이 8, 긴바늘이 12를 가리키므로
8시입니다.
(2) 짧은바늘이 5, 긴바늘이 12를 가리키므로
5시입니다.

2 • 짧은바늘이 11, 긴바늘이 12를 가리키므로
11시입니다.
• 짧은바늘이 1, 긴바늘이 12를 가리키므로 1시
입니다.
• 짧은바늘이 4, 긴바늘이 12를 가리키므로 4시
입니다.
• ':' 앞은 4, ':' 뒤는 00이므로 4시입니다.
• ':' 앞은 11, ':' 뒤는 00이므로 11시입니다.
• ':' 앞은 1, ':' 뒤는 00이므로 1시입니다.

3 (1) ':' 앞은 6, ':' 뒤는 00이므로 6시입니다.
➡ 6시는 짧은바늘이 6을 가리키도록 그립니
다.
(2) ':' 앞은 10, ':' 뒤는 00이므로 10시입니다.
➡ 10시는 짧은바늘이 10을 가리키도록 그
립니다.

개념책 68쪽 | 개념 ⑤

1 (1) 4, 5, 4, 30 (2) 네
2 6

개념책 69쪽 | 기본유형 익히기

1 (1) 3, 30 (2) 7, 30
2

3 (1) (2)

1 (1) 짧은바늘이 3과 4 사이, 긴바늘이 6을 가리
키므로 3시 30분입니다.
(2) 짧은바늘이 7과 8 사이, 긴바늘이 6을 가리
키므로 7시 30분입니다.

2 • 짧은바늘이 1과 2 사이, 긴바늘이 6을 가리키
므로 1시 30분입니다. ➡ 청소하기
• 짧은바늘이 8과 9 사이, 긴바늘이 6을 가리키
므로 8시 30분입니다. ➡ 줄넘기하기
• 짧은바늘이 5와 6 사이, 긴바늘이 6을 가리키
므로 5시 30분입니다. ➡ 숙제하기

3 (1) ':' 앞은 6, ':' 뒤는 30이므로 6시 30분입
니다.
➡ 6시 30분은 긴바늘이 6을 가리키도록
그립니다.
(2) ':' 앞은 2, ':' 뒤는 30이므로 2시 30분입
니다.
➡ 2시 30분은 긴바늘이 6을 가리키도록
그립니다.

개념책 70~71쪽 | 실전유형 다지기

🖊 서술형 문제는 풀이를 꼭 확인하세요.

1 (1) 12시 (2) 5시 30분
2   **3** (   ) (○) (   )

4 2, 30   **5** 3, 5

6   **7**

8   **🖊9** 풀이 참조
10 12시 30분
11 10시

12 / 예 4시 30분에 친구들과 놀이
터에서 놀고 싶습니다.

1 (1) ':' 앞은 12, ':' 뒤는 00이므로 12시입니다.
(2) ':' 앞은 5, ':' 뒤는 30이므로 5시 30분입니
다.

2 • 짧은바늘이 10, 긴바늘이 12를 가리키므로
10시입니다.
• 짧은바늘이 9와 10 사이, 긴바늘이 6을 가리키므로 9시 30분입니다.
• ':' 앞은 11, ':' 뒤는 30이므로 11시 30분
입니다.
• ':' 앞은 10, ':' 뒤는 00이므로 10시입니다.
• ':' 앞은 9, ':' 뒤는 30이므로 9시 30분입니다.

3 • 짧은바늘이 3과 4 사이, 긴바늘이 6을 가리키므로 3시 30분입니다.
• 짧은바늘이 11과 12 사이, 긴바늘이 6을 가리키므로 11시 30분입니다.
• 짧은바늘이 10과 11 사이, 긴바늘이 6을 가리키므로 10시 30분입니다.

4 짧은바늘이 2와 3 사이, 긴바늘이 6을 가리키므로 2시 30분입니다.

5 • 축구를 한 시각은 짧은바늘이 3, 긴바늘이 12를 가리키므로 3시입니다.
• 책을 읽은 시각은 짧은바늘이 5, 긴바늘이 12를 가리키므로 5시입니다.

6 ':' 앞은 4, ':' 뒤는 00이므로 4시입니다.
4시는 짧은바늘이 4, 긴바늘이 12를 가리키도록 그립니다.

7 8시는 짧은바늘이 8, 긴바늘이 12를 가리키도록 그립니다.

8 1시 30분은 짧은바늘이 1과 2 사이, 긴바늘이 6을 가리키도록 그립니다.

9

⑩ 7시 30분은 시계의 짧은바늘이 7과 8 사이를 가리켜야 하는데 7을 가리키도록 그렸으므로 잘못되었습니다. 」②

채점 기준
❶ 오른쪽 시계에 바르게 나타내기
❷ 잘못된 이유 쓰기

11 긴바늘이 한 바퀴 움직일 때 짧은바늘은 9에서 10으로 숫자 한 칸을 움직입니다.
따라서 짧은바늘이 10, 긴바늘이 12를 가리키므로 10시입니다.

12 4시 30분은 짧은바늘이 4와 5 사이, 긴바늘이 6을 가리키도록 그립니다.

개념책 72~73쪽 **응용유형 다잡기**

1 (1) 3시 30분, 4시 (2) 주혜
2 소희
3 (1) 3개, 1개, 2개 (2) ▢
4 ●
5 (1) 7, 12 (2) 7시 **6** 11시 30분
7 (1) 6개, 2개, 2개 / 7개, 2개, 2개 (2) 꽃게

1 (1) • 주혜: 짧은바늘이 3과 4 사이, 긴바늘이 6을 가리키므로 3시 30분입니다.
• 승우: 짧은바늘이 4, 긴바늘이 12를 가리키므로 4시입니다.
(2) 3시 30분이 4시보다 더 빠른 시각이므로 숙제를 더 먼저 끝낸 사람은 주혜입니다.

2 • 소희: 짧은바늘이 7, 긴바늘이 12를 가리키므로 7시입니다.
• 은석: 짧은바늘이 7과 8 사이, 긴바늘이 6을 가리키므로 7시 30분입니다.
따라서 7시가 7시 30분보다 더 빠른 시각이므로 저녁 식사를 더 먼저 끝낸 사람은 소희입니다.

3 (1) ▢ 모양이 3개, ▲ 모양이 1개, ● 모양이 2개 있습니다.
(2) 가장 많은 모양은 ▢ 모양입니다.

4 ▢ 모양이 3개, ▲ 모양이 4개, ● 모양이 2개 있습니다.
따라서 가장 적은 모양은 ● 모양입니다.

5 (2) 짧은바늘이 7, 긴바늘이 12를 가리키므로 7시입니다.

6 짧은바늘이 11과 12 사이, 긴바늘이 6을 가리킵니다.
따라서 시계가 나타내는 시각은 11시 30분입니다.

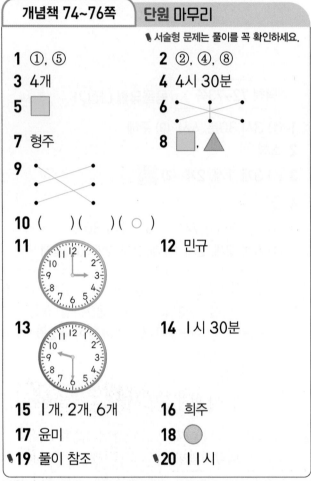

개념책 74~76쪽 | **단원 마무리**

🖊 서술형 문제는 풀이를 꼭 확인하세요.

1 ①, ⑤　　　　　**2** ②, ④, ⑧
3 4개　　　　　　**4** 4시 30분
5 ■
6 （시계 연결 그림）
7 형주　　　　　　**8** ■, ▲
9 （연결 그림）
10 (　　) (　　) (○)
11 （시계 그림）　　**12** 민규
13 （시계 그림）　　**14** 1시 30분
15 1개, 2개, 6개　　**16** 희주
17 윤미　　　　　　**18** ●
🖊**19** 풀이 참조　　　🖊**20** 11시

---

7 짧은바늘이 8, 긴바늘이 12를 가리키므로 8시이고, '여덟 시'라고 읽습니다.
따라서 시각을 바르게 읽은 사람은 형주입니다.

9 • 짧은바늘이 6, 긴바늘이 12를 가리키므로 6시입니다.
• 짧은바늘이 12와 1 사이, 긴바늘이 6을 가리키므로 12시 30분입니다.
• 짧은바늘이 5, 긴바늘이 12를 가리키므로 5시입니다.
• ':' 앞은 12, ':' 뒤는 30이므로 12시 30분입니다.
• ':' 앞은 5, ':' 뒤는 00이므로 5시입니다.
• ':' 앞은 6, ':' 뒤는 00이므로 6시입니다.

10 • 짧은바늘이 2, 긴바늘이 12를 가리키므로 2시입니다.
• 짧은바늘이 9, 긴바늘이 12를 가리키므로 9시입니다.
• 짧은바늘이 4, 긴바늘이 12를 가리키므로 4시입니다.

11 ':' 앞은 3, ':' 뒤는 00이므로 3시입니다.
3시는 짧은바늘이 3, 긴바늘이 12를 가리키도록 그립니다.

12 ● 모양은 곧은 선이 없습니다.
따라서 바르게 이야기한 사람은 민규입니다.

13 9시 30분은 짧은바늘이 9와 10 사이, 긴바늘이 6을 가리키도록 그립니다.

16 • 로봇에 ■ 모양이 6개 있습니다.
• 나무에 ▲ 모양이 1개 있습니다.
따라서 바르게 이야기한 사람은 희주입니다.

17 • 윤미가 일어난 시각: 6시 30분
• 재민이가 일어난 시각: 7시
따라서 6시 30분이 7시보다 더 빠른 시각이므로 더 먼저 일어난 사람은 윤미입니다.

18 ■ 모양이 5개, ▲ 모양이 4개, ● 모양이 2개 있습니다.
따라서 가장 적은 모양은 ● 모양입니다.

🖊**19** 예 ■ 모양은 뾰족한 부분이 4군데이고, ▲ 모양은 뾰족한 부분이 3군데입니다.」❶

채점 기준	
❶ ■ 모양과 ▲ 모양의 다른 점 쓰기	5점

🖊**20** 예 긴바늘이 한 바퀴 움직일 때 짧은바늘은 숫자 한 칸을 움직이므로 11을 가리킵니다.」❶
따라서 짧은바늘이 11, 긴바늘이 12를 가리키므로 11시입니다.」❷

채점 기준	
❶ 긴바늘이 한 바퀴 움직였을 때 짧은바늘이 가리키는 숫자 구하기	3점
❷ 긴바늘이 한 바퀴 움직였을 때의 시각 구하기	2점

4. 덧셈과 뺄셈(2)

개념책 80쪽 개념①

1 (1) 11, 12
　(2) 예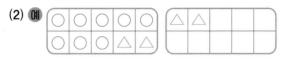

　(3) 12

1 (1) 바둑돌 8개에서 9, 10, 11, 12로 이어 세기를 합니다.
　(2) △ 2개를 그려 10을 만들고, 남은 2개를 더 그리면 12가 됩니다.

개념책 81쪽 기본유형 익히기

1 11　　　　　　　**2** 14
3 4, 11 / 11마리

1 감 9개에서 10, 11로 이어 세기를 하면 감은 모두 11개입니다.

2  ⇨ 14개

3 (연못 안에 있는 오리의 수)+(연못 밖에 있는 오리의 수)=7+4=11(마리)

개념책 82쪽 개념②

1 (계산 순서대로) 방법1 1, 11　방법2 1, 11

개념책 83쪽 기본유형 익히기

1 (계산 순서대로) (1) 5, 15 (2) 5, 15
　(3) 1, 4, 15
2 (1) 13 (2) 12 (3) 11 (4) 13
3 5+9=14 또는 9+5=14 / 14개

1 (1) 6과 4를 더하여 10을 만들고, 10과 남은 5를 더하면 15가 됩니다.
　(2) 9와 1을 더하여 10을 만들고, 10과 남은 5를 더하면 15가 됩니다.
　(3) 5와 5를 더하여 10을 만들고, 10과 남은 1과 4를 더하면 15가 됩니다.

2 (1) 7+6=13　　(2) 9+3=12
　　　　3　3　　　　　　1　2
　(3) 　4+7=11　(4) 　5+8=13
　　　1　3　　　　　3　2

3 (처음 구슬의 수)+(더 가져온 구슬의 수)
　=5+9=14(개)

개념책 84쪽 개념③

1 (위에서부터) 13 / 14, 13, 11 / 15, 13, 11
　/ 15, 14, 13

1 • 같은 수에 1씩 커지는 수를 더하면 합은 1씩 커집니다.
　9+4=13, 9+5=14, 9+6=15
• 1씩 작아지는 수에 같은 수를 더하면 합은 1씩 작아집니다.
　8+7=15, 7+7=14, 6+7=13
• 1씩 작아지는 수에 1씩 커지는 수를 더하면 합은 같습니다.
　9+4=13, 8+5=13, 7+6=13,
　6+7=13
• 두 수를 서로 바꾸어 더해도 합은 같습니다.
　6+5=11, 5+6=11

개념책 85쪽 | 기본유형 익히기

1 (1) 14 / 15 / 16 (2) 13 / 12 / 11
(3) 12 / 12 (4) 12 / 11

2

9+6	8+6	7+6	6+6	5+6
9+7	8+7	7+7	6+7	5+7
9+8	8+8	7+8	6+8	5+8
9+9	8+9	7+9	6+9	5+9

1 (1) 같은 수에 1씩 커지는 수를 더하면 합은 1씩 커집니다.
(2) 같은 수에 1씩 작아지는 수를 더하면 합은 1씩 작아집니다.
(3) 두 수를 서로 바꾸어 더해도 합은 같으므로 3+9와 9+3은 모두 12입니다.
(4) 6+6=12이고, 같은 수에 1 작은 수를 더하면 합은 1 작아집니다.

2 1씩 작아지는 수에 1씩 커지는 수를 더하면 합은 같습니다.
9+6=15, 8+7=15, 7+8=15, 6+9=15

참고 모든 덧셈의 답을 구하지 않고도 합이 같은 식을 찾을 수 있습니다.

개념책 86~87쪽 | 연산 PLUS

1 11	**2** 14	**3** 12	**4** 11
5 11	**6** 16	**7** 13	**8** 11
9 12	**10** 12	**11** 13	**12** 11
13 11	**14** 15		

15 11	**16** 14	**17** 13	**18** 17
19 15	**20** 12	**21** 12	**22** 14
23 13	**24** 16	**25** 18	**26** 14
27 14	**28** 12		

개념책 88~89쪽 | 실전유형 다지기

🖊 서술형 문제는 풀이를 꼭 확인하세요.

1 (계산 순서대로) (1) 4, 13 (2) 1, 12
2 (1) 14 (2) 11 　　**3** 14 / 15 / 16 / 17
4 (계산 순서대로) 6, 13 / 3, 1, 13
5 12마리 　　🖊**6** 11개
7 (1) 7 (2) 9 　　**8** <

9
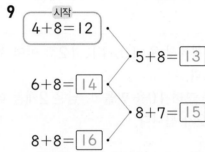
시작
4+8=12
5+8=13
6+8=14
8+7=15
8+8=16

10
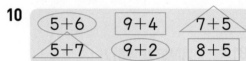

5+6	9+4	7+5
5+7	9+2	8+5

11 예 [주사위] / 14, 7, 14

12 예 5, 7, 12 / 예 9, 8, 17

2 (1) 8+6=14 (2) 4+7=11
　　　　2　　4　　　　　1　　3

3 같은 수에 1씩 커지는 수를 더하면 합은 1씩 커집니다.

4 • 4와 6을 더하여 10을 만들고, 10과 남은 3을 더하면 13이 됩니다.
• 9와 1을 더하여 10을 만들고, 10과 남은 3을 더하면 13이 됩니다.

5 (어항에 있는 물고기의 수)=9+3=12(마리)

🖊**6** ❶ 예 연두색 구슬의 수와 주황색 구슬의 수를 더하면 되므로 6+5를 계산합니다.
❷ 예 구슬은 모두 6+5=11(개)입니다.

7 같은 수에 1 커지는 수를 더하면 합은 1 커집니다.

8 • 8+3=11 　　　• 6+6=12

10 • 2+9=11이므로 5+6=11, 9+2=11
과 같습니다.
• 8+4=12이므로 7+5=12, 5+7=12
와 같습니다.
• 7+6=13이므로 9+4=13, 8+5=13
과 같습니다.

11 5+9=14이므로 7과 더해 14가 되려면 점을
7개 더 그려야 합니다. ⇨ 7+7=14

12 3+8=11, 4+7=11, 4+8=12,
5+6=11, 5+7=12, 9+2=11,
9+6=15, 9+8=17로 덧셈식을 만들 수
있습니다.

개념책 90쪽 · **개념 ❹**

1 (1) 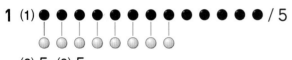 / 5

(2) 5 (3) 5

개념책 91쪽 · **기본유형 익히기**

1 9   **2** 튜브 / 4

3 8, 7 / 7마리

---

1 귤 14개에서 13, 12, 11, 10, 9로 거꾸로
세기를 하면 남는 귤은 9개입니다.

2 튜브와 구명조끼를 하나씩 짝 지으면 튜브가 4개
더 많습니다.

3 (나비의 수)ㅡ(벌의 수)=15ㅡ8=7(마리)

개념책 92쪽 · **개념 ❺**

1 (계산 순서대로) 방법1 1, 9   방법2 5, 9

개념책 93쪽 · **기본유형 익히기**

1 (계산 순서대로) 7, 10

2 (계산 순서대로) (1) 3, 7 (2) 2, 7

3 (1) 10 (2) 6   **4** 12ㅡ4=8 / 8개

---

1 17을 10과 7로 가르기하여 7을 빼면 10이 남
습니다.

3 (1)   13ㅡ3=10   (2) 15ㅡ9=6

    10   3   5   4

4 (처음 사탕의 수)ㅡ(먹은 사탕의 수)
=12ㅡ4=8(개)

개념책 94쪽 · **개념 ❻**

1 (위에서부터) 8, 7, 6 / 9, 6 / 9, 7 / 9, 8

---

1 • 1씩 커지는 수에서 같은 수를 빼면 차는 1씩
커집니다.
   13ㅡ7=6, 14ㅡ7=7, 15ㅡ7=8

• 1씩 커지는 수에서 1씩 커지는 수를 빼면 차는
같습니다.
   13ㅡ4=9, 14ㅡ5=9, 15ㅡ6=9

• 같은 수에서 1씩 커지는 수를 빼면 차는 1씩
작아집니다.
   12ㅡ4=8, 12ㅡ5=7, 12ㅡ6=6

개념책 95쪽 · **기본유형 익히기**

1 (1) 7 / 8 / 9 (2) 6 / 5 / 4 (3) 8 / 7 / 6
(4) 5 / 5 / 5

2

11ㅡ5	11ㅡ6	11ㅡ7	11ㅡ8	11ㅡ9
12ㅡ5	12ㅡ6	12ㅡ7	12ㅡ8	12ㅡ9
13ㅡ5	13ㅡ6	13ㅡ7	13ㅡ8	13ㅡ9
14ㅡ5	14ㅡ6	14ㅡ7	14ㅡ8	14ㅡ9

---

1 (1) 1씩 커지는 수에서 같은 수를 빼면 차는 1씩
커집니다.
(2) 같은 수에서 1씩 커지는 수를 빼면 차는 1씩
작아집니다.
(3) 1씩 작아지는 수에서 같은 수를 빼면 차는 1씩
작아집니다.
(4) 1씩 커지는 수에서 1씩 커지는 수를 빼면 차
는 같습니다.

2 1씩 작아지는 수에서 1씩 작아지는 수를 빼면 차는 같습니다.

14−8=6, 13−7=6, 12−6=6, 11−5=6

참고 모든 뺄셈의 답을 구하지 않고도 차가 같은 식을 찾을 수 있습니다.

개념책 96~97쪽 · **연산 PLUS**

1 10		**2** 8		**3** 7		**4** 8	
5 9		**6** 8		**7** 2		**8** 10	
9 8		**10** 6		**11** 6		**12** 9	
13 4		**14** 6					
15 6		**16** 9		**17** 8		**18** 7	
19 10		**20** 4		**21** 4		**22** 10	
23 7		**24** 8		**25** 10		**26** 9	
27 6		**28** 9					

개념책 98~99쪽 · **실전유형 다지기**

✎ 서술형 문제는 풀이를 꼭 확인하세요.

1 (계산 순서대로) (1) 1, 5 (2) 4, 6

2 (1) 10 (2) 9   **3** 2 / 3 / 4 / 5

4   **5** 9개

✎**6** 7개   **7** ( ) (△)

8
시작
11−8=3
12−7= 5
12−8= 4
13−7= 6

9 (위에서부터) 8 / 7, 6

10
| 11−2 | 12−6 | 14−5 |
| 12−5 | 15−9 | 15−8 |

11 7장

12 예 12, 7, 5 / 예 13, 8, 5

---

1 (1) 11에서 1을 먼저 빼고, 남은 10에서 5를 빼면 5가 됩니다.

(2) 14를 10과 4로 가르기하여 10에서 8을 빼고, 남은 2와 4를 더하면 6이 됩니다.

2 (1) 16−6=10   (2) 18−9=9
   10 6   8 1

3 1씩 커지는 수에서 같은 수를 빼면 차는 1씩 커집니다.

4 ·11−4=7   ·16−7=9

5 (남은 초콜릿의 수)=17−8=9(개)

✎**6** ❶ 예 사과의 수에서 귤의 수를 빼면 되므로 13−6을 계산합니다.
   ❷ 예 사과는 귤보다 13−6=7(개) 더 많습니다.

7 ·12−3=9   ·17−9=8
   ⇨ 9>8이므로 차가 더 작은 것은 17−9입니다.

9 1씩 커지는 수에서 1씩 커지는 수를 빼면 차는 같습니다.

10 ·11−5=6이므로 12−6=6, 15−9=6 과 같습니다.
   ·14−7=7이므로 12−5=7, 15−8=7 과 같습니다.
   ·13−4=9이므로 11−2=9, 14−5=9 와 같습니다.

11 (민기가 사용하고 남은 색종이의 수)
   =13−8=5(장)
   ⇨ 12−5=7이므로 소윤이가 사용한 색종이는 7장입니다.

12 11−8=3, 11−9=2, 12−7=5,
12−9=3, 13−7=6, 13−8=5,
14−8=6, 14−9=5로 뺄셈식을 만들 수
있습니다.

개념책 100~101쪽 | **응용유형 다잡기**

1 (1) 13명 (2) 7명 **2** 3개
3 (1) 9 (2) 2 **4** 8
5 (1) 가장 큰 수, 두 번째로 큰 수
  (2) 8, 6, 14 또는 6+8=14
6 9, 7, 16 또는 7+9=16
7 (위에서부터) 7, 6 / 3, 4, 5

1 (1) 8+5=13(명)
  (2) 13−6=7(명)

2 (딸기를 접시에 더 담은 후 딸기의 수)
  =5+7=12(개)
  ⇨ (지금 접시에 남아 있는 딸기의 수)
    =12−9=3(개)

3 (1) ♥+♥=18에서 같은 수를 2번 더하여
  18이 되는 경우는 9+9=18이므로
  ♥=9입니다.
  (2) 11−♥=11−9=2 ⇨ ★=2

4 ●+●=12에서 같은 수를 2번 더하여 12가
  되는 경우는 6+6=12이므로 ●=6입니다.
  ⇨ 14−●=14−6=8 ⇨ ◆=8

5 (2) 뽑은 두 수는 가장 큰 수인 8과 두 번째로 큰
  수인 6이므로 8+6=14입니다.

6 합이 가장 큰 덧셈식은 가장 큰 수와 두 번째로
  큰 수를 더합니다.
  따라서 뽑은 두 수는 가장 큰 수인 9와 두 번째
  로 큰 수인 7이므로 9+7=16입니다.

---

7 같은 수에서 1씩 작아지는 수를 빼면 차는 1씩
커집니다.

개념책 102~104쪽 | **단원 마무리**

🖊 서술형 문제는 풀이를 꼭 확인하세요.

1 13 **2** 3
3 (계산 순서대로) 1, 11
4 (계산 순서대로) 7, 8
5 6 / 7 / 8 / 9 **6**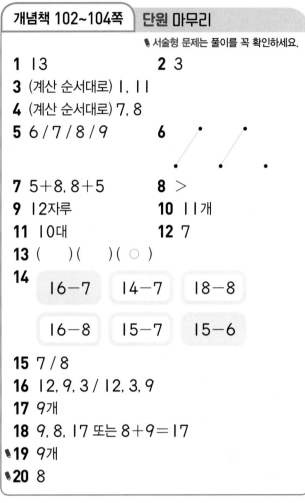
7 5+8, 8+5 **8** >
9 12자루 **10** 11개
11 10대 **12** 7
13 ( ) ( ) (○)
14

| 16−7 | 14−7 | 18−8 |
| 16−8 | 15−7 | 15−6 |

15 7 / 8
16 12, 9, 3 / 12, 3, 9
17 9개
18 9, 8, 17 또는 8+9=17
🖊**19** 9개
🖊**20** 8

1 과자 9개에서 10, 11, 12, 13으로 이어 세기
를 하면 과자는 모두 13개입니다.

2 노란색 구슬과 파란색 구슬을 하나씩 짝 지으면
노란색 구슬이 3개 더 많습니다.

3 6에 4를 더하여 10을 만들고, 10과 남은 1을
더하면 11이 됩니다.

4 17을 10과 7로 가르기하여 10에서 9를 빼고,
남은 1과 7을 더하면 8이 됩니다.

5 1씩 커지는 수에서 같은 수를 빼면 차는 1씩 커
집니다.

6 ·8+4=12 ·9+6=15

7 ·5+8=13 ·6+9=15
  ·3+9=12 ·8+5=13

8 ·11−4=7   ·14−9=5

9 (필통에 들어 있는 연필의 수)
=7+5=12(자루)

10 (젤리의 수)=8+3=11(개)

11 (두발자전거의 수)−(네발자전거의 수)
=14−4=10(대)

12 같은 수에 1 작아지는 수를 더하면 합은 1 작아
집니다.

13 ·7+8=15   ·6+7=13   ·6+6=12

14 1씩 작아지는 수에서 1씩 작아지는 수를 빼면
차는 같습니다.
17−8=9, 16−7=9, 15−6=9

15 1씩 커지는 수에서 1씩 커지는 수를 빼면 차는
같습니다.

16 큰 수부터 순서대로 쓰면 12, 9, 3이므로 큰
수에서 작은 수를 빼는 뺄셈식을 만들면
12−9=3, 12−3=9입니다.

17 (처음에 있던 풍선의 수)=7+4=11(개)
⇨ (남은 풍선의 수)=11−2=9(개)

18 합이 가장 큰 덧셈식은 가장 큰 수와 두 번째로
큰 수를 더합니다.
따라서 뽑은 두 수는 가장 큰 수인 9와 두 번째
로 큰 수인 8이므로 9+8=17입니다.

⦁19 ㉺ 처음에 있던 과자의 수에서 먹은 과자의 수를
빼면 되므로 18−9를 계산합니다. 」❶
따라서 남은 과자는 18−9=9(개)입니다. 」❷

채점 기준	
❶ 문제에 알맞은 식 만들기	2점
❷ 남은 과자의 수 구하기	3점

⦁20 ㉺ 5+9=14입니다. 」❶
따라서 6+8=14이므로 ☐ 안에 알맞은 수는
8입니다. 」❷

채점 기준	
❶ 5+9의 계산 결과 구하기	2점
❷ ☐ 안에 알맞은 수 구하기	3점

5. 규칙 찾기

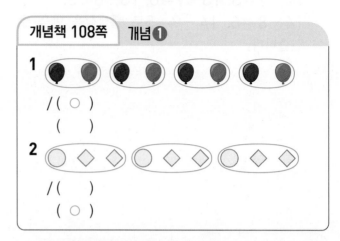

개념책 109쪽 기본유형 익히기

1 (1) ♣ (2) △   **2** (1) ♡ (2) ⬆
3 포도, 귤

1 (1) 주황색, 보라색이 반복되므로 주황색 다음에
는 보라색을 칠해야 합니다.
(2) 노란색, 노란색, 빨간색이 반복되므로 첫 번
째 노란색 다음에는 노란색을 칠해야 합니다.

2 (1) ○, ♡가 반복되므로 ○ 다음에는 ♡가 놓
여야 합니다.
(2) ➡, ⬆, ⬆가 반복되므로 ➡ 다음에는 ⬆가
놓여야 합니다.

개념책 110쪽 개념❷

1 (○)   **2** ( )
   ( )   (○)

개념책 111쪽 기본유형 익히기

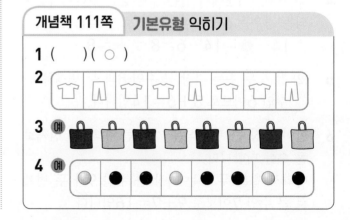

1 지유는 농구공, 농구공, 축구공, 축구공이 반복되는 규칙을 만들었습니다.

3 예 빨간색, 노란색이 반복되는 규칙으로 색칠합니다.
참고 규칙이 있고 이에 따라 색칠했으면 정답으로 인정합니다.

4 예 ○, ●, ●이 반복되는 규칙으로 그립니다.
참고 규칙이 있고 이에 따라 그렸으면 정답으로 인정합니다.

---

3 예 빨간색, 파란색, 빨간색이 반복되는 규칙으로 색칠합니다.
참고 규칙이 있고 이에 따라 색칠했으면 정답으로 인정합니다.

4 예 첫째 줄은 노란색, 초록색이 반복되는 규칙으로 색칠하고, 둘째 줄은 초록색, 노란색이 반복되는 규칙으로 색칠합니다.
참고 규칙이 있고 이에 따라 색칠했으면 정답으로 인정합니다.

개념책 112쪽 개념❸

1 (○)　　　　**2** (○)
　(　)　　　　　(　)

1 아래쪽은 주황색, 파란색, 주황색이 반복되는 규칙입니다.

2 아래쪽은 ☆, ☆, ☽이 반복되는 규칙입니다.

개념책 113쪽 기본유형 익히기

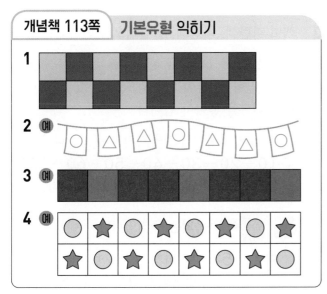

1 첫째 줄은 연두색, 보라색이 반복되고, 둘째 줄은 보라색, 연두색이 반복되는 규칙입니다.

2 예 ○, △, △가 반복되는 규칙으로 그립니다.
참고 규칙이 있고 이에 따라 그렸으면 정답으로 인정합니다.

개념책 114쪽 개념❹

1 (1) 1, 5 (2) 2 (3) 1

개념책 115쪽 기본유형 익히기

1 (1) 3, 3 (2) 1, 4
2 (1) 17, 25 (2) 25, 10
3 (1) 예 7, 9, 11, 13, 15
　 (2) 예 24, 21, 18, 15, 12

1 (1) 3, 5가 반복되는 규칙입니다.
　(2) 1, 4, 6이 반복되는 규칙입니다.

2 (1) 1부터 시작하여 4씩 커지는 규칙입니다.
　(2) 40부터 시작하여 5씩 작아지는 규칙입니다.

3 (1) 1, 3, 5가 반복되거나 1부터 시작하여 2씩 커지는 규칙을 만들 수 있습니다.
　(2) 33, 30, 27이 반복되거나 33부터 시작하여 3씩 작아지는 규칙을 만들 수 있습니다.

개념책 116쪽 개념❺

1 (1) 커지는 (2) 10
2 2

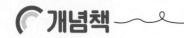

1 (1) 7 1, 1 (2) 54, 10 (3) 87, 88, 89, 90

2

11	12	13	14	15	16	17	18	19	20
21	22	23	24	25	26	27	28	29	30
31	32	33	34	35	36	37	38	39	40

2 색칠한 수는 11부터 시작하여 3씩 커지므로 32부터 3씩 커지는 수에 색칠합니다.

개념책 118쪽 개념 ⑥

1 △, ○   **2** 4, 4

1 △ 모양 표지판, ○ 모양 표지판이 반복되는 규칙입니다.
➡ △, ○가 반복되게 규칙을 나타냅니다.
참고 △ 모양 표지판, ○ 모양 표지판이 반복되는 규칙을 알지 못한 채 △ 모양 표지판과 △를, ○ 모양 표지판과 ○를 대응하여 빈칸에 쓰지 않도록 합니다.

2 자동차, 자동차, 배가 반복되는 규칙입니다.
➡ 4, 4, 0이 반복되게 규칙을 나타냅니다.

개념책 119쪽 기본유형 익히기

1 2, 4, 2   **2** □, □, ○
3 (위에서부터) ⠒, ⠿ / 2, 3, 3
4 (   )(○)

1 나비, 새가 반복되는 규칙입니다.
➡ 4, 2가 반복되게 규칙을 나타냅니다.

2 필통, 연필꽂이, 필통이 반복되는 규칙입니다.
➡ □, ○, □가 반복되게 규칙을 나타냅니다.

3 ⠒, ⠿, ⠒이 반복되는 규칙입니다.
➡ 2, 3, 3이 반복되게 규칙을 나타냅니다.

4 발차기, 지르기가 반복되는 규칙입니다.
➡ 발차기 다음에는 지르기를 해야 합니다.

🖊 서술형 문제는 풀이를 꼭 확인하세요.

1 ♡, ◇
2 예
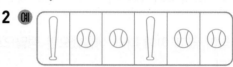

3 (   )(○)
4 🎀 🧍 🎀 🧍 🎀 🧍
5 예 흰색, 주황색이 반복되는 규칙입니다.
6 60
7 예 (위에서부터) 3, 5, 3, 5, 3
/ ㄴ, ㄷ, ㄴ, ㄷ, ㄴ
8 ③   🖊**9** 풀이 참조
10 (위에서부터) 22 / 17, 25, 29 / 16, 20, 28
/ 23 / 예 11부터 시작하여 3씩 커지는 규칙입니다.
11 예 ↙ 방향으로 1씩 커지는 규칙입니다.
/ 예 → 방향으로 3씩 커지는 규칙입니다.

2 예 야구 방망이, 야구공, 야구공이 반복되는 규칙으로 그립니다.
참고 규칙이 있고 이에 따라 그렸으면 정답으로 인정합니다.

3 색이 파란색, 파란색, 빨간색으로 반복되는 규칙입니다.

4 리본, 인형, 리본이 반복되므로 인형, 리본 다음에는 리본을 놓아야 합니다.

6 10부터 시작하여 10씩 커지는 규칙입니다.
➡ 10 - 20 - 30 - 40 - 50 - 60 - 70 - 80이므로 ★에 알맞은 수는 60입니다.

7 ⠒, ⠿이 반복되는 규칙입니다.
➡ 예 • 3, 5가 반복되게 규칙을 나타냅니다.
• ㄴ, ㄷ이 반복되게 규칙을 나타냅니다.
참고 반복되는 규칙을 같게 나타내었으면 정답으로 인정합니다.

8 🌼, 🍀가 반복되는 규칙입니다.
따라서 ①에 알맞은 모양은 🌼, ②에 알맞은 모양은 🌼, ③에 알맞은 모양은 🍀입니다.

9 📝 왼쪽은 ↑ 방향으로 1씩 커지고, 오른쪽은 → 방향으로 1씩 커집니다.」❶

> 채점 기준
> ❶ 수의 규칙이 어떻게 다른지 설명하기

6 → 방향으로 1씩 커지고, ↓ 방향으로 6씩 커집니다.
따라서 65 아래 칸의 수는 65보다 6만큼 더 큰 71이므로 ♥에 알맞은 수는
71−72−73−74−75에서 75입니다.

개념책 122~123쪽 **응용유형 다잡기**

1 (1) 📝 ♡, △, ○, ○가 반복되는 규칙입니다.

(2) △

2 ◎

3 (1) 📝 23부터 시작하여 2씩 커지는 규칙입니다.
(2) (왼쪽에서부터) 42, 44, 46, 48

4 (왼쪽에서부터) 68, 64, 60, 56

5 (1) 📝 → 방향으로 1씩 커지고, ↓ 방향으로 5씩 커지는 규칙입니다.
(2) 52

6 75

7

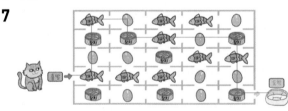

1 (2) ♡, △, ○, ○가 반복되므로 ♡ 다음에는 △가 놓여야 합니다.

2 ☆, ◎, ◎, ▽가 반복되므로 ☆ 다음에는 ◎가 놓여야 합니다.

3 (2) 40부터 시작하여 2씩 커지는 규칙에 맞게 수를 써넣습니다.

4 (보기)는 35부터 시작하여 4씩 작아지는 규칙입니다.
따라서 72부터 시작하여 4씩 작아지는 규칙에 맞게 수를 써넣습니다.

5 (2) 45 아래 칸의 수는 45보다 5만큼 더 큰 50입니다.
따라서 ★에 알맞은 수는 50−51−52에서 52입니다.

개념책 124~126쪽 **단원 마무리**

🖊 서술형 문제는 풀이를 꼭 확인하세요.

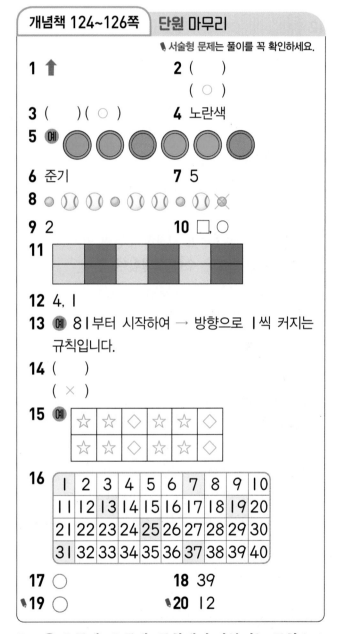

1 ⬆

2 ( )
(○)

3 ( ) (○)

4 노란색

5 📝 ⬤ ⬤ ⬤ ⬤ ⬤ ⬤

6 준기

7 5

8 ⚪ ⚾ ⚾ ⚪ ⚾ ⚾ ⚪ ⚾ ✕

9 2

10 □, ○

11

12 4, 1

13 📝 81부터 시작하여 → 방향으로 1씩 커지는 규칙입니다.

14 ( )
(×)

15 📝

☆	☆	◇	☆	☆	◇
☆	☆	◇	☆	☆	◇

16

1	2	3	4	5	6	7	8	9	10
11	12	13	14	15	16	17	18	19	20
21	22	23	24	25	26	27	28	29	30
31	32	33	34	35	36	37	38	39	40

17 ○

18 39

🖊**19** ○

🖊**20** 12

5 📝 초록색, 초록색, 주황색이 반복되는 규칙으로 색칠합니다.

> 참고 규칙이 있고 이에 따라 색칠했으면 정답으로 인정합니다.

6 ○, ○, □가 반복되는 규칙입니다.

8 탁구공, 야구공, 야구공이 반복되므로 첫 번째 야구공 다음에는 야구공을 놓아야 합니다.

9 2, 3, 4가 반복되는 규칙입니다.

10 과자, 초콜릿, 과자가 반복되는 규칙입니다.
⇨ ○, □, ○가 반복되게 규칙을 나타냅니다.

11 첫째 줄과 둘째 줄은 노란색, 보라색이 반복되는 규칙입니다.

12 ▥▥, ▤▤이 반복되는 규칙입니다.
⇨ 1, 4가 반복되게 규칙을 나타냅니다.

14 숟가락, 포크, 숟가락이 반복되는 규칙입니다.
위쪽은 1, 3, 1이 반복되고, 아래쪽은 ○, ○, □가 반복되므로 잘못 나타낸 것은 아래쪽입니다.

15 예 ☆, ☆, ◇가 반복되는 규칙으로 그립니다.
참고 규칙이 있고 이에 따라 그렸으면 정답으로 인정합니다.

16 색칠한 수는 1부터 시작하여 6씩 커지므로 19부터 6씩 커지는 수에 색칠합니다.

17 ♡, ○, ○, △가 반복되므로 ♡ 다음에는 ○가 놓여야 합니다.

18 → 방향으로 1씩 커지고, ↓ 방향으로 7씩 커지는 규칙입니다.
따라서 29 아래 칸의 수는 29보다 7만큼 더 큰 36이므로 ★에 알맞은 수는 36-37-38-39에서 39입니다.

19 예 ☆, ○, ○가 반복되는 규칙입니다.」❶
따라서 ☆ 다음에는 ○를 그려야 하므로 빈칸에 알맞은 모양은 ○입니다.」❷

채점 기준	
❶ 규칙 찾기	3점
❷ 빈칸에 알맞은 모양 구하기	2점

20 예 24부터 시작하여 3씩 작아지는 규칙입니다.」❶
따라서 ㉠에 알맞은 수는 15보다 3만큼 더 작은 수인 12입니다.」❷

채점 기준	
❶ 수 배열에서 규칙 찾기	3점
❷ ㉠에 알맞은 수 구하기	2점

6. 덧셈과 뺄셈(3)

개념책 130쪽   개념 ❶

1 (1) 17, 18, 19
(2) 예

○	○	○	○	○
○	○	○	○	○

○	○	○	△	△
△	△	△	△	

(3) 19

1 (1) 13에서 14, 15, 16, 17, 18, 19라고 이어 세기를 합니다.
(2) 더하는 수 6만큼 △를 그려 보면 19가 됩니다.

개념책 131쪽   **기본유형 익히기**

1 (1) 33 (2) 27   **2** (1) 49 (2) 87
3
4 8, 19 / 19쪽

1 (1) 딸기 30개에서 31, 32, 33이라고 이어 세기를 합니다.
(2) 귤 23개에서 24, 25, 26, 27이라고 이어 세기를 합니다.

2 (1) 44에서 5를 이어 세면 49입니다.
(2) 80에서 7을 이어 세면 87입니다.

3 • 65에서 2를 이어 세면 67입니다.
• 72에서 6을 이어 세면 78입니다.

4 (어제 읽은 쪽수)+(오늘 읽은 쪽수)
=11+8=19(쪽)

개념책 132쪽   개념 ❷

1 6 / 2, 6
2 (1) 5, 0 (2) 7, 4

개념책 133쪽 **기본유형 익히기**

1 59   **2** (1) 60 (2) 65

3

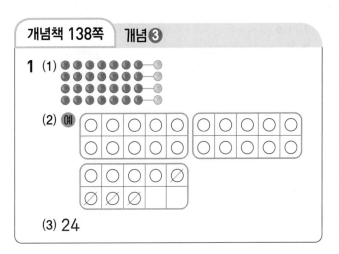

1 별 모양 35개와 24개를 더하면 모두
35+24=59(개)입니다.

3 ・14+32=46   ・40+30=70
　 ・25+60=85   ・25+21=46
　 ・60+10=70

개념책 134~135쪽 **연산 PLUS**

1 28	**2** 30	**3** 57
4 48	**5** 43	**6** 37
7 88	**8** 60	**9** 49
10 69	**11** 16	**12** 90
13 92	**14** 80	**15** 39
16 28	**17** 74	**18** 80
19 93	**20** 56	**21** 29
22 77	**23** 90	**24** 79

개념책 136~137쪽 **실전유형 다지기**

🖊 서술형 문제는 풀이를 꼭 확인하세요.

1 (1) 36 (2) 68   **2**

3 24, 5, 29 또는 5+24=29
4 (　) (○)   🖊**5** 49명
6 <   **7** 고, 슴, 도, 치
8 47   **9** 35개
10 28개   **11** 58 / 40 / 62

2 ・53+4=57   ・38+21=59
　 ・23+33=56   ・50+9=59
　 ・42+15=57

3 지우개 24개와 5개를 더하면 모두
24+5=29(개)입니다.

4 10개씩 묶음의 수끼리, 낱개의 수끼리 줄을 맞
추어 계산해야 합니다.

🖊**5** ❶ 📋 여자의 수와 남자의 수를 더하면 되므로
34+15를 계산합니다.
❷ 📋 박물관에 간 사람은 모두
34+15=49(명)입니다.

6 ・62+6=68   ・50+20=70

7 ・30+30=60   ・61+7=68
　 ・31+35=66   ・30+12=42
따라서 합이 큰 것부터 순서대로 글자를 쓰면
고, 슴, 도, 치입니다.

8 가장 큰 수는 42이고, 가장 작은 수는 5이므로
합은 42+5=47입니다.

9 (노란색 공과 파란색 공의 수)
=12+23=35(개)

10 (노란색 공과 빨간색 공의 수)
=12+16=28(개)

11 ・■: 34+24=58
　 ・▲: 10+30=40
　 ・●: 12+50=62

개념책 138쪽 **개념❸**

1 (1)

(2) 📋

(3) 24

1 (1) 28과 4를 하나씩 비교하면 짝 지어지지 않은 파란색 구슬은 24개입니다.

(2) 빼는 수 4만큼 /을 그려 보면 남은 ○는 24개 입니다.

개념책 139쪽 기본유형 익히기

1 12

2 (1) 11 (2) 55

3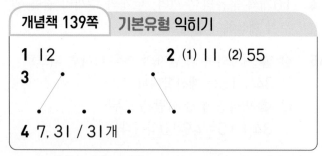

4 7, 31 / 31개

1 빼는 수 3만큼 /을 그려 보면 남은 인형은 15−3=12(개)입니다.

2 (1) 19와 8을 하나씩 비교하면 11이 남습니다.

(2) 56과 1을 하나씩 비교하면 55가 남습니다.

3 · 47과 5를 하나씩 비교하면 42가 남습니다.

· 64와 2를 하나씩 비교하면 62가 남습니다.

4 (사과의 수)−(귤의 수)=38−7=31(개)

개념책 140쪽 개념❹

1 6 / 1, 6

2 (1) 2, 0 (2) 3, 1

개념책 141쪽 기본유형 익히기

1 13

2 (1) 20 (2) 56

3

70
−40

65
−20

59−12

88−43

60
−30

---

1 남은 단추는 29−16=13(개)입니다.

2 · 70−40=30   · 59−12=47

· 65−20=45   · 88−43=45

· 60−30=30

개념책 142쪽 개념❺

1 (1) 5, 28 (2) 13, 1

개념책 143쪽 기본유형 익히기

1 (1) 24 / 34 / 44 / 54

(2) 68 / 68 / 67 / 67

(3) 42 / 32 / 22

(4) 56 / 55 / 54

2 12, 22, 34 또는 22+12=34

3 29, 15, 14

1 (1) 같은 수에 10씩 커지는 수를 더하면 합은 10씩 커집니다.

(2) 두 수를 서로 바꾸어 더해도 합은 같습니다.

(3) 같은 수에서 10씩 커지는 수를 빼면 차는 10씩 작아집니다.

(4) 같은 수에서 1씩 커지는 수를 빼면 차는 1씩 작아집니다.

개념책 144~145쪽 연산 PLUS

1 22	**2** 40	**3** 23
4 25	**5** 33	**6** 20
7 10	**8** 16	**9** 23
10 41	**11** 24	**12** 50
13 40	**14** 11	**15** 14
16 30	**17** 61	**18** 32
19 82	**20** 35	**21** 50
22 50	**23** 73	**24** 21

개념책 146~147쪽 실전유형 다지기

서술형 문제는 풀이를 꼭 확인하세요.

1 (1) 25 (2) 13

2

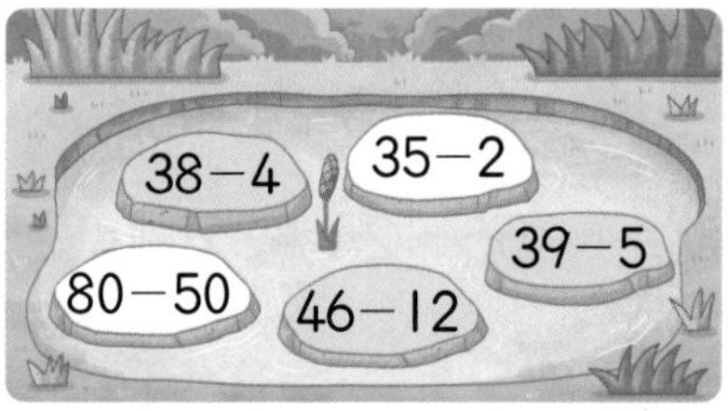

3 40, 20, 20 4 58 / 68

5 (○)( ) 6 17마리

7 > 8 25

9 13, 20, 33 또는 20+13=33

10 15, 4, 11

11 예 45, 21, 66 / 56, 42, 14

12 (위에서부터) 15, 32, 34 / 12

2 • 38−4=34 • 35−2=33
• 80−50=30 • 46−12=34
• 39−5=34

3 달걀 40개에서 20개를 빼면 남은 달걀은 40−20=20(개)입니다.

4 10씩 커지는 수에 같은 수를 더하면 합은 10씩 커집니다.

5 10개씩 묶음의 수끼리, 낱개의 수끼리 줄을 맞추어 계산해야 합니다.

6 ❶ 예 고등어의 수에서 갈치의 수를 빼면 되므로 27−10을 계산합니다.
❷ 예 고등어가 갈치보다 27−10=17(마리) 더 많습니다.

7 • 57−3=54 • 70−30=40

8 39보다 14만큼 더 작은 수는 39−14=25입니다.

11 • 54+33=87, 55+23=78, 56+42=98 등 다양한 덧셈식이 나올 수 있습니다.
• 45−21=24, 54−33=21, 55−23=32 등 다양한 뺄셈식이 나올 수 있습니다.

12 → 방향으로 1씩 커지고, ↓ 방향으로 10씩 커지는 규칙이므로 ㉠은 23이고, ㉡은 35입니다.
⇨ ㉡−㉠=35−23=12

개념책 148~149쪽 응용유형 다잡기

1 (1) 32, 15 (2) 47 2 14

3 (1) 12개 (2) 39개 4 65개

5 (1) 가장 큰 수, 두 번째로 큰 수 (2) 74

6 69

7

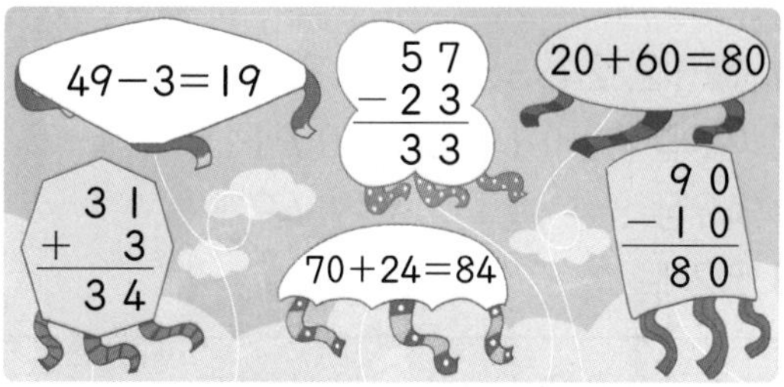

1 (1) • 33보다 1만큼 더 작은 수: 32
• 10개씩 묶음 1개와 낱개 5개: 15
(2) 32+15=47

2 • 10개씩 묶음 2개와 낱개 4개: 24
• 37보다 1만큼 더 큰 수: 38
⇨ 38−24=14

3 (1) (영철이가 딴 토마토의 수)
=27−15=12(개)
(2) (지수와 영철이가 딴 토마토의 수)
=27+12=39(개)

4 (연희가 모은 구슬의 수)=34−3=31(개)
⇨ (준재와 연희가 모은 구슬의 수)
=34+31=65(개)

5 (2) 큰 수부터 순서대로 쓰면 7, 6, 2이므로 수 카드 2장을 뽑아 만들 수 있는 가장 큰 수는 76입니다. ⇨ 76−2=74

6 큰 수부터 순서대로 쓰면 6, 5, 4이므로 수 카드 2장을 뽑아 만들 수 있는 가장 큰 수는 65입니다. ⇨ 65+4=69

7 • 49−3=46 • 57−23=34
• 70+24=94

🖊 서술형 문제는 풀이를 꼭 확인하세요.

1 39 · **2** 4, 42
3 67 · **4** (   )(○)
5 ·
6 59 / 59 / 87 / 87
7 43 / 42
8 < · **9** 46
10 14, 3, 17 또는 3＋14＝17
11 14, 3, 11 · **12** 50
13 37명 · **14** 32개
15 (○)(   )(△)
16 예 12, 24, 36 / 45, 13, 32
17 (위에서부터) 19, 36, 40 / 11
18 49장 · 🖊**19** 49개
🖊**20** 52개

1 구슬 33개와 6개를 더하면 모두
　33＋6＝39(개)입니다.

2 십 모형 4개와 일 모형 2개가 남으므로
　46－4＝42입니다.

4 10개씩 묶음의 수끼리, 낱개의 수끼리 줄을 맞
　추어 계산해야 합니다.

5 ·20＋4＝24　　·90－20＝70
　·31＋26＝57　　·27－3＝24
　·40＋30＝70　　·79－22＝57

6 두 수를 서로 바꾸어 더해도 합은 같습니다.

7 1씩 작아지는 수에서 같은 수를 빼면 차는 1씩
　작아집니다.

8 ·50＋10＝60　　·68－7＝61

9 16보다 30만큼 더 큰 수는 16＋30＝46입
　니다.

10 (닭장 안과 밖에 있는 닭의 수)
　　＝14＋3＝17(마리)

11 (닭장 안에 있는 닭의 수)
　　－(닭장 밖에 있는 닭의 수)
　　＝14－3＝11(마리)

12 가장 큰 수는 70이고, 가장 작은 수는 20이므로
　차는 70－20＝50입니다.

13 (놀이터에 있는 학생 수)＝21＋16＝37(명)

14 (남은 사과의 수)＝56－24＝32(개)

15 ·80－20＝60
　·34＋23＝57
　·20＋20＝40

16 ·12＋13＝25, 24＋45＝69 등
　다양한 덧셈식이 나올 수 있습니다.
　·24－12＝12, 45－24＝21 등
　다양한 뺄셈식이 나올 수 있습니다.

17 → 방향으로 1씩 커지고, ↓ 방향으로 10씩 커지는
　규칙이므로 ㉠은 28이고, ㉡은 39입니다.
　⇨ ㉡－㉠＝39－28＝11

18 (희수가 모은 붙임딱지의 수)
　　＝29－9＝20(장)
　⇨ (주연이와 희수가 모은 붙임딱지의 수)
　　＝29＋20＝49(장)

🖊**19** 예 아버지가 캔 감자의 수와 현우가 캔 감자의
　수를 더하면 되므로 42＋7을 계산합니다.」❶
　따라서 아버지와 현우가 캔 감자는 모두
　42＋7＝49(개)입니다.」❷

채점 기준	
❶ 문제에 알맞은 식 만들기	2점
❷ 아버지와 현우가 캔 감자의 수 구하기	3점

🖊**20** 예 과자의 수에서 사탕의 수를 빼면 되므로
　86－34를 계산합니다.」❶
　따라서 과자가 사탕보다 86－34＝52(개) 더
　많습니다.」❷

채점 기준	
❶ 문제에 알맞은 식 만들기	2점
❷ 과자는 사탕보다 몇 개 더 많은지 구하기	3점

 **복습책**

1. 100까지의 수

복습책 4~6쪽 | 기초력 기르기

❶ 60, 70, 80, 90 알아보기

1 60	**2** 80
3 70	**4** 90
5 칠십	**6** 예순
7 아흔	**8** 팔십

❷ 99까지의 수 알아보기

1 68	**2** 82
3 79	**4** 93
5 육십칠	**6** 팔십오
7 쉰넷	**8** 아흔여섯

❸ 수의 순서

1 57, 59	**2** 74, 76
3 66, 68	**4** 85, 87
5 79, 81	**6** 98, 100
7 57, 58	**8** 64, 66
9 73, 74	**10** 69, 71
11 61, 62	**12** 82, 83
13 77, 79	**14** 99, 100

❹ 수의 크기 비교

1 <	**2** >
3 >	**4** <
5 >	**6** <
7 <	**8** >
9 >	**10** <

❺ 짝수와 홀수

1 홀수	**2** 짝수
3 짝수	**4** 홀수
5 홀수	**6** 짝수
7 홀수	**8** 짝수
9 홀수	**10** 짝수

복습책 7~8쪽 | 기본유형 익히기

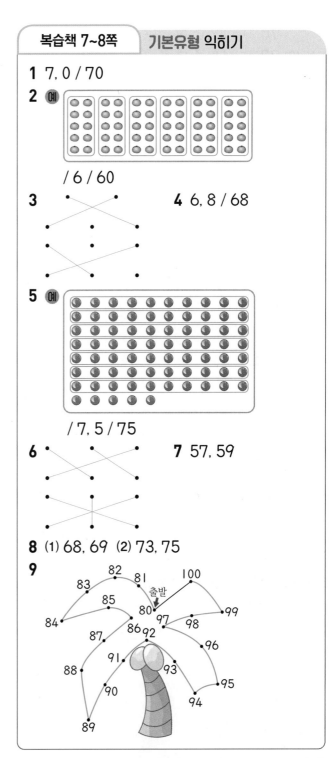

1 7, 0 / 70

2 예

/ 6 / 60

3

4 6, 8 / 68

5 예

/ 7, 5 / 75

6

7 57, 59

8 (1) 68, 69 (2) 73, 75

9

4 10개씩 묶음 6개와 낱개 8개이므로 수로 나타내면 68입니다.

5 10개씩 묶어 보면 10개씩 묶음 7개와 낱개 5개이므로 수로 나타내면 75입니다.

6 • 62(육십이 또는 예순둘)
　• 94(구십사 또는 아흔넷)
　• 85(팔십오 또는 여든다섯)

8 (1) 67보다 1만큼 더 큰 수는 68이고,
   70보다 1만큼 더 작은 수는 69입니다.
   (2) 72보다 1만큼 더 큰 수는 73이고,
   74보다 1만큼 더 큰 수는 75입니다.

복습책 9~10쪽 | **실전유형 다지기**

🖊 서술형 문제는 풀이를 꼭 확인하세요.

1 (1) 7 (2) 8　　　　　**2** 승우
3 6, 9 / 69
4

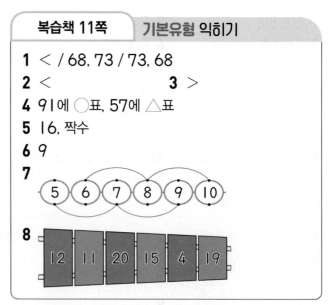

90

5 6개
6

100 99 98 97 96 95
88 89 90 91 92 93 94
87 85 84 83 82 81 80
86

7 ( )(○)( )( )
8 63　　　　　🖊**9** 80
10 예 | 고른 수 카드

5 8 → 58
5 8
8 5 → 85

11

55
56
57 58 　 60

82 　 84 85
81
80

7 84(팔십사 또는 여든넷)

---

8 낱개 13개는 10개씩 묶음 1개와 낱개 3개입니다.
10개씩 묶음 6개와 낱개 3개 ⇨ 63

🖊**9** 예 「10개씩 묶음 7개와 낱개 9개는 79입니다.」❶
79보다 1만큼 더 큰 수는 80입니다.
따라서 나타내는 수보다 1만큼 더 큰 수는 80입니다.」❷

10 고른 수 카드 2장이 5, 8이면 만들 수 있는 두 수는 58, 85입니다.

11 · 55 — 56 — 57 — 58 — 59 — 60
· 80 — 81 — 82 — 83 — 84 — 85

복습책 11쪽 | **기본유형 익히기**

1 < / 68, 73 / 73, 68
2 <　　　　　　　　**3** >
4 91에 ○표, 57에 △표
5 16, 짝수
6 9
7

5 6 7 8 9 10

8

12 11 20 15 4 19

3 10개씩 묶음의 수를 비교하면 6>5입니다.
⇨ 62>59

4 10개씩 묶음의 수를 비교하면 9가 가장 크고, 5가 가장 작습니다.
⇨ 91이 가장 큰 수이고, 57이 가장 작은 수입니다.

7 짝수는 낱개의 수가 0, 2, 4, 6, 8인 수이고, 홀수는 낱개의 수가 1, 3, 5, 7, 9인 수입니다.

8 짝수는 낱개의 수가 0, 2, 4, 6, 8인 수이고, 홀수는 낱개의 수가 1, 3, 5, 7, 9인 수입니다. 따라서 짝수는 12, 20, 4이고 홀수는 11, 15, 19입니다.

복습책 12~13쪽 **실전유형 다지기**

🖊 서술형 문제는 풀이를 꼭 확인하세요.

1

8	13
11	14
9	
10	15

2 59, >, 54   **3** (1) < (2) >

4

(13) (6) (△3) (5) (20)

(14) (△1) (16) (4) (19)

🖊**5** 짝수   **6** 70, >, 69

7 (   ) (○)   **8** 민지

9 (1) 짝수 (2) 홀수   **10** ③

4 • 짝수는 낱개의 수가 0, 2, 4, 6, 8인 수이므로 4, 6, 14, 16, 20입니다.
• 홀수는 낱개의 수가 1, 3, 5, 7, 9인 수이므로 1, 3, 5, 13, 19입니다.

🖊**5** 예 지우개를 둘씩 짝을 지을 때 남는 것이 없습니다.』❶
따라서 지우개의 수는 짝수입니다.』❷

채점 기준

❶ 지우개를 둘씩 짝을 지을 때 남는 것이 있는지 없는지 알아보기
❷ 지우개의 수는 짝수인지 홀수인지 쓰기

6 • 71보다 1만큼 더 작은 수는 70입니다.
• 68보다 1만큼 더 큰 수는 69입니다.
⇨ 70 > 69
　 └─┘
　 7 > 6

7 짝수는 낱개의 수가 0, 2, 4, 6, 8인 수입니다.
• 왼쪽 상자: 11, 13, 7은 모두 홀수입니다.
• 오른쪽 상자: 8, 2, 16은 모두 짝수입니다.
따라서 짝수만 모여 있는 상자는 오른쪽 상자입니다.

8 10개씩 묶음의 수가 7로 같으므로 낱개의 수를 비교하면 8이 가장 큽니다. ⇨ 78이 가장 큽니다.
따라서 훌라후프를 가장 많이 돌린 사람은 민지입니다.

9 (1) 친구가 전학을 오기 전에는 모든 학생이 짝이 있었으므로 짝수입니다.
(2) 친구가 전학을 온 후에는 한 명만 짝이 없으므로 홀수입니다.

10 82 > 71, 82 > 80, 82 < 91
　　 └┘　　　 └┘　　　 └┘
　　 8 > 7　　 2 > 0　　 8 < 9
따라서 82는 80보다 크고 91보다 작으므로 ③에 놓아야 합니다.

복습책 14쪽 **응용유형 다잡기**

1 4개   **2** 75
3 61   **4** 학교

1 55와 5□는 10개씩 묶음의 수가 5로 같으므로 낱개의 수를 비교하면 5 < □입니다.
따라서 □ 안에 들어갈 수 있는 수는 5보다 큰 6, 7, 8, 9로 모두 4개입니다.

2 비법

가장 큰 수를 만들려면 10개씩 묶음의 수에 가장 큰 수를, 낱개의 수에 두 번째로 큰 수를 놓아야 합니다.

3, 5, 7을 큰 수부터 순서대로 쓰면 7, 5, 3입니다.
따라서 10개씩 묶음의 수에 가장 큰 수인 7을, 낱개의 수에 두 번째로 큰 수인 5를 놓으면 75입니다.

3 10개씩 묶음이 6개인 수는 60, 61, 62, 63, 64, 65, 66, 67, 68, 69이고 이 중에서 62보다 작은 수는 60, 61입니다.
따라서 60, 61 중에서 홀수는 61이므로 설명하는 수는 61입니다.

4 85 < 88, 57 < 92
　　 └┘　　　 └┘
　　 5 < 8　　 5 < 9
따라서 도착한 장소는 학교입니다.

1. 100까지의 수　**33**

2. 덧셈과 뺄셈(1)

복습책 16~18쪽 기초력 기르기

① 세 수의 덧셈

1 6 / (계산 순서대로) 3, 3, 6
2 9 / (계산 순서대로) 8, 8, 9
3 5　　　　　　　　4 9
5 6　　　　　　　　6 8

② 세 수의 뺄셈

1 4 / (계산 순서대로) 5, 5, 4
2 2 / (계산 순서대로) 7, 7, 2
3 4　　　　　　　　4 1
5 2　　　　　　　　6 0

③ 10이 되는 더하기

1 3　　　　　　　　2 5
3 10　　　　　　　4 10
5 6　　　　　　　　6 3
7 2

④ 10에서 빼기

1 6　　　　　　　　2 7
3 2　　　　　　　　4 5
5 3　　　　　　　　6 4
7 9

⑤ 10을 만들어 더하기

1 11　　　　　　　2 12
3 12　　　　　　　4 18
5 13　　　　　　　6 19
7 15　　　　　　　8 13
9 11　　　　　　　10 12
11 19　　　　　　12 12
13 13　　　　　　14 16

복습책 19쪽 기본유형 익히기

1 3, 3, 8　　　　　2

3 8 / (계산 순서대로) 6, 6, 8
4 3, 1, 5 또는 $9-1-3=5$
5

6 2 / (계산 순서대로) 3, 3, 2

2 빨간색 마카롱 3개, 노란색 마카롱 1개, 파란색 마카롱 2개를 모두 더하는 덧셈식은 $3+1+2$ 입니다.
⇨ $3+1+2=4+2=6$

5 구슬 5개에서 구슬 2개와 구슬 2개를 빼는 뺄셈식은 $5-2-2$입니다.
⇨ $5-2-2=3-2=1$

복습책 20~21쪽 실전유형 다지기

🖊 서술형 문제는 풀이를 꼭 확인하세요.

1 2, 2, 2　　　　　2 (1) 8 (2) 2
3 8　　　　　　　　4
5 ( )(○)　　　　6 5개
🖊7 3명　　　　　　8 ( )(○)
9 >
10 예

/ 5, 3, 1, 9

11 예 1, 2 / 1, 2, 5
12 2, 5 또는 $1+5+2=8$ 또는 $1+3+4=8$ 또는 $1+4+3=8$

2 (1) $2+4+2=6+2=8$
　　(2) $9-5-2=4-2=2$

3 $3+1+4=4+4=8$

4 ・$3+5+1=8+1=9$
　　・$1+6+1=7+1=8$

5 세 수의 뺄셈은 앞의 두 수를 빼고, 나온 수에서
　　나머지 한 수를 빼야 합니다.

6 (유진이가 가지고 있는 구슬의 수)
　　$=1+3+1=4+1=5$(개)

7 예 버스에 타고 있었던 사람 수에서 공원 앞에서
　　내린 사람 수를 빼고 다시 시장 앞에서 내린 사람
　　수를 빼면 되므로 $8-2-3$을 계산합니다.」❶
　　따라서 버스에 남은 사람은
　　$8-2-3=6-3=3$(명)입니다.」❷

| 채점 기준 | |
| --- | |
| ❶ 문제에 알맞은 식 만들기 |
| ❷ 버스에 남은 사람 수 구하기 |

8 ・$5+1+1=6+1=7$
　　・$3+4+2=7+2=9$
　　⇨ $7<9$

9 ・$5-2-1=3-1=2$
　　・$7-3-3=4-3=1$
　　⇨ $2>1$

10 세 가지 색으로 꽃잎을 색칠하고 색깔별로 세어서
　　덧셈식으로 나타냅니다.

11 색종이 8장에서 1장과 2장을 빼면 5장이 남습
　　니다.
　　⇨ $8-1-2=7-2=5$

12 합이 8이 되는 세 수에서 한 수가 1이므로 나머지
　　두 수의 합은 7이어야 합니다.
　　합이 7이 되는 두 수는 2와 5, 3과 4입니다.

복습책 22~23쪽 **기본유형 익히기**

1 (1) 10 (2) 10　　**2** (1) 5, 5 (2) 4, 6
3 예  / 2, 8, 2, 8

4 (1) 5 (2) 7　　**5** 4, 6
6 예  / 2, 2, 8

7 10, 2 / 12
8 (1) 15 (2) 13
9

1 (1) 컵케이크 9개와 1개를 더하면 모두 10개입
　　니다. ⇨ $9+1=10$
　　(2) 바둑돌 6개에 4개를 더 놓으면 모두 10개
　　입니다. ⇨ $6+4=10$

2 (1) 점 5개와 점 5개를 더하면 모두 10개입니다.
　　⇨ $5+5=10$
　　(2) 점 4개와 점 6개를 더하면 모두 10개입니다.
　　⇨ $4+6=10$

4 (1) 사과 10개 중 5개가 떨어지면 사과 5개가
　　남습니다. ⇨ $10-5=5$
　　(2) 바나나 10개 중 3개를 먹으면 바나나 7개
　　가 남습니다. ⇨ $10-3=7$

5 딸기는 귤보다 6개가 더 많습니다.
　　⇨ $10-4=6$

7 호두 4개와 6개로 10개를 만들고 2개를 더
　　더하면 호두는 모두 12개가 됩니다.

8 (1) $8+2+5=10+5=15$
　　(2) $3+9+1=3+10=13$

9 ・$5+5+6=10+6=16$
　　・$3+2+8=3+10=13$

복습책

복습책 24~25쪽 실전유형 다지기

🖊 서술형 문제는 풀이를 꼭 확인하세요.

1 (1) 18 (2) 14

2

3 (◯)   **4** 6개
(◯)
( )

5 예 / 3, 7

6 7자루

7 예 / 4, 6

8 예

/ 예 10=1+9, 10=2+8, 10=3+7,
10=5+5, 10=6+4, 10=7+3,
10=8+2, 10=9+1

9 6, 4 또는 3+4+6=13
또는 3+9+1=13 또는 3+1+9=13

10 7, 12 / 2, 8, 14 / 2

3 10을 만들어 더할 수 있는 식은 세 수 중에 합이 10인 두 수가 있는 8+2+3, 2+7+3입니다.

4 10−4=6이므로 윤서는 준희보다 초콜릿 6개를 더 가지고 있습니다.

6 예 처음에 있었던 연필의 수에서 동생에게 준 연필의 수를 빼면 되므로 10−3을 계산합니다.❶
따라서 남은 연필은 10−3=7(자루)입니다.❷

채점 기준
❶ 문제에 알맞은 식 만들기
❷ 남은 연필의 수 구하기

7 합이 10개가 되도록 빈 상자에 ◯를 그리고, ☐ 안에 각각의 상자에 그린 ◯의 수를 써넣습니다.

8 10이 되는 두 수를 찾아 묶고, 이를 이용하여 10=☐+☐의 덧셈식을 씁니다.

9 합이 13이 되는 세 수에서 한 수가 3이므로 나머지 두 수의 합은 10이어야 합니다.
합이 10이 되는 두 수는 6과 4, 9와 1입니다.

10 • 1모둠: 3+7+2=10+2=12(개)
• 2모둠: 4+2+8=4+10=14(개)
⇨ 12<14이므로 구슬을 더 많이 넣은 모둠은 2모둠입니다.

복습책 26쪽 응용유형 다잡기

1 4권	**2** 2
3 8, 9	**4** 9, 13 / 5, 15

1 (책꽂이에 꽂혀 있던 책의 수)=3+7=10(권)
⇨ (친구에게 빌려 주고 남은 책의 수)
=10−6=4(권)

2 • 10−2=8 ⇨ ●=8
• ●−1−5=8−1−5=7−5=2
⇨ ◆=2

3 2+3+2=5+2=7
따라서 7<☐이므로 ☐ 안에 들어갈 수 있는 수는 8, 9입니다.

4 • 길을 따라가면 그릇에 뼈다귀가 1개, 9개, 3개가 있습니다.
⇨ 1+9+3=10+3=13
• 길을 따라가면 그릇에 뼈다귀가 1개, 9개, 5개가 있습니다.
⇨ 1+9+5=10+5=15

3. 모양과 시각

복습책 28~30쪽 기초력 기르기

❶ 여러 가지 모양 찾기

1 ○ **2** △
3 □ **4** ○
5 △ **6** □
7 ○ **8** □
9 △ **10** ○
11 ③, ⑤ / ②, ⑥ / ①, ④
12 ②, ⑥ / ①, ③ / ④, ⑤

❷ 여러 가지 모양 알아보기

1
2
3

❸ 여러 가지 모양으로 꾸미기

1 3, 3, 1 **2** 6, 1, 2
3 3, 6, 3

❹ 몇 시

1 2시 **2** 5시
3 6시 **4** 1시
5   **6**
7   **8**

❺ 몇 시 30분

1 8시 30분 **2** 2시 30분
3 9시 30분 **4** 12시 30분
5   **6**
7   **8**

복습책 31~32쪽 기본유형 익히기

1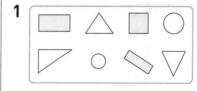

2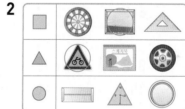

3 ( ) ( ) (○) **4** ( ) (○)
5 ○ **6** 3개
7 **8** ■ , ●
9 4개 / 5개 / 3개
10 예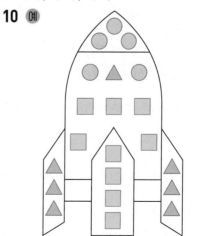

3 트라이앵글은 ▲ 모양입니다.
따라서 트라이앵글과 같은 모양은 지우개입니다.

4 • 옷걸이 ⇨ ▲ 모양, 탬버린 ⇨ ● 모양
• 사전, 손수건 ⇨ ■ 모양

5 물건의 바닥을 납작하게 편 찰흙 위에 찍으면 ● 모양이 나옵니다.

6 곧은 선이 없는 물건은 ● 모양입니다.
따라서 곧은 선이 없는 물건은 방석, 도넛, 단추로 모두 3개입니다.

복습책 33~34쪽 실전유형 다지기

✎ 서술형 문제는 풀이를 꼭 확인하세요.

1 ④, ⑨
2 ②, ⑧
3 3개
4 ④
5 ■
6 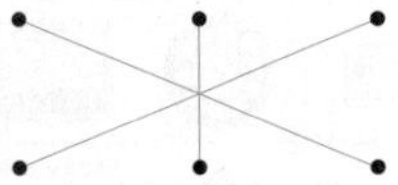
7 주미
8 8개 / 3개 / 6개
✎9 풀이 참조
10 ( )( )(○)
11 5개, 3개, 1개

5 물건의 바닥을 납작하게 편 찰흙 위에 찍으면 ■ 모양이 나옵니다.

6 삼각 김밥은 ▲ 모양, 동전은 ● 모양, 지우개는 ■ 모양이므로 각각 같은 모양의 교통안전 표지판과 선으로 이어 봅니다.

7 ▲ 모양은 곧은 선이 있습니다.
따라서 바르게 이야기한 사람은 주미입니다.

✎9 예 「▲ 모양은 뾰족한 부분이 있어서 페인트 롤러가 잘 굴러가지 않을 것입니다.」 ❶

채점 기준
❶ 페인트 롤러가 ▲ 모양이라면 어떤 일이 생길지 쓰기

10 • ▲ 모양은 7개 있습니다.
• ■ 모양은 1개 있습니다.

복습책 35쪽 기본유형 익히기

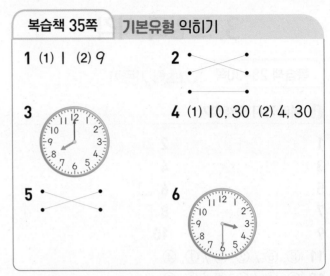

1 (1) 1 (2) 9
2 
3 
4 (1) 10, 30 (2) 4, 30
5 
6 

2 • 짧은바늘이 3, 긴바늘이 12를 가리키므로 3시입니다.
• 짧은바늘이 6, 긴바늘이 12를 가리키므로 6시입니다.
• 짧은바늘이 11, 긴바늘이 12를 가리키므로 11시입니다.
• ':' 앞은 6, ':' 뒤는 00이므로 6시입니다.
• ':' 앞은 3, ':' 뒤는 00이므로 3시입니다.
• ':' 앞은 11, ':' 뒤는 00이므로 11시입니다.

3 ':' 앞은 8, ':' 뒤는 00이므로 8시입니다.
⇨ 8시는 짧은바늘이 8을 가리키도록 그립니다.

5 • 짧은바늘이 2와 3 사이, 긴바늘이 6을 가리키므로 2시 30분입니다. ⇨ 간식 먹기
• 짧은바늘이 7과 8 사이, 긴바늘이 6을 가리키므로 7시 30분입니다. ⇨ 책 읽기

6 ':' 앞은 3, ':' 뒤는 30이므로 3시 30분입니다.
⇨ 3시 30분은 긴바늘이 6을 가리키도록 그립니다.

복습책 36~37쪽 실전유형 다지기

✎ 서술형 문제는 풀이를 꼭 확인하세요.

1 (1) 7시 (2) 11시 30분
2 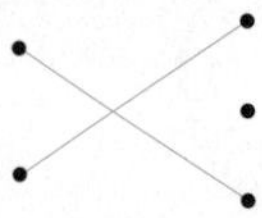
3 ( )( )(○)

4 3, 30 **5** 2, 4

6   **7**

8   **9** 풀이 참조

10 ㅣㅣ시 30분 **11** 8시

12 / 예 6시 30분에 가족들과 저녁 식사를 하고 싶습니다.

3 짧은바늘이 2와 3 사이, 긴바늘이 6을 가리키는 시계를 찾습니다.

4 짧은바늘이 3과 4 사이, 긴바늘이 6을 가리키므로 3시 30분입니다.

5 • 숙제를 한 시각은 짧은바늘이 2, 긴바늘이 ㅣ2를 가리키므로 2시입니다.
  • 청소를 한 시각은 짧은바늘이 4, 긴바늘이 ㅣ2를 가리키므로 4시입니다.

6 ':' 앞은 9, ':' 뒤는 00이므로 9시입니다.
  9시는 짧은바늘이 9, 긴바늘이 ㅣ2를 가리키도록 그립니다.

7 ㅣ0시는 짧은바늘이 ㅣ0, 긴바늘이 ㅣ2를 가리키도록 그립니다.

8 8시 30분은 짧은바늘이 8과 9 사이, 긴바늘이 6을 가리키도록 그립니다.

9 ❶

예 9시 30분은 시계의 짧은바늘이 9와 ㅣ0 사이를 가리켜야 하는데 9를 가리키도록 그렸으므로 잘못되었습니다. ❷

채점 기준
❶ 오른쪽 시계에 바르게 나타내기
❷ 잘못된 이유 쓰기

11 긴바늘이 한 바퀴 움직일 때 짧은바늘은 7에서 8로 숫자 한 칸을 움직입니다.
따라서 짧은바늘이 8, 긴바늘이 ㅣ2를 가리키므로 8시입니다.

12 6시 30분은 짧은바늘이 6과 7 사이, 긴바늘이 6을 가리키도록 그립니다.

복습책 38쪽	응용유형 다잡기

1 은아 **2** △
3 2시 **4** 진수

1 • 은아: 짧은바늘이 7과 8 사이, 긴바늘이 6을 가리키므로 7시 30분입니다.
  • 상호: 짧은바늘이 8, 긴바늘이 ㅣ2를 가리키므로 8시입니다.
  따라서 7시 30분이 8시보다 더 빠른 시각이므로 더 먼저 일어난 사람은 은아입니다.

2 ■ 모양이 3개, △ 모양이 4개, ● 모양이 2개 있습니다.
  따라서 가장 많은 모양은 △ 모양입니다.

3 짧은바늘이 2, 긴바늘이 ㅣ2를 가리킵니다.
  따라서 시계가 나타내는 시각은 2시입니다.

4 • 진수: ■ 모양 3개, △ 모양 3개, ● 모양 6개
  • 민아: ■ 모양 6개, △ 모양 3개, ● 모양 3개
  따라서 ■ 모양 3개, △ 모양 3개, ● 모양 6개로 모양을 꾸민 사람은 진수입니다.

4. 덧셈과 뺄셈(2)

복습책 40~43쪽 기초력 기르기

❶ 받아올림이 있는 (몇)＋(몇)의 여러 가지 계산 방법

1 11
2 11
3 14
4 13

❷ 받아올림이 있는 (몇)＋(몇)

1 (계산 순서대로) 6, 11
2 (계산 순서대로) 1, 18
3 (계산 순서대로) 2, 14
4 (계산 순서대로) 4, 12
5 (계산 순서대로) 5, 12
6 12
7 11
8 12
9 13
10 11
11 14
12 16
13 17

❸ 여러 가지 덧셈하기

1 13 / 12 / 11
2 16 / 17 / 18
3 15 / 15
4 12 / 12

❹ 받아내림이 있는 (십몇)－(몇)의 여러 가지 계산 방법

1 7
2 9
3 7
4 5

❺ 받아내림이 있는 (십몇)－(몇)

1 10
2 (계산 순서대로) 5, 8
3 (계산 순서대로) 7, 9
4 (계산 순서대로) 3, 7
5 (계산 순서대로) 6, 8
6 8
7 10
8 7
9 6
10 4
11 10
12 7
13 9

❻ 여러 가지 뺄셈하기

1 4 / 3 / 2
2 4 / 5 / 6
3 8 / 8
4 6 / 6

복습책 44~45쪽 기본유형 익히기

1 12
2 13
3 5, 14 / 14마리
4 (1) (계산 순서대로) 5, 15
　(2) (계산 순서대로) 3, 15
　(3) (계산 순서대로) 3, 2, 15
5 (1) 13 (2) 15 (3) 11 (4) 13
6 5＋7＝12 / 12장
7 (1) 13 / 14 (2) 13 / 12 (3) 11 / 11

8

9＋5	8＋5	7＋5	6＋5
9＋6	8＋6	7＋6	6＋6
9＋7	8＋7	7＋7	6＋7
9＋8	8＋8	7＋8	6＋8

2  ⇨ 13개

3 (우리 안에 있는 병아리의 수)＋(우리 밖에 있는 병아리의 수)＝9＋5＝14(마리)

5
(1) $8＋5＝13$　　　(2) $9＋6＝15$
　　　2　3　　　　　　　1　5
(3) $7＋4＝11$　　　(4) $4＋9＝13$
　　　1　6　　　　　　　3　1

6 (처음 색종이의 수)＋(더 가져온 색종이의 수)
＝5＋7＝12(장)

7 (1) 같은 수에 1씩 커지는 수를 더하면 합은 1씩 커집니다.
(2) 같은 수에 1씩 작아지는 수를 더하면 합은 1씩 작아집니다.
(3) 두 수를 서로 바꾸어 더해도 합은 같으므로 8＋3과 3＋8은 모두 11입니다.

8 1씩 커지는 수에 1씩 작아지는 수를 더하면 합은 같습니다.
6＋8＝14, 7＋7＝14, 8＋6＝14, 9＋5＝14

참고 모든 덧셈의 합을 구하지 않고도 합이 같은 식을 찾을 수 있습니다.

복습책 46~47쪽 | 실전유형 다지기

🖊 서술형 문제는 풀이를 꼭 확인하세요.

1 (1) (계산 순서대로) 8, 11
　(2) (계산 순서대로) 2, 14
2 (1) 17 (2) 11　　　**3** 15 / 14 / 13 / 12
4 (왼쪽에서부터) 5, 13 / 3, 2, 13
5 14개　　　　　🖊**6** 11개
7 (1) 8 (2) 6　　　**8** (　)(○)
9

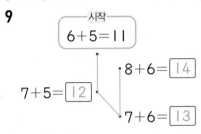

시작
6+5=11
8+6=14
7+5=12
7+6=13

10

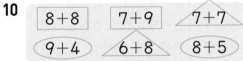

8+8　7+9　7+7
9+4　6+8　8+5

11 예 [점 6개] / 12, 8, 12

12 예 6, 8, 14 / 예 7, 9, 16

---

4 ・5와 5를 더하여 10을 만들고, 10과 남은 3을 더하면 13이 됩니다.
　・8과 2를 더하여 10을 만들고, 10과 남은 3을 더하면 13이 됩니다.

5 (바구니에 있는 귤의 수)=8+6=14(개)

🖊**6** 예 빨간색 머리끈의 수와 노란색 머리끈의 수를 더하면 되므로 7+4를 계산합니다.❶
따라서 머리끈은 모두 7+4=11(개)입니다.❷

채점 기준
❶ 문제에 알맞은 식 만들기
❷ 머리끈의 수 구하기

7 같은 수에 1 커지는 수를 더하면 합은 1 커집니다.

8 ・3+8=11 ・9+5=14 ⇨ 11<14

10 ・4+9=13이므로 9+4=13, 8+5=13 과 같습니다.
　・8+6=14이므로 7+7=14, 6+8=14 와 같습니다.
　・9+7=16이므로 8+8=16, 7+9=16 과 같습니다.

11 9+3=12이므로 4와 더해 12가 되려면 점을 8개 더 그려야 합니다. ⇨ 4+8=12

12 5+8=13, 5+9=14, 6+7=13, 6+8=14, 6+9=15, 7+7=14, 7+8=15, 7+9=16으로 덧셈식을 만들 수 있습니다.

복습책 48~49쪽 | 기본유형 익히기

1 7　　　　　　　**2** 풀, 6
3 7, 5 / 5개
4 (계산 순서대로) 2, 10
5 (1) (계산 순서대로) 1, 9
　(2) (계산 순서대로) 3, 9
6 (1) 10 (2) 6　　　**7** 11-3=8 / 8개
8 (1) 4 / 5 (2) 8 / 9 (3) 7 / 7
9

13-6	13-7	13-8	13-9
14-6	14-7	14-8	14-9
15-6	15-7	15-8	15-9
16-6	16-7	16-8	16-9

---

3 (숟가락의 수)-(포크의 수)=12-7=5(개)

6 (1) 15-5=10　　　(2) 14-8=6
　　　　10　5　　　　　　　4　4

7 (처음 젤리의 수)-(먹은 젤리의 수)
　=11-3=8(개)

8 (1) 1씩 커지는 수에서 같은 수를 빼면 차는 1씩 커집니다.
　(2) 같은 수에서 1씩 작아지는 수를 빼면 차는 1씩 커집니다.
　(3) 1씩 커지는 수에서 1씩 커지는 수를 빼면 차는 같습니다.

9 1씩 커지는 수에서 1씩 커지는 수를 빼면 차는 같습니다.

13−7=6, 14−8=6, 15−9=6

참고 모든 뺄셈의 차를 구하지 않고도 차가 같은 식을 찾을 수 있습니다.

복습책 50~51쪽 실전유형 다지기

서술형 문제는 풀이를 꼭 확인하세요.

1 (1) (계산 순서대로) 2, 4
　　(2) (계산 순서대로) 7, 8

2 (1) 10　(2) 8

3 5 / 6 / 7 / 8

4

5 7개　　　　　　　**✎6** 2개

7 >

8

시작
17−8=9

16−8=8

15−9=6

16−9=7

9 (위에서부터) 2 / 3, 4

10

| 15−7 | 12−7 | 13−7 |
| 11−3 | 11−5 | 14−9 |

11 8장

12 예 14, 8, 6 / 예 15, 9, 6

---

4 18−9=9, 14−7=7

5 (남은 밤의 수)=15−8=7(개)

✎6 예 감자의 수에서 옥수수의 수를 빼면 되므로 11−9를 계산합니다.」❶
따라서 감자는 옥수수보다 11−9=2(개) 더 많습니다.」❷

채점 기준
| ❶ 문제에 알맞은 식 만들기 |
| ❷ 감자는 옥수수보다 몇 개 더 많은지 구하기 |

---

9 1씩 작아지는 수에서 1씩 작아지는 수를 빼면 차는 같습니다.

10 ・13−8=5이므로 12−7=5, 14−9=5와 같습니다.
　　・12−4=8이므로 15−7=8, 11−3=8과 같습니다.
　　・14−8=6이므로 13−7=6, 11−5=6과 같습니다.

11 (지수가 사용하고 남은 붙임딱지의 수)
　　=13−9=4(장)
　　⇨ 12−4=8이므로 연우가 사용한 붙임딱지는 8장입니다.

12 13−5=8, 13−9=4, 14−8=6, 15−8=7, 15−9=6, 16−8=8, 16−9=7로 뺄셈식을 만들 수 있습니다.

복습책 52쪽 응용유형 다잡기

1 9명　　　　　　　**2** 6
3 9, 6, 15 또는 6+9=15
4 (위에서부터) 4 / 8, 5 / 7, 6

---

1 (㉮ 정류장을 떠날 때 버스에 타고 있는 사람 수)
　　=7+8=15(명)
　　⇨ (지금 버스에 타고 있는 사람 수)
　　　=15−6=9(명)

2 ・♥+♥=16에서 같은 수를 2번 더하여 16이 되는 경우는 8+8=16이므로 ♥=8입니다.
　　・14−♥=14−8=6 ⇨ ★=6

3 합이 가장 큰 덧셈식은 가장 큰 수와 두 번째로 큰 수를 더합니다.
따라서 뽑은 두 수는 가장 큰 수인 9와 두 번째로 큰 수인 6이므로 9+6=15입니다.

4 같은 수에서 1씩 작아지는 수를 빼면 차는 1씩 커집니다.

5. 규칙 찾기

복습책 54~56쪽 기초력 기르기

① 규칙 찾기

1 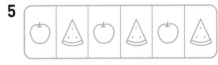 (가위)　　2 (종)

3 (다람쥐)　　4 (사과)

② 규칙 만들기

1 예 (원 무늬)

2 예 (티셔츠 무늬)

3 예 (컵 무늬)

4 예 (리본 무늬)

5 예 (모자 무늬)

③ 규칙을 만들어 무늬 꾸미기

1

2

3

4 예

5 예

④ 수 배열에서 규칙 찾기

1 5　　　　　　　　2 11, 15

3 (왼쪽부터) 29, 45, 49

4 (왼쪽부터) 50, 30, 20

5 (왼쪽부터) 25, 20, 15

⑤ 수 배열표에서 규칙 찾기

1 1　　　　　　　　2 10

3 9　　　　　　　　4 11

⑥ 규칙을 여러 가지 방법으로 나타내기

1 □　　　　　　　2 □, ○

3 4　　　　　　　　4 4, 2

5 5, 0, 5

복습책 57~59쪽 기본유형 익히기

1 (1) ♥ (2) (피망)　　2 (1) ◇ (2) ▼

3 딸기, 참외　　　　4 (　)
　　　　　　　　　　　 (○)

5 (사과, 수박 무늬)

6 예 (화분 무늬)

7 예 (원 무늬)

8 (네모 무늬)

9 예 (깃발 무늬)

10 예 (네모 무늬)

11 예 (도형 무늬)

12 (왼쪽부터) 4, 7, 4

13 (1) (왼쪽부터) 42, 62 (2) (왼쪽부터) 12, 9, 6

14 예 (왼쪽부터) 16, 21, 26, 31, 36

15 (1) 31, 1 (2) 23, 10
　 (3) (위에서부터) 49, 50 / 59, 60

16

61	62	63	64	65	66	67	68	69	70
71	72	73	74	75	76	77	78	79	80
81	82	83	84	85	86	87	88	89	90

17 2, 1, 2   **18** △, △, ○

19 ⚀, ⚄ / 5, 1, 5   **20** (○)( )

2 (1) ◇, ○가 반복되므로 ○ 다음에는 ◇가 놓여야 합니다.
　　(2) ▼, ◀, ▼가 반복되므로 ◀, ▼ 다음에는 ▼가 놓여야 합니다.

4 위쪽은 연필, 지우개, 지우개가 반복되는 규칙입니다.

6 예 빨간색, 파란색, 파란색이 반복되는 규칙으로 색칠합니다.
　　참고 규칙이 있고 이에 따라 색칠했으면 정답으로 인정합니다.

7 예 ○, ●, ○이 반복되는 규칙으로 그립니다.
　　참고 규칙이 있고 이에 따라 그렸으면 정답으로 인정합니다.

9 예 ♡, ♡, □가 반복되는 규칙으로 그립니다.
　　참고 규칙이 있고 이에 따라 그렸으면 정답으로 인정합니다.

10 예 초록색, 보라색, 보라색이 반복되는 규칙으로 색칠합니다.
　　참고 규칙이 있고 이에 따라 색칠했으면 정답으로 인정합니다.

11 예 첫째 줄은 분홍색, 노란색이 반복되는 규칙으로 색칠하고, 둘째 줄은 노란색, 분홍색이 반복되는 규칙으로 색칠합니다.
　　참고 규칙이 있고 이에 따라 색칠했으면 정답으로 인정합니다.

13 (1) 12부터 시작하여 10씩 커지는 규칙입니다.
　　(2) 21부터 시작하여 3씩 작아지는 규칙입니다.

14 1, 6, 11이 반복되거나 1부터 시작하여 5씩 커지는 규칙을 만들 수 있습니다.

16 색칠한 수는 61부터 시작하여 4씩 커지므로 81부터 4씩 커지는 수에 색칠합니다.

19 ⚄, ⚀이 반복되는 규칙입니다.
　　⇨ 5, 1이 반복되게 규칙을 나타냅니다.

20 두 팔 내리기, 두 팔 들기가 반복되는 규칙입니다.
　　⇨ 두 팔 들기 다음에는 두 팔 내리기를 해야 합니다.

복습책 60~61쪽 **실전유형 다지기**

📝 서술형 문제는 풀이를 꼭 확인하세요.

1 ◑, ◐

2 예

3 (○)( )

4

5 예 파란색, 흰색이 반복되는 규칙입니다.

6 32

7 예 8, 4, 8, 4, 8 / 예 ㅁ, ㅗ, ㅁ, ㅗ, ㅁ

8 ③

📝**9** 풀이 참조

10 (위에서부터) 23, 25 / 28, 30 / 35, 38 / 40, 42, 44 /
　　예 21부터 시작하여 3씩 커지는 규칙입니다.

11 예 ↓방향으로 1씩 커지는 규칙입니다.
　　/ 예 ↘방향으로 4씩 커지는 규칙입니다.

2 예 사탕, 도넛, 사탕이 반복되는 규칙으로 그립니다.
　　참고 규칙이 있고 이에 따라 그렸으면 정답으로 인정합니다.

3 사용한 모형의 개수가 3개, 3개, 1개로 반복되는 규칙입니다.

4 흰 우유, 딸기 맛 우유가 반복되므로 흰 우유 다음에는 딸기 맛 우유를 놓아야 합니다.

6 20부터 시작하여 2씩 커지는 규칙입니다.
　　⇨ 20-22-24-26-28-30-32-34이므로 ●에 알맞은 수는 32입니다.

7 , 이 반복되는 규칙입니다.

⇨ **예** ・8, 4가 반복되게 규칙을 나타냅니다.
・ㅁ, ㄴ이 반복되게 규칙을 나타냅니다.

참고 반복되는 규칙을 같게 나타내었으면 정답으로 인정합니다.

8 ☀, ☀, 🌙이 반복되는 규칙입니다.
따라서 ①에 알맞은 모양은 ☀, ②에 알맞은 모양은 ☀, ③에 알맞은 모양은 🌙입니다.

9 **예** 왼쪽은 ↓ 방향으로 3씩 커지고, 오른쪽은 ↑ 방향으로 3씩 커집니다.」❶

채점 기준
❶ 수의 규칙이 어떻게 다른지 설명하기

복습책 62쪽	응용유형 다잡기

1 ◇   **2** 29, 24, 19
3 70
4

1 ○, ◇, ◇, △가 반복되므로 ○ 다음에는 ◇가 놓여야 합니다.

2 《보기》는 20부터 시작하여 5씩 작아지는 규칙입니다.
따라서 34부터 시작하여 5씩 작아지는 규칙에 맞게 수를 써넣습니다.

3 → 방향으로 1씩 커지고, ↓ 방향으로 8씩 커지는 규칙입니다.
따라서 59 아래 칸의 수는 59보다 8만큼 더 큰 67이므로 ▲에 알맞은 수는 67−68−69−70에서 70입니다.

---

6. 덧셈과 뺄셈(3)

복습책 64~66쪽 기초력 기르기

❶ 받아올림이 없는 (몇십몇)＋(몇)의 여러 가지 계산 방법

1 15	**2** 59
3 26	**4** 46
5 98	**6** 57
7 38	**8** 87
9 68	

❷ 받아올림이 없는 (몇십)＋(몇십), (몇십몇)＋(몇십몇)

1 90	**2** 60
3 90	**4** 75
5 47	**6** 99
7 40	**8** 70
9 46	**10** 85

❸ 받아내림이 없는 (몇십몇)−(몇)의 여러 가지 계산 방법

1 12	**2** 52
3 41	**4** 72
5 81	**6** 95
7 23	**8** 31
9 64	

❹ 받아내림이 없는 (몇십)−(몇십), (몇십몇)−(몇십몇)

1 40	**2** 20
3 10	**4** 56
5 44	**6** 81
7 30	**8** 30
9 26	**10** 24

❺ 덧셈과 뺄셈하기

1 4, 24	**2** 15, 39
3 3, 25	**4** 14, 35

5 46, 3, 49 또는 3＋46＝49 / 46, 3, 43
6 20, 10, 30 또는 10＋20＝30 / 20, 10, 10
7 13, 12, 25 또는 12＋13＝25 / 13, 12, 1

복습책 67쪽 | 기본유형 익히기

1 38

2 (1) 15 (2) 48

3

4 5, 17 / 17개

5 67

6 (1) 70 (2) 48

7

```
 5 0
+3 0
```
24+55
```
 3 0
+4 9
```
15+61
10+70

4 (수아가 먹은 귤의 수)+(동생이 먹은 귤의 수)
＝12＋5＝17(개)

7 ・50＋30＝80　　・24＋55＝79
　　・30＋49＝79　　・15＋61＝76
　　・10＋70＝80

복습책 68~69쪽 | 실전유형 다지기

✎ 서술형 문제는 풀이를 꼭 확인하세요.

1 (1) 18 (2) 78

2

3 23, 4, 27 또는 4＋23＝27

4 (○)(　)

✎5 79개

6 ＞

7 호, 랑, 나, 비

8 48

9 35개

10 39개

11 80 / 57 / 59

✎5 예 도넛의 수와 크림빵의 수를 더하면 되므로
42＋37을 계산합니다.」❶
따라서 빵집에 있는 도넛과 크림빵은 모두
42＋37＝79(개)입니다.」❷

채점 기준
❶ 문제에 알맞은 식 만들기
❷ 도넛과 크림빵의 수 구하기

6 ・20＋40＝60　　・51＋7＝58

7 ・50＋20＝70　　・52＋4＝56
　　・41＋16＝57　　・20＋28＝48
따라서 합이 큰 것부터 순서대로 글자를 쓰면
호, 랑, 나, 비입니다.

8 가장 큰 수는 42이고, 가장 작은 수는 6이므로
합은 42＋6＝48입니다.

9 (빨간색 방울과 초록색 방울의 수)
＝12＋23＝35(개)

10 (초록색 방울과 노란색 방울의 수)
＝23＋16＝39(개)

11 ・☐ : 60＋20＝80
　　・△ : 27＋30＝57
　　・○ : 15＋44＝59

복습책 70~71쪽 | 기본유형 익히기

1 24

2 (1) 15 (2) 34

3

4 5, 42 / 42개

5 13

6 (1) 40 (2) 32

7

```
 9 0
-4 0
```
86-33
68-25
70-20
```
 5 7
-1 4
```

8 (1) 31 / 41 / 51 (2) 47 / 46 / 45

9 12, 3, 15 또는 3＋12＝15

10 24, 13, 11

4 (문구점에 있던 탁구공의 수)−(판 탁구공의 수)
=47−5=42(개)

7 ・90−40=50   ・86−33=53
・68−25=43   ・70−20=50
・57−14=43

8 (1) 같은 수에 10씩 커지는 수를 더하면 합은
10씩 커집니다.
(2) 같은 수에서 1씩 커지는 수를 빼면 차는 1씩
작아집니다.

복습책 72~73쪽 **실전유형 다지기**

✎ 서술형 문제는 풀이를 꼭 확인하세요.

1 (1) 51 (2) 48
2

> 84−11
> 90−20
> 75−2
> 79−6
> 95−24

3 30, 10, 20   **4** 44 / 54
5 (　)(○)   ✎**6** 18개
7 <   **8** 41
9 25, 13, 38 또는 13+25=38
10 24, 11, 13
11 예 44, 11, 55 / 35, 13, 22
12 (위에서부터) 59, 76, 80 / 12

✎**6** 예 처음에 있던 떡의 수에서 남은 떡의 수를 빼면
되므로 28−10을 계산합니다.」❶
따라서 학생들에게 나누어 준 떡은
28−10=18(개)입니다.」❷

채점 기준
❶ 문제에 알맞은 식 만들기
❷ 학생들에게 나누어 준 떡의 수 구하기

7 ・50−30=20   ・27−4=23

8 56보다 15만큼 더 작은 수는 56−15=41
입니다.

---

11 ・36+23=59, 26+22=48,
35+13=48 등 다양한 덧셈식이 나올 수
있습니다.
・44−11=33, 36−23=13,
26−22=4 등 다양한 뺄셈식이 나올 수 있
습니다.

12 → 방향으로 1씩 커지고, ↓방향으로 10씩 커지는
규칙이므로 ㉠은 67이고, ㉡은 79입니다.
⇨ ㉡−㉠=79−67=12

복습책 74쪽 **응용유형 다잡기**

1 59   **2** 59장
3 84
4

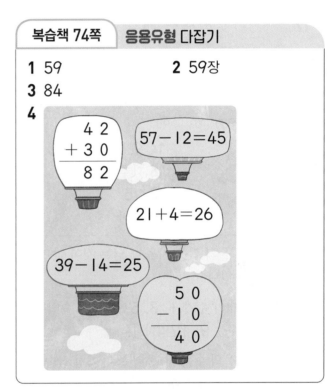

1 ・45보다 1만큼 더 큰 수: 46
・10개씩 묶음 1개와 낱개 3개: 13
⇨ 46+13=59

2 (선혜가 가지고 있는 색종이의 수)
=37−15=22(장)
⇨ (영진이와 선혜가 가지고 있는 색종이의 수)
=37+22=59(장)

3 큰 수부터 순서대로 쓰면 8, 7, 3이므로 수 카
드 2장을 뽑아 만들 수 있는 가장 큰 수는 87입
니다. ⇨ 87−3=84

4 ・42+30=72   ・21+4=25

1. 100까지의 수

♪ 서술형 문제는 풀이를 꼭 확인하세요.

1 60

2 5, 6 / 56

3 여든

4 1

5 예순

6 73

7 (선 잇기)

8 92, 94

9 60, 62

10 65개

11 <

12
```
      86 87 88 89 90
   85 ○○○○○○ 91
출발 84         92
81 82 83        93
100              94
   99 98 97 96 95
```

13 짝수

14 9, 17

15 68

16 대추

17 민희

18 75

♪19 78개

♪20 윤아

13 귤 20개는 둘씩 짝을 지을 때 남는 것이 없으므로 20은 짝수입니다.

14 홀수는 낱개의 수가 1, 3, 5, 7, 9인 수입니다.
따라서 홀수는 9, 17입니다.

15 10개씩 묶음의 수를 비교하면 6이 가장 작습니다.
⇨ 68이 가장 작은 수입니다.

16 85 < 88
       └─┬─┘
        5 < 8

17 10개씩 묶음의 수가 6으로 같으므로 낱개의 수를 비교하면 7이 가장 큽니다.
⇨ 67이 가장 큽니다.
따라서 토마토를 가장 많이 딴 사람은 민희입니다.

18 2, 5, 7을 큰 수부터 순서대로 쓰면 7, 5, 2입니다.
따라서 10개씩 묶음의 수에 가장 큰 수인 7을, 낱개의 수에 두 번째로 큰 수인 5를 놓으면 75입니다.

♪19 예 「10개씩 묶음 7개와 낱개 8개를 수로 나타내면 78입니다.」 ❶
따라서 곶감은 모두 78개입니다.」 ❷

채점 기준	
❶ 10개씩 묶음 7개와 낱개 8개를 수로 나타내기	4점
❷ 곶감의 수 구하기	1점

♪20 예 「82보다 1만큼 더 큰 수는 83이고, 85보다 1만큼 더 작은 수는 84입니다.」 ❶
따라서 83<84이므로 설명하는 수가 더 큰 사람은 윤아입니다.」 ❷

채점 기준	
❶ 지혜와 윤아가 각각 설명하는 수 구하기	3점
❷ 설명하는 수가 더 큰 사람 구하기	2점

♪ 서술형 문제는 풀이를 꼭 확인하세요.

1 70

2 6, 8 / 68

3 80

4 >

5 100

6 홀수

7 (선 잇기)

8 75, 77

9 64개

10 75, <, 81

11 >

12 84

13
```
        84  85보다 1만큼
     83    85  더 큰 수
출발         87
     90
        89
          89보다 1만큼
          더 작은 수
```

14 3개

15 잣

16 ②

17 3개

18 88

♪19 85

♪20 97

10 · 10개씩 묶음 7개와 낱개 5개 ⇨ 75
· 10개씩 묶음 8개와 낱개 1개 ⇨ 81
10개씩 묶음의 수를 비교하면 7<8이므로
75<81입니다.

12 10개씩 묶음 8개와 낱개 5개는 85입니다.
따라서 85보다 1만큼 더 작은 수는 84입니다.

13 85보다 1만큼 더 큰 수는 86이고, 89보다
1만큼 더 작은 수는 88입니다.
83부터 90까지의 수를 순서대로 이어 그림을
완성합니다.

14 짝수는 낱개의 수가 0, 2, 4, 6, 8인 수입니다.
따라서 짝수는 4, 16, 18이므로 모두 3개입니다.

15 잣은 78개 있고, 아몬드는 62개 있습니다.
⇨ 78>62
7>6

16 74>68, 74<77, 74<81
7>6   4<7   7<8
따라서 74는 68보다 크고 77보다 작으므로
②에 놓아야 합니다.

17 5□와 56은 10개씩 묶음의 수가 5로 같으므
로 낱개의 수를 비교하면 □>6입니다.
따라서 □ 안에 들어갈 수 있는 수는 6보다 큰
7, 8, 9로 모두 3개입니다.

18 10개씩 묶음이 8개인 수는 80, 81, 82, 83,
84, 85, 86, 87, 88, 89이고 이 중에서 86
보다 큰 수는 87, 88, 89입니다.
따라서 87, 88, 89 중에서 짝수는 88이므로
설명하는 수는 88입니다.

❮19 예 낱개 15개는 10개씩 묶음 1개와 낱개 5개
입니다.」❶
따라서 10개씩 묶음 8개와 낱개 5개이므로 85
입니다.」❷

❮20 예 10개씩 묶음의 수를 비교해 보면 9>6이므
로 10개씩 묶음의 수가 더 큰 수는 94, 97입
니다.」❶
94와 97의 낱개의 수를 비교해 보면 4<7이
므로 94<97입니다. 따라서 가장 큰 수는 97
입니다.」❷

평가책 8~9쪽　**서술형 평가**

●풀이를 꼭 확인하세요.

1 ㉡　　　　　　　　　**2** 시우
3 3개　　　　　　　　**4** 79개

1 ❶ 예 나타내는 수를 알아보면 ㉠ 53, ㉡ 73,
㉢ 53입니다.」 3점
❷ 예 나타내는 수가 다른 하나는 ㉡입니다.」 2점

2 ❶ 예 67과 58의 10개씩 묶음의 수를 비교하면
6>5이므로 67>58입니다.」 3점
❷ 예 감자를 더 많이 캔 사람은 시우입니다.」 2점

3 예 홀수는 낱개의 수가 1, 3, 5, 7, 9인 수이므
로 3, 15, 19입니다.」❶
따라서 홀수는 모두 3개입니다.」❷

4 예 10개씩 묶음 7개와 낱개 8개는 78이므로
윤미는 공깃돌을 78개 가지고 있습니다.」❶
따라서 78보다 1만큼 더 큰 수는 79이므로
진영이는 공깃돌을 79개 가지고 있습니다.」❷

2. 덧셈과 뺄셈(1)

평가책 10~12쪽　**단원 평가 1회**

🖊 서술형 문제는 풀이를 꼭 확인하세요.

1 3, 1, 6 또는 2+1+3=6

2 2, 1, 4 또는 7-1-2=4

3 7, 3　　　　　**4** 4

5 (　　)(○)　**6** 17

7 9　　　　　**8**

9

4+5	5+5
8+2	3+6

10 (　　)(○)　**11** >

12 7송이　　　**13** 3개

14 10개　　　**15** 15권

16 예

/ 예 10=1+9, 10=2+8, 10=3+7,
10=4+6, 10=5+5, 10=6+4,
10=8+2, 10=9+1

17 3, 7 또는 7+3+3=13
또는 6+4+3=13 또는 4+6+3=13

18 9　　　🖊**19** 3개

🖊**20** ㉠

10 ·2+4+2=6+2=8
·9-1-1=8-1=7

11 ·2+2+3=4+3=7
·3+1+2=4+2=6
⇨ 7>6

12 (꽃병에 꽂혀 있는 장미의 수)
=4+2+1=6+1=7(송이)

13 (남은 밤의 수)
=8-3-2=5-2=3(개)

14 (접은 종이배의 수)=6+4=10(개)

15 (전체 책의 수)=8+2+5=10+5=15(권)

17 합이 13이 되는 세 수에서 한 수가 3이므로
나머지 두 수의 합은 10이어야 합니다.
합이 10이 되는 두 수는 3과 7, 6과 4입니다.

18 ·10-4=6 ⇨ ◆=6
·◆+2+1=6+2+1=8+1=9
⇨ ♥=9

🖊**19** 예 은희가 가지고 있는 과자의 수에서 준석이가
가지고 있는 과자의 수를 빼면 되므로 10-7을
계산합니다.」❶
따라서 은희는 준석이보다 과자를
10-7=3(개) 더 많이 가지고 있습니다.」❷

채점 기준	
❶ 문제에 알맞은 식 만들기	2점
❷ 은희가 준석이보다 더 많이 가지고 있는 과자의 수 구하기	3점

🖊**20** 예 각각 계산하면 ㉠ 1+9+2=10+2=12
㉡ 5+5+1=10+1=11입니다.」❶
따라서 12>11이므로 계산 결과가 더 큰 것은
㉠입니다.」❷

채점 기준	
❶ ㉠, ㉡ 각각 계산하기	3점
❷ 계산 결과가 더 큰 것의 기호 쓰기	2점

평가책 13~15쪽　**단원 평가 2회**

🖊 서술형 문제는 풀이를 꼭 확인하세요.

1 1, 9　　　　　**2** 6

3 10　　　　　**4** (　　)(○)

5 18　　　　　**6** 9

7 =　　　　　**8**

9 승호　　　　**10** 8개

11 3개　　　　**12** 1개

13 14개

14 10, 4, 6 또는 10-6=4

15 3

16 4, 1 또는 7-1-4=2 또는 7-3-2=2
또는 7-2-3=2

17 9병　　　　**18** 6, 7, 8, 9

🖊**19** 진효　　　🖊**20** 은서

9
- $5+6+4=5+10=15$
- $3+7+2=10+2=12$

따라서 바르게 계산한 사람은 승호입니다.

10 (준서가 가지고 있는 구슬의 수)
$=2+4+2=6+2=8$(개)

11 (민지에게 남은 빵의 수)
$=6-2-1=4-1=3$(개)

12 (배보다 더 많이 있는 사과의 수)
$=10-9=1$(개)

13 (세 사람이 가지고 있는 사탕의 수)
$=3+7+4=10+4=14$(개)

14 전체 바둑돌의 수는 10개이고, 손바닥 위에 있는 바둑돌이 4개이므로 상자 안에 있는 바둑돌은 6개입니다.

15
- $5+5=10$
- ■$+7=10 \Rightarrow$ ■$=3$

16 7에서 순서대로 뺐을 때 2가 나오는 두 장의 수 카드는 1과 4, 2와 3입니다.

17 (처음에 있던 주스의 수)$=5+5=10$(병)
$\Rightarrow$ (남은 주스의 수)$=10-1=9$(병)

18 $9-1-3=8-3=5$
따라서 $5<$▢이므로 ▢ 안에 들어갈 수 있는 수는 6, 7, 8, 9입니다.

✎19 **예** $1+$▢에서 $1+9=10$이므로 ▢$=9$, ▢$+3=10$에서 $7+3=10$이므로 ▢$=7$입니다.」 **❶**
따라서 $9>7$이므로 ▢ 안에 알맞은 수가 더 큰 식을 가지고 있는 사람은 진효입니다.」 **❷**

채점 기준	
❶ ▢ 안에 알맞은 수 각각 구하기	4점
❷ ▢ 안에 알맞은 수가 더 큰 식을 가지고 있는 사람 구하기	1점

✎20 **예** 은서는 $4+6+7=10+7=17$(쪽), 영준이는 $5+8+2=5+10=15$(쪽)을 풀었습니다.」 **❶**
따라서 $17>15$이므로 수학 문제집을 더 많이 푼 사람은 은서입니다.」 **❷**

채점 기준	
❶ 3일 동안 푼 수학 문제집의 쪽수 각각 구하기	4점
❷ 더 많이 푼 사람 구하기	1점

평가책 16~17쪽 | **서술형 평가**

● 풀이를 꼭 확인하세요.

1 10살	**2** 3명
3 9마리	**4** 17장

1 **❶** **예** 승우의 나이에 2만큼 더하면 되므로 $8+2$를 계산합니다.」 **2점**
❷ **예** 형의 나이는 $8+2=10$(살)입니다.」 **3점**

2 **❶** **예** 처음 버스에 타고 있었던 사람의 수에서 첫 번째 정류장과 두 번째 정류장에서 내린 사람의 수를 빼면 되므로 $6-2-1$을 계산합니다.」 **2점**
❷ **예** 두 번째 정류장을 출발할 때 버스에 타고 있는 사람은 $6-2-1=4-1=3$(명)입니다.」 **3점**

3 **예** 농장에 있는 각 동물의 수를 더하면 되므로 $5+3+1$을 계산합니다.」 **❶**
따라서 농장에 있는 동물은 모두 $5+3+1=8+1=9$(마리)입니다.」 **❷**

채점 기준	
❶ 문제에 알맞은 식 만들기	2점
❷ 농장에 있는 동물의 수 구하기	3점

4 **예** 미주가 가지고 있었던 색종이 수에 어제와 오늘 산 색종이 수를 더하면 되므로 $7+6+4$를 계산합니다.」 **❶**
따라서 지금 미주가 가지고 있는 색종이는 모두 $7+6+4=7+10=17$(장)입니다.」 **❷**

채점 기준	
❶ 문제에 알맞은 식 만들기	2점
❷ 지금 미주가 가지고 있는 색종이의 수 구하기	3점

3. 모양과 시각

♪ 서술형 문제는 풀이를 꼭 확인하세요.

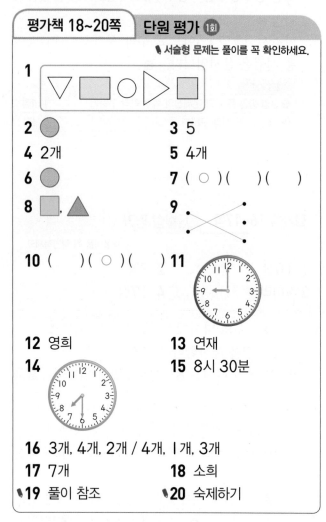

1 ▽ □ ○ ▷ □

2 ●

3 5

4 2개

5 4개

6 ●

7 (○)( )( )

8 ■, ▲

9

10 ( )(○)( )

11 (시계 그림: 9시)

12 영희

13 연재

14 (시계 그림: 7시 30분)

15 8시 30분

16 3개, 4개, 2개 / 4개, 1개, 3개

17 7개

18 소희

19 풀이 참조

20 숙제하기

10 본떴을 때 트라이앵글은 ▲ 모양, 피자는 ● 모양, 삼각자는 ▲ 모양이 나옵니다.
따라서 본떴을 때 다른 모양이 나오는 물건은 피자입니다.

11 짧은바늘이 9, 긴바늘이 12를 가리키도록 그립니다.

12 지윤이가 가져온 물건으로는 ■ 모양, 성진이가 가져온 물건으로는 ■ 모양 또는 ▲ 모양을 찍을 수 있습니다.

13 ● 모양은 뾰족한 부분이 없습니다.
따라서 바르게 이야기한 사람은 연재입니다.

14 지우가 아침을 먹은 시각은 7시 30분입니다.
7시 30분은 짧은바늘이 7과 8 사이, 긴바늘이 6을 가리키도록 그립니다.

17 ■ 모양이 민주가 꾸민 모양에 3개, 수호가 꾸민 모양에 4개 있으므로 모두 7개 있습니다.

18 • 윤지가 학교에 도착한 시각: 8시 30분
• 소희가 학교에 도착한 시각: 8시
따라서 8시가 8시 30분보다 더 빠른 시각이므로 학교에 더 먼저 도착한 사람은 소희입니다.

19 예 ■ 모양은 뾰족한 부분이 있고, ● 모양은 뾰족한 부분이 없습니다.」❶

채점 기준	
❶ ■ 모양과 ● 모양의 다른 점 쓰기	5점

20 예 짧은바늘이 1과 2 사이, 긴바늘이 6을 가리키므로 시계가 나타내는 시각은 1시 30분입니다.」❶
따라서 계획표대로 하려면 1시 30분에 숙제를 해야 합니다.」❷

채점 기준	
❶ 시계가 나타내는 시각 구하기	3점
❷ 계획표대로 하려면 지금 무엇을 해야 하는지 구하기	2점

♪ 서술형 문제는 풀이를 꼭 확인하세요.

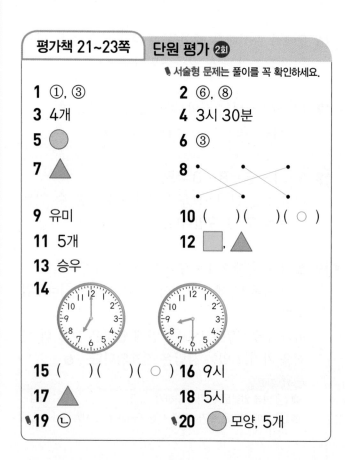

1 ①, ③

2 ⑥, ⑧

3 4개

4 3시 30분

5 ●

6 ③

7 ▲

8

9 유미

10 ( )( )(○)

11 5개

12 ■, ▲

13 승우

14 (시계 그림 2개)

15 ( )( )(○)

16 9시

17 ▲

18 5시

19 ㉡

20 ● 모양, 5개

9 짧은바늘이 4, 긴바늘이 12를 가리키므로 4시이고, '네 시'라고 읽습니다.
따라서 시각을 바르게 읽은 사람은 유미입니다.

10 • 짧은바늘이 8과 9 사이, 긴바늘이 6을 가리킵니다. ⇨ 8시 30분
• 짧은바늘이 1과 2 사이, 긴바늘이 6을 가리킵니다. ⇨ 1시 30분
• 짧은바늘이 4와 5 사이, 긴바늘이 6을 가리킵니다. ⇨ 4시 30분

12 • 물건의 바닥 부분을 찰흙 위에 찍으면 △ 모양이 나옵니다.
• 물건의 옆 부분을 찰흙 위에 찍으면 ☐ 모양이 나옵니다.

13 △ 모양은 5개 있습니다.

14 • 7시는 짧은바늘이 7, 긴바늘이 12를 가리키도록 그립니다.
• 8시 30분은 짧은바늘이 8과 9 사이, 긴바늘이 6을 가리키도록 그립니다.

15 삼각자는 △ 모양이므로 △ 모양의 물건이 있는 곳에 넣어야 합니다.

16 긴바늘이 한 바퀴 움직일 때 짧은바늘은 8에서 9로 숫자 한 칸을 움직입니다.
따라서 짧은바늘은 9, 긴바늘은 12를 가리키므로 9시입니다.

17 ☐ 모양이 3개, △ 모양이 4개, ◯ 모양이 2개 있습니다.
따라서 가장 많은 모양은 △ 모양입니다.

18 짧은바늘이 5, 긴바늘이 12를 가리킵니다.
따라서 시계가 나타내는 시각은 5시입니다.

❧19 〔예〕 시계가 나타내는 시각은 ㉠ 1시 30분, ㉡ 12시 30분, ㉢ 1시 30분입니다.」❶
따라서 나타내는 시각이 다른 하나는 ㉡입니다.」❷

채점 기준	
❶ 시계가 나타내는 시각을 각각 구하기	3점
❷ 나타내는 시각이 다른 하나를 찾아 기호 쓰기	2점

❧20 〔예〕 ☐ 모양이 2개, △ 모양이 4개, ◯ 모양이 5개 있습니다.」❶
따라서 가장 많은 모양은 ◯ 모양이고, 5개입니다.」❷

채점 기준	
❶ ☐, △, ◯ 모양이 각각 몇 개 있는지 세어 보기	3점
❷ 가장 많은 모양은 어떤 모양이고, 몇 개인지 구하기	2점

평가책 24~25쪽 서술형 평가

평가책 24~25쪽　서술형 평가

●풀이를 꼭 확인하세요.

1 ㉠
2 2시
3 풀이 참조
4 △ 모양

1 ❶ 〔예〕 ㉠은 ◯ 모양이고, ㉡, ㉢, ㉣은 △ 모양입니다.」3점
❷ 〔예〕 모양이 나머지와 다른 하나는 ㉠입니다.」2점

2 ❶ 〔예〕 긴바늘이 한 바퀴 움직일 때 짧은바늘은 숫자 한 칸을 움직이므로 2를 가리킵니다.」3점
❷ 〔예〕 짧은바늘이 2, 긴바늘이 12를 가리키므로 2시입니다.」2점

3 ㉡」❶
〔예〕 6시 30분은 시계의 짧은바늘이 6과 7 사이를 가리켜야 하는데 5와 6 사이를 가리키도록 그렸으므로 잘못되었습니다.」❷

채점 기준	
❶ 시계에 시각을 잘못 나타낸 것을 찾아 기호 쓰기	2점
❷ 잘못된 이유 쓰기	3점

4 〔예〕 ☐ 모양이 5개, △ 모양이 2개, ◯ 모양이 3개 있습니다.」❶
따라서 가장 적은 모양은 △ 모양입니다.」❷

채점 기준	
❶ ☐, △, ◯ 모양이 각각 몇 개 있는지 세어 보기	3점
❷ 가장 적은 모양은 어떤 모양인지 구하기	2점

4. 덧셈과 뺄셈(2)

평가책 26~28쪽 **단원 평가 1회**

🖊 서술형 문제는 풀이를 꼭 확인하세요.

1 13   **2** 5

3 (계산 순서대로) 4, 10

4 11

5 (계산 순서대로) 3, 11 / 6, 11

6 13 / 14 / 15 / 16

7 8 / 8 / 8 / 8

8 태희   **9** >

10 5, 8, 13 또는 8+5=13 / 13개

11 13, 6, 7 / 7개   **12** 15쪽

13 수영, 6개   **14** 9 / 3, 9

15

7+5	9+2	4+8

16 ㉡

17 17, 9, 8 / 17, 8, 9

18 6살   🖊**19** 4

🖊**20** 현우

---

12 (읽게 되는 동화책의 쪽수)=6+9=15(쪽)

13 8개<14개이므로 수영이가 송편을
14-8=6(개) 더 만들었습니다.

14 1 커지는 수에서 1 커지는 수를 빼면 차는 같습니다.

15 • 1씩 작아지는 수에 1씩 커지는 수를 더하면 합은 같습니다.
• 두 수를 서로 바꾸어 더해도 합은 같습니다.

16 ㉠ 5+7=12   ㉡ 8+9=17
㉢ 9+6=15   ㉣ 6+8=14
따라서 합이 가장 큰 것은 ㉡입니다.

17 큰 수부터 순서대로 쓰면 17, 9, 8이므로 큰
수에서 작은 수를 빼는 뺄셈식을 만들면
17-9=8, 17-8=9입니다.

18 (언니의 나이)=9+3=12(살)
⇨ (동생의 나이)=12-6=6(살)

🖊**19** 예 큰 수부터 순서대로 쓰면 11, 9, 7이므로
가장 큰 수는 11이고, 가장 작은 수는 7입니다.」❶
따라서 가장 큰 수와 가장 작은 수의 차는
11-7=4입니다.」❷

채점 기준	
❶ 가장 큰 수와 가장 작은 수 각각 구하기	2점
❷ 가장 큰 수와 가장 작은 수의 차 구하기	3점

🖊**20** 예 현우가 고른 두 수의 합은 4+9=13이고,
승재가 고른 두 수의 합은 5+6=11입니다.」❶
따라서 13>11이므로 두 수의 합이 더 큰 현우
가 이겼습니다.」❷

채점 기준	
❶ 현우와 승재가 각각 고른 두 수의 합 구하기	4점
❷ 누가 이겼는지 구하기	1점

평가책 29~31쪽 **단원 평가 2회**

🖊 서술형 문제는 풀이를 꼭 확인하세요.

1 8

2 (계산 순서대로) 2, 15

3 4 / 5 / 6 / 7   **4** 10

5 (계산 순서대로) 1, 15 / 5, 4, 15

6

7 ( )( )(○)

8 >   **9** (○)(△)( )

10 13개   **11** 7개

12 9

13

시작
11-9=2
11-8=3
12-8=4
12-7=5

14

12-5	12-6	12-7
13-5	13-6	13-7
14-5	14-6	14-7

15 예 3, 9, 12   **16** 11

17 선아, 3개

18 8, 6, 14 또는 6+8=14

🖊**19** 수하   🖊**20** 9자루

7 ・4+9=13   ・8+8=16
   ・5+9=14

8 ・6+7=13   ・8+4=12
   ⇨ 13>12

9 12-4=8, 14-9=5, 11-5=6
   따라서 차가 가장 큰 것은 12-4, 가장 작은 것은 14-9입니다.

10 (구슬과 딱지의 수)=8+5=13(개)

11 (남은 만두의 수)=11-4=7(개)

12 같은 수에 1 작아지는 수를 더하면 합은 1 작아집니다.

15 2+9=11, 3+8=11, 3+9=12로 덧셈식을 만들 수 있습니다.

16 ・15-9=6이므로 ★=6입니다.
   ・6+5=11이므로 ♥=11입니다.

17 ・(선아가 딴 옥수수의 수)=5+7=12(개)
   ・(승우가 딴 옥수수의 수)=3+6=9(개)
   따라서 12개>9개이므로 선아가 옥수수를 12-9=3(개) 더 많이 땄습니다.

18 합이 가장 큰 덧셈식은 가장 큰 수와 두 번째로 큰 수를 더합니다.
   따라서 뽑은 두 수는 가장 큰 수인 8과 두 번째로 큰 수인 6이므로 합이 가장 큰 덧셈식은 8+6=14입니다.

✐19 **예** 덧셈식을 각각 계산해 보면 영주는 9+5=14이고, 수하는 7+8=15입니다.」❶
   따라서 14<15이므로 합이 더 큰 덧셈식을 만든 사람은 수하입니다.」❷

채점 기준	
❶ 영주와 수하가 만든 덧셈식 각각 계산하기	4점
❷ 합이 더 큰 덧셈식을 만든 사람 구하기	1점

✐20 **예** 재원이가 연필을 더 산 후 가지게 된 연필은 7+6=13(자루)입니다.」❶
   따라서 동생에게 주고 남은 연필은 13-4=9(자루)입니다.」❷

채점 기준	
❶ 재원이가 더 사서 가지게 된 연필의 수 구하기	2점
❷ 남은 연필의 수 구하기	3점

평가책 32~33쪽	**서술형 평가**

●풀이를 꼭 확인하세요.

1 지유   **2** 13마리
3 9명   **4** 진호

1 ❶ **예** 뺄셈식을 각각 계산해 보면 영서는 14-6=8, 지유는 12-5=7입니다.」 4점
   ❷ **예** 차가 7인 뺄셈식을 만든 사람은 지유입니다.」 1점

2 ❶ **예** 처음에 있던 거북의 수와 더 넣은 거북의 수를 더하면 되므로 5+8을 계산합니다.」 2점
   ❷ **예** 어항 속 거북은 모두 5+8=13(마리)입니다.」 3점

3 **예** 안경을 낀 남학생 수에서 안경을 낀 여학생 수를 빼면 되므로 15-6을 계산합니다.」❶
   따라서 안경을 낀 남학생은 안경을 낀 여학생보다 15-6=9(명) 더 많습니다.」❷

채점 기준	
❶ 문제에 알맞은 식 만들기	2점
❷ 안경을 낀 남학생은 안경을 낀 여학생보다 몇 명 더 많은지 구하기	3점

4 **예** 진호가 가진 구슬은 8+7=15(개)이고, 선영이가 가진 구슬은 5+9=14(개)입니다.」❶
   따라서 15개>14개이므로 진호가 구슬을 더 많이 가지고 있습니다.」❷

채점 기준	
❶ 진호와 선영이가 가진 구슬은 각각 몇 개인지 구하기	4점
❷ 누가 구슬을 더 많이 가지고 있는지 구하기	1점

5. 규칙 찾기

평가책 34~36쪽 | 단원 평가 1회

🖊 서술형 문제는 풀이를 꼭 확인하세요.

1

2 ○

3 바나나, 딸기

4 ( )
　　(○)

5

6 1

7 (왼쪽부터) 11, 17, 20

8 0, 2

9 [색칠된 막대 그림]

10 □, ○, □, □

11 1

12 예 3, 4, 3, 4, 3 / ㄱ, ㅏ, ㄱ, ㅏ, ㄱ

13 예 첫째 줄은 초록색, 노란색이 반복되고, 둘째 줄은 노란색, 초록색이 반복되는 규칙입니다.

14 예

◇	♡	◇	♡	◇	♡	◇
♡	◇	♡	◇	♡	◇	♡
◇	♡	◇	♡	◇	♡	◇
♡	◇	♡	◇	♡	◇	♡

15 ②

16 (위에서부터) 39 / 48, 49 / 59, 60

17

31	32	33	34	35	36	37	38	39	40
41	42	43	44	45	46	47	48	49	50
51	52	53	54	55	56	57	58	59	60

/ 예 34부터 시작하여 4씩 커지는 규칙입니다.

18 ♡

19 머리끈

20 10

12 [그림]이 반복되는 규칙입니다.

⇨ 예 • 3, 4가 반복되게 규칙을 나타냅니다.
　　　• ㄱ, ㅏ가 반복되게 규칙을 나타냅니다.
(참고) 반복되는 규칙을 같게 나타내었으면 정답으로 인정합니다.

14 예 ◇, ♡가 반복되는 규칙으로 그립니다.
(참고) 규칙이 있고 이에 따라 그렸으면 정답으로 인정합니다.

---

18 ♡, ♡, ○, ▷가 반복되므로 첫 번째 ♡ 다음에는 ♡가 놓여야 합니다.

19 예 머리끈, 빗, 머리끈이 반복되는 규칙입니다.」❶ 따라서 빗 다음에는 머리끈이 놓여야 하므로 빈칸에 알맞은 물건은 머리끈입니다.」❷

채점 기준	
❶ 규칙 찾기	3점
❷ 빈칸에 알맞은 물건 구하기	2점

20 예 30부터 시작하여 5씩 작아집니다.」❶ 따라서 30−25−20−15−10이므로 ㉠에 알맞은 수는 10입니다.」❷

채점 기준	
❶ 수 배열에서 규칙 찾기	3점
❷ ㉠에 알맞은 수 구하기	2점

평가책 37~39쪽 | 단원 평가 2회

🖊 서술형 문제는 풀이를 꼭 확인하세요.

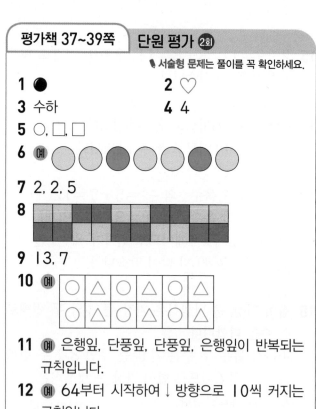

1 ● **2** ♡

3 수하 **4** 4

5 ○, □, □

6 예 [원 그림]

7 2, 2, 5

8 [색칠된 막대 그림]

9 13, 7

10 예

○	△	○	△	○	△
○	△	○	△	○	△

11 예 은행잎, 단풍잎, 단풍잎, 은행잎이 반복되는 규칙입니다.

12 예 64부터 시작하여 ↓방향으로 10씩 커지는 규칙입니다.

13 ( )
　　(×)

14 예 [○○●○○●○○]

15 ㉠ **16** 7개

17 10, 17, 24 **18** 38

19 귤 **20** 풀이 참조

8 첫째 줄은 노란색, 노란색, 파란색, 파란색이 반복되고, 둘째 줄은 파란색, 파란색, 노란색, 노란색이 반복되는 규칙입니다.

9 17부터 시작하여 2씩 작아지는 규칙입니다.

10 (예) ○, △가 반복되는 규칙으로 무늬를 꾸밉니다.
(참고) 규칙이 있고 이에 따라 두 가지 모양을 골라 무늬를 꾸몄으면 정답으로 인정합니다.

13 □ 모양 표지판, △ 모양 표지판이 반복되는 규칙입니다.
위쪽은 □, △가 반복되고, 아래쪽은 4, 3, 3이 반복되므로 잘못 나타낸 것은 아래쪽입니다.

14 (보기)는 ○, ●가 반복되는 규칙입니다.
➡ (예) ○, ○, ●이 반복되는 규칙으로 그립니다.
(참고) 규칙이 있고 이에 따라 그렸으면 정답으로 인정합니다.

15 ㉠ ★, ◆가 반복되는 규칙이므로 빈칸에 알맞은 모양은 ◆입니다.
㉡ ★, ◆, ◆가 반복되는 규칙이므로 빈칸에 알맞은 모양은 ★입니다.
㉢ ★, ★, ◆, ◆가 반복되는 규칙이므로 빈칸에 알맞은 모양은 ★입니다.

16 가위, 보, 가위가 반복되므로 빈칸에 들어갈 그림은 차례대로 가위, 보입니다.
따라서 빈칸에 들어갈 펼친 손가락은 모두 $2+5=7$(개)입니다.

17 (보기)는 26부터 시작하여 7씩 커지는 규칙입니다.
따라서 3부터 시작하여 7씩 커지는 규칙에 맞게 수를 써넣습니다.

18 → 방향으로 1씩 커지고, ↓ 방향으로 6씩 커지는 규칙입니다.
따라서 28 아래 칸의 수는 28보다 6만큼 더 큰 34이므로 ●에 알맞은 수는 $34-35-36-37-38$에서 38입니다.

19 (예) 사과, 귤, 귤이 반복되는 규칙입니다.」❶
따라서 빈칸에 알맞은 과일은 귤입니다.」❷

채점 기준	
❶ 규칙 찾기	3점
❷ 빈칸에 알맞은 과일 구하기	2점

20 (예) ㉠은 → 방향으로 1씩 커지는 규칙입니다.」❶
㉡은 ↓ 방향으로 1씩 커지는 규칙입니다.」❷

채점 기준	
❶ ㉠ 수 배열표에서 규칙 찾기	2점
❷ ㉡ 수 배열표에서 규칙 찾기	3점

평가책 40~41쪽	서술형 평가

●풀이를 꼭 확인하세요.

1 풀이 참조   **2** 26
3 △   **4** 빨간색

1 ❶ (예) 시아」 2점
❷ (예) 빨간색, 파란색, 빨간색이 반복되는 규칙이야.」 3점

2 ❶ (예) 2부터 시작하여 6씩 커지는 규칙입니다.」 3점
❷ (예) 빈칸에 알맞은 수는 20보다 6만큼 더 큰 수인 26입니다.」 2점

3 (예) ○, ○, △, △가 반복되는 규칙입니다.」❶
따라서 빈칸에 알맞은 모양은 두 번째 ○ 다음이므로 △입니다.」❷

채점 기준	
❶ 규칙 찾기	3점
❷ 빈칸에 알맞은 모양 구하기	2점

4 (예) 첫째 줄은 빨간색, 노란색, 노란색이 반복되고, 둘째 줄은 노란색, 빨간색, 노란색이 반복되는 규칙입니다.」❶
따라서 규칙에 따라 색칠했을 때 ㉠에 알맞은 색은 빨간색입니다.」❷

채점 기준	
❶ 규칙 찾기	3점
❷ ㉠에 알맞은 색 구하기	2점

6. 덧셈과 뺄셈(3)

평가책 42~44쪽 **단원 평가 1회**

♦ 서술형 문제는 풀이를 꼭 확인하세요.

1 37   **2** 65

3 56   **4** ( )(○)( )

5 87 / 25   **6**

7 51 / 41 / 31 / 21   **8** 28

9 12, 25, 37 또는 25+12=37

10 25, 12, 13   **11** 50

12 ( )( )(○)   **13** 42

14 19개   **15** 6명

16 (○)( )( )

17 예 24, 3, 27 / 45, 14, 31

18 49   ♦**19** 36병

♦**20** 25개

7 같은 수에서 10씩 커지는 수를 빼면 차는 10씩 작아집니다.

8 25보다 3만큼 더 큰 수는 25+3=28입니다.

9 (딸기 우유와 바나나 우유의 수)
   =12+25=37(개)

10 (바나나 우유의 수)−(딸기 우유의 수)
   =25−12=13(개)

11 ▨ 모양에 적힌 수는 70과 20입니다.
   ⇨ 70−20=50

12 ・50+3=53 ・30+50=80
  ・32+3=35

13 가장 큰 수는 47이고, 가장 작은 수는 5이므로 차는 47−5=42입니다.

14 (동주가 오늘까지 접은 종이학의 수)
   =12+7=19(개)

15 (주혁이네 반 학생 수)−(진솔이네 반 학생 수)
   =27−21=6(명)

16 ・24+5=29 ・67−40=27
  ・26−4=22

17 14+3=17, 45+3=48, 24−3=21, 45−3=42 등 다양한 덧셈식과 뺄셈식이 나올 수 있습니다.

18 ㉠ 15보다 1만큼 더 작은 수: 14
  ㉡ 10개씩 묶음 3개와 낱개 5개: 35
  ⇨ 14+35=49

♦**19** 예 오렌지 주스의 수와 사과 주스의 수를 더하면 되므로 20+16을 계산합니다.」❶
따라서 오렌지 주스와 사과 주스는 모두 20+16=36(병)입니다.」❷

채점 기준	
❶ 문제에 알맞은 식 만들기	2점
❷ 오렌지 주스와 사과 주스의 수 구하기	3점

♦**20** 예 처음에 있던 구슬의 수에서 사용한 구슬의 수를 빼면 되므로 49−24를 계산합니다.」❶
따라서 남은 구슬은 49−24=25(개)입니다.」❷

채점 기준	
❶ 문제에 알맞은 식 만들기	2점
❷ 남은 구슬의 수 구하기	3점

평가책 45~47쪽 **단원 평가 2회**

♦ 서술형 문제는 풀이를 꼭 확인하세요.

1 70   **2** 79

3 ( )(○)   **4** 38, 37, 36

5   **6** 79 / 89

7 >   **8** 59

9 13, 26, 39 또는 26+13=39

10 26, 13, 13   **11** 49명

12 32개

13 ( )(○)(△)

14 28 / 48 / 76

15 (위에서부터) 34, 51, 55 / 11

16 예 25, 12, 37 / 46, 10, 36

17 28개   **18** 81

♦**19** ㉠   ♦**20** 58명

6 10씩 커지는 수에 같은 수를 더하면 합은 10씩 커집니다.

7 ·$90-20=70$ ·$65+3=68$

8 가장 큰 수는 53이고, 가장 작은 수는 6이므로 합은 $53+6=59$입니다.

11 (운동장에 있는 학생 수)$=42+7=49$(명)

12 (먹고 남은 밤의 수)$=48-16=32$(개)

13 ·$20+10=30$ ·$31+4=35$
·$15+14=29$

14 · ⬭: $21+7=28$ · ⚪: $35+13=48$
· ⬜: $24+52=76$

15 → 방향으로 1씩 커지고, ↓ 방향으로 10씩 커지는 규칙이므로 ㉠은 43이고, ㉡은 54입니다.
➡ ㉡-㉠$=54-43=11$

16 ·$34+23=57$, $44+21=65$,
$46+10=56$ 등 다양한 덧셈식이 나올 수 있습니다.
·$25-12=13$, $34-23=11$,
$44-21=23$ 등 다양한 뺄셈식이 나올 수 있습니다.

17 (선아가 가지고 있는 사탕의 수)
$=17-6=11$(개)
➡ (인성이와 선아가 가지고 있는 사탕의 수)
$=17+11=28$(개)

18 큰 수부터 순서대로 쓰면 8, 4, 3이므로 수 카드 2장을 뽑아 만들 수 있는 가장 큰 수는 84입니다.
➡ $84-3=81$

19 예 ㉠ $30+4=34$, ㉡ $59-26=33$입니다.❶
따라서 $34>33$이므로 계산 결과가 더 큰 것은 ㉠입니다.❷

채점 기준	
❶ ㉠과 ㉡을 각각 계산하기	3점
❷ 계산 결과가 더 큰 것의 기호 쓰기	2점

20 예 미술관에 입장한 어른은
$22+14=36$(명)입니다.❶
따라서 미술관에 입장한 사람은 모두
$22+36=58$(명)입니다.❷

채점 기준	
❶ 미술관에 입장한 어른 수 구하기	2점
❷ 미술관에 입장한 사람 수 구하기	3점

평가책 48~49쪽 **서술형 평가**

●풀이를 꼭 확인하세요.

1 21권   **2** ㉢
3 38   **4** 송이

1 ❶ 예 처음에 있던 위인전의 수에서 빌려준 위인전의 수를 빼면 되므로 $24-3$을 계산합니다.❶ 2점
❷ 예 남은 위인전은 $24-3=21$(권)입니다.❷ 3점

2 ❶ 예 ㉠ $70-40=30$, ㉡ $22+13=35$,
㉢ $58-24=34$입니다.❶ 4점
❷ 예 계산 결과가 34인 것은 ㉢입니다.❷ 1점

3 예 사과 모양에 적힌 수는 31과 7입니다.❶
따라서 사과 모양에 적힌 수의 합은
$31+7=38$입니다.❷

채점 기준	
❶ 사과 모양에 적힌 수 구하기	2점
❷ 사과 모양에 적힌 수의 합 구하기	3점

4 예 우진: $60+20=80$, 송이: $54+32=86$입니다.❶
따라서 $80<86$이므로 계산 결과가 더 큰 식을 들고 있는 사람은 송이입니다.❷

채점 기준	
❶ 두 사람이 들고 있는 식을 각각 계산하기	3점
❷ 계산 결과가 더 큰 식을 들고 있는 사람 구하기	2점

평가책 50~52쪽	학업 성취도 평가 1회

✎ 서술형 문제는 풀이를 꼭 확인하세요.

1 60 **2** 4

3 (계산 순서대로) 3, 15

4 (계산 순서대로) 4, 8

5 78, 80 **6** 32

7 △, ◯

8 ( )(◯)

9

10 (◯)( )

11 ◯, □, □ **12** 3개

13 구십구

14 57에 ◯표, 52에 △표

15

(시계: 12시 반 무렵)

16 14−5, 13−4에 색칠

17 49, 52, 55, 58에 색칠

18 예 13, 24, 37 / 35, 11, 24

✎**19** 43 ✎**20** 83쪽

---

17 색칠한 수는 31부터 시작하여 3씩 커집니다. 따라서 46부터 3씩 커지는 수에 색칠합니다.

18 13+11=24, 24+35=59, 24−13=11, 35−24=11 등 다양한 덧셈식과 뺄셈식이 나올 수 있습니다.

✎**19** 예 27부터 시작하여 4씩 커지는 규칙입니다.」❶ 따라서 ⊙에 알맞은 수는 39보다 4만큼 더 큰 수인 43입니다.」❷

채점 기준	
❶ 규칙 찾기	3점
❷ ⊙에 알맞은 수 구하기	2점

✎**20** 예 우재가 어제 읽은 동화책의 쪽수와 오늘 읽은 동화책의 쪽수를 더하면 되므로 52+31을 계산합니다.」❶ 따라서 어제와 오늘 읽은 동화책의 쪽수는 52+31=83(쪽)입니다.」❷

채점 기준	
❶ 문제에 알맞은 식 만들기	2점
❷ 어제와 오늘 읽은 동화책의 쪽수 구하기	3점

평가책 53~55쪽	학업 성취도 평가 2회

✎ 서술형 문제는 풀이를 꼭 확인하세요.

1 여든 **2** 5

3 (◯)( )( ) **4** ( )(◯)

5

(시계: 6시 반 무렵)

6 (선 잇기)

7 >

8 5개, 4개, 3개

9 (선 잇기)

10 9, 15

11 < **12** 65

13 ◯ **14** 13개

15 31, 37 **16** 31개

17 1, 6 또는 9−6−1=2 또는 9−3−4=2 또는 9−4−3=2

18 민서 ✎**19** 찬규

✎**20** 11

---

16 (승기가 가지고 있는 구슬의 수) =37−6=31(개)

17 9에서 순서대로 뺐을 때 2가 나오는 두 장의 수 카드는 1과 6, 3과 4입니다.

18 ・(민서에게 남은 사탕의 수)=15−7=8(개)
・(지연이에게 남은 사탕의 수) =11−4=7(개)
따라서 8개>7개이므로 사탕이 더 많이 남은 사람은 민서입니다.

✎**19** 예 시계의 짧은바늘이 5, 긴바늘이 12를 가리키므로 5시입니다.」❶ 따라서 시각을 바르게 읽은 사람은 찬규입니다.」❷

채점 기준	
❶ 시계가 나타내는 시각 구하기	3점
❷ 시각을 바르게 읽은 사람 구하기	2점

✎**20** 예 14−8=6이므로 ◆=6입니다.」❶ 따라서 ◆+5=6+5=11이므로 ♥=11입니다.」❷

채점 기준	
❶ ◆가 나타내는 수 구하기	2점
❷ ♥가 나타내는 수 구하기	3점

개념┿유형

복습책

초등 수학

1·2

복습책에서는

개념책의 문제를 1:1로 복습합니다.

1

100까지의 수

개념 복습 기초력 기르기

❶ 60, 70, 80, 90 알아보기

(1~4) ☐ 안에 알맞은 수를 써넣으세요.

1 10개씩 묶음 6개는 ☐ 입니다.

2 10개씩 묶음 8개는 ☐ 입니다.

3 10개씩 묶음 7개는 ☐ 입니다.

4 10개씩 묶음 9개는 ☐ 입니다.

(5~8) 수를 바르게 읽은 것에 ◯표 하세요.

5 70 (칠십 , 팔십)

6 60 (예순 , 여든)

7 90 (일흔 , 아흔)

8 80 (육십 , 팔십)

❷ 99까지의 수 알아보기

(1~4) ☐ 안에 알맞은 수를 써넣으세요.

1 10개씩 묶음 6개와 낱개 8개는 ☐ 입니다.

2 10개씩 묶음 8개와 낱개 2개는 ☐ 입니다.

3 10개씩 묶음 7개와 낱개 9개는 ☐ 입니다.

4 10개씩 묶음 9개와 낱개 3개는 ☐ 입니다.

(5~8) 수를 바르게 읽은 것에 ◯표 하세요.

5 67 (육십육 , 육십칠)

6 85 (팔십오 , 팔십육)

7 54 (쉰셋 , 쉰넷)

8 96 (아흔하나 , 아흔여섯)

③ 수의 순서

(1~6) 빈칸에 1만큼 더 큰 수와 1만큼 더 작은 수를 써넣으세요.

1
1만큼 더 작은 수		1만큼 더 큰 수
	58	

2
1만큼 더 작은 수		1만큼 더 큰 수
	75	

3
1만큼 더 작은 수		1만큼 더 큰 수
	67	

4
1만큼 더 작은 수		1만큼 더 큰 수
	86	

5
1만큼 더 작은 수		1만큼 더 큰 수
	80	

6
1만큼 더 작은 수		1만큼 더 큰 수
	99	

(7~14) 수의 순서대로 빈칸에 알맞은 수를 써넣으세요.

7 55 56 ☐ ☐

8 63 ☐ 65 ☐

9 71 72 ☐ ☐

10 ☐ 70 ☐ 72

11 59 60 ☐ ☐

12 81 ☐ ☐ 84

13 76 ☐ 78 ☐

14 97 98 ☐ ☐

4 수의 크기 비교

(1~10) 두 수의 크기를 비교하여 ◯ 안에
＞, ＜를 알맞게 써넣으세요.

1 56 ◯ 65

2 74 ◯ 69

3 69 ◯ 63

4 58 ◯ 70

5 87 ◯ 79

6 82 ◯ 85

7 90 ◯ 94

8 57 ◯ 53

9 96 ◯ 88

10 71 ◯ 76

5 짝수와 홀수

(1~10) 짝수인지 홀수인지 ◯표 하세요.

1 1 (짝수 , 홀수)

2 4 (짝수 , 홀수)

3 8 (짝수 , 홀수)

4 3 (짝수 , 홀수)

5 9 (짝수 , 홀수)

6 10 (짝수 , 홀수)

7 15 (짝수 , 홀수)

8 14 (짝수 , 홀수)

9 19 (짝수 , 홀수)

10 20 (짝수 , 홀수)

1 60, 70, 80, 90 알아보기

1 수를 세어 빈칸에 알맞은 수를 써넣으세요.

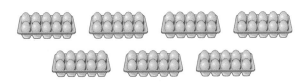

10개씩 묶음	낱개

⇨ [　]

2 10개씩 묶어 세어 보고, ☐ 안에 알맞은 수를 써넣으세요.

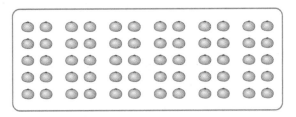

10개씩 묶음 [　]개 ⇨ [　]

3 알맞게 선으로 이어 보세요.

80   90
·   ·

·   ·   ·
구십   칠십   팔십
·   ·   ·

·   ·   ·
여든   아흔   예순

2 99까지의 수 알아보기

4 수를 세어 빈칸에 알맞은 수를 써넣으세요.

10개씩 묶음	낱개

⇨ [　]

5 10개씩 묶어 세어 보고, ☐ 안에 알맞은 수를 써넣으세요.

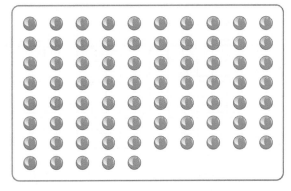

10개씩 묶음 [　]개와 낱개 [　]개

 [　]

6 알맞게 선으로 이어 보세요.

62	94	85

팔십오　　육십이　　구십사

아흔넷　　예순둘　　여든다섯

③ 수의 순서

7 빈칸에 알맞은 수를 써넣으세요.

만큼 더 작은 수		만큼 더 큰 수
	58	

8 수의 순서대로 빈칸에 알맞은 수를 써넣으세요.

(1) 67 ▢ ▢ 70

(2) 72 ▢ 74 ▢

9 수를 순서대로 이어 그림을 완성해 보세요.

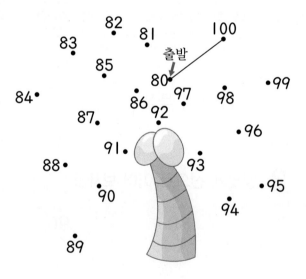

1 ☐ 안에 알맞은 수를 써넣으세요.

(1) 70 ⇨ 10개씩 묶음 ☐ 개

(2) 80 ⇨ 10개씩 묶음 ☐ 개

2 밑줄 친 수를 상황에 알맞게 읽은 사람의 이름을 써 보세요.

이 건물은 80층입니다.

여든 | 팔십
지유 | 승우

( )

3 송편의 수를 세어 빈칸에 알맞은 수를 써넣으세요.

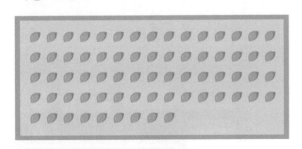

10개씩 묶음	낱개

⇨ ☐

4 90이 되도록 ●를 더 그려 넣으세요.

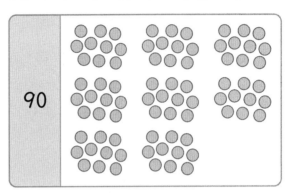

90

5 초콜릿을 한 상자에 10개씩 담으려고 합니다. 초콜릿을 모두 담으려면 상자는 몇 개 필요할까요?

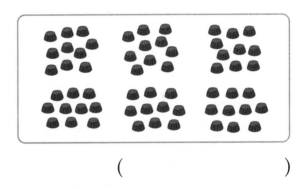

( )

6 수의 순서대로 빈칸에 알맞은 수를 써넣으세요.

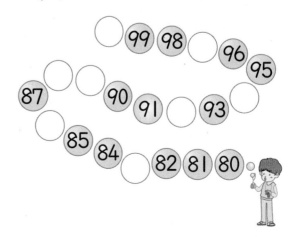

7 나타내는 수가 다른 하나를 찾아 ◯표 하세요.

| 팔십사 | 일흔넷 | 84 | 여든넷 |

(   ) (   ) (   ) (   )

8 나타내는 수를 써 보세요.

10개씩 묶음 5개와 낱개 13개

(   )

서술형

9 나타내는 수보다 1만큼 더 큰 수는 얼마인지 풀이 과정을 쓰고 답을 구해 보세요.

10개씩 묶음 7개와 낱개 9개

풀이 _____

_____

_____

답 _____

수학 익힘 유형

10 (보기)와 같이 수 카드 2장을 골라 만들 수 있는 두 수를 써 보세요.

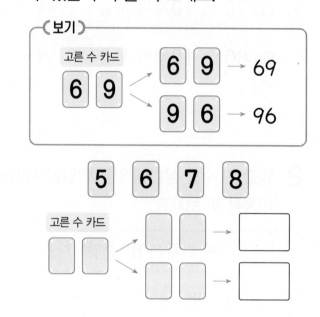

수학 익힘 유형

11 시장 안내도에 가게들이 번호 순서대로 있습니다. 안내도에서 아래 가게들의 위치를 찾아 번호를 알맞게 써넣으세요.

| 57번 | 81번 |

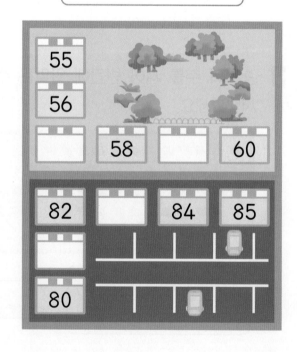

④ 수의 크기 비교

1 두 수의 크기를 비교하고 읽어 보세요.

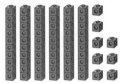 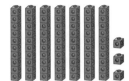

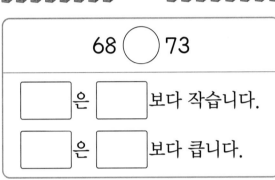

68 ◯ 73

┌──┐ 은 ┌──┐ 보다 작습니다.

┌──┐ 은 ┌──┐ 보다 큽니다.

2 수 배열을 보고 ◯ 안에 >, <를 알맞게 써넣으세요.

78 79 80 81 82

79 ◯ 82

3 두 수의 크기를 비교하여 ◯ 안에 >, <를 알맞게 써넣으세요.

62 ◯ 59

4 가장 큰 수에 ◯표, 가장 작은 수에 △표 하세요.

74   91   57

⑤ 짝수와 홀수

5 수를 세어 쓰고, 둘씩 짝을 지어 짝수인지 홀수인지 ◯표 하세요.

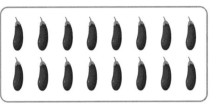

┌──┐ (짝수 , 홀수)

6 홀수에 ◯표 하세요.

4   9

7 짝수는 빨간색, 홀수는 파란색으로 이어 보세요.

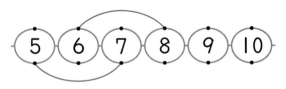

8 짝수는 빨간색으로, 홀수는 파란색으로 칠해 보세요.

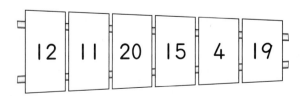

1 짝수를 따라가 보세요.

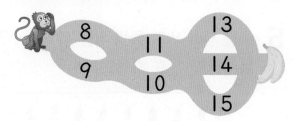

2 수를 세어 ☐ 안에 쓰고 ◯ 안에 >, <를 알맞게 써넣으세요.

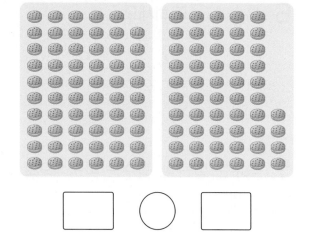

3 두 수의 크기를 비교하여 ◯ 안에 >, <를 알맞게 써넣으세요.

(1) 69 ◯ 72

(2) 97 ◯ 94

4 그림을 보고 짝수에 ◯표, 홀수에 △표 하세요.

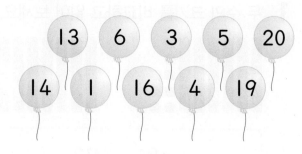

서술형

5 지우개의 수는 짝수인지 홀수인지 쓰려고 합니다. 풀이 과정을 쓰고 답을 구해 보세요.

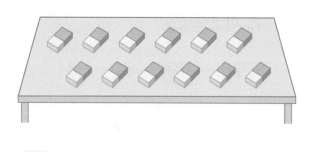

풀이 _____

_____

_____

_____

답 _____

6 ☐ 안에 알맞은 수를 쓰고 ◯ 안에 >, <를 알맞게 써넣으세요.

 71보다 1만큼 더 작은 수

 68보다 1만큼 더 큰 수

☐ ◯ ☐

7 짝수만 모여 있는 상자에 ◯표 하세요.

11 13 7

8 2 16

( )   ( )

8 세 사람의 대화를 보고 훌라후프를 가장 많이 돌린 사람의 이름을 써 보세요.

> • 지호: 나는 훌라후프를 72번 돌렸어.
> • 민지: 나는 훌라후프를 78번 돌렸어.
> • 혜인: 나는 훌라후프를 75번 돌렸어.

( )

(수학 익힘 유형)

9 그림을 보고 짝수인지 홀수인지 ◯표 하세요.

(1) 친구가 전학을 오기 전, 학생 수는 (짝수 , 홀수)입니다.
(2) 친구가 전학을 온 후, 학생 수는 (짝수 , 홀수)입니다.

(수학 익힘 유형)

10 작은 수부터 수 카드를 놓으려고 합니다.

82 는 어디에 놓아야 할지 찾아 번호를 써 보세요.

① 71 ② 80 ③ 91 ④

( )

1 0부터 9까지의 수 중에서 ☐ 안에 들어갈 수 있는 수는 모두 몇 개인지 구해 보세요.

$$55 < 5\square$$

( )

2 수 카드 3장 중에서 2장을 뽑아 한 번씩만 사용하여 가장 큰 수를 만들어 보세요.

3 5 7

( )

3 설명하는 수를 구해 보세요.

- 10개씩 묶음이 6개입니다.
- 62보다 작은 수입니다.
- 홀수입니다.

( )

놀이 수학

4 두 수의 크기를 비교하여 더 큰 수가 적힌 길을 따라가려고 합니다. 도착한 장소는 어디인지 구해 보세요.

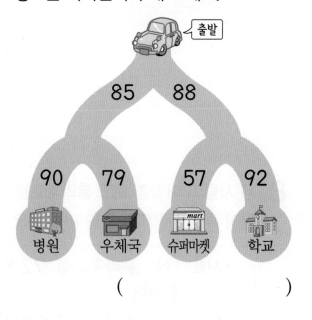

( )

실력 확인 [평가책] 단원 평가 2~7쪽 | 서술형 평가 8~9쪽

2

덧셈과
뺄셈(1)

개념복습 기초력 기르기

① 세 수의 덧셈

(1~6) ☐ 안에 알맞은 수를 써넣으세요.

1 $2+1+3=$ ☐

$2+1=$ ☐

☐ $+3=$ ☐

2 $5+3+1=$ ☐

$5+3=$ ☐

☐ $+1=$ ☐

3 $2+2+1=$ ☐

4 $4+3+2=$ ☐

5 $2+2+2=$ ☐

6 $1+1+6=$ ☐

② 세 수의 뺄셈

(1~6) ☐ 안에 알맞은 수를 써넣으세요.

1 $7-2-1=$ ☐

$7-2=$ ☐

☐ $-1=$ ☐

2 $8-1-5=$ ☐

$8-1=$ ☐

☐ $-5=$ ☐

3 $9-3-2=$ ☐

4 $6-2-3=$ ☐

5 $8-4-2=$ ☐

6 $5-4-1=$ ☐

③ 10이 되는 더하기

(1~7) ▢ 안에 알맞은 수를 써넣으세요.

1
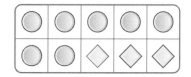

$7+\boxed{}=10$

2
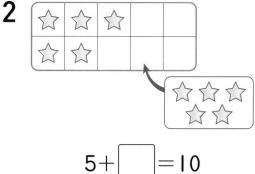

$5+\boxed{}=10$

3 $1+9=\boxed{}$

4 $2+8=\boxed{}$

5 $4+\boxed{}=10$

6 $\boxed{}+7=10$

7 $8+\boxed{}=10$

④ 10에서 빼기

(1~7) ▢ 안에 알맞은 수를 써넣으세요.

1

$10-4=\boxed{}$

2
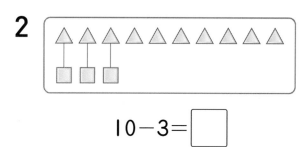

$10-3=\boxed{}$

3 $10-8=\boxed{}$

4 $10-5=\boxed{}$

5 $10-7=\boxed{}$

6 $10-6=\boxed{}$

7 $10-1=\boxed{}$

⑤ 10을 만들어 더하기

(1~14) ☐ 안에 알맞은 수를 써넣으세요.

1

$4+6+1=$ ☐

2

$2+8+2=$ ☐

3 $3+7+2=$ ☐

4 $9+1+8=$ ☐

5 $6+4+3=$ ☐

6 $8+2+9=$ ☐

7 $7+3+5=$ ☐

8

$3+8+2=$ ☐

9

$1+3+7=$ ☐

10 $2+2+8=$ ☐

11 $9+5+5=$ ☐

12 $2+7+3=$ ☐

13 $3+9+1=$ ☐

14 $6+4+6=$ ☐

1 세 수의 덧셈

1 그림을 보고 세 수의 덧셈을 해 보세요.

$2+\boxed{}+\boxed{}=\boxed{}$

2 알맞은 것을 찾아 선으로 이어 보세요.

$2+2+3$ · · $3+1+2$

5 6 7

3 ☐ 안에 알맞은 수를 써넣으세요.

$5+1+2=\boxed{}$

$5+1=\boxed{}$

$\boxed{}+2=\boxed{}$

2 세 수의 뺄셈

4 그림을 보고 세 수의 뺄셈을 해 보세요.

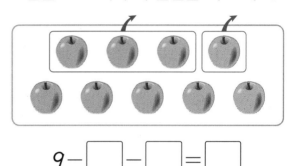

$9-\boxed{}-\boxed{}=\boxed{}$

5 알맞은 것을 찾아 선으로 이어 보세요.

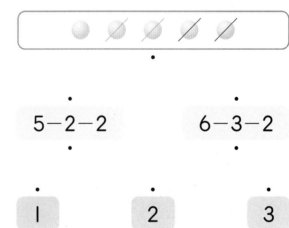

$5-2-2$ · · $6-3-2$

1 2 3

6 ☐ 안에 알맞은 수를 써넣으세요.

$7-4-1=\boxed{}$

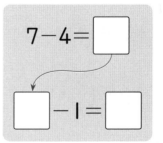

$7-4=\boxed{}$

$\boxed{}-1=\boxed{}$

1 그림을 보고 세 수의 뺄셈을 해 보세요.

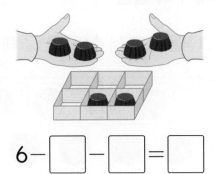

$6-\boxed{}-\boxed{}=\boxed{}$

2 ☐ 안에 알맞은 수를 써넣으세요.

(1) $2+4+2=\boxed{}$

(2) $9-5-2=\boxed{}$

3 세 수의 합은 얼마일까요?

3　　1　　4

(　　　　　　　)

4 합을 구하여 선으로 이어 보세요.

· 9

$3+5+1$ ·

· 8

$1+6+1$ ·

· 7

5 바르게 계산한 것에 ◯표 하세요.

$6-3-1=4$　　$6-3-1=2$

$3-1=2$　　　$6-3=3$

$6-2=4$　　　$3-1=2$

(　　　)　　　(　　　)

6 유진이는 노란색 구슬 1개, 파란색 구슬 3개, 빨간색 구슬 1개를 가지고 있습니다. 유진이가 가지고 있는 구슬은 모두 몇 개일까요?

(　　　　　　　)

서술형

7 8명이 버스에 타고 있었습니다. 공원 앞에서 2명이 내리고, 시장 앞에서 3명이 내렸습니다. 버스에 남은 사람은 몇 명인지 풀이 과정을 쓰고 답을 구해 보세요.

풀이

답

8 합이 더 큰 것에 ○표 하세요.

5+1+1	3+4+2

(   )   (   )

9 계산 결과의 크기를 비교하여 ○ 안에 >, <를 알맞게 써넣으세요.

5-2-1 ○ 7-3-3

(수학 익힘 유형)

10 세 가지 색으로 꽃잎을 색칠하고 덧셈식을 만들어 보세요.

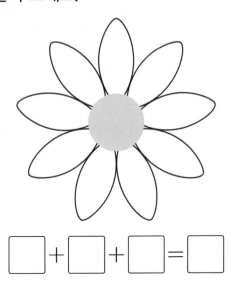

□+□+□=□

11 □ 안에 알맞은 수를 써넣고 뺄셈식을 만들어 보세요.

색종이 8장 중에서

□장으로 비행기를 만들고

□장으로 배를 만들어야지.

그럼 색종이는 몇 장이 남을까?

8-□-□=□

(수학 익힘 유형)

12 수 카드 두 장을 골라 덧셈식을 완성해 보세요.

2	3	4	5

1+□+□=8

③ **10이 되는 더하기**

1 그림을 보고 덧셈을 해 보세요.

(1)

$$9+1=\boxed{}$$

(2)

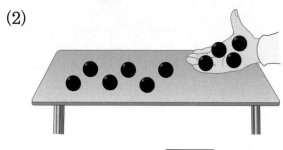

$$6+4=\boxed{}$$

2 그림을 보고 알맞은 덧셈식을 만들어 보세요.

(1)

$$\boxed{}+\boxed{}=10$$

(2)

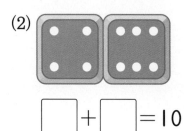

$$\boxed{}+\boxed{}=10$$

3 ⬤ 모양과 △ 모양을 그려 덧셈식을 만들고, 설명해 보세요.

나는 ⬤ 모양 $\boxed{}$개와

△ 모양 $\boxed{}$개로

$\boxed{}+\boxed{}=10$을 만들었어.

④ **10에서 빼기**

4 그림을 보고 뺄셈을 해 보세요.

(1)

$$10-5=\boxed{}$$

(2)

$$10-3=\boxed{}$$

5 그림을 보고 알맞은 뺄셈식을 만들어 보세요.

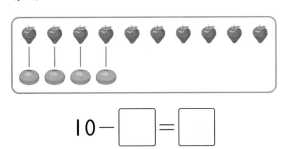

$$10-\boxed{}=\boxed{}$$

6 /을 그려 뺄셈식을 만들고, 설명해 보세요.

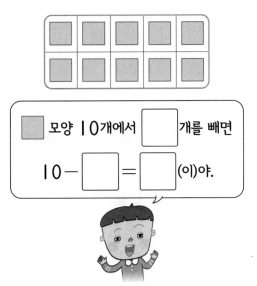

□ 모양 10개에서 □개를 빼면

$10-\boxed{}=\boxed{}$ (이)야.

⑤ 10을 만들어 더하기

7 □ 안에 알맞은 수를 써넣으세요.

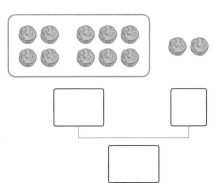

8 □ 안에 알맞은 수를 써넣으세요.

$$3+7+5=15$$

(1) $8+2+5=\boxed{}$

(2) $3+9+1=\boxed{}$

9 합이 같은 것끼리 선으로 이어 보세요.

5+5+6		3+2+8
·		·

·	·	·
3+10	5+10	10+6

1 ☐ 안에 알맞은 수를 써넣으세요.

(1) $9+1+8=$ ☐

(2) $4+5+5=$ ☐

2 두 수를 더해서 10이 되도록 빈칸에 알맞은 수를 써넣으세요.

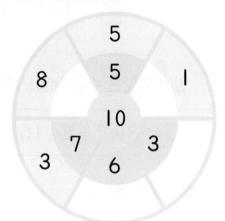

3 10을 만들어 더할 수 있는 식을 모두 찾아 ◯표 하세요.

$8+2+3$	( )
$2+7+3$	( )
$5+3+8$	( )

4 초콜릿을 준희는 4개, 윤서는 10개 가지고 있습니다. 윤서는 준희보다 몇 개를 더 가지고 있을까요?

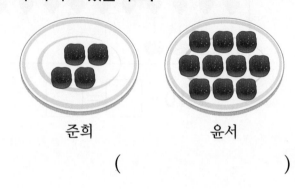

준희   윤서

(   )

5 두 가지 색으로 색칠하고 덧셈식을 만들어 보세요.

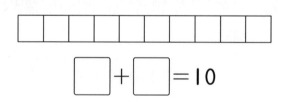

☐ $+$ ☐ $=10$

서술형

6 연필 10자루 중에서 동생에게 3자루를 주었습니다. 남은 연필은 몇 자루인지 풀이 과정을 쓰고 답을 구해 보세요.

풀이

답

7 식에 맞게 빈 상자에 공의 수만큼 ○를 그리고, ☐ 안에 알맞은 수를 써넣으세요.

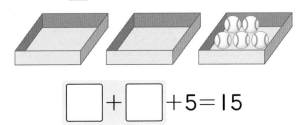

☐ + ☐ + 5 = 15

(수학 익힘 유형)

9 수 카드 두 장을 골라 덧셈식을 완성해 보세요.

| 6 | 9 | 1 | 4 |

3 + ☐ + ☐ = 13

(수학 익힘 유형)

8 더해서 10이 되는 두 수를 찾아 ◯표 하고, 10이 되는 덧셈식을 써 보세요.

7	④	⑥	1	5	2
5	9	8	3	7	5
1	7	2	6	8	9

10 = 4 + 6

(수학 익힘 유형)

10 1모둠과 2모둠이 한 구슬 던지기 놀이 결과를 보고 ☐ 안에 알맞은 수를 써넣으세요.

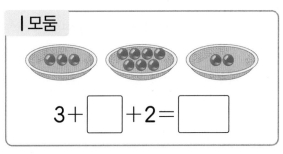

1모둠

3 + ☐ + 2 = ☐

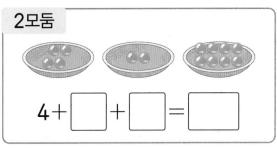

2모둠

4 + ☐ + ☐ = ☐

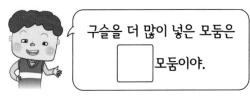

구슬을 더 많이 넣은 모둠은 ☐ 모둠이야.

1 책꽂이에 동화책 3권과 위인전 7권이 꽂혀 있었습니다. 그중에서 친구에게 6권을 빌려 주었다면 책꽂이에 남은 책은 몇 권인지 구해 보세요.

( )

3 1부터 9까지의 수 중에서 ☐ 안에 들어갈 수 있는 수를 모두 구해 보세요.

$$2+3+2<☐$$

( )

2 같은 모양은 같은 수를 나타냅니다. ◆가 나타내는 수를 구해 보세요.

- $10-2=●$
- $●-1-5=◆$

( )

놀이 수학

(수학 익힘 유형)

4 길을 따라갔을 때의 뼈다귀의 수를 구하려고 합니다. ☐ 안에 알맞은 수를 써넣어 덧셈식을 완성해 보세요.

$$1+☐+3$$
$$=☐$$

$$1+9+☐$$
$$=☐$$

3

모양과
시각

1 여러 가지 모양 찾기

(1~10) ■ 모양에는 □표, ▲ 모양에는 △표, ● 모양에는 ○표 하세요.

1
( )

2
( )

3
( )

4
( )

5
( )

6
( )

7
( )

8
( )

9
( )

10
( )

(11~12) 같은 모양끼리 모아 번호를 써 보세요.

11

① ② ③ ④ ⑤ ⑥

■ 모양	▲ 모양	● 모양

12

① ② ③ ④ ⑤ ⑥

■ 모양	▲ 모양	● 모양

② 여러 가지 모양 알아보기

1 그려진 모양을 찾아 선으로 이어 보세요.

2 물건의 바닥을 찰흙 위에 찍었을 때, 찍힌 모양을 찾아 선으로 이어 보세요.

3 설명하는 모양을 찾아 선으로 이어 보세요.

뾰족한 부분이 없습니다.	•	•	
뾰족한 부분이 4군데입니다.	•	•	
뾰족한 부분이 3군데입니다.	•	•	

③ 여러 가지 모양으로 꾸미기

(1~3) ▨, ▲, ⬭ 모양이 각각 몇 개 있는지 세어 보세요.

1

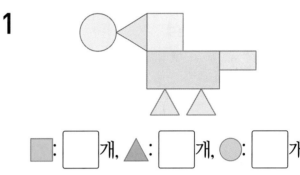

▨ : ☐ 개, ▲ : ☐ 개, ⬭ : ☐ 개

2

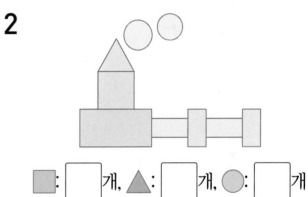

▨ : ☐ 개, ▲ : ☐ 개, ⬭ : ☐ 개

3

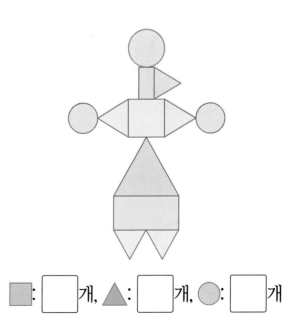

▨ : ☐ 개, ▲ : ☐ 개, ⬭ : ☐ 개

3
단원

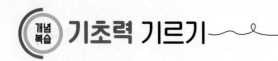
④ 몇 시

(1~4) 시계를 보고 시각을 써 보세요.

1

(   )

2

(   )

3

(   )

4

(   )

(5~8) 시계에 시각을 나타내 보세요.

5 4시

6 11시

7 7시

8 9시

⑤ 몇 시 30분

(1~4) 시계를 보고 시각을 써 보세요.

1

(   )

2

(   )

3

(   )

4

(   )

(5~8) 시계에 시각을 나타내 보세요.

5 4시 30분

6 5시 30분

7 11시 30분

8 7시 30분

① 여러 가지 모양 찾기

1 ☐ 모양을 모두 찾아 색칠해 보세요.

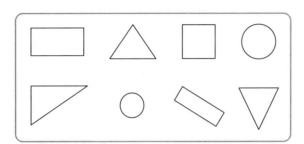

2 왼쪽과 같은 모양의 물건을 찾아 ○표 하세요.

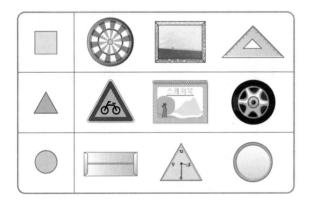

3 트라이앵글과 같은 모양의 물건을 찾아 ○표 하세요.

( ) ( ) ( )

4 같은 모양끼리 모은 것에 ○표 하세요.

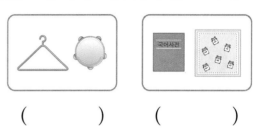

( ) ( )

② 여러 가지 모양 알아보기

5 물건을 찰흙 위에 찍었을 때, 찍힌 모양으로 알맞은 것을 찾아 ○표 하세요.

(☐ , △ , ○)

6 곧은 선이 <u>없는</u> 물건은 모두 몇 개일까요?

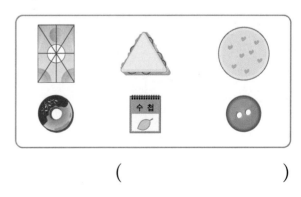

( )

7 몸으로 어떤 모양을 만든 것인지 찾아 선으로 이어 보세요.

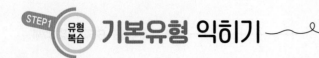

③ 여러 가지 모양으로 꾸미기

8 모양을 꾸미는 데 사용한 모양을 모두 찾아 ◯표 하세요.

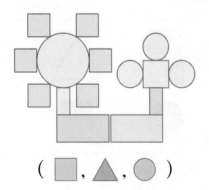

(■ , ▲ , ●)

9 ■, ▲, ● 모양이 각각 몇 개 있는지 세어 보세요.

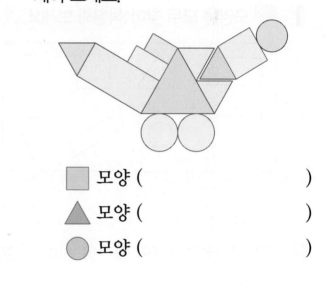

■ 모양 (　　　　　　　　)

▲ 모양 (　　　　　　　　)

● 모양 (　　　　　　　　)

10 ■, ▲, ● 모양으로 로켓을 꾸며 보세요.

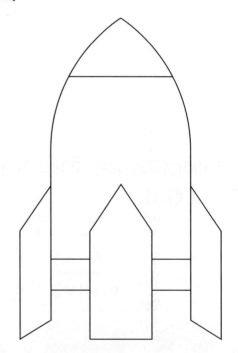

(1~3) 그림을 보고 물음에 답하세요.

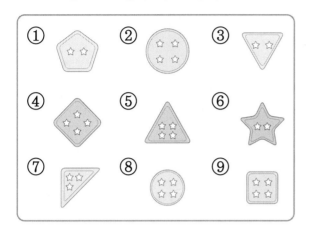

1 ◻ 모양을 모두 찾아 번호를 써 보세요.

(   )

2 ⬤ 모양을 모두 찾아 번호를 써 보세요.

(   )

3 뾰족한 부분이 3군데인 모양은 모두 몇 개일까요?

(   )

4 모양이 나머지와 <u>다른</u> 하나는 어느 것인가요? (   )

①
②
③
④
⑤

5 물건을 찰흙 위에 찍었을 때, 찍힌 모양으로 알맞은 것을 찾아 ◯표 하세요.

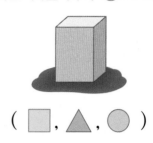

(◻ , ▲ , ⬤)

6 같은 모양끼리 선으로 이어 보세요.

(수학 익힘 유형)

7 바르게 이야기한 사람은 누구일까요?

- 주미: ⬤ 모양은 둥근 부분이 있어.
- 현영: ▲ 모양은 곧은 선이 없어.

(   )

(수학 익힘 유형)

8 토끼와 돼지를 ■, ▲, ● 모양으로 꾸몄습니다. ■, ▲, ● 모양이 각각 몇 개 있는지 세어 보세요.

■ 모양 (   )

▲ 모양 (   )

● 모양 (   )

(서술형)

9 페인트 롤러가 ▲ 모양이라면 어떤 일이 생길지 써 보세요.

답 _____

_____

_____

10 그림을 보고 바르게 이야기한 사람을 찾아 ◯표 하세요.

| ▲ 모양이 6개 있어. | ■ 모양이 없어. | ● 모양이 8개 있어. |

(   ) (   ) (   )

11 ■, ▲, ● 모양이 각각 몇 개 있는지 세어 보세요.

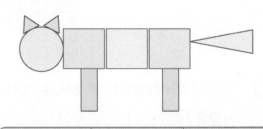

■ 모양	▲ 모양	● 모양

④ 몇 시

1 몇 시인지 써 보세요.

(1)
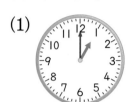
 시

(2)
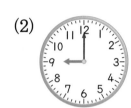
 시

2 시계를 보고 선으로 이어 보세요.

 · ·

 · ·

 · ·

3 시계에 몇 시를 나타내 보세요.

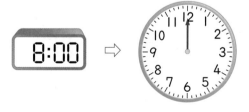

⑤ 몇 시 30분

4 몇 시 30분인지 써 보세요.

(1)
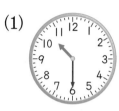
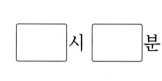 시 분

(2)
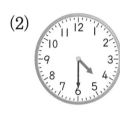
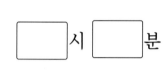 시 분

5 계획표를 보고 선으로 이어 보세요.

	간식 먹기	책 읽기
시각	2시 30분	7시 30분

 · ·

 · ·

6 시계에 시각을 나타내 보세요.

1 시각을 써 보세요.

(1) 7:00

(   )

(2) 11:30

(   )

2 같은 시각끼리 선으로 이어 보세요.

- 10:30

- 12:30

- 12:00

3 2시 30분을 나타내는 시계를 찾아 ○표 하세요.

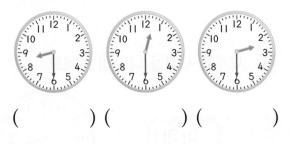

(   ) (   ) (   )

4 시계를 보고 시각을 써넣으세요.

□ 시 □ 분에 수영을 합니다.

5 시계를 보고 시각을 써넣으세요.

□ 시에는 숙제를 하고,

□ 시에는 청소를 합니다.

6 시계에 시각을 나타내 보세요.

9:00 ⇨

(7~8) 이야기에 나오는 시각을 시계에 나타내 보세요.

7

10시에 놀이기구를 탔습니다.

8

8시 30분에 등산을 했습니다.

서술형

9 왼쪽 시계는 9시 30분을 잘못 나타낸 것입니다. 오른쪽 시계에 바르게 나타내고, 잘못된 이유를 써 보세요.

이유

_____

_____

_____

10 시계의 짧은바늘이 11과 12 사이, 긴바늘이 6을 가리킬 때의 시각을 써 보세요.

( )

11 다음 시각에서 긴바늘이 한 바퀴 움직였을 때의 시각을 써 보세요.

( )

수학 유형

12 시계에 6시 30분을 나타내고, 그 시각에 하고 싶은 일을 써 보세요.

_____

_____

1 은아와 상호가 오늘 아침에 일어난 시각입니다. 더 먼저 일어난 사람은 누구인지 구해 보세요.

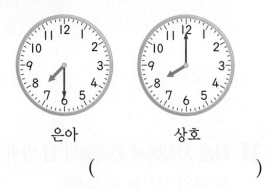

은아   상호

(   )

3 시계를 거울에 비추어 보았더니 다음과 같았습니다. 시계가 나타내는 시각을 구해 보세요.

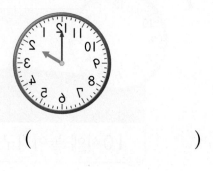

(   )

2 ■, ▲, ● 모양 중에서 가장 많은 모양을 찾아 ○표 하세요.

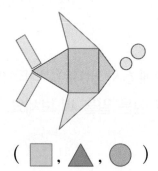

(■ , ▲ , ●)

4 진수와 민아가 ■, ▲, ● 모양으로 모양을 꾸몄습니다. ■ 모양 3개, ▲ 모양 3개, ● 모양 6개로 모양을 꾸민 사람은 누구인지 구해 보세요.

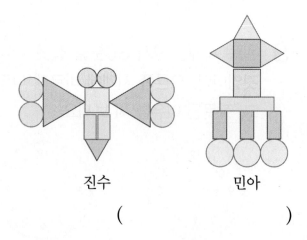

진수   민아

(   )

실력 확인   [평가책] 단원 평가 18~23쪽 | 서술형 평가 24~25쪽

4

덧셈과
뺄셈(2)

1 받아올림이 있는 (몇)＋(몇)의
여러 가지 계산 방법

(1~4) 그림을 보고 덧셈을 해 보세요.

1

$8+3=$ ☐

2

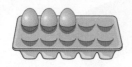

$5+6=$ ☐

3

$9+5=$ ☐

4

$6+7=$ ☐

2 받아올림이 있는 (몇)＋(몇)

(1~5) ☐ 안에 알맞은 수를 써넣으세요.

1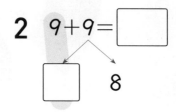

$4+7=$ ☐

☐ 1

2

$9+9=$ ☐

☐ 8

3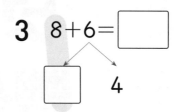

$8+6=$ ☐

☐ 4

4

$6+6=$ ☐

2 ☐

5

$7+5=$ ☐

2 ☐

(6~13) 덧셈을 해 보세요.

6 $9+3=$ ☐

7 $6+5=$ ☐

8 $8+4=$ ☐

9 $7+6=$ ☐

10 $2+9=$ ☐

11 $7+7=$ ☐

12 $7+9=$ ☐

13 $9+8=$ ☐

❸ 여러 가지 덧셈하기

(1~4) 덧셈을 해 보세요.

1 $5+9=14$

$5+8=$ ☐

$5+7=$ ☐

$5+6=$ ☐

2 $9+6=15$

$9+7=$ ☐

$9+8=$ ☐

$9+9=$ ☐

3 $7+8=$ ☐

$8+7=$ ☐

4 $4+8=$ ☐

$3+9=$ ☐

❹ 받아내림이 있는 (십몇)－(몇)의 여러 가지 계산 방법

(1~4) 그림을 보고 뺄셈을 해 보세요.

1

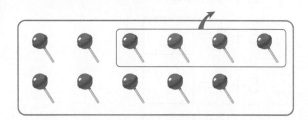

$11-4=\square$

2

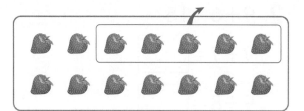

$14-5=\square$

3

$12-5=\square$

4

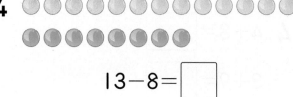

$13-8=\square$

❺ 받아내림이 있는 (십몇)－(몇)

(1~5) $\square$ 안에 알맞은 수를 써넣으세요.

1 $12-2=\square$

10   2

2 $15-7=\square$

$\square$ 2

3 $17-8=\square$

$\square$ 1

4 $13-6=\square$

10    $\square$

5 $16-8=\square$

10    $\square$

(6~13) 뺄셈을 해 보세요.

6 13−5= ☐

7 17−7= ☐

8 14−7= ☐

9 12−6= ☐

10 11−7= ☐

11 19−9= ☐

12 15−8= ☐

13 16−7= ☐

6 여러 가지 뺄셈하기

(1~4) 뺄셈을 해 보세요.

1 11−6=5

11−7= ☐

11−8= ☐

11−9= ☐

2 12−9=3

13−9= ☐

14−9= ☐

15−9= ☐

3 14−6=8

15−7= ☐

16−8= ☐

4 15−9=6

14−8= ☐

13−7= ☐

1 **받아올림이 있는 (몇)+(몇)의 여러 가지 계산 방법**

1 연필은 모두 몇 자루인지 ☐ 안에 알맞은 수를 써넣으세요.

연필이 8자루 있어.

내가 4자루를 더 가지고 왔어.

연필은 모두 ☐ 자루입니다.

2 사탕은 모두 몇 개인지 ☐ 안에 알맞은 수를 써넣으세요.

이 7개, 이 6개야.

사탕은 모두 ☐ 개입니다.

3 병아리는 모두 몇 마리일까요?

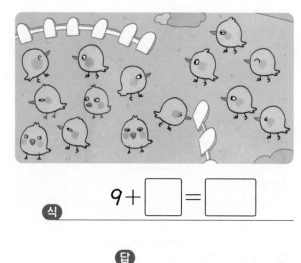

식 ___ 9+☐ = ☐ ___

답 ___

2 **받아올림이 있는 (몇)+(몇)**

4 8+7을 여러 가지 방법으로 계산해 보세요.

(1) 8과 더하여 10을 만들어 구하기

8+7= ☐

2   ☐

(2) 7과 더하여 10을 만들어 구하기

8+7= ☐

5   ☐

(3) 5와 5를 더하여 10을 만들어 구하기

8   +   7= ☐

5 ☐   5 ☐

5 덧셈을 해 보세요.

(1) $8+5=$ ☐

(2) $9+6=$ ☐

(3) $7+4=$ ☐

(4) $4+9=$ ☐

6 색종이 5장이 있었는데 7장을 더 가져 왔습니다. 색종이는 모두 몇 장일까요?

식 _____

답 _____

③ 여러 가지 덧셈하기

7 덧셈을 해 보세요.

(1)
$6+6=12$
$6+7=$ ☐
$6+8=$ ☐

(2)
$9+5=14$
$9+4=$ ☐
$9+3=$ ☐

(3)
$8+3=$ ☐
$3+8=$ ☐

8 $6+8$과 합이 같은 덧셈식을 모두 찾아 색칠해 보세요.

$9+5$	$8+5$	$7+5$	$6+5$
$9+6$	$8+6$	$7+6$	$6+6$
$9+7$	$8+7$	$7+7$	$6+7$
$9+8$	$8+8$	$7+8$	$6+8$

1 ☐ 안에 알맞은 수를 써넣으세요.

(1)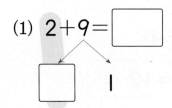

(2)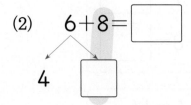

2 덧셈을 해 보세요.

(1) $9+8=$ ☐

(2) $4+7=$ ☐

3 덧셈을 해 보세요.

$8+7=$ ☐

$7+7=$ ☐

$6+7=$ ☐

$5+7=$ ☐

4 ☐ 안에 알맞은 수를 써넣으세요.

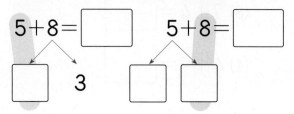

5 바구니에 귤이 8개 있었는데 6개를 더 넣었습니다. 바구니에 있는 귤은 모두 몇 개일까요?

(   )

서술형

6 빨간색 머리끈이 7개, 노란색 머리끈이 4개 있습니다. 머리끈은 모두 몇 개인지 풀이 과정을 쓰고 답을 구해 보세요.

풀이 _____

_____

_____

_____

답 _____

7 〈 수학 익힘 유형 〉

☐ 안에 알맞은 수를 써넣어 덧셈식을 완성해 보세요.

(1)
8+8=16
☐+9=17

(2)
6+5=11
6+☐=12

8 계산 결과가 더 큰 것에 ◯표 하세요.

3+8   9+5

(   )   (   )

9 ☐ 안에 알맞은 수를 써넣고, 두 수의 합이 작은 식부터 순서대로 이어 보세요.

시작
6+5=11

·8+6=☐

7+5=☐ ·

·7+6=☐

10 합이 같은 식을 찾아 〈보기〉와 같이 ◯, △, ☐표 해 보세요.

〈보기〉

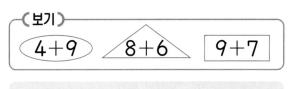

8+8   7+9   7+7

9+4   6+8   8+5

11 합이 같도록 점을 그리고, ☐ 안에 알맞은 수를 써넣으세요.

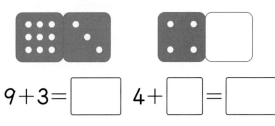

9+3=☐   4+☐=☐

12 〈 수학 익힘 유형 〉

빈칸과 같은 색 전구에서 수를 골라 덧셈식을 완성해 보세요.

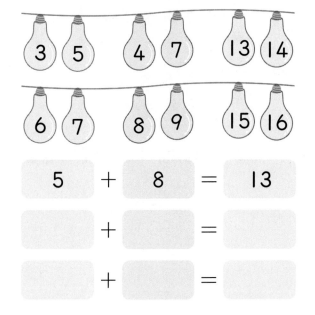

5 + 8 = 13

☐ + ☐ = ☐

☐ + ☐ = ☐

4 받아내림이 있는 (십몇)−(몇)의 여러 가지 계산 방법

1 남는 체리는 몇 개인지 ☐ 안에 알맞은 수를 써넣으세요.

체리 16개 중 9개를 먹어야지.

남는 체리는 ☐개입니다.

2 어느 것이 몇 개 더 많은지 알맞은 말에 ○표 하고, ☐ 안에 알맞은 수를 써넣으세요.

풀

가위

(풀 , 가위)이/가 ☐ 개 더 많습니다.

3 숟가락이 포크보다 몇 개 더 많을까요?

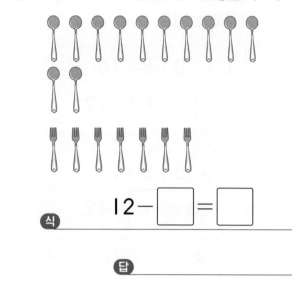

식 12−☐=☐

답 _____

5 받아내림이 있는 (십몇)−(몇)

4 그림을 보고 ☐ 안에 알맞은 수를 써넣으세요.

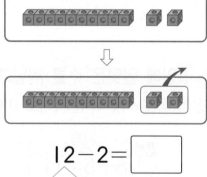

12−2=☐

10 ☐

5 13-4를 여러 가지 방법으로 계산해 보세요.

(1) 13에서 3을 먼저 빼서 구하기

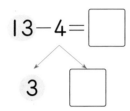

$$13-4=\boxed{}$$

3 → $\boxed{}$

(2) 10에서 4를 한 번에 빼서 구하기

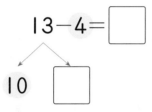

$$13-4=\boxed{}$$

10 → $\boxed{}$

6 뺄셈을 해 보세요.

(1) $15-5=\boxed{}$

(2) $14-8=\boxed{}$

7 젤리 11개 중에서 3개를 먹었습니다. 남은 젤리는 몇 개일까요?

식

답

6 여러 가지 뺄셈하기

8 뺄셈을 해 보세요.

(1)
$$11-8=3$$
$$12-8=\boxed{}$$
$$13-8=\boxed{}$$

(2)
$$15-8=7$$
$$15-7=\boxed{}$$
$$15-6=\boxed{}$$

(3)
$$11-4=7$$
$$12-5=\boxed{}$$
$$13-6=\boxed{}$$

9 13-7과 차가 같은 뺄셈식을 모두 찾아 색칠해 보세요.

13-6	13-7	13-8	13-9
14-6	14-7	14-8	14-9
15-6	15-7	15-8	15-9
16-6	16-7	16-8	16-9

1 □ 안에 알맞은 수를 써넣으세요.

(1) $12-8=\boxed{}$

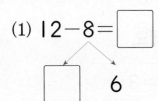

$\boxed{}$ 6

(2) $17-9=\boxed{}$

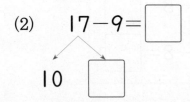

10     $\boxed{}$

2 뺄셈을 해 보세요.

(1) $14-4=\boxed{}$

(2) $13-5=\boxed{}$

3 뺄셈을 해 보세요.

$11-6=\boxed{}$

$12-6=\boxed{}$

$13-6=\boxed{}$

$14-6=\boxed{}$

4 차를 구하여 선으로 이어 보세요.

$18-9$	$14-7$

7   8   9

5 밤 15개 중에서 8개를 먹었습니다. 남은 밤은 몇 개일까요?

(   )

서술형

6 감자는 11개 있고, 옥수수는 9개 있습니다. 감자는 옥수수보다 몇 개 더 많은지 풀이 과정을 쓰고 답을 구해 보세요.

풀이

_____

_____

_____

답 _____

7 계산 결과의 크기를 비교하여 ◯ 안에 >, =, <를 알맞게 써넣으세요.

$$12 - 5 \bigcirc 11 - 7$$

8 ☐ 안에 알맞은 수를 써넣고, 두 수의 차가 큰 식부터 순서대로 이어 보세요.

시작
$$17 - 8 = 9$$ ·
·$$16 - 8 = \boxed{}$$

$$15 - 9 = \boxed{}$$ ·
·$$16 - 9 = \boxed{}$$

(수학 익힘 유형)

9 차가 9가 되도록 ☐ 안에 알맞은 수를 써넣으세요.

$$16 - 7 \qquad 15 - 6$$

$$11 - \boxed{} \qquad = 9 \qquad 14 - 5$$

$$12 - \boxed{} \qquad 13 - \boxed{}$$

(수학 익힘 유형)

10 차가 같은 식을 찾아 (보기)와 같이 ◯, △, ☐표 해 보세요.

(보기)
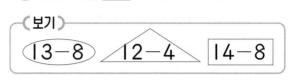

$$15 - 7 \qquad 12 - 7 \qquad 13 - 7$$
$$11 - 3 \qquad 11 - 5 \qquad 14 - 9$$

11 연우가 사용한 붙임딱지는 몇 장일까요?

· 지수: 나는 붙임딱지 13장 중 9장을 사용했어.
· 연우: 나는 12장을 가지고 있었는데 사용하고 남은 붙임딱지의 수가 지수와 같아.

(   )

12 빈칸과 같은 색 컵에서 수를 골라 뺄셈식을 완성해 보세요.

$$13 \quad - \quad 9 \quad = \quad 4$$
$$\boxed{} \quad - \quad \boxed{} \quad = \quad \boxed{}$$
$$\boxed{} \quad - \quad \boxed{} \quad = \quad \boxed{}$$

1 7명이 타고 있던 버스에 ㉮ 정류장에서 8명이 타고, ㉯ 정류장에서 6명이 내렸습니다. 지금 버스에 타고 있는 사람은 몇 명일까요?

(   )

2 같은 모양은 같은 수를 나타냅니다. ★이 나타내는 수를 구해 보세요.

· ♥ + ♥ = 16   · 14 − ♥ = ★

(   )

3 5장의 수 카드 중에서 2장을 뽑아 합이 가장 큰 덧셈식을 만들고 합을 구해 보세요.

| 1 | 4 | 5 | 6 | 9 |

☐ + ☐ = ☐

놀이 수학

(수학 유형)

4 차가 1씩 커지는 길을 따라가는 로봇이 있습니다. 이 로봇이 화살표를 따라 길을 갈 수 있도록 ☐ 안에 알맞은 수를 써넣으세요.

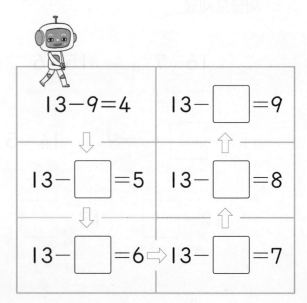

실력 확인   [평가책] 단원 평가 26~31쪽 | 서술형 평가 32~33쪽

5

규칙 찾기

1 규칙 찾기

(1~4) 규칙에 따라 빈칸에 알맞은 것에 ○표 하세요.

1

2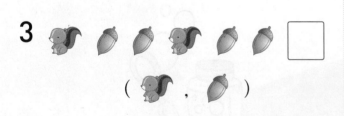

3

4

2 규칙 만들기

(1~5) 규칙을 만들어 색칠해 보세요.

1

2

3

4

5

③ 규칙을 만들어 무늬 꾸미기

(1~3) 규칙에 따라 빈칸에 알맞은 색을 칠해 보세요.

1

2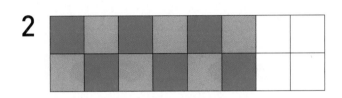

3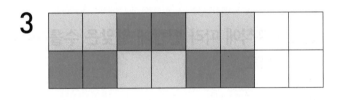

4 ◇와 ○ 모양으로 규칙을 만들어 무늬를 꾸며 보세요.

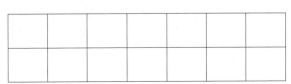

5 ♡와 △ 모양으로 규칙을 만들어 무늬를 꾸며 보세요.

④ 수 배열에서 규칙 찾기

(1~5) 규칙에 따라 빈칸에 알맞은 수를 써넣 으세요.

1

1　5　5　1　5

5　1　5　☐

2

3　7　☐　☐　19

5　9　13　17

3

21　☐　37　☐　53

25　33　41　☐

4

90　70　☐　☐　10

80　60　40　☐

5

50　40　30　☐　10

45　35　☐

5 수 배열표에서 규칙 찾기

(1~4) 수 배열표를 보고 ☐ 안에 알맞은 수를 써넣으세요.

21	22	23	24	25	26	27	28	29	30
31	32	33	34	35	36	37	38	39	40
41	42	43	44	45	46	47	48	49	50
51	52	53	54	55	56	57	58	59	60
61	62	63	64	65	66	67	68	69	70

1 ▨ 에 있는 수는 41부터 시작하여 → 방향으로 ☐ 씩 커지는 규칙입니다.

2 ▨ 에 있는 수는 22부터 시작하여 ↓ 방향으로 ☐ 씩 커지는 규칙입니다.

3 보라색으로 색칠한 수는 30부터 시작하여 ☐ 씩 커지는 규칙입니다.

4 노란색으로 색칠한 수는 23부터 시작하여 ☐ 씩 커지는 규칙입니다.

6 규칙을 여러 가지 방법으로 나타내기

(1~2) 규칙에 따라 빈칸에 알맞은 모양을 그려 보세요.

1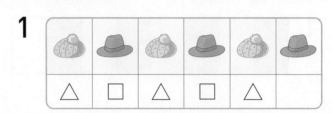

| △ | □ | △ | □ | △ | |

2

| □ | □ | ○ | □ | | |

(3~5) 규칙에 따라 빈칸에 알맞은 수를 써넣으세요.

3

| 0 | 4 | 4 | 0 | 4 | |

4

| 2 | 4 | 2 | 2 | | |

5

| 0 | 5 | 0 | | | |

STEP1 기본유형 익히기

● 개념책 109~111쪽 | 정답 43쪽

① 규칙 찾기

1 규칙에 따라 알맞게 색칠해 보세요.

(1)

(2)

2 규칙에 따라 빈칸에 알맞은 그림을 그려 보세요.

(1)

(2)

3 규칙을 찾아 ☐ 안에 알맞은 말을 써넣으세요.

└● 딸기   └● 참외

⇨ 딸기, ☐ , ☐ 가 반복 되는 규칙입니다.

② 규칙 만들기

4 연필, 연필, 지우개가 반복되는 규칙을 바르게 만든 것에 ◯표 하세요.

●연필 ●지우개

   (   )

   (   )

5 사과(🍎), 수박(🔺)이 반복되는 규칙으로 물건을 그려 보세요.

6 규칙을 만들어 화분을 색칠해 보세요.

7 2가지 색 구슬(◯ ⚫)로 규칙을 만들어 그려 보세요.

3 규칙을 만들어 무늬 꾸미기

8 규칙에 따라 빈칸에 알맞은 색을 칠해 보세요.

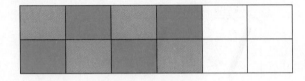

9 ♡와 □ 모양으로 규칙을 만들어 깃발을 꾸며 보세요.

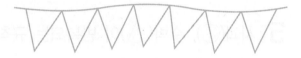

10 초록색과 보라색으로 규칙을 만들어 색칠해 보세요.

11 규칙을 만들어 무늬를 색칠해 보세요.

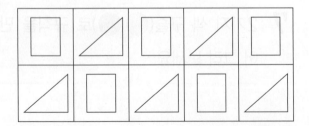

4 수 배열에서 규칙 찾기

12 규칙에 따라 빈칸에 알맞은 수를 써넣으세요.

4 4 □ □
  7 7 □ 7

13 규칙에 따라 빈칸에 알맞은 수를 써넣으세요.

(1)
12 32 52 72
  22 ○ ○

(2)
21 15 ○ 3
  18 ○ ○

14 규칙을 만들어 빈칸에 알맞은 수를 써넣으세요.

1 11 □ □
  6 □ □

⑤ 수 배열표에서 규칙 찾기

15 수 배열표를 보고 물음에 답하세요.

21	22	23	24	25	26	27	28	29	30
31	32	33	34	35	36	37	38	39	40
41	42	43	44	45	46	47	48		
51	52	53	54	55	56	57	58		

(1) ███ 에 있는 수에는 어떤 규칙이 있는지 □ 안에 알맞은 수를 써넣으세요.

□ 부터 시작하여 → 방향으로 □ 씩 커지는 규칙입니다.

(2) ███ 에 있는 수에는 어떤 규칙이 있는지 □ 안에 알맞은 수를 써넣으세요.

□ 부터 시작하여 ↓ 방향으로 □ 씩 커지는 규칙입니다.

(3) 규칙에 따라 ███ 에 알맞은 수를 써넣으세요.

16 규칙에 따라 색칠해 보세요.

61	62	63	64	65	66	67	68	69	70
71	72	73	74	75	76	77	78	79	80
81	82	83	84	85	86	87	88	89	90

⑥ 규칙을 여러 가지 방법으로 나타내기

17 규칙에 따라 빈칸에 2, 1로 나타내 보세요.

2	2	1	2			

18 규칙에 따라 빈칸에 ○, △로 나타내 보세요.

○	△	△	○			

19 규칙에 따라 빈칸에 알맞은 주사위를 그리고 수를 써넣으세요.

5	1	5	1		

20 규칙에 따라 빈칸에 알맞은 몸동작에 ○표 하세요.

(   ) (   )

1 규칙에 따라 빈칸에 알맞은 모양을 그려 보세요.

△ ◑ ◑ △ ◑ ◑ △ ☐ ☐

2 사탕( )과 도넛(◎)으로 규칙을 만들어 그려 보세요.

(수학 익힘 유형)

3 규칙을 바르게 말한 사람에 ○표 하세요.

색이 노란색, 노란색, 빨간색으로 반복되는 규칙이야.

사용한 모형의 개수가 3개, 1개, 3개로 반복되는 규칙이야.

지유   민규

(   )   (   )

4 흰 우유, 딸기 맛 우유가 반복되는 규칙으로 우유를 놓았습니다. 잘못 놓은 우유에 ✕표 하세요.

흰 우유   딸기 맛 우유

5 그림에서 규칙을 찾아 써 보세요.

파란색
흰색

_____

_____

6 수 배열에서 규칙을 찾아 ●에 알맞은 수를 구해 보세요.

20	24		●
	22		34

(   )

(수학 유형)

7 규칙을 찾아 여러 가지 방법으로 나타내 보세요.

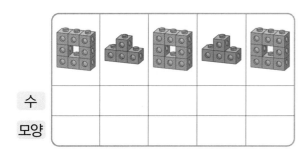

수					
모양					

8 규칙에 따라 무늬를 꾸몄을 때 알맞은 모양이 다른 하나를 찾아 번호를 써 보세요.

① ② ③

(   )

서술형

9 수의 규칙이 어떻게 다른지 설명해 보세요.

답

10 규칙을 찾아 빈칸에 알맞은 수를 써넣고, 색칠한 수에는 어떤 규칙이 있는지 써 보세요.

21	22		24		26
27		29		31	32
33	34		36	37	
39		41		43	

11 오른쪽 수 배열에서 규칙을 두 가지 찾아 써 보세요.

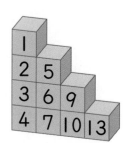

규칙 1

규칙 2

1 규칙에 따라 빈칸에 알맞은 모양을 그려 보세요.

○ ◇ ◇ △ ○ ◇ ◇ △ ○ ☐

3 수 배열표에서 규칙을 찾아 ▲ 에 알맞은 수를 구해 보세요.

42	43	44	45	
50	51			
	59			
				▲

(   )

2 (보기)와 같은 규칙에 따라 빈칸에 알맞은 수를 써넣으세요.

(보기)

| 20 | 15 | 10 | 5 |

| 34 | ☐ | ☐ | ☐ |

놀이 수학

4 규칙 순서대로 길을 따라 선을 그어 보세요.

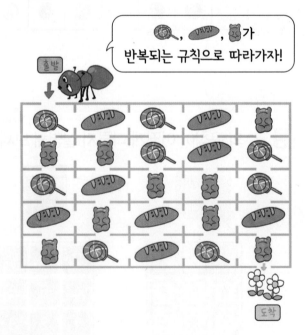

실력 확인   [평가책] 단원 평가 34~39쪽 | 서술형 평가 40~41쪽

6

덧셈과
뺄셈(3)

❶ 받아올림이 없는 (몇십몇)＋(몇)의 여러 가지 계산 방법

(1~9) 덧셈을 해 보세요.

1 10＋5＝☐

2 9＋50＝☐

3 23＋3＝☐

4 40＋6＝☐

5 8＋90＝☐

6 55＋2＝☐

7 7＋31＝☐

8 83＋4＝☐

9 6＋62＝☐

❷ 받아올림이 없는 (몇십)＋(몇십), (몇십몇)＋(몇십몇)

(1~10) 덧셈을 해 보세요.

1 60＋30＝☐

2 10＋50＝☐

3 70＋20＝☐

4 30＋45＝☐

5 23＋24＝☐

6 42＋57＝☐

7
$$\begin{array}{r} 2\,0 \\ +\ 2\,0 \\ \hline \boxed{} \end{array}$$

8
$$\begin{array}{r} 3\,0 \\ +\ 4\,0 \\ \hline \boxed{} \end{array}$$

9
$$\begin{array}{r} 1\,0 \\ +\ 3\,6 \\ \hline \boxed{} \end{array}$$

10
$$\begin{array}{r} 5\,2 \\ +\ 3\,3 \\ \hline \boxed{} \end{array}$$

③ 받아내림이 없는 (몇십몇)−(몇)의 여러 가지 계산 방법

(1~9) 뺄셈을 해 보세요.

1 19−7=☐

2 55−3=☐

3 47−6=☐

4 76−4=☐

5 89−8=☐

6 97−2=☐

7 26−3=☐

8 35−4=☐

9 69−5=☐

④ 받아내림이 없는 (몇십)−(몇십), (몇십몇)−(몇십몇)

(1~10) 뺄셈을 해 보세요.

1 50−10=☐

2 80−60=☐

3 60−50=☐

4 76−20=☐

5 68−24=☐

6 96−15=☐

7
```
   5 0
 − 2 0
 ─────
 ☐
```

8
```
   6 0
 − 3 0
 ─────
 ☐
```

9
```
   3 6
 − 1 0
 ─────
 ☐
```

10
```
   4 7
 − 2 3
 ─────
 ☐
```

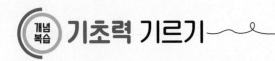

⑤ 덧셈과 뺄셈하기

(1~2) 그림을 보고 덧셈식으로 나타내 보세요.

1

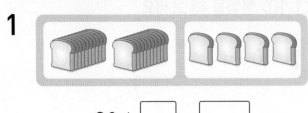

$20 + \boxed{} = \boxed{}$

2

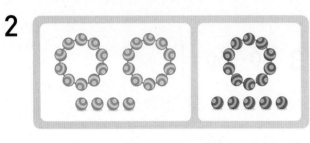

$24 + \boxed{} = \boxed{}$

(3~4) 그림을 보고 뺄셈식으로 나타내 보세요.

3

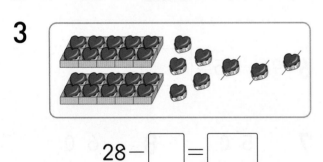

$28 - \boxed{} = \boxed{}$

4

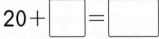

$49 - \boxed{} = \boxed{}$

(5~7) 그림을 보고 덧셈식과 뺄셈식으로 나타내 보세요.

5

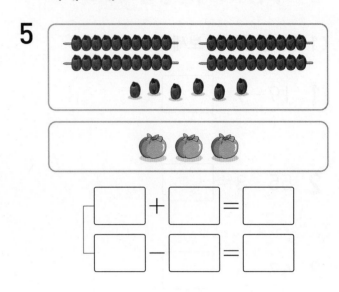

$\boxed{} + \boxed{} = \boxed{}$

$\boxed{} - \boxed{} = \boxed{}$

6

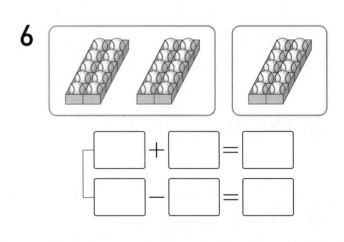

$\boxed{} + \boxed{} = \boxed{}$

$\boxed{} - \boxed{} = \boxed{}$

7

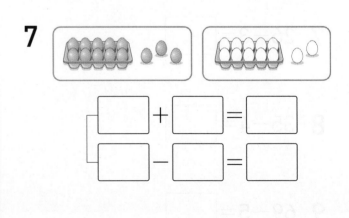

$\boxed{} + \boxed{} = \boxed{}$

$\boxed{} - \boxed{} = \boxed{}$

1 받아올림이 없는 (몇십몇)＋(몇)의 여러 가지 계산 방법

1 그림을 보고 덧셈을 해 보세요.

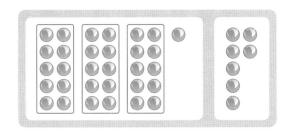

$31+7=\boxed{}$

2 덧셈을 해 보세요.

(1) $13+2=\boxed{}$

(2) $40+8=\boxed{}$

3 합을 구하여 선으로 이어 보세요.

$61+6$		$24+4$
•		•

•	•	•	•
67	68	28	29

4 귤을 수아는 12개 먹었고, 동생은 5개 먹었습니다. 수아와 동생이 먹은 귤은 모두 몇 개일까요?

식 $12+\boxed{}=\boxed{}$

답 _____

2 받아올림이 없는 (몇십)＋(몇십), (몇십몇)＋(몇십몇)

5 그림을 보고 덧셈을 해 보세요.

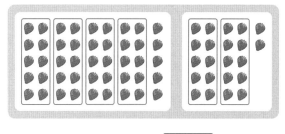

$45+22=\boxed{}$

6 덧셈을 해 보세요.

(1)
```
  1 0
+ 6 0
```
$\boxed{}$

(2)
```
  3 1
+ 1 7
```
$\boxed{}$

7 합이 79인 것은 빨간색, 합이 80인 것은 파란색으로 칠해 보세요.

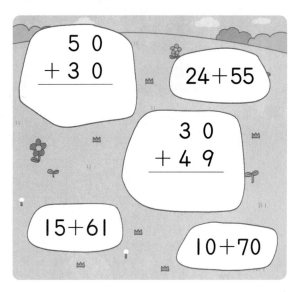

1 덧셈을 해 보세요.

(1) $16+2=$ ☐

(2) $8+70=$ ☐

2 합이 같은 것끼리 선으로 이어 보세요.

$23+44$ · $55+3$ ·

· · ·
$34+24$ $60+7$ $48+21$

3 달걀이 모두 몇 개인지 구하려고 합니다. ☐ 안에 알맞은 수를 써넣으세요.

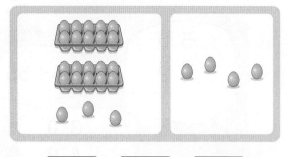

☐ + ☐ = ☐

4 공깃돌은 모두 몇 개인지 바르게 계산한 것에 ◯표 하세요.

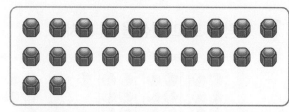

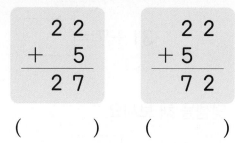

$$\begin{array}{r} 2\,2 \\ +\ \ 5 \\ \hline 2\,7 \end{array}$$ $$\begin{array}{r} 2\,2 \\ +\,5 \\ \hline 7\,2 \end{array}$$

( ) ( )

5 빵집에 도넛이 42개, 크림빵이 37개 있습니다. 빵집에 있는 도넛과 크림빵은 모두 몇 개인지 풀이 과정을 쓰고 답을 구해 보세요.

서술형

풀이 _____

_____

_____

답 _____

6 계산 결과의 크기를 비교하여 ◯ 안에 >, =, <를 알맞게 써넣으세요.

$$20+40 \bigcirc 51+7$$

7 합이 큰 것부터 순서대로 글자를 써 보세요.

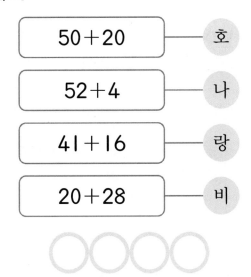

50+20	— 호
52+4	— 나
41+16	— 랑
20+28	— 비

◯ ◯ ◯ ◯

8 가장 큰 수와 가장 작은 수의 합은 얼마일까요?

| 6 | 37 | 42 |

( )

(9~10) 두 가지 색의 방울을 골라 더하려고 합니다. 물음에 답하세요.

| 빨간색 방울 12개 | 초록색 방울 23개 | 노란색 방울 16개 |

9 빨간색 방울과 초록색 방울은 모두 몇 개일까요?

( )

10 초록색 방울과 노란색 방울은 모두 몇 개일까요?

( )

(수학 익힘 유형)

11 같은 모양에 적힌 수의 합을 구해 보세요.

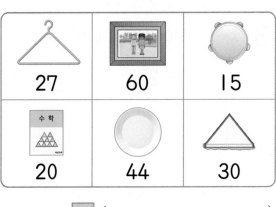

| 27 | 60 | 15 |
| 20 | 44 | 30 |

▢ ( )

▲ ( )

◯ ( )

3 받아내림이 없는 (몇십몇)−(몇)의 여러 가지 계산 방법

1 그림을 보고 뺄셈을 해 보세요.

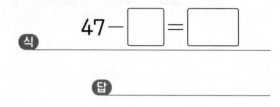

$28-4=$ ☐

2 뺄셈을 해 보세요.

(1) $17-2=$ ☐

(2) $39-5=$ ☐

3 차를 구하여 선으로 이어 보세요.

65−2		76−5

62	63	71	72

4 문구점에 탁구공이 47개 있었는데 그중 5개를 팔았습니다. 문구점에 남은 탁구공은 몇 개일까요?

식 $47-$ ☐ $=$ ☐

답 _____

4 받아내림이 없는 (몇십)−(몇십), (몇십몇)−(몇십몇)

5 남은 사탕이 몇 개인지 뺄셈을 해 보세요.

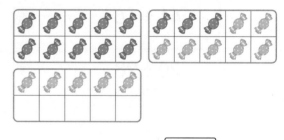

$25-12=$ ☐

6 뺄셈을 해 보세요.

(1)
$$\begin{array}{r} 7\,0 \\ -\,3\,0 \\ \hline \end{array}$$

(2)
$$\begin{array}{r} 4\,3 \\ -\,1\,1 \\ \hline \end{array}$$

7 차가 43인 것은 빨간색, 차가 50인 것은 파란색으로 칠해 보세요.

$$9\ 0$$
$$-\ 4\ 0$$

$$86-33$$

$$68-25$$

$$70-20$$

$$5\ 7$$
$$-\ 1\ 4$$

⑤ 덧셈과 뺄셈하기

8 덧셈과 뺄셈을 해 보세요.

(1)

$21+10=$ ☐

$21+20=$ ☐

$21+30=$ ☐

(2)

$58-11=$ ☐

$58-12=$ ☐

$58-13=$ ☐

(9~10) 그림을 보고 덧셈식과 뺄셈식으로 나타내 보세요.

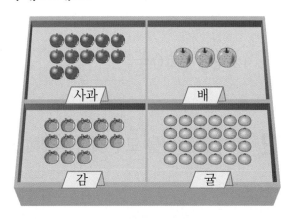

사과 / 배 / 감 / 귤

9 사과와 배는 모두 몇 개인지 덧셈식으로 나타내 보세요.

☐ + ☐ = ☐

10 귤은 감보다 몇 개 더 많은지 뺄셈식으로 나타내 보세요.

☐ − ☐ = ☐

1 뺄셈을 해 보세요.

(1) $57 - 6 = \boxed{}$

(2) $88 - 40 = \boxed{}$

2 차가 같은 것을 모두 찾아 색칠해 보세요.

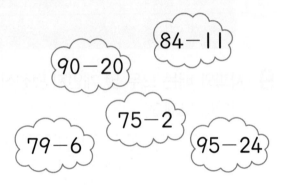

3 남은 달걀이 몇 개인지 구하려고 합니다. ☐ 안에 알맞은 수를 써넣으세요.

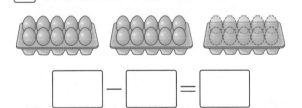

$$\boxed{} - \boxed{} = \boxed{}$$

4 그림을 보고 빈칸에 알맞은 수를 써넣으세요.

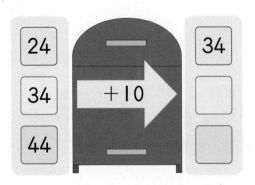

수학 익힘 유형

5 파란색 단추는 분홍색 단추보다 몇 개 더 많은지 바르게 계산한 것에 ○표 하세요.

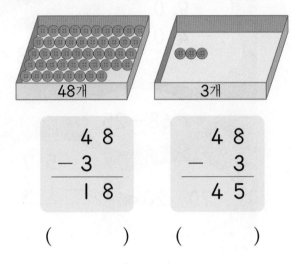

| 4 8 |
| - 3 |
| 1 8 |

| 4 8 |
| - 3 |
| 4 5 |

(   )   (   )

서술형

6 상자에 떡이 28개 있었는데 학생들에게 나누어 주고 나니 10개가 남았습니다. 학생들에게 나누어 준 떡은 몇 개인지 풀이 과정을 쓰고 답을 구해 보세요.

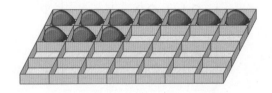

풀이 _____

_____

_____

답 _____

7 계산 결과의 크기를 비교하여 ◯ 안에 >, =, <를 알맞게 써넣으세요.

$$50-30 \bigcirc 27-4$$

8 은희가 말하는 수를 구해 보세요.

내 수는 56보다 15만큼 더 작은 수야.

은희

(   )

(9~10) 그림을 보고 덧셈식과 뺄셈식으로 나타내 보세요.

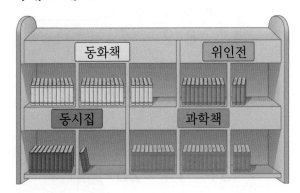

9 동화책과 위인전은 모두 몇 권인지 덧셈식으로 나타내 보세요.

◻ + ◻ = ◻

10 과학책은 동시집보다 몇 권 더 많은지 뺄셈식으로 나타내 보세요.

◻ − ◻ = ◻

(수학 익힘 유형)

11 두 상자에서 수를 하나씩 골라 식을 써 보세요.

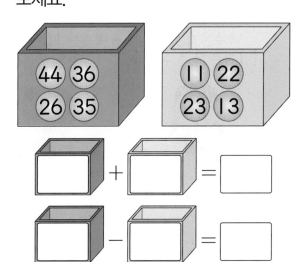

◻ + ◻ = ◻

◻ − ◻ = ◻

12 규칙에 따라 빈칸을 채우고 ㉡ − ㉠을 구해 보세요.

56	57	58		60
66	㉠	68	69	70
	77	78	㉡	

㉡ − ㉠ = ◻

6. 덧셈과 뺄셈(3) **73**

1 수지와 준호가 말하는 수의 합을 구해 보세요.

내 수는 45보다 1만큼 더 큰 수야. (수지)

내 수는 10개씩 묶음 1개와 낱개 3개야. (준호)

(   )

2 색종이를 영진이는 37장 가지고 있고, 선혜는 영진이보다 15장 더 적게 가지고 있습니다. 영진이와 선혜가 가지고 있는 색종이는 모두 몇 장인지 구해 보세요.

(   )

3 수 카드 3장 중에서 2장을 뽑아 한 번 씩만 사용하여 만든 가장 큰 수와 남은 한 수의 차는 얼마인지 구해 보세요.

3   8   7

(   )

놀이 수학   (수학 유형)

4 바르게 계산한 식을 찾아 열기구를 색칠해 보세요.

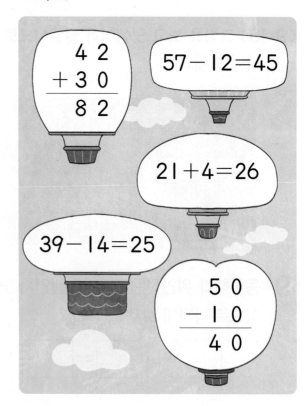

$$\begin{array}{r} 4\,2 \\ +\,3\,0 \\ \hline 8\,2 \end{array}$$

$57 - 12 = 45$

$21 + 4 = 26$

$39 - 14 = 25$

$$\begin{array}{r} 5\,0 \\ -\,1\,0 \\ \hline 4\,0 \end{array}$$

실력 확인   [평가책] 단원 평가 42~47쪽 | 서술형 평가 48~49쪽

메모

메모

개념+유형

PLUS

평가책

- 단원평가 2회
- 서술형평가
- 학업 성취도평가 2회

개념부터 유형이 하나로

초등 수학

1·2

ABOVE IMAGINATION

우리는 남다른 상상과 혁신으로
교육 문화의 새로운 전형을 만들어
모든 이의 행복한 경험과 성장에 기여한다

개념 ✛ 유형

평가책

초등 수학

1·2

1 사탕의 수를 세어 ☐ 안에 알맞은 수를 써넣으세요.

10개씩 묶음 6개 ⇨ ☐

2 수를 세어 빈칸에 알맞은 수를 써넣으세요.

10개씩 묶음	낱개

⇨ ☐

3 수를 바르게 읽은 것에 ◯표 하세요.

80 ⇨ (예순 , 여든)

4 ☐ 안에 알맞은 수를 써넣으세요.

99보다 ☐ 만큼 더 큰 수는 100입니다.

● 시험에 꼭 나오는 문제

5 나타내는 수가 <u>다른</u> 하나를 찾아 ◯표 하세요.

| 90 | 예순 | 아흔 | 구십 |

6 나타내는 수를 써 보세요.

10개씩 묶음 7개와 낱개 3개

( )

7 알맞게 선으로 이어 보세요.

| 70 | 80 | 90 |

| 구십 | 칠십 | 팔십 |

| 여든 | 아흔 | 일흔 |

8 빈칸에 1만큼 더 큰 수와 1만큼 더 작은 수를 써넣으세요.

1만큼 더 작은 수		1만큼 더 큰 수
	93	

9 수의 순서대로 빈칸에 알맞은 수를 써넣으세요.

59		61	

10 초콜릿이 모두 몇 개인지 세어 보세요.

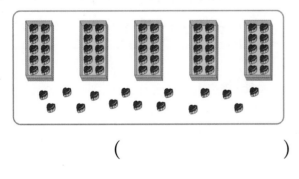

( )

11 두 수의 크기를 비교하여 ◯ 안에 >, <를 알맞게 써넣으세요.

57 ◯ 72

12 수를 순서대로 이어 그림을 완성해 보세요.

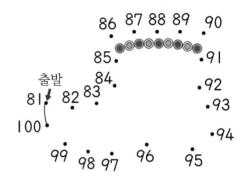

13 그림을 보고 알맞은 말에 ◯표 하세요.

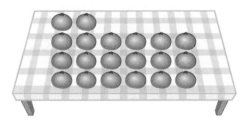

귤의 수는 (짝수 , 홀수)입니다.

14 홀수를 모두 찾아 ◯표 하세요.

8	9	14	17

15 가장 작은 수를 찾아 ◯표 하세요.

68	99	80

16 밤이 85개 있고, 대추가 88개 있습니다. 밤과 대추 중에서 어느 것이 더 많을까요?

(   )

● 잘 틀리는 문제

17 세 사람의 대화를 보고 토마토를 가장 많이 딴 사람을 찾아 이름을 써 보세요.

> • 민희: 나는 토마토를 67개 땄어.
> • 상연: 나는 토마토를 61개 땄어.
> • 유진: 나는 토마토를 65개 땄어.

(   )

18 수 카드 3장 중에서 2장을 뽑아 한 번씩만 사용하여 가장 큰 수를 만들어 보세요.

| 2 | 5 | 7 |

(   )

● 서술형 문제

19 곶감이 10개씩 묶음 7개와 낱개 8개 있습니다. 곶감은 모두 몇 개인지 풀이 과정을 쓰고 답을 구해 보세요.

풀이 _____

_____

_____

답 _____

20 설명하는 수가 더 큰 사람은 누구인지 풀이 과정을 쓰고 답을 구해 보세요.

> • 지혜: 82보다 1만큼 더 큰 수야.
> • 윤아: 85보다 1만큼 더 작은 수야.

풀이 _____

_____

_____

답 _____

1 다음을 수로 써 보세요.

칠십

(　　　　　　　　)

2 수를 세어 빈칸에 알맞은 수를 써넣으세요.

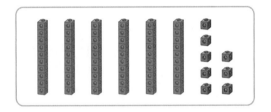

10개씩 묶음	낱개
		⇨

3 나타내는 수를 써 보세요.

10개씩 묶음 8개

(　　　　　　　　)

4 수 배열을 보고 ◯ 안에 >, <를 알맞게 써넣으세요.

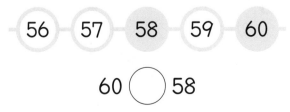

60 ◯ 58

5 □ 안에 알맞은 수를 써 보세요.

99보다 1만큼 더 큰 수는 □입니다.

(　　　　　　　　)

● 시험에 꼭 나오는 문제

6 가지의 수를 세어 짝수인지 홀수인지 ◯표 하세요.

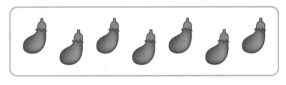

(짝수 , 홀수)

7 알맞게 선으로 이어 보세요.

83 ·

57 ·

· 오십칠

· 여든셋

· 쉰아홉

8 수의 순서대로 빈칸에 알맞은 수를 써넣으세요.

74 — □ — 76 — □

9 구슬이 모두 몇 개인지 세어 보세요.

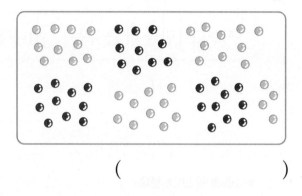

( )

10 수를 세어 □ 안에 써넣고 두 수의 크기를 비교하여 ○ 안에 >, <를 알맞게 써넣으세요.

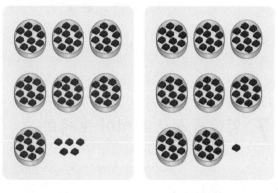

● 시험에 **꼭** 나오는 문제

11 두 수의 크기를 비교하여 ○ 안에 >, <를 알맞게 써넣으세요.

96 ◯ 94

12 나타내는 수보다 1만큼 더 작은 수를 구해 보세요.

10개씩 묶음 8개와 낱개 5개

( )

13 수를 순서대로 이어 그림을 완성해 보세요.

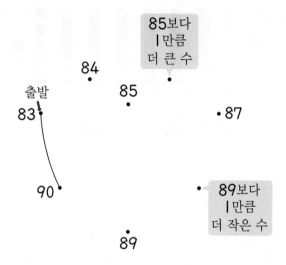

● 잘 **틀리는 문제**

14 짝수는 모두 몇 개일까요?

1	4	13	16	18

( )

15 잣은 78개 있고, 아몬드는 육십이 개 있습니다. 잣과 아몬드 중에서 어느 것이 더 많을까요?

( )

16 작은 수부터 수 카드를 놓으려고 합니다. 74 는 어디에 놓아야 할지 찾아 번호를 써 보세요.

① 68 ② 77 ③ 81 ④

( )

17 0부터 9까지의 수 중에서 ☐ 안에 들어갈 수 있는 수는 모두 몇 개인지 구해 보세요.

5☐ > 56

( )

18 설명하는 수를 구해 보세요.

- 10개씩 묶음이 8개입니다.
- 86보다 큰 수입니다.
- 짝수입니다.

( )

● 서술형 문제

19 다음을 수로 써 보려고 합니다. 풀이 과정을 쓰고 답을 구해 보세요.

10개씩 묶음	낱개
7	15

풀이

답

20 다음 중 가장 큰 수는 얼마인지 풀이 과정을 쓰고 답을 구해 보세요.

94   68   97

풀이

답

연습 1 나타내는 수가 <u>다른</u> 하나를 찾아 기호를 쓰려고 합니다. 풀이 과정을 쓰고 답을 구해 보세요. |5점|

> ㉠ 53   ㉡ 칠십삼   ㉢ 오십삼

❶ 나타내는 수 알아보기

풀이

❷ 나타내는 수가 <u>다른</u> 하나를 찾아 기호 쓰기

풀이

답

연습 2 시우와 은주가 캔 감자의 수입니다. 감자를 더 많이 캔 사람은 누구인지 풀이 과정을 쓰고 답을 구해 보세요. |5점|

시우	67개
은주	58개

❶ 두 수의 크기 비교하기

풀이

❷ 감자를 더 많이 캔 사람 구하기

풀이

답

실전 **3**　홀수는 모두 몇 개인지 풀이 과정을 쓰고 답을 구해 보세요. | 5점 |

> 3　6　10　15　19

풀이

답

실전 **4**　공깃돌을 윤미는 10개씩 묶음 7개와 낱개 8개 가지고 있고, 진영이는 윤미보다 1개 더 많이 가지고 있습니다. 진영이는 공깃돌을 몇 개 가지고 있는지 풀이 과정을 쓰고 답을 구해 보세요. | 5점 |

풀이

답

점수 | 확인

1 그림을 보고 세 수의 덧셈을 해 보세요.

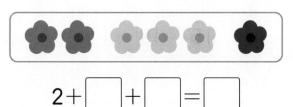

$$2+\boxed{}+\boxed{}=\boxed{}$$

2 그림을 보고 세 수의 뺄셈을 해 보세요.

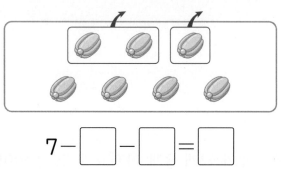

$$7-\boxed{}-\boxed{}=\boxed{}$$

● 시험에 꼭 나오는 문제

3 그림을 보고 알맞은 덧셈식을 만들어 보세요.

$$\boxed{}+\boxed{}=10$$

4 그림을 보고 뺄셈을 해 보세요.

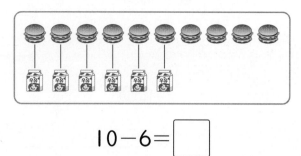

$$10-6=\boxed{}$$

5 10을 만들어 더할 수 있는 식에 ○표 하세요.

$4+1+7$	$8+2+5$
(　　　)	(　　　)

● 시험에 꼭 나오는 문제

6 ☐ 안에 알맞은 수를 써넣으세요.

$$9+1+7=\boxed{}$$

7 세 수의 합은 얼마일까요?

4   2   3

(　　　　　　　　)

8 차를 구하여 선으로 이어 보세요.

7−1−5 ·

8−4−2 ·

· 2

· 1

· 3

9 합이 10이 되는 칸을 모두 색칠해 보세요.

4+5	5+5
8+2	3+6

10 바르게 계산한 것에 ◯표 하세요.

2+4+2=7	9−1−1=7

( ) ( )

● 잘 틀리는 문제

11 계산 결과의 크기를 비교하여 ◯ 안에 >, <를 알맞게 써넣으세요.

2+2+3 ◯ 3+1+2

12 꽃병에 빨간색 장미 4송이, 노란색 장미 2송이, 흰색 장미 1송이가 꽂혀 있습니다. 꽃병에 꽂혀 있는 장미는 모두 몇 송이일까요?

( )

13 밤 8개 중에서 윤아가 3개, 동생이 2개를 먹었습니다. 남은 밤은 몇 개일까요?

( )

14 민준이는 종이배를 어제 6개 접었고, 오늘 4개 접었습니다. 민준이가 접은 종이배는 모두 몇 개일까요?

( )

15 동화책 8권, 위인전 2권, 만화책 5권이 있습니다. 책은 모두 몇 권일까요?

( )

16 더해서 10이 되는 두 수를 찾아 ◯표 하고, 10이 되는 덧셈식을 써 보세요.

$$10=7+3$$

● 잘 틀리는 문제
17 수 카드 두 장을 골라 덧셈식을 완성해 보세요.

3 6 7 4

☐ + ☐ + 3 = 13

18 같은 모양은 같은 수를 나타냅니다. ♥가 나타내는 수를 구해 보세요.

· 10−4=◆
· ◆+2+1=♥

(   )

● 서술형 문제
19 과자를 은희가 10개, 준석이가 7개 가지고 있습니다. 은희는 준석이보다 과자를 몇 개 더 많이 가지고 있는지 풀이 과정을 쓰고 답을 구해 보세요.

풀이 _____

_____

_____

답 _____

20 계산 결과가 더 큰 것의 기호를 쓰려고 합니다. 풀이 과정을 쓰고 답을 구해 보세요.

㉠ 1+9+2   ㉡ 5+5+1

풀이 _____

_____

_____

답 _____

1 그림에 알맞은 덧셈식을 만들어 보세요.

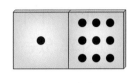

□ + □ = 10

2 그림을 보고 뺄셈을 해 보세요.

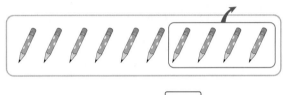

10 − 4 = □

3 □ 안에 알맞은 수를 써넣으세요.

2 + 8 = □

4 바르게 계산한 것에 ○표 하세요.

8 − 3 − 2 = 7   8 − 3 − 2 = 3

3 − 2 = 1   8 − 3 = 5

8 − 1 = 7   5 − 2 = 3

(   )   (   )

5 □ 안에 알맞은 수를 써넣으세요.

8 + 5 + 5 = □

● 시험에 꼭 나오는 문제

6 세 수의 합은 얼마일까요?

| 3 | 1 | 5 |

(   )

7 계산 결과의 크기를 비교하여 ○ 안에 >, =, <를 알맞게 써넣으세요.

8 + 2 ○ 6 + 4

8 두 수의 합이 10이 되도록 선으로 이어 보세요.

9 ·   · 1

2 ·   · 3

7 ·   · 8

9 바르게 계산한 사람은 누구일까요?

$5+6+4=14$	$3+7+2=12$
현주	승호

( )

10 준서가 가지고 있는 구슬의 수입니다. 준서가 가지고 있는 구슬은 모두 몇 개일까요?

노란색	흰색	파란색
2개	4개	2개

( )

● 시험에 **꼭** 나오는 문제

11 민지는 가지고 있던 빵 6개 중에서 승아에게 2개, 은주에게 1개를 주었습니다. 민지에게 남은 빵은 몇 개일까요?

( )

12 상자에 사과가 10개, 배가 9개 있습니다. 사과는 배보다 몇 개 더 많을까요?

( )

13 사탕을 성준이는 3개, 민서는 7개, 윤경이는 4개 가지고 있습니다. 세 사람이 가지고 있는 사탕은 모두 몇 개일까요?

( )

14 바둑돌 10개가 담겨 있는 상자에서 바둑돌을 손바닥 위의 수만큼 꺼냈습니다. 그림을 보고 뺄셈식을 만들어 보세요.

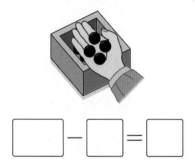

☐ ─ ☐ = ☐

● 잘 **틀리는** 문제

15 두 식의 계산 결과는 같습니다. ■가 나타내는 수를 구해 보세요.

$5+5$	$■+7$

( )

16 수 카드 두 장을 골라 뺄셈식을 완성해 보세요.

| 4 | 3 | 1 | 2 |

$$7-\boxed{}-\boxed{}=2$$

17 딸기 주스 5병과 포도 주스 5병이 있었습니다. 그중에서 민서가 1병을 먹었다면 남은 주스는 몇 병일까요?

(   )

● 잘 틀리는 문제

18 1부터 9까지의 수 중에서 ☐ 안에 들어갈 수 있는 수를 모두 구해 보세요.

$$9-1-3<\boxed{}$$

(   )

● 서술형 문제

19 ☐ 안에 알맞은 수가 더 큰 식을 가지고 있는 사람은 누구인지 풀이 과정을 쓰고 답을 구해 보세요.

$$1+\boxed{}=10$$
진효

$$\boxed{}+3=10$$
시우

풀이

답

20 은서와 영준이가 푼 수학 문제집의 쪽수입니다. 3일 동안 수학 문제집을 더 많이 푼 사람은 누구인지 풀이 과정을 쓰고 답을 구해 보세요.

	월요일	화요일	수요일
은서	4쪽	6쪽	7쪽
영준	5쪽	8쪽	2쪽

풀이

답

연습 1 승우는 8살이고 형은 승우보다 2살 더 많습니다. 형의 나이는 몇 살인지 풀이 과정을 쓰고 답을 구해 보세요. |5점|

❶ 문제에 알맞은 식 만들기

> 풀이

❷ 형의 나이 구하기

> 풀이

답

연습 2 버스에 6명이 타고 있었는데 첫 번째 정류장에서 2명이 내리고, 두 번째 정류장에서 1명이 내렸습니다. 두 번째 정류장을 출발할 때 버스에 타고 있는 사람은 몇 명인지 풀이 과정을 쓰고 답을 구해 보세요. |5점|

❶ 문제에 알맞은 식 만들기

> 풀이

❷ 두 번째 정류장을 출발할 때 버스에 타고 있는 사람 수 구하기

> 풀이

답

실전 3 농장에 돼지 5마리, 닭 3마리, 소 1마리가 있습니다. 농장에 있는 동물은 모두 몇 마리인지 풀이 과정을 쓰고 답을 구해 보세요. |5점|

풀이 _____

_____

_____

답 _____

실전 4 미주는 색종이를 7장 가지고 있었는데 어제 6장, 오늘 4장을 더 샀습니다. 지금 미주가 가지고 있는 색종이는 모두 몇 장인지 풀이 과정을 쓰고 답을 구해 보세요. |5점|

풀이 _____

_____

_____

답 _____

1 ▢ 모양을 모두 찾아 색칠해 보세요.

2 어떤 모양을 모아 놓은 것인지 알맞은 모양을 찾아 ◯표 하세요.

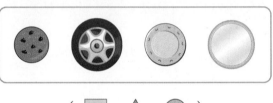

(▢ , ▲ , ●)

3 시계를 보고 ▢ 안에 알맞은 수를 써넣으세요.

짧은바늘이 5, 긴바늘이 12를 가리키므로 ▢ 시입니다.

(4~6) 그림을 보고 물음에 답하세요.

4 ▲ 모양은 모두 몇 개일까요?

( )

5 ● 모양은 모두 몇 개일까요?

( )

6 가장 많은 모양을 찾아 ◯표 하세요.

(▢ , ▲ , ●)

🔴 시험에 꼭 나오는 문제

7 나타내는 시각이 <u>다른</u> 하나를 찾아 ◯표 하세요.

( ) ( ) ( )

● 시험에 꼭 나오는 문제

8 모양을 꾸미는 데 사용한 모양을 모두 찾아 ◯표 하세요.

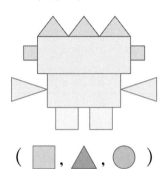

(▢ , ▲ , ●)

9 같은 시각끼리 선으로 이어 보세요.

· 6:00

· 9:00

· 10:00

10 본떴을 때 <u>다른</u> 모양이 나오는 물건을 찾아 ◯표 하세요.

(   ) (   ) (   )

11 시계에 9시를 나타내 보세요.

● 잘 틀리는 문제

12 찰흙에 ● 모양을 찍으려고 합니다. 필요한 물건을 가져온 사람을 찾아 이름을 써 보세요.

지윤   성진   영희

(   )

13 바르게 이야기한 사람은 누구일까요?

· 연재: ▢ 모양은 뾰족한 부분이 4군데야.

· 창준: ● 모양은 뾰족한 부분이 있어.

(   )

14 지우가 아침을 먹은 시각을 시계에 나타내 보세요.

지우는 7시에 일어나서 7시 30분에 아침을 먹었습니다.

15 시계의 짧은바늘이 8과 9 사이, 긴바늘이 6을 가리킬 때의 시각을 써 보세요.

(   )

(16~17) 민주와 수호가 ■, ▲, ● 모양으로 모양을 꾸몄습니다. 물음에 답하세요.

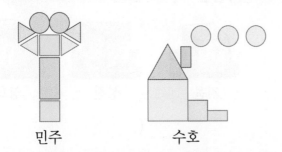

민주　　　　　수호

16 두 사람이 꾸민 모양에 ■, ▲, ● 모양이 각각 몇 개 있는지 세어 보세요.

	■ 모양	▲ 모양	● 모양
민주			
수호			

17 두 사람이 꾸민 모양에 ■ 모양은 모두 몇 개 있을까요?

(　　　　　　　　)

🐾 잘 틀리는 문제

18 윤지와 소희가 오늘 아침 학교에 도착한 시각입니다. 학교에 더 먼저 도착한 사람은 누구일까요?

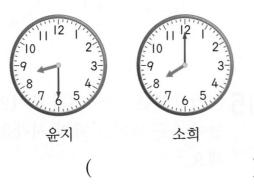

윤지　　　　　소희

(　　　　　　　　)

● **서술형 문제**

19 ■ 모양과 ● 모양의 <u>다른</u> 점을 써 보세요.

답 _____

_____

_____

20 지금 시각이 왼쪽과 같을 때 계획표대로 하려면 지금 무엇을 해야 하는지 풀이 과정을 쓰고 답을 구해 보세요.

숙제하기	1시 30분
책 읽기	2시 30분

풀이 _____

_____

_____

_____

답 _____

(1~3) 그림을 보고 물음에 답하세요.

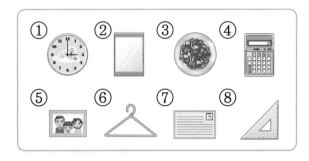

① ② ③ ④
⑤ ⑥ ⑦ ⑧

1 ⬤ 모양을 모두 찾아 번호를 써 보세요.

( )

2 ▲ 모양을 모두 찾아 번호를 써 보세요.

( )

3 ⬛ 모양은 모두 몇 개일까요?

( )

● 시험에 **꼭** 나오는 문제

4 시각을 써 보세요.

( )

5 설명하는 모양을 찾아 ○표 하세요.

뾰족한 부분이 없습니다.

(⬛ , ▲ , ⬤)

● **잘** 틀리는 문제

6 모양이 나머지와 <u>다른</u> 하나는 어느 것인가요? ( )

①
②
③
④
⑤

7 그려진 모양을 찾아 ○표 하세요.

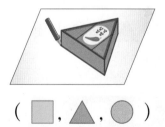

(⬛ , ▲ , ⬤)

8 같은 모양끼리 선으로 이어 보세요.

9 시각을 바르게 읽은 사람은 누구일까요?

• 성훈: 세 시
• 유미: 네 시

(   )

10 4시 30분을 나타내는 시계를 찾아 ◯표 하세요.

(   ) (   ) (   )

11 집을 ⬛, 🔺, ⚫ 모양으로 꾸몄습니다. 🔺 모양이 몇 개 있는지 세어 보세요.

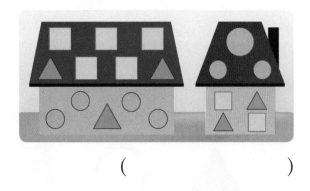

(   )

12 오른쪽 물건을 찰흙 위에 찍었을 때, 나올 수 있는 모양을 모두 찾아 ◯표 하세요.

(⬛ , 🔺 , ⚫)

13 모양을 보고 바르게 이야기한 사람은 누구일까요?

🔺 모양이 4개 있어.   ⚫ 모양이 3개 있어.

지유   승우

(   )

14 석규는 7시에 수영을 시작하여 8시 30분에 끝냈습니다. 수영을 시작한 시각과 끝낸 시각을 시계에 각각 나타내 보세요.

시작한 시각   끝낸 시각

15 물건을 ⬛, 🔺, ⚫ 모양에 따라 정리하려고 합니다. 오른쪽 삼각자를 넣어야 하는 곳을 찾아 ◯표 하세요.

(   ) (   ) (   )

● 잘 틀리는 문제

16 다음 시각에서 긴바늘이 한 바퀴 움직였을 때의 시각을 써 보세요.

(   )

17 ▢, ▲, ● 모양 중에서 가장 많은 모양을 찾아 ○표 하세요.

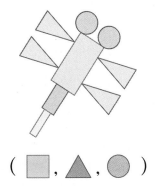

(▢ , ▲ , ●)

18 시계를 거울에 비추어 보았더니 다음과 같았습니다. 시계가 나타내는 시각을 써 보세요.

(   )

● **서술형 문제**

19 나타내는 시각이 <u>다른</u> 하나를 찾아 기호를 쓰려고 합니다. 풀이 과정을 쓰고 답을 구해 보세요.

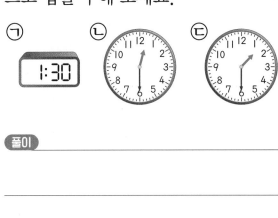

풀이 _____

_____

_____

_____

답 _____

20 ▢, ▲, ● 모양 중 오른쪽에서 가장 많은 모양은 어떤 모양이고, 몇 개인지 풀이 과정을 쓰고 답을 구해 보세요.

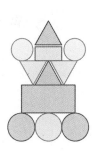

풀이 _____

_____

_____

_____

답 _____ , _____

연습 **1** 모양이 나머지와 <u>다른</u> 하나를 찾아 기호를 쓰려고 합니다. 풀이 과정을 쓰고 답을 구해 보세요. |5점|

❶ 물건은 어떤 모양인지 각각 알아보기

풀이 _____

_____

❷ 모양이 나머지와 <u>다른</u> 하나 찾기

풀이 _____

_____

답 _____

연습 **2** 오른쪽 시계가 나타내는 시각에서 긴바늘이 한 바퀴 움직였을 때의 시각을 구하려고 합니다. 풀이 과정을 쓰고 답을 구해 보세요. |5점|

❶ 긴바늘이 한 바퀴 움직였을 때 짧은바늘이 가리키는 숫자 구하기

풀이 _____

_____

❷ 긴바늘이 한 바퀴 움직였을 때의 시각 구하기

풀이 _____

_____

답 _____

실전 **3** 시계에 시각을 잘못 나타낸 것을 찾아 기호를 쓰고, 잘못된 이유를 써 보세요.

|5점|

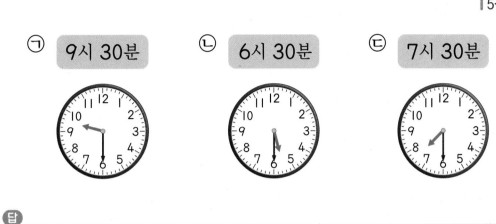

ㄱ 9시 30분   ㄴ 6시 30분   ㄷ 7시 30분

답

실전 **4** 지웅이는 ⬜, 🔺, ⬤ 모양으로 고양이를 꾸몄습니다. 가장 적은 모양은 어떤 모양인지 풀이 과정을 쓰고 답을 구해 보세요. |5점|

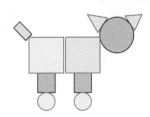

풀이

답

1 그림을 보고 덧셈을 해 보세요.

$$8+5=\boxed{}$$

2 그림을 보고 뺄셈을 해 보세요.

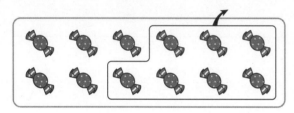

$$12-7=\boxed{}$$

3 ☐ 안에 알맞은 수를 써넣으세요.

$$14-4=\boxed{}$$

$$10 \quad \boxed{}$$

4 덧셈을 해 보세요.

$$6+5=\boxed{}$$

5 ☐ 안에 알맞은 수를 써넣으세요.

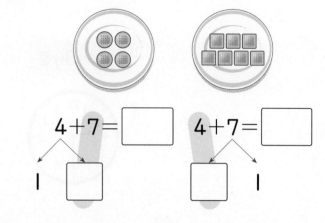

$$4+7=\boxed{} \qquad 4+7=\boxed{}$$

$$1 \quad \boxed{} \qquad \boxed{} \quad 1$$

● 시험에 꼭 나오는 문제

6 덧셈을 해 보세요.

$$6+7=\boxed{}$$

$$7+7=\boxed{}$$

$$8+7=\boxed{}$$

$$9+7=\boxed{}$$

7 뺄셈을 해 보세요.

$$13-5=\boxed{}$$

$$14-6=\boxed{}$$

$$15-7=\boxed{}$$

$$16-8=\boxed{}$$

8 합이 12인 덧셈식을 만든 사람은 누구일까요?

8+6	3+9
진호	태희

( )

9 계산 결과의 크기를 비교하여 ◯ 안에 >, =, <를 알맞게 써넣으세요.

$$14-5 \bigcirc 16-9$$

● 시험에 꼭 나오는 문제

10 밤이 5개, 호두가 8개 있습니다. 밤과 호두는 모두 몇 개인지 구해 보세요.

☐ + ☐ = ☐

( )

11 귤이 13개 있었는데 그중 6개를 먹었습니다. 남은 귤은 몇 개인지 구해 보세요.

☐ − ☐ = ☐

( )

12 준영이는 지금까지 동화책을 6쪽 읽었습니다. 앞으로 9쪽을 더 읽으면 모두 몇 쪽을 읽게 될까요?

( )

13 송편을 윤서는 8개 만들었고, 수영이는 14개 만들었습니다. 누가 송편을 몇 개 더 만들었을까요?

(,)

● 잘 틀리는 문제

14 두 뺄셈식의 차가 같도록 ☐ 안에 알맞은 수를 써넣으세요.

$$11-2=\boxed{}$$
$$12-\boxed{}=\boxed{}$$

15 합이 8+4와 같은 식을 모두 찾아 색칠해 보세요.

7+5	9+2	4+8

16 합이 가장 큰 것을 찾아 기호를 써 보세요.

> ㉠ 5+7 ㉡ 8+9
> ㉢ 9+6 ㉣ 6+8

(   )

17 수 카드 3장으로 서로 다른 뺄셈식을 만들어 보세요.

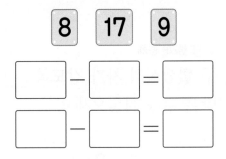

□ − □ = □

□ − □ = □

● 잘 틀리는 문제

18 유정이의 나이는 9살입니다. 언니의 나이는 유정이보다 3살 더 많고, 동생의 나이는 언니보다 6살 더 적습니다. 동생의 나이는 몇 살일까요?

(   )

● **서술형 문제**

19 가장 큰 수와 가장 작은 수의 차를 구하려고 합니다. 풀이 과정을 쓰고 답을 구해 보세요.

> 9   11   7

풀이 _____

_____

_____

답 _____

20 카드에 적힌 두 수의 합이 더 큰 사람이 이기는 놀이를 하였습니다. 현우는 4 와 9 를 골랐고, 승재는 5 와 6 을 골랐습니다. 누가 이겼는지 풀이 과정을 쓰고 답을 구해 보세요.

풀이 _____

_____

_____

답 _____

1 그림을 보고 뺄셈을 해 보세요.

$11 - 3 = \boxed{}$

2 덧셈을 해 보세요.

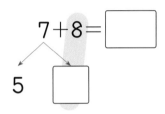

$7 + 8 = \boxed{}$

5   $\boxed{}$

3 뺄셈을 해 보세요.

$12 - 8 = \boxed{}$

$13 - 8 = \boxed{}$

$14 - 8 = \boxed{}$

$15 - 8 = \boxed{}$

4 빈칸에 두 수의 차를 써넣으세요.

16	6

5 ☐ 안에 알맞은 수를 써넣으세요.

$9 + 6 = \boxed{}$ $9 + 6 = \boxed{}$

$\boxed{}$ 5 $\boxed{}$ $\boxed{}$

6 차를 구하여 선으로 이어 보세요.

$15 - 9$	$11 - 6$

5   6   7

7 합이 14인 덧셈식을 찾아 ◯표 하세요.

$4 + 9$	$8 + 8$	$5 + 9$

(   ) (   ) (   )

● 시험에 꼭 나오는 문제

8 계산 결과의 크기를 비교하여 ◯ 안에 >, =, <를 알맞게 써넣으세요.

$6 + 7 \bigcirc 8 + 4$

9 차가 가장 큰 것에 ◯표, 가장 작은 것에 △표 하세요.

| $12-4$ | $14-9$ | $11-5$ |

(   ) (   ) (   )

10 윤서는 구슬 8개와 딱지 5개를 가지고 있습니다. 윤서가 가지고 있는 구슬과 딱지는 모두 몇 개일까요?

(   )

● 시험에 꼭 나오는 문제

11 만두 11개 중에서 4개를 먹었습니다. 남은 만두는 몇 개일까요?

(   )

12 ☐ 안에 알맞은 수를 써넣어 덧셈식을 완성해 보세요.

$$9+9=18$$
$$\boxed{}+8=17$$

13 두 수의 차가 작은 식부터 순서대로 이어 보세요.

시작
$$11-9=2$$ ·

·$12-8=\boxed{}$

$11-8=\boxed{}$ ·

·$12-7=\boxed{}$

● 잘 틀리는 문제

14 $13-6$과 차가 같은 뺄셈식을 모두 찾아 색칠해 보세요.

$12-5$	$12-6$	$12-7$
$13-5$	$13-6$	$13-7$
$14-5$	$14-6$	$14-7$

15 빈칸과 같은 색 구슬에서 수를 골라 덧셈식을 완성해 보세요.

(2) (3)   (8) (9)   (11) (12)

| 3 | + | 8 | = | 11 |

| | + | | = | |

16 같은 모양은 같은 수를 나타냅니다. ♥가 나타내는 수를 구해 보세요.

> • 15−9=★
> • ★+5=♥

( )

17 옥수수를 선아는 어제 5개, 오늘 7개를 땄고, 승우는 어제 3개, 오늘 6개를 땄습니다. 이틀 동안 누가 옥수수를 몇 개 더 많이 땄을까요?

(,)

18 5장의 수 카드 중에서 2장을 뽑아 합이 가장 큰 덧셈식을 만들고 합을 구해 보세요.

2 3 4 6 8

☐ + ☐ = ☐

19 합이 더 큰 덧셈식을 만든 사람은 누구인지 풀이 과정을 쓰고 답을 구해 보세요.

9+5   7+8
영주   수하

풀이 _____

_____

_____

답 _____

20 재원이는 연필을 7자루 가지고 있었는데 6자루를 더 샀습니다. 그중 4자루를 동생에게 주었다면 남은 연필은 몇 자루인지 풀이 과정을 쓰고 답을 구해 보세요.

풀이 _____

_____

_____

답 _____

연습 1 차가 7인 뺄셈식을 만든 사람은 누구인지 풀이 과정을 쓰고 답을 구해 보세요. |5점|

14−6	12−5
영서	지유

❶ 뺄셈식 각각 계산하기

풀이

❷ 차가 7인 뺄셈식을 만든 사람 구하기

풀이

답

연습 2 어항에 거북 5마리가 있었는데 8마리를 더 넣었습니다. 어항 속 거북은 모두 몇 마리인지 풀이 과정을 쓰고 답을 구해 보세요. |5점|

❶ 문제에 알맞은 식 만들기

풀이

❷ 어항 속 거북은 모두 몇 마리인지 구하기

풀이

답

실전 3 은규네 학교 1학년 학생 중 안경을 낀 남학생은 15명이고, 안경을 낀 여학생은 6명입니다. 안경을 낀 남학생은 안경을 낀 여학생보다 몇 명 더 많은지 풀이 과정을 쓰고 답을 구해 보세요. |5점|

풀이

답

실전 4 진호와 선영이가 가진 구슬의 수를 나타낸 것입니다. 누가 구슬을 더 많이 가지고 있는지 풀이 과정을 쓰고 답을 구해 보세요. |5점|

진호가 가진 구슬 수	
초록색	파란색
8개	7개

선영이가 가진 구슬 수	
초록색	파란색
5개	9개

풀이

답

1 규칙에 따라 빈칸에 알맞은 그림에 ◯표 하세요.

(☀ , ☁)

2 규칙에 따라 빈칸에 알맞은 모양을 그려 보세요.

3 규칙을 찾아 ☐ 안에 알맞은 말을 써넣으세요.

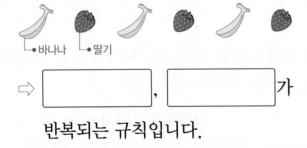

⇨ ☐☐☐ , ☐☐☐ 가

반복되는 규칙입니다.

4 연필, 연필, 지우개가 반복되는 규칙을 만든 것에 ◯표 하세요.

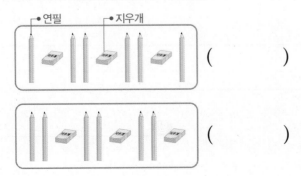

(   )

(   )

5 양말, 종, 종이 반복되는 규칙으로 물건을 놓았습니다. 잘못 놓은 물건에 ✕표 하세요.

양말   종

(6~7) 규칙에 따라 빈칸에 알맞은 수를 써넣으세요.

6

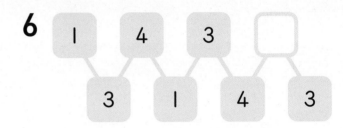

| 1 | 4 | 3 | ☐ |
| 3 | 1 | 4 | 3 |

7

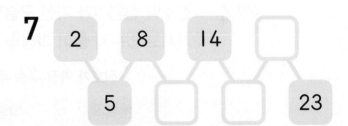

| 2 | 8 | 14 | ☐ |
| 5 | | | 23 |

🔵 시험에 꼭 나오는 문제

8 규칙에 따라 빈칸에 알맞은 수를 써넣으세요.

🦆	🐟	🦆	🦆	🐟	🦆
2	0	2	2		

9 규칙에 따라 빈칸에 알맞은 색을 칠해 보세요.

10 (보기)와 같은 규칙으로 빈칸에 ◯와 □로 나타내 보세요.

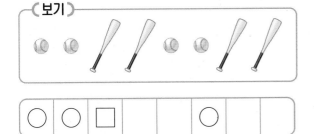

● 시험에 꼭 나오는 문제

11 ◯에 있는 수에는 어떤 규칙이 있는지 □ 안에 알맞은 수를 써넣으세요.

51	52	53	54	55
61	62	63	64	65
71	72	73	74	75

⇨ 61부터 시작하여 → 방향으로
□ 씩 커지는 규칙입니다.

12 규칙을 찾아 여러 가지 방법으로 나타내 보세요.

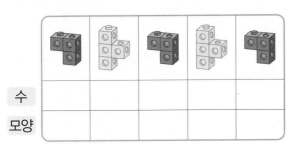

수				
모양				

13 규칙을 찾아 써 보세요.

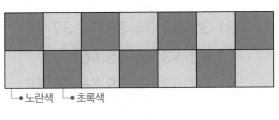

└● 노란색 └● 초록색

_____

_____

14 ◇, ♡ 모양으로 규칙을 만들어 무늬를 꾸며 보세요.

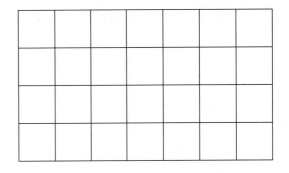

● 잘 틀리는 문제

15 규칙에 따라 무늬를 완성했을 때 알맞은 모양이 다른 하나를 찾아 번호를 써 보세요.

☆	◯	☆	◯	☆	◯	☆
◯	☆	◯	☆	◯	☆	◯
☆	◯	☆	◯	①	②	③

(　　　　)

(16~17) 수 배열표를 보고 물음에 답하세요.

31	32	33	34	35	36	37	38		40
41	42	43	44	45	46	47			50
51	52	53	54	55	56	57	58		

16 규칙에 따라 빈칸에 알맞은 수를 써 넣으세요.

17 색칠한 수에 있는 규칙에 따라 나머지 부분에 색칠하고 규칙을 써 보세요.

● **잘 틀리는 문제**

18 규칙에 따라 빈칸에 알맞은 모양을 그려 보세요.

● **서술형 문제**

19 규칙에 따라 빈칸에 알맞은 물건은 무엇인지 풀이 과정을 쓰고 답을 구해 보세요.

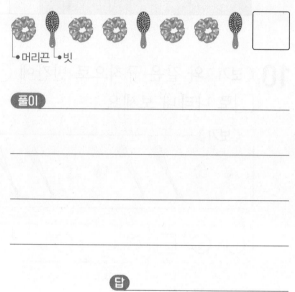

└● 머리끈 └● 빗

풀이 _____

_____

_____

답 _____

20 규칙에 따라 ㉠에 알맞은 수는 얼마인지 풀이 과정을 쓰고 답을 구해 보세요.

30	25	20		㉠

풀이 _____

_____

_____

답 _____

1 규칙에 따라 빈칸에 알맞은 바둑돌을 그려 보세요.

2 규칙에 따라 빈칸에 알맞은 모양을 그려 보세요.

3 컵, 그릇, 컵이 반복되는 규칙을 만든 사람을 찾아 이름을 써 보세요.

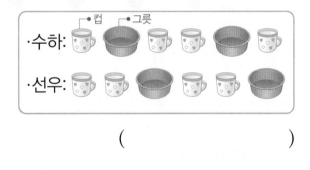

(   )

● 시험에 꼭 나오는 문제

4 규칙을 찾아 ☐ 안에 알맞은 수를 써 넣으세요.

| 2 | 6 | 10 | 14 | 18 |

⇨ 2부터 시작하여 ☐ 씩 커지는 규칙 입니다.

5 규칙에 따라 빈칸에 ○, ☐로 나타내 보세요.

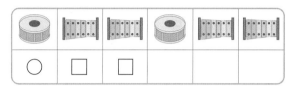

6 규칙을 만들어 구슬을 색칠해 보세요.

7 (보기)와 같은 규칙으로 빈칸에 알맞은 수를 써넣으세요.

(보기)

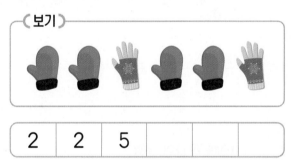

| 2 | 2 | 5 | | |

8 규칙에 따라 빈칸에 알맞은 색을 칠해 보세요.

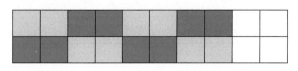

9 규칙에 따라 빈칸에 알맞은 수를 써 넣으세요.

| 17 | 15 | | 11 | 9 | |

10 (보기)에서 두 가지 모양을 골라 규칙적인 무늬를 꾸며 보세요.

(보기)
□ ○ △ ☆ ♡

11 규칙을 찾아 써 보세요.

└─ 은행잎   └─ 단풍잎

● 시험에 **꼭** 나오는 문제

12 수 배열표에서 ▨에 있는 수에는 어떤 규칙이 있는지 써 보세요.

61	62	63	64	65	66	67	68	69	70
71	72	73	74	75	76	77	78	79	80
81	82	83	84	85	86	87	88	89	90

13 표지판의 규칙을 여러 가지 방법으로 나타냈습니다. 잘못 나타낸 것에 ×표 하세요.

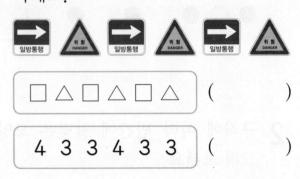

| □ △ □ △ □ △ | ( ) |

| 4 3 3 4 3 3 | ( ) |

14 (보기)와 다른 규칙을 만들어 ○, ●를 그려 보세요.

(보기)
○ ● ○ ● ○ ● ○ ●

| | | | | | | | |

● 잘 **틀리는** 문제

15 규칙에 따라 모양을 놓을 때 빈칸에 알맞은 모양이 **다른** 하나를 찾아 기호를 써 보세요.

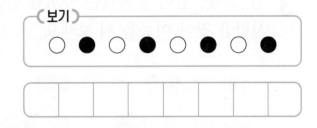

( )

16 규칙에 따라 빈칸에 들어갈 펼친 손 가락은 모두 몇 개일까요?

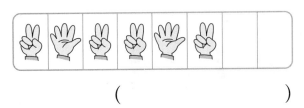

(   )

17 〔보기〕와 같은 규칙을 따라 빈칸에 알맞은 수를 써넣으세요.

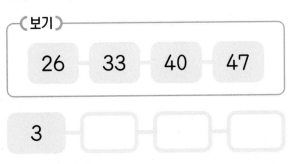

● **잘 틀리는 문제**

18 수 배열표의 일부분입니다. 규칙을 찾아 ●에 알맞은 수를 구해 보세요.

15	16	17	18	19	20
21	22				
	28				
					●

(   )

● **서술형 문제**

19 규칙에 따라 빈칸에 알맞은 과일은 무엇인지 풀이 과정을 쓰고 답을 구해 보세요.

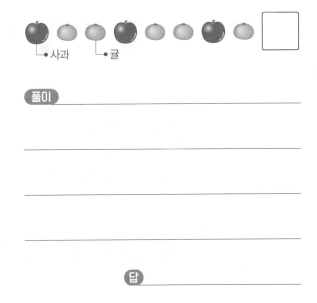

풀이

답

20 두 수 배열표의 규칙이 어떻게 다른지 설명해 보세요.

㉠
1	2	3
4	5	6
7	8	9

㉡
1	4	7
2	5	8
3	6	9

답

연습 1 규칙을 잘못 설명한 사람의 이름을 쓰고, 잘못된 부분을 바르게 고쳐 보세요. |5점|

> • 현우: 사용한 구슬의 수가 2개, 3개, 2개로 반복되는 규칙이야.
> • 시아: 파란색, 빨간색이 반복되는 규칙이야.

❶ 규칙을 잘못 설명한 사람의 이름 쓰기

답 _____

❷ 잘못된 부분을 바르게 고치기

답 _____

연습 2 규칙에 따라 빈칸에 알맞은 수는 얼마인지 풀이 과정을 쓰고 답을 구해 보세요. |5점|

2 — 8 — 14 — 20 — ☐

❶ 수 배열에서 규칙 찾기

풀이 _____

_____

❷ 빈칸에 알맞은 수 구하기

풀이 _____

_____

답 _____

실전 **3** 규칙에 따라 빈칸에 알맞은 모양은 무엇인지 풀이 과정을 쓰고 답을 구해 보세요. |5점|

풀이

답

실전 **4** 규칙에 따라 색칠했을 때 ㉠에 알맞은 색은 무엇인지 풀이 과정을 쓰고 답을 구해 보세요. |5점|

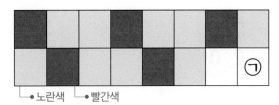

└● 노란색 └● 빨간색

풀이

답

(1~2) 그림을 보고 ☐ 안에 알맞은 수를 써 넣으세요.

1

$30 + 7 =$ ☐

2

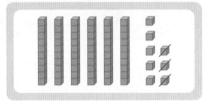

$68 - 3 =$ ☐

● 시험에 꼭 나오는 문제

3 뺄셈을 해 보세요.

$$\begin{array}{r} 7\ 6 \\ -\ 2\ 0 \\ \hline \end{array}$$

4 계산 결과를 찾아 ○표 하세요.

$15 + 30$

| 18 | 45 | 48 |

(   ) (   ) (   )

5 두 수의 합과 차를 각각 구해 보세요.

31   56

합 (   )

차 (   )

● 시험에 꼭 나오는 문제

6 합과 차가 같은 것끼리 선으로 이어 보세요.

$21 + 15$ ·	· $38 - 2$
$40 + 20$ ·	· $77 - 20$
$54 + 3$ ·	· $90 - 30$

7 뺄셈을 해 보세요.

$61 - 10 =$ ☐

$61 - 20 =$ ☐

$61 - 30 =$ ☐

$61 - 40 =$ ☐

8 나타내는 수를 구해 보세요.

25보다 3만큼 더 큰 수

(   )

(9~10) 냉장고에 딸기 우유가 12개, 바나나 우유가 25개 있습니다. 물음에 답하세요.

9 딸기 우유와 바나나 우유는 모두 몇 개인지 덧셈식으로 나타내 보세요.

☐ + ☐ = ☐

10 바나나 우유는 딸기 우유보다 몇 개 더 많은지 뺄셈식으로 나타내 보세요.

☐ − ☐ = ☐

11 ▨ 모양에 적힌 수의 차를 구해 보세요.

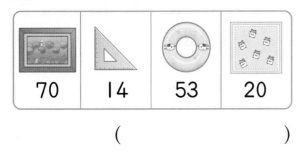

| 70 | 14 | 53 | 20 |

( )

12 합이 35인 것을 찾아 ○표 하세요.

| 50+3 | 30+50 | 32+3 |

( ) ( ) ( )

13 가장 큰 수와 가장 작은 수의 차는 얼마일까요?

| 38 | 47 | 5 |

( )

14 동주는 종이학을 어제는 12개 접었고, 오늘은 7개 접었습니다. 동주가 오늘까지 접은 종이학은 모두 몇 개일까요?

( )

15 진솔이네 반 학생은 21명이고, 주혁이네 반 학생은 27명입니다. 주혁이네 반 학생은 진솔이네 반 학생보다 몇 명 더 많을까요?

( )

16 계산 결과가 가장 큰 것을 찾아 ○표 하세요.

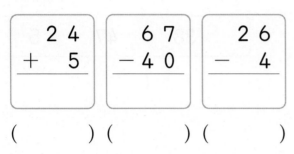

```
  2 4        6 7        2 6
+   5      - 4 0      -   4
```

(   ) (   ) (   )

17 수 카드 2장을 골라 식을 써 보세요.

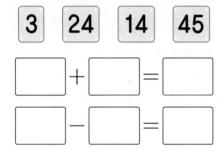

| 3 | 24 | 14 | 45 |

☐ + ☐ = ☐

☐ − ☐ = ☐

18 ㉠과 ㉡이 나타내는 수의 합은 얼마일까요?

> ㉠ 15보다 1만큼 더 작은 수
> ㉡ 10개씩 묶음 3개와 낱개 5개

(   )

19 오렌지 주스가 20병, 사과 주스가 16병 있습니다. 오렌지 주스와 사과 주스는 모두 몇 병인지 풀이 과정을 쓰고 답을 구해 보세요.

（풀이）

답

20 수혜는 구슬을 49개 가지고 있었습니다. 그중 24개를 팔찌를 만드는 데 사용했다면 남은 구슬은 몇 개인지 풀이 과정을 쓰고 답을 구해 보세요.

（풀이）

답

1 덧셈을 해 보세요.

$$\begin{array}{r} 1\ 0 \\ +\ 6\ 0 \\ \hline \end{array}$$

2 두 수의 합은 얼마일까요?

27	52

(　　　　　　)

3 바르게 계산한 것에 ○표 하세요.

$$\begin{array}{r} 3\ 5 \\ -\ \ 2 \\ \hline 1\ 5 \end{array}$$
　
$$\begin{array}{r} 3\ 5 \\ -\ \ \ 2 \\ \hline 3\ 3 \end{array}$$

(　　　)　　(　　　)

4 빈칸에 알맞은 수를 써넣으세요.

−	11	12	13
49			

5 차가 같은 것끼리 선으로 이어 보세요.

50−30	64−34

28−8	80−50	45−20

● **잘 틀리는 문제**

6 그림을 보고 빈칸에 알맞은 수를 써 넣으세요.

57　67　77　+12　69

● **시험에 꼭 나오는 문제**

7 계산 결과의 크기를 비교하여 ○ 안에 >, =, <를 알맞게 써넣으세요.

$$90-20 \bigcirc 65+3$$

8 가장 큰 수와 가장 작은 수의 합은 얼마일까요?

32　6　53

(　　　　　　)

(9~10) 호박 13개와 가지 26개가 있습니다. 그림을 보고 물음에 답하세요.

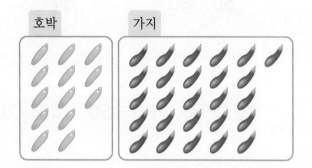

9 호박과 가지는 모두 몇 개일까요?

□ + □ = □

10 가지는 호박보다 몇 개 더 많을까요?

□ − □ = □

11 운동장에 학생 42명이 있었는데 학생 7명이 운동장으로 더 왔습니다. 운동장에 있는 학생은 모두 몇 명일까요?

( )

12 범수는 밤 48개 중에서 16개를 먹었습니다. 먹고 남은 밤은 몇 개일까요?

( )

● 잘 틀리는 문제

13 합이 가장 큰 것에 ○표, 가장 작은 것에 △표 하세요.

| 20+10 | 31+4 | 15+14 |

( ) ( ) ( )

14 같은 모양에 적힌 수의 합을 구해 보세요.

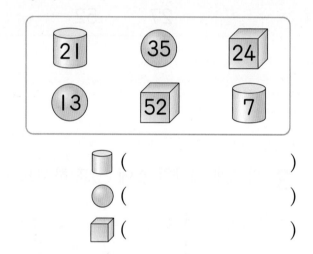

⬭ ( )
● ( )
⬛ ( )

15 규칙에 따라 빈칸을 채우고 ㉡−㉠을 구해 보세요.

31	32	33		35
41	42	㉠	44	45
		52	53	㉡

㉡ − ㉠ = □

● 시험에 꼭 나오는 문제

16 두 주머니에서 수를 하나씩 골라 식을 써 보세요.

17 사탕을 인성이는 17개 가지고 있고, 선아는 인성이보다 6개 더 적게 가지고 있습니다. 인성이와 선아가 가지고 있는 사탕은 모두 몇 개일까요?

(   )

18 수 카드 3장 중에서 2장을 뽑아 한 번씩만 사용하여 만든 가장 큰 수와 남은 한 수의 차는 얼마일까요?

| 4 | 8 | 3 |

(   )

● 서술형 문제

19 계산 결과가 더 큰 것의 기호를 쓰려고 합니다. 풀이 과정을 쓰고 답을 구해 보세요.

┌─────────────────────────────┐
│ ㉠ 30＋4   ㉡ 59－26 │
└─────────────────────────────┘

풀이 _____

_____

_____

답 _____

20 미술관에 입장한 어린이는 22명이고, 어른은 어린이보다 14명 더 많습니다. 미술관에 입장한 사람은 모두 몇 명인지 풀이 과정을 쓰고 답을 구해 보세요.

풀이 _____

_____

_____

답 _____

연습 1 강훈이는 위인전을 24권 가지고 있었습니다. 그중 3권을 친구에게 빌려 주었다면 강훈이에게 남은 위인전은 몇 권인지 풀이 과정을 쓰고 답을 구해 보세요. |5점|

❶ 문제에 알맞은 식 구하기

풀이 _____

_____

❷ 남은 위인전의 수 구하기

풀이 _____

_____

답 _____

연습 2 계산 결과가 34인 것을 찾아 기호를 쓰려고 합니다. 풀이 과정을 쓰고 답을 구해 보세요. |5점|

| ㉠ 70－40 | ㉡ 22＋13 | ㉢ 58－24 |

❶ 세 식을 각각 계산하기

풀이 _____

_____

❷ 계산 결과가 34인 것을 찾아 기호 쓰기

풀이 _____

_____

답 _____

실전 3 사과 모양에 적힌 수의 합은 얼마인지 풀이 과정을 쓰고 답을 구해 보세요. |5점|

풀이

답

실전 4 계산 결과가 더 큰 식을 들고 있는 사람은 누구인지 풀이 과정을 쓰고 답을 구해 보세요. |5점|

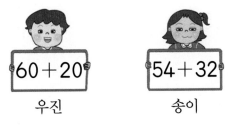

우진   송이

풀이

답

1. 100까지의 수

1 구슬의 수를 세어 ☐ 안에 알맞은 수를 써넣으세요.

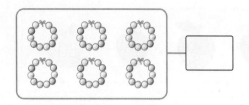

2. 덧셈과 뺄셈(1)

2 ☐ 안에 알맞은 수를 써넣으세요.

$$6+\boxed{}=10$$

4. 덧셈과 뺄셈(2)

3 ☐ 안에 알맞은 수를 써넣으세요.

$$7+8=\boxed{}$$

☐ ⟍ 5

4. 덧셈과 뺄셈(2)

4 ☐ 안에 알맞은 수를 써넣으세요.

$$14-6=\boxed{}$$

☐ ⟍ 2

1. 100까지의 수

5 수의 순서대로 빈칸에 알맞은 수를 써넣으세요.

6. 덧셈과 뺄셈(3)

6 뺄셈을 해 보세요.

$$\begin{array}{r} 3\ 7 \\ -\quad 5 \\ \hline \boxed{} \end{array}$$

3. 모양과 시각

7 모양을 꾸미는 데 사용한 모양을 모두 찾아 ◯표 하세요.

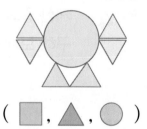

(■ , ▲ , ●)

2. 덧셈과 뺄셈(1)

8 10을 만들어 더할 수 있는 식에 ◯표 하세요.

2+9+4	3+7+2
( )	( )

3. 모양과 시각

9 같은 시각끼리 선으로 이어 보세요.

2. 덧셈과 뺄셈(1)

10 바르게 계산한 것에 ○표 하세요.

$4+2+3=9$	$8-5-1=1$
( )	( )

5. 규칙 찾기

11 규칙에 따라 빈칸에 ○, □로 나타내 보세요.

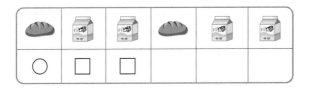

3. 모양과 시각

12 ● 모양은 모두 몇 개일까요?

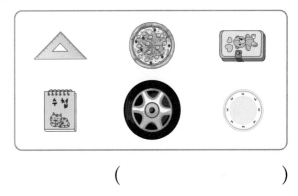

( )

1. 100까지의 수

13 나타내는 수가 <u>다른</u> 하나를 찾아 ○표 하세요.

여든아홉 구십구 **89** 팔십구

1. 100까지의 수

14 가장 큰 수에 ○표, 가장 작은 수에 △표 하세요.

52 57 53

3. 모양과 시각

15 주아는 1시에 운동을 시작했습니다. 주아가 운동을 시작한 시각을 시계에 나타내 보세요.

4. 덧셈과 뺄셈(2)

16 15-6과 차가 같은 뺄셈식을 모두 찾아 색칠해 보세요.

| 14-5 | 15-7 | 16-6 |
| 19-9 | 14-6 | 13-4 |

5. 규칙 찾기

17 규칙에 따라 색칠해 보세요.

31	32	33	34	35	36	37	38	39	40
41	42	43	44	45	46	47	48	49	50
51	52	53	54	55	56	57	58	59	60

6. 덧셈과 뺄셈(3)

18 수 카드 두 장을 골라 식을 써 보세요.

| 13 | 24 | 11 | 35 |

☐ + ☐ = ☐

☐ - ☐ = ☐

● **서술형 문제**

5. 규칙 찾기

19 규칙에 따라 ㉠에 알맞은 수는 무엇인지 풀이 과정을 쓰고 답을 구해 보세요.

| 27 | 31 | 35 | 39 | ㉠ |

풀이

답

6. 덧셈과 뺄셈(3)

20 우재가 동화책을 어제 52쪽 읽었고, 오늘 31쪽 읽었습니다. 우재가 어제와 오늘 읽은 동화책은 모두 몇 쪽인지 풀이 과정을 쓰고 답을 구해 보세요.

풀이

답

1. 100까지의 수

1 수를 바르게 읽은 것에 ◯표 하세요.

80 ⇨ (일흔 , 여든)

2. 덧셈과 뺄셈(1)

2 그림을 보고 ☐ 안에 알맞은 수를 써 넣으세요.

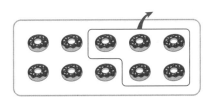

$10-5=$ ☐

3. 모양과 시각

3 ▲ 모양을 찾아 ◯표 하세요.

( ) ( ) ( )

5. 규칙 찾기

4 규칙에 따라 모양을 늘어놓았습니다. 반복되는 모양에 ◯표 하세요.

( ) ( )

3. 모양과 시각

5 시계에 3시 30분을 나타내 보세요.

2. 덧셈과 뺄셈(1)

6 두 수의 합이 10이 되도록 선으로 이어 보세요.

3 · · 4

8 · · 7

6 · · 2

1. 100까지의 수

7 두 수의 크기를 비교하여 ◯ 안에 >, <를 알맞게 써넣으세요.

69 ◯ 61

3. 모양과 시각

8 ▣, ▲, ● 모양이 각각 몇 개 있는지 세어 보세요.

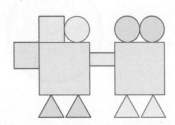

▣ 모양	▲ 모양	● 모양

2. 덧셈과 뺄셈(1)

9 합이 같은 것끼리 선으로 이어 보세요.

9+1+4 ·

5+3+7 ·

· 5+10

· 9+10

· 10+4

1. 100까지의 수

10 홀수를 모두 찾아 ◯표 하세요.

6	8	9	12	15

6. 덧셈과 뺄셈(3)

11 계산 결과의 크기를 비교하여 ◯ 안에 >, =, <를 알맞게 써넣으세요.

46-5 ◯ 33+14

6. 덧셈과 뺄셈(3)

12 지유가 말하는 수를 구해 보세요.

내 수는 45보다 20만큼 더 큰 수야.

지유

(   )

5. 규칙 찾기

13 규칙에 따라 빈칸에 알맞은 모양을 그려 보세요.

△ △ ◯ △ △ ◯ △ △ ☐

4. 덧셈과 뺄셈(2)

14 고리를 선진이는 9개 걸었고, 영규는 선진이보다 4개 더 많이 걸었습니다. 영규가 걸은 고리는 모두 몇 개일까요?

(   )

5. 규칙 찾기

15 규칙에 따라 빈 곳에 알맞은 수를 써 넣으세요.

25 — 28 — ◯ — 34 — ◯ — 40

16 ^{6. 덧셈과 뺄셈(3)}
지원이는 구슬을 37개 가지고 있고, 승기는 지원이보다 6개 더 적게 가지고 있습니다. 승기가 가지고 있는 구슬은 몇 개일까요?

(   )

17 ^{2. 덧셈과 뺄셈(1)}
수 카드 두 장을 골라 뺄셈식을 완성해 보세요.

1	3	4	6

$$9-\boxed{}-\boxed{}=2$$

18 ^{4. 덧셈과 뺄셈(2)}
민서는 가지고 있던 사탕 15개 중에서 7개를 먹었고, 지연이는 가지고 있던 사탕 11개 중에서 4개를 먹었습니다. 사탕이 더 많이 남은 사람은 누구일까요?

(   )

● **서술형 문제**

19 ^{3. 모양과 시각}
오른쪽 시계의 시각을 바르게 읽은 사람은 누구인지 풀이 과정을 쓰고 답을 구해 보세요.

> • 세인: 지금 시각은 네 시야.
> • 찬규: 지금 시각은 다섯 시네.

풀이 _____

_____

_____

_____

답 _____

20 ^{4. 덧셈과 뺄셈(2)}
같은 모양은 같은 수를 나타냅니다. ♥가 나타내는 수는 얼마인지 풀이 과정을 쓰고 답을 구해 보세요.

> • $14-8=◆$
> • $◆+5=♥$

풀이 _____

_____

_____

_____

답 _____

메모